# ***ACCESO GRATIS*** *a la Lectura en la Nube*

Para visualizar el libro electrónico en la nube de lectura envíe junto a su nombre y apellidos una fotografía del código de barras situado en la contraportada del libro y otra del ticket de compra a la dirección:

**ebooktirant@tirant.com**

En un máximo de 72 horas laborables le enviaremos el código de acceso con sus instrucciones.

*Estudios jurídicos en Homenaje al Profesor Víctor Moreno Catena*

**VOLUMEN III**

Procedimiento de selección de originales, ver página web:
www.tirant.net/index.php/editorial/procedimiento-de-seleccion-de-originales

# *Estudios jurídicos en Homenaje al Profesor Víctor Moreno Catena*

**VOLUMEN III**


HELENA SOLETO
RAQUEL LÓPEZ JIMÉNEZ
AMAYA ARNÁIZ SERRANO
SABELA OUBIÑA BARBOLLA
*Coordinadoras*

Instituto Alonso Martínez de justicia y litigación
Universidad Carlos III de Madrid



**tirant lo blanch**
Valencia, 2025

En caso de erratas y actualizaciones, la Editorial Tirant lo Blanch publicará la pertinente corrección en la página web www.tirant.com.



© TIRANT LO BLANCH
EDITA: TIRANT LO BLANCH
C/ Artes Gráficas, 14 - 46010 - Valencia
TELFS.: 96/361 00 48 - 50
FAX: 96/369 41 51
Email: tlb@tirant.com
www.tirant.com
Librería virtual: www.tirant.es
DEPÓSITO LEGAL: V-326-2025
ISBN: 978-84-1071-647-6 (Obra completa)
ISBN: 978-84-1071-871-5 (Volumen III)

Si tiene alguna queja o sugerencia, envíenos un mail a: *atencioncliente@tirant.com*. En caso de no ser atendida su sugerencia, por favor, lea en *www.tirant.net/index.php/empresa/politicas-de-empresa* nuestro procedimiento de quejas.

Responsabilidad Social Corporativa: http://www.tirant.net/Docs/RSCTirant.pdf

# *Índice volumen III*

**PROCESO PENAL ESPAÑOL**

# PROCESO PENAL ESPAÑOL

# *El preocupante rumbo de nuestra justicia penal*[1]

**JOSÉ MARTÍN OSTOS**
*Catedrático de Derecho Procesal*

**SUMARIO:** 1. APROXIMACIÓN AL PROBLEMA. 2. ¿ES INDEPENDIENTE LA JUSTICIA ESPAÑOLA?. 2.1. LA BATALLA POR LA CONQUISTA DEL CONSEJO GENERAL DEL PODER JUDICIAL. 2.2. ¿DE QUIÉN DEPENDE EL MINISTERIO FISCAL?. 2.3. DAR FE CON LIBERTAD. 2.4. LA INTRÍNSECA REBELDÍA DEL ABOGADO. 3. LA JUSTICIA PENAL ¿AL SERVICIO DE QUIÉN?. 3.1. EL SACROSANTO SISTEMA ACUSATORIO. 3.2. LA CONTROVERTIDA DIRECCIÓN DE LA INVESTIGACIÓN PENAL. 3.3. TAMBIÉN EXISTEN LAS PARTES. 3.4. ¿JUSTICIA DE MENORES O JUSTICIA MENOR?. 3.5. LA PERSISTENTE TENDENCIA DEL LEGISLADOR. 4. EUROPA *ÜBER ALLES*. 5. UNA NUEVA ACECHANZA, LA INTELIGENCIA ARTIFICIAL. 6. AMÉRICA ¿EN EL CORAZÓN?. 7. ¿UNIVERSITAS *VERSUS* VERITAS?. 8. EL SILENCIO DE LOS BORREGOS. 9. ¿ES POSIBLE CORREGIR LA DERIVA?.

## 1. APROXIMACIÓN AL PROBLEMA

Basta con asomarse a la realidad de nuestros juzgados y tribunales, atender a las noticias difundidas por los medios de comunicación o pulsar la opinión del hombre de la calle, para concluir que el balance general de la justicia penal no merece los mejores calificativos. Y si ello puede predicarse de la actualidad, los tintes se muestran sombríos cuando el jurista se plantea el futuro de tan fundamental actividad dentro del Estado de Derecho.

Cualquier espectador con sentido crítico y convicciones democráticas asiste atónito al espectáculo que discurre ante sus ojos; a título de ejemplo, con indiscutibles efectos en el ámbito de la justicia, mencionemos el lento funcionamiento de los órganos jurisdiccionales, la carencia de medios humanos y materiales, los ataques sufridos por los miembros del poder judicial (incluso, de parte de autoridades del poder ejecutivo), el trato dado a algunos delitos de corrupción (con prescripción y consiguiente archivo de piezas, cuando no la retirada de acusaciones particulares y el no ejercicio de acciones civiles), los privilegios procesales de una amplia casta política,

[1] Dedicado al merecido Libro Homenaje al Profesor Víctor Moreno Catena, con motivo de su jubilación académica. Con éste he compartido muchos años de inquietudes, vivencias y momentos de toda clase. Sirva este trabajo como manifestación pública de aprecio y afecto.

la concesión de indultos absolutamente politizados (sonrojo produce aludir ahora a la amnistía), la elección de los miembros del Consejo General del Poder Judicial (con la torticera limitación de sus funciones) o la última designación de magistrados del Tribunal Constitucional (también, con un evidente matiz partidista), sin olvidar la pretensión separatista de que se constituya un Consejo Judicial propio para una parte de nuestra nación.

Mientras se invierten grandes cantidades de dinero en otros servicios públicos, sin parangón con pasados períodos de nuestra historia, la justicia penal sigue necesitando una adecuada atención por parte de los gobiernos. Pero, con independencia de la renovación de sus edificios y la mejora de las retribuciones de sus funcionarios, aparece la falta de diseño de un modelo plenamente garantista y democrático, dentro de un marco legislativo racional y moderno.

Son numerosos, pues, los temas de interés que se suscitan; sin embargo, la ocasión exige ceñirnos a cuestiones de especial relevancia[2].

## 2. ¿ES INDEPENDIENTE LA JUSTICIA ESPAÑOLA?

El ordenamiento jurídico (incluido el texto constitucional), la doctrina de los autores y la de los tribunales insisten en la necesaria e irrenunciable independencia de los órganos de justicia, que debe manifestarse en una actuación imparcial, libre y sólo sometida a la ley. Se presenta como lógica consecuencia de su naturaleza, hasta el punto de que nadie proclama —al menos, claramente— otras opciones[3].

---

2 En los comentarios que siguen nos ayudaremos de algunos trabajos (todos de José Martín Ostos) elaborados a lo largo de la carrera académica; de este modo: *Hacia un nuevo fiscal en la justicia penal* (editorial Astigi, Sevilla, 2019), *Jurisdicción penal de menores* (editorial JURUÁ, Lisboa, Portugal, 2016), *La prueba en el proceso penal acusatorio* (en "Curso de especialización en sistema penal acusatorio", Suprema Corte de Justicia de la Nación y Consejo de la Judicatura Federal, México, 2012, págs. 133 y ss.), *La verdad en el proceso penal* (en "Perspectivas y retos del proceso penal", compilador: Andrés Felipe Duque Pedroza, Universidad Pontificia Bolivariana, Medellín, Colombia, 2015, págs. 123-140), *Manual de Derecho Procesal Penal* (cuarta edición, editorial Astigi, Sevilla, 2020) y *Reflexiones sobre la justicia penal en España* (en JUSTICIA, Revista de Derecho Procesal, Bosch editor, Barcelona, 2012, número 2, págs. 25-65).

3 Los grupos políticos partidarios de modelos totalitarios de organización social suelen ocultar sus preferencias por un sistema de justicia sometido a los dictados de una minoría.

Esto que, en teoría, constituye hoy un axioma político y jurídico, en la práctica presenta grandes deficiencias. Por su importancia institucional, destacaremos los siguientes supuestos que ponen en entredicho el cumplimiento de esa pretensión.

### 2.1. *La batalla por la conquista del Consejo General del Poder Judicial*

Se mantiene una situación que puede calificarse de escandalosa, al permitirse una injerencia política en la elección de los cargos de mayor rango de la justicia. Sucede con los miembros del Consejo General del Poder Judicial, con la consiguiente repercusión en el nombramiento de las máximas autoridades de los tribunales que, a su vez, son designadas por dicho órgano.

Son los partidos políticos los que, tras oportuna negociación, acuerdan la elección por las Cámaras legislativas de los miembros del Consejo. Esto es válido tanto para los vocales de extracción judicial como para los juristas de reconocido prestigio no pertenecientes a la carrera (igualmente, en su elección resulta imprescindible el previo acuerdo de los representantes de las grandes formaciones políticas).

El resultado es una evidente politización de su funcionamiento, que se manifiesta en las votaciones sobre asuntos de gran importancia; entonces se comprueba una alineación indubitada de los vocales propuestos por las respectivas formaciones políticas, llegando al extremo de que puede anticiparse un resultado en el seno del Consejo, sobre todo en los debates de mayor calado. Es decir, se ha trasladado al órgano de gobierno del poder judicial las tensiones existentes entre las fuerzas políticas del Parlamento.

### 2.2. *¿De quién depende el Ministerio Fiscal?*

El mundo asiste a una clara potenciación de la figura del fiscal en la justicia penal. Aumenta el número de países que atribuyen la instrucción del proceso penal al Ministerio Público, incluso, a veces, con el monopolio del ejercicio de la acción, a la par que se le conceden amplias facultades en orden al archivo de actuaciones y a la negociación con el imputado. Además, en muchos ordenamientos dicho instituto se articula como dependiente del poder ejecutivo, no sólo en la dirección última, sino también en la selección de sus miembros o en la renovación periódica de sus nombramientos. Como es lógico, el aumento de las competencias procesales del fiscal repercute en la administración de justicia, con el consiguiente riesgo de que el ejecutivo, por medio de aquél, intervenga en la justicia penal.

Por lo que respecta a España, negar la actual estructura jerárquica del Ministerio Fiscal sería, como mínimo, un ejercicio de supina ingenuidad. No sólo en su organización interna, sino también en su funcionamiento diario, está concebido como un funcionario carente de independencia en su actuación, aunque sometido a los principios de legalidad e imparcialidad. Afortunadamente, la situación no ha llegado al extremo de otros países (sobre todo del continente americano), aunque las nubes de tormenta anuncian un futuro preocupante.

Sin embargo, si se apostara por su verdadera independencia, insertándolo dentro del poder judicial, podría plantearse con naturalidad la atribución de la investigación penal, que abordaremos más adelante. En ese caso, nos encontraríamos ante un profesional público, perteneciente al poder judicial en su amplia acepción, que desarrollaría sus funciones con arreglo a la necesaria independencia. Si no es así, ¿cómo encargar aquella tarea a un órgano único y jerarquizado o, lo que es peor, reconocer su subordinación al gobierno de turno?

A modo de subterfugio, se acostumbra a hablar de "autonomía funcional" y "operativa". Sin embargo, no caben términos medios; se reconoce la independencia del Ministerio Fiscal con todas sus consecuencias (es decir, externa e interna) o se rechaza.

### 2.3. *Dar fe con libertad*

Convertido con el transcurso de los siglos en una pieza fundamental dentro de los órganos judiciales (hasta el extremo de que lo actuado que no recibe su respaldo es como si no se hubiera producido), el fedatario judicial en nuestro ordenamiento se encuentra también regulado fuera del Consejo General del Poder Judicial, en directa dependencia del poder ejecutivo.

Amén de estar sufriendo un lento proceso de sustitución por parte de los modernos medios tecnológicos y ser modificada su denominación profesional por el inapropiado de Letrados de la Administración de Justicia, su ubicación legal no se corresponde con su naturaleza, con la lógica institucional, ni con la voluntad de la mayor parte de sus miembros. Su razón de ser en la administración de justicia justifica plenamente su debida consideración como miembro del órgano judicial, con el desarrollo libre de la importante función de fe pública.

### *2.4. La intrínseca rebeldía del abogado*

El abogado no forma parte de los cuerpos oficiales que conforman la administración de justicia, pero su intervención en el proceso penal resulta esencial para su buen funcionamiento. Sin entrar ahora en la preparación recibida en los centros universitarios, con la exigencia de un máster de acceso con resultados discutibles, sí afirmamos que esta profesión se encuentra necesitada de inevitables cambios.

Citemos, al menos, dos ejemplos significativos. El primero se refiere al turno de oficio, convertido en una burla del derecho de los ciudadanos a la tutela judicial efectiva. Escasa y tardíamente retribuidos, muchas veces sin la previa capacitación técnica, no siempre son los mejores defensores de los derechos de los imputados (obviamente, con las excepciones de rigor, que salvan el prestigio de la profesión).

Da la impresión de que, desde las esferas oficiales (tan alejadas de la realidad), no son conscientes de las ventajas de instaurar una Defensoría Pública, al modo de la existente en muchos países americanos con positiva valoración. Se trataría de seleccionar abogados conforme a criterios exigentes, confeccionando una plantilla con justa remuneración y dedicación exclusiva. De ese modo, se prestaría un eficiente servicio a la ciudadanía, a la par que se mejoraría la administración de justicia.

Otra situación digna de atención la constituye la no designación libre de abogado en supuestos de detención o prisión incomunicadas. Se corre el peligro de incurrir en una manifestación del Derecho procesal penal del enemigo, explicada por el peligro del fenómeno asesino y antidemocrático del terrorismo; esto no casa con las exigencias propias de un Estado de Derecho. Como resumen de urgencia, reproducimos lo que hemos afirmado en otro lugar: al terrorismo hay que combatirlo, policial y judicialmente (aunque no sólo), dentro de los límites sociales y democráticos del Estado. Rebasarlos, so excusa de adoptar una actitud en pro de la propia supervivencia de aquél, a largo plazo deparará más perjuicios que beneficios.

Afortunadamente, este profesional es bastante beligerante a la hora de luchar por la dignidad, independencia y libertad de su tarea que, como es lógico, repercute en el bien de la justicia. Con unas juntas de gobierno elegidas de forma democrática, las corporaciones de estos letrados prestan un servicio innegable a la sociedad, siendo sobradamente conocidas sus preocupaciones (y consecuentes pronunciamientos) ante los males que aquejan a su actividad.

## 3. LA JUSTICIA PENAL ¿AL SERVICIO DE QUIÉN?

De nuevo las limitaciones del presente trabajo obligan a centrarnos en algunos aspectos que plantean interesantes controversias.

### *3.1. El sacrosanto sistema acusatorio*

Este patrón de comportamiento y pautas se presenta hoy como el paradigma de todas las virtudes de una moderna y humanizada justicia penal, en detrimento de cualquier manifestación —por pequeña que sea— de su opuesto, el inquisitivo. No suele discutirse la preponderancia (a veces, con deseos de exclusividad) del sistema acusatorio, hasta el extremo de que casi se anatemiza a quién, con prudente mesura, se atreve a plantear la posible y proporcional convivencia de ambos modelos.

Se llega a afirmar que la columna vertebral del sistema acusatorio es la proscripción de la indefensión. ¿Quiere ello decir que el sistema inquisitivo acepta la indefensión? Sería como afirmar que el sistema inquisitivo pretende evitar la impunidad de conductas delictivas. ¿Significaría que el acusatorio, por el contrario, la favorece? Evidentemente, ambos sistemas han pretendido en la historia evitar tanto la indefensión como la impunidad, lo que no significa que lo hayan logrado con la misma eficacia.

Para muchos partidarios del sistema acusatorio, el inquisitivo (con el que identifican a cuanto se opone a sus pretensiones) representa el pasado, la decadencia y el oscurantismo, unido al autoritarismo más trasnochado, mientras que el primero constituye el futuro, la libertad y el progreso (todo ello sin cortapisas). Criticar el más mínimo aspecto del acusatorio se considera como la apuesta a favor de una justicia penal vetusta y desfasada.

En esa desenfrenada carrera hacia el modelo acusatorio puro (en cuyo interior, cual Caballo de Troya, pueden esconderse inconfesables objetivos, más próximos a un control estatal que al verdadero sentimiento liberal pregonado, aunque las apariencias parezcan mostrar otra cosa), no es raro encontrar razones sorprendentes. De este modo, se ensalza sin límites la potenciación de la figura del fiscal, reduciéndose el papel del juez a una actitud expectante, cuando no pasiva (no faltando quién propone vetar su menor iniciativa investigadora).

Con independencia de esta actitud generalizada, en la que muchos se decantan por un sistema acusatorio puro, tampoco faltan opiniones partidarias de uno formal o mixto. Éste se presenta como un resultado intermedio, que no se corresponde en su totalidad con ninguno de los dos, sino que contiene en su seno algunas manifestaciones de ambos.

En este sentido, no debemos olvidar que la libertad y la autoridad, aceptadas en toda organización social y política, han inspirado a lo largo del tiempo los diversos sistemas de justicia penal, pudiéndose afirmar que en el sistema acusatorio destaca sobre todo la primera mientras que la autoridad caracteriza al inquisitivo. Obviamente, ninguna inspira de modo exclusivo un sistema de enjuiciamiento penal, sino que las dos se manifiestan en determinada proporción. En esa deseada armonía radica la afirmación de que un sistema está más o menos influido por uno u otro valor. Por tanto, hablar de un sistema procesal penal acusatorio en estado puro, sin una mínima presencia pública, puede considerarse una entelequia.

Tal vez, la cuestión no deba plantearse en torno al predominio del sistema acusatorio sobre el inquisitivo (lo cual casi nadie discute), sino en buscar la superación de ambos, abogando por uno nuevo. Un proceso garantista puede constituir la solución —no sólo en lo relativo a su denominación—, ya que, en síntesis, como afirma Ferrajoli (*Derecho y razón. Teoría del garantismo penal*, Madrid, Trotta, 2009), el garantismo consiste en la tutela de los derechos fundamentales de la persona. Por nuestro parte, como sucede en tantos aspectos de la vida, hay que procurar la armónica síntesis de los principios válidos que han inspirado el enjuiciamiento penal a través del tiempo.

### *3.2. La controvertida dirección de la investigación penal*

Coincidentemente con lo anterior, aumenta por días el número de partidarios de que la instrucción de nuestro proceso penal se atribuya al Ministerio Fiscal, en detrimento de quienes se pronuncian a favor de que esa función continúe correspondiendo al juez[4].

En puridad —como hemos afirmado en diversas ocasiones—, si las carreras judicial y fiscal estuvieran influidas por los mismos principios (independencia...), la cuestión no merecería mayor debate. Sin embargo, cuando se trata de un Ministerio Público único y jerarquizado, claramente dependiente del poder ejecutivo (como sucede en España), la discusión resulta inevitable. Máxime si se le otorga, como pretenden algunos de los

---

4 Remitimos a lo expuesto más arriba en torno a la posible inserción institucional del fiscal.

defensores de la primera opción, que este funcionario ostente en régimen de monopolio el ejercicio de la acción penal.

La propia concepción de la instrucción, como etapa preparatoria del juicio oral, destaca su naturaleza procesal. En consecuencia, no sólo se trata de regular quién instruye, sino, especialmente, cómo lo hace (garantías...) y con qué finalidad. Dejar esa importante tarea en manos de un cuerpo jerarquizado y dependiente del poder ejecutivo puede generar suspicacias, sobre todo en supuestos de extrema gravedad y de clara repercusión política. Naturalmente, el planteamiento sería distinto si el Ministerio Fiscal estuviera incardinado dentro del poder judicial, adornado de plena independencia.

Además, resulta evidente que la actual configuración de la instrucción difiere en gran medida de la de anteriores épocas de nuestra historia. No estamos ante un instructor plenamente soberano que dicta resoluciones irrecurribles, sin audiencia ni intervención de las partes. Por el contrario, sus facultades han ido mutando; además de que sus decisiones generalmente pueden ser revisadas en una superior instancia, en otras ocasiones requieren para su acuerdo una solicitud de parte.

Para colmo, de esa etapa en el proceso penal de adultos se encarga un juez (que recibe el nombre de Juez de Instrucción), mientras que en la justicia penal de menores desde hace más de treinta años dicha función compete al fiscal.

### *3.3. También existen las partes*

El ejercicio de la acción penal por parte de la víctima sufre ciertas limitaciones en algunos ordenamientos jurídicos. Por su parte, la acción popular se encuentra en claro peligro de desaparición, incluso dónde todavía subsiste (como es el caso de España).

En cuanto a la primera, no debe olvidarse que la víctima es la persona involuntariamente involucrada en un delito. Por desafortunadas circunstancias se convierte en la parte pasiva de una infracción penal, sin haberlo pretendido. Resulta obligado que se le reconozca, sin paliativos, la posibilidad de personarse como parte acusadora. El fundamento radica en su interés en conocer el desarrollo del proceso sobre el delito que le ha afectado directamente y, por tanto, en participar en el mismo de modo activo (informándose de las actuaciones, instando y asistiendo a la práctica de las diligencias, solicitando la adopción de medidas cautelares, calificando provisionalmente, interviniendo en el juicio oral, interponiendo recursos, etcétera). Goza de un consolidado reconocimiento en nuestra justicia penal, por lo que cualquier maniobra tendente a su limitación —aunque fuese muy pequeña— debería ir abocada al fracaso.

No sucede lo mismo con la acción popular, de arraigada tradición en nuestra justicia penal, aunque en el presente no goce de vientos favorables. Es cierto que cabe el abuso de su ejercicio, con intención obstaculizadora, pero el juez dispone de medidas de freno (imposición de fianza, o exigencia de que litiguen unidos en el caso de que sean varios los pretendidos actores populares). Además, la acreditación de interés va reduciendo su ámbito operativo sólo a las personas jurídicas, lo que no es descabellado, ya que resulta razonable circunscribir su personación a quién se constituyó previamente para la defensa de bienes jurídicos afectados por determinados delitos. Por otra parte, tampoco son superfluos los beneficios derivados de su actuación. No sólo desde una perspectiva sociopolítica (cualquier miembro de la comunidad —con determinados requisitos— puede intervenir en un proceso penal en defensa del ordenamiento jurídico), fortaleciendo la participación democrática, sino que al mismo tiempo el proceso se enriquece con su presencia e intervención como parte procesal. Al igual que el querellante particular, el popular coadyuva —junto con el Ministerio Fiscal— a un mejor planteamiento, argumentación y defensa de las alegaciones de la acusación en su conjunto. Y todo ello de modo voluntario.

### *3.4. ¿Justicia de menores o justicia menor?*

Con poco más de un siglo de existencia en España y con diversos avatares en su evolución legislativa, la jurisdicción de menores continúa atrayendo la atención de numerosos estudiosos; como es lógico, los juristas ocupan un lugar destacado (especialmente, procesalistas y penalistas). Espiguemos algunos de sus controvertidos aspectos.

En primer lugar, va adquiriendo bastante peso la reivindicación de bajar la edad mínima de conocimiento por parte de los Juzgados de Menores, aunque sin resultado (a pesar de que resulta evidente el cambio físico y mental producido en los autores de ciertos delitos).

Otro tema discutido es la existencia de un Juzgado Central de Menores dentro de la Audiencia Nacional, dedicado exclusivamente a los delitos de terrorismo y poco justificado en su momento. Igualmente, el establecimiento de un recurso de casación ante la Sala de lo Penal del Tribunal Supremo, para unificación de doctrina, contra las sentencias dictadas en segunda instancia por las Audiencias Provinciales y por la Audiencia Nacional, quizás podría reconducirse (como en su día se intentó, sin éxito) hacia los Tribunales Superiores de Justicia.

También, llama la atención y constituye una evidente contradicción en nuestro ordenamiento procesal la dirección de la investigación en el proceso penal de menores, atribuida al Ministerio Fiscal desde 1992. Esa regulación contrasta vivamente con el modelo vigente en el proceso de adultos. Una sorprendente situación para propios y extraños.

Con independencia de otros aspectos de interés (la prohibición de actor popular, el tratamiento de la conformidad del menor con la calificación de las acusaciones, la publicidad del juicio, la posibilidad de dejar sin efecto la medida impuesta, reducir su duración o sustituirla por otra, incluso una vez firme y tanto de oficio como a instancia de parte, o el cumplimiento de la medida por el menor ya alcanzada la mayoría de edad), la ejecución de las medidas impuestas a los menores merece un comentario, en cuanto que constituye la etapa más trascendental de este ámbito especializado de justicia.

Al efecto, se continúa careciendo de un cuerpo técnico específico, de carácter público. Por causas no suficientemente explicadas, la ejecución de las medidas impuestas a los menores infractores se encomienda en las Comunidades Autónomas en numerosas ocasiones a empresas privadas (eso sí, sin ánimo de lucro, faltaría más). Sin cuestionar —aunque, razonablemente, puede asaltar la duda— la objetividad seguida en la selección, así como la experiencia y profesionalidad de todos los trabajadores implicados, a priori no resulta convincente que sean unas entidades privadas las que se encarguen de la ejecución de las medidas impuestas por unos órganos jurisdiccionales. Es decir, se echa en falta que el personal directamente relacionado con los menores (desde directivos hasta psicólogos, trabajadores sociales, profesores, sanitarios, vigilantes...), sea seleccionado conforme a criterios de igualdad, mérito y capacidad, conformando unos escalafones profesionales, tal como acontece en otros ámbitos de la Administración.

### *3.5. La persistente tendencia del legislador*

En las propuestas legislativas sobre el proceso penal presentadas durante el vigente siglo no se observan grandes diferencias entre las promovidas por las distintas formaciones políticas, se trate de socialistas o de liberal-conservadores.

De este modo, en el año 2011, en el seno del Ministerio de Justicia, bajo el gobierno del Partido Socialista, se prepararon unos anteproyectos de ley para un nuevo proceso penal.

El primero de ellos se denominó anteproyecto de Ley Orgánica de desarrollo de los derechos fundamentales vinculados al proceso penal, en el que se recogían especiales facultades para el Ministerio Fiscal en ciertos casos. Le siguió un anteproyecto de Ley de Enjuiciamiento Criminal en el que se optó por atribuir a dicho funcionario la dirección de la investigación penal, sin dependencia jerárquica externa, aunque sí sometido a dependencia jerárquica interna y teniendo la Policía Judicial bajo su mandato. En cuanto a la víctima, se admitía su personación procesal, facilidad que no se extendía fácilmente a la acción popular para la que se excluían las personas jurídicas públicas, los partidos políticos y los sindicatos. Además de otros aspectos de interés (posible exclusión de la acción civil en el proceso penal y control del Ministerio Fiscal sobre determinadas diligencias), se apostaba por el establecimiento de un Juez de Garantías.

Poco tiempo después, la Exposición de Motivos del borrador de anteproyecto de Código Procesal Penal, del Partido Popular (2013), afirmaba que "el nuevo Código de Proceso Penal configura un sistema de investigación y enjuiciamiento moderno, ágil y equilibrado, que se atreve a romper con la perniciosa tradición inquisitorial y atribuye la dirección de la investigación al Ministerio Fiscal", añadiendo que "queda cumplido con ello el principio acusatorio". Mantenía la figura del acusador particular, aunque restringiendo notablemente la del actor popular a determinados delitos (los cometidos por funcionarios públicos, corrupción en el sector público, así como contra intereses difusos y electorales), a la par que prohibía su ejercicio por partidos políticos, sindicatos y toda persona jurídica pública o privada, salvo las relacionadas con las víctimas del terrorismo.

Además de otras reformas de interés (integración de la Policía Judicial en el Ministerio Fiscal, posible obligación del encausado de someterse a registros e intervenciones corporales, ejercicio conjunto de la acción civil con la penal, admisión de conformidad en todo tipo de delito con independencia de la pena, etcétera), se proponía el establecimiento de Tribunales de Garantías y de Tribunales de Instancia.

Más tarde (noviembre de 2020), de nuevo bajo el gobierno del Partido Socialista, se elaboró otro anteproyecto de Ley de Enjuiciamiento Criminal. En su Exposición de Motivos se aludía a la anterior propuesta de Código Procesal Penal del Partido Popular, afirmando que "aunque difería en numerosos aspectos técnicos de su antecedente de 2011, compartía la integridad de sus principios rectores". Por si quedara alguna duda, reconocía que tanto el anteproyecto de 2011 como la Propuesta de 2013 constituyeron "referentes primordiales de la presente ley, pues son textos que recogen décadas de trabajo conjunto dirigido a la consecución de un empeño que trasciende cualquier color político: proporcionar a la sociedad española una justicia penal moderna, ágil y garantista" (apartado II).

El último anteproyecto mantenía la misma línea de las anteriores iniciativas; en síntesis: el Fiscal se encargaría de dirigir la investigación oficial de los hechos punibles y de ejercitar la acción penal pública contra los responsables, correspondiéndole acordar el secreto total o parcial del procedimiento de investigación, y la apreciación discrecional de las causas que permitieran concluir el procedimiento por razones de oportunidad; además, del mismo dependería funcionalmente la Policía Judicial. Por otra parte, se mantenía la acusación particular y se excluía del ejercicio de la acción popular a las personas jurídicas públicas, los partidos políticos y los sindicatos; también, se contemplaba la posibilidad de excluir el ejercicio de la acción civil en ciertos procesos penales e, igualmente, se abogaba por un Juez de Garantías.

En resumen, se manifiesta de forma indubitada la tendencia dominante en las tres iniciativas legislativas mencionadas, en casual coincidencia, a pesar de la diferente concepción doctrinal que, en teoría, debería caracterizar a cada fuerza política. Ambas defienden la atribución de la investigación del proceso penal al fiscal (con el incremento de nuevas competencias), así como coinciden en la creación de un nuevo órgano judicial, llamado Juez de Garantías. Representan un claro reflejo del pensamiento de los partidos gobernantes y explica la falta de interés —al menos, tácitamente— en no abordar en profundidad la necesaria reforma del Ministerio Fiscal.

## 4. EUROPA *ÜBER ALLES*

Muchas de las reformas introducidas —y de las pretendidas— durante los últimos años en nuestro ordenamiento procesal provienen directamente de la Unión Europea, gozando algunas también de especial arraigo y desarrollo en el norte del continente americano.

Además de la política llevada a cabo por los sucesivos gobiernos españoles, se constata claramente el fruto de las estancias de jóvenes investigadores jurídicos en Alemania e Italia (menos frecuente en Francia, Portugal e Inglaterra). La rentabilidad de las estancias realizadas —especialmente, en el primero de dichos países —resulta indiscutible. Se potencia la difusión de su lengua, importante manifestación cultural, con el consiguiente conocimiento de su derecho. La posterior exportación de las instituciones viene por añadidura.

La política de captación germana se encuentra respaldada por una generosa oferta de becas y ayudas que facilitan el estudio e investigación en sus centros de las promesas universitarias de todo el mundo (también españolas, con su consiguiente repercusión en las naciones de habla hispana).

Por el contrario, la reciprocidad con nuestro país es prácticamente inexistente. Con la salvedad de Portugal y de la América de habla española (que permiten el intercambio dentro de un marco cultural común), no abundan en nuestras Facultades de Derecho investigadores provenientes de otras naciones europeas que se dediquen al estudio y conocimiento de las instituciones procesales patrias.

Hay que añadir la escasa presencia de juristas españoles en la preparación y redacción de textos que cristalizarán más tarde en los instrumentos legislativos aprobados en el seno de la Unión europea; además, nuestra lengua no figura entre los idiomas de trabajo utilizados. La conclusión surge por sí sola: escaso reconocimiento de las instituciones jurídicas españolas y continua implantación de las oriundas de otros troncos jurídicos.

A mayor abundamiento, la regulación de la Fiscalía Europea, como en su día sucedió con el Tribunal Penal Internacional, ha introducido términos, figuras y procedimientos bastante ajenos a nuestra tradición jurídica. Se produce la paradójica situación de que la vigencia de la Fiscalía Europea obliga en nuestro país a la convivencia de dos modelos diferentes de instrucción penal para adultos.

En la Exposición de Motivos del Anteproyecto de Ley de Enjuiciamiento Criminal de noviembre de 2020, se afirma: "la implantación de la Fiscalía Europea requiere, inevitablemente, la articulación de un nuevo sistema procesal, de un modelo alternativo al de instrucción judicial que permita que el órgano de la Unión Europea competente (la Fiscalía) asuma las funciones de investigación y promoción de la acción penal, al tiempo que una autoridad judicial nacional, configurada con el estatus de auténtico tercero imparcial, se encarga de velar por la salvaguardia de los derechos fundamentales". Como conclusión, añade: "Ese es el modelo generalmente aceptado en los países de nuestro entorno y el que...puede considerarse ya parte del acervo jurídico característico de la Unión Europea" (apartado III). La importancia de esta última afirmación no requiere comentario, sobre todo si no se tiene intención de transformar la dependencia institucional del Ministerio Fiscal.

Por supuesto, ni por asomo cabe discutir la pertenencia cultural de España a Europa. Tampoco debe aceptarse sin previo debate científico el retroceso de nuestras instituciones jurídicas en aras de otras pregonadas como superiores. La herencia romano-canónica es patente en gran parte de los países de este continente; en consecuencia, para lo que se considere todavía válido, aquélla debería ser tenida presente en similar medida a la de origen anglo-germana.

## 5. UNA NUEVA ACECHANZA, LA INTELIGENCIA ARTIFICIAL

Los procesalistas dirigen con insistencia su mirada hacia esta materia novedosa, publicándose trabajos y celebrándose sesiones de estudio con el objeto de recibirla en forma y aplicarla de la mejor manera posible. Es decir, se sigue el camino iniciado en otros ámbitos científicos y especializados (en general, tecnológicos, aunque sin excluir las especialidades jurídicas).

Hay que partir de la base de que la informática constituye una realidad innegable a la que no resulta razonable oponerse, ni hacer caso omiso. No procede rechazar las evidentes ventajas que la tecnología aporta, aunque la expresión de inteligencia artificial no parezca la más acertada (mucho menos la de "justicia penal algorítmica", de preocupante intencionalidad).

Debe aprovecharse, por tanto, el campo de la informática dedicado a la creación de sistemas que pretenden realizar tareas propias de la inteligencia humana (como la estadística, el aprendizaje e, incluso, el razonamiento), sirviéndose de algoritmos (como pasos o instrucciones, previamente definidos que, por su carácter sistemático, permiten desarrollar una labor concreta o solucionar un problema, suministrando información de interés; mientras más datos se faciliten, mejor se orienta o aconseja). Iría contra el propio sentido común no aprovechar las ventajas que la tecnología aporta, ni agotar las ingentes posibilidades que deparará el desarrollo de la robótica futura.

Ahora bien, al mismo tiempo nos enfrentamos con una materia sumamente delicada, que en el caso de la administración de justicia aconseja caminar con prudencia. Téngase presente que no se parte de la pura inteligencia, la única que existe, la que duda, sufre incertidumbre e implica debate y razonamiento, la humana; es decir, la que ha sido considerada desde siempre como una facultad de la mente que permite aprender, entender, razonar, tomar decisiones y formarse una idea de algo. Por el contrario, nos encontramos ante una creación de naturaleza artificial, con unos evidentes riesgos en su aplicación.

No hay duda de que numerosas tareas relacionadas con la justicia penal (concesión de asistencia jurídica gratuita, investigación de una persona, actuación policial, inculpación, adopción de medidas cautelares y ejecución, entre otras) pueden verse facilitadas en su decisión —que no sustituidas— por el uso de algoritmos. Sin embargo, debe llamarse la atención sobre el peligro de su presencia en actuaciones cruciales, como es el dictado de resoluciones y los recursos, que implican valoraciones de fondo más complejas.

En los algoritmos radica, fundamentalmente, la clave de lo apuntado. No se les debe dar el valor de verdad inmutable, sino de meros instrumentos auxiliares. Su orientación y contenido no es cuestión baladí. El algoritmo facilita información, pero hay que evitar su tiranía. No sólo cabe oscurantismo y sectarismo intencionado en la elaboración, sino que su principal riesgo es la consideración como verdad real. A mayor abundamiento, si la aprobación del algoritmo se ve respaldada por una norma legal aprobada en la Cámara legislativa, la preocupación aumenta, pues se le puede otorgar un "sagrado poder" (democrático y definitivo) a lo que sólo es la iniciativa coyuntural de una fuerza política mayoritaria.

El algoritmo en sí —como la ciencia, en general, y la tecnología, en particular— no debe significar un peligro para el ser humano. Todo lo contrario, puede ayudarle mucho. También, a la administración de justicia. Como toda manifestación científica, el algoritmo debe existir para servir, para ser útil, para ayudar, suministrando información en el abordaje de situaciones, incluidas las muy complejas. Si es mal utilizado, puede facilitar un torticero control social, afectando a la propia libertad de la persona.

Consecuentemente, el riesgo no se encuentra en la existencia de los algoritmos (que pueden ofrecer útiles hipótesis), sino en su uso, en su posible consideración como dogma. Depende de quién los elabore, conforme a qué criterios o instrucciones se diseñen y, sobre todo, qué efectos puedan producir como consecuencia de su utilización (piénsese, por ejemplo, en la selección de miembros de un Tribunal de Jurado conforme a tendencias políticas).

Por otra parte, no falta quién plantea la posibilidad —a veces, la conveniencia— de que la tarea de enjuiciamiento, que tradicionalmente ha correspondido al juez, pueda en un futuro ser sustituida por máquinas. En este terreno se impone caminar con suma cautela. Una cosa es que el juzgador se sirva de los eficaces avances de la ciencia y de la tecnología (con la informática y el uso de algoritmos) y otra, bien distinta, que su función de enjuiciamiento pueda ser realizada por robots que obedecen, sin límite alguno, a unos algoritmos (que han podido ser diseñados por personas —¿también, a su vez, por robots?— al servicio de espurios intereses).

Se argumenta que lo apuntado sería sólo para procedimientos sencillos. El espacio del juez sería ocupado por una máquina que aplicaría a la perfección unos algoritmos, respaldados legalmente y pregonados como de exquisita elaboración, quedando privado el juzgador de su función capital y relegado a un papel de mera comparsa. Nada impediría que por ese camino se llegara algún día a su supresión, por innecesario (obviamente, también, de modo paulatino y sin aparente quebranto político).

Por esa senda, eliminadora del entendimiento, podría también llegarse (igualmente, de modo lento) a la supresión de la intervención (voluntad) procesal del ciudadano, que vería reducida su participación a lo que dispusieran los algoritmos.

Tampoco faltan juristas conscientes de los peligros que pueden amenazar a la maltrecha justicia penal y plantean el establecimiento de infranqueables límites éticos al intento de predominio de los algoritmos. Esa batalla, ya comenzada, se librará algún día a ultranza entre partidarios de la libertad y de la intervención pública.

En el fondo late la cuestión de que los algoritmos (también, los bancos de sentencias y los formularios) son confeccionados por personas, por lo que caben errores y sesgos, aunque suministren interesante información.

Al Estado (sociedad organizada) le corresponde la tarea (responsabilidad irrenunciable) de evitar que el entendimiento, la memoria y la voluntad (conocidos como potencias del alma, esto es, la esencia de la propia naturaleza humana) sean sustituidos por insensibles mecanismos robotizados al amparo de la llamada IA. Hay que estar atentos ante el peligro —eso sí, predicado como rentable atractivo (hábil trampa engañosa)— de que el camino iniciado conduzca al fin de la compleja armonía democrática, para caer en las garras del totalitarismo (esta vez, posiblemente, sin retorno).

## 6. AMÉRICA ¿EN EL CORAZÓN?

El descubrimiento y conquista del continente americano hace siglos representó para todo el mundo —especialmente, para España; también, aunque en menor medida, para Portugal— un hecho histórico de incalculables consecuencias. A partir de ese momento, nuestra presencia se manifestó en todos los ámbitos de la vida de esos territorios, llegando gran parte a ser considerada integrante del reino español.

Por lo que respecta al derecho, durante mucho tiempo en aquellas tierras estuvo presente nuestro ordenamiento jurídico, con similares instituciones, fuentes legales y doctrina. La creación de una red de universidades colaboró a su mantenimiento y difusión. Más tarde, producida la independencia con el nacimiento de nuevas naciones, tampoco se produjo una desvinculación de la cultura jurídica proveniente de España.

Sin embargo, esa afirmación no puede mantenerse en la actualidad con la misma firmeza. Desde un tiempo acá, se percibe un claro retroceso de la presencia hispana en el citado mundo jurídico, tanto en el norte como en el sur y centro de América. Se está produciendo un constante avance de otros países (con sus correspondientes manifestaciones culturales) parejo a nuestro retraimiento.

Reconocida la influencia inglesa en los Estados Unidos de Norteamérica, en el resto se observa una creciente presencia jurídica de otras naciones, tanto de cuño europeo como asiático (entre las primeras, ocupa un lugar destacado Alemania; entre las segundas, hay que citar a China y Japón).

En lo referente a España, con la meritoria excepción de la AECID (con unos limitados presupuestos, sólo superados por la vocación de servicio de sus empleados públicos), existe gran variedad de iniciativas universitarias, carentes de conexión y de una inteligente puesta en común. Hasta el momento, cada profesor desplazado a algún país iberoamericano se limita a transmitir sus conocimientos jurídicos con la mejor intención. En ocasiones, participa también en la preparación de borradores y trabajos que servirán de base para futuros textos legislativos. Los juristas llegados de España son recibidos con acogedora predisposición; recíproca actitud se manifiesta con los jóvenes de aquellos países que se desplazan a España para estancias de investigación (generalmente, la realización de su trabajo de tesis doctoral). Por razones obvias, resulta conveniente la potenciación de estas iniciativas, en ambas direcciones.

No obstante, tampoco faltan compatriotas (profesores universitarios, en la mayoría de los supuestos) que, contratados por compañías extranjeras, se pliegan a las consignas recibidas y coadyuvan en la difusión de institutos, normativa y doctrina (también, terminología) extraños a la cultura española; de este modo, poco a poco, van modificándose la forma y el fondo de los respectivos ordenamientos jurídicos de aquellas naciones. Al respecto, seguramente aportaría luz conocer el listado de los doctorados *honoris causa* concedidos a españoles por algunos centros universitarios del centro y del sur del continente americano implicados en la reforma judicial de sus países.

Como contrapeso, por parte de España se requiere como inexcusable obligación moral una digna, eficaz y eficiente tarea política que evite el retroceso de nuestras raíces jurídicas en favor de otras diferentes, no siempre de mejor naturaleza. Tampoco debe caer en el olvido su patente retirada en el continente africano. Sirvan, al menos, estas palabras de recordatorio (también extensible a las islas Filipinas, al sur de Asia).

## 7. ¿UNIVERSITAS *VERSUS* VERITAS?

Al deficiente panorama teórico y práctico de nuestra justicia no es ajena la caótica situación que atraviesa la conocida como *Alma Mater*. La proliferación de centros creados —con un mínimo orden y concierto— y la deficiente selección del profesorado han abocado en muchos casos a unos pésimos resultados. Ello salpica a la imagen de las facultades jurídicas, de dónde saldrán los futuros juristas que en su día formarán los correspondientes escalafones profesionales.

En paralelo, comienza a admitirse que el título de graduado (a veces, también el de doctorado, con calificación de *cum laude*, por supuesto), se encuentra al alcance de quienes deseen obtenerlo, sin importar mérito y capacidad. Tal es su desprestigio. Y, lo que es peor, el progresivo deterioro de la institución conduce a un futuro de difícil enmienda.

Igualmente, en la carrera académica se da por hecho la sectaria promoción de los adeptos; la constitución a la carta de tribunales de tesis doctorales y de comisiones para el ingreso y ascenso en las diversas categorías de profesorado constituyen el pan de cada día. Resulta notorio que, en muchísimas ocasiones, el propio candidato (único concursante, para más inri) ha propuesto a los miembros que han de juzgar su ingreso o promoción en el funcionariado; aunque parece que ahora, después de años de lacerante escándalo e infructuosas denuncias, puede cambiar la situación, ¿cómo corregir el mal causado? Con las excepciones de rigor, que salvan el honor de algunas universidades y que gozan de un merecido reconocimiento, existen centros (especialmente, en los distritos de más corta vida, aunque no sólo) en los que el amiguismo campa a sus anchas. Basta la relación de los trabajos de investigación realizados por los afortunados —en general, con deficiente calidad— para comprobar la razón de lo afirmado.

Por lo que se refiere a los teóricos del derecho procesal, la división aparenta establecerse entre neoliberales e intervencionistas, que se reparten el control de las diferentes facultades. En el fondo la discrepancia no es real, sino que suelen constituir planteamientos convergentes, con una nítida tendencia al pensamiento único, ausente de crítica científica. A corta vista, se arguye que la pugna suele plantearse por otras consideraciones (parcelas de poder académico, venta de libros, reparto de ayudas, becas, estancias, conferencias y ponencias...). Sin embargo, a largo plazo los objetivos son coincidentes, pretendiendo someter dicha disciplina a las directrices emanadas de las respectivas formaciones políticas que los inspiran, comunes en gran parte.

En esa línea, aunque con valiosos supuestos de excepción, suelen formarse unos grupos (hablar de escuelas produce rubor) en los que sumisos y obedientes jóvenes realizan su tarea bajo estrictas consignas de sus dirigentes; esto se manifiesta tanto en la elección de trabajos de investigación (en los que predominan los temas de moda) como en las conclusiones obtenidas (a veces, con un cómplice silencio crítico de aquellos autores que son considerados *enemigos*). Afortunadamente, nunca falta algún amante de la verdad científica por encima de todo, que se rebela ante tan injusta situación y ennoblece con su actitud la vida de la academia. Eso sí, acabará convertido en un profesor a la intemperie, aunque habrá salvado su dignidad (que no es poco).

Esa relación de subordinación sectaria no se desenvuelve sólo en los departamentos, considerados como unidades básicas de docencia e investigación; sin duda, los tentáculos de dependencia extienden su eficacia a superiores instancias. Tal vez, la imaginación del lector —libre, por su propia naturaleza— llegue hasta las comisiones de contratación y evaluación, los nombramientos de puestos de libre designación, el movimiento sindical universitario y las sociedades secretas.

## 8. EL SILENCIO DE LOS BORREGOS

Y si la universidad, tradicionalmente considerada como templo del saber y de la libre crítica, se encuentra encorsetada por los mencionados intereses, qué no decir de otros ámbitos jurídicos.

En el momento presente, ¿qué piensan las entidades —públicas y privadas— que agrupan a los juristas del país? Facultades de Derecho (demasiadas, hoy), colegios profesionales (de abogados, procuradores, fedatarios judiciales, notarios...), sindicatos, academias, asociaciones (judiciales, de fiscales y de profesores), fundaciones, etcétera, mantienen un significativo silencio.

La actualidad contrasta con la valiente y decidida presencia pública de los estamentos profesionales durante el régimen político anterior, con preferencia en los últimos años (aunque en todo caso con un incuestionable riesgo en juego). Hoy se observa un sospechoso temor a disentir y el mutismo es generalizado ante ciertas cuestiones jurídicas controvertidas.

Sin embargo, hay que reconocer una sorprendente —aunque parcial— excepción durante el mes de noviembre del año en que se redactan estas líneas (2023); en efecto, la proyectada ley de amnistía para los separatistas catalanes ha producido una reacción inesperada por parte de juristas de diversos cuerpos y profesiones. No obstante, a pesar de la gravedad de lo acontecido, en que jueces, fiscales, fedatarios, otros cuerpos de funcionarios, abogados, etcétera, han elevado de forma abrumadora sus voces de protesta, no se ha oído de modo suficiente la proveniente de algunos sectores profesionales (sirva de ejemplo la actitud de la mayor parte de las Facultades de Derecho o de la Asociación de Profesores de Derecho Procesal de las Universidades Españolas). Habría que preguntarse por el motivo de ello.

Como alternativa, numerosos docentes han tenido que adherirse a improvisados foros, declaraciones y manifiestos para expresar su firme descontento ante la iniciativa legislativa del gobierno.

En otro tiempo, los congresos, asambleas y jornadas solían terminar con una declaración de intenciones, si lo de reivindicaciones se consideraba demasiado subversivo. Sin embargo, ante una serie de graves situaciones, como son algunas acontecidas recientemente, con muestras de patente corrupción (así, los indultos concedidos en famosos procesos, los nombramientos que mancillan la debida independencia de la justicia, la favorecedora supresión de algún tipo penal, etcétera), no toda la clase jurídica española ha estado a la altura de las circunstancias.

Muchos teóricos y prácticos, incomprensible dualidad impuesta por una torpe legislación, apuestan por desempeñar su labor lo mejor posible, sin mayores ambiciones, temerosos de inmiscuirse en un terreno que sólo les puede granjear complicaciones. Frente a esta actitud de profesionales jurídicos que trabajan con la imparcialidad que les permite la ley y su conciencia, una ambiciosa y arribista minoría opta por otros derroteros, alcanzando cotas de poder que nunca pudieron imaginar dadas sus carencias de mérito y capacidad. El silencio de los más, beneficia a los menos.

## 9. ¿ES POSIBLE CORREGIR LA DERIVA?

Ante la injerencia del poder ejecutivo (a través de los partidos políticos, no se olvide) en la justicia, afectando a la necesaria separación de poderes, cabe preguntarse ¿es posible cambiar el rumbo de nuestro orden jurisdiccional penal, corrigiendo su amenazante deriva totalitaria?

En teoría, sí, aunque lo primero que se ha de tener es voluntad de hacerlo. Eso no es fácil que se produzca cuando las principales fuerzas políticas —es decir, hoy los auténticos detentadores del poder social y económico— demuestran de modo continuo que no son proclives a un verdadero cambio, sino que aspiran a conservar (incluso, simulando reforma) un sistema de justicia que ha venido a convertirse en útil instrumento a su servicio. Cabría hablar de un pensamiento procesal único, pregonado como óptimo y defendido con ahínco por quienes se proclaman atrevidos innovadores.

¿Y los sectores profesionales y científicos?, ¿apostarían en verdad por una renovación en busca de un diseño auténticamente democrático y garantista? Constituye una reivindicación clásica la necesaria reforma de nuestra justicia; se insiste desde siempre, aunque con especial hincapié en los últimos decenios. No obstante, de ahí no se pasa; y, si se hace, puede pensarse que no siempre es deseable haber introducido semejantes innovaciones, que se limitan a copiar sin recato las iniciativas de otros países, cuando no se trasladan sin el menor debate doctrinal las instrucciones emanadas de la Unión Europea. Paulatinamente, va perdiéndose sentido crítico, en aras de un ansiado mimetismo al servicio de intereses no del todo claros.

Si hubiera verdadera voluntad de transformación, unos abogarían por la reforma, frente a otros que podrían ser calificados como inmovilistas y conservadores. Sería cuestión de esfuerzo, tiempo y razonamiento el que los primeros vieran triunfar sus objetivos sobre los segundos. Sin embargo, hoy no es ese el planteamiento, ya que la mayor parte de los legisladores, secundados por sumisos estudiosos, coinciden en idéntico modelo procesal penal.

En el fondo, son muy pocos los que relacionan la intervención del poder ejecutivo en nuestra justicia con la vigencia de un corrupto y antidemocrático sistema de participación en el poder por medio de los partidos políticos. En general, no se buscan alternativas al modelo imperante; por el contrario, se predica la identificación de ese régimen con la democracia (como si dicho valor coincidiese de modo pleno en su esencia y naturaleza con uno concreto), dejando a un lado —o vituperando, si procede— cualquier sugerencia en distinta dirección. Los resultados electorales, se dice, expresan la auténtica voluntad popular a través del cauce de las formaciones políticas, de forma que nada es posible fuera de ellas.

Por tanto, al fortalecerse la partidocracia como única opción política posible, se garantiza la influencia del ejecutivo en la justicia: elección de algunos magistrados del Tribunal Constitucional; de miembros del CGPJ y, a su través, del nombramiento de presidentes de tribunales, así como de la formación de las comisiones para acceso a las carreras judicial y fiscal; dependencia de los fedatarios judiciales; sometimiento del Ministerio Fiscal en su conjunto (con pretendidas atribuciones); etcétera.

Lógicamente, la introducción de reformas parciales en cualquier ordenamiento jurídico puede ayudar a la solución de específicos problemas de su justicia (en este caso, penal). No obstante, si no se aborda una transformación seria y rigurosa del sistema político en su conjunto, éste continuará adoleciendo de evidentes contradicciones internas, con situaciones prácticamente irresolubles. Y todo ello repercutirá en cada uno de los poderes que conforman el Estado

Ante ese panorama (y lo que falta por venir), si se desea tender hacia una auténtica sociedad democrática, se impone la corrección del rumbo seguido hasta ahora, con aspiraciones que han de ir más allá de lo meramente procesal. Una ineludible exigencia por encima de la razón, que se adentra en el terreno de la obligación moral. Hacia ello ha de dirigirse toda acción, aun cuando el esfuerzo resulte titánico.

# *El principio de legalidad penal y el de legalidad procesal penal. Relación con el principio de territorialidad y el de extraterritorialidad penal. Coincidencias e interferencias*

**JUAN MANUEL ALONSO FURELOS**
*Profesor Titular de Universidad de Derecho Procesal*
*Universidad Nacional de Educación a Distancia (UNED)*



## 1. INTRODUCCIÓN. CONCEPTOS PREVIOS

Es de todos conocido que el principio de legalidad penal, consagrado en la CE y en el CP, supone que nadie puede ser condenado por la comisión de un hecho que en el momento de la comisión no esté penado por la ley; ni al autor del mismo y sus participes se les puede imponer una pena no prevista en ella. Nullun crimine sine lege. Nulla poena sine lege. Ambas consecuencias así son determinadas por Beccaria desde el S. XVIII.

Implica que los hechos cometidos con anterioridad a su tipificación delictiva (o calificación jurídica) en el CP no tienen tal carácter, ni puede hablarse de la imposición de penas a ellos. Y los cometidos después de su derogación en la ley como delitos, por ello dejan de ser tales y tampoco tienen dicho carácter ni se pueden imponer penas a ellos por su comisión.

También que los sujetos que estuvieran sufriendo una pena por ellos, dejarán de sufrir sus consecuencias y efectos porque tales penas han perdido ese carácter derogados como tales esos hechos delictivos. (Aunque, en ambos casos, esos hechos anteriores a su tipificación o posteriores a su destipificación sean ilícitos civiles, administrativos o laborales y por ello sujetos a estas responsabilidades). Y siempre respetando el principio de irretroactividad de las leyes penales que es su consecuencia y de la excepción a este principio que es la aplicación de la ley retroactiva más favorable al reo.

Expresamente así se dispone en los art. 1-1, 9-1 y 3, 10, 13-3, 15, 17 y 25 CE.

Así mismo se prevé, en los art. 1, 2, 4, 7, 10 y demás concordantes del CP, como los expresamente referidos a la penología y aplicación de las penas y los delitos y penas establecidas en concreto en la denominada parte especial del Derecho penal.

Deseo destacar desde este momento, qué por motivos de limitación de espacio en este trabajo, ciñéndome a las directrices lógicas señaladas por los organizadores de este homenaje, no incluiré el texto literal de los preceptos legales limitándome a citarlos, pues además son de sobra conocidos por todos. El amable lector debe ser consciente de esto.

De parecida forma el Principio de legalidad procesal penal establece que sólo a través del proceso penal (vigente y predeterminado) y en la sentencia de dicho proceso penal se pueden establecer y determinar (una vez probados los hechos delictivos cometidos) los autores y participes del hecho, el hecho tipificado delictivo o calificado como tal según la norma material y la pena que le corresponde atendiendo a las circunstancias agravantes, atenuantes, mixtas, eximentes, tipo de participación, dolo o culpa, responsabilidad...

Esto sin perjuicio de que la sentencia del proceso penal sea la recaída en la instancia correspondiente. (Primera instancia, segunda instancia o en el recurso de casación).

Es también este principio una consecuencia del Principio de necesidad del procesal penal en el sentido de que no se puede aplicar el principio de legalidad penal al margen del proceso penal cuya consecuencia es dicho principio de necesidad procesal penal. A diferencia con el proceso civil, laboral y en ocasiones el contencioso administrativo, donde son admisibles medios alternativos a la jurisdicción para solucionar los conflictos, en tanto en cuanto el objeto de su pretensión sea disponible.

Expresamente se dispone, (o es su consecuencia), en el art. 1, 17, 24, 25 y 117 de la CE. Y en los art. 1 y ss. del Título Preliminar de la LOPJ; el art. 3 del CP; el art. 1 LECRIM; art. 1 a 4 LEC. Y los art. 1 CC y ss. concordantes de su Título Preliminar en este punto.

El principio de legalidad penal (referido al delito y la pena) y el de legalidad procesal penal suelen ir unidos al Principio de territorialidad penal que coincide con el territorio de la Soberanía Española o Nacional. Y como veremos con el principio iura novit curia.

Se entiende por tal, que el Estado Español tiene jurisdicción, art. 117 CE, 1 y ss. LOPJ y art. 23-1 LOPJ, entre otros preceptos, para enjuiciar los hechos delictivos cometidos en el territorio físico (exterior o subterráneo), marítimo, o aéreo sometido a nuestra soberanía, así como los cometidos en los barcos y aeronaves de pabellón español y en el espacio físico de las embajadas españolas. Es una competencia general, exclusiva e imperativa de la jurisdicción española, art. 23-1 LOPJ y que podría denominarse también fuero jurisdiccional exclusivo.

También, en virtud de un Tratado Internacional, se puede excluir esta atribución exclusiva de la jurisdicción española al espacio físico que ocupan las bases militares extranjeras en España respecto a los delitos en ellas cometidos por su personal sean comunes o militares.

Semejante a lo expuesto, ocurre con los delitos militares sin perjuicio de las especialidades establecidas en la legislación militar y los órganos competentes para juzgarlos. Y de los que en última instancia, puede conocer la Sala de lo militar del TS.

Ello implica que los hechos delictivos cometidos en territorio español en principio son atribuidos exclusivamente al conocimiento de la jurisdicción penal española ordinaria e incluso a la especial militar. Art. 23-1 LOPJ y 117 CE.

Sin embargo, el propio art. 5 bis, 23-1 LOPJ y 954 LECRIM in fine, admiten una limitación a dicha soberanía nacional española en virtud de un Tratado Internacional del que España sea parte, se supone que para excluir ese criterio de atribución jurisdiccional exclusiva al orden jurisdiccional penal (O al menos limitarlo o compartirlo). Repito, respecto a la jurisdicción ordinaria penal o incluso a la jurisdicción especial penal militar.

Lo mismo establece el art. 3 LEC, que según el art. 4 LEC es subsidiario respecto al art. 1 de la LECRIM, en cuya virtud se admite que los jueces y tribunales españoles no apliquen las leyes procesales españoles en virtud de un Tratado Internacional. (Aunque no específica si los hechos que motivan esa pretensión civil sucedieron o no en España, y que los jueces y tribunales nacionales tengan que aplicar las normas procesales extranjeras, aunque parece deducirse que no; es obvio que en el ámbito privado pueden aplicar las normas materiales extranjeras conforme al derecho internacional privado, art. 8 y ss. CC y 22 LOPJ, pero en principio no las procesales civiles extranjeras).

Según la terminología de los internacionalistas del derecho privado (cuyo ámbito es hoy el derecho civil, mercantil y el laboral extranjero —este tras la última reforma de 2015— e incluso el derecho comunitario de carácter privado), el art. 23-1 LOPJ establece un fuero exclusivo de atribución jurisdiccional penal a España, con esta excepción del Tratado internacional.

(Se supone que para que conozcan tribunales internacionales extranjeros de lo penal en primera o sucesivas instancias o a través de un proceso especial de revisión penal (art. 5 bis LOPJ y 954 LECRIM último motivo) y que lo hagan a través de su legislación procesal penal, y normalmente en el lugar de su sede, a salvo de la instrucción penal en que se desplazan o delegan en personal especial incluido el Fiscal Internacional o Comunitario).

Precepto que, como acabamos de señalar, corrobora el art. 3 LEC y 5 bis LOPJ con carácter general, y que según el art. 3 y 4 LEC es aplicable a la jurisdicción penal, es decir al art. 1 LECRIM y que repito con otras palabras también es referido en el art. 23-1 LOPJ. Siempre con el límite que ese Tratado Internacional, debe ser autorizado por España, para su suscripción, por LO previa según el art. 93 CE. Y que no contradiga o vulnere la CE pues de lo contrario entra en juego el mecanismo del art. 95 CE de modificación de la CE de los art. 167 y 168. Siempre, pues, para su posterior ratificación entre España y Estados u Organizaciones internacionales (sean bilaterales o multilaterales).

Repito, me estoy refiriendo al principio de territorialidad penal, es decir al delito cometido en territorio nacional. De ser cometido en el extranjero debe hablarse de extraterritorialidad. Y son los supuestos a que se refiere el art. 23-2, 3, 5 y 6 de la vigente LOPJ, tras su última reforma en 2021.

Por cierto, el art. 23 LOPJ no ha parado de reformarse desde su redacción originaria de 1985. De mayor a menor antigüedad por las siguientes LO: 11/1999 de 30 de abril; 3/2005 de 8 de julio; 13/2007 de 19 de noviembre; 1/2009 de 3 de noviembre; 1/2014 de 13 de marzo; 2/2015 de 30 de marzo y 9/2021 de 1 de julio. A salvo de error u omisión del BOE que es el que utilizo. Sobre todo, su número 4 y 5. Pues el 2 lo ha sido sólo en su último párrafo y el 3 no lo ha sido.

Y no sé si todas estas reformas citadas, del número 4 y 5 del precepto, han servido para mejorar o empeorar su redacción qué en apariencia, en cuanto a su técnica jurídica y contenido, es de lo más deficiente, confuso y reiterativo. Se ha pasado además de una extensión amplia a una descomunal sobre todo en el punto 4 y 5. El referido al principio de protección internacional en la lucha contra el delito que afecta a toda la comunidad internacional.

Desde el plano procesal y no entro en el material o penal que corresponde a los penalistas, se observa una lucha por la atribución jurisdiccional exclusiva del art. 23-1 LOPJ, salvo Tratado Internacional para que otro país no nos quite su contenido con un criterio de atribución jurisdiccional exorbitante, o fuero exorbitante; por una atribución excesiva de la jurisdicción aun siendo fueros concurrentes, en el mejor de los casos, los supuestos del 23-2 a 6 que pueden suponer una violación de los fueros exclusivos de otro país cayendo en una atribución en favor de España de carácter exorbitante.

Repito, este es el interés del legislador, que se observa en todas esas reformas y el intento de España en no caer en una atribución jurisdiccional exorbitante. Pese a ello entiendo, que pese a todas esas reformas, el intento del legislador español es estéril, ocioso, y más de cara al exterior para lavar su imagen justificando una atribución jurisdiccional común, general, deseada y coherente con la jurisdicción nacional e internacional. Se rompe también con el criterio de la originaria LOPJ de 1870 respecto a los principios de protección personal, real e internacional. Las últimas reformas mencionadas de la LOPJ en el punto 4 y 5 mezclan ya el principio de protección personal con el de protección internacional.

Si el delito no se comete en territorio nacional, ese lugar de comisión en país extranjero excede en principio de nuestra soberanía y esa extraterritorialidad del delito no debe, al menos, como regla general atribuirse a la jurisdicción de nuestros jugados tribunales. Pero el art. 23-2, 3, 4, 5 y 6 LOPJ sientan las mencionadas excepciones.

Siempre al margen de que los actos preparatorios del delito, anteriores a la consumación si se perpetran en España y fueran delictivos no son referidos en el art. 23-1 LOPJ de forma clara. Tampoco se refiere al supuesto qué aun consumándose en país extranjero, sus efectos reviertan en España de forma directa y pudieran ser tipificados o calificados como delito según nuestro Código penal a lo que no se refiere tampoco dicho precepto, pero que podrían quedar cubiertos por el mismo. Si bien el art. 23-3 LOPJ lo hace de otra forma.

La territorialidad del delito viene determinada por las coordinadas de la soberanía de ese Estado. Sin perjuicio de la limitación a su soberanía por un tratado internacional, art. 5 bis y 23-1 LOPJ; 3 y 4 LEC, 1 LECRIM y 93 CE. En cuya virtud la atribución jurisdiccional exclusiva o de un fuero exclusivo de atribución jurisdiccional penal se ve limitado por éste de forma total o parcial en alguna de sus instancias (primera, segunda y casación) o a través de un proceso ulterior de revisión a órganos jurisdiccionales extranjeros (art. 5 bis LOPJ y el último motivo añadido en su virtud al art. 954 LECRIM por esta reforma).

En estos casos, que luego veremos del art. 23 LOPJ, el principio de extraterritorialidad penal del delito puede originar problemas o distorsiones a nuestro principio de legalidad penal (en referencia a la calificación del hecho delictivo, al hecho en sí y a la pena que le corresponde) y al principio de legalidad procesal penal en tanto en cuanto, conforme a la LOPJ, se atribuya jurisdicción penal a nuestros jueces y tribunales respecto a esos hechos cometidos en otro país, art. 23-2 a 6 LOPJ o se les excluya de la suya de ser cometidos en España por un tratado internacional, 23-1 LOPJ; 3 y 4 LEC y 1 LECRIM.

Así, los supuestos del art. 22-2, 3, 4, 5 y 6 LOPJ ¿Son un fuero de atribución jurisdiccional penal exclusivo a nuestros jueces y tribunales como el art. 23-1 LOPJ que excluiría la excepción de litispendencia penal internacional y de cosa juzgada penal internacional respecto a un proceso penal ya abierto en el país de la comisión? ¿O por el contrario es un fuero de atribución concurrente, que si admite dicha excepción de litispendencia penal internacional y la de cosa juzgada penal internacional? ¿O es un fuero de atribución supletoria según el cual la jurisdicción penal española asume esa atribución porque el país en cuestión no tiene interés en abrir un proceso penal o no lo puede hacer con las suficientes garantías procesales cuando estas no se ajustan a las nuestras? ¿Son todos los fueros del art. 23-2-3-4-5 y 6 del mismo carácter o no?

La LOPJ 1985 y sus sucesivas reformas hasta la actualidad no parecen dar solución a esta cuestión. Tampoco se soluciona esta atribución de asuntos penales a la jurisdicción nacional en estos casos de extraterritorialidad penal ya se considere exclusiva, concurrente, supletoria (siempre, por no decir, exorbitante) respecto a la investigación sumarial, la recogida de piezas de convicción, el respeto en la cadena de custodia de las muestras recogidas y con todas las garantías jurisdiccionales para evitar su contaminación o las diligencias de investigación practicadas en el sumario o en su caso las pruebas anticipadas cuando no se puedan reproducir abierto el juicio oral en España.

¿La investigación sumarial la hacen los fiscales del país extranjero (o sus jueces o tribunales, donde existe este modelo) según el Derecho del país en cuestión, o tiene que ir el juez de instrucción de la AN y el fiscal español de la a AN a recogerlas?

¿Abierto el juicio oral que normas se aplican, las del derecho material penal del país en que se cometió el delito o las españolas? ¿Y si se aplican las españolas, las del país en cuestión pueden funcionar u operar como atenuantes una vez investigado, comprobado, alegado y aportado en autos, probado el derecho extranjero penal, o incluso como eximentes? ¿Sería posible su aplicación, o no?

(Lo digo porque esto se admite en el derecho internacional privado respecto a la alegación, prueba y aplicación del derecho extranjero privado, aunque en este caso la alegación, prueba y aplicación del derecho penal extranjero debería ser una obligación imperativa y no simple facultad del Fiscal de la Audiencia Nacional y el Juzgado Central de Instrucción asignado por la AN, sin perjuicio de que sea también una facultad para los que se encargan de la defensa de los acusadores y acusados). Sin perjuicio de que el art. 8 del CC es taxativo e imperativo.

Y dentro de las normas procesales penales aplicables en los casos del art. 23-2, 3, 4, 5 y 6 LOPJ se entiende que son las españolas, ¿pero podrían estas dentro de las garantías jurisdiccionales permitir aplicar algunas de las del país en cuestión que fueran más garantistas respecto a los derechos fundamentales de las víctimas del delito o de los acusados como responsables penales, al amparo del art. 3 y 4 LEC y 1 LECRIM?

Muchas dudas que no se solucionan con la simple interpretación de las normas mencionadas desde el inicio de este trabajo y que afectan al principio de legalidad penal y procesal penal del país en cuestión y del español. Es decir, la extraterritorialidad del delito cometido fuera de España, si se atribuye su jurisdicción a los jueces y tribunales españoles en los casos del art. 22-2, 3, 4, 5 y 6 LOPJ y 22-1 LOPJ en caso de Tratado Internacional respecto al art. 3 y 4 LEC y 1 LECRIM afectan o pueden afectar a dicho principio de legalidad penal y procesal penal, reduciéndolo, limitándolo o excluyéndolo.

Obsérvese además que los art. 3 y 4 LEC no se refieren a hechos (aun siendo según el art. 3 LEC civiles, mercantiles y privados) acaecidos en España o fuera de ella (que no matiza), los cuales fundamentarán y motivarán jurídicamente dichas pretensiones.

Si en virtud de un Tratado internacional se permite aplicar otras leyes procesales extranjeras diferentes a las españolas (por tribunales extranjeros o incluso por los españoles, y no concretan tales preceptos) es porque no forman parte del ordenamiento jurídico español, luego el tratado Internacional no se publicó en el BOE para poder formar parte de nuestro ordenamiento jurídico, art. 1 CC y 93 y ss. CE, aunque vincula a España su autorización por Ley Orgánica art. 93 CE, para ser suscrito con carácter unilateral o bilateral con uno o más países o con una Organización Internacional.

De lo contrario ya serían leyes procesales españolas (Art. 1-5 CC y 3 LEC). Repito el principio de certeza y seguridad jurídica que fundamenta el principio de legalidad penal y procesal (civil) penal se ven afectados por lo expuesto en párrafos anteriores.

Y afecta también al principio iura novit curia, es decir al deber que tienen los jueces y tribunales de conocer y aplicar el ordenamiento jurídico español según el sistema de fuentes establecido (art. 1 CC y concordantes del Título Preliminar; 1, 24 y 117 CE; 1 y ss. del Título preliminar de la LOPJ; junto a los artículos ya expuestos referidos al principio de legalidad penal y procesal penal). Y que no es el deber de conocer el derecho extranjero, aun cuando se les obliga además para el caso concreto a investigarlo, conocerlo, alegarlo introduciéndolo en los autos, probarlo y aplicar, en su caso, incluso tomando como base el art. 117 CE.

Lo cual afecta también al Fiscal que siendo defensor de la legalidad vigente española se le obliga a conocer y a investigar la norma material extranjera o incluso la procesal extranjera.

Como mínimo y de todo lo expuesto entiendo que se necesita, (añado yo, es preciso) un amplio desarrollo de nuestro ordenamiento jurídico sobre este particular objeto de este trabajo. Todas las reformas señaladas desde el texto originario del art. 23 LOPJ en nada o en casi nada se refieren a lo tratado hasta el momento.

Antes de seguir adelante, quiero destacar que, prefiero utilizar la expresión criterios de atribución jurisdiccional a los jueces y tribunales españoles, conforme al art. 23 LOPJ, antes que la expresión "fueros" utilizada por los internacionalistas del derecho privado.

En el derecho procesal la expresión fueros se utiliza mayoritariamente, sobre todo por la doctrina dominante, como criterios para determinar la competencia y no la jurisdicción (pues, ya está predeterminada esta cuando no intervienen cuestiones de extranjería), sobre todo para determinar la competencia territorial (aunque sirven también con menor intensidad para determinar la competencia objetiva, funcional o por conexión). Respecto al orden jurisdiccional competente penal en el raro caso de colisión con otros no se utiliza esta expresión. Tampoco en caso de conflicto entre la jurisdicción ordinaria orden penal y la jurisdicción especial militar en su aspecto penal. Si no conflictos de jurisdicción.

Su clasificación puede servir tanto para la atribución de un asunto a la jurisdicción ordinaria o a la especial, a un orden jurisdiccional frente a otro, como a la propia competencia (incluso empleando el término fuero). Así se puede hablar de legales o convencionales (excluidos en la jurisdicción penal, con la expresión de que siempre es improrrogable y ser siempre apreciable de oficio). Dentro de los legales, generales o especiales. A su vez, dentro de estos generales o especiales, puede ser único o múltiple y de ser múltiple pueden ser concurrentes, alternativos, subsidiarios o electivos.

## 2. NATURALEZA JURÍDICA DE SUS NORMAS

Los art. 1, 9, 15, 17, 24 y 25 de la CE al referirse al Título Preliminar, y al Título I, Capítulo 2º, sección primera de los Derechos fundamentales y Libertades Públicas gozan de una protección jurisdiccional especial (del órgano o sección o del procedimiento) y son susceptibles del recurso de amparo (proceso de amparo) ante el TC art. 53 y 161-b CE. Su modificación exige unos requisitos especiales para reformar la CE, casi imposibles de superar, que configuran la máxima rigidez de su reforma. Art. 168 CE.

Los otros preceptos constitucionales que no gozan de esa protección, art. 10 y 13 CE para su reforma se está al art. 167 CE. Se incluyen los art. 117 y ss. CE referidos a la Jurisdicción Ordinaria

Sin embargo, los preceptos del CP antes citados que se refieren a dichos preceptos constitucionales gozan de la misma protección, es decir en todo lo que concierne al principio de legalidad penal referido en los art. 1, 9, 15, 17 y 25 CE, se exige de los mismos requisitos abordados en la CE, art. 168. El resto de los preceptos del CP, fuera del contenido constitucional señalado al ser el CP, LO, requieren, para la reforma del CP, los mismos requisitos que los exigidos para las LO.

Los Tratados Internacionales para ser suscritos requieren LO que los autorice, art. 93 CE y en el caso de afectar su contenido a lo dispuesto en la CE, art. 95 de ésta, exigen la reforma de ésta conforme a lo dispuesto en el art. 167 o 168 CE, dependiendo de la materia afectada. El art. 3 LEC, 5 bis y 23 LOPJ de hacerse realidad por Tratados Internacionales, remiten a esa normativa.

Lo mismo debe señalarse de los otros preceptos del CP, la LOPJ y la LECRIM que tienen rango de LO por tanto exigen de un quorum determinado, y para su modificación se exige de otra LO con igual quorum.

En cuanto a los criterios de atribución jurisdiccional o fueros de atribución jurisdiccional remito a lo expuesto y a su desarrollo en el epígrafe IV de este trabajo.

## 3. FUNDAMENTO. EL PRINCIPIO DE CERTEZA Y SEGURIDAD JURÍDICA Y LA INTERDICCIÓN DE LA ARBITRARIEDAD

El principio de legalidad penal y de legalidad procesal penal y su protección constitucional son el máximo exponente de la certeza y seguridad jurídica. Así se proclama en el art. 1 CE Estado de Derecho o sometimiento del Estado a su ordenamiento jurídico y con más concreción el art. 9-3 de la CE. Así se evita la arbitrariedad de los poderes públicos y se limita su discrecionalidad.

Y además tales principios están bajo el prisma de la jurisdicción penal que es exclusiva en el orden penal y bajo la responsabilidad civil, penal y disciplinaria o administrativa de los jueces y magistrados que la ejercen (incluido el Fiscal), art. 117 CE y art. 1 y ss. del Título preliminar de la LOPJ.

Y además es el principio que sirve de base a la potestad jurisdiccional es decir a su función de juzgar y ejecutar lo juzgado conforme a la Ley, art. 117 CE, y siempre con la obligación de salvaguardar la tutela judicial efectiva de las partes del proceso, art. 24 CE. Esa legalidad procesal penal se lleva a cabo cumpliendo las normas de derecho justicial material (presupuestos procesales positivos o negativos, subjetivos, objetivos, de la actividad) o de derecho justicial formal o mero trámite. Conforman tales normas las garantías constitucionales del proceso penal.

Si esto es así con respecto al principio de territorialidad de las normas penales y procesales penales (Art. 23-1 a salvo de lo que disponga un Tratado Internacional y 3 LEC) respecto a hechos delictivos cometidos en España, como hemos señalado, entra en quiebra o puede quebrarse el principio de legalidad penal y de legalidad procesal penal, como los principios de certeza y seguridad jurídica en los casos de la extraterritorialidad de un hecho delictivo cometido en otro país por la necesidad de tener que aplicar normas materiales en ocasiones distintas a las nacionales o porque para que en el sumario se lleve a cabo sea precisas realizar diligencias en el país extranjero en cuestión y haya que respetar sus normas procesales.

Si al principio de legalidad penal y procesal penal, al de certeza y seguridad jurídica, le añadimos el principio iura novit curia del art. 1 CC y 117 CE que lo implícita, quiebra éste también o puede quebrar.

Así cuando los jueces y tribunales españoles o el fiscal tengan que buscar el derecho extranjero, interpretar sus normas y según su jurisprudencia, su doctrina legal o el precedente y tal como lo hacen los jueces y tribunales extranjeros cuando lo aplican, aportarlo a los autos del proceso penal dejando constancia, probarlo en éste en su caso sobre todo en caso de contradicción con la interpretación de la defensa de la acusación y del acusado y aplicar el derecho penal extranjero en la sentencia o el derecho procesal penal extranjero en los autos, sobre todo del sumario. (Así sucede con el derecho internacional privado en el ámbito civil, mercantil, laboral, comunitario en derecho privado).

En este caso de delitos cometidos en el extranjero el Juzgado Central de Instrucción de la AN, la sección que corresponda de la AN y la Fiscalía de la AN.

Tampoco el art. 3 LEC aporta esa claridad en caso de Tratado Internacional. ¿Para excluir a la jurisdicción española en casos tasados del orden civil, o del penal según el art. 4 LEC que remite al art. 1 LECRIM y otorgársela a jueces o tribunales extranjeros incluso desde la primera instancia? ¿Para permitirles qué aun conservando su jurisdicción, apliquen normas extranjeras, lo que contradice el art. 1 y 8 CC y 117 CE? ¿Para que conozcan acabadas las instancias en España, entre o no en el fondo el TC, de un proceso especial de revisión?, art. 5 bis LOPJ y 954 último motivo LECRIM.

## 4. ELEMENTOS SUBJETIVOS Y OBJETIVOS. EL ÓRGANO JURISDICCIONAL Y CRITERIOS DE ATRIBUCIÓN DE SU JURISDICCIÓN: FUEROS. EL AUTOR DEL DELITO. EL HECHO DELICTIVO Y SU TIPOLOGÍA. HECHO DE RELEVANCIA PENAL VINCULADO AL TERRITORIO NACIONAL O EXTRANJERO Y POR ESTO A LA LEY NACIONAL O EXTRANJERA. POSIBLE ALEGACIÓN, PRUEBA Y APLICACIÓN DE ÉSTA

1.- La territorialidad del delito cometido en España, art. 23-1 LOPJ se rige por las normas generales y especiales (fueros de atribución de competencia) que regulan la competencia objetiva, la territorial (ambas originarias) la funcional (derivativa) y la conexión (mixta) del orden jurisdiccional penal, previstas en la LOPJ Y LECRIM. Es un fuero exclusivo, general e imperativo de atribución jurisdiccional a la jurisdicción española. Con la salvedad de los Tratados Internacionales suscritos por España, art. 5 bis y 23-1 LOPJ para modificarla o excluirla, y puede ponerse en relación con el art. 3 y 4 LEC que remiten a la LECRIM, en especial a su art. 1. Se confirma con el art. 117 CE.

Con otras palabras, si otro país violara este criterio o fuero de atribución exclusiva de nuestra jurisdicción nacional (y siempre al margen de un Tratado internacional que establezca lo contrario o lo modifique), se estaría aplicando por ese país extranjero un fuero de atribución jurisdiccional exorbitante.

La consecuencia sería que nuestro país le rogaría que declinara su jurisdicción por ser un asunto exclusivo atribuido a nuestra jurisdicción, aunque los responsables penales se encontraran en ese país pendientes de extradición a salvo de sus nacionales, o hubieran huido a otro y estén pendientes también de extradición a salvo de sus nacionales, o se encontraran en España.

Así mismo podría España, a dicho país, plantearle la excepción de litispendencia penal internacional (pese a que no está regulada para el orden jurisdiccional penal, y sí para el orden jurisdiccional civil en asuntos civiles, mercantiles o comunitarios privados, a salvo de Tratado Internacional especial sobre la cuestión) para que conforme a la misma dejara de seguir conociendo del asunto, aunque ese país hubiera iniciado el proceso antes que España. Y si no estima tal excepción con el riesgo de que su sentencia penal, aunque llegara a ser firme, nunca sería reconocida en nuestro país. Pues su atribución de jurisdicción parece a todas luces exorbitante.

Y finalmente España no reconocería esa sentencia firme extranjera, impidiendo la excepción de cosa juzgada penal internacional (tampoco regulada para el orden jurisdiccional penal internacional, salvo tratado internacional específico) que se le opusiera por ser nula esa sentencia penal extranjera al haber vulnerado el fuero exclusivo de la jurisdicción nacional española sirviéndose de un medio exorbitante de atribución jurisdiccional. (A sensu contrario para España si viola fueros exclusivos de atribución jurisdiccional de países extranjeros).

Por lo tanto, un fuero o criterio de atribución exorbitante consiste o puede definirse como la atribución de la jurisdicción por un país extranjero (o España), sobre un hecho penal calificado como delito no cometido en el territorio de su jurisdicción, y en el que los hipotéticos sujetos responsables criminalmente del mismo y sus víctimas, no tienen ninguna relación con ese Estado extranjero que pretende conocer (nacionalidad, residencia, domicilio, empresas...). Y además el tipo de delito cometido no perjudica directa o indirectamente los intereses de ese país, los de sus nacionales, ni es de los que afectan al interés de la comunidad internacional.

Se declara competente jurisdiccionalmente de forma exorbitante por el mero hecho de perjudicar al país que tiene el fuero exclusivo o por un simple afán de notoriedad, protagonismo o vulgaridad.

2.-Por el contrario, la extraterritorialidad modifica la competencia objetiva y territorial penal, cuando en dichos casos se haga la atribución jurisdiccional a la jurisdicción española.

Corresponde a la Audiencia Nacional como competencia objetiva en exclusiva, art. 65-1-e LOPJ por remisión a los art. 23-2-3-4-5 y 6 LOPJ. Igual sucede en caso de atribución a la jurisdicción española por un Tratado Internacional suscrito por España, art. 65-1º-e LOPJ. Se incluyen los delitos conexos de estos supuestos. (Se acumula a la AN, sin afectar a su competencia objetiva como en otros delitos). Y también conoce de estos delitos cuando se comenzaron en otro país el proceso penal y no finalizó, o ese país no los inicio, o para cumplir la parte de condena que resta... y demás previstos señalados).

La competencia funcional para el sumario en la primera instancia corresponde al JCI que desconozco si es por reparto o existe uno especializado en estos casos de extraterritorialidad. Igualmente supongo que la AN Sala de lo Penal tendrá varias secciones. En este caso desconozco si existe una sección especial para conocer de los delitos cometidos en el extranjero o por el contrario cualquiera de estas secciones puede conocer de los mismos.

No cabe hablar de competencia territorial al ser única la AN, y por tanto no se plantean cuestiones de competencia territorial y dada la claridad del art. 23-2 a 6 tampoco de competencia objetiva, funcional o por conexión.

Si el procedimiento penal se inició en el otro país por la jurisdicción extranjera y después se atribuye a la jurisdicción española su continuación igualmente corresponde la competencia objetiva a la Audiencia Nacional. art. 65-2º LOPJ. También de las cuestiones de cesión de jurisdicción penal en materia penal derivadas del cumplimiento de tratados internacionales en que España sea parte. art. 65-3 LOPJ.

Así mismo conoce del procedimiento judicial de extradición pasiva, art. 65-4º sea cual fuera el lugar de residencia o en que hubiera tenido lugar la detención del sujeto de quien se pide la extradición. No olvidemos que si el delito se comete en otro país es muy posible que el o autores o participes se encuentren en éste y hay que solicitar su extradición. Igual que si luego se trasladan a otro. Siempre con el límite de la extradición de no entrega del país extranjero de sus nacionales para ser juzgados en otro país. (Idem para España). Sea activa o pasiva.

El art. 23-5-b-2º otorga también competencia funcional a la Sala de lo Penal del TS para que determine si se atribuye o no jurisdicción a España en los casos del 23-4 y 5 y de esta forma pueda conocer la AN, sobre todo cuando el país en que se cometió el delito no esté en condiciones de seguir el proceso penal o no quiera asumir su atribución jurisdiccional. Entiendo que son "ganas de complicar más las cosas".

En cuanto a la aplicación de las leyes materiales y procesales españolas o las extranjeras del país en que se cometió o indistintamente —en favor de la víctima, o del reo— es una cuestión compleja, en defecto de un Tratado Internacional que lo deje claro.

Es cierto que la Audiencia Nacional, sus Juzgados Centrales de Instrucción, y la Fiscalía de la Audiencia Nacional son los órganos penales y de la Administración de Justicia que mayor información poseen sobre los delitos en que tienen competencia, incluidos los del 23-4 LOPJ que afectan o precisan del principio de protección y colaboración internacional, que son muy graves y complejos por su ámbito o por intervenir grupos y bandas organizadas, armadas o elementos terroristas. Su Fiscalía está además en total contacto con el Ministerio de Justicia y sus servicios, de los que depende, y con el Ministerio del Interior con el que tiene una colaboración muy estrecha.

En este aspecto considero positivo que se atribuya la competencia de los delitos extraterritoriales a la AN, Juzgados Centrales de Instrucción y Fiscalía de la AN. Recordemos el terrorismo de ETA y la colaboración con Francia.

En cuanto a Tribunales supranacionales con competencias para enjuiciar delitos cometidos en España conforme a normas materiales específicas o procesales específicas en virtud de Tratado Internacional remito a lo ya expuesto. V.gr. TJI, TEDH...

3.-También afecta al SUJETO que comete el delito y sus participes, en cuanto a su condición de español o que siendo originariamente extranjero haya adquirido la nacionalidad española. Es decir, a las partes pasivas del proceso penal contra los que se dirigirá la acción penal o la pretensión penal de los acusadores. Art. 22-2 LOPJ. (Dejando al margen los problemas de doble nacionalidad que muchos hispanoamericanos tienen con España en virtud de Tratados internacionales bilaterales). En caso de participación de varios sujetos de otra nacionalidad, la interpretación literal del art. 22-2 los excluye, a salvo de los supuestos de conexión en que es difícil dar una respuesta clara y precisa.

Es discutible si en el caso del art. 22-2 LOPJ estamos ante un criterio de atribución a la jurisdicción española exclusivo (como en el art. 22-1), concurrente o supletorio. Es importante porque si es exclusivo no cabe la excepción de litispendencia penal internacional, ni la excepción de cosa juzgada penal internacional del país en que se cometió el delito a la jurisdicción española, es decir a la Audiencia Nacional.

Por el contrario, si es concurrente queda claro que el país donde se cometió el delito dispone de una atribución jurisdiccional de superior rango (será para él un fuero exclusivo) y en tal caso ese país como España podrían plantear la excepción de litispendencia penal internacional que sería desestimada por al país extranjero debiendo continuar con el proceso el que primero lo inició que será normalmente el extranjero y dejar de conocer el que lo hizo en segundo lugar que sería España. Solución que entendemos reproducible para la excepción de cosa juzgada penal internacional. No así cuando estamos ante la litispendencia penal y cosa juzgada penal exclusivamente nacional.

Incluso se podría defender todavía mejor que es un fuero supletorio o subsidiario, es decir, se atribuye jurisdicción a España en tanto en cuanto ese país no se atribuya su jurisdicción exclusiva o no quiera conocer del asunto (no inicie el sumario) pese a la rogación de España. Todo sin perjuicio, del carácter imperativo del precepto (y los que siguen) que empiezan con la expresión "Asimismo, conocerá" del art. 23 LOPJ.

Los requisitos son múltiples, pero no añaden mucho, a la redacción originaria de 1985:

– Hecho previsto en la ley española como delito (principio de legalidad penal).

– Extraterritorialidad del hecho.

– Los autores o participes, dice "criminalmente responsables" sólo se determinan en la sentencia y si estamos en el inicio del proceso, sean españoles o de no serlo adquieran la nacionalidad española con posterioridad al delito (esto puede suponer un fraude de ley, en toda regla), serían imputados o investigados.

– El hecho sea punible como delito (tenga una tipificación o calificación jurídica como tal, aunque no coincida con la española) en el país del lugar de ejecución (De lo contrario se vulnera el principio de legalidad del país en cuestión) y como tal está penado por la ley extranjera (aunque la pena sea inferior o superior a la española).

Incluso no siendo delito en el lugar extranjero de ejecución que por un Tratado Internacional o un Acto Normativo de una Organización Internacional de la que España sea parte, no resulte necesario dicho requisito de ser un delito tipificado en el lugar de comisión, con lo que el principio de legalidad penal de ese país desaparece y la certeza y seguridad jurídica, lo cual puede llevar a consecuencias aberrantes.

V.gr. Un musulmán, en España, consume vino en un restaurante. Aquí no es delito. Se hace una grabación de su consumición. Y cuando vuelve a su país una vez comprobado esto y que es su autor se procede penalmente contra él, porque existe un Tratado internacional entre países musulmanes o una Organización Internacional que los agrupa, que lo permite al considerarse un delito tal acción por motivos religiosos.

– Se refiere en general a cualquier hecho cometido por esos autores y participes, con lo que lo determinante es el elemento subjetivo en todo caso y no el objetivo o carácter y gravedad del hecho delictivo.

– Que el agraviado o MF interpongan querella ante los Tribunales Españoles. (No se entiende la exclusión si el agraviado lo hace en ese país, y el Fiscal en el nuestro y más si es un fuero de atribución concurrente o supletorio. Antes bastaba la denuncia, ahora se suprime ese requisito y solo cabe querella, lo que además confirma el art. 23-6 LOPJ respecto al supuesto, 3, 4 y 5. Así tras la novedad de la reforma del párrafo segundo.

– Que el delincuente no haya sido absuelto, indultado o penado en el extranjero, o no haya cumplido totalmente la condena. Si la cumplió parcialmente, se le tiene en cuenta en el proceso penal que se siga en España. art. 65 LOPJ por la AN y su Fiscal.

Esto nos hace pensar claramente que estamos ante un fuero de atribución jurisdiccional más supletorio que concurrente de atribución jurisdiccional, en defecto claro está de Tratado Internacional. A sensu contrario, que el país donde se cometió dispone de un fuero de atribución exclusiva y que España no puedo desconocerlo porque entraría en un fuero de atribución jurisdiccional exorbitante. Pero si el país no quiere conocer de tal hecho tipificado como delito, supletoriamente podría España.

– Se añade según las últimas reformas señaladas, que se considera cumplida el requisito de la querella (aun sin existir como tal querella) cuando se trate de delitos competencia de la Fiscalía Europea y esta ejercite efectivamente su competencia. (Es decir, comience su investigación aún sin denuncia o querella). Puede incluir supuestos del 23-2 LOPJ.

– No se menciona el requisito más importante, que los autores, partícipes o responsables criminales, se hallen en España, siendo innecesaria su extradición. O estén en el país donde se cometió y en este caso carece de sentido pedir su extradición, si este inició contra ellos las actuaciones procesales se hallen en sumario o juicio oral. O son nacionales del mismo.

– Si están los autores de ese hecho cometido en el extranjero, en un tercer país, ¿Quien pide su extradición, (siempre según la legislación vigente aplicable de ambos países y los Tratados internacionales), el país donde se cometió el hecho delictivo o España? Creo que la solución es clara. Y más compleja si en algunos responsables criminales concurre doble nacionalidad la española y la de otro país y se encuentren en un país extranjero al de comisión del delito o en uno afectado por su doble nacionalidad. (La extradición no es posible solicitarla al Estado de sus nacionales, así ningún país puede pedir a España la extradición de un español que se haya en España, ni viceversa España pedirla al país de la nacionalidad del responsable criminal).

Este supuesto de atribución jurisdiccional a España en su orden penal ya venía consagrado en la LOPJ de 1870, aunque se modificó en la nueva LOPJ 6/1985. Y se enunciaba por la doctrina como principio de protección personal. Sólo fue reformado su párrafo segundo del art. 23-2 desde 1985, como ya señalamos para esa cuestión ya abordada.

4.- Afecta al OBJETO, es decir la particularidad o especificidad del hecho cometido es también determinante para la atribución jurisdiccional a España. Art. 22-3-4-5-6 LOPJ. La LOPJ prevé dos supuestos en atención a la particularidad del delito y al bien jurídico protegido.

En la LOPJ de 1870 se hablaba del principio de protección jurisdiccional real, sobre todo referido a los delitos previstos en el CP de 1870 y los siguientes CP de 1932, 1944 y 1973 respecto a delitos contra la seguridad exterior e interior del Estado. Y para supuestos semejantes a los del 22-3 pero en un número más reducido.

Y del principio de protección jurisdiccional internacional para supuestos semejantes a los del art. 22-4-5 (delitos que afectan o lesionan bienes jurídicos comunes a todo el orden internacional y por ello son delitos de una especial gravedad y complejidad en su comisión y suelen ser cometidos por bandas organizadas u armadas o terroristas).

La nueva LOPJ de 1985, en comparación con la de 1870 amplio los supuestos en ambos casos.

Veamos ambos supuestos:

El art. 22-3 se refiere a ellos en las letras a) y ss. No voy a entrar en ellos pues es algo que compete a los penalistas y la enumeración de la LOPJ es muy clara y precisa. Destaca qué pese a la importancia de estos delitos, el texto originario de la LOPJ de 1985 no fue objeto de una reforma directa hasta la actualidad. (A salvo de la incidencia menor del art. 23-6 LOPJ, en lo que le supone)

Los requisitos son:

– Cometidos por españoles o extranjeros.

– En país extranjero.

– Esos hechos sean susceptibles de tipificarse (digamos de ser calificados jurídicamente) como delitos según la ley penal española (es decir, CP o CJM). Por lo tanto, es irrelevante en principio la tipificación o calificación jurídica que tengan en el país extranjero de su comisión.

– Estamos ante un fuero de atribución jurisdiccional concurrente o subsidiario como expresamente se deduce del art. 65-2 LOPJ y al que se refería el derogado art. 23-5 LOPJ redacción 1985, que remitía al art. 23-2 letra c.

– Estos delitos en realidad afectan al Estado Español, a su seguridad exterior e interior u orden público, pues este es el bien jurídico que pretenden proteger, sus intereses como Estado, por lo que es el primer perjudicado. Al país extranjero donde se cometen estos delitos es posible que le sean irrelevante esos hechos.

O incluso le favorezcan económicamente tanto sí es un país enemigo, o al menos un país con el que no compartimos lazos y que apoye de forma inmediata o mediata a sus autores, o se limite a mirar para otro lado. Es muy posible que no se moleste en iniciar actuaciones procesales penales, o si lo hace, lo haga para absolverles o indultarles y entraría entonces en juego lo dicho en el derogado art. 23-5 LOPJ que remitía al art. 23-2 letra c.

– Conseguir su extradición de ese país según los lazos de amistad o no con el nuestro será más fácil o difícil. Le basta al mismo con permitir que se trasladen a un tercer país, para que al mismo no se le pida su extradición o dificultar esta extradición si están todavía donde se cometieron los hechos, hasta límites insospechados. Sin que sirva de ejemplo por que los hechos se cometieron en España (me refiero al "proces") y no en el extranjero podemos destacar el papel del país extranjero donde se refugió Puigdemont, y eso que España y ese país forman parte de la Unión Europea.

– Cierto que si es un país de nuestro ámbito y amigo todo será más sencillo. Lo lógico es que permita la extradición de los autores (si no son sus nacionales), y que decline toda atribución jurisdiccional, siempre en favor de España. Igualmente, que permita la recogida de piezas de convicción, la cadena de la custodia de investigaciones y pruebas para que no se contaminen, la entrada del Fiscal español o el instructor que designe la AN en este país extranjero donde se cometió. De todas formas, es preciso un Tratado Internacional que regule y prevea todo esto.

– En la actualidad se exige querella para su persecución por el agraviado o por el MF, art. 23-6 LOPJ. Sin duda otro lapsus cuando se debió permitir la denuncia y la acción popular pues el bien jurídico protegido, al tratarse de intereses propios del Estado, es la propia España como Estado y los nacionales que lo componen.

Si el agraviado directamente es el Estado Español la querella corresponde al Abogado del Estado que designe la Abogacía del Estado (depende del Ministerio de Justicia) o al Ministerio Fiscal (depende del mismo Ministerio). También pueden serlo los particulares en cuanto les afecte económicamente el bien jurídico protegido y en ese caso es una querella particular de estos. No olvidemos el caso del "Proces" y el papel del Fiscal del TS, del Abogado del Estado, y de la acción popular. Podría haber habido, acusadores particulares, si sus víctimas pudieran justificar cualquier lesión económica o no referida directamente al bien jurídico protegido.

El art. 22-4 se refiere al Principio de protección Internacional para atribuir jurisdicción a España en el orden jurisdiccional penal por los delitos que se mencionan y que lesionan bienes jurídicos protegidos y comunes a toda la Comunidad Internacional. Pero la última reforma a muchos de estos delitos les otorga un carácter mixto objetivo y subjetivo (principio de protección personal y principio de protección internacional) en atención a los requisitos exigidos de la nacionalidad del responsable criminal y la víctima, su residencia habitual o no, se tiene en cuenta la posibilidad o no de extradición o ... Se exige querella del agraviado o MF.

– Son los delitos específicos enumerados con las letras a) hasta la p). En el art. 23-4 LOPJ y que remite al art. 23-5 LOPJ. No entraré en ellos pues son los penalistas los que se ocupan de su estudio. Si destacar que se aumentan notablemente los supuestos que antes siete en la redacción de la LOPJ de 1985 y ahora son 16.

– Se procede a un desarrollo legal excesivo de cada supuesto, que poco aporta, exigiendo requisitos comunes o diferenciales en cada supuesto. Al no distinguirse entre cada supuesto el texto del precepto sufre una extensión muy amplia y reiterativa.

– Cometidos fuera de España. Extraterritorialidad.

– El responsable penal esté en España, residencia habitual o mera residencia, o esté en otro país. Influye también si condiciona o no a autoridades españolas. Si forma parte de grupos organizados, bandas armadas...

– El Supuesto anterior aparece semejante respecto a la víctima. Sea española o no, esté en España con residencia habitual o no, o en otro país... Si son menores. Incluso que la víctima no sea una persona física si no jurídica (Empresas, organizaciones, entidades, agrupaciones, asociaciones, fundaciones...). En algunos casos debe quedar claro que el supuesto por la relación de especialidad no es incluible en el art. 23.2 LOPJ.

– Se da entrada a las personas jurídicas responsables criminalmente. (Empresas, organizaciones, entidades, grupos...), o a sus directivos, responsables, empleados, colaboradores si no los cometieron.

– Extradición denegada.

– Delitos cometidos contra la UE o sus instalaciones

– Se hace alusión a Tratados Internacionales vigentes que los regulan incluso con remisión a ellos.

– Los autores sean españoles o extranjeros.

– Que se tipifiquen tales hechos como tales delitos según la ley española (aunque la ley del país donde se cometen los califique jurídicamente, o tipifique, de otra forma).

– Estamos ante fueros de gran complejidad algunos entiendo que concurrentes con el del país del lugar de comisión y en otros ante uno subsidiario. Si esos delitos se cometen en un país extranjero, por españoles y extranjeros y las víctimas son españolas estaríamos en el caso del art. 23-2 LOPJ, pero el principio de especialidad del delito los excluye. Entiendo que es un criterio de atribución jurisdiccional exclusivo el del lugar de su perpetración o deberían ser encomendados sin más a una jurisdicción internacional (TJI, TEDH...) en virtud de un Tratado Internacional.

Todo sin perjuicio de que se pida la extradición de sus autores a España, si se encontraran aquí, es decir en nuestro territorio, y que si fueran además españoles (al no caber la extradición de un nacional) ser juzgados en España. Fuera de esta concreción, atribuir jurisdicción en este caso a España, al orden jurisdiccional penal entiendo que supone que estamos ante un criterio o fuero de atribución jurisdiccional exorbitante de la jurisdicción española en varios casos, a salvo de Tratado Internacional que disponga lo contrario.

V.gr. En la costa de Somalia se produce un acto de piratería y el apoderamiento ilícito de un mercante por una organización terrorista. Los autores son somalíes. El barco lleva pabellón filipino. Los autores están en Somalia o países limítrofes. Las víctimas son filipinas y de otros países, pero no españolas. Y la jurisdicción española se declara competente en su orden penal. Aún en el supuesto de un Tratado Internacional entiendo qué, en contraposición con la LOPJ, art. 23-4, estamos ante un fuero o criterio de atribución jurisdiccional a la jurisdicción española exorbitante.

Sobre el criterio de atribución jurisdiccional exorbitante o fuero exorbitante me remito a lo dicho en el número 1 de este epígrafe.

Sin embargo, el art. 23-5 LOPJ excluye nuestra atribución jurisdiccional de los delitos enumerados en el art. 23-4 (16 supuestos), pues podrían ser casos de fueros exorbitantes. 23-5 a y b.

Pero tras las condiciones del 23-5-b, se sienta una excepción que confirma al art. 23-4 LOPJ y es tal el afán de la jurisdicción española por conocer de hechos cometidos en el extranjero (de su exclusividad), que en este caso hasta tiene que hacer una valoración la Sala Segunda de lo Penal del TS, para determinar si estamos ante la excepción del 23.5 LOPJ de no atribución jurisdiccional a España, o por el contrario volvemos al art. 23-4 LOPJ con un fuero subsidiario o a lo sumo concurrente de atribución jurisdiccional. Siempre partiendo de las tres condiciones a, b, c y el párrafo final de este art. 23-5 LOPJ.

Esa excepción final a los supuestos del art. 23-5 que excluyen el conocimiento de la jurisdicción penal española, para encomendársela de nuevo al amparo del art. 23-4 LOPJ si el TS comprueba que se dan esos requisitos de las letras a, b, c y su párrafo final me parece surrealista y una rémora histórica del exclusivismo jurisdiccional del orden penal español que raya lo exorbitante.

## 5. ACTIVIDAD. LUGAR, TIEMPO Y FORMA

En cuanto a los requisitos de la actividad, como son el lugar, tiempo y forma en gran medida han sido abordados en epígrafes anteriores.

Lugar se identifica en este trabajo con territorialidad o extraterritorialidad respecto al lugar de comisión del delito y los criterios de atribución de la jurisdicción o fueros ya abordados.

El tiempo tiene importancia respecto a la prescripción del delito (o de la pena) y en caso de territorialidad no hay problema porque se remite al CP español. En caso de extraterritorialidad el problema tiene difícil solución pues si se aplica la ley del país extranjero del lugar de comisión, el principio de legalidad penal y legalidad procesal penal, así como el de certeza y seguridad jurídica no hay duda qué son respetados. Igualmente, el principio iura novit curia del país extranjero en cuestión.

Por el contrario, si se aplica en España la ley nacional española o la extranjera parcialmente entran en quiebra algunos de estos principios. Y además habría que investigar, alegar aportando a los autos del proceso penal seguido en España ese derecho extranjero y probar como es aplicada por la jurisprudencia del país en cuestión esa circunstancia de prescripción del delito o pena para poder aplicar el CP extranjero del país en cuestión; o aplicar el nuestro y entonces considerar la legislación penal extranjera en ese precepto concreto como una atenuante indeterminada.

Lo mismo debe decirse respecto a la comparación de preceptos penales de la norma extranjera y española respecto a las causas que excluyen la acción, la antijuridicidad, las causas de justificación, las de exclusión de la culpa, la aplicación genérica de la pena (penología), excusas absolutorias, regulación de la autoría y formas de participación, considerar o no delictivas a las personas jurídicas, determinación de las penas en concreto. Es decir, si se aplica o no la ley más favorable a las víctimas del delito y a los responsables criminales del delito.

Si se aplica la ley material española al sujeto criminalmente responsable que cometió el hecho en país extranjero puede salir muy perjudicado si el hecho no es delito en el lugar de comisión o está penado de forma mucho más leve. Igual si se aplica la ley procesal nacional sobre todo en materia de medidas cautelares personales si son más duras o exigen menos requisitos para su adopción o solo son aplicables en los delitos de mayor gravedad. O por el contrario salir más beneficiado en caso contrario. Lo mismo sucede con los derechos de la víctima en uno u otro caso, salir más beneficiada o perjudicada.

Sin olvidar que con carácter general el principio de legalidad penal y procesal penal se refiere a delitos cometidos en España. Y de ahí los principios de certeza jurídica, seguridad jurídica y la garantía procesal que supone el principio iura novit curia en el proceso penal. Aun así, no se vulnera este principio de legalidad penal y procesal (antes se explicitó su regulación legal) aunque quede mermado, al estar previsto en normas especiales, igualmente orgánicas como es la LOPJ, art. 22-2-3-4-5-6.

Si se aplica la ley material extranjera del lugar de comisión del delito y las procesales respecto al mismo, el principio de legalidad penal y procesal penal referidos a nuestras normas nacionales queda afectado, como el de certeza y seguridad jurídica. El principio iura novit curia quiebra totalmente y el Fiscal, los JCI y la AN tendrán que investigar el derecho penal y procesal penal extranjero aplicable para poder aplicarlo en España y en especial como es aplicado por su jurisprudencia menor, su doctrina legal o el precedente en el país en cuestión. También la Sala de lo Penal del TS es posible que tenga que hacerlo para determinar si se dan las circunstancias que conforman la excepción del art. 23.5 LOPJ.

(En especial aportar al proceso fotocopia compulsada por el país en cuestión u otra forma de prueba de los códigos o leyes en que se contiene el precepto legal del país extranjero, igual que como aplica la jurisprudencia de sus órganos inferiores, la doctrina legal de los superiores, o el precedente en el sistema angloamericano del Common Law, dicho precepto legal). Introducirlo en los autos del proceso penal seguido en España, para que sirva de prueba y en su caso ser contradicho por las partes acusadoras y acusadas y después aplicarlo en la sentencia.

Y además para que quede constancia en los autos de dicho proceso penal si se remiten a los órganos jurisdiccionales superiores en caso de apelación de la sentencia de instancia o se busque la casación de la de la segunda y dejarla sin efecto. Por supuesto respecto a las normas penales extranjeras aplicadas por nuestros órganos jurisdiccionales nunca será de aplicación la doctrina legal del TS y si se llega a éste en casación, tampoco podrá crear doctrina legal sobre las normas extranjeras aplicadas, aunque sea "su jurisprudencia" carente del carácter de doctrina legal del TS. Art. 1 CC.

Lo mismo debe decirse en caso de una aplicación parcial de normas del derecho extranjero y del nacional. Esto es reproducible si después se plantea recurso de amparo al Tribunal Constitucional o al TEDH o TPI.

En todo este "iter" los órganos jurisdiccionales penales de la jurisdicción ordinaria, como la jurisdicción especial del Tribunal Constitucional o en su caso los Tribunales Internacionales supranacionales con los que

España haya suscrito un Tratado Internacional se hayan vinculados por el art. 10 CE tanto si se aplica una norma penal material o una procesal penal española o extranjera. Aunque como es lógico el art. 10 CE se refiera directamente al ordenamiento jurídico español.

En cuanto a la forma, es decir el formalismo de las normas procesales penales remito a lo expuesto sean nacionales, o extranjeras (art. 3 y 4 LEC e implícitamente el art. 23 LOPJ). En todo caso, sea nacional o extranjera la norma prevista, el procedimiento debe ser el adecuado penalmente a las garantías procesales del TEDH conforme al art. 10 CE mencionado.

Referido a ese delito, sea general o especial, al sujeto delincuente y la víctima, la tipología del hecho, su gravedad, lugar de comisión cuando incide. Y respetando el orden jurisdiccional penal y las normas de competencia objetiva, funcional y territorial y demás requisitos procesales.

## 6. EFECTOS

Vienen determinados por la naturaleza de los criterios o fueros de atribución a la jurisdicción. Sea a la jurisdicción española, o a la extranjera. Según sean exclusivos, concurrentes, supletorios o exorbitantes. Incide sobre la denuncia de falta de jurisdicción al país extranjero, o de este al nuestro. Y en la admisibilidad o no de las excepciones de litispendencia internacional penal y de cosa juzgada penal internacional, no reguladas en la LOPJ y LECRIM, a salvo de Tratado internacional bilateral o multilateral que decida regularlas, a que alude el art. 23-5 LOPJ y 23-2 LOPJ).

Previamente parece conveniente la comunicación y colaboración entre ambos Estados, bastando con que el Estado Español le diga al Estado extranjero que decline su competencia si estamos ante un fuero exclusivo de atribución jurisdiccional art. 23-1 porque de lo contrario su actuación jurisdiccional sería exorbitante y no reconocería su jurisdicción.

O comunicar la AN en los casos del 23-2-3-4-5-6 LOPJ al país extranjero, donde se cometió el delito, que se ha iniciado un proceso penal en España, para que ese país no lo inicie; o que si ese país le comunica a la AN que según su legislación en el del art. 23-2 LOPJ de territorialidad tiene un fuero exclusivo según su legislación. V.Gr. Si un español mata a otro español o con doble nacionalidad incluida la española en EEUU es muy posible que en ese país esa conducta conlleve un fuero exclusivo a favor de su jurisdicción nacional en el orden penal y al ser el art. 23-2 LOPJ un fuero concurrente o supletorio, España lo respete y más si el responsable criminal está en dicho país.

Pero repito, a nivel internacional no existe la declinatoria internacional. Ni una regulación que prevea los conflictos positivos o negativos de atribución jurisdiccional cuando ambos órganos jurisdiccionales uno extranjero y otro español (la AN para el orden jurisdiccional penal, y de ser un delito militar entiendo que la AN o la Sala de lo Militar del TS en primera instancia, aunque este criterio sea discutible por la prevalencia de la jurisdicción ordinaria sobre la militar) pretendan conocer de un asunto penal o desconocer del mismo. Aunque el art. 23-5 LOPJ parece querer dar solución al supuesto.

La inexistencia en el orden penal internacional de un criterio jurisdiccional de atribución penal convencional (fuero convencional) facilita e impide estos conflictos positivos o negativos, si bien la convencionalidad de un Tratado Internacional sobre la cuestión no se impide y en él se deberían prever los mecanismos que impidan tales conflictos positivos o negativos, repito de atribución jurisdiccional entre Estados (no son por tanto conflictos internos entre los poderes del Estado, entre el Estado y Autonomías, entre jurisdicción ordinaria y especial, ni de competencia objetiva, funcional o territorial).

La investigación sumarial en un país extranjero, en caso de extraterritorialidad del delito cuando tengamos competencia y ese país la respete puede que plantee o no problemas. La recogida de piezas de convicción, la custodia en la cadena de pruebas con todas las garantías para evitar su contaminación, su remisión a España…y según qué legislación vigente.

¿Quién debe efectuarla? ¿El Fiscal y el Instructor si existe esta figura en el país extranjero? ¿El Fiscal de la AN y JCI designado por la AN, previa autorización del país en cuestión? ¿Estar ambos? ¿Qué normativa se aplica? A falta de tratado internacional, si existe buena relación entre ambos países no debe haber problemas. Siempre que para ese país no sea un fuero exclusivo de atribución jurisdiccional, pues según nuestra LEC los supuestos del 23-2-3-4-5-6 LOPJ (a salvo del 22-1) son concurrentes o supletorios.

En el caso de que sea competencia el delito de tribunales internacionales extranjeros sobre todo en caso del art. 22-4 LOPJ será el Tratado Internacional que les atribuye jurisdicción quien resuelva estos problemas. Art. 3 y 4 LEC y 23 LOPJ. O el Tratado, en defecto de órganos internacionales supranacionales quien les dé solución.

Los criterios de atribución jurisdiccional exclusiva o fuero exclusivo caso del art. 22-1 LOPJ, excluye —salvo Tratado Internacional— las excepciones de litispendencia penal internacional y de cosa juzgada penal internacional si las planeara el país extranjero, España las rechazará en el proceso penal en curso y en el momento procedente en tanto en cuanto, tenga todos los elementos para poder juzgar a los responsables criminalmente y se cumplan los demás presupuestos materiales y procesales juzgará dictando sentencia que devendrá firme si no se apela o acabados todos los recursos admisibles.

No así en el caso de los criterios de atribución jurisdiccional comprendidos en fueros concurrentes, supletorios o exorbitantes. Art. 22-2-3-4-5-6 LOPJ. Indirectamente lo preveía el anterior art. 23-5 LOPJ antes de su última reforma.

Como sabemos la litispendencia penal internacional se produce cuando se tiene constancia de la existencia de dos procesos penales seguidos en países diferentes, y existe la total identidad subjetiva entre las personas físicas o jurídicas criminalmente responsables (partes pasivas, o elemento subjetivo) y el hecho o hechos tipificados como delitos (elemento objetivo). Se trata de evitar un proceso, el que se inició en segundo lugar, para evitar la continencia o división de la causa y sentencias discordantes si ambos procesos terminaran con sentencias en la instancia firmes o no. En este caso, sirve para defender también una competencia jurisdiccional exclusiva.

Si se aplican derechos penales, es decir, materiales de diferentes países no hay duda que las sentencias de ambos tendrán distinto contenido en cuanto a las penas y calificación o tipificación legal del delito (autoría, participación, circunstancias eximentes, atenuantes, agravantes, mixtas, causas de justificación, de exclusión de la culpa, de la acción, de la pena...). Remito a lo dicho en fueros de atribución de la jurisdicción penal a un país u otro.

La cosa juzgada penal internacional, supone la existencia de dos procesos con igual identidad subjetiva y objetiva, uno al menos de los cuales finalizó con sentencia firme. Pueden ser ambos. Una de las dos sentencias es inútil, y más si se aplicaron leyes penales de diferentes países.

Parece que en este caso se debe respetar el primer proceso iniciado, sobre todo si es sobre la base del fuero exclusivo de la territorialidad, aunque todavía no haya finalizado con sentencia firme en detrimento del otro, aunque ya la haya producido, si se refiere a un fuero subsidiario. El problema es complejo en el ámbito internacional —siempre a salvo de Tratado internacional— Quedan fuera los fueros concurrentes, subsidiarios y los exorbitantes.

Sin embargo, en el ámbito interno, la primera sentencia firme es la que produce la cosa juzgada. Y la excepción de litispendencia trata de evitar el segundo proceso iniciado, cuando todavía ninguno produjo la cosa juzgada.

Tratándose de Tribunales Internacionales, es decir supranacionales, cualquiera que sea su Sede o su lugar de actuación para actuaciones sumariales, debe estarse en cuanto a su jurisdicción a las normas materiales y procesales previstas para su ejercicio según lo dispuesto en el Tratado Internacional específico, como señalamos en su momento. Parece referido el art. 3 LEC respecto al orden penal art. 4 y 1 LECRIM. Estaríamos ante un criterio de atribución jurisdiccional o fuero principal y exclusivo determinado por el Tratado Internacional o el que este determine. Por lo tanto, susceptible de dejar sin efecto los art. 117 y ss. CE y los concordantes de la LOPJ sobre todo de su Titulo Preliminar, art. 1 y ss.

## 7. APLICACIÓN DE LA LEY PENAL O PROCESAL PENAL ESPAÑOLA O EXTRANJERA

Sobre este particular ya nos referimos. El art. 3 y 4 LEC y que remite al art. 1 LECRIM permiten aplicar en España leyes procesales penales no nacionales, sean supranacionales o internacionales. Se exige un Tratado Internacional. No se específica si por los jueces y tribunales españoles o extranjeros y en este caso sitos en el extranjero o que vendrían aquí específicamente.

Y el art. 23-1 LOPJ lo reafirma en este caso para delitos cometidos en España para atribuir jurisdicción en virtud de un Tratado Internacional a Tribunales Internacionales extranjeros de forma semejante al caso anterior pero no se determina la ley material aplicable o la ley procesal penal aplicable que se supone podría ser la nacional o una internacional o supranacional.

Los art. 23-2-3-4-5-6 LOPJ en caso de delito cometido en el extranjero atribuyen de forma concurrente o supletoria la jurisdicción al orden penal español o a la jurisdicción extranjera del país donde se cometió el delito. Si este país extranjero conoce del mismo, y es en el que se cometió, la exclusividad del fuero hace que aplique sus normas penales y procesales penales salvo que un Tratado Internacional le obligue a aplicar otras supranacionales.

Así lo hará hasta la terminación del proceso por sentencia firme salvo que España iniciara antes las actuaciones, y además acepta el requerimiento español o la excepción de litispendencia penal internacional que le plantee España a la que no se refiere el art. 23 LOPJ.

Si no tiene interés en atribuirse la jurisdicción (a esto alude la excepción del art. 23-5 LOPJ) y que lo haga España caben dos posibilidades durante el sumario, sin perjuicio de que un Tratado Internacional disponga en sus cláusulas algo en contra:

– El Fiscal o el instructor del país extranjero en cuestión del país de comisión del delito recogen las piezas de convicción, custodian la cadena de investigaciones o de pruebas anticipadas practicadas no reproducibles para evitar su contaminación con todas las garantías procesales en favor de los responsables criminales y las víctimas del delito y las trasladan a España todo según la normativa procesal penal extranjera y en su caso se encargan de la extradición a España si se solicitó de los responsables criminales si se hayan en ese país todavía y no son sus nacionales o lo hace España si están en un tercer país extranjero.

Y a partir de entonces seguirá el sumario, si no se concluyó en ese país según las leyes procesales españolas, de igual forma que si se concluyó.

– Lo hacen conjuntamente el Fiscal y el instructor del país extranjero en cuestión y permiten de forma "graciosa" al instructor designado por la Audiencia Nacional y al Fiscal de esta realizar esa función sea conforme a ambas leyes, o a una de ellas si son suficientes garantistas hasta su remisión a España. Es posible que el país donde se cometió el delito desentienda y permita a esas autoridades españolas realizarlas.

Entiendo que en todos estos casos del art. 23-2-3-4-5-6 si se aplican las normas materiales españolas no se pueden desconocer las normas materiales penales o procesales penales (medidas cautelares personales menos restrictivas de derechos y libertades personales, si los responsables criminales están ya a disposición de la jurisdicción penal española es decir de la Audiencia Nacional, medidas favorables a las víctimas, si se exige denuncia o querella como presupuesto procesal) del país extranjero en que se cometió el delito si les son más favorables.

O que el fiscal, la defensa de la víctima o del responsable penal determinen la norma más favorable y decide el tribunal, que se aplique la norma material extranjera si en el lugar de comisión no es delito (o en caso de

Tratado internacional en contra, sea una atenuante) o si la pena es mucho menos rigurosa en el país extranjero se aplique esta o la española, pero como atenuante indeterminada.

El principio de legalidad penal y procesal penal, la certeza y seguridad jurídica lo exigen, aunque quiebre el principio iura novit curia respecto a la determinación, aportación a los autos, prueba y aplicación de la norma material extranjera.

## 8. HACIA UN NUEVO DERECHO INTERNACIONAL PENAL Y PROCESAL PENAL EXTRANJERO

De los art. mencionados en especial el art. 3 y 4 LEC y el art. 5 Bis y 23 LOPJ podemos hablar qué en todos estos casos estamos ante un supuesto de derecho internacional penal y procesal extranjero.

No nos alejamos mucho del derecho internacional privado (referido al derecho civil, mercantil, laboral y comunitario privado, incluso del derecho administrativo cuando una administración pública en el tráfico privado actúa como un sujeto privado y no como órgano administrativo sin perjuicio de que pueda conocer el orden jurisdiccional civil o el contencioso administrativo, según las estipulaciones contractuales).

Conforme al mismo, se permite a los jueces y tribunales nacionales que las partes aleguen introduciéndolas en el proceso, comprobar, probar y aplicar las normas materiales extranjeras por los jueces y tribunales españoles, en tanto en cuando no se vulneren los fueros (criterios de atribución jurisdiccional) exclusivos o a sensu contrario estos no sean violados por fueros exorbitantes de atribución jurisdiccional y se respete el Orden Público Nacional. Cierto que su aplicación puede llegar hasta el TS a través del recurso de casación, pero no es función del TS crear doctrina legal de la aplicación de esas normas materiales extranjeras, ni siquiera, aunque tengan el carácter de precedente como en el sistema del Commow Law.

El derecho internacional privado se encuentra completado con multiplicidad de Tratados Internacionales que desarrollan su normativa interna. Además, permite que de estos asuntos por fueros (de atribución jurisdiccional) contractuales conozcan jueces y tribunales extranjeros, aunque el negocio, contrato, relación jurídica hayan tenido lugar en España o de haber tenido lugar en otro país conozcan jueces y tribunales diferentes a los de este. art. 8 y ss. CC, art. 22 LOPJ y su última ley reguladora referida a la colaboración jurisdiccional, alegación, prueba y aplicación del derecho extranjero y el derecho procesal internacional con elemento extranjero, por todos conocida.

Pues bien, creo que de esta exposición se puede hablar de esto. Con una matización tanto el derecho internacional privado en cuanto se refiera a la actuación de los tribunales nacionales en España, como este derecho internacional penal y procesal internacional de los nuestros, forma parte del derecho penal y procesal penal español. Lo que queda fuera es comprensible que también sea estudiado por los internacionalistas como materia específica o como derecho comparado.

Y a través de este derecho comparado, plantearnos cubrir las múltiples lagunas que plantean la aplicación de los susodichos artículos.

Además, la entrada en la UE nos obliga a una mayor uniformidad penal y procesal penal, con respecto al resto de sus Estados. Incluso con la extradición activa o pasiva. En el caso de la proclamación de Independencia de Cataluña, "el Process" y la huida de Puigdemont la tipificación y la calificación jurídica acertada o errónea del delito de "sedición" supuso una crisis política y una de sus consecuencias fue una reforma penal del vigente CP por el simple hecho de judicializarse la política, y al poco politizarse la justicia y después internacionalizarse en la UE un conflicto político que traía su causa en un delito consumado que afectaba a la seguridad interior y exterior del Estado Español.

Pero también los Tratados Internacionales sobre todo a nivel de la UE serán uno de los mejores instrumentos en la lucha contra el crimen organizado a nivel internacional, bandas armadas y organizaciones terroristas. Aunque supongan cierta cesión de la Soberanía Nacional en materia de una atribución jurisdiccional exclusiva (fuero exclusivo) y que pueden vaciar de contenido el art. 117 y ss. CE y los que la desarrollan en la LOPJ y sólo en supuestos muy específicos y determinados.

## 9. CONCLUSIONES

**PRIMERA**. La atribución a la jurisdicción española de los delitos extraterritoriales o cometidos fuera de nuestro territorio nacional plantea graves problemas e interrogantes. Los artículos 3 LEC y 23 LOPJ no cubren todas las lagunas que su aplicación plantea. En especial el art. 23 supone un avance frente al precedente previsto en la LOPJ de 1870, pero ese avance de la vigente LOPJ de 1985 incluidas todas sus reformas posteriores se queda muy corto.

**SEGUNDA**. A la hora de atribuir jurisdicción a nuestros jueces y tribunales (al orden jurisdiccional penal) no sirve sólo con atribuir la competencia objetiva a la AN que creo a todas luces positivo. (O al TS para un supuesto tan remoto como el aludido). Es necesario determinar en cada supuesto si estamos ante fueros de atribución de la jurisdicción nacional exclusivos, concurrentes, o subsidiarios (En este caso sin quiebra del art. 24 CE). Los exorbitantes solapados bajo concurrentes o subsidiarios deben desaparecer.

**TERCERA**. Los Tratados Internacionales pueden cubrir lagunas, sin perjuicio de su efectividad y colaboración en la lucha contra las bandas armadas, el crimen organizado y el terrorismo. Incluyendo la existencia de Tribunales Internacionales que los juzguen. Pero la alusión o remisión en dichos preceptos a Tratados Internacionales no resuelve el problema. El hecho de pertenecer a la UE resolverá muchos de estos problemas, a medida que se acentúen.

**CUARTA**. La extraterritorialidad del delito y su atribución jurisdiccional a los jueces y tribunales españoles distorsiona, limita e incluso puede dejar sin efecto el principio de legalidad penal, de legalidad procesal penal, el de certeza y seguridad jurídica, el principio iura novit curia si hay que investigar, aportar al proceso penal seguido en España y probar normas penales o procesales penales extranjeras para poderlas aplicar y son distintas en su contenido, efectos y penalidad a las españolas.

El carácter y el valor de la doctrina legal del TS queda sin efecto o cercenado pues se refiere al ordenamiento jurídico español nunca al extranjero, aunque esté abierta la vía al recurso de casación penal según la gravedad del delito cometido. No puede el TS suplantar la doctrina legal de un país extranjero ni aunque en este país opere el precedente, Si bien por esto "no me rasgaré las vestiduras".

**QUINTA**. La existencia de Tribunales internacionales en el orden penal y en otros ordenes, como última instancia (tras la primera, segunda y casación nacional), y en su caso después de la jurisdicción especial del Tribunal Constitucional y a través de un proceso nuevo revisorio la veo positiva (art. 5 BIS LOPJ y 954 LECRIM). Incluso si son competentes desde la primera instancia respecto a delitos cometidos fuera de España en los casos del art. 23-2-3-4-5-6. LOPJ.

En el primer caso mediante un proceso extraordinario de revisión, aunque se hable de recurso (no es tal al ser la pretensión diferente y extraordinaria a la de la instancia, aunque sea revisora y estarse ante una jurisdicción supranacional) una vez cerrado el ciclo de la jurisdicción ordinaria y la del TC. Art. 5 Bis LOPJ y 954 LECRIM.

En el segundo caso en virtud de un Tratado Internacional incluso aunque pueda vaciar el contenido de la jurisdicción española, art. 117 CE. Así el TJI, TEDH.

En ambos casos es conveniente mantener la garantía del constituyente español que supone el art. 10 CE.

**SEXTA**. El art. 23 LOPJ en sus cinco supuestos debe dejar claro cuales son los criterios de atribución jurisdiccional exclusiva, concurrente, supletoria y exorbitante.

**SÉPTIMA**. Cuando la AN tenga que aplicar normas materiales penales extranjeras o procesales penales extranjeras lo hará de oficio y con la colaboración del Fiscal de la Audiencia Nacional. Ello sin perjuicio de que el derecho de defensa de los acusadores populares, particulares de las víctimas, o la defensa de los acusados pueda contradecirlas.

**OCTAVA**. Este trabajo se refiere al orden jurisdiccional penal en supuestos de territorialidad del delito cometido en España, o de extraterritorialidad del delito cometido en el extranjero, del que la jurisdicción española pretende conocer. Queda fuera el ámbito privado, o el derecho internacional privado al que se refieren sus estudiosos (aplicación de los derechos civil, mercantil y laboral extranjeros, el comunitario de carácter privado, e incluso el derecho administrativo cuando la Administración actúa como un sujeto privado al margen en tal caso del orden jurisdiccional competente según las cláusulas del contrato).

## 10. PALABRAS FINALES

Con estas últimas palabras quiero cerrar el ciclo de este trabajo en merecido homenaje al Dr. D. Víctor Moreno Catena, Catedrático de Derecho Procesal de la Universidad Carlos III, un gran profesor que lo es tras su amplia andadura universitaria por varias Universidades españolas (si no recuerdo mal, Santiago de Compostela, Jerez de la Frontera, Sevilla y Carlos III de Madrid), un gran investigador del Derecho Procesal y de otros Derechos que le son afines y fronterizos, creador de una Escuela de profesores de Derecho procesal, un jurista de reconocido prestigio y un práctico en la aplicación del Derecho.

Tuvimos en su día fuertes vínculos, pues mi Maestro José Almagro Nosete y Víctor Moreno Catena eran discípulos de un mismo Maestro. Igualmente, aprovecho para darle las gracias por su generosidad al invitarme a participar en este merecido homenaje con esta sencilla aportación. Ha sido todo un placer.

# *La aplicación del principio de oportunidad en el proceso penal*

**ROCÍO ZAFRA ESPINOSA DE LOS MONTEROS**
*Profesora Titular Derecho Procesal*
*Universidad Carlos III de Madrid*
*Orcid: 0000-0001-7422-1103*



## 1. INTRODUCCIÓN

El sistema de justicia penal que tradicionalmente ha imperado es el de la justicia retributiva. Esto es aquella que impone un castigo frente a la contravención de las normas. Este castigo, es la imposición de una pena como forma típica de justicia penal, pero en conjugación con la finalidad resocializadora de la pena que proclama la CE.

La titularidad del *ius puniendi* la tiene en exclusiva el Estado, personalizado en los órganos judiciales del orden penal. Igualmente, se fija el proceso penal como el único instrumento a través del cual se puede desarrollar la potestad Jurisdiccional que reconoce la CE. Esta circunstancia se debe a la aplicación del principio de legalidad del proceso judicial y del derecho penal.

La sujeción a este principio, supone que las partes no pueden decidir sobre el objeto del proceso penal al considerarse esta una materia de carácter indisponible.

Sin embargo, en ocasiones, la sujeción estricta al principio de legalidad, puede conllevar la percepción de una justicia deshumanizada que no tiene en cuenta a las personas: ni a los presuntos autores de los hechos delictivos ni a las víctimas que tradicionalmente, se ha considerado la gran olvidada del proceso penal.

Esta situación ha sido abordada por los diferentes proyectos de reforma del sistema procesal penal español en los que con mejor o peor fortuna incluían la aplicación del principio de oportunidad en el proceso penal como una fórmula óptima y garantista de aplicación del derecho penal.

La aplicación de la oportunidad en el proceso penal nos permitiría, la aplicación de fórmulas de justicia restaurativa que permitan lograr una mayor socialización e inserción de aquella persona que haya cometido un hecho delictivo. Igualmente, otorgaría a la víctima la posibilidad de restaurar su posición mermada por la comisión del delito.

Para finalizar, quisiera mostrar mi agradecimiento a Víctor Moreno Catena. Sin duda, mi carrera universitaria, no hubiera sido posible sin su inestimable ayuda. Estuvo presidiendo cada uno de los tribunales a los que he tenido oportunidad de concurrir. Todavía recuerdo, el nerviosísimo en mi defensa para la obtención del Diploma de Estudios Avanzados. O el día en el que obtuve el máximo grado académico. Son momentos que siempre guardaré en mi corazón. Cuando llegué a Madrid, desde la Universidad Pablo de Olavide de Sevilla, la acogida y cariño con el que me recibió todo el equipo, hoy mi equipo y mi familia, fueron de incalculable valor. He podido compartir con él docencia y ver como los alumnos se quedaban fascinados con sus clases magistrales. Su cercanía y sus palabras siempre me han reconfortado, ayudado y animado en un trabajo duro e incansable de investigación y docencia. Por todo ello, solo puedo decir: muchas gracias por todo, Víctor.

## 2. EL PROCESO PENAL Y EL PELIGROSO POPULISMO PUNITIVO

Como hemos mencionado, el proceso penal puede considerarse el instrumento que el Estado pone a disposición de la sociedad para que los órganos judiciales puedan aplicar el *ius puniendi* cuya titularidad tienen en exclusiva. Nuestro proceso penal actual está regulado por la Ley de Enjuiciamiento Criminal de 1882. Está decimonónica legislación ha sufrido numerosas reformas de mayor o menor calado, pero siempre tendentes a la adaptación a las nuevas realidades sociales. Es verdad que esto puede resultar complicado en términos generales para el Derecho, pero particularmente para la investigación y enjuiciamiento de los delitos. Esto es debido al alto grado de cambio que tiene el panorama y sociedad delictual capaz de moldearse rápidamente a los nuevos escenarios que permitan eludir la acción de la justicia.

Es evidente que esto supone un gran reto para los operadores jurídicos que cada vez se enfrentan con una delincuencia cada vez más profesional y especializada con una alta cualificación.

En el año 2002, Moreno Catena, ya ponía de relieve la reflexión profunda que se hace sobre el proceso penal. En concreto, sobre la eficacia del proceso penal como instrumento que debe dar respuesta ágil y eficaz frente a las infracciones de los diferentes bienes jurídicos protegidos[1].

A todo ello, debemos sumar el corte retribucionista de nuestra justicia penal. Una postura reaccionaria en la que se asume el castigo ante la comisión del delito y que en determinadas situaciones puede no sujetarse a las circunstancias personales del caso. Y es que, como veremos a continuación, el carácter retribucionista, junto con la sujeción estricta al principio de legalidad, deja poca maniobra al órgano judicial para la imposición de una condena que atienda a las situaciones personales de las partes involucradas en la comisión del hecho delictivo. En definitiva, el derecho penal y derecho procesal penal[2] suponen el reconocimiento de un castigo ordenado ante la comisión de un delito[3] y afectación, por ello, a un bien jurídico protegido por el ordenamiento jurídico.

Como se ha dicho, el proceso penal, está inspirado en el principio de legalidad. Lo que supone que todas las actuaciones deben desarrollarse con escrupuloso respeto al ordenamiento jurídico.

Igualmente, es necesario resaltar el carácter indisponible del objeto penal del proceso penal. La finalidad del proceso penal no es la resolución de conflictos mediante la satisfacción de derecho intersubjetivos, sino que lo que se pretende garantizar es la seguridad ciudadana mediante la restitu-

---

1 Moreno Catena, víctor (2002)., "El proceso penal español: Algunas alternativas para la reforma" en *Cuadernos de Derecho Judicial,* núm. 4, 2022.

2 Barja de Quiroga, establece que: *el Derecho penal y el Derecho procesal penal han de estar absolutamente interconectados, de manera que lo que en uno se afirma en el otro tiene que ser posible.* Barja de Quiroga, Jacobo (2020), "El principio de oportunidad: cuestiones generales", en Calaza López, Sonia; Muinelo Cobos, José Carlos, *Postmodernidad y proceso europeo: la oportunidad como principio informador del proceso judicial,* Dykinson, Madrid, pág. 63.

3 En este sentido, establece Muñoz Conde, Francisco; García Arán, Mercedes (2022), *Derecho Penal: Parte general,* Tirant lo Blanch, 11° edición, Valencia, pág. 43. Se establece que la pena *se justifica por su necesidad como medios de represión indispensable para mantener las condiciones de vida fundamental para la convivencia de personas en una comunidad.* Para terminar, refiriéndose a la pena como una "*amarga necesidad*".

ción de la paz social que se ha visto perturbada por la comisión del hecho delictivo, dando así, cumplimiento a lo dispuesto en el artículo 1.1 CE: *España se constituye en un Estado social y democrático de Derecho, que propugna como valores superiores de su ordenamiento jurídico la libertad, la justicia, la igualdad.*

Como es bien sabido, el objeto del proceso penal tiene una naturaleza dual: la penal, mediante el que se depuran las responsabilidades por la comisión del hecho delictivo; y el objeto civil mediante la que se solicitan la responsabilidad civil derivada de la comisión del hecho delictivo. Este último tiene naturaleza disponible por lo que las partes podrán reservarse o renunciar a la interposición de la acción civil.

El proceso penal tiene una estructura peculiar con respecto a los otros órdenes jurisdiccionales. Y es que además de las fases de alegación, prueba y sentencia, nos encontramos con una fase preparatoria en la que se llevan a cabo una serie de actuaciones tendentes a averiguar la identidad del presunto autor del hecho delictivo y de las circunstancias que rodean la comisión del hecho delictivo.

A pesar que todas las fases del proceso penal pueden llevarse a cabo actuaciones que colisionen con el sistema de derechos fundamentales, es en la fase de investigación donde hay que prestar una mayor cautela.

Además, es necesario tener en cuenta los derechos que están en juego en el proceso penal. Por un lado, está claro que existe un ataque a un bien jurídico que está protegido con el tipo delictivo preciso en el CP; pero por el otro, no podemos perder de vista que la acción de la justicia irá dirigida al esclarecimiento de los hechos y la identificación de una persona contra la que se dirigirá la acción penal. de este modo, la pretensión de los acusadores, se dirigirá a la enervación de la presunción de inocencia y la imposición de una condena prevista en el CP.

En este sentido, es necesario tener varias cuestiones en cuenta: por un lado, la presunción de inocencia ampara a todos los seres humanos. De modo que, solo una sentencia de condena a la que se llegue mediante la práctica de una mínima actividad probatoria, será capaz de destruir dicha presunción. Por otro lado, la persona del investigado/acusado, tiene una serie de derechos y garantías desde el mismo momento en que comienza la investigación. Estas garantías son imprescriptibles. Así, en el caso en durante el desarrollo de la investigación estas no se cumplan o se limiten, la actuación será contraria al ordenamiento jurídico. Y, a colación de esta cuestión, los operadores jurídicos, deben ser estrictos con el cumplimiento de las garantías procesales y el sistema de los derechos fundamentales, por el derecho fundamental que están en juego: el derecho a la libertad. Es por ello, que no podrán admitirse el resultado de aquellas actuaciones que se desarrollen en la fase de investigación sin respetar los derechos fundamentales, al igual que las pruebas que se consideren vulneran los mismos tanto de forma directa como indirecta, tal y como previene el artículo 11.1 LOPJ.

Es cierto que nuestro sistema procesal penal ha sido ejemplo de sistema garantista en la que se protegen, ante todo, los derechos fundamentales y libertades públicas de las personas investigadas, acusadas y/o condenadas. Pero no podría ser de otra forma, pues por más abyectas que sean las formas de criminalidad, el Estado no puede desarrollar actuaciones contrarias a los valores y principios de nuestro Estado social y democrático.

Por todo ello, el sistema de garantías de las partes, debe ser el balaustre en el que se apoya el proceso penal. y ello, a pesar de un momento social en el que se cuestiona en exceso las decisiones judiciales y en el que el "populismo punitivo" está tomando un cariz preocupante. El respeto por los derechos fundamentales y libertades públicas, debe estar por encima de todo cuestionamiento y presión social.

En este sentido, la CE reconoce la independencia de jueces y magistrados. Independencia, que debe garantizarse, no solo frente a los otros poderes del Estado o de los superiores jerárquicos, sino con respecto a las partes, el objeto litigioso y la sociedad.

Y en este contexto, la fase de investigación, debe estar presidido por el equilibrio a la hora de adoptar decisiones que puedan suponer la limitación del pleno ejercicio de los derechos fundamentales.

En este sentido, creo que es necesario que se entienda que en las investigaciones judiciales, la tensión que se sucede entre el sistema de garantías y derechos fundamentales de la persona investigada y la finalidad de la investigación, da lugar a un examen de proporcionalidad. En éste, de un lado encontramos el derecho fundamental que puede verse afectado y de otra la finalidad de la investigación. Es evidente que la solución a adoptar sobre el pleno desarrollo del derecho fundamental está presidida por un examen de adecuación cuantitativa y cualitativa a las circunstancias del caso concreto. Cuanto el órgano judicial emite un auto habilitando la medida, el derecho fundamental cede a la finalidad de la investigación. Pero esta cesión, no supone una vulneración del derecho fundamental sino, únicamente, una limitación a su pleno ejercicio y desarrollo. Esta limitación, está habilitada, para el caso concreto, por un órgano judicial y sustentada en el Estado de Derecho. Y, esta peculiaridad, es la que nos permite utilizar lo que se haya podido obtener mediante el desarrollo de la investigación. Por el contrario, cuando la actuación se realiza sin la oportuna autorización judicial, la restricción del derecho fundamental se desarrollará sin justificación en el Estado de Derecho, lo que supondrá una vulneración del derecho fundamental. Es evidente que el resultado sobre el derecho fundamental es el mismo: la limitación del pleno ejercicio del mismo. Sin embargo, las repercusiones en uno y en otro caso, son totalmente opuestas, no pudiéndose tolerar, bajo ninguna justificación ni oportunidad, la vulneración del derecho fundamental, son pena de afectar todo lo obtenido, de forma directa e indirectamente, mediante dicha actuación contraria a derecho.

Cuando acontece un hecho delictivo, es evidente que se desata una tensión explosiva cuyo objetivo fundamental es la garantía de la seguridad ciudadana. En esta tensión, en muchas ocasiones pueden verse en entredicho el sistema de derechos fundamentales y libertades públicas de la persona que, presuntamente, sea responsable criminal, situándose en la cabeza su derecho a la libertad.

En este sentido, el proceso penal, es la representación del este campo de tensión entre la seguridad ciudadana y los derechos fundamentales y libertades públicas del presunto responsable. Y en este contexto, y en el ordenamiento jurídico de un Estado democrático de Derecho, no puede ser de otra forma que bajo el principio de proporcionalidad y siempre en bajo una perspectiva de equilibrio en las actuaciones. Evidentemente, la seguridad ciudadana debe ser garantizada pero no puede hacerse a cualquier precio. De esta forma, por más violentas que sean las formas de criminalidad, los operadores jurídicos, deben actuar conforme a los parámetros establecidos en el ordenamiento jurídico y con estricta observancia del sistema de garantías y derechos fundamentales que nos asisten a todos los seres humanos.

Sin embargo, esto parece que en los últimos tiempos no es una tarea fácil y es que a la tensión que supone la garantía de la seguridad ciudadana antes las actividades delictivas, se le añade la lucha con el populismo punitivo[4] que

---

4 Cita sobre el populismo punitivo *Vid.* Martínez Sánchez, Mauricio (2008), "Populismo punitivo, mayorías y víctimas", en *Revista de Derechos Fundamentales*, Nº. 2. Muñoz Tejada, Julio Andrés (2009)., "Populismo punitivo y una "verdad" construida", *Nuevo Foro Penal*, Vol. 5, nº. 72. En esta corriente populista, es donde deben quedar enmarcadas las concepciones absolutas sobre la finalidad de la pena. Bajo esta teoría, la pena supone la imposición de un mal por el mal cometido excluyendo, totalmente, de la finalidad de la pena, al considerarse que esta es una consecuencia justa y necesaria del delito cometido. Muñoz Conde, Francisco; García Arán, Mercedes (2022), *Derecho Penal: Parte general*...op. cit, pág. 44.

desde las instituciones debe salvarse. Un populismo punitivo que supone *la demanda social de la justicia que pasa por encima de la ley*[5].

Y es verdad que este populismo, ha existido en todo momento. La sociedad se revela ante la comisión de determinados delitos exigiendo que las autoridades de represión penal sean capaces no solo de parar y reprimir dichas actuaciones delictivas sino además de someter a un castigo exacerbado al presunto responsable del mismo. Actualmente, estas situaciones se incrementan con la programación diaria de la prensa en la que personas, consideradas expertas, pueden expresar sus opiniones acerca de determinados casos más o menos mediáticos. Si bien es cierto, que esto entraría dentro del derecho fundamental de libertad de prensa, reconocido en el artículo 20 de la CE bajo la rúbrica de libertad de expresión, hay veces en que se emiten juicios de valor que pueden no ser semejantes al valor justicia. Estas opiniones pueden ser más o menos influyentes a la ciudadanía pero que siempre pueden ayudar a formarse determinados pensamientos que pueden resultar contrarios al derecho lo que provoca una sensación de inseguridad mayor a la de la propia comisión del delito ya que los ciudadanos perciben falta se seguridad no solo por los potenciales delincuentes y los delitos sino por los operadores jurídicos por no proporcionarles la solución que se concibe como apropiada. De tal forma que los responsables de adoptar decisiones ante la comisión de delitos, se encuentran maniatados por la presión social que exige la adopción de medidas o una justificación innecesaria en caso de no adoptarse[6]. Esta situación, de ser

---

5 Moreno Catena, Víctor "El proceso penal español: Algunas alternativas para la reforma"...*op. cit.*

6 Un claro ejemplo de esta mediatización de la acción de la justicia es la adopción de medidas cautelares. Me explico: cuando acontece un delito que la sociedad estima como muy reprochable, automáticamente se cuestiona la decisión judicial sobre la no adopción de medidas cautelares tales como la prisión provisional. Esta medida cautelar, que es una de las más agresivas para el derecho fundamental a la libertad, solo puede adoptarse mediante determinados requisitos y ante determinados presupuestos (riesgo de fuga, nueva agresión a la víctima, posibilidad de reincidencia y obstrucción a la justicia). En aquellos supuestos en que no se observen los presupuestos (*periculum in mora*) no podrá adoptarse la prisión provisional. Puesto que, en caso contrario, esta se entendería desproporcional y por tanto contraria al ordenamiento jurídico. Para ello, el órgano judicial, podrá recurrir a otra medida cautelar, siempre que lo estime conveniente atendiendo a las circunstancias del caso concreto. Sin embargo, estas decisiones son cuestionadas por algunos tertulianos que, sin formación jurídica, se preguntan sobre la negativa de adoptar medidas cautelares para el caso reprochable. Esta situación, es percibida por la sociedad como un ataque, por parte de los operadores jurídicos a la pacifi-

atendida por los jueces y magistrados, podría ser entendida como un grave ataque a la independencia de los mismos y la garantía de los justiciables y del ejercicio de su función jurisdiccional de estar sometido únicamente al imperio de la ley tal y como exige la Norma Suprema.

En este sentido, debemos recordad que estas garantías de jueces y magistrados se reconocen en el propio texto constitucional. El artículo 117.1 CE, establece que *la justicia emana del pueblo y se administra en nombre del Rey por Jueces y Magistrados integrantes del poder judicial, independientes, inamovibles, responsables y sometidos únicamente al imperio de la ley.*

La LOPJ, prevé mecanismos que garantizan la independencia de jueces y magistrados frente a las partes y al objeto litigioso, frente a los superiores jerárquicos y frente al respeto de poderes del Estado.

En cuanto a la sumisión al imperio de la ley, debe ser considerado un instrumento más para la consecución del valor justicia que reclama nuestra forma de Estado. Esta garantía supone la certidumbre para los ciudadanos que ante situaciones parecidas tendrán respuestas similares. Lamentablemente en la actualidad, los ciudadanos tienen la percepción que esta previsión en la respuesta judicial está en decadencia, lo que puede poner en grave peligro, incluso provocar un jaque a la justicia. Es necesario conjugar de una manera adecuada la intendencia de los jueces y magistrados con respecto a sus superiores jerárquicos con la función nomofiláctica de la jurisprudencia que generará seguridad jurídica a los justiciables. De este modo, se podrá prever la respuesta jurídica.

A este respecto, debemos argumentar que la justicia siempre ha venido caracterizada por su falta de humanidad y la desatención a las características particulares del caso concreto. Lo que dejaba maniatados a los jueces y magistrados para la resolución de los asuntos. Sin perder esto de perspectiva y siendo necesario que la respuesta judicial se adecúe lo máximo posible a las circunstancias del caso concreto, es garantía para los justiciables la aplicación igual y uniforme del Derecho[7].

---

cación social. Lo que, en definitiva, deteriora, sin duda alguna, la percepción que la sociedad tiene de la Administración de Justicia.

7 Obviamente, no podemos confundir uniformidad con falta de independencia de los tribunales a adoptar sus propias decisiones. En los ordenamientos jurídicos propios del Derecho Positivo, los jueces y magistrados, en la función jurisdiccional tienen que resolver conforme a las normas previstas. La jurisprudencia anterior puede ser utilizada pero no puede considerarse vinculante en tanto que cada órgano judicial deberá interpretar y aplicar la ley al caso concreto según su criterio

Otro de los elementos que genera una mayor desconfianza de la sociedad en la justicia se centra en la tardanza de la respuesta judicial. Sin duda, tal y como establece el Informe del Observatorio de la Actividad de la Justicia 2023, publicado en febrero de 2024, *la tardanza en la obtención en la respuesta judicial genera un elevado grado de inseguridad jurídica*[8]. Y ello, porque la respuesta judicial tardía puede ser una respuesta inútil.

Por último, debemos mencionar otros de los factores que influyen en el deterioro de la imagen de la justicia es sin duda la falta de eficacia de la pena. Sin duda, las condenas privativas de libertad, pueden ser entendidas como la respuesta más eficiente ante la comisión de un delito. No obstante, existe un problema en el sistema actual: la falta de concienciación de las personas que están en los centros penitenciarios cumpliendo condena por la comisión de un delito. Esto implica que los efectos de estancia en el centro penitenciario, no siempre sean los deseados[9]. Hay quién considera los centros penitenciarios como verdaderas escuelas del crimen[10]. Y esta idea, no está falta de razón. de razón. Y es evidente que la comisión del delito debe tener una consecuencia, pero esta consecuencia no puede ser aislada de las necesidades sociales. Es por ello, que las condenas privativas de libertad, deben ir acompañadas de programas de concienciación para la eficaz consecución de los fines que la Norma Suprema reconoce: *las penas privativas de libertad y las medidas de seguridad estarán orientadas hacia la reeducación y reinserción social.*

En resumen, el proceso penal es el instrumento que el ordenamiento jurídico pone a disposición del Estado para la imposición ordenada de los

---

siempre que dicha aplicación se encuentre debidamente motivada en la resolución judicial.

8 *Vid.* https://legalteca.aranzadilaley.es/my-reader/SMT20240059_00000000_0?fileName=content%2FDT0000391072_20240118.HTML&location=pi-305&publicationDetailsItem=SystematicIndex

9 En la noticia se cuenta que, agentes del Cuerpo Nacional de Policía, desarticula un grupo criminal especializado en robar cajeros utilizando para ello, artefactos explosivos de fabricación artesanal. Los detenidos, reincidentes en otros delitos, habrían aprendido sobre la fabricación y utilización de dichos artefactos en su estancia en el centro penitenciario en el que cumplían condena en el que, además, se hermanaron con otros delincuentes para formar el grupo criminal desarticulado. https://www.policia.es/_es/comunicacion_prensa_detalle.php?ID=16068#

10 O escuelas de delincuencia como se refiere el autor en Gimeno Sendra, Vicente (2020), "El principio de oportunidad y la mediación penal" en Calaza López, Sonia; Muinelo Cobos, José Carlos., *Postmodernidad y proceso europeo: la oportunidad como principio informador del proceso judicial,* Dykinson, Madrid, pág. 243.

castigos ante delitos y así poder conseguir la tan ansiada seguridad ciudadana. Y por ello que es una herramienta de orden, es necesario que se desarrolle con estricta observancia del sistema de derechos fundamentales y libertades públicas cuya eficacia no puede verse mermada sin el cumplimiento y en los supuestos permitidos por la ley y siempre atendiendo a las circunstancias del caso concreto. De esta forma, no podrá verse mermados los derechos fundamentales bajo la bandera de la seguridad pública. Así, por más abyectas que sean las formas de delinquir la merma injustificada de las garantías que tanto nos costó conquistar no pueden quedar aceptadas en un Estado democrático de derecho.

## 3. LA EVOLUCIÓN DEL PROCESO PENAL Y SU ADECUACIÓN AL SISTEMA DE GARANTÍAS

No cabe duda que la sociedad ha ido evolucionando. Esta evolución ha ido acompañada del uso de las nuevas tecnologías que nos ayudan y facilitan el devenir de la vida y las rutinas diarias. Las formas en que nos relacionamos entre nosotros también han sufrido un cambio significativo. Podemos estar a miles de kilómetros de distancia y sin embargo estar presentes en la misma reunión y bajo las mismas condiciones. Nuestras relaciones comerciales, sociales y profesionales se han digitalizado. Y esta situación, nos ha reportado enormes beneficios.

Sin embargo, al igual que se pueden utilizar para facilitar el día a día, los criminales, han visto en la digitalización de las relaciones y las nuevas tecnologías un paraíso jurídico penal en el que poder cometer sus conductas delictivas, o al menos, facilitarlas, sin ser descubierto y eludiendo así, la acción de la justicia. A ello, hay que añadir, el anonimato con el que se puede operar en la web y la característica *Depp web* convertida en un entorno criminal en el que se pueden encontrar todo tipo de operaciones y materiales ilegales con la más estricta intimidad y protección.

Este tipo de criminalidad requiere una alta cualificación profesional por parte de los criminales. Esta profesionalización, puede, sin duda, ser un obstáculo para las autoridades de represión penal puesto que encuentran una criminalidad, violenta, compleja y cualificada a la que hacer frente resulta más complicado pues son capaces de ser más opacos, si cabe, a la acción de la justicia.

Esta situación requiere, obviamente, que las autoridades de represión penal se cualifiquen y profesionalicen para ser capaz de frenar estas nuevas o digitalizadas formas de criminalidad.

De este modo, ante la profesionalización y complejidad que alcanzan las formas de criminalidad actual, los operadores jurídicos deben encauzar su actuación en este sentido respondiendo eficazmente antes estas conductas delictivas, pero sin que ello pueda suponer el menoscabo injustificado del sistema de garantías. Obviamente, la cualificación profesional siempre debe ir acompañada de una equiparación en los medios que la criminalidad utiliza para la realización de las conductas criminales, pues en caso contrario, las operaciones pueden estar abocadas al fracaso.

La adecuación de nuestro sistema procesal penal a las nuevas realidades sociales, no siempre es fácil. El proceso penal se regula en la decimonónica LECrim de 1892, que, si bien es cierto que supuso un revulsivo y un halo de modernidad en la época, no lo es menos que han pasado más de cien años en el que la adecuación del proceso penal a las necesidades sociales se ha producido mediante la reforma parcial de la misma, con un mayor o menor grado de acierto.

En el año 2015, se introducen en nuestra ley procesal, una serie de modificaciones tendentes a la lucha contra la criminalidad tecnológica. Entendiéndose por esta no solo la que se desarrolla en el seno de las nuevas tecnologías sino la que se desarrolla a través de estos medios. Esta modificación supone un gran avance en la persecución y castigo de los presuntos responsables de conductas delictivas en el espacio virtual sin merma de las garantías procesales de las personas investigadas.

La incorporación del material recogido en la investigación al plenario se realizará bajos los mismos parámetros, medios de prueba y a través del mismo procedimiento que los resultados obtenidos mediante investigaciones tradicionales. Estarán vigentes los principios de oralidad, inmediación, contradicción, concentración, publicidad y se valorarán mediante las máximas de las experiencias del órgano judicial encargado de emitir la sentencia. Es evidente, que las garantías del proceso penal, no pueden diluirse ni por la forma de criminalidad ni por las formas de la investigación o el entorno en el que esta se desarrolla.

Las nuevas tecnologías, son utilizadas para la comisión de delitos de toda naturaleza, más o menos reprobables, pero lo que está claro es que la presunción de inocencia y el resto de derechos fundamentales, son reconocidos a todos los seres humanos, con intendencia de las formas de criminalidad. Y en este sentido, la presunción de inocencia deberá ser enervada mediante el desarrollo de una mínima actividad probatoria que haya sido incorporada al plenario con pleno respeto de las garantías y, tras haberse obtenido por el cauce procedimentalmente establecido y permitido en el ordenamiento jurídico, es decir, con pleno respeto de los derechos fundamentales materiales afectados.

## 4. EL PRINCIPIO DE OPORTUNIDAD

Quizá, todavía, hay algún autor que considera el principio de oportunidad contrario a nuestro sistema procesal penal por considerarse contrario al principio de legalidad como piedra angular de nuestro sistema. Ello, no cabe duda, que redundaría en la igualdad de los justiciables frente a la Justicia. Algo poco deseable en un Estado de Derecho.

Sin embargo, el principio de oportunidad, debe ser entendido como la facultad necesaria para una eficiente impartición de la justicia. En este sentido, debemos recordar que el derecho penal, además de estar sometido al principio de legalidad de forma estricta, está inspirado en el principio de intervención mínima. Lo que supone que el Derecho penal debe ser considerado la "*ultima ratio*" ante conductas que ataquen los bienes jurídicos protegidos por sus normas. Así, las sanciones penales, deben ser la última respuesta del Estado como sistema de control social, debiéndose reservar, en todo caso, la sanción penal para aquellos supuestos en que deba mantenerse la convivencia social y los bienes jurídicos que las normas penales tienen encomendadas[11].

A pesar de todo ello, no podemos perder de vista que en los últimos tiempos se ha producido un endurecimiento de las penas para determinadas conductas, así como el adelantamiento de la acción penal a conductas que pueden dar lugar a la comisión de un delito[12]. Aunque también es

---

11 Muñoz Conde, Francisco; García Arán, Mercedes (2022), *Derecho Penal: Parte general...*op. cit, pág. 66-67. Sobre el principio de intervención mínima establecen los autores que Derecho Penal debe ser considerado como un Derecho subsidiario (que sólo actuará cuando no sean suficientes las sanciones previstas en otras ramas del Derecho); fragmentario (ya que solo entrará en juego cuando los ataques sean especialmente graves) y; en cualquier caso, proporcional (pues debe prescindir de determinadas sanciones penales si a efecto penales puede satisfacer la necesidad la aplicación de otra menos grave).

12 Establece Miguel Barrio que estamos en un momento donde la respuesta penal se adelanta a las conductas imperfectas por la gravedad de su ejecución y que es necesario *poner cierta cordura entre tal despliegue del derecho penal y, por ende, del proceso penal.* Y en este sentido, hay que recordar las palabras de Mir Puig cuando establece que *las normas jurídicas no son un fin en sí mismo, sino un mal necesario al que es solo lícito acudir cuando no hay otro remedio cuando la restricción de la libertad es necesaria,*

cierto que también ha destipificado determinadas conductas que ahora están en el ámbito de actuación de la potestad sancionadora de la Administración Pública. En definitiva, como establece Roxin, *el espacio de injerencia estatal es cada vez más pequeño y el control cada vez mayor*[13].

Teniendo en cuenta todo ello, parece que el principio de oportunidad, puede ser un complemento perfecto para la intervención mínima a la que debe someterse el Derecho penal. Claro está que nuestro sistema no puede regirse por una oportunidad pura por nuestro fuerte arraigo a la vigencia del principio de legalidad. Pero sí, que debemos tener presente la aplicación de una oportunidad reglada que de paso a la perseguibilidad o no de determinadas conductas criminales, así como de la modulación del mayor o menor reproche de algunos delitos atendiendo a las circunstancias particulares de cada caso concreto. Y ello, sin que pueda alegarse indefensión por las partes.

Esta visión, compartida con algunos autores[14], es necesaria en tanto que nuestra Norma Suprema, asume la teoría relativa de la pena en la que se atiende a la finalidad de prevención tanto general como especial y a la función resocializadora que ésta debe cumplir.

En ningún caso, podemos considerar la aplicación del principio de oportunidad como un resquicio a la arbitrariedad de las autoridades de represión penal en cuya aplicación puedan escudarse para la no perseguibilidad de los delitos cometidos. Además, debemos tener presente que, cualquier persona, víctima de un delito, tiene la posibilidad de personarse en el proceso penal como acusador y la privación de su condición atentaría frontalmente con el derecho a la tutela judicial efectiva.

A sensu contrario, no podemos considerar que la previsión dispuesta en la LECrim en cuanto a la actuación del MF, sea un mandato imperativo de perseguibilidad de cualquier conducta delictiva cometida de la que tenga noticia. En este sentido, como anuncia la Norma Suprema, el MF tiene la facultad de promover la acción de la justicia. Esta previsión, es necesaria

---

*idónea y proporcionada para el mantenimiento de intereses fundamentales de los individuos.* Miguel Barrios, R., *Justicia restaurativa y justicia penal…op. cit.*, pág. 28. Mir Puig, S., "Límites del normativismo en Derecho Penal" en *Revista electrónica de Ciencias penales y Criminología,* 07/18, 2006.

13 Roxin, C., *La evolución de la política criminal, el Derecho penal y el Proceso penal,* Tirant lo Blanch, Valencia, 2000, pág. 31.

14 Barja de Quiroga, Jacobo (2020), "El principio de oportunidad: cuestiones generales" …*op. cit.*, pág. 63.

ponerla en consonancia con lo dispuesto en la LECrim, en el artículo 105 en la que se emplaza a los miembros del MF a ejercitar las acciones penales que consideren procedentes: *Los funcionarios del Ministerio Fiscal tendrán la obligación de ejercitar, con arreglo a las disposiciones de la Ley, todas las acciones penales que consideren procedentes.*

Esta consideración última matiza la obligación de los miembros del MF que podrán determinar no perseguir las conductas delictivas sobre las que entiendan que no existen indicios suficientes para la persecución de la misma. De hecho, se prevé la posibilidad de que los miembros del MF puedan solicitar el sobreseimiento de la causa, en el momento procesal oportuno, por los motivos tasados en la LECrim y prestar conformidad con los acusados (institución que estudiaremos más adelante).

### *4.1. La vigencia de la oportunidad en el proceso penal actual*

Como ya se ha puesto de manifiesto, el principio de oportunidad, encuentra su respaldo legal en nuestro sistema procesal penal: la conformidad, el perdón del ofendido, la denuncia previa y necesaria para el inicio del proceso. Son expresiones de oportunidad en el proceso penal. Las razones por las que puede esgrimirse dicho principio, la escasa lesión del bien jurídico, pro interés político o de Estado o por la satisfacción del interés particular, conforme ha manifestado Barja López de Quiroga.

Pero en todo caso, la aplicación del principio de oportunidad, en nuestro sistema procesal, debe hacerse a través de la oportunidad reglada, es decir, conforme lo establezca la ley y en los supuestos en los que en ella se planté. Así, las manifestaciones que nuestra LECrim reconoce de oportunidad, están sujetas a márgenes y límites que el propio texto legal establece. Pudiéndose sólo suceder en los casos y con los requisitos que cada institución pueda prever. Sin quitar valor a las otras formas de oportunidad, en este trabajo, nos centraremos en la conformidad como manifestación más amplia de la oportunidad o posible disposición que las partes puedan tener el objeto del proceso penal, siempre teniendo en cuenta la indisponibilidad del mismo.

Centrándonos en la conformidad, supone el reconocimiento por la parte del acusado de los hechos en los que se fundamentan la acusación y el reconocimiento de las pruebas que existen contra él. En los casos en que se preste la conformidad, el acusado lo hará con la más alta de las solicitadas por las partes acusadoras.

En un primer momento, la conformidad fue entendida como un mecanismo de evitación del juicio oral. El investigado/acusado, reconocía los hechos, las pruebas existentes contra él y se "conformaba" con la pena más grave solicitada por las acusaciones, siendo el único beneficio del acusado la evitación del juicio oral. Sin embargo, parecía un despropósito que el acusado renunciara a toda posibilidad de ser absuelto en el juicio oral por aceptar una conformidad sin beneficio penológico para él. Así, en 1988, se permitió que la conformidad fuera premiada e incluso, se introduce un principio de negociación del MF. Así, tras el proceso de negociación[15], se presenta un escrito conjunto de acusación y defensa en la que se exterioriza la voluntad del acusado de conformarse con la pena solicitada, siempre que esta esté en el límite máximo de los seis años de pena privativa de libertad.

Debemos partir de la base de que el proceso penal se rige por el principio de legalidad y el sistema imperante es el acusatorio formal o mixto. Lo que significa que la idea de disponibilidad del objeto del proceso, como ocurre en el orden civil, la debemos descartar. En el proceso penal, las partes no son dueñas del objeto del proceso. Por ello, debemos despejar las dudas acerca de la posible equiparación de la conformidad con el allanamiento en el proceso civil.

La conformidad, en palabras del Tribunal Supremo[16], es *una institución que pone fin al proceso basándose en razones utilitarias o de economía procesal evi-*

---

15 Lascauraín Sánchez, Juan Antonio; Gascón Inchausti, Fernando (2018)., "¿Por qué se conforman los inocentes?" en *Indret. Revista para el análisis del Derecho*, nº 3, (http://www.indret.com) El objeto de esta negociación se sustenta en determinar una versión común de los hechos, que comúnmente calificada, se llegue a una pena y responsabilidad civil que el acusado esté convencido de conformarse. Cabe negociar, por tanto, sobre la calificación de los hechos, la concreta petición de pena y la responsabilidad civil para la reparación a la víctima. Sin embargo, en todo este procedimiento de negociación, ni víctima ni victimario negocian. En el mejor de los casos, el victimario, se conforma, "libre y consciente de las consecuencias, con el acuerdo conseguido fruto de la negociación entre acusación y defensa; y víctima, tendrá noticia de la conformidad del acusado y de la sentencia de conformidad.

16 STS de 17 de junio de 1991 (*Tol 460178*). Continúa estableciendo la sentencia que la conformidad conlleva el juzgador ha de tener en cuenta el contenido literal del párrafo de las conclusiones en las que se contiene el de relato de hecho incriminados sin apartarse de su contenido; el juzgador puede determinar o valorar su adecuada tipicidad o la concurrencia de circunstancias modificativas de la responsabilidad criminal llevándole a imponer la pena, con libertad de criterio, dentro

*tando la realización del acto del juicio oral y por consiguiente la práctica de las pruebas encaminadas a demostrar la realización del hecho imputado. Sí, como dice a la Exposición de Motivos de la Ley de Enjuiciamiento Criminal los escritos de conclusiones equivalen a la demanda y la contestación, la conformidad significaría un allanamiento a las pretensiones de la acusación, pero sin llegar a sus estrictas consecuencias. Así se ha entendido siempre por la doctrina y la jurisprudencia que no llega a la equiparación exacta entre ambas modalidades de terminación del proceso permitiendo, en el caso de conformidad en el proceso penal, que se dicte una sentencia que se estime justa*".

En mi opinión, la institución de la conformidad en el proceso penal adolece de varias fallas. Por un lado, lo que me parece más trascendental, la falta de comunicación o capacidad de ignorar a la víctima en el momento en el que se presta conformidad. La conformidad, es una facultad del acusado para la admisión de la prueba y el reconocimiento de hechos. Por tanto, Si la víctima está personada, sus representantes podrán tener noticia sobre esta circunstancia en el momento justo anterior a que el acusado se conforme. La conformidad, es un acto de "disposición" sobre su presunción de inocencia de la persona del acusado y sobre ello, salvo que se preste en fraude de ley, las partes acusadoras nada tienen que alegar.

Tal y como reconoce la propia LECrim, en el apartado 1 del artículo 787, cuando la pena solicitada por las partes, no exceda de seis años, podrá prestarse conformidad por los acusados. Este es el límite penológico máximo que establece la ley. Es decir, no podrán exceder la pena, solicitada por las partes (pena en concreto) de estos años. Lo que supone que, no existe un límite con respecto a los delitos en los que se puede prestar, sino solo sobre una pena determinada. La conformidad debe hacerse, por todos los acusados en caso de ser varios y no pueden existir conformidades parciales. Además, la conformidad debe prestarse sobre la responsabilidad penal. En caso de no estar conforme con la responsabilidad civil que se entiende deriva de la comisión del hecho delictivo, el juicio continuará para este aspecto, desarrollándose la prueba que tenga que ver con estos hechos. Igualmente, es necesario tener presente la conformidad premiada, en la que se reducirá la pena en un tercio en el ámbito del juicio rápido tal y como queda recogido en el artículo 801 LECrim[17].

---

de los límites marcados por las reglas contenidas en el. En el mismo sentido SAP de Cantabria de 23 de enero de 2002.

17 Chabaneix, Luis (2021), "La conformidad en el proceso penal". Disponible en https://www.legaltoday.com/practica-juridica/derecho-penal/penal/la-confor-

Con respecto al momento procesal oportuno en que puede o debe prestarse la conformidad, debemos partir de la idea de que, en el proceso penal, no puede darse una disposición absoluta del objeto del proceso, pues éste es indisponible. Lo que sí está claro es que la práctica forense y el transcurso del tiempo, han originado una conformidad más o menos negociada que lo que establecía la regulación tradicional de esta institución. De esta forma, el acusado puede prestar conformidad en el momento de la instrucción, a la que se debe denominar reconocimiento de hechos, pues estrictamente, todavía no existe acusación alguna por no ser el momento procesal oportuno; la conformidad prestada en el escrito de defensa; y la conformidad mediante la presentación conjunta del escrito de acusación y defensa, donde debe entenderse una negociación más activa de las partes[18].

En cuanto a los requisitos para que la conformidad sea considerada, es necesario, como establece el TS[19], que ésta sea: *necesariamente "absoluta", es decir, no supeditada a condición, plazo o limitación de cosa alguna; "personalísima", o, dimanante de los propios acusados o ratificada por ellos personalmente y no por medio de mandatario, representante o intermediario; "voluntaria", esto es, consciente y libre; "formal", pues debe reunir las solemnidades requeridas por la ley, las cuales son de estricta observancia e insubsanables; "vinculante", tanto para el acusado o acusados como para las partes acusadoras, las cuales una vez formuladas, han de pasar tanto por la índole de la infracción como por la clase y extensión de la pena mutuamente aceptada e incluso para las Audiencias, salvo en los casos antes expresados; y, finalmente, "de doble garantía", pues se exige inexcusablemente anuencia de la defensa y subsiguiente ratificación del procesado o procesados —en la hipótesis contemplada en el artículo 655— o confesión de acusado o acusados y aceptación tanto de la pena como de la responsabilidad civil, más la consecutiva manifestación del defensor o defensores de no considerar necesaria la continuación del juicio —artículos 688 y ss. LECrim—.*

En el sistema procesal, mucho de los procesos penales incoados, finalizan a través de conformidad. De hecho, como revelan los datos proporcio-

---

midad-en-el-proceso-penal-2021-06-24/ López Yagüe, Verónica (2020), "Principio de oportunidad y enjuiciamiento de los delitos leves " en Calaza López, Sonia; Muinelo Cobos, José Carlos., *Postmodernidad y proceso europeo: la oportunidad como principio informador del proceso judicial,* Dykinson, Madrid, pág. 321.

18 Bautista Samaniego, Carlos Miguel (2023)., "Conformidad material y juicio equitativo", *en La Ley penal,* nº. 164, septiembre 22023.

19 STS de 1 de marzo de 1988 (*Tol 5110599*).

nados por la Fiscalía General del Estado, el 75% de las sentencias dictadas en diligencias urgentes, fueron producto de la conformidad del acusado con la calificación del MF. En lo que respecta a los Juzgados de lo Penal y la AP, revela la Memoria de la Fiscalía General del Estado para el 2023[20]: *del total de sentencias condenatorias que constan dictadas por los juzgados de lo penal (116.034), 73.563 sentencias lo fueron por conformidad del acusado con la petición del Ministerio Público (el 63%). En las Audiencias provinciales se dictaron un total de 8.741 sentencias condenatorias, de las cuales 4.984 (el 57%) lo fueron por conformidad del acusado y su defensa con la posición del Ministerio Fiscal.*

La conformidad, en los casos de violencia de género, presenta un importante número estadístico. Sin embargo, la poca concienciación de estos agresores frente a sus víctimas y los hechos acontecidos, hacen pensar que la conformidad no sea un acto personalísimo de disposición, sino una recomendación de su letrado para poder obtener un beneficio mayor que en caso de ir a juicio. Es decir, la conformidad se convertiría en un mal menor. Pero la posible condena, ni de lejos, podría cumplir su finalidad preventiva ni resocializadora por cuanto no existe concienciación por el victimario.

La prestación de conformidad, es evidente que puede entender que supone un acto de renuncia a la presunción de inocencia. Esta tiene su consagración en el artículo 24.2 CE formando parte importante del derecho de defensa. La presunción de inocencia, supone considerar a la persona inocente mientras no exista una prueba de cargo suficiente capaz de enervar dicha presunción. Es decir, todos somos inocentes hasta no se demuestre lo contrario.

Al hilo de esta cuestión y teniendo en cuenta que la conformidad supone un acto de disposición del derecho de defensa del investigado/acusado[21], es necesario precisar que la sentencia de conformidad no puede ser

---

20 *Vid.* https://www.fiscal.es/memorias/memoria2023/FISCALIA_SITE/index.html

21 Moreno Catena, establece que: *esta disposición de concreta en la renuncia del derecho a la presunción de inocencia, y exonera a la acusación de la carga de probar la culpabilidad del acusado en un juicio contradictorio con pruebas y debates.* En *Derecho Procesal Penal… op. cit.*, Pág. 407. Es la conformidad un modo de poner fin al proceso por la voluntad del acusado, que supone la aceptación de los hechos, de la calificación jurídica y de la responsabilidad que se solicita por la acusación y representa un acto de disposición del derecho de defensa. AA.VV.., "La conformidad del acusado", en *La Ley. Guías jurídicas https://guiasjuridicas.wolterskluwer.es/Content/Documento.aspx?params=H4sIAAAAAAAEAMtMSbF1jTAAAUMjAwNztbLUouLM_DxbIMfCwNzAAiSQmVbpkp8cUlmQapuWmFOcCgBlaqgdNQAAAA==WKE)*

objeto de recurso y ello, sin que se considere vulnerado el derecho a la tutela judicial efectiva. En palabras del Tribunal Supremo: *la conformidad del acusado con la acusación, garantizada y avalada por su letrado defensor, comporta una renuncia implícita a replantear, para su revisión por el tribunal casacional, las cuestiones fácticas y jurídicas que ya se han aceptado, libremente y sin oposición. Las razones de fondo que subyacen en esta consideración pueden concretarse en tres: a) el principio de que nadie puede ir contra sus propios actos, impugnando lo que ha aceptado libre, voluntariamente y con el asesoramiento jurídico necesario; b) el principio de seguridad jurídica, fundamentado en la regla "pacta sunt servanda"; que se quebraría de aceptarse la posibilidad de revocar lo pactado; c) las posibilidades de fraude, derivadas de una negociación dirigida a conseguir, mediante la propuesta de conformidad, una acusación y una sentencia más benévolas, para posteriormente impugnar en casación lo previamente aceptado, sin posibilidades para la acusación de reintroducir otros eventuales cargos más severos, renunciados para obtener la conformidad*[22].

Así, salvo que exista fraude de ley en la conformidad del acusado o no se hayan respetado los requisitos de doble garantía del acto, las sentencias de conformidad, no podrán ser recurridas.

La conformidad debe constituirse como la institución que ayuda a garantizar la eficiencia y agilidad de la justicia. En este sentido, la Memoria de la Fiscalía, reconoce que: *Las conformidades como medio de evitación de los juicios suponen una medida efectiva para procurar una respuesta más inmediata y, en cierta medida, la cuestión no es ajena a la implantación de unas prácticas de mediación en el ámbito penal.*

En este sentido, Guardiola García, establece que no se llega a la conformidad por la mediación, sino que una vez que se ha realizado el proceso restaurativo, se le da esa virtualidad jurídica mediante la institución de la conformidad. Por tanto, en palabras del autor, *se añade al acuerdo de mediación una sanción penal, más o menos atemperada*[23].

Fruto de estas prácticas que se realizan en el ámbito del proceso penal al hilo de la conformidad, y en relación con el límite penológico al que está sujeto la conformidad, es necesario hacer una importante precisión:

---

22 Entre otras, STS de 17 de noviembre de 2000 (*Tol 117485*).

23 Guardiola García, J., "¿Es necesario un marco normativo específico para la mediación penal?" en Revista Aranzadi de Derecho y Proceso Penal, nº 43 (julio— septiembre), 2016.

las posibles conformidades encubiertas en las que, como establece Ortega Calderón, bajo *simulaciones procesales* se logran acuerdos[24].

Es evidente que una mejora de esta situación supondría una justicia más humanizada y más acorde con las necesidades sociales. Además, de una mayor satisfacción de la finalidad de la pena. Y creo que ello, podría lograrse con, al menos, dos importantes modificaciones: por un lado, la eliminación del límite penológico para la conformidad; y por otro, la posibilidad de introducir fórmulas de justicia restaurativa que permitan que las conformidades que se alcancen se hagan con la participación de todas las partes involucradas en el hecho delictivo y que no solo suponga una cuestión numérica. Sobre estas cuestiones ya se han tenido en cuenta en los diferentes Anteproyectos y Proyectos de modificación de la LECrim[25].

### *4.2. Posibilidad de ampliar la aplicación del principio de oportunidad. La Justicia restaurativa: garantías de víctimas y victimarios*

A pesar que nuestros sistema penal y procesal penal tiene unos límites que se escapan del propiamente retributivo, la finalidad resocializadora y reeducadora que la Norma Suprema proclama de la pena, no se cumplen en su totalidad. Las cárceles, como dijimos, pueden ser consideradas escuelas del crimen donde los condenados adquieren profesionalización y destreza con otras conductas delictivas diferentes de las que le llevaron a prisión.

La comisión de un hecho delictivo, debe conllevar la imposición de un castigo, más o menos exigente y siempre proporcional al hecho cometido,

---

24 Ortega Calderón, Juan Luis (2021)., "La conformidad en el anteproyecto de Ley de Enjuiciamiento Criminal (III): Aspectos procesales". Disponible en https://elderecho.com/la-conformidad-en-el-anteproyecto-de-ley-de-enjuiciamiento-criminaliii-aspectos-procesales

25 El Proyecto de Ley de medidas de eficiencia procesal del servicio público de Justicia, previó, la eliminación del límite penológico de la conformidad, precisamente con la idea de evitar las conformidades encubiertas. Igualmente, añadía una audiencia previa, a la conformidad, *de la víctima o persona perjudicada, aunque no estén personados, a fin de ponderar correctamente los efectos y alcance de la conformidad y en todo caso cuando la gravedad o trascendencia del hecho o la intensidad o la cuantía sean especialmente significativos, así como en todos los supuestos en que víctimas o personas perjudicadas se encuentren en situación de especial vulnerabilidad.* Estas mejoras, que, sin duda, hubieran ayudado a la justicia penal, de momento, no han visto la luz. Confiemos que, en un futuro no muy lejano, puedan encontrar regulación.

pero está claro, que este castigo debe cumplir, sin ningún género de dudas con la finalidad de prevención general y especial que le encomienda la ley. Y, lamentablemente, no siempre es así.

La falta de concienciación del que ha cometido el hecho delictivo sobre las repercusiones que éste tiene sobre la vida de la víctima y de la del victimario mismo, provocan que esta finalidad preventiva no encuentre encaje en las conductas de los condenados.

Es por ello, resulta primordial que la oportunidad, reglada, por supuesto, se extienda a otras formas de aplicación en nuestro sistema procesal y que se le reconozca la legitimación y legitimidad necesaria en un Estado de Derecho. En la práctica forense, existen los acuerdos entre las partes en que se otorga a las mismas cierta disposición sobre el objeto del proceso. En este sentido, las sentencias de conformidad, en muchas de las ocasiones, llevan implícito un beneficio para el acusado fruto de una negociación previa. Pero las fórmulas de justicia restaurativa, deben dar un paso más en tanto que deben formularse como un complemento de la justicia en la que tanto víctima como el victimario como la sociedad, ganan. En este orden de cosas, las fórmulas de justicia restaurativa, son o deben ser considerados como derechos de las víctimas para la consecución de la reparación y restauración moral en su condición.

Es por ello, que no debe ser encasillada en determinadas conductas delictivas en razón de la materia o la pena, sino que, para decidir la procedibilidad o no de la misma, debe atenderse a las circunstancias del caso concreto y, en cualquier caso, debe quedar a voluntad de las partes el acudir o no a este tipo de fórmulas[26].

Aunque resulte repetitivo, la justicia restaurativa, pretende garantizar el bienestar de víctima y victimario. No es una alternativa a la jurisdicción, pues la titularidad del *ius puniendi* es exclusiva del Estado y la justicia restaurativa no debe suponer una renuncia a este derecho. Tan solo debe entenderse como un complemento y así es como debe tener su ubicación en el proceso penal.

Lógicamente, no puede ser una práctica a la que las partes estén obligados someterse, la conformidad tampoco lo es. En estos casos, en que la

---

26 En el mismo sentido se pronuncia Romera Antón, Carlos (2013), "Mediación penal: mediando en conflictos violentos" en Soleto Muñoz, Helena (Dir.); Carretero Morales, Emiliano; Ruiz López, Cristina (Coords.)., *Mediación y resolución de conflictos: técnicas y ámbitos,* Tecnos, Madrid, pág. 566,

voluntad de las partes es primordial para encontrar los puntos en común y garantizar la eficacia de los acuerdos a los que se llegue, es imprescindible que durante toda la práctica restaurativa rija la voluntariedad y la disposición de encontrar puntos en común.

Con estas prácticas restaurativas, se pretende resocializar a la víctima y al victimario. Ello, sin duda, es una de las finalidades que la CE proclaman de la pena. Actualmente, como hemos comentado no se cumple con esta finalidad principalmente por la falta de concienciación. Y esta es la ventaja que nos trae la justicia restaurativa. Además de dar el apoyo y restauración moral que la víctima necesita, servirá de trampolín para la concienciación de las partes.

Es evidente que los acuerdos alcanzados, tengan proyección en el proceso penal. En este sentido, el Anteproyecto de Ley Orgánica de Enjuiciamiento Criminal, publicado el 24 e noviembre de 2020, prevé diferentes momentos procesales en los que se pueden desarrollar estas prácticas, pero siempre con el elemento común de la concienciación del victimario.

En conclusión, sea como sea, es necesario que cualquier práctica que se realice en el seno de la aplicación del principio de oportunidad, respete el sistema de garantías, los derechos fundamentales y libertades públicas reconocidas en la CE y en los pactos y tratados internacionales.

## BIBLIOGRAFÍA

Barja de Quiroga, Jacobo (2020), "El principio de oportunidad: cuestiones generales", en Calaza López, Sonia; Muinelo Cobos, José Carlos., *Postmodernidad y proceso europeo: la oportunidad como principio informador del proceso judicial,* Dykinson, Madrid, pág. 63.

Bautista Samaniego, Carlos Miguel (2023)., "Conformidad material y juicio equitativo", *en La Ley penal,* nº. 164, septiembre.

Chabaneix, Luis (2021), "La conformidad en el proceso penal". Disponible en https://www.legaltoday.com/practica-juridica/derecho-penal/penal/la-conformidad-en-el-proceso-penal-2021-06-24/

Gimeno Sendra, Vicente (2020), "El principio de oportunidad y la mediación penal" en Calaza López, Sonia; Muinelo Cobos, José Carlos., *Postmodernidad y proceso europeo: la oportunidad como principio informador del proceso judicial,* Dykinson, Madrid, pág. 243.

Guardiola García, Javier (2016)., "¿Es necesario un marco normativo específico para la mediación penal?" en Revista Aranzadi de Derecho y Proceso Penal, nº 43 (julio-septiembre).

https://legalteca.aranzadilaley.es/my-reader/SMT20240059_00000000_0?fileName=content%2FDT0000391072_20240118.HTML&location=pi-305&publicationDetailsItem=SystematicIndex

Lascauraín Sánchez, Juan Antonio; Gascón Inchausti, Fernando (2018)., "¿Por qué se conforman los inocentes?" en *Indret.* Revista para el análisis del Derecho, nº 3, (http://www.indret.com).

López Yagüe, Verónica (2020), "Principio de oportunidad y enjuiciamiento de los delitos leves " en Calaza López, Sonia; Muinelo Cobos, José Carlos., *Postmodernidad y proceso europeo: la oportunidad como principio informador del proceso judicial,* Dykinson, Madrid, pág. 321.

Martínez Sánchez, Mauricio (2008), "Populismo punitivo, mayorías y víctimas", en *Revista de Derechos Fundamentales,* Nº. 2

Miguel Barrio, Rodrigo (2006)., Justicia restaurativa y justicia penal Nuevos modelos: mediación penal, conferencing y sentencing circles, Aterlier, Barcelona, 2019,

Mir Puig, Santiago (2006)., "Límites del normativismo en Derecho Penal" en *Revista electrónica de Ciencias penales y Criminología,* 07/18.

Moreno Catena Víctor; Cortés Domínguez (2021), *Derecho Procesal Penal,* Tirant lo Blanch, AA.VV.., "La conformidad del acusado", en *La Ley. Guías jurídicas https://guiasjuridicas.wolterskluwer.es/Content/Documento.aspx?params=H4sIAAAAAAAEAMtMSbF1jTAAAUMjAwNztbLUouLM_DxbIMfCwNzAAiSQmVbpkp8cUlmQapuWmFOcCgBlaqgdNQAAAA==WKE)*

Moreno Catena, víctor (2002)., "El proceso penal español: Algunas alternativas para la reforma" en *Cuadernos de Derecho Judicial,* núm. 4, 2022.

Muñoz Conde, Francisco; García Arán, Mercedes (2022), *Derecho Penal: Parte general,* Tirant lo Blanch, 11º edición, Valencia.

Muñoz Tejada, Julio Andrés (2009)., "Populismo punitivo y una "verdad" construida", *Nuevo Foro Penal,* Vol. 5, nº. 72.

Ortega Calderón, Juan Luis (2021)., "La conformidad en el anteproyecto de Ley de Enjuiciamiento Criminal (III): Aspectos procesales". Disponible en https://elderecho.com/la-conformidad-en-el-anteproyecto-de-ley-de-enjuiciamiento-criminaliii-aspectos-procesales

Romera Antón, Carlos (2013), "Mediación penal: mediando en conflictos violentos" en Soleto Muñoz, Helena (Dir.); Carretero Morales, Emiliano; Ruiz López, Cristina (Coords.)., *Mediación y resolución de conflictos: técnicas y ámbitos,* Tecnos, Madrid.

Roxin, Claus (2000), *La evolución de la política criminal, el Derecho penal y el Proceso penal,* Tirant lo Blanch, Valencia

# *La amnistía y los límites al* ius non puniendi

**JOSÉ L. GONZÁLEZ CUSSAC**
*Catedrático de Derecho penal*
*Universidad de València*

**SUMARIO:** 1. PREMISA. 2. UNA APROXIMACIÓN CONCEPTUAL. 3. LA AMNISTÍA, UNA INSTITUCIÓN *CONSTITUCIONALMENTE SOSPECHOSA*. 4. UN CONTROL CONSTITUCIONAL ESTRICTO Y REFORZADO. 4.1. PRINCIPIO DE LEGALIDAD CRIMINAL Y PENAL. 4.2. RESERVA JURISDICCIONAL. 4.3. DERECHO FUNDAMENTAL A LA TUTELA JUDICIAL EFECTIVA. 4.4. DERECHO A LA IGUALDAD ANTE LA LEY Y LA CUESTIÓN DE LAS LEYES SINGULARES. 4.5. INTERDICCIÓN DE LA ARBITRARIEDAD. 5. LA NECESIDAD DE PENA Y EL DERECHO DE GRACIA. BIBLIOGRAFÍA.

## 1. PREMISA

El motivo de estas líneas es contribuir al merecido homenaje a todo un referente jurídico de las últimas décadas. Y a este reconocimiento académico, se suma un sentido afecto personal por tantos años y tantas vivencias compartidas. Enhorabuena al querido profesor VÍCTOR Moreno Catena.

Para ello he elegido un tema dormido en la discusión española de las últimas décadas, pero que acaba de explotar con mucho ruido y hasta furia. Aquí solo se ofrecen algunas reflexiones jurídicas básicas al hilo de la Proposición de Ley Orgánica de *amnistía para la normalización institucional, política y social en Cataluña*[1], presentada en noviembre de 2023 por el Grupo Parlamentario Socialista[2]. Inicialmente el letrado Mayor de las Cortes emitió un informe favorable, de contenido fundamentalmente formal, en el momento del registro de la Proposición. Sin embargo, a la hora de escribir estas líneas se acaba de conocer otro informe de los letrados que plan-

---

1 El 20 de noviembre de 2023 se conoció la "Nota de la Secretaría General del Congreso de los Diputados relativa a la Proposición de Ley Orgánica de amnistía para la normalización de la situación institucional, política y social en Cataluña".

2 El texto completo puede consultarse en: https/www.congreso.es/public_oficiales/L15/CONG/BOCG/B/BOCG-15-B-32-1.pdf.
https://www.congreso.es › BOCG-15-B-32-1. 122/000019 Proposición de Ley Orgánica de amnistía para la normalización institucional, política, y social en Cataluña. Boletín Oficial de las Cortes Generales. Congreso de los Diputados, de 24 de noviembre de 2023.

tea cuestiones de posible inconstitucionalidad, formales y de fondo, así como de hipotética contrariedad con el derecho europeo[3]. Por otro lado, la próxima semana ya se saben las fechas de los primeros debates en la Comisión y se han presentado enmiendas a la totalidad por los dos principales grupos parlamentarios de la oposición[4] y enmiendas parciales por parte de otros muchos, incluidos los que sustentan la mayoría de gobierno[5].

Al elegirse la vía de la *Proposición*, esto es, el impulso legislativo desde el Congreso de los Diputados y no por medio de la iniciativa gubernamental (*Proyecto)*, no son necesarios los informes preceptivos de otros órganos consultivos, pudiéndose tramitar con mayor urgencia. De modo que en la primera semana de febrero de 2024 se calcula su aprobación en primera vuelta por el Congreso. Desde luego se adivina convulsa su tramitación en el Senado, en el que la mayoría conservadora tratará de frenar la iniciativa por todos los medios disponibles. No obstante, el artículo 90 CE señala un plazo máximo de dos meses. Después, es previsible la presentación de *recursos de constitucionalidad* ante el Tribunal Constitucional, impugnando la Ley Orgánica una vez aprobada y publicada en el BOE con un plazo de tres meses. Entre los legitimados para interponerlos conforme al artículo 32 de la Ley Orgánica del Tribunal Constitucional, se encuentran cincuenta diputados, cincuenta senadores y las Comunidades Autónomas. No obstante,

---

3 Este reciente informe, se ha conocido con fecha de 17 de enero de 2024, y viene firmado por los Letrados de las Cortes Generales adscritos a la Comisión de Justicia, con fecha de 10 de enero de 2023 y bajo el título de "Observaciones técnicas a la Proposición de Ley Orgánica de amnistía para la normalización institucional, política y social en Cataluña". Y consta con el nº de expediente 122/19. En su lugar oportuno referenciaré los argumentos contenidos en el mismo.

4 Con fecha 3 de enero de 2024 se registraron ya dos *enmiendas a la totalidad con texto alternativo* presentadas respectivamente por el Grupo Parlamentario Popular y la otra por el Grupo Parlamentario Vox, ambas en el Congreso. Las dos rechazadas en el Pleno celebrado el 10 de enero de 2024.

5 Con registro de 1 de enero de 2024, por una parte, el G. P. Popular ha presentado veinte enmiendas parciales de supresión de todos y cada uno de los preceptos que integran la Ley (enmiendas nº 3 a nº 22). Por otra, el G. P. *Junts per Catalunya* ha presentado doce (nº de enmiendas 23 a nº 34). A su vez, el G.P. Republicano ha formalizado cuatro (nº enmiendas 35 a nº 38). Y, finalmente, el G. P. Socialista conjuntamente con los de Plurinacional Sumar, EH Bildu, Republicano y BNG (G. P. Mixto) han presentado nueve enmiendas parciales (enmiendas nº 39 a nº 46). La Ponencia ha aceptado solo estas últimas en su reunión de 18 de enero de 2024. Se refieren a la redacción nueva de la Exposición de Motivos (39); al art. 1 (40 y 41); al art. 2 (42); al art. 4 (43); al art. 5 (44); y al art. 11 (46).

su presentación no suspende la vigencia ni la aplicación de la ley (artículo 30 Ley Orgánica del Tribunal Constitucional).

En paralelo, es probable que se planteen *cuestiones de constitucionalidad* ante el Tribunal Constitucional. Aquí la legitimación corresponde a jueces y tribunales competentes que la promuevan alegando dudas acerca de su constitucionalidad (artículo 9 de la Proposición). Y aquí, también considerando los precedentes, es fácil pronosticar qué órganos judiciales lo promoverán. Y en este caso, el planteamiento de la *cuestión* si origina la suspensión provisional de las actuaciones (artículo 35, tres, de la Ley Orgánica del Tribunal Constitucional), lo que comporta en este asunto dejar sin contenido los efectos de la amnistía[6]. Precisamente en sede del Tribunal Constitucional tampoco deben descartarse previsibles complejidades iniciadas con abstenciones y recusaciones al resolver los citados recursos y cuestiones. De hecho, ya se ha producido la primera[7].

Por fin, tendremos que esperar a las múltiples resoluciones de los jueces y tribunales competentes para aplicar la Ley en el marco de reglas procedimentales específicas (artículos 9 a 16 de la Proposición)[8]. Resoluciones judiciales que, agotados los recursos ordinarios, podrán ser objeto de los correspondientes recursos de amparo. Y, por supuesto, se abren algunas hipótesis para la revisión por instancias europeas, tanto por el Tribunal de Justicia de la Unión Europea como ante el tribunal Europeo de Derechos Humanos. Así que, este procedimiento legislativo solo acaba de empezar.

En todo caso, de aprobarse y superar los anteriores obstáculos jurisdiccionales, comportaría la reintroducción de la amnistía en el ordenamiento

---

6 Respecto a esta cuestión, el art. 10 *in fine* de la *Proposición*, señala que: "*Las decisiones se adoptarán en el plazo máximo de dos meses, sin perjuicio de los ulteriores recursos, que no tendrán efectos suspensivos*". Esta redacción reproduce literalmente el párrafo segundo del art. 9 de la Ley 46/1977 de amnistía, aunque cambia el plazo de tres por el de dos meses.

7 Escrito dirigido al Presidente del Tribunal Constitucional, de 22 de noviembre de 2023, comunicando su solicitud de abstención del Magistrado D. Juan Carlos Campo Moreno en relación al recurso de amparo nº. 7194-2023, impugnando la decisión parlamentaria favorable a seguir el trámite de la Proposición de LO de amnistía. No obstante, conforme a los precedentes, no parece probable que sea atendida este género de solicitud de abstención.

8 La Ponencia aprobó en su sesión de 18 de enero de 2024 la enmienda nº 43 que modifica el art. 4, tratando de clarificar la competencia de los órganos judiciales que conocerán y aplicarán el levantamiento de las medidas cautelares vinculadas a esta ley de amnistía.

penal español. Eso sí, con una eficacia plena en un plazo de tiempo no fácilmente determinable.

## 2. UNA APROXIMACIÓN CONCEPTUAL

Históricamente la amnistía aparece, junto el indulto, como una manifestación del "derecho de gracia". Así considerada, se inscribía dentro de las atribuciones absolutas del soberano, quien concentraba todos los poderes, entre ellos la totalidad del *ius puniendi.* Justamente este origen enturbia su entendimiento actual.

En efecto, por una parte, se tiende a seguir visualizándolo como un "derecho" absoluto e ilimitado, esto es, como una suerte de privilegio del soberano, que ejerce sin ningún control ni motivación. De otra parte, su origen en un soberano absoluto pugna con nuestro modelo de separación de poderes. Pero en la actualidad ninguna de estas dos críticas supera el rango de meros prejuicios originados en el pasado[9]. En efecto, porque en el presente el soberano no se encarna en una sola persona física y por designio divino, sino que reside en el pueblo español, del que emanan los poderes del Estado (art. 1,2 CE). Además, porque nuestro modelo constitucional establece una nítida separación de poderes frente a la pretérita monarquía absoluta. Y porque normativamente no es posible establecer una equivalencia entre *Justicia* y Poder Judicial. El Derecho Penal ciertamente es una potestad exclusivamente pública, esto es atribuida al Estado. Pero en ningún modo exclusivamente de los jueces, pues es obvio que tanto el Poder Legislativo como el Poder Ejecutivo igualmente poseen competencias en la materia. Por consiguiente, la amnistía deja sin efecto una resolución jurisdiccional, pero no puede decirse sin más que invada competencias de "la Justicia", sencillamente porque la Administración de Justicia compete a los tres poderes del Estado.

Así pues, "el derecho de gracia", en todas sus manifestaciones, siempre ha comportado la renuncia a castigar del Estado por razones de conveniencia política. Y al utilizar el término "estrictamente políticas" deseo subrayar que tradicionalmente su motivación, fundamento y finalidad no descansa ni en razones de prevención general ni de prevención especial, o desde

---

9 González Cussac, J. L.: *"El indulto: una institución histórica e históricamente cuestionada"*, en Teoría y Derecho. Revista de Pensamiento Jurídico, agosto nº 30/2021, pág. 12.

otra perspectiva, tampoco se anuda al principio constitucional de proporcionalidad o prohibición de exceso. Insisto, en su desarrollo histórico su fundamento se ha venido residenciando en consideraciones sustentadas exclusivamente en la "lógica política". Y esta naturaleza de "actos políticos" venía acompañada de una suerte de inmunidad jurídica cuasi absoluta. Por el contrario, considero que, en el seno de un Estado de Derecho, los actos políticos y hasta el legislador en sus funciones legislativas, también están sometidos al ordenamiento jurídico. Es decir, todos y todo está sometido al Derecho. Aunque obviamente el grado e intensidad de la sujeción es diverso. De suerte que, ni siquiera la actividad política y las funciones legislativas pueden lesionar derechos fundamentales reconocidos en la Ley Fundamental. Por ello, en nuestro marco constitucional, en el espacio europeo y en el marco del Convenio Europeo de Derechos Humanos, también una ley de amnistía debe fundamentarse en la idea constitucional de necesidad de pena y hacerlo con pleno respeto al contenido esencial de los derechos y garantías fundamentales.

No obstante, en las líneas que siguen me ceñiré a un examen básico de los posibles controles constitucionales al ejercicio de la amnistía, sin entrar, y no por falta de ganas, en la intensa discusión política que rodea esta Proposición y que desde luego discurriría por otros argumentos y consideraciones.

## 3. LA AMNISTÍA, UNA INSTITUCIÓN *CONSTITUCIONALMENTE SOSPECHOSA*

Este es el calificativo dado a la amnistía y que expresa con bastante plasticidad la postura dominante de la doctrina penal tras *La Transición*[10]. La amnistía estuvo presente en los Código Penales españoles, así como en varias leyes de amnistía[11]. Sin embargo, el Código Penal de 1995 la suprimió del artículo 130, que enumera las causas de extinción de la responsabilidad penal.

---

10 Utilizan explícitamente esta expresión Cobo del Rosal, M. y Vives Antón, T. S.: "*Derecho Penal. Parte General*", Universidad de Valencia, 1984, pág. 815

11 Junto a las mas antiguas o a las dictadas durante el siglo XIX, en el siglo pasado destacan las siguientes disposiciones sobre amnistía: la Ley de 14 de abril de 1931; la ley de amnistía de 24 de abril de 1934; Ley de 21 de febrero de 1936; Ley de 29 de septiembre de 1938; Ley de 30 de julio de 1976; Real Decreto Ley de 14 de marzo de 1977; y, Ley 46/1977 de 15 de octubre.

Tanto la doctrina como la práctica jurídico penal han mostrado tradicionalmente una considerable animadversión hacia el derecho de gracia. Esta hostilidad se ha traducido en cierto desinterés por una estudio profundo y sistemático de la materia. En paralelo se ha advertido que es empresa condenada al fracaso tratar de resolver las difíciles cuestiones prácticas planteadas por las leyes de amnistía, tratando vanamente de mantener a *ultranza* su compatibilidad con las leyes penales y procesales ordinarias[12].

Consecuencia de lo anterior, la doctrina dominante ha sostenido, que, al tratarse de un recurso extraordinario, podía entenderse natural que no se regulara ordinariamente en el texto punitivo. Es decir, que al integrar una institución excepcional que, por motivos esencialmente políticos, deja sin efecto la ley penal, lo normal es que solo se conceda a través de una ley específica cuando ésta se estime necesaria[13]. No obstante, nuestra tradición codificada ha comprendido siempre una referencia explícita a la amnistía, salvo en el referido CP de 1995.

Ciertamente, aun con esa carencia de elementos comunes en las diferentes leyes de amnistía, encontramos numerosas definiciones de la amnistía en la doctrina española. Desde las que hablan de olvido total del delito cometido[14], o un perdón absoluto, hasta las que conciben la gracia como "*ius non puniendi*" o como "*derecho extrapenal*", como una excepción a la ley común[15]. Y, antes, Silvela la entendía como una "*derogación transitoria de la ley penal*"[16]. En todo caso, en la legislación ordinaria la amnistía se ha configurado como una causa de extinción de la responsabilidad penal, mientras que procesalmente se ha regulado como un artículo de previo pronunciamiento, por tanto, operando en ocasiones como causa de extinción de la perseguibilidad. Justamente las patentes diferencias de las sucesivas leyes de amnistía en cuanto a los efectos contemplados en cada una de ellas, llevó a la doctrina a sostener la imposibilidad de construir una doctrina general. Es decir, la falta de elementos comunes entre las sucesivas leyes

---

12 Del Toro Marzal, A.: "*Comentarios al Código Penal*", Tomo II (J. Córdoba Roda; G. Rodríguez Mourullo; A. Del Toro Marzal; y, J. R. Casabó Ruiz), Barcelona (Ariel), 1972, pág. 628 y 629.

13 Quintero Olivares, G.: "*Curso de Derecho penal. Parte General*", cit. pág. 584.

14 Por ejemplo, así se expresa Boldova Pasamar, M. A.:" *Tratado de las consecuencias jurídicas del delito*", 2ª ed., Valencia (Tirant lo Blanch), 2023, pág. 571.

15 Por todos, Antón Oneca, J.: "*Derecho Penal. Parte General*", Madrid 1949, pág. 573 y ss., y Sobremonte Martínez, J. E.: "*Indultos y amnistía*", cit. pág. 53 y ss.

16 Silvela, L.: "*El Derecho Penal estudiado en principios y en la legislación vigente en España*", Tomo II, Madrid 1874-1879, 2ª ed., Madrid 1903, pág. 432.

de amnistía españolas no ha permitido elaborar un preciso concepto de la amnistía. Por ello se ha sostenido que cada ley de amnistía debe interpretarse y aplicarse según su tenor literal y siempre en el sentido más favorable al reo[17].

Posiblemente la amnistía pertenece a los llamados "conceptos jurídicos determinados por su función", esto es, aquéllos que se diferencian de otros precisamente en virtud de la específica función que cumplen en un sistema normativo. Así, cada ley de amnistía se caracteriza principalmente por los efectos atribuidos a esta medida de gracia. Tradicionalmente, por ejemplo, a la amnistía se atribuyen los siguientes efectos: a) al considerarse los delitos como no cometidos, se declara la extinción de las penas impuestas y de las causas pendientes; b) también determina la automática cancelación de los antecedentes penales por los delitos amnistiados; c) en unos casos las leyes de amnistía extienden sus efectos a la responsabilidad civil derivada del delito, y en otros no, siendo un tema ampliamente discutido[18].

Pues bien, ahora, se reintroduce de nuevo como causa de extinción de la responsabilidad penal. Así se desprende del artículo 130, 1, 4º del Código Penal conforme a la Disposición Adicional Primera de la *Proposición de Ley Orgánica de amnistía.* Ahora bien, en 1995, asumiendo el parecer de la mayoría de estudiosos[19], el propio legislador consideró a esta manifestación del vetusto *derecho de gracia* una institución *constitucionalmente sospechosa.*

Es decir, que, ante la duda de constitucionalidad, se optó por expulsarla del ordenamiento punitivo. Precisamente su supresión entonces ofrece un rendimiento interpretativo para el presente. Porque la amnistía como causa de extinción de la responsabilidad penal estuvo vigente en España hasta el 24 de mayo de 1996 (artículo 112,3 del Código Penal derogado en esa fecha). Por tanto, desde la aprobación de la Constitución el 6 de diciembre de 1978, y hasta el 24 de mayo de 1996, la amnistía convivió con la Ley Fundamental sin que ninguna instancia legislativa o jurisdiccional, incluida la constitucional, declarara su contrariedad a la misma[20]. Y la am-

---

17 Del Toro Marzal, A.: "*Comentarios al Código Penal*", Tomo II, cit., pág. 642.

18 Landrove Díaz, G. "*Las consecuencias jurídicas del delito*", 4ª ed. Madrid (Tecnos) 1996, pág. 137.

19 Orts Berenguer, E. y González Cussac, J. L.: "*Compendio de Derecho Penal. Parte general*", Valencia (Tirant lo Blanch), 10ª edición, 2023, pág. 448.

20 Es más, tanto la jurisprudencia ordinaria como la constitucional continuaron aplicando con normalidad los efectos de la Ley de amnistía de 1977.

nistía aún sigue descrita en la LECrim como *artículo de previo pronunciamiento* en el art. 666, 4º, con efectos en los arts. 675 (su estimación comporta el sobreseimiento libre) y 678 (su desestimación permite su reproducción en el juicio oral).

Estos argumentos se añaden a otros para descartar categóricamente que la amnistía, toda amnistía o cualquier amnistía, sean inconstitucionales de plano en España[21]. Por ejemplo, en la misma Exposición de Motivos de la Proposición se contienen referencias a la Unión Europea y al Tribunal Europeo de Derechos Humanos que avalan en ambos espacios europeos el uso de la amnistía. Aunque hay que añadir que lo hacen fijando ciertos límites en su aplicación concreta[22].

Es una regla interpretativa básica en un Estado de Derecho: un silencio normativo parcial no equivale a su prohibición para el futuro[23]. En efecto, se trata de un silencio normativo parcial, puesto que nada se dice explícitamente de la amnistía en el art. 62 i) CE, que proscribe expresamente la modalidad de gracia general en manos del Gobierno (indultos generales), pero nada dice de su prohibición de la potestad legislativa. Es más, si la nombra abiertamente en el art. 87, al excluirla de la iniciativa popular. Pero al hacerlo exclusivamente de esta modalidad, *a contrario* se infiere que, entonces si tiene cabida en las otras dos modalidades de iniciativa, la gubernamental (Proyecto) y la parlamentaria (Proposición).

Similar contraste entre silencio y regulación coexiste en la legislación ordinaria. Así, mientras el vigente Código Penal, en vigor desde 1996, no contiene referencia alguna a la amnistía, la LECrim mantiene su comprensión como artículo de previo pronunciamiento en sus arts. 666, 675 y 678[24].

---

21 Así ya las SSTC 28/1982, de 26 de mayo; 63/1983, de 20 de julio; 116/1987, de 7 de julio, entre otras, así como el Dictamen del Consejo de Estado 895/2005.

22 Así, la DM del Consejo de 13 de junio de 2002 en relación a la orden de detención europea, y a las SSTJUE de 29 de abril de 2021 (asunto C-665/20 PPU) y de 16 de diciembre de 2021 (asunto C-203-20). Igualmente, por parte del TEDH, en su sentencia de 27 de mayo de 2014, Gran sala en el caso *Margus* contra Croacia.

23 Quintero Olivares, G.: "*Curso de Derecho penal. Parte General*", Barcelona (Cedecs), 1996, pág. 584.

24 No obstante, en opinión del Informe emitido por los Letrados de las Cortes Generales adscritos a la Comisión de Justicia (ya citado en nota 3), la Proposición no tiene cabida en nuestra Ley Fundamental por tres motivos: la amnistía no está contemplada entre las competencias de las Cortes Generales en el art. 66,2 CE; que si prohíbe los indultos generales (art. 62 i) y que fueron rechazadas durante el debate constituyente las enmiendas 504 y 744 proponiendo un artículo nuevo

Al hilo de las anteriores reflexiones, puede decirse que la doctrina penal mayoritaria "*ha entendido que la ausencia de específica prohibición y el genérico reconocimiento constitucional del derecho de gracia, conduce a la admisión de la amnistía si bien entendida como una modalidad por demás extraordinaria y regulada por la propia ley que la conceda*". De aquí su enlace con el texto constitucional al decir que el derecho de gracia se ejerce "*con arreglo a la ley*", esto es, vinculada al principio de legalidad[25]. Aun así, el sector doctrinal mayoritario hubiera "preferido" que la CE también prohibiera expresamente la amnistía. Ello porque si prohíbe lo menos, los indultos generales, debería haber prohibido lo más, la amnistía. Pero ni es del todo exacto que amnistía e indulto estén en una escala de la misma naturaleza, ni la "preferencia" coincide realmente con la redacción literal del texto constitucional. De ahí que, después de constatar el silencio y advertirse las diferencias entre una manifestación del derecho de gracia atribuida al poder ejecutivo (indulto general), y otra al poder legislativo (amnistía), terminan por asumir su constitucionalidad si bien advirtiendo de su sometimiento a los límites derivados de la propia Carta Magna[26]. Y estos límites ya se originan precisamente del art. 1,1 CE al proclamar el Estado de Derecho[27] y luego se concentran en el sistema de derechos fundamentales.

Es más, ser sospechoso de inconstitucionalidad no significa todavía serlo. Significa que cualquier ley de amnistía debe someterse a un test estricto y reforzado de constitucionalidad. Por ello, hasta ahora, las proclamas de inconstitucionalidad formuladas antes de tener un texto, no parecen, a la vista de los antecedentes legislativos y jurisprudenciales señalados, una opinión jurídicamente sostenible. No lo es afirmar la contrariedad absoluta a la ley fundamental de un concepto abstracto de amnistía. Esto se llama obrar con un prejuicio.

---

para su inclusión expresa. Por ello concluyen que, planteando serias dudas de su cabida en el texto constitucional, debiera articularse a través del procedimiento de reforma constitucional.

25 Así Cobo del Rosal, M. y Vives Antón, T. S.: "*Derecho Penal. Parte General*", cit. pág. 813 y 814, y bibliografía allí citada.

26 Las diferencias, ampliamente en Sobremonte Martínez, J. E.: "*Indultos y amnistía*", Universidad de Valencia, 1980; Llorca Ortega, J.: *La ley de indulto*", Valencia (Tirant lo Blanch), 1997; García Mahamut, R.: "*El indulto. Un análisis jurídico-constitucional*", Madrid (Marcial Pons), 2004.; Pedreira González, F. Mª: "*En defensa del indulto*", Valencia (Tirant lo Blanch), 2020.

27 Cobo del Rosal, M. y Vives Antón, T. S.: "*Derecho Penal. Parte General*", cit. pág. 815.

En consecuencia, lo que debe cotejarse con la CE no es una idea abstracta, la amnistía, sino una concreta ley de amnistía. Ahora ya la tenemos y podemos iniciar ese procedimiento de análisis de conformidad constitucional. Proceso que no solo se predica respecto del texto legal en sí mismo considerado, sino que también se extenderá sobre la aplicación de la misma por la jurisdicción ordinaria. De modo que el control de constitucionalidad se aplicará tanto al producto del poder legislativo (la ley de amnistía), como a la aplicación de la misma por jueces y tribunales (poder judicial).

Pero ni su inicial naturaleza sospechosa, y ni siquiera su indudable afectación a los principios y derechos fundamentales citados, permite ya anticipar un juicio definitivo. Porque para la declaración de inconstitucionalidad de una ley orgánica, expresión de la soberanía, no basta la sospecha o siquiera la afectación de derechos, sino que precisa que la vulneración revista de una gravedad que sea inconstitucionalmente grave y por tanto ilegítima. En conclusión, se trata ahora de verificar si el recurso a un medio excepcional y sospechoso, es adecuado para alcanzar una finalidad constitucionalmente legítima. Porque la amnistía es siempre una medida constitucionalmente sospechosa.

En este sentido, los temas que a continuación se examinan podrán ser objeto de un control de fondo y también de plantear cuestiones previas, en unos casos ante el Tribunal Constitucional, como también en otros frente al Tribunal Europeo de Derechos Humanos y ante el Tribunal de Justicia de la Unión Europea.

## 4. UN CONTROL CONSTITUCIONAL ESTRICTO Y REFORZADO

Primero, aunque sea someramente baste recordar que se han levantado numerosas voces contra esta iniciativa concreta de amnistía. Por ejemplo, por considerar que en realidad se trata de un "indulto personal y anticipado", porque carece del carácter transicional de toda amnistía, por la limitación de sus destinatarios, o porque no produce una mutación en la antijuricidad material de las conductas. En consecuencia, lesiona el principio de legalidad, invade competencias jurisdiccionales y dudosamente persigue un auténtico interés general[28]. También ha generado una intensa

---

28 Quintero Olivares, G.: "*El "interés público" en la amnistía*", en El Almacén de Derecho, 26 de septiembre 2023. https://almacendederecho.org/op-ed-el-interes-publico-en-la-amnistia.

discusión sobre las consecuencias para la igualdad de los ciudadanos ante la ley, la protección de derechos fundamentales y la interdicción de la arbitrariedad[29].

Pero, ¿por qué debe ser sometida a un escrutinio reforzado de constitucionalidad esta Proposición de Ley Orgánica de amnistía? Esto es ¿por qué de entrada es constitucionalmente sospechosa? Las respuestas se derivan del examen de las siguientes cuestiones relativas a la afectación de derechos fundamentales.

### *4.1. Principio de legalidad criminal y penal*

En primer lugar, porque la amnistía comporta no aplicar determinados preceptos a algunos hechos delictivos determinados realizados en un periodo de tiempo. En nuestro caso, son los actos delictivos enumerados en el art. 1. De suerte que, todos estos actos ya sean constitutivos de ilícitos penales o de cualquier otra naturaleza, son objeto de la amnistía. Por consiguiente, desaparecen todos los efectos jurídicos derivados de los actos comprendidos en el art. 1. Precisamente los arts. 3 a 8 extienden los efectos de la amnistía a la responsabilidad penal, administrativa y contable. En definitiva, esta amnistía supone la *derogación transitoria de la ley*, y en este sentido puede constituir una vulneración de rango constitucional de los principios de legalidad criminal y penal. Y, por ende, la quiebra del Estado de Derecho (art. 1,1 CE). Sin embargo, se contraargumenta que es el poder legislativo quien ostenta la potestad legislativa. Pero ciertamente la seguridad jurídica aparece inexorablemente afectada, además de enlazarse fuertemente al principio de igualdad, que luego examinamos.

Precisamente nacen dudas en esta materia al examinar el art. 1 de la Proposición que bajo el título de "ámbito objetivo", formula la delimitación temporal y material. La delimitación se circunscribe inicial y muy genéricamente, a los actos *ejecutados en el marco de las consultas celebradas en Cataluña* en el periodo temporal descrito. La enmienda nº 40, aceptada por la mayoría en la Ponencia, añade "*... ejecutadas entre estas fechas en el contexto del denominado proceso independentista catalán*". Se justifica esta modificación justamente por aportar una mayor coherencia y taxatividad. Por su parte, la *delimitación temporal* comprende a los actos luego enumerados cometidos

---

[29] Por ejemplo, aunque con matices, pero con puntos de vista diferentes, Lascurain, J. A.: "*¿Amnistía? Sí, pero no*", El Mundo, 27 de octubre de 2023, y García Roca, J.: "*Democracia representativa y amnistía*", El País, 1 de diciembre de 2023.

entre los días 1 de enero de 2012 y el 13 de noviembre de 2023. Más compleja es la comprensión de la *delimitación material*, puesto que inicialmente abarca a "todos" los "*siguientes actos determinantes de responsabilidad penal, administrativa o contable ejecutados en el marco de las consultas celebradas*" en el espacio y tiempo que acabamos de concretar. Pero seguidamente añade, "*así como las siguientes acciones cometidas entre estas fechas, aunque no se encuentren directamente relacionadas con estas consultas o incluso hayan sido realizadas con posterioridad a su respectiva celebración*"[30]. Y aquí aporta la enumeración de esos otros actos[31]:

A) Actos para reivindicar, promover o procurar la secesión de Cataluña

B) Actos para convocar, promover o procurar la celebración de las consultas

C) Actos de desobediencia, desórdenes, atentados, resistencia ejecutados con el propósito de permitir la celebración de las consultas.

D) Actos de desobediencia, desórdenes, atentados, resistencia ejecutados con el propósito de mostrar apoyo a los objetivos descritos en letras precedentes.

E) Actuaciones policiales dirigidas a dificultar o impedir la realización de los actos comprendidos en este precepto.

F) Actos cometidos con el propósito de favorecer, procurar o facilitar cualquiera de las acciones determinantes de responsabilidad penal, administrativa o contable descritas en el presente artículo, "*así como cualquiera otros que fueran materialmente conexos con tales acciones*".

Por consiguiente, desde la perspectiva de seguridad jurídica abre el interrogante de si la Proposición abraza un modelo legal cerrado o abierto, esto es de *numerus clausus* o *numerus apertus.* Ciertamente se trata de un déficit de taxatividad (indeterminación)[32], aunque es obvio que al recaer sobre el recurso al *ius non puniendi,* podría decirse que la indeterminación

---

30 Si bien aparentemente el texto se formula con cierta indeterminación, pienso que con la aplicación de las reglas generales de *iter criminis,* las relativas al momento de realización del delito e incluso las propias de la teoría del concurso de infracciones, en especial la continuidad delictiva, se encuentran soluciones satisfactorias a las posibles hipótesis originadas en el ambivalente texto legal trascrito.

31 La enmienda nº 41, aprobada en la sesión de la Ponencia celebrada el 18 de enero de 2024, añade nuevos "supuestos de cobertura".

32 En el mismo sentido el Informe emitido por los Letrados de las Cortes Generales adscritos a la Comisión de Justicia (ya citado en nota 3), de 10 de enero de 2024. Y

es a favor de reo. En este contexto, resulta de especial importancia la referencia a "*los delitos conexos*"[33]. El texto por el momento no ofrece ninguna clase de criterio para concretar el entendimiento de "delitos conexos". Al respecto, tal vez sea de utilidad recordar que la doctrina diferenciaba entre las infracciones que lo sean con independencia de los delitos amnistiados, y las infracciones cuyo carácter criminal depende completamente de la ilicitud de los amnistiados. En relación a los primeros se proponía no incluirlos en la amnistía[34].

### *4.2. Reserva jurisdiccional*

La Proposición debe superar el juicio de presunta vulneración de la reserva jurisdiccional del art. 117 CE y de la denuncia de quiebra de la separación de poderes. Para un sector de la doctrina se trata de una falacia, porque en un Estado de Derecho es el poder legislativo el que traslada la voluntad general aprobando leyes, y el poder judicial está sometido a la ley y de ahí deriva su legitimidad, en aplicarla. Por tanto, la enmienda no es a la potestad jurisdiccional, sino al mismo poder legislativo que aprobó las normas ahora objeto de la amnistía[35].

En este contexto cabe recordar que, en la literatura clásica, se distinguía entre la "amnistía propia", que se aplica a personas cuyo proceso está en curso (acusados) o que todavía no se ha iniciado (pendientes de causa), y la "amnistía impropia", que afecta a personas sobre las que ya se ha dictado sentencia ejecutoria o incluso a aquellas que ya han extinguido la conde-

---

además, añaden, la misma indeterminación puede a su vez afectar a la aplicación igualitaria de la ley.

33 Particularmente complejo será determinar los criterios para extender la amnistía a los delitos considerados conexos con los sí incluidos expresamente y aclarar la existencia de límites más allá de los establecidos en el art. 2. No obstante, la STS 46/1984 declaró que la Ley de Amnistía de 1977 no solo amnistiaba los delitos políticos cometidos durante la dictadura franquista, sino que también cubría delitos comunes relacionados con los mismos hechos.

34 Del Toro Marzal, A.: "*Comentarios al Código Penal*", cit., pág. 642.

35 Carbonell Mateu, J. C.: "*Y ahora, amnistía*", en *https://www.infolibre.es* › ahora-amnistia_129_1603412. No obstante, parece discrepar el Informe emitido por los Letrados de las Cortes Generales adscritos a la Comisión de Justicia (ya citado en nota 3), de 10 de enero de 2024, al señalar que "desborda" la naturaleza de ley singular pudiendo afectar al ejercicio de actividades jurisdiccionales.

na[36]. Es evidente que la duda planteada aquí solo existe si la amnistía se extiende a personas ya condenadas.

### 4.3. Derecho fundamental a la tutela judicial efectiva

El art. 24.1 CE reconoce el derecho a obtener, en todo caso, una "*resolución fundada en Derecho*", como garantía frente a la arbitrariedad e irrazonabilidad en la actuación de los poderes públicos. Cabe recordar que ésta es una exigencia que se conecta con la primacía de la ley (art. 117.1 CE), como factor determinante del legítimo ejercicio de la propia función jurisdiccional[37]. Por consiguiente, aquí debe en todo caso estudiarse si la amnistía comporta la lesión de derechos fundamentales para ciudadanos concretos, que sería también uno de los límites declarados en otras cortes constitucionales europeas. Especialmente se refieren a la prohibición de violación de los derechos fundamentales de las víctimas de delitos.

El derecho a la tutela judicial efectiva tiene que ver en esta Proposición, con al menos dos situaciones. La primera, que la amnistía podría lesionar derechos individuales, si por ejemplo alcanzara a infracciones contra bienes personalísimos (homicidio, lesiones, secuestros, torturas, libertad sexual, coacciones, amenazas, daños u otros contra la propiedad privada) o bien si se extiende hasta eliminar las indemnizaciones a particulares derivadas de ilícitos amnistiados. Es decir, la cancelación de la responsabilidad civil *ex delicto* originada en la comisión de delitos contra bienes individuales, pero también contra intereses colectivos, supraindividuales o difusos de los que pudieran haber derivado perjuicios a particulares. En el caso que nos ocupa no parecen concurrir la primera clase de infracciones contra bienes personalísimos, pero si podría afectar por ejemplo a las indemnizaciones a particulares por delitos de desórdenes públicos ocasionados durante el *procés*.

La segunda situación a considerar gira sobre el ejercicio de la acción penal en supuestos en donde particulares hayan actuado como parte procesal. Ya se sabe que los particulares no ostentan la potestad punitiva ni tienen u un inexistente derecho a obtener la condena, pero si gozan del derecho a la acción.

---

[36] Sobremonte Martínez, J. E.: "*Indultos y amnistía*", cit., pág. 62.

[37] SSTC 131/1990; 145/2006; 10/2022, entre otras.

Finalmente, ambos presupuestos pueden coincidir si un particular afectado en sus derechos individuales inicia en su nombre acciones legales.

### *4.4. Derecho a la igualdad ante la ley y la cuestión de las leyes singulares*

También ha de aprobar su compatibilidad con el *derecho a la igualdad ante la ley* (art. 14 CE) y su problemática naturaleza de *ley singular.* En efecto, porque esta amnistía elude la persecución y el castigo de conductas que siguen constituyendo delito para otras personas en ese mismo periodo temporal. Es aquí donde el test de proporcionalidad, esto es, que la finalidad sea constitucionalmente legítima, que sea necesaria y proporcional en el caso concreto, unido a la justificación de ese tratamiento legalmente diferente, se erigen en los criterios jurídicos determinantes[38].

El enunciado básico *prohíbe al legislador introducir sin justificación tratamientos diferenciados en las normas penales;* y de otra parte *obliga al juez a no resolver casos idénticos de forma dispar, sin fundamentar en razones sólidas su proceder.* Así, el TC ha considerado que "*los condicionamientos y límites que, en virtud del principio de igualdad, pesan sobre el legislador se cifran en una triple exigencia, pues las diferenciaciones normativas habrán de mostrar, en primer lugar, un fin discernible y legítimo, tendrán que articularse, además, en términos no inconsistentes con tal finalidad y deberán, por último, no incurrir en desproporciones manifiestas a la hora de atribuir a los diferentes grupos y categorías derechos, obligaciones o cualesquiera otras situaciones jurídicas subjetivas*"[39]. Por consiguiente, el principio de igualdad entraña un límite para el legislador que no puede establecer desigualdades cuando la diferencia de trato carezca de justificación objetiva y razonable. Pero lo anterior no significa que el legislador no pueda dispensar un trato distinto a unas personas y a otras, pues puede hacerlo siempre que esa diferencia esté plenamente justificada. La igualdad sustancial es "*elemento definidor de la noción de ciudadanía*"[40]. En cualquier caso, conforme a reiterada jurisprudencia constitucional, para poder evaluar en esa sede una discriminación, se debe ofrecer un término de comparación útil o idóneo entre las situaciones impugnadas[41].

---

38 Esta compleja discusión puede encontrase en la jurisprudencia constitucional italiana desde la década de los setenta, v. gr. ya en las Sentencias 4/1974 y 214/1975.

39 Por ejemplo, en SSTC 222/1992, 155/1998, 180/2001, 2/2019.

40 STC 12/2008.

41 SSTC 112/1996, de 24 de junio; 194/1999, de 25 de octubre.

Por tanto, el control constitucional de igualdad requiere un juicio de *proporcionalidad*. Y éste opera desde un triple test. El primero, el *principio de adecuación*, según el cual toda sanción ha de ser adecuada a la finalidad perseguida con la misma. Un interés que no esté proscrito constitucionalmente o que sea socialmente irrelevante[42]. El segundo paso descansa en el *principio de necesidad*, configurado como principio de intervención mínima del legislador penal y que por tanto resulta casi paradójico proyectar sobre una amnistía. No obstante, podría formularse aquí como exigencia de no se producir un sacrificio innecesario o excesivo de los derechos. En todo caso, la doctrina constitucional comporta un alto grado de *autorrestricción* del control constitucional, seguramente fundado en el principio de separación de poderes en la que al legislador corresponde en exclusiva la facultad de valorar la necesidad del recurso al *ius puniendi*[43]. Resulta tal vez paradójico aplicar la barrera de necesidad, normalmente frente a la restricción de derechos mediante la pena, a una situación inversa. Es decir, someter al legislador a buscar otros medios menos gravosos para no aplicar el *ius puniendi*. O, si se prefiere, ya que estamos en materia penal, entender que el Tribunal Constitucional debe obligar al legislador a mantener leyes penales frente a una despenalización parcial como es la amnistía. De modo que se consideraría constitucionalmente innecesario por leve el recurso al derecho de gracia, forzando a mantener el castigo. Toda una auténtica inmersión del principio de intervención mínima del *ius puniendi*.

Y, en tercer término, aplica el precitado test del *principio de proporcionalidad en sentido estricto* que, al estar referido primordialmente a la *medida de la* pena, difícilmente resulta operativo en una ley de amnistía. Baste recordar que se entiende reservado al legislador la ponderación de la carga coactiva de la pena y el fin perseguido. Y de nuevo la legitimación democrática del poder legislativo emerge como fundamento de esta doctrina, que entonces queda reducida a los supuestos en que se ocasione "*un sacrificio excesivo del derecho fundamental que la pena restringe*".

---

42 En cuanto a la adecuación a fin, el TC ha dicho que "*el juicio de proporcionalidad de la pena, prevista por la ley con carácter general, con relación a un hecho punible que es presupuesto de la misma, es de competencia del legislador*" (STC 65/1989, de 22 mayo). Así pues, desde semejante presupuesto resulta extremadamente difícil que pudiera declararse inconstitucional un precepto penal desde el control de adecuación a fin. El legislador es considerado soberano para llevar a cabo esta tarea (SSTC 60/2010 y 64/2019).

43 SSTC 51/1989, 136/1994, 19, 51 y 55/1996, 161/1997, 232/1998, 136/1999, 41/2021; 172/2020.

Ya desde la STC 150/1991 se advirtió que el juicio de proporcionalidad de la pena, prevista por la Ley con carácter general en relación a un hecho punible, es competencia del legislador, en función de los objetivos de política criminal que adopte dentro del respeto a los derechos fundamentales de la persona en un Estado social y democrático de Derecho, como el que la CE consagra en su art. 1.1[44].

En relación a lo anterior, la jurisprudencia constitucional de varios países europeos excluye de la amnistía ciertas categorías de delitos, como por ejemplo los de *lesa humanidad*, torturas, otras violaciones graves de los derechos humanos, asociación criminal, terrorismo o corrupción. Justamente en esta dirección el art. 2 de la Proposición, intitulado "exclusiones", deja fuera de la cobertura de esta ley de amnistía diversos actos que enumera[45]. La razón de esta exclusión del texto legal debe buscarse también en que se trata de conductas en las que el Estado español ha renunciado a una competencia exclusiva, y al haberla ya cedido o compartirla con instancias europeas, deja de poseer soberanía plena para que su amnistía las alcance[46]. En este contexto, resultan *a priori* problemáticas que la amnistía alcance las siguientes materias:

**A)** La ***malversación de caudales públicos***, tanto si va referido a fondos procedentes directa o indirectamente de la Unión Europea[47], como si se considera integrada en la categoría de "delitos de corrupción" afectando exclusivamente a caudales públicos españoles.

---

44 SSTC 65/1986; 161/1997.

45 Al respecto, de interés recordar la STS 101/1988, donde aclaró que la Ley de Amnistía de 1977 no amnistía los delitos de lesa humanidad cometidos durante la dictadura franquista, ya que estos delitos son imprescriptibles. Por su parte, la STS 107/1989 estableció que la Ley de Amnistía de 1977 no impide la apertura de procesos judiciales para determinar la verdad sobre las violaciones de derechos humanos cometidas durante la dictadura franquista. Y, en la STS 258/2007 se reafirma que la Ley de Amnistía no pudo haber amnistiado los delitos de tortura y desaparición forzada cometidos durante la dictadura franquista, ya que son *crímenes de lesa humanidad.*

46 La enmienda nª 42, aprobada en la Ponencia celebrada el 18 de enero de 2024, añade nuevos supuestos de exclusión de la amnistía en el art. 2, vinculados a genocidio y otros crímenes.

47 En el mismo sentido el Informe emitido por los Letrados de las Cortes Generales adscritos a la Comisión de Justicia (ya citado en nota 3), de 10 de enero de 2024, refiriéndose expresamente a la Directiva 2027/1371, de 5 de julio.

**B)** En la letra c) se excluyen ***los actos de terrorismo*** castigados en el Capítulo VII del Título XXII del Libro II del Código Penal español. Sin embargo, inmediatamente se proclama la no exclusión de la amnistía de los presuntos actos de terrorismo todavía no sentenciados (se entiende al menos respecto a la primera instancia). Tampoco alcanza la amnistía a las conductas de terrorismo descritas en el art. 3 de la Directiva (UE) 2017/541, de 15 de marzo. Pero dada la superposición de conductas de terrorismo descritas en el Código Penal español y las descritas en la Directiva europea, resulta difícil obrar con un criterio claro, al menos de inicio. Ello, porque basta cotejar uno y otro texto e inmediatamente se comprueba la extraordinaria similitud e incluso identidad de conductas prohibidas que son coincidentes. Entonces, no sin una extraordinaria dificultad, únicamente podrían ser objeto de la amnistía conductas de terrorismo *exclusivamente nacionales* y que de ningún modo estuvieran ni si quiera parcialmente descritas en la normativa europea[48].

**C)** La ausencia de algunas causas contenidas en el art. 510 CP, entre ellos los vinculados a "nación", "origen nacional", entre las ***discriminaciones*** excluidas de la amnistía. Dicho con otras palabras: tendrían cabida en la amnistía infracciones realizadas por motivos de discriminación relativos a la nación.

Así pues, al menos de entrada, estos tres grupos de infracciones, tal como se contienen en la Proposición, son susceptibles de originar cuestiones ante el TJUE.

Por otra parte, la propia Exposición de Motivos de la Proposición aborda la cuestión de las llamadas ***leyes singulares***, que entiende declaradas conforme al texto constitucional por reiterada jurisprudencia constitucional. La jurisprudencia constitucional define las leyes singulares como "*aquellas dictadas en atención a un supuesto de hecho concreto y singular, que agotan su contenido y eficacia en la adopción y ejecución en la medida adoptada por el legislador ante ese supuesto de hecho, aislado en la ley singular y no comunicable con ningún otro*". Añade la doctrina del alto tribunal que por serlo no son inconstitucionales, aunque advierte que no constituyen un ejercicio normal de la potestad legislativa y deben someterse a una serie de límites constitucionales. Y recuerda que deben superar el control constitucional, en especial el respecto a la prohibición de desigualdad. De modo que la vigencia del principio de igualdad no implica ofrecer un alcance universal a los efectos

---

48 En el mismo sentido el Informe emitido por los Letrados de las Cortes Generales adscritos a la Comisión de Justicia (ya citado en nota 3), de 10 de enero de 2024.

de la amnistía, sino que no existan discriminaciones entre personas que se encuentren comprendidas en el supuesto habilitante de la norma. Y ello porque la jurisprudencia constitucional sostiene que la igualdad debe aplicarse cuando exista "*identidad sustancial de las situaciones jurídicas*". Y continúa afirmando que esta Proposición lo respeta puesto que "*identifica de forma objetiva y justificada, de acuerdo con valores constitucionales, y sin que arbitrariamente se excluyan de las mismas supuestos con una identidad sustancial*"[49].

Por último, declarada su naturaleza de *ley singular* y definida la situación excepcional a la que se pretende dar respuesta, la Exposición Motivos enuncia su acomodo a los principios de razonabilidad, proporcionalidad y adecuación[50]. *Razonabilidad,* por la necesidad de superar el conflicto, avanzar en la normalización de la sociedad y contribuir a la convivencia. La *proporcionalidad* deriva según la proposición de "*la concreción del elenco de actos que hayan sido declarados o estén tipificados como delitos y conductas que se amnistían y de su necesaria vinculación con los actos realizados en un periodo de tiempo acotado por la ley*". Y, *adecuación,* porque su finalidad se deriva del mandato del art. 9 CE que otorga la potestad sancionadora al poder legislativo. Y, además, porque esta finalidad "*no podría lograrse con otro tipo de figuras legales como la concesión de indultos o la reforma del Código penal*"[51].

---

[49] STC 129/2013, de 4 de junio.

[50] La doctrina constitucional española sobre la ley singular se recoge entre otras, en la STC 129/2019 que a su vez remite a la STC 166/1986.

[51] Sin embargo, esta afirmación es susceptible de matización. En efecto, porque una modificación combinada del Código Penal y de la Ley de Indulto, posiblemente permitiría alcanzar los mismos objetivos sin el coste que siempre conlleva la amnistía. Ello sería factible a través del llamado "indulto anticipado". Así llamado porque abre la posibilidad de conceder el indulto a acusados sobre los que todavía no ha recaído sentencia firme (esto es, que no tengan la condición de "penados") y respecto a los cuales tampoco concurren los otros dos requisitos del art. 2 de la todavía vigente Ley del Indulto 1/1988, relativos a las exigencias de no ser reincidentes y de estar a disposición del tribunal. Y precisamente el art. 3 de esta norma vigente exceptúa de los tres requisitos exigidos en el art. 2. Literalmente dice: "*Lo dispuesto en el artículo anterior no será aplicable a los penados por delitos comprendidos en el capítulo I, secciones primera y segunda del capítulo II, y en los capítulos III, IV y V, todos del título II del libro II del Código penal*". Los enumerados capítulos y títulos exceptuados se refieren todos al Código Penal de 1973, en concreto al Título II, "seguridad interior", y a su capítulo I (delitos contra el Jefe del Estado), sección 1 y sección 2 del capítulo II (delitos contra derechos de los particulares); capítulo III (rebelión); capítulo IV (sedición) y capítulo V (disposiciones comunes). El problema es que esta relación de infracciones susceptibles de ser indultadas anti-

### *4.5. Interdicción de la arbitrariedad*

Y, finalmente, aunque desde la perspectiva de control constitucional conectado al derecho a la legalidad y al derecho a la tutela judicial efectiva, siempre desde el prisma de proporcionalidad, se esgrime la posibilidad de considerar la Proposición de amnistía como una desviación de poder o si se prefiere como un acto revisable por doblegar la interdicción de la arbitrariedad.

El examen general para determinar si una norma puede ser tachada de arbitraria requiere, referida a esta ley de amnistía, la verificación de los siguientes aspectos: a) ausencia total de justificación o motivación; b) insuficiencia de la motivación; c) que ésta respondiera a motivos espurios y no a la búsqueda del interés general, por ejemplo, que simplemente obedeciera a la necesidad de votos suficientes para gobernar; d) una desviación grave de poder con pérdida de la imprescindible objetividad en el proceso de toma de decisión. En este sentido, podría criticarse que el Estado no obtiene ningún beneficio concreto, esto es, más allá de intereses difusos como mejorar la convivencia o la normalización social, o incluso discutibles fácticamente. Es más, algunos sectores podrían valorar nula la contrapartida ofrecida por los lideres independentistas, que ni siquiera muestran un compromiso de no repetir actos similares a los ahora amnistiados y por supuesto se quedan muy lejos de un arrepentimiento completo. Otro aspecto conectado con la interdicción de la arbitrariedad se presenta respecto a la denominada *autoamnistía.*

Apunto algunas dudas acerca de la pertinencia de aplicar este criterio al caso. Primero, porque es discutido que la idea de arbitrariedad se extienda a la formulación de las leyes[52]. Menos sólida parece la crítica anudada a la "autoamnistía", porque el "auto" se refiere a personas, partidos, grupos parlamentarios, otras entidades, etc. Segundo, ¿cómo se perfila constitucionalmente este "conflicto de intereses"?: ¿Como carencia de objetividad? Entonces su generalización a la tramitación de otras leyes sería verdaderamente polémica. En este sentido qué grado de objetividad exigimos a la votación parlamentaria, esto es, a la libre formación de la voluntad. Y,

---

cipadamente no está actualizada a la sistemática legal del CP de 1995. Pero nada impedía iniciar una actualización combinada de ambos textos.

52 Cfr. Fernández, T. R.: "*De la arbitrariedad de la Administración*", Madrid (Civitas) 1994, pág. 22 y ss.

tercero, este criterio de *auto* no se aplicó a las anteriores leyes de amnistía, especialmente a las leyes de 1977[53].

## 5. LA NECESIDAD DE PENA Y EL DERECHO DE GRACIA

Asumo la reconstrucción del Derecho penal, y de sus categorías dogmáticas, desde el sistema de los derechos fundamentales. De modo que el recurso al derecho de gracia, al configurarse como una causa de extinción de la pena se conecta constitucionalmente con la pretensión de necesidad de pena, esto es, al principio de prohibición de exceso o proporcionalidad en sentido amplio. Es decir, los supuestos en los que el Estado considera innecesario el recurso a la pena[54]. Es justamente aquí cuando aparecen con fuerza las dificultades de aplicar las reglas de constitucionalidad diseñadas para limitar el *ius puniendi* a su uso inverso, o sea, a limitar el *ius non puniendi* (amnistía).

Así, en este debate, la exposición de Motivos afirma que el fundamento último de la amnistía como norma singular y excepcional "*solo puede fundamentarse en la solidez del sistema democrático, que demuestra así su capacidad de conciliación a través de un acto soberano de las Cortes Generales*". A lo que a continuación liga a los valores del pluralismo político, la justicia y la igualdad, lo que le permite proclamar que son los que presiden el fundamento, finalidad, ámbito y condiciones de la amnistía. Se concluye advirtiendo que se trata de utilizar "*cuantos instrumentos estén en manos del Estado para procurar la normalización institucional tras un periodo de grave perturbación, así como seguir favoreciendo el diálogo, el entendimiento y la convivencia*".

Y, respecto de esta motivación de la Exposición de Motivos, ¿cómo aplicamos jurídicamente el test de razonabilidad y de necesidad de este instrumento? ¿Acaso podría declararse jurídicamente que castigar menos o

---

53 Fue aprobada en el Congreso de los Diputados con los votos favorables de los grupos parlamentarios de. UCD; PSOE; PSP; PCE; Minoría Vasco-Catalana y Grupo Mixto; y con la abstención de Alianza Popular y los diputados Francisco Letamendia (Euskadiko Ezquerra) e Hipólito Gómez (Candidatura Aragonesa Independiente de Centro). En total, 296 votos a favor, dos en contra, 18 abstenciones y uno nulo. Con probabilidad algunos de estos votos afirmativos correspondieron a personas directamente interesadas en la amnistía. Y, en todo caso, con seguridad su voto afectó a colegas de formación política.

54 Vives Antón, T. S.: "*Fundamentos del sistema penal*", 2ª ed., Valencia (Tirant lo Blanch), 2011, pág. 495.

incluso no castigar es innecesario? ¿O podría un tribunal discutir con el Parlamento la razonabilidad, o la conveniencia política de esta medida?[55]. Y, si no los hay, ¿todo conduce otra vez a la discrecionalidad absoluta de los actos políticos y a la vieja idea de su inmunidad?

Algunas ideas para avanzar en esta interesante discusión las encontramos en la jurisprudencia constitucional de países con textos constitucionales semejantes, por ejemplo, en Italia[56], Alemania[57] o del propio

---

55 Se justifica el recurso a la amnistía sobre un triple argumento. Primero, la constatación de más de diez años de conflicto en la sociedad catalana que ha provocado una fuerte desafección hacia las instituciones estatales. Segundo, la finalidad radica en restablecer la convivencia de aquí al futuro, rebajando las tensiones. Este es el interés general buscado por la norma: un paso necesario para superar las citadas tensiones, eliminar algunas de las circunstancias que provocan la desafección y evitar que las consecuencias se agraven. Y, tercero, el medio extraordinario, pero legítimo en el Estado de Derecho, recae en una potestad legislativa, esto es, en el órgano en el que reside la soberanía y en donde se forma y expresa la voluntad general. Con la amnistía se pretende excepcionar la aplicación de normas vigentes a unos hechos acaecidos en el contexto del proceso independentista. La justificación añade el recordatorio que nuestro modelo constitucional no se configura como una "democracia militante". De modo que, en resumen, se fortalece el Estado de Derecho al devolver al Parlamento un debate político, y para ello se "*renuncia al ejercicio del ius puniendi por razones de utilidad social que se fundamenta en la consecución de un interés superior: la convivencia democrática*".

56 Así, entre otras, en la Sentencia de la *Corte Constituzionale* 298/2000, de 26 de julio, se dice que "*Para valorar esta censura, planteada invocando el principio de igualdad, es preciso recordar, en primer lugar, la jurisprudencia de este Tribunal sobre la revisabilidad de las leyes de amnistía e indulto. Corresponde al Parlamento —según esta jurisprudencia— determinar el ámbito de los delitos incluidos en la medida de clemencia, en ejercicio de la potestad que le otorga el artículo 79 de la Constitución y respetando el canon fundamental de razonabilidad. Será, por tanto, el legislador quien defina los supuestos de concesión de la amnistía o indulto, identificando los perfiles objetivos (los delitos a los que se aplica la medida de clemencia) y los subjetivos. Nada impide que el legislador intervenga también de manera circunstancial sobre este aspecto, excluyendo a los reincidentes o a los prófugos (…)*". https://www.cortecostituzionale.it/actionSchedaPronuncia.do?param_ecli=ECLI:IT:COST:2000:298

57 La Sentencia del *Bundesverfassungsgericht,* BVerfGE 10, 234 (Amnistía: Caso Dr. Platow), se afirma que c*uando se expide una ley de amnistía, el art. 3, párrafo 1 de la ley Fundamental no obliga al legislador a conceder la amnistía respecto de todas las conductas punibles, ni tampoco a tratar todos los delitos del mismo modo. El legislador no sólo puede exceptuar de la amnistía algunos tipos delictivos en particular, sino que también puede someter determinadas circunstancias a reglas especiales. Corresponde al legislador decidir de manera autónoma respecto de qué delitos existe un particular interés colectivo en que sean satisfechos. También corresponde al poder discrecional del legislador determinar en qué medi-*

TEDH[58]. Y por supuesto contamos con varios precedentes de nuestra jurisprudencia constitucional, como la STC 46/1982, que estableció que la amnistía no puede ser objeto de control constitucional, ya que se trata de un acto político que escapa al control judicial. Pero también ha señalado que la amnistía no puede ser utilizada para justificar la impunidad de crímenes de lesa humanidad o crímenes de guerra. En esta última línea la STC 29/1998 sostuvo que la amnistía no puede ser utilizada para cerrar las puertas a la investigación y persecución de crímenes de lesa humanidad, ya que estos delitos son considerados imprescriptibles y no pueden ser objeto de amnistía. En muy parecidos términos, la STC 103/2008 declara que la amnistía puede ser utilizada para poner fin a un conflicto político y promover la reconciliación nacional. Sin embargo, se señala que la amnistía no puede ser utilizada para justificar violaciones de derechos humanos o crímenes de lesa humanidad. Por su parte, en la STC 30/1987 se afirmaba que la amnistía no puede ser aplicada retroactivamente a delitos cometidos con anterioridad a su promulgación, ya que vulneraría el principio de legalidad y el derecho a la tutela judicial efectiva.

En síntesis, parece que el control constitucional español tendría que concentrase en el test de razonabilidad, menos estricto incluso que el de necesidad, que vendría a satisfacer las exigencias dimanantes del derecho a la igualdad ante la ley, proporcionalidad y naturaleza de ley singular. Y obviamente descartar que no se persiga una finalidad proscrita constitucionalmente. Hasta ahora, esa ha sido la doctrina del Tribunal Constitucional, al margen de excluir la extensión de la amnistía a ciertas categorías de

---

*da habrá de otorgar la amnistía respecto de tales delitos. El Tribunal Constitucional Federal no puede revisar una ley de amnistía para establecer si las reglas allí previstas son necesarias o adecuadas, sino que únicamente puede comprobar si el legislador ha transgredido o no los amplios límites de valoración a los que está sujeto. En el caso de una ley de amnistía existe una violación del principio general de igualdad, cuando las reglas especiales establecidas por el legislador para las circunstancias individuales no se orientan abiertamente por criterios de justicia, es decir, como cuando tampoco se puede encontrar en ellas alguna consideración razonable, derivada de la naturaleza de las cosas o que de algún otro modo resulte evidente.* https://www.servat.unibe.ch/dfr/bv010234.html

58 Por ejemplo, ya en el caso de *Alguacil y otros v. España* (2011), el TEDH se pronunció sobre una amnistía de facto en España en relación con los delitos cometidos por la organización terrorista ETA. El Tribunal consideró que esta amnistía no era compatible con el CEDH, ya que se trataba de una medida general que eximía de responsabilidad a todos los miembros de ETA sin tener en cuenta las circunstancias individuales de cada caso, y que infringía el derecho de las víctimas a la justicia y a una reparación efectiva.

infracciones muy graves que no contempla la Proposición. También habrá que estar vigilantes a cualquier aplicación que lesione el derecho a la tutela judicial efectiva de ciudadanos concretos.

En realidad, este cuerpo de jurisprudencia constitucional confirma, por una parte, la consabida autorrestricción del alto tribunal en materias legislativas, esto es, de eminente contenido político y por tanto respetando una amplia autonomía al poder legislativo. De otra parte, también mantiene la inexistencia de un deber positivo del Estado para ejercer el poder punitivo, a excepción de los deberes de investigación y de una inactividad punitiva orientada a encubrir sus propios comportamientos delictivos[59]. Ya sostenía PACHECO hace ciento cincuenta años que a la amnistía la hicieron necesaria las discordias civiles y en consecuencia representa un remedio indispensable para el gobierno de los pueblos[60]. En esta línea, Groizard consideraba que la amnistía, más que una extinción del delito y de la pena, consistía en un pacto de alta política que, después de graves perturbaciones, hacen nula la acción de las leyes[61]

Sin embargo, alguna duda despierta la doctrina del TEDH justamente en relación a los deberes positivos del Estado para castigar, ya sea vinculando la finalidad de prevención general con los derechos de las víctimas, o a un más genérico deber de protección de la sociedad. En el fondo no solo choca con la doctrina constitucional española, sino que inevitablemente viene a suplantar las funciones del poder legislativo[62].

Por su parte, en la jurisdicción del TJUE, la Proposición presenta tres niveles problemáticos. El primero, el alcance de la amnistía hasta algunos delitos de terrorismo que pudieran encontrase en el art. 3 de la Directiva. En segundo término, la inclusión de la malversación, perteneciente al grupo de infracciones que integran la categoría de corrupción. Y, en tercer término, obviar de la exclusión de la amnistía ciertas formas de discriminación vinculadas a la procedencia nacional.

Hay que partir de la fuerte dificultad de negarle competencia al Parlamento para legislar, aunque sea para promulgar una ley de amnistía. En

---

59 Tomás-Valiente Lanuza, C.: "*Deberes positivos del Estado y Derecho penal en la jurisprudencia del TEDH*", InDret, julio 3/2016.

60 Pacheco, J. F.: "*Estudios de Derecho penal*", II, Madrid (Tello), 1868, pág. 260.

61 Groizard y Gómez de la Serna, A.: "*El Código Penal de 1870. Concordado y comentado*", Tomo II, Madrid 1903, pág. 680.

62 Tomás-Valiente Lanuza, C.: "*Deberes positivos del Estado...*", *cit.*

efecto, porque éste es soberano para crear y derogar completa y absolutamente leyes penales. Y justamente la amnistía desde cierto prisma puede ser entendida como una derogación parcial y transitoria[63]. Ahora bien, la amnistía es una medida legislativa excepcional por cuanto el poder legislativo no recurre al instrumento ordinario, la derogación de una norma vigente para despenalizarla o al menos para introducir una nueva menos severa y entonces con efectos retroactivos favorables. De forma diversa la amnistía solo supone una derogación transitoria, esto es acotada a un tiempo, y a una serie de hechos determinados normativamente, pero que no alcanzan a todos los hechos pertenecientes a esa clase de infracciones cometidas en idéntico lapso temporal. De ahí que, como toda *ley singular*, especial o excepcional, sea sospechosa constitucionalmente. Es decir, que debe someterse a un estricto test de constitucionalidad. Por consiguiente, aunque el ejercicio del derecho de gracia por parte del poder legislativo goce de autonomía y discrecionalidad amplias, y consecuentemente los controles jurídicos sean menores y estén insuficientemente desarrollados, en modo alguno comporta que por poseer naturaleza política quede completamente fuera del sometimiento al Derecho.

Ya advertía la doctrina que una vez admitida, el poder para conceder la amnistía no conoce de límites, a no ser que la Constitución o la propia ley penal contengan restricciones explícitas[64].

En fin, la amnistía históricamente está vinculada a los delitos políticos y seguramente por ello continua sujeta a la vieja idea de los actos políticos, lo que dificulta su control jurídico, pero en absoluto lo suprime. Por ello mismo no es una medida personal (*nominatem)*, sino que apunta a hechos y persigue restablecer la paz (convivencia) si bien con un alto coste. Justamente en el balance coste/beneficio, esto es, cómo y quién determina la razonabilidad, necesidad y adecuación de la amnistía radica la alta complejidad de esta medida. Y en ese balance también opera el restablecimiento de la convivencia y del respeto institucional, lo que comporta si no un arrepentimiento completo (reconocimiento del error y compromiso futuro de no reiteración), si al menos el arrepentimiento parcial (compromiso futuro de no reiteración). De aquí su conexión con la idea constitucional de necesidad de pena.

---

63 En este sentido Mir Puig, S.: "*Derecho penal. Parte General*", 9ª ed., Barcelona (Reppertor), 2011, pág. 771.

64 Así se pronuncia expresamente, siguiendo a Dorado Montero, Landrove Díaz, G. "*Las consecuencias jurídicas del delito*", 4ª ed. Madrid (Tecnos) 1996, pág. 136.

Por algo los clásicos denominaban a la amnistía "*oblivio quam graeci vocant*". Olvido a cambio de no repetir los actos susceptibles de la correspondiente amnistía.

## BIBLIOGRAFÍA


Antón Oneca, J.: "*Derecho Penal. Parte General*", Madrid 1949.

Boldova Pasamar, M. A.:" *Tratado de las consecuencias jurídicas del delito*", 2ª ed., Valencia (Tirant lo Blanch), 2023.

Carbonell Mateu, J. C.: "*Y ahora, amnistía*", en *https://www.infolibre.es* › ahora-amnistia_129_1603412.

Cobo del Rosal, M. y Vives Antón, T. S.: "*Derecho Penal. Parte General*", Universidad de Valencia.

Del Toro Marzal, A.: "*Comentarios al Código Penal*", Tomo II (J. Córdoba Roda; G. Rodríguez Mourullo; A. Del Toro Marzal; y, J. R. Casabó Ruiz), Barcelona (Ariel), 1972.

Fernández, T. R.: "*De la arbitrariedad de la Administración*", Madrid (Civitas) 1994.

García Roca, J.: "*Democracia representativa y amnistía*", El País, 1 de diciembre de 2023.

García Mahamut, R.: "*El indulto. Un análisis jurídico-constitucional*", Madrid (Marcial Pons), 2004.

González Cussac, J. L.: *"Política y delito"*, en Teoría y Derecho. Revista de Pensamiento Jurídico, diciembre nº 26/2019, pág. 18 y ss.

González Cussac, J. L.: *"El indulto: una institución histórica e históricamente cuestionada"*, en Teoría y Derecho. Revista de Pensamiento Jurídico, nº 30/2021, pág. 11 y ss.

Groizard y Gómez De La Serna, A.: "*El Código Penal de 1870. Concordado y comentado*", Tomo II, Madrid 1903.

Landrove Díaz, G. "*Las consecuencias jurídicas del delito*", 4ª ed. Madrid (Tecnos) 1996.

Lascurain, J. A.: "*¿Amnistía? Sí, pero no*", El Mundo, 27 de octubre de 2023.

Llorca Ortega, J.: "*La ley de indulto*", Valencia (Tirant lo Blanch), 1997.

Mir Puig, S.: "*Derecho penal. Parte General*", 9ª ed., Barcelona (Reppertor), 2011.

Quintero Olivares, G.: "*Curso de Derecho penal. Parte General*", Barcelona (Cedecs), 1996.

Quintero Olivares, G.: "*El "interés público" en la amnistía*", en El Almacén de Derecho, 26 de septiembre 2023. https://almacendederecho.org/op-ed-el-interes-publico-en-la-amnistia.

Orts Berenguer, E. y González Cussac, J. L.: "*Compendio de Derecho Penal. Parte general*", Valencia (Tirant lo Blanch), 10ª edición, 2023.

Pacheco, J. F.: "*Estudios de Derecho penal*", II, Madrid (Tello), 1868.

Pedreira González, F. Mª: "*En defensa del indulto*", Valencia (Tirant lo Blanch), 2020.

Sobremonte Martínez, J. E.: "*Indultos y amnistía*", Universidad de Valencia, 1980.

Silvela, L.: "*El Derecho Penal estudiado en principios y en la legislación vigente en España*", Tomo II, Madrid 1874-1879, 2ª ed., Madrid 1903.

Tomás-Valiente Lanuza, C.: "*Deberes positivos del Estado y Derecho penal en la jurisprudencia del TEDH*", InDret, julio 3/2016.

Vives Antón, T. S.: "*Fundamentos del sistema penal*", 2ª ed., Valencia (Tirant lo Blanch), 2011.

# *El jurado en España: breves reflexiones sobre la práctica de los procedimientos con Tribunal del Jurado*

**RAQUEL LÓPEZ JIMÉNEZ**
*Profesora Titular de Derecho Procesal*
*Universidad Carlos III de Madrid*
*Departamento de Derecho Penal, Procesal e Historia del Derecho*
*Miembro del Instituto "Alonso Martínez" de Justicia y Litigación*
*ORCID ID: 0000 0002 5409 3738*



## 1. INTRODUCCIÓN

Pasados más de 25 años desde que se desarrollara la institución del Jurado y se pusiera en marcha el procedimiento ante el Tribunal del Jurado, no me parece oportuno que sigamos preguntándonos si el jurado sí o el jurado no, este es un debate que, a mi parecer, ya no debe tener lugar. El jurado es una institución democrática donde el pueblo interviene directamente en uno de los tres poderes del Estado, el Poder Judicial, y es un derecho constitucional de participación de los ciudadanos en la Administración de Justicia[1]. Por tanto, partiendo de esta base sólo resta preguntarnos cómo está funcionando esa institución, si el modelo elegido por el legislador en la Ley Orgánica 5/1995, de 22 de mayo del Tribunal del Jurado (en

---

1 Véase Varela Castro, Luciano, "Fundamentos político-constitucionales y procesales", en *El Tribunal del Jurado*, Madrid, 1995, págs. 53 y ss.

adelante LOTJ) es un modelo apropiado, o tal vez habría que evolucionar hacia otros modelos; si la competencia atribuida al Tribunal del Jurado es coherente con la participación de ciudadanos legos en Derecho que sólo se les exige saber leer y escribir, o tal vez habría que excluir o también incluir delitos distintos a los hasta ahora vigentes; qué otros aspectos de la ley se han puesto en entredicho en la práctica de los juicios con jurado que serían convenientes cambiar, etc, es decir, estos más de veinticinco años son más que suficientes para hacer una reflexión en profundidad de qué aspectos de la LOTJ serían convenientes revisar. En definitiva, el propósito de esta contribución es conocer y evaluar, teórica y empíricamente el funcionamiento del Tribunal del Jurado.

En este sentido, en este artículo pretendo hacer una pequeña reflexión sobre estos aspectos, apuntando algunas propuestas como conclusión a las reflexiones llevadas a cabo. La elección del tema no era fácil pero me he decidido hacerlo sobre la institución del Jurado porque con este tema comencé mi investigación predoctoral y doctoral, guiada y supervisada por mi Maestro, el profesor Víctor Moreno Catena, y he querido contribuir con toda mi gratitud y cariño a través de este artículo al Libro Homenaje.

Mi investigación sobre el Jurado comenzó con el Anteproyecto de Ley Orgánica del Tribunal del Jurado, trabajos parlamentarios que el profesor Moreno Catena me proporcionó y que suscitaron mi interés por esta institución, lo que conllevó que no sólo realizara la tesina para concluir los cursos de Doctorado, sino que centrándome en la prueba en el juicio por jurados supuso la elaboración de mi tesis doctoral. La generosidad del profesor Moreno Catena permitió que me incorporara al Área de Derecho Procesal de la Universidad Carlos III de Madrid dentro de un equipo de investigadores magníficos que ayudaron a que mi carrera investigadora pudiera comenzar y continuar hasta la actualidad. Si tengo que destacar algo del profesor Moreno Catena además de su indiscutible inteligencia es su lealtad a todo su equipo, y su gran profesionalidad no sólo en el ámbito académico sino en todos los que ha trabajado. Además, durante un tiempo tuve la oportunidad de trabajar mano a mano con él en otros ámbitos distintos al académico y siempre me impresionó su buen hacer y su alto grado de responsabilidad.

## 2. LAS DISTINTAS FORMAS DE PARTICIPACIÓN DE LOS CIUDADANOS EN LA ADMINISTRACIÓN DE JUSTICIA

La participación de los ciudadanos en la Administración de Justicia adopta distintas formas recogidas todas ellas en nuestra Constitución española como un derecho para los propios ciudadanos. Así, en el artículo 125 de nuestra Constitución se recogen tres instituciones de diversa proyección histórica y práctica en el Derecho Procesal español como son la institución del Jurado, los Tribunales consuetudinarios y el ejercicio de la acción popular.

Como señala Crespo Barquero las tres instituciones giran en torno al concepto de *participación ciudadana*, aunque a distintos niveles y con diferentes trayectorias: el Jurado y los Tribunales consuetudinarios se reconocen explícitamente como modalidades de tal participación en la Administración de Justicia; la acción popular, institución de singular y profundo arraigo en nuestra tradición jurídica, emparenta con la misma idea, aunque no en el ámbito de la impartición de Justicia, sino en el de su impetración, como "desempeño privado de la función pública de acusar"[2].

Si ese parentesco explica la inclusión de las tres instituciones en el mismo precepto constitucional, lo cierto es que su concreción legal y jurisprudencial, posterior a la Constitución, ha discurrido por cauces tan separados como los que habían recorrido con anterioridad a ella. Se impone, en consecuencia, su tratamiento independiente.

Como característica común a las tres instituciones citadas hay que señalar que la ubicación sistemática del artículo 125 dentro de la Constitución impide concebir, sin más, un supuesto derecho fundamental al ejercicio tanto de la acción popular como a la participación en el Tribunal del Jurado en el marco de protección del artículo 53 de nuestra Constitución.

Así, en el artículo 125 de la CE se establece literalmente que: "*los ciudadanos podrán participar en la Administración de Justicia mediante la Institución del jurado, en la forma y con respecto a aquellos procesos penales que la ley determine*", el constituyente en este sentido dejó abierta la puerta a la posibilidad de que el legislador eligiese la forma que podría adoptar la institución del Jurado sin fijar una específica en el precepto constitucional comentado[3].

---

2 Crespo Barquero, Pedro, "Comentario al art. 125 de la CE", en *Comentarios a la Constitución española*, coord. por Mercedes Pérez Manzano, Ignacio Borrajo Iniesta; Miguel Rodríguez-Piñero y Bravo-Ferrer (dir.), María Emilia Casas Baamonde (dir.), Enrique Arnaldo Alcubilla (ed. lit.), Jesús Remón Peñalver (ed. lit.) Vol. 2, Tomo 2, 2018 (Tomo II), ISBN 978-84-340-2503, págs. 781-794.

3 Véase a Gutiérrez Alviz Conradi y Moreno Catena, "Artículo 125: La participación popular en la Administración de Justicia", en Comentarios a la Constitución española de 1978, (Alzaga Villaamil, Dir.), Edemas, Madrid, Tomo IX, 1996, págs. 168 y ss.

Sin embargo, lo que sí dejaba sentado expresamente el constituyente en este artículo 125 es el ámbito en el que el Jurado habría de desenvolverse o desarrollar su función, que era concretamente el proceso penal dejando fuera de la competencia del Jurado el ámbito civil y dentro del proceso penal, el legislador de nuevo debería elegir que delitos serían competencia del Tribunal del Jurado.

Por tanto, nuestro constituyente dejaba fuera de la competencia del Jurado el proceso civil atribuyéndole única y exclusivamente competencia en el ámbito penal. Como veremos, ello difiere de la regulación prevista en otros ordenamientos que también cuentan con Jurado en los que además del ámbito penal tienen competencia también para conocer del proceso civil.

La institución del Jurado como forma de participación de los ciudadanos en la Administración de Justicia fue desarrollada legislativamente por la Ley Orgánica 5/1995, del Tribunal del Jurado de 22 de mayo, reformada ésta a su vez por la Ley Orgánica 8/95 y Ley Orgánica 10/95, adoptando el modelo de jurado puro o anglosajón, leal a nuestra tradición histórica. Resulta muy curioso que siendo un imperativo constitucional el desarrollo de la institución del Jurado, esta tuviese que esperar ni más ni menos que 17 años.

De entre los numerosos debates que suscitó y sigue suscitando la institución del Jurado como forma de participación de los ciudadanos en la Administración de Justicia —entre ellos, la propia instauración de la institución del jurado—, uno de los que más problemática planteó fue el de la naturaleza del derecho a participar.

El propio precepto constitucional se refiere a "*los ciudadanos podrán (...)*", y es ese "podrán" es el que ha llevado a muchos autores a defender que la función de juzgar no debe ser impuesta de forma obligatoria a los ciudadanos, al igual que no puede imponerse coercitivamente el ejercicio de la acción popular.

Como veremos el término "*podrán*" aboca a que se entienda como un derecho-deber de los ciudadanos. La doctrina parece inclinarse mayoritariamente por el concepto de derecho-deber, cierto es que no han faltado posturas reticentes frente a un modelo legal que impone la obligación ciudadana de formar parte del Jurado.

Por tanto, se entiende como un derecho ejercitable para aquellos ciudadanos en los que no exista ningún motivo que lo impida, es decir, que no incurran en ninguna causa de incapacidad y su desempeño un deber para quienes no incurran en ninguna causa de incompatibilidad o prohibición ni aleguen ninguna excusa conforme a la ley.

En la Exposición de Motivos de la LOTJ ya se precisa que nos encontramos ante una modalidad del ejercicio del derecho subjetivo a participar en los asuntos públicos, perteneciente a la esfera del *status activae civitatis*. Enlaza así con el derecho reconocido en el artículo 23 de nuestra Constitución y representa una institución de democracia directa.

No obstante, como se indica en el artículo 6 de la LOTJ, el derecho participativo que representa el jurado constituye a su vez un deber para todos los ciudadanos en los que no concurra ninguna causa de incapacidad o exclusión. Por ello, la Ley del Jurado a la vez que garantiza el derecho de participación a todos los ciudadanos, impone su cumplimiento obligatorio de manera coercitiva mediante un sistema de sanciones pecuniarias e incluso penales.

La polémica se suscitó posteriormente con lo indicado en el artículo 83.2 de la Ley Orgánica del Poder Judicial (en adelante LOPJ), de fecha posterior a la Constitución, en la redacción dada con anterioridad a la publicación de la LOTJ[4], que configuraba la función de jurado como de carácter obligatorio. Esta previsión vino a desvirtuar lo especificado en el artículo 125 de la Constitución que como he comentado lo regulaba como derecho, si bien, también se podía entender la configuración del Jurado como el cumplimiento de un deber enmarcándolo dentro del deber de colaborar con la Administración de Justicia recogido en el artículo 118 también de la Constitución, de esta forma, se zanjaba la discusión.

Además, a diferencia de otras Constituciones, donde el Tribunal del Jurado se consagra como una garantía para el acusado, como un derecho fundamental de elección que corresponde a la parte pasiva en un proceso penal, nuestra Constitución, lo ha regulado como un derecho de los ciudadanos a participar en la Administración de Justicia, lo cual confiere un carácter muy diverso a la institución del Jurado.

En nuestro ordenamiento el acusado no puede elegir ser enjuiciado por un juez técnico o por el Tribunal del Jurado. Si la persona acusada comete un delito de la lista de delitos competencia del Tribunal del Jurado (art. 1 de la LOTJ) siempre va a ser enjuiciado por éste, sin tener en considera-

4 Tras la publicación de la LOTJ, se modificó el apartado 2 del artículo 83 de la LOPJ, sin determinar si la participación en el Tribunal del Jurado era considerada como derecho u obligación.

ción la preferencia del acusado. Esto difiere de la regulación llevada a cabo en otros ordenamientos jurídicos.

En definitiva, el derecho-deber de participar como jurado responde a un doble planteamiento, tal y como se desprende de la propia Exposición de Motivos de la LOTJ.

Por un lado, participar en el Tribunal del Jurado es un derecho subjetivo público, un derecho a participar en los asuntos públicos (art. 23 CE), y además es el derecho a participar directamente en la Administración de Justicia, sin representar a nadie solo a él mismo.

Este derecho tiene a su vez una vertiente negativa que es el deber de participar como jurado cuando es seleccionado, y se hace depender de la no existencia de ninguna causa de incompatibilidad, prohibición e incapacidad, o de alegación de algunas de las causas previstas en la propia ley como excusas.

El respaldo legal de ese derecho de participar directamente en los asuntos públicos se encuentra en el artículo 23 de la CE, pero no existe la misma apoyatura legal cuando se refiere al deber. Por su parte, el constituyente estableció en el art. 125 un moderado "podrán participar en la Administración de Justicia (…)", estableciéndolo como derecho exclusivamente que, sin embargo, al desarrollar el legislador este artículo en la LOPJ, en concreto, en el artículo 83.2 de la anterior redacción (1985), estableció el carácter obligatorio, carácter que se ha mantenido en la LOTJ.

Quiero reseñar como curiosidad a este respecto que la Ley del Jurado de 1888[5], establecía la función de jurado como obligatoria, apartándose de la regulación que Alonso Martínez estableció en el Proyecto de ley, en la que se configuraba la participación en el jurado como derecho honorífico sin ninguna consideración de gravamen[6].

En mi opinión, la configuración del derecho a participar también como deber obedece a la necesidad evidente y necesaria que existe en nuestro país de suplir por medios legales la falta de sentido social, nuestro país se ha caracterizado, a mi parecer, por sentir una indiferencia total en general hacia las instituciones, y las encuestas realizadas antes de la aprobación

---

5 En https://www.congreso.es/public_oficiales/L2/CONG/BOCG/B/B_054-I.PDF.

6 Sobre la Ley del Jurado de 1888, véase al trabajo de De Asís Pacheco, Francisco, "La Ley del Jurado de 1888 comentada", en *Revista General de Legislación y Jurisprudencia*, Madrid, 1888.

de la Ley del Jurado sólo reflejaron ese sentir de indiferencia e incluso de negación a participar en dicha Institución, por ello, el legislador, reguló el estatuto jurídico del jurado como derecho-deber. Si no existiera esa obligación legal las posibilidades de que el ciudadano participase voluntariamente en el Tribunal del Jurado serían muy escasas.

Por otro lado, para compensar la función del jurado, en el art. 7 de la LOTJ se establece que el cargo de jurado será retribuido e indemnizado en la forma y cuantía que se establece reglamentariamente.

Además, hay que añadir que, si para el ciudadano es un deber participar en el jurado, para la persona acusada de cometer un hecho delictivo no es un derecho ser enjuiciado por el Jurado, ni puede elegir entre ser juzgado por el juez profesional o un jurado, sino que está sometido al enjuiciamiento por el Jurado si ha cometido uno de los delitos competencia de este. Ello no ocurre en otros países, modelo anglosajón, donde el acusado puede elegir ser enjuiciado por un Jurado o por jueces profesionales. En nuestro ordenamiento, aunque se discutió tal posibilidad en los debates parlamentarios (y también en el anterior Anteproyecto de Ley de Enjuiciamiento Criminal)[7] se desestimó tal opción por entender que podía vulnerar preceptos constitucionales y dejar en manos del acusado el derecho de los ciudadanos del art. 125 de la CE.

A mi parecer, dejar a la voluntad del acusado la opción de ser enjuiciado por un jurado o por jueces profesionales puede vulnerar el derecho a la igualdad y al juez ordinario predeterminado por la ley porque existirían dos categorías de tribunales, los de carácter forzoso sin poder elegir nada el acusado y los de carácter voluntario para el acusado que ha cometido alguno de los delitos competencia del Jurado[8]. En mi opinión, la regulación llevada a cabo por el legislador me parece apropiada, aunque difiera de las características propias de los modelos de jurado de corte anglosajón. En este punto, se refuerza también la idea de que nuestro Tribunal de Jurado es un modelo híbrido.

---

7 En el Anteproyecto de LECrim de 2011, se optaba por introducir innovaciones significativas en el ámbito de aplicación de este tribunal, tendentes a reforzar su sentido histórico como derecho de la persona acusada a ser juzgada por sus pares.

8 Señala Gómez Colomer, Juan Luis, "El Jurado Español: ley y práctica", en *Revue Internationale de Droit Penale*, 2001/1-2, (Vol. 72), págs. 285-312, que "además, carecería de sentido admitir este derecho ante una competencia tan limitada del Tribunal del Jurado".

Por tanto, la configuración de la función del jurado como un derecho-deber, por tanto, no excusable salvo que concurra en el ciudadano una causa de incompatibilidad, prohibición o excusa, me parece adecuada por todo lo argumentado anteriormente. Hay que añadir a ello que en nuestro ordenamiento jurídico no se exige ninguna formación específica para ser jurado, salvo la de saber leer y escribir.

En relación con el requisito de saber leer y escribir, me parece apropiado porque con este requisito mínimo estarían representados todos los estamentos de la sociedad, que, por otro lado, son condiciones la de saber leer y escribir necesarias, a mi parecer, para desempeñar la función que tienen atribuida teniendo en cuenta que se les exige determinadas actuaciones que conllevan el saber leer y escribir como es la motivación del veredicto[9], o la redacción de las preguntas en el acto del juicio oral para que el Magistrado-presidente las formule. No obstante, hay que tener en cuenta que no se exige ninguna titulación por lo tanto es difícil demostrar que el jurado sabe leer y escribir.

En definitiva, el jurado es el instrumento adecuado para expresar la conciencia popular, por tanto, la sociedad debe estar representada lo más posible. Si se impone algún requisito más (académico) se desvirtualizaría la institución como tal, puesto que la finalidad es la participación de los ciudadanos en la Administración de Justicia y el traslado de la visión social a la Justicia.

En relación con los otros países de nuestro entorno el estatuto jurídico también está configurado como un derecho-deber, sólo evitable por causas de incapacidad, incompatibilidad y prohibición, y no haber excusado.

1. En la ley inglesa no aparece el requisito de saber leer y escribir como requisito condicionante para participar, pero se prevé como causa de excusa.

---

9 En relación a la motivación del veredicto, muchas veces se ha puesto el acento en ello para cuestionar la capacidad de los jurados en este sentido, si bien, como viene manteniendo la jurisprudencia (STS de 18/04/2013 RES:352/2013 REC:11098/2012, DOCUMENTO (*Tol 3707867*)) "*dejar constancia de tales apreciaciones no requiere ningún tecnicismo, ni un discurso de depurado rigor formal, que tampoco se pide a los jueces profesionales; sino solo la imprescindible claridad de ideas acerca del rendimiento de cada medio probatorio en particular y del de la prueba en su conjunto. Una claridad de ideas sin la que no sería posible decidir de forma racional y cuya concurrencia ha de hacerse patente a través de la motivación; que, como dice bien claramente la exposición de motivos de la LOTJ, tiene un necesario componente argumental (...)*".

2. En Francia, en Bélgica y en Inglaterra se puede solicitar una indemnización, por el salario de que se deje de recibir. En Francia está estipulado dar una cuantía fija por trabajar en el sector privado. Solo esta estipulada la indemnización para el sector privado.

3. En España se remunera y se indemniza, y esto no pasa en el resto.

4. En Bélgica hay un derecho de indemnización y está fijado alrededor de 40 euros diarios. Te lo pagan por lo que dejas de percibir.

5. En Italia, puede darse el caso de que uno de los jurados sea jurista.

En relación con saber leer y escribir, en todos los países, se exige leer y escribir en la lengua oficial. Y ningún requisito más de cualificación.

En cuanto a la mayoría de edad para ser jurado, tal condición no es otra que la aplicación del artículo 12 de la CE a partir del cual se establece el disfrute de los derechos cívicos y sociales. En otras democracias la edad es superior, como por ejemplo 23 años en Francia, 30 años en Italia y Bélgica, 25 en Portugal, Alemania y Suecia y teniendo en cuenta que en estos países el modelo es el escabinado. En nuestro ordenamiento, la referencia a otra edad sería de difícil apoyo legislativo, aunque considero que no sería inconstitucional el establecimiento de una edad superior que podría justificarse, por un lado, en las peculiaridades de la función jurisdiccional y, de otro, en la cautelosa configuración que de dicho requisito se establece el derecho comparado.

## 3. LOS MODELOS DE JURADO: CARACTERÍSTICAS PROPIAS DE NUESTRO JURADO

Nuestro Ordenamiento tiene configurado un modelo de Jurado que se caracteriza por la convivencia entre un Jurado popular con intervención limitada a la fijación de los hechos probados y la declaración de culpabilidad con la participación de un juez profesional que redacta el objeto del veredicto y hace la traducción jurídica del mismo incluida en su caso la fijación de la pena. En nuestro Ordenamiento jurídico además el juez técnico decide sobre la responsabilidad civil sin intervención de ningún tipo por parte del Jurado.

Vamos a analizar en este apartado si esta configuración es exclusiva del modelo de jurado adoptado por nuestro legislador o si, por el contrario, también los sistemas que tienen jurado cuentan con la misma configuración, para ello analizaré los modelos existentes, así como las características de cada uno de ellos.

Ahora bien, sin perjuicio de analizar los modelos de jurado existentes en otros ordenamientos y sus características, adelanto ya que no es característica exclusiva del modelo español porque también se configura así en los sistemas que tienen jurado puro aunque el modelo español tiene características propias, por ello que se diga que nuestro modelo es un modelo híbrido, como anteriormente he apuntado.

Existen tres modelos de jurado. El modelo de jurado puro o anglosajón, el modelo mixto y el modelo de Escabinado o Escabinato.

Nuestro legislador al desarrollar el artículo 125 de la CE, eligió el modelo de jurado puro o anglosajón, aunque con algunas características propias del sistema español, entre ellas, por ejemplo, la necesidad de motivar el veredicto o la obligatoriedad de que conozca el Tribunal del Jurado cuando es un delito competencia de éste, es decir, que no es una opción del acusado el elegir ser enjuiciado por un jurado popular o jueces profesionales.

Sin entrar en profundidad, brevemente, las características de cada modelo serían las siguientes:

1. Jurado puro: Los componentes del Tribunal estarían divididos en dos secciones, una de Hecho y otra de Derecho. Por un lado, estarían los jueces legos, sin conocimiento en derecho que decidirían si una persona es culpable o no del delito en cuestión. No motivarían el veredicto. El juez impone la pena.

2. Tribunales mixtos: Existe una sección de Hecho, estaría integrada por jueces legos que deciden si es culpable o no del hecho delictivo, y si deciden su culpabilidad se reunirían con el juez profesional para imponer de forma conjunta la pena.

3. Escabinado o Escabinato: No existen secciones, tanto los jueces legos como el juez o jueces profesionales deciden si es culpable o no e imponen conjuntamente la pena. Impera en la mayoría de los países europeos, siendo la forma más evolucionada del jurado puro. La proporción es de tres jueces lego y uno técnico.

En nuestro ordenamiento, el modelo elegido por el legislador es el anglosajón o jurado puro, pero con características propias de nuestro sistema. Podríamos decir que es un modelo de jurado híbrido o con modulaciones puesto que debe cumplir con las exigencias constitucionales de nuestro ordenamiento. Por tanto, una de las primeras exigencias es la necesidad de motivar el veredicto, este debe ser necesariamente motivado, en mayor o menor medida como veremos, pero siempre motivado, es una exigencia constitucional tanto del artículo 24.2 de la CE, dentro del derecho a la tutela judicial efectiva, como del artículo 120.3 de la CE que exige que todas las resoluciones estén motivadas, y el veredicto es una resolución[10]. Si bien, sólo se exige una sucinta motivación, precisamente por la complejidad que tiene para personas legas en Derecho motivar, teniendo en cuenta además que para participar como jurados sólo se les exige saber leer y escribir, sin ningún tipo más de conocimientos[11]. Por ello, no se puede exigir la misma motivación a un juez profesional que a un juez lego. Partiendo de esta consideración, sin embargo, la jurisprudencia ha venido modulando la exigencia de motivación hasta concluir que no basta con la mera identificación de los medios de prueba practicados en el juicio oral, sino que es necesario individualizar cada uno de ellos para acreditar probados o no los hechos objeto de debate. Así, literalmente el Tribunal Supremo en una sentencia de 2016 ha indicado que: "*no puede admitirse como motivación la mera identificación de los medios de prueba en los que el Tribunal del Jurado ha asentado su convicción, sin individualizar los elementos de la prueba de los que extrae su certidumbre*"[12].

---

10 El TS (STS de 18/04/2013, citada anteriormente) ha señalado que "*no puede olvidarse tampoco que en todos los casos, incluidos también obviamente los Juicios ante el Tribunal del Jurado, con carácter general cabe afirmar que:*
"*La exigencia de una adecuada fundamentación de la decisión judicial integra, como con reiteración ha proclamado esta Sala y el propio Tribunal Constitucional, de una parte, el cumplimiento del mandato contenido expresamente en el* artículo 120.3 de nuestra Constitución, *y también, de otra, una manifestación más del derecho a la tutela judicial efectiva, consagrado en el 24.1 de la misma Carta Magna, en tanto que manifestación esencial del Estado democrático de derecho (art. 1 CE) y con una concepción de la legitimidad de la función jurisdiccional, apoyada esencialmente en el carácter vinculante que tiene para ésta la Ley, huyendo de soluciones arbitrarias (*art. 117.1 CE*) (vid. la* STC 55/87, *entre otras).*

11 Como señala Vegas Torres, "La motivación del veredicto en la jurisprudencia del Tribunal Supremo", en *La Ley del Jurado en su X Aniversario,* Centro de Estudios Jurídicos, Ministerio de Justicia, Madrid, 2006, págs. 85-116, "La exigencia legal de motivación del veredicto, en los términos indicados ha sido una de las cuestiones que con mayor frecuencia se han suscitado en los recursos interpuestos contra las sentencias del Tribunal del Jurado, dando lugar a abundantes pronunciamientos jurisprudenciales al respecto". En https://burjcdigital.urjc.es/.

12 STS 949/2016, de 15 de diciembre (Ponente Pablo Llanera Conde), Ecli: ES:TS:2016:5501. En Tirant Prime, DOCUMENTO (*Tol 5918375*). Sigue añadiendo el Tribunal Supremo que: "*En relación a la motivación de las resoluciones, es doctrina reiterada de esta Sala (SSTS 357/2005 de 20.4, 1168/2006 de 29.11, 742/2007 de 26.9) que, la motivación de las sentencias debe abarcar el aspecto fáctico, concretando que por más*

A mayor abundamiento, y dentro de la relevante y responsable función que cumple el Magistrado-presidente se encuentra la de motivación de la sentencia[13]. En este sentido, en los procedimientos enjuiciados por Tribunal del Jurado existirían dos motivaciones, la del veredicto y la de la sentencia que emita el Magistrado-presidente complementando la motivación realizada por los jurados[14]. Por tanto, no sólo debe estar motivado el

---

*que no sea preciso reseñar detalladamente todas las pruebas que se han tenido en cuenta, sí deben desprenderse con claridad cuáles son las razones que ha contemplado el Tribunal para declarar probados los aspectos fundamentales de los hechos —muy especialmente cuando hayan sido controvertidos—, pues sólo ello permite al justiciable, y a la sociedad en general, conocer las razones de las decisiones de los órganos jurisdiccionales y facilitar el control de la racionalidad y corrección técnica de la decisión por el Tribunal que revise la resolución en vía de recurso (SSTC SS. 165/98, 177/99, 46/96, 231/97 y de esta Sala 629/96 de 23.9, 1009/96 de 12.12, 621/97 de 5.5 y 1749/2000 de 15.11). En definitiva, la finalidad de la motivación será hacer constar las razones en las que se sostiene la decisión adoptada, de suerte que pueda ponerse de manifiesto que no se ha actuado con arbitrariedad.*
*Hemos destacado también que cuando se trata de sentencias dictadas por el Tribunal de Jurado, la exigencia de motivación no desaparece, ni se debilita, y que, por lo tanto, aunque no sea exhaustiva, la explicación debe ser suficiente como para dar adecuada satisfacción a las necesidades —ya referidas— que justifican la exigencia; si bien una estable jurisprudencia de esta Sala destaca que no pueda exigirse a los ciudadanos que integran el Tribunal del Jurado el mismo grado de razonamiento intelectual y técnico que debe exigirse al Juez profesional, razón por la Ley Orgánica del Tribunal de Jurado sólo requiere en el art. 61.1.d que conste en el acta de votación la expresión de los documentos de convicción y una sucinta explicación de las razones por las que han declarado o rechazado declarar como probados unos determinados hechos, pudiendo el Magistrado Presidente cumplir después con la obligación de concretar la existencia de prueba de cargo que le impone el art. 70.2 de la Ley, completando aquellos aspectos sucintamente expresados por el Jurado".*

13 Señala el TS [STS 04/03/2014 RES:151/2014 REC:10927/2013, en Tirant Prime DOCUMENTO (*Tol 4137447*)] que "*se trata de una responsabilidad que la ley impone a quien puede cumplirla, pues el Magistrado-Presidente, que ha asistido atento al juicio y a sus incidencias*".

14 Señala el TS (STS de 18/04/2013 RES:352/2013 REC:11098/2012, DOCUMENTO (*Tol 3707867*)) a este respecto que: "*En realidad, dos son los criterios que encontramos en nuestra Jurisprudencia, precisamente a propósito de cuál haya de ser el alcance de las facultades del profesional que preside el Tribunal en relación con la motivación de los Hechos declarados como probados.*
*Así, de una parte, se reconoce y permite, cuando no incluso se llega a exigir, que el Magistrado complemente las razones de convicción expuestas por el propio Jurado "... en tanto en cuanto pertenece al tribunal atento al desarrollo del juicio..." (SsTS de 28 de noviembre y 13 de diciembre de 2005, por ejemplo) y toda vez que, en definitiva, es al propio Presidente a quien corresponde verificar la existencia de prueba de cargo válida, antes de permitir la deliberación del Jurado, y, posteriormente, a la hora de recibir el acta del Veredicto, la existencia, racionalidad y suficiencia de la motivación probatoria a ella incorporada, por lo que*

veredicto emitido por los jueces legos, sino que el Magistrado-presidente debe además motivar la sentencia, y ser más exhaustiva fundamentalmente cuando la prueba que existe en el proceso es prueba indiciaria. Así, la jurisprudencia a este respecto ha venido manifestando que: "*la motivación de la sentencia del Tribunal del Jurado viene precedida del acta de votación, que constituye su base y punto de partida, en cuanto contiene la expresión de los elementos de convicción y una sucinta explicación de las razones por las que los jurados han declarado o rechazado declarar determinados hechos como probados. Pero debe ser desarrollada por el Magistrado-Presidente al redactar la sentencia, expresando el contenido incriminatorio de esos elementos de convicción señalados por los jurados y explicitando la inferencia cuando se trate de prueba indiciaria o de hechos subjetivos. Se trata de una responsabilidad que la Ley impone a quien puede cumplirla, pues el Magistrado-Presidente, que ha debido asistir atento al juicio y a sus incidencias; que ha entendido en el momento procesal correspondiente que existe prueba valorable que impide la disolución anticipada; que ha redactado el objeto del veredicto, y que ha debido impartir al Jurado instrucciones claras sobre su función y la forma de cumplirla adecuadamente, debe estar en condiciones de plasmar con el necesario detalle en cada caso, cuáles son las pruebas tenidas en cuenta por los jurados y cuál es su contenido incriminatorio, así como, en caso de prueba indiciaria y de elementos subjetivos, cuál es el proceso racional que conduce de forma natural desde unos hechos ya probados hasta otros hechos, objetivos o subjetivos, necesitados de prueba*[15].

---

*"le compete además concretar en la sentencia la existencia de prueba de cargo exigida por la garantía constitucional de presunción de inocencia" (STS de 15 de octubre de 2003)*". No obstante, también ha seguido indicando en la misma sentencia que "acerca de la *motivación* fáctica: "*... tratándose como se trata de una tarea personalísima, es preciso que el Jurado la asuma directamente en su calidad de juzgador, verbalizando su resultado, de manera que pueda ser conocido por todos, y, en particular, por el Magistrado-presidente, que necesita saber de él para, a su vez, dotar al fallo del necesario fundamento*" (STS de 21 de enero de 2005)".

15 Sentencia del Tribunal Superior de Justicia de Madrid, de 11/01/2022 RES:8/2022 REC:468/2021, donde cita la STS 132/2004, de 4 de febrero. En Tirant Prime, DOCUMENTO (*Tol 8799604*). Donde sigue señalando que: *"No es dable prescindir del desarrollo que de la valoración probatoria contenida en el veredicto, realiza el Magistrado Presidente; como expresa la* STS 1043/2010, de 11 de noviembre*: El Tribunal del Jurado constituye un único órgano jurisdiccional. La resolución definitiva del mismo viene constituida por la sentencia que dicta el Magistrado Presidente. La vinculación de ésta al veredicto del Jurado, en los términos que impone la Ley Orgánica del Tribunal del Jurado, constituye un presupuesto de validez. Pero no hace del Jurado un órgano diverso del Tribunal del Jurado en que se inserta. De ahí que, cuando se regulan los recursos, se establezca que lo recurrible es la sentencia dictada por el Magistrado Presidente (véase el* artículo 846 bis a) apartado primero de la Ley de Enjuiciamiento Criminal*). Incluso, cuando*

Si bien, el Magistrado-presidente desempeña una función muy relevante cuando considera que existe prueba de cargo para que el Jurado se retire a deliberar, pues en otro caso, debe disolver el Jurado. Ello debe estar suficientemente motivado en la sentencia, y es una función que le incumbe exclusivamente al Magistrado-presidente como juez técnico y no a los jurados. Así, el Tribunal Supremo ha venido manifestando que: "*En relación con la función complementadora de la fundamentación fáctica realizada por el Magistrado— Presidente ha de señalarse que los enunciados descriptivos que conforman el relato fáctico presuponen una actividad de carácter cognoscitivo que se fundamenta en elementos de prueba y tiene por objeto constatar la verdad o falsedad de los hechos constitutivos propuestos por la acusación y de los impeditivos propuestos por la defensa. Pero previamente esta valoración requiere un presupuesto: que se haya practicado prueba de cargo en sentido propio, legal y constitucionalmente hábil y suficiente para desvirtuar la presunción de inocencia. Pues bien la comprobación de la concurrencia de este requisito previo (que exige, obviamente, conocimientos jurídicos) no es competencia del Jurado sino del Magistrado— Presidente (art. 49 de la LOTJ) que es quien, una vez concluidos los informes de la acusación, debe decidir, de oficio o a instancia de la defensa, si estima que en el juicio se ha practicado prueba de cargo que pueda fundamentar una condena del acusado, dado que, si no fuera así, debe dar por concluido el juicio y dictar sentencia absolutoria (art. 49.3º LOTJ)*"[16].

En definitiva, la función del Magistrado-presidente es fundamental, debe controlar la buena marcha del juicio, velar por el respeto a la legalidad y por el cumplimiento de las garantías constitucionales, en este sentido, desempeña un papel relevante que no se caracteriza por la pasividad, aunque sí por la imparcialidad[17].

---

*se denuncian defectos en el veredicto (*artículo 846 bis c; apartado a) párrafo segundo LOTJ*)*".

16 Sigue señalando el Tribunal Supremo (11/09/2000 RES:1240/2000 REC:801/1999, En Tirant Prime DOCUMENTO (*Tol 4924738*)) que: "*la constatación de la concurrencia de prueba de cargo hábil para desvirtuar la presunción constitucional de inocencia (no su valoración, que es una actividad posterior competencia del Jurado) incumbe al Magistrado-Presidente, que es quien adopta la decisión, tácita, de no suspender el Juicio, conforme a lo prevenido en el citado art. 49, y es por ello por lo que el art. 70.2 de la LOTJ exige que la sentencia del Magistrado-Presidente, además de contener la motivación jurídica procedente conforme a lo prevenido en el art. 248.3 de la LOPJ, incluya también, si el veredicto es de culpabilidad, la concreción de la prueba de cargo exigida por la garantía constitucional de la presunción de inocencia*".

17 Señala la jurisprudencia (Sentencia del Tribunal Superior de Justicia de Madrid de 11/04/2005 RES:6/2005 REC:6/2005, en Tirant Prime DOCUMENTO (*Tol 810042*)), que: "*La función del Magistrado-Presidente del Tribunal del Jurado, es la de*

Finalmente, para concluir este epígrafe, solo me queda indicar los países que siguen cada uno de estos modelos:

a) El modelo puro lo tendrían España, Reino Unido, Dinamarca y Estados Unidos. Ha sido reintroducido en Rusia.

b) El modelo mixto lo tienen Bélgica y Austria.

c) El modelo de Escabinado o Escabinato: Francia, Alemania, Italia, Portugal y Suecia.

Holanda es el único país europeo sin Jurado.

## 4. LA POSIBLE INFLUENCIA DE LOS MEDIOS DE COMUNICACIÓN SOCIAL EN LA CONVICCIÓN DE LOS JURADOS

En muchas ocasiones ha surgido el debate, ante procedimientos con Tribunal del Jurado fundamentalmente en asuntos muy mediáticos, sobre la supuesta mayor influencia de un Jurado ante los juicios paralelos que un juez profesional, escuchándose voces que incluso sugieren que en casos muy mediáticos deberían establecerse cláusulas que permitieran evitar en estos casos el procedimiento del Jurado[18].

Al respecto quiero reseñar que entre todas las discusiones que durante estos años ha habido en relación con el jurado, como por ejemplo si el modelo escogido por el legislador es el adecuado o, por el contrario, es mejor

---

*garantizar, durante el juicio y en su resolución, el respeto al principio de legalidad, material y procesal, así como a los derechos constitucionales implicados en el proceso. Suya es la responsabilidad de que se respeten los principios fundamentales de presunción de inocencia, proscripción de la indefensión, prohibición de valoración de la prueba ilícitamente obtenida, utilización de los medios de prueba pertinentes para la defensa, derecho a ser informado de la acusación, a no declarar contra sí mismo y a no confesarse culpable, etc, y suya es también la responsabilidad de que en el juicio se atienda cumplidamente la normativa procesal, respetándose todas las garantías, y de que el veredicto sea congruente con el Derecho Penal Material, ya que en caso de contradicción entre el pronunciamiento sobre los hechos y el veredicto sobre la culpabilidad (culpable o inocente), está obligado a devolver el Acta al Jurado (art. 63.1°.d de la Ley del Jurado)".*

18 Como indicada De Pául Velasco, Paula, "las investigaciones psicológicas han puesto de manifiesto que la publicidad que recibe un caso en los medios de comunicación genera un sesgo en los jurados, generalmente contra el acusado", en *El tribunal del Jurado desde la psicología social,* Madrid, España: Siglo Veintiuno de España Editores S.A., 1995, pág. 61.

el modelo que impera en los países de nuestro entorno cultural; si debe ser una opción del acusado, o cuestiones concretas de la ley, en relación con la competencia, etc., un aspecto preocupante y sobre el cual más se ha discutido es el de la incidencia que pueda tener la actividad de los medios de comunicación social, y en concreto los juicios paralelos, en el desarrollo del proceso ante el Tribunal del Jurado[19].

En este sentido, nadie es inmune a las campañas de opinión sobre procesos en curso, fundamentalmente, los más mediáticos, nadie está al margen de la influencia que puede ejercer la presión social, todos somos personas humanas y, por ende, en mayor o menor medida influenciables, si bien, la profesionalidad puede ser una garantía de imparcialidad en sí misma, característica de la que no gozan los jueces legos, por ello, sería conveniente ofrecer una mayor protección frente a las campañas de publicidad cuando quien van a enjuiciar son los jurados[20].

Si bien, como sostengo, ello sería lo recomendable, no ha sido así. Si revisamos la LOTJ en ella no se ha previsto una protección expresa hacia los jurados frente a las campañas de prensa, extremo sobre el que llamó la atención el Consejo General del Poder Judicial en el Informe al Anteproyecto de la Ley del Jurado. Recomendaba el Consejo la necesidad de establecer fórmulas y mecanismos que amortiguasen el posible impacto de los medios de comunicación en la imparcialidad del jurado, no obstante, aún avisado por el Consejo de la necesidad de instaurar dichos mecanismos, el legislador no lo llegó a materializar y, por ello, no existe ninguna referencia expresa en la ley a la protección de la imparcialidad de los jurados frente a los juicios paralelos[21].

A mi parecer, aunque ello es cierto, considero que sí existen algunos preceptos que pueden ser eficaces a la hora de garantizar la imparcialidad de los jurados:

1. Artículo 3 de la LOTJ, donde se indica que los jurados actuarán bajo los principios de independencia, responsabilidad y sumisión a la ley, en

---

19 Véase mi trabajo sobre *Sociedad y justicia penal: especial referencia al Jurado*, (con Zafra Espinosa de los Monteros, Rocío), Colex, 2023, 148 págs.

20 En el mismo sentido véase a Rodríguez Bahamonde, Rosa, "Los juicios paralelos y el proceso ante el Tribunal del Jurado", en *Revista de la Facultad de Ciencias Jurídicas*, nº 6 febrero, 2001, pág. 265.

21 Véase el Informe del Consejo General del Poder Judicial, publicado en el Boletín número 77, titulado Jurado. Veinticinco aniversario, publicado por el Consejo General del Poder Judicial.

el apartado 4 se indica que: *Los jurados que en el ejercicio de su función se consideren inquietados o perturbados en su independencia... podrán dirigirse al Magistrado-Presidente para que les ampare en el desempeño de su cargo.* Tal y como está redactado este artículo deja abierta la posibilidad de alegar cualquier agresión a su independencia e imparcialidad[22].

2. Como excusa, la referida en el apartado 7 del artículo 12 de la LOTJ, *podrán excusarse para actuar como jurado, los que aleguen y acrediten suficientemente cualquier otra causa que les dificulte de forma grave el desempeño de la función de jurado.* Aunque es difícil su apreciación puesto que la protección de la imparcialidad de los jurados por esta vía dependerá de su alegación por el afectado, quedando en manos de un lego la valoración de la lesión a la imparcialidad o a la apariencia de imparcialidad. Podría realizarse un examen individualizado de la causa alegada y, en especial, respecto de su incidencia en los principios de independencia e imparcialidad, de manera que si incide o se infiere que puede incidir de forma razonable, habrá de estimarse el motivo y excusar al candidato.

3. Como motivo de recusación sin causa, regulado en el artículo 40 de la LOTJ. Son las recusaciones sin causa, denominadas "*peremtory strikes*" en el modelo anglosajón, que tienen lugar cuando se interroga a los jurados por las partes o el Ministerio Fiscal en el proceso de selección. Las partes podrán recusar al jurado que consideren que puede incurrir en causa de parcialidad[23]. En este sentido, la búsqueda de un jurado imparcial es una

---

22 No obstante, hay quienes consideran que "a la vista del contenido del referido artículo 3, éste no puede ser considerado como una garantía eficaz frente a los juicios paralelos, por cuanto de su lectura se desprende que únicamente confiere al propio miembro del jurado la carga de valorar si las informaciones que recibe por los medios de comunicación atentan o no contra su imparcialidad". Véase a Amer Martín, Alicia, Magistrada Suplente de la Audiencia Provincial de Valencia, "La publicidad de las actuaciones judiciales", en *Noticias jurídicas,* noticias.juridicas.com/conocimiento/articulos-doctrinales/11742-la-publicidad-de-las-actuaciones-judiciales/.

23 Vallines García, Enrique, a este respecto indica que "no cabe duda de que lo pretendido por las partes en todo proceso penal es una resolución favorable a sus intereses y lo que se consigue materialmente con la recusación sin causa es un juego sistemático mediante el cual las partes van recusando a aquellos jurados que a priori no les contenta en favor de otros que parece que puedan beneficiarles". En *Instrumentos para Garantizar la Imparcialidad e Independencia de los Jurados,* Ed. Aranzadi, Navarra, 2008. Pág. 70.

habilidad de las partes para escoger a los más proclives y recusar a los más adversos[24].

Hay quienes considerar que podría atribuirse también al Magistrado-presidente la posibilidad de recusar al jurado que considere influido por los medios de comunicación social, aunque como comentaré esta opción podría desequilibrar la balanza hacia alguna de las partes.

Independientemente de estas cláusulas contempladas en la ley, el Consejo General del Poder Judicial proponía en su momento conceder al Magistrado-Presidente algunas facultades en orden a proteger la imparcialidad de los jurados frente a los juicios paralelos como era por ejemplo las restricciones de acceso a los medios de comunicación; el secuestro del jurado; prohibiciones o restricciones de la reproducción televisiva o fotográfica, etc (...): aproximándose de esta manera a las fórmulas tradicionalmente arbitradas por los ordenamientos en los que se mantiene el jurado puro, fundamentalmente los de corte anglosajón. Fórmulas como la *contempt of court* (mecanismo tradicional del *common law*), que consiste en la prohibición de publicar información de un proceso en curso; cambio del tribunal o jurisdicción (*change of venue*), es decir, trasladar el juicio a otro lugar donde no despierte tanto interés o donde es previsible que se produzca menos publicidad, posponer el juicio hasta que se calme la publicidad adversa (*continuance*); permitir un examen previo sobre los jurados para impedir que existan prejuicios; instruir a los jurados sobre su obligación de excluir terminantemente cualquier evidencia no obtenida en el curso del proceso; aislar al jurado, etc (...).

Dada la problemática que presenta en la convicción de los jurados la información ofrecida por los medios de comunicación social, en el Anteproyecto de Ley de Enjuiciamiento Criminal de 2020 se preveía en su articulado una herramienta para preservar la imparcialidad e independencia de los jurados, en este sentido, en el apartado 4 del artículo 146 de dicho Anteproyecto se indicaba que: "*La información proporcionada con arreglo a lo dispuesto en los apartados anteriores se contraerá al mínimo imprescindible cuando sea previsible que el enjuiciamiento del hecho corresponderá al tribunal del jurado*". Esta información a la que se refiere es la que el Ministerio Fiscal deberá dar a los medios de comunicación social sobre el procedimiento de inves-

---

24 En el mismo sentido véase a Magro Servet, Vicente, ¿Cómo debe procederse en el trámite de las recusaciones de miembros de jurado en un juicio oral?, en *Diario La Ley*, N° 9487, 27 de septiembre de 2019, Wolters Kluwer.

tigación[25]. Es importante también lo indicado en el artículo 145 donde se prohíbe a la Policía Judicial dar información a los medios de comunicación si previamente no ha sido autorizado por el Ministerio Fiscal, así se indica que: "*La Policía Judicial no realizará ninguna comunicación a los medios que no haya sido previamente autorizada por el fiscal responsable de la investigación*".

Me parece interesante apuntar, aunque sea brevemente, la doctrina emanada del Tribunal Constitucional, la cual ha ido evolucionado, sobre el tratamiento de los juicios paralelos[26] en los procesos penales, fundamentalmente por las siguientes razones:

En primer lugar, el Tribunal Constitucional ha dejado atrás la consideración del juez profesional como sujeto impermeable a la difusión de informaciones sobre procesos "sub iudice", reconociendo de forma expresa que la publicación de supuestos o reales estados de opinión pública sobre el proceso y el fallo puede influir en la decisión que deben adoptar los jueces. Como ha sido puesto de manifiesto por la doctrina, anteriormente el Tribunal Constitucional confiaba en la profesionalidad de los jueces para

---

25 Literalmente se indica en dicho artículo: "*Contenido de la información. 1. El fiscal informará a los medios de comunicación sobre el procedimiento de investigación con la máxima objetividad, limitándose a consignar los hechos y datos pertinentes y omitiendo toda valoración o juicio que pueda menoscabar el derecho a la presunción de inocencia. Excluirá, en todo caso, cualquier información relativa a las actuaciones del procedimiento que aún no se hayan notificado a las partes afectadas o a las que estas no hayan podido tener acceso por causas que no les sean imputables. 2. Salvo que se acordase la prisión provisional del investigado o se tratase de un hecho socialmente relevante, durante la fase de investigación no se facilitará la identidad ni las imágenes de las personas investigadas, de las víctimas, de los testigos o peritos o de cualquier otra persona que intervenga en el procedimiento. En ningún caso la información proporcionada a los medios podrá contener datos o elementos que puedan conducir a la identificación de las víctimas o de los testigos menores de edad. 3. Se evitará toda mención a las circunstancias del delito que puedan comportar un atentado a la dignidad de la víctima o los datos que puedan causarle un perjuicio innecesario*". Véase en https://www.mjusticia.gob.es/es/AreaTematica/ActividadLegislativa/Documents/210126%20ANTEPROYECTO%20LECRIM%202020%20INFORMACION%20PUBLICA%20%281%29.pdf.

26 Los juicios paralelos se pueden definir según Espín Templado, Eduardo, como "*el conjunto de informaciones aparecidas a lo largo de un periodo de tiempo en los medios de comunicación, sobre un asunto sub iudice a través de los cuales se efectúa por dichos medios una valoración sobre la regularidad legal y ética del comportamiento de personas implicadas en los hechos sometido a investigación judicial, Tal valoración se convierte ante la opinión pública en una suerte de proceso, juicio paralelos en el que los diversos medios de comunicación ejercen los papeles de fiscal, abogado defensor, así como, muy frecuentemente, de juez*", en *Revista Poder Judicial*, nº especial XIII, CGPJ, 1990, Madrid pág. 123.

no verse contaminados por las manifestaciones vertidas por los medios de comunicación social, sin embargo, ahora se coloca en una visión más realista reconociendo que incluso el juez más independiente sentirá el impacto de la prensa comentando sus acciones u omisiones[27].

En segundo lugar, el Tribunal Constitucional añade a la consideración de cuándo se puede entender lesionada la imparcialidad de los juzgadores la de la "apariencia", es decir, no sólo se producirá el juicio paralelo cuando haya una efectiva lesión de la imparcialidad sino también cuando se ponga en peligro la apariencia de imparcialidad: el matiz es importante porque si se deteriorase la apariencia de imparcialidad de los juzgadores, la confianza del justiciable en la administración de justicia se degradaría[28].

En este sentido, en materia de prueba, será más fácil determinar la injerencia de los medios de comunicación en la apariencia de imparcialidad del juzgador que probar que el juzgador actuó parcialmente.

Precisamente para afrontar esta situación, el Consejo General del Poder Judicial ya señaló en su Informe sobre la aplicación de la LOTJ (aprobado en Sesión Plenaria del día 5 de mayo de 1999): "*... el CGPJ debe, de nuevo, llamar la atención sobre la necesidad de mantener e impulsar medidas de protección y salvaguarda de la imparcialidad de los miembros del Tribunal del jurado, a fin de evitar toda posible amenaza o presión contra ella, especialmente la que pueda resultar del impacto de los medios de comunicación social*".

En mi opinión una cosa es que el jurado conozca la información y otra cosa es que esté influido o potencialmente pueda verse influenciado, puesto que tal y como está regulado por la ley el procedimiento con Tribunal del Jurado, conocer la información la van a conocer, ahora bien, también como he comentado considero que existen mecanismos legales que impiden que esa información que puedan haber recibido impliquen un veredicto no ajustado a la prueba practicada en el juicio oral, para ello, esa función asistencial atribuida al Magistrado-presidente puede ser efectiva en estos casos a la hora por ejemplo de impartirle las instrucciones hacer referencia a que sólo pueden atender para condenar a una persona a la prueba practicada en el plenario.

---

27 Rodríguez Bahamonde, Rosa, "Los juicios paralelos y el proceso ante el Tribunal del Jurado", *op. cit.*, pág. 264.

28 Ibídem.

## 5. MAYORÍAS NECESARIAS PARA DETERMINAR LOS HECHOS PROBADOS O NO PROBADOS Y LA CULPABILIDAD O NO CULPABILIDAD DEL ACUSADO

Un aspecto importante a tratar, o por lo menos apuntar, es el relativo a las mayorías exigidas para la emisión el veredicto, así la LOTJ establece una curiosa regla de mayorías tanto para declarar los hechos probados como no probados y la culpabilidad o no culpabilidad el acusado. En este sentido, por un lado, en relación a los hechos se exigen: de los 9 jurados, para declarar probados hechos desfavorables para el acusado se necesitan al menos 7 votos, mientras que si el hecho es favorable para el acusado establece una mayoría de 5 votos. Los mismos votos se exigen para declarar la culpabilidad o inculpabilidad el acusado.

La identificación de los hechos como favorables o desfavorables es una labor encomendada al Magistrado-presidente no fácil de llevar a cabo, en este sentido, la regla que afirma que todo hecho que fundamenta la acusación es un hecho desfavorable y el hecho que fundamenta la defensa es un hecho favorable no es siempre pragmática[29]. Por otro lado, aunque es función del Magistrado-presidente determinar la naturaleza de los hechos (favorables o desfavorables), el jurado puede cambiar la misma en un sentido u otro tras la deliberación, pero siempre tiene que estar supervisado por el Magistrado-presidente, por lo que se devolverá el veredicto al Magistrado-presidente para que se pronuncie una vez oídas las partes (art. 63.1 a) de la LOTJ).

El interrogante que se nos plantea es el por qué el legislador ha establecido esta diferencia de votos, si tiene o no algún tipo de justificación y si esa diferencia es común en los modelos de nuestro entorno.

Exactamente la Ley del Jurado establece 7 votos para determinar probados los hechos desfavorables y 5 votos para determinar probados los hechos favorables, y a su vez, se exigen 7 votos para determinar la culpabilidad y 5 votos para determinar la inculpabilidad. Por tanto, se establecen diferentes mayorías según los hechos sean favorables o desfavorables y también para determinar la culpabilidad o inculpabilidad, exigiéndose mayoría absoluta en los casos de hechos desfavorables y culpabilidad y, por el contrario, mayorías cualificadas en relación con los hechos favorables e inculpabilidad.

---

29 Gómez Colomer, Juan Luis, "El jurado Español: ley y práctica", *op. cit.*

Lo primero que quiero comentar es que no se exige unanimidad ni para la votación de los hechos probados ni para determinar la culpabilidad. Ciertamente, fue una opción, pero fue rechazada ya en la propia Exposición de Motivos de la Ley del Jurado. Es evidente que la exigencia de unanimidad conllevaría un debate mas rico de los jurados, pero lleva implícito un elevadísimo riesgo de fracaso de no alcanzarse la unanimidad[30]. Ello llevó, por lo menos al inicio de la implantación del jurado, a optar por una regla de decisión menos exigente que la unanimidad estableciendo mayorías. La exigencia de unanimidad generaría en la dinámica de los jurados una excesiva tensión y en muchos casos sería difícil de alcanzar.

A mi parecer, la justificación de establecer diferentes mayorías para declarar probados unos hechos u otros, propuestos por el Magistrado-presidente en el objeto del veredicto, obedece a la exigencia de un mayor esfuerzo persuasivo para las acusaciones que para las defensas. Tal y como se indicaba en el Informe de la Fiscalía General del Estado acerca de la experiencia aplicativa del Jurado y algunas propuestas de reforma las acusaciones deben atraer para sí un número de jurados mayor que el necesario para captar la favorabilidad de uno u otro enunciado. En definitiva, a mi parecer se trata de medir cuantitativamente en votos el derecho a la presunción de inocencia. En definitiva, esa previsión consistiría en una traducción numérica del significado del derecho a la presunción de inocencia[31].

Partiendo de la dificultad de conseguir veredictos de unanimidad, la opción de un régimen de mayoría absoluta de votos, con independencia del alcance que el enunciado pudiera tener (favorable o desfavorable) tampoco era descartable, y de hecho se propugnó por algunos como una buena solución, desde luego sería más flexible y sencillo. Pero me parece mas apropiado la regulación actual porque como digo significa medir en votos cuantitativamente el derecho a la presunción de inocencia.

A mi parecer, el alcanzar un estándar de certeza o más allá de toda duda razonable para dar un voto positivo se traslada al veredicto, entiendo que se traslada también el concepto de alcanzar en el veredicto una expresión

---

30 Ya se ponía de manifiesto en el Informe del Consejo General del Poder Judicial al Anteproyecto de Ley Orgánica del Tribunal del Jurado, apartado IV, E.5, publicado en el Boletín de Información del Consejo General del Poder Judicial, núm. 117, de mayo de 1994, págs. 46 y ss.

31 Informe de la Fiscalía General del Estado acerca de la experiencia aplicativa del Jurado y algunas propuestas de reforma, publicado en https://revistasonline.inap.es/index.php/CDP/article/view/493.

del estado de inocencia que supere toda la duda razonable, y ello solo puede vincularse al porcentual representativo de votos positivos. En otras palabras, el requisito de superar toda duda razonable, en el juicio por jurados, rige para cada voto, como para el todo[32].

En algunos modelos de derecho comparado —fundamentalmente en el sistema angloamericano— han evolucionado estableciendo mayorías reforzadas, dejando a un lado la unanimidad.

Aunque históricamente el Jurado se configuraba como un colegio único de deliberación que debía acordar de forma unánime el veredicto, este requisito se ha eliminado de los ordenamientos por su nivel de exigencia y actualmente hablamos de mayorías absolutas o cualificadas.

Si bien, no hay votos diferenciados como en España, en relación a si son favorables o desfavorables, ni tampoco en relación a al culpabilidad o inculpabilidad.

Veamos cómo está establecido en otros ordenamientos:

– En Francia, se realizan dos votaciones, en la primera se dirime la culpabilidad del acusado que se fija en 6 votos de 9, y, los votos en blanco o nulos son favorables al acusado y en la segunda se decide sobre la pena a imponer en caso de que se haya decidido la culpabilidad y se exige la mayoría absoluta de 5 sobre 9, pero para imponer la pena máxima se exige a partir de 6 votos.

– En Reino Unido es cualificada, 10 de 12, pero se puede reducir la ratio a discreción del juez si se producen ausencias del jurado a lo largo de las sesiones.

– En Bélgica, son 7 de 12. La igualdad de votos, 6 y 6, es absolución. Culpabilidad son 7 de 12, mayoría absoluta.

Sin embargo, aunque el jurado haya optado por la culpabilidad, lo jueces profesiones tienen que decidir si se unen a la culpabilidad o no, y si deciden no unirse se reenvía el caso a otra instancia donde se emitirá otro nuevo veredicto con otro jurado.

– En Italia, para la absolución son 3/3, y para la culpabilidad 4 de 6.

---

32 Véase a Elhart, Raúl, "Sobre la exigencia de mayorías y unanimidad en el veredicto del juicio por jurados", en *Pensamiento penal*, en https://www.pensamientopenal.com.ar/system/files/2017/08/doctrina45656.pdf.

– En Alemania, también sería serían necesarios una mayoría cualificada de 2/3 de los votos.

## 6. OBJETO DEL VEREDICTO

Otra de las cuestiones que se plantean en la práctica con el modelo elegido por nuestro legislador es en relación a la concreta competencia de los jurados que no es otra que el objeto penal, dejando al Magistrado-presidente la competencia para concretar la responsabilidad civil.

En este sentido, en la práctica los Magistrados-presidentes en algunos procedimientos con Jurado no han permitido a las partes preguntar sobre cuestiones referidas a la responsabilidad civil, y no han permitido, por tanto, hacer preguntas al acusado, testigos o peritos sobre la determinación de la responsabilidad civil sea esta directa o subsidiaria, puesto que está al margen de la competencia de los jueces legos. Si bien, en la práctica no dejar a las partes y, en concreto, a la acusación particular determinar la responsabilidad civil que puede ser al final una responsabilidad civil subsidiaria puede suponer una clara indefensión.

Como sabemos, en nuestro proceso penal no se excluye el ejercicio de la acción civil, al contrario, a no ser que se excluya expresamente se acumula el ejercicio de la acción penal y civil, y lo mismo en el procedimiento con jurado[33], aunque los jurados no tienen competencia para decidir sobre la responsabilidad civil, sea directa o subsidiaria, y por tanto, ni en el objeto del veredicto ni el auto de hechos justiciables se puede hacer mención a la responsabilidad civil, ello no significa que no se puedan fijar las premisas fácticas que dan lugar a esa responsabilidad civil aunque sea el Magistrado-presidente quien tenga atribuida la competencia para determinarla en la sentencia.

Por ello, considero que para fijar la responsabilidad civil las partes podrán hacer alusión a la misma y, por supuesto, realizar las preguntas que consideren pertinentes, puesto que además, en el artículo 29 de la LOTJ al

---

33 En el artículo 125 de la CE no se contempla la acumulación del objeto civil al proceso penal, sin embargo, la LECRim es supletoria de la LOTJ y aquella sí contempla la acumulación. Véase en este sentido a Gómez Colomer, Juan Luis, JUICIO PENAL CON JURADO EN LA ESPAÑA DEMOCRÁTICA, Centro Para la Administración de Justicia, 2003, pág. 68, en https://caj.fiu.edu/publications/monographs/monograph9.pdf.

referirse a los escritos de acusación se remite al artículo 650 de la LECrim, de aplicación supletoria[34], sin ningún tipo de límite ni restricción, que además establece referencias a la posibilidad de sostener la acción civil en el proceso a fin de ser debatida y resuelta en el juicio oral. Por ello, aunque el Magistrado-presidente sea el que determine la responsabilidad civil y no los jurados, no significa que no se puedan realizar preguntas delante del Tribunal del jurado respecto a la acción civil.

En otros ordenamientos, donde el modelo elegido por el legislador es el Escabinado o Escabinato no se plantea dicha problemática puesto que deciden conjuntamente todas las cuestiones sin asignar a los jurados unas y otras al juez técnico.

## 7. VALORACIÓN SOBRE EL MODELO ESTABLECIDO Y POSIBLES MODIFICACIONES EN EL PROCEDIMIENTO CON JURADO

Pasados ya más de 25 años de la entrada en vigor de la Ley del Jurado estamos más que legitimados para hacer una valoración crítica sobre el funcionamiento del Tribunal del Jurado. A mi parecer el modelo de Jurado establecido en la ley y el cambio procedimental que el jurado supuso se ha consolidado. Según los datos del Consejo General del Poder Judicial alrededor de 12.500 juicios con jurados se han celebrado desde su implantación hasta 2019[35]. Pienso que es una figura ya consolidada en nuestro ordenamiento, sin embargo, considero que habría que retocarla en algunos aspectos.

En general, sus resultados son, en la mayoría de los casos, satisfactorios y la mayoría de los ciudadanos que han participado en algún procedimiento con Tribunal del Jurado se muestran satisfechos y consideran que después de la participación tienen otra visión distinta de la Administración de Justicia. Esto resulta chocante si vemos las encuestas que se realizaron antes de implantar el procedimiento con Jurado donde la mayoría de los ciudadanos encuestados eran contrarios a participar en el Tribunal del Jurado. De hecho, incluso muchos de ellos quieren repetir. Y en relación a la conformidad de los veredictos con la legalidad, exceptuando algunos casos con-

---

34 La LECRim es supletoria de la LOTJ en todo lo que no se oponga a ésta.

35 Boletín nº 77, Veinticinco aniversario, en https://www.poderjudicial.es/cgpj/es/Temas/Estadistica-Judicial/Estadistica-por-temas/Datos-penales–civiles-y-laborales/Delitos-y-condenas/Tribunal-del-Jurado/.

cretos, algunos de ellos muy graves, la práctica ha demostrado que, según diversos estudios realizados, menos del 10% de los veredictos son anulados o modificados por jueces profesionales cuando se interpone un recurso[36]. Además, en algunos casos el Tribunal Supremo ha modificado las decisiones de los Tribunales Superiores de Justicia que, a su vez, habían corregido un veredicto supuestamente fallido del jurado popular.

En la práctica se ha comprobado que los jurados, que se muestran reacios a participar porque lo ven como una "carga", en la práctica actúan con sentido de la responsabilidad "y sus decisiones al final van en la línea de la de los tribunales técnicos"[37].

También creo que últimamente ha habido un cambio de conciencia social, de interés por los asuntos de la Administración pública en general. Las nuevas generaciones están mas involucradas en la vida participativa en la sociedad[38]. También considero que faltaba información sobre la Institución y por ello su inclinación en un primer momento a no participar.

Sin embargo, también considero que habría que reformar o modificar algunos aspectos concretos del procedimiento con Tribunal del Jurado:

### *7.1. Valoración del modelo de jurado*

Desde el punto de vista procesal, durante bastante tiempo la discusión se ha focalizado de forma específica en cuál sea el modelo más apropiado para dar satisfacción al incuestionable derecho constitucional de participar en la Administración de Justicia de forma directa. Como señala Ro-

---

36 Publicado en EL PAÍS, 28 de enero de 2012. En https://elpais.com/diario/2012/01/28/sociedad/1327705201_850215.html.

37 Así, sostiene Isabel Gómez, Fiscal Jefe de Cuenca que hace un balance positivo de los juicios con Jurado, véase en https://www.noticiasdenavarra.com/actualidad/2020/12/07/25-anos-jurado-popular-exento-2203844.html

38 Como señala Fernández González, Paula, "La participación en la Administración Pública como expresión de intereses supraindividuales (colectivos y difusos): A propósito de la Ley de transparencia, acceso a la información pública y buen gobierno", tesis doctoral dirigida por Descalzo González, Antonio, 2015, Universidad Carlos III de Madrid, pág. 9, "la participación del ciudadano en la conformación de las decisiones públicas se constituye como una expresión efectiva de su estatuto de libertades positivas (status activae civitatis) y como una clara afirmación del principio democrático de igualdad, entendida como igualdad política (isegoria)".

dríguez Bahamonde[39] frente a los que siempre han sido partidarios de la reimplantación del jurado al considerar que la institución es consustancial a la misma idea de democracia, se alzan las críticas de sectores disconformes tanto con el tipo de jurado elegido por nuestro legislador, como con el nuevo procedimiento penal que se inserta en nuestro ordenamiento. Afirma dicha autora que la doctrina procesal española se manifiesta de forma rotunda contra el jurado puro, declarando que hubiese sido preferible un desarrollo del art. 125 de la CE que tuviese en cuenta la experiencia de otros países de nuestro entorno cultural en los que se ha evolucionado de un jurado puro al modelo escabinado.

Sin embargo, considero que el modelo elegido es acertado puesto que da una mayor participación de los ciudadanos en la Administración de Justicia teniendo en cuenta que en la práctica, a excepción de algún caso concreto[40], la tramitación de los procedimientos con Jurado ha sido satisfactoria. Desde el punto de vista psicológico el modelo elegido por el legislador es el más apropiado puesto que la participación del ciudadano en el Tribunal del Jurado no es sólo simbólica, sino que al tener que decidir ellos solos el veredicto sin intervención del juez técnico, la participación es mucho mayor que si en esa decisión tomara parte el juez técnico como ocurre en el modelo de Escabinado.

Sin embargo, a mi parecer el modelo de jurado puro es apropiado para algunos delitos, como son los delitos contra la vida donde cualquier ciudadano sin conocimientos jurídicos es capaz de determinar sobre un objeto de veredicto si determinadas premisas han quedado acreditadas o no, pero hay otros delitos competencia del Jurado que representan una mayor complejidad, como puede ser, por ejemplo, el delito de malversación de caudales públicos porque en estos delitos no sería suficiente con entender la prueba ya que en sí la propia prueba y para su valoración debes tener determinados conocimientos jurídicos, para enjuiciar estos delitos tal vez sería más apropiado un jurado modelo Escabinado, donde no hay separación de funciones. Por tanto, a mi parecer, el modelo de jurado puro es apropiado para determinados delitos, pero no para todos los que actualmente tiene competencia el Tribunal del Jurado.

---

39 Rodríguez Bahamonde, Rosa, "Los juicios paralelos y el proceso ante el Tribunal del Jurado", *op. cit.*, pág. 254.

40 El caso de Dolores Vázquez ha sido uno de los casos de errores judiciales más grave de nuestra historia.

Partiendo de esa consideración con carácter general, y partiendo del mantenimiento del modelo adoptado por nuestro legislador, considero que algunos aspectos relativos al procedimiento ante el Tribunal del Jurado habrían de ser valorados. Veamos alguno de ellos.

### *7.2. Valoración de la atribución de una instrucción específica para el procedimiento con Jurado*

También algunos procesalistas han puesto de relieve la inoportunidad de una instrucción especial para la investigación de los delitos competencia del Tribunal del Jurado[41]. Como ya señalaba Moreno Catena, "uno de los extremos de la LOTJ que más críticas ha merecido ha sido su "incursión" en las normas que disciplinan la fase de instrucción, que finalmente resulta modificado en exclusiva para este proceso"[42]. En este sentido se introduce una regulación nueva y específica contenida en la LO 5/1995, del Tribunal del Jurado, tanto de la fase de investigación como de la preparación del juicio oral extremo que, además de romper la tradición de las leyes del jurado de nuestro país, no encuentra suficiente justificación pues, al limitarse la intervención de los jurados al juicio oral, las especialidades debían ceñirse a esa fase[43]. En mi opinión, así debería haberse hecho, sin introducir en nuestro sistema más especialidades atendiendo al procedimiento en el que se enjuicie la conducta delictiva, ello lo único que hace es diversificar más la regulación procedimental en el ámbito penal.

Si bien, el establecimiento de una fase de instrucción específica para el procedimiento con Jurado estribó en la necesidad de conferir mayor cele-

---

41 Véase a Vegas Torres, Jaime, "Las actuaciones ante el Juzgado de Instrucción en el procedimiento para el juicio con Jurado", en *La Ley del Jurado: Problemas de aplicación práctica,* Colección Estudios de Derecho Judicial. CGPJ. Escuela Judicial, núm. 45-2004, Madrid, 2004, pág. 3), quien en igual sentido cita a Gómez Colomer, *El proceso penal especial ante el Tribunal del Jurado,* Madrid, 1996, pág. 80; Tomé García, *El Tribunal del Jurado: competencia, composición y funcionamiento,* Madrid, 1996, pág. 87; Gimeno Sendra, *Ley Orgánica del Tribunal del Jurado comentada* (con Garberí Llobregat), Madrid, 1996, pág. 162; Marés Roger y Mora Alarcón, *Comentarios a la Ley del Jurado,* Valencia, 1996, págs. 176-178.

42 Moreno Catena, Víctor, "Algunas notas sobre la instrucción en el proceso penal y en el juicio por jurados", en *Estudios de derecho judicia*l, Consejo General del Poder Judicial, n. 43, 2003, pág. 45.

43 Rodríguez Bahamonde, Rosa, "Los juicios paralelos y el proceso ante el Tribunal del Jurado", *op. cit.,* pág. 254.

ridad a la fase de instrucción, así como introducir el principio acusatorio en esta fase que nada tiene que ver con la intervención de los jurados en el procedimiento, puesto que como he comentado se produce en el juicio oral.

### *7.3. Valoración de los delitos atribuidos a la competencia del Jurado*

Otra de las cuestiones objeto de intenso debate doctrinal y jurisprudencial se ha referido a los delitos competencia del Tribunal del Jurado. Si en un primer momento se pretendió ir ampliando la lista de delitos atribuidos al jurado, así se ponía de manifiesto en la Exposición de Motivos de la propia Ley del Jurado, actualmente la inclinación es la contraria, se pretende reducir los delitos puesto que en la práctica como manifiesta ya el Consejo General del Poder Judicial en su Informe de 1997[44] que "el sistema de competencia objetiva establecido, a la luz de los casos prácticos analizados, está provocando una "huida del Jurado", consistente en "la frecuente y consciente intención de los actores procesales de evitar el enjuiciamiento por el Tribunal del Jurado de esos delitos modificando la calificación de los hechos (…)", también incentivada por el favorecimiento de la conformidad".

En mi opinión sería recomendable excluir de la lista de delitos competencia del Jurado aquellos que son más técnicos, como el cohecho o infidelidad en la custodia de documentos, por la complejidad que conlleva para jueces legos en Derecho, teniendo en cuenta que además son delitos residuales[45] y, por otro lado, hay voces que manifiestan que sería aconsejable incluir los delitos contra la indemnidad sexual, puesto que en el enjuiciamiento de estos delitos se refleja el sentir social. En otros ordenamientos como en Reino Unido, el Jurado sí tiene atribuida la competencia para conocer de delitos de violación, sin embargo, ello es una cuestión polémica por el alto porcentaje de ciudadanos británicos que considera que el sexo sin consentimiento en las relaciones largas no es violación. En nuestro caso, tal y como están regulados normativamente los delitos

---

44 Págs. 17 y 18.

45 Ya indicaba el Consejo General del Poder Judicial sobre la experiencia de la aplicación de la vigente Ley Orgánica del Tribunal del Jurado, del 14 de enero de 1998, que trata de una modalidad de infracciones penales realmente poco frecuentes y respecto de las que la fase de instrucción tiende a dilatarse en el tiempo. En https://revistasonline.inap.es/index.php/CDP/article/view/492/547.

contra la indemnidad sexual es difícil que se produzca la misma situación. Aunque ello sea así, a mi parecer, resulta bastante peligroso atribuir a la competencia del Tribunal del Jurado dichos delitos precisamente por el sentir social hacia esas conductas delictivas y fundamentalmente por la sensibilidad hacia las víctimas de dichos delitos.

### *7.4. El procedimiento de recusación de los jurados*

Como ya puso de manifiesto Magro Servet, "uno de los momentos más importante del juicio por jurado es el de la designación de los miembros de ese Tribunal del Jurado"[46].

En efecto, una cuestión clave en los procedimientos con Jurado es precisamente la selección de los jurados con la finalidad de constituir un Tribunal neutral o no influenciado por factores externos, si bien, cada parte querrá constituir un Tribunal ajustado a sus intereses[47]. El proceso de selección se encaminaría a garantizar un proceso con todas las garantías y el derecho a la defensa que establece el artículo 24 de nuestra CE. En nuestro Ordenamiento jurídico este proceso de selección no está tan arraigado como en otros sistemas que también cuentan con jurado donde incluso es una disciplina jurídica que se imparte en las facultades de Derecho por ejemplo en las Universidades Norteamericanas[48].

En nuestro Ordenamiento, el proceso de selección está contemplado en distintos artículos de la LOTJ: En un primer momento, cabe recusar a los jurados, de acuerdo al artículo 21, cuando concurran en ellos falta de requisitos o se dé alguna causa de incapacidad, incompatibilidad, etc. Posteriormente, de acuerdo al artículo 38, cabe también recusar por las partes o por el Ministerio Fiscal, cuando concurra alguna causa de incapacidad, prohibición o excusa. Dichas recusaciones son diferentes a las contempladas en el artículo 40 de la LOTJ, donde se indica que las partes tienen la posibilidad de recusar a los jurados una vez que se ha llevado a cabo el interrogatorio a los mismos, la finalidad es verificar la idoneidad respecto

---

46 Añade que: "*es la pieza clave y esencial del devenir del juicio*", ¿Cómo debe procederse en el trámite de las recusaciones de miembros de jurado en un juicio oral?, *op. cit.*

47 Véase a Magro Servet, Vicente, ¿Cómo debe procederse en el trámite de las recusaciones de miembros de jurado en un juicio oral?, *op. cit.*

48 Véase el trabajo de Arce, R. y Fariña, F. (1995), El estudio del jurado: Capacitación psicológica, selección y representatividad, en M. Clemente (Ed.), Fundamentos de la psicología jurídica (pp. 233-245), Madrid: Pirámide.

a su falta de prejuicio con respecto a un delito concreto objeto de enjuiciamiento[49]. Estas recusaciones sin causa son conocidas en el derecho inglés como "*peremtory strikes*".

Aunque la ley no prevé expresamente la presencia del acusado en el procedimiento de recusación de los jurados, en la práctica nada impide que esté presente. Sin embargo, la práctica de los juicios con jurado está demostrando que no es habitual la presencia del acusado ni del público[50]. En este sentido, a excepción de algún caso aislado durante estos años de vigencia de la Ley nadie ha objetado a dicha práctica.

Por otro lado, además de las recusaciones que pueden realizar las partes, se ha defendido la posibilidad de que el Magistrado-presidente pudiese recusar a los jurados cuando observase algún indicio de parcialidad, pero, a mi parecer, esta opción ciertamente convierte este procedimiento en un procedimiento más inquisitivo que acusatorio donde el juez técnico puede inclinarse hacia una configuración de un Tribunal más proclive a una parte u otra, ya sea acusación o defensa, por ello dicha opción habría que mirarla con mucho recelo.

### *7.5. Instrucciones*

La función que cumple el Magistrado-presidente como juez técnico del Tribunal del Jurado es una función asistencial, es decir, debe asistir a los jueces legos en la función tan importante que tienen encomendada. Una de las manifestaciones de esta labor asistencial es la de impartir las instrucciones a los jurados, trámite relevante no sólo en cuanto al contenido de

---

49 Como señala López-Muñoz y Larraz, Gustavo, en "Las "Recusaciones causales" ante el Tribunal del Jurado", en https://jlcasajuanaabogados.com/las-recusaciones-causales-ante-el-tribunal-del-jurado/, "hemos de insistir en la excepcional importancia que en el proceso de selección de los jurados tiene la calidad exquisita que debe tener el *INTERROGATORIO a los prejurados,* de forma que formulando las indispensables preguntas de especial calidad, que los expertos penalistas anglosajones llaman "*loaded questions*", que traducimos como "*preguntas dinamita*", lleven inexorablemente al candidato a jurado a expresar y volcar ante el tribunal sus verdaderos y quizá recónditos, restringidos o acallados sentimientos respecto al tema "*subjudice*", dando así legítima oportunidad al Letrado interrogante a formular aquella *"recusación con alegación de causa"*, que acogida por el Magistrado-presidente, incluso podría determinar el éxito de su pretensión procesal".

50 Véase el trabajo de Alba Mesa, Salvador, *La selección del Jurado,* Tirant lo Blanch, Valencia, 2008, pág. 25.

las mimas sino también en cuanto al momento en el que deben ser impartidas. En este sentido, la ley fija el momento concreto después de la práctica de la prueba antes de que el jurado se retire a deliberar, momento en el cual los jurados tienen que ser conscientes y conocedores de lo que pueden o no valorar para determinar tanto los hechos como probados o no probados, así como la culpabilidad o no atendiendo a la prueba practicada en el juicio oral. Los jurados deben realizar dos juicios sobre los hechos, de acuerdo a juicios lógicos e históricos, y otro juicio de valor correspondiente a la declaración de culpabilidad o inculpabilidad del acusado[51]. En este sentido, las instrucciones judiciales son un mecanismo y una oportunidad ofrecida por la ley para que el Magistrado-presidente controle los sesgos en la toma de decisiones por parte de los jurados.

A este respecto, considero que además de la impartición de las instrucciones después de la práctica de la prueba sería recomendable, incluso beneficioso, que el Magistrado-presidente las impartiese también antes del juicio oral, precisamente para ponerles de manifiesto que en la deliberación del veredicto solo pueden atender a la prueba que se va a practicar ante ellos y que si tienen dudas sobre la culpabilidad o no del acusado siempre decidan en favor de éste, además de instruirles sobre otras cuestiones que pueden ser relevantes sobre las cuales también pudiesen tener dudas. En las instrucciones que se impartan después de la práctica de la prueba deberá explicarles el objeto del veredicto, todo ello sin prejuzgar ni opinar.

En definitiva, lo importante es que en cualquier procedimiento con Jurado exista una buena comunicación entre el Magistrado-presidente y los jueces legos, siendo el papel de aquél muy relevante y a la vez complicado, evitando en cualquier caso tecnicismos de difícil comprensión para personas que no tienen conocimientos en derecho. La comunicación debe ser verdaderamente efectiva, las instrucciones deben ser claras, breves y sencillas.

En relación al contenido concreto de las instrucciones, en nuestro sistema donde el legislador ha adoptado el modelo anglosajón o jurado puro con funciones diferenciadas dentro del Tribunal del Jurado, el Magistrado-presidente no debe influir a la hora de llevar a cabo la labor encomendada a los jurados que es la de valorar la prueba, por tanto, dentro del contenido no debe incluirse en ningún caso el resumen de la prueba ni su opinión

---

51 Esparza, Iñaki, "La participación de los ciudadanos en la Administración de Justicia. La ley del jurado española", en *Psicología Política*, N° 19, 1999, pág. 68.

sobre la prueba practicada, al ser una cuestión que entra dentro de la competencia exclusiva de los jurados. Lo que sí puede hacer y debe hacerlo es referirse a que no atiendan a aquellos medios probatorios que han sido obtenidos violentando los derechos fundamentales de las personas.

Otra cuestión diferente, y que existe en otros ordenamientos son las amonestaciones o "admoniciones" que puede realizar el juez técnico, en las que de forma espontánea el juez técnico les da a los jurados una serie de instrucciones sobre alguna cuestión que necesariamente no debe ser atendida[52]. Estas amonestaciones a veces son contraproducentes puesto que basta que se haga referencia a algo para no ser atendido para que precisamente se ponga la mirada en ello, por ello, es importante la función del juez técnico a la hora de transmitirlo a los ciudadanos.

### *7.6. Valoración final*

En general, considero que los procedimientos enjuiciados con Tribunal del Jurado están funcionando bien a excepción de algún o algunos casos en los que se han anulado veredictos e incluso en alguno, como el caso de Dolores Vázquez, en los que se pusieron de manifiesto errores judiciales, pero al igual que ocurre en los procedimientos con jueces profesionales[53]. A mi parecer, que el funcionamiento del Tribunal del Jurado sea el correcto hay que imputárselo en parte a la labor encomendada al Magistrado-presidente, quien debe asistir a los jurados en la función que deben llevar a cabo. Dentro de esa función asistencial, es verdaderamente relevante la correcta elaboración del objeto del veredicto, cuanto más sencillo y claro se elabore mejor para que el jurado lo emita correctamente. También, dentro de esa función asistencial se encuentra el trámite de la impartición de las instrucciones, que tal y como está contemplado en la ley debe llevarlo

---

52 Gómez Colomer, Juan Luis, Juicio penal con jurado en la España democrática, *op. cit.*, pág. 60, hace referencia a la admonición del Magistrado-Presidente al Jurado para que no tenga en cuenta en la deliberación del veredicto aquellos medios de prueba cuya ilicitud o nulidad haya sido declarada por él.

53 Indica que Gómez Colomer, Juan Luis, juicio penal con jurado en la españa democrática, op, cit., pág. 84, que: "*Muy al contrario, hoy parece claro que se está consolidando una mentalidad juradista por parte de la ciudadanía, que asume cada vez más al Jurado como una institución propia, al menos eso se dice oficialmente por el Consejo General del Poder Judicial en los informes que hemos venido citando en esta monografía, y los veredictos escandalosos son cada vez menos, con lo cual han disminuido ostensiblemente los ataques por parte de la prensa al modelo de Jurado adoptado y el poder político está más tranquilo*".

a cabo siempre sin influenciarles en relación a su opinión sobre la prueba practicada pero sí debiéndoles explicar el mecanismo del proceso penal, es decir, la carga de la prueba, el derecho a la presunción de inocencia, o el principio *in dubio pro reo*, etc. Todas ellas son cuestiones que para los que se dedican profesionalmente al Derecho resultan fáciles de comprender, pero no tanto para las personas que no tienen conocimientos jurídicos.

Con relación a la mayor inclinación de los ciudadanos a participar en la Administración de Justicia, considero que, aunque ha habido un cambio de mentalidad a favor de la participación en dicha institución, sin embargo, deberían habilitarse más mecanismos o vías de información que lleguen a los ciudadanos sobre la institución del jurado y, en concreto, sobre la función tan importante que tienen atribuida los ciudadanos, así como su funcionamiento. Sería importante que llegase a la ciudadanía esa información puesto que supondría una visión diferente de dicha institución y, tal vez, una mayor predisposición a participar.

## BIBLIOGRAFÍA


Alba Mesa, Salvador, *La selección del Jurado*, Tirant lo Blanch, Valencia, 2008.

Amer Martín, Alicia, Magistrada Suplente de la Audiencia Provincial de Valencia, "La publicidad de las actuaciones judiciales", en Noticias jurídicas, noticias.juridicas.com/conocimiento/articulos-doctrinales/11742-la-publicidad-de-las-actuaciones-judiciales/.

Arce, R. y Fariña, F. (1995), El estudio del jurado: Capacitación psicológica, selección y representatividad, en M. Clemente (Ed.), *Fundamentos de la psicología jurídica* (pp. 233-245), Madrid: Pirámide.

Crespo Barquero, Pedro, "Comentario al art. 125 de la CE", en *Comentarios a la Constitución española*, coord. por Mercedes Pérez Manzano, Ignacio Borrajo Iniesta; Miguel Rodríguez-Piñero y Bravo-Ferrer (dir.), María Emilia Casas Baamonde (dir.), Enrique Arnaldo Alcubilla (ed. lit.), Jesús Ramón Peñalver (ed. lit.) Vol. 2, Tomo 2, 2018 (Tomo II), págs. 781-794.

De Asís Pacheco, Francisco, "La Ley del Jurado de 1888 comentada", en *Revista General de Legislación y Jurisprudencia*, Madrid, 1888., 941 págs.

De Paul Velasco, *El tribunal del Jurado desde la psicología social*, Madrid, Siglo Veintiuno de España Editores S.A, 1995.

Elhart, Raúl, "Sobre la exigencia de mayorías y unanimidad en el veredicto del juicio por jurados", en *Pensamiento penal*, en https://www.pensamientopenal.com.ar/system/files/2017/08/doctrina45656.pdf.

Esparza, Iñaki, "La participación de los ciudadanos en la Administración de Justicia. La ley del jurado española", en *Psicología Política*, N° 19, 1999, 65-84.

Espín Templado, Eduardo, *Revista Poder Judicial*, n° especial XIII, CGPJ, 1990, Madrid pág. 123.

Fernández González, Paula, "La participación en la Administración Pública como expresión de intereses supraindividuales (colectivos y difusos): A propósito de la Ley de transparencia, acceso a la información pública y buen gobierno", tesis doctoral dirigida por Descalzo González, Antonio, 2015, Universidad Carlos III de Madrid, 405 págs.

Gimeno Sendra, *Ley Orgánica del Tribunal del Jurado comentada* (con Garberí Llobregat), Madrid, 1996, pág. 162.

Gómez Colomer, Juan Luis, JUICIO PENAL CON JURADO EN LA ESPAÑA DEMOCRÁTICA, Centro Para la Administración de Justicia, 2003, pág. 68, en https://caj.fiu.edu/publications/monographs/monograph9.pdf.

Gómez Colomer, Juan Luis, "El Jurado Español: ley y práctica", en *Revue Internationale de Droit Penale,* 2001/1-2, (Vol. 72), págs. 285-312.

Gómez Colomer, *El proceso penal especial ante el Tribunal del Jurado,* Madrid, 1996, pág. 80.

Gutierrez Alviz Conradi y Moreno Catena, "Artículo 125: La participación popular en la Administración de Justicia", en Comentarios a la Constitución española de 1978, (Alzaga Villaamil, Dir.), Edemas, Madrid, Tomo IX, 1996.

López Jiménez, Raquel, y Zafra Espinosa de los Monteros, Rocío, *Sociedad y Justicia penal: especial referencia al Jurado,* Colex, 2023, 148 págs.

López Jiménez, Raquel, *Sociedad y justicia penal: especial referencia al Jurado,* (con Zafra Espinosa de los Monteros, Rocío), Colex, 2023, 148 págs.

López-Muñoz y Larraz, Gustavo, en "Las "Recusaciones causales" ante el Tribunal del Jurado", en https://jlcasajuanaabogados.com/las-recusaciones-causales-ante-el-tribunal-del-jurado/.

Magro Servet, Vicente, ¿Cómo debe procederse en el trámite de las recusaciones de miembros de jurado en un juicio oral?, en *Diario La Ley,* Nº 9487, 27 de septiembre de 2019, Wolters Kluwer. En https://diariolaley.laleynext.es/.

Marés Roger y Mora Alarcón, *Comentarios a la Ley del Jura*do, Valencia, 1996, págs. 176-178.

Moreno Catena, Víctor, "Algunas notas sobre la instrucción en el proceso penal y en el juicio por jurados", en *Estudios de derecho judicia*l**,** Consejo General del Poder Judicial, n. 43, 2003, pág. 23-58.

Rodríguez Bahamonde, Rosa, "Los juicios paralelos y el proceso ante el Tribunal del Jurado", en *Revista de la Facultad de Ciencias Jurídicas,* nº 6 febrero, 2001, 20 págs.

Tomé García, *El Tribunal del Jurado: competencia, composición y funcionamiento,* Madrid, 1996, pág. 87.

Vallines García, Enrique, *Instrumentos para Garantizar la Imparcialidad e Independencia de los Jurados,* Ed. Aranzadi, Navarra, 2008.

Varela Castro, Luciano, "Fundamentos político-constitucionales y procesales", en *El Tribunal del Jurado,* Madrid, 1995.

Vegas Torres, Jaime, "Las actuaciones ante el Juzgado de Instrucción en el procedimiento para el juicio con Jurado", (Publicado en La Ley del Jurado: Problemas de aplicación práctica, Colección Estudios de Derecho Judicial. CGPJ. Escuela Judicial, núm. 45-2004, Madrid, 2004, págs. 59-163.

Vegas Torres, "La motivación del veredicto en la jurisprudencia del Tribunal Supremo", en *La Ley del Jurado en su X Aniversario,* Centro de Estudios Jurídicos, Ministerio de Justicia, Madrid, 2006, págs. 85-116.

# *El modelo de investigación penal de la CE de 1978: los papeles asignados al Juez, al Fiscal y a la Policía Judicial*

**EMILIO DE LLERA SUAREZ-BÁRCENA**
*Fiscal de la Audiencia de Sevilla*



## 1. PUNTO DE PARTIDA

En la presente exposición pretendo fijar la atención sobre un problema de creciente interés para todos los juristas que estudian o intervienen en el proceso penal: el del tipo o modelo de investigación penal (y, en parte, de proceso penal) vigente en la actualidad el cual —en mi opinión, conviene que lo diga desde ya— trata en vano de sobrevivir a diario al reto de alcanzar mínimamente sus fines, lo que apenas consigue en los supuestos menos complejos y, por decirlo así, más nimios.

La cuestión está en la mente de todos, hoy se habla de la crisis del proceso y, en especial, del proceso penal. Y no falta razón a quienes hablan de este modo, pues lo cierto es que hoy, como consecuencia del dislocado y estridente desacomodo de las piezas que componen nuestro sistema procesal penal, asistimos al espectáculo de una práctica procesal, en lo que a la investigación se refiere, que no se sostiene a si misma. De un lado, la instrucción judicial se revela absolutamente ineficaz para lograr sus fines: la pronta y segura averiguación de los delitos permitiendo seguidamente su enjuiciamiento, y, de otro, nada garantiza, al contrario, podría decirse que la instrucción judicial, tal como se desarrolla en la realidad, supone un perjuicio para la seguridad jurídica.

El imposible maridaje del sistema diseñado por la LECRIM de 1882, pese a sus reformas y actualizaciones, con el modelo de proceso penal que late en las garantías procesales consagradas por la CE de 1978 demuestra diariamente la imposibilidad de su convivencia.

Conviene, pues, reflexionar sobre la diferencia entre los roles asignados por la LECRIM al Juez de Instrucción, al Ministerio Fiscal y a la Policía Judicial en la investigación, con los que la CE les atribuye. La diferencia parece ser tanta entre unos y otros papeles que resulta imposible asumirlos conjuntamente y de aquí precisamente que los sucesivas actualizaciones de la vieja LECRIM se revelen como meros retoques de maquillaje y a la postre hayan producido un resultado perverso que acarrea las perniciosas consecuencias que ahora vivimos: la ambigüedad en las actuaciones del Juez, de la defensa, del Fiscal y de la Policía; la falta de seguridad jurídica para el ciudadano víctima e imputado y, en suma, la imposibilidad de dar satisfacción a ninguno de los interesados en la instrucción y en el proceso.

No se trata pues de tomar postura frente a la alternativa ya clásica de perpetuar la atribución de la investigación penal al Juez de Instrucción o entregársela al Fiscal, sino de profundizar en lo que son y deben ser las funciones del Ministerio Fiscal, el Juez de Instrucción y la Policía Judicial en el curso de la investigación criminal y las relaciones entre los mismos.

Desde luego las relaciones entre Ministerio Fiscal, Juez de Instrucción y Policía Judicial derivan de la coincidencia de campos de actuación de dichas instituciones o de la cercanía de los mismos en el desempeño de sus respectivas funciones. Pero, sentado esto, a continuación las relaciones de la Policía Judicial con el Ministerio Fiscal y de estas instituciones con el Juez de Instrucción serán y deben ser distintas según el papel que cada una de ellas desempeñe en el proceso penal, lo que igualmente incidirá en el rol y la actuación de la defensa.

En definitiva, la cuestión se cifra, pues, en identificar cuáles son los papeles del Juez, del Ministerio Fiscal y de la Policía Judicial, desde una triple perspectiva o, si se prefiere en tres niveles distintos:

1°. Tal como resultan previstos por una determinada regulación legal de los mismos como es la LECRIM[1].

2°. Tal y como se producen en la realidad práctica, es decir, cuáles son los comportamientos reales derivados de esa concreta regulación legal, la LECRIM actual.

3°. Tal como se conciben por la CE, que es tanto como decir cuales debieran ser tales los roles asumidos por el legislador ordinario obligado a desarrollar la Constitución.

## 2. LOS POSTULADOS DE LA LECRIM

Como es sabido, la Ley de Enjuiciamiento Criminal estableció un sistema de proceso penal en el que se insertaba una forma de investigación criminal muy rudimentaria (el sumario) cuyas garantías descansaban casi exclusivamente en las condiciones institucionales —y también personales— del Juez de Instrucción responsable de la misma (art. 303 LECRIM) y que en consecuencia dejaba muy estrechos márgenes de desarrollo a la actividad investigadora del Ministerio Fiscal y la Policía Judicial y a las relaciones entre estos.

Con todo, aun cuando para la LECRIM el Juez de Instrucción era y aún hoy es el órgano competente para la más amplia investigación de los delitos, éste no ha sido nunca el único, pues, aún con facultades notoriamente más limitadas, la LECRIM también ha atribuido desde siempre funciones investigadoras al Ministerio Fiscal (art. 287) y a la Policía Judicial (arts. 282 y 284).

### *2.1. El Juez de Instrucción*

El *Juez de Instrucción* es el órgano oficial que tiene atribuida la investigación oficial de más amplio ámbito y contenido (con los máximos poderes).

---

1 A los efectos de nuestro propósito, conviene dejar de lado, por innecesario, un estudio histórico detallado que alcance más allá de la Ley de Enjuiciamiento Criminal de 1882 para luego compararla con el diseño de la CE de 1978. Un extraordinario estudio histórico puede hallarse en la conocida obra de Francisco Tomás y Valiente: "El Derecho Penal de la Monarquía Absoluta", recientemente reeditado.

El ámbito de la investigación oficial del Juez de Instrucción se extiende a toda clase de delitos (públicos, semipúblicos y privados y cualquiera que sea su gravedad).

Además, es el único órgano oficial habilitado por la Ley para llevar a cabo la totalidad de los actos que constituyen el contenido posible de la investigación oficial (actos de investigación y de preconstitución y anticipación de pruebas, medidas instrumentales y cautelares).

En conclusión todos los posibles contenidos de la investigación criminal eran de la incumbencia exclusiva del Juez de Instrucción y a sólo a él correspondía desarrollarlos: la averiguación y comprobación del delito, el descubrimiento del delincuente, la inculpación formal del mismo, su indagación para perfilar las circunstancias del hecho, la elaboración de la historia personal del reo, la búsqueda y acopio de pruebas para el juicio, la adopción de las medidas cautelares necesarias y la de cualquier medida limitativa de derechos del reo e incluso de otras personas en cuanto reputadas necesarias para el éxito de la investigación.

### *2.2. La Policía Judicial*

La LECRIM definió de forma descriptiva la función de policía judicial en el art. 282:

"La Policía judicial tiene por objeto y será obligación de todos los que la componen, averiguar los delitos públicos que se cometieren en su territorio o demarcación; practicar, según sus atribuciones, las diligencias necesarias para comprobarlos y descubrir a los delincuentes, y recoger todos los efectos, instrumentos o pruebas del delito de cuya desaparición hubiere peligro, poniéndolos a disposición de la Autoridad Judicial.

Si el delito fuera de los que sólo pueden perseguirse a instancia de parte legítima, tendrá la misma obligación expresada en el párrafo anterior, si se les requiere al efecto".

Luego el art. 283 LECRIM atribuyó esta función y, en consecuencia, la condición de Policía Judicial, no sólo a los miembros de las Fuerzas y Cuerpos de Seguridad, sino además a cuantas autoridades y funcionarios tenían competencias relacionadas con la seguridad pública e incluso a ciertos particulares que tenían, en ocasiones, la consideración de agentes de la Autoridad.

Concretamente atribuía la función de Policía judicial a los siguientes sujetos:

*"1º. Las autoridades administrativas encargadas de la seguridad pública y de la persecución de todos los delitos o de algunos especiales.*

*2º. Los empleados o subalternos de la policía de seguridad, cualquiera que sea su denominación.*

*3º. Los Alcaldes, Tenientes Alcaldes y Alcaldes de Barrio.*

*4º. Los Jefes, Oficiales e individuos de la Guardia Civil o de cualquiera otra fuerza destinada a la persecución de malhechores.*

*5º. Los Serenos, Celadores y cualesquiera otros Agentes municipales de la policía urbana o rural.*

*6º. Los Guardas de montes, campos y sembrados, jurados o confirmados por la Administración.*

*7º. Los funcionarios del Cuerpo especial de Prisiones.*

*8º. Los Agentes Judiciales y los subalternos de los Tribunales y Juzgados.*

*9º. El personal dependiente de la Jefatura Central de Tráfico, encargado de la investigación técnica de los accidentes"*

Esta regulación, aparte de adecuarse con grandes dificultades a las exigencias de la realidad, casaba mal con los nuevos esquemas que tanto en materia de seguridad ciudadana como de seguridad privada configuraba la Constitución. En consonancia esta idea la Ley Orgánica 6/1985, de 1 de julio, del Poder Judicial establece una nueva composición de la Policía judicial en sustitución de la del art. 283 LECr.

La *Policía Judicial*, así concebida, se hallaba habilitada para llevar a cabo una muy exigua y breve investigación oficial reducida a la adopción de las primeras medidas más urgentes y que enseguida debía trasladar al Ministerio Fiscal para que éste formulara querella ante el Juez de Instrucción o a éste mismo directamente mediante la entrega del atestado[2] (arts. 284 y 295 LECRIM). Además, el ámbito de la investigación oficial de la Policía Judicial se extiende a los delitos públicos y semipúblicos, así como adoptar

---

2 Así encuentra perfecta explicación la disposición contenida en el art. 297.1 LECRIM cuando atribuye al atestado el valor de mera denuncia, equiparándolo así a la cualquier otra transmisión de la *notitia criminis* que pudiera hacer cualquier particular al Juez de Instrucción, único órgano habilitado para la verdadera investigación.

las medidas más urgentes en la persecución de los delitos privados cuando son requeridos al efecto por el ofendido[3].

Así disponía el art. 284 LECRIM:

*"Inmediatamente que los funcionarios de Policía judicial tuvieren conocimiento de un delito público, o fueren requeridos para prevenir la instrucción de diligencias por razón de algún delito privado, lo participarán a la Autoridad judicial o al representante del Ministerio fiscal, si pudieren hacerlo sin cesar en la práctica de las diligencias de prevención.*

En otro caso lo harán así que las hubieren terminado".

Y el art. 295:

*"En ningún caso, salvo el de fuerza mayor, los funcionarios de Policía judicial podrán dejar transcurrir más de veinticuatro horas sin dar conocimiento a la Autoridad judicial o el Ministerio fiscal de las diligencias que hubieren practicado.*

*Los que infrinjan esta disposición serán corregidos disciplinariamente con multa de 250 a 1.000 pesetas, si la omisión no mereciere la calificación de delito, y al propio tiempo será considerada dicha infracción como falta grave la primera vez y como falta muy grave las siguientes.*

*Los que, sin exceder el tiempo de las veinticuatro horas, demorasen más de lo necesario el dar conocimiento, serán corregidos disciplinariamente con una multa de 100 a 350 pesetas, y, además, esta infracción constituirá a efectos del expediente personal del interesado, falta leve la primera vez, grave las dos siguientes y muy graves las restantes".*

---

3 Respecto de los delitos privados los miembros de la Policía Judicial deben abrir una *brevísima investigación oficial*, para practicar sólo los actos más urgentes, cuando la persona ofendida los requiera al efecto. Así, dispone art. 273 LECRIM que "... el particular que intente querellarse del delito podrá acudir desde luego al Juez de Instrucción que estuviere más próximo o *a cualquier funcionario de policía, a fin de que se practiquen las primeras diligencias necesarias para hacer constar la verdad de los hechos y para detener al delincuente*". Esto resulta corroborado por lo dispuesto en el art. 282.2 "Si el delito fuere de los que sólo pueden perseguirse a instancia de parte legítima, tendrán la misma obligación expresada en el párrafo anterior, si se les requiere al efecto". Y en el mismo sentido dispone el art. 284 que "Inmediatamente que los funcionarios de Policía Judicial tuvieren conocimiento de un delito público, o fueren *requeridos* para prevenir la instrucción de diligencias por razón de algún *delito privado*, lo participarán a la Autoridad judicial o al representante del Ministerio Fiscal, si pudieren hacerlo sin cesar en la práctica de las diligencias de prevención. En otro caso lo harán así que las hubieren terminado".

Obsérvese que el plazo de 24 horas era plenamente coincidente con el establecido para poner al detenido, si lo hubiere, a disposición del Juez de Instrucción (art. 296 LECRIM), copiado del Código Napoleónico, en consideración a que era el tiempo estimado para trasladar al detenido a pie y por camino real a la sede del Juzgado desde el punto más lejano del partido, es decir, las 24 horas no eran para investigar sino para trasladar o conducir.

En cualquier caso, el Juez de Instrucción podía hacerse cargo aún antes de la investigación: "Cuando el Juez de instrucción o el municipal se presentaren a formar el sumario, cesarán las diligencias de prevención que estuviere practicando cualquiera autoridad o agente de la policía; debiendo éstos entregarlas en el acto a dicho Juez, así como los efectos relativos al delito que se hubiesen recogido, y poniendo a su disposición a los detenidos, si los hubiese".

### *2.3. El Ministerio Fiscal*

El papel asignado por la Ley de Enjuiciamiento Criminal al *Ministerio Fiscal* era el de un obligado querellante cuando se trata de perseguir delitos públicos o semipúblicos (art. 105), por lo que le otorgó atribuciones para llevar a cabo una investigación reducida a la mera *comprobación,* la vista de lo dicho la vinculación de la Policía Judicial con el Ministerio Fiscal se reducía a la posibilidad de que aquella le comunicara la *notitia criminis* para que entablara querella y además, como una mera posibilidad alternativa frente a la denuncia al Juez, que tenía su única oportunidad sólo cuando el hecho no era claramente delictivo y, desde luego, no había ninguna persona detenida.

Así la LECRIM se limita a disponer en el art. 287 que "Los funcionarios que constituyen la Policía judicial practicarán sin dilación, según sus atribuciones respectivas, las diligencias que los funcionarios del Ministerio fiscal les encomienden para la comprobación del delito y averiguación de los delincuentes y todas las demás que durante el curso de la causa les encargaren los Jueces de instrucción y municipales".

## 3. LAS PREVISIONES LEGALES Y LA REALIDAD PRÁCTICA

A nadie se oculta cual es en la actualidad el resultado práctico de las previsiones de la LECRIM sobre la investigación criminal. De un lado los

Juzgados de Instrucción no cumplen ni han cumplido nunca cabalmente con las previsiones de la LECRIM, pues los Jueces de Instrucción ni investigan de hecho ni controlan la investigación llevada a cabo por otros órganos como la Policía. Otro tanto puede decirse de la actuación prevista para la Policía Judicial y el Ministerio Fiscal. El peso de la investigación criminal recae sobre actuaciones autónomas de la Policía y, por último, el Ministerio Fiscal poco o más bien nada interviene en la investigación hasta que el Juez Instructor la da por terminada. Por otro lado la aplicación recta y literal de muchos de los preceptos de la LECRIM, pese a los esfuerzos del legislador por *actualizarlos,* se revela actualmente incompatible con las garantías procesales consagradas constitucionalmente.

Nos ocuparemos con algún detalle sobre dichas cuestiones.

### *3.1. La demostrada incapacidad de los juzgados de Instrucción para cumplir cabalmente las disposiciones de la LECRIM sobre la instrucción*

La LECRIM parece difícil de cumplir pues, en lo que a la instrucción se refiere, la realidad es que la practica judicial se encuentra bastante lejos de asemejarse a lo que le Ley pretendió hacer de la misma; y, lo que es más grave, los comportamientos judiciales que precisamente la LECRIM pretendió erradicar de la instrucción siguen enquistados en la ella.

Así, es del todo cierto, como pone de manifiesto Moreno Catena, que "la LECRIM parece no haber entrado totalmente en vigor, pues los hábitos judiciales de hoy son muchos de los vicios que aquella quiso desterrar"[4].

La experiencia práctica pone de manifiesto la incapacidad de los Jueces de Instrucción tanto para asumir la investigación penal como para controlar la investigación de la Policía Judicial.

---

4 "Se ha dicho, y entiendo que no sin razón, que la Ley de enjuiciamiento criminal será derogada y sustituida sin haber entrado totalmente en vigor. En efecto, la práctica de los Tribunales parece no haber profundizado suficientemente en el espíritu de esta Ley, que no ha permeabilizado como debiera el diario quehacer de la Administración de Justicia en lo penal. Gran número de los vicios, defectos y desviaciones del proceso penal anterior a 1882, que se denuncian en la Exposición de Motivos y se pretendía haberles puestos remedio con la Ley de enjuiciamiento criminal, siguen aflorando en el enjuiciamiento penal de hoy; multitud de párrafos de esa modélica Exposición de Motivos son perfectamente suscribibles en el momento presente" (Moreno Catena, Victor, Prólogo a la Primera edición de la LECRIM de la editorial Tecnos, 1984).

a) La delegación para la práctica de diligencias que hacen cotidianamente los Jueces de Instrucción en otros funcionarios del Juzgado determina que las declaraciones judiciales se presten y las diligencias en general se practiquen sólo formalmente por el juez instructor; un vicio que pretendió eliminar la LECRIM, como expresaba su famosa Exposición de Motivos: "...los Jueces...delegan frecuentemente la práctica de muchas diligencias en el Escribano, quien, a solas con el procesado y los testigos, no siempre interpreta el pensamiento ni retrata con perfecta fidelidad las impresiones de cada uno por grande que sea su celo y recta su voluntad..."

Así la mayoría de las declaraciones judiciales sobre todo de testigos únicamente "en el papel" se llevan a cabo por el Juez instructor, ya que la práctica revela que diariamente tienen lugar ante otros funcionarios judiciales quienes alzan un acta que luego pasan a la firma del Juez y el Secretario.

Otro tanto puede decirse de los informes periciales que por supuesto el Juez instructor se limita a reclamar y luego se ratifican a presencia formal del Juez mediante el mismo procedimiento que las declaraciones judiciales. Esta práctica ha motivado que se dicten disposiciones tan absurdas y extravagantes como el Decreto 1789/1967, de 13 de julio, actualizado por el Real Decreto 833/1983, de 25 de marzo, que establecen que los informes periciales del Instituto de Toxicología dependiente del propio Ministerio de justicia no necesitan ratificación.

b) Pero además la instrucción no es en la realidad cotidiana sino una pretenciosa *santificación* judicial de la investigación policial, pues las diligencias judiciales de investigación suelen reducirse a meras ratificaciones de las diligencias policiales realizadas con anterioridad, como si llevarlas a cabo ante el juzgado les otorgase otra naturaleza distinta a la de meros actos de investigación.

Esta duplicación de las diligencias tan absurda como inocua, si no es para el ciudadano que ha de acudir a la sede del Juzgado a practicarlas y quizá "hacer una cola" produce en la práctica una serie de dilaciones y retrasos carente de todo sentido y utilidad, propiciando citaciones muchas veces inefectivas, exhortos, y búsquedas de personas por parte de la policía que precisamente ya les recibió declaración. Aunque estos inconvenientes han sido parcialmente paliados por las reformas de la LECRIM de 1988 y de 1992 lo cierto es que aún se hallan generalizados en muchas ocasiones.

Y no otra cosa pueden hacer los Jueces de Instrucción cuya formación presenta naturalmente muy serias carencias en materias de criminalística y otras ciencias criminales propias de la actividad investigadora que sólo los Médicos Forenses en alguna medida y los miembros de la Policía Judicial poseen en la proporción indispensable para asumir la responsabilidad de la investigación.

La experiencia cotidiana revela pues igualmente la incapacidad de los Jueces de Instrucción para controlar la investigación llevada a cabo por la Policía Judicial tan estrechamente como se ha pretendido desde una óptica de injustificada desconfianza hacia la actuación de la Policía. Los Jueces de Instrucción necesariamente han de confiar en las informaciones de la Policía Judicial, al menos ante la imposibilidad de contrastarlas, y sobre todo cuando se trata de noticias relativas a hechos delictivos cuyo descubrimiento se produce de forma espontánea en el curso del normal desarrollo de las funciones propias de los Cuerpos y Fuerzas de Seguridad, por su naturaleza irrepetible.

Un claro ejemplo de la incapacidad de los Jueces de Instrucción para controlar la actividad investigadora de la Policía Judicial se pone de manifiesto en materia de registros. En efecto, ante los nuevos fenómenos de delincuencia violenta resulta ridícula si no inimaginable la diligencia de entrada y registro tan pomposamente descrita en la LECRIM. Desde luego la incapacidad de los funcionarios judiciales para garantizar su seguridad personal convierte en una pantomima la pregonada "presencia judicial en los registros"[5]; de otro lado la presencia de los dos testigos previstos en la LECRIM se hace imposible de cumplir cabalmente ante la negativa de los ciudadanos a participar con tal condición en la diligencia lo que provoca las más de las veces que los funcionarios policiales que han de llevar a cabo el registro tengan que acudir a miembros de otros cuerpos policiales para que, de paisano, comparezcan a cumplir la mencionada formalidad podría decirse que *disfrazados* de ciudadanos colaboradores con la Justicia.

La instrucción judicial de la mayoría de los delitos determina pues en la práctica únicamente una reiteración de diligencias ya llevadas a cabo por la Policía Judicial o por el Ministerio Fiscal que en poco o nada benefician a las garantías procesales y sin embargo suponen además de un retraso, una seria contribución a la fatiga de los sujetos afectados por el proceso, que llegan muchas veces ya *cansados* al juicio oral.

También en este punto la Exposición de Motivos de la LECRIM se quejaba de que con anterioridad a ella no era "raro que un sumario dure ocho o

---

5 Así se expresa el Preámbulo de la Ley 22/1995, de 17 de julio, que dio por el momento la última redacción recibida por el art. 569.4º LECRIM, de entre las sucesivas reformas del mismo.

más años, y frecuente que no dure menos de dos…" y añadía "…es preciso sustituir la marcha perezosa y lenta del actual procedimiento por un sistema que, dando amplitud a la defensa y garantía de acierto al fallo, asegure, sin embargo, la celeridad del juicio". Y aquí también la realidad demuestra que la situación no ha cambiado en mucho, por más que la instrucción judicial reciba otro nombre (D. Previas) o que se pretenda acelerarla a golpes de telégrafo o telefax en los actos de comunicación, simplificando la tramitación de las cuestiones de competencia territorial que rara vez se plantean o prescindiendo de la autopsia.

### *3.2. La inidoneidad del juez Instructor para garantizar los derechos individuales afectados por la instrucción o investigación*

La raíz de todos estos problemas radica —a mi juicio— en la atribución conjunta al Juez de Instrucción de dos misiones incompatibles: la misión de lograr el éxito de la investigación y al propio tiempo la de garantizar imparcialmente los derechos individuales de los implicados en la misma.

El legislador de 1882 ya era consciente de que aquel al que se le atribuyera la responsabilidad de la investigación actuaría con seria parcialidad, así decía la Exposición de Motivos de la LECRIM que "…los funcionarios que intervienen en la formación del sumario, animados de un espíritu receloso y hostil que se engendra en su mismo patriótico celo por la causa de la sociedad que representan, recogen con preferencia los datos adversos al procesado, descuidando a las veces consignar los que pueden favorecerle", sobre todo "…en ausencia del inculpado y su defensor".

No obstante, la LECRIM cifró las garantías de la instrucción fundamentalmente en la sola imparcialidad del Instructor, por cuanto se trata de un Juez, independiente e inamovible, esperando del mismo una intervención neutral y omnipresente en todas las diligencias sumariales. Sin embargo, la independencia e inamovilidad del Juez Instructor no implican por si solas su neutralidad, pues la imparcialidad del Juez instructor corre el peligro de quedar en entredicho en cuanto se implica personal e institucionalmente en la investigación (averiguar… hacer constar los delitos… en términos del art. 299 LECRIM) al responder también del éxito de la misma.

Pues bien las consecuencias de la opción de la LECRIM se manifiestan en la incapacidad del Juez de Instrucción para preservar los derechos que pueden resultar afectados por las diligencias sumariales: el derecho a la libertad personal, a la inviolabilidad del domicilio o al secreto de las comunicaciones personales, en cuanto de *motu propio* y sin que nadie se lo pida deberá decidir sobre su limitación[6], cuando estime la necesidad o conveniencia de las mismas para el éxito de la instrucción de la que él mismo es también responsable, propiciando posibles abusos y exageraciones; y todo ello, como también late en la repetida Exposición de Motivos de la LECRIM, "... por la naturaleza misma de las cosas y la lógica del sistema...".

### *3.3. La desconexión entre Administración de Justicia y Policía y la preterición de las misiones de policía judicial*

En este contexto la verdadera investigación pesa sobre la Policía Judicial, por más que las ulteriores ratificaciones judiciales de las diligencias de la Policía luego pretendan "sacralizarla".

El resultado práctico que inmediatamente se sigue es una desconexión entre Policía y Justicia, ya que en no pocas ocasiones funcionan de espaldas una de la otra. La Policía Judicial trabaja ignorando a los órganos de Justicia lo que produce en definitiva una minusvaloración de las misiones de policía judicial si no su preterición. Por su parte los Jueces de Instrucción, imbuidos de la sensación, no absolutamente irreal, de que los fines e intereses que guían la actuación policial no son necesariamente coincidentes con los propios de la administración de Justicia, actúan frente a la Policía Judicial mirándola con desconfianza.

En efecto, la Policía Judicial suele vivir en la idea de que todo el problema derivado de la comisión del delito culmina con la entrega del atestado al Juez y la puesta a disposición judicial del detenido, con lo que el proceso penal —que sólo se acaba de iniciar— ya carece de importancia alguna para la Policía Judicial; a lo más mostrará cierto interés por el encarcelamiento provisional del imputado en cuanto signo que de algún modo corrobora el acierto de las pesquisas policiales.

---

6 De nada sirve que en el caso de la limitación del derecho a la libertad personal mediante la prisión provisional haya de esperar a que los acusadores le pidan la adopción de la medida y a oír al inculpado, conforme a la redacción del nuevo art. 504 bis LECRIM, pues en definitiva el Juez de Instrucción es quien convocando a las partes a la comparecencia prevista en el indicado precepto da ocasión a que los acusadores le pidan la prisión, con lo que la iniciativa para adoptar la medida también le corresponde; pues si no estima pertinente la adopción de la medida le basta con no convocar la mencionada comparecencia y acordar sin más la libertad.

Esto es tan así que la eficacia del trabajo policial suele baremarse a través del número de detenciones practicadas: así un asunto estará policialmente resuelto cuando la Policía Judicial detiene a una persona imputada por el mismo, con independencia de que luego sea o no condenada por tal hecho e incluso de que siquiera sea o no acusada por el Ministerio Fiscal. La cuantificación ha llegado a convertirse en el medio de valoración emblemático de los resultados de la acción de policía, no sólo en lo que se refiere al número de detenciones practicadas sino también cuando se trata —así lo difunden los Gabinetes de Prensa de la Policía a los medios de comunicación— de cantidades aprehendidas de droga o, en general, de efectos prohibidos o ilícitos.

Por otro lado, la Policía Judicial se enfrenta a la investigación huérfana de toda dirección del Juez de Instrucción ni del Ministerio Fiscal. De hecho sólo acudirá a ellos si es que necesita de su intervención para llevar a cabo una concreta actuación para la que la Policía Judicial no esté legalmente habilitada. Por eso normalmente acudirá al Juez de Instrucción a fin de obtener "autorizaciones" para el registro de lugares cerrados o la intervención de comunicaciones telefónicas. Es significativo observar que, aunque la LECRIM se refiere en estos casos a "mandamientos" del Juez instructor (de entrada y registro, por ejemplo), en la inteligencia de que es el Juez quien, como responsable de la investigación, ordena o resuelve sobre todo lo concerniente a la misma, en la práctica el Juez lo único que hace es "autorizar" simplemente a la Policía Judicial para que lleve a cabo lo que ella sola decide[7].

### *3.4. La tardía e inoperante intervención del Ministerio Fiscal en la investigación*

La intervención del Ministerio Fiscal en la investigación es ciertamente exigua y extemporánea.

En general el Ministerio Fiscal no interviene durante la investigación de la Policía Judicial ni tampoco en el curso de la instrucción judicial; y esto

---

[7] Basta observar como en la práctica los informes policiales que ponen en conocimiento de los Jueces de Instrucción un hecho cuya investigación exija la entrada en un domicilio o la intervención de un teléfono se autodenominan "oficios de solicitud de mandamientos" —es decir, la Policía Judicial le pide al Juez que éste le mande hacer justo lo que quiere— sin comunicarle íntegramente el estado de la investigación.

es así aún en aquellos actos de la instrucción consistentes en la adopción de medidas instrumentales restrictivas de derechos fundamentales (como las antes mencionadas de entrada en domicilio o de intervención de las telecomunicaciones personales) las cuales se adoptan sin su intervención y, lo que es más grave, sin su conocimiento, pues la LECRIM no exige siquiera que se le notifiquen; esto constituye un verdadero contrasentido si se tiene en cuenta que precisamente el Ministerio Fiscal tiene encomendada legalmente la defensa de los derechos fundamentales en la instrucción y fuera de ella.

La intervención del Ministerio Fiscal en la investigación criminal se reduce pues a valorar su suficiencia y su legalidad, sobre todo en lo que hace a la validez de los medios de prueba obtenidos por la misma, cuando ésta ha terminado, a fin de instar la apertura de la siguiente fase del proceso o la complementación de la instrucción mediante diligencias que estime necesarias, con lo que la petición de tales diligencias en ese momento supone en cualquier caso una vuelta atrás o un retraso. Esto es así porque evidentemente la plantilla de los miembros del Ministerio Fiscal y su distribución territorial le han impedido cumplir cabalmente con la función de inspección de la instrucción judicial prevenida en el art. 306 LECRIM y aún con las más ambiciosas que inútilmente le encomienda el nuevo art. 781 LECRIM o la LO 5/1995, de 22 de mayo, del Tribunal del Jurado[8].

En cuanto a las relaciones del Ministerio Fiscal con la Policía Judicial, éstas se presentan siempre como unas relaciones lejanas y mediatizadas a través de los Jueces de Instrucción, a los que necesariamente habrá de acudir el Fiscal para pedirle lo que necesite de la Policía, a salvo, claro, los

8 En vano igualmente pretende la LOTJ potenciar —más en el terreno formal que otra cosa, desde luego— las atribuciones del al Ministerio Fiscal en la fase de instrucción que prevé para el proceso penal ante el Tribunal del Jurado, cuando establece su Preámbulo que “Si bien debe corresponder al Juez la realización de los actos sumariales, las peculiaridades que deben presidir el procedimiento ante el Jurado y la oportunidad de que se consolide el principio acusatorio, hacen necesaria la potenciación de las atribuciones del Ministerio Fiscal. De esta forma, la incoación y su adaptación al nuevo procedimiento, así como la constitución del Ministerio Fiscal junto al Juez instructor y la inmediata puesta en conocimiento de la imputación, en los términos previstos en los artículos 24 y 25 de la Ley, tienen también su marco procesal mediante la incorporación de sendas previsiones en el artículo 309, para el procedimiento ordinario, y en los artículos 780 y 789.3 de la Ley de Enjuiciamiento Criminal, para el abreviado”.

exiguos y breves espacios que a la investigación dirigida por el Ministerio Fiscal dan ocasión los arts. 286, 287 y 785 bis LECRIM.

### *3.5. La incapacidad de la LECRIM, pese a sus reformas sucesivas, para cubrir las garantías procesales garantizadas por la CE de 1978*

Además, la LECRIM, aun superando los vicios denunciados, se ha ido mostrando incompatible con las garantías consagradas en la CE de 1978 y los convenios internacionales de derechos suscritos por España.

Ello ha motivado, en primer lugar, la sucesiva modificación del sistema mediante reformas legislativas de la propia LECRIM y además la promulgación de leyes especiales, produciendo como resultado un "producto nuevo"[9] en el que se hallan desencajadas las piezas del sistema procesal y en consecuencia que muchos aspectos del proceso penal contemplados en la vieja LECRIM chirríen materialmente con los nuevos[10].

La insuficiencia de las mencionadas reformas determinan, en segundo lugar, que la aplicación de la LECRIM exija constantemente una interpretación espiritualista y excesivamente escrupulosa desde la perspectiva constitucional por parte de los Tribunales cuya jurisprudencia ha tenido necesariamente que optar por las garantías constitucionales frente a la ver-

---

9 También es rigurosamente cierto que "las modificaciones legislativas operadas en el primitivo texto de la Ley de enjuiciamiento criminal, han generado un *producto* que poco tiene que ver con el que se publicó en 1882" (VICTOR Moreno Catena: Prólogo a la Primera Edición de la Ley de Enjuiciamiento Criminal de Tecnos, Madrid 1984).

10 Como he dicho en otro lugar, la LECRIM, más *rancia* que vieja, ha sufrido un sucesivo y constante ***parcheo*** que la convierte hoy en un instrumento jurídico casi inmanejable, poniendo de manifiesto cada día más patentemente la necesidad de su total derogación y su sustitución por otra de nueva planta, que recoja la experiencia de más de un siglo de vigencia del sistema que instauró, los principios procesales consagrados por la Constitución de 1978, las nuevas aportaciones de la doctrina científica y que, en definitiva, suponga en muchos extremos la segunda fase de evolución legal definitivamente superadora del sistema inquisitivo anunciada por la famosa Exposición de Motivos de la Ley de 1882, como ha sucedido en casi todos los países de nuestro entorno en los que se halla consolidado un modelo de proceso penal decididamente contradictorio o acusatorio también en la fase de investigación o instrucción.

dad material muchas veces mostrada durante el juicio en perjuicio de la persecución de delitos muy graves[11].

## 4. EL DISEÑO CONSTITUCIONAL DE 1978

Si la LECRIM se inspiraba en un modelo de investigación propio del sistema inquisitivo, la CE de 1978 opta por las garantías del proceso debido consagrado por los Convenios internacionales (como la Convención Europea de 1950[12]) que se compadecen mucho mejor con los esquemas del sistema acusatorio o contradictorio, por ello delimita las funciones de los órganos jurisdiccionales (art. 117), del Ministerio Fiscal (art. 124) y de la Policía Judicial (art. 126). En esencia puede afirmarse que en el esquema constitucional la investigación compete en exclusiva a la Policía Judicial, mientras que al Juez de Instrucción corresponde garantizar los derechos afectados por la investigación y juzgar o resolver las pretensiones que en el curso de la misma se deduzcan y al Ministerio Fiscal, por último, promover los actos de tutela jurídica procedentes en el curso de la investigación en defensa de los intereses y bienes cuya defensa se le encomienda.

### *4.1. La misión constitucional de los Jueces y Tribunales: La configuración de la potestad jurisdiccional en la CE y en el CEDH*

A este respecto, conviene resaltar desde ahora que el concepto de Juez propio de la CE se compadece mal con la configuración del Juez instructor de la vieja LECr.

En primer lugar, la actividad en que la investigación consiste es ajena al contenido de la potestad jurisdiccional e incluso resulta incompatible con su ejercicio. En segundo término, la actividad investigadora se mues-

---

11 Resulta hoy —en mi opinión— excesivamente frecuente comprobar como en muchas ocasiones ha debido absolverse de la imputación de delitos graves por estimar ilícitamente obtenidas las pruebas que los acreditan (sobre la base, por ejemplo, de la falta de motivación de un auto de entrada y registro en lugar cerrado o como consecuencia de la delegación del Secretario en un funcionario de policía, etc.), cuando precisamente la prueba se obtuvo con rigurosa observancia del tenor literal de la LECRIM, o por los problemas derivados de la llamada "contaminación" judicial.

12 Conviene tener presente que la Jurisprudencia del TEDH es naturalmente de imprescindible manejo como elemento interpretativo a este respecto.

tra incompatible con la imparcialidad, entendida ésta como característica esencial o estructural de los órganos jurisdiccionales, tal como los concibe la CE.

a) En efecto, la CE cifra el contenido de la potestad jurisdiccional únicamente en "juzgar y ejecutar lo juzgado" (art. 117.3). Pero además el mismo art. 117 CE somete el ejercicio de la potestad jurisdiccional al principio de exclusividad. El principio de exclusividad jurisdiccional desde el punto de vista positivo supone que la potestad jurisdiccional "corresponde *exclusivamente* a los Juzgados y Tribunales" (art. 117.3 CE), y desde el punto de vista negativo que "Los Juzgados y Tribunales no ejercerán más funciones que las señaladas en el apartado anterior y las que expresamente les sean atribuidas por ley *en garantía* de cualquier derecho" (art. 117.4 CE).

Pues bien la función investigadora o instructora, tal como resulta definida por la LECRIM, se cifra en "las actuaciones encaminadas a preparar el juicio y practicadas para averiguar y hacer constar la perpetración de los delitos con todas las circunstancias que puedan influir en su calificación, y la culpabilidad de los delincuentes, asegurando sus personas y las responsabilidades pecuniarias de los mismos" (art. 299 LECRIM) y es obvio que nada tiene que ver con la función de juzgar ni de ejecutar lo juzgado, lo que implica que se trata de una función que excede de las atribuciones constitucionales de los Jueces y Magistrados integrantes del Poder Judicial y, por tanto, les está vedada por el art. 117.4 CE.

Tampoco cabe afirmar que la instrucción, en cuanto investigación judicial, supone una forma de intervención del Juez de Instrucción en garantía de derechos. Para la CE la intervención del Juez en garantía de los derechos se concibe con la finalidad de amparar al titular de un derecho amenazado o lesionado por otro sujeto distinto mediante un acto de tutela jurídica a cargo del Juez que le es pedida por algún interesado, lo que equivale a decir que la intervención del Juez en garantía de un derecho presupone las garantías propias del proceso. Por tanto, la intervención del Juez tiene lugar ya cuando el titular de un derecho lo ve amenazado o lesionado y pide al Juez la cesación de la lesión o el restablecimiento del derecho (como sucede en el Procedimiento de Habeas Corpus, por ejemplo) o ya cuando un tercero —sea un particular, la Administración o la Policía— pretende afectar o limitar el derecho de otro y pide al Juez invocando una causa legítima que autorice tal limitación (como en los supuestos previstos por el art. 87.3 LOPJ) con lo que dicho Juez en uno y otro caso resolverá un conflicto entre partes a fin de "proteger los derechos e intereses legítimos, tanto individuales como colectivos", como expresamente dice el art. 7.3°

LOPJ, pero en ningún caso la iniciativa para la limitación del derecho de que se trate corresponderá al mismo. En consonancia con la penetración de esta idea en el marco del proceso penal resultan suficientemente significativas las expresiones del art. 18.2º y 3º CE ("resolución y autorización judicial") las cuales contrastan notablemente con los utilizados por la LECRIM "mandamiento judicial" (art. 188), "decretar la entrada y registro" (art. 546), "ordenar en los casos indicados..." (art. 550); para la CE el Juez ha de resolver en estos casos autorizando o no a otro para limitar los derechos, mientras que en la LECRIM el Juez de Instrucción lejos de ampararlos es precisamente quien los limita[13].

Nótese además la indudable coincidencia de la función que la LECRIM encomienda al Juez de Instrucción en el art. 299 con las que encarga a la Policía Judicial: "averiguar los delitos públicos que se cometieren en su territorio o demarcación; practicar, según sus atribuciones, las diligencias necesarias para comprobarlos y descubrir a los delincuentes, y recoger todos los efectos, instrumentos o pruebas del delito de cuya desaparición hubiere peligro, poniéndolos a disposición de la Autoridad Judicial" (art. 282)[14].

b) Pero además la LECRIM en cuanto la LECRIM responsabiliza al Juez de Instrucción del éxito de la investigación, esto es, lo constituye en garante de que aquella alcance sus fines, lo sitúa en una posición institucional y personal interesada en la misma que es a todas luces incompatible con la posición de imparcialidad que caracteriza de forma definitiva la intervención jurisdiccional[15].

---

13 Del mismo modo que resultaría ridículo que el Juez que ordenase la detención de un sujeto fuese a su vez competente para resolver sobre el procedimiento de Habeas Corpus que el detenido pudiera entablar en defensa de su libertad personal, no deja de ser extravagante que sin embargo limite legalmente el derecho a la inviolabilidad del domicilio y al propio tiempo juzgue sobre la legitimidad de la medida.

14 Las diferencias existentes entre la investigación policial y la instrucción derivan únicamente de las más amplias potestades atribuidas al Juez de Instrucción frente a las que ostenta la Policía Judicial, pero en esencia no existen diferencias de contenido y sobre todo de finalidad. Sobre la cuestión puede verse mi *Derecho Procesal Penal (Manual para Criminólogos y Policías)*, Valencia, Tirant lo Blanch, 1994, Lección 11.

15 Que el Juez de Instrucción, en cuanto asume la responsabilidad de la investigación, queda psicológicamente involucrado e institucionalmente implicado en la actividad que viene llamado a desempeñar, perdiendo de esta suerte su imparcialidad es una idea que desarrollé en mi trabajo "El Procedimiento para el Enjuicia-

El Juez que la CE concibe, a diferencia del Juez instructor que configura la LECRIM, es siempre un órgano que juzga, resuelve imparcialmente un conflicto entre partes que le es ajeno. Incluso en los supuestos en que interviene en garantía de los derechos individuales o colectivos, lo hace decidiendo sobre los mismos desde una posición institucional y personal en todo caso *ajena al conflicto* que sobre los mismos le es planteado. Esta nota de la imparcialidad es desde luego esencial a la noción constitucional de órgano jurisdiccional.

La imparcialidad se predica por la Doctrina del Juez en cuanto es el único sujeto del proceso que no es parte, esto es, imparcial, como indica su significación etimológica. Los sujetos del proceso, de la relación jurídico procesal, como relación triangular, son el Juez (que detenta la potestad jurisdiccional) y las partes activas (actor, demandante o acusador) y pasivas (demandado o acusado)[16]. Los restantes intervinientes en el proceso (testigos, peritos, etc) son, por definición, "terceros" que carecen de la condición de sujetos procesales.

Pues bien, lo que caracteriza la posición del Juez en la relación procesal es, desde el punto de vista positivo, "decir el Derecho" (*Ius-dicere*) con relación a un asunto concreto que se presenta contradicho, controvertido o relativizado; y, desde el punto de vista negativo el ser "ajeno personal e institucionalmente" al asunto que resuelve (*Nemo Iudex in causa sua*). El Juez es imparcial porque no es parte, como da idea la etimología de la voz imparcial. Precisamente si se lo rodea de condiciones de independencia y de imparcialidad es porque debe ser imparcial, es decir, juez y no parte. La imparcialidad se predica, pues, del juez como manifestación de ese aspecto negativo, como equivalente a no ser parte, a no tomar partido.

Pero el concepto de Juez imparcial puede y debe buscarse en la CE y en el art. 6 CEDH (art. 10 CE), así como en la Jurisprudencia del TEDH, que ha tenido ocasión de pronunciarse sobre ello en diversas ocasiones.

Es curioso observar que la CE no se refiere de forma expresa a la imparcialidad del Juez a la hora de definirlo (art. 117), a diferencia de lo que

---

miento de Delitos Menos Graves en el Anteproyecto de Reforma de la LECr.", en Revista Justicia 86, núm. I, págs. 65 y ss.

16 Como dice Vicente Gimeno Sendra, "El proceso se caracteriza por una relación triangular del que se destaca, de un lado, la supremacía del ***tercero-juez***, en tanto que titular de la potestad jurisdiccional y, de otro, la situación de enfrentamiento o contradicción en la que se encuentran las partes…", en *Introducción al Derecho Procesal* (con Moreno Catena y Cortés Domínguez), Valencia, 1993, pág. 226.

ocurre con el Ministerio Fiscal (art. 124), quizá —como pone de manifiesto Vives Antón— porque la CE da por supuesta la nota de la imparcialidad en la estructura de la propia idea de Juez[17], en el sentido indicado de sujeto de la relación jurídico-procesal distinto de las partes[18].

El art. 6 CEDH sin embargo se refiere expresamente a la imparcialidad identificando la figura de Juez como un órgano "***independiente e imparcial, establecido por la Ley*** "que ***decidirá los litigios"*** de toda índole.

Pues bien, la noción de imparcialidad empleada por el art. 6 CEDH ha sido desarrollada por la Jurisprudencia del TEDH, el cual se ha ocupado de los conceptos de independencia y de imparcialidad en diversas ocasiones, e incluso, como ha puesto de relieve Vives Anton[19], puede terminarse de perfilar a través de ciertos *obiter dicta*[20].

El Tribunal Europeo se ha referido textualmente a las garantías de imparcialidad propias del concepto de "Juez o autoridad facultada por la ley para ejercer funciones judiciales", en la S. 26 de mayo de 1988 (Caso Pauwels), e igualmente en las Sentencias de los casos Piersack, de octubre de 1982, y De Cubber, de 26 de octubre de 1984, en las que define la imparcialidad del Juez refiriéndose a su ausencia de intereses sobre el objeto del litigio, como elemento esencial de diferenciación con las partes.

El Tribunal Europeo también declaró con relación a la Comisión Regional del Derecho Belga que "es un Tribunal en el sentido del artículo 6.1° pues es independiente tanto del Gobierno como ***de las partes***, sus miembros son temporalmente inamovibles, y el procedimiento se desarrolla con las garantías necesarias" (S. de 16 de julio de 1971, Caso Ringeisen).

Igualmente se ha ocupado de las garantías de imparcialidad propias del concepto de "Juez o autoridad facultada por la ley para ejercer funciones

---

17 *Ob. cit.* pág. 68.

18 A mi entender cuando el art. 124 CE exige la imparcialidad del Ministerio Fiscal no se refiere a su actuación cuando ya es parte en un proceso, momento en el que desde luego la imparcialidad no cabe, sino en el juicio previo que ha de hacer el Fiscal sobre el asunto que reclama su intervención antes de tomar partido o resolver la adopción de una determinada posición de parte en el litigio futuro, por ejemplo, a la hora de optar ante una querella entre acusar al querellado o defenderlo si lo estima indebidamente acusado, o cuando recibe una denuncia decidir sobre su archivo o realizar otras actuaciones.

19 *Comentarios a la Ley de Medidas Urgentes de Reforma Procesal*, II, *La Reforma del Proceso Penal*, Valencia, 1992, págs. 63 y ss.

20 *Ob. cit.*, pág. 75.

judiciales", resaltando "la naturaleza de las funciones" efectivamente asumidas o desempeñadas por un Magistrado, para determinar si se comporta o no como un órgano imparcial; así declaró que "el señor Van Even acumuló efectivamente en el caso (del señor Pauwels), en virtud del Código de Procedimiento Penal Militar, las *funciones* de instrucción y las de la acusación. (S. 26.05.1988, Asunto Pauwels)[21].

La evolución de la Jurisprudencia del TEDH ha sido recogida en la reciente STC 60/1995, de 17 de marzo, en los siguientes términos:

"...una primera doctrina del Tribunal Europeo, según la cual había que estimar siempre contrario al art. 6.1 del CEDH la previa asunción por el Juez decisor de cualquier tipo de actividad instructora (Sentencias del TEDH, casos Piersack y De Cubber).

Posteriormente, sin embargo, a partir de la Sentencia dictada en el asunto Haudschildt (Sentencia del TEDH de 24 de mayo de 1989), este alto Tribunal matizó su anterior doctrina en el sentido de declarar que la imparcialidad del Juez no puede examinarse in abstracto, sino que hay que determinar, caso por caso, si la asunción simultánea de determinadas funciones instructoras y juzgadoras puede llegar a comprometer la imparcialidad objetiva del juzgador y erigirse en un menoscabo u obstáculo a "la confianza que los Tribunales de una sociedad democrática deben inspirar a los justiciables".

De este modo, y con arreglo a esta casuística la jurisprudencia, el Tribunal Europeo ha podido declarar, por una parte, contrario al art. 6.1 del Convenio la confusión de funciones instructoras y de enjuiciamiento como consecuencia de la promoción de un miembro del Ministerio Público o de un Juez de Instrucción a Magistrado del Tribunal encargado de conocer de la fase de juicio oral (asuntos Piersack y De Cubber), la adopción de la prisión provisional en ausencia de Abogado por un Juez de Instrucción que posteriormente conoció de la audiencia principal (Sentencias del TEDH, Pfeifer y Plankl, de 25 de febrero de 1992); la asunción de indicios suficientes de culpabilidad para disponer el "reenvío" del imputado a juicio (Sentencia del TEDH, Ben Yaacoub, de 27 de noviembre de 1987), o la intervención de "Jueces políticos" en la fase de juicio oral (Sentencia del TEDH, Holm, de 25 de noviembre de 1993).

---

21 Doctrina reiterada en las SS de 22 de mayo 1984, 26 de octubre de 1984 y 1 de octubre 1982).

Pero, por otra y todo al contrario, este mismo Tribunal ha tenido también ocasión de afirmar que no se infringe el art. 6.1 del Convenio en supuestos tales como la adopción de la prisión provisional y posterior enjuiciamiento por un mismo Juez en un sistema de corte anglosajón, como es el danés, en el que corresponde al Ministerio Público la dirección de la investigación (Sentencia del TEDH de 24 de mayo de 1989 —asunto Hauschildt—) o la confirmación de dicha medida cautelar en la fase intermedia por un Magistrado de la Chambre d'accusation francesa (Sentencia del TEDH Sainte-Marie, de 16 de diciembre de 1992); la emisión por un mismo órgano judicial de un Auto de procesamiento (o antiguo despacho de pronúncia portugués), y posterior enjuiciamiento (Sentencia del TEDH, Saraiva de Carvalho, de 22 de abril de 1994); la asunción de determinadas funciones instructoras y de decisión por un Juez de Distrito austríaco en nuestro equivalente a un juicio de faltas (Sentencia del TEDH, Fey, de 24 de febrero de 1993), y la confusión de funciones instructoras y de enjuiciamiento en determinados procesos penales simplificados de citación directa como es el caso del procedimiento diretíssimo italiano (Sentencia del TEDH, Padovani y otros, de 26 de febrero de 1993)".

Pues bien, en todos los casos en que el TEDH no entendió comprometida la imparcialidad del Juez lo fue por razón de que el magistrado concernido se comportó como un Juez, realizando funciones jurisdiccionales, resolviendo un conflicto entre partes al que era ajeno y, por tanto, dentro de un proceso.

Así, por ejemplo en la S. 24 mayo 1989 (Caso Hauschildt) declaró que "Las actividades judiciales sobre cuyo ejercicio se asientan las aprensiones del recurrente, y que conciernen a la fase anterior al juicio, son las de ***un magistrado independiente no encargado de instruir el asunto, ni de ordenar su sometimiento al juicio.*** Tal es el caso de las decisiones que determinaron la prolongación de la detención preventiva del recurrente o su reclusión celular"; pues "Que un juez de primera instancia o de apelación, en un sistema como el danés, haya ya adoptado decisiones antes del juicio, especialmente respecto de la detención preventiva, no puede bastar para justificar por si solo las aprensiones en cuanto a su imparcialidad", pues "Todas ellas (las decisiones anteriores al juicio) se adoptaron ***a solicitud de la policía, que el interesado, asistido jurídicamente, combatió o pudo haber combatido***".

E igualmente en la S. de 22 de abril de 1994 (Asunto Saraiva de Carvalho) E TEDH declaró que "Al elaborar el despacho de pronuncia, el Sr. Salvado actuaba en el marco de sus funciones de juez de la cuarta cámara, no desarrollaba ningún acto de instrucción o de acusación. Su conocimiento profundo del expediente no implicaba un prejuicio que impedía considerarle como imparcial en el momento del juicio sobre el fondo". Y como fundamento de tal afirmación argumenta que "Según el derecho portugués aplicable en la época, al dictar el despacho (de pronuncia, equivalente a nuestro procesamiento) el magistrado encargado del asunto determinaba en primer lugar si el expediente, al que se refería la requisitoria del ministerio público, contenía un principio de prueba suficiente para que se pudiera imponer a un individuo el gravamen de un proceso".

El Juez lo es, pues, para el TEDH, no tanto por la posición institucional que ocupa sino por lo que hace; lo que caracteriza o significa a un Juez es la función que desempeña de resolver sobre algo que, precisamente, le es ajeno, es decir, sobre aquello que otro le pide, en lo que no es parte y en consecuencia resulta imparcial, lo que no podría decirse cuando es responsable del éxito de la investigación.

Con ello, como pone de manifiesto VIVES, el Tribunal Europeo conecta con el concepto de Juez definido por la tradición constitucional[22].

Desde otra perspectiva la S. de 22 junio 1989 (Caso Langborger) declaró que "En materia de imparcialidad, se debe distinguir entre un *aspecto subjetivo*, que intentaría determinar la convicción personal del juez en la ocasión de que se trata, y *otro objetivo* dirigido a asegurar que ofrezca garantías suficientes para excluir toda duda legítima al respecto"[23].

Esta distinción entre un aspecto subjetivo y otro objetivo, —en mi opinión— no ha sido siempre correctamente interpretada, debido a que la Doctrina tradicionalmente se ha planteado la cuestión de la imparcialidad del Juez desde una perspectiva doblemente limitada. En primer lugar la imparcialidad se ha enfocado tradicionalmente sólo en el aspecto que el TEDH llama subjetivo, concebida como ausencia de prejuicios o intereses personales y cifrada fundamentalmente en la ausencia de los supuestos

---

22 Tomás S. Vives Antón, *La Reforma...*, cit., pág. 68.

23 En realidad, la distinción entre imparcialidad objetiva y subjetiva tiene una honda tradición en la Doctrina elaborada con anterioridad a 1950; así Niceto Alcalá Zamora y Castillo había escrito que "...una cosa es la independencia (objetiva) de la función jurisdicente y otra distinta, aunque el ideal sea que ambas concurran, la independencia (subjetiva) del funcionario judicial, producto de un conjunto de factores y, como principal, de cualidades personales de moralidad y carácter, sin que las primeras basten por si solas, ya que, por desgracia, son innumerables las personas *buenísimas* carentes por completo de energía" (*Derecho Procesal Penal*, en colaboración con Levene, Volumen I, Buenos Aires, 1945).

determinantes de la recusación del magistrado, olvidando el aspecto institucional —u objetivo en la terminología del TEDH— y, por tanto, mirando únicamente dentro de un ordenamiento jurídico dado que es reputado bastante para garantizar la imparcialidad del juez, sin plantearse si dicho ordenamiento lo es en verdad o no. Es decir, la imparcialidad del juez se ha predicado sin más de aquel Juez que para el Derecho positivo interno resulta imparcial lo que ocurrirá, como digo, fundamentalmente cuando no es recusable. En segundo lugar, la imparcialidad se ha limitado al Juez que ha de resolver sobre el objeto principal del proceso penal, se identifique éste con los hechos delictivos[24] o con la pretensión punitiva de los acusadores[25], pero en cualquier caso sólo de cara al juicio oral, olvidando la fase de instrucción, pese a afirmarse la naturaleza procesal de la misma[26].

Esta distinción entre un aspecto subjetivo y otro objetivo supone, en definitiva, que la imparcialidad además de una determinada actitud personal de objetividad, identificada con la ausencia de prejuicios, tiene otra vertiente institucional desde la perspectiva del TEDH. Este no sólo juzga sobre las condiciones o actitudes subjetivas del Juez sino que además debe contrastar, y de hecho contrasta en las sentencias citadas así lo hace, si el ordenamiento interno del país de que se trate establece o no garantías institucionales de imparcialidad para un determinado Juez.

El TEDH se plantea, pues, si el Derecho interno del Estado de que se trate configura al magistrado como un órgano imparcial, juzgando no sólo sobre la imparcialidad personal o subjetiva del mismo sino sobre su imparcialidad institucional; pues un magistrado puede ser parcial tanto personalmente mediante un comportamiento no querido por el ordenamiento interno del Estado al que pertenece como por su comportamiento institucional y por tanto precisamente por el comportamiento previsto y deseado por dicho ordenamiento.

---

24 La identificación del objeto principal del proceso penal con los hechos delictivos ha sido defendida tradicionalmente por Gómez Orbaneja (*Comentarios a la LECRIM*, II, págs. 172 y ss.) y recientemente por De la Oliva Santos (*Derecho Procesal Penal*, con otros, Madrid, 1994, págs. 185 y ss.).

25 Identifican el objeto del proceso penal con la pretensión punitiva Fenech (*El Proceso Penal*, Madrid, 1982, págs. 80 y ss.) y en la actualidad Asencio Mellado (*Principio Acusatorio y Derecho de Defensa*, Madrid, 1991, págs. 31 y ss.).

26 Sobre la naturaleza procesal de la instrucción: Gómez Orbaneja, Emilio, *Derecho Procesal Penal*, 10ª Edición, Madrid, 1984, págs. 142 y 143.

Con estos presupuestos es evidente que a la vista de la Jurisprudencia del TEDH es necesario plantearse si el comportamiento que la LECRIM espera del Juez de Instrucción es el de un magistrado imparcial, es decir, el de un verdadero órgano jurisdiccional o si por el contrario realiza funciones que suponen un interés en el objeto de la instrucción o en definitiva toma partido por alguna de las partes en el proceso penal. La respuesta sólo puede ser una: si la LECRIM obliga al Juez de Instrucción a llevar a buen término los fines de la instrucción, si le atribuye una responsabilidad próxima a la del Ministerio Fiscal, esencialmente coincidente con la de la Policía Judicial, es evidente que el Juez de Instrucción habrá de tomar partido inexorablemente por la causa de la sociedad en detrimento del imputado y no sólo del imputado sino de los titulares de cuantos derechos fundamentales pueden verse lesionados como consecuencia de la instrucción.

Pero el proceso instructorio tiene un objeto propio, si se quiere accesorio del principal, pues los acusadores o los imputados pueden tener interés en que se practiquen por el Juez de Instrucción determinadas diligencias de las que constituyen el contenido propio de la instrucción sobre las que el Juez debe decidir cuando le son pedidas pero que al propio tiempo puede llevar a cabo o no de oficio con anterioridad a la solicitud de las partes.

Conviene tener presente que la investigación oficial del Juez de Instrucción tiene diversos contenidos, que, a mi entender[27], pueden concretarse del modo siguiente:

a) El primer contenido esencial de la investigación criminal lo constituyen pues los actos o diligencias encaminados a recabar información sobre el hecho delictivo presuntamente cometido. Es decir, se trata de una actividad dirigida a "*hacer constar* la perpetración de los delitos con todas las circunstancias que puedan influir en su calificación y la culpabilidad de los delincuentes" (art. 299 LCEr) o, como dice el art. 282 LECRIM, "recoger todos los efectos, instrumentos o pruebas del delito de cuya desaparición hubiere peligro". Entre estas diligencias se cuentan las de recogida de efectos e instrumentos del delito.

b) Junto a las diligencias de averiguación propiamente dichas regula la LECRIM otras diligencias cuya práctica rodea de garantías reforzadas, que no consisten únicamente en diligencias de investigación, sino diligen-

---

27 Transcribo a continuación el contenido del correspondiente epígrafe de mi libro *Derecho Procesal Penal (Manual para Criminólogos y Policías)*, Valencia, 1994, Lección 11.

cias o *actos de preconstitución de prueba*, cuando, a diferencia de lo usual, se tiene constancia o existe peligro inminente de la imposibilidad o extrema dificultad de ser reproducidas tales diligencias en el acto del juicio oral. Así contiene el Libro II disposiciones relativas a verdaderas diligencias de preconstitución de prueba, como son las relativas al *Cuerpo del delito* (arts. 334 a 336), *Reconocimiento Judicial* (arts. 326 y 333), *Testifical* (arts. 448 y 449) y *pericial* (arts. 467,2° y 476).

c) En tercer término la investigación comprende una serie de actos procesales encaminados a asegurar las responsabilidades penales y civiles dimanantes del delito investigado, es decir a adoptar medidas de aseguramiento sobre la persona de quien resulte presuntamente responsable de la infracción, impidiendo que pueda ponerse fuera del alcance de la Justicia, así como sobre su patrimonio para garantizar en lo posible la reparación del daño y la indemnización del perjuicio causados por la comisión del delito. Son las denominadas *medidas cautelares personales y reales* las cuales constituyen actos de limitación de los derechos del inculpado, tanto de su derecho a la libertad personal (art. 17 CE) como de su derecho a disponer de su patrimonio (Art. 33,1° CE y art. 348 CC).

d) No obstante, aún existe una cuarta clase de diligencias que constituyen el contenido de la investigación criminal y son las denominadas *medidas instrumentales*. En efecto, la realización de ciertas diligencias de investigación exige en ocasiones invadir la esfera de los derechos fundamentales de algún sujeto los cuales se hallan protegidos legalmente contra toda vulneración, y, en consecuencia, para ser llevadas a cabo necesitan de un *acto instrumental previo* que legitime tal acceso en el contenido del derecho fundamental (por ejemplo, el conocimiento del contenido de las comunicaciones personales (postales, telegráficas, telefónicas o de otra índole) requiere previamente acceder *lícitamente* al contenido de las mismas y por tanto afectar el derecho consagrado en el art. 18, 3° CE; y otro tanto sucede con las extracciones de sangre, pruebas radiológicas, tactos vaginales y rectales o con la entrada en un domicilio u otro lugar cerrado, cuya práctica lesiona por lo general los derechos fundamentales a la integridad física y moral, el derecho a no sufrir tratos inhumanos o degradantes (art. 15), o el derecho a la intimidad personal o domiciliaria (art. 18, 1° y 2). Tales diligencias no constituyen pues medios de investigación propiamente dichos, sino *medidas instrumentales de las verdaderas diligencias de comprobación, descubrimiento o indagación*. Para que sean lícitas tales medidas han de estar previstas por una Ley con rango de Ley orgánica en cuanto suponen actos de limitación de un derecho fundamental (pues así lo exigen los arts. 53.1

y 81 CE). Además, la utilización de la mayoría de estas medidas instrumentales exige que las acuerde o las autorice el Juez de Instrucción.

Pues bien, todas estas posibles diligencias pueden llevarse a cabo por decisión autónoma del Juez de Instrucción o bien a petición de las partes acusadoras o acusadas, y cuando el Juez de Instrucción las acuerda de oficio es evidente que se está implicando en el contenido de la instrucción, por ejemplo cuando acuerda una diligencia de investigación tendente a la búsqueda de pruebas de cargo, como la declaración de la víctima o la entrada y registro del domicilio del imputado, lo que supone en definitiva una toma de partido por la causa de la sociedad que representa.

El problema se agudiza además cuando se trata de actos o medidas instrumentales y cautelares.

Respecto de las primeras la decisión judicial que, conforme al art. 579.3 LECRIM, acuerda la observación de las comunicaciones telefónicas, por ejemplo, supone una perversión de la garantía establecida en el art. 18.3 CE y en el art. 8.2 CEDH.

El art. 18.3 CE, a diferencia del art. 8.2 CEDH, establece como garantía esencial para la posible limitación del derecho al secreto de las comunicaciones personales el de la existencia de una "resolución judicial" que autorice las injerencias en el mismo. Ello no significa, sin embargo, que la CE no reconozca ni incorpore las garantías normativas del art. 12 de la Declaración Universal de Derechos del hombre (interdicción de la arbitrariedad) ni las del art. 8 CEDH y las demás Declaraciones Internacionales sobre protección del derecho, las cuales desde luego han de darse por supuestas (art. 10.2 CE), sino que entre las posibilidades ofrecidas por el art. 8.2 CEDH (que, como es sabido, permite la injerencia por la Autoridad pública, sin especificación), opta por habilitar exclusivamente a una de ellas: a la ***autoridad judicial***.

Pero al propio tiempo la CE cifra en la intervención judicial la garantía de la adecuación al Ordenamiento de las injerencias en el derecho al secreto de las comunicaciones personales. Por tanto, la conformidad de las injerencias con la propia CE y con el CEDH se hacen depender de la intervención de un órgano jurisdiccional, precisamente en consideración de lo que tal intervención implica. Conforme al art. 18.3 CE el derecho "***se garantiza***... *salvo resolución judicial*"[28].

---

28 No cabe, desde luego, entender que precisamente la "resolución judicial" prive de garantías al derecho al secreto de las comunicaciones personales.

Desde esta perspectiva, no cabe pensar que, para la CE[29], la garantía de la adecuación al Ordenamiento de las posibles injerencias de la autoridad pública en el ejercicio del derecho al secreto de las comunicaciones quede reducida hipócritamente a la intervención meramente formal de un Juez, miembro del Poder Judicial; la vocación del art. 18.3 CE a la intervención del Juez ha de entenderse necesariamente como equivalente a la opción constitucional por el cúmulo de garantías procesales que suponen el ejercicio de la potestad jurisdiccional, de suerte que la referencia a la "resolución judicial" implica la de **las garantías propias del proceso** (arts. 24 y 117 CE), es decir, la intervención ***imparcial*** del juez y en el curso del proceso que es su cauce natural.

Otro tanto puede afirmarse respecto de las medidas cautelares, aún las personales, pues pese al nuevo régimen legal de la prisión provisional operado por la LOTJ, lo cierto es que el nuevo art. 504 bis y el 539 reformado LECRIM dejan a la iniciativa del Juez de Instrucción la iniciación del procedimiento para acordar la prisión provisional u otra medida cautelar personal distinta de la detención, con lo que el Juez, al convocar a las partes a la comparecencia prevista en el art. 504 bis, realmente lo que está decidiendo es propiciar que le pidan la medida para así poder acordarla como alternativa a acordar sin más la libertad, si es que el inculpado se halla detenido.

### *4.2. Las misiones constitucionales del Ministerio Fiscal*

Respecto del comportamiento que la CE espera del Ministerio Fiscal y, especialmente, en relación con la investigación penal, resulta del art. 124 CE. Dice el 124 en su párrafo primero que "*el Ministerio Fiscal, sin perjuicio de las funciones encomendadas a otros órganos, tiene por misión promover la acción de la Justicia en defensa de la legalidad, de los derechos de los ciudadanos y del interés público tutelado por la Ley, así como velar por la independencia de los tribunales y procurar ante éstos la satisfacción del interés social*".

A fin de llegar a un recto entendimiento del precepto constitucional citado estimo conveniente analizar, aunque sea brevemente, el origen de la

---

29 La idea de Juez y de proceso, en cuanto incorporadas a la definición de un derecho fundamental, exigen también una interpretación en sede de derechos fundamentales y, por consiguiente, una interpretación conforme a la propia CE (arts. 117, 53.1 y 10.2), al CEDH y a la Jurisprudencia interpretativa del mismo emanada del TEDH.

institución en nuestro país. El Ministerio Fiscal, no debe olvidarse, nace en la Historia de España con ciertos matices diferenciales respecto del resto de sus homólogos europeos. Así, hace notar el profesor SÁNCHEZ ARCILLA, que el Ministerio Fiscal español surge en respuesta a una doble necesidad sentida a partir del s. XIII[30].

La primera de dichas necesidades, íntimamente ligada al momento histórico de la Reconquista, se concretaba en la exigencia de defender la legalidad del Rey, de manera que se asegurase que los jueces de los territorios reconquistados a los musulmanes no aplicasen, o en definitiva no siguiesen aplicando las leyes musulmanas o las costumbres locales, y aplicasen la nueva Ley de los conquistadores, es decir, la legalidad de los Reyes castellanos.

En segundo término, se hacía necesario defender los intereses de la Corona, defender los intereses del Rey, y de las personas que estaban bajo su protección, fundamentalmente de las viudas y huérfanos de guerra, de los desaparecidos en combate durante la contienda contra los musulmanes y de los cautivos; en general, de personas desvalidas, cuya protección era inmediatamente asumida por el Rey.

Tales misiones serían asumidas por un agente del Rey que recibió el nombre de Personero Real o Procurador Real, y que como tal tenía encomendada la defensa en juicio de los intereses del Rey, compareciendo en juicio en nombre del Rey y en lugar del mismo. Ello supuso que este Personero o Procurador Real jugase un papel corrector de desigualdades en cuanto evitaba la efectiva presencia en juicio del mismo Monarca. En efecto si la defensa de la legalidad del Rey o de los intereses de la Corona y de las personas que se encontraban bajo su amparo se llevase a cabo mediante la efectiva presencia del Rey en juicio, quedaría en entredicho la independencia y la misma libertad del juez, y desde luego desequilibraría el principio de igualdad de las partes que debe regir el combate procesal. Por ello, la presencia de ese *agente real* venía a restablecer el principio de igualdad siguiera de una manera indirecta.

---

30 Sánchez-Arcilla Bernal, José: "Procurador Fiscal y Promotor de la Justicia", en Revista de Derecho Procesal Iberoamericana núm. 4 de 1982, págs. 682 y ss. Otros encuentran el origen de la institución solo a partir del s. XIX por contemplarlo solo desde la perspectiva del proceso penal. Así, por todos Ibañez García De Velasco, Miguel: "Independencia y autonomía del Ministerio Fiscal en el proceso penal", en Revista de Derecho Procesal, 1967, II, pág. 103. Otros, por último, niegan el valor de la historia como parámetro investigador, como Serra Domínguez, Manuel: "El Ministerio Fiscal", en Revista de Derecho Procesal Iberoamericana, núm. 3-4 de 1979, pág. 613.

Desde entonces hasta hoy, el Fiscal ha venido defendiendo fundamentalmente tales valores: En primer lugar, **la legalidad** (la legalidad del Rey en un primer momento) en segundo término **los intereses de las personas desvalidas** (que por ser desvalidas en el Estado Patrimonial del Antiguo Régimen estaban amparadas por el Rey, por la Corona) y por último, incluso los propios **intereses patrimoniales del Estado**, los intereses del Fisco, de ahí arranca su nombre de Fiscal.

Sin embargo, esa actividad del Ministerio Fiscal y las funciones que originariamente se le encomendaban, así como su configuración misma, se han ido viendo modificadas e influidas por las distintas vicisitudes derivadas de la evolución política y jurídica que han ido sucediéndose a lo largo de la historia hasta nuestros días.

Así, la superación del Estado Absolutista y su sustitución primero por el Estado Liberal y luego la instauración del Estado Democrático de Derecho, determinaron que el Ministerio Fiscal dejara definitivamente de defender la legalidad del Rey, para comenzar a defender la legalidad del pueblo, la legalidad democrática emanada de los órganos legislativos, como legítimos representantes de la voluntad popular, al tiempo que, también como consecuencia de los presupuestos jurídicos del Estado de Derecho, asumiese la defensa en juicio de los derechos individuales civiles y políticos de los ciudadanos, consagrados como mínimos en las cartas políticas de toda esta época.

Un paso más de dicha evolución política influyó en las tareas o misiones del Ministerio Fiscal, tal es la consolidación del Estado Social. A partir de ese momento el Fiscal debe también asumir, como una parte esencial más de su cometido, la defensa del **interés social**, aún cuando quizá sea uno de los aspectos que haya pasado más desapercibido cuantos constituyen el núcleo de las funciones que pueden y deben esperarse del Ministerio Público.

El examen del texto que contiene el art. 124 de la Constitución, revela que no son otras las funciones que hoy la Constitución encomienda en esencia al Ministerio Fiscal.

En definitiva, a la vista del art. 124, —que desde luego debe interpretarse a la luz de esa primera previsión que la Constitución hace en su artículo uno al declarar que España se constituye como "*un Estado Social, Democrático y de Derecho*"—, tiene encomendada en esencia la protección de esos mismos valores clásicos, pero con matices diferenciales derivados de la proclamación hecha en el mencionado artículo primero de la Constitución.

En primer término, se encomienda al Fiscal la defensa de la legalidad, no ya de la legalidad del Rey, sino de **la legalidad democrática**, la defensa del ordenamiento jurídico emanado de la voluntad popular a través de sus legítimos representantes.

En segundo término, se le encomienda la defensa de los derechos propios de los ciudadanos, típicos de un Estado de Derecho, es decir, los consagrados en el Capítulo segundo del Título primero de la Constitución, bajo la rúbrica "**De los derechos fundamentales y libertades públicas**", así como la defensa del derecho a la igualdad contenido en el art. 14 de la Constitución.

Por último, se encomienda al Fiscal la defensa del **interés público**[31] y del **interés social**[32].

---

31 El concepto de interés público tutelado por la ley supone, según Granados Calero, una concreción del deber de defensa de la legalidad, en cuanto obliga a éste a intervenir en todos los casos en que la Ley se lo demande en defensa de alguno de los intereses generales. Por ejemplo, lo obliga a intervenir para satisfacer la necesidad de castigar o de perseguir a los delincuentes por tratarse de un interés general, en la necesidad de proteger a los menores o en la necesidad de procurar la certeza del Estado Civil de las personas (Granados Calero, F.: "El Ministerio Fiscal (Del presente al futuro)" (Madrid 1989), pág. 163. En sentido parecido se manifiesta Serrano Alberca en *Comentarios a la Constitución Española de 1978* (3ª edición), págs. 1814 y ss.

32 La función de defensa del interés social y, en fin, el **concepto de interés social** exige, sin embargo, de mayores concreciones. En primer término, la expresión interés social debe conectarse, como ya antes se indicó, con la proclamación que el artículo primero de la Constitución hace de que España se constituye como un *Estado Social*, en cuanto supone de superación del Estado liberal. En tal sentido, dice Garrorena González, Ángel: *El Estado Español como Estado Social y Democrático de Derecho*, Madrid 1984, pág. 101, que "la calificación "estado social" se configura como una cláusula de neto valor hermenéutico y, como tal, dirigida a vincular a autoridades y ciudadanos en la interpretación de la totalidad del ordenamiento jurídico, tanto a la hora de indagar el sentido del Derecho que ya existe cuanto en el momento de determinar el sentido que debe informar el Derecho que se produce". Se trata en términos del profesor Garrido Falla, de la "asunción por parte del Estado del deber de intervenir en la sociedad, poniendo desde el principio o sobre la base de poner en tela de juicio, la misma justicia de la configuración natural de la sociedad, de manera que esa intervención de los poderes públicos tiende a cambiar ese estado natural de la sociedad para procurar acercarlo en la medida de lo posible a unos moldes preconcebidos que se estiman más justos" (Garrido Falla, *Comentarios...*), es decir, a una concepción ideológica del modelo de sociedad que cada Estado o cada Constitución diseñe. Constituye en definitiva una acción social del Estado para lograr la llamada Justicia Social. Pero esta for-

En cualquier caso, lo esencial es que el Ministerio Fiscal tutela todos los mencionados valores mediante una concreta forma de actuación: **"promoviendo la acción de la justicia"**, es decir, **procurando un acto de tutela jurídica** respecto de los bienes cuya defensa se le encomiendan. Ello supone que el Ministerio Fiscal tiene su campo de actuación natural dentro del proceso al que accederá adoptando la posición procesal de parte, aunque antes de ello haya decidido imparcialmente sobre la posición a adoptar en el conflicto que origina el proceso. Esto supone que la función investigadora es ajena a los cometidos constitucionales del Ministerio Fiscal y que su intervención en la investigación sólo le es propia si ésta se canaliza a través del proceso, es decir, si se configura legalmente como una actividad procesal, pues las actuaciones administrativas le son, en general, ajenas.

En efecto, la configuración constitucional de la Institución para nada se relaciona con el ejercicio de potestades administrativas, sino que cifra, como se ha dicho, su campo de actuación en el ámbito del proceso y no fuera del mismo, como ponen sin lugar a dudas de manifiesto las referencias del art. 124 a "*promover la acción* de la justicia" y a "*procurar* ante éstos (los Tribunales) la satisfacción del interés social". Esto es unánimemente aceptado por la mejor Doctrina.

Es desde luego cierto que en el art. 124 CE no gravita sobre el Ministerio Fiscal una prohibición constitucional para ejercer potestades distintas de las que le están atribuidas expresamente por el texto constitucional, análoga a la existente respecto de los órganos jurisdiccionales del Poder Judicial en el art. 117.3, inciso 2º CE.

Es igualmente cierto que al Ministerio Fiscal se han atribuido en distintas ocasiones ciertas funciones semejantes a la aquí comentada que igualmente exceden del ámbito procesal en el que naturalmente se desarrolla su actuación y se acercan a las propias de la Administración Pública, más si bien se mira, tienen otra naturaleza o no suponen más que una mera formulación estética.

---

mulación tendría un carácter de mera formulación retórica, carecería de sentido, si la Constitución no se hubiese ocupado de diseñar esos moldes preconcebidos, de establecer una ideología en la materia, a la que acercar el estado natural de la sociedad, y eso es precisamente lo que hace la Constitución en el Capítulo tercero del Título primero, cuando establece los que llama "**Principios Rectores de la Política Económica y Social**", donde se configuran tales esquemas de política social, definiendo las pautas de comportamiento de los poderes públicos para lograr la Justicia Social o la realización del interés del Estado Social o, dicho de una forma más sincrética, *la definición constitucional del interés social.*

Así el art. 18 bis del Estatuto Orgánico (introducido por Ley 5/1988, de 4 de marzo) crea la Fiscalía Especial para la Prevención y Represión del Tráfico Ilegal de Drogas. Resulta evidente que la función de ***"prevención"*** es propia, más que del Ministerio Fiscal, de la Administración Pública y, especialmente en esta materia, de las Fuerzas y Cuerpos de Seguridad (art. 11 LOFCS). Sin embargo, el examen del citado art. 18 bis EOMF pone de manifiesto que la referencia a misiones de prevención es más aparente que real por cuanto su contenido se circunscribe a *actuaciones procesales* relacionadas con los delitos de tráfico de drogas.

Igualmente, el RD 769/1987, de 24 de junio, de la Policía Judicial, integra al Ministerio Fiscal en el seno de las Comisiones de Coordinación de la Policía Judicial (arts. 31 y ss.); pero ello es lógica consecuencia de la relación de dependencia funcional establecida por el art. 126 CE entre la Policía Judicial y el Ministerio fiscal, como corrobora la intervención también en dichas comisiones de representantes del Poder Judicial. Por otro lado, las atribuciones de la misma no constituyen en ningún caso actuaciones administrativas.

La única excepción a lo dicho se halla, sin embargo, en las potestades que le atribuye la Ley 1/1996, de 10 de enero, de Asistencia Jurídica Gratuita. La Exposición de Motivos de la Ley 1/1996 declara expresamente que "la evaluación del cumplimiento de los requisitos para gozar del derecho a la asistencia jurídica gratuita *no es en sentido estricto una función jurisdiccional...*", siendo en consecuencia propósito de la Ley configurar dicha función como "una *actividad esencialmente administrativa*".

Como consecuencia de tales postulados, la resolución sobre el reconocimiento del derecho se atribuye a las ***Comisiones de Asistencia Jurídica Gratuita***, que se configuran como un "*órgano administrativo*" según corrobora claramente de la sumisión de su actuación y funcionamiento a la Ley 30/1992, de 26 de noviembre, de Régimen Jurídico de las Administraciones Públicas y del Procedimiento Administrativo Común prevista en el art. 11 de la Ley 1/1996.

Ahora bien, en la composición de dichos órganos administrativos se integran sendos representantes de los Colegios Profesionales de Abogados y Procuradores, otros dos representantes de la Administración Pública, de los que uno será un Abogado del Estado, y, como presidente, un miembro del Ministerio Fiscal (art. 10). Por tanto, la atribución al Ministerio Fiscal de las potestades administrativas concretadas en la Ley 1/1996 en cuanto se desenvuelven fuera de su campo natural de actuación, que no es otro que el procesal, puede entrañar, siquiera de forma encubierta, una concepción legal del Ministerio Fiscal, distinta de la diseñada por el art. 124 CE, o, si se quiere, una ampliación de sus formas de comportamiento fuera del proceso, al menos, no previstas constitucionalmente.

En suma, lo que la CE espera del Ministerio Fiscal en la investigación penal es que valore su resultado en cada momento a efectos de promover los actos de tutela judicial que estime procedentes en defensa de los valores que tiene encomendados y, en consecuencia, del interés público inherente al proceso penal.

### *4.3. Las misiones de la Policía Judicial ex art. 126 CE*

La idea de Policía judicial supone, en principio, la existencia de un cuerpo o cuerpos de policía dedicados a auxiliar a los Juzgado y Tribunales y al Ministerio Fiscal, en sus funciones relacionadas con el ejercicio del *Ius Puniendi* (Derecho a Castigar) de que es titular el Estado.

Por tanto, la existencia de una Policía Judicial es, en primer lugar, consecuencia de la necesidad social de garantizar la eficaz persecución de los delitos, ya que el éxito de la justicia penal, como mecanismo para la defensa de la sociedad frente al delito, depende en gran medida de la actividad policial. En expresión de HELIE "la policía es el ojo de la justicia" y es que, normalmente, es el primer elemento de control social que entra en contacto con el delito. Pero además la Policía judicial es el "brazo armado de la Justicia Penal".

En segundo lugar, el establecimiento de la Policía judicial es una exigencia del Estado Democrático de Derecho consagrado por la Constitución, la cual pone a la Policía no sólo a disposición del Poder Ejecutivo (art. 104 CE) sino del poder Judicial (art. 126 CE), como consecuencia del sistema de separación de poderes (Moreno Catena).

Pero actualmente la Policía judicial no se presenta en nuestro sistema como un **Cuerpo de Policía**, diferenciado de los demás Cuerpos y Fuerzas de Seguridad, y llamado a desempeñar esa función con carácter exclusivo y, menos aún, excluyente; sino que constituye en esencia una **función policial** encomendada por el ordenamiento a la generalidad de los distintos Cuerpos y Fuerzas de Seguridad existentes, aun cuando se atribuya de modo preferente a ciertos organismos policiales por razones de especialización[33].

---

33 Lo ordinario es que el Derecho objetivo defina determinadas funciones y luego las atribuya a ciertos órganos (por ejemplo, la función jurisdiccional consistente

En realidad, la función de Policía judicial no es más que una de las posibles manifestaciones de la función general de Policía. La Constitución define una y otra funciones en los arts. 104 y 126 respectivamente.

El art. 104.1 se refiere a la función general de Policía: "*Las Fuerzas y Cuerpos de seguridad, bajo la dependencia del Gobierno, tendrán como misión proteger el libre ejercicio de los derechos y libertades y garantizar la seguridad ciudadana.*

*Una ley orgánica determinará las funciones, principios básicos de actuación y estatutos de las Fuerzas y Cuerpos de seguridad*".

El art. 126 por su parte consagra constitucionalmente la función de Policía judicial: "*La policía judicial depende de los Jueces, de los Tribunales y del Ministerio Fiscal en sus funciones de averiguación del delito y descubrimiento y aseguramiento del delincuente, en los términos que la ley establezca* ".

El art. 104,1 CE cifra, pues, la función general de Policía en la "misión de proteger el libre ejercicio de los derechos y libertades y garantizar la seguridad ciudadana".

Lo primero que merece destacarse del art. 104,1° de la Constitución es la denominación de Fuerzas y Cuerpos *de Seguridad* empleada en el mismo para aludir a la Policía. Con ella se distinguen claramente de las Fuerzas *Armadas*[34] (denominación con la que la Constitución designa al Ejército: art. 8 CE), a fin de diferenciar definitivamente las funciones de policía y las de defensa nacional que tradicionalmente han aparecido confundidas y desempeñadas conjuntamente por instituciones militares[35].

---

en "*juzgar y ejecutar lo juzgado*" y es atribuida a los "*Jueces y Tribunales*" (art. 117 CE). Lo mismo sucede también en materia de Policía judicial.

34 Sobre las misiones de las Fuerzas Armadas puede consultarse la obra de Manuel Díez-Alegría, *Ejército y sociedad*, Madrid, Alianza, 1973; igualmente la clásica obra de Hermann Oehling, *La función política del Ejército*, Madrid, Instituto de Estudios Políticos, 1967.

35 Desde la Edad Media las funciones policiales se han venido encomendando al Ejército. Incluso en 1812, la Constitución de Cádiz establecía que "Habrá una *fuerza militar* nacional permanente, de tierra y de mar, para la defensa exterior del Estado y la conservación del orden interior"(art. 356). Así los cuerpos y fuerzas policiales han tenido históricamente estructura, organización y disciplina militares hasta que recientemente se han configurado como institutos armados de carácter civil, con la sola excepción de la Guardia Civil que conserva carácter militar y, aun así, con especialidades propias que la distinguen de las Fuerzas Armadas. Sobre la materia existe una en la actualidad bastante bibliografía, como más relevantes pueden consultarse las siguientes: Manuel Ballbé: *Orden público y militarismo en la España constitucional (1812-1983)*, Madrid Alianza, 1983; Diego López Garrido: *El*

Por otro lado, la referencia a la Seguridad, frente a la anterior denominación **Fuerzas de Orden Público**, implica la acentuación de la configuración constitucional de la Policía como una institución democrática encaminada al servicio de los ciudadanos más que al del propio Estado o del Gobierno.

### 4.3.1. Los fines constitucionales de la función de policía

La Constitución centra la función policial en la protección y garantía de los dos siguientes valores: a) el libre ejercicio de los derechos y libertades, y b) la seguridad ciudadana.

La actividad policial de **protección del libre ejercicio de los derechos y libertades** se centra en mantener las necesarias condiciones de paz ciudadana para que los derechos y libertades se puedan ejercitar por sus titulares en libertad, es decir, libres de todo ataque a los mismos que proceda de otros sujetos. Así compete a la Policía proteger a quienes ejercitan su derecho constitucional a manifestarse pacíficamente y sin armas (art. 21 CE) frente a quienes perturben el normal desarrollo de la manifestación; o proteger el derecho del dueño de un vehículo a disfrutar y disponer del mismo frente a quienes pretendan utilizarlo ilegítimamente y, por tanto, sin autorización de aquel.

En cuanto a la **seguridad ciudadana** se trata de un concepto distinto del de Orden Público tal y como se venía entendiendo antes de la Constitución de 1978. La Seguridad Ciudadana forma parte de otro más amplio: el de **seguridad pública**. Ésta comprende todos los mecanismos encaminados a la protección de personas y cosas frente a cualquier peligro que pueda amenazarlos, ya proceda de actos humanos o de hechos o sucesos naturales (como terremotos, inundaciones, incendios, epidemias, situaciones de desabastecimiento de artículos de primera necesidad, etc.). Como se ve, aunque las Fuerzas y Cuerpos de Seguridad tengan determinadas atribuciones en estas situaciones, desde luego éstas no son de su competencia exclusiva, sino que se atribuyen a otros servicios públicos como los de extinción de incendios, los de salud pública y, en general, a los de Protección Civil.

---

*aparato policial en España*, Barcelona, Ariel, 1987; y Carlos Seco Serrano: *Militarismo y civilismo en la España contemporánea*, Madrid, Instituto de Estudios Económicos, 1984.

La Seguridad ciudadana constituye únicamente la "seguridad material de personas y bienes de los ciudadanos frente a los ataques (violentos o fraudulentos) procedentes de actos humanos, ya sean delitos o infracciones del ordenamiento jurídico público que lesionen o pongan en peligro tales bienes".

En realidad, podría decirse que la garantía de la seguridad ciudadana y la protección del libre ejercicio de los derechos y libertades no son más que dos perspectivas o aspectos del mismo objeto.

### 4.3.2. Modalidades de la actividad de policía: Policía preventiva y reactiva

En cualquier caso, la protección del libre ejercicio de los derechos y libertades y la garantía de la Seguridad Ciudadana exigen una doble tarea de las Fuerzas y Cuerpos de Seguridad: Evitar la realización de conductas que atenten contra los mencionados valores y reaccionar contra tales conductas cuando ya se han producido, aún de forma imperfecta.

Tradicionalmente las dos actividades enunciadas suelen recibir las denominaciones de prevención y represión.

Al campo de la **prevención** corresponde toda una gama de acciones de muy diversa índole (campañas de información, el solo alumbrado de las calles, patrullas, controles, labores de vigilancia especialmente a personas que se reputen en situación predelictual, e incluso la sola presencia policial en las vías públicas) concebidas como medios disuasorios para el contraventor potencial.

La **represión** supone una actividad encaminada a la sanción de las contravenciones ya cometidas, mediante el descubrimiento de sus responsables y el aseguramiento de sus personas y de las pruebas de la infracción, a fin de ponerlas a disposición de las autoridades competentes para reprimir tales conductas, según se trate de infracciones administrativas o criminales.

A su vez, las conductas atentatorias al libre ejercicio de los derechos y libertades y a la seguridad ciudadana pueden constituir bien infracciones administrativas o bien infracciones criminales (delitos y faltas), pero en todo caso conductas contrarias al Derecho público, ya al Derecho penal o ya al Derecho administrativo, con lo que la actividad policial preventiva o reactiva constituye en esencia una actividad tendente a lograr la eficacia de las Leyes y disposiciones generales.

Lo expuesto permite distinguir una doble *clasificación* de la actividad de las Fuerzas y Cuerpos de Seguridad:

A) Atendiendo al objetivo inmediato de la actividad policial, puede hablarse de una actividad de policía *preventiva* y de otra *reactiva o represiva.*

B) Atendiendo a la clase de normas cuya eficacia se pretende garantizar, puede hablarse de una actividad de policía *administrativa* y de otra de policía *criminal.*

Pero además a las Fuerzas y Cuerpos de Seguridad suelen encomendarse por la Ley otras actividades de asistencia a personas necesitadas de un inmediato auxilio por cualquier causa siquiera sea con carácter provisional y urgente, hasta tanto los servicios públicos o privados de que se trate se hagan cargo de la situación de peligro que genera la necesidad de asistencia (por ejemplo la producción de una lesión accidental de una persona en la vía pública o la producción de un incendio en un edificio puede requerir la intervención urgente de cualquier agente o funcionario que se encuentre en el lugar, aunque tal intervención sea mínima y consista en trasladar al lesionado a un centro sanitario o auxiliar a las víctimas del incendio y comunicar su producción a los servicios de bomberos). Esta actividad policial es más una actividad de cooperación con otros servicios e instituciones y suele denominarse *actividad asistencial.*

Las funciones constitucionales de la policía antes expuestas y las clases de actividad policial enunciadas encuentran su plasmación en la enumeración de las misiones o funciones policiales contenida en la Ley Orgánica 2/1986, de 13 de marzo, de Fuerzas y Cuerpos de Seguridad, cuyo art. 11, 1° sienta:

> *"Las Fuerzas y Cuerpos de Seguridad del Estado tienen como misión proteger el libre ejercicio de los derechos y libertades y garantizar la seguridad ciudadana mediante el desempeño de las siguientes funciones:*
> *a) Velar por el cumplimiento de las Leyes y disposiciones generales ejecutando las órdenes que reciban de las Autoridades, en el ámbito de sus respectivas competencias.*
> *b) Auxiliar y proteger a las personas y asegurar la conservación y custodia de los bienes que se encuentren en situación de peligro por cualquier causa.*
> *c) Vigilar y proteger los edificios e instalaciones públicos que lo requieran.*
> *d) Velar por la protección y seguridad de altas personalidades.*
> *e) Mantener y restablecer, en su caso, el orden y la seguridad ciudadana.*
> *f) Prevenir la comisión de actos delictivos.*
> *g) Investigar los delitos para descubrir y detener a los presuntos culpables, asegurar los instrumentos, efectos y pruebas del delito, poniéndolos a disposición del Juez o Tribunal competente y elaborar los informes técnicos y periciales procedentes.*
> *h) Captar, recibir y analizar cuantos datos tengan interés para el orden y la seguridad pública, y estudiar, planificar y ejecutar los métodos y técnicas de prevención de la delincuencia.*

*i) Colaborar con los Servicios de Protección Civil en los casos de grave riesgo, catástrofe, o calamidad pública, en los términos que se establezcan el la Legislación de Protección Civil".*

### 4.3.3. Las potestades de policía: Los poderes policiales de control y coerción

La actividad de las Fuerzas y Cuerpos de seguridad suele entrañar limitaciones o intervenciones en los derechos de los ciudadanos (por ejemplo, la detención de un sujeto constituye una intervención sobre su derecho a la libertad personal —art. 17 CE). Por esta razón, tal actividad en un Estado democrático de Derecho no puede quedar simplemente confiada a la discrecionalidad policial, sino que necesariamente ha de estar prevista y regulada por una norma de Derecho objetivo. Mientras el ciudadano puede en principio hacer todo aquello que la Ley no le prohíba, la Policía, en cuanto parte de la Administración, sólo puede actuar en la medida en que la Ley se lo autorice.

Para que un funcionario de policía pueda llevar a cabo una actuación ha de tener un poder legal o *potestad* para ello, o sea, ha de estar autorizado o habilitado por una concreta norma jurídica (***norma habilitante***). Pero tal actuación puede afectar a derechos de distinta naturaleza (puede tratarse de un derecho fundamental o no) y, por consiguiente, la norma que autorice cada actuación policial ha de tener *rango bastante* para ello (Ley Orgánica, Ley ordinaria, Real Decreto, Ordenanza Municipal, Bando, etc.), dependiendo de la naturaleza del derecho afectado.

En materia de actividad de policía esta exigencia reviste especial importancia, pues con gran frecuencia incide en los derechos fundamentales y libertades públicas de los ciudadanos. Ello supone que en tales casos la potestad policial debe proceder de una norma con rango de Ley orgánica por mandato del art. 81,1º CE.

En resumen la actuación de la policía supone en todo caso el ejercicio de potestades atribuidas por las Leyes y normalmente por Leyes Orgánicas.

Lo característico de la actividad policial es que ésta se concreta en actos de control y de coerción, lo que permite hablar de dos potestades típicas de policía: la "potestad de control" y la "potestad de coerción".

La "*potestad de control*" habilita a las Fuerzas y Cuerpos de Seguridad para adquirir información sobre sobre el desarrollo de la vida ciudadana, sobre la población en general y especialmente sobre las personas relacionadas con el mundo de la delincuencia.

Son actos típicos de *control general* de policía los de vehículos y sus conductores, reuniones o manifestaciones públicas, ceremonias y manifestaciones religiosas, tenencia y transporte de armas, actividades de juego y apuesta, establecimientos públicos de hospedaje, de espectáculos públicos, de bebidas alcohólicas (bares), balnearios, compraventa de joyas y metales preciosos, comercio o reparación de objetos usados, el alquiler o el desguace de vehículos de motor, industrias peligrosas, nocivas, insalubres y molestas, actividades tipográficas, y en general todas las actividades relevantes para la seguridad ciudadana. A algunos de ellos se refiere el Capítulo II de la LEC (arts. 6 a 13).

Los actos de *control especial* sobre personas concretas son de identidad de personas, la toma y registro de muestras lofoscópicas, el seguimiento y observación de personas.

La "*potestad de coerción*" supone la habilitación para hacer uso de la fuerza física y de la violencia cuando esta es necesaria para restablecer o incluso mantener la seguridad ciudadana; por ejemplo, para lograr la detención de una persona o disolver una manifestación ilegal. Esta potestad es la que a veces también se ha llamado de "coacción directa", por cuanto los miembros de las Fuerzas y Cuerpos de Seguridad en ocasiones se hallan habilitados legalmente para hacer cumplir o ejecutar sus órdenes o decisiones.

El impedimento y eliminación de infracciones penales y administrativas contra la seguridad ciudadana (prevención y restablecimiento) puede reclamar el empleo de la coacción directa por parte de las Fuerzas y Cuerpos de Seguridad y de hecho suele reclamarla, por lo que el ordenamiento prevé actos de policía en tal sentido. Así, por ejemplo, la LSC habilita a las autoridades gubernativas y a las Fuerzas y Cuerpos de Seguridad para realizar una serie de intervenciones que tradicionalmente suelen identificarse con la coacción directa o uso de la fuerza.

Son actos de coerción propiamente dichos tanto los consistentes en el uso de la fuerza para garantizar una orden de detención cuando ésta no es pacífica, como el uso de armas de fuego por parte de la policía como reacción ante un ataque violento, o la disolución de una manifestación ilegal conforme a los artículos 5 de la Ley Orgánica 9/1983, de 15 de julio, reguladora del derecho de reunión y 16 LSC.

### 4.3.4. La función de policía judicial

En una primera aproximación la función de policía judicial aparece definida por la idea de una Policía que desarrolla su actividad en aras de la Administración de Justicia, propiciando que ésta cumpla las misiones que el Ordenamiento le encomienda y auxiliando a los órganos jurisdiccionales y del Ministerio fiscal en el desarrollo de sus distintos cometidos; dicho de otro modo, una Policía que actúe en función del llamado Poder Judicial, como la Policía Gubernativa actúa en función del Poder Ejecutivo. Pero, el análisis del art. 126 CE pone enseguida de manifiesto que la función de Policía judicial se contrae al ámbito criminal, auxiliando a los Juzgados y Tribunales y al Ministerio Fiscal únicamente en sus funciones procesales de carácter penal.

En efecto, conforme al art. 126 de la Constitución, la función de la Policía Judicial se contrae a "la averiguación del delito y al descubrimiento y aseguramiento del delincuente, en los términos que la ley establezca".

La expresión constitucional "*en los términos que la ley establezca*" supone una remisión a las Leyes procesales (Ley de Enjuiciamiento Criminal de 14 de septiembre de 1882 y Ley Orgánica 6/1985 de 1 de julio del Poder Judicial) y a la legislación policial (Ley Orgánica 2/1986 de 13 de marzo de Fuerzas y Cuerpos de Seguridad y el Real Decreto 769/1987 de 19 de junio, sobre regulación de la Policía Judicial), normas que vienen a desarrollar tal precepto, detallando la función de Policía judicial.

El art. 282 LECRIM establece que "La Policía judicial tiene por objeto y será obligación de todos los que la componen, averiguar los delitos públicos (o privados cuando fueren requeridos para ello) que se cometan en su territorio o demarcación, practicar, según sus atribuciones, las diligencias necesarias para comprobarlos y descubrir a los delincuentes, y recoger todos los efectos, instrumentos o pruebas del delito de cuya desaparición hubiere peligro, poniéndolos a disposición de la Autoridad judicial".

Y el art. 443,1, inciso 1° LOPJ, casi reproduciendo el contenido del art. 126 CE, sienta que "La función de Policía judicial comprende el auxilio a los Juzgados y Tribunales y al Ministerio Fiscal en la averiguación de los delitos y en el descubrimiento y aseguramiento de los delincuentes". Luego el art. 445, por su parte, enumera detalladamente tales misiones:

> *a) La averiguación de los responsables y circunstancias de los hechos delictivos y la detención de los primeros dando cuenta seguidamente a la autoridad judicial y fiscal, conforme a lo dispuesto en las leyes.*
> *b) El auxilio a la autoridad judicial y fiscal en cuantas actuaciones deba realizar fuera de su sede y requieran la presencia policial.*

> *c) La realización material de las actuaciones que exijan el ejercicio de la coerción y ordenare la autoridad judicial o fiscal.*
> *d) La garantía del cumplimiento de las órdenes y resoluciones de la autoridad judicial o fiscal.*
> *e) Cualesquiera otras de la misma naturaleza en que sea necesaria su cooperación o auxilio y lo ordenare la autoridad judicial o fiscal.*

El RDPJ, por último, reproduce prácticamente las fórmulas anteriores: "*actuaciones encaminadas a la averiguación de delitos o descubrimiento y aseguramiento de delincuentes*" (art. 1).

En conclusión, podemos definir la **función de policía Judicial** como ***aquella actividad policial dirigida a la averiguación de los delitos y el descubrimiento y aseguramiento de los delincuentes, así como a garantizar el cumplimiento y, en su caso, la ejecución coactiva de las resoluciones de las autoridades judiciales y fiscales, auxiliándolas en sus funciones procesales de carácter criminal.***

Es decir, sintéticamente, la función de policía judicial no es sino la ***función de policía criminal represiva*** o encaminada a la represión de las infracciones criminales. Y en términos de la LOFCS la función de "Investigación de los delitos para descubrir y detener a los presuntos culpables, asegurar los instrumentos, efectos y pruebas del delito, poniéndolos a disposición del Juez o Tribunal competente y elaborar los informes técnicos y periciales procedentes" (Art. 11, 1, *g)* LOFCS citado).

Sentado lo anterior, debe tenerse en cuenta que la función policial de investigación criminal supone desde antiguo la aplicación de técnicas específicas o conocimientos científicos de diversa índole (documentoscopia, lofoscopia, balística, etc), lo que ha permitido a veces equiparar la Policía judicial con la locución "Policía Científica". En este sentido se distingue, desde el punto de vista dogmático, entre el desempeño de la función de policía criminal represiva mediante el empleo de las técnicas comunes de las Fuerzas y Cuerpos de Seguridad y el desempeño de esa misma función aplicando las modernas técnicas policiales y criminalísticas y, sobre la base de dicha distinción, se habla de la ***función general de policía judicial*** y en un sentido más estricto de la ***función de policía judicial especializada***.

Esta idea ha transcendido al terreno legislativo; así para la Exposición de Motivos de la LOFCS "Los avances de la criminalidad moderna exigen que deba lucharse contra la misma con grandes medios y efectivos, utilizando las técnicas de la policía científica...configurándose la Policía Judicial, en el terreno doctrinal y docente, como una especialidad policial, y, considerándose el Diploma correspondiente como requisito necesario para desempeñar puestos en las unidades que se constituyan". Igualmente, el art. 32 de dicha ley sienta el principio de que "La Policía judicial constituye una función cuya especialización se cursará en los Centros de Formación y Perfeccionamiento de los miembros de las Fuerzas y Cuerpos de Seguridad del Estado, con participación de miembros de la Judicatura y del Ministerio Fiscal, o, complementariamente, en el Centro de Estudios Judiciales".

En suma, debe concluirse que para la CE las funciones de averiguación del delito y descubrimiento y aseguramiento del delincuente, es decir, las que integran el contenido esencial de la investigación corresponden de forma natural a la Policía Judicial. A *contrario sensu,* no corresponden constitucionalmente a los órganos jurisdiccionales ni al Ministerio Fiscal.

## 5. CONCLUSIÓN

La consecuencia general que —a mi juicio— debe extraerse de las anteriores consideraciones es la imposible convivencia del sistema procesal basado en los principios que inspiraron la LECRIM con los que inspiran el proceso configurado por la CE y las Convenciones Internacionales de Derechos. La CE prevé un modelo de proceso penal de corte decididamente acusatorio en todas sus fases o, como otros prefieren denominarlo, modelo "contradictorio"[36], en el que los principios acusatorio[37] y de contradicción constituyen los pilares o elementos estructurales inderogables de toda la actividad que integra el proceso, cualquiera que sea la fase o estadío en que se encuentre, y, por tanto, también durante la investigación. En consecuencia, en la fase de investigación el Juez, lejos de intervenir directamente en ella, se limita a amparar los derechos de todos los intervinientes y afectados por la misma, autorizando o denegando la limitación de derechos y restableciendo los indebidamente limitados, al tiempo que resuelve cuantos conflictos surgen entre los interesados. Este es además el modelo de proceso penal que se ha ido adoptando paulatinamente en casi todos los países europeos de nuestro entorno, aún con matices diferenciales entre ellos, derivados de distintas opciones de los legisladores nacionales pero que en definitiva vienen a fundarse en la misma idea: la Policía investiga, el

---

36 Así prefiere denominarlo, por ejemplo, Andrés De La Oliva Santos, *Derecho Procesal Penal* (con otros), Reimpresión de marzo de 1994, págs. 38 y ss.

37 Entendiendo aquí por principio acusatorio la necesidad de que un acusador de una infracción penal pida al Juez que intervenga, más no necesariamente en un determinado sentido como sucede en el proceso civil, lo que viene a distinguirlo de los principios dispositivo y de aportación de parte.

Fiscal acusa (aunque en algunos países tenga una mayor disposición sobre la Policía Judicial y en consecuencia una mayor intervención en la investigación) y el Juez resuelve y juzga.

Conforme a lo dicho, en general la investigación de toda clase de delitos y faltas debe competer en exclusiva a la Policía Judicial. Únicamente los delitos privados podrían ser investigados por particulares e, incluso, por la propia Policía si la víctima acude a la misma requiriendo su intervención.

De todas las posibles actuaciones que constituyen el contenido de la investigación la Policía Judicial acordaría y practicaría todas las llamadas diligencias de investigación en sentido estricto que considere necesarias.

En cuanto a las medidas limitativas de derechos la Policía Judicial también practicaría aquellas para las que está habilitada legalmente, sean diligencias instrumentales (como la identificación de personas, el cacheo, etc) o medidas cautelares (como la detención). Las restantes medidas limitativas deberá autorizarlas el Juez, que por eso suele llamarse Juez de la Instrucción, más que Juez de Instrucción.

La Policía Judicial podría dar cuenta al Ministerio Fiscal del curso de la investigación en cualquier momento, especialmente cuando limitare derechos fundamentales de alguna persona en el curso de la misma y, en todo caso, cuando pretenda que el Juez de Instrucción los limite por ser necesaria la resolución o autorización judicial. En tales casos el Fiscal decidirá sobre la necesidad y utilidad para la investigación de la limitación del derecho que se trate, valorando especialmente la legalidad y proporcionalidad de la medida interesada por la Policía Judicial, la cual pediría al Juez (o, en su caso, se opondría a ellas), y el Juez resolvería, siendo posible, previa audiencia del sujeto afectado.

Una vez concluida la investigación policial se comunicaría, si no se hizo antes, al Ministerio Fiscal, quien debería hacer una valoración de la misma, pidiendo al Juez impute al policialmente inculpado y comunicándole el propósito de acusar, así como la adopción de las medidas cautelares personales y reales procedentes o acordaría el archivo comunicándolo al perjudicado.

Para garantizar los derechos y el interés de los acusadores particulares o populares y del propio imputado, una vez que el Juez de la Instrucción tiene conocimiento de la imputación formulada por aquellos, o por el Fiscal, contra éste, ordenará practicar las diligencias que le pidan tanto los acusadores como los imputados, si no las practicó la Policía Judicial cuando hubiere intervenido con anterioridad y las estima pertinentes.

El Juez de Instrucción: a) Acordará cuantas diligencias de investigación le pida cualquier parte distinta del Fiscal, pues éste puede ordenarlas directamente a la Policía. b) Concederá o denegará cuantas autorizaciones para limitar derechos fundamentales que estime procedentes y que en todo caso le sean pedidas, como antes se expuso. c) Valorará la razonabilidad e intensidad de la imputación que verifique el Ministerio Fiscal a efectos de dar curso al procedimiento, así como cuando haya de adoptar medidas que igualmente se le pidan. d) Resolverá sobre la preconstitución de pruebas que puedan llevarse a cabo durante la investigación.

En cualquier caso, el Juez de Instrucción no llevará a cabo ninguna actividad que no le sea pedida, ya por los acusadores ya por los imputados.

Por último, desde que la Policía Judicial dirigiera la investigación contra un sujeto determinado o pretendiera afectar sus derechos debería comunicárselo, salvo que pretenda del Juez que declare secreta la investigación para el imputado, y desde ese instante debe consagrarse con carácter general la adquisición de la condición de inculpado policialmente (por la Policía) y lógica e ineludiblemente el nacimiento del derecho de defensa. De esta manera la defensa tendría lugar frente a la Policía Judicial o al Ministerio Fiscal cuando pidiera al Juez de la Instrucción medidas limitativas contra el mismo.

De esta manera:

a) La Policía Judicial cumpliría fielmente las misiones que le asigna el art. 126 CE.

b) El Ministerio Fiscal se comportaría "promoviendo la acción de la Justicia..." (art. 124 CE)

c) El Juez actuaría tutelando los derechos e intereses de las partes sin tomar partido por ninguna de ellas, comportándose como un verdadero Juez y garantizando imparcialmente los intereses de la sociedad y de los ciudadanos (art. 117.3 y 4 CE).

d) El derecho de defensa cobraría su verdadero sentido en la instrucción o investigación, pues desplegaría su eficacia frente a la actividad de la Policía Judicial o del Ministerio Fiscal, mas no como en la actualidad que el imputado parece defenderse —y así creo que es hoy— del propio Juez en cuanto es un "Juez de Instrucción"; lo lógico es que la defensa deba desarrollar su actividad procesal de resistencia para defenderse de las pretensiones de los acusadores, no de las decisiones *propias* del Juez.

# *La dirección de la instrucción penal: ¿Jueces o Fiscales?*

**FERMÍN MORALES PRATS**
*Catedrático de Derecho Penal*
*Universidad Autónoma de Barcelona*
*Abogado*

*A Víctor Moreno Catena con quien comparto amistad y la lucha por la defensa de las garantías del ciudadano en el proceso penal.*



## 1. EL CONTEXTO DEL DEBATE

Secularmente, en el Ordenamiento Jurídico español, se ha adoptado un modelo de instrucción en el proceso penal según el cual la dirección plena de las diligencias instructorias recae en el juez de instrucción.

El concepto investigación penal es más amplio que el relativo a la instrucción penal. La investigación abraza también las diligencias informativas, de las que emanan facultades indagatorias cuyo titular es el Ministerio Fiscal. La reforma que se ha producido en el pasado, enderezadas a otorgar un estatuto jurídico a las facultades de investigación del Ministerio Fiscal (diligencias informativas), no han supuesto una remoción o un replanteamiento del modelo procesal de instrucción penal en sentido estricto.

En los últimos decenios, se ha suscitado un debate interminable sobre la reforma en profundidad de la Ley de Enjuiciamiento Criminal, que no se ha visto reflejado ni culminado en reformas legislativas. Las modificaciones han sido parciales y, para lo que aquí interesa, no han puesto en tela de juicio el modelo instructorio históricamente implantado en España para el proceso penal.

Se han verificado múltiples propuestas tendentes a propiciar que el Ministerio Fiscal asuma la dirección de la instrucción penal en un sentido estricto, que en todo caso vaya más allá de las actuales diligencias informativas, que como es sabido conceptualmente son anteriores a la apertura-ción de diligencias instructorias. En tal dirección se proyectan argumentos instalados tanto en criterios de legitimación como en criterios de eficacia. El principal bloque de argumentos atiende, por los partidarios de tal reforma legislativa, a los designios del principio acusatorio en un Estado de Derecho, así como a la necesidad de imparcialidad o no contaminación del juez implicado en la fase instructoria, que devendría propiamente en un "juez de libertades"; ilustrativo al respecto son los trabajos y propuestas formuladas por un reputado sector de la doctrina procesal y penal (así Víctor Moreno Catena, "El Ministerio Fiscal, director de la investigación de los delitos" y Tomás S. Vives Antón, "Sobre la imparcialidad del juez y la dirección de la investigación oficial del delito", trabajos ambos publicados en la Revista Teoría & Derecho 1/2007 monográficamente dedicada al tema "¿Ministerio Fiscal o Juez Instructor? La investigación penal a debate").

Lógicamente en estas propuestas doctrinales, en las que el Ministerio Público aparece como el impulsor y director del devenir instructorio, el juez queda configurado como un árbitro imparcial que, en el decurso de la instrucción penal, solo debe intervenir y pronunciarse puntualmente para evitar y valorar la procedencia de determinados actos o medidas instructorias, principalmente las que sean restrictivas o limitativas de derechos fundamentales. Puede decirse que esta propuesta ha contado con el respaldo de la mayoría de los miembros integrantes del Ministerio Fiscal; en el ámbito judicial podría decirse que esta propuesta no goza de un respaldo mayoritario.

Frente a estos postulados de reforma, se ha objetado desde la magistratura y por parte de destacados representantes de los distintos colectivos en los que se asocian jueces y magistrados, que no existen razones constitucionales que justifiquen la reforma y mucho menos que la determinen, pues, en definitiva, indican que nadie mejor que un juez puede y debe dirigir la instrucción penal; la tesis por el mantenimiento del modelo histórico de la instrucción penal acoge múltiples argumentaciones y justificaciones, algunas entrelazadas con propuestas de reformas procesales que en ningún caso pasarían por otorgar el impulso y dirección de la instrucción penal al Ministerio Público (así pueden verse, entre otros destacados planteamientos, en esta dirección por parte de Perfecto Andrés Ibáñez, "El fiscal en la actual regresión inquisitiva del proceso penal", Luis María Díez-Picazo, "Siete tesis sobre la idea del fiscal investigador", Juan Montero Aroca "Investigación e instrucción en el proceso penal; a favor del imperio de la ley de las garantías de las partes en la preparación y en la evitación del juicio oral"; estos distintos trabajos se hallan incluidos en la Revista antes citada).

Junto a este debate ubicado en el plano de los conceptos y de las ideas, también se verifica una discusión de ideas en el ámbito de lo coyuntural, en atención a la situación de aguda crisis económica y a la escasez de los medios con que opera la Administración de Justicia; en este plano de debate se señala que un cambio de modelo a favor del otorgamiento de la dirección de la investigación penal al Ministerio Fiscal, supondría una inversión presupuestaria que no es asumible en estos momentos, que probablemente no son los más adecuados para remover el organigrama y las funciones institucionales y jurisdiccionales en el proceso penal. En este plano de argumentación las propuestas se orientarían a postergar la decisión sobre la necesidad o no de mantener el actual modelo instructorio.

A mi juicio, el referido debate, amén de estar influenciado en ocasiones por premisas corporativistas, hasta cierto punto orilla u olvida los problemas centrales y decisivos que tienen planteados actualmente la investigación instructoria de los delitos en España. Probablemente, el problema central no es dilucidar a quién corresponde dirigir e impulsar la instrucción, sino el propio modelo heredado del siglo XIX, que acoge la Ley de Enjuiciamiento Criminal, presidido por una notable componente burocrática en la gestión, dirección y desarrollo de la instrucción penal de los delitos.

## 2. ¿CÓMO REFORMULAR LA INSTRUCCIÓN EN DEFENSA DE LAS GARANTÍAS DEL CIUDADANO?

El problema pues, a mi entender, es de garantías, que en cualquier caso se ven resentidas por inercia ante un proceso instructorio lento y burocrático. En efecto, la dilatación en el tiempo de las investigaciones instructorias convierte, por ejemplo, la denominación de "procedimiento abreviado" en un sarcasmo. Los profanos en la materia, concernidos en algún momento de su vida por diligencias instructorias, no pueden llegar a entender la lógica de desenvolvimiento de las diligencias propias de esta fase del procedimiento penal.

Se trata, por tanto, de abordar reformas radicales en la materia, en tanto que acojan propuestas que se dirijan a la raíz del problema. Estas propuestas, en mi opinión, deben transitar indefectiblemente por la fijación de plazos para la instrucción ordinaria y de límites temporales extraordinarios para las instrucciones penales que revistan mayor complejidad. Solamente domeñando en términos temporales la instrucción penal, se está en condiciones de suscitar un ulterior debate sobre la dinámica instructoria al servicio del límite temporal legalmente establecido. Hasta la fecha las reformas de la Ley de Enjuiciamiento Criminal de 2015 y 2020, sobre el art. 324, no han supuesto un cambio sustancial en aras a contrarrestar la dinámica burocrática de la instrucción. Se trata de previsiones legislativas que han provocado una retórica y sucesiva ampliación de los plazos de instrucción, cuando se vencían los límites temporales establecidos legislativamente.

La primera medida que parece urgente se proyecta sobre la fase o momento de admisión de la querella. Es preciso el desarrollo de un debate tendente a favorecer la creación de una "vistilla" para tal menester. Efectivamente la admisión de la querella, como acto jurisdiccional, no debe suponer un mero trámite burocrático, se trata de un acto procesal de gran importancia, en el cual el órgano jurisdiccional debería expresar una primera valoración que justifique y causalice la aperturación de unas diligencias instructorias penales o bien por el contrario la denegación de tal aperturación. Y ese acto procesal, a mi juicio, debería estar presidido por la audiencia de las partes, practicándose la inmediación, fomentando el principio de oralidad en una vista en la que el Ministerio Fiscal y/o la acusación particular aporten y expongan los indicios o el material de cargo de que dispongan, y que en todo caso alimenten la necesidad, pertinencia y oportunidad de aperturar una instrucción penal. Esta propuesta fomenta el principio de contradicción y el principio de igualdad de armas, por cuanto a la misma debería ser llamada la representación del querellado, que de este modo podría tomar conocimiento de que ha sido objeto de la interposición de una querella criminal, con anterioridad a que se haya decidido sobre si se admite a trámite o no. La regulación actual permite que muchos ciudadanos hayan sido querellados y no hayan tomado conocimiento de tal circunstancia, pues la querella no fue admitida a trámite, y tal circunstancia no me parece constitucionalmente de recibo.

Con la propuesta de vista previa a la decisión sobre la aperturación o no de diligencias instructorias lógicamente se otorga robustez al derecho de defensa y otras garantías jurisdiccionales con rango constitucional.

Además, la referida propuesta de reforma sitúa la aperturación de unas diligencias penales contra un ciudadano en la órbita constitucionalmente correcta. Esto es, las diligencias aperturadas responderían a un acto jurisdiccional previo, revestido de un auténtico contenido de fondo. Solo así se plasma, en actos procesales concretos, el concepto constitucional relativo a la excepcionalidad de la condición de investigado en un procedimiento penal, puesto que efectivamente excepcional debe ser en la práctica el sometimiento del ciudadano a la investigación instructoria penal.

Probablemente, mediante una reforma de tales características se evitaría un gran número de diligencias instructorias inútiles, superficiales y, en algunos casos, debidas a planteamientos acusatorios espurios, que no han sido sometidos a un auténtico filtro judicial de partida. Señalo lo anterior consciente de que una muy elevada cifra de diligencias instructorias concluye en nuestro país mediante autos de archivo. En efecto, es cierto que en muchos casos esos archivos se deben a situaciones lógicas y comprensibles, tales como la no identificación del hipotético o potencial responsable del delito, o bien el desvanecimiento de indicios de criminalidad que a primera hora parecían sólidos y que luego se han desvanecido tras una esclarecedora acción instructoria.

Pero, a buen seguro, un gran número de diligencias instructorias archivadas no debió haberse aperturado jamás, por cuanto respondían a una admisión a trámite de querella o denuncia que es reflejo de un mero ritualismo burocrático, que por inercia se produce a tenor de la regulación penal actualmente vigente. Y subrayo lo anterior por cuanto la instrumentalización del proceso penal se acrecienta en contexto de crisis económica, principalmente en el ámbito de los delitos socio económicos, de modo que muchas veces la aperturación de unas diligencias instructorias es un escenario buscado por las acusaciones particulares para ulteriores negociaciones o transacciones desde una posición de cierta superioridad.

La propuesta de reforma suscitada debe ser sometida, lógicamente, a matizaciones, a reglas concretas o bien a la necesidad, en ocasiones, de diferir la referida audiencia de las partes en una vista, cuando la instrucción penal se aperture bajo el secreto de actuaciones.

A mi juicio, debe ser abordada otra reforma que alberga un contenido sustancial y que aparece como una medida necesaria en un modelo instructorio que fuera sometido a límites temporales de duración. Esta reforma debería proyectarse al periodo final de la instrucción y, más concretamente, al momento de conclusión de la misma, con anterioridad a la aperturación de la fase intermedia. En mi opinión, la conclusión de la instrucción reclama también una vista con la audiencia de las partes, en la que se ilustre al órgano jurisdiccional sobre la valoración que se efectúa sobre las diligencias practicadas y sobre el fundamento y necesidad de un futuro juicio oral sobre los hechos o, por el contrario, sobre el fundamento y necesidad del archivo o sobreseimiento de las actuaciones.

Entre la primera vista con audiencia de las partes postulada, con anterioridad a la aperturación de las diligencias instructorias, y la relativa a la conclusión de la misma, sería preciso imaginar y concretar una dinámica instructoria garantista y eficaz que se desenvuelva en un periodo de tiempo racional.

Debe recordarse que las propuestas aquí suscitadas se enmarcan en el sometimiento de la fase instructoria penal a límites temporales. Esta medida ya era contemplada en el Pacto de Estado para la Reforma de la Justicia (suscrito el 28 de mayo de 2001 por el Partido Popular y el PSOE) con carácter general, en la que se apostaba por un periodo estándar máximo de investigación judicial instructoria. En el borrador de dicho Pacto, se esgrimió la posibilidad de establecer un límite temporal, como plazo o techo máximo, para la investigación judicial de los delitos. Lógicamente puede discutirse el "quantum" temporal, que puede oscilar entre los nueve meses y los dieciocho meses (con independencia de plazos más prolongados para instrucciones extraordinarias por su complejidad), pero en cualquier caso la idea que aparece como indispensable queda cifrada en la fijación de un máximo de tiempo para impulsar y sustanciar las diligencias instructorias ordinarias, de modo tal que, transcurrido ese plazo, el juez instructor está obligado a dictaminar si archiva las actuaciones o bien las impulsa para que, procedimentalmente, lleguen a juicio oral.

Con la adopción de esta medida se desburocratizaría la fase instructoria y se agilizaría el procedimiento, de modo que la fase instructoria estaría presidida en su inicio y en su final por vistas con audiencia de las partes, con independencia de que se pudiera abordar una reforma procesal en las que fuera posible otras vistillas en las que se fuera depurando el material instructorio. Asimismo, un modelo de tal tenor refuerza las garantías procesales del investigado, y sitúa la condición de éste como una situación excepcional, que es lo propio de un Estado de Derecho.

Como es lógico, la argumentación hasta aquí sostenida puede ser objeto de reproches, sobre todo centrados en la idea de que no se está respondiendo a la cuestión suscitada sobre quién debe ostentar la investigación penal. Ciertamente las anteriores reflexiones no pretenden ser "una faena de aliño" para eludir la respuesta; por el contrario, pretenden establecer los presupuestos de partida sobre los que debería transitar la discusión.

Ahora bien, prescindiendo del escenario de reforma que estimo constitucionalmente necesario y, además, cohonestable con la tradición histórica, amén de asumible en la actual coyuntura socioeconómica, puede responderse a la pregunta ubicados en el "statu quo" procesal actual. A mi juicio, el otorgamiento de la dirección plena de la investigación instructoria al Ministerio Fiscal alberga múltiples problemas coyunturales de carácter organizativo y económico, y además exige el replanteamiento del Estatuto orgánico del Ministerio Fiscal, pues se trata de un estatuto que establece unas funciones pensando en la condición de parte del Ministerio Público. Puede decirse que es una parte singular por las funciones institucionales que ostenta, pero parte en cualquier caso. Por otro lado, tampoco se identifican imperativos constitucionales que obliguen a la reforma; puede decirse, como señala Luis María Díez Picazo, que no hay razones constitucionales a favor o en contra de una reforma de tal calibre, de modo que el debate debe producirse en el plano de la oportunidad o conveniencia.

Los postulados tendentes a otorgar al Ministerio Público la dirección de la investigación criminal arrancan en ocasiones del concepto de imparcialidad de los jueces y tribunales, de manera que la referida reforma liberaría al juez de contaminaciones que derivarían de su implicación en la instrucción penal, quedando configurado como un juez de garantías que atiende principalmente a la protección de los derechos de todas las partes concernidas en el proceso penal (Tomás S. Vives Antón).

A mi juicio, la dirección de la instrucción penal debe seguir estando residenciada en la figura del juez instructor. Por definición el juez encarna un poder independiente, en tanto que el Ministerio Fiscal en su configuración orgánica actual presenta una dependencia del poder ejecutivo; este último dato, como ha subrayado Perfecto Andrés Ibáñez, es de gran relevancia sobre todo en un contexto y momento histórico en el que asistimos a la expansión del Derecho penal. Además, no me parece procedente la importación de modelos ajenos (Montero Aroca), pues lo importante es el perfeccionamiento del sistema, mediante la garantización plena de las garantías procesales. Si a lo anterior se adosa la reforma procesal en términos de agilización temporal y una dirección judicial de la instrucción más profunda, estaría expresando con carácter definitivo mi respuesta al interrogante suscitado al inicio de este escrito.

# *La aplicación de la Inteligencia Artificial en el proceso penal. Límites derivados de la Constitución Española*[1]

**MARÍA LOURDES NOYA FERREIRO**
*Profesora Titular de Derecho Procesal*
*Universidad de Santiago de Compostela*

**SUMARIO:** 1. NOTAS INTRODUCTORIAS. 2. LA CONFIGURACIÓN DEL PROCESO PENAL COMO PRIMER LÍMITE A LA APLICACIÓN DE LA INTELIGENCIA ARTIFICIAL. 2.1. LA APLICACIÓN DE LA INTELIGENCIA ARTIFICIAL Y SU INCIDENCIA EN LOS PRINCIPIOS DE CONTRADICCIÓN E IGUALDAD DE ARMAS. 2.2. DERECHO DE DEFENSA E INTELIGENCIA ARTIFICIAL. 2.3. LA INCIDENCIA DE LA INTELIGENCIA ARTIFICIAL EN LA PRESUNCIÓN DE INOCENCIA. 3. EL DERECHO FUNDAMENTAL AL ENTORNO DIGITAL COMO LÍMITE EN LA APLICACIÓN DE LOS SISTEMAS DE INTELIGENCIA ARTIFICIAL. BIBLIOGRAFÍA.

## 1. NOTAS INTRODUCTORIAS

Para la Real Academia Española, la Inteligencia Artificial (IA) es la *"disciplina científica que se ocupa de crear programas informáticos que ejecutan operaciones comparables a las que realiza la mente humana, como el aprendizaje o el razonamiento lógico"*. Con ella se pretende *"la automatización de comportamientos inteligentes como razonar, recabar información, planificar, aprender, comunicar, manipular, observar e incluso crear, soñar y percibir"*[2].

No se puede aludir a un concepto unívoco de la Inteligencia Artificial (IA), principalmente porque los sistemas que se integran bajo esta denominación son muy diferentes y responden a estructuras y aplicaciones dis-

---

1 El presente trabajo ha sido elaborado en el marco del Proyecto I+D "Inteligencia artificial, Justicia y Derecho: ¿irrupción o disrupción tecnológica en el proceso penal?", (PID 2020-119324GB-I00).

2 Comité Económico y Social Europeo: Dictamen del Comité Económico y Social Europeo "Inteligencia artificial: las consecuencias de la inteligencia artificial para el mercado único (digital), la producción, el consumo, el empleo y la sociedad", Diario Oficial de la Unión Europea C 288/1, 31 de agosto de 2017, pág. 3.

tintas[3]. Sin embargo, todos ellos tienen en común que parten de una programación predeterminada cuya base lo constituye el análisis de una gran cantidad de datos, que, atendiendo a las instrucciones de los algoritmos que se implantan en el sistema, se entrelazan con la finalidad de dar respuesta a las cuestiones planteadas. De esta forma, los sistemas de IA perciben el entorno a través de los datos introducidos por un programador, interpretándolos, procesando la información que se le suministra, y proponiendo soluciones a las consultas o problemas que se le plantean.

Representantes de la Comisión europea, el Parlamento, y el Consejo han llegado a un acuerdo el pasado 8 de diciembre de 2023, para la regulación de la IA en la Unión Europea, cuyo texto definitivo deberá ser ratificado por el Parlamento y por el Consejo. En el citado acuerdo se ha pactado la definición de los sistemas de IA, tomando como referencia el enfoque propuesto por la OCDE, que los define como aquellos sistemas *"basados en máquinas que, mediante objetivos explícitos o implícitos, infiere, a partir de los inputs que recibe, cómo generar outputs, como predicciones, contenidos, recomendaciones o decisiones que pueden influir en entornos físicos o virtuales. Los distintos sistemas de IA varían en función de los niveles de autonomía y capacidad de adaptación tras su lanzamiento"*[4].

Entre los sistemas que se pueden integrar bajo la denominación de Inteligencia artificial se encuentran aquellos que imitan el razonamiento humano, que son capaces de tomar decisiones autónomas y resolver problemas, y también tienen capacidad de aprendizaje; los que actúan como humanos imitando su comportamiento; sistemas que utilizan el pensamiento lógico racional humano, capaces de inferir una solución a un caso a partir de una información sobre un contexto dado, y los que emulan la forma racional

---

3 Bajo esta denominación se integran una serie de operaciones matemáticas basadas en el procesamiento de datos. Entre ellos, los Big Data que gestionan grandes cantidades de datos, los Data Mining que, basados también en el procesamiento de datos, encuentran patrones de comportamiento o de actuación, o los Machine Learning, que, en un paso más allá, tienen como finalidad el aprendizaje de la propia máquina, tomando como referencia los datos que se le han proporcionado.

4 Recomendaciones de la OCDE sobre Inteligencia Artificial (OECD/LEGAL/0449), aprobado el 22 de mayo de 2019 y modificado el 8 de noviembre de 2023. https://legalinstruments.oecd.org/en/instruments/OECD-LEGAL-04.

del comportamiento humano, como los sistemas inteligentes o expertos, de los que hablaremos posteriormente[5].

Desde una perspectiva jurídica puede apuntarse que las aplicaciones de IA están penetrando progresivamente en labor de los profesionales del Derecho. Como ejemplo puede citarse que los despachos de abogados utilizan cada vez con mayor frecuencia sistemas que facilitan la elaboración de dictámenes, la redacción de documentos legales, la búsqueda de documentación, o incluso se acude a ellos como apoyo en el diseño de una estrategia procesal[6]. Entre los sistemas de expertos aplicables en la Administración de Justicia puede hacerse referencia a los que simplifican o favorecen la tramitación procesal a través de la búsqueda y clasificación de la documentación, a los que pueden utilizarse en el marco de la investigación penal para la obtención de fuentes de pruebas, o de indicios que permitan averiguar las circunstancias de la comisión del delito, y aquellos que dan apoyo al juez en la toma de decisiones, a través de la búsqueda de doctrina jurisprudencial o proporcionándole datos y elementos (sistemas predictivos) que podrá utilizar como fundamento de sus decisiones. En este contexto es necesario precisar que ha de entenderse por sistema de experto, considerando que se trata de un "programa con capacidad para dar respuestas semejantes a las que daría un experto en la materia". Por tanto, un sistema experto jurídico vendría a ser un programa capaz de responder como lo haría un jurista.

Partiendo de esta realidad el Real Decreto Ley 6/2023, de 19 de diciembre, por el que se aprueban medidas urgentes para la ejecución del Plan de Recuperación, Transformación y Resiliencia en materia de servicio público de justicia, función pública, régimen local y mecenazgo, establece en su artículo 35.1k), que los sistemas de información y comunicación que

---

5 Barona Vilar, S: "Reflexiones en torno al 4.0 y la inteligencia artificial en el proceso penal" en *Ius Punendi*, volumen 7, 2018, págs. 313-336

6 No obstante, es preciso apuntar que la búsqueda de documentación por instrumentos de inteligencia artificial (chatGPT) no está exenta de riesgos, por lo que resulta imprescindible comprobar la exactitud de los datos proporcionados por el sistema. Así se ha comprobado por un abogado de Estados Unidos que ha tenido que disculparse ante un tribunal por la presentación de un escrito en el que se incluían citas de casos inexistentes. El tribunal comprobó con sorpresa como muchos de los casos que se citaban en el escrito no existían realmente. Seis de los casos presentados eran decisiones judiciales falsas con citas falsas y citaciones internas falsas. V. caso *Steven Schwartz*, del bufete Levidow, Levidow & Oberman. https://confilegal.com/20230530-un-abogado

se utilicen en el ámbito de la Administración de Justicia, deben asegurar la incorporación y tratamiento de la información en forma de metadatos, con el fin de simplificar y favorecer, entre otros, "*la aplicación de técnicas de inteligencia artificial para los fines anteriores u otros que sirvan de apoyo a la función jurisdiccional, a la tramitación, en su caso, de procedimientos judiciales, y a la definición y ejecución de políticas públicas relativas a la Administración de Justicia*". En la misma línea se regulan en el artículo 56 y 57 del citado Real Decreto, las actuaciones automatizadas, proactivas y asistidas.

No se puede dudar de las ventajas que ofrece la aplicación de las nuevas tecnologías en la Administración de Justicia, ni de su utilidad para la organización de los órganos jurisdiccionales y su funcionamiento. De todas formas, la aplicación de sistemas de inteligencia artificial en el ámbito judicial va mucho más allá, y no se limita únicamente a facilitar el funcionamiento de los juzgados y tribunales. Está claro que los sistemas expertos pretenden, además, proporcionar más eficacia en la resolución de los conflictos judiciales, sustituyendo incluso en algunos aspectos, las tareas y funciones de los operadores jurídicos. En este campo ya se han introducido algunas aplicaciones[7].

---

[7] V. en este sentido a Hernández Giménez, M., "Inteligencia artificial y Derecho penal" en *Actualidad Jurídica Iberoamericana, número 10 bis, junio, 2019, pág. 807, que hace referencia a las siguientes aplicaciones:*
JURIMETRÍA: Su objetivo es analizar un gran volumen de datos para extraer información que sirva para una justicia más ágil y eficaz. Se aplica para averiguar el tiempo medio de respuesta de un órgano jurisdiccional concreto, lo que permite decidir con cierto fundamento sobre el juzgado al que acudir en los supuestos en los que la competencia territorial es disponible. En la misma línea también pueden obtenerse información sobre el porcentaje de recursos estimados por el órgano jurisdiccional.
CASECRUNCH: Una startup con sede en Cambridge y que trabaja el campo de las predicciones legales usando técnicas de *Deep Learning* o aprendizaje profundo. Su objetivo es predecir los criterios adoptados en resoluciones legales. En sus primeros retos se ha enfrentado a equipos de abogados, para predecir resoluciones en materias financieras o de fraudes en seguros de crédito. Se trata de un sistema similar al empleado en la creación de DEEP BLUE la super-computadora de IBM que en 1997 ganó la partida de ajedrez a Kaspárov.
ROBOTS EN LOS DESPACHOS DE ABOGADOS: puede mencionarse a Ross, que está diseñado por IBM para proporcionar hipótesis de respuesta a preguntas planteadas utilizando jurisprudencia. DoNotpay, un robot con el que se puede conversar online, y que ha ganado numerosas demandas relacionadas con el estacionamiento de vehículos, la misma aplicación de Lara, pero con reclamaciones por perjuicios ocasionados por las compañías aéreas.

Con efectos en el desarrollo del proceso penal, la aplicación de los sistemas de IA se realiza ya en una fase preprocesal, a través de la actuación de las unidades policiales. La utilización de sistemas predictivos y de geolocalización por la policía no es nada extraño, y el resultado obtenido podría incorporarse al proceso, una vez incoadas diligencias penales. Además, en la fase de instrucción del proceso penal cabe también recurrir a estas aplicaciones como medidas de investigación, con la finalidad de obtener fuentes de prueba que tengan acceso al juicio oral.

Resulta así evidente que la tecnología puede ayudar, y así lo hace, en una Administración de Justicia más rápida y eficaz. La utilización de los medios tecnológicos en el desarrollo de los actos procesales, en la simplificación de la búsqueda de documentación, en la investigación criminal, y en la ayuda para la toma de decisiones, es algo que no admite duda. Pero tampoco la admite el hecho de que detrás de todo ello tendrá que estar siempre el ser humano, la persona que tomará las decisiones y será responsable de ellas, por mucho que se haya valido de un sinfín de instrumentos tecnológicos para adoptarlas. Lejos estamos, o eso espero, del juez robot y de la sustitución del humano por la máquina.

No obstante, el progreso tecnológico de los últimos años lleva consigo y facilita el desarrollo de nuevas aplicaciones de la inteligencia artificial, por lo que ahora, ya es inevitable hacer referencia a la implementación de sistemas muy sofisticados, que, partiendo de algoritmos más complejos, permiten la evolución de la máquina, con planteamientos no predeterminados o previstos previamente. Su objetivo es que la máquina "inteligente" realice, de forma automática y autónoma, las mismas tareas que realiza el ser humano[8]. Las conocidas como *machine learning*, se basan en algoritmos complejos con capacidad de anticipar comportamientos, y deducir y entrelazar datos no previstos por el programador. Este es precisamente el peligro del sistema, la incomprensión de su funcionamiento, lo que va a resultar decisivo en el análisis sobre la legitimidad de su aplicación en el proceso[9].

Además, la tecnología sigue en una evolución imparable, y a través de la nanotecnología podría pensarse ya en la implantación en el ser huma-

---

8 Guzmán Fluja, V., "Arbitraje y soluciones técnicas inteligentes", en *Justicia algorítmica y Neuroderecho. Una mirada interdisciplinar* (dirigido por Barona Vilar), Tirant lo Blanch, Valencia, 2021, pág. 561.

9 Pérez Estrada, M. J., *Fundamentos jurídicos para el uso de la inteligencia artificial en los órganos judiciales,* Tirant lo Blanch, Valencia, 2022, pág. 33.

no de sistemas que potencien la inteligencia, y que respondan no sólo a un procesamiento de gran cantidad de datos, sino también a la toma de decisiones de forma autónoma por los denominados Cyborg, que se caracterizan por la combinación del ser humano y sistemas o dispositivos cibernéticos[10]. Por el momento, todavía se trata de ciencia ficción, pero a la hora de abordar una regulación sobre la utilización de sistemas de IA, no puede perderse de vista esta posible derivación hacia sistemas que imiten las facultades cognitivas y sensoriales del ser humano.

Desde esta perspectiva, es preciso señalar que la dirección y el control de los sistemas de IA en el ámbito jurídico ha de realizarse desde el Derecho, que debe proporcionar las bases para su aplicación. Como ya se ha indicado, con su utilización se pretende mejorar la Administración de justicia, facilitar la labor de los operadores jurídicos y proporcionar los instrumentos necesarios para una Justicia más ágil y eficaz, pero todo ello ha de desarrollarse en el marco de un Estado de Derecho, y situando el respeto a los derechos fundamentales como dique de contención de toda extralimitación[11].

La referencia a los límites en la utilización de la inteligencia artificial en el proceso penal es una preocupación constante en los últimos años. Siendo conscientes de las grandes ventajas que pueden ofrecer los instrumentos de inteligencia artificial en la investigación y prueba de los hechos delictivos, a nadie se le escapa los múltiples riesgos que conlleva su aplicación. Si echamos un vistazo a la última doctrina[12], prácticamente es unáni-

---

10 Barona Vilar, S., *Algoritmización del Derecho y de la justicia. De la Inteligencia Artificial a la Smart Justice*, Tirant lo Blanch, Valencia 2021, pág. 545.

11 V. Guzmán Fluja, V., "Ideas para un debate sobre la predicción del crimen" en I*nteligencia artificial legal y Administración de justicia* (dirigido por Calaza López y Llorente Sánchez-Arjona), Aranzadi, Cizur Menor (Navarra), 2022, pág. 327.

12 Armenta Deu, T., "El proceso en la Europa digital. Entre recuperar liderazgos y proteger derechos" en *Uso de la información y de los datos personales en los procesos: los cambios en la era digita*l, (Colomer Hernández, dir.), editorial Aranzadi, Cizur Menor (Navarra) 2022, págs. 117-149; Barona Vilar, S., *Algoritmización del derecho y de la justicia, op. cit.*, págs. 25 y ss.; Bujosa Vadell, L. M., "Función jurisdiccional e inteligencia artificial" en *Constitución e inteligencia artificial en el proceso"* (Guerra Moreno, coord.), Grupo editorial Ibáñez. Universidad Libre de Colombia, Bogotá, 2022, págs., 113-143; Colomer Hernández, I., "Control y límites en el uso de la información y los datos personales por parte de la Inteligencia artificial en los procesos penales", en *Justicia algorítmica y neuroderecho. Una mirada multidisciplinar (*Barona Vilar, editora). Tirant lo Blanch, Valencia, 2021, pág. 293; Esparza Leibar, I., "Derecho fundamental a la protección de datos de carácter personal en el ámbito

me en considerar que la utilización de sistemas de IA en el proceso penal, debe llevar consigo una regulación específica, en la que se prevean los principios básicos que informen su aplicación. Ha de establecerse también, el procedimiento que debe regir su entrada en el proceso, desde la decisión que permita aplicarlos o validarlos, hasta el diseño de un sistema de garantías en su desarrollo, recogiendo, además, un conjunto de límites que impidan la vulneración de derechos fundamentales, y protejan el marco en el que se desenvuelve el proceso penal del Estado de Derecho.

Si en un trabajo anterior se ha intentado analizar aquellos límites que derivan de la legislación europea[13], en éste se pretende poner de relieve aquellas limitaciones y garantías en la aplicación de los instrumentos de IA derivados de la Constitución de 1978.

---

jurisdiccional e inteligencia artificial. En especial la LO 7/2021, de protección de datos personales tratados para fines de prevención, detección, investigación y enjuiciamiento de infracciones penales y de ejecución de sanciones penales", en I*nteligencia artificial legal y Administración de justicia..., op. cit.*, pág. 188; Gascón Inchausti, F., "Desafíos para el proceso penal en la era digital: externalización, sumisión pericial e inteligencia artificial", en *La justicia digital en España y la Unión Europea,* (dirigido por Conde Fuentes y Serrano Hoyo), Editorial Atelier, Barcelona, 2019, pág. 191-206; Gómez Colomer, J. L., Derechos fundamentales, proceso e Inteligencia Artificial: una reflexión" en I*nteligencia artificial legal y Administración de justicia, op. cit.*, pág. 259. Guzmán Fluja, V., Arbitraje y soluciones técnicas inteligentes: elementos para un debate", en *Justicia algorítmica y neuroderecho. Una mirada multidisciplina..., op. cit.*, págs. 553 y ss.,; Martín Diz, F., "Herramientas de inteligencia artificial y adecuación en el ámbito del proceso judicial", en *Derecho Procesal. Retos y transformaciones,* Atelier y Fundación Serra Domínguez, Barcelona, 2021, págs. 298-299; Moreno Catena, V., "Los datos en el sistema de justicia y la propuesta de reglamento UE sobre inteligencia artificial", en *Uso de la información y de los datos personales en los procesos. L*os cambios en la era digital (dirigido por Colomer Hernández), Editorial Aranzadi, Cizur Menor, 2022, pág. 48, entre otros.

13 V. Noya Ferreiro, Mª. L., Límites a la utilización de la Inteligencia artificial en el proceso penal. Una perspectiva europea", en *Inteligencia artificial y proceso penal: un reto para la Justicia,* (Castillejo Manzanares y Noya Ferreiro, dirs), Editorial Aranzadi, Cizur Menor (Navarra) 2023, págs. 257 a 284.

## 2. LA CONFIGURACIÓN DEL PROCESO PENAL COMO PRIMER LÍMITE A LA APLICACIÓN DE LA INTELIGENCIA ARTIFICIAL

### *2.1. La aplicación de la Inteligencia artificial y su incidencia en los principios de contradicción e igualdad de armas*

La justicia del siglo XXI, y por tanto también la justicia penal, responde, como no puede ser de otra forma, a la evolución y los cambios que ha experimentado la sociedad actual. Cambios que se suceden a una velocidad impensable pocos años atrás, sin tiempo para la reflexión, y mucho menos para que las reformas legales se adapten y se consoliden en un tiempo en el que lo novedoso y la respuesta inmediata rige el día a día de los ciudadanos. En esta realidad cambiante, y sin tiempo para adaptar y consolidar principios y fundamentos propios de una justicia "moderna" y eficaz para la sociedad a la que se debe, los avances científicos y tecnológicos se convierte en un factor principal para el diseño de ese modelo de justicia, y desde luego, para el nuevo modelo del proceso penal[14]. Tratándose de un recurso imprescindible para la investigación y prueba en el proceso penal, la implantación de los sistemas de IA requiere también nuevos modelos de control y de actuación de los distintos operadores que intervienen en el proceso, todo ello con la finalidad de garantizar la eficacia sin perder de vista las garantías[15].

Sin embargo, este nuevo modelo de justicia penal y de la configuración del proceso penal, ha de articularse necesariamente sobre los principios estructurales que rigen el proceso penal constitucional. La contradicción y la igualdad de armas, han de tomarse como referencia en el diseño de una justicia acorde con la evolución de la sociedad y con la aplicación de los avances técnico-científicos[16].

---

14 V. más ampliamente, Barona Vilar, S., "Mutación de la justicia en el siglo XXI. Elementos para una mirada poliédrica de la tutela de la ciudadanía", en *Justicia poliédrica en periodo de mudanza (Nuevos conceptos, nuevos sujetos, nuevos instrumentos y nueva intensidad)*, (editado por Barona Vilar), Tirant lo Blanch, Valencia, 2022, pág. 35.

15 Gascón Inchausti, F., "Desafíos para el proceso penal en la era digital..., *op. cit.*, pág. 192.

16 Guzmán Fluja, V., "Ideas para un debate sobre la predicción del crimen" en *Inteligencia artificial y Administración de Justicia*, coordinado por Calaza López y Llorente Sánchez-Arjona, Aranzadi, Cizur Menor, 2022, pág. 328.

La contradicción, calificada como una de las garantías esenciales del proceso penal del Estado de Derecho[17], es consustancial a la idea misma de proceso y constituye un principio general de la justicia penal[18], tal y como se pone de relieve en numerosas resoluciones judiciales[19]. Su efectividad supone que las partes puedan hacer valer sus pretensiones a través de la introducción de hechos y pruebas, conociendo el material obrante en el proceso, e interviniendo en su desarrollo con el ánimo de influir en la resolución judicial[20]. En este sentido, la contradicción se identifica con la igualdad de las partes en el proceso y con la facultad de reconocerles la posibilidad de oponerse a la pretensión del adversario[21]. Se trata pues de facilitar la oposición, y el debate o discusión sobre la pretensión, a través de la comparecencia en el proceso y la introducción de hechos y pruebas[22].

---

17 Así lo señala De Urbano Castrillo, E., "El principio de contradicción en el proceso penal", en *Diario La Ley*, número 5474, 4 Feb. 2002, pág. 1712, cuando afirma que "... u*na concepción propia de un Estado de Derecho social que propugna la consecución real y efectiva de la igualdad y demás derechos y libertades fundamentales, sólo puede operar, por lo que a la cuestión que tratamos se refiere, si de la audiencia como garantía del proceso se pasa a la contradicción como esencia del mismo...*".

18 V. Calamandrei, P., *Proceso y democracia*, Editoriales jurídicas Europa-América, Buenos Aires, 1960, pág. 147. De la Oliva Santos, A., *Derecho procesal* (con Díez-Picazo Giménez y Vegas Torres); Moreno Catena, V., "Algunos problemas del derecho de defensa" en *Justicia*, número. 3. 1990, pág. 562; Montero Aroca, J., *Principios del proceso penal. Una explicación basada en la razón.* Tirant lo Blanch, Valencia, 1997, pág. 139, entre otros.

19 A título de ejemplo la sentencia 49/2008, de 25 de febrero, en la que el Tribunal Supremo considera que "*...la importación de un acto procesal generado en un marco jurídico distinto, no debe hacerse con quiebra de uno de los principios estructurales del proceso penal, el principio de contradicción, ni puede menoscabar el derecho de defensa. La Sala, en fin, no puede considerar desplazada la presunción de inocencia que ampara a cualquier imputado cuando la condena se basa en la declaración de un testigo presencial de los hechos que nunca ha visto al acusado y que, además, nunca ha podido ser interrogado por el Letrado de la defensa del imputado*".

20 V. Planchadell Gargallo, A., *El derecho fundamental a ser informado de la acusación*, Tirant lo Blanch, Valencia, 1999, pág., 77.

21 V. Gutierrez Alviz Conrradi, F., El *derecho de defensa y la profesión de abogado*, Atelier, 2012, pág. 20; V. también Carnelutti, *Derecho y proceso (*traducido por Sentis Melendo), Buenos Aires, 1971, págs. 112 y ss.; Guasp Delgado, J., D*erecho Procesal Civil*, Madrid, 1968, pág. 171.

22 Así lo pone de relieve el Tribunal Constitucional al considerar que del derecho a "... *intervenir en el debate procesal en condiciones que respeten la contradicción, con todas las garantías (art. 24.2 CE), sólo son titulares del mismo las partes personadas en el momento oportuno, sin que corresponda a quienes carezcan de legitimación pasiva necesaria*

No hay en la Constitución una referencia expresa al principio de contradicción, pero su reconocimiento se entiende implícito en el art. 24, tanto en su primer apartado, que al declarar el derecho a la tutela judicial efectiva prohíbe la indefensión, como en el segundo, al regular el derecho de defensa y el derecho a un proceso con todas las garantías[23].

Para el Tribunal Constitucional, "... *entre las garantías que comprende el art. 24 CE para todo proceso penal destacan, por ser principios consustanciales al mismo, las de contradicción e igualdad. Según una constante y reiterada doctrina de este Tribunal, el art. 24 CE, en cuanto reconoce los derechos a la tutela judicial efectiva con interdicción de indefensión, a un proceso con todas las garantías y a la defensa, ha consagrado, entre otros, los citados principios de contradicción e igualdad, garantizando el libre acceso de las partes al proceso en defensa de sus derechos e intereses legítimos. Ello impone, entre otras exigencias, la necesidad de que todo proceso penal esté presidido por la posibilidad de una efectiva y equilibrada contradicción entre las partes a fin de que puedan defender sus derechos, así como la obligación de que los órganos judiciales promuevan el debate procesal en condiciones que respeten la contradicción e igualdad entre acusación y defensa*"[24]. El alto Tribunal vincula la exigencia de contradicción al derecho a un proceso con todas las

---

*o lleguen tardíamente, por su negligencia, a las actuaciones. Como ya dijimos en la STC 109/1985, la indefensión, o falta de garantías, derivadas de la ausencia de contradicción no deben apreciarse cuando "la parte que pudo defender sus derechos e intereses legítimos, a través de los medios que ofrece el ordenamiento jurídico, no usó de ellos con la pericia técnica suficiente —Sentencias de 7 de julio de 1983 y 11 de julio de 1985—, o cuando la parte que invoca la indefensión colabora con su conducta a su producción —Sentencia de 11 de junio de 1984—, pues en ella no ha de tener actuación quien se sienta agraviado y la invoca, ya que si la lesión se debe de manera relevante a la inactividad o negligencia, por falta de la diligencia procesal exigible al lesionado, o se genera por la voluntaria actuación desacertada, equívoca o errónea de dicha parte —Sentencias de 11 de junio de 1984 y de 17 de julio de 1985, y autos de la Sala Segunda de 7 y 21 de noviembre de 1984—, la indefensión resulta absolutamente irrelevante a efectos constitucionales, porque al causante de ella le es imputable su presencia, no pudiendo reunir a la vez la doble condición de autor y de perjudicado, y si la creó con su comportamiento doloso o negligente, no es posible beneficiarle con su reconocimiento y consecuencias*". V. STC 155/1995, de 24 de octubre.

23 V. Moreno Catena, V., *La defensa penal*, Editorial Civitas, Madrid, 1982, pág. 25; Cortés Domínguez, V., *Introducción al Derecho Procesal*, (con Moreno Catena), Editorial Tirant lo Blanch, Valencia, 2016, pág. 242; Gimeno Sendra, V., *Introducción al Derecho Procesal*, Editorial Colex, Madrid, 2014, pág. 276; Montero Aroca. J., *Derecho Jurisdiccional I. Parte general* (con Gómez Colomer, Montón Redondo y Barona Vilar), Editorial Tirant lo Blanch, Valencia 2014, pág. 246.

24 V. SSTC 53/1987, de 7 de mayo; 66/1989, de 17 de abril; 186/1990, de 15 de noviembre.

garantías, que requiere para su efectividad el compromiso de los órganos jurisdiccionales[25].

En el mismo sentido se pronuncia el Tribunal Supremo, al señalar que "*entre las garantías que comprende el art. 24 CE para todo proceso penal destaca, por ser principios consustanciales del mismo, los de contradicción e igualdad. El principio de contradicción en el proceso penal hace posible el enfrentamiento dialéctico entre las partes, permitiendo así el conocimiento de los argumentos de la contraria y la manifestación ante el Juez o Tribunal de los propios, constituye una exigencia ineludible vinculada al derecho a un proceso público con todas las garantías, para cuya observancia se requiere el deber de los órganos judiciales de posibilitarlo. Y se vulnera el derecho a la tutela judicial efectiva del art. 24.1 CE, produciendo indefensión, cuando el sujeto, sin haber tenido oportunidad de alegar y probar sus derechos en el proceso, los ve finalmente afectados por las resoluciones recaídas en el mismo. Del principio de igualdad de armas, lógico corolario del principio de contradicción, se deriva asimismo la necesidad de que las partes cuenten con los mismos medios de ataque y defensa e idénticas posibilidades y cargas de alegación, prueba e impugnación, a efectos de evitar desequilibrios entre sus respectivas posiciones procesales, ni que sean admisibles limitaciones a dicho principio, fuera de las modulaciones o excepciones que puedan establecerse en fase de instrucción (o sumarial) por razón de la propia naturaleza de la actividad investigadora que en ella se desarrolla encaminada a asegurar el éxito de la investigación y en definitiva, la protección del valor constitucional de la justicia*"[26]

---

[25] Como señala el Tribunal en la sentencia 178/2001, de 17 de septiembre, "… *en el proceso penal, además, la necesidad de contradicción y equilibrio entre las partes está reforzada por la vigencia del principio acusatorio —que también forma parte de las garantías sustanciales del proceso— el cual, entre otras consecuencias, impone la necesidad de que la función de la acusación sea acometida por un sujeto distinto al órgano decisor (nemo iudex sin acusatore) y de que el objeto procesal sea resuelto por un órgano judicial independiente e imparcial, para lo cual es imprescindible disponer de la posibilidad de conocer los argumentos de la otra parte y manifestar ante el Juez los propios, así como poder acreditar los elementos fácticos y jurídicos que fundamentan las respectivas pretensiones*". V. en el mismo sentido las SSTC 179/2002, de 14 de octubre, 8/2003, de 20 de enero, 143/2004, de 13 de septiembre, 182/2009 de 7 septiembre; y 53/1987, de 7 de mayo; 18/1995 de 24 enero; 162/1997, de 3 de octubre; 16/2000, de 31 de enero; 79/2000, de 27 de marzo; 93/2000, de 10 de abril; 101/2001, de 23 de abril.

[26] STS 806/2012, de 23 octubre. Así considera el Tribunal Supremo en la STS 974/2012, de 5 diciembre que "*La efectiva realización de los principios de igualdad de las partes y contradicción que imponen a los órganos judiciales el deber positivo de evitar desequilibrios entre la respectiva posición procesal de las partes y evitar limitaciones en la defensa que puedan generar indefensión, prohibida por el art. 24.1 CE, lo que reclama un cuidadoso esfuerzo del órgano jurisdiccional para garantizar la plena efectividad de los*

En consecuencia, la irrupción de la IA en la justicia penal no puede poner en peligro el sistema de garantías que preside el proceso penal, marcado por la vigencia de los principios de contradicción e igualdad de armas, y el absoluto respeto a los derechos fundamentales, a la presunción de inocencia y a un proceso con todas las garantías, sin que se otorguen ventajas a la parte acusadora, colocando en peor posición a la acusada[27].

Desde la perspectiva del respeto a los principios de contradicción e igualdad de armas, resulta evidente que la utilización de los instrumentos de inteligencia artificial para diseñar una estrategia de defensa puede generar una clara desigualdad en el proceso penal. No se puede ocultar que las aplicaciones que sustentan la inteligencia artificial tienen un coste económico que no puede asumirse por todos los despachos de abogados. En este caso, aquellos despachos que están en situación de poder acceder a los instrumentos inteligentes tendrán una clara ventaja en el diseño de la estrategia de defensa y en su ejercicio en el proceso[28]. Es precisamente este motivo el que ha llevado a un grupo de abogados de Alicante a la creación de la primera cooperativa de letrados cuya finalidad es hacer frente a los retos de la IA en la Administración de justicia[29].

Esta desigualdad incide directamente en el derecho de defensa de las partes y en la función de los poderes públicos de preservarlo. En este sentido, la estrecha relación y la vinculación entre los principios de contradic-

---

*derechos de defensa en las distintas fases e instancias del proceso*". V. también la STC 178/2001, de 17 de septiembre. En el mismo sentido las SSTS 1080/2006, de 2 de noviembre; 1238/2009, de 11 de diciembre; 383/2010, de 5 de mayo; 365/2012, de 15 de mayo,; 775/2012, de 17 de octubre; 125/2012, de 29 de diciembre.

27 Guzmán Fluja, V., "Ideas para un debate sobre la predicción..., *op. cit.*, pág. 329.

28 V. Martín Diz, F, "Inteligencia artificial y proceso: garantías frente a eficiencia en el entorno de los derechos procesales fundamentales" en *Justicia: ¿Garantías versus Eficiencia?* (coordinado por Llopis Nadal, Bellido Penadés, Jiménez Conde, De Luis García), Tirant lo Blanch, Valencia, 2021, http://www.tirantonline.com, pág. 5; San Miguel del Caso, C., "La aplicación de la Inteligencia Artificial en el proceso: ¿un nuevo reto para las garantías procesales?" en *IUS ET SCIENTIA*, 2021, volumen 7, número 1, https://editorial.us.es/es/revistas/ius-et-scientia, pág. 292.

29 Su director general Sandro Gago ha apuntado específicamente a este problema considerando que "Un gran despacho o una multinacional pueden destinar 100.000 euros para la contratación de ingenieros y equipos para usar la inteligencia artificial. Para un despacho mediano, pequeño o micro es algo inaccesible. Pero si se unen varios y aporta cada uno distintas cantidades a lo mejor sí pueden afrontarlo". V. https://ost.torrejuana.es/metabogacia-abogados-enfrentando-los-retos-de-la-inteligencia-artificial

ción, igualdad de armas y derecho de defensa es evidente, aunque cada uno opera, o ha de ser respetado, desde perspectivas diferentes.

Así, el principio de contradicción debe respetarse por el legislador en el marco del desarrollo legislativo, como mandato que se le dirige al constituir uno de los principios generales de la idea de justicia del Estado de Derecho, y que, por tanto, ha de imperar o regir el proceso cualquiera que sea su clase. La contradicción favorece y facilita la igualdad de las partes en el proceso al reconocerles la posibilidad de oponerse a la pretensión del adversario. Respecto del derecho de defensa, su consagración como derecho fundamental obliga a su observancia en el proceso concreto, lo que conlleva que su vulneración pueda recurrirse en amparo ante el Tribunal Constitucional[30].

Partiendo de la doctrina constitucional, el derecho de defensa se configura como un elemento esencial del proceso justo, y garantiza la contradicción y la igualdad de armas[31], correspondiendo a los órganos jurisdiccionales y, en especial, a los del orden penal garantizar su ejercicio y respeto[32]. Su vulneración afecta a los principios esenciales del proceso penal constitucional, por lo que resulta evidente que los tribunales deberán velar por su efectivo ejercicio[33].)

---

30 Montero Aroca. J., *Derecho Jurisdiccional I. Parte general..., op. cit.*, pág. 246. V. en el mismo sentido Pedraz Penalva, E., *Derecho procesal penal. I. Principios de Derecho procesal penal*, Editorial Colex, Madrid, 2000, pág. 228.

31 "*Precisamente la preservación de sus derechos fundamentales y, en especial, la regla o principio de interdicción de indefensión, reclaman un cuidadoso esfuerzo del órgano jurisdiccional por garantizar la plena efectividad de los derechos de defensa de ambas partes, por lo que corresponde a los órganos judiciales velar por que en las distintas fases de todo proceso se dé la necesaria contradicción entre las partes que posean estas idénticas posibilidades de alegación y prueba y, en definitiva, que ejerciten su derecho de defensa en cada una de las instancias que lo componen. Este deber se agudiza, desde luego, en el proceso penal, dada la trascendencia de los intereses en juego de forma que, aun en el caso de falta de previsión legal, no queda liberado el órgano judicial, e incluso al propio Ministerio Público, "de velar por el respeto del derecho de defensa del imputado, más allá del mero respeto formal de las reglas procesales*". STC 143/2001 de 18 junio. V. también SSTC 41/1997, de 10 de marzo; 144/1997, de 15 de septiembre; 102/1998, de 8 de junio; 91/2000, de 4 de mayo.

32 Muñoz Cuesta, F. J., Delito de prevaricación y contra las garantías constitucionales cometidos por Juez de instrucción al interceptar las comunicaciones entre imputados presos y sus defensas, en "Revista Aranzadi Doctrinal", núm. 1/2012, Pamplona, 2012.

33 SSTC 92/1996, de 21 de junio; 143/2001, de 18 de junio; 198/2003, de 10 de noviembre, entre otras.

Como afirma el Tribunal Constitucional, el principio de contradicción, como principio esencial del proceso, obliga a los órganos jurisdiccionales, de tal forma que sólo la incomparecencia en el proceso por voluntad expresa o tácita de la parte, o su negligencia, puede justificar una resolución sin haber oído sus alegaciones y examinado sus pruebas. La defensa contradictoria exige que las garantías constitucionales del debido proceso estén aseguradas y tuteladas por órgano judicial[34].

### *2.2. Derecho de defensa e inteligencia artificial*

Doctrina y jurisprudencia destacan el carácter poliédrico del derecho de defensa en el que se incluyen un conjunto de derechos instrumentales que conforman las garantías procesales consustanciales al Estado de Derecho, y que se recogen en el segundo apartado del art. 24 CE[35].

Los derechos a la asistencia de letrado, a ser informados de la acusación formulada contra ellos, a utilizar los medios de prueba pertinentes para su defensa, a no declarar contra sí mismos, y a no confesarse culpables, conforman el contenido esencial del derecho de defensa, y se integran,

---

34 STC 32/1997, de 24 de febrero. V. también las SSTC 109/1993, 78/1993, de 1 de marzo; 105/1993, de 22 de marzo; 202/1993, de 14 de junio; 155/1995, de 24 de octubre; 80/1996, de 20 de mayo; 152/2000, de 12 de junio; 211/2003, de 1 de diciembre y 18/2006, de 30 de enero, entre otras.

35 V. en este sentido Moreno Catena, V., *Derecho procesal penal* (con Cortés Domínguez), Editorial Tirant lo Blanch, Valencia, 2012, pág. 145; Gomez Colomer, J. L., *Derecho Jurisdiccional III. Proceso Penal,* Editorial Tirant lo Blanch, Valencia, 2012, pág. 247; Gimeno Sendra, V., en *Los procesos penales* (con Conde-Pumpido Tourón y Garberí Llobregat), tomo II, Editorial Bosch, Barcelona 2000, pág. 166; De Urbano Castrillo, E., "El principio de contradicción en el proceso penal", en *Diario La Ley,* número 5474, 4 Feb. 2002, pág. 1172; López Yagüe, V., "La condición de imputado en el proceso penal español. Formas de adquisición y status jurídico que conlleva. Ideas para su reforma", en *La reforma del proceso penal,* Editorial LA LEY, Madrid, 2011; Planchadell Gargallo, A., *El derecho fundamental…, op. cit.*, pág. 82; Ruiz Vadillo, E., "Algunas breves consideraciones sobre el sistema acusatorio y la interdicción constitucional de toda indefensión en el proceso penal", en *Diario La Ley,* tomo 4, 1987, pág. 874; Serrano Ruiz-Calderón, J. M., "El derecho de defensa según la sentencia 79/2012 de la Sala de lo Penal del Tribunal Supremo," en *Diario La Ley,* número 7850, 3 May. 2012, pág. 5.

además, en el contenido esencial del derecho a un proceso con todas las garantías, o al debido proceso[36].

Así lo considera el Tribunal Constitucional cuando señala que "*los derechos al proceso debido y a la defensa dentro de él exigen, entre otras manifestaciones, la de tener que llamar como parte en cualquier procedimiento a toda persona legitimada para ello, por poseer derechos o intereses legalmente otorgados para constituirse en parte procesal, y poder oponerse contradictoriamente a las pretensiones adversas...*"[37].

Para Moreno Catena "*el derecho de defensa se instrumentaliza o articula en una serie de derechos que la legislación ordinaria reconoce al imputado y que son también proclamados por la propia Constitución, precisamente como derechos fundamentales de la persona (art. 24.2)... Junto al derecho al contradictorio..., junto al derecho a utilizar los medios de prueba pertinentes para la defensa..., o a no declarar contra sí mismo, el ordenamiento reconoce al sujeto pasivo del proceso penal el derecho a nombrar un defensor técnico...*"[38].

Siendo imposible, por razones de extensión de este trabajo, abordar un estudio completo de la incidencia de la IA en el derecho de defensa, sí cabe precisar que este derecho fundamental puede verse gravemente afectado con la utilización incontrolada de instrumentos de IA. A nadie se le escapa que el derecho a la información constituye un presupuesto básico del principio de contradicción y del derecho de defensa. Es cierto que este derecho se centra ahora en la información de la acusación y de los

---

36 Este derecho aparece recogido en los arts. 10 y 11 de la Declaración Universal de Derechos Humanos de 1948, el art. 6 del Convenio Europeo de Derechos Humanos de 1950, y el art. 14 del Pacto Internacional de Derechos Civiles y Políticos de 1966. Sobre su contenido es necesario precisar que el Tribunal Constitucional ha realizado una interpretación excesivamente amplia del primer apartado del art. 24 CE, tutela judicial efectiva, integrando en su contenido los múltiples derechos que se recogen en el segundo apartado, y que hacen referencia a los instrumentos procesales que se ponen a disposición del ciudadano reclamante de tutela. Esta interpretación se encuentra directamente relacionada con la prohibición de indefensión que prevé el primer apartado del precepto citado, pero lo cierto es que prácticamente ha vaciado de contenido el derecho al debido proceso. V. en este sentido Moreno Catena, V., *Introducción al Derecho Procesal* (con Cortés Domínguez), Editorial Tirant lo Blanch, Valencia, 2012, pág. 201.

37 STC 74/1984, de 27 de junio. V. en el mismo sentido SSTC 92/1996, de 21 de junio.

38 Moreno Catena, V., *La defensa en el proceso penal..., op. cit.*, págs. 24-25.

hechos que se le imputan[39]. Pero, también es cierto, que el primero investigado, y después acusado, ha de conocer las diligencias de investigación practicadas y las fuentes de prueba que pueden tener acceso al proceso. Y es precisamente en esta cuestión en la que poder derivarse problemas en la aplicación de sistemas inteligentes.

Es evidente que la opacidad de los instrumentos de IA constituye una de las principales dificultades que plantea su aplicación en el sistema de justicia, y más concretamente en el sistema de justicia penal. El desconocimiento de los algoritmos, cada vez más complejos, de su funcionamiento y evolución impide trasladar la información a la defensa, colocando al acusado en una muy difícil situación, no solo a la hora de rebatir y contradecir la información facilitada por el sistema inteligente, sino también en dos campos más: el de proponer pruebas que puedan rebatir lo afirmado por la IA, y el de convencer al juzgador de la posible inexactitud en la valoración de la máquina.

A esta dificultad contribuye la estrategia en la que puede colocarse la empresa diseñadora, al no facilitar toda la información sobre el funcionamiento del algoritmo amparándose en el secreto industrial, lo que podría evitarse con el diseño de algoritmos públicos controlados por la Administración[40].

Precisamente, es la dificultad de la información sobre el funcionamiento de los sistemas o aplicaciones de inteligencia artificial, lo que genera mayores dificultades. Las partes de un proceso penal, han de conocer el número de decisiones o casos que se han suministrado para que se pueda llevar a cabo su procesamiento cara a obtener una respuesta viable; se ha de conocer el origen de esas decisiones y cómo se han elegido, y que representatividad suponen entre todas las posibles; en definitiva ha de proporcionarse el material que se ha suministrado al sistema[41]. Pero yendo

---

39 STC 44/1983, de 24 de mayo. V. también las SSTC 54/1985, de 18 de abril; 141/1986, de 12 de noviembre; 17/1989, de 30 de enero; 277/1994, de 17 de octubre; 95/1995, de 19 de junio; 123/1995, de 18 de julio y 36/1996, de 11 de marzo; 19/2000, de 31 de enero; 278/2000, de 27 de noviembre y 182/2001 de 17 septiembre, entre otras. En el mismo sentido las SSTS de 4 de noviembre de 1986, 21 de abril de 1987 y 1232/2001 de 22 junio, entre otras.

40 De Luis García, E., "Justicia, inteligencia artificial y derecho de defense", en *Revista de internet, Derecho y política, Monográfico: "Digitalización y algoritmización de la justicia"* (coord.: F. Miró) https://idp.uoc.edu/ pág. 6.

41 Gómez Colomer, J. L., Derechos fundamentales, proceso e Inteligencia Artificial..., *op. cit.*, pág. 277

más allá, sin conocer los datos de los que se nutre el sistema ni su funcionamiento, no sólo es complicado diseñar una estrategia de defensa y ponerla en marcha en un proceso, sino que, ante una resolución basada en soluciones aportadas por la IA sin motivación, ya que el desconocimiento impide una justificación adecuada, su impugnación se convierte en una tarea prácticamente imposible.

Desde otra perspectiva, pero también tomando como punto de partida el ejercicio del derecho de defensa, puede hacerse referencia a las garantías que han de rodear la entrada en el proceso de la información derivada de la vigilancia policial utilizando instrumentos de IA. No es extraño que la policía realice labores de prevención a través de actuaciones de vigilancia genérica. En este contexto puede almacenarse información vinculada a una persona, sobre la que en ese momento no existe causa penal alguna[42]. Sin embargo, cuando se produce la *notitia críminis* y se da inicio a la fase de investigación del proceso, la pregunta que cabe hacerse es si ese material derivado de una vigilancia genérica anterior puede ser introducido en el proceso. Ante esta situación cabe también preguntarse ¿qué líneas de actuación puede ejercer el sujeto ante la introducción de datos obtenidos de una vigilancia preprocesal, sin ninguna autorización judicial, ni vinculada a ninguna causa abierta? ¿Puede ser utilizada esta información, obtenida en una labor de prevención policial, y trasladarse, sin más, a una causa penal abierta posteriormente sobre el citado sujeto?[43].

Estas cuestiones exigen una regulación específica sobre la utilización de la información policial obtenida a través de sistemas de IA en labores de prevención, de igual forma a la que, en su momento, se reguló por la Ley 13/2015, en relación a los descubrimientos casuales. Para ello, el legislador deberá rodear de garantías su incorporación a un proceso penal incoado posteriormente, diseñando un procedimiento que, desde la defensa de los derechos fundamentales, y, más concretamente, del derecho de defensa, pueda validar la actuación policial para que los resultados obtenidos puedan ser tratados como fuentes de prueba.

---

42 V. sobre esta cuestión Colomer Hernández, I., "Control y límites en el uso de la información y los datos personales por parte de la Inteligencia Artificial en los procesos penales" en *Justicia algorítmica y neuroderecho…*, *op. cit.*, págs. 301 y ss.

43 V. Guzmán Fluja, V., "Ideas para un debate sobre la predicción del crimen" en Inteligencia artificial y *Administración de Justicia…*", pág. 333.

### *2.3. La incidencia de la inteligencia artificial en la presunción de inocencia*

Como ya se ha resaltado, la utilización de sistemas de IA que predicen comportamientos delictivos puede incidir en el derecho de defensa, pero también se puede poner en peligro la presunción de inocencia.

La consagración de la presunción de inocencia como derecho fundamental tiene lugar en el artículo 24 de la Constitución, dando así inicio a una regulación del proceso penal informado por principios y garantías derivados de la proclamación del Estado social y democrático de Derecho. Este reconocimiento trae causa de los tratados internacionales ratificados por España una vez constituido como Estado democrático[44].

El contenido del derecho fundamental a la presunción de inocencia ha de determinarse desde una doble perspectiva. Se trata en primer lugar de una regla de tratamiento, al imponer que el investigado y encausado será considerado inocente hasta que se produzca su condena por sentencia firme. En segundo lugar, ha de considerarse como regla de juicio, al operar sobre el juzgador que fundamentará la condena en una actividad probatoria desarrollada en el proceso penal, en su fase de juicio oral, con respeto a los principios de contradicción e igualdad de armas[45].

Centrándonos en la presunción de inocencia como límite en la aplicación de los sistemas de IA, es evidente que los datos proporcionados a los instrumentos de IA pueden poner en peligro dicho derecho fundamental cuando se hayan introducido en función de estudios sesgados, o de patrones pasados discriminatorios, atendiendo a factores relacionados con el

---

44 Una vez ratificado en noviembre de 1977, el Tratado de Roma de 1950, se produce como consecuencia inmediata el reconocimiento de este derecho fundamental, regulado en diversos documentos internacionales que toman como referencia el artículo 9 de la Declaración de los Derechos del Hombre y del Ciudadano de 1789. Así se reconoce la presunción de inocencia en el artículo 11.1 de la Declaración Universal de los Derechos Humanos aprobada por la ONU en diciembre de 1948, en el artículo 6.2 del Convenio Europeo para la Protección de los Derechos Humanos y de las Libertades Públicas, de noviembre de 1950, el artículo 14.2 del Pacto Internacional para los Derechos Civiles y Políticos de 1966, y en el artículo 48.1 de la Carta de los Derechos Fundamentales de la Unión Europea de diciembre de 2000.

45 V. sobre la presunción de inocencia, Fernández López, M., *Prueba y presunción de inocencia,* Editorial Iustel, Madrid, 2005; Martín Diz, F., "Presunción de inocencia en procesos penales por violencia de género", Ius et *Praxis,* vol. 24, núm. 3, 2018, pág. 26 y ss. entre otros

origen, la raza, la realidad socio-económica anterior, etcétera[46]. En estos casos, la regla de tratamiento aparece desvirtuada al suministrar datos que tienden a dirigir el funcionamiento del sistema en una determinada dirección. En este contexto, se ofrecerán unos resultados que aparecen ya viciados en su inicio, por lo que su introducción en el proceso pondrá en peligro la imparcialidad judicial, afectando a la regla de juicio[47].

Tampoco se puede obviar que se trata de datos que pertenecen al origen y al pasado del sujeto, que, sin embargo, pueden resultar determinantes para decidir sobre su futuro. Se está aceptando, que el origen, circunstancias familiares y personales, entorno familiar y otros datos sobre la personalidad del investigado pueden condicionar en gran medida la decisión judicial. Con ello, la aplicación de la ley al caso concreto puede encontrarse condicionada por la evaluación anterior del sujeto investigado, lo que desde luego va a incidir en la interpretación de la norma y en una justicia de autor, que tendrá en cuenta no sólo las circunstancias actuales del acusado, sino también sus pasado personal, familiar y social[48].

Una de las cuestiones más complejas relativas a la presunción de inocencia y su alcance como derecho fundamental, es la de determinar si ha de aplicarse dicha presunción antes de la incoación de un proceso penal, como parámetro delimitador de las investigaciones policiales. No cabe, por los límites de extensión de este trabajo, un estudio exhaustivo sobre el alcance de la presunción de inocencia, y menos si se tiene en cuenta que las posiciones doctrinales sobre esta cuestión no son unánimes, pero sí ha de realizarse alguna reflexión.

Como ya se ha indicado, la actividad policial de investigación de los hechos delictivos y de las conductas criminales, se inicia habitualmente antes de incoarse el proceso penal. Las actuaciones de prevención, con la finalidad de evitar la comisión de conductas delictivas, marcan el día a día del trabajo policial, en el que obviamente, y cada vez con mayor frecuencia

---

46 Solar Cayón, J. I., "Inteligencia artificial en la justicia penal: los sistemas algorítmicos" en *Dimensiones éticas y jurídicas de la Inteligencia artificial en el marco del Estado de Derecho, Cuadernos de la Cátedra de Democracia y Derechos Humanos,* 16, Universidad de Alcalá. Defensor del Pueblo, 2020, pág. 169.

47 Martín Diz, F., "Modelos de aplicación de Inteligencia Artificial en justicia...", *op. cit.*, pág. 79.

48 Sobre esta cuestión puede consultarse Armenta Deu, T. *Derivas de la justicia. Tutela de los derechos y solución de controversias en tiempos de cambio.* Editorial Marcial Pons, Madrid 2021.

se utilizan instrumentos de IA, los ya conocidos sistemas predictivos y de geolocalización. En este marco, la actividad policial puede centrarse en averiguar los lugares en los que se pueden realizar conductas delictivas, y en los tipos delictivos que se pueden perpetrar, lo que en una primera aproximación no representa problema alguno en relación con la protección de la presunción de inocencia. Sin embargo, cuando las investigaciones policiales tratan de determinar personas, o grupos de personas que pueden ser posibles autores de hechos delictivos concretos, la incidencia en la presunción de inocencia parece probable.

Los datos obtenidos por los agentes policiales en esta actuación preprocesal pueden ser introducidos en el proceso una vez iniciado, convirtiéndose en fuentes de pruebas que tratan de desvirtuar la presunción de inocencia. Pero llegados a este punto no puede obviarse que la obtención de estas fuentes ha tenido lugar al margen del control judicial, por lo que la limitación de derechos fundamentales de alta relevancia como el derecho a la intimidad, a la privacidad, o a la protección de datos, se ha producido al margen de todo control judicial, y sin efectuar el necesario juicio de proporcionalidad[49].

Como ya se ha apuntado, la doctrina no es unánime respecto de la extensión o del alcance de la presunción de inocencia en la fase de investigación preprocesal, pero lo que resulta evidente es que, de un lado, no se puede impedir la necesaria función preventiva de la policía, y, de otro, que esta función no puede llevarse a cabo con vulneración de los derechos fundamentales. Será determinante, por tanto, fijar los parámetros o los mecanismos de control para que los datos obtenidos de estas investigaciones puedan acceder al proceso rodeados de las garantías necesarias que eviten la prohibición probatoria.

Es innegable que los agentes policiales están autorizados para el tratamiento de datos personales con fines de prevención, de aquellas personas que resulten sospechosas de cometer un hecho delictivo. Así lo permite la Directiva UE 680/2016, del Parlamento Europeo y del Consejo, de 27 de abril de 2016, relativa a la protección de las personas físicas en lo que respecta al tratamiento de datos personales por parte de las autoridades competentes para fines de prevención, investigación, detección o enjuiciamiento de infracciones penales o de ejecución de sanciones penales, y a la libre circulación de dichos datos, que en el artículo 6.1 recoge entre los

---

49 Guzmán Fluja, V., "Ideas para un debate sobre la predicción del crimen" en *Inteligencia artificial y Administración de Justicia...*", pág. 334.

destinatarios o "interesados" en este tratamiento a las "*personas respecto de las cuales existan motivos fundados para presumir que han cometido o van a cometer una infracción penal*".

A la hora de establecer las reglas de control que deberían tomarse en consideración para validar una actuación policial desarrollada en el marco de una investigación preprocesal, habrá que partir de las garantías que se exigen cuando esa actuación policial se lleva a cabo en la instrucción penal, bajo control judicial. De esta forma, la investigación desarrollada por la policía en la fase de instrucción del proceso penal esta supervisada y controlada judicialmente, por lo que en aquellos casos en que se procede a la limitación de derechos fundamentales, dicha actuación se hace desde el juicio de la proporcionalidad y con el control judicial correspondiente. Y aun en estos casos se protege la presunción de inocencia y el derecho de defensa mediante la oportuna contradicción.

Sin embargo, en los supuestos en que se pretenden introducir datos obtenidos preprocesalmente, estos controles judiciales no se han producido. Por tal motivo, lo primero que habrá que llevar a cabo es un control judicial sobre el material obtenido. El juzgador ha de realizar una supervisión sobre la obtención de los datos y las condiciones en las que se ha producido, además de valorar, y aquí entraría en juego el juicio de proporcionalidad, las circunstancias personales del investigado y la gravedad del hecho investigado.

## 3. EL DERECHO FUNDAMENTAL AL ENTORNO DIGITAL COMO LÍMITE EN LA APLICACIÓN DE LOS SISTEMAS DE INTELIGENCIA ARTIFICIAL

La presencia de la tecnología y de los instrumentos electrónicos en el día a día de la sociedad actual es innegable. Resulta impensable no ligar el desempeño de cualquier trabajo o profesión, con dispositivos electrónicos que facilitan las relaciones en el mundo laboral e industrial, que se utilizan para agilizar las transacciones comerciales, o las negociaciones o tratos con los operadores mercantiles. Pero la utilización de estos dispositivos también se extiende a la actividad personal diaria de adultos, jóvenes e incluso niños, interactuando con el entorno y dando lugar a nuevas formas de relacionarse socialmente.

De esta forma, las conexiones entre seres humanos y máquinas son cada vez más habituales, convirtiendo lo que hasta ahora era ficción literaria o cinematográfica en una realidad que cada vez está más cerca. A todos estos avances, que permiten el uso de las tecnologías de la información y de la comunicación (TIC), se suma la constante evolución de un conjunto heterogéneo de sistemas o instrumentos a los que se denomina "inteligencia artificial", que actualmente ya tienen cabida en muchas de las actividades del mundo laboral y social, y desde luego, en el ámbito jurídico.

Pero esta sociedad, centrada en el intercambio de información y en la comunicación a través de dispositivos electrónicos, favorece también la utilización de instrumentos que permiten obtener esa información volcada en los citados dispositivos, con la finalidad de investigar conductas delictivas[50].

Considerando que la base fundamental de los sistemas de IA, lo constituye el análisis de una gran cantidad de datos, que, atendiendo a las instrucciones de los algoritmos que se implantan en el sistema, se entrelazan con la finalidad de dar respuesta a las cuestiones planteadas, es necesario realizar un breve análisis del derecho contemplado en el artículo 18.4 CE, que precisamente protege al ciudadano de un uso inadecuado de sus datos personales, al consagrar como derecho fundamental el control de los datos relacionados con su vida privada[51].

Es evidente que en la investigación de los hechos delictivos la entrada de los poderes públicos en la esfera privada de los ciudadanos tiene como límite el respeto a sus derechos fundamentales. En este contexto se enmarca el límite que la Constitución establece en su artículo 18.4 CE. Advirtiendo ya los peligros que el uso de las nuevas tecnologías, de la informática como recoge el precepto, podría suponer en una sociedad futura, el constituyente establece que será la ley la encargada de limitar su aplicación, protegiendo así los derechos fundamentales en juego. Así lo expresa el Tribunal Constitucional al declarar que "… *con la inclusión del vigente art. 18.4 CE el constituyente puso de relieve que era consciente de los riesgos que podría*

---

50 Ortiz Pradillo, J. C., "Big Data, vigilancias policiales y geolocalización: nuevas dimensiones de los derechos fundamentales en el proceso penal", *La ley digital*, de 25 de enero de 2022, https://laleydigital-laleynext-es.ezbusc.usc.gal/, pág. 2.

51 V. Arrabal Platero, P., "El derecho fundamental al propio entorno virtual y su incidencia en el proceso", en *Era digital, sociedad y Derecho* (Fuentes Soriano, dir.), Editorial Tirant lo Blanch, Valencia, 2020, págs. 431 a 442. Gallego Rodríguez. P., "Los registros biométricos y su aplicación al proceso penal desde una perspectiva constitucional", en I*nteligencia artificial legal y Administración de justicia…*, *op. cit.*, págs. 220 y ss.

*entrañar el uso de la informática y encomendó al legislador la garantía tanto de ciertos derechos fundamentales como del pleno ejercicio de los derechos de la persona*[52].

El artículo 18 CE recoge una serie de derechos fundamentales que tienen en común la protección de la vida privada de los ciudadanos. El derecho al honor, el derecho a la intimidad, el derecho a la propia imagen, la inviolabilidad del domicilio, el secreto de las comunicaciones personales, y el ahora conocido como derecho al entorno digital, se convierten en el escudo protector de la esfera privada. Como derechos fundamentales consagrados constitucionalmente, su limitación ha de realizarse por ley orgánica que especifique los supuestos, requisitos, procedimiento y, en definitiva, las garantías que han de rodear una posible injerencia.

Para el Tribunal Constitucional, el apartado cuarto del artículo 18 CE, incorpora una nueva garantía constitucional, que dará respuesta a las posibles amenazas a la dignidad y a los derechos que protegen la vida privada. Se garantiza así, el derecho al honor y a la intimidad personal, pero también otros derechos relacionados con la vida privada que puedan ponerse en peligro por el uso indebido de la informática, o como recoge expresamente el alto Tribunal "*...el derecho a la libertad frente a las potenciales agresiones a la dignidad y a la libertad de la persona provenientes de un uso ilegítimo del tratamiento mecanizado de datos, lo que la Constitución llama "la informática*"[53].

Se regula como derecho fundamental, el derecho a controlar el uso de los datos relacionados con la vida privada de los ciudadanos, que podrán oponerse a que sus datos personales puedan ser utilizados para fines distintos a aquel que justificó su obtención[54]. Este poder de disposición y control faculta a la persona para decidir, no sólo qué datos quiere proporcionar y con qué finalidad, sino también le habilita para conocer qué tipo de instituciones públicas o privadas detentan esos datos y con qué fin.

Pero nuestro constituyente va más allá, y haciendo referencia ya a la ausencia de desarrollo legislativo del precepto, declara que este hecho no puede utilizarse como justificación para no defender su plena efectividad. En este sentido subraya que "... *los derechos y libertades fundamentales vinculan a todos los poderes públicos, y son origen inmediato de derechos y obligaciones, y no meros principios programáticos. Este principio general de aplicabilidad inmediata no*

---

52 STC 292/2000, de 30 de noviembre.

53 STC 254/1993, de 20 de julio.

54 SSTC 11/1998, de 13 de enero y 94/1998, de 4 de mayo.

*sufre más excepciones que las que imponga la propia Constitución, expresamente o bien por la naturaleza misma de la norma*"[55].

Considera el Tribunal, que el artículo 18.4 CE consagra un derecho fundamental autónomo a controlar el flujo de informaciones que conciernen a cada persona, independientemente de que pertenezcan o no al ámbito más reservado de su intimidad[56]. Esta precisión sobre el origen de los datos, incluyendo aquellos que son públicos, centra el contenido y alcance de este derecho, que extiende su protección a los datos personales que puedan obtenerse de una exposición pública, atribuyendo a su titular la autorización para su uso, más allá de aquellos ámbitos permitidos inicialmente[57].

Y es aquí donde radica uno de los contenidos más importantes de este derecho fundamental, el poder de control y de disposición sobre los datos personales. A través de esta garantía se impone a los poderes públicos la prohibición de facilitar la información sobre los ciudadanos sin la debida autorización y garantías. Pero como señala expresamente el Tribunal "*ese poder de disposición sobre los propios datos personales nada vale si el afectado desconoce qué datos son los que se poseen por terceros, quiénes los poseen, y con qué fin*[58].

Hechas estas consideraciones previas, es evidente que la libre circulación de datos personales y su tratamiento por sistemas de IA supone una ventaja indudable para la prevención, investigación y enjuiciamiento de conductas criminales, pero también resulta obvio que este tipo de actuación debe estar sujeta a un conjunto de garantías que protejan los derechos de los ciudadanos.

En un primer momento, y al vincularse la información y traspaso de datos al derecho a la intimidad, se facilitaba la libre obtención de dichos

---

55 STC 254/1993, de 20 de julio

56 STC 94/1998, de 4 de mayo.

57 STC 27/2020, de 24 de febrero.

58 STC 292/2000, de En este sentido considera el tribunal es esta resolución que "… *el objeto de protección del derecho fundamental a la protección de datos no se reduce sólo a los datos íntimos de la persona, sino a cualquier tipo de dato personal, sea o no íntimo, cuyo conocimiento o empleo por terceros pueda afectar a sus derechos, sean o no fundamentales, porque su objeto no es sólo la intimidad individual, que para ello está la protección que el art. 18.1 CE otorga, sino los datos de carácter personal. Por consiguiente, también alcanza a aquellos datos personales públicos, que por el hecho de serlo, de ser accesibles al conocimiento de cualquiera, no escapan al poder de disposición del afectado porque así lo garantiza su derecho a la protección de datos*".

datos por parte de las fuerzas de seguridad con la finalidad de la investigación delictiva. Por tal motivo, y vinculando esta actuación al derecho a la intimidad, no era necesaria una autorización judicial expresa. Además, la LO 15/1999, de protección de datos de carácter personal, autorizaba, en su artículo 22, la recogida y tratamiento de datos personales, sin autorización de su titular, siempre que su finalidad fuera la prevención de un peligro real para la seguridad pública o la represión de infracciones penales[59].

Sin embargo, la revolución tecnológica, y el peligro que supone para la esfera personal de los ciudadanos la utilización de instrumentos electrónicos de todo tipo para la investigación criminal, provocó que los tribunales iniciasen una jurisprudencia más restrictiva sobre dicha utilización, amparando la vida privada del ciudadano y su control sobre los datos protegidos por el artículo 18.4 CE.

De esta forma, y considerando su aplicación en la investigación de conductas delictivas, han de resultar de aplicación los principios rectores de las medidas de investigación tecnológica, y especialmente los principios de legalidad, judicialidad y proporcionalidad. Precisamente, fruto de esa evolución son las exigencias relacionadas con la inviolabilidad del domicilio y el secreto de las comunicaciones. Se reconoce por el Tribunal Supremo que la posible captación con instrumentos tecnológicos del interior de un domicilio vulnera el derecho recogido en el artículo 18.2, aunque no haya una entrada física en el mismo[60]. De la misma forma, el registro de ordenadores o de teléfonos móviles exige también el cumplimiento de las garantías previstas para la injerencia en el secreto de las comunicaciones, al considerar que estos elementos electrónicos contienen información que pertenece a la esfera reservada de la persona[61].

No puede obviarse, que el tratamiento de los datos proporcionados por instituciones públicas y entidades privadas permite a las unidades policiales reconstruir las actuaciones realizadas por los sujetos investigados, llegando a averiguar con total precisión su actividad pasada, e incluso las personas con las que ha contactado. Es indudable que con ello se está produciendo

---

59 Ortiz Pradillo, J. C., "Big Data, vigilancias policiales y geolocalización..., *op. cit.*, pág. 6.

60 V. en este sentido la STS 342/2013, de 17 de abril.

61 STC 115/2013, de 9 de mayo.

una grave injerencia en el derecho a la vida privada de los ciudadanos, no sólo del investigado, sino también de terceros con los que contacta[62].

Atendiendo precisamente a la gravedad de la injerencia en el derecho fundamental citado, el Tribunal Constitucional ha estimado que la protección se extiende a todos "… *aquellos datos que identifiquen o permitan la identificación de la persona y que puedan servir para la confección de su perfil o para cualquier otra utilidad que, en determinadas circunstancias, constituya una amenaza para el individuo*"[63]. En el mismo sentido, y en relación con las publicaciones obtenidas de las redes sociales, considera el alto Tribunal que los ciudadanos autorizan su acceso en un determinado momento y ubicación, pero con ello no se está extendiendo la autorización a otras posibles accesos o publicaciones ajenas al ámbito temporal y espacial previsto inicialmente por el titular del derecho[64].

Partiendo de estas consideraciones será necesario establecer un régimen legal sobre la aplicación de los instrumentos de inteligencia artificial con fines de prevención y de investigación de las conductas delictivas. Si en los supuestos de su utilización en el marco de una investigación penal se pueden aplicar los principios rectores previstos por la Ley 13/2015, que regula las medidas de investigación tecnológica, en los casos de actuación preventiva no resulta del todo claro la forma en la que se ha de proceder. Todo dependerá del margen de incidencia en los derechos fundamentales y de la gravedad de la injerencia.

En aquellos casos en que la intromisión en algunos de los derechos contemplados en el artículo 18 CE, y más concretamente en su apartado cuarto, pueda revestir cierta gravedad, sería preciso recabar la autorización judicial para facilitar el juicio de proporcionalidad y establecer el marco de garantías que han de aplicarse en las medidas restrictivas de derechos fundamentales. De todas formas, al igual que está previsto para otras medidas de investigación tecnológica, razones de urgencia pueden aconsejar la actuación inmediata de la policía, pero en estas situaciones deberá requerirse, en el más breve plazo posible, la validación judicial de la actuación para preservar el respeto del derecho fundamental que se ha visto afectado.

---

62 Ortiz Pradillo, J. C., "Big Data, vigilancias policiales y geolocalización…, *op. cit.*, pág. 5.

63 STC 29/2013, de 11 de febrero.

64 STC 27/2020, de 24 de febrero.

## BIBLIOGRAFÍA


Armenta Deu, T., *Derivas de la justicia. Tutela de los derechos y solución de controversias en tiempos de cambio,* Editorial Marcial Pons, Madrid 2021.

Armenta Deu, T., "El proceso en la Europa digital. Entre recuperar liderazgos y proteger derechos" en *Uso de la información y de los datos personales en los procesoslos cambios en la era digital,* (Colomer Hernández, dir.), editorial Aranzadi, Cizur Menor (Navarra) 2022, págs. 117-149.

Arrabal Platero, P., "El derecho fundamental al propio entorno virtual y su incidencia en el proceso", en *Era digital, sociedad y Derecho* (Fuentes Soriano, dir.), Editorial Tirant lo Blanch, Valencia, 2020, págs. 431-441.

Armenta Deu, T., "Reflexiones en torno al 4.0 y la inteligencia artificial en el proceso penal" en *Ius Punendi,* volumen 7, 2018, págs. 313-336.

Armenta Deu, T., Algoritmización del Derecho y de la justicia. De la Inteligencia Artificial a la Smart Justice, Tirant lo Blanch, Valencia 2021.

Armenta Deu, T., "Mutación de la justicia en el siglo XXI. Elementos para una mirada poliédrica de la tutela de la ciudadanía", en *Justicia poliédrica en periodo de mudanza (Nuevos conceptos, nuevos sujetos, nuevos instrumentos y nueva intensidad*), (editado por Barona Vilar), Tirant lo Blanch, Valencia, 2022.

Bujosa Vadell, L. M., "Función jurisdiccional e inteligencia artificial" en *Constitución e inteligencia artificial en el proceso"* (Guerra Moreno, coord.), Grupo editorial Ibáñez. Universidad Libre de Colombia, Bogotá, 2022, págs., 113-143.

Calamandrei, P., *Proceso y democracia,* Editoriales jurídicas Europa-América, Buenos Aires, 1960.

Carnelutti, *Derecho y proceso (*traducido por Sentis Melendo), Ediciones Jurídicas Europa-América, Buenos Aires, 1971.

Colomer Hernández, I., "Control y límites en el uso de la información y los datos personales por parte de la Inteligencia artificial en los procesos penales", en *Justicia algorítmica y neuroderecho. Una mirada multidisciplinar (*Barona Vilar, editora). Tirant lo Blanch, Valencia, 2021, págs. 287-307.

Cortés Domínguez, V., *Introducción al Derecho Procesal,* (con Moreno Catena), Editorial Tirant lo Blanch, Valencia, 2016.

De la Oliva Santos, A., *Derecho procesal. Introducción* (con Díez-Picazo Giménez y Vegas Torres), Editorial Universitaria Ramón Areces, Madrid, 2004.

De Luis García, E., "Justicia, inteligencia artificial y derecho de defensa", en *Revista de internet, Derecho y política,* Monográfico: "Digitalización y algoritmización de la justicia" (coord.: F. Miró) https://raco.cat/index.php/IDP/article/view/n39-deluis

De Urbano Castrillo, E., "El principio de contradicción en el proceso penal", en *Diario La Ley,* número 5474, 4 Feb. 2002, págs. 1710-1716.

Esparza Leibar, I., "Derecho fundamental a la protección de datos de carácter personal en el ámbito jurisdiccional e inteligencia artificial. En especial la LO 7/2021, de protección de datos personales tratados para fines de prevención, detección, investigación y enjuiciamiento de infracciones penales y de ejecución de sanciones penales", en I*nteligencia artificial legal y Administración de justicia,* (dirigido por Calaza López y Llorente Sánchez-Arjona), Aranzadi, Cizur Menor (Navarra), 2022, págs. 181-209.

Fernández López, M., *Prueba y presunción de inocencia,* Editorial Iustel, Madrid, 2005.

Gallego Rodríguez. P., "Los registros biométricos y su aplicación al proceso penal desde una perspectiva constitucional", en I*nteligencia artificial legal y Administración de justicia,* (dirigido por Calaza López y Llorente Sánchez-Arjona), Aranzadi, Cizur Menor (Navarra), 2022, págs. 211-255.

Gascón Inchausti, F., "Desafíos para el proceso penal en la era digital: externalización, sumisión pericial e inteligencia artificial", en *La justicia digital en España y la Unión Europea,* (dirigido por Conde Fuentes y Serrano Hoyo), Editorial Atelier, Barcelona, 2019, pág. 191-206.

Gimeno Sendra, V., *Introducción al Derecho Procesa*l, Editorial Colex, Madrid, 2014.

Gómez Colomer, J. L., *Derecho Jurisdiccional III. Proceso Penal,* Editorial Tirant lo Blanch, Valencia, 2012.

Gómez Colomer, J. L., Derechos fundamentales, proceso e Inteligencia Artificial: una reflexión" en I*nteligencia artificial legal y Administración de justicia,* (dirigido por Calaza López y Llorente Sánchez-Arjona), Aranzadi, Cizur Menor (Navarra), 2022, págs. 257-287.

Guasp Delgado, J., D*erecho Procesal Civil,* Instituto de Estudios Políticos, Madrid, 1968

Gutierrez Alviz Conrradi, F., El *derecho de defensa y la profesión de abogado,* Atelier, 2012.

Guzmán Fluja, V., "Arbitraje y soluciones técnicas inteligentes", en *Justicia algorítmica y Neuroderecho. Una mirada interdisciplinar* (dirigido por Barona Vilar), Tirant lo Blanch, Valencia, 2021, pág. 553-609.

Guzmán Fluja, V., "Ideas para un debate sobre la predicción del crimen" en I*nteligencia artificial legal y Administración de justicia* (dirigido por Calaza López y Llorente Sánchez-Arjona), Aranzadi, Cizur Menor (Navarra), 2022, págs. 289-338.

Hernández Giménez, M., "Inteligencia artificial y Derecho penal" en *Actualidad Jurídica Iberoamericana, número 10 bis, junio, 2019, págs.* 792-843.

López Yagüe, V., *La condición de imputado en e*l proceso penal español. Formas de adquisición y status jurídico que conlleva. Ideas para su reforma, en "La reforma del proceso penal", Editorial LA LEY, Madrid, 2011.

Martín Diz, F., "Herramientas de inteligencia artificial y adecuación en el ámbito del proceso judicial", en *Derecho Procesal. Retos y transformaciones* (Bujosa Vadell, dir.), Atelier y Fundación Serra Domínguez, Barcelona, 2021, págs. 295-304.

Martín Diz, F., "Inteligencia artificial y proceso: garantías frente a eficiencia en el entorno de los derechos procesales fundamentales" en *Justicia: ¿Garantías versus Eficiencia?* (coordinado por Llopis Nadal, Bellido Penadés, Jiménez Conde, De Luis García), Tirant lo Blanch, Valencia, 2021, http://www.tirantonline.com.

Martín Diz, F., "Presunción de inocencia en procesos penales por violencia de género", Ius et *Praxis,* vol. 24, núm. 3, 2018, págs. 19-66.

Moreno Catena, V., *La defensa penal,* Editorial Civitas, Madrid, 1982.

Moreno Catena, V., "Algunos problemas del derecho de defensa" en *Justicia,* número. 3. 1990, págs. 561-579.

Moreno Catena, V., *Derecho procesal penal* (con Cortés Domínguez), Editorial Tirant lo Blanch, Valencia, 2012.

Moreno Catena, V., "Los datos en el sistema de justicia y la propuesta de reglamento UE sobre inteligencia artificial", en *Uso de la información y de los datos personales en los procesos. L*os cambios en la era digital (dirigido por Colomer Hernández), Editorial Aranzadi, Cizur Menor, 2022, págs. 47-73.

Montero Aroca, J., *Principios del proceso penal. Una explicación basada en la razón.* Tirant lo Blanch, Valencia, 1997.

Montero Aroca, J., *Derecho Jurisdiccional I. Parte general* (con Gómez Colomer, Montón Redondo y Barona Vilar), Editorial Tirant lo Blanch, Valencia 2014.

Muñoz Cuesta, F. J., Delito de prevaricación y contra las garantías constitucionales cometidos por Juez de instrucción al interceptar las comunicaciones entre imputados presos y sus defensas, en "Revista Aranzadi Doctrinal", núm. 1/2012, Pamplona, 2012, págs. 11-20.

Ortiz Pradillo, J. C., "Big Data, vigilancias policiales y geolocalización: nuevas dimensiones de los derechos fundamentales en el proceso penal", *La ley digital*, de 25 de enero de 2022, https://laleydigital-laleynext-es.ezbusc.usc.gal/

Pedraz Penalva, E., *Derecho procesal penal. I. Principios de Derecho procesal penal*, Editorial Colex, Madrid, 2000.

Pérez Estrada, M. J., *Fundamentos jurídicos para el uso de la inteligencia artificial en los órganos judiciales*, Tirant lo Blanch, Valencia, 2022.

Planchadell Gargallo, A., *El derecho fundamental a ser informado de la acusación*, Tirant lo Blanch, Valencia, 1999.

Ruiz Vadillo, E., *Algunas breves consideraciones sobre el sistema acusatorio y la interdicción constitucional de toda indefensión en el proceso penal*, en Diario La Ley, tomo 4, 1987, págs. 873-888.

San Miguel Del Caso, C., "La aplicación de la Inteligencia Artificial en el proceso: ¿un nuevo reto para las garantías procesales?" en *IUS ET SCIENTIA*, 2021, volumen 7, número 1, https://editorial.us.es/es/revistas/ius-et-scientia, pág. 286-303.

Serrano Ruiz-Calderón, J. M., *El derecho de defensa según la sentencia 79/2012 de la Sala de lo Penal del Tribunal Supremo*, en "Diario La Ley", Nº 7850, 3 May. 2012.

Solar Cayón, J. I., "Inteligencia artificial en la justicia penal: los sistemas algorítmicos" en *Dimensiones éticas y jurídicas de la Inteligencia artificial en el marco del Estado de Derecho*, Cuadernos de la Cátedra de Democracia y Derechos Humanos, 16, Universidad de Alcalá. Defensor del Pueblo, 2020, págs. 125-172.

# *La investigación criminal en la era de la Inteligencia Artificial*[1]

**MERCEDES LLORENTE SÁNCHEZ-ARJONA**
*Catedrática de Derecho Procesal*
*Universidad de Sevilla*



## 1. APROXIMACIÓN AL CONCEPTO DE INTELIGENCIA ARTIFICIAL

La importancia de la inteligencia artificial en el mundo actual es incuestionable e irá a más en los años venideros. Es, sin lugar a duda, el habilitador por excelencia en la transformación digital y su potencial es enorme[2]. Si bien no existe un concepto armonizado sobre el mismo, se utiliza el término inteligencia artificial en alusión a los sistemas que manifiestan un comportamiento inteligente. Nos enfrentamos a un concepto complejo sobre el que, como señala la Comisión de las Naciones Unidas para el Derecho Mercantil Internacional, ninguna de las definiciones dadas en estos últimos años, han sido aceptadas de manera universal[3]. Así, en palabras del legislador europeo nos encontramos con una combinación de tecnolo-

---

[1] Este trabajo forma parte de un libro sobre Inteligencia Artificial y proceso penal que estoy elaborando en estos momentos y cuyas líneas generales sobre la incidencia del la IA en la investigación criminal avanzo de manera parcial. Asimismo, se ha realizado en el marco del Proyecto I+D "El acceso a la justicia de las personas vulnerables" (PID2021-123493OB-100) del que soy IP junto con el profesor Guzmán Fluja.

[2] Barrio Andrés, M., *Manual de Derecho Digital,* Ed. Tirant lo Blanch, (2ª edición), Valencia, pág. 64.

[3] Comisión de las Naciones Unidas para el Derecho Mercantil Internacional, *Aspectos jurídicos de los contratos inteligentes y la inteligencia artificial,* 2018.

gías que agrupa datos, algoritmos y capacidad informática[4], que deriva en la posibilidad de que las máquinas piensen, o más bien imiten[5], el pensamiento humano a base de aprender y utilizar las generalizaciones que usamos las personas al tomar nuestras decisiones habituales[6]. El Parlamento Europeo, en su página web oficial, contiene una entrada en la que se refiere a la Inteligencia Artificial como "la habilidad de una máquina de presentar las mismas capacidades que los seres humanos, como el razonamiento, el aprendizaje, la creatividad y la capacidad de planear"[7]. Por su parte, la Comisión Europea la define como aquella tecnología que, aplicada a los sistemas, hace que éstos manifiesten un comportamiento inteligente, con capacidad de analizar su entorno y pasar a la acción con determinados objetivos concretos al disponer de cierto grado de autonomía[8].

El término inteligencia artificial fue acuñado, por primera vez, en 1956 por el científico John McCarthy que la definió como "la ciencia e ingenio de hacer máquinas inteligentes, especialmente programas de cómputo inteligentes"[9]. Por tanto, nos encontramos con un tema sobre el que se ha debatido e investigado durante más de setenta años, si bien la creciente atención de la que está siendo objeto puede hacernos pensar que irrumpió en escena apenas hace poco tiempo.

---

4 *Libro Blanco sobre la Inteligencia Artificial —un enfoque europeo orientado a la excelencia y la confianza,* Bruselas, 19 de febrero de 2020, COM (2020) 65 final.

5 Ya, en su día, se formuló esta posibilidad por el pionero Turing, A. M., *Computing machinery and intelligence,* Mind, 1950, 49, pág. 433. La "prueba Turing" fue diseñada para determinar si una máquina podría ser considerada inteligente. En la prueba se incluyeron a tres participantes: un evaluador humano haría preguntas y un humano y una máquina escribirían las respuestas.

6 Nieva Fenoll, J., *Inteligencia artificial y proceso judicial,* Ed. Marcial Pons, Madrid, 2018, pág. 20.

7 Disponible en: https://www.europarl.europa.eu/news/es/headlines/society/20200827STO85804/que-es-la-inteligencia-artificial-y-como-se-usa

8 *Inteligencia Artificial para Europa,* www.ec.europa.eu 2018.

9 Vid, sobre la historia de IA, Benko, A., y Lányi, C. S.: *History of artificial intelligence,* Encyclopedia of Infor-mation Science and Technology, Second Edition, IGI Global, 2009, págs. 1759-1762; Bucha-Nan B. G.: "A (very) brief history of artificial intelligence", *AI Magazine,* vol. 26, nº 4, 2005, págs. 53 y ss.; Mccorduck, P.: *Machines who think: A personal inquiry into the history and prospects of artificial intelligence,* AK Peters/CRC Press, 2009.

Así, en palabras de la Comisión Europea[10], "al igual que lo hicieran la máquina de vapor o la electricidad en épocas anteriores, la inteligencia artificial está transformando nuestro mundo, nuestra sociedad y nuestra industria", convirtiéndola en una de las tecnologías más estratégicas del siglo XXI. El desarrollo de estas innovaciones tecnológicas es exponencial y supondrá un cambio en nuestras vidas ya que mejorará la atención sanitaria, contribuirá a la mitigación del cambio climático, aumentará la eficiencia de la agricultura y de los sistemas de producción a través de un mantenimiento predictivo, incrementará la seguridad de los europeos, aportándonos otros muchos cambios que "de momento solo podemos intuir"[11]. De este modo, los sistemas que se basan en inteligencia artificial pueden consistir simplemente en un programa informático, como es el caso de los asistentes de voz, programas de análisis de imágenes o sistemas de reconocimiento facial y de voz; pero también puede estar incorporada en dispositivos de *hardware* como robots avanzados, automóviles autónomos, drones o aplicaciones del internet de las cosas.

Por tanto, nos encontramos con un término que se usa a modo de cajón de sastre para referirse a un conjunto de ciencias, teorías y técnicas que van destinadas a mejorar la habilidad de las máquinas en la realización de tareas que requieren de inteligencia[12], pudiendo incluir el *machine learning*, procesamiento del lenguaje natural, visión, discurso, planificación y robótica[13].

Pues bien, la incontestable capacidad de la Inteligencia Artificial para procesar diferentes formas de datos con una precisión más que notable ha conducido a preguntarse sobre la utilidad que pueda tener en el marco de la justicia, y, en lo que a nosotros nos atañe, en el marco de la investigación penal. Aquí se enmarcan dos grandes ámbitos en su utilización que se identifican, en primer lugar, con la prevención e investigación policial de la delincuencia o Inteligencia Artificial Policial, y, en segundo lugar, con la que se aplica al proceso de determinación judicial de responsabilidad por

---

10 *Comunicación de la Comisión al Parlamento Europeo, al Consejo Europeo, al Consejo, al Comité Económico y Social Europeo y al Comité de las Regiones*, Bruselas, 25 de abril de 2018, COM (2018) 237 final.

11 *Libro Blanco sobre la Inteligencia Artificial —un enfoque europeo orientado a la excelencia y la confianza*, Bruselas, 19 de febrero de 2020, COM (2020) 65 final, pág. 2.

12 Borges Blázquez, R., *Inteligencia artificial y proceso penal*, Ed. Aranzadi, Navarra, 2021, pág. 39.

13 Sourdin, T., "Judge v robot? Artificial intelligence and judicial decision-making", *UNSW Law Journal*, vol. 41, núm. 4, pág. 1116.

la perpetración de un delito o Inteligencia Artificial Judicial[14]. En ambos supuestos preocupan las implicaciones éticas y jurídicas, particularmente en lo que atañe a la afectación a la privacidad y al posible quebranto de derechos fundamentales, derivadas de un mal uso de estos sistemas.

## 2. LA JUSTICIA PREDICTIVA POLICIAL

La deriva preventiva del proceso penal es lógica consecuencia de la situación social actual; nos encontramos inmersos en un momento histórico de transición en la ordenación y el entendimiento de las conductas humanas que, como no puede ser de otra forma, afecta al mundo jurídico. Desde finales del siglo XX la sociedad se muestra insegura, factores como las crisis económicas recurrentes, el incremento de la pobreza y la precariedad laboral, el cambio climático, la sobreinformación a la que todos estamos expuestos, guerras, terrorismo, criminalidad o el fantasma de un nuevo orden mundial son algunos de los factores que acentúan los sentimientos de vulnerabilidad, incertidumbre e inseguridad. Así las cosas, se ha convertido en un lugar común el recurrir a la construcción sociológica de la *sociedad del riesgo*[15] para explicar las derivas que están experimentando el Derecho Penal y el Proceso Penal[16]. Asistimos a una maximización de los conceptos de peligro, amenaza, riesgo, seguridad y control que penetran en nuestro estilo de vida produciendo la alteración del concepto mismo de seguridad. La seguridad pasa a extenderse a todas las facetas de la vida y, en el ámbito

---

14 Miró Llinares, F., "Inteligencia Artificial y Justicia Penal: Mas allá de los resultados lesivos causados por robots", *Revista de Derecho Penal y Criminología,* núm. 20, 2018, pág. 97.

15 Beck, U., *La sociedad del riesgo global. Hacia una nueva modernidad,* Ed. Paidos, Barcelona, 2006.

16 *Vid.*, Juan-Sánchez, R., "Proceso penal preventivo en España: Elementos y criterios de contención" en *Claves de la justicia penal: feminización, inteligencia artificial, supranacionalidad y seguridad,* Ed. Tirant lo Blanch, 2019, pág. 556; Montesinos García, A., "Justicia penal predictiva" en *Justicia poliédrica en periodo de mudanza (Nuevos conceptos, nuevos sujetos, nuevos instrumentos y nueva intensidad),* Ed. Tirant lo Blanch, Valencia, 2022, pág. 425; Barona Vilar, S., *Algoritmización del Derecho y de la Justicia. De la Inteligencia Artificial a la Smart Justice,* Ed. Tirant lo Blanch, Valencia, 2021, págs. 426 y ss.

penal, este *discurso de la seguridad* legitima un extenso número de medidas de control[17].

Este escenario de alarma social es el caldo de cultivo perfecto para políticas cada vez más expansivas del *Derecho Penal de la peligrosidad* al que se le confían cada vez tareas más preventivas estrechamente vinculadas a los procesos de globalización que han acarreado la aparición de nuevos fenómenos criminales que crean una necesidad de incrementar la seguridad ciudadana a costa de un Derecho penal más preventivo y eficaz[18]. En el ya clásico conflicto entre seguridad y libertad este último ha ido cediendo terreno, de forma progresiva, a favor de difusos bienes públicos como la seguridad ciudadana o la preservación de la forma de vida de las sociedades occidentales, todo ello en detrimento de las garantías y derechos fundamentales básicos del individuo[19]. Pero este *Derecho Penal de la peligrosidad* debilita los tradicionales principios del Derecho Penal garantista a favor de una presumible tutela de intereses individuales y colectivos "de primer orden", extendiendo el manto protector de la seguridad en detrimento de las libertades del ciudadano. Esta nueva orientación del Derecho Penal del siglo XXI se caracteriza por abandonar principios básicos limitadores del *ius puniendi* como los de proporcionalidad e intervención mínima a favor de un constante adelantamiento del poder sancionador del Estado[20]. En

---

17 Barona Vilar, S., "Justicia penal líquida (Desde la mirada de Bauman)", *Teoría y Derecho: Revista de pensamiento jurídico*, 2017, núm. 22, diciembre.

18 Sieber, U., "The New Architecture of Security Law-Crime Control in the Global Risk Society" *Alternative Systems of Crime Control: National, Transnational, and International Dimensions*, Sieber, U., Mitsilegas, V., Mylonopoulos, C., Billis, E., Knust, N., (Edits.), Berlin, 2018, págs. 3 y ss.

19 Borja Jimenez, E., "Seguridad como producto de mercado en la justicia penal globalizada" en *Claves de la justicia penal: feminización, inteligencia artificial, supranacionalidad y seguridad*, Ed. Tirant lo Blanch, 2019, pág. 526.

20 *Vid.*, en relación al Derecho Penal de la peligrosidad, Borja Jimenez, E., "Seguridad como producto de mercado en la justicia penal globalizada" en *Claves de la justicia penal: feminización, inteligencia artificial, supranacionalidad y seguridad*, cit., pág. 530 y ss; Alonso Rimo, A., "Medidas de seguridad y proporcionalidad con el hecho cometido (a propósito de la peligrosa expansión del Derecho penal de la peligrosidad)" en *Estudios penales y criminológicos*, núm. 29, 2009, págs. 109 y ss; Benitez Ortuzar, I., "El peligroso retorno al Derecho penal de la peligrosidad en la legislación penal española del siglo XXI" en *Derecho Penal para un Estado social y democrático de Derecho: Estudios penales en homenaje al profesor Emilio Octavio de Toledo y Ubieto*, Madrid, 2016, págs. 931 y ss; Demetrio Crespo, E., "Acerca de la contraposición entre libertad y seguridad" en *Libro homenaje al profesor Ruperto Núñez Barbero*, Pérez Álvarez, F., (Edit.), Salamanca, 2007; García Rivas, N., "La libertad vigilada

este escenario los sistemas de policía predictiva cobran cada vez más peso. La policía predictiva y la predicción del crimen no son conceptos nuevos, más bien integran una antigua aspiración de política criminal que, en sus orígenes, se ha realizado de forma manual por la policía y que ha venido incorporando, de forma paulatina, las tecnologías que iban apareciendo hasta llegar a la incorporación de la inteligencia artificial y los análisis masivos automatizados[21]. Es precisamente en este ámbito donde la predicción ha alcanzado mayores cotas de popularidad, especialmente en sistemas anglosajones como Estados Unidos o el Reino Unido donde el empleo de este tipo de herramientas predictivas es ya una realidad cada vez más generalizada.

Se produce así la incorporación del modelo algorítmico a la forma de operar de la policía, operando con cantidades masivas de datos actuales o pasados que sirven para trabajar en la predicción de comportamientos futuros. Por tanto, la policía predictiva opera en base a la identificación de patrones, esto es, un conjunto de variables que aparecen de forma constante y que se identifican dentro de un conjunto de datos mayor[22]. Estos datos junto a la información obtenida a través de diversos medios como pueden ser cámaras colocadas en lugares públicos, fotografías o vídeos obtenidos por drones, mensajes que se publican en cualquier tipo de redes sociales, foros, webs… o información obtenida a través de aplicaciones de teléfonos móviles, permiten llevar a cabo una vigilancia policial predictiva que ha ocasionado un cambio en la manera de operar de las fuerzas policiales[23].

Esta forma de actuar supone un cambio de paradigma en la forma de actuación de las fuerzas policiales que ha permitido pasar "de un enfoque reactivo a un enfoque preventivo"[24], que, ciertamente, optimiza los

---

y el derecho penal de la peligrosidad", *Revista General de Derecho Penal*, núm. 16, 2011; Roig Torres, M., "La reiteración delictiva: algunas reflexiones sobre el nuevo tratamiento en el Anteproyecto de reforma del Código Penal", *Revista General de Derecho Penal*, núm. 19, 2013, entre otros muchos.

21 Guzmán Fluja, V., "Proceso penal y justicia automatizada", *Revista General de Derecho Procesal*, núm. 53, 2021.

22 Waske, B. y Beneditksson, J. A. "Pattern Recognition and Classification" en E. G. Bjoku (Ed.), Encyclopedia of Remote Sensing, 2014, págs. 503-523, Springer.

23 Barona Vilar, S., *Algoritmización del Derecho y de la Justicia. De la Inteligencia Artificial a la Smart Justice*, Ed. Tirant lo Blanch, Valencia, 2021, págs. 448-449.

24 González Álvarez, J. L., Santos Hermoso, J., Camacho-Collados, M., "Policía predictiva en España. Aplicación y retos futuros", *Behavior & Law Journal*, 2020, vol. 6, núm. 1, pág. 27.

escasos recursos materiales y humanos de la policía, pero que no deja de plantear problemas derivados de la falta de transparencia y de la posible estigmatización a determinados colectivos si se trabaja con datos sesgados. Este método predictivo se utiliza tanto para la toma de decisiones estratégicas, al realizar predicciones sobre la actividad delictiva futura poniendo especial atención en el plano geoespacial, esto es, donde y cuando pueden llegar a producirse los delitos, como para decisiones particulares al realizar predicciones sobre individuos o grupos concretos identificando aquellos comportamientos que muestren mayores probabilidades de que se cometa un delito futuro o sean propensos a desarrollar comportamientos delictivos[25]. Dos son, pues, los modelos predictivos policiales que permiten establecer sistemas de vigilancia policial predictiva: un primer grupo, orientado a reducir la delincuencia en lugares identificados como de alto riesgo (*hot spots* de criminalidad) y un segundo grupo, que permite implantar modelos predictivos que permiten hacer prevención policial en individuos con elevado potencial de criminalidad *(Person-based policing).*

### *2.1. Predicciones basadas en lugares (Place-Based policing)*

Los estudios sobre el crimen han puesto de manifiesto que existen patrones regulares en la forma de operar de los criminales. En concreto, desde la psicología y la sociología ambiental se ha demostrado que los delincuentes tienden a actuar en espacios que conocen y que los crímenes se suelen concentrar en lugares y momentos determinados[26].

Estos softwares predictivos policiales son ya una realidad estando implementados en departamentos de policía tanto de Estados Unidos como europeos. En este contexto, merece hacer especial mención a *PredPol,* uno de los programas de análisis predictivo líder a nivel mundial, diseñado por el departamento de policía de Los Ángeles en colaboración con la Universidad de California-Los Ángeles (UCLA). Tal como se expone en su propia página web, este sistema, que en la actualidad se utiliza en más de sesenta departamentos de policía de EEUU, utiliza un enfoque basado en datos

---

25 Cuatrecasas Monforte, C., *La inteligencia artificial como herramienta de investigación criminal,* https://www.tdx.cat/bitstream/handle/10803/675100/Tesi_Carlota_Cuatrecasas.pdf;jsessionid=E042813CC5CC28C680F51BC17321E605?sequence=2 pág. 219.

26 González Álvarez, J. L., Santos Hermoso, J., Camacho-Collados, M., "Policía predictiva en España. Aplicación y retos futuros", *Behavior & Law Journal,* 2020, vol. 6, núm. 1, pág. 27.

para dirigir las operaciones de patrullaje. Este conjunto de datos sobre eventos históricos sirve para entrenar al algoritmo que se actualiza diariamente con nuevos delitos a media que se reciben en el departamento. Esta información proviene del sistema de gestión de registros, *Records Management Systems,* de su propia agencia con la que se obtiene información delictiva actual e histórica introduciéndola en su algoritmo de aprendizaje automático para crear sus predicciones.

Existen otras herramientas como *Risk Terrain Model*[27], que tiene en cuenta factores ambientales que generan y atraen el delito; *CrimeScan*[28], que a través de diversos indicadores como llamadas a emergencias o delitos menores... tiene capacidad para predecir con hasta una semana de antelación los puntos calientes de violencia; *Criminal Reduction Utilizing Statistical History*[29], sistema de análisis predictivo creado por IBM que intenta predecir la ubicación de futuros delitos. También se puede citar el uso del sistema *Multilayer Perceptron,* basado en redes neuronales, o el sistema *Kernel Density Estimation,* o los Sistemas de Información Geográfica, *SIG,* entre otros. Referente a *SIG* esta tecnología trabaja sobre el modelo cartográfico de la realidad, sabiendo en qué lugar exacto se encuentran los datos almacenados; además, se ha aplicado en el estudio del fenómeno delictivo para elaborar mapas de delitos o planificar el envío de patrullas a diversas zonas de la ciudad[30]. Por su parte, en Holanda el programa *Valcri* es un sistema para generar ideas plausibles de cómo, cuándo y porqué se cometió un crimen y quien es su posible autor, o *Cas* en los Países Bajos que predice posibles delitos en una zona determinada.

Ahora bien, aun cuando se ha demostrado empíricamente que estos sistemas resultan útiles a la hora de reducir la delincuencia en lugares identificados como de alto riesgo, no se puede obviar que la aplicación de estos sistemas *place-based* provocan una notable estigmatización de determinadas

---

27 https://www.riskterrainmodeling.com/

28 https://crimescan.com.au/.

29 https://www.ibm.com/ibm/history/ibm100/us/en/icons/crimefighting/transform/ Este sistema fue desarrollado como parte del programa *Blue CRUSH* en conjunto con el Departamento de Policía de Memphis y el Departamento de Criminología e Investigación de la Universidad de Memphis. En Memphis fue acreditado como factor clave en la caída del 31% en el crimen y una caída del 15% en el crimen violento.

30 Vozmediano Sanz, L., San Juan Guillen, C., "Empleo de sistemas de Información Geográfica en el estudio del miedo al delito", *Revista Española de Investigación Criminológica,* núm. 4, 2006, págs. 1-2.

zonas o barrios identificadas como de riesgo o de alto riesgo delictivo, con los consiguientes perjuicios que ello conlleva para esas zonas y para las personas que viven en ellas. Otro problema que se puede suscitar es que, al concentrar la vigilancia en determinadas zonas identificadas como peligrosas, aplicando patrones de patrullaje en esas áreas y en momentos concretos, se tenderá a disminuir la vigilancia en otros lugares lo cual puede ser aprovechado por la delincuencia para cometer delitos en otras zonas al haber menos vigilancia policial, por lo que los delitos en realidad no se disminuyen, sino que se desplazan[31].

### *2.2. Predicciones basadas en individuos (Person-based policing)*

Junto a los sistemas *placed-based*, surgieron otras herramientas que incorporan información sobre patrones de comportamientos de ciertos individuos en los algoritmos predictivos lo que permite estimar quien es más probable que cometa un determinado delito, priorizar un sujeto de una larga lista de sospechosos o, inclusive, asignar un determinado programa de reinserción a un agresor en función de sus características personales[32].

Este tipo de herramientas pueden representar una severa amenaza para los derechos y garantías de las personas de una forma mucho más preocupante que con los sistemas *place-based*. En ellos se emplean técnicas de inteligencia artificial de elaboración de perfiles (*profiling tools)* mediante los que se extrae una gran cantidad de datos y se procede a su análisis con la finalidad de trazar ciertos patrones que permitan clasificar a los ciudadanos en diferentes categorías. La creación de estos perfiles delictivos se puede llevar a cabo a partir de datos procedentes de dispositivos de reconocimiento facial, de imágenes, de voz, registro de huellas dactilares, ADN, cruce de datos de dispositivos móviles, registros financieros, registros de pasajeros, información económica, jurídica o fiscal..., entre otras[33]. Preo-

---

31 Harcourt, *Against prediction: profiling, policing, and punishing in an actuarial age,* University of Chicago Press, 2007, pág. 132; Koos, K., *Leveraging Predictive Policing Algorithmis to Restore Fourth Amendment Protections in High-Crime Areas in a Post-Wardlow World,* 90 Chicago-Kent Law Review, vol. 90, 2015, págs. 301-334.

32 Miró Llinares, F., *Inteligencia artificial y justicia penal: más allá de los resultados lesivos causados por robots,* cit., pág. 102.

33 Cuatrecasas Monforte, C., *La inteligencia artificial como herramienta de investigación criminal,* https://www.tdx.cat/bitstream/handle/10803/675100/Tesi_Carlota_Cuatrecasas.pdf;jsessionid=E042813CC5CC28C680F51BC17321E605?sequence=2 pág. 237.

cupa especialmente la injerencia en la esfera más íntima de las personas, en su privacidad, ya que se analizan datos pasados de criminalidad, junto con todos aquellos que se pueden obtener en tiempo real, con objeto de generar un pronóstico de reincidencia delictiva. Así, se pueden producir discriminaciones grupales o individuales si se hace referencia a la posibilidad de predecir posibles colectivos con mayores tendencias a cometer delitos o personas pertenecientes a determinados colectivos en función de su raza, situación social, económica…De igual forma, se podrá predecir que personas tienen una mayor probabilidad de cometer crímenes y de que clase, o a la extracción de patrones sobre criminales ya conocidos[34].

Este tipo de herramientas genera sospechas de futura comisión de hechos delictivos por parte de un sujeto, pero este tipo de sospechas se construye a medida que se analizan grandes cantidades de datos lo que ya alerta de los riesgos que entrañan para los derechos fundamentales de las personas. Sobre este particular, la *Resolución del Parlamento Europeo, de 6 de octubre de 2021, sobre la inteligencia artificial en el Derecho penal y su utilización por las autoridades policiales y judiciales en asuntos penales* (2020/2016 INI)[35], aun cuando considera que este tipo de aplicaciones pueden contribuir a la mejora de los métodos de trabajo de las autoridades policiales y judiciales y al aumento de la eficacia en la lucha contra determinados delitos, alerta de sus riesgos e insiste en la necesidad de que las actuaciones judiciales y policiales se adopten de forma transparente, huyendo de discriminaciones, sesgos o prejuicios y respetando los principios de necesidad y proporcionalidad, a fin de garantizar un sistema judicial justo y humano. Se pone de manifiesto como estas técnicas de vigilancia cuestionan el enfoque de que las autoridades estatales han de reaccionar ante el delito después de su comisión, "sin presuponer que todas las personas son peligrosas y deben ser vigiladas constantemente para evitar posibles infracciones", observando "con gran preocupación" el potencial de determinadas tecnologías utilizadas en el ámbito de la garantía del cumplimiento de la ley para fines de vigilancia masiva.

---

34 Guzmán Fluja, V., "Ideas para un debate sobre la predicción del crimen" en *Inteligencia Artificial legal y Administración de Justicia,* Calaza López, S. Llorente Sánchez-Arjona, M. (Dir), Ed. Aranzadi, Navarra, 2022, pág. 313.

35 https://eur-lex.europa.eu/legal-content/ES/TXT/?uri=CELEX%3A52021IP0405

## 3. INVESTIGACIÓN PENAL Y SISTEMAS INTELIGENTES

Los avances tecnológicos están obligando a reformular la legislación procesal, adaptando las normas a la nueva realidad tecnológica en la que estamos inmersos. La digitalización ha penetrado en el proceso y, por ende, en el seno de la investigación, áreas como las técnicas de reconocimiento personal, la dactiloscopia, el reconocimiento de voz, huellas dactilares, de firma y escritura..., en los que la participación humana tenía un enorme peso, han ido cediendo terreno a la incorporación de algoritmos provocando una alteración de la metodología investigadora y una cada vez menor intervención del hombre. Todo ello favorece el que la función preventiva y el proceso penal tengan unos contornos cada vez más desdibujados. Y es que los riesgos que se predicen por herramientas algorítmicas se adentran en la investigación para convertirse en fuentes de prueba poniendo en serio peligro los límites que han de respetarse en todo sistema de justicia penal garantista[36].

El cambio de paradigma que está experimentando la función investigadora en el proceso penal viene de la mano de los avances tecnológicos que permiten procesar una ingente cantidad de información que está teniendo un enorme reflejo en el curso del proceso penal, alterando el modo de actuación de la policía y de los jueces y removiendo los cimientos procesales, amén de hacer peligrar garantías y derechos básicos[37]. Llegados a este punto, la pregunta que ha de hacerse es si se puede justificar un sistema jurídico garantista con un engranaje policial que vigila y presenta una función predictiva que puede hacer peligrar seriamente derechos y garantías constitucionalmente reconocidas. Y es que la línea roja en la incorporación de cualesquiera Inteligencia Artificial en el marco de la justicia penal se halla en el respeto a los derechos y garantías del sujeto investigado, acusado y de la víctima.

Resulta de todo punto imprescindible delimitar donde empieza la actividad preventiva y donde la investigación penal. Si las diligencias de investigación pasan a utilizarse no solo para investigar hechos que ya se han cometido, sino también para eliminar o reducir riesgos de hechos futuribles, nos acercamos de forma muy peligrosa al derecho penal *ex ante* poniendo en serio compromiso a las garantías y derechos de los justiciables. Esta

---

36 Barona Vilar, S., *Algoritmización del Derecho y de la justicia*, cit., pág. 502.

37 Barona Vilar, S., *Algoritmización del Derecho y de la Justicia. De la Inteligencia Artificial a la Smart Justice*, pág. 511.

línea, cada vez más desdibujada, entre la función predictiva y el proceso penal, ha alterado la metodología investigadora otorgando protagonismo al algoritmo en detrimento de una cada vez menor intervención humana. De este modo, las medidas de investigación tecnológica se emplean no solo cuando existen sospechas de la posible comisión de un hecho delictivo, sino que también comienzan a utilizarse para reducir o eliminar riesgos favoreciendo técnicas de actuación preventivas sobre la base de sospechas de una posible criminalidad.

Lo cierto es que el panorama de la investigación está experimentando un proceso de transformación no solo por la incorporación de instrumentos tecnológicos nuevos, sino por la entrada de los algoritmos en la investigación delictiva. Así, las herramientas de inteligencia artificial de investigación criminal propiamente dichas pueden ser definidas como aquellos sistemas que emplean tal tecnología y se utilizan por las autoridades policiales, fiscales y judiciales para averiguar y hacer constar la perpetración de los delitos, con todas las circunstancias que puedan influir en su calificación, así como la culpabilidad de los delincuentes[38]. La *Resolución sobre Inteligencia Artificial en el derecho penal y su utilización por las autoridades policiales y judiciales en asuntos penales,* de 6 de octubre de 2021, hace referencia a nuevas técnicas de investigación vinculadas a EUROPOL en el ámbito de la ciberdelincuencia, especialmente, delitos financieros, blanqueo de capitales, financiación del terrorismo, abusos o explotación sexuales en línea, si bien frena su utilización con fines de investigación masiva. Así, la biometría, el reconocimiento automatizado de objetos, la vigilancia auditiva o el uso de virus espía sitúan a los datos en el epicentro de toda investigación criminal en Internet, recomendando que exista una supervisión y control democráticos de cualquier tecnología basada en Inteligencia Artificial utilizada por autoridades policiales y judiciales, así como una trazabilidad de estos sistemas y de los procesos decisorios[39].

Ciertamente, el uso de la inteligencia artificial en este campo genera tantas posibilidades como interrogantes, aspectos tales como el funcionamiento de estas herramientas en la investigación de un delito, las condicio-

---

38 Cuatrecasas Monforte, C., *La inteligencia artificial como herramienta de investigación criminal,* https://www.tdx.cat/bitstream/handle/10803/675100/Tesi_Carlota_Cuatrecasas.pdf;jsessionid=E042813CC5CC28C680F51BC17321E605?sequence=2 pág. 327.

39 Bueno de la Mata, F., "Proceso penal, Inteligencia Artificial y justicia orientada al dato" en *El impacto de la Inteligencia Artificial en la teoría y la práctica jurídica,* Solar Cayón, J., Sánchez Martinez, O., Ed. La Ley, 2022.

nes en las que se ha de entender legítimo el uso de la inteligencia artificial o la posible afección a derechos fundamentales son retos esenciales aún por afrontar. Y es que uno de los más controvertidos usos de la inteligencia artificial está en la posibilidad de "predecir la comisión o reiteración de un delito real o potencial mediante la elaboración de perfiles de personas físicas, y para evaluar rasgos y características de la personalidad, o conductas delictivas pasadas de personas físicas o grupos", es decir, la predicción del riesgo de comisión delictiva o de reincidencia de un determinado individuo con base en los rasgos, en la personalidad o los antecedentes de personas que únicamente podrían ser sospechosas[40]. En este contexto los datos biométricos abren múltiples incógnitas en su incorporación a la investigación delictiva. Por razones de espacio nos ceñiremos a una aproximación al reconocimiento facial y de voz.

### *3.1. Aproximación al concepto de Biometría*

La biometría es la ciencia de análisis de las características físicas o del comportamiento, propias de cada individuo, con la finalidad de autentificar su identidad. Procedente de la unión de los vocablos griegos *bios* (vida) y *metron* (medida), su objetivo es alcanzar el reconocimiento inequívoco de las personas en base a uno o más rasgos conductuales o rasgos físicos intrínsecos. Según el diccionario de la RAE la biometría es el "estudio mensurativo o estadístico de los fenómenos o procesos biológicos" que comprende técnicas muy variadas. Así, en primer lugar, los llamados datos fisiológicos que se refieren a las características físicas o fisiológicas de la persona; en esta categoría, los datos fisiológicos más frecuentemente utilizados son la huella dactilar, el iris, la geometría de la mano, la retina, los vasos sanguíneos en determinadas partes del cuerpo, la voz, el sudor, las orejas y el ADN. En segundo lugar, se distingue la categoría conformada por aquellos datos biométricos que se relacionan con el comportamiento de la persona, como su ritmo cardiaco, la firma, ritmo respiratorio, escritura, la manera en que utiliza un teclado, la forma de conducir o de moverse[41]. En este sentido, los avances tecnológicos están propiciando el incremento de lo que se considera "la segunda generación de datos biométricos basada en la

---

40 https://www.garrigues.com/es_ES/garrigues-digital/inteligencia-artificial-aplicada-investigacion-criminal-todo-reto-defensa

41 Rodríguez-Piñero Royo, M., "Las facultades de control de datos biométricos del trabajador", *Revista Temas Laborales*, núm. 150, 2019, pág. 94.

utilización de los rasgos de comportamiento y psicológicos solos o combinados con otros sistemas clásicos que conforman sistemas multimodales"[42]

Por su parte, las normas básicas sobre protección de datos como el *Reglamento 2016/679, del Parlamento Europeo y del Consejo, de 27 de abril de 2016, relativo a la protección de las personas físicas en lo que respecta al tratamiento de datos personales y a la libre circulación de estos datos*, dispone en su artículo 4 que por datos biométricos han de entenderse "los datos personales obtenidos a partir de un tratamiento técnico específico, relativos a las características físicas, fisiológicas o conductuales de una persona física que permitan o confirmen la identificación única de dicha persona, como imágenes faciales o datos dactiloscópicos". Por tanto, esta clase de datos entran en la categoría de datos personales incardinándose en una categoría de datos merecedores de una "especial protección" quedando prohibido, conforme se dispone en el artículo 9 del citado Reglamento, "el tratamiento de datos personales que revelen el origen étnico o racial, las opiniones políticas, las convicciones religiosas o filosóficas, o la afiliación sindical, y el tratamiento de datos genéticos, datos biométricos dirigidos a identificar de manera unívoca a una persona física, datos reactivos a la salud o datos relativos a la vida sexual o las orientaciones sexuales de una persona física".

Esta normativa es fiel reflejo de la preocupación, tanto a nivel de la Unión Europea como nacional, de que el tratamiento de datos biométricos presenta un elevado nivel de riesgo por revelar información de carácter íntimo, tales como raza, género, enfermedades, discapacidad, características genéticas..., o por permitir la identificación de forma única de la persona[43]. Además, conviene no perder de vista que el empleo de estos datos biométricos puede significar una intensa injerencia en la privacidad de un sujeto al revelar una información extremadamente sensible, por el carácter personal y permanente de los mismos[44], por lo que puede entrar en colisión con derechos fundamentales tales como la protección de datos de carácter personal, la privacidad, el honor, la intimidad y la propia imagen.

---

42 Dictamen 3/2012 del GT29 sobre evolución de tecnologías biométricas, de 27 de abril de 2012 (WP193).

43 Pérez de los Cobos Orihuel, F., *El derecho al respeto de la vida privada: los retos digitales, una perspectiva de Derecho comparado,* Consejo de Europa, Estudio, 2018, pág. 15.

44 Freire Montero, A., "El reconocimiento facial como instrumento de investigación y prevención del delito", *Anuario da Facultade de Dereito da Universidade da Coruña,* Vol. 26, 2022, pág. 68.

No obstante, con independencia de la tecnología biométrica que se utilice, existen una serie de características comunes a todos los elementos biométricos que se empleen y que hacen referencia, por un lado, a la universalidad, al tratarse de un elemento que existe en todas las personas; en segundo lugar, a la singularidad al encontrarnos con elementos distintivos para cada persona; y, por último, la permanencia ya que el dato biométrico ha de mantenerse permanente para cada persona a lo largo de su vida[45]. Además, este procedimiento de identificación contará, en todo caso, con cuatro fases que se identifican con la captura de datos, procesado de estos datos, extracción de peculiaridades y, finalmente, comparación de los datos extraídos con los previamente almacenados[46].

### *3.2. El reconocimiento facial y su posible aplicación en la investigación y prevención del delito*

La búsqueda de la seguridad ha llevado al desarrollo de nuevas tecnologías que ofrecen una solución a ese constante miedo presente en las sociedades líquidas. Sin embargo, dichas tecnologías, como sucede con el reconocimiento facial, manejan un sinnúmero de información, que muchas veces transgrede derechos fundamentales[47]. Destaca en este sentido el Reglamento General de Protección de Datos de la Unión Europea, que ha dispuesto que el procesamiento de datos biométricos, incluidos los datos de reconocimiento facial, sea considerado una categoría especial de datos personales y por tanto ha de estar sujeta a requisitos adicionales de protección y salvaguarda[48]. De igual forma, diversas sentencias del Tribunal de Justicia de la Unión Europea[49] disponen que el uso de sistemas de recono-

---

45 Etxeberria Guridi, J. F., "Sistemas biométricos (el reconocimiento facial en particular) y sus aplicaciones" en *Inteligencia Artificial Legal y Administración de Justicia*, Calaza López, S., Llorente Sánchez-Arjona, M. (Dir.), Ed. Aranzadi, 2022, pág. 159.

46 Martín Brañas, C. "Reconocimiento del delincuente: nuevas diligencias de identificación", *Boletín del Ministerio de Justicia*, Año LXIX, Número 2182, octubre de 2015, págs. 24 y 25.

47 Burbano Ardilla, A., Navia López, A., Díaz Losada, S., "Sistemas de vigilancia y su efecto en el derecho a la intimidad desde el discurso de la seguridad", *Revista Latinoamericana de Derechos Humanos*, volumen 33, I Semestre, 2022.

48 Reglamento UE 2016/679.

49 https://curia.europa.eu/jcms/jcms/p1_3252415/es/Recuperado el 21 de mayo de 2023.

cimiento facial dentro del ámbito policial debe cumplir con los principios de proporcionalidad y necesidad. En nuestro ordenamiento jurídico, la Ley Orgánica 4/1997, de 4 de agosto[50], dispone que la competencia en la instalación de videocámaras en lugares públicos corresponde en exclusiva a las Fuerzas y Cuerpos de Seguridad del Estado. Más recientemente, con la publicación de la Ley Orgánica 7/2021, se estableció que en lugares públicos donde se instalen videocámaras, el responsable del tratamiento deberá llevar a cabo un análisis de los riesgos o una evaluación de impacto de protección de datos según el nivel de perjuicio que se pueda derivar para la ciudadanía y de la finalidad perseguida. De este modo, los datos biométricos recogidos por los sistemas de reconocimiento facial son considerados de especial protección y su uso está limitado a fines de prevención, detención o investigación de hechos delictivos, bajo los principios de proporcionalidad, intervención mínima e idoneidad[51].

Cuando hablamos de reconocimiento facial nos referimos a aquel mecanismo de identificación biométrica que se basa en la detección de las características de un sujeto, a través de su imagen o fotografía, con el objetivo de proceder a la identificación de ciertas personas cuya imagen de rostro ha sido registrada previamente en una base de datos[52]. Por tanto, nos encontramos con un "tratamiento automático de imágenes digitales que contienen las caras de las personas con fines de identificación, autenticación/verificación o categorización de dichas personas"[53]. En este sentido, conviene resaltar que el reconocimiento facial no es equivalente a una mera captación de imágenes, sino que se procede a un análisis de rasgos faciales para lo que se utilizan medios técnicos específicos que permiten identificar de forma unívoca a una determinada persona, lo que determina

---

50 Ley Orgánica 4/1997, de 4 de agosto, por lo que se regula la utilización de videocámaras por la Fuerzas y Cuerpos de Seguridad en lugares públicos, BOE, núm. 186, de 5 de agosto de 1997.

51 Bustamante Carrizosa, R., "Implementación de un sistema de reconocimiento facial aplicado a investigaciones policiales", *Revista Logos Guardia Civil*, junio, 2023, pág. 199.

52 Domingo Jaramillo, C., "Aplicación del sistema de reconocimiento facial para prevenir la violencia asociada al deporte en los encuentros calificados de alto riesgo" en *Inteligencia Artificial y Administración de Justicia*, Ed. Aranzadi, 2022, pág. 127.

53 Dictamen 2/2012 del GT29.

que se proceda al manejo de datos biométricos merecedores de una especial protección[54].

Sobre el funcionamiento del sistema de reconocimiento facial se pueden diferenciar tres partes básicas en el mismo, la primera, referida a los sistemas de vigilancia compuestas por cámaras de seguridad; la segunda, el *software* de reconocimiento que se encarga de identificar y analizar los datos biométricos recogidos, y, finalmente, la base de datos, formadas con los datos en los cuales se comparara la información biométrica obtenida. De una forma más específica, el proceso de reconocimiento facial se concreta en una primera fase en la que se determina el rostro a través del dispositivo elegido, tras la cual el *software* de reconocimiento extrae las particularidades del rostro obtenido en una imagen, mediante el dispositivo. Una vez identificado el rostro, las características faciales sustraídas se comparan con las almacenadas en la base de datos para, finalmente, establecer el *software* si el rostro detectado es el que se encuentra en la base de datos[55].

Centrándonos en el marco de la investigación penal el reconocimiento biométrico de los rostros de los individuos se erige en una de las mejoras fundamentales que puede proporcionar la tecnología en esta fase procesal, si bien, al mismo tiempo, se puede poner en serio peligro los derechos fundamentales de las personas investigadas[56]. Con esta técnica se extraen datos de las imágenes del presunto autor de un hecho delictivo que se hayan captado previamente para, con posterioridad, someter estos datos captados a determinados procesos de análisis que culminen con la determinación de la identidad de esta persona[57].

---

[54] El Reglamento 2016/679, en su considerando 51 del Reglamento dispone que "El tratamiento de fotografías no debe considerarse sistemáticamente tratamiento de categorías especiales de datos personales, pues únicamente se encuentran comprendidas en la definición de datos biométricos cuando el hecho de ser tratadas con medios técnicos específicos permita la identificación o la autenticación unívocas de una persona física (…)".

[55] Para Velasco Nuñez, E., "Reconocimiento facial por Inteligencia Artificial: aspectos procesales penales", *Diario La Ley*, núm. 63, sección Ciberderecho, 20 de junio de 2022.

[56] Sanchís Crespo, C., "Principios rectores en la adopción de diligencias limitativas de los derechos reconocidos en el artículo 18 CE", *Revista Boliviana de Derecho*, número 31, enero 2021, pág. 242.

[57] Freire Montero, A., *El reconocimiento facial como instrumento de investigación y prevención del delito*, cit., pág. 70.

De este modo, las imágenes pueden captar a individuos relacionados con la comisión de un ilícito criminal, constituyendo esta grabación una pieza clave para la investigación del hecho delictivo y la destrucción de la presunción de inocencia. En aquellas ocasiones en las que la persona investigada alegue no ser el que figura en las imágenes, se procederá al análisis de los rasgos faciales de la persona que aparece en las imágenes y a cotejarlos pericialmente con las imágenes del rostro del investigado con objeto de determinar la coincidencia o no de los datos analizados. Precisamente, al procederse al análisis de los rasgos faciales se emplean unos medios técnicos específicos que determinan que no nos encontramos con un simple tratamiento de datos personales, sino con el empleo de datos biométricos que demandan de una especial protección[58]. En estos supuestos, se reproducirán en juicio las imágenes grabadas, así como el resultado de la prueba pericial de identificación facial, admitiéndose, a falta de regulación específica, a través de una interpretación actualizada del artículo 373 de la LECrim que señala que "si se originase alguna duda sobre la identidad del procesado, se procurará acreditar ésta por cuantos medios fueren conducentes al objeto". Además, al ser la captación de imágenes en vías o recintos públicos, una diligencia eminentemente policial, es conveniente preguntarse si la policía judicial puede practicar de forma autónoma el reconocimiento facial, ante la ausencia de un pronunciamiento específico en la LECrim. Así, conforme a lo que se dispone en la LO 7/2021, de 26 de mayo, en su artículo 13.2 "las autoridades competentes, en el marco de sus respectivas funciones y competencias, podrán tratar datos biométricos dirigidos a identificar de manera unívoca a una persona física con los fines de prevención, investigación, detección de infracciones penales, incluidas la protección y prevención frente a las amenazas contra la seguridad pública", por lo que parece deducirse que la policía judicial está habilitada a practicar de forma autónoma el análisis de reconocimiento facial[59].

---

58 En esta línea, el considerando 51 del Reglamento 2016/679 dispone que "El tratamiento de fotografías no debe considerarse sistemáticamente tratamiento de categorías especiales de datos personales, pues únicamente se encuentran comprendidas en la definición de datos biométricos cuando el hecho de ser tratadas con medios técnicos específicos permita la identificación o la autenticación unívocas de una persona física (...)".

59 Fructuoso Freire Montero, A., "El reconocimiento facial como instrumento de investigación y prevención del delito", *Anuario da Facultade de Dereito da Universidade da Coruña*, Vol. 26, 2022, pág. 73.

De este modo, esta técnica de reconocimiento biométrico del rostro humano está siendo utilizada como herramienta para prevenir la comisión del delito amen, como hemos visto, de instrumento de investigación del mismo, conforme a lo que se dispone en el ya citado artículo 13.2 de la LO 7/2021 que habla tanto de prevención como de investigación. El sistema automático de reconocimiento facial utiliza Inteligencia Artificial para identificar a sospechosos en pocos segundos a partir de cualquier tipo de imagen y sin intervención humana. Es un tipo de reconocimiento que se encuentra íntimamente vinculado a la videovigilancia, llegando a ser calificada como "un instrumento privilegiado de control social"[60] al captar las cámaras los rasgos faciales de todos aquellos lugares en que estén instaladas procesando el sistema los datos biométricos en tiempo real y cotejándolos con los que obran en su base de datos, de forma tal que se alerta a la policía de la presencia de individuos que se hallen incluidos en sus listas de vigilancia. No obstante, conviene distinguir este tipo de técnicas de la videovigilancia en general, por cuanto en esta última no llega a procesar la información contra una base de datos previa que permita la identificación de las personas.

La utilización de estos registros biométricos, como instrumento de prevención del delito, está incrementándose de forma exponencial reabriendo el debate sobre la necesidad de alcanzar el justo equilibrio entre la preservación de la seguridad ciudadana[61] y el imperativo respeto a los derechos fundamentales. Sobre este particular, el Tribunal Constitucional reconoce que no existen derechos fundamentales ilimitados de forma tal que ha de valorarse en cada caso concreto si se ha producido una vulneración del contenido del derecho, con absoluto respeto al principio de proporcionalidad. En esta misma línea se pronuncia la Agencia Española de Protección de Datos que entiende que la seguridad pública es un bien

---

60 Guerrier, C., Security and Privacy in the Digital Era, ISTE Ltd. And John Wiley & Sons Inc., 1ª Ed., 2016, pág. 202.

61 En el Preámbulo de la LO 4/2015, de 30 de marzo, de protección de la seguridad ciudadana, en su punto III, se describe la seguridad ciudadana como la "actividad dirigida a la protección de personas y bienes y al mantenimiento de la tranquilidad de los ciudadanos, que engloba un conjunto plural y diversificado de actuaciones, distintas por su naturaleza y contenido, orientadas a una misma finalidad tuitiva del bien jurídico así definido. Dentro de este conjunto de actuaciones se sitúan las específicas de las organizaciones instrumentales destinadas a este fin, en especial, las que corresponden a las Fuerzas y Cuerpos de Seguridad, a las que el artículo 104 de la Constitución encomienda proteger el libre ejercicio de los derechos y libertades y garantizar la seguridad ciudadana…"

constitucionalmente protegido pudiendo limitarse los derechos y libertades fundamentales siempre que tal limitación tenga en cuenta los límites marcados por el Tribunal Constitucional[62]. Por consiguiente, el uso público de bases de datos ha de obedecer a una necesidad, utilidad, beneficio o provecho de la sociedad y ha de estar contemplada en una norma con rango de ley, tal como puede desprenderse del artículo 8 de la Ley Orgánica 3/2018, de 5 de diciembre, de Protección de datos personales y garantía de derechos digitales[63].

Así las cosas, el reconocimiento facial puede llegar a plantear serios problemas por su posible colisión con derechos y libertades fundamentales. Si bien es cierto que no nos encontramos con una técnica tan invasiva como puede ser la recogida de muestras de ADN, también no es menos cierto que estos sistemas de vigilancia son una fuente abierta de imágenes que pueden recogerse sin conocimiento ni consentimiento de su titular[64]. Es por ello por lo que no son poco preocupantes los riesgos que plantea el reconocimiento facial en relación a la discriminación y otros derechos fundamentales como la intimidad personal o la protección de datos de carácter personal.

Ciertamente, uno de los problemas clave es el sesgo inherente en los sistemas de reconocimiento facial. Los algoritmos de reconocimiento facial se entrenan utilizando datos que pueden venir sesgados por razón de género o pertenencia a un grupo racial o cualquier otro motivo discriminatorio, de forma tal que cuando el sistema identifica los puntos de referencia con mayor representación en la base de datos se producen sesgos discriminatorios[65]. Por consiguiente, estos sistemas pueden tener tasas más altas de falsos positivos o negativos para determinados colectivos, lo que conlleva discriminación y violación de sus derechos fundamentales, motivo más que suficiente para entrenar adecuadamente al programa de reconocimiento facial de forma tal que la mayoría de los grupos demográficos del lugar

---

62 Domingo Jaramillo, C., "Aplicación del sistema de reconocimiento facial para prevenir la violencia asociada al deporte en los encuentros calificados de alto riesgo" en *Inteligencia Artificial y Administración de Justicia*, cit., pág. 133.

63 BOE núm. 294, de 6 de diciembre de 2018.

64 Mann, M., Smith, M., *Automated Facial Recognition technology: recent developments and approaches to oversight*, University of New South Wales Law Journal, vol. 40, núm. 1, 2017, págs. 124 y 125.

65 Domingo Jaramillo, C., "Aplicación del sistema de reconocimiento facial para prevenir la violencia asociada al deporte en los encuentros calificados de alto riesgo" en *Inteligencia Artificial y Administración de Justicia*, cit., pág. 131.

estén debidamente representados en el sistema. Especialmente alarmante resulta la vigilancia selectiva de determinados grupos étnicos o minorías, la posible identificación errónea de sospechosos o la exclusión para ciertos individuos de servicios basada en decisiones automatizadas. Tal como se ha puesto de manifiesto en el Informe de la Agencia de Derechos Fundamentales de la Unión Europea, de 21 de noviembre de 2019[66], el *software* de reconocimiento facial necesita ser alimentado de grandes cantidades de imágenes faciales, de forma tal que, a mayor cantidad de imágenes, mayor precisión en las predicciones. Además, se hace preciso que esta ingente cantidad de datos satisfaga los estándares mínimos de calidad, en el sentido de que las imágenes resulten lo suficientemente representativas de los diferentes grupos étnicos y de género.

Por su parte, en la Propuesta de Reglamento del Parlamento Europeo y del Consejo por el que se establecen normas armonizadas en materia de Inteligencia Artificial y por el que se modifican determinados actos legislativos de la Unión[67], se sostiene que todos los sistemas de "identificación biométrica remota" serán considerados de alto riesgo. No obstante, la Comisión Europea ha decidido no prohibir directamente los sistemas de reconocimiento facial, aunque dispone un ámbito de aplicación restringido. Se dispone que el reconocimiento facial tendrá prohibido su uso en zonas públicas con fines de aplicación de la ley, salvo determinadas excepciones, marcadas en el artículo 5.1 d) de la Propuesta como, por ejemplo, para la búsqueda selectiva de posibles víctimas concretas de un delito, incluidos menores desaparecidos o para la prevención de una amenaza específica, inminente para la vida o la seguridad física de las personas o de un atentado terrorista. Ahora bien, cualquier uso concreto de un sistema de identificación remota "en tiempo real" estará "supeditado a la concesión de una autorización previa por parte de un órgano judicial o una autoridad administrativa independiente del Estado miembro donde vaya a utilizarse dicho sistema", permitiendo su uso antes de obtener la autorización correspondiente si existe una situación de urgencia debidamente justificada. Sobre este particular, la organización *European Digital Rights* alerta que "muchos de los usos más dañinos no están prohibidos", poniendo el foco en los sistemas de vigilancia policial predictiva, los usos de la inteligencia

66 *Facial recognition technology: fundamental rights considerations in the context of law enforcement*, https://fra.europa.eu/en/publication/2019/facial-recognition-technology-fundamental-rights-considerations-context-law, pág. 27.

67 Comisión Europea 21 de abril de 2021 COM (2021) 206 final.

artificial para el control de la migración, la categorización biométrica de raza, género o sexualidad, sí como la vigilancia de los trabajadores.

Todo lo dicho nos conecta, igualmente, con los problemas relacionados con el derecho a la intimidad personal y a la privacidad que se derivan de la aplicación de este tipo de sistemas. La necesidad de alcanzar el justo equilibrio entre seguridad e intimidad se pone de manifiesto en el párrafo segundo del artículo 8 del Convenio Europeo de Derechos Humanos que reconoce el respeto a la vida privada y familiar permitiendo la injerencia de la autoridad pública siempre y cuando este prevista legalmente y resulte necesaria "para la seguridad nacional, la seguridad pública, el bienestar económico del país, la defensa del orden y la prevención de las infracciones penales, la protección de la salud o de la moral, o la protección de los derechos y las libertades de los demás". No son pocas las posibles vulneraciones que pueden producirse, pensemos, por ejemplo, en la fase en la que se capta una imagen con la intención de estudiar y clasificarla, para, tras generar el patrón biométrico facial oportuno, compararlo con el de otras personas. Es aquí donde se puede ver afectado el derecho a la propia imagen y, como dato personal intransferible biométrico que es, también al derecho a la protección de los datos personales. La detección del dato personal se consuma con la captación de la imagen, que es un claro dato biométrico y que debe ser sometido a los principios del artículo 6 de la Ley Orgánica 7/2021, de 26 de mayo, cual es un tratamiento lícito y leal, dirigido únicamente a los fines enumerados en el artículo 1, adecuado, pertinente y no excesivo, exacto y actualizado, conservado por el período necesario para su fin y debidamente securizado[68].

Llegados a este punto, resulta conveniente analizar los límites que han de observarse cuando se pretendan implementar técnicas de identificación biométrica, y que están estrechamente vinculados al principio de proporcionalidad. Dicho principio se concibe como un principio de naturaleza sustantiva que constituye un importante "parámetro de constitucionalidad de la actuación de los poderes públicos"[69], ante todo cuando su actuación revierte sobre el ejercicio de los derechos fundamentales. Por tanto, a la hora de limitar los derechos fundamentales de los ciudadanos, se habrá de

---

[68] Velasco Nuñez, E., *Reconocimiento facial por Inteligencia Artificial: aspectos procesales penales,* cit., pág.

[69] Vidal Fueyo, C., "El principio de proporcionalidad como parámetro de constitucionalidad de la actividad del Juez", *Anuario de Derecho Constitucional Latinoamericano,* 2005, pág. 442.

valorar si esa limitación resulta razonable y si se justifica en atención a los fines que se persiguen. Aun cuando el legislador proporciona un concepto del principio de proporcionalidad, lo cierto es que corresponderá al Juez controlar, en atención a las circunstancias de cada caso, si la intromisión en la esfera de los derechos fundamentales del individuo resulta razonable en atención a los fines que se persiguen. Nos encontramos, por tanto, ante un concepto jurídico indeterminado cuyo contenido se ha de definir caso por caso confiándose en el criterio del órgano judicial que habrá de efectuar su valoración en cada momento. No ha de confundirse esta última afirmación con la posibilidad de que sean los jueces los que tengan el poder de establecer el principio de proporcionalidad, más bien ha de entenderse en el sentido de que son los que se hayan en mejores condiciones para valorar empíricamente los parámetros de razonabilidad de una actuación por parte de los poderes públicos estableciendo una garantía frente a posibles excesos[70].

Ciertamente, el equilibro de la balanza entre la protección de los derechos fundamentales de cada individuo y el interés de la sociedad en la persecución del delito, ha de partir del análisis de cada supuesto concreto y de la valoración que, en cada caso, se realiza por parte de la autoridad judicial. Con ello, se perseguirá evaluar si una injerencia en materia de derechos fundamentales resulta equilibrada en relación con la necesidad de proteger un interés colectivo. En este sentido, acorde a la consolidada jurisprudencia del Tribunal Constitucional (FJ 4, STC 207/1996, de 16 de diciembre), para dilucidar si una medida supera el juicio de proporcionalidad, debe realizarse un triple juicio: idoneidad, necesidad y proporcionalidad en sentido estricto.

La proporcionalidad es un principio a través del cual se legitima la intervención del Estado en el ejercicio de los derechos humanos, que aparece como una garantía que debe ser aplicada por todos los poderes públicos[71]. Es un principio que muestra que no existen derechos absolutos, sino que cada derecho se enfrenta a la posibilidad de ser limitado en aras a un interés superior, la cuestión es la forma y los requisitos que pueden limitar

---

70 González-Cuellar Serrano, N., *Proporcionalidad y derechos fundamentales en el proceso penal*, Madrid, 1990, págs. 109 y ss.

71 Avila Santamaria, R., "El principio de legalidad versus el principio de proporcionalidad" en *El principio de proporcionalidad y la interpretación constitucional*, Ed. Miguel Carbonell, Ecuador, 2008.

dichos derechos. Constituye un "límite de los límites"[72] a los derechos fundamentales y una "barrera" frente a intromisiones que sean indebidas en el marco de los propios derechos. Aplicado este concepto a las técnicas de identificación facial en espacios públicos, la justificación de su intromisión debe resolverse con un escrupuloso juicio de proporcionalidad, ya que si dichos espacios se convierten en espacios hiper controlados los derechos fundamentales de los ciudadanos pueden verse seriamente mermados. En esta línea, la Propuesta de Reglamento de Inteligencia Artificial en su artículo 5.2 b prevé que el uso de identificación biométrica a tiempo real, cuando no esté prohibido, deberá prever "las consecuencias que el sistema tendría para los derechos y libertades de las personas implicadas y, en particular, la gravedad, probabilidad y magnitud de dichas consecuencias". Por ello, a la hora de utilizar dispositivos de identificación facial en espacios públicos ha de tenerse presente el bien jurídico protegido por el artículo 8 del CEDH y el artículo 18.4 de la CE, de forma tal que la justificación de su intromisión ha de resolverse con un absoluto respeto al principio de proporcionalidad y a los límites y garantías constitucionales[73].

### *3.3. Biometría de voz*

La voz es una característica fisiológica de la persona que resulta singular y única, por lo que resulta idónea para poder llevar a cabo tareas de iden-

---

72 Carbonell, M., "El principio de proporcionalidad y los derechos fundamentales" en *El principio de proporcionalidad y la interpretación constitucional*, Ed. Miguel Carbonell, Ecuador, 2008, pág. 10.

73 En este sentido, conviene tener presente, en el marco de la UE, la Directriz 3/2019, sobre el tratamiento de datos personales mediante dispositivos de vídeo que señalan los "elevados riesgos para los derechos de los interesados". Este documento especifica los principios de licitud, necesidad, proporcionalidad y minimización de datos como prioridad en el momento de usar esta tecnología y la necesidad de "evaluar el impacto en los derechos y libertades fundamentales y considera medios menos intrusivos de lograr su fin legítimo del tratamiento". De igual forma, la Directriz 5/2022, sobre el uso de la tecnología de reconocimiento facial en el ámbito de la prevención e investigación de delitos apunta que el procesamiento de datos biométricos constituye una "seria intromisión" en los derechos a la privacidad y a la protección de datos personales recogidos en los artículos 7 y 8 de la Carta de Derechos Fundamentales de la UE. Por esta razón, estas directrices obligan a que las leyes de cada país sean lo suficientemente claras como para que sus ciudadanos entiendan las circunstancias y condiciones por las que las autoridades pueden hacer uso de estas tecnologías.

tificación y verificación de identidad. Esto se debe a que el mecanismo de producción de la voz humana es extremadamente complejo. Nos encontramos con un proceso biomecánico que implica procesos fisiológicos, musculares y cognitivos y que hacen que la voz humana sea como una huella digital o el ADN.

La biometría de la voz trabaja sobre las vibraciones y ondas generadas por una persona al hablar, producto de un conjunto de órganos (boca, dientes, lengua, garganta, cuerdas vocales, cavidad buco-nasal...), que resultan únicos y específicos de cada individuo. Por tanto, nos encontramos con una tecnología capaz de reconocer e identificar usuarios a través de la recopilación de datos sonoros procedentes de la voz de una determinada persona. La voz, como factor de identificación biométrica, representa un rasgo físico diferencial al igual que lo son las huellas dactilares, el iris o el rostro. Ahora bien, mientras que las huellas dactilares, el ADN y los rasgos faciales tienen la consideración de datos biométricos estáticos, la voz es reputada un dato biométrico dinámico, puesto que va sufriendo variaciones considerables con el paso del tiempo a causa de diversos factores (envejecimiento, estrés, drogas, alcohol, enfermedades, etc), por lo que su potencial identificador presenta grandes desafíos[74]. No obstante, el avance en esta materia da cada vez una respuesta más fiable ante los retos que plantea identificar la voz de un usuario en momentos y circunstancias muy dispares.

Pues bien, los sistemas de reconocimiento de voz a través de la Inteligencia Artificial pueden resultar útiles en el marco de una investigación criminal. Pensemos, por ejemplo, en el análisis de las intervenciones telefónicas mediante la identificación de los intervinientes y, en su caso, el reconocimiento de palabras clave. El diseño de sistemas de Inteligencia Artificial de reconocimiento de voz entrenados puede contribuir a reconocer las voces de los individuos que intervinieran en las conversaciones o a reconocer palabras clave que, en caso de ser pronunciadas, hacen saltar la alarma para avisar a los agentes policiales. Dichos softwares de reconocimiento de voz contienen algoritmos ejercitados a base de conjuntos masivos de datos vocales que les permiten extraer patrones y determinar la forma de hablar que tenemos los humanos, posibilitando la observación y detección de todas aquellas características o desviaciones que puede tener una voz

---

74 Cuatrecasas Monforte, C., *La inteligencia artificial como herramienta de investigación criminal,* https://www.tdx.cat/bitstream/handle/10803/675100/Tesi_Carlota_Cuatrecasas.pdf;jsessionid=E042813CC5CC28C680F51BC17321E605?sequence=2 pág. 395.

concreta que hacen que sea distinta del resto, lo cual resulta fundamental para determinar de la identidad de la persona[75].

En nuestro país, el software *BATVOX*, inventado y fabricado en España, es el más utilizado por los distintos cuerpos policiales, así como por departamentos de policías en más de treinta y cinco Estados. Es una avanzada herramienta de Biometría de Voz diseñada para que forenses y policía científica puedan realizar tareas de reconocimiento y elaborar informes como evidencia en procesos judiciales. Permite comparar voces desconocidas con otras ya identificadas con objeto de verificar la identidad de un locutor mediante comparaciones. Además, utiliza *Likelihood Ratios* (LR) o *razón de verosimilitud* que proporcionan una estimación sólida del proceso de verificación en forma de probabilidad pudiendo ser presentada en un proceso con apoyo de un experto. Ciertamente, el uso de sistemas de reconocimiento automático de voz se esta afianzando en el entorno policial. Este sistema, combinado con otras tecnologías de reconocimiento biométrico, puede contribuir a facilitar y agilizar la identificación de identidad de los delincuentes a través de bases de datos interconectadas.

## BIBLIOGRAFÍA

Alonso Rimo, A., "Medidas de seguridad y proporcionalidad con el hecho cometido (a propósito de la peligrosa expansión del Derecho penal de la peligrosidad)" en *Estudios penales y criminológicos,* núm. 29, 2009.

Avila Santamaria, R., "El principio de legalidad versus el principio de proporcionalidad" en *El principio de proporcionalidad y la interpretación constitucional,* Ed. Miguel Carbonell, Ecuador, 2008.

Barona Vilar, S., "Justicia penal líquida (Desde la mirada de Bauman)", *Teoría y Derecho: Revista de pensamiento jurídico,* 2017, núm. 22, diciembre.

Barona Vilar, S., *Algoritmización del Derecho y de la justicia,* Ed. Tirant lo Blanch, Valencia, 2021.

Barrio Andrés, M., *Manual de Derecho Digital,* Ed. Tirant lo Blanch, (2ª edición), Valencia.

Beck, U., *La sociedad del riesgo global. Hacia una nueva modernidad,* Ed. Paidos, Barcelona, 2006.

Benitez Ortuzar, I., "El peligroso retorno al Derecho penal de la peligrosidad en la legislación penal española del siglo XXI" en *Derecho Penal para un Estado social y democrático de Derecho: Estudios penales en homenaje al profesor Emilio Octavio de Toledo y Ubieto,* Madrid, 2016.

---

75 Cuatrecasas Monforte, C., *La inteligencia artificial como herramienta de investigación criminal,* https://www.tdx.cat/bitstream/handle/10803/675100/Tesi_Carlota_Cuatrecasas.pdf;jsessionid=E042813CC5CC28C680F51BC17321E605?sequence=2 pág. 396.

Benko, A., y Lányi, C. S.: "History of artificial intelligence", *Encyclopedia of Infor-mation Science and Technology*, Second Edition, IGI Global, 2009.
Borges Blázquez, R., *Inteligencia artificial y proceso penal*, Ed. Aranzadi, Navarra, 2021.
Borja Jimenez, E., "Seguridad como producto de mercado en la justicia penal globalizada" en *Claves de la justicia penal: feminización, inteligencia artificial, supranacionalidad y seguridad*, Ed. Tirant lo Blanch, 2019.
Bucha-Nan B. G.: "A (very) brief history of artificial intelligence", *AI Magazine*, vol. 26, nº 4, 2005.
Bueno de la Mata, F., "Proceso penal, Inteligencia Artificial y justicia orientada al dato" en *El impacto de la Inteligencia Artificial en la teoría y la práctica jurídica*, SOLAR CAYÓN, J., Sánchez Martínez, O., Ed. La Ley, 2022.
Burbano Ardilla, A., Navia López, A., Díaz Losada, S., "Sistemas de vigilancia y su efecto en el derecho a la intimidad desde el discurso de la seguridad", *Revista Latinoamericana de Derechos Humanos*, volumen 33, I Semestre, 2022.
Bustamante Carrizosa, R., "Implementación de un sistema de reconocimiento facial aplicado a investigaciones policiales", *Revista Logos Guardia Civil*, junio, 2023.
Carbonell, M., "El principio de proporcionalidad y los derechos fundamentales" en *El principio de proporcionalidad y la interpretación constitucional*, Ed. Miguel Carbonell, Ecuador, 2008.
Cuatrecasas Monforte, C., *La inteligencia artificial como herramienta de investigacióncriminal*, https://www.tdx.cat/bitstream/handle/10803/675100/Tesi_Carlota_Cuatrecasas.pdf;jsessionid=E04281 3CC5CC28C680F51BC17321E605?sequence=2.
Cuatrecasas Monforte, C., "La Inteligencia Artificial y la investigación de los delitos", *Revista Logos Guardia Civil*, junio, 2023.
Demetrio Crespo, E., "Acerca de la contraposición entre libertad y seguridad" en *Libro homenaje al profesor Ruperto Núñez Barbero*, Pérez Álvarez, F., (Edit.), Salamanca, 2007.
Domingo Jaramillo, C., "Aplicación del sistema de reconocimiento facial para prevenir la violencia asociada al deporte en los encuentros calificados de alto riesgo" en *Inteligencia Artificial y Administración de Justicia*, Ed. Aranzadi, 2022.
Etxeberría Guridi, J. F. *Los análisis de ADN y su aplicación al proceso penal*, Ed. Comares, 2000.
Etxeberria Guridi, J. F., "Sistemas biométricos (el reconocimiento facial en particular) y sus aplicaciones" en *Inteligencia Artificial Legal y Administración de Justicia*, Calaza López, S., Llorente Sánchez-Arjona, M. (Dir.), Ed. Aranzadi, 2022.
Freire Montero, A., *El reconocimiento facial como instrumento de investigación y prevención del delito*, Anuario da Facultade de Dereito da Universidade da Coruña, Vol. 26, 2022.
Fructuoso Freire Montero, A., "El reconocimiento facial como instrumento de investigación y prevención del delito", *Anuario da Facultade de Dereito da Universidade da Coruña*, Vol. 26, 2022.
García Rivas, N., "La libertad vigilada y el derecho penal de la peligrosidad", *Revista General de Derecho Penal*, núm. 16, 2011.
González Álvarez, J. L., Santos Hermoso, J., Camacho-Collados, M., "Policía predictiva en España. Aplicación y retos futuros", *Behavior & Law Journal*, 2020, vol. 6, núm. 1.
González-Cuellar Serrano, N., *Proporcionalidad y derechos fundamentales en el proceso penal*, Madrid, 1990.
Guerrier, C., Security and Privacy in the Digital Era, ISTE Ltd. And John Wiley & Sons Inc., 1ª Ed., 2016.

Guzmán Fluja, V., “Proceso penal y justicia automatizada”, *Revista General de Derecho Procesal*, núm. 53, 2021.

Guzmán Fluja, V., “Ideas para un debate sobre la predicción del crimen” en *Inteligencia Artificial legal y Administración de Justicia*, Calaza López, S., Llorente Sánchez-Arjona, M. (Dirs), Ed. Aranzadi, Navarra, 2022,

Harcourt, *Against prediction: profiling, policing, and punishing in an actuarial age*, University of Chicago Press, 2007.

Juan-Sánchez, R., “Proceso penal preventivo en España: Elementos y criterios de contención” en *Claves de la justicia penal: feminización, inteligencia artificial, supranacionalidad y seguridad*, Ed. Tirant lo Blanch, 2019.

Koos, K., *Leveraging Predictive Policing Algorithmis to Restore Fourth Amendment Protections in High-Crime Areas in a Post-Wardlow World*, 90 Chicago-Kent Law Review, vol. 90, 2015.

Mann, M., Smith, M., *Automated Facial Recognition technology: recent developments and approaches to oversight*, University of New South Wales Law Journal, vol. 40, núm. 1, 2017.

Martín Brañas, C. “Reconocimiento del delincuente: nuevas diligencias de identificación”, *Boletín del Ministerio de Justicia*, Año LXIX, Número 2182, octubre de 2015.

Miró Llinares, F., “Inteligencia Artificial y justicia penal: mas allá de los resultados lesivos causados por los robots”, *Revista de Derecho Penal y Criminología*, núm. 20, 2018.

Montesinos García, A., “Justicia penal predictiva” en *Justicia poliédrica en periodo de mudanza (Nuevos conceptos, nuevos sujetos, nuevos instrumentos y nueva intensidad)* Ed. Tirant lo Blanch, Valencia, 2022.

Nieva Fenoll, J., *Inteligencia artificial y proceso judicial*, Ed. Marcial Pons, Madrid, 2018.

Pérez De Los Cobos Orihuel, F., *El derecho al respeto de la vida privada: los retos digitales, una perspectiva de Derecho comparado*, Consejo de Europa, Estudio, 2018.

Rodríguez-Piñero Royo, M., “Las facultades de control de datos biométricos del trabajador”, *Revista Temas Laborales*, núm. 150, 2019.

Roig Torres, M., “La reiteración delictiva: algunas reflexiones sobre el nuevo tratamiento en el Anteproyecto de reforma del Código Penal”, *Revista General de Derecho Penal*, núm. 19, 2013.

Sanchís Crespo, C., “Principios rectores en la adopción de diligencias limitativas de los derechos reconocidos en el artículo 18 CE”, *Revista Boliviana de Derecho*, número 31, enero 2021.

Sieber, U., “The New Architecture of Security Law-Crime Control in the Global Risk Society” en *Alternative Systems of Crime Control: National, Transnational, and International Dimensions*, Sieber, U., Mitsilegas, V., Mylonopoulos, C., Billis, E., Knust, N., (Edits.), Berlin, 2018.

Sourdin, T., “Judge v robot? Artificial intelligence and judicial decision-making”, *UNSW Law Journal*, vol. 41.

Turing, A. M., *Computing machinery and intelligence*, Mind, 1950.

Velasco Nuñez, E., “Reconocimiento facial por Inteligencia Artificial: aspectos procesales penales”, *Diario La Ley*, núm. 63, sección Ciberderecho, 20 de junio de 2022.

Vidal Fueyo, C., “El principio de proporcionalidad como parámetro de constitucionalidad de la actividad del Juez”, *Anuario de Derecho Constitucional Latinoamericano*, 2005.

Vozmediano Sanz, L., San Juan Guillen, C., “Empleo de sistemas de Información Geográfica en el estudio del miedo al delito”, *Revista Española de Investigación Criminológica*, núm. 4, 2006.

# *Los plazos de la instrucción del art. 324 LECrim tras la Ley 2/2020*

**ANA MARÍA RODRÍGUEZ TIRADO**
*Profesora Titular de Universidad*
*Área de Derecho Procesal*
*Universidad de Cádiz*

**SUMARIO:** 1. INTRODUCCIÓN. 2. EL ARTÍCULO 324 LECRIM, MODIFICADO POR LA LEY 41/2025, DE 5 DE OCTUBRE. 3. EL ARTÍCULO 324 LECRIM, MODIFICADO POR LEY 2/2020, DE 27 DE JULIO.

## 1. INTRODUCCIÓN

El art. 324 de la Ley de Enjuiciamiento Criminal (LECrim, en adelante), en su redacción original, no hacía alusión a causas complejas ni era imaginable en 1882 a efectos de prever la duración de la instrucción del procedimiento común ordinario. De hecho, la redacción original estuvo vigente durante décadas. En una época en la que las comunicaciones serían consideradas rudimentarias desde la visión del XXI, los plazos eran exiguos para el desarrollo de la instrucción y las comunicaciones semanales a modo de prórrogas al exceder del plazo inicial de instrucción. Desconocemos los datos estadísticos sobre el volumen de litigiosidad y las duraciones medias en 1882. Es decir, la instrucción con forma de sumario debía realizarse en un mes, debiendo comunicar el juez —hoy sería el Letrado de la Administración de Justicia al entrar en su ámbito competencial sin afectación de la función jurisdiccional[1]— cada semana la causa o las causas que hubieran impedido su conclusión.

> *Cuando al mes de haberse incoado un sumario no se hubiere terminado, el Juez dará parte cada semana a los mismos a quienes lo haya dado al principiarse aquél de las causas que hubiesen impedido su conclusión.*
> *Con vista de cada uno de estos partes, los Presidentes a quienes se hubiesen remitido y el Tribunal competente acordarán, según sus respectivas atribuciones, lo que consideren oportuno para la más pronta terminación del sumario.*
> *Sin perjuicio de lo dispuesto en este artículo, los Jueces de instrucción están obligados a dar a los Fiscales de las Audiencias cuantas noticias les pidieren, fuera de estos términos, sobre el estado y adelantos de los sumarios.*

---

1 Como así se modificó en 2009 por Ley 13/2009, de 3 de noviembre.

Esta redacción se mantuvo vigente hasta 2015, puesto que la modificación efectuada, por la Ley 13/2009, de 3 de noviembre, sólo afectó al órgano encargado de dar parte semanal, que pasa del Juez al Letrado de la Administración de Justicia.

La redacción del art. 324 LECrim conferida en 2015, que analizaremos con más detalle, ha generado problemas de aplicación por los propios operadores jurídicos. Cabe destacar al respecto, el planteamiento de algunas cuestiones de inconstitucionalidad[2], así como el balance efectuado

---

[2] El ATC núm. 108/2017, de 18 de julio (*Tol 6436783*), ECLI:ES:TC:2017:108A, se ciñe a inadmitir la cuestión de inconstitucionalidad núm. 502/2017, planteada por el Juzgado de Instrucción núm. 4 de Huelva sobre el art. 324 LECrim, tras la redacción conferida por Ley 41/2015, de 5 de octubre, al entender que el juez instructor "no ha justificado suficientemente la exclusión de la posibilidad" de aplicar otra interpretación alternativa, cuya aplicación rechaza, en la aplicación del art. 324 LECrim, por lo que el Tribunal Constitucional considera que "no ha justificado suficientemente las razones que le llevan a considerarse sujeto a una opción interpretativa en detrimento de la otra" (fj 5).
El juez instructor que planteó la cuestión de inconstitucionalidad parte de considerar los plazos del art. 324 LECrim como propios y de caducidad, descartando que se trate de plazos impropios. Una y otra interpretación conllevan consecuencias procesales muy diversas.
Al respeto, el Tribunal Constitucional considera que, "si el propio órgano judicial admite que es posible más de una interpretación del precepto legal cuestionado y que, en consecuencia, existen interpretaciones alternativas que permitirían soslayar la duda de constitucionalidad que nos plantea, debe intensificar su esfuerzo a la hora de proporcionar a este Tribunal las razones por las que la interpretación que constituye el presupuesto normativo de su duda de constitucionalidad resulta preferible a la interpretación que descarta. Solo así se cumple la finalidad de la cuestión de inconstitucionalidad, la cual, de acuerdo con una reiterada jurisprudencia constitucional, no es en modo alguno resolver controversias interpretativas sobre la legalidad que surjan entre órganos jurisprudenciales o dudas sobre el alcance de determinado precepto legal, para lo cual el ordenamiento jurídico dispone de otros cauces. Su función se reduce así al enjuiciamiento de la conformidad a la Constitución de una norma con rango de ley que sea aplicable al caso y de cuya validez dependa el fallo" (fj 5).
El problema principal de interpretación que planteaba el art. 324 LECrim en su redacción de 2015 se refería al efecto preclusivo o no del plazo de instrucción.
*Vid.* ATC 112/2017, de 18 de julio (*Tol 6436780*), ECLI:ES:TC:2017:112A, en el que se inadmite otra cuestión de inconstitucionalidad planteada por el mismo Juzgado de Instrucción núm. 4 de Huelva, relativa al art. 324 LECrim.

de dicha medida por la Fiscalía General del Estado cuyo resultado ha sido "abiertamente insatisfactorio"[3].

En 2020, se modifica nuevamente la redacción del art. 324 LECrim en el que se amplían los plazos de la instrucción y se habilita al instructor para que, de oficio, pueda prorrogarlos sin límite de prórrogas. El Preámbulo de la Ley 2/2020, de 27 de julio, por la que se modifica el artículo 324 LECrim justifica la reforma de dicho precepto en que "se ha evidenciado pernicioso" establecer sin más un límite máximo a la duración de la instrucción "en cuanto puede conducir a la impunidad de la persecución de delitos complejos", si bien considera que "no es menos cierto que establecer ciertos límites a la duración de la instrucción supone una garantía para el derecho de los justiciables" a que se sustancie en un periodo razonable, entre ellos, cita los derechos fundamentales de presunción de inocencia, de defensa y a un proceso con todas las garantías.

Junto a la revisión del art. 324 LECrim en 2015, se modificó el art. 284 LECrim que tuvo afectación en la comunicación de los hechos delictivos que la Policía Judicial tuviera conocimiento en caso de no hubiera autor conocido. Se produce como efecto colateral la disminución del número de asuntos penales ingresados y el del número de sobreseimientos en la Estadística Judicial[4].

El Tribunal Constitucional se ha pronunciado sobre instrucciones insuficientes cerradas mediante auto de sobreseimiento provisional. En la STC 39/2017, de 24 de abril de 2017[5], se declara vulnerado el derecho

---

3 Circular 1/2021, de 8 de abril, de la Fiscalía General del Estado, sobre los plazos de la investigación judicial del artículo 324 de la Ley de Enjuiciamiento Criminal (BOE de 21 de abril de 2021), pág. 45.891. En adelante, Circular FGE 1/2021. Desde la perspectiva de la Fiscalía General del Estado, el sistema de plazos del art. 324 LECrim, redacción de 2015, "dificultaba las posibilidades de investigación criminal y que, lejos de proporcionar mayor celeridad a la justicia penal, incrementaba la carga burocrática de una infradotada Fiscalía, al tiempo que transmitía [...] "una apariencia de impunidad en ciertos asuntos que ha contribuido a una merma de la imagen institucional del Ministerio Fiscal" y de todo el sistema público de justicia" (*ibídem*).

4 *Vid.* "Los plazos de la instrucción, sobreseimiento y obtención de fuentes de investigación", en *Derecho probatorio y otros estudios procesales: Vicente Gimeno Sendra. Liber amicorum*, Madrid, Ediciones Jurídicas Castillo de Luna, 2020, págs. 1757-1780.

5 ECLI:ES:TC:2017:39, BOE de 27 de mayo de 2017, núm. 126. "En todo caso, de la jurisprudencia del Tribunal Europeo de Derechos Humanos no se infiere la nece-

a la tutela judicial efectiva del art. 24.1 CE en relación con el derecho a no ser sometido a torturas ni a tratos inhumanos o degradantes (art. 15 CE), declarando que se había procedido al sobreseimiento provisional con archivo de las actuaciones sin una investigación judicial exhaustiva y eficaz, existiendo "aún medios de investigación disponibles para continuar con la investigación sobre la realidad de los hechos denunciados"[6]. Contrasta esta

---

sidad de llevar a cabo un elenco cerrado y taxativo de diligencias de investigación en los casos de denuncia de torturas o malos tratos de personas bajo custodia policial, pero sí se desprende que, incluso en aquellos casos en que los informes médicos no revelan indicios claros de la comisión de un delito de tortura, han de practicarse otros medios de prueba adicionales, agotando cuantas posibilidades de indagación resulten útiles para aclarar los hechos denunciados" (entendemos que se refiere a otros medios de investigación y no "de prueba) (fj 2). "[...] La inexistencia de datos en los informes médicos que avalen la sospecha de maltrato (o su debilidad para sustentar la condena) no excluye la necesidad de investigar. Puede existir otro tipo de datos que —desde la perspectiva del deber de profundizar en la investigación— genere un panorama sospechoso potencialmente conectado con la existencia de torturas o malos tratos, incluso aunque los mismos fueran claramente insuficientes para sustentar una condena penal por delito de torturas o malos tratos": cita algunos medios de investigación idóneos en estos casos, entre otros, la declaración del denunciante ante el juez instructor, la declaración de los médicos-forenses, identificación y toma de declaración a los agentes de las fuerzas y cuerpos de seguridad del Estado que se encargaron de la custodia del denunciante mientras estuvo en detención incomunicada o, incluso, la declaración del abogado de oficio designado en caso de detención incomunicada (fj 4).

6 El Tribunal Constitucional aplica su doctrina consolidada, y en concordancia con la del Tribunal Europeo de Derechos Humanos, "que viene insistiendo en la necesidad de aplicar un canon reforzado de investigación cuando se trata de denuncias de torturas y malos tratos por parte de agentes de los cuerpos de seguridad del Estado", en particular, cuando el denunciante se encuentre en situación de detención incomunicada (ffjj 2, 4 y 5). El Tribunal Constitucional considera que "puede resultar razonable [...] que no se prosiga con una investigación que no aclara la inexistencia de los hechos denunciados, pero que, sin embargo, ha agotado ya los medios razonables y eficaces de investigación. El canon de investigación suficiente se refiere así tanto a la inexistencia de sospechas razonables, como a la utilidad de continuar con la instrucción" (STC 69/2008, de 23 de junio de 2008 (*Tol 1341458*), ECLI:ES:TC:2008:69, fj 5). En el caso concreto, también en relación con una denuncia de malos tratos durante detención policial, el Tribunal Constitucional concluyó que no se produjo "una investigación judicial suficiente" frente a la denuncia de malos tratos, "ya que, aun cuando se emprendió prontamente una investigación judicial con contenido que aportó datos de valor sustancial, se clausuró, sin embargo, cuando aún no se habían eliminado por completo las sospechas razonables de que se podían haber cometido los malos tratos

doctrina, precisamente, con la regulación del art. 324 LECrim tras la reforma de 2015 y la interpretación de plazos preclusivos para el juez instructor sin que el Tribunal Constitucional haya abierto línea doctrinal alguna con la inadmisión de las diversas cuestiones de inconstitucionalidad planteadas desde 2017[7]. La pregunta que subyace es la misma, ¿y si finaliza el plazo de instrucción y no se han obtenido suficientes fuentes de investigación?

La doctrina del Tribunal Constitucional se ha consolidado en la consideración de que el derecho a la tutela judicial efectiva no queda necesariamente afectado "por una decisión posterior de finalización de la instrucción, con sobreseimiento y archivo de la causa, o por una decisión final sobre el fondo de la pretensión penal deducida. Sólo se verá afectado si la decisión de no proseguir con la indagación penal afecta, en cualquiera de estos momentos procesales, a diligencias oportunamente solicitadas por el recurrente, parte en el proceso judicial, que incidan en su derecho a las utilización de los medios de prueba; o también cuando, realizadas éstas de modo bastante, se vea afectada la determinación de lo sucedido a partir de las mismas o bien la calificación jurídica de los hechos que se constatan (STC 34/2008, de 25 de febrero, FJ 2)" (*sic*) (STC 26/2018, de 5 de marzo de 2018, BOE 13 de abril de 2018, fj 2; ECLI:ES:TC:2018:26). Quedará satisfecho el derecho a la tutela judicial efectiva con la resolución judicial que acuerde "la terminación anticipada del proceso penal, sin apertura de la fase de plenario, sobre su razonada y razonable concurrencia de los motivos legalmente previstos de sobreseimiento, libre o provisional[8], de con-

---

denunciados, y existían todavía medios de investigación para despejarlas" (STC 69/2008, de 23 de junio de 2008 (*Tol 1341458*), ECLI:ES:TC:2008:69, fj 6).

7 *Vid.* voto particular del ATC núm. 40/2019, de 22 de mayo de 2019 (*Tol 7283161*), ECLI:ES:TC:2017:40A.

8 Un auto de sobreseimiento provisional, recurrible en apelación, con el que se haya podido vulnerar un derecho fundamental, comprendido en los arts. 14 a 29 CE, es susceptible de ser impugnado mediante el recurso de amparo por el particular que sufra o entienda sufrir una vulneración de alguno de aquellos derechos. Al respecto, el Tribunal Constitucional ha puntualizado, en relación con el art. 41 LOTC, que "el legislador orgánico ha decidido que el recurso de amparo esté diseñado para proteger los derechos fundamentales frente a actuaciones de los poderes públicos, de manera que la petición de amparo constitucional sólo podrá promoverse frente a actos emanados de aquéllos, y no directamente frente a vulneraciones de estos mimos derechos adjudicables a particulares en sus relaciones *inter privatos*, las cuales sólo indirectamente obtendrán protección constitucional por esta vía". Cuando la vulneración tenga origen en un acto u omisión de un órgano judicial, será susceptible "de ventilarse en amparo siempre que "la violación

formidad con los artículos 637 y 641 de la Ley de Enjuiciamiento Criminal (LECrim) y, dado el caso, por aplicación del artículo 779.1.1 LECrim para el procedimiento abreviado" (*sic*).

Este trabajo se centrará en el análisis previo de las reformas de 2015 y 2020 del artículo 324 LECrim en los siguientes epígrafes.

## 2. EL ARTÍCULO 324 LECRIM, MODIFICADO POR LA LEY 41/2025, DE 5 DE OCTUBRE

La fase instructora en sí misma no es un acto procesal, sino una fase del proceso penal de declaración y en la que sí se realizan diversos actos procesales. El plazo o los plazos a que alude el art. 324 LECrim se ciñen a toda la fase desde su incoación en relación con dos tipos procedimentales. Al respecto, cabe preguntarse cómo afectan a la actividad desplegada durante la fase instructora del proceso penal.

En el art. 324 LECrim, el legislador de 2015 estableció un *plazo ordinario* de instrucción de seis meses desde la incoación hasta la finalización de la instrucción, teniendo en cuenta las particularidades sobre el cambio de fase de instrucción a la de juicio oral en los procedimientos común ordinario y abreviado.

Este plazo se presumía que se refería a instrucciones sencillas. Al respecto, la Fiscalía General del Estado había buscado por vía interpretativa solución al problema de la fijación del *dies a quo* en caso de supuestos de

---

del derecho o libertad sea imputable de modo inmediato y directo a una acción u omisión del órgano judicial con independencia de los hechos que dieron lugar al proceso en que aquellas se produjeron, acerca de los que, en ningún caso, entrará a conocer el Tribunal Constitucional" [ar. 44.1 b) LOTC]. De ello se extrae una doble consecuencia: por un lado, la vulneración habrá de proceder de forma inmediata y directa de la concreta resolución judicial dictada, como actuación de un poder público que, dado el caso, resuelve sobre aquellas situaciones entre particulares ante él ventiladas; por otro, en modo alguno podrá el Tribunal Constitucional resolver sobre los hechos que dieron lugar al proceso sustanciado ante el órgano judicial [...] salvo casos excepcionales de descripciones fácticas irrazonables, arbitrarias o carentes de apoyo en las actuaciones judiciales, la apreciación y valoración de los hechos corresponde a los jueces y tribunales en el ejercicio de la potestad jurisdiccional que, de forma exclusiva y excluyente, les atribuye el artículo 117.3 CE" (STC 26/2018, de 5 de marzo de 2018, BOE 13 de abril de 2018, fj 2).

inhibiciones y acumulaciones[9]. En el caso de las inhibiciones, entendía que la fecha a tener en cuenta era la del primer auto de incoación que se dictase (apartado 2.2 de la Circular FGE 5/2015), si bien la Fiscalía General del Estado recomendaba a los fiscales que solicitaran la declaración de complejidad mientras se resolviese sobre las cuestiones de competencia. Sin embargo, no desaparece el problema y los tiempos en que se resuelven las cuestiones de competencia negativas, aunque, con la norma procesal penal en la mano, los diferentes jueces instructores deben realizar las diligencias de investigación necesarias. Si somos realistas, el asunto ha de tener entrada y el juez instructor ha de poder estudiarlo lo que requiere de tiempo razonable si se atiende a la carga de trabajo y el lugar de la práctica de las diligencias, en especial, si ha de efectuarse en otro territorio y se ha de hacer uso del auxilio judicial[10].

Cuando se trate de acumulaciones, la Fiscalía General del Estado consideraba que la fecha a tener en cuenta sería la del auto de la última incoación de la instrucción (apartado 2.2 de la Circular FGE 5/2015).

El art. 324 LECrim, redacción de 2015, preveía adicionalmente un *plazo especial* y uno *excepcional*. Como *plazo especial*, el art. 324.2 LECrim disponía el de dieciocho meses de duración de la instrucción en caso de ser declarada compleja. Es un plazo que permitía una sola prórroga de un máximo de dieciocho meses, que requería la previa petición del Ministerio Fiscal y audiencia al resto de partes personadas, no pudiendo acordarla de oficio

---

9 Circular de la Fiscalía General del Estado 5/2015, de 13 de noviembre de 2015, sobre los plazos máximos de la fase de instrucción (en adelante, Circular FGE 5/2015), apartado 2.2.
*Vid.* el citado ATC núm. 108/2017, de 18 de julio (*Tol 6436783*), ECLI:ES:TC:2017:108A, en cuyos antecedentes se relata el problema de determinación de la fecha de inicio de la instrucción a la vista de las inhibiciones, acumulaciones y separaciones de instrucciones.
*Vid.* STC núm. 101/2023, de 25 de septiembre de 2023, ECLI:ESI:TC:2023:101, por la que se inadmitió recurso de amparo en relación con los autos dictados por Audiencia Provincial y juzgado de instrucción que rechazaron la solicitud de declaración de complejidad de la causa penal y denegaron la práctica de diversas diligencias con la vigencia del art. 324 LECrim, modificado en 2015, y la posterior entrada en vigor de la redacción de 2020.

10 Es interesante el íterim de inhibiciones y de práctica de diligencias resumido en el ATS, Sala de lo Penal, Sección 1ª, núm. 13375/2021, de 5 de octubre de 2021, ECLI:ECLI:ES:TS:2021:13375A. Se aprecia la complejidad de las inhibiciones y la práctica de diligencias por uno y otro juzgado.

el juez instructor. Cabía diferenciar dos situaciones diversas para la declaración de la causa como compleja:

a) Concurrencia de circunstancias sobrevenidas a la investigación que requirieran la declaración de complejidad de la instrucción (apartado 1, párrafo 2, art. 324 LECrim).

b) Complejidad de la instrucción presumida desde el principio cuando concurriera alguna de las circunstancias previstas en el apartado 2 del art. 324 LECrim.

A pesar de la interpretación que la Fiscalía General del Estado realiza en la Circular FGE 5/2015, el art. 324 LECrim no contenía habilitación expresa al juez instructor a que de oficio declarase la complejidad desde la incoación de la instrucción. Es más, la regla general era la consideración de una instrucción "sencilla", aunque lo cierto es que estas circunstancias podían concurrir desde el inicio de la instrucción, quedando a la petición del Ministerio Fiscal que el juez instructor declarara la instrucción como compleja. Así, se exigía la previa solicitud del Ministerio Fiscal, previa audiencia de las demás partes —se entiende que personadas—, cuando concurrieran circunstancias sobrevenidas como las del apartado 2 u otras, siempre antes de la finalización del plazo ordinario de instrucción. Nada obsta u obstaba a que, desde el inicio de la instrucción, se pusiera de manifiesto la complejidad de la causa, pero, en cualquier caso, exigía la previa petición del Ministerio Fiscal. Al respecto, la Fiscalía General del Estado entendía que el plazo de dieciocho meses se computaba desde la incoación de la causa.

Una de las cuestiones que planteaba problemas prácticos era la solicitud de la prórroga antes de la expiración de ese plazo y, en particular, si se entendía como plazos propios o impropios[11], siendo diferente la eficacia procesal en uno y otro caso.

A ello, se suma —para mayor complicación judicial y sin vías de solución hasta la fecha— el que la instrucción esté sujeta a un posible plazo preclusivo. El Tribunal Supremo considera que se trata de un plazo preclusivo, en concreto, "de un efecto preclusivo por expiración del plazo de instrucción"[12].

---

11 *Vid.* ATC núm. 108/2017, de 18 de julio (*Tol 6436783*), ECLI:ES:TC:2017:108A.

12 ATS, Sala de lo Penal, Sección 1ª, núm. 504/2019, de 25 abril (RJ\2019\1938; ECLI:ES:TS:2019:5079A), fj 2, conforme a la línea mantenida en sentencias anteriores como SSTS núm. 407/2017, de 22 de junio (RJ\2017\3873) y núm. 204/2018, de 8 de mayo (RJ\2018\3008), citadas en el mismo Auto.

Así, el art. 324 LECrim[13] establecía un plazo máximo de duración de la instrucción y, con ello, la imposibilidad de practicar diligencias de investigación transcurrido dicho plazo ni siquiera como diligencias complementarias por vía de los arts. 627 y 780 LECrim si excepcionalmente las partes o el Ministerio Fiscal no hubieran solicitado motivadamente un plazo nuevo antes de finalizar la instrucción (art. 324.6 LECrim)[14].

En lo que concierte al *plazo excepcional*, previsto en el art. 324.4 LECrim, redacción de 2015, presentaba como peculiaridad que podía ser solicitado por el Ministerio Fiscal o también por alguna de las demás partes personadas y debía acontecer antes de que transcurriera el plazo ordinario, el plazo especial o su prórroga[15]. No se concretaban las posibles causas que lo justificaban, por lo que correspondía al juez instructor valorar motivadamente dicha concurrencia. En cuanto a la duración, se dejaba a la determinación del juez instructor al no especificarse. Como sanción a las partes, el art. 324.5 LECrim les *impedía* instar diligencias complementarias de los arts. 627 y 780 LECrim en caso de no hacer uso de la facultad del art. 324.4 LECrim. No se entendía bien esta limitación, pues las diligencias complementarias son excepcionales y no implica la apertura de la instrucción[16].

---

13 *Vid.* Parágrafo II del Preámbulo de Ley 41/2015, de 5 de octubre, de modificación de la Ley de Enjuiciamiento Criminal para la agilización de la justicia penal y el fortalecimiento de las garantías procesales.

14 En este sentido, el Auto del Juzgado de Instrucción núm. 32 de Madrid, de 23 de septiembre de 2016 (ARP\2016\1017), hace hincapié en que "el plazo para la práctica de diligencias ha precluido", es decir, aun cuando en vía de recurso de reforma le soliciten los recurrentes la práctica de diligencias de investigación (aduce otras razones adicionales como que no se solicitaron mientras estuvo abierta la instrucción o que no sean imprescindibles o inútiles).

15 Contra la denegación de prórroga no cabe recurso alguno, sin perjuicio de que puede reproducirse en el momento procesal oportuno (art. 324.2.II LECrim).

16 Moreno Catena, V., puntualiza —reflexión con la que estamos de acuerdo— que "a través del mecanismo de las diligencias complementarias no puede suplantarse en este momento procesal la falta de iniciativa o de actividad del instructor o de las partes. No se trata de reabrir la instrucción sino de completar o suplir alguna omisión concreta de actuaciones que resulten imprescindibles" ["La fase intermedia", en *Los nuevos procesos penales (I). El procedimiento abreviado,* Valencia, Tirant lo Blanch online, epígrafe 1415 (*Tol 500401*), pág. 11]. Es más, la denegación de diligencias de investigación en la fase de instrucción a las partes tiene otra vía procesal prevista para su reiteración en un momento procesal posterior. Por ejemplo, *vid.* los arts. 314 y 777 LECrim. No queda exceptuado expresamente de recurso, por lo que igualmente es susceptible de recurso de apelación (en el caso

El problema no residía en sí mismo en el establecimiento de plazos máximos para la instrucción, sino en la preclusión de dichos plazos y en la imposibilidad de que pudieran realizarse diligencias de investigación posteriores al trascurso de los previstos en el art. 324 LECrim. Y ello tiene repercusión en la obtención de fuentes de investigación necesarias para disponer de material instructor suficiente para continuar o no con el proceso penal. El legislador puntualizaba que no daría lugar al archivo de las actuaciones de no concurrir las causas de los arts. 637 ó 641 LECrim, debiendo atender a la regulación general del sobreseimiento que establece matices según el tipo procedimental y según fuera acordado de oficio o a instancia de parte. Se ha de interpretar en lógica sistemática apartados 6 y 8 del art. 324 LECrim.

Ahora bien, en el caso de que el material instructor fuera insuficiente, iría abocado al sobreseimiento sin posibilidad de reapertura en el futuro por agotamiento del plazo de instrucción. Por más que el auto de sobreseimiento provisional suspendiera el plazo de instrucción conforme al art. 324.3.b) LECrim, si ya se hubiera agotado el plazo, no cabría reapertura posible con la interpretación impuesta en la praxis de plazos preclusivos de la instrucción para el juez instructor en la nueva redacción.

Así, pues, tras la reforma de 2015 incorporada en el art. 324 LECrim, los problemas de interpretación del precepto han sido manifiestos en la praxis judicial en relación con las consecuencias del transcurso de los plazos máximos de la instrucción[17] para el procedimiento común ordinario y para el procedimiento abreviado. Así, en relación con el procedimiento abreviado, cabe encontrar algún auto de conclusión de la instrucción conforme al art. 779.1.4ª LECrim. El Auto de la Audiencia Provincial de Madrid, Sección 4ª, argumenta que "no es posible ahora considerar la práctica de más diligencias, puesto que se han superado los límites temporales que

---

del procedimiento abreviado el recurso previo de reforma es potestativo) (art. 766.1 LECrim).

17 Sobre la reforma del art. 324 LECrim, *vid.* Mosquera Blanco, A. J., "En defensa del artículo 324 LECrim.", en *Boletín del Ministerio de Justicia*, núm. 2.223, octubre 2019, págs. 29 y ss. Es posible encontrar acuerdos de unificación de criterios en el ámbito de las Audiencias Provinciales sobre la interpretación del art. 324 LECrim. Por ejemplo, las Secciones Penales de la Audiencia Provincial de Barcelona acordaron el 20 de octubre de 2017 que "las diligencias de investigación acordadas fuera de plazo carecer de (v)alor a efectos de fundamentar el auto del artículo 779.1.4(ª) Lecrim o el auto de apertura del juicio oral en el sumario" (los paréntesis son nuestros).

para la instrucción establece el artículo 324 de la Ley de Enjuiciamiento Criminal [...] a partir del cual ni es posible ya practicar diligencias no acordadas ni disponer la declaración de la causa compleja o acordar la prórroga del referido término", procediendo "concluir la instrucción con el dictado de alguna de las resoluciones previstas en el artículo 779 de la ley de Enjuiciamiento Criminal, pero no practicar nuevas diligencias" (AAPMadrid, Sección 4ª, núm. 909/2017, de 3 de noviembre, JUR\2018\1733, NIG 28.079.43.1-0386037, fj 5.2)[18].

Se ha planteado algunas cuestiones de inconstitucionalidades en relación con el art. 324 LECrim, si bien el Tribunal Constitucional las ha inadmitido sistemáticamente por razones procesales[19] sin entrar en el fondo de las cuestiones planteadas. También ha inadmitido algún recurso de amparo fundamentado en la preclusión del transcurso de los plazos del art. 324 LECrim sobre la falta de pronunciamiento de las diligencias de investigación solicitadas por la acusación particular, sobre el no agotamiento de las posibilidades de investigación y sobre la posible vulneración del art. 24 CE en relación con las cuestiones anteriores[20].

---

18 Auto que resuelve en apelación la impugnación de un auto dictado por juez instructor por no haber considerado el órgano instructor la práctica de más diligencias tras finalizar el plazo de instrucción.

19 El ATC núm. 5/2019, de 29 enero de 2019, ECLI:ES:TC:2019:5A, inadmitió a trámite la cuestión de inconstitucionalidad núm. 5428/2018 con respecto al art. 324 LECrim por faltar dos cuestiones procesales necesarias: una de ellas, por no ser de aplicación ni determinante en la resolución del caso concreto; la otra, en relación con la superación del plazo máximo de instrucción y la falta de declaración del investigado referida en el art. 779.1.4ª LECrim, necesaria para proseguir con el procedimiento abreviado, el Tribunal Constitucional considera que no es suficiente, pues se ha de justificar que, de su validez depende la decisión del proceso, ya que el tribunal que promovió la cuestión de inconstitucionalidad no valoró previamente si la declaración tomada al investigado con el proceso iniciado mediante denuncia —hasta que se subsanó con la presentación de la preceptiva querella, necesaria para procesos por delitos del art. 215.1 CP— servía a efectos del art. 779.1.4ª LECrim.
*Vid.* ATC núm. 112/2017, de 18 de julio de 2017 (*Tol 6436780*), ECLI:ES:TC:2019:112A, que inadmitió a trámite la cuestión de inconstitucionalidad 964/2017; ATC núm. 108/2017, de 18 de julio de 2017 (*Tol 6436783*), ECLI:ES:TC:2019:108A.

20 Se inadmitió el recurso de amparo por providencia al entender que no se justificaba suficientemente su especial trascendencia constitucional. Frente a la inadmisión, el Ministerio Fiscal planteó recurso de súplica ante el Tribunal Constitucional, que fue desestimado mediante Auto núm. 40/2019, de 22 de mayo

No obstante, el transcurso del plazo máximo de instrucción tampoco implica por sí mismo una dilación indebida. Así, el Tribunal Supremo ha tenido ocasión de pronunciarse, debiéndose concretar las demoras, interrupciones o paralizaciones que hubiera sufrido el proceso para evaluar la gravedad y ponderar la justificación o no de las mismas[21].

Por su parte, la Fiscalía General del Estado consideró, a través de la Circular 5/2015, de 13 de noviembre de 2015, sobre los plazos máximos de la fase de instrucción, que los plazos previstos en el art. 324 LECrim eran aplicables sólo a las instrucciones llevadas a cabo en el marco de los procedimientos común ordinario (sumario) y abreviado. Así, quedaría descartado para el resto de tipo procedimentales ordinarios o especiales. Ciertamente, el art. 324.1 LECrim alude a la incoación del *sumario* y de las *diligencias previas*.

Además, la transformación de un procedimiento abreviado en procedimiento común ordinario o a la inversa no afectaría al cómputo de los plazos del art. 324 LECrim, pues se atendería al primer auto de incoación del proceso.

Los plazos del art. 324 LECrim, redacción de 2015, que la praxis judicial venía considerando como preclusivos, no se referían a actos procesales concretos, sino a una fase del proceso penal de declaración, presidida por el principio de investigación oficial, cuya dirección corresponde al juez instructor. A nuestro juicio, vienen referidos al instructor, puesto que es el que ha de dirigir activamente la instrucción, adoptando las diligencias de investigación que considere necesarias, de oficio o a instancia de parte, para la obtención de fuentes de investigación. La investigación pública viene determinada por el interés general que subyace en la averiguación del delito y del presunto responsable.

---

(BOE núm. 151, de 25 de junio de 2019), con voto particular de la magistrada Balaguer Callejón. Coincidimos en que, a pesar del controvertido debate sobre la interpretación del art. 324 LECrim en los propios tribunales españoles (y en la doctrina procesal), "no existe aún doctrina sobre este precepto, a pesar de que se han promovido" diversas cuestiones de inconstitucional inadmitidas por defectos procesales.

21 ATS, Sala de lo Penal, Sección 1ª, núm. 504/2019, de 25 abril, ECLI:ES:TS:2019:5079A, fj 3. Añade con respecto al art. 324 LECrim en el caso concreto que, "si el plazo global de duración del proceso no sobrepasa lo razonable, de ninguna manera puede hablarse de dilaciones indebidas en el sentido exigido por el art. 21.6 CP" (*ibídem*).

Es cierto que se ha de evitar la pena de banquillo del investigado con instrucciones dilatadas en el tiempo, pero se ha de buscar otra vía que la preclusión en sí misma de una fase del proceso penal, lo que puede obedecer a razones exógenas o endógenas al órgano judicial. En cualquier caso, lo que no podría afectar al investigado es que la instrucción judicial se dilate por razones reprochables únicamente al órgano judicial por falta de actividad injustificada. Lo que no parece razonable es que la preclusión de plazos se dejara en manos de las partes, de modo que el juez instructor no tuviera la posibilidad de prorrogarlos de oficio por razones objetivas debidamente motivadamente (al igual que se permite a las partes).

Así, si el Ministerio Fiscal no pedía la prórroga o la declaración de complejidad de la causa, el juez instructor quedaba "atado" sin poder continuar con la investigación de ser necesaria. A quien dirige la instrucción en aplicación del principio de investigación oficial, en cuanto la averiguación del delito y del responsable del mismo es de interés general, se le vetaba su continuación por el transcurso de los plazos sin atender a otro criterio que la instancia de parte para que pueda continuar. Recordemos que, si bien el Ministerio Fiscal actúa con base en el principio de legalidad, no deja de ser parte en el proceso penal sin función alguna de dirección de la instrucción, al menos, en el sistema procesal penal aún vigente. El legislador tenía en mente al fiscal instructor si se recuerda el Anteproyecto de Código Procesal Penal de 2013, que no llegó a tramitarse parlamentariamente.

Se modificó este precepto sin que se hubiera analizado la naturaleza de los plazos, propios o impropios, a que se hace referencia en el art. 324 LECrim, así como la propia fase de instrucción y los principios procesales que rigen en la misma —diferentes a los de la fase de juicio oral—. En esta línea, la praxis judicial ha venido considerando no válidas o, incluso, nulas las diligencias acordadas tras la finalización de los plazos máximos del art. 324 por aplicación *sensu contrario* del apartado 7 de este precepto.

## 3. EL ARTÍCULO 324 LECRIM, MODIFICADO POR LEY 2/2020, DE 27 DE JULIO

La Ley 2/2020, de 27 de julio, modifica el art. 324 LECrim partiendo de la base de que es necesario establecer límites a la duración de la instrucción, en línea con la reforma de 2015, si bien el plazo de duración se amplía, permite prórrogas ilimitadas de forma motivada y el juez instructor queda habilitado para acordarlas de oficio además de a instancia de parte. Desaparece el plazo especial para declarar una causa compleja, así como los supuestos que permitían considerar una investigación como compleja de su apartado 2. También se elimina el plazo excepcional.

En la nueva redacción, se prevé un plazo general de doce meses máximo y la posibilidad de acordar prórrogas ilimitadas, de oficio o a instancia de parte, que serán sucesivas por periodos iguales o inferiores a seis meses. Ya no se diferencia entre causas sencillas o complejas.

Se exige que el juez instructor dicte resolución motivada con forma de auto para autorizar o denegar la prórroga. En caso de que la autorice, el auto contendrá la exposición razonada de "las causas que han impedido finalizar la investigación en plazo, así como las concretas diligencias que es necesario practicar y su relevancia para la investigación" (art. 324.1.III LECrim).

Se mantiene, en esencia, el apartado 7 del art. 324 LECrim, redacción de 2015, que pasa a apartado 2, de modo que las diligencias de investigación acordadas antes del transcurso del plazo general o de sus prórrogas serán válidas, aun cuando se reciban una vez expirado el plazo lo que incluiría, a nuestro juicio, la práctica y no sólo la recepción. No serán válidas si no se hubiera acordado la prórroga antes de la finalización del plazo general o de la correspondiente prórroga, o en caso de fuera revocada por vía de recurso.

La reforma de 2020 no soluciona explícitamente la cuestión relativa a plazos propios o impropios, si bien consta como el elemento diferenciador con respecto a la redacción de 2015 el hecho de que las prórrogas se pueden acordar de oficio o a instancia de parte. Implícitamente, el efecto regulado en el apartado 3 del art. 324, en su redacción de 2020, es que serán "válidas" las diligencias de investigación practicadas si no se hubiera acordado la prórroga antes de finalizar el plazo general o la prórroga previa, o en caso de ser revocada la prórroga por vía de recurso. Gimeno Sendra incide en que se trata de *plazos* y no de *términos*, por lo que considera que, a tenor de la redacción del art. 324.6 LECrim (actual apartado 4 del art. 324 en esencia), "conlleva la necesidad de que no deban agotarse"[22].

En lo que concierne al cómputo del plazo, la Fiscalía General del Estado mantiene que el *dies a quo* es la fecha de incoación de las actuaciones (Circular FGE 1/2021). En caso de que se transforme en un procedimiento ante el Tribunal de Jurado, deberá computar desde la fecha de incoación

---

22 *Manual de Derecho Procesal Penal, op. cit.*, pág. 283. En cualquier caso, el artículo utiliza la expresión de *plazo máximo, expiración de este plazo…*

del procedimiento común ordinario o de las diligencias previas. Establece el mismo criterio para inhibiciones y para acumulaciones ya expuestos con respecto a la redacción de 2015. Quizás, sería recomendable una revisión en caso de las inhibiciones y la dilatación en el tiempo hasta que se determina el juez instructor competente. Ello obliga a que los jueces instructores implicados tengan un celo adicional para acordar la prórroga antes de que venza el plazo general o la prórroga correspondiente. Se elimina la previsión de la suspensión del cómputo del plazo cuando se acuerde el sobreseimiento provisional o el secreto de la investigación.

En el caso de que transcurra el plazo máximo o sus prórrogas, el juez instructor habrá de dictar auto de conclusión del sumario o, en el procedimiento abreviado[23], la resolución que proceda, que será alguna de las del art. 779 LECrim.

La regla general será que el órgano judicial instructor pondrá fin a la fase de instrucción cuando considere suficientes las diligencias de investigación practicadas para la averiguación de la perpetración del delito y del presunto responsable (arts. 622 y 779.1 en relación con el art. 299 LECrim), con el límite previsto en el art. 324 LECrim.

Así, pues, el órgano judicial instructor evalúa la suficiencia del material instructor obtenido en esta primera fase del proceso penal declarativo para continuar el proceso si las partes sostienen una acusación o para ponerle fin, provisional o definitivamente, por concurrir los presupuestos legalmente previstos. Ahora bien, salvo en los supuestos en que el órgano judicial instructor podrá sobreseer de oficio, los principios de dualidad de posiciones, de contradicción y acusatorio determinan que corresponde a las partes manifestarse sobre la continuidad del proceso planteando la pretensión penal y solicitando la apertura del juicio oral o, por el contrario, la finalización del proceso con la petición de sobreseimiento provisional o

---

23 Sobre la diferencia fundamental del procedimiento abreviado con el procedimiento común ordinario, *vid.* Moreno Catena, V., "La fase intermedia", *op. cit.*, pág. 1. Aunque la obra sea de 2004, no se ha modificado la estructura en la vigente Ley de Enjuiciamiento Criminal. Este autor precisa que "dentro de esta fase quedan comprendidas diferentes actuaciones que comienzan por la instrucción de las partes acusadoras para que soliciten el sobreseimiento o la apertura del juicio oral, o que se practiquen diligencias complementarias; que siguen con la formación del escrito de acusación o petición de sobreseimiento; se dicta luego el auto de apertura del juicio oral, decidiendo la adopción, modificación, suspensión o revocación de medidas cautelares; y finalmente se ha de presentar del (*sic*) escrito de defensa" (el paréntesis es nuestro)".

definitivo cuando no existan elementos para fijar esencialmente el objeto del proceso penal. También podrán solicitar la reapertura de la instrucción para la práctica excepcional de diligencias complementarias.

En cualquier caso, el órgano judicial instructor o el órgano judicial enjuiciador no podrán sostener acusación alguna en aplicación del principio acusatorio. Además, sin acusación proveniente de parte acusadora, no se podrá entrar en el juicio oral y, como consecuencia, llevará a la finalización (o archivo provisional) del proceso penal en curso.

La instrucción no podrá concluir sin que haya existido una imputación judicial, formal o no, para preservar el derecho de defensa del investigado de cara a la apertura de la fase siguiente. En caso de no existir, desembocará o deberá desembocar en auto de sobreseimiento (provisional o firme) para garantizar dicho derecho. No obstante, en el procedimiento común ordinario, se exige el auto de procesamiento del art. 384 LECrim, sin el cual no podrá dirigirse acusación frente a quien no haya sido previamente procesado. En el procedimiento abreviado, se requiere haber tomado declaración al investigado (art. 779.1.4ª LECrim), en la que se informará de los hechos que se le imputan (art. 775.1 LECrim) para dictar el auto de *transformación* en procedimiento abreviado del art. 779.1.4ª LECrim.

Adicionalmente, el órgano judicial instructor habrá de determinar el tipo de procedimiento por el que ha de continuar la tramitación de la causa penal, así como el órgano competente para su enjuiciamiento en el auto de conclusión o de finalización de la instrucción. Esto último no queda tan claro en el procedimiento abreviado, puesto que el art. 779.1.4ª LECrim no lo precisa y es en el auto de apertura del juicio oral, una vez presentados los escritos de acusación, en el que se determina el órgano competente para conocer la causa (art. 783.2.II LECrim).

En lo que concierne al procedimiento abreviado, al final de la instrucción, el juez instructor adoptará alguna de las resoluciones fijadas en el art. 779.1 LECrim. En este sentido, la conclusión de la instrucción, de las diligencias previas, tiene lugar cuando se dicta el auto con el contenido del art. 779.1.4ª LECrim, es decir, el juez instructor considera que el proceso puede avanzar conforme a lo previsto en los arts. 780 y ss. al determinar los hechos punibles y al identificar a la persona a la que se imputan. De esta forma, excluye que pueda corresponder otro procedimiento o el sobreseimiento de oficio por concurrir alguno de los supuestos del art. 779.1.1ª LECrim. Para el Tribunal Constitucional (si bien referido a la anterior redacción del art. 789.5 LECrim), "contiene un doble pronunciamiento: por un lado, la conclusión de la instrucción y, de otro, la prosecución del procedimiento abreviado en otra fase por no concurrir ninguno de los supuestos que hacen imposible su continuación"[24]. Para Gimeno Sendra, esta resolución supone la "clausura de las diligencias previas y comienzo de la fase intermedia", debiendo el juez instructor "determinar el hecho punible investigado y su presunto autor, generando una correlación subjetiva entre el investigado y el encausado, de manera que nadie puede ser acusado si no ha sido previamente determinado como investigado en el auto de incoación del" procedimiento penal abreviado[25].

En la jurisprudencia menor, los efectos de la resolución del art. 779.1 LECrim son dos, "cuyos requisitos ha de ponderar el Instructor (*sic*): a) que haya concluido la fase de investigación, que con el auto se da por terminada; b) descartar que proceda alguna de las resoluciones que de forma alternativa propone el precepto, especialmente el sobreseimiento (art. 779.1.1ª)". La valoración jurídica que ha de efectuar de hechos y de imputación subjetiva "se refiere al resultado de la investigación, pero no en puridad a pruebas que sólo se practicarán en el plenario. Se trata de formular un juicio de prosperabilidad de la causa, pero no de ponderar la existencia de prueba ni si los indicios aportados desvirtúan el principio de presunción de inocencia que favorece a los investigados" (AAP

---

24 STC 21/1991, de 31 de enero de 1991, fj 2, (*Tol 80435*), ECLI:ES:TC:1991:21.

25 Gimeno Sendra, V., *Manual de Derecho Procesal Penal, op. cit.*, pág. 303. La doctrina del Tribunal Constitucional ha mantenido que no puede haber acusación sin que al acusado se le haya oído antes en la fase de instrucción. Todo ello en relación con el procedimiento abreviado y con la regulación precedente del art. 779.1.4º LECrim en el viejo art. 789 LECrim antes de la reforma integral del procedimiento abreviado por la Ley 38/2002, de 24 de octubre. El art. 779.1.4º LECrim impone la necesidad de que se oiga al investigado antes de poner fin a la instrucción en el procedimiento abreviado.
Así, entre otras, la STC 62/1994, de 28 de febrero (ECLI:ES:TC:1994:62) declara que "[…] el derecho a ser informado de la acusación en el proceso penal (en relación con el derecho a un proceso con todas las garantías y el de igualdad de armas del art. 24.2 CE), la doctrina de este Tribunal ha fijado una triple exigencia (así, SSTC 128/1993, 129/1993, v.gr.); nadie puede ser acusado sin haber sido oído con anterioridad (a fin de evitar acusaciones por sorpresa en el juicio oral sin la anterior posibilidad de participar en la fase de instrucción); nadie puede tampoco ser acusado sin que antes de la conclusión de las diligencias previas le haya oído el Juez de Instrucción; por último, el imputado no puede ser sometido a declaraciones simplemente testificales si de las diligencias practicadas puede inferirse que existe sospecha contra él, ya que la imputación no ha de demorarse más de lo estrictamente necesario" (fj 2).

Madrid, Sección 4ª, núm. 909/2017, de 3 de noviembre, JUR\2018\1733, ECLI:ES:APM:2017:4405A, fj 1)[26].

El juez instructor concluirá la instrucción mediante auto[27], que remitirá junto con las actuaciones y las piezas de convicción al órgano enjuiciador competente en el procedimiento común ordinario (art. 622.I LECrim). Está remisión se efectuará "sin dilaciones" cuando el Ministerio Fiscal, como única parte acusadora constituida, ponga de manifiesto al juez instructor que hay elementos bastantes para sostener la acusación (art. 622.II LECrim).

El auto de conclusión de la instrucción en el procedimiento común ordinario será recurrible en apelación en un solo efecto ante la Audiencia. Se remitirá testimonio correspondiente de las actuaciones, así como se emplazará a las partes para que se personen ante el órgano judicial que conozca del recurso (art. 622.III en relación con el art. 227 LECrim). Además, el Letrado de la Administración de Justicia (antiguo Secretario Judicial) dejará constancia de los recursos de apelación en un solo efecto que estén pendientes al remitir los autos al órgano jurisdiccional competente para el enjuiciamiento (art. 622.IV LECrim).

En caso de seguirse el proceso (o procesos acumulados) a través del procedimiento común ordinario, quedará en suspenso la tramitación de la causa tras la designación del magistrado ponente y, en su caso, de la apertura por éste de pliegos y objetos cerrados y sellados remitidos por el juez instructor, bajo la fe del Letrado de la Administración de Justicia

---

26 "El hecho de que la intervención del imputado en la fase de preparación del juicio oral tenga lugar en un momento posterior al de las acusaciones es constitucionalmente válida, toda vez 'que la contradicción en esa fase del proceso, una vez iniciada, se limita necesariamente a la formulación de la acusación y de la defensa, y no sobre otras cuestiones respecto de las cuales el momento procesal idóneo para dicha contradicción es el de la instrucción previa'" (cit. STC 186/1990) (STC 21/1991, de 31 de enero de 1991 (*Tol 80435*), ECLI:ES:TC:1991:21, fj 3). El Tribunal Constitucional entiende que el momento procesal para solicitar y razones la procedencia del sobreseimiento o la práctica de diligencias de investigación es en la fase de instrucción, "antes de que el Juez Instructor acuerde la clausura de la instrucción mediante la adopción de algunas de las resoluciones previstas" en el art. 779.1 LECrim, pues esperar a formularlas en el trámite del art. 780 LECrim, "sería, no sólo contrario a la finalidad de la norma, sino que podría, en la práctica, revelarse como dilatorio y redundante dado que dichas pretensiones pueden y deber hacerse valer en la fase de instrucción inmediatamente anterior" (*ibídem*).

27 Gómez Colomer, J. L., *op. cit.*, pág. 167.

(art. 626 LECrim). No se dará traslado de los autos a las partes para que se pronuncien sobre la confirmación (y, en su caso, petición de sobreseimiento o apertura del juicio oral) o revocación de la conclusión del sumario mientras no se resuelvan los recursos de apelación pendientes contra resoluciones dictadas durante la instrucción de la causa (arts. 622.IV y 627 y ss. LECrim).

A juicio de Gómez Colomer, ha de recibir el mismo tratamiento el recurso de queja interpuesto en el plazo de la apelación. Si se hubiera interpuesto fuera de dicho plazo, "sólo en este momento pueden resolverse y determinar los efectos que procedan"[28].

De desestimarse el recurso (o recursos) de apelación pendientes tras finalizar la instrucción, una vez firme la resolución correspondiente, continuará la tramitación conforme a los arts. 627 y ss. LECrim citados. El art. 622.IV LECrim abre la posibilidad de que se hayan planteado recursos de apelación contra resoluciones dictadas en la continuación de la causa conforme a aquellos arts. 627 y ss. LECrim. ¿A qué resoluciones se refiere el legislador? Conforme al art. 217 LECrim, sólo cabe plantear recurso de apelación en "los casos determinados en la Ley", siempre previo recurso de reforma (art. 222 LECrim).

No se prevé recurso de apelación contra el auto que acuerde la revocación o la confirmación del auto de conclusión de la instrucción en el procedimiento común ordinario (art. 630 LECrim). Cuestión diferente es la posibilidad de impugnación de la resolución sobre la solicitud de sobreseimiento o de apertura del juicio oral a que se refiere el art. 632 LECrim.

En relación con el procedimiento abreviado, en el ámbito judicial, haciéndose eco de la doctrina del Tribunal Constitucional, se "admite desde hace años la posibilidad de recurrir en apelación directa aquellas decisiones judiciales interlocutorias —cualquiera que sea su formato— que sean adoptadas en la fase de instrucción sobre materias que, por su contenido, hubieran debido adoptar la forma de Auto, según prevé el párrafo tercero del art. 141 LECriminal (*sic*)" (AAP de Madrid Sección 4ª, núm. 7/2017, de 9 de enero, JUR\2017\24593, NIG 28.079.00.1-2016/0215623 251658240, fj 3)[29].

---

28 Gómez Colomer, J. L., La instrucción del proceso: su estructura esencial", en *Derecho Jurisdiccional III* (AA.VV.), Valencia, Tirant lo Blanch, 25º ed., 2017, pág. 168.

29 En el caso concreto, se inadmisión recurso de apelación mediante providencia, que se había interpuesto contra inadmisión de recurso de reposición contra dili-

Hay que tener en cuenta que si no se interpone recurso contra la resolución que ponga fin a la instrucción, no se considerará agotada la vía judicial para oponerse, en el caso del investigado, "a la continuación del proceso y de alegar en él lo pertinente en orden a la procedencia del sobreseimiento o, en su caso, acerca de la necesidad de completar la instrucción" (STC 21/1991, de 31 de enero de 1991, fj 2, (*Tol 80435*), ECLI:ES:TC:1991:21).

La previsión de la instrucción en el procedimiento para el enjuiciamiento rápido de determinados delitos (*juicios rápidos*) es que, como su propio nombre indica, sea rápida como complemento de las diligencias practicadas por la policía (el juzgado de guardia practicará, "cuando resulten pertinentes", las diligencias del art. 797 LECrim) durante el servicio de guardia del Juzgado de Instrucción o, en su caso, con la prórroga a que se refiere el art. 799.2 LECrim. El espíritu de la reducida duración de este tipo procedimental se deduce, igualmente, de una de las tres circunstancias que puede concurrir para tramitar un proceso penal por esta vía: la previsibilidad de que la instrucción sea sencilla (art. 795.1.3ª LECrim). El art. 797.1 LECrim denomina diligencias urgentes a la actividad instructora en este tipo de procedimiento.

En cuanto al procedimiento por el que se tramitarán los procesos por aceptación de decreto, no se marcaba un plazo, puesto que no implica práctica de instrucción alguna, sino que, al hilo de la investigación preprocesal llevada a cabo por el Ministerio Fiscal o en el curso de las diligencias previas (aquí, sí estaríamos en el seno del procedimiento abreviado), se puede incoar o transformar, según el caso, este nuevo tipo de procedimiento a tenor de la previsión de los arts. 803 bis a y siguientes LECrim. Es decir, si el plazo de las diligencias previas finalizara, ¿podría afectar a la apertura del procedimiento para procesos por aceptación de decreto? Entendemos que no, puesto que nada tiene que ver con la práctica de instrucción. Ahora bien, en caso de que el juez instructor no autorizase el decreto

---

gencia de ordenación del letrado de la Administración de Justicia. "Por la materia a la que se refería la impugnación —la admisión o no a trámite de un recurso de reposición presentado frente a una diligencia de ordenación—, es evidente que se trataba de cuestionar una decisión que cierra el acceso a un recurso previsto por la ley y, en tal sentido, por afectar al contenido del derecho fundamental" a la tutela judicial efectiva, en la vertiente del derecho a obtener una resolución fundada en derecho, "dicha resolución debía haber adoptado la forma de Auto (sic) y no la de providencia, por lo que la providencia cuestionada constituye una decisión que es recurrible en apelación" (AAP de Madrid Sección 4ª, núm. 7/2017, de 9 de enero, JUR\2017\24593, NIG 28.079.00.1-2016/0215623 251658240, fj 3).

presentado por el Ministerio Fiscal o no fuera aceptado por el investigado, sí afectaría los plazos del art. 324 LECrim.

La Ley 4/2015, de 27 de abril, del Estatuto de la víctima del delito reconoce como derecho de participación de la víctima en el proceso penal la comunicación de la resolución de sobreseimiento conforme lo previsto en la LECrim, es decir, en el momento procesal y en la forma en que se efectúe a las partes procesales, sin distinción entre clases de sobreseimiento, por lo que podrá ser libre o provisional. La resolución de sobreseimiento, libre o provisional, será recurrible por la víctima no personada como parte (art. 12 LEVD). A este respecto, el art. 636 LECrim concreta que la comunicación se ha de efectuar a la dirección de correo electrónico que fuera facilitado y, en defecto de ésta, por correo ordinario o a la dirección postal que hubiera designado en su solicitud de ser notificada de la resolución de sobreseimiento que, en su caso, se hubiera dictado (entre resoluciones a cuya notificación tiene derecho)[30].

En relación con la anterior y centrándonos en los plazos máximos de la instrucción, la previsión de estos, según lo analizado, nos ha suscitado algunas cuestiones relativas al sobreseimiento cuando este no lleve prácticamente actividad investigadora o suponga que se acuerde por el transcurso de los plazos máximos previstos en el art. 324 LECrim y la nulidad de actuaciones realizadas en caso de exceder de dichos plazos[31]. Al respecto,

---

30 Se entiende incluida la víctima y la víctima indirecta de conformidad con la definición del art. 2º LEVD.

31 *Vid., v.gr.*, AAP Murcia, Sección 3ª, núm. 284/2019, 5 de junio de 2019 (Id Cendoj 30030370032019200193, ECLI:ES:APMU:2019:218A), en la que se declaró extemporánea la declaración de complejidad transcurrido el plazo de seis meses aun cuando se hubiera solicitado con anterioridad a la *caducidad* del plazo y la deja sin efecto.
En la misma línea, con base en la jurisprudencia del Tribunal Supremo, la STSJ Murcia, Sala de lo civil y Penal, Sección 3ª, núm. 5/2019, de 28 de mayo de 2019, (Id Cendoj 30030310032019100001, ECLI:ES:TSJMU:2019:958), fj 2.
Se justifica la nulidad del material obtenido con diligencias acordadas y practicadas tras vencer los plazos máximos a que el art. 324 LECrim se refiere en que se vulneran las garantías procesales y derechos fundamentales de los investigados (STSJ Murcia, Sala de lo civil y Penal, Sección 3ª, núm. 5/2019, de 28 de mayo de 2019, fj 2).
En las conclusiones a las XVIII Jornadas de Presidentes de Audiencias Provinciales de España, celebradas en Córdoba el 27 de abril de 2018, en la conclusión 5, se afirma que "el agotamiento de los plazos habrá de llevar a la improcedencia de acordar nuevas diligencias de instrucción, sin perjuicio de poder incorporar váli-

la Fiscalía General del Estado sostiene que las diligencias de investigación adoptadas fuera de los plazos máximos tendrán la consideración de irregulares, pero no de ilícitas, por lo que impedirá a la Fiscalía que puedan proponer que, en el acto de juicio oral, "sean practicadas aquellas pruebas que se estimen pertinentes y útiles, aun cuando las mismas guarden conexión con las diligencias reputadas no válidas por haber sido practicadas con infracción de los plazos del artículo 324 LECrim" (Circular FGE 1/2021), en su redacción actual.

En la práctica forense, es posible encontrar causas en que se acuerda el sobreseimiento del proceso (aun cuando sea provisional) tras practicar alguna diligencia de investigación, básicamente, la toma de declaración del investigado y la ratificación de la denuncia por el denunciante con el ofrecimiento de acciones a víctima y perjudicado, en su caso[32].

Con la nueva configuración de los plazos de la instrucción tras la reforma de 2020, resulta algo más difícil imaginarse que transcurran los plazos máximos sin acordarse la prórroga al ser factible la adopción de oficio o a instancia de parte, por lo que existe un doble control. No obstante, cabe pensar que, por alguna causa justificable o no, hayan transcurrido los pla-

---

damente a la causa las de cualquier índole que se hubieran ordenado previamente [...] (art. 324.7). El agotamiento de los plazos podrá generar una infracción del derecho a un proceso sin dilaciones indebidas. Las diligencias solicitadas y acordadas fuera de los plazos carecen de validez por haber transcurrido los plazos legales" (http://www.poderjudicial.es/cgpj/es/Poder-Judicial/En-Portada/Conclusiones-de-las-XVIII-Jornadas-Nacionales-de-presidentes-de-Audiencias-Provinciales) (fecha de acceso: 12/2/2024).

32 Por ejemplo, el Auto del Juzgado de Instrucción núm. 4 de Madrid de 10 de mayo de 2013 [(*Tol 3672105*), procedimiento abreviado 1186/2013] sobresee provisionalmente (de oficio por vía del art. 779.1.1ª LECrim) las actuaciones por considerar que no resultaba debidamente perpetrado el delito que dio motivo a la incoación del proceso, cuya apertura fue de fecha de 12 de abril de 2013. La noticia criminal llegó al instructor a través de reparto al ser presentado atestado policial. El instructor solicitó ampliación de diligencias a la policía (no se especifican) y la práctica de declaraciones testificales a los agentes que levantaron el atestado, así como la identificación de los convocantes de la manifestación con su toma de declaración como testigos. En este caso, los delitos investigados fueron los delitos de coacciones, amenazas y manifestación ilegal. No obstante, se rotula como diligencias previas del procedimiento abreviado, pero utiliza, entre otros artículos, el art. 798.2 LECrim, que regula la finalización de la instrucción en el procedimiento para el enjuiciamiento rápido de determinados delitos ("juicios rápidos"), lo que se deduce de la utilización como base de las diligencias policiales remitidas al juez instructor.

zos máximos sin finalizar la instrucción, en cuyo caso habrá de proceder a dictar auto de conclusión del sumario o la resolución que proceda, como se ha visto antes, en el procedimiento abreviado.

La valoración por el juez instructor del material obtenido a partir de las fuentes de investigación (y, en su caso, fuentes de prueba de cara al juicio oral) puede llevar a que sobresea de oficio (arts. 645 y 779.1.1ª LECrim) aun cuando alguna de las partes acusadoras pudiera o quisiera sostener acusación con posterioridad. Es una potestad que le atribuye la norma procesal, si bien es recurrible el auto que lo acuerde. No será posible, por el contrario, entrar en el juicio oral sin que lo solicite alguna parte acusadora aun cuando se faculte legalmente al órgano judicial (instructor o enjuiciador según el procedimiento) para que pueda ofrecer la entrada de acusaciones no personadas o recabar escrito de calificación provisional o de acusación del Ministerio Fiscal (arts. 642, 643 y 782 LECrim).

Ciertamente, la fase de instrucción[33] sirve para recabar información sobre los hechos investigados y la determinación del posible responsable penal de los mismos (art. 299 LECrim). No puede haber enjuiciamiento sin acusación, que sólo pueden sostener las partes acusadoras, con la necesaria concreción de los elementos esenciales del objeto del proceso penal, salvo que se sobresea de oficio como hemos señalado.

A nuestro juicio, la dilación en el tiempo de los procesos es inversamente proporcional a la necesidad de otorgar una respuesta a los justiciables en un periodo razonable. Indudablemente, la tutela judicial efectiva y di-

---

33 Por ejemplo, el Auto del Juzgado de Instrucción núm. 32 de Madrid de 23 de septiembre de 2016 (ARP\2016\1017), ECLI:ES:JI:2016:31A, fj 1, entiende que el "auto de transformación en procedimiento abreviado [...] ha de contener la determinación de los hechos punibles y la identificación de la persona a quien se imputan, pero no constituye un juicio inculpatorio ni sustituye a la calificación que corresponde a las partes acusadoras, constituye solamente un juicio de probabilidad, una inculpación indiciaria, que pone fin a la fase instructora o de investigación propiamente y abre la fase intermedia dando la posibilidad a las partes acusadoras, públicas, privadas y populares, [...] de que efectúen una valoración jurídico-penal de los hechos investigados, formulando escrito de acusación o pidiendo el sobreseimiento que corresponda".
Este auto desestima los recursos de reforma interpuestos por el Ministerio Fiscal y por el Partido Popular contra el auto de 26 de julio de 2016 sobre la transformación de las diligencias previas en procedimiento abreviado del art. 779.1.3ª LECrim en relación con el borrado de los ordenadores del ex tesorero del Partido Popular por los delitos de encubrimiento y de daños informáticos.

laciones indebidas son derechos diferentes. Es cierto que hay situaciones complicadas que exigen una mayor dedicación y duración como son las llamadas causas complejas en el proceso penal. También es cierto que, desde la reforma de 2015, se permite dividir la causa en caso de que suponga excesiva complejidad o dilación para el proceso (art. 17.1 LECrim)[34]. La Fiscalía General del Estado, tras analizar el derecho a un proceso sin dilaciones indebidas y los plazos del art. 324 LECrim, concluye afirmando que "el carácter razonable de la duración de un procedimiento no depende de la mera prórroga de un plazo procesal, sino que viene delimitado por la diligencia y celeridad con que se haya desarrollado la actividad instructora"[35].

---

34 Sobre la división de la causa, el Tribunal Supremo que resuelve cuestiones de competencia en los que tiene incidencia la división de la causa para evitar la excesiva complejidad en una única. *Vid., v.gr.*, ATS, Sala de lo Penal, Sección 1ª, núm. 13375/2021, de 5 de octubre de 2021, ECLI:ECLI:ES:TS:2021:13375A, fj 2: "Siendo así, la competencia debe entenderse asumible por el Juzgado en que se realiza el tipo penal de posesión de pornografía infantil (art. 14.2 LECrim), que será aquel donde se descarga el material pornográfico y no donde se almacena, sin que pueda afirmarse que en el momento procesal actual la asunción de todas las investigaciones por el Juzgado de Barco de Valdeorras, pudiera, por su complejidad, 82 diligencias, favorecer la investigación, máxime, como se destaca en la exposición razonada remitida, es el Juzgado de Villajoyosa el único que ha rechazado aceptar su competencia" (fj 2).

35 Apartado 2.2. de la Circular 1/2021, de 8 de abril, de la Fiscalía General del Estado.

# *Sobre la ineficacia de las pruebas ilícitamente obtenidas*

**ANDRÉS DE LA OLIVA SANTOS**
*Catedrático Emérito de Derecho Procesal*
*Universidad Complutense*
*Académico numerario de la Real Academia de Jurisprudencia y Legislación de España*
*Académico no residente de la Accademia delle Scienze dell'Istituto di Bologna*



1. Hace mucho tiempo, el prólogo a una monografía de Carlos Fidalgo Gallardo, que estudiaba de modo excelente la "exclusionary rule" en los Estados Unidos de América, me obligó a volver[1] sobre el tema de los instrumentos de prueba ilícitamente obtenidos y, más concretamente, sobre la norma general que, en España (art. 11.1 de la Ley Orgánica del Poder Judicial: en adelante LOPJ), priva de valor procesal a dichos instrumentos en razón de su obtención con una determinada ilicitud. Además de recordar y precisar los principales datos históricos sobre el citado precepto, formulaba algunas reflexiones sobre la cuestión general de esa ineficacia o de la eficacia (total o limitada).

---

[1] Me ocupé brevemente del asunto, por vez primera, en "Cuatro sentencias del Tribunal Constitucional sobre temas procesales: juez legal, pruebas obtenidas ilícitamente, legitimación en lo contencioso-administrativo y secreto del sumario", publicado en *Boletín del Colegio de Abogados de Madrid*, 1985, núm. 2, marzo-abril, págs. 17 a 43.

Insisto ahora en el mismo asunto, de permanente interés, pero sin las limitaciones derivadas de un apremiante calendario editorial y, por tanto, con modificaciones y ampliaciones. Por diversas razones[2], no intentaré aquí ni una exhaustiva monografía ni un desarrollo argumental *in extenso* y menos aún el análisis de otras obras, que se indicarán al final en nota bibliográfica, limitada a lo publicado en España.

Además, debo señalar preliminarmente que no son objeto de estas páginas las distintas cuestiones —porque son varias y distintas— sobre eliminación del valor probatorio o de *semiplena probatio* derivada de una defectuosa o irregular práctica de pruebas o de diligencias instructorias, que, de haberse ajustado a la ley (procesal), podrían alcanzar valor probatorio. A mi entender, la regla de exclusión de los instrumentos probatorios obtenidos ilícitamente es asunto en gran medida diferente al de las consecuencias de los vicios *procesales* en la actividad encaminada a obtener "piezas de convicción".

## 1. GÉNESIS DEL PÁRRAFO SEGUNDO DEL ART. 11.1 LOPJ: ANTECEDENTES Y SENTIDO DEL PRECEPTO

2. Sentado lo anterior, veamos, ante todo, algunos datos sobre la génesis del segundo párrafo del aptdo. 1 del art. 11 LOPJ.

Una revisión de los tres volúmenes editados en Madrid, 1986, por las Cortes Generales, con el título *Ley Orgánica del Poder Judicial. Trabajos parlamentarios*, muestra, en primer lugar, que la cuestión de la ineficacia de fuentes de prueba a causa de la ilicitud en su obtención no era tratada, en ningún sentido, en el Proyecto de Ley enviado por el Gobierno al Congreso de los Diputados.

Fue la enmienda núm. 952, presentada por el Grupo Popular, la que propuso que, en el art. 11.1 LOPJ, apareciera, tras la mención al debido respeto a las reglas de la buena fe, el siguiente texto: "No surtirán efecto, en ninguna clase de procesos, los medios de prueba obtenidos, directa o indirectamente, de modo contrario a la ética o al Derecho."[3]

---

2 Con este trabajo, actualizado de otro anterior se quiere contribuir a una obra en homenaje al Prof. Moreno Catena.

3 *Vid. Ley Orgánica del Poder Judicial. Trabajos parlamentarios*, vol. I, págs. 527 y 528.

Esta enmienda no se aceptó por la Comisión, pero, mantenida para el Pleno del Congreso, obtuvo, con evidente consenso, 255 votos a favor, 3 en contra y 4 abstenciones, de los 262 Diputados presentes. Así, pues, se incorporó al texto de la LOPJ aprobado por la Cámara Baja.

En el Senado, la enmienda núm. 374, del Grupo Socialista (*ibid.*, págs. 1801 y 1802 del vol. II), acogida por la Ponencia, propuso introducir, en lugar del texto que acabo de transcribir, este otro: "No surtirán efecto las pruebas obtenidas, directa o indirectamente, violentando los derechos o libertades fundamentales." La justificación era escueta: "...la referencia a las pruebas se acomoda a lo declarado por el Tribunal Constitucional en Sentencia dictada en el Recurso 114/84."[4]

El texto de esta enmienda fue asumido por la Comisión en su dictamen y no suscitó expresa objeción ni debate alguno. En votación de conjunto sobre el Libro I, de los 135 Senadores presentes, se emitieron 134 votos a favor y uno en contra (*ibid.*, pág. 2375). Así apareció en nuestro Ordenamiento la particular regla de exclusión de pruebas consistente en el párrafo segundo del aptdo. 1 del art. 11 LOPJ.

3. Se ha dicho que la deliberación previa a esta particular regla fue mínima si se considera su importancia y no digamos ya en comparación con el debate suscitado en torno a la "exclusionary rule" estadounidense. A este respecto me parecen oportunas algunas anotaciones históricas, que no contradicen el dato de la inexistencia de un amplio debate *público*, pero sí lo matizan y despejan, además, el interrogante acerca de si la ausencia de discusión pública podría deberse al afán de destacar en posturas "progresistas" o al miedo a contradecirlas.

4. Comenzaré por reconocer mi intervención personal en la enmienda núm. 952 del Grupo Popular del Congreso[5]. Es un texto que presenta

---

[4] En realidad, no se trataba del recurso de amparo núm. 114/1984, sino de la STC 114/1984, de 29 de noviembre, que resolvía el recurso de amparo núm. 167/1984. Dos curiosidades al respecto. La primera, que la justificación de la enmienda del Grupo Socialista incurría en el mismo error de cita (identificativa de la STC, hablando del "recurso" núm. 114/1984) que yo había cometido en el ya citado trabajo "Cuatro sentencias del Tribunal Constitucional...". La segunda, que el Abogado del recurrente en amparo —que se desestimó— era el actual Presidente del Tribunal Constitucional, D. Manuel Jiménez de Parga y Cabrera.

[5] Recuerdo bien haber redactado el texto de la enmienda 952, que, presentada por el Grupo Parlamentario Popular, fue acogida en el Congreso. En aquellos mo-

una importante similitud con el del art. 549 de la *Corrección y Actualización de la Ley de Enjuiciamiento Civil*[6], en la que asimismo intervine.

El aptdo. I de ese art. 549 decía así: "El tribunal no admitirá los medios de prueba que se hayan obtenido por la parte que los proponga o por terceros empleando procedimientos que a juicio del mismo se deban considerar reprobables según la moral o atentatorios contra la dignidad de la persona."

Como justificación general de este texto, podía leerse lo siguiente: "La determinación de los medios de prueba inadmisibles es de muy difícil logro, ya que se puede incurrir en excesos, privando de medios de prueba que no se deban, en principio, sustraer a la parte, o por el contrario, en defectos, que se traducirían en la admisión de medios de prueba realmente intolerables. De aquí que los autores (…) hayan optado por la fórmula de la 'moral' y de la 'dignidad de la persona', naturalmente a condición de que esta especie de 'blanket' sea hábilmente llenado por el buen criterio de los tribunales."[7]

La similitud apreciable entre la enmienda 952 y el art. 549 de la *Corrección y Actualización…* consiste en la utilización de parámetros amplios:

---

mentos no era yo militante de ningún partido (lo fui, mucho tiempo ha, de Unión Liberal y del Partido Liberal unos pocos años) y pienso —carezco de documentación— que la invitación a redactar algunos borradores de posibles enmiendas debió partir de José María Ruiz Gallardón (q. e. pág. d.).

6 *Vid.* PROFESORES DE DERECHO PROCESAL DE LAS UNIVERSIDADES ESPAÑOLAS, *Corrección y Actualización de la Ley de Enjuiciamiento Civil*, Ed. Tecnos, vol. II., Madrid, 1974, págs. 272 y 273.

7 *Ibid.*, pág. 105. Es de señalar que el art. 549 de la *Corrección y Actualización…* aparece situado detrás de los "medios mecánicos de reproducción", que expresamente se reconocen como "entidades heterogéneas" respecto de los "medios de prueba inadmisibles". Pero la motivación de la *Corrección y Actualización…* afirma, acto seguido, que "alguna relación estima el artículo 549 que pueda existir entre ellos, ya que esos instrumentos técnicos podrían, con mayor frecuencia que otros, constituir los medios de prueba inadmisibles que se prevén, y de aquí la comunidad de capítulo." Como se puede observar, los Profesores no eran inconscientes de los riesgos de la inadmisibilidad de ciertas fuentes de prueba. A la transcrita justificación, redactada por Prieto-Castro y Ferrándiz, máximo impulsor y coautor de un ímprobo esfuerzo, verdadero hito histórico, he de añadir que la mención de los terceros se introdujo al advertir que, sin ella, las partes podrían valerse de otras personas para la ilícita obtención de pruebas favorables, burlando la *ratio* del precepto.

"ética" y "Derecho" en la enmienda; "moral" y "dignidad de la persona" en la *Corrección y Actualización...*

5. La enmienda 952 no estaba motivada por la STC 114/1984, de 29 de septiembre, ni por las ideas contenidas en esa resolución. Es casi seguro —aunque no he podido comprobarlo con absoluta precisión— que esa sentencia aún no había sido dictada al tiempo de formular la enmienda y, desde luego, todavía no se había publicado. Pero, sobre todo, puedo afirmar que la inspiración de la enmienda no consistía en la apreciación de una ineludible virtualidad de los derechos fundamentales y las libertades públicas consagrados en la Sección 2ª del Capítulo Segundo del Título I de la Constitución, que no eran mencionados siquiera en la breve justificación de la repetida enmienda 952. Ésta manifestaba una opción de política legislativa, ciertamente discutible, incluso en su mismo fundamento, pero no desprovista de defensa racional, como luego diré. Y, desde luego, la enmienda 952 no fue presentada para alinearse o para no contradecir el *pensamiento políticamente correcto*, por utilizar una expresión ahora muy utilizada, pero entonces aún inédita en España. Y, asimismo, tampoco se redactó para *salir en la foto*, como conjetura Fidalgo Gallardo. No hubo ninguna *foto* ni nada semejante, antes o después de la génesis y aprobación de la LOPJ.

6. En cuanto a la enmienda 374 del Grupo Socialista del Senado, aunque no puedo dar razón directa de su motivación más allá de la justificación escrita que he reproducido, me parece claro que dicha enmienda pretendió una exclusión de pruebas menor que la resultante del texto aprobado inicialmente por el Congreso y, probablemente, establecer unos parámetros de ilicitud menos amplios y más precisos. Una vez conocida la STC 114/1984, no es de extrañar que la enmienda senatorial se inspirase en ella.

Releer ahora, más de tres décadas después de comentarla por vez primera, la STC 114/1984, revela que su "doctrina" sobre los materiales probatorios ilícitamente obtenidos constituye un *obiter dictum*, aunque aparezca formulado con notable extensión y, desde luego, con solemnidad formal. Se trata de un *obiter dictum* porque el mismo TC afirma que en el caso resuelto no se produjo violación de derechos fundamentales para obtener los instrumentos de prueba. Por tanto, el recurso de amparo era desestimado.

Como justificaré algo más adelante, me parece que ese *obiter dictum* de la STC 114/1984 era y es discutible e incluso cabe considerarlo erróneo, pero el texto completo de esa STC no permite pensar que el Tribunal Constitucional la dictara con total desconocimiento del Derecho comparado.

7. Por último, a propósito del reproche de ausencia de deliberación respecto de la norma probatoria del art. 11.1 LOPJ, diré también que no resulta nada infrecuente el fenómeno de la introducción de cambios de gran importancia en el Ordenamiento jurídico de un país, sin que preceda *inmediatamente* una deliberación pública enjundiosa.

Cierto es que, con frecuencia, el "moderno legislador" incurre en improvisación, en precipitación o en mala y apresurada imitación. Pero es justo reconocer que, en otras ocasiones, la novedad legislativa tiene el sustrato *mediato* de amplias y prolongadas deliberaciones, plasmadas en abundantes publicaciones o páginas.

8. El caso de la *regla de exclusión* contenida en el art. 11.1 LOPJ (aunque, insisto, esa regla, en sí misma, no sea convincente para muchos y además resulte criticable y perfectible en su concreta formulación) no pertenece a la categoría de las ocurrencias o imitaciones inmeditadas, por más que no existiese antes de la LOPJ una literatura jurídica abundante sobre el asunto. Y es que el precedente del art. 549 de la *Corrección y Actualización* significaba un consenso doctrinal nada despreciable. Significaba, en efecto, que, en 1974, bastantes procesalistas españoles, conscientes de pros y contras, optaron, *en cuanto al proceso civil* (importa subrayarlo), por la disuasión de los comportamientos inmorales y contrarios a la dignidad humana. Que la alternativa misma entre tal disuasión y la eficacia probatoria se considere fundada o infundada (diré después mi opinión al respecto) o que la expresión concreta de la opción merezca reproches o elogios, mayores o menores, no elimina estos tres hechos: 1) Que hubo deliberación sobre el asunto, aunque no incluyese una amplia confrontación de criterios opuestos; 2) Que esa deliberación no fue amplísima, pero tampoco de un solo individuo o de unos pocos; 3) Que no hubo copia (ni buena ni mala) de fórmulas ajenas, aunque es innegable que influyeron los ecos de la doctrina y del Derecho extranjeros.

## 2. CONSIDERACIONES SOBRE LA INADMISIBILIDAD DE LOS INSTRUMENTOS PROBATORIOS ILÍCITAMENTE OBTENIDOS

9. Paso ahora a las anunciadas consideraciones acerca de la cuestión general de la inadmisibilidad e ineficacia de los instrumentos de prueba ilícitamente obtenidos. Para no alargarme en demasía, expondré mi opinión en dos grandes puntos. Su formulación categórica no obedece a que los considere axiomas o dogmas, sino al deseo de evitar reiterados incisos

del estilo "a mi entender", "según mi parecer", etc. Se trata, como acabo de escribir, de una opinión, sin duda falible, aunque también, desde luego, meditada. Y esos dos capitales puntos son éstos:

Primero.- Cabe sostener con poderosos argumentos que la Constitución Española de 1978 no exige, ni por su tenor literal ni por una interpretación jurídica certera de ninguna de sus normas —me permito la distinción entre texto e interpretación, a sabiendas de su inexactitud, pero en la confianza de que se entienda lo que pretendo decir—, que las leyes procesales ordenen la inadmisibilidad y, en todo caso, la ineficacia de las fuentes de prueba obtenidas, directa o indirectamente, de forma ilícita, ni siquiera si tal ilicitud no consiste en la infracción de cualquier deber jurídico, sino específicamente en la vulneración o violación de derechos fundamentales y libertades públicas *sensu* art. 53.2 CE.

Segundo.- Aunque la Constitución no lo exija, la legislación española puede legítimamente —por ausencia de neta disposición constitucional en contra— limitar la admisibilidad y la eficacia de fuentes de prueba obtenidas ilícitamente. Que lo haga, o no, depende de que opte por preferir la disuasión de ciertas conductas ilícitas mediante la privación de sus efectos procesales a la utilización de todos los medios útiles para alcanzar la certeza procesal.

Expongo seguidamente el fundamento de mi parecer, condensado en los dos puntos que se acaban de enunciar.

### 2.1. *La pretendida exigencia constitucional de la ineficacia de los instrumentos probatorios obtenidos con violación de derechos fundamentales*

10. En cuanto al primero de esos puntos, he considerado atentamente la dimensión constitucional del asunto y, ante todo, el contenido del Fundamento Jurídico 4 de la STC 114/1984, que es el *obiter dictum* a que más arriba me he referido.

En sustancia que no tergiversa ni deforma, lo que en dicho Fdto. Jdco. se afirma es esto:

1) Que "hay que reconocer" que "la interdicción procesal de la prueba ilícitamente obtenida...deriva de la posición preferente de los derechos fundamentales en el ordenamiento".

2) Que dicha interdicción deriva también de la "afirmada condición de 'inviolables' (art. 10.1 de la Constitución)" de esos derechos fundamentales.

3) Que ha de tenerse en cuenta "la nulidad radical de todo acto —público o, en su caso, privado— violatorio de las situaciones jurídicas reconocidas en la sección primera del capítulo segundo del Título I de la Constitución".

4) Que existe "la necesidad institucional de no confirmar, reconociéndolas efectivas, las contravenciones de los mismos derechos fundamentales (el *deterrent effect* propugnado por la jurisprudencia de la Corte Suprema de los Estados Unidos)".

11. Estos cuatro "pilares" son, a mi parecer, endebles y quebradizos.

Por lo que respecto al primero, una cosa es que esté justificado afirmar "la posición preferente de los derechos fundamentales" en el Ordenamiento jurídico y otra cosa, bien distinta, es que esa "posición preferente" exija privar de todo valor procesal, en cualquier caso, a instrumentos probatorios en sí mismos pertinentes y útiles. Aportaremos algunos argumentos en sentido contrario, pero, por de pronto, conviene señalar que la pretendida derivación de "la posición preferente" no es algo ni axiomático ni reconocible como evidente, es decir, no necesitado de demostración y *per se patens*: patente. En consecuencia, no es, por tanto, un hecho o una verdad que sea posible "reconocer" y menos aún que sea debido "reconocer", como pretende la STC 114/84.

12. Algo similar ha de decirse de la condición de "inviolables" de los derechos fundamentales. Para los entendidos en Derecho, resulta evidente —ahora sí— que el adjetivo "inviolable" se utiliza retóricamente para expresar una singular importancia. No se usa con propiedad y exactitud, porque es innegablemente posible la violación de los derechos fundamentales —son, pues, violables, no inviolables— y la misma Constitución así lo prevé, como es sabido.

13. Acerca de la invocación de la "nulidad radical de todo acto... violatorio de las situaciones jurídicas reconocidas en la sección primera del capítulo segundo del Título I de la Constitución", resulta obligado señalar que esta afirmación es aplicable a las actuaciones de obtención de instrumentos probatorios que entrañen violación de los derechos fundamentales y libertades públicas constitucionalmente proclamados, pero de lo que se trata aquí no es de la validez o nulidad de tales actuaciones, en sí mismas, sino de que carezcan de todo efecto sus ulteriores derivaciones.

Al respecto, no cabe olvidar la elementalidad consistente en que la nulidad radical de un acto no implica en todo caso la nulidad de cuanto sea consiguiente a dicho acto. Se habla incluso, en distintos ámbitos del Derecho, del "principio" (más bien una regla) de "conservación de los actos". Si, tomando un ejemplo legislativo reciente, se mira al art. 230 LEC, se ve que "la nulidad de un acto no implicará la de los sucesivos que fueren independientes de aquél ni la de aquellos cuyo contenido no pudiere haber sido distinto en caso de no haberse cometido la infracción que dio lugar a la nulidad" (aptdo. 1 del citado precepto procesal). En el asunto que nos ocupa, no hay siquiera consecutividad dentro de una serie de actuaciones concatenadas en que consiste el proceso, actuaciones ordenadas, todas ellas, al mismo fin. La falta de valor probatorio es física y metafísicamente independiente de la ilicitud anterior ocurrida al obtener un instrumento de prueba.

Por si este argumento no resultase convincente *prima facie*, considérese que son varios los derechos fundamentales cuya violación, conforme a jurisprudencia del mismo Tribunal Constitucional, no genera nulidad radical de las actuaciones realizadas no ya después, sino con infracción de dichos derechos. Así, p. ej., el derecho a un proceso sin dilaciones indebidas o el derecho al juez ordinario predeterminado por la ley.

14. No son pocos los preceptos constitucionales y legales, ni son discutidas, sino pacíficas, la convicción general y la copiosa jurisprudencia que vienen a afirmar que el logro de los fines de un proceso —y, sobre todo, de un proceso penal— ha de prevalecer sobre ciertos derechos fundamentales.

Los preceptos aceptados generalmente, la pacífica jurisprudencia y la convicción indiscutida en la comunidad jurídica, a que acabo de referirme, son un dato o fenómeno del que no es frecuente o habitual, aunque debería serlo, que se extraigan las consecuencias obligadas.

Tal vez ocurra que la extrema *visibilidad* del dato o fenómeno haya resultado cegadora, pero el caso es que la multitud de resoluciones judiciales, no discutidas en línea de principio y confirmadas por tribunales superiores (Supremo y Constitucional incluidos), que legítimamente autorizan actuaciones que afectan a la inviolabilidad del domicilio, al secreto de las comunicaciones y al derecho a la intimidad, así como los autos que decretan medidas cautelares privativas de la libertad —bienes jurídicos consagrados en la sección primera del capítulo segundo del Título I CE: parece oportuno parafrasear la STC 114/84—, demuestran que la superioridad y la "posición preferente" de los derechos fundamentales no es absoluta.

15. Así, pues, en cuanto al último de los "pilares" de la tan repetida STC, es decir, la "necesidad institucional de no confirmar, reconociéndolas efectivas, las contravenciones de los mismos derechos fundamentales (el *deterrent effect* propugnado por la jurisprudencia de la Corte Suprema de los Estados Unidos)", cabe hacer notar, en primer término, que no estamos ante un auténtico argumento, con premisas y conclusión, sino ante un aserto de aspecto axiomático y de valor discutible, que cabe no compartir con al menos tanta legitimidad como aceptar. Y, por otro lado, es de señalar que esa pretendida "necesidad institucional" es confrontable con otra "necesidad institucional", relativa al proceso y, por supuesto, a sus fines.

Con distintas palabras: la "necesidad institucional" del Fdto. Jdco. 4 de la STC 114/1984 es confrontable con el derecho fundamental a "obtener la tutela efectiva de los jueces y tribunales" necesaria para la realidad de "derechos e intereses legítimos" (*vid.* art. 24.1 CE) y con el deber del Estado de perseguir la criminalidad[8], un deber cuya intensidad es universalmente reconocida, según acabamos de decir (*supra*, núm. 14), como justificativa de su prevalencia sobre varios derechos fundamentales.

16. Pero aún hay más: cuando la STC 114/1984 habla de "necesidad institucional" en relación con los derechos fundamentales, se suscita el interrogante acerca de si esos términos están usados en sentido técnico o en sentido vulgar. Si fuese lo primero, habría que encontrar la genuina *institución jurídica* a la que se está haciendo referencia. Personalmente, no considero viable entender los derechos fundamentales como instituciones jurídicas ni veo necesario o conveniente utilizar el *nomen iuris* de "institución" para designar a esos derechos. Pero tampoco logro encontrar una institución jurídica verdadera a la que esa frase de la STC 114/1984 pueda referirse.

---

8 Hablo de un "deber del Estado de perseguir la criminalidad", sancionándola mediante procesos, en vez de invocar el manido "ius puniendi estatal", porque, sin atreverme a negar rotundamente ese derecho, estoy convencido de que es un *deber*, más que un *poder jurídico*, lo que sin duda explica el monopolio estatal de la sanción de los comportamientos criminales. Nótese que el tópico "ius puniendi" del Estado coexiste con el denominado "derecho de gracia", en virtud del cual se elimina la sanción penal y que, por tanto, relativiza la pena o castigo.

17. Por ende, me parece que reconocer efectos procesales a los instrumentos probatorios obtenidos ilícitamente no supone, como la citada STC afirma, "confirmar" (supongo que se atribuye a "confirmar" el sentido vulgar de aprobar o no reprochar) una *contravención*. Ni hay "confirmación" en sentido técnico-jurídico[9] ni el reconocimiento de alguna eficacia supone aprobación o ausencia de reproche. Es indudable que admitir la eficacia procesal de los instrumentos probatorios resulta perfectamente compatible con un reproche jurídico de la ilicitud e incluso con el más severo de dichos reproches, esto es, la sanción penal.

18. Cuanto se acaba de decir para el análisis del contenido del Fdto. Jdco. 4 de la STC 114/1984, vale al margen de las expresiones concretas de esa resolución del más alto Tribunal. En suma: no he encontrado, pese a serios esfuerzos, un sólido argumento *ex Constitutione* que reclame, como necesidad de coherencia con la Norma Fundamental, excluir de cualquier proceso los instrumentos probatorios obtenidos con violación de los derechos y libertades públicas y, menos aún, con violación de normas constitucionales distintas de las que reconocen y establecen esos derechos y libertades.

Sin haber pretendido alcanzar una conclusión negativa sobre este punto o, lo que es igual, sin partir de una postura, previamente alcanzada, favorable a la admisión de los instrumentos de prueba siempre que la pertinencia y la utilidad puedan predicarse de ellos, advierto que, por las razones ya expuestas, los derechos fundamentales y las libertades públicas no poseen una fuerza tal que deba determinar la exclusión de instrumentos probatorios: ni su prevalencia sobre cualesquiera otros bienes y fines jurídicos es clara —por el contrario, según dije, los fines de un proceso, tanto penal como no penal, prevalecen sobre la efectividad de los derechos fundamentales— ni su violación comporta inexorablemente la nulidad de los actos realizados con ese vicio y aún menos exige privar de efectividad a las actuaciones posteriores.

### 2.2. *La inadmisibilidad e ineficacia de los instrumentos probatorios ilícitamente obtenidos, opción legislativa legítima y defendible*

19. Aunque ni la Constitución en general ni, en particular, los constitucionales derechos fundamentales y libertades, imperen la exclusión de

---

9 Cfr., por todos, DE CASTRO Y BRAVO, *El negocio jurídico*, Madrid, 1971, págs. 512 y ss.

instrumentos de prueba obtenidos, directa o indirectamente, mediante conductas que incurran en algún tipo de ilicitud, no puede tacharse de irracional (es decir, desprovista de *ratio* y, concretamente, de *ratio iuris*) una norma que excluya o limite el valor procesal de dichos instrumentos.

Si se descarta como motivo de tal norma la creencia de que viene exigida por los derechos fundamentales y si no se parte de ningún dogmatismo doctrinal con otro contenido análogo, la razón de excluir legalmente la eficacia procesal de los instrumentos probatorios ilícitamente logrados bien puede ser disuadir los comportamientos ilícitos, en general o, de cierto tipo. Muy probablemente, este criterio subyace también en la regla del pfo. segundo del art. 11.1 LOPJ, aunque, como se ha puesto de relieve, el concreto tenor de ese precepto se inspirase predominantemente en la STC 114/1984.

20. Pero, dejando ahora a un lado esa norma legal, lo que importa es entender que, en general, el legislador puede legítimamente considerar que ciertas infracciones jurídicas deben conllevar, no sólo sanciones directas (civiles o penales, o de ambas clases), sino también la consecuencia negativa de eliminar el valor procesal de lo que, en sí mismo, constituiría un instrumento probatorio. Cabe decidir que así las armas contra la ilicitud o infracción jurídica serán más completas y efectivas. No se trata, pues, de la eliminación del valor procesal como *única* consecuencia negativa, sino de añadir esa eliminación a otras consecuencias, que no serían consideradas suficientes.

El legislador no tiene verdaderamente que optar entre valor probatorio o disuasión, como si la privación de ese valor fuese el *único* medio disuasorio. La alternativa verdadera, que demanda una opción legislativa, es atribuir valor probatorio o *añadir un elemento disuasorio más*. Se puede pensar, desde luego, que si una fuerte sanción penal no es eficaz respecto de comportamientos como la violación del secreto de las comunicaciones, las graves lesiones contra la intimidad o la propiedad, poca o ninguna eficacia disuasoria añadirá privar de eficacia procesal probatoria a los instrumentos logrados con tales ilicitudes. Por el contrario, cabe entender que, a falta de mediciones fiables de la fuerza disuasoria de unos y otros medios, algunos comportamientos ilícitos bien merecen no ahorrar ninguno de esos medios. En todo caso, los términos de la alternativa son los descritos: disminución de las posibilidades de prueba frente a *adicional* elemento disuasorio de conductas antijurídicas.

En esa encrucijada, es legítimo que el legislador contraste y pondere lo que se puede perder (un elemento para establecer la certeza procesal sobre hechos relevantes) y lo que se puede ganar (un medio para desalentar ilicitudes: de ordinario, ilicitudes graves) y, efectuada la ponderación, opte por un término u otro de la alternativa.

21. El esfuerzo por acertar en la opción —y la dificultad e importancia de acertar, con tan importantes valores y bienes en juego, merecen el máximo esfuerzo— debe incluir el mejor conocimiento posible de la realidad en el ámbito geográfico de aplicación de la norma jurídica producto de optar. Sobre la base de ese conocimiento de la realidad y de la ponderación de valores contrapuestos, habrá de entrar en juego la prudencia, puente entre lo intelectual y lo agible.

Parece innegable que se deben tener en cuenta, con referencia a una determinada sociedad e incluso a ámbitos sociales concretos (los de las fuerzas policiales, p. ej., aunque no sólo ese círculo humano) la realidad y los riesgos de graves infracciones jurídicas y las posibilidades mayores, menores o nulas de afrontar eficazmente esas infracciones sin necesidad de "exclusionary rule". Las experiencias extraprocesales y procesales, propias y ajenas, deben de ser conocidas y valoradas cuidadosamente.

22. Considerados todos esos elementos, el legislador está legitimado para decidir u optar. Sin duda, la opción puede merecer la aprobación de unos y la censura de otros, porque es susceptible de todo tipo de crítica, no ya visceral o doctrinaria, sino razonable. Y la censura o crítica puede referirse, bien al núcleo mismo de la opción, porque se prefiera la contraria, bien a sus concretos perfiles. Si, p. ej., se considera que no se debe privar de eficacia probatoria a ningún instrumento que, en sí mismo y en relación con hechos relevantes en un proceso, resulte pertinente y útil, la opción por la ineficacia procesal será rechazada en sí misma. En cambio, si se admite la exclusión de instrumentos probatorios, cabe una crítica referida a los diversos parámetros utilizables para excluir tales instrumentos: tipo de ilicitud, ámbito de la exclusión (cualquier clase de procesos o sólo algunos), etc.

23. Precisamente eso —crítica a los perfiles de la regla— sucede, a mi parecer, con la regla del pfo. segundo del art. 11.1 LOPJ: admitida, en principio, la exclusión procesal de instrumentos probatorios, no resulta convincente que la ilicitud derivada de infringir el derecho de propiedad

carezca de fuerza excluyente y sí la tengan los violaciones del derecho a la intimidad o del secreto de las comunicaciones.

Cierto que en estos dos últimos casos, estamos ante derechos fundamentales, cualidad de la que constitucionalmente carece el derecho de propiedad. Pero no pocas violaciones del derecho a la propiedad, p. ej., son consideradas, por el mismo legislador, tan graves y censurables como la violación del secreto de las comunicaciones o del derecho a la intimidad. Una comparación entre el robo (art. 240 CP) y las escuchas telefónicas ilegales (art. 197.1 CP) no deja lugar a dudas. El robo con fuerza en las cosas (realizado para apoderarse de unos documentos, de un soporte de imágenes y sonido, etc.) merece una sanción penal de hasta tres años de privación de libertad y una escucha ilegal se sanciona con privación de libertad entre uno y cuatro años.

Así, pues, el precepto del pfo. segundo del art. 11.1 LOPJ me parece defectuoso, aunque comprenda su génesis. Y es que cuando, advirtiendo su falta de fundamento, se desecha o supera la tesis de la "exclusionary rule" como inexorable derivación de la virtualidad de los derechos fundamentales constitucionalmente reconocidos, la fórmula del art. 11.1 LOPJ resulta insatisfactoria para quien considere acertado optar por la privación de eficacia procesal a los instrumentos probatorios en razón de una ilicitud grave en su obtención.

### *2.3. Sugerencias para una regulación futura del valor procesal de los instrumentos de prueba ilícitamente obtenidos*

Por último, algunas consideraciones, que, a mi entender, son coherentes con todo lo dicho hasta ahora y pueden ser útiles para el futuro.

#### 2.3.1. Mutabilidad de la norma sobre consecuencias procesales de la ilicitud en la obtención de los instrumentos probatorios

24. En primer lugar, algo básico, cabalmente sobre el futuro, a saber: que, en este asunto, el futuro interesa. Ésta no es una simple afirmación —o, más bien, una afirmación simple, empapada de simpleza— para mostrar apertura al porvenir, por obligado contraste a su contraria, que se habría de fundar en la insensatez de pretender petrificar el presente. Lo que se quiere expresar es la convicción, derivada de lo que antes se ha expuesto, según la cual, dado que la regla de exclusión del valor probatorio en razón de ilicitudes antecedentes se basa, no en dogmas o axiomas jurídicos,

sino en un juicio prudencial del legislador, del que deriva una opción legislativa, es enteramente razonable que cambios de datos y de expectativas, así como necesidades más intensas, conduzcan a cambios de opción.

Con otras palabras, cuando un precepto jurídico no está enraizado en valores perennes o inmutables, las posibles mutaciones de muy distintos factores no deben ser desatendidas por el legislador, sino, al contrario, han de tomarse en consideración. Y legítimamente pueden (o incluso deben) mover a cambios: modificaciones del precepto, en diversos sentidos, derogación del precepto y hasta aprobación de un precepto de contenido contrario. Ahora no propongo cambios semejantes, es decir, radicales: no conozco mutaciones, de suficiente importancia, de los factores tomados en cuenta para la opción legislativa excluyente del valor procesal de algunos instrumentos probatorios. Pero me muestro abierto a considerar dichos cambios —no sólo a los que se produzcan, sino a los que se pongan de manifiesto— en lo porvenir y, sobre todo, me permito indicar la necesidad de una actitud de apertura. (Entiendo, eso sí, que cabría algún cambio inmediato de alcance limitado, como el que enseguida propondré).

En términos más concretos: constituiría un grave error partir de la base de que la norma positiva del pfo. segundo del art. 11.1 LOPJ debe permanecer en nuestro ordenamiento poco menos que *sub specie aeternitatis*, sin modificación alguna. Una cosa es que, hoy, muchos no consideren —o no consideremos— apremiante cambiar ese precepto y otra, muy diferente, que se estime un monumento intangible de la juridicidad.

25. Establecida esa sólida base, parece que sería razonable, en todos los sentidos de este adjetivo (que incluyen la existencia de *ratio iuris*), no prescindir, respecto de la norma o normas sobre el asunto que nos ocupa, de la consideración conjunta de dos factores, que seguidamente se exponen.

### 2.3.2. Interés en juego en distintos tipos de procesos

26. El primero de ellos consiste en los dos diversos ámbitos de posible aplicación de la "exclusionary rule" y apuntaría a distinguir los procesos penales (por delitos perseguibles de oficio) y aquellos otros procesos, no penales, en que está en juego primordialmente un intenso interés público, por un lado, y, por otro, los procesos (civiles, laborales, etc.) en que se ventilen exclusivamente derechos subjetivos e intereses legítimos de sujetos jurídicos particulares.

27. En el caso de procesos penales o que entrañan predominantemente un fuerte interés público, la satisfacción de ese legítimo interés constituye una justificación superior para admitir instrumentos de prueba. La justificación es indudablemente menor si en el proceso sólo se pretenden tutelar bienes jurídicos de sujetos jurídicos determinados.

Empero, este elemento de juicio, aunque en sí mismo difícilmente discutible, ha de completarse ponderándolo con otros dos. El primero de ellos es que precisamente en el ámbito de las causas penales o procesos en que se sustancian predominantemente intereses públicos es donde puede resultar más necesaria la adicional disuasión de ilicitudes constituida por la "exclusionary rule". La norma excluyente puede basarse en la experiencia o en el temor no gratuito de abusos protagonizados por representantes de los poderes públicos implicados en aquellos procesos.

Sin embargo, ha de considerarse también, junto a ese factor, éste otro, ya antes apuntado: si en verdad son insuficientes las sanciones directas e inmediatas a las ilicitudes de que se trate. Ilustrado con un ejemplo: puede ocurrir que la exclusión de instrumentos probatorios en razón de su ilícita obtención mire principalmente a disuadir comportamientos ilícitos de las fuerzas policiales (o de los responsables públicos de la persecución de delitos). Pero se debe ponderar, al mismo tiempo, si las sanciones penales y administrativas directamente anudadas a tales comportamientos no presentan ya suficiente eficacia. Muchos podrían pensar que, actualmente, esas sanciones constituyen un contrapeso suficiente, sin "la exclusionary rule", de la realidad o el peligro de ilicitudes de sujetos constituidos en autoridad. Dicho a la inversa: puede parecer que la sanción directa de las principales ilicitudes es tal que, hoy, esos sujetos no pueden sentirse animados a obtener y facilitar pruebas ilícitamente porque los riesgos que asumen personalmente no compensan con la más plena reconstrucción procesal de la "verdad" que se conseguiría mediante tales pruebas.

Siendo cierto lo anterior, es necesario tener en cuenta que la utilización de elementos probatorios ilícitamente obtenidos no supone necesariamente que el protagonista o protagonistas de la obtención ilícita queden al descubierto. En todos los casos en que los responsables de la ilicitud puedan esperar permanecer desconocidos, la sanción directa e inmediata prevista para dicha ilicitud vería muy menguada su eficacia disuasoria.

28. Bien se ve que al exponer esta primera distinción no se postula ni se pretende insinuar que la exclusión de instrumentos probatorios opere sólo en procesos sobre bienes jurídicos de sujetos jurídicos concretos, sin ape-

nas implicación de un interés público o general. Simplemente se ofrece una orientación para el caso de revisión del Derecho positivo en el punto que nos ocupa. Porque, pese a todas las anteriores matizaciones, no carece de relevancia el interés en juego en los distintos tipos de procesos.

### 2.3.3. Relevancia del protagonismo en la ilicitud con que los instrumentos de prueba se obtengan

29. El segundo elemento digno de consideración es si la ilicitud en la obtención de los instrumentos de prueba puede imputarse, o no, a la parte procesal que los presente o que de ellos se beneficie. Si la exclusión de la eficacia procesal de ciertas fuentes de prueba, en razón de la ilicitud en su obtención, busca disuadir los comportamientos ilícitos de tal obtención, se ha de impedir que los responsables de esos comportamientos se beneficien de ellos. Pero no cabe descartar que, en ocasiones, el instrumento probatorio ilícitamente producido u obtenido pueda ser aportado o surtir efectos a favor de quien nada tenga que ver con la ilicitud. Al responsable de ésta le corresponderían otras sanciones.

En estos últimos casos, no veo razón suficiente para excluir del proceso lo que arroje luz sobre hechos relevantes en él. La metáfora del "árbol envenenado" y sus "frutos" sólo es eso, una metáfora. Y por seguir con ella, diría que esos "frutos" son perfectamente digeribles y aprovechables para quien no haya envenenado el "árbol". Trasladar los términos de la metáfora, absolutizados, al plano de la realidad y, en concreto, de la prueba, constituiría una arbitraria sacralización.

### 2.3.4. Cuestiones y respuestas sobre la carga de la prueba

30. Otorgar mayor o menor virtualidad a los factores que se han expuesto requiere, en todo caso, estar en condiciones de determinar si la ilicitud en la obtención de instrumentos probatorios es imputable, o no, a quien los aporta, los propone o pretende beneficiarse de ellos. A su vez, esa determinación exige decidir —y legislar consecuentemente— acerca de las situaciones de duda respecto de la intervención de un sujeto procesal en la obtención ilícita.

31. A este respecto, puede ser útil exponer un abanico de distintas posibilidades, con formulación del criterio que cabría seguir en cada uno de ellas:

Primera posibilidad: la ilicitud en la obtención del instrumento de prueba es manifiesta (por la naturaleza de lo aportado) y también es patente el protagonismo en la ilicitud de quien aporta el medio con la ilicitud: procede, en tal caso, sin más, la exclusión de la prueba.

Segunda posibilidad: es discutible la ilicitud en la obtención del instrumento probatorio y resulta manifiesta la responsabilidad de quien lo aporta en aquella obtención: deberá existir un debate procesal sobre la ilicitud, que el tribunal resolverá (arg. art. 287 LEC). A nuestro entender, en caso de duda sobre la ilicitud, deberá resolverse *pro reo* si se trata de proceso penal o administrativo sancionador. Pero, en caso de que recaiga resolución judicial en el sentido de existir ilicitud, el instrumento probatorio deberá ser ineficaz.

32. Tercera posibilidad: existiendo ilicitud (desde el principio indiscutible o declarada por el tribunal tras debate procesal), el instrumento probatorio no aparece, *prima facie*, como obtenido ilícitamente por quien lo aporta o por quien de él podría beneficiarse. Dicho de otra manera, para mayor claridad: el que aporta el instrumento de prueba o la parte procesal que pretende su eficacia sostiene que no ha intervenido en ilicitud alguna. En tal caso, si en el proceso no se ventila un interés público predominante, incumbe a la parte contraria alegar la intervención en la ilicitud. Y si el proceso es penal por delitos o faltas perseguibles de oficio o entraña un interés público, el juzgador puede suscitar de oficio la cuestión de la intervención o no de la parte que aporta el instrumento de prueba o que pretende beneficiarse de él.

33. Entonces, el interrogante es si le incumbe a esa parte la carga de la prueba de su irreprochable comportamiento, es decir, de no haber protagonizado, en ninguna medida, la conducta o el conjunto de conductas ilícitas para la obtención del instrumento probatorio. Y, complementariamente, hay que preguntarse si, al contrario, es a la parte que rechaza la eficacia procesal del instrumento probatorio a quien le incumbe probar el protagonismo de la contraria en la obtención ilícita. Resulta obvio que la mera negación del referido protagonismo es a todas luces insuficiente para determinar la aceptación de un instrumento de prueba que se sepa ilícitamente obtenido, de forma directa o indirecta. Piénsese que quien sustrae documentos, interviene conversaciones telefónicas o registra imágenes manifiestamente relativas a ámbitos de intimidad, p. ej., bien puede afirmar que los documentos o los soportes de sonido, o de sonido e imagen, han llegado a su poder por correo sin remitente, de forma anónima.

Del mismo modo, tampoco puede ser razonablemente suficiente para que entre en juego la "exclusionary rule" una simple afirmación de la intervención en la ilicitud de la obtención.

34. Para responder a la cuestión de la carga (material) de la prueba, se debe aplicar el principio *pro reo* en los procesos penales y en los procesos administrativos sancionadores. Porque aunque el protagonismo en la obtención de un instrumento probatorio no sea un hecho subsumible en los elementos del tipo penal o administrativo-sancionador, sí es un hecho de relevancia para la condena o la absolución y a tales hechos debe alcanzar el citado principio.

35. Cuando sea inaplicable el principio *pro reo*, se debe tener en cuenta que exigir una prueba plena de la ausencia de relación con la ilicitud con frecuencia puede ser excesivo, hasta el extremo de constituir una carga insoportable de *diabolica probatio*. Y lo mismo cabe decir de la carga de probar la existencia de protagonismo en la ilicitud. Por tanto, me inclino a entender que la necesaria norma legal que ofrezca respuesta al interrogante que nos ocupa debe atribuir al juzgador el poder de resolver acerca de la eficacia o ineficacia de los instrumentos de prueba según un juicio de probabilidad mayor de ausencia o de existencia de protagonismo en la ilicitud de la obtención de esos instrumentos.

## BIBLIOGRAFÍA

Añón Roig, "Prueba obtenida con violación de derechos fundamentales", *Revista Valenciana d'Estudis Autonómics*, núm. 2, 1985.

Arozamena Laso, "Consideraciones generales sobre la prueba ilícita", *Revista Penal*, 1999, nº 4. "Prueba ilícita y control en vía casacional", en *Actualidad Penal*, nº 31, 28 agosto-3 septiembre de 2000.

Asencio Mellado, *Prueba prohibida y prueba preconstituida*, Madrid, 1989.

Asencio Mellado, "La prueba prohibida en jurisprudencia constitucional. STC 114/1984, de 29 de noviembre", *Revista Valenciana d'Estudis Autonómics*, núm. 1, 1985.

Asencio Mellado, "La prueba. Garantías constitucionales derivadas del artículo 24.2", *Poder Judicial*, 1986, nº 4.

Cedeño Hernán, "Algunas cuestiones suscitadas en torno al derecho a la presunción de inocencia a la luz de la jurisprudencia constitucional", *Cuadernos de Derecho Público*, nº 10, mayo-agosto 2000.

Climent Durán, "Sobre la prueba prohibida: invalidez de la prueba lícitamente realizada a partir de una anterior prueba ilícitamente obtenida", *Revista General de Derecho*, núm. 559, abril 1991.

Damián Moreno, "Sobre el derecho de defensa y prueba prohibida", *Poder Judicial*, 1989, nº 16.

Díaz Cabiale, *La admisión y práctica de la prueba en el proceso penal*, 1991.

Díaz Cabiale y Martín Morales, "¿Es proyectable el artículo 11.1 de la Ley Orgánica del Poder Judicial a las pruebas obtenidas vulnerando un derecho constitucional no fundamental?", en *La Ley*, núm. 4445, 24 de diciembre de 1997.

Díaz Cabiale y Martín Morales, *La garantía constitucional de la prueba ilícitamente obtenida*, Madrid, 2001. Fernández Entralgo, "Prueba ilegítimamente obtenida", *La Ley*, 23 de marzo de 1990.

Gálvez Muñoz, *La ineficacia de la prueba obtenida con violación de derechos fundamentales*, Pamplona, 2003.

Gascón Inchausti, *El control de la fiabilidad probatoria: "Prueba sobre la prueba" en el proceso penal*, 1999.

González Montes, "La prueba obtenida ilícitamente con violación de los derechos fundamentales (El derecho constitucional a la prueba y sus límites)", *Revista de Derecho Procesal*, 1990, núm. 1.

Juanes Peces, "La prueba prohibida. Análisis de la STC 81/1988. Un nuevo enfoque de la presunción de inocencia", *Actualidad Jurídica Aranzadi*, nº 353, 30 julio 1998.

López Barja de Quiroga, *Las escuchas telefónicas y la prueba ilegalmente obtenida*, Madrid, 1989.

López Ortega, "Prueba y proceso penal. El alcance derivado de la prueba ilícita en la jurisprudencia constitucional (A propósito de la STC 81/1998)", *Derecho y Proceso Penal*, núm. 1, 1999.

Luzón Cuesta, *La prueba en el proceso penal derivada de la entrada y registro domiciliario*, 2000.

Martí Sánchez, "La llamada prueba ilícita y sus consecuencia procesales", *Actualidad Penal*, nº 7, 16-22 feb. 1998.

Miranda Estrampes, *El concepto de prueba ilícita y su tratamiento en el proceso penal*, Barcelona, 1999. Ortega Pinto, "Tratamiento de la ilicitud probatoria en el proceso penal", *Revista de Derecho Procesal*, 1996, nº 1, pág. 171.

Pastor Borgoñón, "Eficacia en el proceso de las pruebas ilícitamente obtenidas. A propósito de la Sentencia nº 114/1984, de 29 de noviembre (BOE de 21 de diciembre de 1984), dictada por el Tribunal Constitucional en el recurso de amparo 167/1984", *Justicia* 1986, nº II.

Pastor Borgoñón, "La prueba ilegalmente obtenida", en *La restricción de los derechos fundamentales de la persona en el proceso penal, Cuadernos de Derecho Judicial*, núm. XXIX, CGPJ, Madrid, 1993.

Picó i Junoy, "Nuevas perspectivas sobre el alcance anulatorio de las pruebas ilícitas", *La Ley*, nº 4213, de 23 de enero de 1997.

Pomarón Bagües, "La aportación al proceso de las pruebas obtenidas ilícitamente y el secreto de las comunicaciones", *La Ley*, 4-4-1985.

Rives Seva, *La prueba en el proceso penal. Doctrina de la Sala segunda del Tribunal Supremo*, 1996. Rodríguez Sol, *Registro domiciliario y prueba ilícita*, Granada, 1998.

Serrano Maillo, "Valor de las escuchas telefónicas como prueba en el sistema penal español. Nulidad de la prueba obtenida ilegalmente", *Actualidad penal*, nº 22, de 22-27 de mayo de 1996.

Urbano Castrillo, "La prueba ilícita penal y el derecho de defensa", *La Ley*, nº 4549, 27 mayo 1998.

Urbano Castrillo, "Derechos fundamentales y prueba ilícita", *Revista Canaria de Ciencias Penales*, nº 2, 1998, y "Prueba autónoma y prueba contaminada", *La Ley*, nº 5001, 28 de febrero de 2000.

Urbano Castrillo y Torres Morato, *La prueba ilícita penal. Estudio jurisprudencial*, 1997. Vegas Torres, *Presunción de inocencia y prueba en el proceso penal*, Madrid, 1993.

Urbano Castrillo, "Prueba ilícita en particular (II): la ilicitud de la diligencia de entrada y registro en lugar cerrado y sus consecuencias", en *La prueba en el proceso penal II, Cuadernos de Derecho Judicial*, núm. IX, CGPJ, Madrid, 1996.

Velasco Núñez, "Doctrina y limitaciones a la teoría del fruto del árbol envenenado en la prueba ilícita (EEUU y España)", *Revista General de Derecho*, nº 624, septiembre de 1996.

Velayos Martínez, "Protección de los testigos de cargo en el sistema del *Common Law*", *Revista de Derecho Procesal*, 1996, nº 1.

Vescovi, "Premisas para la consideración del tema de la prueba ilícita (Una contribución comparatista a la aproximación entre el "civil law" y el "common law")", *Revista de Derecho Procesal Iberoamericana*, núm. 2, 1970. Las posibles omisiones en que pudiera incurrir esta relación serían involuntarias y no efecto de un juicio peyorativo.

# *Revisitando el derecho fundamental a ser informado de la acusación*

**ANDREA PLANCHADELL-GARGALLO**
*Catedrática de Derecho Procesal*
*Universitat Jaume I*



## 1. INTRODUCCIÓN

La elección de un derecho con rango constitucional en la obra con la que se pretende ofrecer un sentido y merecido homenaje al Prof. Moreno Catena no es una casualidad o un capricho de quien suscribe esta aportación; todo lo contrario. El 19 de diciembre del ya lejano año 1997 tuve el placer de que entre los miembros de la Comisión que juzgó mi tesis doctoral se encontrara el aquí homenajeado; tesis doctoral que tuvo como objeto un detallado análisis de este derecho fundamental. Por tanto, me ha parecido que este era un buen momento y una magnífica ocasión para retomar el tema.

El derecho a ser informado de la acusación se reconoce en el artículo 24.2 CE ("todos tienen derecho... a ser informados de la acusación"), junto con un conjunto de derechos de clara aplicación en los procesos penales. Estamos, por tanto, ante un derecho fundamental de carácter procesal. Esa condición de fundamental obliga a que el legislador, en cualquier desarrollo que realice del mismo, deba respetar su contenido esencial. Precisamente, en estas páginas, nos limitaremos a analizar cómo dicho contenido se ha fijado por nuestros tribunales[1]. Sin duda alguna, como tendremos

---

1 Un estudio detallado de este contenido, así como de las instituciones procesales en que se concreta se puede encontrar en Planchadell Gargallo, A., *El derecho fundamental a ser informado de la acusación*, Valencia: Tirant lo Blanch, 1997.

ocasión de comprobar, este derecho presenta un contenido complejo que afecta a los sujetos destinatarios del mismo, el objeto de la información y el momento en que la misma deba llevarse a cabo.

## 2. ALGUNAS CONSIDERACIONES PREVIAS

El hecho de que el derecho a ser informado de la acusación se configure como un derecho fundamental comporta una serie de "consecuencias", pudiendo predicar de él unas notas definitorias de carácter general o común, en tanto que se comparten con todos los derechos que ostentan dicho carácter:

1.- Eficacia directa y vinculación a los poderes públicos: De esta forma, no sólo estamos ante un derecho que asiste al ciudadano que se ve involucrado en un proceso penal, sino que también supone una obligación para los poderes públicos que tienen la obligación de respetarlos; obligación que se extiende a toda la Sociedad[2]. Pese a este carácter, que pone de manifiesto el lugar preeminente que los derechos fundamentales ocupan en nuestro ordenamiento, debemos recordar que los derechos fundamentales no son absolutos, sino que presentan unos límites que se interpretarán conforme al principio de proporcionalidad[3] y que, en todo caso, deben respetar su contenido esencial.

2.- Reserva de ley y respeto a su contenido esencial (art. 53.1 CE), de forma que, como ya hemos apuntado, el respeto a ese contenido esencial supone un límite a la actuación del legislador[4].

---

2 López Guerra, L./Espín, E., *Manual de Derecho Constitucional*, vol. I, Valencia: Tirant lo Blanch, 2022, pág. 134; Peces Barba, G., *Derechos fundamentales*, Madrid: Ed. Sección de publicaciones. Facultad de Derecho, 1986, pág. 30; Gavara de Cara, J. C., *Derechos fundamentales y desarrollo legislativo. La garantía del contenido esencial de los derechos fundamentales en la Ley Fundamental de Bonn*, Madrid: Centro de Estudios Constitucionales, 1994, págs. 85 y ss.

3 SS TC 11/1981, de 8 de abril; 91/1983, de 31 de enero; 159/1986, de 12 de diciembre; 181/1990, de 27 de julio, entre otras. Fernandez Segado, F., "La teoría jurídica de los derechos fundamentales en la doctrina constitucional", *REDC* 1993, nº 39, págs. 235; De Otto Pardo, I., en Martín Retortilo/De Otto Pardo, *Derechos fundamentales y Constitución*, Madrid: Civitas, 1992, págs. 107 y ss.

4 El Tribunal Constitucional ha establecido los dos criterios que deben tomarse en consideración para fijar este contenido esencial: La naturaleza jurídica del derecho, cómo se concibe y los intereses jurídicamente protegidos por el mismo. V., Torres Del Moral, A., *Principios de derecho constitucional español*, Madrid: Univer-

3.- Control de constitucionalidad por el Tribunal Constitucional, garante de la primacía de estos derechos.

El derecho fundamental a ser informado de la acusación se configura no sólo como un derecho fundamental, lo que ya es suficiente para poder afirmar su especial trascendencia; sino que también se nos presenta como un derecho fundamental de carácter procesal, es decir, con aplicación directa e inmediata en el proceso, concretamente en el proceso penal. Evidentemente, dicha condición la comparte con otros derechos de especial importancia: Los derechos proclamados en el art. 17 CE a favor de la persona detenida; el principio de legalidad del art. 25 CE y la prohibición de *ne bis in ídem*. El bloque más importante de estos derechos se establece en el art. 24 CE, cuyo apartado primero proclama un conjunto de garantías aplicables a todo proceso, en tanto que tienden a hacer efectivo el acceso al mismo y su puesta en marcha; mientras que, en el apartado segundo, se recogen un conjunto de garantías esenciales a favor del sujeto pasivo de un proceso penal. Así, encontramos el derecho a la tutela judicial efectiva; la prohibición de indefensión; el derecho al juez legal o predeterminado por ley; el derecho de defensa; el derecho a la publicidad del proceso; el derecho a un proceso sin dilaciones indebidas; el derecho al proceso debido; el derecho a un proceso con todas las garantías; el derecho a utilizar los medios de prueba pertinentes; el derecho a no declarar contra sí mismo y no confesarse culpable y el derecho a la presunción de inocencia.

La relación entre el derecho a ser informado de la acusación y no pocos de estos derechos es evidente, especialmente con el derecho de defensa y la prohibición de indefensión[5]. Pero junto con los derechos fundamen-

---

sidad Complutense, 1992, pág. 365; García Morillo, J., *La protección judicial de los derechos fundamentales*, Valencia: Tirant lo Blanch, 1994, pág. 36.

5 Clara es la S TC 170/2002, de 30 de septiembre "Además, como proclama la sentencia del Tribunal Supremo 670/2015, de 30 de octubre, podemos indicar que ante la mera introducción de una modificación en las conclusiones mantenidas provisionalmente por la *acusación* no se produce de modo automático una vulneración del *derecho* de defensa, sino que se requiere que dichas modificaciones sean esenciales respecto de la concreta figura delictiva por la que finalmente se condena, porque las diferentes garantías conectadas con el principio acusatorio se asientan en la inalterabilidad de los elementos esenciales del hecho constitutivo de la infracción penal a partir de la fijación formal de la *acusación* en las calificaciones. Así pues, la existencia de diferencias sobre elementos no esenciales del hecho constitutivo de delito entre las calificaciones provisionales y las calificaciones no supone una vulneración del *derecho* de defensa (STS 225/2018, de 16 de mayo)." O la S TC 155/2009, de 25 de junio: "De este modo, por una parte, se re-

---

fuerzan y garantizan en su debida dimensión constitucional los *derechos* de defensa del acusado. En efecto, la pena concreta solicitada por la *acusación* para el delito formalmente imputado constituye, al igual, por lo menos, que el relato fáctico y la calificación jurídica en la que aquélla se sustenta, un elemento sin duda esencial y nuclear de la pretensión punitiva, determinante, en cuanto tal, de la actitud procesal y de la posible línea de defensa del imputado. Obviamente a éste ha de informársele, ex art. 24.2 CE, no sólo de los hechos imputados por la *acusación* y de su calificación jurídica, sino también de las reales y concretas consecuencias penológicas que aquélla pretende por la comisión de dichos hechos; esto es, la pena cuya imposición se solicita. El acusado ejerce el *derecho* constitucional de defensa sobre la concreta pena solicitada por la *acusación* por los hechos imputados y la calificación jurídica que éstos le merecen, y no sobre otra pretensión punitiva distinta, sin que en modo alguno le sea exigible vaticinar y defenderse de hipotéticas y futuribles penas que pudiera decidir el órgano judicial, y que excedan por su gravedad, naturaleza o cuantía de las solicitadas por la *acusación.* En otras palabras, la confrontación dialéctica entre las partes en el proceso y la consiguiente posibilidad de contradicción frente a los argumentos del adversario giran exclusivamente, en lo que ahora interesa, en torno a la *acusación* expresamente formulada contra el imputado, tanto por lo que se refiere a los elementos fácticos de la pretensión punitiva y a su calificación jurídica, como a las concretas consecuencias penológicas, frente a las que aquél ejerce su *derecho* constitucional de defensa. Así pues, ha de proscribirse la situación constitucional de indefensión que, por quiebra del principio acusatorio, padecería el condenado a quien se le impusiera una pena que excediese en su gravedad, naturaleza o cuantía de la solicitada por la *acusación*".

Ya en el año 1994 se afirmó por el TS en sentencia núm. 13538/1994, de 10 de octubre de 1994 (*Tol 5102111*): Es cierto que en el procedimiento abreviado, como en todo procedimiento, el inculpado tiene derecho a ser informado de la acusación en términos que pueda articular su defensa, pues tal derecho viene consagrado, conjuntamente, por el art. 24.2 de la Constitución, por ser una exigencia del principio de contradicción *audiatur et altera pars* guardando estrecha relación con el principio acusatorio *nemo iudex sine adore* como exigencia de la proscripción de toda indefensión decretada en el art. 24.1 de la Constitución hasta el punto de que si no hiciese expresa mención a tal derecho habría que considerarlo implícitamente recogido al final del párrafo 1 como una de las exigencias básicas del derecho de defensa, cual es, el conocer los términos de la pretensión punitiva para poder oponerse a ella de manera eficaz. Por ello, el derecho se halla, igualmente, proclamado en el Pacto Internacional de los Derechos Civiles y Políticos y en el art. 6.°3 del Convenio Europeo de Derechos Humanos, de manera que la ruptura del equilibrio que en el proceso penal debe mediar entre acusación y defensa puede quebrarse de no mediar el conocimiento previo de la pretensión acusatoria que tiene el carácter de instrumental con respecto al derecho que se desenvuelve a través de las distintas etapas del proceso, de forma que en el período inicial debe ponerse en conocimiento del inculpado la existencia del proceso

tales, también debemos destacar la relación del derecho que nos ocupa con principios esenciales del proceso penal, particularmente con aquellos relacionados con la acusación, concretamente el principio acusatorio[6] y el principio de contradicción[7].

---

y los motivos del mismo; en la fase de investigación el órgano jurisdiccional debe formalizar oficialmente la imputación, cuando estime que las diligencias practicadas son suficientes para darles visos de realidad de manera que la formalización debe ser lo suficientemente detallada en la descripción de los hechos que se le imputan; en la fase preparatoria del juicio oral o tradicional fase intermedia es preciso que las partes acusadoras formalicen las acusaciones en forma tan clara como desarrollada para que el acusado pueda conocer todos los elementos de la acusación formulada contra él y, por último, en el acto del juicio oral debe darse la oportunidad para preparar su defensa y los medios de prueba necesarios para hacerla efectiva".
SS TC 375/2021, de 5 de mayo; 1/2020, de 14 de enero; 113/2018, de 29 de octubre; 172/2016, de 17 de octubre; 133/2014, de 22 de julio; 34/2009, de 9 de febrero; 40/2004, de 22 de marzo; SS TEDH de 11 de enero de 2022, caso Starikov contra Rusia; de 30 de enero de 2001, caso Vaudelle contra Francia. V., también Moreno Catena, V., *La defensa en el proceso penal*, Madrid: Civitas, 1982, *passim*.

6 Montero Aroca, J., "El principio acusatorio. Un intento de aclaración conceptual", *Justicia* 92, págs. 777 y ss; Idem, *Principios del proceso penal. Una explicación basada en la razón*, Valencia: Tirant lo Blanch, 1997, págs. 16 y ss; Armenta Deu, T., *Principio acusatorio y derecho penal*, Barcelona: Bosch, 1995, pág. 33; Nota 117 y 119 y 122; Idem, "Principio acusatorio: realidad y utilización (lo que es y lo que no)", *RDPc* 1996, nº 2, pág. 266. Con amplitud se concibe el principio por Ruiz Vadillo, E., *El principio acusatorio y su proyección en la doctrina jurisprudencial del Tribunal Constitucional y Tribunal Supremo*, Pamplona: Madrid, 1994, págs. 20 y ss; Gómez Colomer, J. L., "Historia, sistemas y política criminal", en Gómez Colomer, J. L,/ Barona Vilar, S., (Coords), *Proceso Penal. Derecho Procesal III*, 3ª ed., Valencia: Tirant lo Blanch, 2023, págs. 43 y 44. Cortés Domínguez, V., "El proceso" en Moreno Catena, V./Cortés Domínguez, V., *Introducción al Derecho Procesal*, 12ª ed., Valencia: Tirant lo Blanch, 2023, págs. 260 y 261.
Al respecto, por ejemplo, la S TS de 13 de octubre de 2000 (*Tol 6885*): "Examinando, en primer lugar, la violación del principio acusatorio, debemos señalar que el objeto del proceso penal está constituido por los hechos en sí mismos como acontecimientos de la vida real y a quién se le deben imputar, y ello al objeto de salvar la confusión de que sea un mismo órgano el que ejerza la acusación y enjuicie los hechos. Precisamente por ello, en realidad igual que en el proceso civil, el Tribunal estará absolutamente vinculado por el contenido de la acusación en cuanto a sus elementos fácticos, pues si no fuera así el Órgano Jurisdiccional no sería imparcial. La calificación jurídica y su consecuencia punitiva es necesaria y sujeta al principio de legalidad. En relación con este último en rigor serán aplicables principios distintos al acusatorio, aunque vinculados al mismo, como son los de contradicción y defensa. En síntesis, el principio acusatorio se basa en la

Así, la S TS núm. 1926/2013, de 24 de octubre de 2013 (*Tol 4945072*) afirma que:

> "En relación a la vulneración del principio acusatorio, es doctrina de esta Sala, como son exponentes las Sentencias 180/2010, de 10 de marzo, 493/2006 de 4 de mayo y 61/2009 de 20 de enero, que el principio acusatorio, íntimamente vinculado al derecho constitucional de estar debidamente informado de la acusación y por extensión, estrechamente relacionado con el derecho fundamental a la defensa, que se protegen en el art. 24 CE, tiene su regla de oro, en casos como el presente, en la exigencia de identidad fáctica entre los hechos imputados y los que fundamentan la calificación jurídica efectuada por el Tribunal y homogeneidad en dicha calificación respecto a la realizada por la acusación. Desarrollando esta máxima, debe señalarse que el principio acusatorio no se vulnera, siempre que concurran los siguientes requisitos: a)

---

necesidad de asegurar la imparcialidad del Tribunal y su contenido debe limitarse al contenido fáctico de la acusación, hechos atribuidos a un inculpado, lo que integra un doble aspecto de derecho a conocer la acusación (artículo 24.2 CE) y de derecho a no sufrir indefensión (artículo 24.1, también CE), presuponiendo el derecho de defensa y su posibilidad de contestación o rechazo de la acusación, provocando la aplicación de la contradicción (STS 19/6/00).
También el Auto TS núm. 1838/2006, de 28 de septiembre de 2006 (*Tol 1014102*): "Por último, el principio acusatorio exige, conforme ha precisado el Tribunal Constitucional, la exclusión de toda posible indefensión para el acusado, lo cual quiere decir, i) que sin haberlo solicitado la acusación, la sentencia no puede introducir un elemento "contra reo" de cualquier clase que sea; ii) que el derecho a ser informado de la acusación exige su conocimiento completo; iii) que el inculpado tiene derecho a conocer temporánea y oportunamente el alcance y contenido de la acusación a fin de no quedar sumido en una completa indefensión; y, iv) que el objeto del proceso no puede ser alterado por el Tribunal de forma que se configure un delito distinto o una circunstancia penológica diferente a las que fueron objeto del debate procesal y sobre la que no haya oportunidad de informarse y manifestarse el acusado (SSTS 1232/2001, de 22 de junio y 1027/2002, de 3 de junio).". En sentido similar, la S TS núm. 946/2016, de 15 de diciembre (*Tol 5916823*); y las SS TC 375/2021, de 5 de mayo; 1/2020, de 14 de enero.

7 Calamandrei, P., *Proceso y democracia*, Buenos Aires: Editoriales Jurídicas Europa-América, 1960, pág. 147; Montero Aroca, J., *Principios del proceso penal. Una explicación basada en la razón*, cit., pág. 139; Moreno Catena, V., "Algunos problemas del derecho de defensa", Justicia 90, pág. 562; Idem, "El derecho de defensa", en Moreno Catena, V./Cortés Domínguez, V., *Derecho Procesal Penal*, 11ª ed., Valencia: Tirant lo Blanch, 2023, págs. 165 y ss; Cortés Domínguez, V., "El proceso" en Moreno Catena, V./Cortés Domínguez, V., *Introducción al Derecho Procesal*, cit., págs. 258 y 259; Espaza Leibar, I., *El principio del proceso debido*, Barcelona: Bosch, 1995, pág. 30; Gómez Colomer, J. L., "Cuestiones generales", en Gómez Colomer, J. L./ Barona Vilar, S., (Coords.), *Introducción al Derecho Procesal. Derecho Procesal I*, 3ª ed., Valencia: Tirant lo Blanch, Valencia 2023, pág. 256

que el Tribunal respete el apartado fáctico de la calificación acusatoria, que debe ser completo, con inclusión de todos los elementos que integran el tipo delictivo sancionado y las circunstancias que repercutan en la responsabilidad del acusado, y específico, en el sentido de que permita conocer con precisión cuáles son las acciones que se consideran delictivas. Pero estándole radicalmente vedado al Tribunal valorar hechos con relevancia jurídica penal no incluidos en el acta de acusación".
b) que entre el tipo penal objeto de acusación y el calificado por el Tribunal exista una relación de homogeneidad en relación con el bien jurídico protegido en uno y otro, en el sentido de que todos los elementos del delito sancionado estén contenidos en el tipo delictivo de acusación, de modo que en el calificado por el Tribunal no exista un componente concreto del que el condenado no haya podido defenderse".

## 3. CONTENIDO ESENCIAL DEL DERECHO FUNDAMENTAL A SER INFORMADO DE LA ACUSACIÓN

Como se puede deducir de la propia denominación del derecho, es obvio que estamos ante un derecho de gran importancia en el desarrollo adecuado y garantista del proceso penal, presupuesto necesario del derecho de defensa[8].

---

8 La posibilidad de que el sujeto pasivo del proceso penal pueda intervenir efectivamente en proceso en defensa de sus derechos e intereses legítimos tiene como presupuesto básico, en lo que a nosotros nos interesa, el conocimiento de la acusación, sin el cual la posibilidad de contradicción o audiencia queda completamente diluida. Puede verse la S TC 40/2004, de 22 de marzo, en que se afirma: "Además, como proclama la sentencia del Tribunal Supremo 670/2015, de 30 de octubre, podemos indicar que ante la mera introducción de una modificación en las conclusiones mantenidas provisionalmente por la acusación no se produce de modo automático una vulneración del derecho de defensa, sino que se requiere que dichas modificaciones sean esenciales respecto de la concreta figura delictiva por la que finalmente se condena, porque las diferentes garantías conectadas con el principio acusatorio se asientan en la inalterabilidad de los elementos esenciales del hecho constitutivo de la infracción penal a partir de la fijación formal de la acusación en las calificaciones. Así pues, la existencia de diferencias sobre elementos no esenciales del hecho constitutivo de delito entre las calificaciones provisionales y las calificaciones no supone una vulneración del derecho de defensa (STS 225/2018, de 16 de mayo)". V., también, Moreno Catena, V., "El derecho de defensa", en Moreno Catena, V./Cortés Domínguez, V., *Derecho Procesal Penal*, pág. 165; Moreno Catena, V., *La defensa en el proceso penal*, cit., *passim*.
Tanto la exposición de motivos de la Ley Orgánica 5/2024, de 1 de noviembre del derecho de defensa, como en sus artículos 3, 6 y 7 ponen de relieve la ines-

La delimitación del contenido esencial del derecho a ser informado de la acusación obliga a un triple análisis: Subjetivo, objetivo y temporal.

### *3.1. Sujetos de la información*

Desde esta perspectiva subjetiva, debe atenderse tanto a quién tiene la obligación de informar, como a quién sea el destinatario de la misma.

#### **3.1.1. Sujetos "obligados a informar"**

La información de la acusación es una obligación para los órganos públicos que intervienen en el proceso penal, en función de sus competencias y funciones concretas en el mismo. Concretamente, obliga de forma ineludible a las autoridades públicas de persecución penal.

Así, atendiendo a la distinta intervención que tienen en el proceso penal, tanto la Policía, como el Ministerio Fiscal y el Juez están obligados a llevar a cabo dicha información, en función del estadio en que se encuentre el proceso penal.

*a) El órgano jurisdiccional*

En nuestro proceso penal, y hasta que se produzca la tantas veces anunciada reforma de la Ley de Enjuiciamiento Criminal, es el Juez el que asume un mayor protagonismo, en tanto que director de la instrucción y competente para el enjuiciamiento.

Creemos, siempre con esta visión garantista, que para el Juez de Instrucción la obligación de informar surge desde que se incoa formalmente el procedimiento preliminar (art. 303 Lecrim cuya finalidad es "averiguar y hacer constar la perpetración de los delitos con todas las circunstancias que puedan influir en su calificación, y la culpabilidad de los delincuentes"). Dentro de este procedimiento preliminar, es clave el momento de la imputación judicial, es decir, la atribución por el órgano jurisdiccional de una posible responsabilidad por el hecho delictivo desde que en el mismo resulte algún indicio de criminalidad contra una persona determinada; imputación que puede ser formal (como ocurre a través del auto de

---

cindible relación entre el derecho a ser informado de la acusación y el derecho de defensa.

procesamiento en el procedimiento ordinario por delitos más graves, art. 384 Lecrim[9]); como material (es decir, sin la emisión de auto de formal procesamiento, como ocurre en el procedimiento abreviado, proceso por delitos leves y proceso especial ante el Tribunal del Jurado, en los que el legislador, sin merma de garantías, ha suprimido el auto de procesamiento).

El auto de procesamiento no es, por tanto, la única forma de imputación que encontramos en nuestro ordenamiento jurídico, sino que ésta también puede ser consecuencia de la detención, de la adopción de una medida cautelar o de cualquier actuación de la que se derive que el proceso penal, por uno hechos concretos, se está dirigiendo contra una persona concreta. Así, por ejemplo, en el proceso abreviado el art. 775.1 Lecrim obliga al Juez a informará al investigado, en la forma más comprensible, de los hechos que se le imputan en la primera comparecencia[10].

Declarada la apertura del juicio oral, es el Juez o Tribunal competente para el enjuiciamiento al que compete realizar la información sobre la acusación.

### *b) El Ministerio Fiscal*

La obligación del Ministerio Fiscal de informar al sujeto pasivo del proceso penal no se deriva de su condición de parte acusadora del proceso, sino en la medida en que interviene en la dirección del procedimiento preliminar, es decir, en los casos en que nuestro ordenamiento le encomienda la dirección de la instrucción. Esta actividad de investigación por el Ministerio Fiscal, como es conocido, se produce en el procedimiento abreviado, siempre que se den las condiciones del art. 773. 2 Lecrim[11], en los casos en que intervenga la Fiscalía Europea y en el proceso penal para exigir responsabilidad penal a los menores.

---

9 El auto de procesamiento contiene, entre otros aspectos, una relación del hecho o hechos que se imputan al sujeto, dándosele así a conocer los hechos de los que se le presume responsable.

10 De forma similar se prevé en el art. 25 de la Ley Orgánica del Tribunal del Jurado y en art. 962.2 en el caso de delitos leves.

11 Gómez Colomer, J. L., "Las partes acusadoras", en Gómez Colomer, J. L, /Barona Vilar, S., (Coords), *Proceso Penal. Derecho Procesal III*, 3ª ed., pág. 79; Cortés Domínguez, V., "La fase de instrucción o de investigación", en Moreno Catena, V./Cortés Domínguez, V., *Derecho Procesal Penal*, pág. 230.

*c) La Policía Judicial*

La labor informativa de la Policía Judicial se lleva a cabo a través del atestado tal y como se deriva del art. 292 Lecrim; atestado al que el art. 297 equipara a una denuncia[12].

Con todo, la actuación más importante de la Policía Judicial a efectos de la información se realiza en los casos en que lleva a cabo una detención (arts. 492 y 520. 2 Lecrim); detención que, obviamente, supone la sospecha de la comisión de un hecho delictivo por la persona detenida[13].

### 3.1.2. El sujeto pasivo del proceso penal

El destinatario de la información, titular indiscutible del derecho a ser informado de la acusación, es el sujeto pasivo del proceso penal, contra quien se dirige la investigación o instrucción y, en su caso, el juicio oral; conocimiento de "la acusación" que, como hemos afirmado, es esencial para el adecuado ejercicio de su derecho de defensa.

Hemos utilizado conscientemente la expresión sujeto pasivo del proceso penal, pues a nadie escapa que este sujeto pasivo recibe distintas denominaciones a lo largo del proceso penal y en función de la fase procesal en que nos encontremos: Así, al sujeto pasivo se refiere la Lecrim como sospechoso (por ejemplo, en los arts. 363 o 588ter, k) Lecrim); investigado (en lugar de imputado[14], arts. 118. 4, 120, 579 Lecrim, entre otros); procesado (por ejemplo, arts. 19, 746, 881 Lecrim[15]); encausado

---

[12] Equiparación que, actualmente, y dado el carácter cada vez más especializado de la Policía Judicial es claramente insuficiente. V., Planchadell Gargallo, A., "Valor probatorio del atestado policial", en Vidales Rodríguez (Dir.), *Seguridad Vial" (Especial referencia a la reforma operada en el Código Penal mediante la Ley Orgánica 15/2007, de 30 de noviembre),* Valencia: Tirant lo Blanch, 2008, págs. 379 y ss.

[13] Moreno Catena, V., "El derecho de defensa", en Moreno Catena, V./Cortés Domínguez, V., *Derecho Procesal Penal,* pág. 165.

[14] El término "imputados" se sustituyen por "investigados" en virtud de la Ley Orgánica 13/2015, de 5 de octubre, de modificación de la Ley de Enjuiciamiento Criminal para el fortalecimiento de las garantías procesales y la regulación de las medidas de investigación tecnológica.

[15] En los términos establecidos en la Ley Orgánica 13/2015, de 5 de octubre, de modificación de la Ley de Enjuiciamiento Criminal para el fortalecimiento de las garantías procesales y la regulación de las medidas de investigación tecnológica, el término procesado se sustituye por el de encausado en el art. 141 Lecrim.

(arts. 118, 141, 325 o 503 Lecrim, entre otros); acusado (arts. 534, 659 o 687 Lecrim)[16].

Este abanico de denominaciones no impide que la adquisición de cualquiera de ellas lleve aparejada, como una más de las garantías a favor del mismo, la obligación de informarle de los hechos de los que se le considera sospecho, se le investiga, imputa, acusa, etc., tal y como se conozcan en el momento procesal en que dicha información se lleve a cabo.

Por tanto, y atendiendo a lo indicado hasta ahora, el primer contenido esencial del derecho a ser informado de la acusación se refiere a que una autoridad pública de persecución está obligada a informar de la "acusación", cuando exista una persona que, presuntamente, haya tenido participación en el mismo tan pronto conste su existencia.

### *3.2. Contenido de la información*

El segundo elemento que conforma el contenido esencial del derecho es el objeto de la información, es decir, aquello que debe darse a conocer al sujeto pasivo[17]. Esta información debe versar sobre los hechos considerados punibles que se imputan al sujeto, que habrán sido objeto de investigación, sobre los que se producirá el debate contradictorio que es el juicio oral y a los que necesariamente se referirá el órgano jurisdiccional en su sentencia.

Lo más importante, en este punto, es descartar que la denominación tradicional del derecho, esto es "a ser informado de la acusación", lleve a entender que la información se refiere única y exclusivamente a la acusación entendida en sentido estricto, al escrito de acusación. Todo lo contrario, consideramos que la información no se refiere a la acusación técnica o formal incluida en el escrito de acusación, sino a la imputación en cual-

---

16 A estas, cabría añadir condenado o reo.

17 Montero Aroca, J., *Los principios del proceso penal. Una explicación basada en la razón*, cit.; Idem, "El principio acusatorio. Un intento de aclaración conceptual", *Justicia* 92; Idem, "La garantía procesal penal y el principio acusatorio", *La Ley* 1994, núm. 1: 1armenta Deu, T., *Principio acusatorio y Derecho Penal*, cit., Idem, "Principio acusatorio: realidad y utilización (lo que es y lo que no)", *RDPc* 1996, nº 2; Gómez Colomer, J. L., "Los principios del proceso penal", en Gómez Colomer, J. L./ Barona Vilar, S., (Coords.), *Introducción al Derecho Procesal. Derecho Procesal I*, cit., págs. 281 y 282; Cortés Domínguez, V., "El proceso" en Moreno Catena, V./Cortés Domínguez, V., *Introducción al Derecho Procesal*, cit., págs. 260 y 261.

quier de sus formas, es decir, a la acusación en sentido material[18]. Desde esta perspectiva, ¿a que se refiere la información?

### 3.2.1. El hecho criminal

El hecho criminal se entiende como "el conjunto de elementos fácticos en los que se apoya la realidad o clase de delito, el grado de perfección del mismo, la participación concreta del inculpado, las circunstancias agravantes, sean genéricas o constitutivas del tipo, y, en definitiva, todos aquellos datos de hecho de los que ha de depender la específica responsabilidad que se le imputa"[19].

Por tanto, el objeto de la información se refiere a un hecho anterior y externo al proceso, pero que tiene una evidente trascendencia jurídica en tanto que es subsumible en tipos penales concretos[20]. La información se referirá a una breve relación fáctica de lo ocurrido, así como a su calificación jurídica.

Este hecho, junto con la persona del encausado determinan el objeto del proceso penal[21], en cuyo análisis detallado no podemos entrar. Ello no obstante, es importante —al igual que hemos hecho con el sujeto pasivo— indicar que este objeto del proceso penal, desde el punto de vista objetivo, de los hechos, se va delimitando de manera progresiva a medida que el

---

18 Fairen Guillen, V., "¿Hacia la desaparición definitiva del auto de procesamiento?", *RDPc* 1993, núm. 2, pág. 256; Del Moral García, A., "El derecho a ser informado de la acusación en el procedimiento abreviado para determinados delitos", *Actualidad Penal* 1989, núm. 13, págs. 33 y 134; Planchadell Gargallo, A., *El derecho fundamental a ser informado de la acusación*, cit., pág. 101.

19 Armenta Deu, T., *Principio acusatorio y proceso penal*, cit., pág. 134; Verger Grau, J., *La defensa del imputado y principio acusatorio*, Barcelona: Bosch, 1994, pág. 119.

20 No podemos aquí detenernos en las distintas teorías sobre la determinación del hecho punible, v., Gomez Orbaneja, E., *Comentarios a la Ley de Enjuiciamiento Criminal*, Barcelona: Bosch, 1947, págs. 296; Soto Nieto, F., *Correlación entre acusación y sentencia. La tesis del artículo 733 de la Ley de Enjuiciamiento Criminal*, Madrid: Montecorvo, 1979, págs. 19 y ss; Asencio Mellado, J. M., *Principio acusatorio y derecho de defensa*, Madrid: Trivium, Madrid 1991, págs. 71 y ss.

21 Cortés Domínguez, V., en "El objeto del proceso penal", en Moreno Catena, V./Cortés Domínguez, V., *Derecho Procesal Penal*, págs. 185 y ss; Gómez Colomer, J. L., "El objeto del proceso penal", en Gómez Colomer, J. L,/Barona Vilar, S., (Coords), *Proceso Penal. Derecho Procesal III*, 3ª ed., págs. 133 y ss.

proceso penal avanza[22]; concreción progresiva que repercute directamente en nuestro derecho. Es decir, el objeto de proceso penal no permanece estático, sino que se concreta de forma cada vez más precisa a medida que el proceso se desarrolla, de forma que se pueden producir variaciones del mismo, dentro de unos límites[23], en el procedimiento preliminar, fase in-

---

22 Montero Aroca, J., *Principios del proceso penal. Una explicación basada en la razón*, cit., págs. 129 y ss; Del Moral García, A., "El derecho a ser informado de la acusación en el procedimiento abreviado para determinados delitos", *Actualidad Penal* 1989, núm. 13, pág. 651; Cortés Domínguez, V., *La cosa juzgada penal*, Bolonia: Publicaciones del Real Colegio de España, 1975, pág. 144.

23 Mutaciones esenciales a que se refiere el art. 789 Lecrim y que suponen un claro límite a las facultades decisorias del tribunal como indica la S TS núm. 332/2020, de 12 de marzo de 2020 (*Tol 7983536*): Recuerda la sentencia de esta Sala 190/2017, de 24 de marzo que "el principio acusatorio…se manifiesta en todo proceso penal como la exigencia de una acusación previa por un órgano distinto del enjuiciador para que una persona pueda ser condenada. Luego es consecuencia necesaria de lo anterior el derecho a ser informado de la acusación que de esta forma se integra en el principio acusatorio (artículo 24.2 CE), porque si no se conocen los hechos el acusado no podrá defenderse de los mismos ni contradecirlos. Desde esta perspectiva el contenido de la información es en primer lugar esencialmente fáctico en cuanto que los términos de la acusación necesariamente deben contener el hecho punible que constituye el objeto del proceso, relatando de forma accesible, clara y precisa un hecho concreto en relación con una persona y penalmente relevante, lo que determina la extensión del contenido del principio acusatorio también a la calificación jurídica imponiendo limitaciones al Tribunal sobre la misma. Por ello la doctrina del Tribunal Constitucional y del Tribunal Supremo proscribe las acusaciones implícitas o sorpresivas y advierte de la vinculación del principio acusatorio con el derecho de defensa, tutela judicial e incluso se relaciona con la independencia judicial puesto que si el juez se extralimita en relación con el hecho punible fijado por la acusación compromete su imparcialidad.- Partiendo de lo anterior, es preciso analizar la otra vertiente de la cuestión, la congruencia o correlación entre la acusación y la sentencia, pues también debe admitirse que el principio acusatorio no supone necesariamente que el tribunal no pueda introducir modificaciones en su relato siempre que la identidad esencial de los hechos resulte respetada. Así, la STC 133/2014, que se remite a sus precedentes (STC 123/2005), en su fundamento jurídico séptimo, afirma "que una de las manifestaciones del principio acusatorio contenidas en el derecho a un proceso con todas las garantías es el deber de congruencia entre la acusación y el fallo, en virtud del cual nadie puede ser condenado por cosa distinta de la que se le ha acusado, entendiendo por "cosa", en este contexto, no únicamente un concreto devenir de acontecimientos, un *factum*, sino también la perspectiva jurídica que delimita de un cierto modo ese devenir y selecciona algunos de sus rasgos, pues el debate contradictorio recae no solo sobre los hechos sino también sobre su calificación jurídica. Ahora bien, también este Tribunal ha

termedia y en el juicio oral; y ello debido al avance propio de la investigación y a la práctica de la prueba.

En este sentido, que el hecho objeto del proceso se vaya delimitando a lo largo del mismo, no implica que se pueda modificar arbitrariamente ni por las partes (que no disponen del mismo en virtud de los principios de oficialidad y necesidad), ni por el órgano jurisdiccional o, en su caso, el Ministerio Fiscal. Así, iniciado el proceso penal por un hecho criminal concreto, se identifican en él unos elementos esenciales que lo identifican y, lo más importante, que no pueden ser modificados debiendo permanecer invariables a lo largo del proceso[24]. De no fijar estas prohibiciones, el encausado se vería claramente sorprendido sin saber con certeza, hasta la finalización del proceso, de qué se le acusa[25].

---

puesto de manifiesto que el deber de congruencia no implica un deber incondicionado para el órgano judicial de estricta vinculación a las pretensiones de la acusación, ya que, más allá de dicha congruencia lo decisivo a efectos de la lesión del art. 24.2 CE es la efectiva constancia de que hubo elementos esenciales de la calificación final que de hecho no fueron ni pudieron ser plena y frontalmente debatidos, pues lo determinante es verificar que no se introduzca un elemento o dato nuevo al que la parte o partes, por su lógico desconocimiento, no hubieran podido referirse para contradecirlo"."

V., también, Montero Aroca, J., *Principios del proceso penal. Una explicación basada en la razón*, cit., pág. 135; Ormazabal Sánchez, G., *El periodo intermedio en el proceso penal*, Madrid: McGraw-Hill, 1997, pág. 55; Gómez Colomer, J. L., "El objeto del proceso", en Gómez Colomer, J. L./Barona Vilar, S., (Coords), *Proceso Penal. Derecho Procesal III*, 3ª ed., págs. 138 y ss.

24 S TS núm. 133/2022, de 23 de diciembre de 2021 (*Tol 8804143*): Además, como proclama la sentencia del Tribunal Supremo 670/2015, de 30 de octubre, podemos indicar que ante la mera introducción de una modificación en las conclusiones mantenidas provisionalmente por la acusación no se produce de modo automático una vulneración del derecho de defensa, sino que se requiere que dichas modificaciones sean esenciales respecto de la concreta figura delictiva por la que finalmente se condena, porque las diferentes garantías conectadas con el principio acusatorio se asientan en la inalterabilidad de los elementos esenciales del hecho constitutivo de la infracción penal a partir de la fijación formal de la acusación en las calificaciones. Así pues, la existencia de diferencias sobre elementos no esenciales del hecho constitutivo de delito entre las calificaciones provisionales y las calificaciones no supone una vulneración del derecho de defensa (S TS 225/2018, de 16 de mayo)".

25 Gómez Colomer, J. L., "El objeto del proceso", en Gómez Colomer, J. L,/Barona Vilar, S., (Coords), *Proceso Penal. Derecho Procesal III*, 3ª ed., págs. 138 y ss; Cortés Domínguez, V., "El objeto del proceso penal", en Moreno Catena, V./Cortés Domínguez, V., *Derecho Procesal Penal*, pág. 165, pág. 187

La identidad del hecho se establece en base a dos criterios: Existencia de una identidad total o parcial en los actos de ejecución del proceso penal; e identidad del bien jurídico protegido[26].

La relación, como ya hemos dicho con principios y garantías esenciales del proceso es obvia; nos referimos a los principios acusatorios y de contradicción, y al derecho de defensa[27]. El principio acusatorio protege al sujeto frente a una condena basada en variaciones sustanciales de la pretensión; el derecho de defensa lo hace frente a variaciones sustanciales, pero también frente a las que no lo son. Esto implica que en la sentencia el órgano jurisdiccional puede tomar en consideración circunstancias modificativas de la responsabilidad, un distinto grado de ejecución, otra forma de participación y culpabilidad, pero siempre que se hayan dado a conocer al sujeto y éste haya tenido la oportunidad de rebatirlas. De no hacerlo así, se vería afectado el derecho de defensa y el principio de contradicción, pero no el principio acusatorio[28].

La obligación de información no debe entenderse cumplida, por tanto, una vez el sujeto conozca los elementos esenciales que identifican el hecho que se le imputan, sino que debe dársele a conocer también las modificaciones no esenciales del mismo[29]. Ello implica que el derecho a ser informado de la acusación no se ve satisfecho o respetado con la primera información que se le facilita al sujeto (por ejemplo, en el momento de su detención, cuando se decreta su prisión provisional o se dicta contra él auto de procesamiento en el proceso ordinario por delitos más graves),

---

26 Son estos elementos los que determinan la cosa juzgada y la litispendencia.

27 S TC 95/1995, de 19 de junio o 57/1998, de 16 de marzo: "nadie puede ser condenado si no se formula contra él acusación de la que haya tenido oportunidad de defenderse de manera contradictoria, estando, por ello, obligado el Juez o Tribunal a pronunciarse dentro de los términos del debate, tal y como han sido formulados en ella por la acusación y defensa...".

28 Diaz Cabiale, J. A., *Principios de aportación de parte y acusatorio: la imparcialidad del Juez*, Granada: Comares, 1996, pág. 381; Asencio Mellado, J. M., *Principio acusatorio y derecho de defensa*, cit., pág. 47; Armenta Deu, T., *Principio acusatorio y proceso penal*, cit., pág. 100; Vázquez Sotelo, J. L., "El principio acusatorio y su reflejo en el proceso penal español", Revista Jurídica de Cataluña 1984, núm. 2, pág. 128

29 Asencio Mellado, J. M., *Principio acusatorio y derecho de defensa*, cit., pág. 102; Armenta Deu, T., *Principio acusatorio y proceso penal*, cit., pág. 86; Martínez Arrieta, A., "Principio acusatorio: teoría general y aplicación práctica", en *Los Principios del Proceso Penal*, Madrid: Cuadernos de Derecho Judicial, CGPJ, 1992, pág. 66.

sino que se manifiesta a lo largo de todo el proceso penal, aunque con sus matices obvios atendiendo a fase del proceso en que nos encontremos[30]:

**1)** En el inicio del proceso se debe informar al sujeto de la existencia del mismo y las razones por las que se ha iniciado, lo que conlleva una exposición sucinta de los hechos. Así se le informará de que se sospecha ha participado de alguna forma en la comisión de unos hechos que, aparentemente, son constitutivos de delito, con las circunstancias conocidas de éstos (por ejemplo, día, hora, lugar, etc.; ello bien entendido que no siempre se tendrá toda esta información)

**2)** En la fase de instrucción o investigación, el órgano jurisdiccional formalizará la imputación cuando se considere suficientemente fundada, lo que debe incluir una descripción detallada de los hechos en que se basa.

**3)** En el momento de plantear la pretensión penal, la acusación debe darse a conocer al, ahora ya, acusado en toda su extensión, junto con las modificaciones que el mismo haya podido experimentar, para que pueda preparar adecuadamente la defensa.

**4)** En el momento de decidir, entran en juego las limitaciones en la cognición del tribunal a que hemos hecho referencia, pues la sentencia no podrá referirse a hechos distintos, incluidas con matices su calificación jurídica, que no hayan sido expresados por la acusación y respecto de los que la parte no haya tenido oportunidad de defenderse.

**5)** El Tribunal Constitucional considera que no sólo en primera instancia, sino también en la fase de recurso, particularmente en apelación, tiene plena aplicación este derecho.

De todo lo dicho, es fácil deducir que el contenido de la información no permanece inalterado desde el inicio del proceso y hasta que finaliza, sino que puede sufrir variaciones (ampliándose, reduciéndose o completándose a medida que la investigación avanza) de las que, como ha quedado expuesto, el sujeto debe ser informado. Ello conlleva que la información puede variar de una fase a otra, por lo que no es posible hacer señalar un contenido único objeto de la información que se mantenga inalterable a lo

---

30 Gimeno Sendra, V., "Los derechos de acción penal, al Juez legal y defensa y sus derechos instrumentales", en AA.VV., *Comentarios a la Legislación Penal*, Madrid: Revista de Derecho Privado, 1982, pág. 178; Del Moral García, A., Del Moral García, A., "El derecho a ser informado de la acusación en el procedimiento abreviado para determinados delitos", *Actualidad Penal* 1989, núm. 13, pág. 652; Planchadell Gargallo, A., *El derecho fundamental a ser informado de la acusación*, cit., págs. 107 y ss.

largo de todo el proceso. En un primer momento, en fase de investigación, se le informará del hecho punible del que se le considera responsable con todas las circunstancias que del mismo se conozcan y se vayan conociendo; planteada en el momento procesal oportuno la acusación, la información se refiere al contenido de la misma. Es la constancia información al respecto la que garantiza el efectivo ejercicio del derecho de defensa.

### *a) Los hechos en los actos de iniciación*

Los actos de iniciación (denuncia, incluido el atestado, y querella) suponen la determinación inicial del objeto de información, en tanto que en ellos se van a centrar las actuaciones de investigación. Tanto la querella como la denuncia contienen una relación de los hechos, sin que sea necesario incluir su calificación jurídica (art. 277-4º Lecrim, para la querella). Admitida la denuncia o la querella, expresamente prevé el art. 118. 5 Lecrim que "... serán puestas inmediatamente en conocimiento de los presuntamente responsables", lo que implica que en estos momentos iniciales del proceso penal el sujeto toma conocimiento de los hechos tal y como se describen en estos actos de incoación del proceso penal. Así, sea cual sea la forma que en se dé inicio al proceso, el "sospechoso" será informado, tan pronto se conozca su identidad, de los hechos que han dado lugar al inicio del mismo. En definitiva, tal y como se desprende del art. 118. 5 "La admisión de la denuncia o querella, y cualquier actuación procesal de la que resulte la imputación de un delito contra persona o personas determinadas, serán puestas inmediatamente en conocimiento de los presuntamente responsables". Entre esas otras actuaciones procesales podemos encontrar, entre otros, la detención o la adopción de cualquier medida cautelar contra el sujeto, la comunicación de que se está llevando a cabo contra él un acto de investigación, garantizado o no. A ello debemos añadir la previsión del art. 486 Lecrim que estable que "la persona a quien se le impute un acto punible deberá ser citada sólo para ser oída, a no ser que la ley disponga lo contrario, o que desde luego proceda su detención".

### *b) Los escritos de acusación*

Sin duda estamos ante la actuación procesal de la que de manera más evidente se contempla el objeto de información a que estamos haciendo referencia. Sin perjuicio de su denominación, en función de que estemos en proceso ordinario o abreviado, y de quién ejerce la acción penal en cada proceso concreto (acusación popular, particular, privada o pública), lo cierto es que estamos ante actos de formalización de la pretensión penal en que se fija el objeto de debate en el juicio oral, dando cumplimiento al derecho a ser informado de la acusación y haciendo posible en su máxima expresión al derecho de defensa.

En estos escritos se integra la pretensión penal, conteniendo —por mandato legal— una descripción de los hechos presuntamente punibles que resultan de la investigación, junto con la calificación legal de los mismos, la participación concreta que en ellos hubiera tenido el acusado, las circunstancias agravantes, atenuantes y eximentes, así como la pena que se considera les corresponde (arts. 650 y 781 Lecrim). Así se estableció ya por el Tribunal Supremo en sentencia núm. 3718/1995, de 26 de junio de 1995 (*Tol 5155433*):

> "El reconocimiento que el art. 24 de la Constitución Española, efectúa del derecho a ser informado de la acusación junto con la interdicción de la indefensión, suponen de un lado que el acusado ha de tener pleno conocimiento de la acusación contra él formulada, tanto en su contenido fáctico como jurídico, y que debe gozar de la oportunidad y los medios para defenderse contra ella y por otro lado que el pronunciamiento del Tribunal ha de efectuarse precisamente sobre los términos del debate, tal y como han sido formulados por la acusación y la correspondiente defensa. A los efectos del juicio oral el conocimiento de la acusación se proporciona al acusado mediante el escrito de calificación (inicialmente provisional y, tras la práctica de la prueba, transformado en definitivo, en sus propios términos o con las modificaciones procedentes); dicho escrito tiene una parte fáctica y otra jurídica, constituyendo el "hecho" o fundamentación fáctica de la pretensión punitiva un elemento esencial, pues al conformar el núcleo del objeto del proceso penal le está vedado al Tribunal extender su conocimiento a nuevos hechos, que no hayan sido objeto de calificación y, por tanto, de prueba en el juicio oral. En consecuencia para ser respetuoso con el derecho constitucional a ser informado de la acusación y con el derecho de defensa, el apartado fáctico de la calificación acusatoria debe ser completo (debe incluir todos los elementos fácticos que integran el tipo delictivo objeto de acusación y las circunstancias que influyen sobre la responsabilidad del acusado) y específico (debe permitir conocer con precisión cuales son las acciones o expresiones que se consideran delictivas), pero no exhaustivo, es decir que no se requiere un relato minucioso y detallado, o por así decirlo pormenorizado, ni la incorporación ineludible al texto del escrito de elementos fácticos que obren en las diligencias sumariales, y a los que la calificación acusatoria se refiera con suficiente claridad. El respeto a los derechos antes mencionados impone unas exigencias que no son formales, sino materiales, destinadas a que el acusado conozca con claridad y precisión los hechos objeto de acusación. En consecuencia cuando, como en el caso actual, se constata que al acusado y a su defensa no les pudo caber duda alguna de cual era el hecho objeto de acusación —con claridad y precisión— y la Sala de Instancia se ha ceñido estrictamente a dicho hecho, objeto de debate y prueba sin introducir otros nuevos, no puede apreciarse, en absoluto, vulneración alguna de las garantías constitucionales.

> En definitiva la fundamentación fáctica de la pretensión punitiva debe contener todos los elementos fácticos que integra el tipo, y la fecha de cada uno de los accesos carnales no constituye un elemento del tipo, por lo que la imposibilidad de determinar las fechas exactas en que tuvieron lugar dichos actos, debido a su clandestinidad y a la deficiencia mental de la víctima, no afecta en absoluto al derecho fundamental del acusado a ser informado de la acusación formulada contra él."

Estos hechos no tienen por qué coincidir exactamente con los que provocaron el inicio del proceso, pero sí deben resultar del sumario o instrucción. La determinación de dichos hechos, elemento esencial de la acusación, hace efectivos los principios acusatorio y de contradicción, así como el derecho de defensa. Vemos pues que desde que se procede a la apertura del juicio oral, la información al sujeto ya no se limita a los hechos, sino que se da entrada a valoraciones estrictamente jurídicas respecto a la calificación legal de los hechos o participación del sujeto.

Esta delimitación de hechos, con todo, no es definitiva tampoco en los momentos iniciales del juicio de oral de ahí que se distinga entre los escritos provisionales y definitivos, pues no podemos obviar que la práctica de la prueba pueda conllevar una reconsideración de algunos aspectos de los mismos[31] (art. 732: "Practicadas las diligencias de la prueba, las par-

---

31 S TS núm. 1/1998, de 12 de enero de 1998 (*Tol 5141137*): "Es doctrina consolidada —se recuerda en la S. de esta Sala de 11-11-92, con cita de las STC 10— 4-87 y 16-5-89 y de las de esta misma Sala de 19-6-90 y 18-11-91— que el verdadero instrumento procesal de la acusación es el escrito de conclusiones definitivas, por lo que la sentencia debe resolver sobre ellas y no sobre las provisionales. El derecho a ser informado de la acusación, junto con la interdicción de la indefensión —S. de esta Sala de 6-4-95— suponen, de un lado, que el acusado ha de tener pleno conocimiento de la acusación contra él formulada, tanto en su contenido fáctico como jurídico, debiendo tener la oportunidad y los medios para defenderse contra ella, y de otro, que el pronunciamiento del Tribunal ha de efectuarse precisamente sobre los términos del debate, tal y como han sido formulados por la acusación y la defensa. El conocimiento de la acusación se garantiza inicialmente mediante las conclusiones provisionales y, una vez finalizada la actividad probatoria en el acto del juicio oral, mediante las definitivas en las que, naturalmente, se pueden introducir las modificaciones fácticas y jurídicas demandadas por aquella actividad, siempre que se respete la identidad esencial de los hechos que han constituido el objeto del proceso. La posibilidad de que en las conclusiones definitivas de la acusación se operen cambios, incluso relevantes, se deduce con toda claridad del art. 793.7 LECr que concede al Juez o Tribunal, "cuando la acusación cambie la tipificación penal de los hechos, o se aprecien un mayor grado de participación o de ejecución, o circunstancias de agravación de la pena", la facultad de "conceder

tes podrán modificar las conclusiones de los escritos de calificación. En este caso formularán por escrito las nuevas conclusiones y las entregarán al Presidente del Tribunal"). S TS nº 90/2012, de 23 de enero de 2013 (*Tol 3239291*):

> "Dice a este respecto la STC 174/2001, 26 de julio: "A la luz de la jurisprudencia constitucional, la queja no puede ser compartida, pues si bien es cierto que este Tribunal ha declarado que a efectos de la fijación de la acusación es el escrito de conclusiones definitivas el momento en el que la pretensión penal queda definitivamente fijada y delimitada (SSTC 20/1987, de 19 de febrero, FJ 5; 91/1989, de 16 de mayo, FJ 3; 62/1998, de 17 de marzo, FJ 5; 87/2001, de 2 de abril, FJ 6), determinando el escrito de calificaciones definitivas los límites de la congruencia en materia penal (STC 62/1998, de 17 de marzo, FJ 5), no lo es menos que la congruencia sólo requiere la identidad del hecho punible y la homogeneidad de las calificaciones jurídicas (SSTC 104/1986, de 17 de julio, FJ 4; 225/1997, de 15 de diciembre, FFJJ 3 y 4), y que, aun cuando se produzca dicha incongruencia, para entender lesionado el derecho al proceso con todas las garantías es necesario que se advierta "que hubo elementos esenciales de la calificación final que de hecho no fueron ni pudieron ser plena y frontalmente debatidos" (por todas STC 225/1997, de 15 de diciembre, FJ 4; 87/2001, de 2 de abril, FJ 6). Desde las exigencias de la indefensión real y efectiva no puede sostenerse que se haya producido la lesión alegada, pues para que ésta se produzca no basta con la modificación de los hechos por los que se efectúa la acusación en las calificaciones provisionales y en las calificaciones definitivas; a efectos de ocasionar un resultado de indefensión real no resulta indiferente si dicha alteración implica la adición o la eliminación de imputaciones sobre hechos constitutivos de delito de las conclusiones provisionales, pues en los casos de disminución de los hechos delictivos objeto de acusación el acusado habrá tenido ocasión de alegar cuanto estimó oportuno en relación con todas las imputaciones delictivas que figuraban en el escrito de conclusiones provisionales, aunque no se mantengan en las calificaciones definitivas. Sólo si en las calificaciones definitivas se adicionan imputaciones delictivas respecto de las que figuraban

---

un aplazamiento de la sesión, hasta el límite de diez días, a petición de la defensa, a fin de que ésta pueda aportar los elementos probatorios y de descargo que estime convenientes". En el juicio oral que precedió a la Sentencia recurrida, las Defensas de quienes hoy son recurrentes, al tener conocimiento de las conclusiones definitivas del Ministerio Fiscal —en las que, como hemos dicho, no se alteraron los hechos que servían de base a la acusación— se limitaron a pedir una breve suspensión del acto para acomodar sus tesis defensivas al nuevo título de imputación y, concedida aquélla, elevaron sus conclusiones provisionales a definitivas sin formular protesta contra la pretendida vulneración del derecho a ser informado de la acusación ni alegar la indefensión que ahora, extemporánea e infundadamente, intentan convertir en motivo de casación". También, SS TS núm. de 21 de diciembre de 1990 (*Tol 454913*); núm. 133/2022, de 23 de diciembre de 2021 (*Tol 8804143*)

en las calificaciones provisionales cabe plantear la existencia de una acusación sorpresiva o cuestionarse la posibilidad de la indefensión material, dado que éstas se efectúan una vez que ha tenido lugar el debate contradictorio en el juicio oral... ". Aunque se está analizando una modificación de conclusiones el argumento es mutatis mutandi referible a la necesaria correlación entre acusación y sentencia. En igual sentido apunta la STC 73/2007, de 16 de abril, pertinentemente invocada por el Ministerio Público en su dictamen: "sólo si ha existido un detrimento material del derecho de defensa, al contener la condena algún elemento esencial de imputación que no haya podido ser realmente debatido, cabrá apreciar la vulneración del derecho fundamental" (SSTC 225/1997, de 15 de diciembre; 35/2004, de 8 de marzo; 71/2005, de 4 de abril)".

*c) Los informes finales*

Presentadas las calificaciones definitivas (con o sin modificación de las provisionales) puede aún producirse una última modificación al respecto en las conclusiones provisionales, que si bien no están originalmente previstas para ello, pueden acabar siendo utilizadas para una última oportunidad de acusar[32]; especialmente en caso de que el tribunal haga uso de la tesis de desvinculación que le permite el art. 733 Lecrim.

### 3.2.2. Los derechos que le asisten

Este segundo contenido debe relacionarse con un deber genérico de información, en tanto que las autoridades encargadas de la persecución penal deben informar al investigado o encausada de los derechos que en su condición de tal le corresponden. En este sentido, esta información es complemento necesario de la información sobre los hechos objeto de imputación y necesaria para que el sujeto pueda ejercer el abanico de derechos que el ordenamiento, no sólo constitucional sino también ordinario, le otorga en condición de sujeto pasivo del proceso penal[33]. Lo contrario, conllevaría una clara infracción del derecho a un proceso con todas las garantías y su indefensión.

---

32 Planchadell Gargallo, A., *El derecho fundamental a ser informado de la acusación*, págs. 120 y 121; Gómez Colomer, J. L., "Juicio oral: Acusación y defensa", en Gómez Colomer, J. L,/Barona Vilar, S., (Coords), *Proceso Penal. Derecho Procesal III*, 3ª ed., pág. 387.

33 Planchadell Gargallo, A., *El derecho fundamental a ser informado de la acusación*, cit., pág. 124.

### *3.3. Momento de la información*

El último de los aspectos que integran el contenido esencial del derecho a ser informado de la acusación se refiere al momento en que debe realizarse. Es más, en el análisis de este momento, debemos ser conscientes de que dada la garantía que el conocimiento de la acusación supone para el acusado, ésta debe producirse en el momento más temprano posible[34], bajo riesgo de quedar vacío de contenido[35].

Así, como ha quedado reflejado en las páginas previas y a riesgo de ser reiterativos, no podemos entender el derecho a ser informado de la acusación en su literalidad, es decir ceñida al momento en que se presenta el escrito de acusación o de calificación, ni mucho menos la de carácter definitiva. Es cierto que del art. 24 CE no se desprende, dado que plantea

---

[34] Así se ha establecido tanto por el Tribunal Constitucional como por el Tribunal Supremo. Así, el TS ya en sentencia núm. 1463/1997, de 2 de diciembre de 1997 (*Tol 5140*) afirmó claramente que "Según constante y reiterada doctrina del T (SSTC entre muchas 118/1984, 27/1985, 109/1987, 155/1988 y 66/1989) el artículo 24 de la Constitución, en cuanto reconoce los derechos a la tutela judicial efectiva con interdicción de la indefensión, a un proceso con todas las garantías y a la defensa, ha consagrado, entre otros, los citados principios de contradicción e igualdad garantizando el libre acceso de las partes al proceso en defensa de sus derechos e intereses legítimos. Ello impone la necesidad, en primer término, de que se garantice el acceso al proceso de toda persona a quien se le atribuya más o menos fundadamente un acto punible y que dicho acceso lo sea en condición de imputada, para garantizar la plena efectividad del derecho a la defensa y evitar que puedan producirse contra ella, aún en la fase de instrucción judicial, situaciones de indefensión (SS TC 44/1985 y 135/1989). Por ello, tan pronto como el Juez instructor, tras efectuar una provisional ponderación de la verosimilitud de la imputación de un hecho punible contra persona determinada, cualquiera que sea la procedencia de ésta, deberá considerarla imputada con ilustración expresa del hecho punible cuya participación se le atribuye para permitir su autodefensa, ya que el conocimiento de la imputación forma parte del contenido esencial del derecho fundamental a la defensa en la fase de instrucción.
En segundo término, existe también la necesidad de que todo proceso penal esté presidido por la posibilidad de una efectiva y equilibrada contradicción entre las partes, a fin de que puedan defender sus derechos, así como la obligación de que los órganos judiciales promuevan el debate procesal en condiciones que respeten la contradicción e igualdad entre acusación y defensa (STC 15 de noviembre de 1990)".

[35] Armenta Deu, T., *Principio acusatorio y proceso penal*, cit., págs. 89 y ss; Asencio Mellado, J. M., *Principio acusatorio y derecho de defensa*, cit., pág. 113; Planchadell Gargallo, A., *El derecho fundamental a ser informado de la acusación*, cit., pág. 127.

una proclamación genérica del mismo, cuál es el momento oportuno para proceder a darle efectividad, pero es evidente que a la luz de los principios y garantías que informan nuestro proceso penal, no cabe más conclusión que entender que dicha información debe realizarse en el momento más temprano posible y desde luego en cuanto se realice un acto de imputación material del que se deduzca algún tipo de participación del sujeto en los hechos que están siendo investigados, en un primer momento, y juzgados, posteriormente. Por ello, esta información se vincula claramente con la detención (art. 118 y 520 Lecrim), con la imputación formal a través del auto de procesamiento (art. 384 Lecrim) o cualquier acto de imputación material, esto es desde que se le comunique la existencia del proceso (por ejemplo, a través de la citación para ser oído, comunicarle la admisión de la denuncia o querella en su contra, la adopción e una medida cautelar, etc)[36].

El conocimiento de la imputación desde el inicio del proceso permite al sujeto defenderse de forma efectiva frente a dicha imputación; defensa que devendría inútil si, como ya hemos indicado, no se procediera a una actualización de la misma en el sentido, incluyendo los cambios que se realizaran.

## 4. CONCLUSIÓN

El derecho a ser informado de la acusación es un derecho público subjetivo, de naturaleza fundamental y carácter procesal, previsto expresamente en los artículos 17.3 y 24.2 de la Constitución española, por el que su titular, sujeto pasivo del proceso penal, debe recibir de los órganos públicos encargados de la persecución penal, desde los momentos iniciales del proceso, incluso con carácter previo a estar incoado formalmente, y hasta su conclusión, continua y progresiva información del hecho punible que se

---

36 Planchadell Gargallo, A., *El derecho fundamental a ser informado de la acusación*, cit., págs. 130 y ss. Como afirma Moreno Catena "Desde la reforma del procedimiento abreviado por la Ley 38/2002, tanto el derecho a la información sobre la imputación como el derecho a la designación de abogado se han extendido hasta las diligencias realizadas por la Policía Judicial...", Moreno Catena, V., "El derecho de defensa", en Moreno Catena, V./Cortés Domínguez, V., *Derecho Procesal Penal*, págs. 165 a 168.
SSTEDH 25 de julio de 2013, caso Khodorkovsky y Lebedev conra Rusia; 25 de julio de 2019, caso Rook contra Alemania; S TS núm. 106/2023, de 15 de febrero de 2023 (*Tol 9422947*).

le imputa o del que se le acusa, así como de los derechos constitucionales y ordinarios que en su condición de investigado, encausado o acusado le asisten.

Esta información ha de ser efectiva, real, útil y completa, para que los términos en que está previsto el derecho constitucional se cumplan en su exacta literalidad. Se exige por tanto, identificar exactamente el hecho o hechos punibles que forman parte del objeto del proceso penal iniciado o a incoar, su naturaleza de criminal o criminales, con sus circunstancias esenciales, grado de ejecución, tiempo y lugar, una exposición razonable de la sospecha de imputación, de la misma imputación, o de la acusación, en función de la fase en que se produzca la información, y la comunicación, oralmente o por escrito, de todos los derechos de que goza.

El derecho a ser informado de la acusación es, por ello, una garantía esencial de los ciudadanos en un régimen democrático, que contribuye a caracterizar esencialmente y a estigmatizar al proceso penal de un país como un proceso penal propio de un Estado de Derecho, sin cuyo reconocimiento explícito difícilmente podría alcanzar dicha calificación. En tanto que garantía esencial del proceso, la vulneración de este derecho es susceptible de amparo ante el Tribunal Constitucional (art. 53.2 CE), que en el caso concreto que se le presente analizará si efectivamente el derecho ha sido vulnerado y en qué medida; y ordenará, en caso afirmativo, la inmediata restitución del particular en su derecho.

## BIBLIOGRAFÍA

Armenta Deu, T.,"Principio acusatorio: realidad y utilización (lo que es y lo que no)", *RDPc* 1996, nº 2.

Armenta Deu, T., *Principio acusatorio y derecho penal*, Barcelona: Bosch, 1995.

Asencio Mellado, J. M., *Principio acusatorio y derecho de defensa*, Madrid: Trivium, Madrid 1991.

Calamandrei, P., *Proceso y democracia*, Buenos Aires: Editoriales Jurídicas Europa-América, 1960.

Cortés Domínguez, V., *La cosa juzgada penal*, Bolonia: Publicaciones del Real Colegio de España, 1975.

De Otto Pardo, I., en Martin Retortilo/De Otto Pardo, *Derechos fundamentales y Constitución*, Madrid: Civitas, 1992.

Del Moral García, A., "El derecho a ser informado de la acusación en el procedimiento abreviado para determinados delitos", *Actualidad Penal* 1989, núm. 13.

Diaz Cabiale, J. A., *Principios de aportación de parte y acusatorio: la imparcialidad del Juez*, Granada: Comares, 1996.

Espaza Leibar, I., *El principio del proceso debido*, Barcelona: Bosch, 1995.

Fairen Guillen, V., "¿Hacia la desaparición definitiva del auto de procesamiento?", *RDPc* 1993, núm. 2.

Fernandez Segado, F., "La teoría jurídica de los derechos fundamentales en la doctrina constitucional", *REDC* 1993, nº 39.

García Morillo, J., *La protección judicial de los derechos fundamentales,* Valencia: Tirant lo Blanch, 1994.

Gavara De Cara, J. C., *Derechos fundamentales y desarrollo legislativa. La garantía del contenido esencial de los derechos fundamentales en la Ley Fundamental de Bonn,* Madrid: Centro de Estudios Constitucionales, 1994.

Gimeno Sendra, V., "Los derechos de acción penal, al Juez legal y defensa y sus derechos instrumentales", en AA.VV., *Comentarios a la Legislación Penal,* Madrid: Revista de Derecho Privado, 1982.

Gómez Colomer, J. L./Barona Vilar, S., *Introducción al Derecho Procesal. Derecho Procesal I,* 3ª ed., Valencia: Tirant lo Blanch, 2023.

Gómez Colomer, J. L./Barona Vilar, S., *Proceso Penal. Derecho Procesal III,* 3ª ed., Valencia: Tirant lo Blanch, 2023.

Gomez Orbaneja, E., *Comentarios a la Ley de Enjuiciamiento Criminal,* Barcelona: Bosch, 1947.

López Guerra, L./Espín, E., Manual de Derecho Constitucional, vol. I, Valencia: Tirant lo Blanch, 2022.

Montero Aroca, J., *Principios del proceso penal. Una explicación basada en la razón,* Valencia: Tirant lo Blanch, 1997.

Montero Aroca, J., "La garantía procesal penal y el principio acusatorio", *La Ley* 1994, núm. 1.

Montero Aroca, J., "El principio acusatorio. Un intento de aclaración conceptual", *Justicia* 92

Moreno Catena, V., La defensa en el proceso penal, Madrid: Civitas, 1982.

Moreno Catena, V., "Algunos problemas del derecho de defensa", Justicia 90.

Moreno Catena, V./Cortés Domínguez, V., *Introducción al Derecho Procesal,* 12ª ed., Valencia: Tirant lo Blanch, 2023.

Moreno Catena, V./Cortés Domínguez, V., *Derecho Procesal Penal,* 11ª ed., Valencia: Tirant lo Blanch, 2023.

Ormazabal Sánchez, G., *El periodo intermedio en el proceso penal,* Madrid: McGraw-Hill, 1997.

Peces Barba, G., *Derechos fundamentales,* Madrid: Ed. Sección de publicaciones. Facultad de Derecho, 1986.

Planchadell Gargallo, A., *El derecho fundamental a ser informado de la acusación,* Valencia: Tirant lo Blanch, 1997.

Planchadell Gargallo, A., "Valor probatorio del atestado policial", en Vidales Rodríguez (Dir.), *Seguridad Vial" (Especial referencia a la reforma operada en el Código Penal mediante la Ley Orgánica 15/2007, de 30 de noviembre),* Valencia: Tirant lo Blanch, 2008.

Ruiz Vadillo, E., *El principio acusatorio y su proyección en la doctrina jurisprudencial del Tribunal Constitucional y Tribunal Supremo,* Pamplona: Madrid, 1994.

Soto Nieto, F., *Correlación entre acusación y sentencia. La tesis del artículo 733 de la Ley de Enjuiciamiento Criminal,* Madrid: Montecorvo, 1979.

Torres Del Moral, A., *Principios de derecho constitucional español,* Madrid: Universidad Complutense, 1992.

Vázquez Sotelo, J. L., "El principio acusatorio y su reflejo en el proceso penal español", Revista Jurídica de Cataluña 1984, núm. 2.
Verger Grau, J., *La defensa del imputado y principio acusatorio*, Barcelona: Bosch, 1994.

# *Nemo tenetur*: *fundamento y alcance del derecho a no declarar*

**NICOLÁS GONZÁLEZ-CUÉLLAR SERRANO**
*Catedrático de Derecho Procesal*
*Universidad de Castilla-La Mancha*

*Dedicado a mi querido y admirado amigo y colega, Víctor Moreno Catena, como contribución a su Libro Homenaje. Desde que le conocí, en un Congreso en Burgos en el año 1988, siendo Víctor catedrático de la asignatura y yo doctorando, pude apreciar su bonhomía y enorme altura académica. Recuerdo que, antes de ser presentados, dijo de mi padre, que intervenía en el Congreso poco después: ahora viene Antonio, que es una gran persona y un magnífico fiscal. Le dije: pues yo soy su hijo. Ciertamente mi padre también le tenía en gran aprecio. Después, con otros compañeros, fuimos al Puerto del Escudo y volvimos. En la vida merece recordar los buenos momentos y, especialmente, honrar la amistad.*



## 1. INTRODUCCIÓN

El derecho fundamental a no declarar contra sí mismo y a no confesarse culpable o *derecho al silencio*, expresado en el brocardo latino *nemo tenetur*, otorga al sujeto al que se le atribuye —o se atribuirá próximamente— la comisión de una infracción el poder de omitir impunemente *actos de manifestación sobre los hechos* y *de postulación* que pudieran adquirir carácter incriminatorio en un proceso penal o administrativo sancionador ya comenzado o de previsible iniciación.

El referido derecho fundamental, consagrado para el detenido en el art. 17 de la Constitución (CE) y, para todos, en su art. 24.2, se encuentra también expresamente recogido en el art. 14.3 g) del Pacto Internacional de Derechos Civiles y Políticos (PICP) como garantía mínima de todo acusado de la comisión de delito e, implícitamente, en los apartados 1 y 2 del art. 6 del Convenio Europeo para la Protección de los Derechos Humanos y de las Libertades Fundamentales (CEDH), que protegen el derecho de defensa y el derecho a la presunción de inocencia. Aunque tampoco aparece como derecho autónomo en la Carta de Derechos Fundamentales de la Unión Europea, se entiende asimismo comprendido en los derechos a la presunción de inocencia y de defensa establecidos por los apartados 1 y 2 de su art. 48.

La Directiva (UE) 2016/343 del Parlamento Europeo y del Consejo, de 9 de marzo de 2016 por la que se refuerzan en el proceso penal determinados aspectos de la presunción de inocencia y del derecho a estar presente en el juicio contempla el derecho a guardar silencio y a no declarar contra sí mismo en su art. 7, si bien la Directiva no es aplicable en el ámbito administrativo sancionador, ni a las personas jurídicas (art. 2). Previamente la Directiva 2012/13/UE del Parlamento Europeo y del Consejo de 22 de mayo de 2012 relativa al derecho a la información en los procesos penales estableció el derecho a ser informado sobre el derecho a permanecer en silencio en su art. 3 e) (según se aplicara con arreglo a la legislación nacional).

Nuestra LECrim, en su redacción originaria, no contemplaba el derecho al silencio, aunque su art. 387, siguiendo una antigua tradición, exoneraba a los procesados de prestar juramento, tras lo cual el mismo precepto preveía que fueran exhortados a decir verdad por el Juez de Instrucción, con la advertencia de que "*debían responder de una manera precisa, clara y conforme a la verdad de las preguntas que les fueran hechas*". Aunque ya Enrique Aguilera de Paz, en su comentario a la citada norma, advertía que "*toda persona está obligada a decir la verdad; pero no en su propio perjuicio*"[1], lo cierto es que el tenor literal de la disposición resultaba incompatible con el derecho a no declarar, razón por la cual, tardíamente, fue expresamente derogada por el legislador mediante la LO 13/2015, de 5 de octubre, de modificación de la Ley de Enjuiciamiento Criminal para el fortalecimiento de las garantías procesales y la regulación de las medidas de investigación tecnológica. No en vano el derecho a ser informado del derecho a no declarar es condición inexcusable de su observancia y una exhortación a contestar la verdad a las preguntas era radicalmente contraria a dar a conocer la posibilidad de guardar silencio.

La LO 2/2015, de 27 de abril por la que se modifican la Ley de Enjuiciamiento Criminal y la Ley Orgánica 6/1985, de 1 de julio, del Poder Judi-

---

1 "Comentarios a Ley de Enjuiciamiento Criminal", T. 3, Hijos de Reus Editores, Madrid, 1912, pág. 552

cial, para transponer la Directiva 2010/64/UE, de 20 de octubre de 2010, relativa al derecho a interpretación y a traducción en los procesos penales y la Directiva 2012/13/UE, de 22 de mayo de 2012, relativa al derecho a la información en los procesos penales, en su art. 2.Uno, incluyó en el art. 118 LECrim el derecho del (aún entonces denominado) *imputado* a ser informado del "*derecho a guardar silencio y a no prestar declaración si no desea hacerlo*" (letra f) y del "*derecho a no declarar contra sí mismo y a o confesarse culpable*" (letra g). Pero la norma sólo estuvo en vigor cinco días, pues la LO 13/2015, de 5 de octubre, antes citada, reescribió nuevamente el art. 118 LECrim y si bien, dentro de su apartado primero, trasladó el tenor literal de la anterior letra g) a la letra h), añadió, en la nueva letra g), al contenido de la redacción previa, el derecho del investigado "*a no contestar a alguna o algunas de las preguntas que se le formulen*" (texto que entró en vigor el 1 de noviembre de 2016).

Por su parte, la Ley 53/1978, de 4 de diciembre, por la que se modifican los arts. 23, 37, 53, 118, 302, 311, 333, 520 y 522 de la Ley de Enjuiciamiento Criminal y se deroga el artículo 316 de la misma, dispuso, en la regulación de los derechos del detenido efectuada por el art. 520, que "*en ningún caso se le podrá compeler a prestar declaración si, invitado a hacerlo, se negare*", a lo que añadía que "*si el detenido o preso se niega a declarar, aun en presencia de su Abogado, se consignara tal decisión en las actuaciones*". La actual redacción del precepto obedece a la LO 15/2015, de 5 de octubre, y recoge, en su apartado primero, el "*derecho a guardar silencio no declarando si no quiere, a no contestar alguna o algunas de las preguntas que le formulen, o a manifestar que sólo declarará ante el juez*" (letra a) y el "*derecho a no declarar contra sí mismo y a no confesarse culpable*" (letra b), redacción idéntica a la que había dado a las letras a) y b) del apartado segundo del mismo artículo la LO 5/2015, de 27 de abril.

Queda claro, visto el marco normativo descrito, que el *derecho al silencio* encuentra una robusta protección formal en el marco internacional, europeo, constitucional y legal, pese a lo cual no siempre en la práctica sus exigencias han sido respetadas desde una perspectiva material. Al respecto, algunos ejemplos resultan ilustrativos. No se perciben como infrecuentes los casos en los que la prisión provisional ha servido como instrumento para obtener confesiones, como sucedió en el célebre *caso Malaya*, en el cual sistemáticamente los investigados que reconocían los hechos eran puestos en libertad[2]. Tam-

---

2 *Vide* María Ángeles Pérez Cebadera, "Justicia y corrupción: radiografía del «caso Malaya», Ediciones Jurídicas Castillo de Luna, Madrid, 2016, págs. 103 y ss.

poco ha sido extraño, hasta hace poco tiempo, que los jueces permitieran a las acusaciones hacer constar en el acta o en la grabación audiovisual las preguntas que tuvieran preparadas para interrogar a los investigados o acusados, práctica cercenada de raíz, con total acierto, en el *juicio del procés* por el Presidente de la Sala Segunda del Tribunal Supremo Excmo. Sr. D. Manuel Marchena Gómez[3]. Y, lamentablemente, aún sigue existiendo oposición en algunos tribunales a aceptar que el acusado preste declaración —si tal es su voluntad— en el acto del juicio oral al finalizar la práctica de la prueba y no al principio de la vista, inercia inquisitorial, no prevista en la LECrim (aunque absurdamente incluida sin reflexión alguna acerca de su transcendencia en la LO 5/1995, de 22 de mayo, del Tribunal del Jurado), que lastra el conocimiento de los elementos que la defensa debe sopesar para ejercitar o no el derecho a no declarar (dado que al principio del juicio no es posible tomar una decisión informada al respecto, al desconocerse el devenir de la prueba)[4].

Siendo variadas las cuestiones abiertas al debate respecto al *derecho al silencio*, examinaremos seguidamente la evolución histórica y el fundamento del principio *nemo ten*etur, para abordar después su alcance, con particular atención a dos cuestiones transcendentales acerca de las que la doctrina y la practica judicial española merecen una atención crítica, realizada como siempre con el ánimo del enriquecimiento del debate: se trata de la incoherente asignación del derecho a no declarar a las personas jurídicas y de la constitucionalidad de los requerimientos de aportación de documentación u otras pruebas que pudieran resultar incriminatorias dirigidos a la persona a la que se le atribuye una infracción. En ambos casos las soluciones procedentes del Derecho estadounidense resultan de suma utilidad para un enfoque riguroso de las mismas, susceptible de proporcionar mayor seguridad jurídica que la que brindan las actuales incertidumbres que sufre nuestro Derecho en relación con los temas propuestos.

## 2. EVOLUCIÓN HISTÓRICA

El principio *nemo tenetur* tiene sus orígenes en el Derecho canónico. San Pablo, en su *carta a los hebreos* exhortó a los destinatarios de su misiva

---

3 *Vide* Alba Rosell Corbelle, El principio de oportunidad en el proceso penal: entre el derecho y la política", Tirant lo Blanch, 2013, págs. 407 a 409.

4 *Vide* Manuel Marchena Gómez y Manuel Marchena Perea, "Claves prácticas para la defensa penal", Amazon, 2022, págs. 628 a 630.

a actuar del siguiente modo: *"yo no te digo que debas traicionarte públicamente ni acusarte ante otros, sino que has de obedecer al profeta cuando dice «revela tus pasos al Señor»"*. Juan Crisóstomo, en el Siglo IV, en relación con el texto transcrito, afirmó que "*las lágrimas lavan el delito, porque confesarlo de viva voz es vergonzoso*", tal y como recogió el Decreto de Graciano en el siglo XII ("*Concordia discordantium canonum*", en torno a 1140).

Sin embargo, los visigodos permitían eludir el castigo con el juramento del acusado, si no existía una prueba definitiva del hecho punible (*Lex Wisigotorum.* Libro II. Tít. 2. Cap. 5). Más adelante, en las postrimerías del Imperio franco, el III Concilio de Valence, celebrado en el año 855 por orden de Lotario I para juzgar al Obispo de la diócesis por varios delitos, aprobó, entre otros cánones, la presunción de juramento inverso de la parte desafiada por el juramento del actor, con el fin de evitar el perjurio (canon undécimo), el cual —amen de ser pecaminoso— podría conducir a un duelo posterior, que taxativamente quedaba prohibido (canon duodécimo)[5].

Bernardo de Parma, en la Glosa Ordinaria a las Decretales de Gregorio IX, de 1234, afirmó, en relación con la solicitud del juramento de calumnia: *"sed contra videtur quod non teneautur respondere quia nemo tenetur prodere se"* ("pero, por el contrario, parece que no está obligado a responder, porque nadie está obligado a traicionarse a sí mismo").

Quedó así enunciado, como principio jurídico eclesiástico, el principio *nemo tenetur se ipsum prodere/laedere/accusare* ("nadie está obligado a traicionarse, dañarse o acusarse a sí mismo"), si bien la vieja solera del brocardo medieval contrasta con su insignificancia práctica hasta el fin de la Edad Moderna, tanto en el Derecho continental como en el Derecho anglosajón.

Incluso antes de que Bernardo de Parma diera al principio objeto de análisis los expresivos términos indicados, en paralelo, el Derecho canónico iba construyendo desde hacía tiempo un *régimen de excepción*, el Derecho inquisitorial, que acabaría convirtiéndose en *ordinario*, en el que el juramento del sospechoso se imponía en un principio como *carga* y, con posterioridad, como *obligación*.

Era la Inquisición un conjunto de normas y prácticas destinadas a combatir la apostasía y las herejías cátara y valdense, que amenazaban el poder

5 Giovanini Domenico Mansi, "Sacrorum Conciliorum nova et amplissima collectio"; Tomus Decimus Quintus, An anno DCCCLV, usque ad an. DCCCLXVIII incl. Venetis mdcclxx, pág. 9.

papal y la subsistencia de la Iglesia católica y que fue conformándose desde el último tercio del siglo XII hasta bien entrado en el siglo XIII. Su fuerza expansiva logró arrinconar el principio *nemo tenetur* en el Derecho canónico y en el Derecho continental durante siglos.

Como los cátaros entendían pecaminoso el juramento y rechazaban realizarlo, los Inquisidores consideraban la negativa a pronunciarlo prueba de la herejía. El juramento funcionaba, de tal modo, como una carga atribuida al reo, cuyo incumplimiento le conducía a la condena y a la hoguera, no exactamente como castigo por hecho de no prestarlo, sino por su significado de desafección a la ortodoxia religiosa Así se incluyó expresamente en la constitución apostólica "*ad abolendam*", dictada por Lucio III en el Concilio de Verona en 1184, que colocaba sobre el investigado la carga de la prueba. Cinco años antes la decretal "*Acusatus de haeresi vel suspectus*" había canonizado la sospecha como elemento fundamental del Derecho probatorio (canon 27 del Concilio de Letrán de 1179, convocado por el Papa Alejandro III). A principios del siglo XIII, el objeto del juramento a solicitar había de ser de obediencia a la Iglesia, de manifestación de la verdad, de colaboración con el Santo Oficio y de mantenimiento del secreto sobre todo lo relativo al procedimiento[6].

Con la bula "*Ad extirpanda*", dictada por Inocencio IV en 1252 tras la conmoción que supuso el asesinato del fraile dominico San Pedro de Verona el 17 de abril de aquel año en el ejercicio del Santo Oficio, el deber de declarar ante el Inquisidor mudó de naturaleza. La falta de colaboración del *suspectus* en el esclarecimiento del hecho le conducía a la tortura, lo que implica la asunción por el juramento de una naturaleza obligatoria, frente a cuya inobservancia se reaccionaba con la sentencia de tormento, dirigido a extraer la verdad de la boca del reo.

En la Cuestión 69 de la *Pars Secunda secundae* de la "*Suma Teológica*", al tratar sobre "*los pecados contrarios a la justicia cometidos por el reo*", Santo Tomas de Aquino enseñaba que el llamado a declarar por la autoridad judicial que negara una verdad que acarrearía su condena peca mortalmente: "*pertenece a la obligación de la justicia que uno obedezca a su superior en las cosas a que se extiende su derecho de jurisdicción, y el juez, como se ha manifestado (q.67 a.1), es superior respecto del que es juzgado. Por consiguiente, el acusado está obligado en justicia a exponer al juez la verdad que de él exige según las formalidades del derecho. Y, por tanto, si no quisiera confesar la verdad que está obligado a revelar,*

---

6 *Vide* NICOLÁS GONZÁLEZ-CUÉLLAR SERRANO, "Ecos de Inquisición ", Ediciones Jurídicas Castillo de Luna, Madrid, 2014, pág. 89.

*o si la negare mintiendo, comete pecado mortal. Mas, si el juez trata de indagar aquello que no puede inquirir según el ordenamiento del derecho, el acusado no está obligado a responderle, sino que puede lícitamente eludir el juicio a través de la apelación o empleando otro medio. Sin embargo, no le es lícito decir mentira"*. Para más adelante añadir que al sospechoson *"no le está permitido decir una falsedad o callar la verdad que está obligado a confesar"*.

Así pues, el principio *nemo tenetur* surgió en el Derecho canónico, sí, pero para quedar pronto en papel mojado, al resultar contradictorio con un método judicial de emergencia —el Inquisitorial—, el cual se convirtió en el sistema ordinario de tratamiento del delito en la justicia penal canónica y seglar en el Derecho continental durante centurias.

En el Derecho inglés el derecho a ser juzgado por los iguales, mediante el jurado, establecido por la Carta Magna en 1215, provocó una evolución de la justicia penal totalmente distinta, basada en la ausencia de profesionalidad en la investigación de las circunstancias fácticas y en la determinación de los hechos mediante el veredicto. Solo excepcionalmente se admitió la tortura, que, como regla general, estaba proscrita. Pero ello no significa que el acusado tuviera derecho a no declarar en el juicio, en el sentido contemporáneo del principio *nemo tenetur*. Aunque, en principio, no quedaba obligado a hacerlo, su silencio, ante las pruebas presentadas por la acusación, le conducía al patíbulo, pues nadie salvo él se encontraba autorizado para intervenir ante el tribunal de jurado en relación con las cuestiones de hecho, acerca de las cuales ningún abogado podía efectuar alegaciones, ni interrogar a los testigos. Como argumenta John H. Langbein, en realidad, en el Derecho anglosajón, el derecho a no declarar nace, con el surgimiento del proceso adversarial, como consecuencia del trabajo del abogado defensor, que permitió al acusado mantener personalmente una actitud pasiva en el juicio. Así pues, el principio *nemo tenetur*, que erróneamente Edward Coke atribuyó al *common law* en 1589 en el caso *Collins and Collins*, ni fue una invención anglosajona, ni tuvo transcendencia práctica en Inglaterra y Gales hasta que se produjo el referido cambio de paradigma, esencial para la justicia penal, consistente en la autorización de la defensa letrada del acusado en relación con las cuestiones de hecho ante el jurado, para efectuar alegaciones fácticas y conducir el interrogatorio de los testigos[7].

---

7 "The historical origins of the privilege against self-incrimination at common law, 92 Michigan Law Review, 1993-1994, págs. 1047 y ss.

Dicho cambio de paradigma fue progresivo en el Derecho inglés, a partir de la *Treason Act* de 1696, dictada como reacción frente a los abusos cometidos en los juicios de traición celebrados en la época de los últimos Estuardo[8], y se manifestó, en todo su esplendor y para todo proceso penal, con independencia de la gravedad del delito, en la V Enmienda de la Constitución de EEUU, según la cual *nadie está obligado a ser testigo contra sí mismo,* cuyo antecedente se encuentra en el art. 8 de la Declaración de Derechos de Virginia, promulgada en Williamsburg el 12 de junio de 1774, el cual reconoce el derecho del acusado *a no ser obligado a proporcionar pruebas contra sí mismo,* en una formulación literalmente más amplia.

## 3. FUNDAMENTO

Como fundamento del derecho al silencio se han invocado distintas razones: i) la protección de la dignidad humana y la integridad física y psíquica de las personas naturales; ii) el derecho de defensa; iii) la presunción de inocencia; iv) el derecho a un proceso equitativo; y iv) la tutela de la libertad frente al autoritarismo.

No cabe duda de que la primera de las razones esgrimida constituye el fundamento más claro y directo del derecho objeto de análisis. No sólo por la evidente ligazón entre el *derecho al silencio* y la prohibición de la tortura, sino también por el vínculo originario entre el *nemo tenetur* y la protección de un ámbito de reserva del individuo acerca de sus malas acciones. Anteriormente ya se expuso los antecedentes del principio en el cristianismo antiguo. El Marqués de Beccaria, al tratar los juramentos, incidía en una idea semejante cuando se preguntaba el motivo que justificaría "*poner al hombre en la terrible contradicción de faltar a Dios o concurrir a su propia ruina*" y concluía que "*la ley que ordena el juramento no deja en tal caso al reo más que la elección de ser mártir o mal cristiano*"[9]. En el derecho estadounidense, la sentencia *Murphy vs. Waterfront Comm'n of NY Harbor*, 378 US 52,55 (1964) observa en el *derecho al silencio* la única forma en la que el sospechoso puede escapar del *cruel trilema* consistente en elegir entre autoacusación, perjurio o desacato (recordemos que en el derecho anglosajón el acusado puede no declarar, pero si decide hacerlo debe prestar juramento y ha de decir la verdad).

---

8 John H. Langbein, *op. cit.*, pág. 1067.

9 Cesare Beccaria, "De los delitos y de las penas", Universidad Carlos III de Madrid, 2015, pág. 45.

El juez Warren, en la célebre sentencia *Miranda vs. Arizona* (1966), calificó el derecho como "*pilar esencial del sistema adversarial*", como viene siendo repetido como *mantra* o *mito jurídico* aceptado de forma acrítica. Pero lo cierto es que es justo al contrario. Es el sistema adversarial, construido sobre la admisión sin restricciones de la asistencia letrada del acusado, el que permite al mismo optar por guardar silencio, dado que su abogado hablará por él. De ello no se deriva, sin embargo, que el derecho de defensa dote de fundamento al *derecho al silencio*. Sólo lo propicia, gracias al protagonismo de la abogacía en los juicios. Que una vez consagrado el derecho fundamental al silencio, su ejercicio constituya una legítima estrategia de defensa, no implica que el *nemo tenetur* se sostenga axiológicamente con base en el derecho de defensa y constituya un derecho instrumental del mismo, como si sucede con los derechos a ser informado de la acusación, a la asistencia letrada y a la práctica de la prueba pertinente. Si derecho de defensa y derecho al silencio no estuvieran dotados de autonomía habría que concluir, por lo que más tarde se explicará, que en el Derecho europeo de la competencia las empresas se encuentran en situación de indefensión.

Tampoco forma parte el derecho a no declarar del derecho a la presunción de inocencia. Si bien se comprende que, en relación con aquellos textos internacionales y supranacionales de protección de los derechos humanos que no incluyen expresamente el derecho a no declarar y a no confesarse culpable, se considere el citado derecho incluido en los derechos de defensa y a la presunción de inocencia, en realidad tal mezcolanza resulta doctrinalmente artificiosa. Es cierto que una obligación de declarar del acusado haría más fácil para la acusación cubrir el *onus probandi* en caso de que el sujeto pasivo del proceso cumpliera la obligación de autoincriminación. Pero la atribución de la carga de la prueba a las partes acusadoras, consustancial al derecho a la presunción de inocencia, no exige un determinado nivel de dificultad para su satisfacción, ni un requerimiento de manifestación de hechos equivale a requerir de la defensa la prueba de la inocencia. Cuestión distinta es que se trate de derechos *estrechamente entrelazados* (STC 161/1997, de 2 de octubre). Precisamente, por la ligazón entre presunción de inocencia y derecho a no declarar, guardar silencio no puede servir ni como prueba ni como indicio siquiera de culpabilidad. Lo que sucede es que, con su silencio, el acusado omite dar una coartada o una explicación alternativa de los indicios existentes en su contra, las cuales, si no surgen de los hechos en debate, no podrán ser tomadas en consideración por el tribunal, al desconocer las circunstancias fácticas favorables a la defensa, que el acusado renuncia a exponer. Tal idea, más acertada que la consideración del silencio como indicio que late en la STEDH de 28 de octubre de 1994, *caso Murray vs. Reino Unido*, fue plasmado en el art. 10.2 de la Propuesta de Código Procesal Penal de 2013, elaborada por la Comisión Institucional creada por Acuerdo del Consejo de Ministros de 2 de marzo de 2012, a tenor del cual:

> *"Al silencio o negativa a declarar no podrá atribuírsele consecuencias perjudiciales, más allá de la constatación de la pérdida de la oportunidad de exponer una alternativa razonable a la versión de la acusación, explicativa de la prueba existente en su contra, que no sea aportada por la defensa o se desprenda por sí misma de los hechos en debate".*

Con muy similar redacción la misma propuesta normativa se incluye en el art. 17.1 del Anteproyecto de Ley de enjuiciamiento Criminal de 2020[10].

Por su parte, el derecho a un proceso equitativo, como también sucede con el derecho a un proceso con todas las garantías, es un nebuloso *cajón de sastre* en el que puede incluirse cualquier garantía, una vez afirmada como propia de un proceso penal respetuoso con los derechos individuales, así que no es extraño que se proponga como receptáculo del derecho a no declarar en los contextos normativos en los que el *derecho al silencio* no encuentra formulación propia. Pero la idea de la *equidad* está vinculada, desde Aristóteles, con la individualización (*epiqueya*) y, desde Cicerón, con la igualdad (*aequalitas*)[11] y carece de relación directa con el derecho objeto de análisis.

Por último, la calificación del *derecho al silencio* como expresión de *libertad individual* frente al *autoritarismo* —que ya Bentham, en su oposición al *nemo tenetur,* consideraba superada en su época[12]— puede extenderse a cualquier otro derecho fundamental y no dota al indicado principio de un fundamento específico.

---

10 *"Nadie puede ser obligado a confesarse culpable ni a declarar contra sí mismo. Del silencio de la persona encausada o de su negativa a declarar no podrán extraerse consecuencias que le perjudiquen, sin perjuicio de la constatación de la pérdida de la oportunidad de exponer una alternativa razonable a la versión de la acusación que no se desprenda por sí misma de otras pruebas practicadas o de los propios hechos en debate".*

11 Alba Rosell Corbelle, *op. cit.*, págs. 142 y ss.

12 Esteban Dumont, "Tratado de las pruebas judiciales, sacado de los manuscritos de Jeremías Bentham", Trad. José Gómez de Castro, Imprenta de Don Tomás Jordán, Madrid, 1855, págs. 85 y ss.

## 4. TITULARIDAD

Son titulares del derecho al silencio las personas físicas, con independencia de su edad y de su capacidad procesal.

No lo son, sin embargo, las personas jurídicas, ni los entes sin personalidad, por mucho que la jurisprudencia afirme lo contrario (STS 2ª de 16 de marzo de 2016). Si lo fueran, la exoneración de la responsabilidad penal de las personas jurídicas no podría basarse en sistemas de cumplimiento normativo que exigen la investigación interna de los delitos, la asunción de responsabilidades frente a las víctimas y la colaboración con las autoridades en la investigación penal. Un régimen de responsabilidad penal autónomo de la persona jurídica que se asienta sobre tales deberes —entre otros— resulta incompatible con una artificiosa atribución a la persona jurídica del *derecho al silencio*.

En el ámbito administrativo, las obligaciones de colaboración de las personas jurídicas con las autoridades de supervisión —por no mencionar a la Hacienda Pública o la Seguridad Social— desmienten la aplicabilidad del derecho a no declarar de las mismas.

Al respecto resulta esclarecedora la jurisprudencia del Tribunal de Justicia de la Unión Europea en materia de Derecho de la competencia. Aunque se afirma el derecho de las empresas o de las asociaciones de empresas a no reconocer la comisión de la infracción como tal, quedan obligadas a contestar a cuantas cuestiones de hecho se les planteen. La STJUE (Sala 1ª) de 25 de enero de 2007 (asunto C-393/14) resume la jurisprudencia del siguiente modo:

> "34. *Según dicha jurisprudencia, la Comisión tiene la potestad de obligar a una empresa, en su caso mediante decisión, a que le facilite toda la información necesaria relacionada con hechos de los que pueda tener conocimiento, pero no puede imponer a dicha empresa la obligación de dar respuestas que impliquen admitir la existencia de una infracción cuya prueba incumbe a la Comisión (sentencias de 18 de octubre de 1989, Orkem/Comisión, 374/87, Rec. pág. 3283, apartados 34 y 35; de 7 de enero de 2004, Aalborg Portland y otros/Comisión, C-204/00 P, C-205/00 P, C-211/00 P, C-213/00 P, C-217/00 P y C-219/00 P, Rec. pág. I-123, apartados 61 y 65, y de 14 de julio de 2005, ThyssenKrupp/Comisión, C-65/02 P y C-73/02 P, Rec. pág. I-6773, apartado 49)*".

## 5. OBJETO

El derecho al silencio supone el poder del investigado o acusado —o persona susceptible de ser investigada o acusada— de omitir impunemente ante las autoridades, sus agentes o personas de carácter privado de las que se sirvan:

i) actos de postulación de admisión de culpa (por ejemplo, conformidades en el proceso penal o actas de conformidad en el administrativo —STC 54/2015, de 16 de marzo—);

ii) actos de comunicación de hechos realizados mediante signos orales, escritos o gestuales que se refieran a la comisión de una infracción o puedan ser utilizados para la prueba de la misma[13].

Asimismo, el derecho implica la prohibición de sistemas de detección de mentiras, tanto con sometimiento voluntario o involuntario del sujeto, mediante el uso de la hipnosis, *maquinas* o *sueros de la verdad* —narcoanálisis— (STS de 26 de noviembre de 1991) o de la *prueba P300* (*brain fingerprinting*), consistente en la medición de ondas cerebrales ante determinados estímulos[14]. Con independencia del debate sobre la fiabilidad de tales medios, su utilización colisiona frontalmente con el principio de la dignidad humana y con la prohibición de tratos humanos y degradantes establecida por el art. 15 CE.

Aunque resulta discutido, el *nemo tenetur* no comprende un inexistente *derecho a mentir,* como ya sostuvo la STC 142/2009, de 15 de junio, si bien nuestro ordenamiento jurídico no establece ningún tipo de sanción para la mentira sostenida por un acusado, pese a que pueda resultar perjudicial para un tercero, situación que habría de corregirse en una futura reforma del proceso penal, tal y como propone el Anteproyecto de Ley de Enjuiciamiento Criminal de 2020, en su art. 17.2 y en su art. 674.3: "*Las manifestaciones falsas del acusado que causen perjuicio a terceros darán lugar a la responsabilidad criminal con arreglo a lo establecido en el Código Penal*" (texto legal que obviamente habría de ser modificado para incluir el delito de declaración falsa dañosa para tercero del acusado). Es más, no sería descabellado plantear en España el debate sobre la instauración del modelo anglosajón, en el cual la prestación de juramento por el acusado y su posible persecución por su falso testimonio, en el supuesto de faltar a la verdad en su declara-

---

13 "*El derecho a guardar silencio no puede limitarse razonablemente a la confesión de actos ilícitos o a las observaciones que inculpen directamente al interesado, sino que abarca también información sobre cuestiones de hecho que puedan utilizarse posteriormente en apoyo de la acusación y afectar así a la condena o sanción impuesta a dicha persona*" (Sentencia de la Gran Sala TJUE de 2 de febrero de 2021 Asunto C-489/19 D.B. CONSOB).

14 *Vide* González Lagier, Daniel, "*Tres retos de la neurociencia para el Derecho penal*", Anuario de Filosofía del Derecho 2018 (XXXIV), págs. 47 y 61.

ción, se considera una conquista del derecho de defensa, pues equilibra la posición de las partes acusadoras y acusadas en el juicio ante el tribunal del jurado[15]. Confrontadas las versiones sobre los hechos de la supuesta víctima y del acusado, si la primera está obligada a decir verdad con conminación de sanción penal en el caso de no hacerlo, mientras que el segundo puede sostener el relato que le plazca, es obvio que la credibilidad de la supuesta víctima parte con clara ventaja.

Tampoco se identifica el *derecho al silencio* con el *derecho a no colaborar activamente en la investigación*, pues tal derecho carece de un valor absoluto, ya que no incluye la entrega de material, objetos o documentos preexistentes (véase la STC 197/1995, de 21 de noviembre). No obstante, la jurisprudencia del Tribunal Europeo de Derechos Humanos al respecto no es nada clara. Según la STEDH de 17 de diciembre de 1996, *caso Saunders vs. Reino Unido*, el derecho a permanecer en silencio y a no autoincriminarse no es absoluto y no toda compulsión supone una infracción del Convenio. El carácter equitativo del proceso depende de las circunstancias del caso. Debe atenderse a:

i) la naturaleza y el grado de la compulsión utilizada;

ii) la existencia de garantías relevantes en el procedimiento;

iii) la utilización del material obtenido.

Sostiene el TEDH en la sentencia citada que "*el derecho a no autoincriminarse se refiere principalmente a la voluntad de una persona acusada de permanecer en silencio (...) y no se extiende al uso en el proceso penal de material que pueda ser obtenido del acusado a través de medidas de compulsión que tienen una existencia independiente de la voluntad del acusado, tales como, inter alia, documentos adquiridos a través de una orden judicial, aire expirado, sangre, orina, pelo o muestras de voz o vestigios corporales para una muestra de ADN*" (doctrina reiterada en las SSTEDH de 15 de junio de 1999, *caso Tirado Ortiz y Lozano Martín vs. España*, de 29 de mayo de 2007, *caso O'Hallaran y Francis vs. Reino Unido*, y de 11 de julio de 2006, *caso Jalloh vs. Alemania*...). Ahora bien, en la STEDH de 25 de febrero de 1993, caso *Funke vs. Francia*, se había afirmado que la obligación de entrega de documentación bancaria incriminatoria supone una infracción del art. 6.1 del Convenio y la SETDH de 3 de mayo de 2001, *caso J.B. vs. Suiza*, extiende el derecho a no aportar documentación ante la posible imposición de una sanción tributaria: "*en opinión del tribunal* —

---

15 *Vide* John H. Langbein, "Adversary Criminal Trial", Oxford University Press, 2002, págs. 51 a 53.

dice la sentencia— *el presente caso no se refiere a material de la naturaleza que la sentencia del caso Saunder considera que tiene una existencia independiente de la persona afectada y no se considera, por tanto, obtenida mediante coerción y contra la voluntad de la persona*". Se trataba, sin embargo, de documentación preexistente sobre inversiones. No explica el TEDH la razón por la cual entiende que tal documentación no es de la naturaleza a la que la sentencia *Saunder* atribuye existencia independiente del investigado o acusado.

Mayor claridad ofrece la jurisprudencia estadounidense, la cual, partiendo de la regla general de la legitimidad del requerimiento de documentación al sospechoso a través de *subpoenas Duces Tecum*, aplica la *doctrina del acto de producción* (*act of production doctrine*), la cual permite a las personas físicas invocar la V Enmienda y negarse a entregar los documentos requeridos por un Gran Jurado cuando el hecho de la entrega sea en sí mismo incriminatorio, con independencia del contenido del documento. Se entiende que, en determinados casos, proporcionar la documentación tiene una "*aspecto testimonial*", equivalente a una obligación de declarar proscrita por la V Enmienda[16].

Quedan fuera de la protección de la V Enmienda, sin embargo, como ya se expuso, las personas jurídicas. Se considera en EEUU —no sin algunas voces críticas— que, a diferencia de las personas físicas, que constituyen un *prius* para la ley, las jurídicas son *criaturas de la ley* y no quedan protegidas frente a las *subpoenas*. Se aplica, sí, a las personas jurídicas la "*collective entity doctrine*", salvo que se trate de compañías de un único propietario (*Hale vs. Henkel*, 201 US 43,70 —1906—, *Bellis vs. US* 417 US 85,90 *—1974—*, *Braswell vs. US*, 487 99, 102,119 —1988—).

La *doctrina del acto de producción* se refiere a declaraciones de carácter forzoso susceptibles de ser utilizadas en contra del requerido que tengan *carácter testimonial*, elemento que la jurisprudencia ha precisado en sus contornos. La sentencia de Tribunal Supremo *Doe vs. US* 487 US 201, 220 (1988) aclara que la comunicación que se solicita debe ser en sí misma, explícita o implícitamente, relativa a una aseveración de hecho o a suministro de información. Cuando se obliga a la persona "*a utilizar el contenido de su propia mente*" para transmitir algo fáctico, la comunicación equivale al testimonio contra sí mismo que la V Enmienda permite rechazar. Por el contrario, no se califica como *testimonial*, por no suponer una aseveración

---

16 Peter M. Thomson, "*The Fith Amedment's Act of Production Doctrin: an Overlooked Shield Against Gran Jury Subpoenas Duces Tecum*", Federalist Society Review, Vol. 20.3. January 201, págs. 6 y ss.

de hecho, proporcionar muestras de sangre, escribir un texto, grabar la voz, permanecer en una fila o vestir cierta ropa.

Tampoco quedan comprendidos en la *doctrina del acto de producción* los archivos comerciales, porque son documentos creados voluntariamente, no compulsivamente (*US vs. Doe* 465 US 605 —1984—). Como sostiene la sentencia *Fisher vs US*, 425 US 391 (1976), la V Enmienda no protege los papeles privados, a no ser que el Gobierno requiera su creación u obligue al individuo a confirmar la veracidad de su contenido incriminatorio (también *US vs. Hubbel*, 530 US, 27, 35-36 —2000—).

Queda así en la obsolescencia la antigua jurisprudencia de *Boyd vs. US* 116 US 616 (1886) —primer precedente de los que posteriormente se denominarían las *reglas de exclusión probatoria*—. En aquella sentencia sostuvo el Juez Bradley: "*Y toda orden de descubrimiento exigencia de juramento de parte u obligación de entrega de sus libros y papeles privados, para condenarle por delito o incautar sus propiedades, es contraria a los principios de un gobierno libre. Es aborrecible para los instintos de un inglés, es aborrecible para los instintos de un americano. Puede servir para los propósitos de un poder despótico, pero no tolera la atmosfera de libertad política e individual (...) Somos incapaces de percibir que la incautación de los libros y papeles privados de una persona para ser utilizados como prueba contra ella es sustancialmente diferente de obligarle a ser testigo contra sí misma*". Permanece, sin embargo, siempre actual, la siguiente reflexión del citado Juez, contenida en la misma sentencia: "*las prácticas ilegítimas e inconstitucionales dan sus primeros pasos mediante aproximaciones silenciosas y ligeras desviaciones de la forma legal de proceder*".

En definitiva, hoy en día, en EEUU, los documentos preparados antes de la emisión de la *subpoena* deben ser entregados y no quedan protegidos por la V Enmienda, lo cual incluye agendas, diarios o documentos mercantiles o exigidos por regulaciones gubernamentales. Ahora bien, como excepción, queda cubierta por el *derecho a no ser testigo contra sí mismo* la entrega de documentos que, pese a haber sido creados voluntariamente con anterioridad al requerimiento, supone la constatación de su existencia, control por el compelido o autenticidad de su contenido, elementos en sí mismos incriminatorios, al equivaler a una comunicación de aseveraciones de hecho que presenta "*aspecto testimonial*" (Hubell, 530 US 36-2000). Ello sucedería, por ejemplo, si se requiriera a un sospechoso de delito contra la Hacienda Pública la entrega de los extractos de cuentas bancarias utilizadas para ocultar fondos en paraísos fiscales en entidades financieras opacas.

Como sostiene la sentencia *Fisher vs. US*, "*el acto de entrega de la prueba en respuesta a la subpoena, sin embargo, presenta en sí misma aspectos comunicativos completamente aparte del contenido de los papeles entregados. El cumplimiento de la subpoena tácitamente implica la existencia de los papeles requeridos y su posesión y control por el contribuyente*". No obstante, el Tribunal Supremo, en aquel caso, no dio la razón a Fisher, porque la existencia y localización de los papeles era una "*conclusión inevitable*" para el Gobierno, Así pues, la entrega no añadía información alguna a la que el Gobierno ya tenía. La cuestión no versaba sobre *testimonio*, sino sobre *rendición* (*surrender*)[17].

En otra sentencia posterior, también citada con anterioridad, *US vs. Doe*, el Tribunal Supremo aclara que la creencia del Gobierno en la existencia del documento no es suficiente. No es necesario un "*conocimiento actual*". Se precisa un conocimiento del documento con "*razonable particularidad*". Pero no son infrecuentes en la práctica las "*expediciones de pesca*" (*fishing expeditions*), en las que se reclaman documentos descritos en términos muy generales, situación frente a la cual Peter M. Thomson propone la aplicación rigurosa del *test de conclusión del resultado* (*foregone conclusión test*), que consiste en la exigencia de los requisitos del conocimiento del Gobierno para la admisibilidad de requerimientos de entrega de documentos u otras pruebas en el marco de la persecución penal a los que antes se hizo referencia:

i) que la prueba existe;

ii) que se encuentra en posesión o bajo el control del requerido; y

iii) que la prueba es auténtica[18].

Si alguno de dichos requisitos no concurre el requerimiento de entrega presenta *carácter testimonial* y la negativa al cumplimiento resulta incoercible conforme a la V Enmienda.

Frente a la endeble base teórica de la jurisprudencia del TEDH en la materia y de la práctica judicial española relativa al tratamiento de la cuestión de la solicitud de entrega de documentación u otras pruebas al investigado o acusado, la *doctrina de conclusión del resultado*, aunque no carezca de imprecisiones y ambigüedades, se muestra más sólida y constituye un criterio del todo razonable.

---

17 Peter M. Thomson, op. cit, pág. 6.

18 Peter M. Thomson, op. cit, págs. 7 y 8.

En nuestro país, frecuentemente, se considera que, con base en el derecho a no autoincriminarse, el sospechoso se sitúa en un limbo en el que puede hacer oídos sordos a los requerimientos de entrega de documentación u otros elementos probatorios, en contradicción con la obligación de someterse a pruebas de detección de alcohol o drogas y con la excepción práctica del deber de aportar documentación a la Hacienda Pública y ciertas agencias reguladoras pese a que, posteriormente, pueda ser utilizada en su contra en un procedimiento sancionador de carácter administrativo o penal. La imposibilidad de dotar de coherencia a la negativa a admitir requerimientos de entrega que puedan resultar incriminatorios, por un lado, y a la existencia de controles de detección de sustancias y a la concesión de validez de requerimientos administrativos de documentación que puede ser utilizada para la imposición de sanciones, por otro, coloca a la doctrina y a la jurisprudencia en la tesitura de tener que efectuar artificiosas fintas argumentales nada convincentes (como la plasmada en la STS 347/2017, de 24 de mayo, *caso Messi*).

La solución de la aporía sólo puede conseguirse si se cambian las premisas de las que se parte y se acepta que los requerimientos de documentación y otras pruebas al investigado o acusado no contradicen el derecho a no declarar contra sí mismo, salvo que no concurran los requisitos de la *doctrina de la conclusión del resultado.* Si la autoridad requirente carece de un conocimiento suficiente de que el objeto que reclama existe o de que se encuentra bajo la posesión o control del sujeto requerido o sobre la autenticidad de la prueba, no existirá obligación de entrega. En caso contrario, el deber de cumplir el requerimiento podrá ser sancionado de forma autónoma a la infracción para cuya investigación la orden se emite.

Ello, conviene reiterar, cuando se trata de personas físicas. Cuando es requerido una persona jurídica su deber de colaboración es más amplio y tan sólo parece razonable que sea cortocircuitado en el reconocimiento explícito de la infracción (es decir cuando entra en juego el derecho a no confesarse culpable —básicamente atinente a actos de postulación—). Reconocer el derecho a no declarar a las personas jurídicas constituye, como ya se ha expuesto, una contradicción con la obligación que se les impone de prevenir los delitos cometidos en su seno, en su provecho, por administradores, directivos y otras personas bajo su autoridad y colaborar con las autoridades en su detección y esclarecimiento. Resulta imposible de conciliar la obligación de colaboración —ínsita en el fundamento de la autorresponsabilidad penal de la persona jurídica— con un derecho a no declarar que, con carácter general, se proclama, aunque en ámbitos específicos —como es el Derecho de la competencia de la Unión Europea— se niegue.

# *El encausado mediático y la presunción de inocencia en su dimensión extraprocesal. Implicaciones de una regla de tratamiento debido en un estado de derecho*

**IÑAKI ESPARZA LEIBAR**
*Catedrático de Derecho Procesal, UPV/EHU*[1]

*Para Víctor Moreno Catena, una persona íntegra, un académico honesto, un procesalista moderno*

**SUMARIO:** 1. INTRODUCCIÓN. 2. EL ENCAUSADO MEDIÁTICO EN UN ESTADO DE DERECHO: DOS MODELOS QUE *DE FACTO* COEXISTEN, IGNORANDO O CUMPLIENDO CON LO QUE LA PRESUNCIÓN DE INOCENCIA EN SU DIMENSIÓN EXTRAPROCESAL DEBE SIGNIFICAR. 2.1. EN PRIMER LUGAR, NOS FIJAMOS EN COLOMBIA Y EN EL CASO OTONIEL:. 2.2. EN SEGUNDO LUGAR, NOS FIJAMOS EN BÉLGICA Y EN EL CASO KAILI. 3. LA RECUPERACIÓN DE LA CONFIANZA CIUDADANA EN LA JUSTICIA, DE LA MANO DEL EMPODERAMIENTO DEL ENCAUSADO Y DE LA INTEGRALIDAD DE LA PRESUNCIÓN DE INOCENCIA. EL EJEMPLO DE FRANCIA Y EL ENFOQUE DEL ALECRIM. 4. EL PROYECTO DE LEY ORGÁNICA DEL DERECHO DE DEFENSA DE 2023 Y LA PRESUNCIÓN DE INOCENCIA. UNA OPORTUNIDAD PERDIDA. 5. CONCLUSIONES Y PROPUESTAS. BIBLIOGRAFÍA. JURISPRUDENCIA TC. JURISPRUDENCIA TEDH.

## 1. INTRODUCCIÓN

Incluso en este tiempo de dificultad extrema para alcanzar grandes consensos en materias relevantes, creemos que la afirmación de que evitar un daño injusto, cualquiera, es uno de los objetivos estratégicos de un estado

---

1 Miembro del Consejo Consultivo de la Agencia Vasca de Protección de Datos/ DBEB, como experto en el ámbito de los derechos fundamentales, designado por la UPV/EHU. Miembro del Grupo de Investigación Consolidado del "Sistema Interuniversitario Vasco", Título del Proyecto: "Derechos Fundamentales y Unión Europea. Especial referencia al Espacio de Libertad, Seguridad y Justicia de la Unión Europea", financiado por el Departamento de Educación del Gobierno Vasco.

de derecho, debería ser compartida por todos, sin excepción. De tal suerte que, detectado un modo de hacer las cosas del que se derivan daños injustos, sería obligación de todos buscar la forma de evitarlo o, al menos minimizarlo, cambiando el referido e incorrecto modo de hacer las cosas. Esta afirmación concierne a todos los que integramos el estado de derecho, personas, instituciones, agentes sociales, poderes, etc., y se refiere a cualquier ámbito de actividad, educativo, sanitario, deportivo y también al ámbito del derecho y a todas sus ramas.

Dentro de éste último apartado y centrándonos en las cuestiones que tienen que ver con el derecho procesal, nos queremos fijar en una situación en particular. Si la respuesta a la pregunta ¿Es causa de un daño injusto tratar a un encausado como culpable? fuera afirmativa, estaríamos moralmente obligados a hacer todo lo posible para evitar tratar a un encausado como culpable, y ello debería concernirnos a todos.

En nuestra opinión la respuesta es afirmativa, con carácter general, dándolo incluso por normalizado, hablamos de "pena de banquillo" para cualquier persona sujeta a un proceso penal como parte pasiva, un perjuicio directamente derivado de dicha circunstancia y totalmente independiente del sentido de la sentencia que recaiga en última instancia. En el caso de asuntos y encausados más o menos mediáticos, el aumento de la exposición y del correlativo daño, es exponencial[2].

Todo esto justificaría una reflexión al respecto. Reflexión previa a la eventual proposición de actuaciones correctoras cuya finalidad última no es otra, insistimos, que incrementar la calidad del estado de derecho, para evitar que el derecho fundamental a la tutela judicial efectiva se vea vulnerado, como consecuencia de un proceso, generando un espacio para la

---

2 Un buen ejemplo, entre muchos otros, lo podría constituir el caso Mercasevilla concluido en 2017. Una macrocausa tramitada durante ocho años para investigar la adjudicación del suelo del mercado central de abastos de la capital andaluza, que terminó con una resolución absolutoria que no fue objeto de recurso. Las carreras profesionales y vida personal de varios acusados se resintieron gravemente. Las indemnizaciones, cuando se reconocen, como en este caso, además de serlo varios años después resultan llamativamente bajas, incluso ridículas. Si a lo dicho añadimos un trato no respetuoso con las exigencias de la presunción de inocencia en su dimensión extraprocesal, la penalidad crece, como decimos, exponencialmente. La tentación de utilizar maliciosamente los tribunales con el único objeto de perjudicar al adversario, sea éste quién sea, podría parecer atractiva para personas con pocos escrúpulos, generando por añadidura un pésimo ejemplo, incompatible con el siempre deseable, además de saludable, juego limpio.

correlativa indefensión. Percibimos con claridad que para ello es el derecho fundamental a la presunción de inocencia el que debe ser objeto de atención. Pero vamos a empezar por el principio que es la evolución del concepto y percepción de sujeto pasivo del proceso penal, hasta convertirse en una de las figuras centrales del mismo —junto con la víctima, que lo hace de forma integral más tarde— sujeto real de derechos.

Es fácilmente constatable que la figura del encausado ha pasado por no pocas vicisitudes y tribulaciones a lo largo de la historia —desde la ignorancia absoluta de sus derechos, siendo literalmente arrollado por un "proceso" penal inquisitivo, que por diversas razones subsiste en no pocos lugares del planeta, hasta el reconocimiento explícito de los mismos que lo consagran como parte procesal plena— y sigue haciéndolo, especialmente a lo largo del siglo XX y hasta nuestros días[3].

El sujeto pasivo del proceso penal, al que se atribuyen por parte de nuestra LECrim vigente múltiples denominaciones, que tienen que ver con el momento procesal o preprocesal en que se halla, es, como no podía ser de otra manera, objeto de atención del ALECRIM de 2020, en cuya exposición de motivos, concretamente en el apartado XVI, se nos explica el porqué de la opción por la denominación general de "*persona encausada,* que, como el Diccionario de la Real Academia de la Lengua se encarga de aclarar, solo designa que una persona está siendo sometida a un procedimiento penal. Se definen, por ello, en el encabezamiento del capítulo, los conceptos de persona *encausada* —la sometida al procedimiento en cualquiera de sus fases—, *investigada* —la sometida a investigación—, *acusada* —aquella frente a la que se ha ejercido la acción penal— y *condenada* o *penada* —aquella frente a la que se ha dictado sentencia condenatoria—. Debiendo procurarse, por parte de todos, un uso preciso de cada una de estas denominaciones para evitar confusiones o imprecisiones, como en no pocas ocasiones ocurre, con extravagantes resultados.

Fijándonos ahora en lo más sustancial, y centrándonos en la perspectiva en la que nos sitúa la presunción de inocencia, un encausado sometido a un proceso de duración excesiva, privado de libertad —u objeto de otras

---

3 El interés que ésta situación —de la que nadie estamos, a priori, libres— genera, ha hecho que la literatura, más allá del proceso de Kafka, el cine, e incluso el arte, hayan sido frecuentemente testigos de ello, acreditando la fascinación universal y atemporal que esta circunstancia —la de estar expuesto a ser sujeto pasivo de un proceso y a la eventualidad de recibir en él una pena por parte de un tribunal— despierta.

medidas limitativas— de forma, en ocasiones, inexplicable e incoherentemente fácil, denostado y maltratado —incluso por las propias autoridades que deberían velar por sus derechos— y frecuentemente por los medios de comunicación (indefectiblemente, o casi, en los casos más mediáticos), se convertirá en un sujeto maltratado, en una auténtica víctima del sistema que, como consecuencia de un proceso, lo ha colocado en una situación de indefensión real, más aún, si no resulta, a la postre, condenado. En tal caso el balance será el de una persona que no ha dejado en ningún momento de ser inocente, y que pese a ello ha recibido, por parte del sistema, un trato impropio de los estándares promedio de un estado de derecho. Es la llamada pena de banquillo a la que antes nos referíamos, que indiscutiblemente lleva aparejada una cierta —en ocasiones desmesurada— apariencia de culpabilidad.

A ello pueden contribuir poderosamente las resoluciones que se adopten en el ámbito de las medidas cautelares, de la gravedad de las mismas. Por tanto, las medidas cautelares que eventualmente se adopten en relación con los ciudadanos de un estado de derecho, en el ámbito de un proceso penal, deberán ser objeto de una exquisita ponderación y de una proporcionalidad quirúrgica. También sería bueno que existiera un catálogo suficiente de medidas cautelares, adaptable a las múltiples circunstancias, también a aquéllas más graves, que aproveche las posibilidades que la tecnología ofrece, y que no desconozca que el encausado sigue protegido, sigue siendo titular de la presunción de inocencia.

Nos hemos colocado ya en el ámbito de la denominada "dimensión extraprocesal de la presunción de inocencia", en la que queremos destacar su importancia como regla de tratamiento, que implica que las autoridades y sus agentes deben de abstenerse de efectuar manifestaciones públicas de criminalización de los acusados[4]. El tratamiento por parte de las autoridades y de los medios de comunicación no siempre se atiene a esta regla, en los asuntos más mediáticos y, en especial, en los que existe un innegable

---

4 STC 45/2022, de 23 de marzo de 2022. Recurso de amparo 1621-2020. Promovido por don Oriol Junqueras Vies y por don Raül Romeva Rueda respecto de la sentencia de la Sala de lo Penal del Tribunal Supremo que les condenó por sendos delitos de sedición y malversación de caudales públicos. Específicamente en relación con las comisiones parlamentarias de investigación, *vid.*, Torres Díaz, Mª. C., *La dimensión extraprocesal del derecho a la presunción de inocencia frente a la actuación de las comisiones parlamentarias de investigación ¿qué ha dicho el Tribunal Constitucional?*, Diario La Ley, nº 10382 de 7 de noviembre de 2023. Comentarios a la STC 77/2023, de 20 de junio de 2023.

componente político, la regla es palmariamente ignorada y la información usada como arma política sin considerar ni por un momento las graves consecuencias, el daño real e injusto que, de dicha actitud irresponsable, incívica y antidemocrática, va a derivarse.

La justa reparación que en todos estos casos de excesos y mal funcionamiento procedería sin ningún género de duda —y hay cientos de casos así— no va a poder ser, si hemos de ser sinceros, posible o, como mucho, será dramáticamente insuficiente. Es mucho mejor inversión por tanto tratar por todos los medios de no causar el daño que intentar, sin grandes expectativas de éxito, reparar el causado.

Consciente de todo ello, en el s. XXI, la Unión Europea, de forma destacada, ha sido capaz de culminar un estatus adecuado —sólido, pormenorizado, equilibrado, verificable— para las personas encausadas. Un estatus basado precisamente en las exigencias y garantías derivadas, en toda su capilaridad, de un estado de derecho, que ninguna otra forma de organización política garantiza ni por asomo, al menos en teoría, con la misma eficacia y precisión[5].

La relación entre el encausado y la víctima, se ha entendido en ocasiones como antagónica, la protección y el empoderamiento de una perjudicaba a la otra y viceversa, pero no es así, el estatus de ambas es simultáneamente relevante y de su adecuada regulación surgirá el equilibrio que propiciará un proceso penal respetuoso con las dos figuras, equilibrado, propio de un estado de derecho. No se trata de "desvestir un santo para vestir a otro", se trata de que todos los intervinientes en el proceso lo hagan en una situación óptima para la defensa de sus legítimos intereses de parte y, con ello, contribuyan a un sistema de resolución de conflictos de calidad[6].

---

5 *Vid.*, al respecto, Arangüena Fanego, C., De Hoyos Sancho, M., directoras. *Garantías procesales de investigados y acusados en procesos penales en la Unión Europea. Buenas prácticas en España,* Aranzadi, Pamplona 2020. En relación con las personas jurídicas y su equiparación con las personas físicas, en lo que a las garantías constitucionales se refiere, *vid.*, Arangüena Fanego, C., *Proceso penal frente a persona jurídica: garantías procesales,* en la obra colectiva, dirigida por Castillejo Manzanares, R., *El nuevo proceso penal sin código procesal penal,* Atelier, Barcelona 2019, págs. 761 y ss.

6 Seguimos la argumentación en relación con algunas de las cuestiones planteadas en la publicación, Esparza Leibar, I., Capítulo de libro: *Reflexión estival, desde la literatura, el arte y la actualidad, sobre la parte pasiva del proceso penal. En particular, la dificultad de ser coherente con la presunción de inocencia en un estado de derecho.* En la obra colectiva dirigida por Barona Vilar, S., *Justicia poliédrica en periodo de mudan-*

## 2. EL ENCAUSADO MEDIÁTICO EN UN ESTADO DE DERECHO: DOS MODELOS QUE *DE FACTO* COEXISTEN, IGNORANDO O CUMPLIENDO CON LO QUE LA PRESUNCIÓN DE INOCENCIA EN SU DIMENSIÓN EXTRAPROCESAL DEBE SIGNIFICAR

Sobre la base de un sistema acusatorio evolucionado, que incorpora por convicción una neta perspectiva garantista y, por vocación, la técnica y la metodología jurídica más avanzadas, el estado de derecho genera un proceso penal en el que el equilibrio entre los derechos del encausado, de la víctima, de la comunidad y del propio estado, a la hora de poder defenderse, alcanzan un punto de equilibrio aquilatado. Esto ocurre de forma muy significativa —y debe ser resaltado— en el espacio común del marco continental europeo. En un siglo las cosas han cambiado mucho y lo han hecho sin duda a mejor[7].

Son seguramente este tipo de consideraciones las que han llevado al legislador de nuestro país a impulsar un nuevo intento de renovar integralmente el parque normativo —actualmente confuso, excesivamente fragmentado, parcialmente obsoleto, etc.— en lo relativo al proceso penal. Nos referimos al ALECRIM de 2020, que genera ilusión y esperanza, a la vez que lo contrario y que, en relación precisamente con el encausado, busca garantizar para él un estatuto que engarce perfectamente con las exigencias de un estado de derecho, sobre la base de la objetividad y neutralidad de todas las autoridades en su actuación, en lo que a él concierne, y específicamente la imparcialidad del MF, en su doble condición: la consolidada de defensor de la legalidad y la más novedosa, que constituye un formidable reto (ya superado, por otra parte, en el derecho comparado) de director o líder de la investigación penal[8].

---

*za. Nuevos conceptos, nuevos sujetos, nuevos instrumentos y nueva intensidad*, Tirant lo Blanch, Valencia 2022, págs. 605 y ss.

7 *Vid.*, en general, al respecto Etxeberria Guridi, J. F., *Artículo 48: Presunción de inocencia y derechos de la defensa: La compleja cuestión de su eficacia.* En la obra colectiva, *La Carta de los Derechos Fundamentales de la Unión Europea y su reflejo en el ordenamiento jurídico español. Europar Batasunaren oinarrizko eskubideen gutuna eta bere isla espainiako ordenamendu juridikoan.* Dirigida por Ordeñana Gezuraga, I. Thomson Reuters. Aranzadi, Leizaola Elkargoa, EJ/GV., Pamplona 2014, págs. 845 y ss.

8 *Vid.*, ALECRIM de 2020, apartado XVI de la Exposición de Motivos: "En cuanto al contenido del llamado *estatuto de la persona encausada*, se encuentra este encabezado por un precepto con importante arraigo en nuestra tradición jurídica, relativo al deber de objetividad que alcanza a todas las autoridades que intervienen en el procedimiento penal. Se hace aquí un llamamiento especial al Ministerio Fiscal

para que vele por la efectividad del derecho de defensa. Se destaca, de este modo, que la nueva faceta del fiscal como director de la investigación no le exime del deber de imparcialidad inherente a su especial posición constitucional como defensor objetivo de la legalidad. Un deber que ha acompañado tradicionalmente a la institución desde que el Reglamento Provisional para la Administración de Justicia de 1835 señalara que a los fiscales:
"[...] si bien les toca promover con la mayor eficacia la persecución y el castigo de los delitos y los demás intereses de la causa pública, tienen obligación de defender o prestar su apoyo a la inocencia; de respetar o procurar que se respeten los legítimos derechos de las personas particulares procesadas, demandadas o de cualquier otro modo interesadas, y de no tratar nunca a éstas sino como sea conforme a la verdad y la justicia".
En cualquier caso, y a diferencia del actual Juez de Instrucción, el Ministerio Fiscal, en su actividad como director de la investigación, estará sujeto a la permanente vigilancia de un órgano judicial de garantías que tendrá la misión específica de evitar que se violenten los derechos que asisten al sujeto investigado.
Se presenta a continuación un elenco de facultades defensivas a disposición de la persona encausada que se ajusta a los estándares constitucionales previamente definidos en el título preliminar y a las exigencias de la normativa de la Unión Europea sobre la materia, en particular a las disposiciones de la Directiva 2013/48/UE del Parlamento Europeo y del Consejo, de 22 de octubre de 2013, sobre el derecho a la asistencia de letrado en los procesos penales y en los procedimientos relativos a la orden de detención europea, y sobre el derecho a que se informe a un tercero en el momento de la privación de libertad y a comunicarse con terceros y con autoridades consulares durante la privación de libertad y de la Directiva 2010/64/UE, del Parlamento Europeo y del Consejo, de 20 de octubre de 2010, relativa al derecho a la interpretación y traducción en los procesos penales. Al catálogo de derechos sigue la fijación expresa de las obligaciones que alcanzan a la persona encausada, singularmente la de comparecer al llamamiento del Ministerio Fiscal y la de someterse a los actos de investigación que sean acordados conforme a los requisitos legalmente establecidos.
Se completan estas normas generales con la regulación de la defensa técnica, que se hace necesaria desde la detención o la citación al acto de primera comparecencia para el traslado de los cargos. Se establecen asimismo los supuestos que permiten la exclusión del defensor de confianza, basados fundamentalmente en la regulación que sobre esta cuestión contiene la Ordenanza alemana, que ya fue tenida en cuenta en el Anteproyecto de ley de 2011. Se atiende, sobre todo, a la posible implicación del propio letrado en la comisión del hecho punible o a su pertenencia a la misma organización criminal con la que está vinculado su defendido. Será el Juez de Garantías el que, como órgano ajeno a la dirección del procedimiento, deberá comprobar, a instancia del fiscal, la realidad de alguna de estas circunstancias excepcionales y remover, en su caso, de su función defensiva al letrado designado."

No obstante, la atención, la política judicial, el mantenimiento y mejora del sistema deben ser permanentes ya que nuevos riesgos y peligros surgen y acechan. Y no nos referimos solo a nuevas formas de criminalidad, como es el caso de la temible y exponencialmente creciente, tanto cuantitativa como cualitativamente, ciberdelincuencia, sino también a desequilibrios que surgen y se agudizan en el sistema ya consolidado, afectando por ejemplo al encausado, lo que debería forzar la actuación del legislador.

La realidad cotidiana es desde hace tiempo una excelente e inagotable fuente de ejemplos que nos sirven para abordar y profundizar en el estudio del derecho procesal y de las buenas y malas prácticas derivadas, en el contexto de un estado de derecho. Las exigencias y los límites correlativos a la presunción de inocencia tampoco son, desde luego, ajenas a ella[9].

El resultado indiscutible es que para determinadas personas o en ciertos casos —especialmente cuando unas y otros son mediáticos— los juicios paralelos, incluso anticipados, se activan a gran escala, adquiriendo una enorme fuerza, siendo así que la calidad de la presunción de inocencia —mejor aún la propia presunción de inocencia en su vertiente extraproce-

---

Es preciso mencionar aquí el informe previo, de febrero de 2023, del CGPJ en el que se avala la constitucionalidad del modelo del Ministerio Fiscal como instructor en el proceso penal, a condición de que se refuerce su independencia. Esta es una cuestión clave para la anhelada reforma que se pretende del enjuiciamiento criminal. También conllevará, debe necesariamente hacerlo, una nueva capacitación de los fiscales, ya que no es posible asumir responsabilidades diferentes sin actualizar y adaptar también la formación.

9 "Esta vertiente "colectiva" o "social" de la publicidad no tiene la misma eficacia en todas las fases del procedimiento penal. Alcanza su plenitud en el acto del juicio oral, en el que, en determinadas circunstancias, los medios de comunicación pueden llegar incluso a transmitir públicamente el desarrollo de las sesiones. Tiene, en cambio, su mayor restricción en el ámbito de la actividad investigadora. En este momento preprocesal el flujo de información que se transmite al exterior ha de ser objeto de un tratamiento muy cuidadoso para salvaguardar el derecho a la presunción de inocencia." Apartado LX de la exposición de motivos del ALECRIM. "La actividad investigadora ha de estar caracterizada por la reserva propia de su naturaleza puramente preparatoria. Una transmisión indiscriminada de su contenido a la opinión pública supone un grave atentado para el derecho a la presunción de inocencia." Apartado LX de la exposición de motivos del ALECRIM. En busca de los límites de la institución, en relación con la "presunción de culpabilidad" en el ordenamiento español, sobre la forma en que el valor probatorio del indicio puede llegar legítimamente a desvirtuar la presunción de inocencia, vid, Gómez Colomer, J. L., *El indicio de cargo y la presunción judicial de culpabilidad en el proceso penal*, Tirant lo Blanch, Valencia 2021.

sal— desaparece, lo que no es compatible con un estado de derecho, por mucho que nos hayamos acostumbrado a verlo e incluso seamos capaces de predecirlo[10].

En la mayor parte de los casos más mediáticos en los que además concurre un componente "político", los medios de comunicación —e incluso las autoridades llamadas a proteger los derechos de los ciudadanos— actúan al informar, y lo hacen sin aparente rubor, en una suerte de prolongación de la línea editorial que los sustenta, lo que puede llegar a impedir —ocurre con no poca frecuencia— una información de calidad, veraz por tanto, a la que, por cierto, los ciudadanos tenemos derecho[11].

---

10 Al respecto, *vid.*, De Hoyos Sancho, M., *Efectos ad extra del derecho a la presunción de inocencia,* Tirant lo Blanch, Valencia 2020.

11 La STC 45/2022, de 23 de marzo de 2022, ya citada, dictada por el Pleno del TC, en resolución del Recurso de amparo 1621-2020, realiza una contribución clarificadora en esta materia, aunque insuficiente en nuestra opinión, ya que parece asistir impasible a la eventual vulneración de un derecho. "Conviene marcar una nítida diferencia entre las vulneraciones del derecho a la presunción de inocencia que pueden originarse en el seno del proceso y aquellas otras vulneraciones sociales de la presunción de inocencia, entendida ahora como regla de tratamiento. En el primer caso, las consecuencias han de fijarse atendiendo a la gravedad que encierra un desbordamiento de los límites del Estado en la actuación del *ius puniendi.* En el segundo, la reparación en nada interfiere la legitimidad de la actuación jurisdiccional dirigida a la proclamación del juicio de autoría. El razonamiento de las defensas parece equiparar esas dos formas de vulneración del derecho a la presunción de inocencia. Unas declaraciones políticas que implicaran, por ejemplo, la torpe y anticipada afirmación de culpabilidad de quienes están siendo enjuiciados, nunca pueden acarrear como ineludible consecuencia la obligación del tribunal de interrumpir el enjuiciamiento y dictar sentencia absolutoria. Lo verdaderamente determinante es que la culpabilidad de los acusados sea el desenlace de una práctica probatoria desarrollada conforme a los principios constitucionales que enmarcan el ejercicio de la función jurisdiccional. Y esto es lo realmente acontecido en el presente juicio". Aunque durante la tramitación del procedimiento, personas con responsabilidades gubernamentales y relevancia política de primer orden efectuaron no pocas declaraciones respecto de los demandantes tendentes a criminalizar su comportamiento, y ello resulta acreditado por su propia notoriedad, el amparo solicitado resulta finalmente desestimado, ya que en la demanda de amparo "no se dice de qué modo o en qué aspectos esas manifestaciones influyeron en los miembros del tribunal sentenciador, circunstancia esta que ha sido expresamente rechazada por dicho órgano… A la vista del planteamiento efectuado por el recurrente, que ni tan siquiera insinúa que las declaraciones que tacha de lesivas de su derecho a la presunción de inocencia hayan podido incidir en el ánimo de algún miembro de la sala sentenciadora, la contestación que ofrece el tribunal es muy simple. Se trata de una materia ajena

Por lo que a la jungla de las redes sociales concierne, no hay límite ni filtro que valga. Su funcionamiento actual, con el que no deberíamos conformarnos, propicia auténticos linchamientos que repugnan al más mínimo sentido de la justicia. La libertad de expresión y la razonable mesura en sus manifestaciones concretas —tanto en los contenidos como en las formas— deben poder ser compatibles, sin duda lo son.

Y es que en lo que a la eventual responsabilidad penal concierne, debemos ser capaces de disociar simpatía y afinidad (o sus contrarios), de lo que es propiamente responsabilidad, y dentro de ella sus distintas manifestaciones (moral, ética, penal o patrimonial), que conllevan aparejadas consecuencias bien distintas.

En relación con esta cuestión, hay ejemplos de autoridades y responsables políticos que se dejan llevar por impulsos extrajurídicos, lo que podría acarrear graves consecuencias. No debemos perder de vista que "A juicio del TEDH, la vulneración de la presunción de inocencia puede provocarse al margen del proceso."[12]

Ignorar lo que la presunción de inocencia —en su dimensión extraprocesal— significa no es algo inocente ni carente de consecuencias por lo que, por supuesto a las autoridades y responsables políticos, pero también a los medios de comunicación —que deben ser veraces— e incluso a los ciudadanos —que deberíamos ser conscientes de nuestra responsabi-

---

al proceso y, por esto mismo, ni puede ser enjuiciada en esta sede, ni merece más respuesta que el rechazo de su toma en consideración.

La vulneración del derecho a la presunción de inocencia en su dimensión extraprocesal, que es lo que aquí se denuncia, no es imputable a la sentencia recurrida en amparo. Tampoco cabe reprochar eficazmente a dicha sentencia, ni al tribunal que la dictó, no haber tutelado el derecho de que se trata, por la sencilla razón de que no constituía el objeto del proceso resolver sobre esta materia, ni era función del tribunal penal juzgador pronunciarse al respecto para, en su caso, otorgarla. En definitiva, la tutela del derecho fundamental invocado no tenía su cauce en el proceso penal del que dimana la condena ni, por tanto, integra el objeto del presente recurso de amparo."

12 *Vid.*, Esparza Leibar, I., Etxeberria Guridi J. F., *Artículo 6. Derecho a un proceso equitativo,* en, *Convenio Europeo de Derechos Humanos. Comentario sistemático,* Dirigido por Lasagabaster Herrarte, I., 4ª ed., Civitas-Thomson Reuters, Madrid 2021, págs. 227 y ss. La dimensión extraprocesal de la presunción de inocencia, también ha sido reconocida por el TEDH, en el marco del artículo 6.2 CEDH. *Vid.*, al respecto, SSTEDH, de 10 de febrero de 1995, asunto *Allenet de Ribemont c. Francia*; de 26 de marzo de 2002, asunto *Butkevicius c. Lituania*; de 28 de junio de 2011, asunto *Lizaso Azconobieta c. España.*

lidad— nos compete, a cada uno en la medida en que nos corresponde, respetar las reglas del "juego". La naturaleza de las obligaciones derivadas de la vigencia de la presunción de inocencia varía a medida que se amplía y expande el círculo y el vínculo de las personas e instituciones implicadas, el proceso, los medios de comunicación, las redes sociales. Las autoridades judiciales y políticas están obligadas a ser consecuentes con la presunción de inocencia, de no hacerlo así se incurrirá en una infracción con serias consecuencias jurídicas. Los medios de comunicación no están sujetos de la misma manera, pero es indiscutible la existencia de un deber ético de no tratar como culpable a quién no ha sido judicialmente declarado así, lo que contribuye decisivamente a la veracidad, a la que tenemos derecho. Finalmente, y por lo que a los ciudadanos concierne, su actitud debe ser la consecuencia de tener interiorizados valores democráticos y morales, incluso la empatía, como capacidad de ponerse en la situación de otra persona, la que dicte su actuación ante este tipo de casos.

Un adecuado ejercicio de empatía, para con las víctimas y también para con los encausados, ya que es en nuestra opinión complementario y saludable, podría ayudar a entender a lo que nos referimos, por lo que siempre será recomendable. Para finalizar este apartado, recordar el caso de Dolores Vázquez que constituye un doloroso recordatorio del enorme poder destructivo de los juicios paralelos, que, probablemente sin quererlo, pero también actuando temerariamente —sin atenerse a las reglas del juego limpio— generan víctimas que, por definición, son inocentes[13].

Tratándose de una cuestión extraordinariamente simple —toda persona es integralmente inocente mientras no haya sido condenada tras el indispensable y debido proceso, mediante sentencia firme— llama la atención poderosamente el desconocimiento de dicha máxima y de sus consecuencias, que en bastantes casos se produce, máxime cuando se trata de una persona, o de un asunto, más o menos mediático.

Esto mostraría, entre otras cosas, una falta de madurez en algunos aspectos de la cultura jurídica o incluso de la calidad democrática, de la que adolecen algunos países, por razones históricas y también de otra índole. No deja de ser sintomático que, en relación con un derecho fundamental digamos clásico, asentado e indiscutible, haya sido necesario promulgar, en

---

[13] *Vid.*, García Molina, P., *Administración de justicia y juicios paralelos,* también, Montón García, M., *Juicios paralelos: ¿Libertad de información o retroalimentación no jurídica perjudicial para la investigación?,* ambos en la obra colectiva, dirigida por Castillejo Manzanares, R., *El nuevo proceso penal sin código procesal penal, op. cit.*, págs. 29 y ss.

fechas relativamente recientes, la Directiva (UE) 2016/343, del Parlamento Europeo y del Consejo, de 9 de marzo de 2016, por la que se refuerzan en el proceso penal determinados aspectos de la presunción de inocencia y el derecho a estar presente en el juicio[14].

Por lo que a la extensión y límites en la aplicación de la presunción de inocencia concierne, "La presente Directiva debe aplicarse a las personas físicas sospechosas o acusadas en un proceso penal. Debe aplicarse desde el momento en que una persona sea sospechosa o esté acusada de haber cometido una infracción penal, o una presunta infracción penal, y, por lo tanto, incluso antes de que las autoridades competentes de un Estado miembro hayan comunicado a dicha persona, mediante notificación oficial u otra vía, su condición de sospechosa o acusada. La presente Directiva debe aplicarse en cualquier fase del proceso penal hasta que adquiera firmeza la resolución final sobre si el sospechoso o acusado ha cometido la infracción penal. El ámbito de aplicación de la presente Directiva no debe incluir las acciones ni los recursos judiciales que solo puedan ejercitarse o interponerse una vez que la resolución de que se trate sea firme, incluidos los recursos ante el Tribunal Europeo de Derechos Humanos"[15].

Las autoridades públicas en sus manifestaciones no deben ignorar los límites que la presunción de inocencia les impone en un estado de derecho, así, "Se vulneraría la presunción de inocencia si las declaraciones públicas de las autoridades públicas, o las resoluciones judiciales que no fuesen de condena se refiriesen a un sospechoso o acusado como culpable mientras no se haya probado su culpabilidad con arreglo a la ley. Dichas declaraciones y resoluciones judiciales no deben reflejar la opinión de que esa persona es culpable. Todo ello sin perjuicio de los actos procesales encaminados a demostrar la culpabilidad del sospechoso o acusado, como por ejemplo el escrito de acusación, y sin perjuicio de las resoluciones judiciales como resultado de las cuales adquiere eficacia una condena suspendida, siempre y cuando se respete el derecho de defensa. Se entiende, asimismo, sin perjuicio de las resoluciones preliminares de carácter procesal, adoptadas por las autoridades judiciales u otras autoridades competentes y que se basen

---

14 Esto demuestra también la necesidad de un adecuado "mantenimiento" y de una permanente actualización del sistema, acorde con el progreso de la ciencia jurídica, en pos de la mejora de la calidad de la justicia.

15 *Vid.*, Considerando nº 12, de la Directiva (UE) 2016/343. En relación con las personas jurídicas, vid, Arangüena Fanego, C., *Proceso penal frente a persona jurídica: garantías procesales,* en la obra colectiva, dirigida por Castillejo Manzanares, R., *El nuevo proceso penal sin código procesal penal, op. cit.*, págs. 778-779.

en sospechas o pruebas de cargo, como las resoluciones relativas a la prisión preventiva, siempre y cuando no se refieran al sospechoso o acusado como culpable. Antes de adoptar una resolución preliminar de carácter procesal, la autoridad competente debe comprobar previamente que existen suficientes pruebas de cargo contra el sospechoso o acusado que justifiquen la resolución de que se trate, y la resolución podría contener una referencia a dichas pruebas"[16].

Vamos, a continuación a analizar dos casos en los que, desde la perspectiva de la dimensión extraprocesal de la presunción de inocencia, la actuación de las autoridades y medios de comunicación ha generado dos escenarios completamente distintos. Vamos también a ver si eso afecta al titular del derecho fundamental a la presunción de inocencia, y adicionalmente a la calidad de los diferentes sistemas procesales, siendo así que ambos ejemplos se desarrollan en estados de derecho contemporáneos. Los ejemplos que llamamos al estrado ilustran los dos modelos extremos de afrontar —la coherencia máxima y el desconocimiento profundo— las exigencias derivadas de un estado de derecho.

### *2.1. En primer lugar, nos fijamos en Colombia y en el caso Otoniel:*

En octubre de 2021 es detenido en Colombia Darío Antonio Úsuga, alias Otoniel, buscado por la Interpol y reclamado por los Estados Unidos

---

16 Vid., Considerando nº 16, de la Directiva (UE) 2016/343. "Por «declaraciones públicas efectuadas por las autoridades públicas» debe entenderse cualquier declaración que se refiera a una infracción penal y que emane de una autoridad que participa en el proceso penal relativo a esa infracción penal, como por ejemplo las autoridades judiciales, la policía y otras autoridades con funciones policiales u otra autoridad pública, como ministros y otros cargos públicos, bien que sin perjuicio del Derecho nacional en materia de inmunidad." Vid., Considerando nº 17, de la Directiva (UE) 2016/343. Por lo que al TC concierne, la STC 91/2021, de 21 de abril, en su F.J. 8.3 afirma que: «El derecho a la presunción de inocencia reconocido en el artículo 24.2 de nuestra Constitución dispone de una vertiente o dimensión extraprocesal que constituye «el derecho a recibir la consideración y el trato de no autor o no partícipe en hechos de carácter delictivo o análogo a estos, sin previa resolución dictada por el poder público u órgano competente que así lo declare, y determina por ende el derecho a que no se apliquen las consecuencias o los efectos jurídicos anudados a hechos de tal naturaleza en las relaciones jurídicas de todo tipo» [STC 109/1986, de 24 de septiembre, FJ 1, seguida por SSTC 283/1994, de 24 de octubre, FJ 2; 166/1995, de 20 de noviembre, FJ 3; 244/2007, de 10 de diciembre, FJ 2, y 133/2018, de 13 de diciembre, FJ 4 a)].

de Norteamérica, a donde fue inmediatamente extraditado, solicitando allí ser enjuiciado por un jurado. Desde el primer momento y especialmente por parte de quién entonces ostentaba la Presidencia del país, el sr. Iván Duque —de formación jurista— se produce lo que desde nuestra perspectiva sería un tratamiento inadecuado y no conforme con las exigencias derivadas de la presunción de inocencia. Tanto en televisión como en otros medios de comunicación se prodigan imágenes y declaraciones definitivamente inadecuadas. En lo que a las imágenes concierne se observan —como por otra parte es habitual en algunos países de la región— fotografías y videos de personas detenidas que se muestran a la manera de los trofeos de caza. Perfectamente identificables, sin pixelar los rostros o —entonces— sin la preceptiva mascarilla de seguridad —pese a que quienes les rodean en las imágenes las portan— con las cámaras obstinadamente centradas en los rostros, en busca de algún rastro de emoción, algún gesto provocado y rodeados de personal armado y, en ocasiones, junto a material supuestamente incautado en la operación. En lo que a las declaraciones se refiere, frases que inequívoca y directamente atribuyen las más graves responsabilidades a los detenidos. Manifestó el presidente colombiano que la captura era "Solamente comparable a la caída de Pablo Escobar en los años noventa", o que el arrestado era "un asesino de policías, de soldados, de líderes sociales, además de reclutador de menores" o que "estamos hablando del narcotraficante más peligroso del mundo" que, en su opinión, será condenado severamente en los EEUU —como finalmente ha ocurrido— y posteriormente en Colombia.

¿Qué margen queda a los tribunales para la decisión?, ¿No se trata de una presión que afecta a su independencia?, ¿Se gana algo, es más eficiente?, ¿Qué ocurriría ante la eventual absolución de esta persona, en términos de legitimación del Poder Judicial o del Poder Ejecutivo? ¿Es la sobreactuación de las autoridades necesaria?[17]

---

[17] En España también encontramos recientemente, aunque de manera mucho menos escandalosa, algún caso de interferencia en la independencia judicial. En el curso de una causa judicial abierta por delitos de lesa humanidad, personas que han ostentado algunas de las más altas responsabilidades del Estado (singularmente expresidentes del Gobierno, pero también otros, más o menos, destacados líderes) se han inmiscuido de forma orquestada y calculada, publicando cartas de apoyo al exministro Martín Villa, quien en 2020 fue llamado a declarar ante la jueza argentina Servini.

### *2.2. En segundo lugar, nos fijamos en Bélgica y en el caso Kaili*

Otro caso reciente y ampliamente difundido dada su gran repercusión, es el que —entre otros, incluido algún eurodiputado— afecta a una persona cuando ostentaba una de las Vicepresidencias del Parlamento europeo, la eurodiputada Eva Kaili, en relación con el ya conocido como "Qatargate" —un presunto escándalo de corrupción en el que Marruecos y Catar habrían tratado de influir en políticas europeas que les conciernen, mediante el pago de elevadas cantidades de dinero y regalos a ciertos diputados— que ha causado un shock reputacional enorme a las instituciones de la UE. ¿Es en este caso más correcto el tratamiento institucional y mediático, desde la perspectiva de la presunción de inocencia? Podemos constatar que en el transcurso de la investigación la discreción es la nota dominante, pese a tratarse de un asunto con un "morbo" potencialmente elevado, a la vista de la concurrencia de varias circunstancias que lo singularizan. El punto de equilibrio en este momento procesal —investigación— se ha alcanzado destituyéndola como una de los 14 vicepresidentes del Parlamento Europeo, pero manteniendo su acta y sueldo de eurodiputada.

Detenida el 9 de diciembre de 2022 en Bruselas, al ser sorprendida en flagrancia, lo que enervó su inmunidad, y desde entonces en situación de prisión provisional en la que permanecería hasta el mes de abril, tal y como la justicia belga dictaminó. Todo ello pese a que ella se haya declarado inocente y su defensa haya sostenido que tal situación es contraria a la presunción de inocencia, por lo que debería ser puesta en libertad o, antes de privarle de libertad, sometida a vigilancia electrónica.

A mediados de abril de 2023, tras cuatro meses sometida a prisión provisional, se modifica su situación y pasa al estado de libertad bajo vigilancia electrónica, estatus en el que en principio permanecerá hasta la celebración del juicio.

Con la gestión de este caso, probablemente estemos contribuyendo a crear el estándar de calidad en el Espacio Europeo de Justicia en lo que a la integralidad de la presunción de inocencia concierne. No hay imágenes ni declaraciones inapropiadas, no se generan falsas expectativas ni equivocadas certezas prematuras. Nada hace pensar que una investigación eficiente y adecuada no se esté llevando a cabo, y que sus resultados serán dados a conocer puntual y diligentemente, en cada momento en que proceda.

Juzgar no es algo que la policía o el Ministerio Fiscal pueda hacer, o parecer que hacen, ni es algo que los medios de comunicación, las redes sociales o las autoridades del Poder Ejecutivo o Legislativo puedan hacer.

Juzgar es algo que sólo quienes integran el Poder Judicial —y dentro de él únicamente quien tenga atribuida la competencia— deben y pueden hacer.

En este sentido, nos parece un modelo de buena praxis el que rige en Francia, donde iniciada una investigación, es el ministerio público – su representante en el lugar - el único autorizado para trasladar la información, la que es posible hacer pública en cada momento preservando el éxito de la investigación y la seguridad de las personas, y la que es veraz, a los medios de comunicación. Lo que constituye una acertada forma de materializar la esencial política de comunicación de los tribunales. De esta manera, y si realiza bien su trabajo, es más sencillo que todos seamos consecuentes con la presunción de inocencia, que no olvidemos que no es una opción sino una obligación. Proporcionando a la sociedad información veraz, objetiva y de calidad, se evitará alimentar juicios —o prejuicios— paralelos mediáticos, generándose a la vez hábitos socialmente saludables, más acordes con los estándares democráticos[18].

La presunción de inocencia no es por tanto cosa de iniciados, de juristas y de autoridades, es cosa, debe serlo, de todos los ciudadanos, ya que a todos nos concierne, y todos podemos, en mayor o menor grado, incidir en ella. Tratándose de una cuestión que nos parece de la máxima importancia, debido a que incorrectamente enfocada provocará una vulnerabilidad adicional para el encausado —generadora de indefensión— y para su entorno, además de que puede fomentar innecesariamente hábitos sociales perniciosos, dedicaremos el siguiente apartado a profundizar sobre ella ilustrándola con alguna iniciativa hallada en el ordenamiento francés, incluyendo adicionalmente una breve referencia al ALECRIM de 2020, en cuya Exposición de Motivos se aborda directamente la cuestión que nos interesa.

La presunción de inocencia se prolonga intacta y plena (ni se refuerza ni se debilita) hasta el instante en que su titular es condenado de manera firme, y ello debe ser compatible con el uso proporcional y adecuado de

---

18 Dado que en el ALECRIM de 2020 —así como en sus antecedentes protonormativos que, siendo producto de políticas judiciales diferenciadas, coinciden en el diseño básico— y también ante la perspectiva mayoritaria del derecho comparado planetario, y específicamente en el espacio normativo de libertad y justicia de la Unión Europea, es el ministerio fiscal el encargado de liderar la investigación procesal, la atribución al mismo de la portavocía de las investigaciones en curso, parece una propuesta coherente.

las medidas cautelares, por parte del poder judicial, y con una política de comunicación y buenas prácticas rigurosa, tanto por parte de las autoridades, como por los medios de comunicación[19].

## 3. LA RECUPERACIÓN DE LA CONFIANZA CIUDADANA EN LA JUSTICIA, DE LA MANO DEL EMPODERAMIENTO DEL ENCAUSADO Y DE LA INTEGRALIDAD DE LA PRESUNCIÓN DE INOCENCIA. EL EJEMPLO DE FRANCIA Y EL ENFOQUE DEL ALECRIM

La confianza de los ciudadanos en la justicia es esencial para un estado de derecho, y para ganarla y mantenerla es precisa la actuación sostenida en varios frentes, siendo uno de los más relevantes el respeto de los derechos fundamentales de los ciudadanos. En España hace demasiado tiempo que la Justicia no es, lamentablemente, depositaria de la confianza ciudadana en la medida en que sería deseable —y no se trata de percepciones ambiguas, sino de hechos verificables (datos estadísticos, informes de organismos supranacionales, sentencias del TEDH)— lo que es insostenible, además de letal, para un estado de derecho. Las razones no son pocas y la responsabilidad es, con toda probabilidad, colectiva, aunque no en igual proporción entre todos los operadores[20].

Conscientes de lo que está en juego —y echando una ojeada a ordenamientos cercanos además de próximos— nos ha llamado la atención que desde la Asamblea Nacional francesa se han impulsado, claramente desde

---

19 Los casos de mala praxis en esta materia son innumerables, afectando de forma significativa a personas mediáticas. Sirva como ejemplo reciente, el caso del actor Kevin Spacey, absuelto, en julio de 2023, de todos los delitos que se le imputaban, cuando previamente había sufrido graves consecuencias, también patrimoniales (rescisión de contratos), directamente derivadas precisamente de dichas imputaciones. Finalmente, y en el mismo sentido, aunque la notoriedad viene dada por razones políticas, podríamos mencionar el caso del procés, donde la presunción de inocencia, en su dimensión extraprocesal, se vio asimismo zarandeada.

20 Una llamada de atención crítica sobre la situación actual, y sobre la verdadera misión del derecho procesal penal en un estado de derecho, nos la proporciona Gómez Colomer, J. L., en, *La contracción del derecho procesal penal,* Tirant lo Blanch, Valencia 2020. De forma complementaria, algunas de las razones profundas de la desafección ciudadana en relación con la justicia, y sus peligros, son objeto de acertado análisis por parte de Barona Vilar, S., *Proceso penal desde la historia. Desde su origen hasta la sociedad global del miedo,* Tirant lo Blanch, Valencia 2017.

el 5 de mayo de 2021 cuando se adopta en primera lectura un proyecto de ley específico, al que siguen diferentes iniciativas, todas ellas tendentes a fomentar —partiendo de un planteamiento sincero y realista— la confianza ciudadana en la institución judicial[21].

De entre todas esas iniciativas queremos destacar el informe específico realizado sobre la presunción de inocencia. Un planteamiento integral que, como no podía ser de otra manera, no descuida la dimensión extraprocesal de la presunción de inocencia, destacando sus puntos débiles, a la vez que su importancia para que el derecho fundamental sea respetado por todos, sin fisuras, sin generar indefensión[22].

Se trataría de dar a conocer, de explicar la necesidad y los objetivos de la compleja institución a los ciudadanos, de hacer que su funcionamiento sea algo comprensible y cercano. A la vez, se busca que los ciudadanos refuercen —como consecuencia de su ejemplar conducta, la calidad de su servicio y el estricto respeto de sus obligaciones deontológicas— su

---

21 http://www.justice.gouv.fr/ El 5 de enero de 2023, como continuación del trabajo de la Comisión General/"États généraux" de Justicia, y del informe entregado al presidente de la República en julio de 2022, el ministro de Justicia/"garde des Sceaux", Éric Dupond-Moretti, presentó su plan de acción que contiene 60 medidas para alcanzar una justicia más rápida y eficaz. Dicho plan prevé, de manera destacada, un incremento histórico de los medios humanos y financieros del sistema, además de medidas innovadoras en materia civil y de una refundición del proceso penal. En lo que a la simplificación y modernización del proceso penal concierne, se constata que se ha convertido en un instrumento de difícil comprensión además de no apto para afrontar las nuevas formas de delincuencia. Por ello, se aprecia la necesidad de simplificar y modernizar el Código Procesal Penal con el objeto de mejorar la coherencia en la redacción, así como de asegurar el respeto a la jerarquía normativa y la armonización del grupo normativo regulador. Se prevé una nueva redacción integral del Código Procesal Penal, atendiendo a la comisión parlamentaria (con representantes de ambas cámaras) de supervisión, validación de los trabajos y preparación del trámite parlamentario subsiguiente, además de a los profesionales involucrados, que perseguirá los siguientes objetivos principales: Reorganizar, modernizar, simplificar y acelerar el procedimiento. Mejorar específicamente la protección de las víctimas. Fortalecer la presunción de inocencia evitando cualquier tipo de vulneración. Con mención específica al grave peligro derivado del incorrecto empleo las redes sociales.

22 http://www.justice.gouv.fr/ *Rapport sur la présomption d'innocence*, publicado el 15 de octubre de 2021, y actualizado el 31 de mayo de 2023. Fue elaborado por el grupo de trabajo presidido por quien fuera ministra de justicia, Élisabeth Guigou. El informe formula 40 propuestas para prevenir y evitar los atentados y vulneraciones a la presunción de inocencia.

confianza en los profesionales del derecho, reconociéndoles la *auctoritas* y prescindiendo de la mera *potestas,* del temor reverencial. Para conseguir algo así —realmente es ambicioso— los derechos de los ciudadanos, en especial en lo que al proceso penal concierne, deberán ser fortalecidos primero sobre el papel y escrupulosamente respetados, haciendo alarde de ello, en la práctica cotidiana[23].

Constatamos que la presunción de inocencia, integralmente considerada, es uno de los principales ejes en torno a los que se alinean las medidas clave que contempla la iniciativa, que son: mejorar el desarrollo de los procesos penales, limitando razonablemente la duración de las investigaciones y haciéndolas más contradictorias y garantistas para el encausado. Redimensionar las medidas y penas privativas de libertad, siendo más eficaces en la prevención de la reincidencia y más proactivos para con la resocialización[24].

También se propone fomentar, de forma comprensible y para el conjunto de la sociedad, el conocimiento general sobre el estado de derecho y el funcionamiento del servicio público de la justicia, así como mejorar la formación de los profesionales concernidos y garantizar la calidad y veracidad de la información sobre cada proceso. Específicamente se propone mejorar la protección integral de la presunción de inocencia en el contexto de la ley procesal penal. Se busca, en palabras de sus promotores, "hacer pedagogía"[25].

Un estado de derecho no es una opción del momento, una moda, sin más consecuencias, un estado de derecho es un compromiso, un contrato, entre las instituciones y los ciudadanos. Un compromiso permanente y exigente, cuyo canon obliga a todos, entre otras muchas cosas, a respetar, yo diría que proactivamente, la presunción de inocencia del encausado,

---

23 En el contexto del proceso penal, "l'autorité judiciaire concilie le principe constitutionnel de la présomption d'innocence avec d'autres principes parfois d'égale valeur normative, parmi lesquels la liberté d'expression, les droits de la défense, les droits des victimes, le secret de l'enquête et de l'instruction. Les autres autorités doivent aussi souvent articuler la présomption d'innocence avec les exigences de protection de l'ordre public et de répression des auteurs d'infractions." En *La présomption d'innocence: un défi pour l'Etat de droit. Rapport du groupe de travail sur la présomption d'innocence.* Documento de síntesis, pág. 2. Publicado en octubre de 2021.

24 *Rapport sur la présomption d'innocence, op. cit.*, págs. 55 a 85.

25 *Rapport sur la présomption d'innocence, op. cit.*, la síntesis de las medidas concretas que se proponen por parte del grupo de trabajo, las hallamos en las págs. 81 a 85.

acomodando con precisión el estatus del sujeto pasivo procesal al desarrollo del proceso.

La clave radica en muy buena medida, siempre ha sido así, en la parte pasiva del proceso penal, ya que todos y cada uno de nosotros podemos llegar a serlo, y por ser ciudadanos de un estado de derecho hay un tratamiento que conviene a dicha circunstancia, el derivado del reconocimiento efectivo de sus derechos fundamentales, y muy singularmente de las exigencias derivadas de la vigencia de la presunción de inocencia, siendo todo lo que no se acomode realmente a ella de forma integral, rechazable. Que todos seamos realmente conscientes de ello es un empeño que merece la pena, una inversión que rentará a favor de la cohesión y la credibilidad de las instituciones, fortaleciendo y prestigiando —algo de lo que está muy necesitado— el estado de derecho.

Fijándonos ahora en el horizonte que se diseña para nuestro ordenamiento, el ALECRIM de 2020 aborda directa y —a nuestro juicio— acertadamente, en el apartado LX, "Régimen de publicidad externa de la investigación", de su Exposición de Motivos la cuestión que nos interesa[26].

---

[26] Apartado LX: "Con este fin, completamente distinto al del estricto secreto sumarial —que supone la restricción del acceso a las actuaciones de las propias partes personadas—, la ley de 1882 estableció una regla general de secreto *ad extra* del procedimiento instructor que en la práctica ha sido escasamente respetada. La implantación *de facto* de un sistema de difusión total e indiscriminada de cuanto acontece en el curso de la actividad investigadora oficial ha contribuido a la proliferación, no ya de juicios paralelos al que puede desarrollarse en el plenario en régimen de audiencia pública, sino más bien de juicios anticipados que se ponen en marcha desde la primera sospecha policial. Estos juicios mediáticos también han contribuido a sobredimensionar el valor de la investigación previa al juicio. Pero, sobre todo, han servido para poner en entredicho la efectividad del derecho a la presunción de inocencia, que en los casos que presentan cierta notoriedad pública llega ya muy mermado al acto del plenario. Son pocas las ocasiones en que una sentencia absolutoria acaba teniendo la misma difusión mediática, restableciéndose en lo posible el honor de la persona absuelta. Sin llegar al extremo de prohibir toda transmisión de información —opción constitucionalmente inviable—, la nueva regulación del procedimiento de investigación sí que ha de introducir cautelas normativas que aseguren que la información transmitida se contraiga a lo necesario desde el punto de vista del interés informativo. Las garantías que, en este punto, se han introducido para conciliar la libertad de información y la eficacia real de la presunción de inocencia se contraen al ámbito específico del procedimiento y de sus actores. Se ha entendido, así, que no es una tarea propia de la Ley de Enjuiciamiento Criminal determinar cómo han de comportarse los profesionales de la información en la elaboración y difusión de noticias sobre los

También en su Capítulo III del Título preliminar —que se refiere a los principios constitucionales del proceso penal— regula de forma integral la presunción de inocencia. Especialmente nos interesa su art. 7 que se refiere al derecho a la presunción de inocencia y a su eficacia extraprocesal como regla de tratamiento[27].

Es cierto que una trasmisión indiscriminada y sin filtro alguno del contenido de la investigación a la opinión pública, "supone un grave atentado para el derecho a la presunción de inocencia." Pero tampoco es admisible para un estado de derecho que la justicia se imparta de forma secreta, ya que sus consecuencias negativas serían aún más devastadoras. La sociedad tiene derecho a recibir una "información veraz" y ello supone una garantía en un estado de derecho[28].

En consecuencia con todo lo dicho, debería ser, según el nuevo modelo diseñado, el Ministerio Fiscal la institución encargada —la única— de la transmisión a los medios de comunicación, de la información oficial sobre los procedimientos que dirija, y deberá hacerlo con la "máxima objetividad"[29].

---

procesos criminales. Basta, por tanto, con reiterar en esta exposición previa que el principio de presunción de inocencia, en su vertiente extraprocesal, vincula a todos, y, por tanto, también a estos profesionales y a los medios a los que pertenecen. Circunscrito el campo de la ley procesal al ámbito específico de los actores del procedimiento de investigación, la regulación propuesta introduce garantías ajustadas a los cánones marcados por el Tribunal Europeo de Derechos Humanos y el Tribunal Constitucional. Se busca, así, que el flujo de información se limite a lo esencial desde el punto de vista del interés informativo y que se transmita de forma aséptica y objetiva."

27 Finalmente, la Disposición final sexta ALECRIM se refiere —en lo que nos concierne ahora— a que se completa la transposición de, entre otras, la Directiva (UE) 2016/343 del Parlamento Europeo y del Consejo, de 9 de marzo de 2016, por la que se refuerzan en el proceso penal determinados aspectos de la presunción de inocencia y el derecho a estar presente en el juicio. En total, el ALECRIM se refiere hasta en 46 ocasiones a la presunción de inocencia, a lo largo de su texto.

28 Apartado LX: "Su fundamento constitucional es el derecho a dar y recibir una información veraz. Un derecho que en nuestra "sociedad de la información", más que a través de la presencia directa del público en la sala de vistas, se instrumenta a través de la labor de difusión que realizan los medios de comunicación social."

29 Apartado LX: "Lo debe hacer, además, utilizando el cauce ordinario de las notas de prensa y los comunicados oficiales, para alejar cualquier tipo de tratamiento privilegiado de unos medios frente a otros." En cuanto al contenido y límites de la información que se debe proporcionar, *vid.*, art. 146 ALECRIM.

## 4. EL PROYECTO DE LEY ORGÁNICA DEL DERECHO DE DEFENSA DE 2023 Y LA PRESUNCIÓN DE INOCENCIA. UNA OPORTUNIDAD PERDIDA

En la exposición de motivos del anteproyecto —publicado en el BOE del 1 de septiembre de 2022, tras su aprobación por el Consejo de Ministros, y ya convertido en Proyecto de Ley Orgánica del Derecho de Defensa, tras su aprobación por el Consejo de Ministros del 4 de abril de 2023— en su apartado I, se afirma que: "El artículo 24 de la Constitución Española consagra el derecho fundamental a la tutela judicial efectiva, vinculándolo indisolublemente al también fundamental derecho a la no indefensión o, en términos positivos, al derecho de defensa; vinculación tan íntima y sustancial que permite enunciar como ecuación axiomática que sin tutela judicial efectiva no es posible una defensa real y sin una defensa efectiva es inviable el ejercicio de una real tutela judicial efectiva. Se configuran por tanto ambos derechos como dos caras de la misma moneda y como corolario inherente al funcionamiento de un Estado de Derecho. El apartado segundo de dicho artículo, además de reconocer expresamente el derecho a la defensa y a la asistencia de letrado, consagra algunas de las manifestaciones de este derecho fundamental, entre las que se encuentran el derecho a ser informado de la acusación formulada contra uno; a un proceso público sin dilaciones indebidas y con todas las garantías; a utilizar los medios de prueba pertinentes para la defensa, a no declarar contra uno mismo, a no confesarse culpable y a la presunción de inocencia."

En lo que al espacio europeo concierne, el apartado II de la exposición de motivos señala que: "A su vez, el Derecho europeo contiene previsiones en esta materia, entre otras, la Directiva 2016/343 del Parlamento Europeo y del Consejo de 9 de marzo de 2016, por la que se refuerzan en el proceso penal determinados aspectos de la presunción de inocencia y el derecho a estar presente en el juicio."

Ya en el articulado del documento, el artículo 3.3 sostiene que "En las causas penales, el derecho de defensa integra, además, el derecho a ser informado de la acusación, a no declarar contra uno mismo, a no confesarse culpable, a la presunción de inocencia y a la doble instancia, de conformidad con la Ley de Enjuiciamiento Criminal, la Ley Orgánica 6/1985, de 1 de julio, del Poder Judicial, la Ley Orgánica 2/1989, de 13 de abril, Procesal Militar, y la Ley Orgánica 5/2000, de 12 de enero, reguladora de la responsabilidad penal de los menores."

Todo hacía presagiar que la presunción de inocencia iba a ser abordada y tratada al máximo nivel, sin embargo, estas expectativas se vieron frustradas. Siendo así que, a la postre, el CGPJ aprobó el 26 de enero de 2023, por unanimidad, el informe al Anteproyecto de ley del Derecho a la Defensa en el que avisa al Gobierno —entre otras cuestiones— de que "silencio" sobre el derecho a la presunción de inocencia "constituye una carencia ciertamente importante" del texto.

La Comisión Permanente del CGPJ abordó, entre otras cuestiones, el informe —del que han sido ponentes los vocales Enrique Lucas y José María Macías— en el que se cuestiona tanto el rango normativo elegido por el protolegislador como la ausencia de desarrollo de los derechos y garantías reconocidos en el artículo 24 de la Constitución Española.

El texto redactado por los mencionados vocales, constata que el contenido esencial del artículo 24 —que recoge el "derecho al juez ordinario predeterminado por la ley, ... a un proceso público sin dilaciones indebidas y con todas las garantías, ... y a la presunción de inocencia"— no es objeto de desarrollo en el texto, "Sorprendentemente, ninguno de estos derechos es objeto de atención específica en el anteproyecto sometido a informe, que solo los menciona", señala el dictamen aprobado por el Pleno.

Coincidimos con el informe en que se trata de una oportunidad perdida, a la vez que una carencia importante, que el Anteproyecto desconozca, específicamente en lo que ahora queremos tratar, el derecho fundamental a la presunción de inocencia. Hubiera podido aprovecharse la ocasión para impulsar un salto cualitativo —entendemos que oportuno y necesario, a la vista de lo que venimos diciendo— a esta crucial cuestión. Es decir, hacer una referencia expresa e integral a la dimensión extraprocesal de la presunción de inocencia, contribuyendo a sentar y a afianzar las bases de su correcto tratamiento, avanzando en la línea de las interesantes y concretas propuestas del ALECRIM.

## 5. CONCLUSIONES Y PROPUESTAS

Iniciado un proceso y encausada una persona el tiempo empieza a correr y, a partir de cierto momento, lo hace en contra del sistema, de su credibilidad de su calidad. Solo un proceso rápido, sin dilaciones indebidas sería aceptable en un estado de derecho.

Durante la duración del proceso debe hallarse el equilibrio entre la presunción de inocencia en su dimensión extraprocesal y el derecho de la sociedad a recibir información de calidad. Esto es fácil de entender, pero más complicado de implementar correctamente. Parte de la respuesta pasaría por la regulación de una adecuada política de comunicación institucional tendente a impedir la proliferación de espectáculos mediáticos nada rigurosos, en los que la especulación de trazo grueso es frecuentemente el método.

La persona encausada no debe soportar un juicio (que no lo es) mediático paralelo sin reglas. Esto debería ser un imperativo ético para los medios de comunicación. La presunción de inocencia también le debe proteger de ello. La información no veraz puede adicionalmente generar expectativas irreales, que al verse frustradas pueden generar en casos especialmente delicados —ha ocurrido ya con "la manada" y es cada vez más frecuente— intolerables presiones e incluso acoso a los miembros del órgano jurisdiccional, amplificados por las en ocasiones salvajes e incontrolables redes sociales, que pueden derivar en graves e indeseadas consecuencias que van mucho más allá del ámbito profesional[30].

Por todo ello, cabría esperara del legislador que abordara esta cuestión, tratando de manera expresa la dimensión extraprocesal de la presunción de inocencia, fijando sus implicaciones y límites, sentando las bases de su correcto tratamiento. De no hacerlo, se estarían propiciando, o al menos tolerando, las condiciones que podrían impedir la garantía de un juicio justo.

Propuestas:

1. Que las autoridades o medios de comunicación obligados no respeten las exigencias derivadas de la presunción de inocencia en su dimensión extraprocesal, no supondrá la vulneración de un derecho fundamental con las consecuencias procesales que prevé el art. 238 LOPJ, ya que no han sido quienes lideran y gestionan el proceso los que han generado el daño, o dicho de otra manera, el daño no se ha producido en el seno del proceso. Pero el daño se ha producido, por lo que debe haber algo que podamos hacer y ello tanto de manera preventiva (2, 3 y 4), como reaccional o retributiva (5):

---

30 En general, en referencia al poderoso e incontrolado fenómeno de las redes sociales, *vid.*, Rodríguez Álvarez, A., *Redes sociales y proceso penal: una radiografía*, en la obra colectiva, dirigida por Castillejo Manzanares, R., *El nuevo proceso penal sin código procesal penal*, Atelier, Barcelona 2019, págs. 321 y ss.

2. Es necesario crear y dar a conocer a los profesionales de los medios de comunicación un código ético aplicable a su actividad relacionada con la cobertura de causas mediáticas. La imprescindible calidad de la información publicada se justificará plenamente en la necesidad de protección de los derechos de los encausados y del necesario secreto sumarial. Para ello sería recomendable un debate sereno en relación específicamente con esta cuestión.

3. Es necesario que exista —y que funcione correctamente— una única fuente de información oficial sobre el desarrollo de la actividad procesal, especialmente en los asuntos más mediáticos. Al igual que, por ejemplo, ocurre en Francia donde es el fiscal competente (ni los abogados, ni los jueces) el único que da a conocer la información que en cada momento procede. Información en definitiva institucional, que debe ser veraz y que busca el equilibrio entre la eficacia de la investigación, el legítimo deseo de conocer por parte de la sociedad y la protección de la presunción de inocencia, en su vertiente extraprocesal.

4. Si los medios de comunicación actúan con responsabilidad y las fuentes oficiales de información cumplen con la función que tienen encomendada, no será posible que se alimenten juicios paralelos —o peor aún, anticipados— que no contribuyen en nada positivo y que pueden ser muy perjudiciales tanto para el encausado como para el conjunto del sistema. Será ésta una contribución decisiva a la necesaria sensibilización social en esta materia, una muestra de madurez del estado de derecho.

5. El remedio último —si todo lo demás, incluidas las medidas preventivas que hemos analizado hubiera fallado— es decir, la tutela a través del derecho al honor, debería ser eficiente y no constituir una injusta prolongación de la indefensión. Adicionalmente y a efectos de no desaprovecharlo, el recurso de amparo deberá ser correctamente planteado. La tutela integral de la presunción de inocencia ante el TC nos llevará a reclamar también, en su caso, el amparo por vulneración del art. 18 CE, como consecuencia de la erosión o lesión de la presunción de inocencia en su vertiente o dimensión extraprocesal, acreditando eventualmente el modo en que dicha vulneración influyó en la sentencia condenatoria[31].

---

31 La STC 133/2018, establece que "la dimensión extraprocesal de la presunción de inocencia, reconocida también por el Tribunal Europeo de Derechos Huma-

## BIBLIOGRAFÍA

Arangüena Fanego, C., *Proceso penal frente a persona jurídica: garantías procesales,* en la obra colectiva, dirigida por Castillejo Manzanares, R., *El nuevo proceso penal sin código procesal penal,* Atelier, Barcelona 2019.

Arangüena Fanego, C., De Hoyos Sancho, M., directoras. *Garantías procesales de investigados y acusados en procesos penales en la Unión Europea. Buenas prácticas en España,* Aranzadi, Pamplona 2020.

Barona Vilar, S., *Proceso penal desde la historia. Desde su origen hasta la sociedad global del miedo,* Tirant lo Blanch, Valencia 2017.

De Hoyos Sancho, M., *Efectos ad extra del derecho a la presunción de inocencia,* Tirant lo Blanch, Valencia 2020.

Esparza Leibar, I., Etxeberria Guridi J. F., *Artículo 6. Derecho a un proceso equitativo,* en, *Convenio Europeo de Derechos Humanos. Comentario sistemático,* Dirigido por Lasagabaster Herrarte, I., 4ª ed., Civitas-Thomson Reuters, Madrid 2021.

Esparza Leibar, I., *Reflexión estival, desde la literatura, el arte y la actualidad, sobre la parte pasiva del proceso penal. En particular, la dificultad de ser coherente con la presunción de inocencia en un estado de derecho,* en la obra colectiva dirigida por Barona Vilar, S., *Justicia poliédrica en periodo de mudanza. Nuevos conceptos, nuevos sujetos, nuevos instrumentos y nueva intensidad,* Tirant lo Blanch, Valencia 2022.

Etxeberria Guridi, J. F., *Artículo 48: Presunción de inocencia y derechos de la defensa: La compleja cuestión de su eficacia.* En la obra colectiva, *La Carta de los Derechos Fundamentales de la Unión Europea y su reflejo en el ordenamiento jurídico español. Europar Batasunaren oinarrizko eskubideen gutuna eta bere isla espainiako ordenamendu juridikoan.* Dirigida

nos en el marco del artículo 6.2 CEDH [...] encuentra específica protección en nuestro sistema de derechos fundamentales a través o por medio de la tutela del derecho al honor, operando dicha presunción como elemento instrumental del enjuiciamiento de una posible lesión del derecho al honor (STC 244/2007, FJ 2). [...] Esta dimensión extraprocesal de la presunción de inocencia, no constituye por sí misma un derecho fundamental distinto o autónomo del que emana de los artículos 10 y 18 de la Constitución, de tal modo que ha de ser la vulneración de estos preceptos, y señaladamente del artículo 18, lo que sirva de base a su protección a través del recurso de amparo, porque [...] la presunción de inocencia que garantiza el artículo 24.2 CE, alcanza el valor de derecho fundamental susceptible de amparo constitucional, cuando el imputado en un proceso penal, que ha de considerarse inocente en tanto no se pruebe su culpabilidad, resulte condenado sin que las pruebas, obtenidas y practicadas con todas las garantías legal y constitucionalmente exigibles, permitan destruir dicha presunción. En los demás casos relativos al honor y a la dignidad de la persona, que no son una presunción sino una cualidad consustancial inherente a la misma, serán los derechos consagrados en el artículo 18 CE los que, por la vía del recurso de amparo, habrán de ser preservados o restablecidos" (STC 166/1995, FJ 3; doctrina que reitera la STC 244/2007, FJ 2)" [STC 133/2018, FJ 4 a). La STC 45/2022, de 23 de marzo razona, no obstante, de manera diversa.

por Ordeñana Gezuraga, I. Thomson Reuters. Aranzadi, Leizaola Elkargoa, EJ/GV., Pamplona 2014.

García Molina, P., *Administración de justicia y juicios paralelos*, en la obra colectiva, dirigida por Castillejo Manzanares, R., *El nuevo proceso penal sin código procesal penal*, Atelier, Barcelona 2019.

Gómez Colomer, J. L., *La contracción del derecho procesal penal*, Tirant lo Blanch, Valencia 2020.

Gómez Colomer, J. L., *El indicio de cargo y la presunción judicial de culpabilidad en el proceso penal*, Tirant lo Blanch, Valencia 2021.

Guigou, E., *Rapport sur la présomption d'innocence*, publicado el 15 de octubre de 2021. Elaborado por el grupo de trabajo presidido por quien fuera ministra de justicia, Élisabeth Guigou.

Guigou, E., *La présomption d'innocence: un défi pour l'Etat de droit. Rapport du groupe de travail sur la présomption d'innocence*" Documento de síntesis, publicado el 15 de octubre de 2021.

Montón García, M., *Juicios paralelos: ¿Libertad de información o retroalimentación no jurídica perjudicial para la investigación?*, en la obra colectiva, dirigida por Castillejo Manzanares, R., *El nuevo proceso penal sin código procesal penal*, Atelier, Barcelona 2019.

Ortego Pérez, F., *De los delitos, de ciertas "penas"... y de algunas instrucciones (La justicia penal en los medios de comunicación), Diario La Ley*, nº. 7346 de 2010.

Rodríguez Álvarez, A., *Redes sociales y proceso penal: una radiografía*, en la obra colectiva, dirigida por Castillejo Manzanares, R., *El nuevo proceso penal sin código procesal penal*, Atelier, Barcelona 2019.

Torres Díaz, Mª. C., *La dimensión extraprocesal del derecho a la presunción de inocencia frente a la actuación de las comisiones parlamentarias de investigación ¿qué ha dicho el Tribunal Constitucional? Comentarios a la STC 77/2023, de 20 de junio.* Diario La Ley, nº 10382 de 7 de noviembre de 2023.

## JURISPRUDENCIA TC

STC 133/2018, de 13 de diciembre de 2018. Recurso de amparo 4877-2017.
STC 91/2021, de 22 de abril de 2021. Recurso de amparo 1403-2020.
STC 45/2022, de 23 de marzo de 2022. Recurso de amparo 1621-2020.
STC 77/2023, de 20 de junio de 2023. Recurso de amparo 2646-2019.

## JURISPRUDENCIA TEDH

STEDH, de 10 de febrero de 1995, asunto Allenet de Ribemont c. Francia.
STEDH de 26 de marzo de 2002, asunto Butkevicius c. Lituania.
STEDH de 28 de junio de 2011, asunto Lizaso Azconobieta c. España.

# *Fiscalía Europea y cuestiones de competencia: la discutible solución española*[1]

**CORAL ARANGÜENA FANEGO**
*Catedrática de Derecho Procesal y miembro del Instituto de Estudios Europeos de la Universidad de Valladolid*



## 1. INTRODUCCIÓN

La aprobación del Reglamento (UE) 2017/1939 del Consejo, de 12 de octubre de 2017, por el que se establece una cooperación reforzada para la creación de la Fiscalía Europea (RFE, en adelante) y el nuevo actor que ha hecho su aparición en el Espacio de Justicia europeo ha supuesto todo un hito en el Derecho Penal y Procesal Penal Europeo al configurarse como primer y único órgano supranacional con potestades para investigar y llevar a juicio a los autores y partícipes de los delitos de su competencia[2]; en

---

1 Trabajo dedicado al Dr. Moreno Catena, realizado en el marco del proyecto de investigación *Proceso Penal y Unión Europea. PID2020-116848GB-I00.*

2 Proyecto largamente gestado cuya primera iniciativa data de los años noventa y recibió el nombre de *Corpus Juris*, cuya versión original es la publicada en francés por M. Delmas-Marty, *"Corpus Juris" portant dispositions pénales pour la protection des intérêts financiers de l'Union européenne*, Paris, Economica, 1997. Para un resumen de los pasos seguidos desde el Corpus Juris hasta las previsiones recogidas en el Tratado de Lisboa *vid.* VERVAELE, John, "De EUROJUST a la Fiscalía Europea en el Espacio Judicial Europeo. ¿El inicio de un Derecho Procesal Penal Europeo", en Espina Ramos, Jorge A. y Vicente Carbajosa, Isabel, *La futura Fiscalía Europea*, Ed. BOE, Madrid, 2009, págs. 133-171. *Vid.* asimismo, del mismo autor, el resumen de la tramitación legislativa seguida desde la Propuesta de la Comisión de 2013,

la actualidad, limitados a los que perjudiquen a los intereses financieros de la Unión recogidos en la Directiva (UE) 2017/1371 sobre la lucha contra el fraude que afecta a los intereses financieros de la Unión a través del Derecho penal (Directiva PIF, en adelante)[3].

Con este nuevo órgano se pretende mejorar la protección penal de los referidos intereses aportando un mayor valor añadido que el conjunto del esfuerzo de los Estados Miembros, superando la fragmentación de las investigaciones en los delitos transfronterizos y estableciendo una política uniforme en la investigación y el ejercicio de la acción penal en el ámbito de su competencia capaz de generar una protección equivalente de los intereses financieros de la Unión en todos los Estados Miembros[4].

La aplicación del RFE ha requerido de una adaptación y encaje en los sistemas procesales nacionales, ajustes que han resultado particularmente complejos en el sistema procesal penal español, dada la singularidad que a día de hoy representa la instrucción judicial absolutamente alejada del modelo que implanta el Reglamento que, en sintonía con el de la mayoría de los Estados de la Unión, atribuye la dirección de la investigación penal a la Fiscalía Europea, siendo también la autoridad que decidirá sobre su terminación, postulando o no a continuación el ejercicio de la acción penal.

Ante tal circunstancia, se ha hecho necesaria una regulación que insertara en la legislación española las figuras previstas en el Reglamento, evitando antinomias y anudando nuestro sistema procesal a la nueva institución europea. Ha sido la Ley Orgánica 9/2021, de 1 de julio, de aplicación del RFE (LOFE, en adelante), la que ha llevado a cabo la citada adaptación lo que ha supuesto tanto la modificación de leyes de rango orgánico, como

---

hasta el texto final en forma de Reglamento fruto de una cooperación reforzada en "A Procuradoria Europeia: um gigante com pés de barro nacionais?" en Miranda Rodrigues, Anabela/ Nieto Martín, Adán/Acale Sánchez, Maria/Costa, Miguel João Costa (eds.): *Procuradoria Europeia e Criminalidade Económico-Financeira,* FDUC, Coimbra, 2023, págs. 21-50.

3 Directiva (UE) 2017/1371 del Parlamento Europeo y del Consejo, de 5 de julio de 2017, sobre la lucha contra el fraude que afecta a los intereses financieros de la Unión a través del Derecho penal, DOUE L 198/29, de 28.7.2017.

4 Sabadell Carnicero, Concepción, "Capítulo III: Retos y perspectivas de la Fiscalía Europea", en Guerrero Palomares, Salvador (director), Tratado sobre la Fiscalía Europea y el procedimiento penal especial de la LO 9/2021, de 1 de julio, Aranzadi, Cizur Menor, 2023, pág. 129.

también de medidas de naturaleza estrictamente procesal: novedades procedimentales que impone un nuevo sistema de investigación bajo la dirección del fiscal europeo delegado (FED, en adelante).

La consecuencia inmediata es que en el sistema procesal penal español conviven ahora dos modelos diametralmente distintos. No sólo (o no tanto), porque la investigación se atribuya a un órgano no jurisdiccional (modelo ya existente en España en la jurisdicción de menores) sino más bien por las potestades que se le confieren, no previstas hasta la fecha en ningún texto procesal aunque sí en el Reglamento (v.gr. medidas cautelares reales susceptibles de adopción de oficio e *inaudita* parte por el propio FED)[5] o por prever modalidades investigadoras particulares que aún sometidas a control judicial no están expresamente previstas en el Reglamento (investigación bajo régimen de secreto "interno") sin olvidar que la investigación no está sometida a plazo (como sí lo está en la legislación española la instrucción judicial de los procesos ordinario y abreviado, como también las diligencias preprocesales de la Fiscalía)[6].

De entre las muchas cuestiones que pueden analizarse en el seno de esta nueva normativa, me detendré en las cuestiones de competencia que pueden surgir entre Fiscalía Europea y autoridades nacionales encargadas de la investigación penal.

---

5 Permítaseme remitir en este punto a mis trabajos sobre la materia: "Proceso penal e investigación de la Fiscalía Europea. Especial consideración de su actuación en materia cautelar real", en Miranda Rodrigues, Anabela/ Nieto Martín, Adán/ Acale Sánchez, María/ João Costa, Miguel (eds.), *Procuradoria Europeia e Criminalidade Económico-Financeira | La Fiscalía Europea ante la Delincuencia Económica y Financiera*, FDUC, Coimbra, 2023, págs. 251-270 y "Capítulo XV. Medidas cautelares", en Guerrero Palomares, Salvador (director), *Tratado sobre la Fiscalía Europea y el procedimiento penal especial de la LO 9/2021, de 1 de julio*, Aranzadi, Cizur Menor, 2023, págs. 505-531.

6 Sobre este nuevo proceso especial véase *in extenso* Rodríguez-Medel Nieto, Carmen, *Fiscalía Europea, primer año de aplicación del Reglamento (UE) 2017/1939 y de la Ley Orgánica 9/2021-LOFE*, 2022 (publicación independiente) y la obra colectiva dirigida por Guerrero Palomares, Salvador, *Tratado sobre la Fiscalía Europea y el procedimiento penal especial de la LO 9/2021, de 1 de julio*, Aranzadi, Cizur Menor, 2023.

## 2. PUNTO DE PARTIDA. LA COMPLEJA DELIMITACIÓN DE LA COMPETENCIA DE LA FISCALÍA EUROPEA

La competencia material de la Fiscalía Europea actualmente se encuentra circunscrita a la persecución de los llamados delitos contra los intereses financieros de la Unión Europea (delitos PIF). Se trata de un concepto autónomo del Derecho de la Unión que se extiende a todos los ingresos, gastos y activos cubiertos por, adquiridos a través de, o adecuados al presupuesto de la Unión o cualquiera de sus instituciones, órganos y organismos, así como a otros presupuestos gestionados directa o indirectamente por ellos (art. 2.3 RFE)

Pero la concreción en la práctica de la competencia de la Fiscalía Europea no es una tarea sencilla.

En primer lugar, porque ésta viene determinada por remisión a la ya citada Directiva PIF, tal y como esta se haya transpuesto a la legislación nacional. Así lo indica el art. 22.1 del RFE lo que si bien tiene ciertas ventajas derivadas de su intrínseco carácter dinámico[7] es al tiempo fuente de problemas atendidas las diferencias existentes en los Estados miembros a la hora de su transposición, no siempre correcta, como ha puesto de manifiesto la Comisión Europea[8]. Son, pues, las legislaciones nacionales las que partiendo de las definiciones de la Directiva y del Reglamento van a

---

7 La Directiva PIF podría ser modificada en un futuro a través del procedimiento legislativo ordinario (que no requiere la unanimidad) lo que afectaría de forma indirecta a las competencias de la Fiscalía Europea. Haber acudido a la fórmula, más segura, pero más estrecha, de enumerar el catálogo de delitos concreto en el propio Reglamento hubiera supuesto que el ámbito de aplicación no podría alterarse si el Reglamento no fuese modificado conforme a la regla de la unanimidad establecida en el art. 86 del Tratado de Funcionamiento de la Unión Europea. Sobre estas cuestiones *vid.* Vilas Álvarez, David, "La competencia material de la Fiscalía Europea", en Bachmaier Winter, Lorena (coordinadora) *La Fiscalía Europea,* Marcial Pons, Madrid-Barcelona, 2018, págs. 57-60 y Pérez Marín, Mª Ángeles, "The European Public Prosecutor's Office protecting the Union's financial interests through criminal law", *eucrim* 1/2021, págs. 36-41.

8 En el Informe de la Comisión al Parlamento Europeo y al Consejo sobre la aplicación de la Directiva (UE) 2017/1371 del Parlamento Europeo y del Consejo, de 5 de julio de 2017, sobre la lucha contra el fraude que afecta a los intereses financieros de la Unión a través del Derecho penal, COM (2021) 536 final, 6 de septiembre de 2021, se refleja que se han abierto procedimientos de infracción contra más de la mitad de los Estados miembros por la defectuosa transposición de la Directiva PIF.

definir los delitos que conformarán el ámbito objetivo de actuación de la Fiscalía Europea lo que, según veremos a continuación, también tiene consecuencias a la hora de propiciar en cierta medida que se susciten cuestiones de competencia entre la Fiscalía Europea y las autoridades nacionales encargadas de la investigación penal.

En segundo lugar, porque si bien las investigaciones de la Fiscalía Europea tienen, por regla general, prioridad sobre las que lleven a cabo las autoridades nacionales que afecten a delitos contra los intereses financieros de la Unión Europea, algo explicable en atención a la finalidad perseguida de orientar y garantizar la coherencia de las investigaciones y el ejercicio de la acción penal a escala de la Unión, esta competencia "prioritaria"[9] no equivale a competencia "exclusiva" como claramente indica el Considerando 13 RFE al haber apostado el Reglamento por un sistema de competencias compartidas con los Estados miembros participantes en la cooperación reforzada.

En consecuencia, y como desde un primer momento se previó y, más aún, se cuestionó por parte del sector doctrinal defensor de que se hubiera conferido a la Fiscalía Europea jurisdicción (competencia) exclusiva[10] (y no compartida), las fricciones con las diversas autoridades (fiscalías) nacionales eran más que previsibles.

Fricciones cuya previsibilidad venía también abonada por la compleja regulación de la competencia de la Fiscalía Europea que lleva a cabo el RFE en su capítulo IV y sobre la que, por razones de espacio, no nos podemos detener[11]. Baste con indicar que dicho capítulo[12] dedica una sección (la primera) a la regulación de la competencia material, territorial y personal de la Fiscalía europea, pero añade otra (Sección segunda) donde se recogen las condiciones para su ejercicio efectivo pues no toda conducta que potencialmente puede entrar dentro del ámbito de competencia de la Fiscalía Europea termina desembocando en la incoación de una inves-

---

9 Cfr, el muy gráfico Considerando 58 RFE.

10 Así, Gómez Jara, Carlos, "Sobre la competencia de la fiscalía europea: un reto pendiente", *Legal today* 30 de marzo de 2022.

11 Cuestión de la que ya nos ocupamos sumariamente y a este propósito en "Cuestiones de competencia entre jueces de instrucción y Fiscalía Europea", *Cuadernos Digitales de Formación (CGPJ)*, vol. 12/2023.

12 Regulación que se completa con el art. 120 que fija los límites temporales de su ejercicio circunscritos a las causas por delitos PIF cometidos después del 20 de noviembre de 2017 (fecha de entrada en vigor del Reglamento).

tigación penal dirigida por este órgano sino que depende, en buena parte, de las características cuantitativas y cualitativas de la conducta punible. Disposiciones que se complementan con las Orientaciones Generales en materia de ejercicio de la competencia aprobadas por Decisión del Colegio 029/2021[13]. Y, asimismo, con advertir que en materia de competencia objetiva o material además de la que puede calificarse de "nuclear"[14] (delitos PIF "puros")[15] la competencia de la Fiscalía Europea se extiende también a los delitos relativos a la participación en una organización delictiva (definida en la Decisión marco 2008/841/JAI), siempre y cuando el núcleo de su actividad sea cometer alguno de los delitos anteriores[16] y, lo que es más problemático, en determinadas circunstancias, también puede extender su competencia a cualquier otro delito *indisociablemente vinculado*[17] con una conducta constitutiva de delito PIF (art. 22.3 RFE y art. 4.3 LOFE). Y tales circunstancias exigidas para que pueda operar esta competencia

---

13 Decisión del Colegio de la Fiscalía Europea 029/2021, de 21 de abril de 2021, por la que se adoptan las Orientaciones operativas sobre investigación, política de avocación y remisión de casos, modificada por la Decisión 007/2022, de 7 de febrero y la Decisión 026/2022, de 29 de junio. Disponible en la página web de la Fiscalía Europea https://www.eppo.europa.eu/es, pestaña *Documentos*.

14 En expresión de Jiménez Crespo, Luis Miguel, "Capítulo IX: La competencia material, temporal y personal de la Fiscalía Europea", en Guerrero Palomares, Salvador (director), *Tratado sobre la Fiscalía Europea y el procedimiento penal especial de la LO 9/2021, de 1 de julio*, Aranzadi, Cizur Menor, 2023, págs. 333-341, a cuyo trabajo remitimos para un análisis detallado de los delitos que integran la referida competencia nuclear. *Vid.*, asimismo, Pérez Marín, Mª Ángeles, "La competencia de la Fiscalía Europea: criterios materiales y territoriales para su determinación", *Revista Internacional Consinter de Direito*, nº VIII, 1º semestre de 2019, págs. 255-284.

15 A que se refiere el art. 22.1 RFE y el art. 4.2 letras a), b) y c) LOFE. *Vid.*, sobre este particular, Requejo Naveros, María Teresa, "Capítulo VI: Los delitos para la protección de los intereses financieros de la Unión Europea", en Guerrero Palomares, Salvador (director), *Tratado sobre la Fiscalía Europea y el procedimiento penal especial de la LO 9/2021, de 1 de julio*, Aranzadi, Cizur Menor, 2023, págs. 227-266 y, asimismo, Sabadell Carnicero, Concepción, "La competencia material de la Fiscalía Europea", *Diario La Ley*, nº 10298, de 1 de junio de 2023.

16 Art. 22.2 RFE y art. 4.2.c) LOFE

17 Concepto que se asemeja al de delito conexo manejado por nuestra LECrim (art. 17) pero con el que no se identifica; es más amplio y se trata de un concepto autónomo propio del derecho comunitario que, aun no estando definido en el RFE (más allá de las pautas de interpretación que proporciona su Considerando 54), ha sido concretado por el Colegio de la Fiscalía Europea en el apartado 3.2.d) de la Decisión 029/2021, ya citada (nota 12), enumerando a modo de ejemplo, cinco supuestos que encajan en esta categoría.

*extendida*[18] se concretan en el art. 25.3 RFE[19] mediante el empleo de una serie de conceptos jurídicos indeterminados que aportan poca claridad a la cuestión (v.gr. que la sanción máxima establecida por la legislación nacional para el delito PIF sea *más severa* que la fijada para el delito indisociablemente vinculado o el delito conexo sea *instrumental* para cometer el delito PIF…)[20], abren un campo enorme a la discrecionalidad[21], y, en lo que aquí interesa, puede ser fuente de potenciales problemas en materia de competencia[22].

---

18 La *extensión* solo es posible respecto de los delitos referidos en el párrafo primero del art. 22, excluyéndose los delitos indisociablemente vinculados al de organización criminal cuyo objeto sea la comisión de delitos PIF y los que entren dentro del ámbito de la denominada cláusula de protección del art. 22.4 del Reglamento de exclusión de los delitos relacionados con impuestos nacionales.

19 *Vid.* asimismo, Considerandos 55 y 56 del RFE.

20 Sobre esta materia *vid.* Muñoz Mota, Olga, "Capítulo IX: Ejercicio de la competencia", en Guerrero Palomares, Salvador (director), *Tratado sobre la Fiscalía Europea y el procedimiento penal especial de la LO 9/2021, de 1 de julio*, Aranzadi, Cizur Menor, 2023, págs. 357-384 y, asimismo, Costa, Martina y Sicurella, Rosaria, en *Handbook. EULAW: European Lawyers training on EPPO/ Manual sobre la Fiscalía Europea, Proyecto EU LAW training on EPPO* (Sicurella, Rosaria, Durdevic, Zlata, Ligeti, Katalin y Costa, Martina, editores), 2022, pág. 45.

21 Así Moreno Catena, Víctor, *Fiscalía europea y derechos fundamentales*, Tirant lo Blanch, Valencia, 2014, pág. 47 tras criticar la falta de claridad y la clamorosa falta de precisión jurídica. Va más allá Inês Pereira de Sousa considerando que una competencia ambigua puede comprometer por un lado el principio de subsidiariedad o la competencia exclusiva de los Estados y cuestionar, por otro lado, el principio de proporcionalidad ("Desafios ao funcionamento da procuradoria europeia: entre o primado e a subsidiariedade?", en Miranda Rodrigues, Anabela/ Nieto Martín, Adán/ Acale Sánchez, María/ João Costa, Miguel (eds.), *Procuradoria Europeia e Criminalidade Económico-Financeira | La Fiscalía Europea ante la Delincuencia Económica y Financiera*, FDUC, Coimbra, 2023, págs. 300-302).

22 Habida cuenta de la complejidad de interpretación de los correspondientes preceptos del RFE, denunciada, entre otros, por Grasso, Giovanni, Sicurella, Rosaria y Giuffrida, Fabio "EPPO material competence: análisis of the PIF directive and regulation", en Ligeti, Katalin, Joao Antuntes, Maria, Giufrfrida, Fabio, (eds.) *The European Public Prosecutor's Office at launch-Adapting National Systems, Transforming EU Criminal Law*, Milano, Wolters Kluwer Italia, 2020. Asimismo, Gómez Colomer, Juan Luis y Planchadell Gargallo, Andrea, "Five relevant issues raised by the implementation of the European Public Prosecutor's Office in Spain", en Luchtman, Michiel (editor in chief): *Of swords and shields: due process and crime control in times of globalization. Liber amicorum prof. Dr. J. A. E. Vervaele*, Eleven International Published, La Haya, 2023, págs. 566-567 y Tinoco Pastrana, Ángel, "El procedimiento

El ejercicio efectivo de la competencia de la Fiscalía Europea se realiza a través de dos canales principales: el inicio de una investigación *ex officio* o el ejercicio del derecho de avocación respecto a una investigación nacional ya en curso (art. 25.1).

En el primer supuesto (apertura de una investigación *ex officio*), cuando existan indicios razonables para creer que se está cometiendo o se ha cometido un delito que entre dentro del ámbito competencial de la Fiscalía Europea, un fiscal europeo delegado será el encargado de iniciar preceptivamente una investigación[23] conforme a las normas prescritas en su derecho nacional si se cumplen los requisitos en él previstos (art. 26.1 RFE).

Sin perjuicio de otras vías como la denuncia de un hecho punible realizada a través de la propia web de la FE, el canal principal que permite a la FE ejercer sus competencias iniciando una investigación sobre un delito PIF es la información inmediata que al respecto (esto es, de todo comportamiento constitutivo de delito PIF) están obligados a proporcionarle las instituciones, órganos u organismos de la Unión y las autoridades de los Estados miembros competentes con arreglo al Derecho nacional aplicable, al amparo del art. 24.1 del RFE.

La LOFE concreta en su art. 18 esta obligación de envío de información distinguiendo tres situaciones: por un lado, las autoridades que, en general, "tengan conocimiento" de unos hechos que pudieran resultar de la competencia de la Fiscalía —art. 18.2—; por otro lado, la Policía Judicial, que debe informar de hechos que haya conocido a través de investigaciones que hayan iniciado y entienda que estas afectan a "hechos para los que sean competentes los Fiscales europeos delegados"; finalmente, los órganos judiciales nacionales, en sentido amplio, esto es, órganos jurisdiccionales propiamente dichos y Fiscalía nacional, que quedan obligados a remitir información sin dilación "cuando tengan conocimiento" de una circunstancia similar, esto, es de hechos que pudieran resultar de la competencia de la Fiscalía —art. 18.3 LOFE—.

---

especial para la investigación por el Fiscal Europeo Delegado en España", *Revista de Estudios Europeos* 82 (2023), pág. 67.

23 Véanse, a este respecto las Orientaciones para ejercer la competencia iniciando una investigación una vez recibida la información de las autoridades, organismos e instituciones mencionadas en el art. 24.1 o de otras fuentes autónomas, contenidas en el apartado 3.2 de la Decisión del Colegio de la Fiscalía Europea 029/2021, anteriormente citada (en nota a pie de página 12).

Este canal de comunicación previsto en el art. 24.1 RFE (y art. 18 LOFE) y el hecho de que las autoridades mencionadas informen de un delito primeramente y exclusivamente a la Fiscalía Europea impide interferencias, que se lleven a cabo investigaciones paralelas y otras consecuencias negativas evitando en alguna medida el surgimiento de futuras cuestiones positivas de competencia.

En el segundo supuesto (ejercicio del derecho de avocación), la Fiscalía Europea, tras recibir la información de una autoridad judicial o policial de un Estado miembro sobre una investigación nacional ya iniciada que pudiera entrar dentro de su ámbito de competencia, adoptará una decisión sobre si decide o no ejercer su derecho de avocación[24] asumiendo para sí la competencia sobre el caso; cuando la Fiscalía Europea decida no ejercer su competencia, los hechos podrán seguir siendo investigados por las autoridades nacionales (arts. 24.2, 24.3 y 27 RFE).

Queda claro, por tanto, que las competencias compartidas en ningún caso dan lugar a su ejercicio simultáneo por parte de las autoridades nacionales y por la Fiscalía Europea; el art. 25.1 del RFE en su inciso final[25] priva a las autoridades nacionales del ejercicio del derecho a la persecución del delito que atente contra los intereses financieros de la Unión Europea si la Fiscalía Europea ha ejercido su competencia, ya sea mediante el inicio de una investigación *ex officio*, ya sea mediante el ejercicio del derecho de avocación

## 3. LA REGULACIÓN DE LOS "CONFLICTOS DE COMPETENCIA" EN EL RFE Y EN LA LOFE

Antes de abordar la cuestión, hagamos una precisión terminológica previa. Y es la de que, a diferencia del Reglamento que habla de "conflictos de competencia", emplearemos preferentemente la denominación de

---

24 Disponiendo, por tanto, de un cierto margen de valoración y discrecionalidad. Véanse, a este respecto, las Orientaciones para ejercer la competencia avocando una investigación una vez recibida la información de las autoridades judiciales (o policiales) de conformidad con el art. 24.2 RFE contenidas en el apartado 3.3 de la Decisión del Colegio de la Fiscalía Europea 029/2021, anteriormente citada (en nota a pie de página 12).

25 Que reza: "Cuando la Fiscalía Europea decida ejercer su competencia, las autoridades nacionales competentes no ejercerán la suya respecto del mismo comportamiento constitutivo de delito".

"cuestiones de competencia" terminología que maneja (acertadamente) la LOFE para referirse a aquellas discrepancias que surjan entre Fiscalía europea con Fiscalía nacional o con Juzgados de instrucción; órganos todos ellos pertenecientes a un mismo orden jurisdiccional (el penal).

### 3.1. *Punto de partida: el art. 25.6 RFE*

Como se deduce del art. 25.1 RFE y ya hemos apuntado, el ejercicio de la competencia por la Fiscalía Europea será obligado si concurren los requisitos previstos en la legislación nacional para ello y las autoridades nacionales no han iniciado una investigación (o se desconoce por la Fiscalía Europea que tal investigación existe) y, sin embargo, dará margen a cierta valoración y discrecionalidad cuando exista esa previa investigación por las autoridades nacionales y la Fiscalía Europea deba decidir si ejercita su derecho de avocación.

La primera conclusión que ha de extraerse del tenor literal de este precepto, junto con el 25.6 Reglamento que acota los supuestos en que es factible que se susciten discrepancias entre Fiscalía Europea y autoridades nacionales, es que cuando la Fiscalía Europea decida ejercer su competencia respecto de un delito que afecte a los intereses financieros de la Unión Europea contemplados en la Directiva PIF, es decir, los previstos en el art. 22.1 RFE, sin que este delito concurra con otro indisociablemente vinculado ni afecte a víctimas distintas de la propia Unión Europea, ni se trate de un delito cometido en el seno de una organización criminal, las autoridades nacionales deberán de abstenerse de conocer, remitiendo en su caso el procedimiento a la Fiscalía Europea y sin que quepa en este caso plantear cuestiones de competencia positivas.

La segunda idea a tener en cuenta es la relevancia que de plantearse una cuestión de competencia tiene su solución destacada en los autos del Tribunal Supremo que han resuelto las dos primeras cuestiones que se suscitaron ante él. Las consecuencias procesales que de ella se derivan sobrepasan las ordinarias puesto que no sólo fija el órgano que ha de investigar (y, de manera derivada, el que de manera funcional deberá ocuparse del enjuiciamiento)[26] sino también el modelo procesal

---

26 A juicio de Muñoz Cuesta resulta cuestionable la regulación de esta materia en los reformados preceptos de la LOPJ pues resulta paradójico que en función de que la Fiscalía Europea haya decidido ejercer o no su competencia, una misma conducta delictiva sea competencia finalmente de la Audiencia Nacional (Juzgado

que regirá la investigación, sustancialmente distinto del ordinario de la LECrim[27].

### *3.2. Supuestos en que pueden producirse cuestiones de competencia*

El ámbito de actuación de las eventuales cuestiones de competencia entre la Fiscalía Europea y las autoridades nacionales se circunscribe, por tanto, a los cinco supuestos específicos enunciados en el art. 25.6 RFE en relación con los apartados 2 y 3 del art. 22 RFE y apartados 2 y 3 del art. 25 RFE. Se trata únicamente de discrepancias relativas a la:

a) Competencia respecto de delitos relativos a la participación en una organización delictiva cuando su actividad se centra en cometer delitos PIF.

b) Competencia sobre delitos indisociablemente vinculados con un delito PIF.

c) Competencia sobre delitos PIF que causen o puedan causar un perjuicio inferior a 10.000 €, si se discute la concurrencia de alguno de los requisitos exigidos por el RFE para que la Fiscalía Europea ejerza su competencia (esto es, que tenga repercusiones a nivel de toda la UE, o que estén implicados funcionarios o miembros de las instituciones de la UE).

d) Competencia sobre delitos PIF cuando la sanción máxima establecida a nivel nacional para el delito PIF es igual o menos severa que la sanción máxima establecida para un delito indisociablemente vinculado, salvo cuando éste último haya sido instrumental para cometer aquél.

e) Competencia cuando tratándose de un delito PIF relativo a fraude de impuestos diferentes del IVA existan motivos para suponer que el perjuicio causado a los intereses financieros de la Unión no es mayor que el que se pueda causar a otra víctima o si a pesar de esta menor gravedad del per-

---

Central de lo Penal o Sala de lo Penal) o del Juzgado de lo Penal o de la Audiencia Provincial. Podría constituir una desviación de las reglas competenciales, no por causas objetivas derivadas del delito investigado, sino originadas en función del órgano que realiza la investigación, supuesto más que cuestionable para llegar a una norma de competencia (Muñoz Cuesta, Javier, "Cuestiones de competencia entre la Fiscalía Europea y los Juzgados de Instrucción", *Revista Aranzadi doctrinal*, nº 10 de 2022).

27 Cfr. Auto TS 20424/2022, de 9 de junio, FD cuarto y Auto TS 20136/2023, de 20 de febrero de 2023, FD Cuarto.

juicio, se discrepa sobre si la Fiscalía Europea está en mejores condiciones para conocer de este delito.

Como advierte Rodríguez-Medel, obvio es destacar que dilucidar si en un caso concreto cabe o no plantear cuestión de competencia exige calificar jurídicamente los hechos lo que, en ocasiones, puede resultar en sí mismo un reto de modo que la discrepancia se centre en esa concreta calificación[28].

Según se indica en las Orientaciones del Colegio ya citadas[29] [apartado 3.1.c)] cuando la Fiscalía Europea decida ejercer su competencia para un delito que entra en cualquiera de los ámbitos anteriormente indicados (esto es, del art. 22, apartados 2 o 3, o el art. 25, apartados 2 o 3), y se pueda prever que dicha decisión podría dar lugar a un conflicto de competencias con arreglo al art. 25, apartado 6, tanto la decisión de la Fiscalía como la información para el Estado miembro deberá estar motivada y contener un razonamiento específico que defienda la competencia de la Fiscalía para el caso en cuestión.

### *3.3. Tipos de cuestiones de competencia*

Atendiendo a las autoridades entre quienes se suscitan, en el caso concreto de España, dada su particular configuración de la instrucción que, como regla general, está atribuida al Juez de instrucción sin perjuicio de la investigación preprocesal del Ministerio Fiscal, podemos encontrarnos ante cuestiones de competencia suscitadas entre Jueces de instrucción y Fiscalía Europea o bien entre Fiscalía nacional y Fiscalía Europea.

Atendiendo al motivo de la discrepancia, pueden clasificarse en positivas (cuando tanto las autoridades nacionales como la Fiscalía europea consideren que son competentes respecto de un asunto) o negativas (cuando, por el contrario, ambas se consideran incompetentes para investigarlo).

### *3.4. Marco jurídico de referencia para el planteamiento y resolución de las cuestiones de competencia*

El Reglamento no regula el procedimiento para plantear y resolver los que denomina conflictos de competencia. Se limita a remitir a la legisla-

---

[28] Rodríguez-Medel Nieto, Carmen, *Fiscalía Europea, primer año…, op. cit.*, pág. 117.

[29] Vid nota a pie de página 12.

ción nacional del Estado miembro participante en la cooperación reforzada cuyas autoridades nacionales intervienen en el conflicto indicando de modo genérico la cualidad o características que debe revestir o reunir la autoridad que lo resuelva[30].

Tampoco la LOFE proporciona una regulación detallada sobre el particular, según veremos a continuación, debiendo acudir a las disposiciones de la LECrim y, en particular, a las del art. 759 en sede de procedimiento abreviado, atendida la cláusula de supletoriedad establecida en el art. 2.2 y disposición final octava LOFE, con la agravante de que se trata de una regulación obsoleta, compleja y, desde luego, no pensada para un escenario como el que nos ocupa.

### 3.4.1. Órgano competente para resolver la cuestión de competencia

En efecto, de conformidad con el art. 25, apartado 6 RFE, en caso de discrepancia entre la Fiscalía Europea y las autoridades nacionales que ejercen la acción penal sobre la cuestión de determinar si el comportamiento constitutivo de delito está comprendido en el ámbito de aplicación del art. 22, apartados 2 o 3, o del art. 25, apartados 2 o 3, "*las autoridades nacionales competentes en materia de atribución de competencia para el ejercicio de la acción penal a escala nacional decidirán quién será competente para la investigación del caso.* Los Estados miembros designarán a la autoridad que decidirá en materia de atribución de la competencia".

---

30 Cfr. art. 42.2.c) RFE. Esta parquedad procesal no es predicable únicamente en relación con la tramitación de las cuestiones de competencia, sino que se aprecia a lo largo de todo el articulado del Reglamento. Como advierte Rodríguez-Medel, el legislador europeo, consciente de las suspicacias que la Fiscalía Europea ha generado desde siempre en aquellos Estados miembros reticentes a ceder soberanía en materia penal, se limitó a promulgar una norma que, además de crear el órgano, definió con precisión su estructura, financiación, método de elección de sus integrantes, pero que orilló cuestiones nucleares, entre ellas, su actuación procesal. En este ámbito bien pudiera decirse que se limitó a concretar un mínimo (muy mínimo) común denominador en aspectos puntuales, remitiéndose en lo demás a la legislación procesal nacional, en la que se apoya de manera desmedida [Rodríguez-Medel Nieto, Carmen, "Capítulo XVI: Investigaciones transfronterizas", en Guerrero Palomares, Salvador (director), *Tratado sobre la Fiscalía Europea y el procedimiento penal especial de la LO 9/2021*, de 1 de julio, Aranzadi, Cizur Menor, 2023, pág. 535].

En este sentido, la definición que usa el Reglamento —"autoridad competente en materia de atribución de competencia para el ejercicio de la acción penal"— puede no ser problemática para aquellos sistemas, mayoritarios en el derecho comparado europeo, en los que la dirección de la fase de investigación y el ejercicio de la acción penal es ejercida simultáneamente por el Ministerio Fiscal[31]. Por el contrario, sí puede ser problemática para aquellos otros sistemas en los que no se aplica este modelo, singularmente —pero no exclusivamente[32]— lo que sucede en el caso español en el que por regla general la dirección de la instrucción corresponde al Juez de instrucción y el ejercicio de la acción penal al Ministerio Fiscal.

Así pues, el primer problema que presenta el citado art. 25.6 RFE desde la perspectiva procesal española es que la definición de autoridad competente para resolver el conflicto de competencia que utiliza no encaja nítidamente con las funciones ejercidas por fiscales y jueces en el proceso penal español. A diferencia de lo que sí sucede en otros Estados miembros, no existe en España una única figura que se identifique completamente con las características requeridas por el Reglamento, pues el ejercicio de la acción penal, la dirección de la instrucción y la resolución de las cuestiones de competencia se encuentran repartidas en diferentes órganos judiciales *lato sensu*, con estatutos y atribuciones muy diferentes[33].

Para resolver la cuestión, la LOFE (art. 9) diferencia entre dos supuestos, en función de la autoridad nacional española (Juez o Fiscal) que esté conociendo de los hechos en el momento en el que se plantee el conflicto.

---

31 De hecho y como indica Hernández López, al que seguimos en este punto, este es el modelo por el que claramente apuesta el RFE a la hora de definir cuáles son las funciones de sus estructuras y miembros de carácter operativo, tales como las Salas Permanentes, los Fiscales Europeos supervisores y, en especial, los Fiscales Europeos Delegados ["Resolución de conflictos de competencia entre la Fiscalía Europea y las autoridades nacionales: sobre la problemática bicefalia española", en Miranda Rodrigues, Anabela/ Nieto Martín, Adán/ Acale Sánchez, María/ João Costa, Miguel (eds.), *Procuradoria Europeia e Criminalidade Económico-Financeira | La Fiscalía Europea ante la Delincuencia Económica y Financiera*, FDUC, Coimbra, 2023, págs. 317-318] y, asimismo, Van Den Berge, Yves, "Role of the Belgian Investigative Judge in EPPO", *eucrim* 1/2021.

32 *Vid.* en este sentido el análisis desde la perspectiva belga Claes, Ana Laura, Werding, Anne y Franssen, Vanessa "The Belgian Juge d'Instruction and the EPPO Regulation: (Ir)Reconcilable?" *European Papers*, vol. 6, 2021, págs. 357-389.

33 Hernández López, A, *Ibidem*.

Cuando los hechos están siendo investigados por la fiscalía en el marco de la denominadas "diligencias de investigación preprocesal"[34] y, por tanto, el asunto aún no se encuentra judicializado, decidirá sobre el conflicto la persona titular de la Fiscalía General del Estado.

Cuando los hechos están siendo investigados por un juzgado de instrucción la discrepancia competencial se tramitará como una cuestión de competencia, cuya resolución corresponderá a la Sala Segunda, de lo Penal, del Tribunal Supremo, previo informe del Ministerio Fiscal.

Se trata, por tanto, de un sistema bicéfalo no exento de complejidades[35], como la realidad se ha encargado ya de poner de manifiesto, con las cuestiones de competencia suscitadas y resueltas hasta la fecha en España.

#### 3.4.2. Modo de suscitarse y resolverse la cuestión de competencia positiva

El supuesto base que da pie al planteamiento de esta cuestión de competencia positiva es la hipótesis de que haya abierta una investigación (de la fiscalía o judicial) y la Fiscalía Europea recibida la información al respecto y evaluada su competencia decide ejercer su derecho de avocación[36], estando disconforme con tal solución la autoridad nacional investigadora.

Atendido el art. 19.2 LOFE que, en armonía con el art. 27.5 RFE, obliga a remitir los autos a la Fiscalía europea y abstenerse de realizar cualquier otra actuación, con excepción de las medidas urgentes necesarias para asegurar las ya adoptadas, la autoridad nacional que estuviera investigando no podrá denegar la remisión de las diligencias preprocesales o de las diligencias previas (según los casos) sino que deberá acordar su envío, sin perjuicio de plantear cuestión de competencia ante la Fiscalía General del Estado o ante la Sala de lo Penal del Tribunal Supremo (respectivamente).

---

34 Empleamos la denominación recogida en la Circular 2/2022, de 20 de diciembre, de la Fiscalía General del Estado, sobre la actividad extraprocesal del Ministerio Fiscal en el ámbito de la investigación penal, (apartado 3.1).

35 Sobre ello *vid.* ampliamente Hernández López, Alejandro, "Resolución de conflictos ...", *op. cit.* págs. 328 y ss; y Vidal Fernández, Begoña, "Control jurisdiccional de los actos de la Fiscalía Europea: art. 42 Reglamento de la Fiscalía Europea", *Revista de Estudios Europeos*, núm. Extra 1, 2023, pág. 49.

36 Comunicándoselo a los órganos informantes, así como a la Fiscalía General del Estado (art. 20 LOFE)

a) Concretamente, cuando las *discrepancias surgieran entre la Fiscalía Europea y la Fiscalía nacional* por considerar los fiscales (nacionales) que un asunto del que se encuentra conociendo la Fiscalía Europea es de su competencia lo pondrán inmediatamente en conocimiento —por conducto de su respectiva jefatura— del Fiscal de Sala Jefe de la Fiscalía Especial contra la Corrupción y la Criminalidad Organizada, quien a su vez lo comunicará a la Secretaría Técnica de la Fiscalía General del Estado. De resultar procedente, la persona titular de la Fiscalía General del Estado o quien esta designe instará a la Fiscalía Europea a declararse incompetente[37]. De mantenerse la discrepancia, decidirá definitivamente la persona titular de la Fiscalía General del Estado mediante decreto tras oír a la Junta de Fiscales de Sala (art. 9.1 LOFE y art. 21 bis[38] del Estatuto Orgánico del Ministerio Fiscal).

Se trata de una solución más que discutible por muy diversas razones, que han sido puestas de relieve por la propia Fiscalía Europea en uno de los dos Comunicados emitidos en marzo de 2022 a propósito del conocido caso "mascarillas"[39]. Concretamente en el Comunicado de 30 de marzo de 2022 puede leerse textualmente que "la decisión sobre un conflicto de competencia entre un organismo nacional y un organismo europeo ha sido adoptada por el Fiscal General del Estado, que es el superior jerárquico del organismo nacional y, por tanto, parcial en el procedimiento en curso. Además, la decisión se ha tomado sin oír a ambas partes en el conflicto de competencia durante la reunión de los Fiscales de Sala. Por último, la normativa española que regula este procedimiento, que se refiere a la interpretación y aplicación del Derecho de la Unión, no prevé ningún recurso. Esto impide que el Tribunal de Justicia de la Unión Europea ejerza su mandato exclusivo de garantizar la correcta interpretación del Derecho de la Unión y, por tanto, constituye un desafío a la supremacía del Derecho de la Unión".

---

37 Así lo indica la Circular 2/2022 de la Fiscalía General del Estado ya citada (nota 34) en su apartado 4.5.

38 Art. 21 bis, introducido por la disposición final primera LOFE, en relación con art. 15 de la Ley 50/1981, de 30 de diciembre, del Estatuto Orgánico del Ministerio Fiscal.

39 Comunicados de la Fiscalía Europea de 28 de marzo de 2022 (disponible en: https://www.eppo.europa.eu/en/news/eppos-statement-competence-adjudication-spain) y de 30 de marzo de 2022 (disponible en: https://www.eppo.europa.eu/en/news/eppos-statement-decision-fiscal-general-del-estado).

Compartimos las críticas y temores expresados por la Fiscalía Europea a propósito de la solución española, similar por lo demás a la de otros Estados miembros[40] y nos sumamos a la opinión de aquéllos que consideran necesario reformar en este punto la regulación nacional confiriendo la competencia para resolver estas cuestiones a un órgano jurisdiccional[41].

Sin perjuicio de que sobre alguno de estos extremos volvamos con posterioridad, conviene hacer referencia en este momento a una de las críticas que ha recibido la solución española: la falta de audiencia de la Fiscalía Europea en el procedimiento, omisión que se produce —según veremos— sean cuales fueren las autoridades en conflicto con la Fiscalía Europea (fiscalía nacional o juez de instrucción). Y es que, en efecto, no hay ninguna previsión sobre la posibilidad de que la autoridad nacional decisora pueda dar trámite de alegaciones a los órganos en conflicto lo que, desde luego, no impediría hacerlo siendo conveniente abrir este trámite para que ante una cuestión de competencia positiva el fiscal europeo delegado pueda exponer los argumentos que apoyen el ejercicio de su derecho, por más que estos hayan sido expuestos (quizás sólo parcialmente) en el decreto de avocación y de cara a facilitar una mejor resolución de la cuestión[42]. Esta es la solución que se propugna también en la Decisión del Colegio de la Fiscalía Europea 029/2021[43] al indicar que cuando la Fiscalía Europea reciba información de que un *fiscal* nacional[44] ha planteado un conflicto de competencia conforme al art. 25, apartado 6, del RFE, el fiscal europeo delegado encargado, tras consultar con el fiscal europeo supervisor, y *cuando proceda conforme a la legislación nacional,* presentará un memorando a la autoridad nacional competente. El fiscal europeo delegado explicará por qué la Fiscalía Europea ha ejercido su competencia y proporcionará a la autoridad nacional competente los documentos pertinentes.

---

40 Como Portugal que también deja en manos de una autoridad nacional (el Procurador General de la República) la resolución de los conflictos, sin ulterior recurso (Cfr. art. 7 de la Ley nº 112/19, de 10/09).

41 O, al menos, previendo un recurso ante una autoridad jurisdiccional. *Vid.* al respecto las interesantes soluciones que plantea, de *lege ferenda,* Hernández López, Alejandro, "Resolución de conflictos de competencia...", *op. cit.* págs. 333-335.

42 *Vid.* sobre la conveniencia de esta solución Rodríguez-Medel Nieto, Carmen, *Fiscalía Europea. Primer año de aplicación...*, *op. cit.*, pág. 120

43 Apartado 4.2 de la Decisión 029/2021, citada en nota a pie de página 12.

44 O un Juez, añadimos nosotros.

b) Cuando las *discrepancias sobre la competencia surgieran entre la Fiscalía Europea y un juzgado de instrucción* que ya estuviera conociendo del asunto el art. 9.2 LOFE se limita a indicar que se tramitará como una cuestión de competencia cuya resolución corresponderá a la Sala de lo Penal del Tribunal Supremo, previo informe del Ministerio Fiscal.

El citado precepto requiere de alguna puntualización.

En primer lugar, que la referencia al "juzgado de instrucción" como una de las partes involucradas en el conflicto ha de entenderse en sentido genérico, comprendiendo no sólo a los juzgados de instrucción en sentido estricto sino, asimismo, a los juzgados centrales de instrucción o al magistrado instructor designado por la Sala (del Tribunal Superior de Justicia o del Tribunal Supremo, según los casos) en supuestos de aforamiento.

En segundo lugar, que el informe del Ministerio Fiscal previo al dictado de la resolución por la Sala segunda debe provenir del Fiscal de ese Tribunal (Fiscalía del Tribunal Supremo) a semejanza de lo previsto para cuestiones de competencia entre órganos judiciales nacionales (arts. 759 y 19 y siguientes LECrim).

Finalmente, que la resolución resolutoria ha de ser un auto irrecurrible, atendidas las normas generales de la Ley Orgánica del Poder Judicial [art. 245.1.b)] y de la Ley de Enjuiciamiento Criminal reguladoras de las cuestiones de competencia (art. 43.III).

A la parca regulación indicada, ha de añadirse un par de previsiones adicionales recogidas en el apartado 3 del art. 9 LOFE que exigen alguna aclaración. El referido precepto indica que las disposiciones contenidas en los dos apartados precedentes sobre las cuestiones de competencia (esto es las planteadas entre Fiscalía Europea y Fiscalía nacional o entre Fiscalía Europea y un Juzgado de instrucción) se entienden sin perjuicio de lo dispuesto en la Ley de Enjuiciamiento Criminal para el juicio oral y en el art. 42.2.c) RFE en materia de interpretación de los arts. 22 y 25 del mismo.

Ahora bien, en lo que concierne a la alusión a la LECrim en el juicio oral, con Rodríguez-Medel Nieto[45] consideramos que se refiere a la posibilidad de que la parte (acusación particular personada en la causa o defensa) pueda alegar, como cuestión previa, la competencia de la Fiscalía Europea para ejercitar la acción penal y, en su caso, la propia del órgano

45 Rodríguez-Medel Nieto, Carmen, *Fiscalía Europea. Primer año de aplicación…*, *op. cit.*, pág. 126.

de enjuiciamiento en cuanto que, de no darse la competencia del órgano europeo, la fase de juicio oral podría no tener que sustanciarse ante la Audiencia Nacional sino ante el Juzgado de lo Penal o la Audiencia Provincial de cualquier parte de España[46]. De plantearse así, sería precisamente el órgano de enjuiciamiento el que lo resolviera (Juzgado Central de lo Penal o Sala de lo Penal de la Audiencia Nacional) y no, por tanto, la Sala de lo Penal del Tribunal Supremo.

Como explica esta autora, cuya argumentación compartimos, la indicada es la única explicación posible habida cuenta de que la Fiscalía Europea no puede avocar el caso si por la fiscalía nacional se ha formulado escrito de acusación en un procedimiento nacional (art. 27.7.II RFE); por tanto no se está refiriendo a que lo pudiera plantear en el acto del juicio oral la Fiscalía Europea (que ya no podría intervenir de modo alguno), sino únicamente a las partes personadas en el procedimiento en que interviene la Fiscalía Europea.

Por otro lado, y en lo atinente a la mención que se efectúa al art. 42.2.c) RFE en materia de interpretación de los arts. 22 y 25 del mismo y, en consecuencia, a la salvedad referida a las resoluciones que puedan dictarse por el TJUE sobre este particular, se trata de una previsión lógica, aunque en cierto modo superflua.

Lógica puesto que si el TJUE se pronuncia sobre este conflicto con carácter prejudicial es claro que su criterio es vinculante.

Superflua toda vez que se trata de un recordatorio innecesario ya que es consecuencia directa de la aplicación, también directa, del RFE y del propio sentido y ámbito de aplicación de la cuestión prejudicial en el actual derecho de la Unión.

Volveremos sobre esta cuestión en otro apartado. Concluyamos ahora éste apuntando que, por lo demás, no hay ninguna aclaración sobre el procedimiento a seguir una vez planteada la cuestión mediante la correspondiente exposición razonada[47] y hasta su resolución previo informe del

46 Véase la crítica de Muñoz Cuesta a la regulación de la LOPJ en este punto (recogida en la nota 26).

47 Cfr. arts. 759.1ª, 22 y 25 LECrim de los que se deriva que, de plantearla el Juez de Instrucción, ha de hacerse mediante exposición razonada manteniendo las diligencias en su poder y remitiendo los testimonios necesarios. De ser el fiscal europeo delegado, atendido el art. 25.6 RFE y la Decisión del Colegio 029/2021 (apartado 4.2.) deberá presentar una solicitud motivada ante la Sala de lo Penal

Fiscal. En particular, y según ya advertimos, no hay ninguna previsión sobre la posibilidad de que la autoridad nacional decisora pueda dar trámite de alegaciones a los órganos en conflicto lo que, desde luego, no impediría hacerlo.

### 3.4.3. Modo de suscitarse y plantearse la cuestión de competencia negativa

En los supuestos en que tanto la Fiscalía Europea como la Fiscalía española o el Juzgado de instrucción que inicialmente hubieran abierto unas diligencias preprocesales o unas diligencias previas, se consideran incompetentes para llevar a cabo la investigación surge el conflicto de competencia negativo.

a) En el primer caso, y de manera semejante a lo que vimos en las cuestiones positivas, el trámite exige que el *fiscal nacional que está llevando las diligencias de investigación sobre los hechos que considera competen a la Fiscalía Europea* deberá ponerlo inmediatamente en conocimiento —por conducto de su respectiva jefatura— del Fiscal de Sala Jefe de la Fiscalía Especial contra la Corrupción y la Criminalidad Organizada, quien a su vez lo comunicará a la Secretaría Técnica de la Fiscalía General del Estado.

En caso de concluir que la competencia pudiere corresponder a la Fiscalía Europea, la persona titular de la Fiscalía General del Estado (o quien esta designe) lo pondrá en conocimiento de los fiscales europeos delegados a los efectos de permitir el ejercicio del derecho de avocación (art. 19.1 LOFE). Pero si, tras dicha comunicación, la Fiscalía Europea resuelve no avocar para sí la competencia del asunto, corresponderá al Fiscal General del Estado resolver la discrepancia para lo cual convocará previamente a la Junta de Fiscales de Sala (art. 9.1 LOFE y art. 21 bis EOMF).

Se reproduce aquí, por tanto, el mismo esquema procedimental y la misma solución orgánica para la decisión, seriamente criticable por las razones que ya vimos.

b) Cuando las discrepancias se producen entre *Juzgado de Instrucción y Fiscalía Europea*, de conformidad con lo previsto en la LECrim (especialmente arts. 759. 1ª y 25.III LECrim) y atendidos los arts. 24.2 y 26.5 RFE,

---

del Tribunal Supremo pidiendo que la Fiscalía Europea sea declarada competente para la investigación del caso, si procede conforme a la legislación nacional.

el planteamiento de una cuestión de este tipo por un Juzgado de instrucción exige, como requisito previo, llevar a cabo la comunicación formal a la Fiscalía Europea prevista en el art. 24.2 RFE sin que pueda transferirle o remitirle directamente la causa[48]. Así se deduce del citado precepto del Reglamento y se recuerda, con total nitidez, en la Decisión del Colegio 29/2021, en su apartado 4.1.i) cuando indica que "las autoridades nacionales no pueden transferir o remitir casos a la Fiscalía Europea, sino que solo pueden informar a la Fiscalía conforme al art. 24, apartado 2. Una vez evaluada la información, la Fiscalía Europea puede decidir no ejercer su competencia y no necesita plantear ningún "conflicto negativo"[49].

En tal caso, esto es, si la Fiscalía Europea decide no ejercer su competencia, ante el informe de falta de avocación (decreto declinando la avocación que deberá contar con la aprobación de la sala Permanente[50]) podrá entonces el Juez de instrucción plantear formalmente la cuestión ante la Sala de lo Penal del Tribunal Supremo mediante exposición razonada, manteniendo las diligencias en su poder y sin perjuicio de remitir los testimonios necesarios al amparo del art. 25.III LECrim[51].

A este supuesto que está en la base de una cuestión de competencia negativa se añade el previsto en el art. 107 LOFE: si el fiscal europeo delegado que está llevando a cabo una investigación estima que los hechos que constituyen su objeto no constituyen un delito de los comprendidos en el ámbito de su competencia, o bien considera que han dejado de cumplirse las condiciones específicas para el ejercicio de la misma lo comunicará[52]

---

48 Lo cual se omitió, de manera incorrecta, por el Juzgado de instrucción, en la cuestión de competencia núm. 20947/2021 resuelta por Auto núm. 20424/2022, al remitir directamente la causa a la Fiscalía Europea.

49 Ya que en principio el conocimiento del asunto le corresponde a la autoridad nacional que efectuó la comunicación.

50 Cfr. arts. 10.4 y 27.6.II RFE. Sobre las Salas Permanentes *vid.* Rodríguez-Medel Nieto, Carmen, "En el corazón de la Fiscalía Europea: las Salas Permanentes", *Revista de Estudios Europeos*, nº extraordinario monográfico 1 (2023).

51 Como se recuerda en el ATS núm. 20.136/2023, de 20 de febrero de 2023, FD sexto, advirtiendo la deficiencia de tramitación en el planteamiento de la cuestión de competencia.

52 Adviértase de que el decreto de remisión dictado en el procedimiento que hubiera abierto el fiscal europeo delegado es irrecurrible, atendidos los arts. 90 y 107 LOFE *Vid.* sobre esta cuestión Campaner Muñoz, Jaime, "La impugnación de los decretos del Fiscal europeo delegado", en Guerrero Palomares, Salvador (director), *Tratado sobre la Fiscalía Europea y el procedimiento penal especial de la LO 9/2021, de 1 de julio*, Aranzadi, Cizur Menor, 2023.

a la Fiscalía General del Estado, que remitirá el procedimiento al órgano de instrucción competente para su continuación conforme a lo previsto en la Ley de Enjuiciamiento Criminal. En tales casos, si el Juzgado de instrucción que recibe el procedimiento se considera incompetente podrá plantear cuestión de competencia negativa[53].

Como ya advertimos en el anterior apartado referente a las cuestiones positivas, la tramitación de las cuestiones de competencia negativas tampoco prevé ningún trámite adicional para que la Fiscalía Europea pueda exponer sus razones para rechazar la avocación del caso. Aún siendo posible (en cuanto no prohibido) y conveniente, en ninguna de las dos cuestiones de competencia negativas que se han planteado y resuelto hasta la fecha se ha dispuesto tal solución, aunque el Tribunal Supremo sí se ha pronunciado al respecto reconociendo (en el Auto resolutorio de la primera de ellas) que "se margina en cierta medida a la Fiscalía Europea que solo informará en esa primera comunicación con el órgano judicial. La competencia es resuelta por la jurisdicción nacional, sin más intervención supranacional que la eventual derivada del planteamiento de una cuestión prejudicial [art. 42.2.c) del Reglamento (UE) 2017/1939 del Consejo, de 12 de octubre]. Pero ese es el panorama normativo con que contamos, lo que, por otra parte, no deja de guardar coherencia con el mantenimiento de la jurisdicción penal en un ámbito estrictamente interno y nacional, compatible con la atribución de competencias investigadoras y de ejercicio de la acción penal a un órgano supranacional"[54].

Tal planteamiento se reproduce en el Auto que resuelve la segunda cuestión de competencia negativa, en el que se indica que por coherencia con lo resuelto con anterioridad por la Sala, se ha "mantenido este mismo formato procesal, y no se ha dado un traslado a la Fiscalía Europea, conscientes de que ya se ha producido una comunicación entre órganos de instrucción, como es de ver en nuestros antecedentes, y por otro lado, es lo

---

53 Si bien, según precisa la Decisión del Colegio 029/2021 (citada en nota a pi de página 12) en su apartado 4.1 k), tal posibilidad se circunscribe únicamente a los casos referidos a investigaciones sobre delitos relativos a la participación en una organización delictiva cuando resulte que el objetivo de su actividad no es cometer delitos PIF (art. 22.2 en relación con art. 22.1 RFE) y la discrepancia entre la Fiscalía Europea y las autoridades nacionales se centra por tanto en si la conducta delictiva entra o no en el ámbito del art. 22, apartado 2, es decir, sobre cuál es el objetivo de la actividad delictiva.

54 ATS núm. 20424/2022, de 9 de junio de 2022 (cuestión de competencia 20947/2021), FD quinto.

habitual en las cuestiones de competencia ante esta Sala Casacional, pues tampoco se produce un nuevo traslado entre los órganos jurisdiccionales de instrucción, y solamente se da audiencia a la Fiscalía en esta sede, la del Tribunal Supremo, como órgano de información de la legalidad aplicable, con garantías de imparcialidad, lo que de igual forma se ha producido en nuestro caso"[55].

### 3.4.4. Control del Tribunal de Justicia

Conforme indica el art. 42.2 c) del RFE, el Tribunal de Justicia será competente, de conformidad con el art. 267 del TFUE, para pronunciarse con carácter prejudicial sobre la interpretación de los arts. 22 y 25 del presente Reglamento en relación con cualquier conflicto de competencia entre la Fiscalía Europea y las autoridades nacionales competentes.

En virtud de esta disposición, la decisión sobre la cuestión de competencia suscitada entre la autoridad nacional de un Estado miembro y la Fiscalía Europea ante la investigación de unos mismos hechos no depende en exclusiva de la decisión emanada de un órgano nacional del Estado miembro mediante un procedimiento de resolución previsto en su ordenamiento interno, sino que dicha decisión podrá llegar a ser adoptada mediante una posible interpretación del RFE realizada por el Tribunal de Luxemburgo. Ello instaura un método de resolución que reconoce a un órgano jurisdiccional supranacional la capacidad de pronunciarse sobre el conflicto.

Atendiendo a las limitaciones propias del derecho de la Unión y, concretamente, del art. 267 del Tratado de Funcionamiento de la Unión Europea, ello impide que el pronunciamiento del Tribunal de Justicia pueda realizarse *ex officio*, ya que siempre será necesario que se plantee previamente una cuestión prejudicial que le permita interpretar la norma aplicable al conflicto. Tampoco puede resolver la cuestión de manera directa, pues la respuesta del Tribunal de Luxemburgo tendrá el limitado alcance que le confieran los propios términos en los que se plantee la cuestión, ya que su finalidad no deberá ir más allá de señalar la interpretación correcta conforme al derecho de la Unión, sobre la que las autoridades nacionales deberán extraer las consecuencias aplicables al conflicto concreto[56].

---

55 ATS núm. 20136/2023, de 20 de febrero de 2023 (cuestión de competencia 20449/2022), FD. sexto.

56 Así Hernández López, Alejandro, "Resolución de conflictos de competencia ...", *op. cit.*, pág. 321.

Señaladas las limitaciones en cuanto al objeto del control jurisdiccional del Tribunal de Justicia sobre el conflicto competencial, hay que destacar también las relativas a la propia legitimación para instar el pronunciamiento. Así, conforme al sistema del actual art. 267 TFUE, solo órganos jurisdiccionales de los Estados miembros están habilitados para plantear este tipo de cuestiones. Ello descarta por supuesto la petición directa por parte de los particulares, incluido el propio investigado. Pero también descarta a cualquier otro tipo de órgano de naturaleza pública o incluso judicial que no tenga la consideración de "órgano jurisdiccional", concepto autónomo propio del derecho de la Unión que ha sido concretado por el Tribunal de Justicia teniendo en cuenta diversos factores, tales como el origen legal del organismo, su permanencia, el carácter obligatorio de su jurisdicción, el carácter contradictorio del procedimiento seguido ante él, la aplicación por parte del organismo de normas jurídicas, su independencia, así como si en el procedimiento de referencia actúa en el ejercicio de una actividad jurisdiccional[57].

Conforme a estas notas, ni siquiera las propias fiscalías nacionales entrarían dentro de este concepto pues más allá de la dificultad en afirmar su "independencia", no realizan actividad jurisdiccional y, por tanto, carecerían de legitimación para el planteamiento de cuestiones prejudiciales[58]. Más problemático aún lo es el reconocimiento de esta legitimación

---

57 *Cfr.* entre otras sentencias del Tribunal de Justicia de 2 de septiembre de 2021, *XK*, C-66/20, EU:C:2021:670, §§ 33-35; de 21 de enero de 2020, *Banco de Santander*, C-274/14, EU:C:2020:17, § 51; de 16 de febrero de 2017, *Margarit Panicello*, C-503/15, EU:C:2017:126, § 27; de 31 de mayo de 2005, *Syfait y otros*, C-53/03, EU:C:2005:333, § 29; de 30 de junio de 1966, *Vaassen-Göbbels*, 61/65, EU:C:1966:39, § 1.

58 No obstante autores como Sabadell Carnicero apuntan que teniendo en cuenta la novedosa función que la LO 9/2021 atribuye al titular de la Fiscalía General del Estado, así como la función del TJUE de interpretar las normas referidas a la competencia de la Fiscalía Europea, podría mantenerse la admisibilidad de su legitimación para plantear cuestiones prejudiciales. Abona esta posibilidad que la versión definitiva del Reglamento, a diferencia de la propuesta por la Comisión en 2013, omite la referencia a la condición de judicial de la autoridad que ha de decidir la cuestión de competencia, por lo que podría plantearse un cambio de criterio del TJ en el sentido de considerar que en estos concretos casos dicha autoridad estaría legitimada para plantear la cuestión prejudicial. ("La competencia material de la Fiscalía Europea", cit). Frente a ello otros autores consideran que retirar la *independencia judicial* de la noción de órgano que puede plantear cuestiones prejudiciales, para permitir que la remisión sea realizada por los fiscales cuando no hay un proceso judicial en curso, constituiría un retroceso en la con-

a cualquiera de los órganos que componen la Fiscalía Europea, incluidos sus fiscales europeos delegados, pues a su más que improbable condición de órgano jurisdiccional a los efectos del art. 267 TFUE, se suma el incumplimiento de otra de las notas esenciales para su efectiva legitimación: el carácter de órgano de uno de los Estados miembros[59].

En consecuencia, el control jurisdiccional supranacional que instaura el art. 42.2.c) RFE no solo tiene una naturaleza limitada en cuanto a su objeto debido a su carácter prejudicial, sino que además es inevitablemente asimétrico, pues solo las autoridades nacionales de los Estados miembros —y dentro de éstas, las que cumplan las características propias de un órgano jurisdiccional a los efectos del derecho de la Unión— podrán plantear una cuestión prejudicial en el caso de que la discrepancia competencial con la Fiscalía Europea se mantenga.

En el caso de haberse planteado una cuestión de competencia positiva o negativa ante la Sala de lo Penal del Tribunal Supremo (art. 9.2 LOFE), la situación no es problemática desde el punto de vista del hipotético planteamiento de la cuestión prejudicial, habida cuenta de su carácter de órgano jurisdiccional a los efectos del art. 267 TFUE. En este sentido, si la Sala de lo Penal del Tribunal Supremo albergase dudas sobre la interpretación del RFE a la hora de resolver el conflicto, estaría compelida[60] a elevar cuestión prejudicial ante el Tribunal de Luxemburgo. De hecho, en la corta vida operativa de la Fiscalía Europea, ya se han planteado dos cuestiones negativas de competencia de este tipo en España, que han sido resueltas

---

solidación de la independencia de los tribunales como exigencia del Estado de Derecho (así Pereira De Sousa, Inês, "Desafios ao funcionamento...", *op. cit.*, pág. 303).

59 Sobre la naturaleza de este nuevo actor *vid.* Jimeno Bulnes, Mar, "La Fiscalía Europea: breve recorrido por la *institución*", en Miranda Rodrigues, Anabela/ Nieto Martín, Adán/ Acale Sánchez, María/ João Costa, Miguel (eds.), *Procuradoria Europeia e Criminalidade Económico-Financeira | La Fiscalía Europea ante la Delincuencia Económica y Financiera*, FDUC, Coimbra, 2023, págs. 132-140.

60 Por aplicación de lo previsto en el art. 267 TFUE cuando indica que "Cuando se plantee una cuestión de este tipo en un asunto pendiente ante un órgano jurisdiccional nacional, cuyas decisiones no sean susceptibles de ulterior recurso judicial de Derecho interno, dicho órgano estará obligado a someter la cuestión al Tribunal". Sobre esta materia véase Cid Villagrassa, Blanca, "Derecho o deber del juez nacional de plantear la cuestión prejudicial ante el Tribunal de Justicia de la Unión Europea", en *Revista parlamentaria de la Asamblea de Madrid*, nº 36, 2017, págs. 63-113 y Jimeno Bulnes, Mar, La cuestión prejudicial del art. 177 TCE, J. M. Bosch editor, Barcelona, 1996.

confiriendo la competencia a la Fiscalía Europea y sin que en ninguna de ellas hayan surgido dudas que hicieran necesario el planteamiento de una cuestión prejudicial ante el Tribunal de Justicia, pese a haberse apuntado en la primera tal posibilidad[61] y, lamentablemente, no haberse hecho uso de ella siendo como era altamente recomendable.

Más problemático es, en cambio, el supuesto contemplado en el art. 9.1 LOFE, en el que el conflicto se suscita entre la Fiscalía Europea y la Fiscalía española en el marco de unas diligencias de investigación preprocesales. Aquí quien resuelve en último término a nivel nacional es el Fiscal General del Estado, por lo que, si el conflicto se mantiene o existen dudas interpretativas sobre el RFE, ninguno de estos órganos —Fiscal General del Estado ni Fiscalía Europea— reunirían, en principio, las condiciones necesarias para poder plantear la cuestión prejudicial ante el Tribunal de Luxemburgo, lo que lleva a concluir que estamos ante un supuesto de incumplimiento palmario de lo dispuesto en el art. 42.2.c) RFE[62].

Los autores que se han ocupado de la solución que ha proporcionado el RFE a las cuestiones de competencia, han advertido de los peligros que entraña dejar en manos de la autoridad nacional la decisión sobre la atribución de competencias y adoptar una conclusión propia e independiente, en lugar de solicitar una decisión prejudicial, al interpretar los apartados pertinentes RFE[63]. Esto, además, abre un interrogante desde la perspectiva del Derecho de la Unión Europea, ya que la decisión nacional es vinculante para el organismo de la UE (la Fiscalía Europea).

---

61 ATS núm. 20424/2022, de 9 de junio de 2022 (cuestión de competencia 20947/2021), FD cuarto.

62 Por esta razón no resulta justificada la acerada crítica emitida por la Fiscalía Europea en su Comunicado de 28 de marzo de 2022 (citado en nota a pie de página 41) a la resolución del conflicto de competencia positivo surgido en el "caso de las mascarillas" relativa a que la Fiscal General del Estado hubiera resuelto sin haber elevado una cuestión prejudicial, puesto que —según acabamos de exponer— de considerarlo necesario no hubiera podido hacerlo por falta de legitimación. *Vid.* los comentarios de Bachmaier Winter, Lorena, "Fiscalía europea versus Fiscalía española", en *https: www.iustel.com/diario_del_derecho* (entrada del 12 de abril de 2022: última consulta, 8 de marzo de 2023) y Márton, Balázs, "The Conflict of Competencie betwen the EPPO and Spanish Prosecutors. Lessons Learned", *eucrim* nº 4/202, págs. 286-288.

63 Más aún cuando, según se ha visto, el propio RFE determina de forma muy compleja y a veces confusa cuándo exactamente las autoridades nacionales tienen que tomar tal decisión. Así, por ejemplo, Márton, Balázs, "The Conflict of Competencie ...", *op. cit.*, pág. 287.

Todo ello conduce a la conclusión de que el Reglamento (UE) 2017/1939 carece de claridad normativa en esta materia con la consiguiente merma en la seguridad jurídica, merma que no será posible neutralizar hasta que no exista una consolidada jurisprudencia del Tribunal de Justicia sobre su interpretación[64].

## BIBLIOGRAFÍA

Arangüena Fanego, Coral, "Cuestiones de competencia entre jueces de instrucción y Fiscalía Europea", *Cuadernos Digitales de Formación* (CGPJ), vol. 12/2023.

Arangüena Fanego, Coral, "Proceso penal e investigación de la Fiscalía Europea. Especial consideración de su actuación en materia cautelar real", en Miranda Rodrigues, Anabela/ Nieto Martín, Adán/ Acale Sánchez, María/ João Costa, Miguel (eds.), *Procuradoria Europeia e Criminalidade Económico-Financeira | La Fiscalía Europea ante la Delincuencia Económica y Financiera*, FDUC, Coimbra, 2023, págs. 251-270.

Arangüena Fanego, Coral, "Capítulo XV. Medidas cautelares", en Guerrero Palomares, Salvador (director), *Tratado sobre la Fiscalía Europea y el procedimiento penal especial de la LO 9/2021, de 1 de julio*, Aranzadi, Cizur Menor, 2023, págs. 505-531.

Bachmaier Winter, Lorena, "Fiscalía europea versus Fiscalía española", en *https: www.iustel.com/diario_del_derecho* (entrada del 12 de abril de 2022: última consulta, 8 de marzo de 2023).

Campaner Muñoz, Jaime, "La impugnación de los decretos del Fiscal europeo delegado", en Guerrero Palomares, Salvador (director), *Tratado sobre la Fiscalía Europea y el procedimiento penal especial de la LO 9/2021, de 1 de julio*, Aranzadi, Cizur Menor, 2023.

Cid Villagrassa, Blanca, "Derecho o deber del juez nacional de plantear la cuestión prejudicial ante el Tribunal de Justicia de la Unión Europea", en *Revista parlamentaria de la Asamblea de Madrid*, nº 36, 2017, págs. 63-113.

Claes, Ana Laura, Werding, Anne y Franssen, Vanessa "The Belgian Juge d'Instruction and the EPPO Regulation: (Ir)Reconcilable?" *European Papers*, vol. 6, 2021, págs. 357-389

Costa, Martina y Sicurella, Rosaria en *Handbook. EULAW: EUropean Lawyers training on EPPO/ Manual sobre la Fiscalía Europea, Proyecto EU LAW training on EPPO* (Sicurella, Rosaria, Durdevic, Zlata, Ligeti, Katalin y Costa, Martina, (editores), 2022.

Domínguez Ruiz, Lidia, *El control judicial en el procedimiento de la Fiscalía europea en España*, Tirant lo Blanch, Valencia, 2023.

---

64 La primera cuestión prejudicial planteada ante el TJ sobre el RFE (asunto C-281/22) ha sido resuelta por sentencia (Gran Sala) de 21 de diciembre de 2022. Sobre esta cuestión *vid.* Venegoni, Andrea, "The EPPO Faces Its First Important Test. A Brief Analysis of the Request for a Preliminary Ruling in G. K. and Others", *eucrim*, nº 4/2022, págs. 282-285. Y sobre las Conclusiones del Abogado General *vid.* Herrnfeld, Hans-Holder, "Efficiency contra legem? Remarks on the Advocate General's Opinion Delivered on 22 June 2023 in Case C-281/22 G.K. and Others (Parquet européen)", *eucrim* 2/2023, págs. 229-236.

Gómez Colomer, Juan Luis y Planchadell Gargallo, Andrea, "Five relevant issues raised by the implementation of the European Public Prosecutor's Office in Spain", en Luchtman, Michiel (editor in chief): *Of swords and shields: due process and crime control in times of globalization. Liber amicorum prof. Dr. J. A. E. Vervaele*, Eleven International Published, La Haya, 2023, págs. 563-569.

Gómez Jara, Carlos, "Sobre la competencia de la fiscalía europea: un reto pendiente", *Legal today*, 30 de marzo de 2022).

Grasso, Giovanni, Sicurella, Rosaria y Giuffrida, Fabio "EPPO material competence: análisis of the PIF directive and regulation", en Ligeti, Katalin, Joao Antuntes, Maria, Giufrfrida, Fabio, (eds.) *The European Public Prosecutor's Office at launch-Adapting National Systems, Transforming EU Criminal Law*, Milano, Wolters Kluwer Italia, 2020.

Guerrero Palomares, Salvador (director), *Tratado sobre la Fiscalía Europea y el procedimiento penal especial de la LO 9/2021, de 1 de julio*, Aranzadi, Cizur Menor, 2023.

Hernández López, Alejandro, "Resolución de conflictos de competencia entre la Fiscalía Europea y las autoridades nacionales: sobre la problemática bicefalia española", en Miranda Rodrigues, Anabela/ Nieto Martín, Adán/ Acale Sánchez, María/ João Costa, Miguel (eds.), *Procuradoria Europeia e Criminalidade Económico-Financeira | La Fiscalía Europea ante la Delincuencia Económica y Financiera*, FDUC, Coimbra, 2023, págs. 307-344.

Herrnfeld, Hans-Holder, "Efficiency contra legem? Remarks on the Advocate General's Opinion Delivered on 22 June 2023 in Case C-281/22 G.K. and Others (Parquet européen)", *eucrim* 2/2023, págs. 229-236.

Jiménez Crespo, Luis Miguel, "Capítulo IX: La competencia material, temporal y personal de la Fiscalía Europea", en Guerrero Palomares, Salvador (director), *Tratado sobre la Fiscalía Europea y el procedimiento penal especial de la LO 9/2021, de 1 de julio*, Aranzadi, Cizur Menor, 2023, págs. 325-3553.

Jimeno Bulnes, Mar, *La cuestión prejudicial del art. 177 TCE*, J. M. Bosch editor, Barcelona, 1996.

Jimeno Bulnes, Mar, "La Fiscalía Europea: un breve recorrido por la *institución*", en Guerrero Palomares, Salvador (director), *Tratado sobre la Fiscalía Europea y el procedimiento penal especial de la LO 9/2021, de 1 de julio*, Aranzadi, Cizur Menor, 2023, págs. 113-174.

Márton, Balázs, "The Conflict of Competencie betwen the EPPO and Spanish Prosecutors. Lessons Learned", *eucrim* nº 4/202, págs. 286-288.

Moreno Catena, Víctor, *Fiscalía Europea y derechos fundamentales* Tirant lo Blanch, Valencia, 2014.

Muñoz Cuesta, Javier, "Cuestiones de competencia entre la Fiscalía Europea y los Juzgados de Instrucción", *Revista Aranzadi doctrinal*, nº 10 de 2022

Muñoz Mota, Olga, "Capítulo IX: Ejercicio de la competencia", en Guerrero Palomares, Salvador (director), *Tratado sobre la Fiscalía Europea y el procedimiento penal especial de la LO 9/2021, de 1 de julio*, Aranzadi, Cizur Menor, 2023, págs. 357-384.

Pereira De Sousa, Inês, "Desafios ao funcionamento da procuradoria europeia: entre o primado e a subsidiariedade?", en Miranda Rodrigues, Anabela/ Nieto Martín, Adán/ Acale Sánchez, María/ João Costa, Miguel (eds.), *Procuradoria Europeia e Criminalidade Económico-Financeira | La Fiscalía Europea ante la Delincuencia Económica y Financiera*, FDUC, Coimbra, 2023, págs. 271-306.

Pérez Marín, Mª Ángeles, "The European Public Prosecutor's Office protecting the Union's financial interests through criminal law", *eucrim* 1/2021.

Pérez Marín, Mª Ángeles "Capítulo XII: El inicio del procedimiento y primeras actuaciones", en Guerrero Palomares, Salvador (director), *Tratado sobre la Fiscalía Europea y el procedimiento penal especial de la LO 9/2021, de 1 de julio*, Aranzadi, Cizur Menor, 2023.

Pérez Marín, Mª Ángeles, "The European Public Prosecutor's Office protecting the Union's financial interests through criminal law", *eucrim* 1/2021, págs. 36-41

Pérez Marín, Mª Ángeles, "La competencia de la Fiscalía Europea: criterios materiales y territoriales para su determinación", *Revista Internacional Consinter de Direito*, nº VIII, 1º semestre de 2019, págs. 255-284.

Planchadell Gargallo, Andrea, "La Fiscalía Europea en España: Una cuestión de competencia", en Miranda Rodrigues, Anabela/ Nieto Martín, Adán/ Acale Sánchez, María/ João Costa, Miguel (eds.), *Procuradoria Europeia e Criminalidade Económico-Financeira | La Fiscalía Europea ante la Delincuencia Económica y Financiera*, FDUC, Coimbra, 2023, págs. 232-236.

Requejo Naveros, María Teresa, "Los delitos para la protección de los intereses financieros de la Unión Europea", en Guerrero Palomares, Salvador (director), *Tratado sobre la Fiscalía Europea y el procedimiento penal especial de la LO 9/2021, de 1 de julio*, Aranzadi, Cizur Menor, 2023, págs. 227-266.

Rodríguez-Medel Nieto, Carmen, *Fiscalía Europea, primer año de aplicación del Reglamento (UE) 2017/1939 y de la Ley Orgánica 9/2021-LOFE*, 2022, publicación independiente.

Rodríguez-Medel Nieto, Carmen, "En el corazón de la Fiscalía Europea: las Salas Permanentes", *Revista de Estudios Europeos*, nº extraordinario monográfico 1 (2023).

Rodríguez-Medel Nieto, Carmen, "Capítulo XVI: Investigaciones transfronterizas", en Guerrero Palomares, Salvador (director), *Tratado sobre la Fiscalía Europea y el procedimiento penal especial de la LO 9/2021, de 1 de julio*, Aranzadi, Cizur Menor, 2023, págs. 533-567.

Sabadell Carnicero, Concepción, "Capítulo III: Retos y perspectivas de la Fiscalía Europea", en Guerrero Palomares, Salvador (director), *Tratado sobre la Fiscalía Europea y el procedimiento penal especial de la LO 9/2021, de 1 de julio*, Aranzadi, Cizur Menor, 2023, págs. 127-153.

Sabadell Carnicero, Concepción, "La competencia material de la Fiscalía Europea", *Diario La Ley*, nº 10298, de 1 de junio de 2023

Sicurella, Rosaria, Durdevic, Zlata, Ligeti, Katalin y COSTA, Martina, (editoras), *Handbook. EULAW: EUropean Lawyers training on EPPO/ Manual sobre la Fiscalía Europea, Proyecto EU LAW training on EPPO*, 2022.

Tinoco Pastrana, Ángel, "El procedimiento especial para la investigación por el Fiscal Europeo Delegado en España", *Revista de Estudios Europeos* 82 (2023), págs. 30-68.

Van Den Berge, Yves, "Role of the Belgian Investigative Judge in EPPO", *eucrim* 1/2021.

Venegoni, Andrea, "The EPPO Faces Its First Important Test. A Brief Analysis of the Request for a Preliminary Ruling in G. K. and Others", *eucrim*, nº 4/2022, págs. 282-285.

Vervaele, John, "De EUROJUST a la Fiscalía Europea en el Espacio Judicial Europeo. ¿El inicio de un Derecho Procesal Penal Europeo", en Espina Ramos, Jorge A. y Vicente Carbajosa, Isabel, *La futura Fiscalía Europea*, Ed. BOE, Madrid, 2009.

Vervaele, John, "A Procuradoria Europeia: um gigante com pés de barro nacionais?"en Miranda Rodrigues, Anabela/ Nieto Martín, Adán/Acale Sánchez, Maria/Costa, Miguel João Costa (eds.): *Procuradoria Europeia e Criminalidade Económico-Financeira,* FDUC, Coimbra, 2023, págs. 21-50.

Vidal Fernández, Begoña, "Control jurisdiccional de los actos de la Fiscalía Europea: artículo 42 Reglamento de la Fiscalía Europea", *Revista de Estudios Europeos,* núm. Extra 1, 2023.

Vilas Álvarez, David, "La competencia material de la Fiscalía Europea", en Bachmaier Winter, Lorena (coordinadora): *La Fiscalía Europea,* Marcial Pons, Madrid-Barcelona, 2018, págs. 53-76.

# *Las garantías procesales del investigado en el procedimiento de la Fiscalía Europea*

**ANTONIO Mª LARA LÓPEZ**

*Profesor Contratado Doctor de Derecho Procesal de la Universidad de Málaga*

**SUMARIO:** 1. INTRODUCCIÓN. 2. LAS GARANTÍAS PROCESALES DEL INVESTIGADO EN EL PROCEDIMIENTO DE LA FISCALÍA EUROPEA. UNA VISIÓN GENERAL. 3. LOS DERECHOS PROCESALES Y LAS GARANTÍAS DEL INVESTIGADO EN EL PROCESO PENAL ESPAÑOL. UNA VISIÓN GENERAL ORIENTADA AL PROCESO DE LA FISCALÍA EUROPEA. 3.1. LOS DERECHOS DE LA DEFENSA. 3.1.1. LOS DERECHOS DE LA DEFENSA Y SU REGULACIÓN. 3.1.2. NACIMIENTO Y FINALIZACIÓN DEL DERECHO DE DEFENSA. 3.1.3. CONTENIDO DEL DERECHO DE DEFENSA. A) DERECHO A SER INFORMADO DE LA ACUSACIÓN Y A LA PREPARACIÓN DE LA DEFENSA. B) LA ASISTENCIA LETRADA. ESPECIAL REFERENCIA A LA ENTREVISTA PREVIA Y LA PRIVACIDAD DE LAS COMUNICACIONES. C) EL DERECHO A GUARDAR SILENCIO Y NO INCRIMINARSE. 3.1.4. LA RESTRICCIÓN DEL DERECHO DE DEFENSA. ESPECIAL REFERENCIA AL SECRETO DE SUMARIO. BIBLIOGRAFÍA.

## 1. INTRODUCCIÓN

En el inicio de esta introducción no puedo dejar de hacer una breve referencia a la circunstancia de que la primera vez que tuve ocasión de aproximarme a este procedimiento fue con una obra del Profesor Moreno Catena, concretamente, *Fiscalía europea y derechos fundamentales* del año 2014. Ahora no recuerdo bien si esa primera búsqueda bibliográfica a la que nos enfrentamos todos los investigadores cuando abrimos nueva línea y que, en mi caso, es muy determinante para el futurible alumbramiento intelectual, fue concretamente al autor o al título (o a ambos a la vez). Y no lo recuerdo porque no ha existido investigación procesal realizada por quien redacta este capítulo que no haya tenido a la magna obra del maestro Moreno Catena como pieza básica y fundamental y, como no, ésta no iba a ser una excepción, más aún cuando se trata de integrar humildemente en esta obra homenaje al gran maestro que ha sido, es y será D. Víctor Moreno Catena.

Tampoco es de extrañar que fuera con esa publicación, ya que, probablemente, era la primera vez que —sin desmerecer al resto[1]— se aborda-

---

1 *Vid.* Tiedman, K. (2007), "El nuevo procedimiento penal europeo", en *El Derecho Penal de la Unión Europea. Situación actual y perspectivas de futuro,* (Arroyo Zapatero, L. y Nieto Martín, A., dirs.), Eds. UCLM, Cuenca, págs. 143-156.

ba en nuestro país la figura de la Fiscalía Europea con esa profundidad y rigor.

La idea sobre la creación de un Proceso Penal Europeo transita por el ideario de la Unión desde hace ya mucho tiempo, no solo ya como una pretendida homogeneización de los procesos penales de los Estados miembros, algo en lo que se ha avanzado mucho de la mano de los instrumentos de cooperación jurisdiccional en materia penal y, fundamentalmente, con las Directivas del "Plan Estocolmo", sino, además, y avanzando algo más, con un proceso penal europeo con aplicabilidad general en todos los Estados. El primer paso para este desiderátum entiendo que ha sido la creación de la Fiscalía Europea y su procedimiento, aunque desde su idea inicial a su plasmación real han transcurrido no pocos años[2]. Bien es cierto que su creación está circunscrita, y así se determinó desde sus primeros pasos, al derecho penal económico europeo[3], pero el avance ha sido muy significativo. Aunque existen autorizadas voces contrarias a las bondades de la FE, siendo significativa la de Lorca Navarrete que señala que los elogios a la institución "puede que no satisfagan a quienes la ven como un órgano fuertemente burocratizado y olvidan que la criminalidad que le interesa combatir no es otra que la que justificó el origen fundacional de la UE", es decir, aquellos que tienen una finalidad económica[4].

Sin duda, los dos hitos más importantes para su concreta materialización han sido el Reglamento (UE) 2017/1939 del Consejo, de 12 de octubre de 2017, por el que se establece una cooperación reforzada para la creación de la Fiscalía Europea (RFE) y, para su implementación en nuestro país, la Ley Orgánica 9/2021, de 1 de julio, de aplicación del Reglamento (UE) 2017/1939 del Consejo, de 12 de octubre de 2017, por el

---

2 Un paseo por este proceso de génesis puede verse en Moreno Catena, V. (2014), *Fiscalía Europea y Derechos Fundamentales*, Tirant lo Blanch, Valencia y más recientemente, Lupária Donati, L. y Della Torre, J. (2023), "Orígenes y antecedentes de la Fiscalía Europea", en Tratado sobre la Fiscalía Europea y el procedimiento penal especial de la LO 9/2021, de 1 de julio, (Guerrero Palomares, S. dir.), Ed. Aranzadi, Cizur Menor, págs. 87-126.

3 Cfr. Rodríguez García, N. (2013), "Aprendiendo del pasado en el proceso de creación de la Fiscalía Europea", en *Revista General de Derecho Europeo*, núm. 31, Ed. Iustel, pág. 6.

4 *Vid.* Lorca Navarrete, A. M. (2023), *Análisis Crítico de la Fiscalía Europea*, Instituto Vasco de Derecho Procesal, San Sebastián, pág. 2. Recomendable la lectura completa de esta obra por su espíritu crítico que ofrece una visión contraria a las bondades del sistema creado.

que se establece una cooperación reforzada para la creación de la Fiscalía Europea (LOFE).

No podemos olvidar, como nos señala Moreno Catena, que "forzoso es reconocer que el papel de la Fiscalía Europea como órgano de persecución de los delitos contra los intereses económicos de la UE, y solamente para eso, representa en primer lugar una denuncia de las autoridades comunitarias hacia los países miembros, porque se han despreocupado de una eficaz persecución de estos delitos graves, que nos afectan a todos los ciudadanos en la medida en que repercuten en los impuestos que se derivan hacia las instituciones europeas y han puesto en evidencia la falta de protección de esos intereses financieros comunitarios incidiendo en la crisis de las deudas públicas de la zona euro". Pero hoy día, este procedimiento ha quedado configurado con una estructura tendente a la persecución de unos delitos concretos en el marco de una delincuencia económica muy determinada. Esta circunstancia va a influir en la propia estructura del proceso y de su materialización.

La creación de la FE no solo va a suponer un cambio de modelo orgánico[5], para su inserción en nuestro ordenamiento jurídico ha requerido un cambio parcial en nuestro modelo procesal penal, acompañado de reformas orgánicas, procedimentales y, sobre todo, de modelo de instrucción[6].

Lo primero que hay que preguntarse es si el modelo acusatorio que propone el procedimiento especial de la FE es coherente y respetuoso con los derechos fundamentales de los investigados y acusados. La respuesta a esta pregunta resulta ociosa ya que dicho modelo, presente en la mayoría de los países democráticos del mundo, demuestra que, más que provocar una merma en los derechos aludidos, supone un reforzamiento en las garantías procesales. Ahora bien, este reforzamiento va a depender del modo de implementación de dicho sistema y la desaparición, por fin, del modelo inquisitivo anclado en un sistema decimonónico. Si la implementación se

---

5 *Vid.* Armenta Deu, T. (2021), "Fiscalía Europea. Su incidencia en el ordenamiento procesal español", en *Nuevos postulados de la cooperación judicial en la Unión Europea (Libro homenaje a la Prof. Isabel González Cano)*, Moreno Catena, V. y Romero Pradas, M. I. (dirs.), Tirant lo Blanch, Valencia, págs. 145-171

6 Sobre estas cuestiones. *vid.* Gómez Colomer, J. L. (2021), "La inserción de la Fiscalía Europea en el sistema procesal penal español", en *Nuevos postulados de la cooperación judicial en la Unión Europea (Libro homenaje a la Prof. Isabel González Cano)*, Moreno Catena, V. y Romero Pradas, M. I. (dirs.), Tirant lo Blanch, Valencia, págs. 217-240.

realiza con los cambios orgánicos que garanticen la independencia, imparcialidad y, sobre todo, la responsabilidad de Ministerio Fiscal[7] director de la investigación y responsable del juicio de acusación y la materialización de ésta, que no suponga una merma en el principio de igualdad de partes con respecto al sujeto pasivo; si existe un órgano investido de potestad jurisdiccional que vele por el respeto de los derechos fundamentales en aquellas parcelas que requieran su actuación, ya sea por autorización, ya por el control en vía de recursos, no vemos inconveniente en este sistema[8]. Además, y desde un punto de vista más general, como ya advierte Narváez Rodríguez "desde una perspectiva estrictamente constitucional, la determinación de cuál sea la Autoridad o el órgano, que haya de asumir la fase de investigación criminal dentro de un sistema procesal penal, entra dentro de la libertad de configuración del legislador, de tal manera que la atribución al Juez o al Fiscal de aquella fase, no hallará, en principio y con carácter general, ningún obstáculo de inconstitucionalidad, siempre que, en el modelo de proceso penal que se adopte, queden preservadas las garantías constitucionales del art. 24 CE y que los derechos fundamentales, que puedan quedar limitados para preservar el interés general que conlleva la persecución de los hechos delictivos, sean objeto del control judicial que exige la CE y la legislación orgánica que desarrolle sus contenidos esenciales"[9]. De lo que no nos cabe duda es que la dirección de la instrucción por parte del Ministerio Fiscal en este procedimiento va a servir de lanzadera a la futura reforma del proceso penal español[10] que aún no

---

7 Sobre este particular son interesantes las reflexiones de Durdevic, Z., en Sicurella, R. et al. (2022), Manual sobre Fiscalía Europea, Proyecto EU LAW training on EPPO, Sicurella, R., Durdevic, Z., Ligeti, K. y Costa, M. (editores), en prensa, págs. 9 y ss.

8 Sobre la configuración de la Fiscalía Europea en su aspecto orgánico, *vid.*, entre otros, Zaragoza Aguado, J. A. (2020), "El Ministerio Fiscal español y la Fiscalía Europea. Su configuración institucional. La autonomía y la independencia en su estatuto jurídico. Conflictos de competencia y mecanismos de solución. La Fiscalía Europea y la Orden Europea de Detención", en Revista del Ministerio Fiscal, núm. 9, págs. 58-82. Igualmente, para ampliar los principios básicos de las actuaciones de la FE, *vid.* Bonačić, M., en Sicurella, R. et al. (2022), Manual sobre Fiscalía Europea, Proyecto EU LAW training on EPPO, Sicurella, R., Durdevic, Z., Ligeti, K. y Costa, M. (editores), en prensa, pág. 53.

9 *vid.* Narváez Rodríguez, A. (2020), "Dirección de la investigación por el Fiscal Europeo: limitaciones de derechos fundamentales y secreto de las actuaciones", en *Revista del Ministerio Fiscal*, núm. 9, pág. 96.

10 Ariza Colmenarejo. M. J. y González Granda, P. (2021), "La figura del Ministerio Fiscal en el Proceso", en *Justicia y Proceso: Una revisión procesal contemporánea bajo*

ha visto la luz a pesar de los ya incontables intentos y que parece postularse por un modelo de este tipo. Como ya nos señalaba Moreno Catena, "no es compatible la convivencia del modelo de procedimiento para enjuiciar —mejor, para investigar— los hechos que puedan ser constitutivos de un delito contra los intereses financieros de la UE con otro distinto modelo procesal interno, que rija para los delitos "domésticos". Tal vez con el principio de que "la necesidad obliga" se consiga finalmente la modificación de una vetusta Ley procesal penal en España, que se aprobó en 1882 y que respondía no sólo a un sistema jurídico diferente, sino sobre todo a una sociedad que hoy no puede reconocerse en esas normas, por muchas reformas parciales que se hayan introducido"[11]. Pues bien, a pesar de que se escribieron estas acertadísimas palabras hace ya diez años, sigue pendiente esa homogeneización y la necesidad que la doctrina más asentada vio en su día, no ha sido vista por nuestro legislador.

Pues bien, si no estimamos riesgos estructurales en la merma de las garantías procesales, ello no obsta a que, como consecuencia de los actos particulares propios de la investigación e instrucción de la causa bajo este procedimiento, existan riesgos plausibles de cierta incompatibilidad entre dichos actos y los derechos y garantías fundamentales de los sospechosos y acusados.

Tampoco podemos ser ajenos, aunque, sin duda, no cualifica sustancialmente lo que se va a señalar, que la propia naturaleza de los asuntos que son competencia —y que no vamos a repetir aquí[12]— van a tener influencia en la capacidad de invasión en los derechos fundamentales de los investigados. En efecto, la posibilidad de la invasión en la esfera de los derechos fundamentales es mayor cuanto mayor es la dificultad en su investigación ya que va a requerir medidas más invasivas. Aunque, como hemos señalado, esta posibilidad no cualifica en demasía este procedimiento especial.

---

*el prisma constitucional*, Ariza Colmenarejo. M. J. y González Granda, P, Dykinson, Madrid, pág. 212.

11 *Vid.* Moreno Catena, V. (2014), *Fiscalía Europea y Derechos Fundamentales*, *op. cit.*, págs. 23 y 24.

12 Para una mayor profundización de éstos, *vid.* Requejo Naveros, M. T. (2023), "Los delitos para la protección de los intereses financieros de la Unión" ", en Tratado sobre la Fiscalía Europea y el procedimiento penal especial de la LO 9/2021, de 1 de julio, *op. cit.*, págs. 227-266.

En este capítulo, vamos a tratar la básicamente la compatibilidad del procedimiento establecido en la LOFE con los principales derechos y garantías procesales, fundamentalmente los derechos de la defensa.

## 2. LAS GARANTÍAS PROCESALES DEL INVESTIGADO EN EL PROCEDIMIENTO DE LA FISCALÍA EUROPEA. UNA VISIÓN GENERAL

Con anterioridad a la entrada en vigor de la Lofe, Gómez Colomer se plateaba la necesidad de la creación de un proceso penal especial en el que se regulasen las especialidades del enjuiciamiento de los delitos que son competencia de la instrucción de la FE. Se decantó, no sin ciertas reservas, por una respuesta afirmativa por ser la menos mala. Postura que compartimos, pero con las reservas de que, en todo lo claramente regulado por el RFE, no sería conveniente una regulación específica o la modificación de la norma interna[13]. Como ya hemos tenido oportunidad de expresar, casi todas las parcelas o aspectos, por mínimos que sean de este procedimiento, van a tener una incidencia directa en los derechos y garantías de las partes, fundamentalmente del sujeto pasivo de la investigación, pero, para acotar este estudio, tenemos que remitirnos únicamente a aquellos derechos de los sospechosos y acusados —y su alcance—, recogidos en el art. 41 del RFE. Partiendo de una mención previa de los mismos, podremos tener una visión de la compatibilidad de éstos con las propias especificidades del procedimiento de la FE regulado tanto en dicho Reglamento como en la LOFE.

Si atendemos ahora a la regulación de los derechos de los sospechosos y acusados en el RFE y la LOFE, lo cierto es que, comparado con la gran extensión de la regulación de los aspectos procedimentales y orgánicos, la misma, referida a los derechos de los sospechosos y acusados en el RFE, es bastante parca. Si nos remitimos a aspectos puramente cuantitativos, de los 121 Considerandos del RFE, solo dedica dos a estos aspectos (Considerandos 84 y 85). Obviamente, la sustanciación de un proceso equitativo es una trasversal en todo el procedimiento, pero, en su regulación específica, únicamente se refiere a ellos en los citados considerandos. Si a la regulación

---

13 *Vid.* Gómez Colomer, J. L. (2021), "La inserción de la Fiscalía Europea en el sistema procesal penal español", en *Nuevos postulados de la cooperación judicial en la Unión Europea (Libro homenaje a la Prof. Isabel González Cano), op. cit.*, pág. 232.

al articulado nos referimos, la proporción es la misma, ya que únicamente dedica un artículo bajo un capítulo con la rúbrica "Garantías Procesales", concretamente el art. 41.

Sin embargo, esta supuesta parquedad, antes que verla como un defecto, observamos en ella una virtud, ya que la remisión a los derechos contenidos en la Carta de Derechos Fundamentales de la Unión Europea (CDFUE) y, fundamentalmente, y para la materia que nos ocupa, a las Directivas del denominado "Plan Estocolmo" y a la legislación nacional (LECrim), son una fortaleza ya que éstas (aunque alguna no se haya traspuesto al ordenamiento jurídico español) suponen una sobrada garantía del respeto a los derechos fundamentales de los sospechosos y acusados en un proceso penal. La ausencia de referencia al CEDH no debe ser un problema ya que, realizando la remisión a la CDFUE, ésta asumió todos los derechos procesales básicos que se contienen en el Convenio de Roma y sus protocolos[14]. A pesar de esta opinión, Illuminati aprecia un defecto ya que deja en manos de las legislaciones internas de los Estados miembro el desarrollo de las concretas garantías procesales de los sospechosos y acusados y, como no, estas garantías puedes diferir bastante de un Estado a otro y no se logra la armonización[15]. Sin restar razón al maestro italiano, un análisis interno en nuestro país, como veremos ahora, nos lleva a la

---

14 Aunque no podemos negar la existencia de cierta tensión entre las doctrinas del TEDH y el TJUE en relación con la interpretación de ciertos derechos. A mayor abundamiento, *vid.* Narváez Rodríguez, A. (2020), "Dirección de la investigación por el Fiscal Europeo: limitaciones de derechos fundamentales y secreto de las actuaciones", *op. cit.*, págs. 83-94. Bien es cierto que convenimos con Pérez Marín que "probablemente en esta ocasión, el punto de partida del problema no se encuentre en los instrumentos jurídicos relativos a los derechos y garantías de los imputados y de los acusados en el proceso penal ni, por supuesto, en la transposición realizada por los Estados, sino en que nos hemos acostumbrado a un derecho de mínimos que ha venido funcionando hasta ahora —con dificultades— y que encuentra su base en el principio de reconocimiento mutuo. Pero ha llegado el momento de dar un paso más en este aspecto, toda vez que el reconocimiento mutuo puede llegar a mostrarse más como un lastre que como un elemento que permita avanzar, dificultando así la interpretación armónica de la norma". *Vid.* Pérez Marín, M. A. (0221), "Una revisión de la actuación de la Fiscalía Europea en España. La afectación de los derechos. y garantías procesales de las partes", en *Nuevos postulados de la cooperación judicial en la Unión Europea (Libro homenaje a la Prof. Isabel González Cano),* Moreno Catena, V. y Romero Pradas, M. I. (dirs.), Tirant lo Blanch, Valencia, pág. 288.

15 Cfr. Illuminati, G. (2020), "Protection of Fundamental Rights of the Suspect or Accused in ransnational Proceedings Under the EPPO", en *The Right to Counsel*

conclusión de que se alcanza un estándar muy razonable en cuanto a los derechos defensivos[16].

Referido ahora a la LOFE como, por otra parte, también resulta lógico, se extiende más en la relación de los derechos procesales de los investigados. Esto es así ya que, al regular el procedimiento, independientemente de la cláusula de remisión genérica a la CDFUE, la CE y la LECrim, procura no dejar lugar a dudas sobre los derechos que tendrá el investigado "en todo caso". De esta forma, en el art. 26.2 señala un elenco de derechos que serán, además de los contenidos en las normas generales aludidas, el marco de protección de los investigados. En esencia, son todos aquellos regulados en la LECrim, y que ya recogen las previsiones de las Directivas del citado "Plan Estocolmo" a las que alude el art. 41.2 del RFE.

## 3. LOS DERECHOS PROCESALES Y LAS GARANTÍAS DEL INVESTIGADO EN EL PROCESO PENAL ESPAÑOL. UNA VISIÓN GENERAL ORIENTADA AL PROCESO DE LA FISCALÍA EUROPEA

Como hemos señalado, una vez referenciados los derechos de los sospechosos y acusados en la regulación del procedimiento de la FE, debemos desarrollar en contenido concreto de esos derechos conforme a la normativa que los ha desarrollado, ya sea por medio de instrumentos internacionales (CEDH), normativa de la UE (CDFUE y Directivas) y la LECrim. Partiendo de esta estructuración, analizaremos su configuración y protección en el proceso ante la FE[17].

---

*and the Protection of Attorney-Client Privilege in Criminal Proceedings A Comparative View*, Bachmaier, Winter, L. (ed.), Springer, pág. 184.

16 De la misma opinión, *vid.* Van Den Eynde, A. (2023), "Intervención y ámbito de actuación de la defensa. Derechos y garantías del investigado", en *Tratado sobre la Fiscalía Europea y el procedimiento penal especial de la LO 9/2021, de 1 de julio, op. cit.*, pág. 623.

17 Un magnífico y analítico trabajo sobre los aspectos fundamentales de la LOFE puede verse en Vidal Fernández, B (2022), "La actuación de la Fiscalía Europea en el proceso penal español regulada en la LO 9/2021", en *Revista Aranzadi de Derecho y Proceso Penal*, núm. 66, abril-junio, págs. 139-173

### *3.1. Los derechos de la defensa*

#### 3.1.1. Los derechos de la defensa y su regulación

El correcto entendimiento de lo que debe ser un juicio justo globalmente considerado claudicaría si prescindimos de las garantías fundamentales como el derecho la presunción de inocencia y el derecho a poder defenderse en toda su extensión.

En palabras de Gimeno Sendra, el derecho de defensa "es un derecho fundamental de todo imputado a acceder al proceso penal tan pronto como se le atribuya la comisión de un hecho punible, y a designar en él, a un abogado de su confianza o a reclamar la intervención de uno de oficio para efectuar ambos, defensor y patrocinado, los actos de alegación, prueba e impugnación que estimen necesarios en punto a hacer valer, con eficacia, el derecho fundamental a la libertad que asiste a todo ciudadano que, por no haber sido condenado, se presume inocente"[18].

Como acertadamente señala Moreno Catena, "la defensa opera como factor de legitimidad de la acusación y de la sanción penal", en efecto, las garantías para el investigado, encausado o acusado no solo benefician a éstos, también se convierten en garantías de una recta Administración de Justicia[19].

En cuanto a su regulación[20], respecto de la UE, la base fundamental se establece en el artículo 48.2 de la CDFUE, que consagra que "se garantiza a todo acusado el respeto de los derechos de la defensa". Esta escueta redacción engloba una serie de derechos que, al igual que sucede con el apartado 1 del artículo 48 de la CDFUE que regula la presunción de inocencia, debemos extraerlos del artículo 6.3 del CEDH[21].

---

18 *Vid.* Gimeno Sendra, V., *Derecho Procesal Penal,* (con Calaza López, S. y Díaz Martínez, M.), Tirant lo Blanch, Valencia, pág. 277.

19 *Vid.* Moreno Catena, V. (2021), *Derecho Procesal Penal,* (con Cortés Domínguez, V.), Tirant lo Blanch, Valencia, pág. 165.

20 Un estudio breve sobre los antecedentes del derecho de defensa puede verse en Nieva Fenoll, J. (2022), *Derecho Procesal III. Proceso Penal,* Tirant lo Blanch, Valencia, pág. 163.

21 Artículo 6.3 del CEDH. "Todo acusado tiene, como mínimo, los siguientes derechos: A ser informado en el más breve plazo, en una lengua que comprenda y detalladamente, de la naturaleza y de la causa de la acusación formulada contra él; A disponer del tiempo y de las facilidades necesarias para la preparación de su defensa; A defenderse por sí mismo o a ser asistido por un defensor de su elección

Por último, ha sido la UE, apostando por un clarísimo impulso por la armonización y, sobre todo, la potenciación de los derechos de la defensa, la que ha promulgado una serie de Directivas[22] con el fin de armonizar las

---

y, si no tiene medios para pagarlo, poder ser asistido gratuitamente por un abogado de oficio, cuando los intereses de la justicia lo exijan; A interrogar o hacer interrogar a los testigos que declaren contra él y a obtener la citación y el interrogatorio de los testigos que declaren en su favor en las mismas condiciones que los testigos que lo hagan en su contra; A ser asistido gratuitamente de un intérprete, si no comprende o no habla la lengua empleada en la audiencia". Además, existen referencias al derecho de defensa en los artículos 10 y 11 de la Declaración Universal de Derechos Humanos, aprobada por la Asamblea General de Naciones Unidas el 10 de diciembre de 1948; y en el artículo 14.3 del Pacto Internacional de Derechos Civiles y Políticos (PIDCP), aprobado por la Asamblea General de las Naciones Unidas el 16 de diciembre de 1966.

22 Salvo la Directiva de 2016 relativa a la presunción de inocencia, el resto de Directivas han sido traspuestas (como mayor o menos acierto) a nuestro ordenamiento jurídico por las modificaciones operadas en la LECrim por diferentes normas. Entre ellas: La Ley Orgánica 5/2015, de 27 de abril, por la que se modifican la Ley de Enjuiciamiento Criminal y la Ley Orgánica 6/1985, de 1 de julio, del Poder Judicial, para transponer la Directiva 2010/64/UE, de 20 de octubre de 2010, relativa al derecho a interpretación y a traducción en los procesos penales y la Directiva 2012/13/UE, de 22 de mayo de 2012, relativa al derecho a la información en los procesos penales. Y, fundamentalmente, la Ley Orgánica 13/2015, de 5 de octubre, de modificación de la Ley de Enjuiciamiento Criminal para el fortalecimiento de las garantías procesales y la regulación de las medidas de investigación tecnológica. Los antecedentes del Plan Estocolmo y su plan de desarrollo puede verse en Lara López, A. M. (2013), "El derecho a la información en los procesos penales en la Unión Europea. Un estudio sistemático de la Directiva 2012/13/UE, de 22 de mayo", en *Nueve estudios para informar un proceso penal europeo y un Código Modelo para potenciar la cooperación jurisdiccional Iberoamericana*, Aranzadi, Cizur Menor, págs. 117 y ss. Un interesante estudio posterior sobre las Directivas pendientes y su trasposición se puede ver en Renedo Arenal, M. A. (2018), "Directivas pendientes de trasposición y sus eventuales efectos en el Proceso Penal", en *El Acceso a la Justicia* (dir. Roca Martínez, J. M.), Asociación de profesores de derecho procesal "Proceso y Garantías", Tirant lo Blanch, Valencia, págs. 467-494. De sumo interés también es el análisis de la implantación de las Directivas sobre garantías procesales en Italia realizado por Faggiani, V. (2018), "La trasposición de las Directivas sobre derechos procesales en Italia", y, sobre todo, Arangüena Fanego, C. (2018), "La elaboración de un estatus procesal de investigado/acusado en la Unión Europea. Balance del plan de trabajo del Consejo ocho años después" en *Garantías procesales de investigados y acusados situación actual en el ámbito de la Unión Europea* Arangüena Fanego, C., Hoyos Sancho, M. (dir.); Vidal Fernández, B. (coord.), Tirant lo Blanch, Valencia, págs. 235-251. Como dato de interés, señala que Portugal no ha procedido a la trasposición de las Directivas por entender

distintas regulaciones nacionales de los Estados miembros y que son aquellas a las que se refiere el citado art. 41 RFE.

En nuestro país, el derecho de defensa se consagra constitucionalmente en el artículo 24.1 de la CE, que lo incardina en el derecho a la tutela judicial efectiva "sin que, en ningún caso, pueda producirse indefensión"; y en el artículo 24.2, que reconoce que "todos tienen derecho al Juez ordinario predeterminado por la ley, a la defensa y a la asistencia de letrado, a ser informados de la acusación formulada contra ellos, a un proceso público sin dilaciones indebidas y con todas las garantías, a utilizar los medios de prueba pertinentes para su defensa, a no declarar contra sí mismos, a no confesarse culpables y a la presunción de inocencia".

Por último, aunque diferentes manifestaciones del derecho de defensa se encuentran diseminadas por toda la LECrim, es en los artículos 118 y 520 donde se encuentra regulado su núcleo esencial[23].

### 3.1.2. Nacimiento y finalización del derecho de defensa

*a) Nacimiento del derecho de Defensa.* En palabras de GIMENO[24], nace con la imputación (arts. 118.I y 767 LECrim) y finaliza con la obtención de una resolución firme de terminación del proceso penal. Si bien el momento *a quo* del nacimiento del derecho de defensa no acarrea demasiados problemas (aunque sí hay que hacer referencia a determinadas circunstancias

---

que su legislación otorga un nivel de protección superior al fijado a nivel europeo, *vid.* pág. 235.

23 Es poco comprensible esta duplicidad, fundamentalmente porque hace referencia a dos situaciones diferentes o, más bien, estatus diferentes del sujeto pasivo del proceso penal. El art. 118 se refiere al imputado (aunque hay que tener en cuenta el cambio de denominación que se produjo en 2015) y el art. 520 se refiere al detenido o preso. Lo lógico hubiera sido un tratamiento conjunto de los derechos de la defensa referidos a una única categoría, sin hacer referencia a ninguna fase del proceso en la que nos encontremos y establecer las especificaciones necesarias en función de una situación muy particularizada (ej. la detención). Esta duplicidad, fuera de provocar un reafianzamiento de los derechos, ha determinado ciertas dudas sobre si, lo que entiendo, constituye un derecho básico del reo, tiene un contenido diferente en función del estatus procesal del sujeto pasivo. Nos referimos, sin perjuicio de que lo veremos a continuación, al derecho al acceso a los materiales del expediente que puede tener un contenido distinto en función de dicho estatus (paradójicamente, más limitado si el reo se encuentra detenido).

24 *Vid.* Gimeno Sendra, V., Derecho Procesal Penal, *op. cit.*, pág. 278.

que determinan su nacimiento), el momento *ad quem* de finalización de este derecho ha provocado algunas controversias. Ello es debido a que algunos autores (entre los que nos encontramos) entienden que el derecho de defensa ha de extenderse a la fase de ejecución y cumplimiento de la sentencia firme. Hoy día podemos considerar superada esta discrepancia y así lo reconoce el propio legislador cuando ha extendido el derecho de defensa hasta la extinción de la pena impuesta[25].

De esta forma, el derecho de defensa nace con la imputación, pero, como hemos avanzado, hay que realizar algunas matizaciones. Ello debido a que la imputación puede provenir de determinadas actuaciones procesales por parte de la autoridad pública. Así, su nacimiento se confirma desde que se comunique la existencia del proceso, ya sea: por traslado inmediato de la denuncia o querella; por la detención o adopción de cualquier medida cautelar; o por procesamiento[26].

Antes de la reforma de la LECrim de 2002 la garantía de la defensa resultaba obligatoria desde la detención (art. 520 LECrim), en otras situaciones no era obligatorio pero el imputado lo podía solicitar. Tras la reforma, se exige la presencia de defensor jurídico no solo desde la detención, sino desde que resultare la imputación de un delito contra persona determinada y habrá que recabar la presencia del abogado; ya provenga de la Policía, el Ministerio Fiscal[27] o el Juez[28].

*b) Finalización del derecho de defensa,* se extiende a todo el procedimiento hasta la obtención de una resolución que ponga término al mismo (ej. Auto de sobreseimiento) o hasta sentencia firme e incluso la ejecución y la extinción de la pena.

Si trasladamos lo expuesto al procedimiento de la LOFE no debería cambiar nada el planteamiento, ya que no contiene especialidades al respecto, pero sí existen algunas cuestiones que debemos reseñar.

---

25 "El derecho de defensa se ejercerá sin más limitaciones que las expresamente previstas en esta ley desde la atribución del hecho punible investigado hasta la extinción de la pena", art. 118 LECrim tras la reforma de la de 2015)

26 Con gran acierto, Calaza López entiende que este derecho debe nacer incluso en un estadío anterior. Cfr. Calaza López. S., *Derecho Procesal Penal,* (con Gimeno Sendra, V. y Díaz Martínez, M.), *op. cit.*, pág. 152.

27 *Vid.* Circular FGE 4/2013, I.3 y III.1

28 *Vid.* Moreno Catena, V. *Derecho Procesal Penal, op. cit.*, pág. 166.

La primera es que el inicio del proceso puede tener una doble procedencia, por propia investigación del Fiscal europeo delegado (FED) (art. 18 LOFE) o por el ejercicio del derecho de avocación (art. 19 LOFE).

Con respecto al primer supuesto, el art. 18.1 señala que "los FED iniciarán una investigación cuando, mediante denuncia, querella o por cualquier otro medio previsto legalmente, tengan conocimiento de hechos aparentemente delictivos que pudieran recaer en el ámbito de sus competencias, en cuyo caso acordarán mediante decreto incoar el procedimiento de investigación de la FE". Por tanto, el nacimiento del derecho de defensa surge con el decreto de incoación. Ahora bien, si ha existido una actuación previa de las autoridades que hayan podido tener conocimiento de algún hecho aparentemente delictivo cuya competencia pueda corresponder a la FE y que, *ex* art. 18.2 LFE, deben comunicarlo a ésta sin dilación, entonces el nacimiento del derecho de defensa surge con esa actuación de la autoridad pública, si la misma ha tenido como consecuencia una atribución de un hecho punible con carácter previo a la obligada comunicación a la FE. En este sentido, si la Policía Judicial inicia una investigación por hechos que son competencia de los FED tiene igualmente el deber de realizar la comunicación a éstos, obligación también extensible al Ministerio Fiscal y cualquier órgano jurisdiccional (art. 18.3 LOFE). Pues bien, si en el ámbito propio de sus actuaciones, realizan alguna actuación que suponga atribuir un hecho delictivo a determinada persona deben ponerlo en su conocimiento (salvo secreto de sumario) y lleva anudado el nacimiento del derecho de defensa. Ello es así porque, como hemos señalado, el art. 118 LECrim claramente lo señala.

Referido ahora al segundo supuesto, esto es, el derecho de avocación para el inicio del procedimiento (art. 19 LOFE), es claramente aplicable lo expuesto para el supuesto anterior, con la diferencia de que, si en el primer caso pudieran haberse practicado algunas actuaciones por las autoridades, en este segundo caso ya se han producido, porque el derecho de avocación se produce cuando ya se ha iniciado la investigación y, por tanto, entendemos que existiendo la investigación dirigida y comunicada al sujeto pasivo, ya nació el derecho de defensa, que ahora "continuará" por los cauces de este procedimiento especial una vez se lleve a afecto la avocación.

Para cerrar este apartado debemos señalar que, como regula el art. 28 LOFE, sin perjuicio de lo regulado para la primera comparecencia, el procedimiento se entenderá dirigido contra persona determinada desde que se acuerde o practique su detención. Es decir, independientemente de la procedencia de la investigación o de la noticia *criminis*, el surgimiento del derecho tiene lugar, asimismo, desde la detención.

### 3.1.3. Contenido del derecho de defensa

Los derechos de la defensa se encuentran recogidos tanto en el artículo 6.3 del CEDH cuanto en los artículos 24, 17.3 18.3 de la CE, así como en los artículos 118 y 520 de la LECrim. Además, en la materia que nos ocupa, como hemos tenido ocasión de señalar, la LOFE y el RFE siguen esta línea ya que, en esencia, recogen todo este elenco de derechos en sus arts. 26 y 41, respectivamente.

Partiendo de la estructuración de estos derechos vamos a desarrollarlos principales derechos de la defensa abarcando toda la normativa aplicable y poniéndolo en relación con los derechos reconocidos en el RFE y la LOFE.

*a) Derecho a ser informado de la acusación y a la preparación de la defensa*

El artículo 6.3 CEDH dispone, como derechos de defensa: a) A ser informado en el más breve plazo, en una lengua que comprenda y detalladamente, de la naturaleza y de la causa de la acusación formulada contra él; b) A disponer del tiempo y de las facilidades necesarias para la preparación de su defensa[29].

El CEDH recoge una de las garantías básicas de los principios de contradicción e igualdad. En efecto, es inimaginable concebir un juicio justo sin que el sujeto pasivo del mismo conozca los elementos de la acusación que se formula contra él y disponer de un lapso de tiempo suficiente para la preparación de su defensa.

Remitiéndonos ahora a la LOFE, estos derechos se concretan en los apartados a) y b) del apartado 2 y en el apartado 3 del art. 26 LOFE.

---

29 El contenido de este precepto debe ponerse en relación con el artículo 6 de la CDFUE, que proclama que toda persona tiene derecho a la libertad y a la seguridad que, ex artículo 52.3 de la propia CDFUE, tiene el mismo sentido y alcance que el artículo 5.2 del CEDH, que dispone que "Toda persona detenida preventivamente debe ser informada, en el más breve plazo y en una lengua que comprenda, de los motivos de su detención y de cualquier acusación formulada contra ella".

a') Derecho a la información

El derecho a la información es parte del contenido esencial del genérico derecho de defensa y opera en momentos diferentes y con diferente intensidad en función del momento procesal en que nos encontremos y, sobre todo, de la cualidad dentro de proceso de la parte pasiva. No es lo mismo encontrarnos ante un detenido que ante alguien que no lo está, difiriendo la información que se le ha de suministrar en función de su estatus procesal. Debemos tener en cuenta que el derecho a la información tuvo una importante modificación con la reforma de la LECrim en 2015[30].

De esta forma, el artículo 118 de la LECrim señala que "...La admisión de denuncia o querella y cualquier actuación procesal de la que resulte la imputación de un delito contra persona o personas determinadas será puesta inmediatamente en conocimiento de los presuntamente inculpados". Por tanto, ha de ponerse en conocimiento del presuntamente inculpado de forma inmediata la existencia del proceso y de la información que se tenga (salvo secreto de sumario). Esta previsión se ve reforzada por el artículo 775 de la LECrim, que señala que "en la primera comparecencia el Juez informará al imputado, en la forma más comprensible, de los hechos que se le imputan".

Cuando se da la situación de una detención, el artículo 520.2 de la LECrim añade, además, una serie de derechos a la información referentes a su propia situación de privación de libertad. Así, se regula que "toda persona detenida o presa será informada por escrito, en un lenguaje sencillo y accesible, en una lengua que comprenda y de forma inmediata, de los hechos que se le atribuyan y las razones motivadoras de su privación de libertad, así como de los derechos que le asisten".

De la regulación legal, deben realizarse las siguientes aclaraciones esquemáticamente sistematizadas:

– *Brevedad del plazo.* Se trata de un concepto jurídico indeterminado, si bien, el artículo 118 de la LECrim contiene una normativa más clara, pero a la vez, igualmente indeterminada, al establecer que los derechos serán puestos en conocimiento del imputado "sin demora injustificada".

---

30 *Vid.* Armengot Vilaplana, A., "El Derecho a la información en los procesos penales (Directiva 2012/13/UE) y su incorporación a la LECrim", *op. cit.*, pág. 156.

Resulta lógico que esta inmediatez deba ser interpretada con cierta flexibilidad, ya que órgano instructor debe realizar, con carácter previo, un juicio ponderativo de los hechos y, toda vez constatados los indicios racionales de criminalidad, debe proceder a la comunicación al inculpado. Lo que trata de evitar esta previsión es que el retraso injustificado en la imputación se utilice para realizar una investigación inquisitiva en perjuicio del futuro inculpado o acusaciones sorpresivas en un momento tardío o, lo que es más grave, enmascarar la declaración de un imputado en la figura procesal del testigo. No en vano, la toma de declaración como testigo, cuando del estado de la instrucción pueda inferirse objetivamente su participación en el hecho punible, es una prueba de valoración prohibida[31].

Si nos referimos ahora a proceso de la FE, el art. 26.2.a) señala que el investigado tiene derecho a la comunicación de la investigación en la primera comparecencia. Además, esta primera comparecencia no puede ser retrasada por parte del FED. Como señala el art. 29 LOFE, en los casos en los que el FED retrase injustificadamente el acto de la primera comparecencia, el Juez de garantías, previa petición de la defensa, declarará la nulidad de los actos de investigación realizados sin previo traslado de cargos, siempre que, por esa causa, haya podido producirse una situación de indefensión. Esta previsión es muy loable y puede corregir los retrasos que se pueden producir de forma torticera y mantener una investigación a espaldas de los investigados sin estar cubiertos por el secreto de sumario. Ahora bien, la declaración de nulidad de los actos realizados, salvo que suponga una extensión refleja de la misma a los datos y elementos de cargo que se hayan podido obtener con éstos, se convertirá en inoperativa pues quedarán fijados en la causa si no se produce esa conexión de antijuricidad de las mismas.

– *Comprensión lingüística.* En este punto, hemos de reseñar que, como escribe Gimeno, es "el derecho a la comunicación del hecho punible, cuya comisión se le atribuye, la cual ha de ser clara y sin tecnicismos y en una lengua que comprenda, pues vulneraría el derecho de defensa si se le trasladaran al investigado frases ininteligibles o expresiones genéricas o incorrectas que no permitieran conocer con absoluta fidelidad y certeza lo que se está depurando"[32].

---

31 Calaza postula incluso, con bastante acierto, el adelanto del nacimiento del derecho de defensa. Cfr. Calaza López. S. (2021), *Derecho Procesal Penal,* (con Gimeno Sendra, V. y Díaz Martínez, M.), *op. cit.*, pág. 152.

32 *Vid.* Gimeno Sendra, V., *Derecho Procesal Penal, op. cit.*, pág. 280.

Debe atenderse a la correcta y efectiva recepción de la información por parte del acusado con la modulación de las circunstancias sociolingüísticas que se aprecien en éste[33]. Ahora bien, ante la duda hay que optar por la traducción, incluso escrita[34]. Según el TEDH, la carga en la acreditación de la competencia lingüística del acusado recae sobre el órgano jurisdiccional que debe comprobar la efectividad de la misma[35].

La letra h) del apartado 2 del art. 26 LOFE no deja lugar a dudas ya que señala que se tiene derecho a ser asistido por un intérprete de forma gratuita cuando no comprenda o no hable la lengua oficial en la que se desarrolle el proceso y a la traducción escrita de los documentos que resulten esenciales para garantizar el ejercicio del derecho de defensa. Igualmente, y es una previsión que ya se venía realizando y concretando en nuestro proceso español, comprende la asistencia a personas con limitaciones auditivas o de expresión oral. Además, potencia el derecho al señalar que éste es irrenunciable. Teniendo en cuenta que este proceso tiene muchas manifestaciones transfronterizas la potenciación de este derecho es una necesidad.

Todas estas previsiones cohonestan con el derecho a la defensa y, en esencia, el derecho a un juicio justo. Pero, como señala Nieva[36], es materialmente imposible respetar este derecho en todo caso, dado que, por diferentes razones, es imposible encontrar un traductor. Se como fuere hay que procurar darle efectividad al derecho sin merma del derecho de defensa[37]. Lo cierto es que se trata de un derecho que presenta mucho

---

33 Indudablemente esto engloba a las personas con discapacidad de todo tipo. En este sentido, nuestro país ha avanzado bastante en aras a la humanización de la justicia y, sobre todo, a una facilitación del acceso a la justicia de las personas con discapacidad. Para un mayor desarrollo de esta cuestión *vid.*, por todos, De Lucchi López Tapia, Y. (2022), "El servicio de facilitación judicial como pieza clave para la tutela judicial efectiva de las personas con discapacidad", en *Actualidad Civil*, núm. 9, 2022, Ed. La Ley, Madrid.

34 TEDH, Caso Kamasinski contra Austria. Sentencia de 19 diciembre 1989.

35 TEDH, Caso Brozicek contra Italia. Sentencia de 19 diciembre 1989.

36 *Vid.* Nieva Fenoll, J., *Derecho Procesal III. Proceso Penal, op. cit.*, pág. 173.

37 Con gran acierto, Campaner Muñoz estima que no se le da en la práctica esta efectividad por parte de los órganos jurisdiccionales, Cfr. Campaner Muñoz, J. (2018), "Problemas derivados de la transposición de la Directiva 2010/64/UE sobre traducción e interpretación", en *Garantías procesales de investigados y acusados situación actual en el ámbito de la Unión Europea* Arangüena Fanego, C., Hoyos Sancho, M. (dir.); Vidal Fernández, B. (coord.), Tirant lo Blanch, Valencia, pág. 88. También manifiesta recelos en cuanto a la aplicabilidad en la práctica forense Van Den Eynde, A. (2023), "Intervención y ámbito de actuación de la defensa. Derechos y

casuismo y problemática que, esperemos, dado el carácter especial del procedimiento ante la FE, sean subsanados.

– *Exhaustividad de la información.* Dependerá del tipo de información que haya que dar al investigado. En efecto, si lo que hay que informar es de los derechos que le asisten, es decir, la información de derechos, ésta debe ser exhaustiva y no omitir ninguno de los que viene contemplados en la norma, y serán distintos en función de si existe detención (art. 520 LECrim) o no (art. 118 LECrim).

Ahora bien, cuando la información es la relativa a las causas de la imputación, la misma ha de ser lo más exhaustiva posible y ha de comprender los no sólo los hechos que se le imputan, sino también la calificación jurídica de los mismos[38] y las sucesivas modificaciones del contenido de la acusación y, como es lógico, al contenido de las resoluciones que deban ser notificadas[39]. Dentro del deber de exhaustividad de la información al acusado no podemos obviar que, al deber practicarse ésta en un estadio inicial del proceso, puede que durante el desarrollo de la instrucción surjan nuevos elementos que puedan modificar la calificación jurídico-penal de éstos[40].

En el proceso especial de la FE se sigue esta línea marcada, ya que se señala que en la primera comparecencia en la que, como hemos visto, se le comunica la existencia de la investigación, se ha de informar sobre los he-

---

garantías del investigado", en *Tratado sobre la Fiscalía Europea y el procedimiento penal especial de la LO 9/2021, de 1 de julio, op. cit.*, pág. 631.

38 Como señala Calaza, "aun cuando el Legislador se refiere, en exclusiva, a la información de los "hechos" sin alusión expresa a la imprescindible calificación jurídica, hemos de estimar que dicha somera redacción obedece al momento cronológico, situado a *limine litis*, residenciado o referenciado en la primera parte del precepto, debiendo nosotros deducir, de la premisa siguiente, atinente al derecho de información sobre "cualquier cambio relevante en el objeto de la investigación", que la fundamentación jurídica ha de complementar, por fuerza, a la fáctica, para no vulnerar tan elemental derecho fundamental, con ulterior incidencia real en los principios de contradicción, audiencia bilateral e igualdad de armas, que han de presidir el diálogo o debate contradictorio, en aras a conformar, con la debida congruencia, una sentencia con fuerza de cosa juzgada material. *Vid.* Calaza López. S., *Derecho Procesal Penal, op. cit.*, pág. 150.
Esta previsión de la calificación jurídica se recoge en TEDH. Caso Steel y otros contra Reino Unido. Sentencia de 23 septiembre 1998.

39 *Vid.* Calaza López. S., *Derecho Procesal Penal, op. cit.*, pág. 149.

40 De la misma opinión cfr. *ibídem*, pág. 151.

chos investigados y su calificación jurídica provisional (art. 26.2.a LOFE). Además, se le debe informar sobre las diligencias ya practicadas y su contenido y, como no, conocer las que se practiquen en un momento posterior siempre que no quedan reservadas por la declaración del secreto sumarial. Igualmente, el art. 27 LOFE, que regula la primera comparecencia ante el FED, incide en esta idea y obligación cuando señala que "le informará de manera clara y precisa de los hechos que se le atribuyen y su calificación jurídica provisional, de todo lo cual se dejará constancia en el acta" (apartado 2.II). Además, cuando, por la complejidad de la investigación, la información verbal no asegure la adecuada comprensión de los hechos investigados y de su calificación provisional, se comunicarán estos extremos por escrito a la persona investigada, dejando constancia de ello en el acta de la comparecencia (apartado 3). En lo referente a la aparición de nuevos hechos o cambio en la calificación, este extremo queda también abarcado por el art. 27.4 LOFE que prescribe que en caso de que la investigación haya de extenderse a nuevos hechos respecto de la misma persona investigada (o atinentes a nuevas personas que conlleven su participación) se citará a nueva comparecencia que, entendemos, abarcará todos los elementos defensivos de la primera.

Ahora bien, la información que habría de facilitarse en la primera comparecencia no tendrá lugar si se ha decretado el secreto de sumario ya que ésta se diferirá hasta que el mismo sea alzado y se celebrará inmediatamente tras el alzamiento (art. 27.1.III LOFE). Entendemos que esta previsión no es extensible a la primera comparecencia en caso de detención, regulada en el art. 28 LOFE, ya que se tiene que dar dicha comparecencia y, además, a pesar de la existencia del secreto de sumario, como veremos con más detenimiento más adelante, se le ha de proporcionar la información y el derecho a acceder a los elementos de las actuaciones que sean esenciales para impugnar la legalidad de la detención o privación de libertad (art. 520.2 d. LECrim).

Para finalizar, aunque no es necesario incidir en ello, cualquier modificación o resolución de cualquier tenor ha de ser comunicada al investigado o acusado en el momento en que se produzca o dicte.

b') Derecho a disponer del tiempo para preparar la defensa

El derecho a disponer del tiempo para preparar la defensa incluye, como hemos visto, la comunicación de las nuevas imputaciones que vayan sucediéndose a lo largo de la tramitación del procedimiento. De esta forma, ante la existencia de una nueva calificación jurídica de los hechos, sí se vulnera el derecho de defensa si el acusado no ha dispuesto de tiempo suficiente para defenderse de esta nueva acusación[41].

Aunque no se establece un período concreto, sí que se ha de atender a la lógica y, sobre todo, a una visión en conjunto para analizar si se ha tenido el tiempo suficiente para la preparación de la defensa. En la LOFE se señala que, con posterioridad a la primera comparecencia, si el FED hace uso de su potestad de volver a llamar a la persona investigada para tomarle de nuevo declaración, se le notificará con, al menos, cuarenta y ocho horas de antelación, salvo supuestos de detención, urgencia o cuando exista riesgo de desaparición de fuentes de prueba, en cuyo caso se dejará constancia en el procedimiento del motivo que lo haya impedido (art. 30.2 LOFE). Igualmente, se prevé la concesión de un plazo para ilustrarse sobre las diligencias practicadas durante la vigencia del secreto de las actuaciones, ya que, una vez alzado, no se podrá acordar la conclusión del procedimiento de investigación sin que las partes personadas hayan tenido un tiempo suficiente, en todo caso no inferior a veinte días, para tomar conocimiento de lo actuado y ejercitar sus derechos de forma efectiva (art. 68.4 LOFE)

El derecho a la preparación de la defensa contempla también el derecho a entrevistarse reservadamente con abogado con anterioridad a la primera declaración judicial tras la imputación (art. 775 LECrim), como veremos posteriormente. Avanzamos ya que este derecho está también contemplado en la LOFE en su art. 26.2.d).

Un supuesto problemático que ha provocado tremendas fricciones ente la policía y los abogados es el acceso a los materiales del expediente o acceso al atestado. Debemos recordar que el derecho de información se plasma en concreto en el art. 520.2, d) de la LECrim regulando el "derecho de acceso a los elementos de las actuaciones que sean esenciales para impugnar la legalidad de la detención o privación de libertad". Así, se regula este derecho en los art. 118.1 b) y art. 520.2 d) de la LECrim. En concreto, el art. 118.1 establece que "las partes personadas podrán tomar conocimiento de las actuaciones e intervenir en todas las diligencias del procedimiento". Además, y para personas detenidas, el art. 520.2 d) reconoce el "derecho a acceder a los elementos de las actuaciones que sean esenciales para impugnar la legalidad de la detención o privación de libertad". Pues, a pesar de la claridad de la norma, eran constantes las negativas a proporcionar el

---

41 TEDH, Sentencia del Caso Giosakis (núm. 3) contra Grecia, de 3 mayo 2011. En parecido sentido se ha manifestado también la citada STJUE (Sala Décima), de 21 de octubre de 2021, Asunto C-282/20.

atestado policial a las defensas bajo la excusa de que era reservado y ello provocó ciertas tensiones que se han ido perfilando[42].

Con respecto al derecho de acceso a los materiales de la investigación, la LOFE es mucho más clara y garantista que la LECrim ya que permite, con una gran extensión, el derecho a examinar las actuaciones. Sin la declaración de secreto los investigados pueden acceder a dichas actuaciones, con el mismo alcance previsto en la LECrim. Ahora bien, queda limitado al expediente de investigación custodiado por la Oficina de la Fiscalía Europea (OFE) (art. 26.3 LOFE). Esta previsión nos lleva a pensar que cuando aún no se haya documentado el procedimiento de investigación por parte de esta OFE (art. 11 LOFE), —por ejemplo, cuando la policía haya detenido a una persona de propia autoridad y, a pesar de corresponder la competencia a los FED aún no ha trasmitido el atestado o lo actuado, a pesar de estar obligado a ello sin dilación indebida conforme al art. 24 del RFE, a la OFE— en ese caso, no le resulta aplicable el derecho de acceso. Obviamente esto no satisfaría las exigencias de la jurisprudencia y la LECrim que hemos manifestado y, por tanto, entendemos que le es aplicable lo señalado y que se debe dar acceso a las actuaciones, aunque aún no estén custodiadas por la OFE. Ahora bien, una vez el procedimiento esté en manos de la FE, desde la primera comparecencia, salvo declaración de secreto, la defensa de la persona investigada tendrá derecho a examinar el expediente de investigación de conformidad con lo dispuesto en la LECrim. El acceso al procedimiento de investigación se hará efectivo dando vista a la defensa de la persona investigada de todas las actuaciones practicadas. Además, en caso de negativa se podrá solicitar del Juez de garantías, que lo ordenará salvo que se haya declarado el secreto (art. 32 LOFE). Si existe declaración del secreto (arts. 64 y ss. LOFE), como hemos observado, se limitará el acceso a las actuaciones a los investigados hasta que éste sea alzado (art. 67.2. II LOFE). Ahora bien, en el supuesto del auto de medidas cautelares o por el que se acuerden diligencias de investigación sometidas a autorización

---

42 Para un estudio completo de esta situación *vid.* Armangot Vilaplana, A. (2020), "El derecho de acceso a los materiales del expediente en el proceso penal" *en Justicia Penal y sus reformas. Los retos de la eficiencia, la seguridad y las garantías procesales*, (Juan Sánchez, R. y Armengot Vilaplana, A. coords.), Tirant lo Blanch, Valencia, págs. 145-191. Igualmente, para un análisis de la evolución jurisprudencial, *vid.* Serrano Masip, M. (2021), "Derecho de acceso al expediente en situaciones de privación de libertad y su ejercicio en el procedimiento de ejecución de la OEDE", *Nuevos postulados de la cooperación judicial en la Unión Europea (Libro homenaje a la Prof. Isabel González Cano)*, Moreno Catena, V. y Romero Pradas, M. I. (dirs.), Tirant lo Blanch, Valencia, págs. 439-442.

judicial expresará los particulares que, para preservar la finalidad del secreto, hayan de ser omitidos de la copia que deba notificarse. En todo caso, si se hubiera acordado la prisión provisional y las actuaciones se encontrasen declaradas secretas, se facilitará a la persona investigada y a su defensa el acceso a los elementos esenciales para impugnar la privación de libertad (art. 67.2 LOFE). Situación ésta que se reafirma y desarrolla en el art. 85 de la LOFE. Como se puede comprobar, la regulación de este particular en la LOFE es mucho más extensa y acorde con los derechos de los investigados como se venía reclamando desde hace algún tiempo para los supuestos de la LECrim. Pero deja sin resolver el acceso a las actuaciones en caso de detención. Como hemos dicho, cuando es la policía la que detiene por propia autoridad a una persona, tiene que facilitar la información suficiente para poder impugnar la detención. En caso de que la detención sea ordenada por el FED, el decreto por el que se ordene tal medida se tendrá que notificar a la persona investigada y a su defensa que podrá impugnarlo ante el Juez de garantías (art. 78.1.II LOFE). Entendemos que en dicho decreto deberá estas referenciada la información suficiente para dicha impugnación, incluso aunque se haya decretado el secreto de sumario.

c') La Información de derechos

El derecho a la información es, como hemos dicho, diferente a la información de derechos. Es este caso, se trata de la información sobre los derechos que asisten a una persona que se encuentra incursa en un proceso penal, y que se regulan en el artículo 118 LECrim.

En lo que respecta al proceso especial regulado en la LOFE, éste no desarrolla la información de derechos ya que únicamente se encuentra una genérica referencia cuando, al tratar la primera comparecencia ante el FED señalando muy genéricamente de que se le informará "de los derechos que le asisten" (art. 27.2 LOFE). Obviamente esta carencia se suple con la remisión genérica que realiza el RFE, tanto a la LECrim (art. 41.3 RFE), como a la Directiva del Derecho a la Información Directiva 2012/13/UE (art. 41.2.b. RFE).

*b) La asistencia letrada. Especial referencia a la entrevista previa y la privacidad de las comunicaciones*

Atendemos al artículo 6.3.c) CEDH que señala que el acusado tiene derecho a defenderse por sí mismo o a ser asistido por un defensor de su elección y, si no tiene medios para pagarlo, poder ser asistido gratuitamente por un abogado de oficio, cuando los intereses de la justicia lo exijan.

El derecho a la asistencia letrada es, probablemente, una de las mayores manifestaciones del derecho de defensa. En este sentido, la jurisprudencia del TEDH) eleva al derecho a la asistencia letrada a un instrumento funcional esencial para el desarrollo de proceso contradictorio con respeto al principio de igualdad.

Esto exige que el derecho a la asistencia letrada sea, ante todo, efectivo (sin entender la efectividad atendiendo al resultado[43]). Desde un punto de vista general, la efectividad se sustancia en la constatación real de que el acusado pueda nombrar al abogado de su elección y, en caso de no poder pagarlo y cumplir las condiciones establecidas para ello, el Estado le nombre de forma real y efectiva un abogado de oficio, es decir, no se agota la efectividad con el nombramiento, sino que ha de garantizarse su asistencia y actividad[44].

Desde un punto de vista más específico, la efectividad del derecho a la asistencia letrada comprende, entre otros muchos, la asistencia al detenido o preso, el derecho de entrevista reservada entre abogado y acusado sin injerencias comunicativas[45], y el conocimiento efectivo y real de cuanta información haya de facilitársele al acusado.

Esquemáticamente podemos señalar que comprende:

– La defensa técnica: Es uno de los derechos instrumentales de mayor importancia del derecho de defensa. Nuestra CE lo reconoce en los art. 17.3 y 24.2. Es indisponible, por interés de la sociedad. Se prevé una excepción de esto para poder renunciar a la defensa en casos de delitos contra la seguridad del tráfico (art. 520.8 LECrim). Es una facultad que le asiste al imputado de poder elegir un abogado de su confianza (excepción: art. 527 LECrim detención o prisión incomunicada). Se concreta en un orden sucesivo: 1º.- A designar un abogado de su confianza; 2º.- Cuando no quiera ejercitarlo (o lo reclame expresamente) se le nombrará uno de oficio. El incumplimiento de este orden sucesivo puede provocar la nulidad de la

---

43 Respecto a la actividad, ésta, en relación con la efectividad ha sido matizada por el TS, señalando, en esencia, que la actividad debe ser conforme a las normas reguladoras del procedimiento y la actuación letrada sea activa (interrogar cuando corresponde, valoración probatoria, etc., en caso de inactividad injustificada se vulnera el derecho de defensa y asistencia letrada. *vid.* STS 649/2023, de 5 de septiembre (*Tol 9705678*) (ECLI: ES:TS:2023:3599).

44 TEDH, Sentencia de 25 abril 1983, Caso Pakelli contra Alemania.

45 TEDH, Caso Lanz contra Austria. Sentencia de 31 enero 2002, y Caso Öcalan contra Turquía. Sentencia de 12 marzo 2003.

diligencia en la que haya intervenido el letrado designado (aunque no lo vemos muy viable).

– Reclamar a su costa la intervención de un abogado de oficio y, en todo caso, a que el Estado sufrague los gastos del mismo si carece de recursos suficientes para litigar (art. 119 CE)

– Derecho a entrevistarse con el letrado incluso antes de la primera declaración policial (art. 118.2.II y 520.6.d LECrim)

– Derecho a comunicarse libremente con su abogado sin injerencias (excepción, art. 51.2 LGP en terrorismo).

– Confidencialidad de las comunicaciones con el abogado[46].

La LOFE recoge, aunque con menor extensión, todos los elementos esenciales de la asistencia letrada. Así, establece que el investigado tiene derecho a ser asistido y defendido por el abogado que designe o por el abogado de oficio, si no lo hubiera designado (art. 26.2.c. LOFE). A entrevistarse reservadamente con su abogado antes y después de cualquier declaración, tanto la que preste ante el FED, como en sede policial (art. 26.2.d. LOFE). Y a declarar ante el FED, asistido de abogado, cuantas veces lo solicite, en razón del desarrollo de las diligencias o de la necesidad de efectuar precisiones, añadidos o rectificaciones (art. 26.2.e. LOFE). Además, el art. 30.5 señala y enfatiza que en toda declaración que haya de prestar, la persona investigada estará asistida por el abogado que haya designado o, en su defecto, por el que se le haya nombrado de oficio. Otras manifestaciones de la asistencia letrada se encuentran en el acceso al procedimiento de investigación; al expediente del mismo y a todas las diligencias practicadas por mediación de la defensa (art. 32 LOFE), aunque, más que una manifestación de la asistencia letrada supone una limitación del acceso personal del investigado ya que dicho acceso será, entendemos, únicamente, por medio de su defensa. Ahora bien, ello no significa, en modo alguno, una merma del derecho sino, más bien, de la constatación de la proscripción de la autodefensa en nuestro ordenamiento procesal penal.

---

[46] Como señala Calaza, "el carácter confidencial de las conversaciones Abogado/investigado-encausado, de manera conjunta a la imposición, a cargo de aquel profesional, del secreto profesional redunda no sólo en beneficio del patrocinado, que podrá confiar plenamente en su defensor, con una narración de los hechos cierta, espontánea y completa, sabedor de que la emisión de su testimonio no le perjudicará, sino también del interés general, en la medida en que contribuye al esclarecimiento de los hechos delictivos y conclusión exitosa de nuestros procesos penales". *Vid.* Calaza López, S., *Derecho Procesal Penal, op. cit.*, pág. 160.

### *c) El derecho a guardar silencio y no incriminarse*

a') El silencio del acusado

El "derecho al silencio", también conocido como "derecho a callar" o "*ius tacendi*" es un derecho que asiste al investigado desde el momento de su primera declaración en las dependencias policiales, en la fase de instrucción y, por supuesto, en el transcurso de su interrogatorio, ya como acusado, durante la celebración del juicio oral[47]. Como señala NIEVA, de todos los derechos éste es el más esencial para el sospechoso, no solamente en un primer momento, sino a lo largo de todo el proceso penal[48].

Por su parte, la CE no reconoce expresamente este derecho, ya que el artículo 24 se limita a consignar el derecho de toda persona sometida a un proceso penal a no declarar contra sí misma ni a confesarse culpable. No obstante, el TC, asumiendo la argumentación del TEDH[49], ha dado rango constitucional a este derecho. En conclusión, el derecho a guardar silencio no es un derecho sin rango constitucional o meramente legal, sino que posee ese valor al considerarse ínsito en el texto constitucional, aunque el mismo no lo refiera expresamente.

Desde el punto de vista de la normativa procesal, la LECrim reconoce en su artículo 520.2.a) el derecho de toda persona detenida o presa "a guardar silencio no declarando si no quiere, a no contestar alguna o algunas de las preguntas que se le formulen, o a manifestar que sólo declarará ante el juez".

Igualmente, el artículo 118.1.g) LECrim otorga a toda persona a quien se impute un acto punible el derecho "a guardar silencio y a no prestar declaración si no desea hacerlo, y a no contestar a alguna o algunas de las preguntas que se le formulen".

Aunque aún no se ha realizado su transposición a nuestro ordenamiento interno, en 2016 se publicó la Directiva (UE) 2016/343 del Parlamento

---

47 Por tanto, es un derecho de carácter sucesivo ya que el imputado podrá acogerse a él cada vez que sea llamado a declarar; en primer lugar, si fuera el caso, en sede policial y después ante el Juez de Instrucción durante la fase sumarial y ante el Juez o Tribunal sentenciador en el plenario. Obviamente, también tiene carácter selectivo ya que el investigado, encausado o acusado decide frente a qué interrogatorio va a ejercitar este derecho (se puede ejercitar, por ejemplo, ante las preguntas de la acusación popular y no, frente a la del Ministerio Fiscal. Cierto es que no tiene mucho sentido ejercitarlo ante las preguntas de tu defensa, pero sí ante la de otros coimputados si existen intereses contrapuestos).

48 Nieva Fenoll, J. *Derecho Procesal III. Proceso penal, op. cit.*, pág. 175.

49 TEDH, Sentencia de 21 de diciembre de 2000, Caso McGuiness c. Irlanda.

Europeo y del Consejo, de 9 de marzo de 2016[50], por la que se refuerzan en el proceso penal determinados aspectos de la presunción de inocencia y el derecho a estar presente en el juicio[51], recoge en su art. 7 este derecho con gran profundidad.

En el seno de la LOFE se recoge en el apartado f) del art. 26.2 cuando señala que la persona investigada tendrá derecho a no declarar, guardando silencio total o parcial sobre los hechos investigados o cualesquiera otros que considere que puedan perjudicarle.

El derecho al silencio es una manifestación del derecho de autodefensa del investigado y no implica la renuncia a ejercitar la defensa, sino que es una técnica del ejercicio de la autodefensa. Igualmente, no excluye otras actuaciones, ni es incompatible con ellas, ni el ejercicio de otras conductas puede ser valorado en orden a menguar el valor del silencio.

Probablemente, uno de los aspectos más problemáticos de este derecho es el valor probatorio que se le asigna al silencio del acusado. La extensión y temática de este capítulo desaconseja extenderse en este particular, pero sí hay que dejar pública constancia de una oposición frontal al valor inculpatorio que se le da al silencio del acusado desde la doctrina Murray del TEDH[52] y su plasmación en nuestra jurisprudencia por parte del TS[53] y el TC[54] a través del llamado "Test de la Explicación"[55].

---

50 Esta Directiva, debió pasar a nuestro ordenamiento antes del 1 de abril de 2018.

51 No entendemos muy bien la relación de la presunción de inocencia con el derecho a guardar silencio y no confesarse culpable, más allá de la que pueda tener con otros derechos fundamentales, ya que, entendemos, no es una manifestación del derecho a la presunción de inocencia. De la misma opinión Guerrero Palomares, S. (2018), "Algunas cuestiones y propuestas sobre la construcción teórica del derecho a la presunción de inocencia, a la luz de la directiva 2016/343, de 9 de marzo, del parlamento europeo y del consejo, por la que se refuerzan en el proceso penal determinados aspectos de la presunción de inocencia y el derecho a estar presente en el juicio" en *Garantías procesales de investigados y acusados situación actual en el ámbito de la Unión Europea* Arangüena Fanego, C., Hoyos Sancho, M. (dir.); Vidal Fernández, B. (coord.), Valencia, pág. 163.

52 Sentencia de 8 de febrero de 1996, Caso John Murray c. Reino Unido) y, posteriormente, en la Sentencia de 2 de mayo de 2000, Caso Condron c. Reino Unido.

53 SSTS Sala Segunda 2064/2001, de 6 de noviembre; 763/2003, de 30 de mayo; 861/2007, de 24 de octubre y 956/2003, de 26 de junio, entre otras.

54 SSTC 137/1998, de 7 de julio y 202/2000, de 24 de julio, entre otras.

55 Para una ampliación de las posturas contrarias a la "Doctrina Murray" *vid.*, Lara López, A. M. (2023), "La aplicación de la Carta, el CEDH, las directivas europeas

b') El derecho a no incriminarse

El derecho a no incriminarse, también conocido como derecho a no declarar contra sí mismo tiene como finalidad, como sucede con el de guardar silencio, la de desterrar del procedimiento penal la coacción como vía para obtener una declaración auto inculpatoria del imputado. El artículo 520.2.b) establece el derecho a no declarar contra sí mismo y a no confesarse culpable, previsión que se contiene, igualmente, en el artículo 118.1.h) del mismo texto legal.

La LOFE recoge este derecho en el art. 26.2.g) cuando señala que tendrá derecho a no declarar contra sí mismo ni confesar su participación en los hechos.

Conforme a la doctrina constitucional, el derecho a no declarar contra sí mismo es una garantía instrumental del genérico derecho de defensa, permitiendo su ejercicio de forma pasiva, sin que, en ningún caso, pueda ser forzado o inducido, bajo constricción o compulsión alguna, a declarar contra sí mismo o a confesarse culpable[56].

Por su parte, el TEDH ha establecido, en la misma línea, que el derecho a no auto incriminarse presupone que las autoridades logren probar su caso sin recurrir a pruebas obtenidas mediante métodos coercitivos o de presión en contra de la voluntad del procesado[57].

---

sobre derechos procesales y las garantías de la CE al procedimiento del reglamento 2017/1939, de 12 de octubre y de la LO 9/2021, de 1 de julio", en *Tratado sobre la Fiscalía Europea y el procedimiento penal especial de la LO 9/2021, de 1 de julio, op. cit.*, págs. 182 y 183 y, fundamentalmente, Andrés Ibáñez, P. (2021), "Juzgar es cuestión de método, en un marco de derechos fundamentales sustantivos y procesales (Acerca de la propuesta de Larry Laudan)", en *Revista Jueces para la Democracia*, núm. 102, Madrid, págs. 91 y 92.

56 STC 197/1995 de 21 de diciembre.

57 TEDH, Sentencia de 3 de mayo de 2001, Caso J. B. c. Suiza. En el caso del ofrecimiento de conformidades no se puede considerar, siempre que esté permitido por la Ley, que los supuestos de justicia negocial (ej. conformidades premiadas) o de los delatores, sean contrarios al derecho a no declarar contra uno mismo. Debemos poner una nota de advertencia en el posible uso indiscriminado de la técnica del "overcharging", es decir, que el Fiscal incremente la calificación o no tenga en cuenta circunstancias atenuantes para inducir a declararse culpables y así obtienen una rebaja de esa calificación inicial y se llevan el "premio". El proceso ante la FE (art. 31 y 110 LOFE) prevé el uso de las conformidades, pero no observamos que ello suponga un riesgo ya que, entre otras cuestiones, no es premiada.

### 3.1.4. La restricción del derecho de defensa. Especial referencia al secreto de sumario

El Derecho fundamental a la defensa no es un derecho absoluto y, en ocasiones, puede ser restringido con base en un fin constitucionalmente legítimo, siempre que opere el principio de proporcionalidad[58].

En este sentido, el artículo 302 LECrim establece que, si el delito fuere público, podrá el Juez de Instrucción, a propuesta del Ministerio Fiscal, de cualquiera de las partes personadas o de oficio, declarar, mediante auto, total o parcialmente el secreto del sumario. Este secreto para las partes no debe confundirse con el carácter reservado que tienen las actuaciones para los terceros y la sociedad, por cuanto el artículo 301 LECrim establece que las diligencias del sumario serán reservadas y no tendrán carácter público hasta que se abra el juicio oral, con las excepciones determinadas en la propia LECrim[59].

De esta última idea es de la que parte el REF al regular el secreto del sumario ya que, como bien señala Narváez Rodríguez[60], es a este "secreto interno" del art. 301 LECrim al que alude y no al del art. 302 LECrim o "secreto externo" que es el que supone una limitación al derecho de defensa. No es ésta una cuestión problemática porque, a pesar de la ausencia de referencia, como señala el citado autor, no presentará ninguna particularidad en nuestro país porque se aplicará la legislación interna que sí contempla el secreto externo tanto en la LECrim, como en la LOFE.

---

58 *Vid.* Hernández Galilea, J. M. (2021), "La fase de investigación en el proceso penal con todas las garantías", en *Derecho Procesal. Retos y trasformaciones* (Bujosa Vadell, L. dir.), Barcelona, pág. 477.

59 A pesar de ello son muy preocupantes las filtraciones del secreto del sumario. Un problema puede ser, como apunta Hernández Galilea, que las propias autoridades desconocen esta reserva. *Vid.* sobre esto y propuestas de mejora, *ibídem*, pág. 481.

60 Narváez Rodríguez, A. (2020), "Dirección de la investigación por el Fiscal Europeo: limitaciones de derechos fundamentales y secreto de las actuaciones", *op. cit.* pág. 106. De la misma opinión, pero desde un punto de vista más general y no circunscrito únicamente al secreto de sumario, *vid.* Vidal Fernández, B. (2022), "El procedimiento especial para la actuación de la Fiscalía Europea del Anteproyecto de LECrim de 2020", en Reflexiones en torno al Anteproyecto de Ley de Enjuiciamiento Criminal de 2020; Jiménez Conde, F. y Fuentes Soriano, O. (dirs.), Tirant lo Blanch, Valencia, pág. 1476.

Sin entrar a analizar el régimen del secreto de las actuaciones en la LOFE, debemos señalar que ésta lo ha regulado con bastante profusión en los arts. 64 y ss. y, debemos reconocer, con una mejor técnica que la LECrim. En la materia que nos afecta ya se han ido desgranando en apartados anteriores la afectación del secreto de las actuaciones al derecho de defensa, particularmente en el derecho a la información y al acceso a las actuaciones que, como hemos visto, quedará afectado completamente, salvo para los supuestos de impugnación de la prisión provisional en la que se facilitará el acceso a los elementos esenciales para dicha impugnación (art. 37.2.II LOFE), por tanto, es una afectación parcial; igualmente es extensible para la impugnación de la detención en cualquiera de sus manifestaciones (policial o por orden del FED[61]). Habrá una afectación parcial también en los supuestos del auto de medidas cautelares o por el que se acuerden diligencias de investigación sometidas a autorización judicial, en el que se expresarán los particulares que, para preservar la finalidad del secreto, hayan de ser omitidos de la copia que deba notificarse (art. 37.2.III LOFE). Es curiosa la formulación de ambas afectaciones parciales ya que en el primer caso señala lo que se ha de mostrar y, en el segundo, lo que se ha de ocultar.

Sin entrar en más profundidad de lo ya tratado, solo añadir que existe un mayor control del secreto de sumario que el previsto en la LECrim, ya que el Juez de Garantías tiene potestad para no autorizarlo inicialmente o en sus prórrogas (art. 64 y 66 LOFE) y, sobre todo, se establece un régimen de nulidad de las actuaciones y actos procesales realizados una vez transcurrido el plazo máximo del secreto o sus prórrogas (art. 68.3 LOFE). No es que esta nulidad no se pueda producir en el régimen de la actual LECrim, ya que le resulta aplicable, igualmente, el art. 11 LOPJ, pero su regulación expresa es una agradable novedad.

## BIBLIOGRAFÍA

Andrés Ibáñez, P. (2021), "Juzgar es cuestión de método, en un marco de derechos fundamentales sustantivos y procesales (Acerca de la propuesta de Larry Laudan)", en *Revista Jueces para la Democracia*, núm. 102, Madrid, págs. 83-100.

Arangüena Fanego, C. (2018), "La elaboración de un estatus procesal de investigado/acusado en la Unión Europea. Balance del plan de trabajo del Consejo ocho años después" en *Garantías procesales de investigados y acusados situación actual en el ámbito de la Unión Europea* Arangüena Fanego, C., Hoyos Sancho, M. (dir.); Vidal Fernández, B. (coord.), Tirant lo Blanch, Valencia, págs. 235-251.

---

61 *Vid. supra.*

Ariza Colmenarejo. M. J. y González Granda, P. (2021), "La figura del Ministerio Fiscal en el Proceso", en *Justicia y Proceso: Una revisión procesal contemporánea bajo el prisma constitucional,* Ariza Colmenarejo. M. J. y González Granda, P., Dykinson. Madrid, pág. 205-248.

Armengot Vilaplana, A. (2017), "El Derecho a la información en los procesos penales (Directiva 2012/13/UE) y su incorporación a la LECrim" en *El Proceso Penal. Cuestiones fundamentales,* (coord. Fuentes Soriano, O.), Tirant lo Blanch, Valencia, págs. 154-170.

Armengot Vilaplana, A. (2020), "El derecho de acceso a los materiales del expediente en el proceso penal" *en Justicia Penal y sus reformas. Los retos de la eficiencia, la seguridad y las garantías procesales,* (Juan Sánchez, R. y Armengot Vilaplana, A. coords.), Tirant lo Blanch, Valencia, págs. 145-191.

Armenta Deu, T. (2021), "Fiscalía Europea. Su incidencia en el ordenamiento procesal español", en *Nuevos postulados de la cooperación judicial en la Unión Europea (Libro homenaje a la Prof. Isabel González Cano),* Moreno Catena, V. y Romero Pradas, M. I. (dirs.), Tirant lo Blanch, Valencia, págs. 145-171

Asencio Gallego, J. M. (2017), "El derecho al silencio del investigado y su valoración en sentencia", en *El Proceso Penal. Cuestiones fundamentales,* (coord. Fuentes Soriano, O.), Tirant lo Blanch, Valencia, págs. 123-134.

Campaner Muñoz, J. (2018), "Problemas derivados de la transposición de la Directiva 2010/64/UE sobre traducción e interpretación", en *Garantías procesales de investigados y acusados situación actual en el ámbito de la Unión Europea* Arangüena Fanego, C., Hoyos Sancho, M. (dir.); Vidal Fernández, B. (coord.), Tirant lo Blanch, Valencia, págs. 87-103.

De Lucchi López Tapia, Y. (2022), "El servicio de facilitación judicial como pieza clave para la tutela judicial efectiva de las personas con discapacidad", en *Actualidad Civil,* núm. 9, 2022, Ed. La Ley, Madrid.

Durdevic, Z., en Sicurella, R. et al. (2022), Manual sobre Fiscalía Europea, Proyecto EU LAW training on EPPO, Sicurella, R., Durdevic, Z., Ligeti, K. y Costa, M. (editores), en prensa.

Faggiani, V. (2018), "La trasposición de las Directivas sobre derechos procesales en Italia", en *Garantías procesales de investigados y acusados situación actual en el ámbito de la Unión Europea* Arangüena Fanego, C., Hoyos Sancho, M. (dir.); Vidal Fernández, B. (coord.), Tirant lo Blanch, Valencia, págs. 235-251.

Gimeno Sendra, V., Calaza López, S. y Díaz Martínez, M. (2021), *Derecho Procesal Penal,* Tirant lo Blanch, Valencia.

Gómez Colomer, J. L. (2021), "La inserción de la Fiscalía Europea en el sistema procesal penal español", en *Nuevos postulados de la cooperación judicial en la Unión Europea (Libro homenaje a la Prof. Isabel González Cano),* Moreno Catena, V. y Romero Pradas, M. I. (dirs.), Tirant lo Blanch, Valencia, pág. 217-240.

Guerrero Palomares, S. (2018), "Algunas cuestiones y propuestas sobre la construcción teórica del derecho a la presunción de inocencia, a la luz de la directiva 2016/343, de 9 de marzo, del parlamento europeo y del consejo, por la que se refuerzan en el proceso penal determinados aspectos de la presunción de inocencia y el derecho a estar presente en el juicio" en *Garantías procesales de investigados y acusados situación actual en el ámbito de la Unión Europea* Arangüena Fanego, C., Hoyos Sancho, M. (dir.); Vidal Fernández, B. (coord.), Tirant lo Blanch. Valencia, págs. 143-175.

Hernández Galilea, J. M. (2021), "La fase de investigación en el proceso penal con todas las garantías", en *Derecho Procesal. Retos y trasformaciones* (Bujosa Vadell, L. dir.), Barcelona, págs. 465-484.

Illuminati, G. (2020), "Protection of Fundamental Rights of the Suspect or Accused in Transnational Proceedings Under the EPPO", en *The Right to Counsel and the Protection of Attorney-Client Privilege in Criminal Proceedings A Comparative View*, Bachmaier, Winter, L. (ed,), Springer, págs. 179-199.

Lara López, A. M., "Comentarios al art. 48. Presunción de inocencia y derecho de defensa", en *La Europa de los derechos: estudio sistemático de la Carta de los derechos fundamentales de la Unión Europea* (Monereo Pérez, J. L. y Monereo Atienza, C. coord.), Comares, Granada, 2012, págs. 1251-1276

Lara López, A. M., "El derecho a la información en los procesos penales en la Unión Europea. Un estudio sistemático de la Directiva 2012/13/UE, de 22 de mayo", en *Nueve estudios para informar un proceso penal europeo y un Código Modelo para potenciar la cooperación jurisdiccional Iberoamericana*, Aranzadi, Cizur Menor.

Lara López, A. M. (2023), "La aplicación de la Carta, el CEDH, las directivas europeas sobre derechos procesales y las garantías de la CE al procedimiento del reglamento 2017/1939, de 12 de octubre y de la LO 9/2021, de 1 de julio", en *Tratado sobre la Fiscalía Europea y el procedimiento penal especial de la LO 9/2021, de 1 de julio*, (Guerrero Palomares, S. dir.), Ed. Aranzadi, Cizur Menor, págs. 155-198.

Lorca Navarrete, A. M. (2023), *Análisis Crítico de la Fiscalía Europea*, Instituto Vasco de Derecho Procesal, San Sebastián.

Moreno Catena, V. y Cortés Domínguez, V. (2021), *Derecho Procesal Penal*, Tirant lo Blanch, Valencia.

Narváez Rodríguez, A. (2020), "Dirección de la investigación por el Fiscal Europeo: limitaciones de derechos fundamentales y secreto de las actuaciones", en *Revista del Ministerio Fiscal*, núm. 9, págs. 83-107

Nieva Fenoll, J. (2022), *Derecho Procesal III. Proceso Penal*, Tirant lo Blanch, Valencia,

Pérez Marín, M. A. (0221), "Una revisión de la actuación de la Fiscalía Europea en España. La afectación de los derechos. y garantías procesales de las partes", en *Nuevos postulados de la cooperación judicial en la Unión Europea (Libro homenaje a la Prof. Isabel González Cano)*, Moreno Catena, V. y Romero Pradas, M. I. (dirs.), Tirant lo Blanch, Valencia, págs. 265-293.

Renedo Arenal, M. A. (2018), "Directivas pendientes de trasposición y sus eventuales efectos en el Proceso Penal", en *El Acceso a la Justicia* (dir. Roca Martínez, J. M.), Asociación de profesores de Derecho Procesal "Proceso y Garantías", Tirant lo Blanch, Valencia, págs. 467-494.

Rodríguez García, N. (2013), "Aprendiendo del pasado en el proceso de creación de la Fiscalía Europea", en *Revista General de Derecho Europeo*, núm. 31, Ed. Iustel.

Serrano Masip, M. (2021), "Derecho de acceso al expediente en situaciones de privación de libertad y su ejercicio en el procedimiento de ejecución de la OEDE", *Nuevos postulados de la cooperación judicial en la Unión Europea (Libro homenaje a la Prof. Isabel González Cano)*, Moreno Catena, V. y Romero Pradas, M. I. (dirs.), Tirant lo Blanch, Valencia, págs. 433-448.

Tiedman, K. (2007), "El nuevo procedimiento penal europeo", en *El Derecho Penal de la Unión Europea. Situación actual y perspectivas de futuro*, (Arroyo Zapatero, L. y Nieto Martín, A., dirs.), Eds. UCLM, Cuenca, págs. 143-156.

Van Den Eynde, A. (2023), "Intervención y ámbito de actuación de la defensa. Derechos y garantías del investigado", en *Tratado sobre la Fiscalía Europea y el procedimiento penal especial de la LO 9/2021, de 1 de julio,* (Guerrero Palomares, S. dir.), Ed. Aranzadi, Cizur Menor, págs. 621-648.

Vidal Fernández, B (2022), "La actuación de la Fiscalía Europea en el proceso penal español regulada en la LO 9/2021", en *Revista Aranzadi de Derecho y Proceso Penal,* núm. 66, abril-junio 2022, págs. 139-173

Vidal Fernández, B. (2022), "El procedimiento especial para la actuación de la Fiscalía Europea del Anteproyecto de LECrim de 2020", en *Reflexiones en torno al Anteproyecto de Ley de Enjuiciamiento Criminal de 2020*; Jiménez Conde, F. y Fuentes Soriano, O. (dirs.), Tirant lo Blanch, Valencia, págs. 1467-1511.

Zaragoza Aguado, J. A. (2020), "El Ministerio Fiscal español y la Fiscalía Europea. Su configuración institucional. La autonomía y la independencia en su estatuto jurídico. Conflictos de competencia y mecanismos de solución. La Fiscalía Europea y la Orden Europea de Detención", en *Revista del Ministerio Fiscal,* núm. 9, págs. 58-82.

# *Oportunidad y proceso penal de la persona jurídica*[1]

**VERÓNICA LÓPEZ YAGÜES**
*Profesora titular de Derecho Procesal de la Universidad de Alicante*
*veronica.lopez@ua.es*

**SUMARIO:** 1. IDEAS PREVIAS. 2. LA INCORPORACIÓN DE CRITERIOS DE OPORTUNIDAD REGLADA Y SU COMPATIBILIDAD CON EL PRINCIPIO DE LEGALIDAD, PIEDRA ANGULAR DEL SISTEMA. 2.1. OPORTUNIDAD Y MECANISMOS ALTERNATIVOS A LA ACCIÓN PENAL. 2.2. OPORTUNIDAD Y SU REFLEJO EN LA INSTITUCIÓN DE LA CONFORMIDAD PENAL. 2.3. OPORTUNIDAD Y JUSTICIA RESTAURATIVA. 3. UN NUEVO MODELO DE ENJUICIAMIENTO PENAL PARA LA PERSONA JURÍDICA. 3.1. LA CONFORMIDAD DE LA PERSONA JURÍDICA ENCAUSADA, EXPRESIÓN DE LA LIMITADA OPORTUNIDAD QUE ACOGE EL PROCESO SEGUIDO EN SU CONTRA. BIBLIOGRAFÍA.

## 1. IDEAS PREVIAS

Son muchas las décadas transcurridas desde que comenzaron a ser visibles los signos de agotamiento del modelo de enjuiciamiento penal en España; un modelo que, en el presente siglo y concluido prácticamente su primer cuarto, se muestra exhausto, superado por las necesidades que impone la persecución de la criminalidad en el complejo siglo XXI. Desde entonces y hasta ahora, la doctrina ha venido denunciando incansablemente el desajuste y las deficiencias detectadas, tanto en el proceso como instrumento, cuanto en el propio sistema de Justicia penal, acompañando la crítica —como no podría ser de otro modo— de sólidas propuestas de transformación y mejora[2] que, al cierre de estas páginas, no han cristaliza-

---

1 Este trabajo se ha desarrollado en el marco del Proyecto I+D+i de generación de conocimiento y fortalecimiento científico y tecnológico, titulado "Empresa y Proceso. Investigación y Cooperación", del Ministerio de Ciencia e Innovación, Ref. PID2020-119878GB-I00/financiado por MCIN/AEI/10.13039/501100011033, y del Proyecto estratégico "Transición Digital de la Justicia", Ref. TED2021-130078B-I00, financiado por MCIN/AEI/10.13039/50110001103 y por la Unión Europea NextGenerationEU/PRTR".

2 En particular, la voz de Moreno Catena, elevada en tono crítico con el fin de advertir de las deficiencias detectadas e instar a la adopción de acertadas medidas tendentes a corregirlas, ha calado en la mente del legislador y sus ideas permeado

do en una norma que acoja el cambio que, discusiones aparte del que deba ser su sentido, unánimemente se afirma inaplazable.

Mientras tanto, impulsada por una realidad en continua evolución, se han sucedido reformas —y son muchas las que sostiene la decimonónica Ley de Enjuiciamiento Criminal— no siempre bien orientadas a la consecución de ese objetivo de mejora y de una incidencia o impacto ciertamente sorprendente. En particular, y entre muchos otros efectos, es llamativo asistir en los últimos años al paradójico fenómeno de ver cómo en el marco del proceso civil iba comprimiéndose el principio dispositivo, mientras en el proceso penal, cedía el principio de legalidad[3], particularmente, con ocasión de la incorporación a la LECrim[4] de reglas o criterios de oportunidad que han sentado las bases del que podría ser un nuevo modelo de Justicia penal.

Como es sabido, el modelo vigente se sostiene sobre un proceso vertebrado por principios que, solo con dificultad —y no siempre— logra responder a las exigencias que impone un eficaz y eficiente enjuiciamiento de la criminalidad actual. La vigencia de un estricto principio de legalidad, rector en el plano formal del proceso que acoge la doblemente centenaria LECrim[5] es muestra de ello y, por esta razón —a nuestro juicio— uno de los aspectos que precisa mayor revisión. En la evolución de este principio

---

en las de sus discípulos y discípulas, se sienten tales o representan a una generación de juristas comprometidos en hacer del proceso el marco de garantías que permite la efectiva realización de la justicia penal. Una muestra nimia de lo anotado, precisamente en relación con la materia objeto de estudio, es la valentía con la que censura la fórmula empleada por el legislador para dar entrada en la LECrim al principio de oportunidad; según sus propias palabras, "sin previo debate y en la que debía ser reforma del CP", vino a instaurar un (principio) que, "de forma casi subrepticia" giraba el modelo, al excepcionar el principio de legalidad, "tradicionalmente considerado piedra angular del sistema". *Vid.* (con CORTÉS DOMÍNGUEZ, V.), *Derecho procesal penal*, Ed. Tirant lo Blanch, Valencia, 2019, pág. 522.

3 Asencio Mellado; JMª., prólogo a la obra, (AA.VV.), Postmodernidad y proceso penal europero. El principio de oportunidad como principio informador del proceso judicial (dir. Calaza López, S y Muinelo Cobo, JC.,), Ed. Dykinson, 2020, pág. 15.

4 En adelante, LECrim.

5 Conforme, con toda rotundidad, señalara Gómez Orbaneja "respecto a la acción penal, rige el principio de legalidad, según el cual el Ministerio Fiscal está obligado a ejercitarla por todo hecho con caracteres de delito que llegue a su conocimiento, sin que pueda atender a consideraciones de oportunidad o conveniencia". *Vid.* "Derecho Procesal Penal", *op. cit.*, págs. 55 y 56.

reside —a nuestro juicio— una de las claves para la superación de la compleja situación que atraviesa la Justicia penal en este país.

Asumiendo el riesgo de ser tachados de pragmáticos o de servirnos de exclusivos argumentos economicistas —nada más lejos de nuestra intención, por no ser esta la óptica desde la que entendemos que ha de ponderarse la entrada en el marco procesal del principio de oportunidad— resulta difícil, y constituiría un error, apartar la mirada de la realidad que refleja la estadística judicial de este país, e ignorar el desorbitado número de asuntos que acumula el orden jurisdiccional penal, cuyo descenso —indiscutiblemente— resulta una necesidad acuciante. La sobrecarga que padecen juzgados y tribunales penales, desconocida por la ciudadanía, al menos, en su cruda dimensión, amenaza la calidad de una Justicia que, por tardía, puede no ser tal. En este escenario, guste o no, lo cierto es que una rigurosa o inflexible aplicación del principio de legalidad, que obligue a la persecución y, en su caso, castigo de todo hecho delictivo, en la realidad actual, ha acabado por ser un mandato de imposible realización material[6].

El sistema de enjuiciamiento penal español —lamentablemente— es, a día de hoy, social y económicamente insostenible. Descongestionar la Jurisdicción penal, esto es, lograr una sustancial disminución del altísimo número de asuntos menores que saturan la Jurisdicción y ralentizan el enjuiciamiento de los de mayor entidad —junto al nada deseable efecto de reducir los escasos recursos materiales y humanos disponibles— es, no la única, pero sí una de las más poderosas razones que aconsejan revitalizar un principio como el de oportunidad.

6 En la línea de Gössel, no son pocas las voces que, en la doctrina, sostienen que la "oportunidad" es una exigencia impuesta por la realidad, una realidad —la del momento actual— marcada por la insuficiencia o inadecuación de los recursos y medios de los que se dispone para hacer frente a la ingente suma de ilícitos penales que se cometen y que la inflexibilidad del principio de legalidad obliga en todo caso a perseguir y, si procede, castigar. Con arreglo a esa idea, la imposibilidad material de actuar el *ius puniendi* frente a toda conducta delictiva, cualquiera que sea su naturaleza y gravedad, podría aducirse como razón suficiente *per se* para justificar y valorar positivamente la instauración de procesos o instituciones informadas por este principio, asumiendo como inevitables los inconvenientes que, junto a indudables ventajas, conlleva. *Vid.* "Principios fundamentales de las formas procesales descriminalizadoras, incluidas las del procedimiento por contravenciones al orden administrativo y las del proceso por orden penal, en el proceso penal alemán", *Rev. Justicia*, 1985, IV, pág. 882. De esta opinión, en la doctrina española, Asencio Mellado, JMª., "El proceso ...", *op. cit.*, pág. 27.

A ese propósito de lograr la deflación de asuntos de nuevo ingreso en el orden jurisdiccional penal han obedecido las reformas procesales operadas en las últimas décadas, particularmente, las llevadas a cabo por la Ley 38/2002, de 24 de octubre, por LO 1/2015, de 30 de marzo, de modificación de la LO 10/1995, de 23 noviembre, de Código Penal y por la LO 41/2015, de 5 de octubre, de modificación de la LECrim para la agilización de la justicia penal y el fortalecimiento de las garantías procesales, todas ellas de peso, con las que, sin desconocer la mejora, no puede afirmarse que se vieran cubiertas las expectativas depositadas en el cambio. El legislador procesal, al parecer, cegado por la intención de imprimir celeridad al proceso, dio entrada al principio de oportunidad, con lo que ello supuso de constricción o repliegue del principio de legalidad, de manera forzada y sin aprovechar la real potencialidad del principio que incorporaba.

En nuestra opinión, sin embargo, la incorporación de criterios de oportunidad es una de las bases sobre las que construir un nuevo modelo de Justicia penal[7]; una incorporación, no incondicional o ilimitada, sino con el alcance que, desde la coherencia del modelo, permita hacer del proceso, definitivamente, un instrumento eficaz y eficiente para dar respuesta a la compleja criminalidad actual, sin perder de vista que las ventajas que comporta o puede comportar el juego de este principio no puede traducirse en una disminución del cuadro de derechos y garantías procesales constitucionalmente consagradas.

El riesgo o, quizás, temor a ese efecto está en la base de las razones que explican el intenso debate que, como pocas, despierta la "oportunidad" en el proceso penal; un debate, ciertamente amplio, que comienza en cuestiones tan elementales como las que atañen a su concepción y naturaleza jurídica, y alcanza a su fundamento y contenido, y advierte de dificultad con la que se tropieza de cara a ponderar la conveniencia de su incorporación a la LECrim y, de ser así, la amplitud o alcance de esa introducción y consiguiente presencia en el proceso[8].

---

7 De oportunidad, no como propósito, sino realidad en el marco legal, habla Pérez-Cruz Martín, A. J., *Derecho Procesal Penal*, Valencia, 2020, pág. 35 y ss.

8 La discusión se ha llevado a extremos como el que ocupa el acierto o no de su consideración como "principio" al modo en que, indiscutiblemente, viene concebido el secular principio de legalidad y, quizás, no falta razón a la crítica vertida sobre esa consideración. Sin embargo, por interesante que el debate pueda resultar en un plano teórico, a nuestro juicio cobra sentido y resulta de utilidad, en la medida en que ofrezca respuestas a una doble cuestión; la primera, la relativa al modo en que opera en el proceso uno de sus sujetos —el responsable de la acusación—

## 2. LA INCORPORACIÓN DE CRITERIOS DE OPORTUNIDAD REGLADA Y SU COMPATIBILIDAD CON EL PRINCIPIO DE LEGALIDAD, PIEDRA ANGULAR DEL SISTEMA

Una de las cuestiones desde las que ha partido la discusión doctrinal en esta materia ha sido la tradicional consideración de la legalidad y la oportunidad como principios antitéticos[9] o, si se prefiere, la concepción del segundo, como principio opuesto al de legalidad que, en la acepción que lo vincula con el concepto retribucionista de la pena[10], impone como exigencia que todo hecho delictivo deba ser perseguido y, en su caso, castigado[11] sin aparente excepción[12]. En la actualidad, sin embargo, a pesar de la persistencia de voces que se aferran a esta disyuntiva para justificar un inexpugnable principio de legalidad, es dialéctica que puede afirmarse superada[13].

---

esto es, si lo determina; y, la segunda, si la oportunidad admite ser regulada, a la vista de la dificultad de su formulación como máxima o conjunto de reglas que han de ser aplicadas al caso concreto; y, se convendrá en que, a esto último, responde la oportunidad tanto o tan poco como lo hacen otros principios —*v. gr.* los irrenunciables principios de igualdad o proporcionalidad— en los que el paso de la abstracción a la concreción, tampoco es sencilla.

9 A la dialéctica, en el Derecho alemán, entre el "Opportunitätsprinzip" y el "Legalitätsprinzip" y el distinto modo en que son concebidos en Alemania y España se refiere Beckempeker, K., "El principio de oportunidad en el derecho penal económico alemán", en *Postmodernidad y proceso europeo: la oportunidad como principio informador del proceso judicial* (dir. Calaza López, S., y Muinelo Cobo, JC.,), Madrid, 2020, págs. 74 y 75.

10 González-Cuéllar Serrano, N., "El juicio por delitos leves: en especial, el principio de oportunidad (Análisis de la Circular FGE 1/2015), pág. 7.

11 En parecidos términos se expresa el art. 100 de LECrim que consagra este principio, como rector, del actual proceso penal español.

12 El derecho alemán, regula en el § 152 apartado 2 de la StPO, el denominado *Legalitätsprinzip*, que impone al Estado la obligación de ejercitar la acción penal ante la existencia de un hecho que revista caracteres de delito. En relación con este precepto, véase, Diemer, H., *KarlsruherKommentarzurStPO,* München, 2019, § 152; Peters, S., *MünchenerKommentarzurStPO,* München, 2016, § 152, 26.

13 Opinión de Armenta Deu, que anuncia desde el título dado a su estudio, "Principio de legalidad *vs* principio de oportunidad: una ponderación necesaria", *Principios y garantías procesales. Liber Amicorum en homenaje a la profesora Mª. Victoria Berzosa Francos,* (dir. Picó i Junoy), Barcelona, 2013, pág. 454.

Legalidad y oportunidad —sostiene Asencio Mellado[14]— no han de entenderse principios contrapuestos, ni servirse de la segunda implica ignorar o infringir la primera. Bien entendida, la oportunidad no se opone a la legalidad, es más, la primera solo es aplicable dentro de la segunda —de ahí, su compatibilidad— y tiene perfecto ajuste constitucional. De acuerdo con la Norma Fundamental, la legalidad es límite al ejercicio del *ius puniendi* estatal, en absoluto incompatible con criterios de oportunidad reglada que son los que permiten la aplicación de la ley al servicio de los fines a los que el propio texto legal obliga dar cumplimiento.

De cara a resolver la cuestión relativa al modo en que el órgano responsable de la acusación ha de hacer uso de la potestad que se le confiere, ante lo estéril de insistir en la confrontación de dos principios que no pueden afirmarse opuestos, la disyuntiva a plantear es, por su mayor utilidad, la que atañe a la configuración de esta potestad como reglada o discrecional.

En cualquier caso, a los efectos de delimitar el concepto de "oportunidad" o, de ser considerado tal, el que se entiende como "principio de oportunidad" que aquí se maneja, sirvan las palabras de Gimeno Sendra[15] que lo identifican con "la facultad que al titular de la acción penal asiste para disponer, bajo determinadas condiciones, de su ejercicio, con independencia de que se haya acreditado la existencia de un hecho punible contra un autor determinado"[16].

Desde esta óptica, el de oportunidad es principio[17] que incorpora la discrecionalidad, más o menos intensa, en el ejercicio de la acción y, a favor

---

14 Asencio Mellado, JMª., en su prólogo a la obra "*Postmodernidad y proceso europeo …*", *cit. supra*, pág. 14.

15 "Derecho Procesal Penal", *op. cit.*, pág. y, asimismo, en "El principio de oportunidad y el Ministerio Fiscal", Rev. *La Ley*, *n.* 2115, págs. 1 y 2.

16 La concepción, en estos términos, del principio se asemeja a la que, bajo la denominación de "principio de oportunidad reglada" —*Oportunitätsprinzip*— es único rector en materia penal en Alemania —no así un principio de oportunidad discrecional o libre, sólo existente en el *Ordnungswidrigkeitenrecht* o Derecho administrativo sancionador— que la doctrina define como la facultad atribuida al Fiscal de no iniciar la persecución de un delito o abandonar la ya iniciada, esto es, sobreseer un procedimiento —bajo condición, según lo previsto en el § 153 a StPO), en ciertos supuestos legalmente determinados

17 Opuestos a considerar el de oportunidad, un genuino principio —a la par que el de legalidad— se han mostrado, entre otros, Muinelo Cobo, JC., "Principios vertebradores …", op. it., págs. 23 y 24 y Calaza López, S., por las razones que, con su acreditado ingenio, expone en los estudios de su autoría titulados, "Es realmente

de su incorporación a la LECrim se alzan voces que, como principal argumento, aducen el innegable beneficio que comporta la no iniciación del proceso o la finalización, con sentencia o sin ella, del ya iniciado, de cara a la satisfacción de los fines de reparación de la víctima y resocialización del delincuente —que, se insiste, sumados al de realización del *ius puniendi* y protección del imputado, ha de lograr el proceso— y, fundamentalmente, en favor de la conducción del esfuerzo en la persecución del delito hacia las más graves formas de criminalidad.

En el extremo opuesto se sitúan voces críticas a la incorporación de este principio[18] que ponen el acento en la que consideran esencial desventaja, cual es, ser puerta de entrada a la temida "arbitrariedad"[19] que, en todo caso —siempre a juicio de este sector doctrinal— comporta impunidad, en clara contravención del fin de prevención general asociado a la pena[20]. Nótese que la vigencia, en el proceso, de un principio de oportunidad "puro" permite el ejercicio, de forma absolutamente discrecional, de la acción penal dirigida a depurar la responsabilidad penal y, en su caso, civil que nace del delito. Otorga, pues, al responsable de la acusación una potestad abiertamente discrecional en la determinación y, en consecuencia, criba de los hechos penalmente ilícitos que han de ser perseguidos[21].

---

un principio la oportunidad?", *Rev. Actualidad Jurídica*, n. 842, 2012 y "Las paradojas del mal llamado principio de oportunidad en el proceso penal", Rev. La Ley Penal, 2013, núm. 103, y asimismo en "La subordinación de la oportunidad a la legalidad en el proceso penal", *Rev. Doctrinal Aranzadi*, 2012, n. 5.

18 Montero Aroca, J., *Principios del proceso penal. Una explicación basada en la razón*, Valencia 1997, pág. 79.
Abierto rechazo a la incorporación del principio mostraba Ruiz Vadillo al asegurar "no (ver) en la transformación que se pretende nada positivo y sí graves, gravísimos inconvenientes". *Vid.* "El principio de oportunidad reglada", en *La Reforma del Proceso Penal, II Congreso de Derecho Procesal de Castilla y León, Ministerio de Justicia, Madrid, 1989*, pág. 399.

19 Riesgo éste del que ya advertía Pedraz Penalva, E., "Principio de proporcionalidad y principio de oportunidad", *La Reforma del Proceso Penal. II Congreso de Derecho Procesal de Castilla y León*, Madrid, 1989, pág. 378.

20 Armenta Deu, "Principio de legalidad ...", *op. cit.*, pág. 108. Crítico con el principio se muestra, en particular, Nieva Fenoll, J., *Derecho Procesal III. Proceso Penal*, Valencia, 2019, pág. 37.

21 Entre los clásicos, críticos con este principio y su presencia en el marco del proceso penal, fueron Goldschmidt, J., *Principios Generales del Proceso*, Buenos Aires, 1961, tomo II, pág. 119 y, en la doctrina española, Gómez Orbaneja, E. (con Herce Quemada), *Derecho Procesal Penal*, Madrid, 1972, pág. 55 y Serra Domínguez, M. *Estudios de Derecho Procesal*, Barcelona, 1969, pág. 761.

Con independencia de la opinión que merezca esa consideración, no ha de perderse de vista que el apuntado *supra* es efecto predicable de modelos o sistemas que acogen fórmulas de discrecionalidad pura por parte del acusador público, esto es, basadas en una voluntad soberana del responsable del ejercicio del *ius puniendi*, carente de cortapisas, no así de aquellos que incorporan fórmulas consideradas mixtas, en las que el principio opera en atención a la concurrencia de ciertos requisitos legalmente establecidos y se orienta a la satisfacción de fines también normativamente previstos[22].

Con todo, y en coherencia con lo hasta el momento expuesto, no puede aceptarse una incondicional e ilimitada entrada del principio de oportunidad en el marco del proceso penal. Conforme con todo acierto señala Asencio Mellado[23], "aceleración del proceso y ahorro de costes, siendo valores atendibles, no han de sobrevalorarse hasta el punto de justificar la afección a derechos y garantías llamadas a proteger las posiciones más débiles del proceso, la que ocupa el imputado y la que corresponde a la víctima". La evitación del proceso o, si se prefiere, la economía procesal que favorece, tanto al Estado, cuanto al propio inculpado, no puede comportar una disminución de las exigencias que impone el respeto de un proceso justo y con todas las garantías.

No ha sido esta la línea seguida por el legislador en las ocasiones en las que ha dado acogida a tenues manifestaciones de este principio, reducidas al marco del enjuiciamiento de los llamados delitos leves; una tenue, pero progresiva llegada que se ha traducido en un importante repliegue del principio de legalidad[24].

No podría, por ello, tacharse de irrupción la entrada del principio de oportunidad en la futura —y lo deseable es que pronta— LECrim del nuevo siglo; en esa línea parecía situarse el pre legislador en su intento de dar forma, en el año 2020, al que se dio a conocer como Anteproyecto de Ley de Enjuiciamiento criminal —en adelante, ALECrim 2020— cuya Exposición de Motivos justifica la incorporación del principio —y es frase que de-

---

22 Con apoyo en estas razones, partidario de la introducción de un principio de oportunidad reglada en el Sistema de Justicia Penal español se mostró Gimeno Sendra, V., "El principio de oportunidad y el Ministerio Fiscal", Rev. *La Ley, n.* 2115, 2016 y, recientemente, en la que fue su última obra, *La simplificación de la Justicia Penal y Civil*, Madrid, 2020, págs. 38 y ss.

23 *Vid.* "El proceso por aceptación … ", *op. cit.*, pág. 28.

24 Armenta Deu, T., "Principio de legalidad frente a principio de oportunidad: una ponderación necesaria", en *Estudios de Proceso Penal*, Barcelona, 2014, pág. 108.

nota la buscada complementariedad entre legalidad y la oportunidad que propone incorporar— como "mecanismo alternativo al ejercicio incondicional de la acción penal"[25]; de ahí el detalle con el que, en ese mismo apartado, anuncia su apuesta por la introducción de la oportunidad en la que pudo ser nueva LECrim, no de forma amplia o generalizada, sino, en expresión del pre legislador, con sujeción a "márgenes legales claramente definidos y acotados" que invita a no confundir con una simple atribución de discrecionalidad técnica al Fiscal en la interpretación del ámbito de aplicación de la norma penal. Su entrada —según expresamente señala— es la "plasmación práctica de criterios político criminales basados en la falta de necesidad de pena en el caso concreto o en un margen de reducción de la pena ligado a la institución de la conformidad".

El abandono temprano de este nuevo intento de reforma frustró, sin embargo, toda esperanza de ver pronto culminada la construcción de un nuevo modelo de enjuiciamiento penal que, como se avanzaba, tendría en la "limitada" incorporación del principio de oportunidad, un claro eje vertebrador.

El texto proyectado dedicaba, además, tres apartados consecutivos de su extensa Exposición de Motivos, a expresar —con mayor detalle del que suele ser habitual en este valioso elemento de la estructura de las normas— las razones de esta opción legislativa, que se corresponden con los también tres ámbitos o instituciones sobre los que la oportunidad había de proyectar sus efectos, a saber, el apartado XXV referido a los que el pre legislador tuvo a bien denominar "mecanismos alternativos a la acción penal", el apartado XXVI en el que vincula la oportunidad a la institución de la conformidad, y el apartado XXVII en el que la asocia a la Justicia Restaurativa que, de haber cristalizado, hubiera acogida *ex novo* la norma procesal penal nacida de la reforma.

Con evidente renuncia a la amplitud y profundidad que merecería su análisis, las próximas líneas recogen la síntesis de la que fue, y no ha de descartarse que pueda seguir siendo la línea que siga el legislador de este nuevo tiempo, ante quien se abre nueva oportunidad de culminar la transformación del modelo de enjuiciamiento criminal en España, desde un replanteamiento de los fines a los que ha de servir el proceso penal del complejo siglo XXI.

---

25 *Vid.* Apartado XXV, de la Exposición de Motivos del citado ALECrim de 2020.

### *2.1. Oportunidad y mecanismos alternativos a la acción penal*

Como se avanzaba, bajo el sugerente título indicado *supra,* dedica la Exposición de Motivos del ALECrim 2020, su apartado XXV a poner de manifiesto los aspectos más significativos de la regulación *ex novo* que pretende llevar a la nueva norma, junto a la indicación del propósito que le mueve a arbitrar los que concibe —y designa— como "mecanismos alternativos al (ejercicio) de la acción penal".

Conforme abiertamente declaraba, al determinar los supuestos en los que, limitadamente, puede o debe operar el principio de oportunidad que incorpora, el pre legislador puso la mirada en la regulación que de este mismo o semejante principio contienen el Código procesal penal portugués y la Ordenanza procesal alemana, dando forma a dos modalidades de oportunidad, según afirma, sujetas a límites más severos que los que las acotan en esos otros Ordenamientos cercanos, sometidas ambas a un estricto control judicial. En esencial, la norma proyectada acoge un doble supuesto en el que, por razón de oportunidad, la causa puede ser archivada o sobreseída.

De un lado, regula la figura del "archivo por oportunidad" que reserva a los supuestos de delitos castigados con pena que no exceda de dos años de prisión[26] con exclusión de ciertos ilícitos —como es el caso de los delitos de corrupción pública o privada, los cometidos con violencia o intimidación, por su incompatibilidad con la finalidad perseguida al regular esta institución o, sin justificación concreta alguna, contra víctimas menores de trece años.

De otro lado, y dentro de un margen de penalidad no superior a los cinco años de privación de libertad, articula el designado como archivo o "sobreseimiento bajo condición"[27], en atención a la concurrencia de ciertos requisitos y con sujeción a ciertos límites previstos en la propia norma. En este supuesto, conforme hace intuir su denominación, el cierre o archivo de la causa queda bajo la suspensiva condición de que el encausado cumpla determinadas prestaciones u observe las reglas de conducta que se

---

26 Semejante posibilidad se abre en el derecho alemán en relación con ilícitos penales —los llamados *Vergehen*— sancionados con pena mínima de un año. (§ 12 StGB).

27 En relación con el sobreseimiento bajo condición, prevista en el § 153ª, véase Diemer, H., *Karlsruher Kommentar zur StPO,* München, 2019, § 153ª, 18; Peters, S., *Münchener Kommentar zur StPO Band 2,* München, 2016, § 153a, 68.

determinen, tendentes a la reparación del daño causado por la comisión del delito, y siempre que medie consentimiento, a tal efecto, de la víctima del delito.

Es significativo que la regulación proyectada contenga expresa y detallada indicación de los elementos reglados de esta potestad, sujetos a estricto control judicial, lo que no excluye la reserva al Fiscal —se insiste, dentro del concreto marco reglado— de un "espacio de valoración discrecional" en su actuación; y actuación que habrá de ser acorde con las instrucciones generales de política criminal recibidas de la Fiscalía General del Estado, con el fin de asegurar "que el ejercicio de esta potestad se ajuste al principio de unidad de actuación" y preservar, de este modo, la igualdad en la aplicación de la ley penal, particularmente en los supuestos de renuncia estatal a la exigencia de pena[28].

## *2.2. Oportunidad y su reflejo en la institución de la conformidad penal*

La segunda de las manifestaciones del principio de oportunidad que acoge el texto del ALECrim 2020 tiene lugar en sede de conformidad, sobre la que se opera una importante transformación.

En el plano doctrinal, la conformidad es concebida como clara expresión del principio de oportunidad, en tanto fórmula tendente a poner fin al proceso, por voluntad del acusado, a partir de la aceptación por éste del hecho o hechos objeto de imputación, su calificación jurídica y la pena que, en su virtud, solicita imponer la acusación, así como de la asunción de la responsabilidad civil que obliga a reparar el daño causado por el delito. En rigor, constituye un acto unilateral de disposición de la pretensión, por el que la defensa acepta la pena más elevada de las interesadas por la acusación, evita la celebración del juicio oral y pone fin anticipadamente al proceso con el dictado de una sentencia condenatoria, ajustada a los términos de la conformidad prestada y que, una vez deviene firme, goza de la eficacia de cosa juzgada[29].

---

28 *Vid.* Apartado XXV, *in fine.*

29 *Vid.* Asencio Mellado, JM., "Derecho Procesal Penal", (2015), *op. cit.*, pág. 271; Gimeno Sendra, V., "Derecho Procesal Penal, *op. cit.*, pág. 78 y ss; Gómez Colomer, JL., (et. Alt.), "Proceso Penal ...", *op. cit.* 405; López Yagües, V., (et. alt.), "Derecho Procesal", *op. cit.*, págs. 390 y ss; Moreno Catena, V., "Derecho Procesal Penal", *op. cit.*, pág. 407.

Como es sabido, a pesar del silencio de la vigente LECrim en cuanto a este extremo —excepción hecha de la denominada "conformidad premiada"— claro reflejo de la proyección del principio de oportunidad sobre esta institución es la posible atenuación de la respuesta punitiva al delito enjuiciado, merced al ejercicio por el fiscal de cierta potestad que le permite "ofrecer" al acusado una rebaja punitiva en el marco de una solución consensuada.

El propósito que, desde la Exposición de Motivos, afirma pretender el pre legislador con la profunda reforma proyectada, es la sustancial modificación del régimen al que viene sujeta esta institución en la vigente LECrim o, al menos, en su letra; un régimen abiertamente ignorado en la práctica del foro, en la que ha que han cobrado vida las conocidas como "conformidades encubiertas" cuyo desarrollo, falto de garantías, se propone erradicar.

Como es sabido, la actual regulación gira en torno a la gravedad del delito objeto de enjuiciamiento al establecer un límite de penalidad que, si es rebasado, esto es, si la pena que solicita imponer la acusación resulta superior, la conformidad no habría de operar; y límite que, sabido es también, apenas ha tenido —y tiene— reflejo en la práctica. La propuesta de reforma eliminaba ese tope punitivo, de suerte que el acusado podría acoger la conformidad en procesos por delito de gravedad muy superior a los que la admiten en la vigente LECrim, siempre bajo un estricto control judicial, que resulta reforzado.

Bajo nuestro personal criterio, la mejora que experimenta el régimen de la conformidad que propuesto en el ALECrim 2020 es evidente. No solo salva las deficiencias que presenta su actual configuración legal, sino la distancia que, en el presente, se ha creado entre la letra de la LECrim y su desarrollo en la práctica, que ha convertido a esta institución en un instrumento al servicio de la celeridad en la respuesta judicial. La deriva adquirida, en los últimos años, hacia una suerte de negociación binaria o, si prefiere, un pacto precipitado instantes antes del inicio del juicio[30], viene provocando importantes disfunciones, puestas de manifiesto incansablemente por la doctrina, nunca corregidas mediante la oportuna armonización y reforma de la suma de preceptos entre los que se reparte su régimen. No es exagerado afirmar que la conformidad es, a día de hoy,

---

30 Doig Díaz, Y., "Reflexiones acerca de la Justicia Negociada en el futuro proceso penal español", en *La reforma del proceso penal*, (dir. Asencio Mellado y Fuentes Soriano), Madrid, 2011, pág. 407.

con demasiada frecuencia, una suerte de regateo entre acusación y defensa en los pasillos del juzgado, cuando no en la misma sala de vistas y, no propiamente ante el Tribunal, pero sí en su presencia —y, en ocasiones, confiemos que las menos, sin el celo necesario que impida al órgano judicial tomar conocimiento de la negociación y su resultado—.

Con pesar puede también afirmarse que esta práctica pervive a pesar de los esfuerzos dirigidos a su eliminación mediante la articulación de fórmulas alternativas[31] como es la contenida en el *Protocolo de actuación para juicios de conformidad,* fruto del acuerdo entre la Fiscalía General del Estado y el Consejo General de la Abogacía, celebrado en el año 2009 consistente, en esencia, en dar forma al denominado "convenio de conformidad" en los diez días anteriores a la celebración de la vista del juicio, resultado del acuerdo entre acusación y defensa, con la inexcusable voluntad del acusado y firma con la que muestran su aceptación el resto de las acusaciones. Y, no menos preocupante resulta tropezar en la práctica con supuestos en los que el mismo juzgador, valiéndose de su condición, alienta a las partes a alcanzar un acuerdo, con lo que ello implica de amenaza, si no efectiva lesión, a la esencial garantía de imparcialidad del juzgador De "activismo judicial" en favor de las conformidades califica Aguilera Morales[32] este proceder, de todo punto censurable.

En este listado de indebidas prácticas, en tanto que carentes de respaldo legal cuando no directamente opuestas al dictado de la norma, es significativa la anotada *supra* —que, a diferencia de otras, ha obtenido cierto refrendo jurisprudencial— resultante de hacer elástico, hasta el punto de rebasar, el ámbito de aplicación de este instituto —que tiene como límite punitivo máximo, los 3 años de pena de prisión en el seno de los juicio rápidos (art. 801 LECrim) y de 6 años en los demás supuestos— dando vida a una suerte de "conformidad encubierta" que, sabedor de su existencia, el pre legislador afirma querer erradicar; y, no es menos llamativa ni preocupante es la aparente no sujeción a criterio o límite alguno, del *quantum* de beneficio penológico puede comportar para el acusado, prestar conformidad.

---

31 *Vid.* Protocolo de actuación para juicios de conformidad suscrito entre la FGE y el CGAE, disponible en https://www.poderjudicial.es/cgpj/es/Temas/Relaciones-institucionales/Convenios/Protocolo-de-actuacion-para-juicios-de-conformidad-suscrito-entre-la-Fiscalia-General-del-Estado-y-el-Consejo-General-de-la-Abogacia-espanola (fecha de la consulta, enero de 2024).

32 *Vid.* "Conformidad y reparación", en *Justicia Restaurativa: una justicia para las víctimas,* (dir. Soleto Muñoz y Carrascosa De Miguel), Madrid, 2019, págs. 295 y 296.

Excepción hecha de lo dispuesto en relación con la conformidad "premiada" prevista en el art. 801 LECrim, nada dispone la vigente LECrim a este respecto, algo, por otra parte, coherente con el silencio existente en relación con la más que evidente rebaja punitiva a la que viene anudada la conformidad, ante lo absurdo de pretender que el acusado acepte la condena sin obtener mayor ventaja que la sola evitación del juicio. En la práctica —ya se anunciaba— este beneficio es resultado de un juego de oferta y demanda, mantenido entre acusación y defensa, quedando la primera sujeta a la discrecionalidad del fiscal, como es obvio, dentro del marco de penalidad atribuida al delito objeto de calificación y el que ofrece la apreciación de las circunstancias atenuantes de la responsabilidad penal de su autor, con las que puede llevar a máximos la rebaja de la pena, sin rebasar su mínimo.

En definitiva, a diferencia de lo que sucede en los supuestos de conformidad del art. 801 LECrim, en los que la propia norma impone la rebaja automática de un tercio de la pena a imponer, en el resto de supuestos el beneficio penológico que oferte el Fiscal o resulte de la negociación, será mayor o menor, en función de la sola decisión de este órgano que dispone de un margen de discrecionalidad, aunque estrecho, y espacios de negociación silenciados por la norma, pero reales, que ofrece, si es el caso, la existencia —no deseable— de zonas grises en el concreto tipo penal, y la apreciación —más o menos generosa— de circunstancias modificativas de la responsabilidad penal en la persona —física o jurídica, como se verá luego— del acusado. Esta fórmula aboca, como riesgo, a una desigual aplicación de la norma penal, de todo punto rechazable y, en el peor de los escenarios, a "excesos" en la rebaja logrados tras una forzada calificación jurídica de los hechos previamente desdibujados[33] y, por lo general, no supeditada al efectivo cumplimiento por el beneficiado de compromiso alguno en relación, *v.gr.*, con la reparación del daño ocasionado con la comisión del delito.

A la vista de lo anterior, lo acertado —a nuestro juicio— es sujetar a límite esa facultad, esto es, acotar el margen de reducción penológica en el que pueda moverse el órgano fiscal y cuya concreción lleva al acuerdo

---

[33] A juicio de Chozas Alonso, "lo más importante para el legislador actual no es que el sistema procesal sea justo y acorde con la legalidad penal, sino que sea más ágil y más barato, aunque sea a costa de expulsar la verdadera actividad probatoria del proceso". *Vid.* "La conformidad penal española y el *patteggiamento* italiano. Breve estudio de Derecho comparado", Rev. La Ley, 2013, n. 104, pág. 21.

de conformidad, en la línea de lo previsto en el ALECrim 2020, según el cual, el fiscal podrá "solicitar la imposición de la pena inferior en grado a la legalmente prevista".

Por su parte, el órgano judicial, receptor de la conformidad que se presta, ha de ser garante de la perfecta legalidad de la solución consensuada, si bien, su labor se ha reducido en la práctica a un laxo control de regularidad. Como es sabido, la LECrim ordena al juzgador verificar que concurre en el acusado la voluntad de acogerse a la conformidad y constatar el efectivo conocimiento, por su parte, de las consecuencias que comporta; sin embargo, resulta necesario ampliar y fortalecer esta labor de control confiada al juzgador sobre los términos de la conformidad alcanzada.

A nuestro juicio, el legislador ha de ser riguroso en la determinación de prevenciones o cautelas tendentes a verificar la plena voluntad y autodeterminación del encausado que pretende acogerse a una conformidad[34]; de ahí la importancia de disponer de amplia información acerca de la negociación habida y el acuerdo o acuerdos alcanzados, así como del efecto o efectos que la conformidad conlleva[35]. Corresponde, en definitiva, al juez de la conformidad realizar un serio control de legalidad que el pre legislador estaba dispuesto a exigir, al imponerle el deber de "controlar la legalidad de los términos de la solicitud y velar por la debida reparación de la víctima" de suerte que, "si la calificación jurídica o la pena solicitada no se ajustan a la legalidad o no se encuentran suficientemente salvaguardada la reparación de la víctima (...)" habría de rechazarla sin más trámites"[36].

En este punto, interesa anotar que el referido control no corresponde en el modelo que propuso el ALECrim al órgano responsable del enjui-

---

34 Conforme señalara el art. 165 del texto proyectado, "la conformidad se funda en el consentimiento libremente prestado por la persona encausada con pleno conocimiento de sus consecuencias" y, según lo previsto en el apartado 2, no podrá tener lugar "cuando, por razón de enfermedad, coacción, amenaza o por cualquier otra circunstancia semejante, la persona encausada no se halle en condiciones de prestar un consentimiento válido".

35 También el defensor, según lo previsto en el art. 166 ALECrim, ha de "informar detalladamente a su cliente de todos los acuerdos que ofrezca o que le sean ofrecidos por las acusaciones, de las razones por las que, en su caso, aconseja su aceptación y de las consecuencias que de ella puedan derivarse" y, si la pena acordada es superior a cinco años de privación de libertad, necesariamente por escrito.

36 Nótese que el precepto incluye la exigencia —harto demandada por parte de la doctrina— de que el juzgador pondere la suficiencia de la tutela conferida a la víctima.

ciamiento. Con esta medida, "quiere prevenir(se) que las conformidades se estimulen indebidamente desde el propio órgano enjuiciador con la finalidad de evitar la celebración del plenario" y, en consecuencia, arbitra un procedimiento en el que "la solución consensuada es negociada por el fiscal y las defensas y es formalizada después en un documento que el investigado o acusado habrá de ratificar ante un juez que no es el que está llamado a enjuiciar el asunto".

### *2.3. Oportunidad y Justicia restaurativa*

Bajo nuestra personal convicción, resulta asimismo inaplazable que el nuevo legislador reoriente y canalice sus esfuerzos hacia la creación de instrumentos complementarios al proceso con los que lograr la consecución de los fines que este, a solas, en muchos casos, no logra satisfacer; instrumentos o vías que, en atención a criterios de oportunidad reglada[37], posibiliten, desde la evitación del inicio del proceso a su terminación anticipada, si procede —y he aquí lo fundamental— en virtud de la existencia de un acuerdo restaurativo, gestado por el infractor y la víctima, y avalado por el Estado a través de sus órganos fiscal y judicial. Un acuerdo, alcanzado a través de fórmulas como la que representa la mediación, previamente dotada de una amplia y perfecta regulación[38], en definitiva, un acuerdo "reparador" que se traduzca en claro beneficio, no solo para la víctima, sino también para el victimario y el propio Estado, como titular del *ius puniendi*, que ha de guiarse en su aplicación por el principio de intervención mínima.

La participación en el desarrollo de procedimientos de Justicia Restaurativa, qué duda cabe, "alienta el sentido de responsabilidad de los infractores y ofrece a éstos oportunidad de compensar, reparar (…) lo que puede favorecer su reintegración, la comprensión mutua y el desistimiento del crimen. "Diálogo, perdón, rehabilitación, compensación, composición justa del conflicto, cohesión social, disminución de la victimización, inserción social del agresor, mayor componente humano", son términos con

---

37 De esta opinión, Gimeno Sendra, V., con Díaz Martínez, M., *Manual de Mediación Penal*, Madrid, 2019, pág. 23.

38 Calaza López, S., "La mediación penal de las bambalinas a la escena", en *Postmodernidad y proceso europeo: el principio de oportunidad como informador del proceso judicial*, (AA.VV.), Madrid, 2020, pág. 123; Rodríguez García, N., "Presente y futuro de la mediación penal", en *Justicia, reparación, reinserción*, (dir. Calaza S., y Muinelo, JC.), Madrid, 2020, págs. 266 y 288.

los que identificar los beneficios que aporta la Justicia Restaurativa[39] "sin que por ello se resienta la seguridad jurídica y la prevención general del Derecho Penal".

Es tiempo, pues, de afrontar grandes retos en el marco procesal penal y el enjuiciamiento de los delitos que comportan, o pueden comportar responsabilidad penal de la persona jurídica, concentra muchos de ellos.

## 3. UN NUEVO MODELO DE ENJUICIAMIENTO PENAL PARA LA PERSONA JURÍDICA

Las líneas con las que se iniciaba este estudio recogían nuestra convicción acerca de la necesaria transformación del modelo de justicia penal vigente en España, particularmente, desde un replanteamiento de los fines que, en el presente siglo, ha de cumplir el proceso; convicción que se refuerza en relación con el que, particularmente, acoge el enjuiciamiento penal de la persona jurídica. También en este marco, el giro a operar ha de afrontarse, a nuestro juicio, dando entrada a instituciones y fórmulas que tienen su fundamento en criterios de oportunidad[40] que contribuyan a la mejora de la respuesta jurídica al delito del que nace la responsabilidad penal de entidades y personas jurídicas, convertidas —por decisión del legislador— en sujetos pasivos de un proceso, en origen, concebido para la persona física.

En efecto, no es preciso remontarse excesivamente en el tiempo para volver al momento en que el legislador español se decidió a atribuir responsabilidad penal a la persona jurídica, según algunas voces, viniendo a quebrar el brocardo clásico "*societas delinquiere non potest*", según otras[41]

---

39 Ríos Martín, JC., (et. alt.), *La mediación penal, penitenciaria y encuentros restaurativos. Experiencias de diálogo en el sistema penal para la reducción de la violencia y el sufrimiento humano*, Madrid, 2016, pág. 29.

40 Gimeno Beviá, J., "La apuesta por el principio de oportunidad y los programas de compliance en el proceso penal por personas jurídicas", Diario La Ley, 9 de diciembre de 2014, nº 8437, http://diariolaley.laley.es y, asimismo, *in extenso*, en El proceso penal de las personas jurídicas (2014), Navarra, ed. Aranzadi, pág. 182 y ss.

41 Gómez-Jara Díez, C. La culpabilidad penal de la empresa, Marcial Pons, Madrid 2005, pág. 241; González Cussac, J. L. (2015), "Responsabilidad penal de las personas jurídicas: arts. 31 bis, ter, quater y quinquies", en Comentarios a la reforma del Código Penal de 2015, Tirant lo Blanch, Valencia, págs. 163.

—entre las que me incluyo— solo a corregirlo con una breve, pero poderosa adición que permite mantener esa primera afirmación, la persona jurídica "no puede cometer delito"[42], con el matiz de poder ser, no obstante, penalmente sancionada. Desde entonces, no ha cesado el debate entre partidarios y detractores del singular modelo de imputación por el que se optaba, siendo muchas las páginas de literatura científica que reflejan las disputas habidas en el seno de la doctrina penalista[43] acerca de las consecuencias, en este orden, derivadas del vuelco operado por la introducción del art. 31 bis CP[44] y, aunque menos, también numerosas las vertidas por los procesalistas en torno a las implicaciones procesales de esa trascendental modificación de la norma penal[45].

---

42 Resume Barona Vilar en tres las razones sobre las que se sostiene esta consideración, a saber, "las sociedades o empresas no poseen capacidad de acción; tampoco tienen capacidad de culpabilidad e igualmente carecen de capacidad de sufrir penas". *Vid.* "La persona jurídica como responsable penal, parte pasiva en el proceso penal y parte en la mediación penal en España", en La responsabilidad penal de las personas jurídicas, (AA.VV.), ed. Tirant lo Blanch, Valencia 2014, pág. 59.

43 Entre las voces críticas a la atribución de responsabilidad penal a la persona jurídica, *vid.* Campaner Muñoz, J. "La desafortunada supresión del principio *societas-delinquere non potest* en España", El notario 2011, nº 36; Gómez-Jara Díez, C.(2016), "Fundamentos de la responsabilidad penal de las personas jurídicas", en *Tratado de responsabilidad penal de las personas jurídicas,* ed. Civitas& Thomson Reuters, Cizur Menor 2016, pág. 92 y ss., y con fuerte apasionamiento Gracia Martín, L., (2014), "La doctrina de la responsabilidad "penal" de las personas jurídicas: climax y paroxismo del constructivismo jurídico arbitrario, de la hostilidad entre las palabras y las cosas, y del desprecio del saber jurídico que convierte bibliotecas enteras en basuras", Revista de Derecho Penal y Criminología, 2014, nº 9, págs. 135-180.

44 Como se adelantó a señalar Del Rosal Blanco, la reforma obligaba "a reconsiderar y redefinir, para este concreto ámbito de las personas jurídicas, los tradicionales criterios de imputación y atribución de la responsabilidad criminal, con unas consecuencias y una trascendencia (entonces) difícil de valorar en toda su dimensión". *Vid.* "Responsabilidad penal de empresas y códigos de buena conducta corporativos", Diario La Ley, 11 de julio de 2011, nº 7670, pág. 89 (http://diariolaley.laley.es)

45 Sin ánimo de exhaustividad, Banacloche Palao, J., (2011), "La imputación de la persona jurídica en la fase de instrucción", en Responsabilidad penal de las personas jurídicas. Aspectos sustantivos y procesales (con Zarzalejos Nieto y Gómez-Jara Díez), ed. La Ley, Madrid, págs. 153 a 193; Burgos Ladrón De Guevara, J., (2011), "La responsabilidad penal de las personas jurídicas: aspectos procesales", Diario La Ley, 9 de mayo de 2011, nº 7625, http://diariolaley.laley.es; Gascón Inchausti, F., (2012), *Proceso penal y persona jurídica,* Marcial Pons, Madrid, págs. 63 y ss; Gimeno Beviá, J., (2014), *El proceso penal de las personas jurídicas,* Thomson Reuters

La LO 5/2010, de 22 de junio nacía, efectivamente, acompañada de crítica fundada, entre otras razones, en el desacierto de no acompañar esa importante transformación del derecho material[46], de la inexcusable reforma procesal que garantizara la efectividad de esa atribución de responsabilidad penal a organizaciones o empresas dispuesta *ex novo*[47].

Con el propósito de cubrir ese déficit y, de nuevo, fiel a la tendencia de acometer reformas parciales en un texto, la LECrim, que la precisa la Ley 37/2011, de 10 de octubre, de medidas de agilización procesal introdujo ciertas "modificaciones inexcusables" con las que dar respuesta a importantes problemas planteaba en la práctica el nuevo régimen instaurado; modificaciones y respuesta que pronto se revelaron insuficientes, hasta el

---

& Aranzadi, Cizur Menor; Jimeno Bulnes, M., (2019), "La responsabilidad penal de las personas jurídicas y los modelos de *compliance*: un supuesto de anticipación probatoria", Revista General de Derecho Penal, núm. 32 y "Normas de la Unión Europea sobre responsabilidad (penal o administrativa) de las personas jurídicas y sobre compliance: Su adaptación en España", en *Tratado sobre compliance penal. Responsabilidad Penal de las Personas Jurídicas y Modelos de Organización y Gestión* (dir. Gómez Colomer, JL.,), Tirant lo Blanch, Valencia, 2019; Llorente Sánchez-Arjona, M. "La persona jurídica en el proceso penal. Un análisis desde la perspectiva procesal", Revista General de Derecho Procesal 2013, nº 29, http://www.iustel.com, pág. 7; Neira Pena, AMª., (2017), *La instrucción de los procesos penales frente a personas jurídicas*, ed. Tirant lo Blanch, Valencia; Pérez-Cruz Martín., AJ., (2017), "Marco normativo supranacional y toma en consideración de los derechos de las personas jurídicas en el proceso penal", en *Proceso penal y responsabilidad penal de personas jurídicas*, Aranzadi, Cizur Menor, págs. 25 y ss; Rodríguez García, N., y asimismo en "Análisis de la regulación legal de la responsabilidad penal de las personas jurídicas en España", en *Los retos del poder judicial ante la sociedad globalizada. Actas del IV Congreso Gallego de Derecho Procesal (Internacional)*, (dir. Pérez-Cruz Martín y Ferreiro Bahamonde), A Coruña, págs. 197 a 231.

46 Tal vez "la más importante de las reformas operadas sobre la legislación sustantiva ordinaria de todos los tiempos", como señala Jimeno Bulnes, M., (2019), "La responsabilidad penal de las personas jurídicas y los modelos de *compliance*: un supuesto de anticipación probatoria", Revista General de Derecho penal, n. 32., pág. 13.

47 A este respecto, véase Pérez-Cruz Martín, A. J., (2021), "Programas de cumplimiento y su prueba en el proceso penal", en *Compliance y responsabilidad penal de la persona jurídica*, (dir. Rodríguez García y Rodríguez López), Tirant lo Blanch, Valencia, págs. 252 y 256. Con anterioridad, Pedraz Penalva, E., (con Pérez Gil, J y Cabezudo Rodríguez, N), "Aspectos procesales de la reforma del Código Penal en materia de responsabilidad penal de las personas jurídicas", en *Consideraciones a propósito del Proyecto de Ley de 2009 de modificación del Código Penal*, Tirant lo Blanch, Valencia, pág. 19 y ss.

punto de llevar a la FGE, a dar forma a la Circular 1/2011, con la que verter cierta luz en la oscuridad procesal en la que se movía el art. 31 bis CP. También la que fue reforma de la reforma, que vino de manos de la LO 1/2015, de 30 de marzo, para dar nueva redacción a alguno de los apartados de ese amplio precepto, iría acompañada de la Circular 1/2016, de la FGE, un instrumento de gran rigor técnico con el que han podido sortearse algunos de los problemas de orden procesal que, a pesar de la innegable mejora llevada al Texto legislativo, siguió generando la aplicación de sus dictados.

La indefinición de la norma sustantiva y, por lo que a estas líneas particularmente interesa, la insuficiencia de regulación que, en lo que atañe a la incidencia procesal, caracteriza al régimen de responsabilidad penal al que viene sujeta la persona jurídica en el Derecho español, ha hecho inevitable que, a la espera de respuesta del legislador, sea la Jurisprudencia la que, a golpe de sentencia, solvente el desajuste que provoca la sujeción de un ente jurídico a un proceso penal configurado en torno al individuo, persona física, como sujeto pasivo; y, sin ser materia que cuente con amplia recepción jurisprudencial, la Sala 2ª del TS ha venido ofreciendo valiosas pautas interpretativas en resoluciones en las que se hace eco de la necesidad de dotar a esta materia de la sólida y completa regulación[48] de la que, por el momento, carece[49].

En particular, la conformidad es uno de los escenarios procesales que, con mayor viveza, refleja los efectos de la conversión de la persona jurídica en sujeto pasivo del proceso penal, y es marco en el que, junto a la que conlleva esta institución, aflora la singular problemática que resulta de la dificultad de trasladar a un ente jurídico, el régimen de intervención procesal originariamente previsto para la persona física[50].

---

48 Con esta aspiración —según se adelanta a expresar su Exposición de Motivos— dedicaba el ALECrim, cuatro de sus preceptos —en el texto, los arts. 81 a 84— al régimen al que viene sujeta la intervención en el proceso de "la persona jurídica encausada", preceptos que, por acertados que puedan resultar, no contienen la solución a la larga suma de problemas de orden procesal que genera la aplicación de lo dispuesto en los distintos apartados del consabido art. 31 bis CP.

49 Pérez-Cruz Martín, A. J., (2021), "Programas de cumplimiento ...", *op. cit.*, págs. 252 y 256.

50 Gómez Tomillo, M., "Responsabilidad penal de las personas jurídicas y carga de la prueba de la idoneidad de los programas de cumplimiento", *Diario La Ley*, n. 8861, 2016, pág. 3; Neira Pena, AM., *La instrucción de los procesos penales frente a las personas jurídicas*, Ed. Tirant lo Blanch, Valencia, 2017, pág. 496.

Articular un régimen, adecuado y suficiente, al que sujetar la conformidad a la que, al igual que la persona física inculpada, puede acogerse o prestar la persona jurídica, es uno de los puntos en los que ha de detenerse el legislador en la tan deseada reforma del enjuiciamiento criminal español; una reforma a acometer en el seno de una ley de nuevo cuño que, decididamente, acoja un proceso penal coherente con la singular naturaleza de este sujeto jurídico, justo y con todas las garantías también para este[51] que no puede afirmarse que, en el modelo vigente, logre ver aseguradas todas ellas y, en particular, desplegar el ejercicio de la defensa, con la misma amplitud o alcance con el que lo hace el encausado persona física[52].

A esos efectos, bajo nuestro personal criterio, el legislador ha de servirse de herramientas procesales, nuevas y clásicas, fundadas en criterios de oportunidad, convencidos de que el enjuiciamiento penal de la persona jurídica es contexto que reclama la presencia del principio que los reúne, un principio de oportunidad "reglada" en adecuado equilibrio con el principio de legalidad, en pos de una mejor respuesta jurídica al delito que conlleva la responsabilidad —penal y, en su caso, civil— de este singular sujeto procesal.

Dar cabida a la oportunidad, en este marco, implica conferir al fiscal la facultad de disponer total o parcialmente, del ejercicio y sostenimiento de la acción penal contra la persona jurídica, en el caso concreto[53] y tras ponderar ciertos factores o circunstancias que la propia ley ha de precisar y, en consecuencia, la posibilidad de no iniciar el procedimiento o poner fin al ya iniciado, si estima innecesaria o inadecuada la persecución del delito o, en caso de considerar oportuna su persecución, no interesar la aplicación,

---

51 Gascón Inchausti, F., *Proceso penal y personas jurídicas,* Ed. Marcial Pons, Madrid, 2012, pág. 67; Hernández García, J., "Problemas alrededor del estatuto procesal de las personas jurídicas penalmente responsables", *Diario La Ley,* n. 7427, 2010, págs. 2 a 4; Pérez Gil, J., "Marco normativo supranacional y toma en consideración de los derechos de la persona jurídica en el proceso penal", en *Proceso penal y responsabilidad de las personas jurídicas,* (AA. VV.), Ed. Thomson Reuters. Aranzadi, 2017, págs. 25 a 42.

52 Gómez-Jara Díez, C., "El pleno jurisdiccional del Tribunal Supremo sobre responsabilidad penal de las personas jurídicas: fundamentos, voces discrepantes y propuesta reconciliadora", *Diario La Ley,* n. 8724, de 17 de marzo de 2016. Sobre el particular, véanse también las SsTS 154/2016, de 29 de febrero y 514/2015, de 2 de septiembre.

53 Hassemer, W., La persecución penal: legalidad y oportunidad, Jueces para la democracia, 1998, núm. 4., págs. 10 y 11.

en toda su extensión o magnitud, de la pena o consecuencia jurídica que el Código penal anuda a su comisión, bien porque el propio legislador así lo prevea, bien permitiendo acuerdos, a estos efectos, con la defensa.

Esta segunda vertiente de la articulación del principio de oportunidad —recuérdese— está en la base de la institución de la conformidad, clara manifestación de esa facultad de disposición de la pena, no de forma absoluta, sino relativa y en relación, particularmente, con su entidad; facultad que encuentra su fundamento en la consideración de que los fines u objetivos de prevención general y especial del derecho penal pueden verse satisfechos mediante la imposición de una pena distinta de la prevista, en abstracto[54], en el Código penal para el delito objeto de enjuiciamiento.

A nuestro juicio, en la opción por sancionar penalmente a las personas jurídicas, no ha de perderse de vista el riesgo que, para la economía, puede suponer centrar la respuesta en la pena o sanción, y posponer o desatender los fines de reparación del daño y resarcimiento a las víctimas —individuales y colectivas— y el de "reorientación" o "rehabilitación" del infractor que, en la esfera de las personas jurídicas, se corresponde con la vuelta de esta a la legalidad, junto a la adopción de medidas preventivas a los efectos de evitar la comisión de nuevos delitos; en definitiva, el compromiso de la empresa o persona jurídica en la mejora de la autorregulación y de la efectividad de su programa de cumplimiento —*criminal compliance*—[55].

### *3.1. La conformidad de la persona jurídica encausada, expresión de la limitada oportunidad que acoge el proceso seguido en su contra*

Conforme se hacía notar *supra*, no lo fue en origen pero, como resultado de su evolución, más que en la LECrim que permanece prácticamente intacta, en la práctica del foro, la conformidad penal actual se ha convertido en un instituto no coincidente, pero sí cercano a la fórmula *plea bargaining* propia del derecho estadounidense, que se resuelve en una declaración de culpabilidad —la denominada, *guilty plea*— expresión de la fórmula de

---

54 Rodríguez García, N., "La conformidad …", *op. cit.*, pág. 5.

55 Gimeno Beviá, J., "La apuesta por el principio de oportunidad y los programas de *compliance* en el proceso penal por personas jurídicas", *Diario La Ley*, 9 de diciembre de 2014, nº 8437, http://diariolaley.laley.es y, asimismo, *in extenso*, en *El proceso penal de las personas jurídicas*, Ed. Aranzadi, Navarra, 2014, pág. 182 y ss.

justicia negociada imperante que, en el marco de la responsabilidad penal de las personas jurídicas, viene aplicada de forma sistemática[56].

En verdad, posibilitar que la persona jurídica se conforme con la calificación formulada y pena más grave de las interesadas por la acusación es coherente con la atribución de la condición de encausada en el proceso abierto para enjuiciar el delito del que resulta su responsabilidad. No hay, o no se alcanza a encontrar razón válida y suficiente que justifique su exclusión, siempre que se haga abstracción del hecho de ser la conformidad un acto propio del ser humano[57], de ahí que, salvo en lo que atañe a esa singularidad que determina el modo en que ha de prestarse, no parece haber obstáculos insalvables a que, debidamente perfeccionada, la conformidad de la persona jurídica encausada despliegue los efectos que le son propios.

Cosa distinta es que la conformidad "prestada" por las entidades o personas jurídicas quede a merced de la misma crítica que admite la originariamente prevista, con exclusividad, para las persona físicas —único posible sujeto pasivo del proceso penal hasta la atribución legal de responsabilidad a las primeras en el año 2010— o, si se quiere, que se tengan frente a esta las mismas reticencias que, como instrumento procesal, despierta en los supuestos en los que viene prestada por el imputado persona física, si no más, a la vista del riesgo de su empleo con fines espurios y, en particular, con el propósito de servirse del pacto para trasladar la responsabilidad de la persona o personas físicas —a las que se exonera— a la persona jurídica que la asume, acepta la pena y le da pronto cumplimiento; el riesgo, en fin, de su instrumentalización, con el fin de lograr que la responsabilidad penal quede depurada con una sentencia —la de conformidad— nacida de la negociación con la acusación, en una suerte de "justicia a la carta" que favorezca a las personas jurídicas penalmente responsables[58].

Guste o no, la realidad es que la Ley 37/2011, de 10 de octubre, abrió la puerta a la conformidad de la persona jurídica[59] sin detenerse en la confi-

---

56 Sobre el particular, in extenso, Villegas García, M. A., *La responsabilidad criminal de las personas jurídicas en la experiencia de Estados Unidos*, Ed. Aranzadi, Navarra, 2016.

57 *Vid.* Rodríguez García, N., "La conformidad en ...", *op. cit.*, pág. 186.

58 En este sentido Rodríguez García, N., "La conformidad en ...", *op. cit.*, pág. 186.

59 El sistema de justicia penal estadounidense es marco en el que, el porcentaje de procesos seguidos contra organizaciones y empresas resueltos a través de una fórmula negocial equivalente a la conformidad española —el llamado *plea barganing*, mencionado *supra*— roza el 97%, lo que evidencia que el pacto con la Fiscalía es regla, y no excepción.

guración de un régimen propio o específico que atienda a la peculiaridad del sujeto que la presta, excepción hecha de una doble singularidad. La primera, exigencia lógica que impone el carácter no corpóreo del acusado que decide conformarse, la segunda, clara opción del legislador por considerar la conformidad de la persona jurídica independiente o autónoma respecto de la que promuevan otros posibles acusados. El art. 787 LECrim, al que se adicionó un apartado octavo, salda su régimen con una remisión a los "requisitos enunciados en los apartados anteriores" del mismo precepto[60], cuando no puede afirmarse que la LECrim contenga una suerte de régimen básico o de general aplicación.

Como es sabido, la LECrim acoge una cierta tipología de conformidades sujetas a presupuestos y condiciones diversas, llevadas a otros preceptos. De igual modo, a la vista del amplio catálogo de delitos que pueden comportar la atribución de responsabilidad penal a la persona jurídica, la conformidad puede tener lugar en el marco de distintos procedimientos, ajustada a exigencias no coincidentes en todos ellos. En cualquier caso, podría entenderse que los arts. 784.3 y este 787 LECrim —en sede de procedimiento abreviado— y los arts. 688 y 700 LECrim —previstos para el ordinario— dan forma a ciertas reglas comunes[61] que operan, también, en los supuestos en los que el acusado que la presta sea persona jurídica, junto a las específicas que escuetamente dispone el art. 787.8 LECrim; reglas, estas últimas que, aun cuando ciertamente se adecuan a la singularidad del supuesto, son insuficientes para responder a las necesidades, no solo impuestas por la diferente naturaleza del sujeto que manifiesta la voluntad que la conformidad entraña, sino derivadas del incierto régimen de su participación, en calidad de acusado, en un proceso concebido para enjuiciar la responsabilidad penal del individuo, persona física.

Así las cosas, de cara a determinar los presupuestos, condiciones y garantías que han de rodear la conformidad que resuelva prestar la persona jurídica imputada, no basta hacer exégesis de lo dispuesto en el art. 787.8 LECrim, ni trasladar a esta de forma automática las exigencias requeridas a la conformidad prestada por la persona física; la singularidad que, indis-

---

60 Conforme señala, de forma terminante, el art. 787.8 LEcrim, "dicha conformidad, que se sujetará a los requisitos enunciados en los apartados anteriores, podrá realizarse con independencia de la posición que adopten los demás acusados (...)".

61 En este sentido, Gascón Inchausti, F., "Proceso penal y persona jurídica", *op. cit.*, 168.

cutiblemente reúne, exige un tratamiento y régimen también singular o particularizado del que, por el momento, formalmente carece.

En su perfecto diseño ha de poner el foco el legislador de la reforma, siendo consciente, en cualquier caso, de las limitaciones de la conformidad, como fórmula para evitar la estigmatización de la organización o empresa, y el daño económico, reputacional y otros colaterales que puede haberle supuesto ser llevada al proceso. De ahí la necesidad de hacer apuesta por la incorporación de nuevas fórmulas basadas en criterios de oportunidad y asentadas en el acuerdo, que sirvan a la transformación y mejora del enjuiciamiento penal de la amplia tipología de entidades jurídicas a las que viene atribuida responsabilidad criminal y, en definitiva, permitan ofrecer adecuada respuesta jurídica a los delitos cometidos en el seno de la persona jurídica y en su provecho o beneficio.

## BIBLIOGRAFÍA


Aguilera Morales, M., "Conformidad y reparación", en *Justicia Restaurativa: una justicia para las víctimas,* (dir. Soleto Muñoz y Carrascosa de Miguel), Madrid, 2019

Armenta Deu, T., "Principio de legalidad vs principio de oportunidad: una ponderación necesaria", *Principios y garantías procesales. LiberAmicorum en homenaje a la profesora Mª. Victoria Berzosa Franco,* (dir. Picó i Junoy), Barcelona, 2013

Armenta Deu, T., *El proceso penal y su importancia en la sociedad de nuestro tiempo,* pág. 2

Armenta Deu, T., *Sistemas procesales penales. La justicia penal es Europa y América,* Barcelona, 2012

Asencio Mellado, J. M., (et. alt.), *Introducción al Derecho Procesal, Valencia, 2019*

Asencio Mellado, J. M., *Derecho Penal. Parte General,* Tirant lo Blanch, (7ª ed), Valencia, 2015

Asencio Mellado, J. M., *El proceso por aceptación de decreto,* Valencia, 2018, pág. 28

Asencio Mellado, J. M., (et. alt.), *Derecho Procesal Penal,* (et. alt.), Valencia, 2020.

Asencio Mellado, J. M., prólogo a la obra *Postmodernidad y proceso europeo: el principio de oportunidad como informador del proceso judicial,* (dir. Calaza López, S., y Muinelo Cobo, J. C.,), Madrid, 2020

Barona Vilar, S., "Mediación penal como pieza del sistema de tutela en el s. XXI. Un paso hacia la resocialización y la Justicia restaurativa", *Rev. Derecho Penal,* n. 26, 2009

Beckempeker, K., "El principio de oportunidad en el derecho penal económico alemán", en *Postmodernidad y proceso europeo: la oportunidad como principio informador del proceso judicial* (dir. Calaza López, S., y Muinelo Cobo, JC.,), Madrid, 2020

Calaza López, S.,"Es realmente un principio la oportunidad?", *Rev. Actualidad Jurídica,* n. 842, 2012

Calaza López, S., "Las paradojas del mal llamado principio de oportunidad en el proceso penal", Rev. La Ley Penal, 2013, núm. 103

Calaza López, S., "La subordinación de la oportunidad a la legalidad en el proceso penal", *Rev. Doctrinal Arnzadi,* 2012, n. 5.

Calaza López, S., *Derecho Procesal Penal,* (et. alt.), Valencia, 2020.

Calaza López, S., "La mediación penal de las bambalinas a la escena", en *Postmodernidad y proceso europeo: el principio de oportunidad como informador del proceso judicial,* (AA. VV.), Madrid, 2020

Cuadrado Salinas, C., "El principio de oportunidad. El sobreseimiento por razones de oportunidad reglada", en *La Reforma del Proceso Penal* (dir. Asencio Mellado, J. M., y Fuentes Soriano, O.,), Madrid, 2011

Castillejo Manzanares, R., "Justicia Restaurativa, mediación penal y víctimas", *La víctima del delito y las últimas reformas procesales penales* (coord. de Hoyos Sancho), Cizur Menor, 2017

Chozas Alonso, J. M., "La conformidad penal española y el patteggiamento italiano. Breve estudio de Derecho comparado", Rev. La Ley, 2013, n. 104

Díaz Martínez, M., con Gimeno Sendra, V., *Manual de Mediación Penal,* Madrid, 2019

Diemer, H., *KarlsruherKommentarzurStPO,* München, 2019, § 152; Peters, S., *MünchenerKommentarzurStPO,* München, 2016, § 152

Doig Díaz, Y., "Reflexiones acerca de la Justicia Negociada en el futuro proceso penal español", en La reforma del proceso penal, (dir. Asencio Mellado y Fuentes Soriano), Madrid, 2011

Doig Díaz, Y., "Justicia negociada", en *El Proceso Penal. Cuestiones fundamentales,* Valencia, 2017

Feuerbach (von), P., *Lehrbuch des gemeinen in DeutschlandgültigenpeinlichenRechts,* Giessen, 1801, §24

Ferrajoli, L., *Derecho y razón (Teoría del garantismo penal)*, Madrid, 1995

Ferrajoli, L., *Il paradigma garantista. Filosofía e crittica del dirittopenale,* Napoli, 2016, pág. 19.

Gimeno Sendra, V., *Derecho Procesal Penal,* Madrid, 2018

Gimeno Sendra, V., "El principio de oportunidad y el Ministerio Fiscal", Rev. *La Ley, n.* 2115, 2016

Gimeno Sendra, V., *La simplificación de la Justicia Penal y Civil,* Madrid, 2020

Gimeno Sendra, V., *Derecho Procesal Penal,* Madrid, 2018

Gimeno Sendra, V., con Díaz Martínez, M., *Manual de Mediación Penal,* Madrid, 2018

Goldschmidt, J., *Principios Generales del Proceso,* Buenos Aires, 1961, tomo II

Gómez Colomer, J. L., *Proceso Penal, Derecho Procesal III,* Valencia, 2021

Gómez Orbaneja, E. (con Herce Quemada), *Derecho Procesal Penal,* Madrid, 1972

González-Cuéllar Serrano, N., "El juicio por delitos leves: en especial, el principio de oportunidad (Análisis de la Circular FGE 1/2015)

González Navarro, A., Breves reflexiones críticas sobre la proyección de los principios de oportunidad y dispositivo en el proceso penal", en *Postmodernidad y proceso europeo: el principio de oportunidad como informador del proceso judicial,* (dir. Calaza López, S., y Muinelo Cobo, JC.,), Madrid, 2020.

Gössel, K. H., "Principios fundamentales de las formas procesales descriminalizadoras, incluidas las del procedimiento por contravenciones al orden administrativo y las del proceso por orden penal, en el proceso penal alemán", *Rev. Justicia,* 1985, IV

González Cano, Mª I., *Mediación Penal. Hacia un modelo ADR integrado en el sistema procesal penal,* Valencia, 2016

Guilis, G., y Equipo de Salud Mental CELS, *El concepto de reparación simbólica,* Documento de trabajo. Centro de Estudios Legales y sociales, Argentina, 2001, disponible en www.cels.org.ar/common/documentos/concepto_reparacion_simbolica.doc

Hassemer, W., y Kargl, W., (et. alt.), *Strafgesetzbuch,* Baden-Baden, 2017, § 1, 14

Hecker, B., (et alt.), *Strafgesetzbuch,* München, 2019, § 1, 19

Kühl, K., (et alt.), *StrafgesetzbuchKommentar,* München, 2018, § 1, 2.

López Yagües, V., "Principio de oportunidad y enjuiciamiento de los delitos leves", en *Principio de oportunidad: Sociedad civil, empresa, doctrina y jurisprudencia,* Madrid, 2020

López Yagües, V., "Dinamización de la Justicia Penal: conformidad, mediación, reparación", en (AA.VV.), *Justicia, reparación y reinserción* (AA.VV., Coord. Calaza López y Muinelo Cobo), Madrid, 2020

López Yagües, V., "Delito y daño. Cauces para una efectiva reparación" en *Derecho Procesal y Daños. Realidades y retos de la Justicia en la sociedad del riesgo,* Valencia, 2021

Martín Diz, F., "Justicia restaurativa y víctimas especialmente vulnerables: notas para un nuevo desafío en el Sistema de Justicia penal", en *Justicia restaurativa: una Justicia para las víctimas* (dir. Soleto, H. y Carrascosa, A. Mª), Madrid, 2019

Martín Pastor, J., "La tímida introducción de la potestad discrecional de acusar en el proceso penal español", en *El proceso penal. Cuestiones Fundamentales,* Valencia, 2017

Montero Aroca, J., "La garantía procesal penal y el principio acusatorio", *Rev. La Ley,* 1994, n. 1

Montero Aroca, J., *Proceso penal y libertad. Un ensayo polémico sobre el nuevo proceso penal,* Navarra, 2008

Montero Aroca, J. *Principios del proceso penal. Una explicación basada en la razón,* Valencia, 1997

Montero Aroca, J., *Derecho Jurisdiccional III, Proceso Penal,* Valencia, 2029

Moreno Catena, V., *Derecho Procesal Penal, Valencia,* 2019

Muinelo J. C., "Principios vertebradores del proceso judicial postmoderno", en *Postmodernidad y proceso europeo: la oportunidad como principio informador del proceso judicial* (dir. Calaza López, S., y Muinelo Cobo, J. C.,), Madrid, 2020

Muñoz Conde, F., y García Arán, M., *Derecho Penal. Parte General,* Valencia, 2015.

Mir Puig, S., y Corcoy Bidasolo, M., *Comentarios al Código Penal,* Valencia, 2015

Nieva Fenoll, J., *Fundamentos de Derecho Procesal Penal,* Madrid, 2012

Nieva Fenoll, J., *Derecho Procesal III. Proceso Penal,* Valencia, 2019

Pedraz Penalva, E., "Principio de proporcionalidad y principio de oportunidad", *La Reforma del Proceso Penal. II Congreso de Derecho Procesal de Castilla y León,* Madrid, 1989

Pérez-Cruz Martín, A. J., *Derecho Procesal Penal,* Valencia, 2020

Peters, S., *MünchenerKommentarzurStPO,* München, 2016, § 152, 26.

Ramos Méndez, F., *El sistema procesal español (*10ª ed), Madrid, 2016.

Ríos Martín, J. C., (et. alt.), *La mediación penal, penitenciaria y encuentros restaurativos. Experiencias de diálogo en el sistema penal para la reducción de la violencia y el sufrimiento humano,* Madrid, 2016, pág. 29.

Ríos Martín, J. C., *Justicia restaurativa y mediación penal. Análisis de una experiencia* (2005-2008), Madrid, 2018.

Rodríguez García, N., "Hacia la maximización del principio de oportunidad en los procesos penales por hechos de corrupción", en Postmodernidad y proceso europeo: la oportunidad como principio informador del proceso judicial, Madrid, 2020

Rodríguez García, N., "Presente y futuro de la mediación penal", en *Justicia, reparación, reinserción,* (dir. Calaza S., y Muinelo, J. C.), Madrid, 2020

Ruiz Vadillo, E., "El principio de oportunidad reglada", en *La Reforma del Proceso Penal, II Congreso de Derecho Procesal de Castilla y León, Ministerio de Justicia, Madrid, 1989,* pág. 399.

Serra Domínguez, M. *Estudios de Derecho Procesal,* Barcelona, 1969

Soleto, H., y Grané, A., *La reparación económica de la vítima,* Madrid, 2019

Soleto Muñoz, H., "Justicia restaurativa para mejor reparación de la víctima", en *Justicia Restaurativa: una Justicia para las víctimas,* (AA.VV.), Madrid, 2019

Tamarit Sumalla, J. M., "La justicia Restaurativa. Concepto, principios, investigación y marco teórico", *La Justicia restaurativa: desarrollo y aplicaciones,* Granada, 2012

# *La empresa ¿ante el proceso penal? Lecciones aprendidas de la experiencia estadounidense*

**ANA E. CARRILLO DEL TESO**[1]
*Profesora Permanente Laboral*
*Área de Derecho Procesal*
*Universidad de Salamanca*



## 1. INTRODUCCIÓN

En el actual sistema penal español hay dos elementos que confluyen a la hora de realizar este trabajo. El primero, el —cada vez menos— reciente reconocimiento de la responsabilidad penal de la persona jurídica. Hace casi quince años desde que se introdujo mediante la LO 5/2010 de reforma del Código Penal[2], una reforma polémica que suponía romper con el

---

1 Mail: ana_cdt@usal.es, Código Orcid:0000-0002-1245-2499, Researcher ID: A-8757-2017. La autora es miembro del GIR USAL "Justicia, sistema penal y criminología", del Centro de Investigación para la Gobernanza Global y del Observatorio Iberoamericano de Justicia Penal. Esta publicación es parte del proyecto de I+D+i PID2019-107743RB-I00, financiado/a por MCIN/ AEI/10.13039/501100011033/, "Configuración y efectos de los sistemas de gestión del riesgo legal", así como del proyecto de I+D+i PID2022-138775NB-I00, financiado/a por MCIN/ AEI/10.13039/501100011033/ y por FEDER Una manera de hacer Europa, "Cumplimiento normativo y protección penal de la Administración Pública". Es una versión revisada del capítulo publicado en Rodríguez García, N., Rodríguez López, F. (eds.) (2021), *Compliance y responsabilidad de las personas jurídicas*, Valencia: Tirant lo Blanch

2 Ley Orgánica 5/2010, de 22 de junio, por la que se modifica la Ley Orgánica 10/1995, de 23 de noviembre, del Código Penal (BOE núm. 152, de 23 de junio de 2010).

viejo adagio *societas delinquere non potest* o *societas nec punire potest*: las personas jurídicas ni podían delinquir ni podían ser castigadas.

El segundo es el debate sobre la pertinencia de fomentar el principio de consenso[3], y el principio de oportunidad[4], mediante la adopción de acuerdos que se materializan a través de la figura de la conformidad, institución mediante la que se puede dictar sentencia condenatoria sin necesidad de desarrollar la fase de juicio oral gracias a la aceptación por parte del acusado de la pena más grave de las solicitadas. En este, caso más que de actualidad, hay que hablar de futuribles: en noviembre de 2020 se hizo público el Anteproyecto de Ley de Enjuiciamiento Criminal, el más reciente intento por sustituir la vetusta norma de 1882[5], que se quedó en el camino, como tantos otros, con el fin anticipado de la XIV Legislatura. Sin embargo, hay que prestar atención al papel que jugaban en el Anteproyecto todos esos elementos a los que nos hemos referido supra: el principio de oportunidad, la justicia negociada e incluso la justicia restaurativa, con un rol importante del que ahora mismo carecen y que nos puede dar la pista de futuras reformas.

De esta forma, se quiso introducir un "archivo por oportunidad", reservado a delitos castigados con penas que no exceda de dos años de prisión. En caso de delitos castigados con penas de hasta cinco años, cuando se cumplan los requisitos, se preveía un "archivo con condición", contando con el consentimiento de la víctima y el compromiso expreso del penado de cumplir determinadas reglas de conducta para la reparación de los perjuicios causados. En relación con las organizaciones criminales, entre otros, se preveía un supuesto de oportunidad asociado a la colaboración de arrepentidos. En relación con la conformidad, había un margen de reducción de pena que el Ministerio Fiscal podía utilizar en el marco de soluciones consensuadas. Por último, en relación con la justicia restaurativa, el Ministerio Fiscal podía impulsar, con el consentimiento de los afectados, la obtención de una solución reparadora de los intereses particulares en juego en función de la disminución o ausencia de interés del Estado

---

3 V. Aguilera Morales, Marien. "La deriva del 'principio' del consenso". Revista Ítalo-Española de Derecho Procesal, vol. 2 (2019): 1-18

4 Sobre el principio de oportunidad aplicado al enjuiciamiento penal de la persona jurídica, ampliamente Neira Pena, Ana María. La instrucción de los procesos penales frente a las personas jurídicas. Valencia: Tirant lo Blanch, 2017, págs. 45 y ss.

5 Disponible en línea: https://www.mjusticia.gob.es/es/AreaTematica/ActividadLegislativa/Documents/210126%20ANTEPROYECTO%20LECRIM%202020%20INFORMACION%20PUBLICA%20(1).pdf

en el castigo. En caso de llegar a una composición, esta institución podía conducir a la finalización de las actuaciones con un archivo condicionado al cumplimiento de lo pactado o con una sentencia condenatoria en el marco de una conformidad premiada. De igual modo, también en el Anteproyecto de Ley de Medidas de Eficiencia Procesal del Servicio Público de Justicia de diciembre de 2020 se disponían ciertas reformas de la LECrim para facilitar la conformidad (por ejemplo, suprimir el límite penológico de seis años), todo ello, de nuevo, para fomentar la agilización de los procedimientos existentes.

Tanto en materia de responsabilidad penal de la persona jurídica como en la adopción de acuerdos en el marco del proceso penal (ya sea como vía para finalizarlo o, con carácter previo, para evitarlo) y, más aún, en los acuerdos con personas jurídicas[6], es indudable la extraordinaria influencia de la regulación y la práctica en los Estados Unidos[7]. Hay dos siglas que acompañan irremediablemente este tándem: NPA y DPA, *non-prosecution agreements* y *deferred prosecution agreements,* acuerdos preprocesales en los que nos vamos a centrar; sin obviar la importancia de otras figuras como el *plea bargaining* (la negociación de la condena si el acusado se declara culpable), que se enmarca en la tendencia a la desaparición del juicio oral,

---

6 V. Rodríguez García, Nicolás. "La conformidad de las personas jurídicas en el proceso penal español". La Ley Penal, nº 113 (2015): 1-33, Machado De Souza, Renato, Rodríguez-García, Nicolás. Justicia negociada y personas jurídicas. La "modernización" de los sistemas penales en clave norteamericana. Valencia: Tirant lo Blanch, 2022.

7 Compartimos la opinión de Neira Pena, *La instrucción de los procesos…*, págs. 47-48: "las propuestas tendentes a introducir criterios de oportunidad en las decisiones de imputación y acusación frente a las personas jurídicas se deben, posiblemente, a la fascinación que, en ocasiones, produce el sistema americano entre los juristas de tradición continental, así como a la influencia que, indudablemente, ha tenido aquel sistema legal en la criminalización de las personas jurídicas. (…) Las personas jurídicas sistemáticamente llegan a acuerdos con la Fiscalía, a través de los cuales evitan su acusación formal y, por lo tanto, el estigma y el daño reputacional derivado de la misma. Ahora bien, es preciso plantearse si ese alto grado de discrecionalidad con el que actúa la Fiscalía norteamericana presenta riesgos derivados de la escasa onerosidad que para las corporaciones tienen esos acuerdos pre-procesales alternativos a la acusación penal que, en ocasiones, ni siquiera implican una recta asunción de responsabilidad por parte de las empresas y que, en gran medida, les permiten ahorrarse el coste reputacional de sus actuaciones criminales".

ante un jurado, en este país[8]. Estos acuerdos se pactan con la fiscalía, aspecto que será de relevancia para nuestro ordenamiento jurídico si, como se planeaba en esa reforma de la norma procesal penal, se llega a optar por que el Ministerio Fiscal sea el encargado de la instrucción de las causas[9].

Ahora bien, antes de entrar a tratar los acuerdos de la fiscalía con entidades, quisiéramos hacer una aclaración. Quizá por la constante alusión a Estados Unidos como país de referencia en la persecución penal de la persona jurídica podamos tener la impresión de que esta responsabilidad es aceptada pacíficamente por parte de académicos y operadores jurídicos del país norteamericano. Esta impresión, sin embargo, es falsa: un breve repaso a la literatura especializada arroja otra imagen[10], un debate sobre la responsabilidad penal de la persona jurídica que se aproxima mucho al que se da en los países de tradición continental (desde luego, al que se produjo en España alrededor de su introducción en 2010[11], y que no ha cesado con el tiempo[12]).

En este trabajo veremos, en primer lugar, qué factores informan la actuación de la fiscalía estadounidense a la hora de formalizar la acusación contra una persona jurídica y los condicionantes para los acuerdos dentro del proceso (*plea agreements*). A continuación, trataremos los acuerdos preprocesales con las personas jurídicas, NPA y DPA: su contenido, causas de su auge, fundamento y orígenes, así como algunos datos sobre su aplicación y las principales críticas que se formulan desde la academia, tras lo que presentaremos unas breves conclusiones

---

8 Smith, Bruce P. "Plea Bargaining and the Eclipse of the Jury". Annual Review of Law and Social Science, nº 1 (2005): 131-149.

9 Igualmente, Nota de prensa del Ministerio de Justicia de 9 de septiembre de 2020.

10 Especialmente recomendable la reciente revisión de Diamantis, Mihailis E.; Laufer, William S. "Prosecution and Punishment of Corporate Criminality". Annual Review of Law and Social Science, nº 15 (2019): 453-472.

11 Tal y como sintetizó Galán Muñoz, Alfonso. "La responsabilidad penal de la persona jurídica tras la reforma de la lo 5/2010: entre la hetero— y la autorresponsabilidad". Revista General de Derecho Penal, nº 16. (2011), págs. 1-6.

12 Sirva como ejemplo la severa crítica de Gracia Martín, Luis. "Crítica de las modernas construcciones de una mal llamada responsabilidad penal de la persona jurídica". Revista Electrónica de Ciencia Penal y Criminología, 18-05 (2016).

## 2. EL PAPEL DE LOS FISCALES: PRINCIPIO DE OPORTUNIDAD, FACTORES PARA LA ACUSACIÓN Y *PLEA AGREEMENTS*

El margen de actuación de los fiscales respecto a la investigación y persecución penal de las personas jurídicas se rige por un fortísimo principio de oportunidad plasmado en los Principios del Procesamiento Federal de las Organizaciones Empresariales[13], que diferentes Fiscales Generales y sus adjuntos han ido cincelando a través de sus memorándums. Precisamente, hay que destacar que el último paso que se dio en la materia con el *Yates Memo*[14] de 2015 fue incidir en la importancia de la responsabilidad de los individuos en los delitos que se cometen en el marco de la empresa. En este sentido, la persona jurídica que quisiera prestar colaboración y beneficiarse de la misma debía aportar todo tipo de información sobre todos los implicados en el delito[15]. Cuando en 2019 se revisó el conocido como *U. S. Attorney's Manual* (a partir de ese momento, *Justice Manual*) se incluyó el contenido del *Yates Memo* pero matizado: solo sería necesario informar sobre los que estuvieron sustancialmente involucrados o fueron responsables de la conducta criminal[16].

Los factores que los fiscales deben considerar a la hora de proceder o no a la acusación son:

1. La naturaleza y la gravedad del delito, incluido el riesgo de daño a la sociedad, y las políticas y prioridades aplicables, de haberlas, que

[13] *Justice Manual* § 9-28.000. En línea: https://www.justice.gov/jm/jm-9-28000-principles-federal-prosecution-business-organizations

[14] *Memorandum from Deputy Attorney General Sally Quillian Yates to Heads of Department Components and U.S. Attorneys, Individual Accountability for Corporate Wrongdoing, September 9, 2015*. En línea: https://www.justice.gov/archives/dag/file/769036/download.

[15] Con decisiones como el *Yates Memo* se completa la conversión de la responsabilidad penal de la persona jurídica en algo meramente instrumental, donde solo se pretende utilizar a la empresa para fines de investigación de sus empleados bajo la amenaza de que el proceso penal se dirija contra ella. En este sentido, Arlen, Jennifer. “Corporate Criminal Enforcement in the United States: Using Negotiated Settlements to Turn Potential Corporate Criminals Into Corporate Cops”. *New York University School of Law, Law & Economics Research Paper Series Working Paper*, nº 17-09 (2017): 1-18.

[16] American Bar Association, “DOJ Issues Updated U.S. Attorneys' Manual”, 5 de febero de 2019. En línea: https://www.americanbar.org/groups/litigation/committees/criminal/practice/2019/doj-issues-updated-us-attorneys-manual/

rigen el enjuiciamiento de las empresas para determinadas categorías de delitos.

2. La incidencia del delito dentro de la empresa, incluida la complicidad en el delito o la tolerancia del mismo por parte de la dirección de la empresa.
3. Los antecedentes de la empresa en relación con infracciones similares, incluidas las acciones penales, civiles y administrativas anteriores contra ella, tanto nacionales como internacionales.
4. La voluntad de la empresa de cooperar, incluso en lo que respecta a las posibles infracciones cometidas por sus agentes.
5. La adecuación y eficacia del programa de cumplimiento (*compliance*) de la empresa en el momento de la infracción, así como en el momento de la acusación.
6. La revelación en tiempo y forma y voluntaria de las infracciones por parte de la empresa.
7. Las medidas reparadoras de la empresa, incluyendo, pero no limitándose a, cualquier esfuerzo para implementar un programa de cumplimiento corporativo adecuado y efectivo o para mejorar uno ya existente, para reemplazar la directiva responsable, para tomar medidas disciplinarias o despedir a los infractores o para pagar la indemnización o restitución.
8. Las consecuencias colaterales, incluyendo si hay un daño desproporcionado para los accionistas, los titulares de pensiones, los empleados y otros terceros no probados como personalmente culpables, así como el impacto en la sociedad derivado del enjuiciamiento.
9. La idoneidad de medidas tales como acciones civiles o administrativas, incluidos las medidas resultantes de la cooperación de la empresa con los organismos gubernamentales pertinentes.
10. La idoneidad del enjuiciamiento de los individuos responsables de la conducta indebida de la empresa.
11. Los intereses de las víctimas, incluyendo qué medidas ha tomado la empresa para identificar a las víctimas potenciales, u otras personas o entidades que se hayan visto perjudicadas de forma significativa, aunque sea indirectamente, por la conducta delictiva, y qué medidas ha tomado la empresa para mitigar dicho perjuicio.

Esta lista solía ser un decálogo, pero se actualizó en julio de 2020 para añadir ese último elemento, la atención a los intereses de cualquier víctima, en lo que parece ser un guiño a la justicia restaurativa. En todo caso, tal y como se señala en un comentario explicativo, no se trata de una lista exhaustiva, sino que pretende ilustrar los factores que pueden ser relevantes o pertinentes[17].

Antes de centrarnos en los acuerdos preprocesales, a los que dedicaremos el resto del trabajo, queremos tratar someramente la posibilidad de que la persona jurídica pacte un *plea agreement* (acuerdo de declaración de culpabilidad) que, a diferencia de los anteriores, dará lugar a una sentencia de condena, solo que sus términos podrán ser negociados con el fiscal. En contraposición a lo que sucede con la conformidad "negociada" en España, en Estados Unidos se define legalmente el concepto de *plea agreement* en las *Federal Rules of Criminal Procedure*, que dedica el art. 11 a los diferentes tipos de declaración (no culpable, culpable o *nolo contendere*[18]) y al procedimiento para llegar al acuerdo. Este acuerdo, no obstante, debe ser aprobado por el tribunal: ni existe un derecho a que el acuerdo sea aprobado, ni un deber de los jueces de aprobarlos, al contrario, pueden rechazarlos en ejercicio de su discreción judicial[19]. Esto no es común, pero

---

17 "Es posible que algunos de esos factores no se apliquen a casos concretos y que en algunos casos un factor prevalezca sobre todos los demás. Por ejemplo, la naturaleza y la gravedad del delito pueden ser tales que justifiquen el enjuiciamiento independientemente de los demás factores. Sin embargo, en la mayoría de los casos, ningún factor por sí solo será determinante. Además, las políticas nacionales de represión en diversas esferas de aplicación de la ley pueden exigir que se dé más o menos importancia a algunos de esos factores que a otros. Por supuesto, los fiscales deben ejercer su juicio reflexivo y pragmático al aplicar y equilibrar esos factores, a fin de lograr un resultado justo y equitativo y promover el respeto de la ley". *Principles of Federal Prosecution of Business Organizations, Factors to be Considered, B. Comment.*

18 La declaración de *nolo contendere* supone que, sin declararse culpable, el acusado renuncia a presentar pruebas o argumentos sobre su falta de culpabilidad. El proceso terminará igualmente con sentencia de condena, con la única diferencia de que esta no se podrá utilizar posteriormente para dirimir la responsabilidad civil derivada. Con carácter general, la política del Justice Department es no permitir estas declaraciones, Uhlmann, David M. "The Pendulum Swings: Reconsidering Corporate Criminal Prosecution". University of California, Davis, vol. 49 (2016): 1235-1283.

19 Principio establecido en la sentencia *Santobello v. New York* de 1971. V. Garrett, Brandon L. "The Public Interest in Corporate Settlements". Boston College Law Review, vol. 58 (2017): 1483-1543.

puede suceder si se considera que el acuerdo con la fiscalía es demasiado indulgente, si va en contra del interés público o si supone un abuso de las potestades del fiscal o puede minar la confianza pública en el sistema penal[20].

Las pautas de los fiscales a la hora de alcanzar acuerdos de culpabilidad con las personas jurídicas[21] deben ser paralelas a las de los *plea agreements* con las físicas, lo que supone, a grandes rasgos:

- Exigir a la empresa que se declare culpable del delito más grave y fácilmente demostrable que se le impute.
- En el caso de que la pena propuesta se desvíe de los límites que recogen las *Sentencing Guidelines*, debe ser justificable y expuesta ante el tribunal.
- Hacer comprender a la persona jurídica que aceptar la acusación es una admisión de culpabilidad y no simplemente la resolución del proceso (o, como dice el propio *Manual*, "la resolución de una distracción inconveniente de sus negocios").
- La declaración de culpabilidad debe ser lo suficientemente explícita como para que luego la empresa no pueda proclamar públicamente su falta de culpabilidad o su inocencia; así que debe constar una base fáctica suficiente que sustente la culpabilidad.

También se preocupa el *Justice Manual* de que el acuerdo de culpabilidad cumpla con los fines de la pena —retribución, prevención[22] y reinserción— mediante la imposición de multas sustanciales[23], restitución

---

[20] Garrett, "The Public Interest ...", pág. 1496.

[21] *Justice Manual*, § 9-28.1600, *Plea Agreements with Corporations.*

[22] Con todo, la pregunta de si la pena consigue realmente cumplir su función preventiva (tanto general como especial) en la práctica parece tener una respuesta negativa: en el primer meta-análisis de los —pocos— trabajos empíricos existentes sobre los efectos preventivos de la pena en la persona jurídica las conclusiones no fueron muy optimistas. Por un lado, faltan estudios rigurosos, por otro, los más rigurosos mostraban los menores efectos preventivos que, además, no se asociaban a la imposición de penas, sino a las regulaciones en el ámbito administrativo, acompañadas de inspecciones periódicas. Es decir, no parece haber evidencias reales de qué funciona para la prevención del delito en la empresa dentro del sistema penal. Schell-Busey, et al, "What Works? A Systematic Review of Corporate Crime Deterrence". *Criminology & Public Policy*, vol. 15, nº 2 (2016), págs. 409-410.

[23] Sin embargo, la prevención del delito en el ámbito empresarial a través de la pena toparía con la llamada "trampa de la prevención" (*deterrence trap*) formulada por

obligatoria y medidas de *compliance* adecuadas como la supervisión judicial continua o el recurso a supervisores de la empresa, o la inhabilitación permanente o temporal para realizar contratos con la Administración.

En esencia, el contenido del *plea agreement*, en lo que se refiere al compromiso de la empresa, como veremos, no difiere del de los acuerdos preprocesales, ni por lo dicho hasta ahora, ni por el juego de la posible consecuencias penales para los individuos responsables del delito, ya sean empleados o directivos, es decir, si la empresa quiere negociar algún tipo de inmunidad para estas personas físicas o si está dispuesta a colaborar en la investigación de estos (como regla general, ningún acuerdo debe incluir ningún extremo que evite la responsabilidad penal o civil de empleados o directivos[24], aunque puede haber excepciones; pero es una de las razones que han llevado a los tribunales a no refrendar acuerdos[25]). La función de reinserción se intentará alcanzar con medidas que garanticen que el comportamiento de la empresa en un futuro se ajustará a la legalidad, es decir, mediante la imposición de programas de *compliance* o la reforma del existente.

Si la empresa acepta cooperar, debe ser "veraz", lo que implica la puesta a disposición de la fiscalía de todo tipo de información y documentos que

---

Coffee, John C. "'No Soul to Damn: No Body to Kick': An Unscandalized Inquiry into the Problem of Corporate Punishment". *Michigan Law Review*, vol. 79 (1981), págs. 389-390, que cuestiona si las penas de multa que se impongan a las personas jurídicas, por muy altas que sean, pueden llegar a tener un verdadero efecto disuasorio. A medida que el beneficio potencial del delito aumenta y la probabilidad de que sea detectado disminuye, las multas tienen que ser notoriamente más altas para influir en la empresa, pero hay un techo en esta cantidad: el valor de su patrimonio. Más allá de esta frontera, aunque se sigan aumentando las penas de multa no se logrará un mayor efecto preventivo (ya que, al contrario de lo que sucede con la persona física, no existe la amenaza de la pena de prisión subsidiaria), lo cual es especialmente problemático en esos delitos difíciles de detectar. Con todo, Las *Organizational Sentencing Guidelines*, que establecen el baremo para la imposición de penas a las personas jurídicas, permiten a los jueces establecer una multa por encima de su patrimonio (*financial death sentence*) a las empresas cuyo principal objetivo sea la comisión de delitos (§ 8C1.1).

24 El mismo manual aclara en apartado sobre *Plea Agreements*, que la acusación contra una persona física acusada no debe ser desestimada sobre la base de la declaración de culpabilidad de una persona jurídica, a menos que existan circunstancias especiales que justifiquen la desestimación. *Justice Manual*, § 9-16.050. En línea: https://www.justice.gov/jm/jm-9-16000-pleas-federal-rule-criminal-procedure-11

25 Garret, "The global evolution of corporate proscutions", pág. 1498.

esclarezcan todas las irregularidades de la empresa y ayude a identificar y juzgar a los responsables. Un punto de estos acuerdos en el pasado que resultaba delicado era la posible renuncia al secreto profesional del abogado y la debida confidencialidad entre abogado y cliente[26], por lo que se incluyó en el *Manual* el reconocimiento de la importancia de este secreto, de manera que la cooperación de la empresa no se debe supeditar a la renuncia a este derecho.

## 2. *DEFERRED* Y *NON-PROSECUTION AGREEMENTS*

### 2.1. Antecedentes: *pretrial diversion agreements*

Los DPA y NPA tienen su origen en los *pretrial diversion programs* ("programas de desviación previos al juicio") pensados para individuos investigados por determinados delitos, cuya finalidad era evitar un efecto encarnizado del proceso y la pena en individuos que delinquen por primera vez y al mismo tiempo ahorrar recursos en la administración de justicia[27]. Sobre estos programas, el *Justice Manual* dice que "es una alternativa al enjuiciamiento que trata de desviar a ciertos delincuentes del procesamiento tradicional de la justicia penal hacia un programa de supervisión y servicios administrado por el Servicio de Libertad Condicional de los Estados Unidos"[28].

En este tipo de acuerdos, el investigado normalmente tiene que reconocer y aceptar su responsabilidad, someterse a tratamiento (este tipo de acuerdos son comunes en delitos relacionados con el consumo de estupefacientes), hacer servicios a la comunidad y cumplir con la restitución a la víctima. Hasta que se cumplen las condiciones del acuerdo, la causa se mantiene en suspenso por el periodo que se haya fijado. Cuando vence, si se ha cumplido el acuerdo y no se ha cometido ninguna otra infracción, el fiscal retira la acusación[29] o, si son acusados, se dicta un sobreseimiento. En caso de que no se cumpla el acuerdo, se continúa con el juicio.

---

26 Uhlmann, David M. "Deferred Prosecution and Non-Prosecution Agreements and the Erosion of Corporate Criminal Liability". *Maryland Law Review*, vol. 72 (2013), pág. 1312.

27 Uhlmann, "Deferred Prosecution and Non-Prosecution...", pág. 1303.

28 *Justice Manual*, § 9-22.010. En línea https://www.justice.gov/jm/jm-9-22000-pretrial-diversion-program.

29 Uhlmann, "Deferred Prosecution and Non-Prosecution...", pág. 1304.

Para poder acceder a este tipo de programas hay que cumplir una serie de requisitos: no tener antecedentes penales, que se trate de un delito leve; también, según la fiscalía, la edad del sujeto (menor o joven) y el tipo de delito (que sea no violento, o determinadas categorías de delito). Además de la posibilidad de ahorrar recursos para que tanto fiscales como jueces se puedan centrar en casos más importantes, hay otras razones para promover estos acuerdos, especialmente cuando el beneficio del castigo para la sociedad es mucho menor que el daño que sufrirá el sujeto (dificultad para encontrar trabajo o continuar con su educación y, por tanto, mayor probabilidad de reincidir)[30]. Tal y como se declara en *Manual*, se trata también de "prevenir futuras actividades delictivas entre ciertos delincuentes desviándolos del procesamiento tradicional hacia la supervisión y los servicios comunitarios" y de "proporcionar, cuando proceda, un vehículo para la restitución a las comunidades y a las víctimas del delito"[31].

Curiosamente, el *Manual* a la hora de establecer los criterios para acceder a estos acuerdos —mejor dicho, para que el o la fiscal los ofrezca— lo hace en negativo, es decir, recoge una serie de casos que quedan excluidos de esta posibilidad[32]:

1. Acusado de un delito relacionado con la explotación infantil o la pornografía infantil, o de un delito de abuso sexual o agresión sexual;
2. Acusado de un delito con resultado de lesiones corporales graves o muerte;
3. Acusado de un delito que implique blandir o utilizar un arma de fuego u otra arma mortal;
4. Un funcionario público o ex funcionario público acusado de un delito derivado de una presunta violación de una confianza pública;
5. Acusado de un delito relacionado con la seguridad nacional, incluidos delitos de terrorismo, o asuntos exteriores; o
6. Acusado de un delito en relación con el cual el individuo desempeñó un papel directivo significativo en una organización delictiva a gran escala o en una banda violenta.

---

30 Uhlmann, "Deferred Prosecution and Non-Prosecution…", pág. 1304-1305.

31 *Justice Manual*, § 9-22.010.

32 *Justice Manual*, § 9-22.100

Lo que se pide desde la academia es que, ya que los *pretrial diversion agreements* son el germen de los NPA y DPA, formas de evitar una condena cuyo perjuicio iba a ser desproporcionadamente mayor que el beneficio para la sociedad, se establezcan igualmente unos criterios nítidos de elegibilidad, descartando estos acuerdos para las personas jurídicas reincidentes o para los delitos más graves[33].

## *2.2. DPA y NPA: concepto, contenido y ¿fundamento?*

El auge de los *deferred* y *non-prosecution agreements* se ha dado entrado el siglo XXI[34]. Existe consenso a la hora de señalar la debacle de Arthur Andersen y los daños colaterales de su condena como punto de inflexión en la política de la fiscalía respecto a las personas jurídicas[35]: "el Departamento de Justicia ha reconocido los efectos potencialmente dañinos que el enjuiciamiento penal de una empresa puede tener en los inversores, empleados, pensionistas y clientes que no estaban involucrados en el comportamiento delictivo de la empresa. En particular, la quiebra de la empresa de contabilidad Arthur Andersen, y la consiguiente pérdida de miles de puestos de trabajo tras su acusación y condena por obstrucción a la justicia por destruir registros relacionados con Enron, ofrece un ejemplo perfecto de los efectos potencialmente perjudiciales de procesar criminalmente a una empresa"[36]. Lo curioso es que la condena fue posteriormente anula-

---

33 Uhlmann, "Deferred Prosecution and Non-Prosecution...", pág. 1306-1307.

34 Ver *infra*

35 Sheyn, Elizabeth R. "Anything But a Racket: Why Professor Richard Epstein's Attack on the Nature and Function of Deferred and Non-Prosecution Agreements Misses the Mark". 28 de noviembre de 2009, pág. 1; Uhlmann, "Deferred Prosecution and Non-Prosecution...", pág. 1310-1311; Kaal, Wulf. A.; Lacine, Timothy A.: "The Effect of Deferred and Non-Prosecution Agreements on Corporate Governance: Evidence from 1993-2013". *The Business Lawyer*, vol. 70 (2014), pág. 9; Bourjaily, Gordon. "DPA DOA: How and Why Congress Should Bar the Use of Deferred and Non-Prosecution Agreements in Corporate Criminal Prosecutions". *Harvard Journal on Legislation*, vol. 52 (2015), págs. 545-546; Garret, Brandon L. "The global evolution of corporate prosecutions". Law and Financial Markets Review, vol. 11, nº 2-3 (2017), pág. 55.

36 Esta fue la base de una solicitud de información del Congreso de Estados Unidos acerca de la actividad del Departamento de Justicia en el uso de estos acuerdos. V. United States Accountability Office, *Report to Congressional Requesters*, "Corporate Crime. DOJ Has Taken Steps to Better Track Its Use of Deferred and Non-Prosecution Agreements, but Should Evaluate Effectiveness", December 2009, pág. 1.

da por el Tribunal Supremo, ya que se estimó que las instrucciones que se dieron al jurado eran imperfectas[37], pero sus consecuencias eran irreversibles. El temor a los efectos colaterales de la condena de una empresa (lo que se dio en llamar *Andersen Effect*[38]) fue lo que potenció el aumento de estos acuerdos.

Precisamente, es en la sección sobre consecuencias colaterales de los *Principles of Federal Prosecution of Business Organizations* donde se desarrolla la posibilidad de llegar a NPA y DPA. El principio general es que los fiscales valoren estas eventuales consecuencias a la hora de decidir si acusar a la persona jurídica de un delito y cómo resolver estos casos. Partiendo de su existencia, tanto para personas jurídicas como físicas, se establece que la mera existencia de estas consecuencias no es argumento suficiente para no acusar a una empresa. ¿Qué habrá que tener en cuenta para considerar lo suficientemente relevantes estas consecuencias? Esos mismos factores que hemos visto antes; especialmente la prevalencia del delito en la empresa (dicen que en estos casos, "la posible injusticia de imponer a los accionistas un castigo por los delitos de la empresa puede ser mucho menos preocupante cuando esos accionistas se han beneficiado sustancialmente, incluso sin saberlo, de una actividad delictiva generalizada") o el conocimiento o la participación de los altos cargos o los accionistas y la aceptación de la comisión de delitos como forma de hacer negocios.

Pero cuando se estime que estas consecuencias accesorias de la condena de la empresa para terceros sí serán desproporcionadas[39] es cuando entran en juego los NPA y DPA, acuerdos de no acusación (*non-prosecution*)

---

37 *Arthur Andersen LLP v. United States*, 544 U.S. 696 (2005).

38 Este efecto, al parecer, carece de base real, ya que todo apunta a que la quiebra de Arthur Andersen fue la excepción y no la regla. V. Markoff, Gabriel "Arthur Andersen and the Myth of the Corporate Death Penalty: Corporate Criminal Convictions in the Twenty-First Century", *University of Pennsylvania Journal of Business Law*, nº 15 (2013), pág. 830); Bourjaily, "DPA DOA: How and Why...", págs. 555-557; Garrett, "The Public Interest ...", pág. 1532. Sin embargo, el temor de las empresas a terminar igual sí es real y sí tiene influencia en sus pactos con la fiscalía. Bourjaily, "DPA DOA: How and Why...", págs. 547.

39 Como ejemplo benévolo de un acuerdo que consiguió evitar un perjuicio injusto a terceros se suele citar el caso *WakeMed* de 2013, con quienes se alcanzó un DPA que se consideró apropiado, ya que un proceso que hubiese terminado en condena hubiese dejado sin acceso a la sanidad a personas beneficiarias de los programas *Medicare* y *Medicaid*, destinados a personas mayores y discapacitadas, y a personas sin recursos económicos. V. Uhlmann, "Deferred Prosecution and Non-Prosecution...", pág. 1322; Garrett, "The Public Interest ...", pág. 1502.

y de aplazamiento de la acusación (*deferred prosecution*). ¿En qué consisten exactamente? En el caso de los DPA la persona jurídica y la fiscalía pactan unas condiciones (que comprenderán la adopción, o la revisión en su caso, del programa de *compliance*[40], aceptar a un revisor externo que monitorice su actividad, el pago de cantidades equivalentes a una multa, la compensación a las víctimas, etc.) y, a cambio, la acusación se suspende durante un periodo de tiempo. Si al finalizar se han cumplido las cláusulas, se retira definitivamente la acusación. Este acuerdo será sometido a supervisión judicial, lo que no sucede con los NPA donde no se llega a formalizar la acusación. En este caso, pasado el tiempo para el cumplimiento de las condiciones, si no se han cumplido, la fiscalía presentaría cargos.

El *Justice Manual* justifica estos acuerdos como una tercera vía entre la acusación y el desistimiento, es decir, entre sufrir consecuencias desproporcionadas y poder eludirlas por completo. Con estos acuerdos se consigue que, sin tener que acudir al proceso penal, la empresa se comprometa a realizar cambios relevantes es su organización y acciones que lleven a una mejor ética empresarial y a su "reinserción en la sociedad" (aspecto sistemáticamente desatendido respecto de las personas físicas[41]). Sin embargo, esta fundamentación del *Department of Justice* no está exenta de crítica, no tanto en su esencia (no se niega que sea una tercera vía) sino porque es tramposa: el aumento de estos acuerdos no se debe a que se buscara ninguna tercera vía, se trata de una explicación que surgió con posterioridad,

---

40 No faltan voces críticas con el protagonismo que han alcanzado los *compliance programs* en el marco de la responsabilidad penal de la persona jurídica, a pesar de que faltan evidencias sobre qué características de estos programas pueden realmente ayudar a prevenir el delito, con el riesgo de que se convierta en una medida únicamente cosmética que, mientras, supone un coste para el sector privado que no para de crecer. Diamantis y Laufer, "Prosecution and Punishment of Corporate…", pág. 455. Quizá por ello el *Department of Justice* elaboró una guía para la evaluación de los programas de *compliance*, actualizado en marzo de 2023, aunque no soluciona el problema de la falta de base empírica. En línea: https://www.justice.gov/criminal-fraud/page/file/937501/download.

41 Garret, Brandon L. *Too Big to Jail: How Prosecutors Compromise with Corporations*. Cambridge, MA: Harvard University Press, 2014, págs. 46-47, llama la atención sobre esta paradoja: "La rehabilitación es un aspecto desatendido en nuestro sistema de justicia penal, ya que nuestras superpobladas prisiones están diseñadas principalmente para castigar, no para hacer a los presos mejores personas. Sin embargo, los enjuiciamientos de empresas son una drástica excepción. Los fiscales dicen que un objetivo central es rehabilitar las corporaciones, para tratar de ayudar a hacerlas mejores y más éticas".

e impostada: lo que se quería realmente era forzar a las empresas a cooperar[42].

## *2.3. Los acuerdos en la práctica*

La primera cuestión que hay que abordar es hasta qué punto estos acuerdos pueden marcar una tendencia o convertirse en la norma, si realmente su adopción es tan elevada en Estados Unidos. Siguiendo a Diamantis y Laufer, aproximadamente 2000 empresas fueron denunciadas ante fiscales federales en la última década, resultando en entre 150 y 200 condenas. Durante el segundo mandato del presidente Obama (2012-2016) y los primeros años de la presidencia de Trump este número ha descendido entorno a las 130 condenas, como también lo han hecho las investigaciones y enjuiciamientos por delitos económicos[43]. Como concluyen los autores, la gran mayoría de los delitos cometidos por personas jurídicas no se persiguen, de los que se persiguen la mayoría no llegan a condena, y las condenas que se imponen son muy cuestionadas[44].

En cuanto a la evolución de los acuerdos, si bien en los primeros años del presente siglo su adopción era residual[45], su incidencia fue creciendo progresivamente hasta alcanzar los 40 acuerdos en 2007. Los siguientes años las cifras oscilaron sin rebasar este máximo, hasta llegar al gran salto del año 2015, en el que se llegaron a adoptar 102 acuerdos (80 de ellos debido al *Swiss Bank Program*[46]). Sin embargo, fue una anomalía: en 2016

---

42 Uhlmann, "Deferred Prosecution and Non-Prosecution...", pág. 1315.

43 Diamantis y Laufer, "Prosecution and Punishment of Corporate...", pág. 458.

44 Diamantis y Laufer, "Prosecution and Punishment of Corporate...", pág. 467.

45 Se pueden consultar los datos sobre la investigación penal de las personas jurídicas en Estados Unidos en *Corporate Prosecution Registry* (En línea: https://corporate-prosecution-registry.com/), base de datos impulsada por los Profs. Garrett y Ashley. Incluye información detallada sobre todas las investigaciones federales desde 2001, así como sobre los NPA y DPA desde 1990.

46 El *Swiss Bank Program* del *Department of Justice* fue una vía para que los bancos suizos resolvieran posibles responsabilidades penales en los Estados Unidos. Los bancos que ya estaban siendo investigados penalmente en relación con sus actividades bancarias en Suiza y todas las personas físicas fueron expresamente excluidas del programa. Los requisitos para entrar en el programa incluían, entre otros, la divulgación completa de sus actividades transfronterizas; proporcionar información detallada, cuenta por cuenta, sobre las cuentas en las que los contribuyentes de los Estados Unidos tengan un interés directo o indirecto; o proporcionar información detallada sobre otros bancos que hayan transferido fondos a cuentas secretas

volvieron a bajar a 40, 24 en 2017 y 2018, 32 en 2019 y 17 en la primera mitad del 2020[47]. Con todo, hay que señalar que hasta el año 2009 el Departamento de Justicia no contaba con un sistema que centralizara la información sobre el número y el contenido de los acuerdos alcanzados[48].

En términos de recuperación de activos, estos acuerdos han permitido recuperar 5.500 millones de dólares en lo que va de 2020, con lo que ya han superado los casi 4.700 millones de dólares en recuperaciones del mismo período en 2019. Las cifras de 2020 también fueron superiores a las medias anuales de aproximadamente 4.800 millones de dólares en el período 2005-2019[49].

Lo que parece marcar la diferencia a la hora de que el proceso finalice con una sentencia de condena es el tamaño de la empresa: la mayor parte de las condenas son a pequeñas empresas de hasta 50 trabajadores, mientras que las medianas y grandes empresas consiguen acceder a acuerdos, especialmente cuando se trata de grandes empresas cuyo procesamiento podría poner en riesgo a la economía[50], de donde surge la expresión *too big to jail* (es decir, cuando hay miedo de que se produzca un colapso como el de Arthur Andersen).

### *2.4. Principales críticas contra NPA y DPA*

El debate sobre la pertinencia de estos acuerdos quizá sea el más enconado de los que hemos hallado en la literatura norteamericana. Mientras que, sobre la existencia misma de la responsabilidad penal de la persona jurídica, aunque contestada, parece haber cierta resignación[51], no sucede

---

o que hayan aceptado fondos cuando se cerraron las cuentas secretas. Ver, en línea: https://www.justice.gov/tax/swiss-bank-program

47 Datos del informe de Gibson Dunn, "2020 Mid-year Update on Corporate Non-Prosecution Agreements and Deferred Prosecution Agreements", 15 de julio de 2020. En línea: https://www.gibsondunn.com/2020-mid-year-npa-dpa-update/

48 V. United States Accountability Office, Report to Congressional Requesters, "Corporate Crime...", December 2009, *Highlights*.

49 *Ibidem*.

50 Diamantis y Laufer, "Prosecution and Punishment of Corporate...", pág. 458.

51 Al respecto, Uhlmann, "The Pendulum Swings...", Diamantis y Laufer, "Prosecution and Punishment of Corporate...".

así con los NPA y DPA, donde hay un frente abierto entre los partidarios y los detractores[52].

En contra de estos acuerdos —que algún autor estima que deberían ser prohibidos por el Congreso de los Estados Unidos[53]— se dice que socaba el Estado de Derecho al facilitar un sistema paralelo de resolución de casos sin supervisión judicial, ya que, al tratarse de acuerdos preprocesales, no hay control sobre las negociaciones. Al estar reservadas al Gobierno, representada por el fiscal, y la persona jurídica, esta negociación va a ser profundamente desigual, ya que la alternativa de la empresa al acuerdo no es muy halagüeña[54] (la sombra de los efectos colaterales de la condena está muy presente). Esta desigualdad de poderes puede estar presente toda la vida del acuerdo si se establecen controles extrajudiciales para determinar si se cumplen o no las condiciones del acuerdo[55]. En este sentido, se manifiesta que la presencia de un tercero neutral ayudaría a asegurar la equidad de los acuerdos, con una rendición de cuentas pública[56]. Garrett incide en este extremo: la sociedad se puede beneficiar de estos acuerdos, pero para ello se debe dar voz en las negociaciones a víctimas y otros colectivos afectados. Pero, sobre todo, se debe dar una mayor importancia a la revisión judicial de los acuerdos (en concreto, de los DPA, donde ya existe esta posibilidad) para que no sea meramente formal, sino que los tribunales examinen cuidadosamente el interés público en juego para aprobarlos o no[57].

Hablando del papel de los fiscales, Uhlmann sostiene que los acuerdos preprocesales desvirtúan su papel en el sistema penal, cuya esencia es decidir si un caso debe ser objeto de persecución penal o no, luego no debería existir esa llamada tercera vía entre acusar o no. Si el fiscal concluye que la conducta es lo suficientemente grave como para declinar la acusación, debe presentarla; de otra manera, queda en cuestión el compromiso de la fiscalía con la defensa de la legalidad y la persecución del delito, y se crea la apariencia de que la persona jurídica puede deshacer la naturaleza delictiva de su conducta según lo que pueda ofrecer en el acuerdo. Por otro lado,

---

52 Un buen ejemplo de esta controversia es Sheyn, "Anything But a Racket...".

53 Bourjaily, "DPA DOA: How and Why...".

54 Bourjaily, "DPA DOA: How and Why...", pág. 547.

55 Bourjaily, "DPA DOA: How and Why...", pág. 548.

56 Uhlmann, "Deferred Prosecution and Non-Prosecution...", pág. 1329.

57 Garrett, "The Public Interest ...", pág. 1533, 1543).

si la conducta no es lo suficientemente grave como para continuar con la acusación, forzar el acuerdo es un abuso de poder por parte del fiscal[58].

Otra de las críticas es esa concepción de *too big to jail*, que haya empresas que tienen demasiada importancia en el sistema como para someterlas al proceso penal, lo cual ataca la legitimidad del sistema penal, por lo cual es preferible un acuerdo que permita forzar reformas en la entidad sin sufrir los daños colaterales. Esto resulta en un doble rasero, en el que precisamente las empresas con más capacidad para delinquir y provocar un gran daño a la sociedad son las que se benefician de acuerdos preprocesales. Esta práctica anula la denominada "función expresiva"[59] del derecho penal, el factor estigmatizante que tiene calificar a una conducta como delictiva, expresando el reproche social[60].

Esta práctica, además, altera el análisis coste-beneficio de la empresa que puede decantar la balanza de decisión de la empresa hacia la conducta delictiva al eliminar uno de los principales costes, que es la pena con todas sus consecuencias accesorias (no se tienen que preocupar de la pérdida de negocio o incluso de su posible desaparición). Todo ello redunda también en la inequidad del mercado, ya que las empresas que se ajustan a la ley estarán en desventaja competitiva[61]. Por otro lado, el desarrollo de los DPA y NPA en las últimas dos décadas puede ser visto como una sumisión del poder estatal a los intereses empresariales que al final produzca una pérdida de la percepción de la legitimidad del Estado[62]

## 3. CONCLUSIÓN

Comenzábamos este trabajo hablando de algunas características del actual sistema penal español. Si nos trasladamos a la práctica, necesariamente hay que hablar del atasco procesal que se produce por la falta de medios de la Administración de Justicia y la necesidad de agilizarlo. Hay

---

58 Uhlmann, "Deferred Prosecution and Non-Prosecution…", pág. 1341-1343.

59 Fue Feinberg, Joel. "The Expressive Function of Punishment". *The Monist*, vol. 49, nº 3 (1965): 397-423, quién formuló esta "función expresiva".

60 Uhlmann, "Deferred Prosecution and Non-Prosecution…", pág. 1336.

61 Ramirez, Mary Kreiner. "Criminal Affirmance: Going Beyond the Deterrence Paradigm to Examine the Social Meaning of Declining Prosecution of Elite Crime". *Connecticut Law Review*, vol. 45, nº 3 (2013), págs. 914 y ss.

62 Markham, Jerry W. "Regulating the Too Big to Jail Financial Institutions". *Brooklynn Law Review*, nº 83 (2018): 517-578.

que afrontar la realidad: ningún Estado tiene recursos suficientes para perseguir todos los delitos que se cometen en su territorio. En el caso de las personas jurídicas, en concreto de las empresas de gran tamaño, se suma el componente transfronterizo y los amplísimos recursos con los que cuentan estas grandes corporaciones.

Esta situación de impotencia se agrava por las decisiones de política criminal que se han tomado en las últimas décadas, en las que se han aumentado notablemente las conductas y, reiteramos, los sujetos punibles, sin dotar de más recursos a esa Administración de Justicia agonizante. Si siguen aumentando las conductas tipificadas como delito y las reformas tanto penales como procesales a coste cero —coletilla constante y aborrecible[63]— habrá que potenciar la justicia negociada como medio para descongestionar la justicia penal (con otras ventajas como no alargar los procesos y evitar incurrir en dilaciones indebidas). Así las cosas, si se quiere maximizar la acción de la Justicia frente a la criminalidad empresarial habrá que acudir a alternativas al juicio oral. No olvidemos el papel de los fiscales que está por venir como encargados de la investigación, que también ayudará a potenciar la eficiencia de los recursos personales con los que ya contamos.

Pero si de algo nos puede servir la experiencia norteamericana es para advertirnos de los peligros de una política criminal en la que los fundamentos se construyen *ex post*, para ajustarse a una práctica ya existente que, en realidad, surge por el miedo a unos efectos colaterales de la pena que son la excepción y no la regla. La principal enseñanza que podemos extraer es que los criterios para poder acceder a acuerdos deben estar prefijados y que las oportunidades de acceso no se deben regir por las características de la persona jurídica, sino por las de la conducta cometida. Por otro lado, si no se quiere perder la fuerza del sistema penal, y ante la evidencia de la comisión de una conducta tipificada como delito, aunque se puedan pactar unas condiciones, el acuerdo debe llevar a la imposición de la pena, es decir, se deberían primar figuras próximas al *plea agreement* más que los NPA y DPA.

---

63 V. gr. en la Ley 41/2015, de 5 de octubre, de modificación de la Ley de Enjuiciamiento Criminal para la agilización de la justicia penal y el fortalecimiento de las garantías procesales (BOE núm. 239, de 6 de octubre de 2015), Disposición adicional única. Previsión de costes: "Las medidas incluidas en esta norma no podrán suponer incremento de dotaciones de personal, ni de retribuciones, ni de otros gastos de personal".

## BIBLIOGRAFÍA

Aguilera Morales, Marien. "La deriva del 'principio' del consenso". Revista Ítalo-Española de Derecho Procesal, vol. 2 (2019): 1-18.

Aguilera Morales, Marien. *El "principio de consenso". La conformidad en el proceso penal español.* Barcelona: Cedecs, 1998.

Arlen, Jennifer. "Corporate Criminal Enforcement in the United States: Using Negotiated Settlements to Turn Potential Corporate Criminals Into Corporate Cops". *New York University School of Law, Law & Economics Research Paper Series Working Paper,* nº 17-09 (2017): 1-18 http://dx.doi.org/10.2139/ssrn.2951972.

Bourjaily, Gordon. "DPA DOA: How and Why Congress Should Bar the Use of Deferred and Non-Prosecution Agreements in Corporate Criminal Prosecutions". *Harvard Journal on Legislation,* vol. 52 (2015): 543-569.

Coffee, John C. "'No Soul to Damn: No Body to Kick': An Unscandalized Inquiry into the Problem of Corporate Punishment". *Michigan Law Review,* vol. 79 (1981): 386-459.

Diamantis, Mihailis E.; Laufer, William S. "Prosecution and Punishment of Corporate Criminality". *Annual Review of Law and Social Science,* nº 15 (2019): 453-472.

Feinberg, Joel. "The Expressive Function of Punishment". *The Monist,* vol. 49, nº 3 (1965): 397-423.

Galán Muñoz, Alfonso. "La responsabilidad penal de la persona jurídica tras la reforma de la lo 5/2010: entre la hetero— y la autorresponsabilidad". *Revista General de Derecho Penal,* nº 16. (2011).

Garret, Brandon L. *Too Big to Jail: How Prosecutors Compromise with Corporations.* Cambridge, MA: Harvard University Press, 2014.

Garret, Brandon L. "The global evolution of corporate prosecutions". *Law and Financial Markets Review,* vol. 11, nº 2-3 (2017): 55-60.

Garrett, Brandon L. "The Public Interest in Corporate Settlements". *Boston College Law Review,* vol. 58 (2017): 1483-1543.

Gracia Martín, Luis. "Crítica de las modernas construcciones de una mal llamada responsabilidad penal de la persona jurídica". *Revista Electrónica de Ciencia Penal y Criminología,* 18-05 (2016).

Kaal, Wulf. A.; Lacine, Timothy A.: "The Effect of Deferred and Non-Prosecution Agreements on Corporate Governance: Evidence from 1993-2013". *The Business Lawyer,* vol. 70 (2014): 1-59.

Laufer, William S. (2006): *Corporate Bodies and Guilty Minds. The Failure of Corporate Criminal Liability.* Chicago: The University of Chicago Press.

Machado De Souza, Renato, Rodríguez-García, Nicolás. *Justicia negociada y personas jurídicas. La "modernización" de los sistemas penales en clave norteamericana.* Valencia: Tirant lo Blanch, 2022.

Markham, Jerry W. "Regulating the Too Big to Jail Financial Institutions". *Brooklynn Law Review,* nº 83 (2018): 517-578.

Markoff, Gabriel "Arthur Andersen and the Myth of the Corporate Death Penalty: Corporate Criminal Convictions in the Twenty-First Century", *University of Pennsylvania Journal of Business Law,* nº 15 (2013): 783-808.

Neira Pena, Ana María. *La instrucción de los procesos penales frente a las personas jurídicas.* Valencia: Tirant lo Blanch, 2017.

Ramirez, Mary Kreiner. "Criminal Affirmance: Going Beyond the Deterrence Paradigm to Examine the Social Meaning of Declining Prosecution of Elite Crime". *Connecticut Law Review*, vol. 45, nº 3 (2013): 865-931.

Rodríguez García, Nicolás. *El consenso en el proceso penal español.* Barcelona: J. M. Bosch, 1997.

Rodríguez García, Nicolás. "La conformidad de las personas jurídicas en el proceso penal español". *La Ley Penal*, nº 113 (2015): 1-33.

Schell-Busey, Natalie; Simpson, Sally S.; Rorie, Melissa & Alper, Mariel "What Works? A Systematic Review of Corporate Crime Deterrence". *Criminology & Public Policy*, vol. 15, nº 2 (2016): 387-416.

Sheyn, Elizabeth R. "Anything But a Racket: Why Professor Richard Epstein's Attack on the Nature and Function of Deferred and Non-Prosecution Agreements Misses the Mark". 28 de noviembre de 2009. Disponible en SSRN: https://ssrn.com/abstract=1514905 or http://dx.doi.org/10.2139/ssrn.1514905

Smith, Bruce P. "Plea Bargaining and the Eclipse of the Jury". *Annual Review of Law and Social Science*, nº 1 (2005): 131-149.

Uhlmann, David M. "Deferred Prosecution and Non-Prosecution Agreements and the Erosion of Corporate Criminal Liability". *Maryland Law Review*, vol. 72 (2013): 1295-1344.

Uhlmann, David M. "The Pendulum Swings: Reconsidering Corporate Criminal Prosecution". *University of California, Davis*, vol. 49 (2016): 1235-1283.

Xiao, Michael Yangming. "Deferred/Non Prosecution Agreements: Effective Tools to Combat Corporate Crime". *Cornell Journal of Law and Public Policy*, vol. 23 (2013): 233-253.

# *La responsabilidad personal del "compliance officer" en el marco de los sistemas preventivos de riesgos penales de las personas jurídicas del art. 31 Bis CP*[1]

**ENEKO ETXEBERRIA BEREZIARTUA**[2]
*Profesor Agregado de Derecho Procesal*
*Facultad de Derecho - EHU/UPV*



## 1. LA FIGURA DEL "COMPLIANCE OFFICER"

La inclusión de la figura de oficial de cumplimiento en nuestro sistema jurídico penal es un hecho reciente. Fue en el año 2015[3], tras la reforma del art. 31 bis CP, cuando el legislador penal comenzó a exigir explícitamente que los modelos de prevención de los delitos en el marco empresarial contaran con una figura supervisora. Según el contenido de este precepto, esta vigilancia debe ser llevada a cabo por "un órgano de la persona jurídica con poderes autónomos de iniciativa y de control o que

---

1 Este trabajo se inscribe en el marco del proyecto de investigación I+D+I PID2020-115320GB-100, financiado por MCIN/AEI/10.13039/501100011033/, del Ministerio de Ciencia e Innovación, y en el Grupo Consolidado del Gobierno Vasco IT 1593-22.

2 Orcid: 0000-0001-6829-8171.

3 La responsabilidad penal de las personas jurídicas se introdujo en el Código Penal a través de la LO 5/2010, 22 de junio. Sin embargo, la propuesta legislativa no recogía ni el sistema "compliance" ni la figura del "compliance officer".

tenga encomendada legalmente la función de supervisar la eficacia de los controles internos de la persona jurídica".

Históricamente, existía una tradición, especialmente en el sector bancario y financiero[4], de autocontrol en el cumplimiento normativo y la reacción ante posibles casos de actividad delictiva interna en grandes empresas. No obstante, la expansión de la responsabilidad penal a todas las entidades jurídicas privadas, e incluso a algunas públicas[5], se produjo de manera inesperada y llevó a una imitación de sistemas y terminología estadounidenses.

Con la bicoca de la posibilidad de obtener la exención penal para los delitos corporativos ha llevado a una rápida adopción de modelos fácilmente transponibles, mayormente replicados del entorno anglosajón[6]. Lo que ha supuesto que se haya dejado a un lado, la gran brecha existente en términos de valores personales y sociales, lo cual dificulta cualquier intento real de implementar un sistema anglosajón íntegramente[7].

En todo caso, la actual configuración de esta figura, además del mandato del legislador penal, obedece a estos modelos foráneos y su dilatada experiencia de la que nuestro ordenamiento jurídico carece. En este contexto, la globalización ejerce una notable presión hacia la homogeneización del derecho[8]. Sin flexibilidad en el marco del derecho patrio, el mundo

---

4 En lo que respecta a los antecedentes en nuestro ordenamiento jurídico, la STS núm. 316/2018, de 28 de junio, sitúa el origen de estos instrumentos preventivos en el Código de Olivenza, F. J. 8°.

5 La redacción actual del art. 31.2 quinquies CP extiende la responsabilidad penal a las Sociedades mercantiles públicas.

6 La exigencia de responsabilidad penal a las personas jurídicas se remonta particularmente a la sentencia del Tribunal Supremo USA de 1909 "New York Central & Hudson River Railroad co. v. United States (1909)". Gimeno Beviá, J., *El proceso penal de las personas jurídicas,* Thomson Reuters, 2014, pág. 30; La resolución judicial está disponible en el siguiente enlace [27.10.2023]: https://supreme.justia.com/cases/federal/us/212/481/

7 Esta modalidad de responsabilidad se presenta fusionada al crecimiento de Estados Unidos y a la proliferación de personas jurídicas como verdaderos actores de la vida económica. Villegas García, M. A., *La Responsabilidad Criminal de las Personas Jurídicas. La Experiencia de Estados Unidos,* Thomson Reuters Aranzadi, 2016, pág. 27.

8 Echeverria Bereciartua, E. *Las modalidades de responsabilidad penal de las personas jurídicas en el marco del Proceso Penal,* Tirant lo Blanch, 2021, págs. 39-58.

del "compliance" ha irrumpido con fuerza en la operativa empresarial y, a pesar de las incertidumbres iniciales, ha venido para quedarse.

En definitiva, esta figura del responsable de cumplimiento va a ser la más esencial en el marco del sistema de vigilancia empresarial[9]. Dentro del marco organizativo de la persona jurídica, el "compliance officer" va a ser el garante de la implementación efectiva de las políticas de cumplimiento y, por tanto, responsable de la supervisión del control que se va a ejercer sobre los integrantes de la organización para impedir que se cometan delitos corporativos[10].

A pesar de otorgarle tan importantes funciones, el legislador penal no detalla ninguna normativa referente a los aspectos fundamentales que deben conformar los protocolos de prevención de delitos penales, ni tampoco proporciona pautas concretas sobre la función del oficial de cumplimiento. Únicamente se nos ofrecen varias características distintivas: a) Es un órgano de la persona jurídica; b) En este contexto, actúa con poderes autónomos de iniciativa y control; c) Por último, tiene encomendado legalmente la función de supervisar la eficacia de los controles internos de la persona jurídica.

Con estos escasos apuntes legales, es normal que surjan dudas en torno a las cuestiones más básicas sobre los cometidos del responsable de cumplimiento.

La primera cuestión que se nos plantea proviene de que el art. 31 bis CP, apartado 2, hace referencia a un "órgano". Lo que nos conduje a considerar que se trata de una labor especifica y con determinadas competencias en el seno de la empresa, lo que, a su vez, nos remite a una empresa de gran tamaño. De este modo, la norma incluso parece referirse a un órgano colectivo.

La segunda característica nos conduce a la confusión proviene de no proporcionársenos un contenido más detallado de la actividad de supervisión que debe desempeñar, de la que únicamente conocemos que debe venir revestido de facultades autónomas de iniciativa y control con respecto al plan de prevención penal. No obstante, podemos conectar este mandato con el contenido del segundo apartado del art. 31 bis CP, que

---

9 Junto con la vigilancia privada. Carpio Briz, D. I., "La olvidada relevancia de la seguridad privada en los sistemas de compliance penal", *Revista Aranzadi de Derecho y Proceso Penal*, núm. 52/2018, págs. 13-14.

10 Nos referimos a los exclusivos delitos que pueden cometer las personas jurídicas.

establece que el efecto exonerador del "compliance" viene condicionado, entre otros aspectos, a que no se constate por parte del oficial de cumplimiento de la omisión o una dejación "de sus funciones de supervisión, vigilancia y control". Lo que significa que, si el oficial de cumplimiento no realiza adecuadamente su cometido[11], no es posible que el "compliance" sirva de eximente de la responsabilidad penal de la persona jurídica[12]. Por consiguiente, estamos ante un elemento absolutamente crítico del sistema preventivo penal.

La tercera de las notas que nos proporciona el legislador penal también presenta problemas. Puesto que, si bien la necesidad de constatar la encomienda legal sobre la vigilancia del funcionamiento de los protocolos internos del "compliance" es una cuestión nítida, surge la duda sobre el alcance y la intensidad de los parámetros de esta supervisión.

Resulta curioso que, a pesar de que la incorporación de esta responsabilidad penal que se proyecta sobre las personas jurídicas se instauró hace 13 años, no tengamos una solución interpretativa por parte de la jurisprudencia. Por lo que, no tenemos una certidumbre legal para poder fijar las bases de este elemento esencial del "compliance". Esto nos sitúa en un escenario dentro del proceso penal en el que no es fácil ofrecer soluciones con seguridad. Lo que nos obliga a manejarnos en un plano teórico y con referentes prácticos provenientes de ordenamiento jurídicos extranjeros.

Por este motivo, cobra especial importancia la interpretación que realiza la Fiscalía General del Estado y los estándares normativos. En lo que se refiere a la primera, esta institución se ha pronunciado en dos ocasiones a través de sendas Circulares sobre la materia. En particular, nos interesa el segundo de estos documentos, la Circular 1/2016, de 22 de enero, que, en su apartado 5.4., nos proporciona algún detalle más sobre esta figura al señalar que "deberá participar en la elaboración de los modelos de organización y gestión de riesgos y asegurar su buen funcionamiento, estableciendo sistemas apropiados de auditoría, vigilancia y control para verificar".

Lo que significa que, para la Fiscalía que es un operador clave en el proceso penal, el oficial de cumplimiento debe verificar que los protocolos

---

11 Fiscalía General del Estado, Circular 1/2016: "si el oficial de cumplimiento omite sus obligaciones de control, la persona jurídica en ningún caso quedará exenta de responsabilidad penal (condición 4ª del art. 31 bis 2)".

12 El Pleno de la Sala Segunda del Tribunal Supremo avaló mayoritariamente esta posición en su conocida sentencia núm. 154/2016, de 29 de febrero, FJ 8º.

de prevención de los riesgos penales de la persona jurídica se ajustan a lo establecido en el apartado 5 del art. 31 bis CP. Por lo tanto, los sistemas preventivos penales deberán cumplir estrictamente los 6 requisitos establecidos en este precepto: a) Analizar e identificar las actividades empresariales que podrían dar lugar a delitos; b) Establecer medidas de control para supervisar la toma de decisiones y su ejecución en estas actividades potencialmente peligrosas; c) Asignar los recursos económicos adecuados al sistema de vigilancia; d) Establecer un canal de comunicación para reportar al "compliance officer" cualquier incidente relacionado con el cumplimiento normativo[13]; f) Aplicar sanciones disciplinarias en el ámbito laboral a los miembros de la persona jurídica que incumplan los protocolos preventivos; g) Realizar auditorías periódicas del programa de "compliance".

Por lo tanto, estamos ante precisiones genéricas que complementan la configuración de una figura que tiene la finalidad de vigilar el cumplimiento de determinados protocolos para impedir la comisión de delitos corporativos. La ausencia de más detalles ha provocado que se haya acudido a los estándares normativos para desplegar y acotar la labor del oficial. Aunque, debemos advertir que no se trata de normas legales, sino de directrices organizativas respaldadas por el prestigio internacional de sus promotores, por lo que, aún requieren de validación judicial para confirmar su conformidad con el mandato establecido por el legislador penal.

En este contexto, en las siguientes líneas, vamos a analizar la debatida cuestión relativa a la responsabilidad que pueda generar el "compliance officer" en el desempeño de su prestación de servicios.

## 2. EL "COMPLIANCE OFFICER" COMO FIGURA PROPIA NO EXISTE EN LA MAYORÍA DE PERSONAS JURÍDICAS DEL TEJIDO EMPRESARIAL

Un tema de gran interés cuando abordamos la figura del "compliance officer" es la consideración legal de que esta figura no es obligatoria en todas las entidades jurídicas sujetas a su propia responsabilidad penal. En este sentido, la normativa penal permite observar que el legislador, quizás fruto de la experiencia de los sistemas preventivos en las entidades banca-

13 Un aspecto que se encuentra determinado por el impacto de la Ley 2/2023, de 20 de febrero, sobre los sistemas de denuncia de irregularidades y de la protección que debe otorgársele al informante.

rias, ha previsto una regulación que parece dirigida a personas jurídicas de grandes dimensiones.

Esta cuestión ha generado un debate doctrinal[14] y jurisprudencial[15] sobre la posible exclusión de las pequeñas y medianas empresas (pymes) de dicha regulación. Sin embargo, debemos constatar que no existe tal exención[16] y que todas las entidades jurídicas privadas[17], sin importar su tamaño o importancia económica, están sujetas a este régimen legal[18].

Aunque, esta obligatoriedad no impide que se contemplen adaptaciones para estas pymes con el propósito de aligerar la considerable carga bu-

---

14 *En ese sentido, el legislador sabía mucho antes de la introducción de la responsabilidad penal de los problemas que se planteaban en las personas jurídicas de tamaño reducido. Valgan como ilustrativa la pregunta que Nieto Martín planteaba sobre si podría existir una categoría de personas jurídicas inimputables relacionándolo con las que tenían menos de 50 empleados.* Nieto Martín, A., *La responsabilidad penal de las personas jurídicas: esquema de un modelo de responsabilidad penal,* Iustel, 2008, págs. 322 y ss.

15 STS núm. 894/2022, de 11 de noviembre; Fortuny Cendra, M. "¿Hacia la irresponsabilidad penal de las personas jurídicas de pequeñas dimensiones? A propósito de la sentencia del Tribunal Supremo de 11 de noviembre de 2022", *La Ley compliance penal,* núm. 13, 2023, pág. 11.

16 En cualquier caso, también las sociedades unipersonales y las PYMES son personas jurídicas imputables y, por lo tanto, no están excluidas de la responsabilidad penal. En ese sentido, resulta interesante la reflexión jurídica recogida en el FJ 5º de la SAN núm. 5/2021, de 3 de marzo, que, al constatar la participación conjunta de toda la organización de una pequeña empresa en la actividad criminal, se cuestiona la posibilidad de considerar, por su tamaño, inimputable a la persona jurídica, "en los casos de pequeñas empresas, sin asalariados, debido a su escasa complejidad organizativa resultará difícil diferenciar una culpabilidad propia de la persona jurídica de la culpabilidad propia de la persona física. Cuando no existe una culpabilidad diferenciada lo que no debe existir nunca es una penalidad distinta; pero no es el caso".

17 A pesar de la exclusión del sector público de esta responsabilidad penal, la apuesta por los programas "compliance" se extiende imparablemente también sobre el sector público. Nieto Martín, A. y García Moreno, B., "De la ética pública al public compliance" en *Tratado sobre Responsabilidad Penal. Responsabilidad Penal de las Personas Jurídicas y Modelos de Organización y Gestión,* Gómez Colomer, J. L. (dir.), Tirant lo Blanch, 2019, pág. 405.

18 La falta de una regulación que habilite un trato diferenciado para las PYMES es evidente y es causa de innumerables problemas en relación al principio de proporcionalidad. Serrano Zaragoza, O., "Compliance y prueba de la responsabilidad penal de las personas jurídicas; cómo conseguir la exención de responsabilidad penal de una persona jurídica en el curso de un concreto procedimiento penal", *Revista Aranzadi Doctrinal,* núm. 6/2016, págs. 18-20.

rocrática inherente a la implementación del sistema preventivo penal. Nos referimos a la previsión literal del apartado 3 del art. 31 bis CP que establece que: "A estos efectos, son personas jurídicas de pequeñas dimensiones aquéllas que, según la legislación aplicable, estén autorizadas a presentar cuenta de pérdidas y ganancias abreviada"[19].

Una vez constatado la amplitud de la excepcionalidad, observamos que el mandato legal del apartado 3 del art. 31 bis CP supone un quiebro total a las posiciones teóricas sobre el "compliance" en general, y en particular, sobre el oficial de cumplimiento. En ese aspecto, la previsión legal es nítida, en estas personas jurídicas de pequeñas dimensiones, el órgano de administración podrá asumir todas las funciones correspondientes al "compliance officer".

Ciertamente, esta facultad legalmente se presenta como opción para las personas jurídicas de pequeño tamaño lo que les permite optar por un modelo semejante al que se propone para las grandes empresas. Sin embargo, en la práctica, esta posibilidad rara vez se materializa. Es más, la mera posibilidad de que el órgano de administración asuma la función de supervisión desnaturaliza el modelo de prevención penal. Debido a dos factores fundamentales: a) No existe ninguna independencia ni autonomía con respecto a la supervisión sobre el protocolo de control de riesgos penales[20]; b) El mayor riesgo penal que se produce en esta clase de empresas es el que proviene de la propia dirección de la persona jurídica, la cual, en la inmensa mayoría, dada su reducida dimensión, se confunde con el cometido del órgano de gobierno.

En la práctica real, por mucho que se resalte la importancia del "compliance"[21], esta previsión legal provoca que el oficial de cumplimien-

---

19 Estadísticamente estamos refiriéndonos a más del 99% de las personas que conforman el sector privado. Los datos constan en el siguiente enlace [23.10.2023]: https://industria.gob.es/es-es/estadisticas/paginas/estadisticas-y-publicaciones-sobre-pyme.aspx

20 A pesar de las diferencias en sus ámbitos de aplicación y afección, la Ley 2/2023, art. 8.5, ha tomado otra senda y exige, en el sector privado, como regla general la categoría de directivo para el responsable del sistema interno de información.

21 STS 35/2020, de 6 de febrero, FJ 2º: "Hemos reseñado, así, en las sentencias de esta Sala del Tribunal Supremo 316/2018 de 28 Jun. 2018, Rec. 2036/2017 y Sentencia 365/2018 de 18 Jul. 2018, que es básico en la empresa la existencia del debido control interno en éstas, mediante la técnica anglosajona del compliance como conjunto de normas de carácter interno, establecidas en la empresa a iniciativa del órgano de administración, con la finalidad de implementar en ella un

to desaparezca de la estructura de las personas jurídicas de pequeñas dimensiones. Lo que supone que sus responsabilidades serán asumidas directamente por el órgano de gobierno de la entidad.

## 3. LA ESTANDARIZACIÓN NORMATIVA DE LAS FUNCIONES DEL "COMPLIANCE OFFICER"

Ante la ausencia de una referencia legal detallada[22] sobre el "compliance" y sobre la figura "officer", la gran referencia normativa son las normas ISO[23]. Estos estándares se originan a nivel internacional y versan sobre sistemas de gestión, y a partir del año 2014, también incluyen propuestas relacionadas con el "compliance".

En concreto, esta organización denominada ISO desarrolla normas para su aplicación voluntaria a nivel internacional, las cuales, debido a su gran prestigio, reciben un reconocimiento y su aplicación acreditada se convierte en un indicativo de la seriedad de una organización.

Es importante reseñar que estos estándares ISO no son regulaciones legales y, por lo tanto, no pueden suplir las previsiones que se han realizado en la materia y que se han recogido en el Código Penal. Se trata de propuestas organizativas, lo que supone que, ante cualquier duda y en caso de que no sean compatibles, debe prevalecer el mandato del legislador.

---

modelo de organización y gestión eficaz e idóneo que le permita mitigar el riesgo de la comisión de delitos y exonerar a la empresa y, en su caso, al órgano de administración, de la responsabilidad penal de los delitos cometidos por sus directivos y empleados".

22 Las dudas sobre el funcionamiento y sobre las exigencias que deben reunir los "compliance" son evidentes, como señala la autora, "no resulta tan claro en cambio el funcionamiento de tales modelos de cumplimiento en el seno del proceso penal; aún cuando, ciertamente, parece posible su consideración en momentos procesales diferentes, existen mayores dudas en cambio sobre otra problemática y así, por ejemplo y en concreto, el nivel de exigencia que han de reunir para considerarse 'efectivos'". Jimeno Bulnes, M., "La responsabilidad penal de las personas jurídicas y los modelos de compliance: un supuesto de anticipación probatoria", *Revista General de Derecho Penal*, núm. 32, 2019, pág. 64.

23 La entidad ISO *(International Organization for Standardization —Organización Internacional de Normalización) es una organización internacional no gubernamental independiente con 169 organismos nacionales de normalización como miembros. Disponible en [18.10.2023]:*
*https://www.iso.org/about-us.html*

En todo caso, la planificación del sistema de prevención requiere de profundizar en los principios establecidos en el art. 31 bis CP[24]. Para complementar sus pormenores, en la práctica empresarial, se ha acudido a estos estándares normativos. Además, estos protocolos de gestión empresarial, reconocidos internacionalmente, en algunas ocasiones, presentan la ventaja de ser certificables tras una auditoría externa[25].

Ahora bien, su contenido no se circunscribe a la materia penal ni se restringe a las regulaciones que establecen obligaciones legales para las personas jurídicas. La propuesta de los estándares normativos se extiende a compromisos culturales y de valores relacionados con la prevención de cualquier irregularidad.

Al mismo tiempo, estas normas internacionales han sido adaptadas a nivel europeo como a nivel estatal. Lo que supone que existen normas estandarizadas con un alcance geográfico más reducido, identificadas con la denominación EN, cuando se refieren al marco europeo, y como UNE, en el contexto español. En lo que a nosotros interesa, la UNE es el organismo de normalización español[26] en los últimos años ha adoptado ciertas normas internacionales ISO sobre cumplimiento normativo.

En este contexto, debemos mencionar el sistema integral que propone la Norma ISO-UNE 37301:2021, la Norma UNE-19601:2017 que específicamente se sitúa en el marco del "compliance" penal del art. 31 bis CP, la Norma ISO 37001:2016, anticorrupción, la Norma ISO 37002, canales de

---

24 La ausencia de una guía concreta para su funcionamiento está siendo suplida por las denominadas normas ISO. En concreto, con un modelo que opera bajo la denominación de ISO 19600 para las entidades que pretenden implementar un programa "compliance", siendo las norma técnicas más concreta y certificable, la UNE-EN-ISO 19601:2017. Montaner Fernández, R., "¿El *compliance* como termómetro de la diligencia penalmente exigible a las empresas?", *La Ley compliance penal*, núm. 1, 2020, pág. 11.

25 La Entidad Nacional de Certificación (ENAC) es la que otorga autorizaciones para desarrollar esta labor por mandato legal establecido en el Real Decreto 1715/2010, de 17 de diciembre, en sustitución de la organización que había sido referente en la materia conocida como Asociación Española de Normalización y Certificación (AENOR), que desde 2017 se ha dividido en dos organizaciones: UNE (Asociación Español de Normalización) y AENOR Internacional, SAU. Más información en el siguiente enlace [2.11.2023]: https://www.enac.es/

26 Se trata de una organización escindida en 2017 de AENOR (Asociación Española de Normalización y Certificación). Para más información sobre el cometido de la organización, véase el siguiente enlace [19.10.2023]: https://www.une.org/la-asociacion/preguntas-frecuentes

denuncia y la Norma ISO 37008:2023, el estándar sobre investigaciones internas.

## 4. LA RESPONSABILIDAD DEL "COMPLIANCE OFFICER"

Desde la perspectiva empresarial, el esquema planteado por esta responsabilidad penal y los programas preventivos de autocontrol parecía idóneo: se establece un protocolo y se designa a un responsable de su cumplimiento. En caso de que surgiera algún inconveniente, la propia empresa y su alta dirección quedarían exentas de toda implicación, y en su lugar, la acción penal se dirigiría hacia este responsable de cumplimiento.

Esta posición implica que el "compliance officer" se convertía en un chivo expiatorio de esta especial responsabilidad. Por lo tanto, estamos ante uno de los debates fundamentales sobre esta figura y ante la ausencia de criterios detallados, a continuación, procederemos a analizar en detalle los detalles de esta responsabilidad para clarificar la situación en la que podría encontrarse el "compliance officer" en el ejercicio de sus funciones.

### *4.1. La responsabilidad penal del "compliance officer"*

El art. 119 LECRim establece que cuando se proceda a la imputación de una persona jurídica, la citación se hará en su domicilio social, requiriéndose a la entidad que proceda a la designación de un representante, así como de abogado y procurador para ese procedimiento, con la advertencia de que, en caso de no hacerlo, se procederá a la designación de oficio de estos dos últimos profesionales del derecho.

Por lo tanto, la acción penal se dirige frente a la propia persona jurídica que, para que lo artificial tome forma corpórea, se ve obligada a nombrar a un delegado que actuará en su nombre. Sin embargo, este representante designado no es un imputado ni puede ser condenado en el marco del proceso penal seguido contra la entidad que le ha elegido. El Tribunal Supremo, en sentencia núm. 618/2016, de 3 de noviembre, no ha planteado dudas sobre este extremo, "una persona que actúa (...) como representante legal de la sociedad querellada no puede ser condenada con carácter individual. (...) En la querella quedó delimitada la condición en la que actuaba y los posteriores trámites se produjeron en el mismo sentido. Se absuelve por no haber sido citado como persona física imputada". Ni tampoco se dirige la acción penal contra el "compliance officer", que en todo caso podrá ser nombrado como su representante, si así lo decide la persona jurídica.

El oficial de cumplimiento no es responsable penal en ningún caso, porque el proceso se dirige contra la persona jurídica y, en su caso, contra el autor material del delito. Por lo que, sólo en el caso de resultar autor material del delito[27] será perseguible penalmente y deberá ser citada personalmente como investigado, cuestión que nada tiene que ver con el cargo de "compliance officer" que desempeña en el seno de la persona jurídica.

Esto significa que ni el "compliance officer" ni tan siquiera el órgano de administración de la persona jurídica son responsables penales de ningún delito, a pesar de que la perpetración se hubiera producido por medio de la sociedad y en su beneficio directo o indirecto.

Los responsables penales son exclusivamente dos:

1° El responsable u responsables de la perpetración del delito, que obligatoriamente tienen que ser personas físicas integrantes de la organización de la persona jurídica. Ya sean directivos o subordinados.

2° La propia persona jurídica, con una responsabilidad penal propia que no se sustenta en la de las personas físicas sino en parámetros diferentes. La carga penal se basa en la ausencia de protocolos suficientes de vigilancia y control sobre los miembros de su organización.

Por consiguiente, la única responsabilidad penal que podría recaer sobre el oficial de cumplimiento sería aquella derivada de su participación, ya sea directa o indirecta, como persona física en el delito. Ya sea como integrante de la persona jurídica o en su función de "compliance officer", debe ser responsable del delito en algún grado de participación contemplado en el ordenamiento jurídico penal[28].

Esto nos conduce a una responsabilidad penal propia que, potencialmente, pueden cometer cualquier miembro de la persona jurídica. En este

---

27 De manera similar a lo que ocurre en el ámbito de la prevención de riesgos laborales.

28 En opinión de la Fiscalía General del Estado, Circular 1/2016, el oficial de cumplimiento "puede ser una de las personas de la letra a) que al omitir gravemente el control del subordinado permite la transferencia de responsabilidad a la persona jurídica. En este supuesto, la omisión puede llevarle a ser él mismo penalmente responsable del delito cometido por el subordinado".

sentido, el desempeño de las funciones de oficial de cumplimiento tampoco otorga ninguna garantía de indemnidad o impunidad penal.

Además, los estándares normativos refuerzan esta posición[29]. La UNE 19601, en su apartado 5.1.2, describe que la responsabilidad del oficial de cumplimiento no es individual, se considera que es conjunta y que también corresponde al órgano de gobierno de la persona jurídica. Conforme a estas propuestas organizativas, la función que no corresponde al "compliance officer" es la toma de decisiones ante las irregularidades detectadas en su supervisión que debe poner en conocimiento de los responsables. Lo que supone que, básicamente, se dedica a aplicar el modelo preventivo, limitándose su responsabilidad ante la existencia de un órgano de administración que, conforme a las normas que regulan la sociedad de capital, es el último responsable de las decisiones que afectan a la persona jurídica.

Sin embargo, es necesario destacar que, en este ámbito concreto, puede generarse una especial responsabilidad penal en el desempeño de sus funciones. Un delito que puede calificarse de encubrimiento o, incluso, de complicidad que se puede producir en la función de investigación interna, como vamos a tratar en el siguiente apartado.

### *4.2. El riesgo de las investigaciones internas*

Es importante señalar que la perspectiva del legislador internacional en cuanto a la responsabilidad penal de las personas jurídicas y el ámbito del "compliance" representa, en esencia, una privatización del derecho penal. Estos programas preventivos son particularmente singulares desde una perspectiva jurídica, ya que se constituyen como herramientas burocráticas de carácter privado, diseñadas y ejecutadas por la propia persona jurídica dentro de su estructura organizativa y en relación a sus miembros. Así, trasladan a la entidad la obligación y presión de llevar a cabo la prevención penal, privatizando la responsabilidad de control y supervisión de toda la organización.

---

29 Desde 2014, los estándares ISO especifican los roles y responsabilidades de la "función de *compliance*", ayudando a interpretar sus parámetros de actuación diligente a nivel internacional. Todos ellos se han decantado por limitar su competencia a "*operar*" el modelo, evitando atribuirle responsabilidades legales que tampoco fijan los ordenamientos jurídicos, salvo para algunos mercados o actividades reguladas.

La persona jurídica contribuye a este diseño al prevenir por sí misma los delitos tipificados que activarían su responsabilidad y podrían ocurrir en el desarrollo de su actividad social. De esta manera, en la práctica, evita la intervención estatal en dicho control.

En ese sentido, estos protocolos de vigilancia naturaleza privada, desarrollados internamente en la organización de la persona jurídica, lo que implica el desplazamiento de una vigilancia que, históricamente, ha sido ejercida monopolísticamente por los poderes públicos, hacia la esfera privada[30].

Consecuentemente, con estos matices, podemos sostener que se trata de una privatización del Derecho Penal. Sin duda, el Estado ha arrojado la toalla en esta materia[31], ante la constatación de que los delitos económicos se producen mayormente en el marco de las personas jurídicas, la única solución que despliega, ante la insuficiencia de recursos con los que cuenta para investigar y enjuiciar esta compleja criminalidad, es ceder su control y

---

30 La propia finalidad de la responsabilidad penal de las personas jurídicas se aleja de la represión para adentrarse en la prevención, "con el deseo de que sean las empresas quienes adopten una actitud colaboradora con los Tribunales de justicia a la hora de descubrir y depurar las responsabilidades personales por los hechos cometidos en su seno o en su beneficio. En otras palabras, al responsabilizar a las empresas por los delitos que puedan llegar a cometer sus empleados, se prevé que las mismas tenderán a implicarse en prevenir tales delitos y adoptarán las oportunas medidas para evitar ser castigadas por los delitos cometidos en su seno". Ortiz Pradillo, J. C., "Compliance y clemencia en el proceso penal de la persona jurídica investigada" en *Corrupción: Compliance, Represión y Recuperación de Activos,* Tirant lo Blanch, 2020, págs. 389-390.

31 Ortiz de Urbina Gimeno, I., lo explica perfectamente, "Han pasado ya más de cien años desde que *Franz von Liszt,* alertara sobre el problema político-criminal representado por las personas jurídicas: si pueden celebrar contratos, también pueden celebrar contratos fraudulentos. Mirada de cerca, en realidad la formulación de *von Liszt* no es por completo afortunada. El problema no está en que las personas jurídicas puedan llevar a cabo conductas ilegales a través de sus órganos y representantes, sino en que el sistema jurídico-penal no es capaz de llegar hasta las personas físicas que toman la decisión de llevarlas a cabo o las toleran. Si las personas jurídicas fueran traslúcidas, esto es, si se dispusiera de información perfecta sobre lo que ocurre dentro de ellas, siempre se podría intentar prevenir los delitos cometidos en su seno mediante la motivación de las personas físicas que las dirigen o que en ellas trabajan". En "Responsabilidad penal de las personas jurídicas y programas de cumplimiento empresarial ("Compliance Programs")" en *Ética empresarial y Códigos de Conducta,* José Luis Goñi Sein (dir.), Ed. La Ley, 2011, págs. 95-135.

vigilancia a las propias empresas. En realidad, estamos ante planteamiento lleno de practicidad del mundo anglosajón, un pacto entre el Estado y las empresas para el control delictivo de la corrupción empresarial.

En este marco, nos encontramos con una función del "compliance officer" que se ajusta generalmente a las labores de vigilancia que debe desempeñar, específicamente la investigación que se lleva a cabo dentro de la persona jurídica en relación a un riesgo detectado por el sistema de prevención.

Esta investigación interna se concentra en la información generada dentro de la organización y se proyecta sobre sus miembros. Una indagación que se enfrenta con evidentes problemas jurídicos al tener como límites evidentes los derechos fundamentales que asisten a cualquier investigado y que se realiza sin intervención de ninguna autoridad policial ni judicial habilitada. Asimilándose esencialmente a la labor de un detective privado. Por lo tanto, el oficial de cumplimiento puede incurrir en varios delitos, como el de revelación de secretos o por la intervención de las comunicaciones de los miembros de la organización, durante su investigación.

Esto supone que este control sobre las incidencias debe realizarse sobre informaciones logradas de manera absolutamente legal, lícita y con un respeto escrupuloso a la presunción de inocencia que tiene toda persona[32].

Dado que nos encontramos en un contexto penal, la prudencia es el criterio más adecuado para la acción. Ante cualquier incidente que pueda sugerir la comisión de un delito, lo más apropiado es no iniciar ninguna investigación y notificar todos los extremos a las autoridades.

Al hilo de estas investigaciones internas, es relevante mencionar el impacto de la Ley 2/2023, de 20 de febrero, que regula la protección de las personas que informan sobre infracciones normativas y lucha contra la corrupción. Aunque no emplea literalmente la denominación "compliance officer", se asemeja a esta figura. El artículo 8 de dicha normativa contempla un responsable del sistema que comparte características similares al oficial de cumplimiento.

El procedimiento para la gestión de las informaciones recibidas, según su artículo 9.2, establece explícitamente: "En particular, el procedimiento

---

32 Como señala Nieto Martín, A. la obtención de evidencias debe conjugarse con los derechos que asisten a los trabajadores. Nieto Martín, A. "Investigaciones internas, whistleblowing y cooperación: la lucha por la información en el proceso penal", *Diario La Ley*, Nº 8120, 2013, pág. 13.

responderá al contenido mínimo y principios siguientes: j) Remisión de la información al Ministerio Fiscal con carácter inmediato cuando los hechos pudieran ser indiciariamente constitutivos de delito. En el caso de que los hechos afecten a los intereses financieros de la Unión Europea, se remitirá a la Fiscalía Europea". Este mandato legal hace que cualquier retraso o postergación en informar a las autoridades sobre los indicios de delitos sea aún más peligroso.

En cualquier caso, la averiguación de lo sucedido es legítima, e incluso puede ser necesario para descartar irregularidades extradelictivas o para reunir la información precisa para acudir ante las autoridades, pero está sujeta a una comunicación inmediata si existe la más mínima sospecha de que pueda haber ocurrido un delito.

Sin embargo, la legitimidad de iniciar una investigación interna en el contexto del "compliance", se encuentra con la tentación que, cuando existe un riesgo penal para la persona jurídica, puede surgir para ocultar indicios de comportamiento criminal para proteger a la propia empresa[33]. Dichas acciones podrían ser interpretadas como encubrimiento de un delito.

Asimismo, debemos tener en cuenta que esta investigación jamás puede reemplazar a la que deben llevar a cabo las autoridades públicas[34]. De hecho, la propia investigación interna puede ser valorada examinada por estas mismas autoridades, ante la que el oficial de cumplimiento tendrá que dar cuenta.

Por lo tanto, en ningún momento de esta investigación interna el "compliance officer" actúa como investigador público y cualquier acción, incluido el retraso en informar a la autoridad competente sobre indicios criminales, puede acarrear riesgos penales personales.

Sin lugar a dudas, enfrentaría cargos penales si obstaculizara la investigación o alterara la información interna para proteger irregularidades

---

33 En esta cuestión podemos constatar un choque de legitimidades, en tanto que también afecta al derecho a no auto incriminarse que tiene la persona jurídica.

34 Esta investigación oficial no tiene la virtualidad de sanar las infracciones cometidas en la investigación interna. Planchadell Gargallo, A. "Prohibiciones probatoria en la investigación de delitos cometidos por personas jurídicas" en *Tratado sobre Responsabilidad Penal. Responsabilidad Penal de las Personas Jurídicas y Modelos de Organización y Gestión,* Gómez Colomer, J. L. (dir.), Tirant lo Blanch, 2019, págs. 1156-1157.

organizativas. En el mismo sentido que debemos advertir sobre de las investigaciones que se puedan realizar una vez incoado cualquier procedimiento penal y que puedan ser interpretadas como entorpecedoras de la instrucción penal.

En resumen, la única investigación exenta de riesgo penal es aquella realizada tras la finalización de la investigación oficial, o con autorización, y que tenga como fin extraer conclusiones para mejorar el sistema preventivo penal.

Por lo tanto, es importante resaltar la obligación de estos profesionales de notificar de inmediato a las autoridades pertinentes cualquier indicio que pudiera tener la apariencia de ser un delito, y colaborar activamente con dichas autoridades. Aunque no contamos con criterios jurisprudenciales definitivos, parece que estos profesionales asumen un riesgo personal significativo al llevar a cabo sus investigaciones internas[35], especialmente dado que los límites de estas funciones no están claramente delimitados legalmente[36].

Aunque no existe un deber específico de informar sobre los indicios delictivos detectados por el sistema de cumplimiento, los "compliance officer" están sujetos al deber general de presentar un informe en caso de tener conocimiento de la posible comisión de un delito, incluso si este se comete dentro de la organización de la persona jurídica.

Por último, queremos insistir en la importancia del estándar normativo ISO 37008:2023 sobre investigaciones internas y, a pesar de no tratarse de un texto jurídico, establece unas directrices avaladas internacionalmente que escrupulosamente el "compliance officer" debe seguir encauzar adecuadamente esta peligrosa funcionalidad.

---

35 A modo de ejemplo de un control de terceros es el que se nos relata en el Auto de la Audiencia Nacional, Sala de lo Penal, Sección 3ª, Auto 36/2023 de 30 Ene. 2023, Rec. 428/2022: "La Comisión de Ética y Cumplimiento tras ser informada del trabajo realizando por el Chief Compliance Officer, el testigo Donato, encargó a un Catedrático de Derecho Penal un análisis de este Informe, tanto en lo relativo a la metodología utilizada para hacer su investigación como a la coherencia y consistencia de sus conclusiones con las evidencias obtenidas".

36 El debate sobre su posición y su posible responsabilidad penal es intenso en la doctrina. Lledó Benito, I., *Corporate compliance: La prevención de riesgos penales y delitos en las organizaciones penalmente responsables*, Dykinson, 2018, págs. 77-80.

### *4.3. La responsabilidad del "compliance officer" por la perpetración del delito*

En la actualidad, la responsabilidad penal de las personas jurídicas se considera independiente y autónoma con respecto a la responsabilidad penal de la persona física que comete los hechos criminales.

Debemos partir de que la culpabilidad de la persona jurídica, conforme a la actual regulación y a la doctrina del Tribunal Supremo, recae sobre los hechos propios que haya cometido[37], lo que significa que esta culpabilidad es autónoma con respecto a la culpabilidad de la persona natural. Por lo tanto, se aleja de los elementos que pueden producir la condena de la persona física delincuente, presentando sus propios elementos configuradores que se sitúan necesariamente sobre sus propios actos corporativos. En concreto, su culpabilidad se produce por incumplir su deber de control y supervisión sobre los miembros de su organización.

En sentido contrario, si la persona jurídica ha cumplido con su deber organizativo no puede ser condenada[38]. Por esta razón, se considera objetivamente eficaz este control si se adecuada a un programa de prevención penal o "compliance" estandarizado. Consecuentemente, si se acredita este extremo, las personas jurídicas pueden eludir la responsabilidad penal.

Por ello, el futuro procesal de las organizaciones no va a depender, como antaño, en señalar a la persona que ha cometido el delito, ahora va a girar en torno a su capacidad para articular un sistema organizativo que, transformando su vida interna, trate eficazmente de detectar e impedir

---

37 La responsabilidad objetiva está vedada por la doctrina del Tribunal Supremo, que exige que la culpabilidad de la persona jurídica debe desprenderse de un hecho delictivo propio (STS 221/2016, de 16 de marzo). Molina Mansilla, M. C. y Molina Mansilla, L., "La nueva regulación de la responsabilidad criminal de las personas jurídicas tras la modificación de la LO 1/2015, de 30 de marzo. Especial atención a la Circular 1/2016 FGE y a la última tendencia jurisprudencial", *La Ley Penal*, núm. 125, 2017, pág. 13.

38 Como señala el autor "la imposición de la sanción solo se puede justificar frente a la persona jurídica como organización económica si se constata —precisamente en su organización— un estado peligroso que favorece objetivamente el delito de la persona física. Las personas jurídicas no merecen sanción 5. Si tampoco es necesario imponérsela —porque no hay razones de prevención general ni especial para hacerlo— entonces la sanción que se les imponga carece de fundamento. Es arbitraria". Rodríguez García, N., "Las investigaciones defensivas en el *Compliance* penal corporativo", en *Compliance y responsabilidad de las personas jurídicas*, Ed. Tirant lo Blanch, Valencia, 2021, págs. 298-300.

o obstaculizar la comisión de un delito a través de sus protocolos organizativos.

En este contexto, queremos destacar un asunto curioso, la eficacia jurídica de estos programas se pone a prueba cuando han fracasado, cuando no han servido. Imaginemos la secuencia procesal: la incoación de un procedimiento criminal contra una persona jurídica ocurre en un escenario en el que el programa de prevención no ha funcionado. Es evidente que la incoación exige que el delito se haya cometido, a pesar de las medidas implantadas en la organización para prevenirlo e impedirlo. Por lo tanto, el inicio de un procedimiento penal no es más que la constatación de la posible comisión delictiva y de que el sistema preventivo penal ha fallado.

A pesar de este fracaso y la consumación del delito, la normativa legal, que ha sido avalada por la doctrina del Tribunal Supremo, va a premiar el esfuerzo organizativo de las personas jurídicas que han establecido con suficiencia los protocolos necesarios para intentar impedir el delito que se ha cometido, permitiendo la exoneración de su responsabilidad penal[39]. Todo ello, como decimos, a pesar de la certificación de que el sistema "compliance" no ha funcionado correctamente, independientemente de los resultados del sistema.

Por lo tanto, con el despliegue correcto del "compliance" podemos sostener que la persona jurídica ha actuado diligentemente y cumpliendo con sus obligaciones legales de controlar a los miembros de su organización en materia penal. Lo que producirá el sobreseimiento o archivo de la causa penal contra la persona jurídica[40], que deberá

---

39 Silva Sánchez, J. M., "El compliance de detección como "eximente" supralegal para las personas jurídicas", en *El derecho penal en el siglo XXI. Liber Amicorum en honor al profesor José Miguel Zugaldía Espinar*, Elena Marín de Espinosa Ceballos (dir.), Tirant lo Blanch, 2022, pág. 149.

40 Como acertadamente resuelve, a modo de ejemplo, la Sala de lo Penal de la Audiencia Nacional, mediante auto de fecha de 8 de julio de 2021, núm. resolución 405/2021, al acordar el sobreseimiento por constatar que "se ha acreditado la real existencia de un sistema de cumplimiento normativo en el seno de (...) S.A. que permitía prevenir y reaccionar frente al delito de cohecho que provisionalmente se venía achacando a la entidad, que mostró su eficacia con la expulsión de los empleados que, siempre con el carácter provisorio que define los resultados de la instrucción, presuntamente cometieron los hechos falsarios, defraudatorios y depredatorios que son objeto de investigación".

decretarse con celeridad por el juez instructor[41] para evitar algún daño reputacional[42].

En todo caso, esta eficacia exoneratoria viene otorgada con ciertas condiciones: los programas de cumplimiento deben cumplir con todos los aspectos básicos establecidos directamente[43] en el art. 31.5 bis del CP[44]. Este precepto nos otorga unas pautas muy genéricas, por lo que, ante el problema surge ante la ausencia de una regulación más detallada, se ha acudido a la estandarización normativa.

Una vez que se cumplen estos requisitos, el efecto procesal exonerador se produce cuando se cuenta con un programa preventivo válido. Por lo que, el sistema de 'compliance' no se basa en un resultado, sino en la implementación de una actividad preventiva legal y razonable. Por este motivo, cuando el sistema preventivo, como sucede en toda la actividad humana, falla, no se genera responsabilidad para el oficial de cumplimiento.

---

41 Como señala la STS, núm. 221/2016, de 16 de marzo, "Habrá de acreditar además que ese delito cometido por la persona física y fundamento de su responsabilidad individual, ha sido realidad por la concurrencia de un delito corporativo, por un defecto estructural en los mecanismos de prevención exigibles a toda persona jurídica, de forma mucho más precisa, a partir de la reforma de 2015".

42 Montaner Fernández, R., "Reputación corporativa y responsabilidad penal de la empresa", *Revista Aranzadi Doctrinal,* núm. 1/2018, pág. 26.

43 Belén Linares, M., "Programas de cumplimiento en el seno de la persona jurídicas tras la LO 1/2015", *La Ley Penal,* núm. 118, 2016, págs. 2-3.

44 Antes de proceder con el sobreseimiento, el juez de instrucción deberá comprobar que el programa preventivo penal ha implementado la realidad de una "cultura ética corporativa y no se trate de un modelo de puro maquillaje o compliance cosmético, formulario, a modo de escudo disfuncional del "cumplo y miento", respecto de cuyo comportamiento ya viene alertando la Fiscalía General del Estado. En este sentido, los Jueces centrales de instrucción, para detectar los paper compliance, los compliance cosméticos, empiezan a fijarse en cuestiones muy concretas que afectan a la aplicación del plan de *compliance*: cuándo se empezó a diseñar y aplicar el plan de prevención; si se mandó una circular informativa al respecto a toda la compañía; si recientemente se ha internacionalizado la empresa (con las derivadas que esta acción tiene para un mapa de riesgos eficaz); o cuánto se le pagaba al *compliance officer* por hacer su trabajo, la dotación o partida presupuestada, la implantación de los mapas de riesgos y canales de denuncia, etc. Desde luego, los compliance no deben interpretarse como una suerte de salvoconducto automático de la responsabilidad penal. Su objetivo es generar, inculcar, una cultura ética corporativa". Torras Coll, J. M., "Aspectos procesales de la responsabilidad penal de la persona jurídica. Valoración del programa compliance", *La Ley Penal,* núm. 2018, pág. 20.

A pesar de haberse producido el delito, el programa preventivo demuestra que se han realizado lo humanamente posible para evitar o obstaculizarlo, cumplimiento con su misión de prevenir o reducir significativamente los delitos que puedan ocurrir dentro o a través de las entidades. Lo que significa que la labor del oficial de cumplimiento ha conseguido exonerar a la persona jurídica de su responsabilidad penal.

### *4.4. La responsabilidad civil*

Al tratar sobre esta responsabilidad, nos referimos a una responsabilidad por el daño que se pueda provocar a la empresa, y en primer lugar, es importante destacar que el 'compliance' no garantiza la prevención total de los delitos corporativos especiales.

El objetivo fundamental del diseño es el cumplir con la vigilancia debida exigido legalmente frente a los integrantes de la organización. Puesto que, sólo y exclusivamente la ausencia de un despliegue de protocolos de control puede generar una condena penal[45] para la persona jurídica[46].

Sin embargo, una vez desplegado este sistema puede fallar, permitiendo que se cometa un delito, pero ello no significa que exista responsabilidad penal para la empresa[47]. Otra cuestión distinta es que la empresa tenga una responsabilidad civil por el delito, cuya naturaleza se aleja de su propia responsabilidad, para situarse en la responsabilidad penal de sus empleados y en el mandato del art. 120.4 CP, que establece que: "Las personas naturales o jurídicas dedicadas a cualquier género de industria o comercio,

---

45 El análisis jurisprudencial nos lleva a la conclusión de que el "compliance" determinará la absolución o condena de la persona jurídica. Veiga Vázquez, R., "Catálogo jurisprudencial del Tribunal Supremo sobre la materia de responsabilidad penal de las personas jurídicas", *Actualidad Compliance*, BIB 2019\6869, Aranzadi, 2019, págs. 12-13.

46 La responsabilidad objetiva está vedada por la doctrina del Tribunal Supremo, la culpabilidad de la persona jurídica debe desprenderse de un hecho delictivo propio (STS 221/2016, de 16 de marzo). Molina Mansilla, M. C. y Molina Mansilla, L., "La nueva regulación de la responsabilidad criminal...", *op. cit.*, pág. 13.

47 Incluso, existe una especialidad procesal en la materia que exige que la eximente de su responsabilidad penal no tiene que ser acreditada por la persona jurídica acusada, sino que, sobre la base de la presunción de inocencia, se le supone y tiene que ser desacredita por la acusación. Etxeberria Bereziartua, E. *La cuestión cautelar en el proceso sobre la responsabilidad penal de la persona jurídica*, Tirant lo Blanch, 2023, págs. 332-336.

por los delitos que hayan cometido sus empleados o dependientes, representantes o gestores en el desempeño de sus obligaciones o servicios"[48].

Por lo tanto, el "compliance officer" podría enfrentarse fundamentalmente a dos tipos de responsabilidades civiles:

a) La primera podría surgir de una demanda de repetición que la persona jurídica podría presentar en su contra, ya que se ha visto obligada a abonar una responsabilidad civil por un delito cometido, a pesar de contar con la implantación de un sistema preventivo.

b) La segunda modalidad de responsabilidad civil podría generarse a partir de una conducta profesional negligente o dolosa que no cumplió con las expectativas por las que fue contratado, ocasionando un perjuicio económico a la persona jurídica.

En ambos casos, se trata de indemnizaciones que la empresa reclama al "compliance officer" por no haber desempeñado adecuadamente su actividad profesional[49] para la cual fue contratado. Esto nos lleva a la premisa de un fallo significativo en el sistema de cumplimiento, el cual no ha actuado como un elemento exonerador debido a la negligencia o mala praxis profesional, en la medida en que la responsabilidad civil por el delito de sus empleados se sitúa con independencia del delito corporativo. Como resultado, la persona jurídica se ha visto obligada a asumir consecuencias indemnizatorias o perjuicios, ya que el oficial de cumplimiento no ha realizado debidamente su labor, incumpliendo los estándares de su profesión.

Por lo tanto, esta responsabilidad civil exige demostrar que ha existido un daño para la empresa a raíz de la negligencia del oficial de cumplimiento y que hay una conexión o relación de causalidad entre ambos elementos. Sólo en ese supuesto, el compliance officer estaría sujeto a que se activase en su contra una reclamación por responsabilidad civil. Pero, más allá de las propias especialidades de su actividad profesional, esta solicitud

---

48 Una responsabilidad civil que el Tribunal Supremo ha interpretado de manera amplia como se recoge en la STS núm. 647/2021, de 19 de julio, "Es indiferente cuál fuese el nivel de negligencia de la entidad, así como que se haya excluido su responsabilidad penal. También resulta irrelevante que el responsable penal haya violado la prohibición de no concurrencia, o que fallase o no la capacidad supervisora de la entidad o que ésta no obtuviese beneficio de los contratos fraudulentos".

49 También en esta actuación debemos remarcar la importancia de los estándares normativos, que serán la medida de lo que se debe considerar como una práctica diligente y profesional del "compliance officer".

de daños y perjuicios no presenta particularidades diferentes a las que son exigibles a cualquier profesional u trabajador por cuenta ajena.

Lo que nos lleva a tratar sobre la responsabilidad de un empleado en el desempeño de la prestación de sus servicios en el marco de la persona jurídica. Una responsabilidad civil del trabajador con respecto al empresario que no cuenta con una regulación en el Estatuto de los Trabajadores, Real Decreto Legislativo 2/2015, de 23 de octubre. La única mención al respecto, pero que no es de aplicación en este texto es la que se realiza en su art. 21. Una circunstancia, que ha provocado que se llegue a defender jurisprudencialmente la irresponsabilidad del trabajador[50]. Por este motivo, en la práctica forense, el incumplimiento en sus funciones por parte del trabajador se reconduce a través del despido disciplinario.

En todo caso, aunque escasamente, cierta jurisprudencia también ha defendido la supletoriedad del art. 1101 del Código Civil[51] que establece que: "Quedan sujetos a la indemnización de los daños y perjuicios causados los que en el cumplimiento de sus obligaciones incurrieren en dolo, negligencia o morosidad, y los que de cualquier modo contravinieren al tenor de aquéllas". Lo que ha llevado a la Sala Cuarta del Tribunal Supremo ha pronunciarse matizando la posibilidad de exigir la responsabilidad civil al trabajador por cuenta ajena.

Tal y como podemos observar en la STS de 14 de noviembre de 2007, rec. 4726/2006, se reconoce la existencia de la responsabilidad civil del trabajador por incumplimiento de sus deberes laborales básicos, "mas no por ello, pueden trasladarse sin matización alguna las normas del Código Civil reguladoras de la responsabilidad contractual por dolo o culpa (arts. 1.101 y sigs)".

Lo que se explica por el propio concepto de la ajenidad de los beneficios y de los riesgos, "Exigir una actividad y un resultado óptimos con consecuencias indemnizatorias en todo caso contrario, además de desconocer que la naturaleza humana nunca puede garantizar la perfección en el obrar, supondría un freno, cuando no un impedimento absoluto, para la aceptación de la mayor parte de los trabajos por cuenta ajena, ante el potencial y grave riesgo patrimonial que implicaría el manejo de los costosos

---

50 Tribunal Superior de Justicia del País Vasco (Sala de lo Social). Sentencia de 24 de abril de 2007, rec. 423/2007.

51 Tribunal Superior de Justicia de Madrid (Sala de lo Social). Sentencia de 28 de marzo de 2007, núm. 141/2007.

instrumentos de trabajo de los que hoy se dispone, si el trabajador tuviera que responder de todos los daños y perjuicios causados. Ello obliga a matizar los tradicionales criterios civiles de responsabilidad indemnizatoria contractual, y a exigir para que ésta pueda surgir en el ámbito laboral, que la culpa o negligencia del trabajador sea grave, cualificada o de entidad suficiente. O lo que es igual, que no todo error, fallo u olvido del trabajador da lugar a la indemnización de los daños y perjuicios que cause su actuar, lo que obliga a estar a las circunstancias de cada caso para valorar el grado de desatención de las medidas y cuidados exigibles a todo trabajador".

En definitiva, una difícil reclamación para la persona jurídica cuyo órgano de gobierno[52] y no el "compliance officer" asume la última responsabilidad de todo lo que concierne al sistema preventivo penal.

## 5. A MODO DE CONCLUSIÓN

Desde la incorporación a nuestro ordenamiento jurídico penal del "compliance officer", podemos observar que se ha producido un desarrollo significativo en sus funciones y se ha profundizado en su perfilación dentro de las organizaciones.

Estos avances se han logrado con los estándares normativos propuestos por la Organización Internacional de Normalización (ISO), que han sido adoptados a nuestro país por la Asociación Española de Normalización bajo la denominación UNE. Estas normas estandarizadas han permitido la expansión de los sistemas "compliance" a diferentes realidades empresariales, que han podido basarse en un modelo que proporciona una seguridad contrastada y detalles exhaustivos que evita equívocos, brindando un marco de referencia sólido para las empresas.

Sin embargo, estas propuestas organizativas no son normas jurídicas y se debe exigir una regulación legal específica en torno a la figura que definiría con mayor claridad las responsabilidades, obligaciones y alcance de sus funciones. Además, también son necesarios los criterios jurisprudenciales,

---

52 En este aspecto, debemos traer a colación la posición que defienda la Fiscalía, Circular 1/2016: "No puede dejar de mencionarse que, sin perjuicio de las funciones propias del oficial de cumplimiento, siempre corresponderá al órgano de administración establecer la política de control y gestión de riesgos de la sociedad y su supervisión, que en las sociedades cotizadas tiene la condición de facultad indelegable [art. 529 ter b) LSC"].

en particular, la homologación judicial de estos estándares permitiría avalar las funciones que desarrolla el "compliance officer" y todo el marco de su responsabilidad personal.

Ante la probable ausencia del legislador, subrayamos y revindicamos la necesidad de que la jurisprudencia establezca los precisos criterios procesales para aclarar las incertidumbres que rodean la labor del "compliance officer" y el alcance de su responsabilidad.

En lo que respecta a complicada cuestión de la independencia del "compliance officer" es esencial establecer salvaguardias y políticas claras que aseguren la independencia del profesional de cumplimiento, evitando influencias internas que puedan obstaculizar su capacidad para actuar imparcialmente. Esto incluye garantizar la separación de funciones y reporte directo a niveles superiores, lo que fortalece su capacidad para identificar, informar y abordar los incumplimientos de manera objetiva.

No podemos ignorar que la eficacia de sus funciones se encuentra sometido a un enorme conflicto de intereses, debido a que, al tratarse de un supervisor del resto de los integrantes de la organización, debe tener un grado de autonomía e independencia que le permita actuar frente a todos ellos, sin verse sometido a vetos por su posible posición jerárquica inferior. En ese sentido, la literalidad de la norma exige la independencia e iniciativa en el desempeño de la labor de oficial del cumplimiento se debe engarzar con la realidad empresarial. Es necesario establecer salvaguardias y políticas claras que aseguren la independencia del profesional de cumplimiento, evitando influencias internas que puedan obstaculizar su capacidad para actuar imparcialmente. Esto incluye garantizar la separación de funciones y reporte directo a niveles superiores, lo que fortalece su capacidad para identificar, informar y abordar los incumplimientos de manera objetiva. Puesto que, sin duda la vigilancia se debe proyectar también sobre los directivos y el órgano de gobierno que se sitúan por encima del "compliance officer" en el organigrama de la persona jurídica.

Por este motivo, la solución más garantista para garantizar su actuación pasa por regular que la elección de estos profesionales de vigilancia se aleje de los órganos de gobierno. Lo que supone que sea efectuada por un órgano social relacionado directamente con la propiedad de la persona jurídica, situando la decisión en la Junta de Accionistas o Socios de la entidad. Asimismo, nos parece razonable proponer que este órgano fuera el receptor de los informes generales de los "compliance officer", debiéndose tratar y aprobar los mismos, junto con el resto de las cuentas anuales y exigencias contables. Procediéndose a su posterior inscripción en sus correspondientes registros mercantiles, para que, quedarán a disposición libre de cualquier tercero que quisiera tener acceso a la realidad del sistema "compliance" de la persona jurídica. Por lo que, se equipararía cierta parte de la actividad de los "compliance officer" con la de los auditores de cuentas de las sociedades.

## BIBLIOGRAFÍA


Belén Linares, M., "Programas de cumplimiento en el seno de la persona jurídicas tras la LO 1/2015", *La Ley Penal*, núm. 118, 2016.

Carpio Briz, D. I., "La olvidada relevancia de la seguridad privada en los sistemas de compliance penal", *Revista Aranzadi de Derecho y Proceso Penal*, núm. 52/2018.

Echeverria Bereciartua, E. *Las modalidades de responsabilidad penal de las personas jurídicas en el marco del Proceso Penal*, Tirant lo Blanch, 2021.

Etxeberria Bereziartua, E. *La cuestión cautelar en el proceso sobre la responsabilidad penal de la persona jurídica*, Tirant lo Blanch, 2023.

Fortuny Cendra, M. "¿Hacia la irresponsabilidad penal de las personas jurídicas de pequeñas dimensiones? A propósito de la sentencia del Tribunal Supremo de 11 de noviembre de 2022", *La Ley compliance penal*, núm. 13, 2023.

Gimeno Beviá, J., *El proceso penal de las personas jurídicas*, Thomson Reuters, 2014.

Jimeno Bulnes, M., "La responsabilidad penal de las personas jurídicas y los modelos de compliance: un supuesto de anticipación probatoria", *Revista General de Derecho Penal*, núm. 32, 2019.

Lledó Benito, I., *Corporate compliance: La prevención de riesgos penales y delitos en las organizaciones penalmente responsables*, Dykinson, 2018.

Molina Mansilla, M. C. y Molina Mansilla, L., "La nueva regulación de la responsabilidad criminal de las personas jurídicas tras la modificación de la LO 1/2015, de 30 de marzo. Especial atención a la Circular 1/2016 FGE y a la última tendencia jurisprudencial", *La Ley Penal*, núm. 125, 2017.

Montaner Fernández, R., "¿El *compliance* como termómetro de la diligencia penalmente exigible a las empresas?", *La Ley compliance penal*, núm. 1, 2020.

Montaner Fernández, R., "Reputación corporativa y responsabilidad penal de la empresa", *Revista Aranzadi Doctrinal*, núm. 1/2018.

Nieto Martín, A. "Investigaciones internas, whistleblowing y cooperación: la lucha por la información en el proceso penal", *Diario La Ley*, Nº 8120, 2013.

Nieto Martín, A. y García Moreno, B., "De la ética pública al public compliance" en *Tratado sobre Responsabilidad Penal. Responsabilidad Penal de las Personas Jurídicas y Modelos de Organización y Gestión*, Gómez Colomer, J. L. (dir.), Tirant lo Blanch, 2019.

Nieto Martín, A., *La responsabilidad penal de las personas jurídicas: esquema de un modelo de responsabilidad penal*, Iustel, 2008.

Ortiz de Urbina Gimeno, I., "Responsabilidad penal de las personas jurídicas y programas de cumplimiento empresarial ("Compliance Programs")" en *Ética empresarial y Códigos de Conducta*, José Luis Goñi Sein (dir.), Ed. La Ley, 2011.

Ortiz Pradillo, J. C., "Compliance y clemencia en el proceso penal de la persona jurídica investigada" en *Corrupción: Compliance, Represión y Recuperación de Activos*, Tirant lo Blanch, 2020.

Planchadell Gargallo, A. "Prohibiciones probatoria en la investigación de delitos cometidos por personas jurídicas" en *Tratado sobre Responsabilidad Penal. Responsabilidad Penal de las Personas Jurídicas y Modelos de Organización y Gestión*, Gómez Colomer, J. L. (dir.), Tirant lo Blanch, 2019.

Rodríguez García, N., "Las investigaciones defensivas en el *Compliance* penal corporativo", en *Compliance y responsabilidad de las personas jurídicas*, Ed. Tirant lo Blanch, Valencia, 2021.

Serrano Zaragoza, O., "Compliance y prueba de la responsabilidad penal de las personas jurídicas; cómo conseguir la exención de responsabilidad penal de una persona jurídica en el curso de un concreto procedimiento penal", *Revista Aranzadi Doctrinal*, núm. 6/2016.

Silva Sánchez, J. M., "El compliance de detección como "eximente" supralegal para las personas jurídicas", en *El derecho penal en el siglo XXI. Liber Amicorum en honor al profesor José Miguel Zugaldía Espinar*, Elena Marín de Espinosa Ceballos (dir.), Tirant lo Blanch, 2022.

Torras Coll, J. M., "Aspectos procesales de la responsabilidad penal de la persona jurídica. Valoración del programa compliance", *La Ley Penal*, núm. 2018.

Veiga Vázquez, R., "Catálogo jurisprudencial del Tribunal Supremo sobre la materia de responsabilidad penal de las personas jurídicas", *Actualidad Compliance*, BIB 2019\6869, Aranzadi, 2019.

Villegas García, M. A., *La Responsabilidad Criminal de las Personas Jurídicas. La Experiencia de Estados Unidos*, Thomson Reuters Aranzadi, 2016.

# *Derecho a la libertad: alternativas a la prisión provisional y control mediante sistemas tecnológicos*

**VICENTE C. GUZMÁN FLUJA**
*Catedrático de Derecho Procesal*
*Universidad Pablo de Olavide, de Sevilla*

**SUMARIO:** 1. UN CAMBIO DE PARADIGMA EN EL TRATAMIENTO DE LA LIMITACIÓN A LA LIBERTAD DURANTE EL PROCESO PENAL. 2. LA POLÍTICA DE LA UNIÓN EUROPEA EN MATERIA DE PROCESO PENAL: PENAS Y MEDIDAS CAUTELARES. 3. LAS ALTERNATIVAS A LAS PENAS PRIVATIVAS DE LIBERTAD Y LAS ALTERNATIVAS A LAS MEDIDAS CAUTELARES PRIVATIVAS DE LIBERTAD: UN NUEVO ENFOQUE. 4. MEDIDAS ALTERNATIVAS A LA PRISIÓN PROVISIONAL Y MEDIDAS DE PROTECCIÓN DE VÍCTIMAS. 5. EL CONTROL DE LA RESTRICCIÓN DE LA LIBERTAD MEDIANTE SISTEMAS TECNOLÓGICOS: POSIBILIDADES, REALIDADES, COSTES.

## 1. UN CAMBIO DE PARADIGMA EN EL TRATAMIENTO DE LA LIMITACIÓN A LA LIBERTAD DURANTE EL PROCESO PENAL

No es un debate, ni mucho menos, nuevo. Tampoco es un debate estrictamente jurídico. Estamos ante lo que se puede calificar como un recurrente cuestionamiento de la necesidad, los fines, la eficacia y los efectos de la medida cautelar de completa privación de libertad del sujeto pasivo sometido a un proceso penal, la prisión provisional o prisión preventiva[1].

---

1 Se puede comprobar que la doctrina procesalista, prácticamente de forma unánime, ha abogado por un entendimiento restrictivo del uso de la prisión provisional y ha reivindicado que se acuda a otras medidas alternativas para lograr la sujeción al proceso penal, evitar el riesgo de fuga, evitar el riesgo de alteración de pruebas, y demás finalidades que se pretenden lograr con la privación preventiva de la libertad. Para no alargar en exceso la enumeración de trabajos, me limito a citar algunos de los más relevantes, comenzando por uno cuya cita es obligada en este libro homenaje al Dr. Moreno Catena: Muñoz Conde, F., Moreno Catena, V., "La prisión provisional en el Derecho español" en *La reforma penal y penitenciaria*, Santiago de Compostela, 1980; Asencio Mellado, J. M., *La prisión provisional*, Civitas, 1987; Barona Vilar, S., *Prisión provisional y medidas alternativas*, Bosch, 1988; Asencio Mellado, J. M., "Reforma de la prisión provisional. El respeto a la excepcionalidad como garantía del derecho a la libertad", *La Ley: Revista jurídica española*

Calificada como "mal necesario", siempre dentro del eterno debate entre seguridad y libertad, los movimientos pendulares que gobiernan los avances sociales, jurídicos, económicos, nunca han podido concluir, ni siquiera en el extremo más favorable a la libertad, la abolición de la prisión provisional (ni de la pena privativa de libertad). Por lo tanto, no se cuestionará que la prisión provisional sigue siendo un "mal necesario" y que no puede prescindirse totalmente de ella en el proceso penal del Estado social y democrático de Derecho, ni se reiterarán las más que trilladas consideraciones sobre su relación con la presunción de inocencia (que ciertamente se ve afectada en estos casos, algo tolerable solamente si prisión provisional se ajusta a finalidades constitucionales[2]), ni sobre su carácter absolutamente excepcional, como última medida posible, que debe adoptarse de forma motivada y debe estar sometida a revisión y control de los tribunales (como se ha reiterado, y es sobradamente conocido, por la doctrina del TC y por el TEDH[3]). Otra cosa será que todas estas declaraciones tengan reflejo en la práctica y se cumplan.

---

*de doctrina, jurisprudencia y bibliografía,* nº 2, 2005; Etxeberria Guridi (Medidas de vigilancia alternativas a la prisión provisional en el espacio judicial europeo, en Gómez Colomer, J. L., Barona Vilar, S., Calderón Cuadrado, M. P. (Coords.) El derecho procesal español del siglo XX a golpe de tango, Libro homenaje a Juan Montero Aroca, Valencia, 2012. Más recientes, Abadías Selma, A., Simón Castellano, P.(coords.), *La prisión provisional y su estudio a través de la casuística más relevante: un análisis ante la segunda revolución de la justicia penal,* Atelier, Barcelona, 2020; Turturro Pérez de los Cobos, S., "Libertad personal versus prisión provisional: un derecho minusvalorado por razones anacrónicas", *Revista de las Cortes Generales,* Nº 111, Segundo semestre, 2021; Ordoñez Ponz, F., "La prisión provisional y sus medidas alternativas: ¿ponemos fin al eterno debate con nuevas propuestas?, Revista General de Derecho Procesal 56, 2022.

2 Véase, por ejemplo, Moreno Catena, V., "La prisión provisional de los condenados del Procés", Teoría y Derecho, Revista de pensamiento jurídico, nº 26, 2019, en especial páginas 203-206.

3 SSTC 41/1982, de 2 de julio; 47/2000, de 17 de febrero; 147/2000, de 29 de mayo; 305/2000, de 11 de diciembre; 29/2001, de 29 de enero; 8/2002, de 14 de enero; 98/2002, de 29 de abril; 82/2003, de 5 de mayo; 121/2003, de 16 de junio; 81/2004, de 5 de mayo. SSTC 66/1989, de 17 de abril; 62/2005, 179/2005 sobre adecuación a la presunción de inocencia, 37/1996, de 11 de marzo, y 67/1997, de 7 de abril, y la esencial 47/2000, de 17 de febrero; doctrina reiterada y actualizada entre otras por las SSTC 210/2013, de 16 de diciembre, 29/2019, de 28 de febrero, 143/2022, de 14 de noviembre, o 32/2023, de 17 de abril. En cuanto a los diversos aspectos de la prisión provisional tratados por el TEDH, desde el asunto Neumeister, STEDH, de 27 de junio de 1968, pasando por STEDH de 10 de noviembre de 1969, asunto Matznetter, STEDH de 10 de noviembre de 1969, asunto

Sobre los límites, fines, eficacia y efectos que la prisión provisional pueda tener, partiendo de su existencia, se discute constantemente y esas discusiones dan origen a continuas revisiones de la regulación de la prisión provisional, en España la última importante fue de la de la Ley Orgánica 13/2003, de 24 de octubre, aunque cabe reseñar algunas reformas puntuales efectuadas tanto por la Ley Orgánica 5/2015, de 27 de abril, como por la Ley Orgánica 13/2015, de 5 de octubre. En cualquier caso, lo que interesa ahora es constatar que parece consolidada la idea, y poco a poco la práctica, de que la prisión provisional debe ser, cada vez más, un mecanismo excepcional (aunque siendo algo que se reclama desde hace muchos años, no parece tener cumplimiento luego en la previsión legal[4]) que debe ceder protagonismo a las llamadas medidas alternativas a la prisión provisional, que encierran una variada gama de posibilidades de garantizar la sujeción de una persona al proceso penal que se dirige contra ella sin necesidad de decretar la total pérdida de libertad deambulatoria en espera de juicio. Tampoco son una novedad estas medidas alternativas, pero sí lo es el protagonismo que van asumiendo en el proceso penal, aunque en España, como se verá, no existe todavía una regulación sistemática de las mismas en la norma procesal.

---

Stogmüller, STEDH de 26 de junio de 1991, asunto Letellier c. Francia, (Ryssdal, Presidente), STEDH asunto W c. Suiza de 26 de enero de 1993, STEDH asunto Ilijkov c. Bulgaria de 26 de julio de 2001, STEDH asunto Hill c. Reino Unido de 27 de abril de 2004, STEDH asunto Nikolova c. Bulgaria de 30 de septiembre de 2004, STEDH asunto Reinprecht c. Austria, 15 noviembre 2005, STEDH Tendam c. España, de 13 de julio de 2010, STEDH caso Thimothawes c. Bélgica, de 4 de abril de 2017, STEDH Venet c. Bélgica, de 22 de octubre de 2019, STEDH Staykov c. Bulgaria, de 8 de junio de 2021, STEDH caso Karaca c. Turquía de 20 de junio de 2023.

4 Siendo, como parece hasta ahora, una tarea imposible aprobar una nueva ley de enjuiciamiento criminal en la que pudiera reflejarse con medidas concretas la excepcionalidad de la prisión provisional y el uso preferente de la libertad provisional con medidas alternativas a la prisión, cabe reseñar que los diferentes anteproyectos de LECrim elaborados en la última década han optado siempre por plasmar esta idea, con diferentes formulaciones pero coincidiendo en restringir la prisión provisional y potenciar las medidas alternativas. Así, el Anteproyecto de 2011 que regula primero la libertad provisional, luego el elenco de medidas alternativas y por último la prisión provisional de forma más restringida que la actual LECrim, artículos 178 a 222; e, igualmente, del Anteproyecto de Ley Orgánica de Enjuiciamiento Criminal de 2021, artículos 216 a 276; lo mismo puede decirse del Anteproyecto de 2013, pero éste conserva la estructura tradicional de regular primero la prisión provisional y después la libertad provisional con las distintas medidas alternativas, artículos 151 a 199.

Por lo tanto, puede afirmarse claramente que diversos factores y circunstancias apuntan a que el centro de gravedad del sistema de medidas cautelares personales en el proceso penal quede residenciad en la restricción parcial provisional de la libertad ambulatoria y no en la restricción provisional total de tan sensible, apreciado y fundamental derecho.

En este trabajo se tratará de explicar qué factores son los que sustentan este trascendental cambio, qué razones hay para que se pueda aplicar ahora, de forma generalizada y qué supone jurídicamente, pero también social y económicamente.

Porque cualquiera que sea el sistema jurídico, "common law" o "civil law", u ordenamiento jurídico nacional concreto, en cualquiera de esos dos sistemas o de sus diferentes formulaciones, lo que se revela, con mayor o menor gravedad, es que la prisión provisional resulta una medida cautelar que termina proporcionando más efectos negativos que positivos si es cabe hablar de estos últimos sin, a la vez, no sentir que se utiliza una expresión impropia. Lo evidente es que con la prisión provisional se evidencia la tensión que existe entre lo que debemos estimar correcto jurídicamente y lo que se considera correcto en la percepción de una gran parte de la sociedad[5]:

a) se logra la máxima garantía de sujeción al proceso penal de la persona contra la que éste se dirige, pues previene con bastante efectividad la fuga o escape a la justicia[6],

b) se dificulta, cuando menos, si quiera sea de forma temporal, la capacidad para destruir o alterar fuentes de prueba, aunque pueda haber medios para burlar esta finalidad,

c) además, se afirma que la prisión provisional cumple fines de prevención general y particular, en cuanto se acepta legalmente que sirve

---

5 Con carácter general, exhaustivo y con un repaso histórico y crítico sobre los fines de la prisión provisional, Alonso Fernández, J. A., *Pasado y presente de los fines de la prisión provisional en España*, Tesis Doctoral, Barcelona, 2017, https://www.tdx.cat/bitstream/handle/10803/565609/Tesi_José_Antonio_Alonso_Fernández.pdf?sequence=1&isAllowed=y, publicada como *Tribunal Constitucional y fines de la prisión provisional*, Bosch, 2019.

6 Gascón Inchausti, F., "La reforma de la prisión provisional en España", en Cienfuegos Salgado, d./Natarén Nandayapa, c. f./Ríos eEpinosa, c. (Coords.), *Temas de Derecho Procesal Penal de México y España*, Ed. Instituto de Investigaciones Jurídicas, México D.F., 2005; GIMENO SENDRA, V., "La necesaria reforma de la prisión provisional", *Diario La Ley 5411* de 5 de noviembre de 2011, entre otros muchos.

para evitar que el imputado, investigado o acusado, cometa otros hechos delictivos (ya sean de la misma clase o de clase distinta). Cabe decir que con ello se acepta, de forma implícita cuando menos, que la persona que presuntamente ha cometido un delito va a seguir cometiendo, también presuntamente, más delitos, presunción que es discutible como regla general por más que en la práctica pueda haber casos concretos en que se produzca esta reincidencia, razón por la cual esta finalidad queda completamente en entredicho[7]. Y siempre queda la cuestión de que no se evita que pueda cometer determinados delitos dentro del establecimiento penitenciario, claro está, lo que conecta con el siguiente inciso,

d) se rebajan los niveles de alarma social, que, aunque no es una finalidad constitucionalmente admisible de la prisión provisional (y su mención expresa desapareció en la reforma de 2003), es una alargada sombra que puede influir en las decisiones de política criminal sobre su regulación para hacerla más o menos restrictiva en cada contexto. Es decir, se retira de la circulación al "delincuente" y se le pone a buen recaudo en un centro penitenciario en el que puede cometer también delitos, pero ya no afectan a la sociedad de los ciudadanos honrados y pacíficos, lo que "reduce" los niveles de alarma social, y

e) sin duda es una medida altamente eficaz para evitar que el imputado, investigado, o acusado, pueda actuar contra bienes jurídicos de la víctima, especialmente de las víctimas en situación de vulnerabilidad acentuada. Si bien, desde la perspectiva jurídica hay razones para no seguir un régimen diferente, en lo que a decisiones sobre la situación personal de la persona sometida a un proceso penal se refiere, lo cierto es que la vulnerabilidad de la víctima, y en especial de determinadas categorías de víctimas, conllevan una mayor comprensión a la aplicación contundente y dura de la prisión provisional, comprensión social y, en cierto grado, jurídica.

7 Se entiende que la prisión provisional no puede servir como un sucedáneo de una medida de seguridad y que encierra una especie de presunción de culpabilidad que recae además sobre hechos futuros que no se sabe si van a ocurrir o no, véase, RODRÍGUEZ RAMOS, L. "La prisión preventiva y los derechos humanos", *Anuario de derechos humanos*, nº 2, 1983; Moreno Catena, V. "En torno a la prisión provisional. Análisis de la Ley de 22 de abril de 1980", *Revista de derecho procesal Iberoamericana*, octubre-diciembre, 1981.

No cabe duda de que la prisión provisional es una institución útil jurídicamente siempre dentro de unos estrictos límites y socialmente con una mayor flexibilidad. A la vez, la prisión provisional es dañina en términos jurídicos, porque obliga a justificar y admitir lo que teóricamente atenta contra las garantías esenciales del imputado o acusado, y es dañina éticamente porque sus efectos se sobreponen y pervierten los presuntos "beneficios" o utilidades de su empleo. Sobre esto último, a modo de simples enumeraciones, cabe señalar que[8]:

a) el preso preventivo sufre los mismos inconvenientes que los penados y no disfrutan de ninguno de sus beneficios, lo que, entre otras cosas, impide que se pueda comenzar, por el propio juego de las garantías jurídicas, labor "resocializadora" alguna, ni tampoco que pueda acogerse a actividades que, en su caso, la servirían positivamente en la liquidación de una posible condena (obviamente, la razón es que no está condenado y, por ello, es inocente, opera todavía la presunción de inocencia en el marco del proceso penal).

b) la prisión provisional termina produciendo, como se ha resaltado por los estudios criminológicos y penitenciarios, unos efectos personales absolutamente negativos equiparables a los que termina produciendo la pena privativa de libertad: consecuencias psicológicas, consecuencias físicas, consecuencias familiares, consecuencias laborales, todas ellas de signo negativo,

c) a lo anterior contribuye el hecho de que, pese a las previsiones legales, no es posible afirmar en la práctica que se cumplan las condiciones de separación entre presos condenados y presos preventivos, y a partir de ahí entre preventivos que han delinquidos por vez primera y los que ya tienen antecedentes (preventivos o condenados), entre presos más jóvenes y menos jóvenes (preventivos o condenados), con lo que se propicia un indeseable efecto contaminante de unos a otros (como el consabido efecto del "aprendizaje delictivo"),

d) la prisión provisional aumenta, es evidente, el número de personas ingresadas en los establecimientos penitenciarios y, entre otros factores, eso conlleva también un incremento de los costes económicos, que, desde luego, serían mucho mayores si se cumplieran de verdad

---

8 Aunque son razones muy reiteradas en la doctrina, recientemente Turturro Pérez de los Cobos, S., "Libertad personal versus prisión provisional…", cit., páginas 322 y siguientes.

las condiciones legales de número máximo de presos por establecimiento, celdas individuales, condiciones de separación de los diversos colectivos, etc.[9]

Por lo tanto, la conclusión es que jurídicamente la prisión provisional es una medida absolutamente insatisfactoria y peligrosamente en el límite de lo que debe significar el respeto a las garantías básicas del proceso penal y, además, produce efectos bastante perniciosos en quienes la sufren, y todo ello pese a que socialmente pueda ser tranquilizante y calmante. Y pese a todo ello, y por efecto de su regulación legal, en España es una medida demasiado recurrente quizá.

Quizá convenga aclarar que no se pone en duda, en ningún caso, la actuación de los jueces. Es muy lógico pensar que no es una decisión fácil, ni es un "plato de buen gusto" tener la responsabilidad de decidir que una persona debe ingresar en prisión provisional sobre la base de elementos que apuntan a su responsabilidad penal, pero pudiendo resultar que posteriormente, del desarrollo de la investigación o del juicio oral, proceda dictar auto de sobreseimiento libre o sentencia absolutoria. Hay que afirmar, y se debe confiar, que los jueces hacen un uso prudente de la prisión provisional en ejercicio de su responsabilidad (y que las causas con preso preventivo preocupan, en el sentido de estar pendientes, más o muy pendientes, tanto a jueces como a secretarios judiciales y demás personal al servicio de la administración de justicia), pero también se debe reconocer que la regulación legal permite un amplio margen para solicitarla y para acordarla. Y realmente no se está, yo por lo menos no lo estoy, en condiciones de saber cual es la frecuencia con la que se (pide por las acusaciones y) adopta la prisión provisional porque los datos a los que se accede o que se publican no son concluyentes al respecto. Baste con reparar que, según datos publicados en 2022, 8409 personas estaban en prisión provisional, el 16,2% de los presos recluidos en instituciones penitenciarias, 51780 (por comparar, en agosto de 2010, en España habría 79.000 presos de los cuales un 21% serían presos preventivos, es decir, 16.590), y en 2023 había 9289 presos preventivos, 42119 presos condenados y 803 penados con preventivas (los presos preventivos eran el 17,6% del total de presos)[10]. Ahora bien, estos datos no nos permiten saber cual es el índice de adopción de prisiones preventivas en un año concreto, porque esos presos preventivos pueden estar privados de libertad desde antes, en este caso desde

9 Que la prisión provisional es fuente de perjuicios económicos, familiares, sociales, psicológicos, etc., lo demuestra el hecho de que la LOPJ, artículo 294, prevé la indemnización en casos de prisión provisional injusta, indemnización que, desde la STC 85/2019, de 19 de junio, puede reclamar cualquier persona que la haya sufrido, más allá de tenor literal restrictivo del citado artículo de la LOPJ.

10 Datos del CGPJ, que se pueden consultar en https://www.poderjudicial.es/cgpj/es/Temas/Estadistica-Judicial/Estadistica-por-temas/Datos-penales–civiles-y-laborales/Cumplimiento-de-penas/Estadistica-de-la-Poblacion-Rcclusa/

antes de 2010, es decir, teniendo en cuenta que, según los casos, se puede estar hasta un máximo de cuatro años (incluida la prórroga) en esta situación, no se sabe, o no se distingue, en qué año se decretó la prisión provisional (y lo mismo pasa con los presos por sentencia firme, no se dice cuántos corresponden a sentencias dictadas en un mismo año natural). Y, si lográramos saber cuantos autos de prisión provisional se dictan por año natural (y no son luego revocados), sabríamos cuántos presos preventivos corresponden a ese año concreto, pero necesitaríamos saber también los presos por sentencia firme dictadas en ese mismo año y el número de proceso penales de ese año[11], así como en cuántos de ellos no se adopta resolución de prisión provisional; sólo con todos estos datos sobre la mesa podríamos saber realmente en qué grado la prisión provisional es una medida solicitada y adoptada (incluso sería bueno poder saber la diferencia entre solicitudes de prisión provisional y decisiones judiciales adoptándolas)[12].

Lo expuesto no es sino un somero resumen de las razones, comúnmente conocidas, por las cuales deberíamos apostar de forma más decidida por el empleo de las medidas alternativas a la prisión provisional. Es muy posible que ahora coincidan los elementos que pueden hacer factible este desplazamiento del centro de gravedad de las medidas cautelares personales del proceso penal hacia las situaciones de restricción parcial de la libertad ambulatoria y hacia la restricción de otros derechos.

En primer lugar, hay un movimiento global con arraigo institucional que potencia la aplicación de penas alternativas a la prisión y que, en congruencia consigo mismo, debe implicar que se potencien las medidas cautelares alternativas. Puede citarse la política de la ONU al respecto, pero más interés tiene ceñirnos a la política legislativa de la Unión Europea en

---

11 Con independencia de que las estadísticas de los diversos órganos (Consejo General del Poder Judicial, Fiscalía General del Estado, Ministerio de Justicia, etc.) nunca coincidan en sus cifras referidas a un concreto año, el que sea, tampoco son muy esclarecedores los datos que se suelen publicar. Si tomamos como ejemplo el Justicia Dato a Dato, 2022 del Consejo General del Poder Judicial (que se puede consultar en su página web), observamos que en dicho año (es el último informe disponible) se computaron 3.216.560 asuntos penales, se resolvieron 3.167.831, estaban pendientes al final del año 891.682, pero sólo se dictaron 572.029 sentencias (de las cuales puede establecerse, aunque esto no figure en el informe, que aproximadamente el 53% son sentencias de conformidad, Panorámica de la Justicia, CGPJ, 2022). No se sabe qué asuntos se archivaron, qué asuntos se sobreseyeron, en qué momento de la instrucción, si dio tiempo a la adopción de medidas cautelares o no, etc.

12 Sobre la práctica de la prisión provisional en España, puede verse el Informe de Investigación "La práctica de la prisión provisional en España", Asociación Pro-Derechos Humanos de España, noviembre de 2015

materia de espacio de libertad y seguridad, y en materia de cooperación policial y judicial penal dado que, inexorablemente, nos llevan a establecer en nuestro derecho interno medidas que favorezcan el uso de medidas cautelares distintas de la prisión provisional, de momento en el marco de la necesidad de "reconocimiento mutuo" entre Estados de determinadas medidas de carácter procesal penal (y en el entendido de que se va generalizando el carácter transfronterizo de los conflictos penales y, por ende, de los procesos penales)

En segundo término, debate que parece que no ha levantado mucha preocupación en la doctrina, la posición de las medidas alternativas a la prisión provisional debe reforzarse en la misma medida en que, como se ha visto antes, se refuerza el empleo de penas alternativas a la prisión y de mecanismos que evitan el cumplimiento de la pena de prisión impuesta, como son los que implican suspensión o sustitución de la misma. Parece lógico que el sistema de medidas cautelares personales debe adecuarse al sistema de penas y que un cambio en este último debe implicar un cambio en el primero. No tiene sentido que la prisión provisional ocupe un lugar estelar en el elenco de medidas cautelares personales mientras que la pena privativa de libertad cede terreno en beneficio de otras penas diferentes o se potencia su suspensión o su sustitución, porque esto puede terminar generando un número importante de casos en los que se produzca una situación poco o nada justificable: haber estado privado de libertad de forma cautelar cuando, incluso habiendo condena a pena privativa de libertad, va a resultar que la aplicación de los mecanismos de suspensión o de sustitución de esa pena o la imposición de penas de distinta naturaleza van a conducir a que no se ingrese en prisión por efecto de la sentencia condenatoria.

En tercer lugar, y aquí parece que los esfuerzos no han sido precisamente abundantes, es necesario armonizar, sin confundir, lo que son las medidas alternativas a la prisión provisional con lo que son medidas de protección a las víctimas, y si se quiere, dentro de las especialmente vulnerables, a las de violencia de género. Las medidas de protección no son exactamente medidas cautelares (aunque tengan un matiz preventivo que pueda aproximarlas) por la sencilla razón de que se establecen y adoptan en función de las necesidades de las víctimas; las medidas cautelares están basadas en la necesidad de proteger al proceso penal haciendo que sea posible dictar sentencia (evitando que desaparezcan fuentes de prueba por la acción del sujeto incriminado y garantizando que está a disposición de la autoridad judicial en todo momento). Esto es algo evidente y puesto de manifiesto, pero lo que no parece tan evidente, aunque lo es, es que unas mismas medidas pueden cumplir las dos finalidades, protectoras y cautelares, pero no siempre van a funcionar igual ni se van a necesitar de igual forma y esto debe tenerse en cuenta en el diseño del régimen legal de aplicación de ambas.

En cuarto lugar, con sus defectos y utilidades, la prisión provisional es una medida cuyo cumplimiento puede controlarse por así decirlo, con facilidad puesto que lo único que requiere (partiendo de que el sujeto afectado por la medida está localizado y no se ha fugado) es ingresar al sujeto en cuestión en un establecimiento penitenciario o lugar de reclusión y comprobar que sigue ahí mientras dure la medida. El control del cumplimiento de las medidas alternativas a la prisión provisional ha sido bastante más difícil, como lo era el control del cumplimiento de las penas alternativas a la prisión: sin duda se requería un enorme coste en medios materiales y personales cuya ausencia dejaba a la buena voluntad del sujeto afectado por la medida su cumplimiento y si no era así, es decir si no cumplía, las consecuencias podían ser nefastas, cuando no trágicas, siendo el "menor" de los problemas que se pudiera fugar o escapar a la acción de la justicia. Es evidente que el uso de las "nuevas tecnologías" para el control del cumplimiento de las medidas alternativas, a la pena privativa de libertad y a la prisión provisional), ha permitido aumentar su utilización y ha convencido a los legisladores de la posibilidad real de apostar por estas medidas. Estos sistemas tecnológicos de control permiten superar algunas de las barreras que impedían un uso generalizado de las medidas alternativas, pero otras barreras permanecen y será difícil superarlas, entre ellas, el alto coste económico que implican (pero sin olvidar que el coste económico de la prisión y de la prisión provisional es, igualmente, muy elevado). Y, sin olvidar, todas las cuestiones derivadas de los problemas asociados al tratamiento automatizado de los datos personales que se recaban con el empleo de estos sistemas tecnológicos.

En quinto lugar, y en conexión con lo anterior, hay que tener en cuenta el impacto de los programas de Inteligencia Artificial en el Derecho Procesal y, en referencia al proceso penal, en lo relativo a la determinación de la procedencia de adoptar la prisión provisional o, en su lugar, una medida alternativa adecuada al caso. Resulta evidente que estamos ante una cuestión delicada por cuanto la decisión sobre la situación personal del investigado en espera de juicio queda fiada a los resultados que un algoritmo emita tras estudiar los datos generales y concretos aplicables al caso[13]. Porque junto a otros factores, como el arraigo de la persona, sus condiciones laborales, personales, familiares, entre otras, la Inteligencia Artificial (IA) también va a estudiar el llamado "riesgo de reincidencia delictiva", es decir, la probabilidad de que una persona concreta investigada penalmente pueda volver a cometer hechos delictivos si queda en libertad. Esta predicción probabilística del riesgo de reincidencia como factor para adoptar la prisión provisional o una medida alternativa, es muy problemática y de hecho la UE califica a estos programas o sistemas de IA como de "alto riesgo"[14]. Pero una de las ventajas del uso de estos sistemas es que permiten un tratamiento individualizado de cada caso.

Dos apuntes más. El tratamiento individualizado de la libertad personal a lo largo del proceso penal, es una tendencia que debe confirmarse y ahondarse aunque nos sitúe ante la necesidad de resolver problemas importantes; la idea básica es que un tratamiento individualizado y, más aún, personalizado de la libertad personal a lo largo del proceso no puede diseñarse sobre la base de que termine conduciendo a un régimen de medida cautelar o de cumplimiento de pena que sea más gravoso que el derivado de una aplicación general (es decir, no personalizada). Por otro lado, la inserción y combinación de los mecanismos diferentes al proceso penal para la solución del conflicto pasan por reducir la privación completa de libertad ambulatoria como resultado provisional y final de la intervención estatal o pública (la única posible) en la solución del conflicto penal. En este sentido hay que significar el importante papel que viene asignándose, y que seguramente irá en aumento, a la mediación penal, lo que, junto con una implantación de lo que es la justicia de proximidad en sentido estricto debería llevar a la creación de un Sistema integral de resolución de conflictos penales. El acuerdo en la solución del conflicto penal, basado en que

---

13 Véase, entre otros, Neira Pena, A. M., "Inteligencia artificial y tutela cautelar. Especial referencia a la prisión provisional", Revista Brasileira de Direito Processual Penal, vol. 7, núm. 3, págs. 1897-1933, 2021, Instituto Brasileiro de Direito Processual Penal; Ismón Castellano, P., *Justicia cautelar e inteligencia artificial, la alternativa a los heurísticos judiciales*, Bosch, 2021.
la alternativa a los atávicos heurísticos judiciales

14 Véase el Anexo III del Reglamento de Inteligencia Artificial, Resolución legislativa del Parlamento Europeo, de 13 de marzo de 2024, sobre la propuesta de Reglamento del Parlamento Europeo y del Consejo por el que se establecen normas armonizadas en materia de inteligencia artificial (Ley de Inteligencia Artificial) y se modifican determinados actos legislativos de la Unión (COM(2021)0206 —C9-0146/2021-2021/0106(COD)), https://www.europarl.europa.eu/doceo/document/TA-9-2024-0138_ES.pdf

esa solución es, de nuevo, la más adecuada al contexto social, económico, individual de víctima y agresor, debe potenciar el aumento de la voluntariedad en el cumplimiento de las sanciones penales que es, sin duda, uno de los pilares más efectivos para garantizar su efectividad en todos los aspectos: sancionador, ejemplarizante, educador, resocializador, integrador[15].

Y una advertencia final sobre un posible peligro. Puede haber casos y ocasiones en los que el uso de medidas cautelares diferentes a la de prisión provisional, y lo mismo con el uso de penas distintas de las privativas de libertad, supongan un agravamiento de la situación de quien las sufre. Esto se sostiene por una parte de la doctrina, sobre la base, no evidentemente de que se considere que hay algo peor que la privación de la libertad ambulatoria, sino desde la perspectiva de que las condiciones de cumplimiento pueden terminar siendo más restrictivas o más peligrosas que esa privación de libertad. Lo que se pone en el centro del necesario debate es si estas medidas aumentan los poderes de control sobre la libertad y hasta qué punto la restricción impuesta resulta finalmente más "soportable" que la privación de libertad[16]. Y habrá que determinar igualmente si con estas medidas el riesgo que pueden correr las víctimas es mayor, de manera que habría que extremar la política (y las actuaciones) para su protección, a la vista de que lo lógico es tratar de armonizar ambos instrumentos: restricción de la libertad sin privación y protección de la víctima. El escenario es, sin duda, más complejo.

---

15 Sobre la mediación penal y la derivación a ella dentro de un proceso penal, hay cada vez una bibliografía más abundante. Como muestras de ella pueden verse, por ejemplo, Sánchez Concheiro, M. T., *Para acabar con la prisión: la mediación en el derecho penal, justicia de proximidad*, Icaria, 2006; Gordillo Santana, L., *La justicia restaurativa y la mediación penal*, Iustel, 2007; Ríos Martín, J. C., *La mediación penal y penitenciaria. Experiencias de diálogo en el sistema penal para la reducción de la violencia y el sufrimiento humano*, Colex, Madrid, 2008, 2ª ed.; AA.VV., *La mediación penal para adultos. Una realidad en los ordenamientos jurídicos*, Barona Vilar, S. Directora, Tirant lo Blanch, Valencia, 2009; Soleto Muñoz, H., *Mediación y resolución de conflictos. Técnicas y ámbito*, Tecnos, Madrid, 2011; González Cano, M. I., *La Mediación Penal. Hacia un Modelo de adr Integrado en el Sistema Procesal Penal*, Tirant lo Blanch, 2016; Alonso Salgado, C., *La mediación en el proceso penal*, Tirant lo Blanch, 2018; Castillejo Manzanares, R., *La mediación penal penitenciaria*, Tirant lo Blanch, 2024.

16 Un ejemplo claro de ello, pero no el único, es Nunes Apolinario, M., "Política criminal de las sanciones alternativas a la prisión: criticas al discurso oficial", en *Contribuciones a las Ciencias Sociales, octubre 2008*. www.eumed.net/rev/cccss/02/mna2.htm

## 2. LA POLÍTICA DE LA UNIÓN EUROPEA EN MATERIA DE PROCESO PENAL: PENAS Y MEDIDAS CAUTELARES

Es de sobra conocido el impulso que ha recibido la creación de un espacio judicial común en la Unión Europea (que es la expresión surgida definitivamente del Tratado de Lisboa de 2007 en sustitución de Comunidad, o Comunidades, Europea). Desde el Tratado de la Unión Europea de 1993 y hasta el Tratado de Lisboa de 2009, los avances en materia de cooperación judicial civil fueron imponentes (después de casi cincuenta años prácticamente en el olvido, salvo en lo que atañía al arbitraje y la solución de conflictos de consumo), en el marco del primer pilar de la Unión. Menos espectaculares, pero no menos abundantes, han sido los esfuerzos para avanzar, en el marco del espacio de justicia, libertad y seguridad, en la creación de un espacio policial y judicial penal en la Unión Europea, mediante los mecanismos de cooperación que se han ido generando mediante diversos instrumentos normativos teniendo en cuenta que esta política de cooperación policial y judicial, la creación de la red judicial penal, la creación de Eurojust, etc., se han movido en el marco del tercer pilar de la Unión Europea, es decir como fruto de la política intergubernamental y no de la política comunitaria. Esta arquitectura de los tres pilares cambió con el Tratado de Lisboa de 2009, puesto que se ha reforzado la cooperación policial y penal incluyendo determinados aspectos en el marco de las políticas comunitarias, es decir, se rebaja el protagonismo intergubernamental y se acentúa el papel del Parlamento Europeo y de la Comisión Europea: conforme al artículo 76 del Tratado de Funcionamiento de la Unión Europea, la Comisión comparte su poder de iniciativa con los Estados miembros, siempre que estos representen a una cuarta parte de los miembros del Consejo; conforme a los artículos 82 y siguientes, el Parlamento Europeo interviene en la consulta sobre medidas específicas de cooperación judicial en materia penal, que deben adoptarse por unanimidad por el Consejo Europeo, pero si no se alcanza la unanimidad, cabe la posibilidad de que nueve o más Estados miembros colaboren en el marco de una cooperación reforzada.

En este trabajo nos centramos en lo que son los actuales instrumentos concretos de referencia en la unión Europea en lo que se refiere a las penas y las medidas cautelares. La idea fundamental es que la Unión europea apuesta decididamente por potenciar el uso de las medidas alternativas a la pena de prisión y, en lo que corresponde, de las medidas alternativas a la prisión provisional. Con ello, se sitúa en una línea convergente con la ONU Reglas mínimas de las Naciones Unidas sobre las medidas no privativas de la libertad 1990 (Reglas de Tokio), con el Consejo de Europa, con Latinoamérica, y con cada vez más países concretos (Francia, Alemania, Gran Bretaña, Holanda, Australia, etc.). Discutible es y seguirá siendo, si las motivaciones principales para desarrollar estas políticas residen en el hecho de evitar un colapso de las instituciones carcelarias por superpoblación de presos, provisionales o definitivos (y, en definitiva, los costes de todo tipo, no sólo económicos, que esta situación conlleva), o si residen en la consideración más humanitaria de la justicia penal y en la búsqueda del mayor beneficio para las personas sometidas a un proceso penal.

Sin perjuicio del cambio que, por efecto del Tratado de Lisboa, representa la cuasi "comunitarización" de la política de la Unión Europea en materia de cooperación policial y judicial penal[17], lo cierto es que hasta ahora se han desarrollado diferentes esfuerzos que, plasmados o no en las correspondientes normas jurídicas, hablan claramente de la preocupación por potenciar las alternativas a la privación de libertad en el proceso penal, tanto en el plano cautelar como en el plano de la pena. La Unión Europea ha tratado de establecer las bases para solventar los problemas que implica la imposición de medidas cautelares o de penas en procesos penales en relación con personas que no son nacionales del Estado en el que se sigue ese proceso penal porque o se les obliga a permanecer en él sujetos a dicho proceso o, si vuelven al Estado del que son nacionales, se corre el riesgo de que escapen a la acción de la justicia. En un sentido amplio se ha desarrollado la política de reconocimiento mutuo de resoluciones judiciales penales y, en concreto, en los últimos años se han elaborado las relativas al reconocimiento mutuo de resoluciones referidas a penas y a medidas cautelares, con especial énfasis en las de carácter alternativo. Nótese que se trata de que, sobre las normas mínimas establecidas por la Unión Europea, los Estados miembros regulen estas medidas, de que existan en cada Estado y, a partir de ahí, pueda propiciarse, además de la aplicación a los

---

17 Un análisis de gran interés en Jimeno Bulnes, M., "Las implicaciones del Tratado de Lisboa en la cooperación judicial europea en materia penal", en *Espacio Europeo de Libertad, Seguridad y Justicia: Últimos avances en cooperación judicial penal,* Directora Coral Arangüena Fanego, Lex Nova, Valladolid, 2010, páginas 30 y siguientes. Los estudios sobre la cooperación policial y judicial penal en la Unión Europea se han generalizado en los últimos años, y cabe citar, Moreno Catena, V., Romero Pradas, M. I., *Nuevos postulados de la cooperación judicial en la Unión Europea,* Tirant lo Blanch, 2021; Suárez Xavier, P. R., Vicario Pérez, A. M., (Coords.), *Cooperación judicial civil y penal en la Unión Europea. Retos pendientes y nuevos desafíos ante la transformación digital del proceso,* Bosch, 2023.

nacionales, la posibilidad de que se puedan aplicar a los no nacionales y pueda operar el principio de mutuo reconocimiento.

Cabe mencionar la existencia de una serie de normas que versan sobre el mutuo reconocimiento de penas "alternativas" a la prisión[18]. Sin ánimo de ser exhaustivos cabe citar:

a) La Comunicación de la Comisión, de 21 de febrero de 2006, al Consejo y al Parlamento Europeo sobre Penas privativas de derechos impuestas por condenas penales en la Unión Europea. Estas penas privativas de derecho engloban, entre otros supuestos, la prohibición de conducir, la prohibición de residir en un área específica o la privación de derechos civiles. La pena privativa, impuesta por un juez, puede articularse como una pena accesoria de la pena principal, pero también como una pena alternativa que se impone en sustitución de una o más penas principales privativas de libertad. Las penas privativas de derechos pueden imponerse a las personas físicas o a las personas jurídicas, tales como empresas o asociaciones. No obstante, todos los Estados miembros no reconocen la responsabilidad penal de las personas jurídicas, aunque en España se reformó el Código Penal en 2010 para reconocerla.

b) Decisión marco 2005/214/JAI del Consejo, de 24 de febrero de 2005, relativa a la aplicación del principio de reconocimiento mutuo de sanciones pecuniarias, cuyo plazo máximo de transposición concluyó el 22 de marzo de 2007, modificada por la 2009/299/, transpuesta por Ley 1/2008, de 4 de diciembre, para la ejecución en la Unión Europea de resoluciones que impongan sanciones pecuniarias y la Ley Orgánica 2/2008, de 4 de diciembre, de modificación de la Ley Orgánica 6/1985, de 1 de julio, del Poder Judicial, y complementaria a la Ley para la ejecución en la Unión Europea de resoluciones que impongan sanciones pecuniarias.

c) Decisión marco 2005/212/JAI del consejo, de 24 de febrero de 2005 relativa al decomiso de los productos, instrumentos y bienes relacionados con el delito, cuyo tope para transposición el 15 de marzo de 2007.

---

18 No sólo en la Unión Europea sino también en el Consejo de Europa, véase Cid Moliné, J., "La política criminal Europea en materia de sanciones alternativas a la prisión y la realidad española: una brecha que debe superarse", en *Espacio Europeo de Libertad, Seguridad y Justicia: Últimos avances en cooperación judicial penal,* Directora Coral Arangüena Fanego, Lex Nova, Valladolid, 2010, páginas 268 y siguientes.

d) Decisión marco 2006/783/JAI del Consejo, de 6 de octubre de 2006, relativa a la aplicación del principio de reconocimiento mutuo de resoluciones de decomiso, cuyo plazo máximo de transposición concluyó el 24 de noviembre de 2008, transpuesta por la Ley 4/2010, de 10 de marzo, para la ejecución en la Unión Europea de resoluciones judiciales de decomiso, y por la Ley Orgánica 3/2010, de 10 de marzo, de modificación de la Ley Orgánica 6/1985, de 1 de julio, del Poder Judicial, y complementaria a la Ley para la ejecución en la Unión Europea de resoluciones judiciales de decomiso por la Comisión de infracciones penales. La decisión marco resultó modificada por la Decisión Marco 2009/299/JAI del Consejo, de 26 de febrero de 2009, por la que se modifican las Decisiones Marco 2002/584/JAI, 2005/214/JAI, 2006/783/JAI, 2008/909/JAI y 2008/947/JAI, destinada a reforzar los derechos procesales de las personas y a propiciar la aplicación del principio de reconocimiento mutuo de las resoluciones dictadas a raíz de juicios celebrados sin comparecencia del imputado. En todo caso, la Decisión Marco de 6 de octubre de 2006 ha sido sustituida por el Reglamento (UE) 2018/1805 del Parlamento Europeo y del Consejo, de 14 de noviembre de 2018, sobre el reconocimiento mutuo de las resoluciones de embargo y decomiso.

Importante es la Decisión marco 2008/947/JAI del Consejo, de 27 de noviembre de 2008, relativa a la aplicación del principio de reconocimiento mutuo de sentencias y resoluciones de libertad vigilada con miras a la vigilancia de las medidas de libertad vigilada y las penas sustitutivas[19], modificada por la Decisión Marco 2009/299/JAI del Consejo, de 26 de febrero de 2009, por la que se modifican las Decisiones Marco 2002/584/JAI, 2005/214/JAI, 2006/783/JAI, 2008/909/JAI y 2008/947/JAI, destinada a reforzar los derechos procesales de las personas y a propiciar la aplicación del principio de reconocimiento mutuo de las resoluciones dictadas a raíz de juicios celebrados sin comparecencia del imputado. La decisión marco se aplica al reconocimiento de las sentencias y a la vigilancia de medidas de libertad vigilada y penas sustitutivas. No concierne ni a la ejecución de las penas o medidas privativas de libertad[20], ni al reconocimiento y la eje-

---

19 Puede verse una interesante aproximación en Sanz Morán, A. J., "Reflexiones en torno a la idea de libertad vigilada", en *Espacio Europeo de Libertad, Seguridad y Justicia: Últimos avances en cooperación judicial penal,* directora Coral Arangüena Fanego, Lex Nova, Valladolid, 2010, páginas 290 y siguientes.

20 Decisión Marco 2008/909/JAI del Consejo, de 27 de noviembre de 2008, relativa a la aplicación del principio de reconocimiento mutuo de sentencias en mate-

cución de sanciones pecuniarias y resoluciones de decomiso. Medidas de libertad vigilada y penas sustitutivas

Los Estados miembros supervisarán todas aquellas sentencias que incluyan alguna de las medidas contempladas en la Decisión Marco de 2008, por las que se obliga a la persona condenada a:

- informar a la autoridad correspondiente de cualquier cambio de domicilio o de lugar de trabajo;
- no ir a determinados lugares o entrar en determinados establecimientos;
- no salir del territorio del Estado de ejecución;
- cumplir las prescripciones dictadas acerca de su modo de vida, residencia, formación, etc.;
- presentarse en determinadas fechas ante la autoridad correspondiente;
- evitar el contacto con personas y objetos específicos;
- reparar los daños causados por la infracción cometida;
- realizar trabajos en beneficio de la comunidad;
- cooperar con un agente de vigilancia o con el representante correspondiente de un servicio social;
- someterse a cuidados médicos o a una cura de desintoxicación.

Este listado no es exhaustivo y los Estados miembros deben comunicar a la Secretaría General del Consejo las medidas o penas que estén dispuestos a vigilar. Se debe recordar que la Decisión marco 2008/947/JAI tiene como plazo máximo para la transposición el seis de diciembre de 2011 (y la que la modifica, el 28 de marzo de 2011).

---

ria penal por las que se imponen penas u otras medidas privativas de libertad a efectos de su ejecución en la Unión Europea, modificada por la Decisión Marco 2009/299/JAI del Consejo, de 26 de febrero de 2009, por la que se modifican las Decisiones Marco 2002/584/JAI, 2005/214/JAI, 2006/783/JAI, 2008/909/JAI y 2008/947/JAI, destinada a reforzar los derechos procesales de las personas y a propiciar la aplicación del principio de reconocimiento mutuo de las resoluciones dictadas a raíz de juicios celebrados sin comparecencia del imputado. La Decisión marco de 2008 tiene como plazo máximo de transposición el 5 de diciembre de 2001 y la Decisión marco de 2009 el 28 de marzo de 2011, estando ambas en vigor.

En lo que más interesa ahora, se pueden reseñar las siguientes actuaciones en orden a la regulación de las medidas "alternativas" a la prisión provisional. Puede citarse el Libro Verde sobre el reconocimiento mutuo de las medidas de control no privativas de libertad (2004), en donde se parte de la afirmación de que los principios generales del Derecho conducen a considerar la prisión provisional como medida excepcional y que, en la situación de espera de juicio se debe dar preferencia a las medidas de control no privativas de libertad. La idea es potenciar que en los Estados se sustituya la detención provisional por una medida de control no privativa de la libertad y que luego quepa transmitir esta medida al Estado miembro en donde el sospechoso reside habitualmente. Así el sospechoso podría ser objeto de una medida de control en su zona habitual de residencia hasta el momento de celebración del juicio en el Estado miembro de que se trate. A estos efectos hay que impulsar los instrumentos de transposición adecuados.

También hay que aludir a la Propuesta de Decisión marco del Consejo, de 29 de agosto de 2006, sobre la orden europea de vigilancia en el marco de las medidas cautelares aplicadas entre los Estados miembros de la Unión Europea [COM (2006) 468 final —no publicada en el Diario Oficial]. La cuestión básica regulada es la de que evitar el uso de la prisión provisional y potenciar las medidas de vigilancia en cada Estado. Así, se trataría de regular una resolución judicial, dictada por una autoridad competente de un Estado miembro en relación con un sospechoso no residente, destinada a devolverle a su Estado miembro de residencia siempre que se atenga a medidas de vigilancia que garanticen su sujeción al proceso penal. El objetivo básico es, pues, asegurar que el procedimiento penal pueda seguir su curso y, en particular, que la persona esté disponible para comparecer en juicio en el Estado miembro en cuyo territorio se haya dictado la orden.

Y gran importancia tiene la Decisión marco 2009/829/JAI del Consejo, de 23 de octubre de 2009, relativa a la aplicación, entre Estados miembros de la Unión Europea, del principio de reconocimiento mutuo a las resoluciones sobre medidas de vigilancia como sustitución de la prisión provisional, entre cuyos objetivos se encuentra fomentar el uso de medidas no privativas de libertad en actuaciones penales que tengan lugar en un país de la UE distinto al país de residencia de la persona implicada[21]. Esta idea

---

21 Sobre sus implicaciones, Arangüena Fanego, C., "De la orden europea de vigilancia al reconocimiento mutuo de resoluciones judiciales sobre medidas sustitutivas de la prisión provisional: primera aproximación a la Decisión marco 2009/829/

de reconocimiento mutuo viene a sustituir a la idea de orden europea de vigilancia[22]. Los países de la UE deberán reconocer y supervisar las medidas de vigilancia que impongan una obligación a la persona en cuestión en cuanto a: informar a la autoridad que supervisa las medidas de vigilancia de cualquier cambio de domicilio; no entrar en determinados lugares; permanecer en un lugar determinado; cumplir determinados restricciones de salida del territorio del país de vigilancia; presentarse en determinadas fechas ante la autoridad designada; evitar todo contacto con personas específicas relacionadas con los delitos presuntamente cometidos. Además, cuando se produzca la incorporación de esta decisión marco al derecho nacional cada Estado miembro deberá notificar a la Secretaría General del Consejo las medidas de vigilancia, además de las mencionadas en el apartado 1, cuya supervisión está dispuesta a asumir. Dichas medidas podrán comprender en particular:

a) obligación de no realizar determinadas actividades relacionadas con los delitos presuntamente cometidos, lo que podrá incluir ejercer determinadas profesiones o trabajar en determinados sectores;

b) obligación de no conducir vehículos;

c) obligación de depositar una suma determinada o dar otro tipo de garantía, en un número determinado de plazos o en un pago único;

d) obligación de someterse a tratamientos terapéuticos o a tratamientos contra las adicciones;

---

JAI del Consejo" en *Espacio Europeo de Libertad, Seguridad y Justicia: Últimos avances en cooperación judicial penal,* Directora Coral Arangüena Fanego, Lex Nova, Valladolid, 2010, páginas 224 y siguientes. Véase también sobre la orden europea de vigilancia, Laro González, E., "La orden europea de vigilancia: medidas alternativas a la prisión provisional", *Estudios procesales sobre el espacio europeo de justicia penal,* Llorente Sánchez-Arjona, Mercedes (dir.) Posada Pérez, José Antonio (coord.) Mapelli Cafarena, Borja (pr.), Thomson Reuters Aranzadi, 2021; Faraldo Caban, P., "Orden europea de vigilancia y derecho de información de la víctima", *Un modelo integral de Derecho penal: Libro homenaje a la profesora Mirentxu Corcoy Bidasolo,* volumen 2, 2022.

22 Véase Arangüena Fanego, C., "De "la Orden europea de vigilancia" al reconocimiento mutuo de resoluciones judiciales sobre medidas sustitutivas de la prisión provisional primera aproximación a la decisión marco 2009/829/JAI del Consejo", *Espacio europeo de libertad, seguridad y justicia: últimos avances en cooperación judicial penal,* 2010.

e) obligación de evitar todo contacto con objetos específicos relacionados con los delitos presuntamente cometidos.

Conforme a la jurisprudencia del Tribunal de Justicia de la UE, aplicable a esta Decisión Marco también, la normativa europea debe servir como criterio interpretativo a los efectos de aplicas en España las resoluciones de medidas alternativas a la prisión provisional, véase por ejemplo el caso Maria Pupino (C-105/03) de 16 de junio de 2005. La aplicación tendrá asimismo que respetar la interpretación que de esta DM haga el propio TJUE.

Esta última Decisión Marco ha sido transpuesta mediante la Ley 23/2014, de 20 de noviembre, de reconocimiento mutuo de resoluciones penales en la Unión Europea, concretamente en sus artículos 109 a 129. La Ley 23/2014 también sirve a la transposición de una gran parte de las otras Decisiones Marco[23] mencionadas más arriba (véase el artículo 2), tal y como se comprueba en su exposición de motivos y en su contenido. Debe tenerse en cuenta también la Ley Orgánica 6/2014, de 29 de octubre, complementaria de la Ley de reconocimiento mutuo de resoluciones penales en la Unión Europea, por la que se modifica la Ley Orgánica 6/1985, de 1 de julio, del Poder Judicial, así como la Ley 3/2018, de 11 de junio, por la que se modifica la Ley 23/2014, de 20 de noviembre, de reconocimiento mutuo de resoluciones penales en la Unión Europea, para regular la Orden Europea de Investigación.

En lo que aquí interesa y conforme al artículo 110 de la Ley 23/2014, las medidas de vigilancia en sustitución de la prisión provisional que son susceptibles de transmisión y ejecución en otro Estado miembro de la Unión Europea o de recepción por las autoridades judiciales españolas competentes, son las siguientes:

a) La obligación de la persona de comunicar a la autoridad competente del Estado de ejecución cualquier cambio de domicilio, en particular para

---

[23] Y también la Directiva 2011/99/UE del Parlamento Europeo y del Consejo, de 13 de diciembre de 2011, y así en el artículo 130 de la Ley 23/2014 se establece que la orden Europea de protección es la resolución en materia penal dictada por una autoridad judicial o equivalente de un Estado miembro en relación con una medida de protección que faculta a la autoridad competente de otro Estado miembro para adoptar las medidas oportunas a favor de las víctimas o posibles víctimas de delitos que puedan poner en peligro su vida, su integridad física o psicológica, su dignidad, su libertad individual o su integridad sexual, cuando se encuentren en su territorio.

poder recibir citaciones a comparecer en las diligencias de prueba o vistas en el transcurso de las actuaciones penales.

b) La prohibición de entrar en determinadas localidades, lugares o zonas definidas del Estado de emisión o del Estado de ejecución.

c) La obligación de permanecer en un lugar determinado durante el período de tiempo señalado.

d) La obligación de respetar las limitaciones impuestas en relación con la salida del territorio del Estado de ejecución.

e) La obligación de presentarse en determinadas fechas ante una autoridad específica.

f) La prohibición de aproximarse a determinadas personas relacionadas con los delitos presuntamente cometidos.

g) La inhabilitación para ejercer determinadas profesiones o actividades ligadas con el delito presuntamente cometido.

h) La obligación de no conducir vehículos de motor.

i) La obligación de depositar una fianza o prestar otra garantía, ya sea en determinados plazos o en un pago único.

j) La obligación de someterse a un tratamiento de desintoxicación o deshabituación de adicciones.

k) La prohibición de tenencia y porte de armas o de otros objetos específicos relacionados con el delito enjuiciado.

Cabe señalar que en la Ley 23/2014 no se hace mención de la posibilidad de que estas medidas de vigilancia puedan cumplirse mediante el uso de mecanismos de control telemático, pero esto no queda excluido en ningún caso y cada Estado puede establecer estos mecanismos si los considera apropiados, adecuados y proporcionados. Por otro lado, estas medidas de vigilancia sirven igualmente a la protección de las víctimas y en especial de las víctimas de violencia de género, como se desprende de la constante cita tanto del Juez de Instrucción como del Juez de Violencia sobre la Mujer[24].

---

24 Entre otros, puede verse, Recio Juárez, M., "Nuevos instrumentos para el cumplimiento transnacional de las medidas cautelares alternativas a la prisión provisional en la Unión Europea", Revista *Direito e Inovaçáo*|, v. 2, n. 2, julio, 2014; Leganés Goméz, S., "Orden europea relativa a medidas de sustitución de prisión provisional y libertad vigilada del agresor", *Diario La Ley*, nº 8703, 2016; Vegas Aguilar, J. C., "Algunos aspectos conflictivos sobre la ejecución de la orden europea de

En resumen, la actividad legislativa de la Unión Europea avanza rápidamente hacia la creación de un marco en el que se propicia el establecimiento de políticas estatales dirigidas a favorecer el empleo de medidas punitivas que no impliquen privación completa de la libertad ambulatoria. Entre ellas se encuentra la libertad vigilada que, contando con ventajas, ofrece el inconveniente de prolongar en el tiempo situaciones de restricción de libertad asociadas a condenas penales que ya se han cumplido, y esto puede ser fuente de problemas prácticos importantes si no se regula de forma restrictiva y teniendo presente las garantías, como se verá luego. Por otro lado, y en buena lógica y correspondencia con lo anterior, igual podemos decir respecto de las medidas cautelares ya que se da prevalencia al uso de medidas que no supongan la privación preventiva de la libertad mediante el ingreso en un establecimiento penitenciario o carcelario. Ahora, y dado que el juicio penal no se ha celebrado y no hay sentencia de condena alguna con un contenido punitivo concreto, los problemas deben resolverse sobre la base de que hay que conjugar muchos factores dignos de protección: los derechos del imputado no condenado todavía, los derechos de la víctima que sigue estando potencialmente en una situación de riesgo, los intereses del proceso penal en ser exitoso y en asegurar tanto la presencia del imputado y su total disponibilidad en ese proceso penal, como el éxito de las investigaciones. Y frente a la solución, podría decirse fácil en el sentido de que sin duda sirve a todos estos fines en sí misma, de decidir desequilibrando la balanza hacia la posición del imputado (prisión provisional), las opciones de las medidas cautelares restrictivas, pero no privativas por completo de libertad resultan más difíciles de articular porque exigen ponderaciones más complejas en relación con el cumplimiento de todas las finalidades apuntadas.

La Unión Europea avanza cada vez con mayor robustez en la regulación del espacio común de cooperación policial y judicial penal. Los impulsos básicos tradicionales referidos a la protección penal de los intereses económicos y financieros de la Unión Europea, prevención y represión de la delincuencia, sobre todo la organizada y en especial el terrorismo, se ven acompañados por impulsos referidos a la generalidad del proceso penal, con la necesidad de tener en cuenta tanto los derechos de las víctimas

---

protección con otros instrumentos de reconocimiento mutuo", *Teoría y Derecho. Revista de pensamiento jurídico*, nº 22, 2017; Laro González, E., "Régimen jurídico de la orden europea de vigilancia", Análisis empírico y doctrinal de la Ley 23/2014 de reconocimiento mutuo de resoluciones penales, Mapelli Caffarena (dir.), Posada Pérez (coord.), Thomson-Reuters Aranzadi, 2022.

como los derechos de los imputados. Y es ahí donde entra la tendencia a potenciar las "alternativas" a la pena y a la prisión provisional marcada por la Unión Europea, y recogida en España mediante la correspondiente norma de transposición, alguna de las que hemos tenido oportunidad de mencionar.

## 3. LAS ALTERNATIVAS A LAS PENAS PRIVATIVAS DE LIBERTAD Y LAS ALTERNATIVAS A LAS MEDIDAS CAUTELARES PRIVATIVAS DE LIBERTAD: UN NUEVO ENFOQUE

Hasta ahora he mantenido el lenguaje habitual empleado para hacer referencia a la aparición, regulación y utilización en auge de penas diferentes a la privativa de libertad y, correlativamente, de medidas cautelares diferentes a la prisión provisional. La palabra al uso es que se trata de penas o medidas "alternativas". Realmente debemos dar un paso valiente en este sentido y dejar de usar este término, "alternativo", porque no responde a lo que realmente significa, o deberían significar, estas penas y medidas. Estamos ante un problema semejante al que ha supuesto hablar de métodos "alternativos" a la solución de conflictos, que también se ha revelado como un término inapropiado en el escenario de los sistemas de solución de conflictos en el siglo XXI.

La idea es que este lenguaje esconde, o deja subyacente, la idea de que la respuesta principal es la pena privativa de libertad (prisión) o la medida cautelar privativa de libertad (prisión provisional), salvo que se pueda aplicar otra opción que aparece así como secundaria. Esta idea es, ciertamente, perniciosa. Por poner una muestra de lo que se dice basta con comparar, en lo que se refiere a las medidas cautelares, la regulación de nuestra vigente LECrim y la regulación del *Codice di procedura penale* italiano. Nuestra ley parte de la prisión provisional como primera opción y así resulta que es la primera medida cautelar que se regula (tras la detención) cuando debe decidirse sobre la situación personal del imputado antes del juicio con un carácter de estabilidad temporal. La prisión provisional es el frontispicio de la regulación. En la ley italiana es justamente al revés puesto que la regulación de las medidas cautelares personales, en lo que ahora interesa, sistemáticamente sitúa a la prisión provisional en último lugar después de haber regulado otras medidas cautelares posibles y menos gravosas hasta llegar al arresto domiciliario y, por fin, la prisión provisional (artículos 272 y siguientes, en especial artículo 275). No cabe duda de que el mensaje legal es muy diferente en los dos casos (aunque pueda no serlo tanto en la práctica).

Partiendo de ahí, me sitúo junto a quienes piensan que el empleo de las medidas cautelares no puede estar en función de la condena que eventualmente quepa imponer, como uno de los factores a tener en cuenta y como tradicionalmente se ha sostenido. Esto significa apostar por romper en muchos casos el requisito de la homogeneidad, tan querido a la teoría general de las medidas cautelares, aunque más difuminado en las que se adoptan en el proceso penal. No se puede decidir sobre la situación personal del sometido a un proceso penal en espera de juicio en función de que se asegura el futuro cumplimiento de una pena que, puede ser previsible en muchos casos, pero que realmente resulta cada vez más frecuente que esa previsión no se confirme o, aunque se confirme, quede alterada por la dinámica de la ejecución de la pena impuesta. Es decir, si sobre la base exclusiva del principio de homogeneidad de las medidas cautelares, se tratara de adoptar una medida cautelar personal pensando en la correlación que puede tener con la pena que finalmente se puede imponer, en muchos casos podemos encontrar que una decisión tal, basada sólo en la correlación para prevenir el cumplimiento efectivo de la condena que pueda recaer, es difícil en muchas ocasiones: por un lado porque puede ser que la pena impuesta sea menos grave que la que aparecía como probable en el momento de decidir la medida cautelar; por otro lado, puede ser que la pena resulte ser al final de naturaleza diferente; y, por último, puede ser que haya circunstancias de cumplimiento de la pena (suspensión, sustitución, por ejemplo) que significan cambio respecto de lo que podía parecer que sería la pena a cumplir y la forma de cumplirla, cuando se adopta la medida cautelar.

De gran interés resulta hacer un breve examen de las experiencias actuales en USA (que también pueden encontrase en Canadá)[25]. Experiencias que pueden servir como ejemplos para potenciar el uso de las medidas alternativas a la prisión provisional en los procesos penales, pero cuyo impacto en un descenso efectivo de la población carcelaria no es, todavía, suficientemente amplio (teniéndose en cuenta que en USA se distingue

---

25 Estando presentes a lo largo y ancho de Canadá, como ejemplo puede citarse *Guideline for initiating judicial pre-trial custody hearing - Custody Review Officers and unit's responsibilities,* 2018, https://www.canada.ca/en/chief-military-judge/services/consult-legal-resources/pre-trial-custody-hearing.html;

entre *prison* y *jail*)[26]. También se mencionará la situación en Francia e Italia. Pero no me ocuparé en este momento de un problema importante relativo a las medidas punitivas que evitan el internamiento en prisión y conocidas como las *"shamefull sentences"* o penas degradantes o deshonrosas que se sitúan como una evolución de las "intermediate sanctions" (penas a medio camino entre la prisión y la "probation") y que consisten en la publicidad estigmatizadora, las disculpas públicas, la exposición pública y que se llevan a cabo mediante elementos tales como pegatinas (de estar condenado como conductor ebrio, por ejemplo), carteles (como los hombres "sándwich"), entre otros. No son pequeños los cuestionamientos que este tipo de pena pueden tener, como observa Larrauri[27].

Desde los años 60 en USA se vienen impulsando y generalizando los llamados *pretrial services*, servicios previos al juicio, que realmente implican la existencia de mecanismos de evaluación de riesgos y de supervisión conforme a los cuales se puede establecer qué medida cautelar es las más ade-

---

[26] Aunque ambos términos suelen usarse de forma indistinta como equivalente a cárcel, hay diferencias importantes entre los dos: el concepto *jail* hace referencia a un tipo de cárcel que opera a nivel local y acoge, generalmente a presos en espera de juicio o de sentencia (presos preventivos), así como a presos condenados a privación de libertad de un año de duración o menos, o en estancias muy cortas a personas que han sido detenidas bajo los efectos del alcohol o las drogas o por participar en altercados públicos; el término *prison* hace referencia a establecimientos penitenciarios que operan a nivel estatal y federal (en función de los tipos de delitos), y acogen generalmente a presos condenados a privación de libertad superior a un año, véase, por ejemplo, Wildeman, C., Fitzpatrick, M. D., Goldman, A. W., "Conditions of Confinement in American Prisons and Jails", *Annual Review of Law and Social Science*, 14, 2018, páginas 31-32. Estados Unidos es el país con mayor número de personas presas, 2068800 (38570 en Canadá), datos referidos a 2021, https://www.prisonstudies.org/sites/default/files/resources/downloads/world_prison_population_list_13th_edition.pdfl; de ellas en USA el 22,5% son presos provisionales (*pretrial detenee*), mientras que en Canadá es el 38,7%, datos de 2020, https://www.prisonstudies.org/sites/default/files/resources/downloads/world_pre-trial_list_4th_edn_final.pdf

[27] Véase Larrauri i Pijoan, E., *Penas degradantes [shamefull sentences]*, 2000, http://www.unifr.ch/ddp1/derechopenal/articulos/a_20080526_22.pdf.; un sector doctrinal de USA, pese a las dudas de constitucionalidad, entiende que estas sentencias son preferibles porque disminuyen los costes de la justicia penal al contribuir a reducir la población en prisión, MARKEL, D., *Wrong Turns on the Road to Alternative Sanctions: Reflections on the Future of Shaming Punishments and Restorative Justice*, Routledge, 2014.

cuada al caso y evitar que se adopte una decisión de prisión provisional[28]. Implantados a nivel de condados, comenzaron en la década de los años 60 en Nueva York, puede decirse que están generalizados en la actualidad en todos los estados de USA y funcionan con diversas estructuras; también están presentes en los 94 distritos federales. Básicamente cumplen cuatro funciones[29]:

a) Reunir información sobre la persona imputada, dirigida a determinar sus condiciones laborales, educativas, familiares, de arraigo, antecedentes penales, etc.), y verificar dicha información. En función de estos datos se determina una propuesta de medida cautelar adecuada a estas condiciones y determinando cual sería la medida más apropiada en caso de que no sea la prisión provisional.

b) Realizar una evaluación de riesgos en referencia a la probabilidad de que se cumpla con la medida cautelar que se propone, lo que influye también en la determinación de cual es la más apropiada.

---

28 Con más detenimiento, entre otros, y teniendo en cuenta que estos *pretrial services* o servicios de antelación al juicio son un espejo en el que se miran muchos países de Latinoamérica, Carrasco Solís, J., "Servicios de evaluación de riesgos y supervisión: mecanismos para el manejo de las medidas cautelares" en *Sistemas judiciales. Una perspectiva integral sobre la Administración de Justicia. Prisión preventiva.* Publicación semestral del Centro de Estudios Jurídicos de las Américas (CEJA), año 7, número 14, 2009, páginas 12 y siguientes; Podestá T. J., y Villadiego Burbano, C., "Servicios de antelación al juicio. Una alternativa para disminuir los índices de prisión preventiva en la región" en *Sistemas judiciales. Una perspectiva integral sobre la Administración de Justicia. Prisión preventiva.* Publicación semestral del Centro de Estudios Jurídicos de las Américas (CEJA), año 7, número 14, 2009, páginas 19 y siguientes; *Manual de Servicios de Antelación al Juicio,* CEJA, Santiago de Chile, noviembre de 2001, https://www.pensamientopenal.com.ar/system/files/2014/12/doctrina33545.pdf; Mahoney, B., Beaudin, B. D. Carver III, J. A., Ryan D. B., Hoffman R. B., *Pretrial Services Programs: Responsibilities and Potential,* U.S. Departement of Justice, Office of Justice programs, National Institue Of Justice, Washington, March, 2001; Travers, M., Colvin, E., Bartkowiak-Théron, I., Sarre, R., Day, A., Bond, C., "Pretrial services", *Rethinking Bail,* Palgrave Macmillan, 2020; Dobbie, W., Yang, C. S., "The US Pretrial System: Balancing Individual Rights and Public Interests", *Journal of Economic Perspectives,* Volume 35, Number 4, Fall 2021, Pages 49-70; Putri, L., "Effectiveness and Study of the Criminal Law Pretrial System", *Enigma in Law* 1 (1), 2023, 21-25.

29 De forma muy descriptiva, puede verse *Pretrial services and monitoring,* Pretrial Justice Center for Courts, https://www.ncsc.org/pjcc/topics/pretrial-services.

c) Supervisar el cumplimiento de la medida cautelar decretada por el juez y que no implique privación de libertad, de manera que se constate que se están observando las condiciones impuestas y que la persona está sujeta al proceso penal y comparecerá cuando se le requiera para ello o sea necesario. Las medidas a imponer son muy variadas pero entre ellas se encuentran tratamiento en instituciones privadas o públicas, monitoreo electrónico, aplicación de exámenes para detectar el abuso de substancias o alcohol, dar seguimiento en caso de un incumplimiento, llamar por teléfono acudir o personalmente a los funcionarios; recibir llamadas telefónicas, visitas a su lugar de residencia, sin ánimo exhaustivo.

d) Elaborar y entregar, al juez, al fiscal y a la defensa, los informes intermedios y finales sobre el desarrollo del cumplimiento de la medida, que incluirán los incumplimientos que haya podido haber pero también los esfuerzos positivos para cumplir con las medidas, lo que podrá incidir en que se revoquen, modifiquen o agraven, según proceda.

En general estos servicios suelen recomendar la adopción de medidas cautelares no privativas de libertad y además no suelen asociarlas a la prestación de fianza ni a ningún otro requisito económico, porque esto perjudicaría a personas con escasos medios. Como ejemplo, en el distrito de Columbia el 88% de los sometidos a un proceso penal quedan en libertad bajo alguna de estas medidas, incluida la fianza, y el 12% ingresa en prisión provisional[30].

Cabe reseñar que el impacto de la inteligencia artificial se ha manifestado también en los *pretrial services* en USA[31], señalándose que junto a inne-

---

30 En referencia a los años 2013-2016, Pretrial Services Agency for the District of Columbia, https://www.psa.gov/?q=node/558; y el objetivo para 2023 era de una tasa de 88% de personas en libertad en espera de juicio, alcanzándose un 92%, https://www.psa.gov.

31 Con sus luces y sus sombras, Rowland, M. G., Beatty-Gregoire, N., Fitzgerald, J. J., "Testing Artificial Intelligence in the United States Probation and Pretrial Services System", Irish Probation Journal, Volume 16, Octavar 2019; Seale-Carlisle, T., Jain, S., Lee, C., Levenson, C., Ramprasad, S., Garrett, B., Roy, S., Rudin, C., Volfovsky, A., "Evaluating Pre-Trial Programs Using Interpretable Machine Learning Matching Algorithms for Causal Inference", *Proceedings of the AAAI Conference on Artificial Intelligence*, December 2023.

gables beneficios en la rapidez y acierto de las decisiones[32], está la sombra de la despersonalización de las decisiones (basadas en las propuestas del correspondiente algoritmo), así como el peligro de que las IA actúe de forma sesgada en función de la raza, sexo u otros factores, tema, por lo demás, recurrente en relación con la acción de las inteligencias artificiales[33]. De lo que se trata es del uso de las herramientas de evaluación de riesgos, *risk tools assessments*[34] que sirven para determinar en cada concreto y en relación. A la concreta persona, qué riesgos implica que esa persona quede en libertad en espera de juicio y, en función del grado de riesgo detectado, que medida cautelar es la más apropiada (lo que muchas veces implica una predicción sobre el riesgo de reincidencia delictiva[35]). Una polémica muy fuerte es la que se ha desatado en torno al uso de sistema denominado COMPAS, aunque no es el único instrumento de evaluación que se usa[36]. El incremento de posibilidades de, en el marco de los *pretrial services*, adoptar resoluciones que impliquen la libertad del investigado en espera de

---

32 Por ejemplo, Rizer, A., Watney, C., "Artificial Intelligence Can Make Our Jail System More Efficient, Equitable, and Just", *23 Tex. Rev. L. & Pol.* 181 (2018-2019).

33 Avery, J. J., Cooper, J., "Racial Bias in Post-Arrest and Pre-Trial Decision Making: The Problem and a Solution", Cornell Journal Of Law And Public Policy, Vol. 29, 2019; Recientemente, Demichelle, M., Silver, I. A., Labrecque, R. M., Dawes, D., Lattimore, P. K., Tueller, S., "Testing Predictive Biases at the Intersection of Race-Ethnicity and Sex: A Multi-Site Evaluation of a Pretrial Risk Assessment Tool", https://www.rti.org/publication/testing-predictive-biases-intersection-race-ethnicity-and-sex/fulltext.pdf.

34 Barabas, C., Dinakar, K., Ito, J., Virza, M., "Interventions over Predictions: Reframing the Ethical Debate for Actuarial Risk Assessment", *Proceedings of Machine Learning Research* 81:1-15, 2018, que señalan que, más que herramientas predictivas, deberíanser herramientas de diagnóstico;

35 Sobre la evaluación de riesgo de reincidencia delictiva me he ocupado con detenimiento en Guzmán Fluja, V., "Evaluación de riesgos de reincidencia delictiva en personas con trastorno mental a la luz de recientes tendencias", Discapacidad y riesgo de los sujetos pasivos con trastorno mental en la justicia penal: (Estudios sobre el Anteproyecto de Ley de Enjuiciamiento Criminal de 2020) / coord. por Juan Alejandro Montoro Sánchez, Ana Sánchez Rubio; Ignacio Flores Prada (dir.), 2022.

36 Correctional Offender Management Profiling for Alternative Sanction, que es también usado para predecir el riesgo de reincidencia delictiva a la hora de establecer la pena. Véase Hall, P., Gill, N., "Debugging the Black-Box COMPAS Risk Assessment Instrument to Diagnose and Remediate Bias", https://openreview.net/forum?id=r1iWHVJ7Z; Brennan, T., Dieterich, D., "Correctional Offender Management Profiles for Alternative Sanctions (COMPAS)", *Handbook of Recidivism Risk/Needs Assessment Tools,* 2017.

juicio antes que la prisión provisional viene determinado, también, por el uso del control o monitorización electrónica de la localización del sujeto sometido a la medida[37].

29. En lo que se refiere a Canadá, la idea esencial de su sistema es que una persona acusada debe ser dejada en libertad mientras espera juicio, siempre que ello cuando ello no implique riesgo de fuga o amenaza para las fuentes de prueba o las víctimas[38]. Conforme a ello, un acusado puede obtener la libertad bajo fianza por haber cometido cualquier delito, incluso el delito más grave, como homicidio en primer grado. Además, en la mayoría de los delitos existe una presunción a favor de la liberación y será la fiscalía quien deba demostrar por qué el acusado debe ser sometido a prisión provisional. Por último, partiendo de que debe quedar en libertas en espera de juicio, el acusado debe ser dejado en ese estado de libertad bajo las condiciones menos onerosas que sea posible. En el marco del artículo 515 del Código Penal de Canadá, las opciones que se manejan son la libertad bajo palabra (si no cumple entregará una suma de dinero al sistema) o bajo fianza que puede ir acompañada de otras medidas: permanecer tranquilo y tener buena conducta; no poseer armas de fuego u otro armamento; no consumir alcohol o drogas sin prescripción médica; no conducir ningún vehículo motorizado; mantener su empleo o asistir a la escuela; respetar el toque de queda; no comunicarse ni asociarse con ciertas personas conocidas o tipos de personas, tales como aquéllas; presentarse a la policía en ciertos momentos especificados; residir en un do-

---

37 Puede verse, en relación con este control electrónico o *electronic monitoring*, Irtaimeh, W. S., "Electronic Monitoring as a Measure to Reduce the Use of Pre-Trial Detention", *Journal of Politics and Law*, volumen 15, nº 4, 2022; un estudio estadístico que incide en el incremento del uso de la monitorización electrónica en USA en los últimos años, Zhang, J., Kang-Brown, J., Kotler, A., "People on Electronic Monitoring", *Vera Institute of Justice*, january 2024, https://www.vera.org/downloads/publications/Vera-People-On-Electronic-Monitoring-FINAL-120423.pdf

38 Rosenberg, M."La prisión preventiva en Canadá" en *Sistemas judiciales. Una perspectiva integral sobre la Administración de Justicia. Prisión preventiva.* Publicación semestral del Centro de Estudios Jurídicos de las Américas (CEJA), año 7, número 14, 2009, páginas 26 y siguientes; una visión doctrinal del *pretrial release* en Pratt, T. C., May, T., Kan, L., "Increasing Pretrial Releases and Reducing Felony Convictions for Defendants: Implications for Desistance from Crime", *Canadian Journal of Criminology and Criminal Justice*, Volume 62 Issue 3, July 2020; sobre la monitorización electrónica del privado de libertad, condenado o en espera de juicio, GACEK, J., "In the Era of E-Carceration: Criminal Justice Trends and Concerns with Electronic Monitoring", *The Annual Review of Interdisciplinary Justice Research*, Volumen 9, 2020.

micilio conocido; ingresar en un centro de tratamiento; permanecer alejado de ciertos lugares, no abandonar la provincia o el país; entregar a las autoridades el pasaporte u otro documento de viaje, no aceptar contratos para realizar ciertos tipos de trabajo. También se han incrementado en los últimos años las vigilancias electrónicas y los arrestos domiciliarios (total o bajo "toque de queda").

En Francia, el Código de procedimiento penal ha incorporado una regulación bastante completa de las medidas cautelares diferentes de la prisión provisional (*"detention provisoire"*). Son las llamadas medidas de "control judicial (*"mesures du contrôle judiciaire"*), introducidas en 1970 para reforzar la garantía individual de los derechos de los ciudadanos y a través de las cuales se quiso reforzar el carácter excepcional de la prisión provisional. Se regulan en los artículos 138 a 142-4 del Código[39]. Realmente el enunciado literal del artículo 137 del Código es bastante expresivo: "la persona inculpada, presumida inocente, permanece en libertad. Sin embargo, por razón de las necesidades de la instrucción o como medida de seguridad, puede ser puesta bajo una o varias obligaciones de control judicial. Cuando éstas resulten insuficientes en atención a sus objetivos, se podrá ordenar, excepcionalmente, su prisión provisional"[40]. Se adopta judicialmente, por el

---

39 Dindo, S., *Les prisons en France Volume 2: Alternatives à la détention: du contrôle judiciaire à la détention*, Commission nationale consultative des droits de l'homme, La Documentation française, Paris, 2007; Cardet, C., *Le contrôle judiciaire socio-éducatif, Substitut à la détention provisoire entre surveillance et réinsertion*, Ed. L'harmattan, 2000. Nótese que estas medidas se conciben como una "alternativa" a la prisión provisional pero también, como se desprende de los textos citados, fueron ideadas como medidas para favorecer la reinserción social del delincuente desde la fase de instrucción, tratando de prevenir con más eficacia la reincidencia. Desde luego, en este contexto hay que plantear serias dudas sobre la anticipación de estos efectos resocializadores o socio-educativos a personas que, aunque se les imponen medidas cautelares en el marco de un proceso penal, siguen estando amparadas por la presunción de inocencia (aunque otra perspectiva hay que asumir cuando se hable de medidas impuestas para paliar otras carencias, por ejemplo educativas, o que implican tratamientos de salud, mental o física, o tratamientos para la deshabituación de adicciones). De todas formas, hasta los años 80 estas medidas no fueron aplicadas con generalidad por la falta de medios y de personal formado, y su uso se ha incrementado con la implicación en su desarrollo y ejecución de los medios asociativos.

40 Aunque otra cosa parece suceder en la práctica en Francia, véase Kensey, A., Mouhanna, C., "La détention provisoire en France: un provisoire qui dure, dans l'indifférence", https://www.researchgate.net/publication/348650845_La_detention_provisoire_en_France_un_provisoire_qui_dure_dans_l'indifference

juez de instrucción o por el juez de las libertades y de la detención, con las finalidades de evitar la fuga, evitar la ocultación o destrucción de pruebas y proteger a la víctima. Se establecen hasta 18 medidas diferentes (artículo 138) que se pueden decretar, una o varias simultáneamente, con ocasión de la imputación inicial de un delito o en cualquier momento a lo largo de la instrucción. Igualmente se pueden modificar, se pueden añadir obligaciones nuevas, se puede dispensar de su cumplimiento temporalmente, se pueden revocar. Si la revocación es por incumplimiento puede acordarse la prisión provisional. Todos estos aspectos procedimentales se encuentran regulados con detalle en la ley. Entre las medidas se encuentran: no salir de determinados límites territoriales; no ausentarse del domicilio o de la residencia fijada judicialmente; no acudir a determinados lugares o acudir sólo a los que autoriza el juez; presentación periódica ante autoridades o servicios; responder a los llamamientos de las autoridades; someterse a medidas de control de la actividad profesional, o recibir enseñanzas o someterse a medidas socio-educativas; entrega a las autoridades de documentos de viaje, o de permisos de conducir; prohibición de aproximación o comunicación con determinadas personas, incluidas las víctimas; someterse a tratamientos médicos o de desintoxicación; prestar fianza; no realizar determinadas actividades o trabajos; no portar armas o entregarlas a la autoridad; en relación con la violencia de género, residir fuera del domicilio común, no parecer en él o en sus inmediaciones, someterse a tratamientos sanitarios, sociales o psicológicos. Estas medidas se llevan a cabo bajo control judicial, y el juez puede contar con el auxilio de personas físicas o jurídicas que deben cumplir los requisitos establecidos por el Consejo de Estado.

En el caso de Italia, el Código Procesal Penal regula con bastante detenimiento la tipología y el procedimiento de aplicación de las medidas coercitivas no privativas de libertad en cárcel. De la amplia regulación de los artículos 272 y siguientes, se deduce con claridad que la prisión provisional (*custodia cautelare in carcere*) tiene un carácter excepcional, no sólo porque procede únicamente cuando el delito tenga asignada una pena privativa de libertad que no sea inferior en el máximo a cuatro años, sino porque puede ordenarse en su lugar una medida cautelar diferente menos gravosa (que, de todas formas, sólo se pueden acordar si la pena es de cadena perpetua o de reclusión superior en el máximo a tres años). Es decir, la prisión provisional se adoptará sólo cuando cualquier otra medida resulte inadecuada, aparte de establecer supuestos en los que se prohíbe su adopción por razón de enfermedad y similares. Recuérdese, como se señaló antes, que la prisión provisional aparece en el último lugar de la enumeración de las medidas cautelares, lo que es un buen indicativo de la política teórica al respecto. Se detalla tanto el procedimiento de adopción, modificación, revocación, agravación, sustitución, como el procedimiento para la elección de la medida que sea más idónea en atención a las circunstancias y exigencias del caso, teniéndose en cuenta que los fines de las medidas cautelares son semejantes a los rigen en España (evitar la desaparición, destrucción u ocultamiento de pruebas, evitar la fuga, evitar la reiteración delictiva y, aunque menos explícita, la protección de víctimas). Es importante resaltar esta norma que establece los criterios básicos de selección de la medida cautelar porque determina que no se parte de la base de que se debe sustituir la prisión provisional por otra medida, sino que se debe elegir la que resulte más adecuada al caso desde un principio. Las principales medidas coercitivas distintas de la prisión provisional son: la prohibición o la obligación de residir en determinados lugares (teniéndose en cuenta, en lo posible, las exigencias de alojamiento, trabajo o asistenciales del imputado, incluidas las que se refieren a su tratamiento de desintoxicación o deshabituación); prohibición de residir o de acercarse a lugares frecuentados por la persona ofendida o sus familiares, y prohibición de comunicarse con ellas, así como alejamiento de la casa familiar y prohibición de entrar en ella o de acercarse a la misma sin permiso judicial (en estas prohibiciones el juez comunicará su adopción a las autoridades correspondientes a los efectos de que adopten las prescripciones que proceden en relación con las armas y municiones que pueda tener el imputado; cuando se cometan delitos relacionados con la violencia de género, para la adopción de estas medidas no regirán los límites punitivos antes señalados); obligación de presentarse a la policía; prohibición de abandonar el territorio nacional, con entrega o retención del pasaporte y otros documentos de identidad válidas para el viaje; y el arresto domiciliario, que consiste en la prohibición de salir del propio domicilio o de otro lugar privado de residencia o de lugares públicos de cura o asistencia, que puede incluir la prohibición al imputado de comunicación con personas diferentes de la que habitan con él o le asisten[41]. En el caso del arresto domiciliario se puede acudir a la modalidad de control por medios electrónicos u otros instrumentos técnicos, artículo 275 bis del Código. El control del cumplimiento de estas obligaciones, en su caso con las modalidades y límites que el juez crea oportuno fijar en atención a las concretas circunstancias, se encomienda a

---

41 Una visión genérica de las medidas cautelares personales en el derecho italiano, en Dell'Anno, P., Della Ragioni, L., "Le misure cautelari. Le misure cautelari personali", Diritto Processuale Penale, Lex Iuris, 2023, páginas 305 y siguientes.

la policía judicial, y en el caso del arresto domiciliario también al fiscal[42]. Además, recuérdese que en el Código procesal Penal italiano se reconocen otras medidas cautelares que no se llaman coercitivas sino prohibitivas "interdittive" porque comportan la pérdida o limitación de derechos: la suspensión de la patria potestad (suspensión temporal cuyo acuerdo no está sujeto a los limites punitivos generales cuando se trate de delitos sexuales o delitos contra familiares), la suspensión del ejercicio de cargo públicos ("ufficio o servizio pubblico", la prohibición temporal de ejercer actividades profesionales o empresariales.

Recordemos brevemente que nuestro código penal regula penas privativas de libertad, penas privativas de derechos, penas de multa. Penas

---

[42] La doctrina italiana distingue entre medidas cautelares coercitivas "custodiales" y "no custodiales" lo que conlleva que las primeras se controlan a través del mecanismo de custodia concreto que suele tener un carácter permanente (encarcelamiento, internamiento en un lugar para tratamiento, arresto domiciliario, que se considera que suprimen la libertad física) mientras que las otras requieren de formas de control que no tiene que ser permanentes, sino periódicas o aleatorias porque sólo restringen la libertad física, en general, AA.VV., *Le misure cautelari personali.* 2009, n. 11., dirigido por Ciro Santoriello - Giorgio Spangher, 2009. Además, recuérdese que en el Código procesal Penal italiano se reconocen otras medidas cautelares que no se llaman coercitivas sino prohibitivas "interdittive" porque comportan la pérdida o limitación de derechos, son las medidas personales interdictivas que se señalan en el texto y que no se deben confundir con las medidas cautelares interdictivas, *misure cautelari interdittive* aplicables a los entes jurídicos (personas jurídicas) al amparo del Decreto Legislativo 8 giugno 2001, n. 231, "Disciplina della responsabilita' amministrativa delle persone giuridiche, delle societa' e delle associazioni anche prive di personalita' giuridica, a norma dell'articolo 11 della legge 29 settembre 2000, n. 300", que regula la "responsabilità delle società e degli enti collettivi per i reati commessi nel loro interesse o vantaggi, y cuyo artículo 1.1 dice que "Il presente decreto legislativo disciplina la responsabilita degli enti per gli illeciti amministrativi dipendenti da reato" entendiendo la doctrina que es una situación que permite entender que estamos ante una responsabilidad penal, administrativa, o incluso un tertium genus, aunque mayoritariamente se apunta a la primera. Conforme al artículo 9, las medidas son: interdizione esercizio attività, sospensione o revoca delle autorizzazioni, licenze o concessioni funzionali alla commissione dell'illecito, divieto di contrattare con la pubblica amministrazione salvo che per ottenere le prestazioni di un pubblico servizio, esclusione da agevolazioni, finanziamenti, contributi sussidi, eventuale revoca di quelli già concessi, divieto di pubblicizzare beni o servizi. Entre otros muchos puede verse, DE Giorgio M. - Guagliani M., *Le misure interdittive a carico delle persone fisiche e giuridiche* 2008, Renzetti, S., *Le misure cautelari interdittive applicabili agli enti giuridici,* http://amsdottorato.cib.unibo.it/1150/1/Tesi_Renzetti_Silvia.pdf.

principales y penas accesorias (que en ocasiones pueden funcionar también como principales). Las privativas de libertad son la prisión permanente revisable, la prisión, la localización permanente (que también puede ser sustitutiva de la prisión) y la responsabilidad subsidiaria por multa; las privativas de derechos, entre otras, son la inhabilitación, la privación del permiso de conducir, la privación de la licencia de armas, prohibiciones de residencia en determinado lugar o de acudir a ellos, prohibición de comunicación con la víctima y otras personas, trabajos en beneficio de la comunidad; privación de la patria potestad (artículo 39 del CP establece el elenco completo). Pero también hay que tener en cuenta que muchas de estas penas pueden asignarse como obligaciones o deberes que impone el juez cuando proceda la suspensión de la condena[43].

Nótese que una parte de las penas privativas de derechos coinciden con las medidas de seguridad no privativas de libertad que, conforme al artículo 96.3 CP cabe imponer como medidas de seguridad (la medidas de seguridad privativa de libertad, artículo 96.2 CP es el internamiento, sea en centro psiquiátrico, de deshabituación o educativo especial), y realmente las que cambian y son propias serían: custodia familiar y expulsión del territorio nacional de extranjeros no residentes legalmente en España (que es una medidas sustitutiva de la pena), y, por supuesto, la estrella que es la libertad vigilada, no exenta de problemas importantes de concepto y

[43] Conforme al artículo 83.1 del CP, esas obligaciones o deberes pueden ser las siguientes: Prohibición de acudir a determinados lugares, Prohibición de aproximarse a la víctima, o a aquellos de sus familiares u otras personas que determine el juez o tribunal, o de comunicarse con ellos, Prohibición de ausentarse sin autorización del juez o tribunal del lugar donde resida, Comparecer personalmente ante el juzgado o tribunal, o servicio de la Administración que éstos señalen, para informar de sus actividades y justificarlas, Participar en programas formativos, laborales, culturales, de educación vial, sexual, de defensa del medio ambiente, de protección de los animales, de igualdad de trato y no discriminación, resolución pacífica de conflictos, parentalidad positiva y otros similares, Participar en programas de deshabituación al consumo de alcohol, drogas tóxicas o sustancias estupefacientes, o de tratamiento de otros comportamientos adictivos, Prohibición de conducir vehículos de motor que no dispongan de dispositivos tecnológicos que condicionen su encendido o funcionamiento a la comprobación previa de las condiciones físicas del conductor, cuando el sujeto haya sido condenado por un delito contra la seguridad vial y la medida resulte necesaria para prevenir la posible comisión de nuevos delitos, Cumplir los demás deberes que el juez o tribunal estime convenientes para la rehabilitación social del penado, previa conformidad de éste, siempre que no atenten contra su dignidad como persona.

de aplicación práctica[44]. Nótese también que, curiosamente, la libertad vigilada como medida de seguridad tiene un contenido que se plasma en un elenco de obligaciones y deberes posibles, que coinciden en gran parte con las que se pueden imponer como penas privativas de derechos, y como obligaciones o deberes en caso de suspensión o sustitución de la ejecución de la pena, artículo 106 del CP.

Pues bien, en el momento actual, en la ejecución de la pena privativa de libertad, en la suspensión de la ejecución de dicha pena, en la ejecución de la pena de localización permanente, en el control de las penas de aproximarse o comunicarse y en el sometimiento a la libertad vigilada (artículos 86.4 del Reglamento Penitenciario, 37.4, 48.4, 106 CP), hay una previsión legal que permite el uso de sistemas de control telemático o vigilancia electrónica; en la suspensión de la pena no existe esa habilitación legal expresa pero en la práctica puede adoptarse[45].

Frente a esta situación, que dice claramente cómo se ha operado legislativamente en relación con las penas que son diferentes a la de prisión (o medidas de seguridad diferentes a la de internamiento), aunque otra

---

44 Los de concepto tienen que ver con su ubicación sistemática en el Código penal como "medida de seguridad", siendo así que estando este concepto reservado para el tratamiento penal de condenados que están en algún estado patológico que determina su inimputabilidad (NISTAL). La libertad vigilada se puede aplicar en este sentido de medida de seguridad impuesta por sentencia a inimputables penalmente, pero también como medida de continuación de una pena privativa de libertad extinguida en determinados casos (por ahora delitos sexuales y de terrorismo) y, por lo tanto, aplicándose a quienes son perfectamente imputables. No obstante lo cual, hay que decir que la libertad vigilada no puede ser pena, conforme se entiende por la doctrina penalista más autorizada, y esto es lo que puede determinar que se haya ubicado entre las medidas de seguridad, sin faltar quien la califica como híbrido entre ambas. Los de aplicación práctica se relacionan con su compatibilidad o no con el tratamiento penitenciario del preso, y el hecho de que pueden determinar en muchos casos, según sea el contenido que se atribuya a la libertad vigilada, un empeoramiento de la libertad de movimientos del penado respecto de las situaciones de tercer grado y de libertad condicional (NISTAL). Además, los problemas de concepto pueden alcanzar a cuestiones tales como su vinculación a concepciones de derecho penal de autor, la incriminación "social" del penado, entre otras.

45 Véase López Riba, J. M., "El control telemático en España: ámbitos de aplicación, comparativa con el contexto europeo y debates abiertos", *Nuevo Foro Penal,* 98, (2022), Díaz Gómez, A., "La prisión electrónica", Proyecto prisiones. Divulgación y estudios penitenciarios, 2023, https://www.proyectoprisiones.es/1/colaboraciones/prisionelectronica/.

cosa es cómo se plasman concretamente en cada tipo delictivo, algo muy diferente encontramos en relación con las medidas cautelares donde el eje básico sigue pivotando sobre la distinción entre prisión provisional y libertad provisional.

Nuestra LECrim, artículos 501 y siguientes, siguen considerando como eje fundamental de las medidas cautelares penales la prisión provisional. Cuando no proceda ésta ("cuando no se hubiera acordado la prisión provisional" en dicción del artículo 529 LECrim) se regula la libertad provisional que puede ser con o sin fianza y con obligaciones de comparecencia periódica ante las autoridades que se determinen a fin de comprobar que se sigue a disposición de las autoridades judiciales y localizado a los efectos de las actuaciones y consecuencias del proceso penal obligación que se constituye "apud acta". Por efecto de sucesivas reformas de la LECrim, la libertad provisional puede ir acompañada de dos obligaciones: en 2003 se estableció la retención motivada del pasaporte para hacer efectiva la obligación de comparecencia ante las autoridades (artículo 529 bis); y en 2009 se ha introducido la posibilidad de que se prive provisionalmente al imputado en libertad provisional del permiso de conducir si la imputación es de delitos cometidos con motivo de la conducción de vehículos a motor (artículo 530). Es decir, como medidas "alternativas" legales tenemos únicamente la libertad provisional con obligación de comparecencia y que puede tener, además, otras obligaciones aparejadas.

La privación provisional del permiso de conducir se puede considerar también como una medida cautelar privativa de derecho que cuadraría jurídicamente con la pena de privación del derecho a conducir vehículos a motor. Hay otra medida cautelar que puede considerarse privativa de derecho y que se corresponde con las eventuales penas que puedan imponerse: la suspensión cautelar de cargos públicos, prevista para procesados por delitos cometidos por bandas armadas o elementos terroristas o rebeldes que estuvieran ostentando función o cargo público (artículo 384 bis LECrim); pero esta medida se puede aplicar a cualquier empleado o funcionario público, si bien no por la autoridad judicial sino por la autoridad administrativa que corresponda (que debe suspender al funcionario o empleado público que se encuentre imputado en un proceso penal, artículo 90 del Estatuto Básico del empleado público de 2007). La LOPJ y el EOMF también prevén esta suspensión cautelar en relación con jueces y magistrados, y fiscales, que estén imputados en un proceso penal. En la actualidad no hay ninguna previsión legal que permita el uso de mecanismos de control telemático o vigilancia electrónica en las medidas cautelares no privativas de libertad, aunque es una reclamación desde hace bastantes años de la que sí se han hecho eco los diversos anteproyectos de LECrim.

Debe recordarse que el artículo 110 de la Ley 23/2014, de reconocimiento mutuo de resoluciones penales en la Unión Europea, aunque sea a los efectos de propiciar la posibilidad de ese reconocimiento entre estados miembros de la UE, ha introducido en nuestro derecho un elenco sistemático de medidas de vigilancia alternativas a la prisión provisional (ya las enumeramos en el apartado anterior). Esto significa que esas medidas pueden y deben ser reconocidas en España si son adoptadas por otro estado miembro y, viceversa, otro estado miembro debe reconocerlas si son adoptadas en España, aunque aquí no estén reguladas sino de forma muy parcial en la LECrim. Ahora bien, conforme al artículo 109 de esta Ley 23/2014, estas medidas no sólo sirven para garantizar la debida acción de la justicia y, de modo especial, la comparecencia en juicio de la persona de que se trate, sino que también sirven para mejorar la protección de las víctimas, la seguridad ciudadana y promover la adopción de resoluciones de libertad provisional en relación con imputados que no sean residentes en el Estado miembro donde se sigue el proceso penal en su contra. Como veremos a continuación, muchas de las medidas contempladas en el artículo 110 se regulan en la LECrim para la protección de las víctimas y en la ley de violencia de género para las víctimas de este tipo de violencia.

Y, conectando con lo anterior, entraríamos ya en las medidas de protección de víctimas del artículo 544 bis LECrim, que se aplica en el marco de los delitos a que se refiere el artículo 57 del CP y que son un elenco más amplio que los que implican violencia de género. Estas medidas de protección se articulan en prohibiciones de residencia en determinados lugares, prohibiciones de acudir a determinados lugares, prohibiciones de aproximación o comunicación con las víctimas, familiares u otras personas que judicialmente se determinen. Para decretarlas se estará a la concreta situación familiar, económica y laboral. No necesariamente se insertan en una orden de protección en caso de violencia de género, pues su incumplimiento puede determinar que se adopte ésta, la prisión provisional, o cualquier otra medida que pueda ser más grave que la incumplida. En principio, tampoco hay previsión legal de posibilidad de uso de medidas de control telemático o vigilancia electrónica del cumplimiento de estas medidas, con la excepción de la reforma operada en 2022 que establece que "en el caso de que se investigue alguno de los delitos mencionados en el artículo 3 de la Ley Orgánica de Garantía Integral de la Libertad Sexual, de acordarse alguna de las medidas de protección de la víctima previstas en este precepto, podrá acordarse mediante resolución motivada la utilización de dispositivos telemáticos para el control de su cumplimiento"

En concreto, en referencia a las víctimas de violencia de género hay que estar, además de a lo anterior, a la regulación de la Ley Orgánica 1/2004, de medidas de protección integral contra la violencia de género, artículos 64 y siguientes, donde se contempla la orden de salida obligatoria del domicilio común, la orden de alejamiento y la prohibición de comunicaciones (que pueden hacerse efectiva con las medidas señaladas en el número anterior), la suspensión de la patria potestad, de la custodia de menores, del régimen de visitas, y del derecho a la tenencia, porte y uso de armas. El apartado 3 del artículo 64, al regular la orden de alejamiento, establece la posibilidad de que se acuerde la utilización de instrumentos con la tecnología adecuada para verificar de inmediato su incumplimiento, lo que implica el uso de la vigilancia electrónica. Sobre todo esto volveremos en el siguiente apartado.

Lo que tenemos, en definitiva, es un sistema de medidas cautelares clásicas, de medidas cautelares "alternativas" limitadas, de medidas de protección a las víctimas en general y de medidas de protección concretas para las víctimas de violencia de género que carecen de un sistema en cuanto a su concepción y regulación, y esto afecta a su aplicación práctica. Se ha ido actuando sobre la técnica del acarreamiento de medidas y soluciones, sin reflexionar sobre el impacto y el resultado final, sin reflexionar sobre la necesidad de un sistema nuevo que tenga en cuenta todas las necesidades, tanto del proceso en sí, como de la víctima y del imputado. Legalmente no se ha creado un modelo que pueda servir en general y que se plasme en cada caso particular, sino que se han solucionado problemas particulares, técnica que dificulta la opción de aplicar estas medidas "alternativas" y medidas de protección al margen de los casos en los (y para los que) que están legalmente previstas. No se oculta, sin embargo, que la práctica, ya desde la Ley de extradición pasiva de 1985, ha hecho un uso "imaginativo" de las medidas "alternativas" a la prisión, aceptable en cuanto puede entenderse que se buscaba una mejor situación de los imputados y mayor respeto de su derecho a la libertad. Pero es hora de que esta situación se sustituya por otra que responda a un sistema y proporcione a los jueces un marco definido que permite la adopción de decisiones adecuadas para cada caso concreto desde la propia ley.

Pensemos en que hay que cumplir una finalidad de sujeción al proceso penal y de no alteración de pruebas (incluso de prevención o protección de víctimas, aunque esto se verá luego desde otra óptica), y que cabe generalizar la idea de tratamiento individualizado de cada caso, y con ello hay que potenciar la tendencia a que la medida cautelar que se adopte (conforme a los principios de homogeneidad en su caso, proporcionalidad, instrumentalidad y provisionalidad) sea la menos gravosa posible, que cumpla esas finalidades, permita una decisión realmente concreta y adecuada a las circunstancias de cada caso, y que pueda ser autónoma de la futura pena sin perjuicio de aplicar el artículo 59 CP: "cuando las medidas cautelares sufridas y la pena impuesta sean de distinta naturaleza, el Juez o Tribunal ordenará que se tenga por ejecutada la pena impuesta en aquella parte que estime compensada".

En buena lógica, un nuevo sistema es requerido y debería basarse en los siguientes ejes: a) la prisión provisional debe ser realmente la última de las opciones y habría que endurecer las condiciones para su adopción, dejando sitio a la aplicación de otras medidas preferentemente; b) la libertad provisional debe ser el otro extremo y debe tener su autonomía en el sentido de regularla bajo las dos modalidades que resultan, con mucho, las menos gravosas para la libertad del imputado: obligación de presentación periódica siempre y, cuando proceda además, fianza; c) establecer un elenco de medidas, que ya han sido expuestas, que funcionarían como medidas que presuponen la libertad provisional pero que tiene un significado y finalidades propias, medidas restrictivas de la libertad (sin privación) que se pueden graduar de mayor a menor intromisión y que pueden funcionar legalmente bajo diversos revestimientos: "alternativas" a la prisión, obligaciones adicionales a otra medida cautelar más grave, medias de protección de víctimas, y de las víctimas de violencia de género. Debería establecerse que medidas son aplicables en general y cuales se deben emplear en función del concreto delito que se imputa. Y como instrumento que facilite, en cuanto sea congruente, el control del cumplimiento de estas medidas como garantía de que efectivamente se sujeta a la persona al proceso penal y se protege eficazmente a las víctimas, se debe regular con detalle el uso de los mecanismos de control electrónico o vigilancia electrónica.

Por poner un ejemplo, podría regularse como medida cautelar el arresto domiciliario con localización permanente electrónica (o ésta última en general, si se prefiere, siendo una modalidad el arresto domiciliario provisional). Por un lado, no se puede decir que estamos ante una situación de libertad provisional (tampoco de prisión provisional). Por otro lado, puede autorizarse judicialmente que se abandone el domicilio bajo determinadas condiciones que pueden coincidir con las prohibiciones de acercarse a un lugar, de comunicarse o aproximarse a alguien, de portar armas, conducir vehículos, etc., para trabajar o asistir a terapias, etc. Esto permite que el elenco de medidas cautelares "alternativas" puedan jugar en una relación de principales y accesorias, o en una relación de decretar una y llenarla del contenido de obligaciones y deberes que resulte más adecuado al caso. En esta línea se puede tener en cuenta que la finalidad de aseguramiento de la presencia del acusado en el juicio carece de sentido, como elemento para adoptar una medida cautelar, cuando el ordenamiento jurídico permite la celebración del juicio penal en ausencia (aunque no excluya que una tal medida pueda o deba adoptarse en razón de los otros fines legalmente establecidos); igualmente, puede pensarse en que la finalidad de evitar la destrucción de pruebas puede lograrse, efectivamente, con la prisión provisional, pero también con otras medidas diferentes menos gravosas: arresto domiciliario, prohibición de comunicación salvo con específicas personas, control de comunicaciones telemáticas, etc., (y, por otro lado, el mero ingreso en prisión provisional, sin otras medidas añadidas, puede ser inútil para evitar la ocultación o destrucción de pruebas: se pueden ordenar si se permite el uso de un ordenador, por ejemplo).

En definitiva, habría que ir a un modelo, según entiendo, construido sobre nuevas perspectivas: a) tratamiento individualizado de cada caso en atención a las concretas necesidades y peligros (lo que requiere un sistema de estudio, evaluación de riesgos, control y un equipo encargado de llevarlo a cabo) para los sujetos e intereses implicados); b) elenco de medidas que se deben aplicar con flexibilidad y en atención a esas necesidades, revisables para su agravación o para su atenuación o levantamiento; c) definición legal de las medidas, graduación de su gravedad, marco general y concreto de aplicación; d) inclusión de las medidas de seguridad aplicadas de forma cautelar cuando sea procedente; e) regulación garantista del empleo de mecanismos de control electrónico de la libertad en el marco del proceso penal[46].

Con diversas perspectivas, los tres últimos anteproyectos de LECrim conocidos (2011, 2013, 2021) han contemplado un modelo que, en mayor o menor medida, responde a estos caracteres. Los Anteproyectos de 2011 y 2021 asumen una visión en la que la prisión provisional queda como última opción y así se refleja en la propia ordenación de los textos que regulan primero la libertad provisional y sus modalidades y alternativas para finalizar con la prisión provisional; el texto de 2013, aunque insiste en la excepcio-

---

46 Puede verse también Ordóñez Ponz, F., "La prisión provisional y sus medidas alternativas: ¿ponemos fin al eterno debate con nuevas propuestas?, *cit.*, páginas 13 y siguientes.

nalidad de la prisión provisional, sin embargo, regula primero ésta y después la libertad provisional, con un esquema parecido a la vigente LECrim. En cuanto a las medidas "alternativas" a la prisión, en 2011 se proponían: obligación de presentación, prohibición de salida del territorio español, prohibición u obligación de residencia, prohibición de aproximación o comunicación; en 2013 algunas de estas medidas se consideran específicas de protección de la víctima, tales como las prohibiciones de aproximación y comunicación, o la prohibición u obligación de residencia, y se añaden otras medidas de aseguramiento de la presencia del encausado: presentación obligatoria y comunicación de cambios de localización; y en 2021 vienen a estar presentes como medidas restrictivas de la libertad todas las ya mencionadas con algunas matizaciones, añadiéndose la custodia.

## 4. MEDIDAS ALTERNATIVAS A LA PRISIÓN PROVISIONAL Y MEDIDAS DE PROTECCIÓN DE VÍCTIMAS

Aunque suelen incluirse dentro de una misma categoría general, las medidas cautelares personales dentro del proceso penal, es obvio que tanto la prisión provisional como sus medidas alternativas son sólo una parte de las medidas de protección de víctimas en general, y de las de violencia de género en particular. Esto ha sido manifestado doctrinalmente con claridad y la distinción es evidente en el funcionamiento práctico de ambas clases de medidas. Aunque nuestra LECrim es muy clásica al respecto y trata todo este problema bajo el paraguas de las medidas cautelares, sobre todo en las privativas de libertad, artículo 503, es posible detectar esta distinción de forma subyacente[47].

---

47 Las reflexiones que siguen a continuación van en la línea de lo que expone una parte mayoritaria de la doctrina procesalista en el sentido de que las medidas de protección de las víctimas, aunque también cumplen una finalidad cautelar, tiene una base y un significado distinto de la pura medida cautelar, véase, por ejemplo, entre otros muchos, Moreno Catena, V., "Las medidas cautelares. La detención", Derecho Procesal Penal, junto con Cortés Domínguez, Tirant lo Blanch, 2023, páginas 327-330; Barona Vilar, S., "Medidas cautelares específicas", Proceso Penal. Derecho Procesal III, Tirant lo Blanch, 2023, página 334 y en "¿Una nueva concepción expansiva de las medidas cautelares personales en el proceso penal?", *Revista Poder Judicial*, núm. especial XIX, 2006, pág. 240 y 248; un resumen de las diversas posturas en Chocrón Giráldez, A., "Tutela cautelar y protección de la víctima en el proceso penal", Boletín del Ministerio de Justicia, Año 61, Nº 2041, 2007, páginas 2838 y siguientes; también hay quien considera que las medidas

Las medidas cautelares personales, sea la prisión provisional o cualesquiera otras que se puedan establecer, están pensadas esencialmente desde una óptica básica: asegurar la sujeción de la persona imputada o acusada al correspondiente proceso penal, garantizado que está a disposición de las autoridades cuando su presencia sea requerida o necesaria, y garantizando que pueda cumplirse la sentencia de condena que, en su momento, pueda dictarse. Estamos en la teoría clásica de responder a la necesidad de evitar el riesgo de fuga (*periculum in mora*) de quien es razonablemente sospechoso de haber cometido un hecho delictivo (*fumus boni iuris*). Esto mismo es perfectamente aplicable a los casos en que las medidas cautelares se adoptan para tratar de proteger la eficacia de la investigación previniendo las posibles actuaciones que pudieran conllevar desaparición, destrucción, ocultación o manipulación de fuentes de prueba (e incluso cuando se ordenan para evitar la comisión de nuevos hechos delictivos, fin constitucionalmente admisible pero que no deja de presentar un tufo dudoso). En todos estos casos lo que se protege, la prioridad de protección, es el interés en la eficaz aplicación del "ius puniendi" del Estado, un interés público y general que se proyecta socialmente y, también, individualmente de forma refleja sobre los intereses de la víctima, ofendido o perjudicado por el delito.

Las medidas de protección son algo más y algo distinto a lo anterior. En las medidas de protección el protagonismo recae en las necesidades de la víctima del delito, de manera que son sus derechos e intereses particulares los que se ponen en la base de las decisiones para adoptarlas, sus situaciones concretas, sus riesgos y peligros, su tratamiento, la búsqueda de efectos paliativos inmediatos. Y, de forma refleja, se protege también el interés público y general en que el proceso penal sirva para proteger a las víctimas, pero el gran peso de las decisiones se sostiene por las necesidades de la víctima, no por las necesidades de eficacia del proceso penal. La víctima de un delito, como se expresa con total claridad en lo casos de violencia de género, debe recibir una protección integral y, dentro de ella, la protección que pueda brindarle el proceso penal durante su tramitación. Y lo que puede ofrecerle, para lograr esa protección, es la activación de las medidas cautelares que sean procedentes y adecuadas al caso concreto, medidas cautelares que recaen sobre el posible autor de los hechos delictivos y que pasan a tener, junto a la dimensión tradicional antes explicada, una nueva

---

de protección son medidas cautelares pero de "nueva generación", por ejemplo, AA. VV., *Comentarios a la Ley de Enjuiciamiento criminal y otras leyes del proceso penal*, volumen II, dirigidos por Conde Pumpido Ferreiro, Valencia, 2004, pág. 1989.

dimensión que debe tenerse presente cuando se adoptan. La cuestión es si las medidas cautelares pueden sustentarse exclusivamente en razones de protección y, si esta citación debe implicar cambio en el régimen procedimental para su adopción (prisión provisional para evitar que se atente contra la persona o bienes víctima, etc.)

La principal cuestión que se debe poner la mesa es la de comprender que estamos en un terreno en el que las medidas de protección procesales penales forman parte de un problema mayor y mucho más complejo, como la dura realidad pone de manifiesto continuamente (y que por ello requieren de un tratamiento protector integral). Partiendo de la validez de las reflexiones efectuadas en el apartado anterior, cabe reafirmar que las medidas de protección deben tener su papel, su sitio y su regulación en el sistema cautelar procesal penal, pues su articulación puede hacerse bajo el paraguas de un buen número de obligaciones y deberes que pueden servir también para otros casos. Ahora bien, esto no evita el debate de si deben tener sustantividad propia y diferente o si deben funcionar bajo las normas propias del régimen general.

No cabe duda de que una medida cautelar pura como es la prisión provisional puede servir como instrumento de eficaz protección de las víctimas, sobre todo de las que corren riesgos reales de atentado contra su persona, familiares, bienes o derechos; lo mismo cabe decir de otras medidas "alternativas" que podamos pensar: alejamiento, localización permanente, prohibiciones de diversa índole, etc., pero a menor grado de privación de libertad del imputado mayores probabilidades de que, por muchos controles que se establezcan, se pueda atentar contra la vida, integridad, bienes o derechos de las víctimas y familiares. Y no cabe duda de que las medidas de protección específicas para víctimas, y para víctimas de violencia de género, pueden articularse como medidas cautelares "alternativas" para otros delitos diferentes.

Siendo cierto que las medidas menos restrictivas, por más controles y sistemas modernos y tecnológicos de control que se establezcan, encierran un mayor "peligro" para la víctima, no menos cierto es que hay circunstancias familiares, económicas, laborales, médicas, entre otras, que deben obligar a modular las decisiones que se toman en los casos concretos. Aquí cobra un sentido evidente la necesidad de estudiar cada caso en concreto y de evitar soluciones generales, pero a la vez cada decisión concreta implica un determinado grado de riesgo para la víctima. No todo el peso ha de recaer sobre los sistemas de control del cumplimiento de las medidas que se impongan (alejamiento, prohibiciones de comunicación, aproximación, teniendo en cuenta que pueden ser compatibles con que el imputado vaya a trabajar, por ejemplo) sino que se requiere un esfuerzo previo en el estudio del caso sobre la base de especialistas que actúen en equipo. En este terreno todavía se puede hacer mucho, incluso cabe plantear la posibilidad de que se impongan como medidas cautelares determinadas obligaciones educativas, aunque esto debe reflexionarse con más detenimiento.

En definitiva, dentro del sistema general de tratamiento de la libertad personal en el plano cautelar, mientras se espera el juicio penal, las medidas de protección pueden tener un lugar que les permita responder a los lineamientos básicos de las necesidades propias de las medidas cautelares, siendo cierto que no sólo responden a estas estrictas finalidades. De esta forma, la protección a la víctima tiene una especial importancia de forma que cabe afirmar que esa protección sobrepasa la estricta finalidad de sujeción al proceso penal, y debe servir para acrecentar los sistemas de evaluación de la situación concreta, de decisión de la medida adecuada, de seguimiento y control del cumplimiento para procurar la mejor salvaguarda de los derechos y esfera de la víctima, aunque teniendo en cuenta los derechos del imputado por la razón de la existencia de un conjunto de factores personales comunes a ambos y que, en muchos caso, no se puede desconocer. Desde luego, no es una decisión fácil desde la perspectiva de las consecuencias prácticas que puede tener[48].

## 5. EL CONTROL DE LA RESTRICCIÓN DE LA LIBERTAD MEDIANTE SISTEMAS TECNOLÓGICOS: POSIBILIDADES, REALIDADES, COSTES

El debate sobre la utilización de los sistemas de control tecnológicos sobre medidas para favorecer el no ingreso en prisión de quien está sometido a un proceso penal se ha situado sobre todo en relación con el cumplimiento de las penas y de las medidas de seguridad. Incidentalmente, y con menos atención, se ha tratado la cuestión en referencia a las medidas cautelares que no implican ingreso en prisión, que ni conllevan privación completa y provisional de la libertad ambulatoria. No obstante, sí se ha producido un mayor nivel de análisis en relación con el control tecnológico de

---

[48] Siendo muy abundante la literatura, puede citarse entre otras a Faraldo Cabana, P., *Las prohibiciones de residencia, aproximación y comunicación en derecho penal*, Valencia, Tirant lo Blanch, 2008.

la aplicación de medidas de protección a las víctimas, señaladamente en los casos de víctimas de violencia de género.

En todo caso, la posibilidad de aplicar un sistema electrónico, telemático, técnico, de control lo que determina es que una persona que está incursa en un proceso penal puede ser localizada en todo momento, o en cualquier momento en que se entienda necesario u oportuno, y permite, además, constatar todas las incidencias en orden al cumplimiento de las obligaciones y deberes que motivaron ese control o vigilancia electrónica. Ante esto, es indiferente que lo que se controla sea el cumplimiento de una pena o el cumplimiento de una medida cautelar penal[49].

Ha habido una gran evolución de los sistemas tecnológicos de control del cumplimiento de penas y, cada vez más, su extensión a las medidas cautelares, y se han descrito, cuales pueden ser estos sistemas, en constante evolución tecnológica, siendo especialmente notorio el llamado "pulsera o brazalete electrónico" que puede actualmente ser incluso un chip o microchip quirúrgicamente implantado[50]. No está de más que se mencionen, sin olvidar que cada vez está más extendido el uso de la video vigilancia en los lugares de internamiento (y como cada vez hay más cámaras de seguridad en lugares públicos, no es extraño que se utilicen como ayuda al control y seguimiento de personas que sufren medidas cautelares o cumplen penas que no implican su internamiento). Tampoco se puede olvidar que hay dispositivos de primera y segunda generación, de momento, pero que obviamente habrá más generaciones de sistemas, dispositivos y técnicas porque la evolución en el terreno de las tecnologías de la información y la comunicación es constante y casi en progresión geométrica. También hay sistemas pasivos, como el "contacto programado" que puede cumplirse mediante reconocimiento de voz, sistemas activos, como el de "monitorización por radio frecuencia" o *tagging* (que funciona mediante el brazalete, pero también puede funcionar mediante una tarjeta SIM) y que es muy

---

49 Muy interesante resulta la tesis de González Blanqué, Cristina, El control electrónico en el proceso penal, tesis doctoral dirigida por Elena Larrauri, defendida en junio de 2008, www.tesisenxarxa.net/TDX-1120108-151704/index.html; véanse también, entre otros, Gudín Rodríguez - Magariños, Faustino, "La nueva pena de libertad vigilada bajo sistemas de control telemáticos", *Revista General de Derecho penal* 11, 2009. Montesinos García, Ana, "Pulseras electrónicas y derechos fundamentales", *Revista Jurídica Valenciana*, 2008.

50 Una panorámica general reciente en Coman, R., M., "Electronic monitoring of persons subject to preventive measures - an efficient alternative to preventive arrest", *Curentul Juridic*, nº 94, Issuc 3, 2023

habitual en arrestos domiciliarios o alejamientos por violencia doméstica (implican también instalar un receptor en el domicilio de la víctima). Más amplio y ya dentro de la segunda generación, se encuentra el seguimiento o monitorización por GPS, que es más amplio porque posibilita el *"tracking"* o seguimiento en tiempo real 24x7 (el control puede ser activo, pasivo o mixto), y también se usa mediante brazalete, con tarjetas SIM, con aplicación del sistema GSM (lo que permite control mediante SMS o llamadas telefónicas). Como dije antes, ya se habla de una tercera generación de sistemas de control, basados en la tecnología GPS, que permiten controlar constantes vitales para saber si una persona está en citación de tranquilidad, o está alterada, o si está agresiva o excitada sexualmente y que llegan incluso a permitir que se empleen métodos pavlonianos de escarmiento (impulsos o descargas eléctricas enviadas mediante el dispositivo). Aquí ya entramos en un terreno de los más pantanoso y cenagoso, siendo realmente dudoso que esto pueda hacerse en el marco del cumplimiento de una pena, medida de seguridad o medida cautelar penal[51].

En relación a lo que sucede en USA, Reino Unido, Canadá, lo cierto es que siendo estos países pioneros en el uso de sistemas tecnológicos de control del cumplimiento de penas, también lo han sido en relación con las medidas cautelares. Ya vimos antes que han potenciado en gran forma la adopción de medidas diferentes de la prisión provisional, y en algunos casos, señaladamente en la violencia de género, han establecido la posibilidad de que esas medidas cautelares que implican libertad se cumplan por medio de sistemas electrónicos o telemáticos[52].

---

51 La utilidad y versatilidad de los sistemas de control telemático alcanza también a la posibilidad de verificar si se cumplen las obligaciones relacionadas con la imposibilidad de consumir alcohol, drogas u otras sustancias estupefacientes, etc. Sobre todos estos aspectos puede verse Arenas García, L. *Los medios de control telemático en el sistema penal español,* Tirant lo Blanch, 2018, páginas 31 y siguientes; en relación al control por chip, se baraja también la posibilidad de que usen nanochips implantados bajo la piel del sujeto, véase Ordóñez Ponz, F., "La prisión provisional y sus medidas alternativas: ¿ponemos fin al eterno debate con nuevas propuestas?, *cit.,* páginas 21-22.

52 Una visión panorámica del empleo de estos métodos de control telemático en derecho comparado en Arenas García, L. *Los medios de control telemático en el sistema penal español, cit.,* páginas 56 y siguientes; una visión más reciente con una comparativa entre los correspondientes ámbitos de aplicación, los países en los que se emplean en relación con la situación en España, en López Riba, J. M., "El control telemático en España: ámbitos de aplicación, comparativa con el contexto europeo y debates abiertos", *cit.,* páginas 52-56.

En Francia, de todo el elenco de posibles medidas cautelares personales penales diferentes de la prisión provisional, únicamente se ha previsto en la ley que se proceda al control electrónico de la medida de "no ausentarse del domicilio o de la residencia fijada judicialmente salvo que en las condiciones y por los motivos determinados por el juez". Se trata de la medida de asignación de residencia bajo vigilancia (supervisión) electrónica o ARSE (*assignation à résidence avec surveillance électronique*)[53], que está regulada de forma minuciosa tanto en el Código procesal penal francés, artículos 142-5 a 142-13, en los artículos R24-14 a R24-24, de la parte reglamentaria del Código (decretos del Consejo de Estado), y en el *Décret n° 2010-355 du 1er avril 2010 relatif à l'assignation à résidence avec surveillance électronique et à la protection des victimes de violences au sein du couple*[54]. En toda esta regulación se pueden encontrar las respuestas a las preguntas sobre cuándo se puede decretar, qué autoridad puede hacerlo, siempre judicial y de forma motivada previo contradictorio, qué duración tiene (seis meses prorrogables por iguales períodos hasta un máximo de dos años), cómo se puede modificar la medida para agravarla o atenuarla según las circunstancias, su régimen de abono a la pena que se imponga, la reparación que se puede solicitar en caso de sentencia absolutoria, y disposiciones sobre la celebración de la audiencia, necesidad de consentimiento del imputado y de su abogado, colocación del dispositivo sobre el imputado (con prevenciones médicas en su caso), colocación de receptores en domicilio o residencia tanto del imputado como de un tercero si es el caso, entre otras cuestiones[55].

El mismo artículo 142 del Código procesal penal establece que esta medida ARSE se ejecuta bajo el régimen de colocación bajo vigilancia electrónica o *placement sous surveillance électronique* (PSE), que a su vez tiene la modalidad de PSEM, colocación bajo vigilancia electrónica móvil (*placement sous surveillance électronique mobile*), para el caso de que la persona esté

---

53 También existe la pena de detención domiciliaria bajo vigilancia electrónica, véase Djebiri, N., "La peine de détention à domicile sous surveillance électronique (DDSE): une peine alternative à la privation de liberté (étude en droit français)", *Revue Académique de la Recherche Juridique*, Volume 12, Numéro 02-2021. Véanse los artículos 713-42 a 713-49 del Código de procedimiento penal y R-57-11 de la parte reglamentaria del Código (decretos del Consejo de Estado) que remiten a los artículos R. 622-1 et R. 622-2 del código penitenciario.

54 https://www.legifrance.gouv.fr/loda/id/JORFTEXT000022055373, consultado en la versión vigente a marzo de 2024.

55 Al respecto puede verse, Cardet, C., *Le placement sous surveillance électronique*, éd. L'Harmattan, 2004.

imputada por un delito punible con más de siete años de prisión y por el cual se incurra en vigilancia socio-judicial, cuyo régimen de aplicación está en la parte reglamentaria del Código (decretos del Consejo de Estado), artículos R57-10 a R57-30, aunque los parágrafos 20 a 30 están abrogados, así como las disposiciones del Código penitenciario, artículos 622-1 a 622-19 (para la medida PSE) y R61-12 a R61-31 (para la medida PSEM), además de en el Decreto arriba citado. Téngase en cuenta que tanto PSE como PSEM son, principal y respectivamente, medidas de control electrónico de la ejecución de la pena privativa de libertad y de una medida de seguridad, por esta razón el artículo 142-5 del Código se remite, en lo referido al procedimiento de adopción y cumplimiento de estas medidas, a lo establecido en los artículos 723-8 a 12 (PSE) y 763-12 y 13 (PSEM).

En el caso de la medida ARSE, artículos R24-14 a R24-24, de la parte reglamentaria (decretos del Consejo de Estado) del Código, la ejecución de la medida, cuando es mediante un brazalete anti-acercamiento que asegura la geolocalización de la persona que lo porta (y el juez debe asegurarse que su colocación no perjudica la salud de dicha persona), mientras que a la persona protegida se le proporciona un dispositivo de teleprotección y ambos dispositivos están interconectados y conectados con un teleoperador. Para asegurar la identificación de estas personas a distancia puede recurrirse a dispositivos de reconocimiento de voz. Se establecen reglas para la determinación de la distancia, atendiendo a las circunstancias del caso y de las personas implicadas (esa distancia no puede ser inferior a 1 kilómetro ni superior a 10). La medida tendrá una duración de 6 meses, aunque se puede prorrogar por períodos idénticos hasta un máximo de dos años.

En el caso de la PSE (que es la modalidad ordinaria de ejecución de una ARSE), además de unas disposiciones genéricas en la parte reglamentaria del Código (decretos del Consejo de Estado) complementadas por lo establecido en el Código penitenciario, el artículo R-57-30-1 (los demás incisos 2 a 10 están abrogados) de esa parte reglamentaria se ocupa del tratamiento automatizado de los datos referidos a las personas en PSE, disponiendo que "las finalidades del tratamiento automatizado de datos personales relativas al control de las personas sometidas a vigilancia electrónica, la información y los datos personales que allí puedan registrarse, las normas de funcionamiento y acceso, los derechos de las personas afectadas por el tratamiento, así como ya que las posibilidades de interconexiones o conexiones con otros tratamientos están determinadas por las disposiciones de los artículos R-622-22 y siguientes del código penitenciario".

En el caso de la medida PSEM se coloca al imputado un dispositivo electrónico emisor que permite su localización en cualquier lugar del territorio nacional (artículo 763-12 del Código procesal penal) conectado permanentemente con el centro de vigilancia y cuyo régimen de aplicación está en la parte reglamentaria del Código, artículos R61-21 a R61-31, además de en el Decreto arriba citado. La medida ARSE, PSE o PSEM puede establecerse, sobre todo en el segundo caso, añadiéndole la obligación de cumplir otra u otras de las que se prevén en el artículo 138 del Código procesal penal. En todo caso, la utilización de estos dispositivos de control debe respetar la dignidad, integridad y vida privada de la persona y favorecer su reinserción, artículo 763-12.

También se regula el control que se haga del cumplimiento de la medida debe ser objeto de tratamiento automatizado de datos conforme a la legislación francesa en la materia en relación con la medida PSEM[56], estableciéndose legalmente que la policía puede, en el marco de investigaciones penales por crímenes o delitos (conforme a la distinción francesa que equivale a delitos graves y menos graves en España), los funcionarios de la policía judicial especialmente habilitados a este fin están autorizados a consultar los datos que figuran en este tratamiento, artículo 763-13 del Código procesal penal. Y esto se desarrollaba en los artículos R61-12 a R61-20 de la parte reglamentaria del Código (decretos del Consejo de Estado), que actualmente se encuentra abrogados excepto el artículo R61-12 que remite al Código penitenciario: "Los fines del tratamiento automatizado de datos personales relativos al control de las personas sometidas a vigilancia electrónica móvil previsto en el artículo L. 544-2 del Código Penitenciario, las informaciones y los datos personales que pueden registrarse en el mismo, las normas de funcionamiento y El acceso, los derechos de las personas interesadas en el tratamiento, así como las posibilidades de interconexiones o conexiones con otras operaciones de tratamiento están determinados por las disposiciones de los artículos R. 544-18 y siguientes del mismo código". donde se establecen los datos concretos objeto de tratamiento, la obligación y plazo de conservación, las personas autorizadas para acceder y los responsables del tratamiento (también el derecho de acceso y rectificación, etc.). Importante es la previsión final de la que se deduce que el tratamiento automatizado de estos datos no puede ser objeto de interconexión o relación de ninguna clase con otro tratamiento automatizado de datos de

---

56 Una nota interesante en Bebin, X., Le bracelet électronique mobile prévient-il efficacement la récidive? Institut pour la justice, www.institutpourlajustice.com, febrero 2011.

carácter personal salvo con el tratamiento de datos personales denominado "Aplicación de Sanciones, Libertad Vigilada e Inserción".

En Italia, como se vio más arriba, cabe que la medida cautelar de arresto domiciliario, adoptado incluso como sustitutiva de una previa de prisión provisional, así como a los condenados en estado de detención domiciliaria, se regula, desde el año 2000, en el artículo 275-bis del Código procesal penal[57]. La normativa italiana contempla expresamente que la implantación del dispositivo y la imposición de concretas obligaciones deben ser respetuosas con la dignidad del imputado, y que los datos personales tratados en el uso de estos medios electrónicos se utilizarán a los efectos de determinar los posibles incumplimientos que impliquen una negativa a aceptar seguir usando esos dispositivos. En este sentido, el artículo 275-bis del Código procesal penal establece que el imputado debe aceptar o negarse a la utilización de estos medios electrónicos de control del arresto domiciliario. En caso de negativa se prevé que el juez adopte la prisión provisional (debe recordarse que estamos ante casos en los que el juez considera necesario que se usen estos sistemas de control para poder adoptar la medida de arresto domiciliario de forma que, si el imputado se niega, la vía que queda es la prisión provisional), y en caso de aceptación surge una obligación de colaborar en la agilización de la instalación de los dispositivos y en cumplir las obligaciones impuestas[58].

En España, las posibilidades de control telemático del cumplimiento de penas y medidas de seguridad[59], así como los casos en los que se pue-

---

57 Y se desarrolló por el Decreto de 2 de febrero de 2001, del Ministerio del Interior (*Dell'interno*) sobre *Modalità di installazione ed uso e descrizione dei tipi e delle caratteristiche dei mezzi elettronici e degli altri strumenti tecnici destinati al controllo delle persone sottoposte alla misura cautelare degli arresti domiciliari nei casi previsti dall'art. 275-bis del codice di procedura penale e dei condannati nel caso previsto dall'art. 47-ter, c. 4-bis, della legge 26/7/1975, n. 354*, que regula los requerimientos técnicos del dispositivo transmisor, del receptor, de la línea telefónica, del sistema informático central, las modalidades de instalación, las prevenciones sobre activación y desactivación del dispositivo, etc., y que, según parece, sigue vigente.

58 Puede verse, Carcano D. - Manzione, D., *Custodia cautelare e braccialetto elettronico,* Editore Giuffrè 2001; más reciente, NEGRI, D., "Nuove tecnologie e compressione della libertà personale: la sorveglianza con dispositivi elettronici dell'imputato sottoposto a misure cautelari", *Revista Brasileira de Direito Processual Penal,* 2019, donde también se aborda la cuestión de la fallida previsión legal de la excepcionalidad de la prisión provisional.

59 Véase Otero González, Pilar, *Control telemático de penados. Análisis jurídico, económico y social,* Valencia, Tirant lo Blanch, 2008.

den utilizar durante el internamiento en un centro penitenciario, son los expresamente previstos en Código Penal y el Reglamento Penitenciario[60]. Así, la utilización de medios técnicos o electrónicos se puede decretar por orden judicial para: a) garantizar el cumplimiento efectivo de la pena de localización permanente, artículo 37.4 CP; b) controlar las medidas de cumplimiento de las penas de prohibición de residir o acudir a determinados lugares, o a aquel en resida la víctima o su familia, prohibición de aproximarse o comunicarse con la víctima o sus familiares u otras personas determinadas por el órgano judicial, por cualquier medio de comunicación o medio informático, telemático, contacto escrito, verbal visual, artículo 48 CP; c) como forma de cumplir con la obligación de estar siempre localizable que se debe hacer mediante aparatos electrónicos que permitan el seguimiento permanente, como medida impuesta en la libertad vigilada, bien sea como medida de seguridad, bien sea como medida de cumplimiento posterior a la pena privativa de libertad en delitos de terrorismo y delitos sexuales, artículo 106 CP; d) en el artículo 71 del Reglamento Penitenciario se establece que para la aplicación de las medidas de seguridad interna de los establecimientos penitenciarios se dará preferencia, a igual eficacia, a los medios de carácter electrónico; e) y en el artículo 86.4 del Reglamento Penitenciario se contempla la posibilidad de que el régimen abierto pueda cumplirse sometiéndose voluntariamente el interno a sistemas de control telemático adecuados (u otros mecanismos de control suficientes), con lo cual evitan la pernocta en el establecimiento penitenciario y sólo deben permanecer en él el tiempo fijado en su programa de tratamiento para la realización de actividades de tratamiento, entrevistas y controles presenciales.

Como medida de protección, aunque con cierto matiz cautelar, está prevista para controlar el alejamiento en casos de violencia de género[61] (pero

---

[60] Con carácter general, y según Instituciones Penitenciarias, los medios de control telmático que se utilizan son: Sistema de monitorización mediante pulseras por red telefónica, Sistemas de verificación de voz, Sistemas de seguimiento continuo de internos mediante tecnologías GPS, Unidades de seguimiento móviles para el control de internos con pulseras telemáticas en lugares distintos al habitual, Sistemas combinados de localización mediante pulseras telemáticas, con control del consumo de alcohol a distancia, https://www.institucionpenitenciaria.es/es/web/home/el-medio-abierto/control-telematico; véase también López Riba, J. M., "El control telemático en España: ámbitos de aplicación, comparativa con el contexto europeo y debates abiertos", *cit.*, 98, (2022), páginas 45 y siguientes.

[61] Puede verse un interesante estudio empírico sobre esta medida de alejamiento cautelar en la violencia de género en Arenas García, L. *Los medios de control telemá-*

no en los demás casos, ni siquiera en la violencia doméstica), con una vaga mención a esta posibilidad de control telemático o electrónico a en la LO 1/2004 de protección integral contra la violencia de género, cuyo artículo 64.3 permite que para el control de la medida de alejamiento puedan utilizarse "instrumentos con la tecnología adecuada para verificar de inmediato su incumplimiento" pero no podrían utilizarse estos instrumentos para verificar si se cumple la prohibición de comunicación; desde 2022 también está la previsión legal de Ley Orgánica 10/2022, de 6 de septiembre, de garantía integral de la libertad sexual (modificada por Ley Orgánica 4/2023 de 27 de abril) en su artículo 45.2, establece que se deberá "vigilar y controlar el cumplimiento exacto de las medidas acordadas por los órganos judiciales encaminadas a la protección de la víctima a través de la vigilancia de los investigados o condenados o el control de localización a través de dispositivos telemáticos", previsión referida a la necesidad de extender la utilización de estos dispositivos para el control de las prohibiciones de aproximación que se acuerden en protección de las víctimas de violencia sexual, en el marco del art. 3 de dicha Ley Orgánica. En la LECrim no se contempla nada al respecto, sino meras generalidades sobre las "medidas de vigilancia necesarias" para el cumplimiento de la prisión provisional en el domicilio por razón de enfermedad pudiendo salir de él para recibir tratamiento "con la vigilancia precisa", y al "agravamiento de las condiciones de la libertad provisional" artículo 539. En ambos casos esto es demasiado genérico. Obviamente, hay que mencionar el reciente Protocolo de actuación para la implantación del sistema de seguimiento por medios telemáticos del cumplimiento de las prohibiciones de aproximación impuestas en materia de Violencia de Género y Violencia Sexual (marzo de 2024)[62], en

---

*tico en el sistema penal español*, cit., páginas 245 y siguientes.

62 Puede consultarse el texto en la página web del Ministerio de Igualdad https://violenciagenero.igualdad.gob.es/informacionUtil/recursos/dispositivosControlTelematico/docs/Protocolo_VdG_VS_2024marzo.pdf. Este protocolo sustituye a uno anterior de 2009 y sus modificaciones y actualizaciones. También está el Protocolo de actuación del sistema de seguimiento por medios telemáticos del cumplimiento de las medidas y penas de prohibición de aproximación en materia de violencia de género, aprobado por medio del Acuerdo suscrito entre el Ministerio de Justicia, el Ministerio del Interior, el Ministerio de Sanidad, Servicios Sociales e Igualdad, el Consejo General del Poder Judicial y la Fiscalía General del Estado, el 11 de octubre de 2013, y el Protocolo de actuación en el ámbito penitenciario del sistema de seguimiento por medios telemáticos de l cumplimiento de las prohibiciones de aproximación en materia de violencia de género y violencia sexual, https://violenciagenero.igualdad.gob.es/informacionUtil/recursos/dispositivosControlTelematico/docs/Protocolo_de_actuacion_en_el_ambito_pe-

donde se regula el sistema de control en todos sus aspectos partiendo de la resolución judicial que acuerda que la medida de alejamiento se cumpla bajo vigilancia telemática: disponibilidad de los dispositivos, instalación o entrega de los mismos, primero a la víctima (DLV) y posteriormente al inculpado (DLI), plazos de instalación o entrega, detección de alarmas, niveles de alarma, actuaciones en casos de alarma, retirada de los dispositivos, características técnicas, todo ello bajo la ejecución del llamado "Centro de Control de Medidas Telemáticas de Alejamiento".

Algunos datos generales sobre el uso en España de estos dispositivos pueden consultarse en los Informes anuales de la Secretaría General de Instituciones Penitenciarias, el último disponible de 2022[63]. Según Instituciones Penitenciarias en 2022 el control telemático en sus distintas modalidades afectaba a un total de 3788 reclusos. El seguimiento por GPS, para los permisos de salida, se usó en 245 casos, y en los supuestos de libertad vigilada hay 81 supuestos en los que se mantiene activo el dispositivo. En relación con la violencia de género desde enero de 2022 a enero de 2023, por citar el último año disponible, se instalaron 2056 instalaciones de pulseras telemáticas, se desinstalaron 1620, y al final del período había activas 3230, un 23% más que al principio del período (2620 activos).

Centrémonos finalmente, en tres cuestiones problemáticas que sobrevuelan a las ventajas que puede tener la reducción de la prisión provisional por el uso de otras medidas cautelares menos gravosas[64]. Esas ventajas pueden considerarse tanto desde el ámbito personal como social, así como tanto desde la perspectiva de los beneficios que puede obtener la persona

---

nitenciario_del_sistema_de_seguimiento_del_cumplimiento_de_las_prohibiciones_de_aproximacion_VG_y_VS_.pdf.

63 Pueden consultarse en la página web https://www.interior.gob.es/opencms/es/archivos-y-documentacion/documentacion-y-publicaciones/publicaciones/publicaciones-descargables/publicaciones-periodicas-anuarios-y-revistas/informe-general-de-instituciones-penitenciarias/.

64 Incluso cabe preguntarse si estas medidas cautelares menos gravosas pueden servir a la reducción del riesgo de reincidencia, véase Williams, J., Weatherburn, D., "Can Electronic Monitoring Reduce Reoffending?", *The Review of Economics and Statistics, 104 (2)*, 2022; lo que parece, según algunos estudios es que la prisión provisional no tiene un efecto real de disminución de la reincidencia, Holsinger, A. M., Lowenkamp, C. T., Pratt, T. C., "Is Pretrial Detention an Effective Deterrent? An Analysis of Failure to Appear and Rearrest Says No", Federal Probation, volumen 87, nº 1, junio 2023. En España, véase el análisis de Arenas García, L. *Los medios de control telemático en el sistema penal español*, cit., páginas 148 y siguientes.

sometida a estas medidas como desde la perspectiva de la política criminal de un gobierno[65].

Así, podemos referirnos al coste de implementación y funcionamiento, eficacia real y gravosidad, y problemas de protección de datos. En cuanto al primero, la capacidad de estos sistemas para mejorar la justicia penal parece razonable, siempre desde la perspectiva de despejar la cuestión previa de la capacidad real del sistema para implantar generalizadamente estos dispositivos[66]. Ahora bien, hay que estimar correctamente no sólo los costes de inversión en el material correspondiente, sino sobre todo los de personal capacitado para el control que debe ser, en algunos casos, bajo un operativo 24x7. Y, lógicamente, hay que disponer los operativos de respuesta frente a incumplimientos con agilidad y rapidez y eso también es un coste elevado. Incluso no siendo baratos, la cuestión que debe analizarse es si, efectivamente, son más económicos y suponen reducción de costes respecto a los costes que supone el encarcelamiento de una persona. Realmente, no debería importar tanto el coste sino el beneficio que pueden aportar a la persona investigada dado que, aún limitando la libertad, se evitan todos los efectos negativos asociados a la privación total de libertad, especialmente cuando lo es a título provisional. Pero, como siendo realistas, al final en las decisiones de política criminal tiene un peso considerable el coste de medida que se pretende implantar, cabe decir que se estima que, siendo los costes de la monitorización electrónica muy variables[67] en atención

---

65 Se habla de la eficacia y la eficiencia de estas medidas, Arenas García, L. *Los medios de control telemático en el sistema penal español,* cit., páginas 139 y siguientes.

66 Y otras cuestiones a resolver como, por ejemplo, si la aplicación de estos dispositivos debe priorizarse respecto de quienes ya están en prisión preventiva o respecto de quienes vayan a entrar; y siempre estará la cuestión de si la administración pública tiene algún tipo de obligación en relación con la adquisición y activación de estos mecanismos para que alcancen al mayor número de personas posible, o si puede invocar limitaciones presupuestarias para excusarse de hacerlo, y así, por ejemplo, la Corte de casación italiana ha establecido que es "inesigibile dallo Stato l'acquisto di un numero di braccialetti elettronici pari a quello degli imputati che ne avrebbero diritto, poiché le risorse della publica amministrazione sono necessariamente limitate e così le prestazioni (ad esempio, sanitarie, scolastiche) erogate ai cittadini" (sentencia 520 de 17 de septiembre de 2014), véase sobre la cuestión Negri, D., "Nuove tecnologie e compressione della libertà personale: la sorveglianza con dispositivi elettronici dell'imputato sottoposto a misure cautelari", *cit.*, paginas 1268-1272.

67 González Blanqué, C., *El control electrónico en el sistema penal,* tesis doctoral, Universidad Autónoma de Barcelona, 2008, páginas 143-144, lógicamente los datos económicos allí reflejados son anteriores al año de lectura de la tesis.

a la modalidad o sistema concreto usado, recursos materiales y humanos necesarios, cantidad de personas bajo vigilancia electrónica, etc., se afirma que al menos es dos veces y media más económica que la prisión[68]. Como se ha expresado, hay muchas medidas diferentes de la prisión provisional que suponen diverso grado de injerencia en la libertad de la persona sujeta a ellas, injerencias desde muy leves a muy gravosas (sin llegar al ingreso en prisión), como puede suceder con el arresto domiciliario que, aunque sin los efectos criminógenos de estar en un establecimiento penitenciario, restringe la capacidad de movimiento a un ámbito físico muy concreto y limitado. En estos casos puede hablarse de una transferencia de ciertos costes desde el Estado hacia la persona, una especie de "privatización" económica parcial de los costes de la privación de libertad que se suma a los costes personales[69]. Otra manifestación del riesgo de privatización está en el hecho de que la tecnología necesaria para diseñar, fabricar e implantar estos dispositivos de control telemático está en manos de empresas privadas[70].

Está por estudiar realmente si estas medidas y su control electrónico son más severas, más limitativas o pueden serlo, si afectan derechos fundamentales con más agresividad que si se controlan de forma no electrónica[71]. No son pocas las voces críticas con las pretendidas bondades de los sistemas de control telemático que pueden suponer, a veces, la posibilidad de saber constantemente, y de forma instantánea, que está haciendo, dónde está milimétricamente, el imputado. Y el gran problema es que esta modalidad de

---

68 Belur, J., Thornton, A., Tompson, L., Manning, M., Sidebottom, A., Bowers, K., "A systematic review of the effectiveness of the electronic monitoring of offenders", *Journal of Criminal Justice*, Volume 68, May-June 2020, páginas 27-28

69 López Riba, J. M., "El control telemático en España: ámbitos de aplicación, comparativa con el contexto europeo y debates abiertos", *cit.*, 98, (2022), que alude a esta privatización de costes que parece generalizada en algunos países como USA, páginas 61 y siguientes; otro ejemplo puede ser el que el sujeto sometido a la medida, si es mediante radiocontrol, asuma el coste de la tarjeta SIM, adelantándolo aunque luego se le reembolse por la Administración al terminar la vigencia de la medida, González Blanqué, C., *El control electrónico en el sistema penal*, cit., página 144;

70 Arenas García, L. *Los medios de control telemático en el sistema penal español*, cit., páginas 136 y siguientes.

71 Una visión ilustrativa del estado de la cuestión en Arenas García, L. *Los medios de control telemático en el sistema penal español*, cit., páginas 117 y siguientes; véase también Negri, D., "Nuove tecnologie e compressione della libertà personale: la sorveglianza con dispositivi elettronici dell'imputato sottoposto a misure cautelari", *cit.*, paginas 1261-1268.

control permite saber y conocer aspectos de la vida cotidiana del imputado que, muchas veces, nada tiene que ver con lo que significa estar sometido a un proceso penal ni con las finalidades que las medidas cautelares tratan de prevenir. Este es un problema grave que enlaza con el siguiente, la protección de los datos. Por lo tanto, estamos, de nuevo, ante una situación en la que se deben evaluar y ponderar no sólo las decisiones de utilización y control de estos sistemas, sino sobre todo su ámbito de aplicación y su ámbito de exclusión (en términos de privacidad o intimidad)[72]. Mal escenario sería que estuviéramos terminando por implantar medidas cautelares que pueden ser más gravosas y sufridas que las medidas tradicionales. Por otro lado, está el riesgo del llamado *net widening*, es decir, el riesgo de que generalizar estos mecanismos de control telemático, y de puedan tener costes asumibles, lleve a adoptar medidas cautelares o imponer penas en relación con ámbitos que, de no existir esta posibilidad de control electrónico, no se intervendría, estando ante una sobre-representación de la acción penal del Estado[73].

Como se acaba de dejar entrever, estamos también ante un problema de tratamiento automatizado de datos de muy diversa índole que se pueden recabar como consecuencia de los sistemas de control electrónico del cumplimiento de medidas cautelares (y de penas) y cómo se hace el tratamiento de datos, etc. La Ley Orgánica 1/2004, en su artículo 63, establece que "en las actuaciones y procedimientos relacionados con la violencia de género se protegerá la intimidad de las víctimas; en especial, sus datos personales, los de sus descendientes y los de cualquier otra persona que esté bajo su guarda o custodia", pero esa es la única mención que parece

---

72 Puede verse Nellis, M., *Standards and ethics in electronic monitoring. Handbook for professionals responsible for the establishment and the use of Electronic Monitoring*, Council of Europe, June 2015; Dziyaudin, H., Audah Hassan, C., Ahmad, N., "Electronic Tagging Of Offenders And Human Rights: A Clash Of Primary Interests", *Public Law Remedies In Government Procurement: Perspective From Malaysia,* 2018, https://www.europeanproceedings.com/article/10.15405/epsbs.2018.12.03.33;

73 Por ejemplo, Nellis, M., "Coercive Connectivity'and Penal Practice. The Ethics and Politics of Electronically Monitoring Offenders in the Digital Age", *Überwachen und Strafen: Neuere Entwicklungen im Justizvollzug Surveiller et punir: nouvelles évolutions dans l'exécution des sanctions pénales,* Stämpfli Verlag; 1. Edition, 2018; Brancale, J., Blomberg, T. G., Bales, W. D., "Electronic monitoring", *Criminology and Criminal Justice,* 2018, https://oxfordre.com/criminology/display/10.1093/acrefore/9780190264079.001.0001/acrefore-9780190264079-e-472

haber a esta cuestión[74]. Siendo esto de gran importancia, también lo es determinar cual es el régimen de tratamiento de los datos que se pueden recabar sobre la vida del imputado y que, como se ha dicho, puede abarcar a aspectos de su privacidad o intimidad que no tiene porqué estar relacionados con el delito: libertad religiosa, libertad sexual, aficiones, afiliación sindical o política, es decir, datos de la más alta protección según la ley[75]. Salvo error u omisión no hay norma de rango legal (incluso debería ser de rango orgánico por la implicación de derechos fundamentales) alguna que regula el tratamiento de los ficheros que se generan, quien puede acceder a ellos, para qué, qué se debe conservar, por cuánto tiempo, qué se

---

74 Como digo, no parece que haya nada concreto y específico sobre la materia. Pero sí se pueden mencionar normas de creación de ficheros que tienen que ver con este tema: Orden INT/1911/2007, de 26 de junio (ya derogada), por la que se crea el fichero de datos de carácter personal "Violencia doméstica y de género", en el Ministerio del Interior. (BOE núm. 155, de 29 de junio), en su redacción dada por la Orden INT/68/2008, de 23 de enero; Orden INT/2844/2008, de 26 de septiembre, por la que se crea el fichero automatizado de datos Sistema Informático Social Penitenciario, en el Ministerio del Interior (BOE núm. 245, de 10 de octubre), que parece incluir en su ámbito el registro y tratamiento de datos obtenidos mediante sistemas electrónicos en el cumplimiento de las penas. En todo caso sí hay un régimen establecido para la protección de datos que se obtienen como consecuencia de la video vigilancia, pudiéndose citar, entre otras, la Instrucción 1/2006, de 8 de noviembre, de la Agencia Española de Protección de Datos, sobre el tratamiento de datos personales con fines de vigilancia a través de sistemas de cámaras o videocámaras, y la posterior Guía de Video vigilancia de la Agencia Española de Protección de Datos; Orden JUS/375/2015, de 26 de febrero, por la que se modifica la Orden JUS/242/2009, de 10 de febrero, por la que se aprueban los modelos de remisión al Registro Central para la Protección de las Víctimas de Violencia Doméstica de la información que debe inscribirse en el mismo; Real Decreto 355/2004, de 5 de marzo, por el que se regula el Registro central para la protección de las víctimas de la violencia doméstica, por poner algunos ejemplos.

75 De ahí la importancia de la protección de datos en este tema, véase, por ejemplo, Eilzer, S., "Data protection and electronic monitoring in Germany", Centre for Crime and Justice Studies, 2013, https://www.crimeandjustice.org.uk/sites/crimeandjustice.org.uk/files/09627251.2014.902196_0.pdf.; se entiende que el problema "how warrantless electronic surveillance is dramatically transforming communitysupervision and, as a result, amplifying a growing privacy-protection disparity: those in the criminal legal system are increasingly losing privacy protections even while those not in the system are increasingly gaining privacy protections", requiere una amplia atención, Weisburd, K., "Sentenced to Surveillance: Fourth Amendment Limits" on Electronic Monitoring, 98 North Carolina Law Review, 717, 2020.

debe borrar y con qué rapidez, grado de especialización y autorización de quienes los manejan, etc. Debe tenerse en cuenta que no todas las medidas cautelares "alternativas" van a incidir con el mismo grado de gravedad sobre los diferentes derechos fundamentales y legales del sujeto, de manera que mientras menor sea el ámbito de libertad restringido menor será la afectación.

Puede entenderse que, a falta de regulación específica y sistemática, siempre estará la regulación general[76] de los preceptos de la Ley Orgánica 3/2018, de 5 de diciembre, de Protección de Datos Personales y garantía de los derechos digitales, y en concreto el artículo 10, posiblemente y en parte artículo 22, y en conexión sobre todo con el artículo 9); a ella, y más concretamente en el ámbito penal, hay que estar a lo que se dispone en la Ley Orgánica 7/2021, de 26 de mayo, de protección de datos personales tratados para fines de prevención, detección, investigación y enjuiciamiento de infracciones penales y de ejecución de sanciones penales, que es transposición de la Directiva (UE) 2016/680 del Parlamento Europeo y del Consejo, de 27 de abril de 2016, relativa a la protección de las personas físicas en lo que respecta al tratamiento de datos personales por parte de las autoridades competentes para fines de prevención, investigación, detección o enjuiciamiento de infracciones penales o de ejecución de sanciones penales, y a la libre circulación de dichos datos, y residualmente, en lo que pudiera resultar aplicable en algunos aspectos, en el Reglamento (UE) 2016/679, del Parlamento Europeo y del Consejo, de 27 de abril de 2016, relativo a la protección de las personas físicas en lo que respecta al tratamiento de datos personales y a la libre circulación de estos datos, Es decir, insisto salvo error u omisión, no se dispone en España de una regulación específica sobre el tratamiento de los datos que se obtienen, referidos al inculpado o interno, como consecuencia del funcionamiento continuo de los sistemas telemáticos (sobre todo móviles) de control de cumplimiento de las medidas cautelares, de seguridad, o de las penas y los datos que se pueden recabar como consecuencia de la asignación de dispositivos de seguimiento que son necesarios para establecer su posición respecto del posible agresor.

Como último apunte, cabe señalar que un esbozo de regulación de los datos obtenidos vía utilización de dispositivos telemáticos de localización

---

76 Así se hace en el Protocolo de actuación para la implantación del sistema de seguimiento por medios telemáticos del cumplimiento de las prohibiciones de aproximación impuestas en materia de Violencia de Género y Violencia Sexual de 2024.

de la persona sometida a medidas de restricción cautelar de la libertad se encuentra en el artículo 221.4 del Anteproyecto de LECrim de 2021[77], ocupándose los puntos 5, 6 y 7, de los derechos de acceso, rectificación, cancelación, supresión, oposición al tratamiento y portabilidad. En términos parecidos se recogía también en el artículo 183, numerales 4 a 8, del Anteproyecto de LECrim de 2011, mientras que el artículo 185 del Anteproyecto de LECrim de 2013 se ocupaba de esta cuestión de una forma menos minuciosa.

---

77 El contenido de dicha previsión normativa decía: 4. La información objeto de tratamiento, que deberá ser registrada en un soporte adecuado para tal fin, se limitará a los siguientes datos: a) La identidad de la persona puesta bajo medios telemáticos de vigilancia. b) El juez o tribunal que haya impuesto la medida. c) El domicilio designado por la persona a efectos de localización. d) El período estipulado de vigencia de la medida. e) Los lugares en los que pueda permanecer y a los que se le prohíbe acudir o, en su caso, la distancia de alejamiento de estos. f) Los datos identificativos de los dispositivos de localización utilizados.
g) Las posiciones, coordenadas y datos de geolocalización facilitados por el sistema de localización. h) Las incidencias acaecidas en el control o seguimiento de la medida de localización telemática.

# *La inexistente subsidiariedad de la prisión provisional en supuestos de enfermedad o trastorno mental del obligado*

**BELÉN HERNÁNDEZ MOURA**
*Profesora Ayudante Doctora*
*Universidad Carlos III de Madrid*

**SUMARIO:** 1. INTRODUCCIÓN: LA *ÚLTIMA RATIO* A EXAMEN. 2. MARCO REGULATORIO EUROPEO. 3. REGULACIÓN ESPAÑOLA Y APLICACIÓN POR LOS TRIBUNALES. 4. ARGUMENTACIONES ALTERNATIVAS (Y DE EMERGENCIA) ANTE EL SILENCIO DE LA NORMA PROCESAL PENAL. 4.1. EN EL ORDEN JURISDICCIONAL PENAL. 4.2. EN EL ORDEN JURISDICCIONAL CIVIL. 5. ALTERNATIVAS A LA PRISIÓN PROVISIONAL PARA SUJETOS INIMPUTABLES EN EL ANTEPROYECTO DE LEY DE ENJUICIAMIENTO CRIMINAL DE 2020. 6. A MODO DE CIERRE. BIBLIOGRAFÍA.

## 1. INTRODUCCIÓN: LA *ÚLTIMA RATIO* A EXAMEN

Han sido varias las modificaciones sucedidas desde la aprobación de la Constitución hasta configurar la medida cautelar de prisión provisional que hoy conocemos (1980, 1983, 1984, 1995, 2003, 2015). Dichas modificaciones, junto con la fijación jurisprudencial de unos estándares cada vez más exigentes para la legítima adopción de la medida, han logrado que la prisión provisional sea hoy, si no la excepción, al menos sí una decisión verdaderamente subsidiaria dentro del catálogo de medidas cautelares[1]. Con todo, esa subsidiariedad en España y en términos cuantitativos se tra-

---

1 *Vid.* Pere Simón Castellano, "El régimen jurídico-constitucional de la prisión provisional en España", *Revista penal México,* nº 18 (2021): 171-84; Javier Ignacio Prieto Rodríguez, "La crisis de la prisión provisional: su conveniente reducción a la mínima expresión", en *Presos sin condena,* 1ª ed. (Thomson Reuters Aranzadi, 2021), 67-104; José Vicente Gimeno Sendra, "La prisión preventiva como medida cautelar y resolución provisional", en *La prisión provisional y su estudio a través de la casuística más relevante,* 1ª ed. (Atelier, 2020), 41-56; Ramón Ragués i Vallès, "La subsidiariedad tomada en serio: posibles alternativas a la prisión provisional", en *Estudios penales en homenaje al profesor José Manuel Lorenzo Salgado,* 1ª ed. (Tirant lo Blanch, 2021), 1179-91.

ducía en diciembre de 2023 en un total de 9.908 personas privadas preventivamente de libertad[2]; el 17.47% de la población penitenciaria total.

Números, los que acabamos de referir, similares a los que publicaba el Consejo de Europa en su Informe de 2022 *Space I* y que confirman una tendencia bajista global. Resulta llamativo que a tenor de dicho Informe países *excelentes* en el imaginario colectivo —como Suiza (44,7%), Países Bajos (43,2%) o Dinamarca (38,2%)— presenten índices que con holgura superan el duplo del porcentaje español y que cómodamente rebasan las estadísticas de otros países del sur de Europa —Italia (30,1%) o Francia (27,6%)[3]. Pese al inicial optimismo al que invitan estos datos, con carácter previo a cualquier celebración convendría contrastar, entre otros ítems, los diferentes límites penológicos para el decreto de la prisión provisional en cada una de estas regulaciones, el tipo de delito por el que el investigado se encuentra en prisión preventiva o su extensión temporal.

Creemos, con Ragués i Vallès, que los notables progresos logrados en las últimas décadas respecto a la prisión provisional deben interpretarse como el paso previo necesario hacia la práctica supresión de esta medida cautelar[4], muy especialmente si, como haremos en este trabajo, dicha institución se analiza desde la posición de vulnerabilidad del encausado que padece los efectos de una enfermedad o trastorno mental.

En ausencia de un régimen cautelar específico, y pese a las previsiones del art. 381 LECrim y las advertencias del Tribunal Constitucional[5], la prisión provisional acaba siendo destino habitual de quien sufre una enfer-

---

2 Estadística Penitenciaria - Año 2023. Disponible para consulta y descarga en: https://www.poderjudicial.es/cgpj/es/Temas/Estadistica-Judicial/Estadistica-por-temas/Datos-penales–civiles-y-laborales/Cumplimiento-de-penas/Estadistica-de-la-Poblacion-Reclusa/

3 *Vid.* Marcelo F. Aebi, Edoardo Cocco, y Lorena Molnar, "Prison Populations. SPACE I 2022" (Estrasburgo: Consejo de Estado, 15 de diciembre de 2022), 49 y 50, https://wp.unil.ch/space/files/2024/01/240111_SPACE-I_2022_FinalReport.pdf.

4 Ragués i Vallès, *La prisión provisional como ultima ratio*, 22 y ss.

5 *Vid.* los trabajos de Ignacio Flores Prada, "Garantías constitucionales en el enjuiciamiento de acusados con falta de capacidad procesal por trastorno mental grave", en *Trastornos mentales y justicia penal. Garantías del sujeto pasivo con trastorno mental en el proceso penal*, de Ignacio Flores Prada y Ana Sánchez Rubio (Pamplona: Aranzadi, 2017), 363-445; Ignacio Flores Prada, "Alternativas al enjuiciamiento de acusados con falta de capacidad procesal por trastorno mental grave", *Práctica de Tribunales: revista de derecho procesal civil y mercantil* 145, nº 1-31 (2020).

medad o trastorno mental que no ha sido adecuadamente diagnosticado, o que, incluso si lo ha sido, no se ha considerado suficiente para descartar la prisión provisional —ya sea por la falta de adecuación de otras medidas cautelares con menor incidencia en la libertad del sujeto o por la dificultad de argumentar con éxito sobre la validez de alternativas civiles. Como se verá en este trabajo, la hipótesis de la subsidiariedad a la que antes se aludía no se verifica precisamente respecto de quienes enfrentan el proceso penal en unas condiciones que virtualmente les sitúan en un plano de evidente fragilidad y desamparo.

A pesar de la sobrerrepresentación de la enfermedad mental en el medio penitenciario, la cuantificación exacta del número de internos afectados por esta problemática resulta una tarea muy compleja; empresa imposible si lo que se intenta es determinar el número de personas en prisión preventiva[6]. Realidad difícil de medir, pero normativamente plausible: la regulación procesal actual no impide[7] que el juez penal ordene el in-

---

6 Ofreceremos, no obstante, algunos datos: los hospitales psiquiátricos penitenciarios de Alicante y Sevilla, únicos disponibles en el territorio español, atendían a 31 de diciembre de 2022 a 376 las personas; quienes, en su mayoría —no hay mayor especificación en la fuente— daban cumplimiento a una medida de internamiento judicial. Ya en el ámbito de los centros de ordinario cumplimiento los datos del programa PAIEM, con presencia en 64 de los 66 centros de este tipo, indican que a finales de 2022 dicho programa incluía a 1.817 personas —el 4,45% de la población total privada de libertad—, sin que las memorias a las que se ha podido acceder desglosen si esas personas están privadas preventivamente de libertad o se encuentran existiendo ya una sentencia. Datos disponibles en: "Informe General de Instituciones Penitenciarias" (Madrid: Ministerio del Interior, Secretaría General de Instituciones Penitenciarias, 2022), 259 y 262. *Vid.* también, Alfredo Calcedo-Barba, Joaquín Antón Basanta y Silvia Paz Ruiz, "Libro Blanco sobre la atención sanitaria a las personas con trastornos mentales graves en los centros penitenciarios de España" (Sociedad Española de Psiquiatría Legal y Sociedad Española de Sanidad Penitenciaria, 2023), 88 y ss.

7 Que la LECrim *no impida* el ingreso en prisión provisional no debiera equivaler a afirmar su expresa previsión. No parece, en este sentido, muy exacta la argumentación de la AP de Madrid en su Auto núm. 433/2008, de 25 de junio (*Tol 4171740*), argumentación reiterada después por la misma AP en el Auto núm. 346/2010, de 15 de julio (*Tol 5291606*) y en el AAP de Zaragoza núm. 608/2011, de 26 de octubre [JUR 2011,399223]: "el art. 3 CP establece que no podrá ejecutarse pena ni medida de seguridad sino en virtud de sentencia firme [...]. En la regulación de las medidas de seguridad —arts. 95 y ss. CP—, se contempla expresamente en el art. 101 la posibilidad de aplicar, si fuere necesaria, la medida de internamiento para tratamiento médico o educación especial, o bien cualquier otra medida de las previstas en el apdo. 3 del art. 96, en los casos de sujetos exentos de responsa-

greso en prisión provisional, en centro de cumplimiento ordinario, de un investigado con enfermedad o trastorno mental que en última instancia podría ser absuelto *ex* art. 20.1 CP. En contraste, si el investigado estuviera en disposición de acreditar una adicción a sustancias químicas, la LECrim sí permite alternativamente, y con acierto, el internamiento cautelar en un centro de deshabituación —art. 508 LECrim—. ¿Cómo justificar un trato diferenciado tan desfavorable para el investigado aquejado de una enfermedad mental? ¿Cuándo proporcionar al juez penal un respaldo legal que le permita equilibrar las necesidades de atención del investigado y enfermo con los fines que justifican la imposición de la medida cautelar[8]?

Hasta aquí se han expuesto las razones científicas que explican la elección temática; sin embargo, un motivo adicional lo justifica: la voluntad de rendir homenaje al Prof. Moreno Catena. Su disposición al diálogo académico ha enriquecido e inspirado muchas investigaciones, y esta no es una excepción. Sin él saberlo y sólo días antes de dar por finalizado el texto, el Prof. Moreno Catena dedicó pacientemente su tiempo a escuchar unos

---

bilidad conforme al núm. 1° del art. 20. El Reglamento Penitenciario [...] regula en los arts. 183 y ss. los Establecimientos o Unidades Psiquiátricas penitenciarias. El art. 184 a) del citado Reglamento contempla los casos de ingresos en dichos establecimientos o unidades psiquiátricas de los detenidos o presos con patología psiquiátrica, cuando la autoridad judicial decida su ingreso para observación de acuerdo con lo establecido en la LECrim. A su vez, el art. 184 b) contempla los supuestos de personas a las que por aplicación de las circunstancias eximentes establecidas en el CP les hayan sido aplicada una medida de seguridad de internamiento en centro psiquiátrico penitenciario. Del régimen legal expuesto se desprende que, la medida cautelar de prisión preventiva en casos de imputados con patologías psiquiátricas está expresamente prevista en nuestro ordenamiento. Por otra parte, de la ya citada STC 191/2004 no se desprende que la citada medida cautelar aplicada a imputados con aquellas patologías sea incompatible con la doctrina constitucional en materia de prisión provisional. Otra cosa es que de dicha STC se deduzca que deba optarse por medidas alternativas de control, cuando las mismas sean factibles".

8 Sobre los presupuestos y fines de la prisión provisional *vid.* Víctor Moreno Catena, "La fundamentación de las medidas cautelares y de las medidas de protección en el proceso penal", en *El Derecho procesal español del siglo XX a golpe de tango. Juan Montero Aroca. Liber Amicorum, en homenaje y para celebrar su LXX cumpleaños,* ed. Juan Luís Gómez Colomer, Silvia Barona Vilar, y Pío Calderón Cuadrado (Valencia: Tirant lo Blanch, 2012), 1111-35; Víctor Moreno Catena, "Lección 21. Otras medidas cautelares y medidas de protección", en *Derecho procesal penal,* de Valentín Cortés Domínguez y Víctor Moreno Catena (Valencia: Tirant lo Blanch, 2021), 369-84.

planteamientos llenos de dudas y pocas certezas. De aquélla, y otras conversaciones previas, son deudoras estas ideas; ideas que espero poder seguir desarrollando en el futuro para, entonces, quizá estar a la altura.

## 2. MARCO REGULATORIO EUROPEO

Se aludía en la introducción de este trabajo a la necesidad de dotar a quienes, en un contexto de urgencia decisional, deben pronunciarse sobre la procedencia o no de una medida cautelar respecto de quien se encuentra afectado por una enfermedad o trastorno mental. Tal vez sea esta una tarea que pueda reanudarse aprovechando el impulso en este ámbito de las instituciones europeas. En efecto, como señalan Arnáiz Serrano o Rodríguez Yagüe, el tratamiento de las personas con enfermedad mental en situación de privación de libertad ha despuntado como unos de los temas que más preocupan en el ámbito europeo, muy especialmente en el marco del Comité de Ministros del Consejo de Europa. Sin posibilidad de llevar aquí a cabo un análisis exhaustivo de los trabajos del Comité de Ministros en este ámbito, destacaremos —en orden cronológico— sólo algunas de sus Recomendaciones más relevantes en la materia[9].

Destacan, en este punto, la *Recomendación 1235 (1994) de la Asamblea Parlamentaria sobre psiquiatría y derechos humanos*; la *Recomendación No. R (98)7 a los Estados miembros relativa a los aspectos éticos y organizativos de la asistencia sanitaria en sistema penitenciario*, la *Recomendación Rec (2004)10 a los Estados miembros relativa a la protección de los derechos humanos y la dignidad de las personas que padecen trastorno mental;* la *Recomendación Rec(2006)2 a los Estados miembros sobre leyes penitenciarias europeas y la Recomendación CM/Rec (2009)3 del Comité de Ministros a los Estados miembros sobre seguimiento de la protección de los derechos humanos y la dignidad de las personas que padecen trastornos mentales.*

Subrayaremos, además, dos documentos recientes de especial relevancia en nuestra investigación. De un lado, la reciente aprobación —febrero de 2023— del *Libro Blanco del Consejo de Europa sobre la gestión de personas*

---

9 *Vid.*, en profundidad, Amaya Arnáiz Serrano, "Adecuación de las vigentes medidas cautelares a aplicar sobre investigados con trastorno mental", en *Trastornos mentales y justicia penal. Garantías del sujeto pasivo con trastorno mental en el proceso penal*, de Ignacio Flores Prada y Ana Sánchez Rubio (Pamplona: Aranzadi, 2017), 235-52 y Cristina Rodríguez Yagüe, "Estándares penitenciarios europeos sobre enfermedad mental y privación de libertad", *Revista General de Derecho Penal*, nº 40 (2023).

*con trastornos de salud mental por parte de los servicios penitenciarios y de libertad condicional* (traducción propia)[10]. Trabajo, este último, que debiera sentar las bases para una nueva Recomendación que ofrezca pautas dirigidas a las diferentes autoridades nacionales para implementar una serie de principios y estándares clave por parte de los servicios penitenciarios y de libertad condicional en su trabajo con personas afectadas por enfermedad o trastorno mental. De otro lado, mencionaremos la que, salvo error, es la propuesta más reciente en la materia. Nos referimos a la publicación, el 24 de marzo de 2023, de la *Recomendación (UE) 2023/681 sobre los derechos procesales de las personas sospechosas o acusadas sometidas a prisión provisional y sobre las condiciones materiales de reclusión* —más abajo desglosaremos algunas de sus propuestas[11].

Ha de señalarse, no obstante, lo desalentador del carácter no vinculante del instrumento elegido: hablamos, en todo momento, de Recomendaciones. En este sentido, no podemos más que dudar de cuál será la incidencia última de estos instrumentos de *soft law*; máxime tras los constatados *deslices* del legislador español en la transposición de otras normas europeas no vinculantes favorables a la previsión de medidas alternativas a la prisión provisional[12]. Sea como fuere, en lo que interesa exclusivamente a la prisión

10 Disponible (versión en inglés) en: https://search.coe.int/cm/pages/result_details.aspx?objectid=0900001680a9b0fd

11 DOUE núm. 86, de 24 de marzo de 2023, págs. 44-57.

12 Véase, a modo de ejemplo, lo sucedido en la transposición de la *Decisión Marco 2009/829/JAI del Consejo, de 23 de octubre de 2009, relativa a la aplicación, entre Estados miembros de la Unión Europea, del principio de reconocimiento mutuo a las resoluciones sobre medidas de vigilancia como sustitución de la prisión provisional.* Uno de los objetivos de dicha Decisión Marco era, precisamente, "la promoción, cuando proceda, del recurso a medidas no privativas de la libertad como sustitución de la prisión provisional", y entre ellas, la "obligación de someterse a tratamientos terapéuticos o a tratamientos contra las adicciones". No obstante, el art. 110.1 de la *Ley 23/2014, de 20 de noviembre, sobre el reconocimiento mutuo de resoluciones penales en la Unión Europea,* norma de transposición, omitió la referencia al tratamiento psiquiátrico entre las medidas alternativas a la prisión provisional, recogiendo únicamente "la obligación de someterse a un tratamiento de desintoxicación o deshabituación de adicciones". A pesar de lo cual, el apdo. 3 del mismo art. 110 establece que "la resolución sobre medidas alternativas a la prisión provisional dictada por una autoridad extranjera podrá incluir estas medidas u otras previstas en su ordenamiento jurídico cuyo reconocimiento hayan sido objeto de notificación por España". Sin embargo, el problema persiste en la ausencia de un régimen legal adecuado de medidas alternativas a la prisión provisional en la LECrim. *Vid.* Jesús-Miguel Hernández Galilea, "Las medidas cautelares privativas de libertad en supuestos de

provisional, y pese a que de la normativa internacional no pueda extraerse la prohibición de privación de libertad cuando hay en el sujeto enfermedad o trastorno mental, conviene reflexionar sobre la disponibilidad en la práctica de unos ajustes que sí son ya exigibles[13]. Éstos se desprenderían, singularmente, de la regla núm. 14 de la *Recomendación de la Comisión Europea, de 27 de noviembre de 2013, relativa a las garantías procesales para las personas vulnerables sospechosas o acusadas en procesos penales* —(2013/C 378/02)— y del art. 14, apdos. primero y segundo, del *Convenio de Derechos de las Personas con Discapacidad.*

Dichas previsiones se completan con la alusión a la meritada *Recomendación (UE) 2023/881 de la Comisión de 8 de diciembre de 2022 sobre los derechos procesales de las personas sospechosas o acusadas sometidas a prisión provisional y sobre las condiciones materiales de reclusión*[14]. Según la Recomendación, los Estados miembros deben garantizar que los reclusos tengan acceso en tiempo oportuno a la asistencia médica, incluida la psicológica, que necesiten para mantener su salud física y mental. Para ello, de especial relevancia en nuestro objeto de estudio, "los Estados miembros deben garantizar que la asistencia sanitaria en los centros de reclusión cumpla las mismas normas que la dispensada por el sistema nacional público de salud, también en lo que respecta al tratamiento psiquiátrico" —Rec. núm. 49. También en relación con la salud mental, la recomendación insta a los Estados miembros a "garantizar que las personas diagnosticadas con enfermedades relacionadas con la salud mental reciban atención profesional especializada, cuando sea necesario en instituciones especializadas o secciones específicas del centro de reclusión bajo supervisión médica, y que se proporcione a los reclusos la continuidad de la asistencia sanitaria como preparación a la puesta en libertad, en caso necesario" —rec. núm. 75. Por último, nos referiremos a la recomendación contenida en el núm. 76, a tenor de la cual los Estados miembros "deben prestar especial atención a satisfacer las

---

encausados con trastorno mental en el ALECrim 2020", en *Discapacidad y riesgo de los sujetos pasivos con trastorno mental en la justicia penal. Estudios sobre el Anteproyecto de Ley de Enjuiciamiento Criminal de 2020,* de Ignacio Flores Prada, 1ª (Navarra: Aranzadi, 2022), 120; Ángel José Sanz Morán, "El enfermo mental en el Anteproyecto LECrim 2020", *InDret. Revista para el Análisis del Derecho,* nº 1 (2023): 103.

13 De esta opinión, *vid.* Javier Hernández García, "Notas sobre las obligaciones de ajuste en el tratamiento procesal de las personas investigadas o acusadas vulnerables. (La inaplazable necesidad de un estatuto procesal específico)", *Revista Jurídica de Cataluña* 4 (2020): 895 y ss.

14 DOUE núm. 86, de 24 de marzo de 2023, págs. 44-57.

necesidades y garantizar la accesibilidad de los reclusos con discapacidad o con afecciones médicas graves en lo que respecta a las condiciones materiales de reclusión y los regímenes de reclusión. Esto debe incluir la prestación de actividades adecuadas a dichos reclusos". Como seguidamente se verá, la práctica de juzgados y tribunales de ordinario ofrece supuestos de decisiones de prisión provisional que incumplen dichas recomendaciones.

## 3. REGULACIÓN ESPAÑOLA Y APLICACIÓN POR LOS TRIBUNALES

La falta de una regulación cautelar específica para sujetos con enfermedad o trastorno mental y la ausencia de alternativas a las medidas cautelares privativas de libertad llevan tiempo suscitando críticas académicas e institucionales. A pesar de ello, poco o nada ha cambiado desde que aquellas primeras voces evidenciaran los efectos nocivos de tal ausencia: a diferencia de los casos en los que de la investigación se infiere racionalmente que la conducta no es típica o concurre una causa de justificación —art. 502.4 LECrim—, no existe una prohibición legal expresa que impida al juez decretar la prisión provisional cuando se infiera racionalmente la concurrencia de un supuesto de inimputabilidad conforme al art. 20.1 CP —por más que algunas resoluciones hayan intentado extender los efectos del art. 502.4 LECrim a los supuestos que nos ocupan[15].

Históricamente, la falta de regulación ha dado lugar, al menos, a dos interpretaciones igualmente problemáticas en relación con estos sujetos[16]:

---

15 *Vid.*, en particular, el razonamiento del AAP de Vizcaya núm. 90154/2022, de 25 de marzo (*Tol 9456425*): "Ciertamente [...], la eximente del art. 20.1° CP que aparentemente concurrente en este caso, no es una causa de justificación [...] sino una causa de inimputabilidad [...] y aunque los efectos de unas y otras son distintos, creemos que el fundamento del precepto (que no ingrese en prisión quien, por concurrir una eximente de la responsabilidad criminal, no le será impuesta pena de ninguna naturaleza y menos, privativa de libertad) es extensible a este caso".

16 Amaya Arnáiz Serrano, "Adecuación de las vigentes medidas cautelares a aplicar sobre investigados con trastorno mental", en *Derechos y garantías del investigado con trastorno mental en la justicia penal*, de Ignacio Flores Prada (dir.), 2016, 88-99. *Vid.*, en la misma publicación, Elena Gómez de Liaño Diego, "Estudio de la tutela cautelar penal en los investigados con trastornos mentales", en *Derechos y garantías del investigado con trastorno mental en la justicia penal*, de Ignacio Flores Prada (dir.), 2016, 100-107.

(i) el recurso al régimen general de prisión provisional, al margen de las implicaciones de la enfermedad mental, o (ii) la posibilidad de decretar el ingreso en la unidad psiquiátrica de un centro penitenciario ordinario, a resultas de una interpretación conjunta de los arts. 381 LECrim y 184 del Reglamento Penitenciario[17] —interpretación, esta última, generalmente superada[18]. Hoy puede decirse que la entrada en prisión provisional del

---

17 El literal del art. 184 del *Real Decreto 190/1996, de 9 de febrero, por el que se aprueba el Reglamento Penitenciario*, reza como sigue: "El ingreso en estos Establecimientos o Unidades Psiquiátricas penitenciarias se llevará a cabo en los siguientes casos: a) Los detenidos o presos con patología psiquiátrica, cuando la autoridad judicial decida su ingreso para observación, de acuerdo con lo establecido en la Ley de Enjuiciamiento Criminal, durante el tiempo que requiera la misma y la emisión del oportuno informe. Una vez emitido el informe, si la autoridad judicial no decidiese la libertad del interno, el Centro Directivo podrá decidir su traslado al Centro que le corresponda. b) Personas a las que por aplicación de las circunstancias eximentes establecidas en el Código Penal les haya sido aplicada una medida de seguridad de internamiento en centro psiquiátrico penitenciario. c) Penados a los que, por enfermedad mental sobrevenida, se les haya impuesto una medida de seguridad por el Tribunal sentenciador en aplicación de lo dispuesto en el Código Penal y en la Ley de Enjuiciamiento Criminal que deba ser cumplida en un Establecimiento o Unidad psiquiátrica penitenciaria".

18 Como, entre otros, dijera Lledó González, el art. 381 LECrim no recoge más que una "diligencia de instrucción o investigación, acorde además con la ampliación que supone en el objeto de la instrucción la posible enfermedad mental del imputado [...] estamos lisa y llanamente ante una prueba pericial que [...] debe referirse a las posibles enfermedades mentales o patologías psiquiátricas del afectado pero también a indagar sobre la concreta influencia que ésta hubiere provocado en sus facultades intelectivas o de autodeterminación respecto del concreto hecho imputado; por supuesto que tampoco legitima este precepto para imponer un determinado tratamiento al enfermo mental, algo a lo que no está llamado el Juez penal y que evocaría necesariamente una medida predelictual o incluso de protección del sujeto más propia del ámbito civil. Y que se trata de una prueba pericial lo confirma el segundo párrafo de[l] propio precepto, cuando afirma que "los Médicos darán en tal caso su informe del modo expresado en el capítulo VII de este título", es decir, como peritos. No se trata, por tanto, de ninguna medida cautelar sustitutiva o alternativa a la prisión que pueda adoptarse en tales casos, y de hecho el propio precepto distingue en atención a que el procesado (extensivo a todo imputado) esté preso o no; en el primer caso el Juez puede disponer el traslado del privado de libertad al centro que se estime idóneo para su observación y ulterior emisión del informe, que puede ser el propio Psiquiátrico Penitenciario (a lo que se refiere expresamente el [...] art. 184 del Reglamento Penitenciario) o incluso cualquier otro centro de esa naturaleza (en este caso, con la debida custodia como preso preventivo que es); por el contrario, si el imputado se encuentra en libertad, el Juez ordenará igualmente su observación y ésta se llevará a cabo en

investigado con trastorno mental sigue siendo habitual en la práctica de nuestros juzgados y tribunales.

(1) Lo es, sin duda, tras el quebrantamiento de una de las medidas cautelares del art. 544 *bis* LECrim, medidas cuya idoneidad y proporcionalidad —en su configuración actual— hemos cuestionado en otros trabajos[19]. Al fin y al cabo, difícilmente escapará del quebrantamiento y sus consecuencias procesales quien no puede comprender el sentido y alcance de la medida o ajustarse a dicha comprensión[20]. A buen seguro, la idoneidad de las medidas del art. 544 *bis* LECrim se vería incrementada con el estableci-

---

el centro que así mismo se designe (aunque en este caso no podrá ser el Psiquiátrico Penitenciario, al estar reservado para los privados preventivamente de libertad o en cumplimiento de medidas de seguridad) [...]". *Vid.* Carlos Luis Lledó González, "Medidas cautelares a tomar en fase de instrucción respecto del enfermo mental presunto autor de una infracción penal", en *Enfermo mental y proceso penal. Especial referencia a las medidas cautelares*, de Fernando Martínez Pérez (dir.), 1ª (Madrid: Consejo General del Poder Judicial, 2006), 103-4. Con todo, alguna resolución continúa confundiendo la diligencia de instrucción del art. 381 LECrim como una medida cautelar. *Vid.* en este sentido el AAP de Málaga núm. 445/2019, de 5 de junio (*Tol 8676607*). La visión antes expuesta fue confirmada por la STC núm. 217/2015, de 22 de octubre (*Tol 5572483*) en su FJ 4º, recuperada después por la STC núm. 84/2018, de 16 de julio (*Tol 6680701*) en su FJ 3º. Por su parte, Santamaría Matesanz y Pérez Pérez advierten que el apdo. a) del art. 184 alude al "ingreso de detenidos o preso[s] "cuando la autoridad judicial decida su ingreso para observación, de acuerdo con lo establecido en la Ley de Enjuiciamiento Criminal". Pero la Ley de Enjuiciamiento Criminal nada establece al respecto. Parece como si la normativa penitenciaria quisiera solucionar un problema no resuelto por la legislación penal común". *Vid.* Juan Javier Pérez Pérez y Julia Patricia Santamaría Matesanz, "El internamiento psiquiátrico en el proceso penal", *Boletín Digital Penal*, Boletines jurídicos, nº 23 (24 de mayo de 2018): 10. Salvo error en la interpretación, no parece posicionarse en contra de la interpretación conjunta de los arts. 381 LECrim y 184 apdo. a) del Reglamento Penitenciario Hava García. *Vid.* nota al pie núm. 2 del trabajo de Esther Hava García, "Enfermedad mental y prisión: análisis de la situación penal y penitenciaria de las personas con trastorno mental grave (TMG)", *Estudios Penales y Criminológicos* XVI (2021): 62-63.

19 *Vid.*, en profundidad, Belén Hernández Moura, "Medidas cautelares y enfermedad mental: sobre el artículo 544 bis LECrim y las consecuencias procesales del quebrantamiento", *Revista de la Asociación de Profesores de Derecho procesal de las universidades españolas*, nº 7 (2023): 167-207.

20 Belén Hernández Moura, "El enfermo mental ante el quebrantamiento de la medida cautelar de alejamiento y/o comunicación: derivadas penales y procesales", en *Valoración de la peligrosidad en la adopción de medidas cautelares y medidas de seguridad contra sujetos con trastorno mental en la justicia penal*, de Ignacio Flores Prada, ed. Juan Alejandro Montoro Sánchez y Ana Sánchez Rubio, 2024, 432-68. En prensa.

miento de acciones específicas que, siguiendo la lógica de las obligaciones de ajuste, facilitasen el cumplimiento de una medida, *a priori*, más benigna para con la situación del sujeto —piénsese, por ejemplo, en la posibilidad de extender a estos casos las medidas de vigilancia electrónica previstas sólo en el ámbito de la violencia de género.

(2) Y lo es también, en ciertos casos, como primera opción durante la instrucción, bien por considerarse que concurre un pronóstico de peligrosidad —acaso demasiado vinculado al mero padecimiento de una enfermedad o trastorno mental—[21], bien con base en la necesidad de esperar a sede de juicio oral para poder dirimir y concretar las repercusiones de la enfermedad en la culpabilidad del sujeto, bien argumentando en favor de la posibilidad de recibir tratamiento adecuado en el centro penitenciario ordinario[22]. En cualquiera de estos tres casos, no suele tenerse suficien-

---

[21] Frente a ello, debe señalarse que la alarma social no constituye un criterio válido para determinar la necesidad de la medida: el mero padecimiento de una enfermedad o trastorno mental no justifica un pronóstico de peligrosidad criminal que legitime la privación (siquiera provisional) de libertad. Admitir lo contrario equivaldría a negar cualquier oportunidad de ejercicio pleno de los derechos fundamentales a la persona enferma y, en particular, su derecho a la libertad deambulatorio —art. 17.1 CE. Ello nos lleva no sólo a la necesaria limitación de los motivos que legitiman la privación de libertad; además, dicha privación tendrá que extenderse lo mínimo posible y ser proporcional a las circunstancias personales del sujeto. En este sentido, y, aun así, confirmando la procedencia de la prisión provisional, *vid.* AAP de Barcelona núm. 389/2019, de 27 de junio (*Tol 7405171*).

[22] Con frecuencia la medida cautelar de ingreso en prisión provisional se apoya en la posibilidad de recibir atención médica dentro del propio centro penitenciario. Sin embargo, los datos cuestionan la viabilidad de dicha posibilidad. Según informaciones extraídas del Informe General de Instituciones Penitenciarias, durante el año 2022 se produjeron un total de 16.370 ingresos en las camas de enfermería de los centros penitenciarios; de ellos, 7.941 (el 43%) estuvieron motivados por patologías psiquiátricas. La revisión de sucesivos Informes nos permite situar en el 42,58% el promedio de ingresos en camas de enfermería por patología psiquiátrica en el periodo comprendido entre 2012 y 2022. Ciertamente, estos datos no se limitan exclusivamente a los internos que se encuentran en situación de prisión provisional. Sin embargo, no pierden relevancia: al contrario, ayudan a ilustrar la sobrecarga en los módulos de enfermería y, por ende, ponen de manifiesto la falta de recursos para abordar las necesidades psiquiátricas tanto de los condenados que se encuentran en el centro penitenciario como de los que están cumpliendo una medida cautelar de prisión. En un contexto donde la infradotación es *cuasi* norma, es muy probable que, acordado el ingreso, el enfermo e investigado acceda al módulo de enfermería donde, en el mejor de los escenarios, se le realizará una evaluación médica, se ajustará el tratamiento farmacológico si es necesario y

temente en cuenta que la enfermedad o trastorno mental podría haber anulado la capacidad procesal del sujeto[23] y, por tanto, impedido el ejercicio de su derecho fundamental a la defensa —art. 24.2 CE-en sede de instrucción.

Ciertamente, algunas resoluciones han intentado, con las mejores intenciones, evitar los efectos adversos en la salud mental del investigado derivados de su ingreso en prisión provisional[24]. En este sentido, como después se verá, hemos localizado algunas soluciones benevolentes, pero técnicamente insuficientes que, como mínimo, ponen de manifiesto la necesidad de implementar previsiones específicas al respecto, como sucede

---

se llevará a cabo un seguimiento, siempre condicionado a la disponibilidad de recursos compartidos con el resto de internos, preventivos o no. Por esta razón, justificar el ingreso en prisión provisional del investigado enfermo con el argumento de que podrá recibir tratamiento médico y psiquiátrico adecuado pierde, a nuestro entender, toda la fuerza y admisibilidad. En ese sentido, y relación con la STC núm. 84/2018, de 16 de julio, coincidimos con Lacal Cuenca y Solar Calvo cuando subrayan la crítica que el TC realiza en torno al "uso del concepto de Unidad Psiquiátrica en centro penitenciario, como recurso meramente lingüístico para justificar el internamiento de enfermos mentales en una prisión al uso". *Vid.* Pedro Lacal Cuenca y Puerto Solar Calvo, "El enfermo mental en prisión. ¿Interno o paciente?", en Salud mental y privación de libertad. Aspectos jurídicos e intervención, de Ricardo M. Mata y Martín (dir.) y Tomás Montero Hernanz (coord.), (Barcelona: J. M. Bosch Editor, 2021), 249. Citaremos, a modo de ejemplo, el Auto núm. 1006/2020, de 12 de noviembre, de la AP de Murcia (*Tol 8298418*). Muy claro en sus argumentos es el Auto núm. 738/2020, de 31 de agosto, de la AP de Valencia (*Tol 8063775*): "En efecto, la Administración Penitenciaria cuenta con los servicios médicos necesarios para tratar las dolencias que se puedan presentar. [...] Además, el recurso se limita a enunciar ciertas enfermedades, pero, para nada, justifica la incompatibilidad de las mismas para estar en situación de prisión provisional o la insuficiencia de servicios médicos penitenciarios para poder atenderlas sin merma para la salud del investigado". *Vid.* también, el AAP de Zaragoza, núm. 90/2018, de 8 de febrero (*Tol 6556066*).

23 Véase la reflexión al respecto deVíctor Moreno Catena, "Enfermedad mental y capacidad en el proceso penal", en *Trastornos mentales y justicia penal. Garantías del sujeto pasivo con trastorno mental en el proceso penal*, de Ignacio Flores Prada y Ana Sánchez Rubio (Pamplona: Aranzadi, 2017), 69-88.

24 Rafael Lillo Roldán, "Procedencia de las medidas cautelares en casos de peligrosidad. Análisis psiquiátrico de la trascendencia de la detención, la prisión provisional y las medidas de alejamiento en casos de investigados con trastorno mental. Propuestas alternativas.", en *Trastornos mentales y justicia penal. Garantías del sujeto pasivo con trastorno mental en el proceso penal*, de Ignacio Flores Prada (Navarra: Aranzadi, 2017), 209-33.

en la regulación procesal alemana, italiana o portuguesa[25], y como se intentó —con los matices que *infra* ofreceremos— en el intento de reforma procesal de 2020.

## 4. ARGUMENTACIONES ALTERNATIVAS (Y DE EMERGENCIA) ANTE EL SILENCIO DE LA NORMA PROCESAL PENAL

### *4.1. En el orden jurisdiccional penal*

La práctica jurisprudencial ofrece soluciones de *ingeniería jurídica* a fin de evitar el automatismo del ingreso en prisión provisional y, al mismo tiempo, dar cumplimiento al fin protector de terceros y del propio investigado. Son, lo hemos dicho, propuestas absolutamente minoritarias que, además, carecen de suficiencia técnica, aunque puedan compartirse las razones subyacentes. Pueden identificarse al respecto al menos tres argumentaciones cuyo elemento común reside en interpretaciones extensivas de diferentes preceptos: los arts. 13 LECrim, 95 y 96.2. 1° CP y 508 LECrim.

Nos referiremos, en primer lugar, al Auto núm. 798/2008, de la AP de Barcelona, de 11 de agosto de 2008 (*Tol 7247125*). En los antecedentes del caso, el Juzgado de lo Penal núm. 2 de Sabadell dicta una orden de protección en favor de la víctima, madre del investigado. Un año después, el investigado es detenido en el centro hospitalario al que acude con intención de hablar con su padre, siendo conocedor de que su madre se encuentra allí ingresada. Existen registros de situaciones previas similares a la que se acaba de describir: el propio investigado admite que “desde que le prohibieron [...] acercarse a su madre ha ido al hospital a verla poquitas veces”. Se puede inferir, entonces, que el investigado tenía conocimiento de la orden de alejamiento y de la hospitalización de su progenitora en aquel centro. Pese a ello, el obligado se dirige al centro hospitalario en cuestión y entra en la habitación de su madre. En este contexto y ante el “nulo efecto disuasorio de la medida de protección acordada a favor de la madre”, la AP de Barcelona reconoce la necesidad de acordar una medida más restrictiva capaz de garantizar la seguridad de la víctima. Basándose en el informe del psiquiatra y en el historial de ingresos de media y larga estancia en diferentes recursos, la AP acuerda el internamiento en centro psiquiátrico y

---

25 Véanse el art. 126a apdo. primero de la Ley procesal penal alemana, el art. 73 del Código Italiano de Procedimiento Penal o el art. 202.2 del Código de Proceso Penal Portugués.

de deshabituación en lugar de la prisión provisional, respaldándose en los arts. 13 y 544 *bis* LECrim y art. 505.2 LECrim. La AP argumenta en favor del internamiento, considerándolo como una prisión provisional atenuada sujeta a modificación si cambian las circunstancias que motivaron originalmente su adopción.

Sin desconocer la loable sensibilidad que subyace a dicha decisión, es evidente que el internamiento psiquiátrico involuntario o forzoso constituye una medida, a todas luces, privativa de libertad y, como tal, debiera contar con una cobertura legal específica —art. 17.1 CE. Lo cierto es que el art. 13 LECrim, recogiendo como primeras diligencias aquéllas que tienen que ver con la protección de los ofendidos y perjudicados por el delito, no contempla esta previsión. Por lo tanto, excede, en nuestra opinión, los límites del art. 13 LECrim acordar una medida privativa de libertad (como es el internamiento en centro psiquiátrico) dentro de esas primeras diligencias de protección.

Continuando un razonamiento similar, pero con una fundamentación diferente, citaremos como ejemplo de la segunda vía anteriormente referida el Auto núm. 111/2005, de la AP de Álava de 25 de agosto de 2005 (*Tol 8149489*). Apoyándose en antecedentes que evidenciarían el efecto perjudicial en la salud del investigado derivado de ingresos previos en prisión, la AP de Álava opta por adoptar "una medida menos gravosa que el ingreso provisional en prisión, cual es la medida cautelar de internamiento en centro psiquiátrico". En el razonamiento de la Audiencia, aquella medida, además de resultar más adecuada desde el punto de vista de la salud del investigado, posibilitaría el cumplimiento de "los mismos fines que la Juez pretende alcanzar con la prisión provisional [...], estos son, asegurar la presencia del apelante en el proceso por inferir racionalmente un riesgo de fuga (art. 503.1.3º a), y, evitar el riesgo de que el apelante cometa otros hechos delictivos (art. 503.2)". Obsérvese cómo la AP de Álava se refiere específicamente a la "medida cautelar de internamiento en centro psiquiátrico", la cual, como hemos previamente mencionado, no está prevista en la LECrim.

Para proporcionar asiento legal a la inexistente medida, el Tribunal recurre a una interpretación extensiva de los arts. 95 y 96.1.2º CP, aplicándolos a una situación claramente diferente a aquella para la que fueron concebidos. Si bien una de las medidas de seguridad previstas en el art. 96.2 CP es el internamiento en centro psiquiátrico, lo cierto es que el art. 95.1 CP contempla ésta y otras medidas de seguridad como medidas a adoptar por el Juez o Tribunal *en sentencia*, celebrado juicio oral y previos los informes correspondientes, cuando (i) el sujeto haya cometido un delito y (ii) se pueda deducir un comportamiento futuro que indique la probabilidad de cometer nuevos delitos. En el caso en cuestión el momento procesal era claramente diferente: la el debate no era si imponer o no una medida de seguridad o si sustituir o no la pena por una de estas medidas. No cabe, naturalmente, anticipar la aplicación de la medida de seguridad como medida cautelar o, en fin, adelantar su aplicación a un momento procesal anterior o distinto del que es su planteamiento original —art. 4.2 CC. De hecho, esta es la razón por la que la segunda parte del art. 383 LECrim, referente a la *demencia sobrevenida*, ha sido *de facto* derogado por la jurisprudencia del Tribunal Supremo.

Completaremos este subepígrafe con la referencia a una tercera vía explorada en la práctica —y cuyo testigo en parte recoge el prelegislador de 2020— e identificable en el Auto de la AP de Navarra núm. 235/2019, de 12 de julio (*Tol 7533237*). Nos referimos a los supuestos atenuados de los art. 508.1 y 2 LECrim.

Sin embargo, con la formulación actual, no consideramos que sea ésta una vía satisfactoria. En cuanto al art. 508.1 LECrim, identificamos al menos dos razones que explican la inidoneidad de esta vía. Por un lado, este precepto regula una modalidad atenuada de prisión provisional en régimen domiciliario a fin de facilitar un tratamiento ambulatorio, nunca un internamiento psiquiátrico. Por otro lado, esta fórmula podría funcionar *provisionalmente* en los casos en los que el investigado y la persona beneficiaria de la medida no compartan domicilio, pero no sería viable en los casos en los que el delito investigado ocurre dentro del hogar —situación nada infrecuente en los casos que nos ocupan.

Por otro lado, la idoneidad del art. 508.2 LECrim sería aún menor: este artículo fue redactado para los casos de toxicomanía, no para otros escenarios. Las escasas resoluciones encontradas que hacen referencia a esta posibilidad cuestionan, asimismo, esta interpretación[26].

Descartadas estas posibilidades, y cuando esté verdaderamente justificada una decisión cautelar tan drástica sobre el derecho a la libertad deambulatoria del sujeto, ¿qué alternativas podemos ofrecer a quienes han de tomar decisiones urgentes sobre la situación procesal de los investigados

---

26 *Vid.* Autos núm. 294/2019, de 9 de agosto de la AP de La Rioja (*Tol 7475514*) y núm. 49/2008, de 29 de enero de la AP de Tarragona (*Tol 6971252*).

y previsiblemente inimputables si las medidas cautelares más livianas son insuficientes? ¿Es viable considerar la vía civil?

### *4.2. En el orden jurisdiccional civil*

En investigaciones previas he mantenido una posición favorable primero y contraria después al recurso a la vía civil y, en concreto, a la posibilidad de recurrir al internamiento civil no voluntario como alternativa a la prisión provisional[27]. Inicialmente argumentaba que, vistas las lagunas en la regulación procesal penal, el recurso a los arts. 763 o 762 LEC, leídos en un contexto terapéutico, sería la opción más respetuosa con el enfermo —poco importa aquí su condición de investigado. Además, *de facto*, esta vía podría dar cumplimiento al fin protector de la víctima y de terceros. Sin embargo, dos dificultades prácticas me llevaron a reconsiderar mi postura.

La primera: siguiendo la letra del último párr. del art. 763.4 LEC podría suceder que, transcurridos unos días y estabilizado el paciente, los propios facultativos, considerando innecesario mantener el internamiento, diesen el alta al paciente comunicando dicha situación al Tribunal de Primera Instancia. Consciente de esta eventualidad, el juez penal encontraría, *a priori*, pocos incentivos en esta vía: al fin y al cabo, el fin protector de las víctimas que motivó el dictado de la medida cautelar podría quedar comprometido —máxime si la estabilización del paciente es temporal y subsiste el riesgo de afectación a terceros[28].

La segunda dificultad está estrechamente relacionada con el argumento que ahora me lleva a retomar mi posición original favorable a la vía civil. A fin de ordenar este vaivén me referiré al ATSJ de Galicia núm. 22/2022, de 29 de julio (*Tol 9282260*), al cual hace referencia el posterior y muy reciente ATS núm. 20299/2023, de 10 de mayo (*Tol 9556491*).

---

27 Belén Hernández Moura, "Medidas cautelares y enfermedad mental: sobre el artículo 544 bis LECrim y las consecuencias procesales del quebrantamiento", *Revista de la Asociación de Profesores de Derecho procesal de las universidades españolas*, nº 7 (2023): 167-207; Belén Hernández Moura, "El enfermo mental ante el quebrantamiento de la medida cautelar de alejamiento y/o comunicación: derivadas penales y procesales", en *Valoración de la peligrosidad en la adopción de medidas cautelares y medidas de seguridad contra sujetos con trastorno mental en la justicia penal*, de Ignacio Flores Prada, ed. Juan Alejandro Montoro Sánchez y Ana Sánchez Rubio, 2024, 432-68. En prensa.

28 Por más que, una vez estabilizado el paciente, ese riesgo —si en algún momento existió—, quedaría diluido.

La cuestión debatida es si un internamiento involuntario acordado por un Juzgado civil podría o no equipararse a una medida cautelar de privación de libertad que pudiera después tenerse en cuenta en la liquidación de una medida de seguridad privativa de libertad. El TSJ gallego negó inicialmente esta posibilidad, subrayando los diferentes propósitos que persiguen una y otra institución. El art. 763 LEC, se decía, "atiende a situaciones clínicas de enfermedad mental, pero no a consideraciones de naturaleza cautelar en relación con el buen fin o efectividad de las resoluciones judiciales penales". Para el TSJ, el internamiento involuntario carecería de "naturaleza cautelar en relación con el proceso penal, [*de él sería predicable una*] finalidad de tuición de la persona afectada por un trastorno psíquico".

El desenlace es previsible para el lector: si, como es habitual, en lugar de optar por el sobreseimiento libre del art. 637.3 LECrim, se autoriza la apertura de juicio oral frente a un encausado cuya enfermedad mental implica tanto su inimputabilidad (intuida ya en sede de instrucción) como su incapacidad procesal, y su absolución va acompañada de la imposición de una medida de seguridad de internamiento, el tiempo que estuvo civilmente internado y materialmente privado de libertad (920 días en el caso de estudio) no podría ser abonado en la liquidación de la medida de seguridad. De modo que, no podríamos más que desaconsejar el recurso a la vía civil, debido a las consecuencias materiales que la falta de asimilación tendría en la libertad del individuo.

Recientemente, el TS ha ofrecido una interpretación opuesta que, nuevamente, nos insta a reevaluar el potencial de la vía civil. El Alto Tribunal fundamenta su posición en la STC núm. 84/2018 y en la falta de cobertura legal para prolongar la prisión provisional luego de una sentencia no firme absolutoria, pero con imposición de medida de seguridad de internamiento. En su Auto, el TS señala que el TC no descarta el internamiento civil no voluntario como alternativa a la prisión provisional hasta que por Ley Orgánica se regule una medida cautelar específica para este grupo de casos. Hasta que eso suceda, para el TS y con cita directa a las SSTC núm. 217/2015 y núm. 84/2018, "no cabe privar de libertad al acusado absuelto en sentencia por aplicación de una eximente de trastorno mental, mientras se resuelven los recursos impuestos contra dicha solución judicial, excepto si dicho internamiento, se acuerda por el juez competente a través de la vía autorizada del artículo 762 LEC, que habrá de serlo en centro integrado de la red hospitalaria civil, y no bajo el control de la administración penitenciaria, que no tiene injerencia en este ámbito".

Hasta aquí, el ATS no ofrece demasiadas novedades; sin embargo, continúa el Tribunal: "la medida civil acordada no es ajena totalmente al proceso penal, son dos situaciones de privación de libertad, una con cobertura penal y la otra con cobertura civil, en consecuente entendemos, en opinión coincidente con el Ministerio Fiscal, que sí pudiera ser compensada a los efectos de los arts. 58 y 59 CP a la hora de proceder a la liquidación de la condena del recurrente".

Somos conscientes de que la situación a la que da respuesta el ATS de 2023 no coincide exactamente con el escenario que estamos examinando. En dicha resolución, el recurso al internamiento civil surge como respuesta a una sentencia no firme absolutoria con imposición de medida y ante la falta de cobertura legal para mantener la prisión provisional. En contraste, nuestra propuesta se plantea como una alternativa a la prisión provisional en un momento del proceso en el que aún no existe ninguna sentencia susceptible de impugnación. No obstante, consideramos que el razonamiento del TS podría ser aplicable también en nuestro caso, al menos mientras nuestra regulación procesal no prevea una medida cautelar de internamiento en centro especializado. Con ello se daría respuesta al infratratamiento procesal que hoy supone decretar el ingreso en prisión provisional de quien tiene anulada su capacidad procesal.

Esto nos libera de la segunda de las dificultades expuestas *supra*: si el tiempo de internamiento civil en el que materialmente el sujeto estuvo privado de libertad se puede abonar en una posterior medida de seguridad, el recurso al art. 763 LEC no supone un perjuicio para el sujeto. En cambio, no soluciona la primera de las dificultades: el alta médica una vez estabilizado el paciente y la posible subsistencia del riesgo de reiteración delictiva. En esos casos, una solución intermedia pasa por que, en un nuevo ejercicio de coordinación, el juez civil traslade la situación de alta al juez penal para que éste, una vez clínicamente estabilizado, pueda decidir sobre la necesidad o no de una medida cautelar de prisión provisional. En este sentido, es posible que, si la peligrosidad se derivaba de la descompensación del paciente, la misma no exista ya.

Por lo tanto, tras la evaluación inicial por parte del personal médico correspondiente tan pronto como el instructor detecte indicios de enajenación mental (art. 381 LECrim), si existiera o se apreciara la necesidad de un internamiento por motivos médicos, lo que debe acordarse no es la prisión provisional, sino la asistencia en un centro especializado civil. Resulta, con todo, que el internamiento no voluntario por razón de trastorno psíquico requiere la autorización del juez competente en materia civil; por tanto, por parte del Juez penal, practicadas las diligencias esenciales oportunas, solo cabe, a nuestro modo de ver, la inhibición en favor del juez civil, así, entre los más recientes, *vid.* AAP de Pontevedra, núm. 390/2020, de 28 de julio (*Tol 8070316*), AAP de Ávila, núm. 195/2019, de 18 de septiembre (*Tol 7537145*), AAP de Guipúzcoa núm. 48/2022, de 9 de febrero (*Tol 8953111*), AAP de Barcelona núm. 626/2020, de 19 de noviembre [JUR 2021,172712][29].

## 5. ALTERNATIVAS A LA PRISIÓN PROVISIONAL PARA SUJETOS INIMPUTABLES EN EL ANTEPROYECTO DE LEY DE ENJUICIAMIENTO CRIMINAL DE 2020

Igual que otras iniciativas de reforma previas, el ALECrim 2020 refuerza el régimen cautelar general a fin de adecuar su aplicación a individuos afectados por alguna discapacidad[30]; discapacidad que incluye, entre otras, cualquier limitación mental, intelectual o sensorial que impida o dificulte la comprensión del significado y consecuencias del proceso, o que limite o imposibilite al sujeto pasivo valerse por sí mismo en el ejercicio de sus derechos procesales y en el cumplimiento de sus obligaciones —art. 61 ALECrim 2020—.

---

29 Una variación sobre lo anterior pasa por la remisión, bien al juez civil, bien al Ministerio Fiscal, para que se debata sobre la idoneidad de la medida cautelar de internamiento civil, ya sea de oficio (art. 762.1 LEC), o a solicitud del Ministerio Fiscal (art. 762.2 LEC), con la posibilidad de prórroga. Esto último evitaría —como hipotética ventaja— la posibilidad de un alta eventual a instancia de los facultativos y comunicada después al Tribunal de Primera Instancia, por lo que el fin protector de la víctima quedaría *de facto* salvaguardado durante el mantenimiento de la medida y ello por más que el art. 762 LEC esté dirigido a la protección de la persona con discapacidad que, en este caso, será también investigado en el proceso penal. Ahora bien, en tanto medida cautelar, el internamiento así acordado sería siempre accesorio a otro proceso principal, que no sería el proceso penal en curso, sino un proceso civil separado relativo a la adopción de medidas judiciales de apoyo. Por lo tanto, la legitimación de la medida cautelar de internamiento dependería de que el Ministerio Fiscal, o en su defecto, la propia persona interesada, su cónyuge no separado legalmente, descendiente, ascendiente o hermano, promueva la adopción de estas medidas.

30 *Vid.*, en particular sobre el internamiento en centro especializado el párr. segundo del art. 44.1 del ALECrim de 2011 y los arts. 159 y 160 del Borrador de Código Procesal Penal de 2013.

En este sentido, la sección cuarta del texto —arts. 73 a 78 ALECrim 2020— desglosa una serie de "reglas aplicables a las medidas cautelares en casos de discapacidad" que incluye, como cláusula de cierre, una novedad ciertamente positiva[31]: para la adopción de cualquiera de las medidas contempladas en dicha sección, será necesario recabar un informe que evalúe la adecuación de las medidas a la situación específica de la persona afectada. Este informe deberá incluir una evaluación especial sobre el impacto de la medida en el tratamiento de la persona[32].

Con todo, cabe alguna observación crítica. Con carácter general, el ALECrim 2020 incurre en este punto en una regulación algo farragosa, tanto por remitirse constantemente a otras partes del texto, como por la confusión derivada de la falta de deslinde entre las necesidades que surgen de la propia discapacidad, las adaptaciones y apoyos necesarios y la capacidad procesal. Asimismo, esa confusión parece extenderse a los distintos planos en los que puede tener relevancia la enfermedad mental —exención de responsabilidad penal y capacidad procesal-cuando se trata de regular el internamiento cautelar del art. 75 ALECrim 2020[33].

Sea como fuere, el ALECrim 2020 presenta, al menos, tres propuestas relevantes para nuestro objeto de estudio ubicadas en diferentes puntos del texto, si bien estrechamente relacionadas: la "custodia" del art. 228 ALECrim 2020 en los supuestos de libertad provisional, el internamiento cautelar en centro especializado de art. 75 ALECrim 2020 y la prisión provisional atenuada en interés de la salud del investigado —art. 255 ALECrim 2020. En estos tres nos detendremos seguidamente.

---

31 De esta opinión *vid.* también el trabajo de Pilar Martín Ríos, "La necesidad de prever medidas cautelares ad hoc para los supuestos de discapacidad: un análisis crítico del Anteproyecto de LECrim de 2020", *Revista Brasileira de Direito Processual Penal* 7, nº 3 (2021): 1763-64.

32 El art. 78 ALECrim 2020 alude como criterio rector en la adopción de estas medidas el del interés superior de la persona con discapacidad. Además, indica que la persona habrá de ser oída personalmente siempre que su situación lo permita o, entendemos, en defecto de esa posibilidad, lo será la persona que integre la institución de apoyo, a quien también se le notificarán todas las resoluciones relacionadas con la medida. Asimismo, se procurará su presencia en las actuaciones que hayan de mantenerse personalmente con la persona afectada.

33 *Vid.* las observaciones al respecto de Hernández Galilea, "Las medidas cautelares privativas de libertad en supuestos de encausados con trastorno mental en el ALECrim 2020", 117; Sanz Morán, "El enfermo mental en el Anteproyecto LECrim 2020", 114.

En cuanto a la libertad provisional, el art. 74.2 ALECrim 2020 introduce una medida consistente en la obligación de someterse a tratamiento médico o a controles de salud cuando ello sea necesario para asegurar la disponibilidad del sujeto con discapacidad en el proceso, proteger los bienes jurídicos de la víctima o de terceros, evitar la continuidad delictiva o el aprovechamiento de sus efectos —art. 216 *b)* ALECrim 2020. Como sugiere Hernández Galilea, esta medida debe analizarse en relación con el derecho de todo paciente a otorgar su consentimiento para cualquier intervención médica —*vid.* art. 8 de la *Ley 41/2002, de 14 de noviembre, básica reguladora de la autonomía del paciente y de derechos y obligaciones en materia de información documentación clínica.* El problema surgirá, según el autor, cuando a pesar de poder afirmarse tanto la existencia de riesgos como la necesidad del tratamiento, el sujeto no pueda expresar su voluntad debido precisamente al trastorno que padece. En estas circunstancias, la única opción disponible será solicitar la intervención de médicos especialistas en psiquiatría, quienes, de ser necesario, procurarán obtener el consentimiento del curador del investigado —*vid.* art. 9 de la misma Ley. De otro lado, el propio art. 74 ALECrim 2020, en su apdo. tercero, hace referencia a la facultad del juez para ordenar que el investigado con discapacidad, puesto ya en libertad, quede bajo el cuidado y vigilancia de una persona o institución específica designada con este propósito y que, naturalmente, acepte asumir la responsabilidad de su custodia. Esta medida, así denominada por el art. 228 ALECrim 2020, no parece incluir requisitos adicionales en los supuestos en los que exista una discapacidad en el sujeto.

Probablemente sea el internamiento cautelar en establecimiento especial la medida que con mayor detalle regula el prelegislador —art. 75 ALECrim[34]. El internamiento cautelar en centro psiquiátrico busca conciliar los fines inherentes y propios de las medidas cautelares personales con la necesidad de brindar una atención médica y/o asistencial adecuada. Con todo, nótese cómo estamos hablando, naturalmente, de un internamiento *cautelar* y no de un internamiento con finalidad terapéutica, como el internamiento civil del art. 763 LEC —*vid. supra.* Por tanto, el razonamiento exigible y esperable en la adopción de esta medida no debiera separarse

---

34 Art. 75 ALECrim 20: "Cuando existan indicios racionales de que la persona encausada cometió el hecho concurriendo alguna de las eximentes previstas en los números 1°, 2° y 3° del artículo 20 del Código Penal y fuera previsible la imposición de una medida de seguridad privativa de libertad, no cabrá acordar la prisión provisional. No obstante, el juez podrá acordar la medida cautelar de internamiento en centro psiquiátrico, de deshabituación o educativo especial [...]".

de los presupuestos generales para la adopción y mantenimiento de las medidas cautelares[35].

Pese al avance que supondría contar con una regulación del régimen cautelar aplicable a sujetos que sufren una enfermedad o trastorno mental, la propuesta del ALECrim 2020 cuenta con, al menos, un defecto. Al restringir el internamiento cautelar en centro específico a los supuestos en los que concurren indicios racionales de que la persona encausada cometió el hecho delictivo concurriendo alguna de las eximentes previstas en los números 1°, 2° y 3° del artículo 20 CP y fuera previsible la imposición de una medida de seguridad privativa de libertad, se orillan otros supuestos en los que los efectos de la enfermedad mental se proyectan sólo con posterioridad al momento delictivo. Para Tomé García tampoco parece del todo correcta la posibilidad de decretar la medida cautelar de internamiento en los supuestos en los que, a pesar de haberse cometido el delito en la circunstancia del art. 20.1 CP, el sujeto recupere después su capacidad procesal —piénsese, por ejemplo, en el caso de una esquizofrenia que cursa con brotes[36].

Por último, y con inspiración en el texto del 2011, el prelegislador de 2020 establece dos categorías —ordinaria y especial— dentro de los supuestos de atenuación de la prisión provisional —arts. 255 y 256 ALECrim 2020[37]. Los casos ordinarios de prisión atenuada son aquellos en los que, en aras de la seguridad o la salud del obligado, la medida cautelar se ejecuta en su domicilio, en otro lugar privado designado por él previo consen-

---

35 Ciertamente, de la letra del art. 75 ALECrim 2020 no se puede claramente inferir si el prelegislador quiere o no excluir el decreto de la prisión provisional cuando el encausado no padece ya ninguna enfermedad o trastorno mental al tiempo de decidirse sobre su situación cautelar. En este punto, Aguilera Morales señala que la posibilidad de decretar el internamiento en establecimiento especial "no se vincula genéricamente" al estado del sujeto en ese momento procesal, sino a si el delito se cometió concurriendo alguna de las eximentes previstas en los apartados 1°, 2° o 3° del art. 20 CP. *Vid.* Aguilera Morales, "La prisión provisional en el nuevo Anteproyecto de Ley de Enjuiciamiento Criminal", 422.

36 José Antonio Tomé García, "Particularidades que muestran las medidas cautelares personales cuando el investigado presenta indicios de enfermedad o trastorno mental (LECrim y Anteproyecto de 2020: especial referencia al internamiento en centro psiquiátrico)", *Foro, Nueva época* 25, n° 2 (2022): 93 y 94.

37 Pocas son, en este punto, las diferencias de la propuesta de 2020 con los arts. 210 y 211 del intento de reforma de 2011.

timiento de su morador o titular[38] o en un centro médico, psiquiátrico, de deshabituación o educación especial. En este sentido, y aunque la propuesta de 2020 no es una novedad radical en este punto, sí creemos que representa una mejora considerable respecto de los supuestos del actual art. 508 LECrim. De un lado, la prisión provisional atenuada se vincula a la apreciación del riesgo que representa en la salud y seguridad del obligado el ingreso en el centro penitenciario ordinario; y, de otro, esta modalidad prevé mayores situaciones susceptibles de tratamiento más allá de la la docencia física o las adicciones químicas contempladas en el actual art. 508 LECrim.

Nos referiremos, en último lugar, a los supuestos especiales del proyectado art. 256 ALECrim 2020, unos supuestos que, advertimos, difícilmente logramos distinguir de los ordinarios —al menos en lo que a enfermedad o trastorno mental se refiere. Estos supuestos especiales alcanzan a mujeres embarazadas o en periodo de lactancia, personas gravemente enfermas o, en la letra del artículo, aquellas situaciones en las que "la persona encausada deba necesariamente ser sometida a un tratamiento curativo o de rehabilitación en el ámbito de una entidad legalmente reconocida". En estos supuestos, igual que en los ordinarios del art. 255 ALECrim 2020, la prisión provisional atenuada es una facultad del juez, quien podrá decretarla por razones humanitarias, salvo que (a) sea necesario disponer el ingreso en un centro penitenciario especializado o en un centro de curación, tratamiento o estancia adecuados a las características de cada situación individual o (b) la prisión provisional resulte absolutamente necesaria. Pero, como sugiere Aguilera Morales incidiendo en lo artificioso de la distinción, "¿acaso no es esto último predicable también de los supuestos ordinarios?"[39].

---

38 Además del domicilio, el texto de 2020 señala que la medida también podría llevarse a cabo "en otro lugar privado designado por él mismo, previo consentimiento de su morador o titular" —art. 255 del ALECrim 2020—, lo cual resulta especialmente interesante si consideramos una tipología específica (y común) de casos en los que la víctima (y cuidador/a del enfermo) suele formar parte del entorno más cercano del obligado a la medida y los frecuentes incumplimientos que se producen ante la falta de otros lazos o simplemente de otro lugar donde residir.

39 Marien Aguilera Morales, "La prisión provisional en el nuevo Anteproyecto de Ley de Enjuiciamiento Criminal", *Revista de la Asociación de Profesores de Derecho procesal de las universidades españolas*, nº 3 (2021): 419.

## 6. A MODO DE CIERRE

En este estudio hemos querido evidenciar la desventajosa situación en la que se encuentra el sujeto pasivo con enfermedad o trastorno mental que se enfrenta a un proceso penal. Específicamente, hemos analizado esta desventaja en etapas muy iniciales del proceso penal, particularmente en el momento de decidir sobre la procedencia o no de una medida de prisión provisional. En este sentido, se ha observado cómo, ante la ausencia de un régimen cautelar específico y la insuficiencia y/o inadecuación de otras medidas cautelares alternativas, la prisión provisional sigue siendo, en la práctica, una opción acostumbrada.

A ella se puede llegar, bien a consecuencia del incumplimiento (previsto o constatado) de medidas cautelares de menor intensidad, bien como una primera opción, influenciada a veces por una percepción sesgada de la enfermedad mental, y otras por la (cuestionable) posibilidad de recibir tratamiento médico suficiente en el centro ordinario.

La insuficiencia técnica de las opciones exploradas por la jurisprudencia penal para evitar los efectos nocivos en la salud del investigado afectado por enfermedad o trastorno mental invita a explorar la vía civil —art. 763 LEC—, a fin de encontrar alternativas que, *de facto*, logren equilibrar las necesidades de tratamiento terapéutico respecto del sujeto y aquellas otras que podrían justificar la adopción de la medida cautelar. Todo ello en un contexto en el que, tras el Auto del Tribunal Supremo núm. 20299/2023, sería posible, a nuestro modo de ver, abonar el tiempo de internamiento en establecimiento civil a la posible medida de seguridad después acordada. Ello al margen de que la solución óptima sea, a todas luces, la introducción en la propia norma procesal penal de un régimen cautelar específico, como ya han hecho países con una cultura jurídica próxima a la nuestra y se planteó —con los matices expuestos *supra*— en el ALECrim 2020.

## BIBLIOGRAFÍA

Aebi, Marcelo F., Edoardo Cocco, y Lorena Molnar. “Prison Populations. SPACE I 2022”. Estrasburgo: Consejo de Estado, 15 de diciembre de 2022. https://wp.unil.ch/space/files/2024/01/240111_SPACE-I_2022_FinalReport.pdf.

Aguilera Morales, Marien. “La prisión provisional en el nuevo Anteproyecto de Ley de Enjuiciamiento Criminal”. *Revista de la Asociación de Profesores de Derecho procesal de las universidades españolas*, nº 3 (2021): 399-439.

Arnáiz Serrano, Amaya. “Adecuación de las vigenetes medidas cautelares a aplicar sobre investigados con trastorno mental”. En *Trastornos mentales y justicia penal. Garan-*

*tías del sujeto pasivo con trastorno mental en el proceso penal*, de Ignacio Flores Prada y Ana Sánchez Rubio, 235-52. Pamplona: Aranzadi, 2017.

Arnáiz Serrano, Amaya. "Adecuación de las vigentes medidas cautelares a aplicar sobre investigados con trastorno mental". En *Derechos y garantías del investigado con trastorno mental en la justicia penal*, de Ignacio Flores Prada, 88-99, 2016. https://www.pensamientopenal.com.ar/system/files/2018/06/doctrina46702.pdf.

Calcedo-Barba, Alfredo, Joaquín Antón Basanta, y Silvia Paz Ruiz. "Libro Blanco sobre la atención sanitaria a las personas con trastornos mentales graves en los centros penitenciarios de España". Sociedad Española de Psiquiatría Legal y Sociedad Española de Sanidad Penitenciaria, 2023.

Elena, Gómez de Liaño Diego. "Estudio de la tutela cautelar penal en los investigados con trastornos mentales". En *Derechos y garantías del investigado con trastorno mental en la justicia penal*, de Ignacio Flores Prada, 100-106, 2016. https://www.pensamiento-penal.com.ar/system/files/2018/06/doctrina46702.pdf.

Flores Prada, Ignacio. "Alternativas al enjuiciamiento de acusados con falta de capacidad procesal por trastorno mental grave". *Práctica de Tribunales: revista de derecho procesal civil y mercantil* 145, nº 1-31 (2020).

Flores Prada, Ignacio. "Garantías constitucionales en el enjuiciamiento de acusados con falta de capacidad procesal por trastorno mental grave". En *Trastornos mentales y justicia penal. Garantías del sujeto pasivo con trastorno mental en el proceso penal*, de Ignacio Flores Prada y Ana Sánchez Rubio, 363-445. Pamplona: Aranzadi, 2017.

Gimeno Sendra, José Vicente. "La prisión preventiva como medida cautelar y resolución provisional". En *La prisión provisional y su estudio a través de la casuística más relevante*, 1ª ed., 41-56. Atelier, 2020.

Hava García, Esther. "Enfermedad mental y prisión: análisis de la situación penal y penitenciaria de las personas con trastorno mental grave (TMG)". *Estudios Penales y Criminológicos* XVI (2021): 59-135.

Hernández Galilea, Jesús-Miguel. "Las medidas cautelares privativas de libertad en supuestos de encausados con trastorno mental en el ALECrim 2020". En *Discapacidad y riesgo de los sujetos pasivos con trastorno mental en la justicia penal. Estudios sobre el Anteproyecto de Ley de Enjuiciamiento Criminal de 2020*, de Ignacio Flores Prada, 149-82, 1ª. Navarra: Aranzadi, 2022.

Hernández García, Javier. "Notas sobre las obligaciones de ajuste en el tratamiento procesal de las personas investigadas o acusadas vulnerables. (La inaplazable necesidad de un estatuto procesal específico)". *Revista Jurídica de Cataluña* 4 (2020): 873-904.

Hernández Moura, Belén. "El enfermo mental ante el quebrantamiento de la medida cautelar de alejamiento y/o comunicación: derivadas penales y procesales". En *Valoración de la peligrosidad en la adopción de medidas cautelares y medidas de seguridad contra sujetos con trastono mental en la justicia penal*, de Ignacio Flores Prada, editado por Juan Alejandro Montoro Sánchez y Ana Sánchez Rubio, 432-68. 2024. En prensa.

Hernández Moura, Belén. "Medidas cautelares y enfermedad mental: sobre el artículo 544 bis LECrim y las consecuencias procesales del quebrantamiento". *Revista de la Asociación de Profesores de Derecho procesal de las universidades españolas*, nº 7 (2023): 167-207.

"Informe General de Instituciones Penitenciarias". Madrid: Ministerio del Interior, Secretaría General de Instituciones Penitenciarias, 2022.

Lillo Roldán, Rafael. "Procedencia de las medidas cautelares en casos de peligrosidad. Análisis psiquiátrico de la trascendencia de la detención, la prisión provisional y las medidas de alejamiento en casos de investigados con trastorno mental. Propuestas alternativas". En *Trastornos mentales y justicia penal. Garantías del sujeto pasivo con trastorno mental en el proceso penal*, de Ignacio Flores Prada, 209-33. Navarra: Aranzadi, 2017.

Lledó González, Carlos Luis. "Medidas cautelares a tomar en fase de instrucción respecto del enfermo mental presunto autor de una infracción penal". En *Enfermo mental y proceso penal. Especial referencia a las medidas cautelares*, de Fernando Martínez Pérez, 69-121, 1ª. Madrid: Consejo General del Poder Judicial, 2006.

Martín Ríos, Pilar. "La necesidad de prever medidas cautelares ad hoc para los supuestos de discapacidad: un análisis crítico del Anteproyecto de LECrim de 2020". *Revista Brasileira de Direito Processual Penal* 7, nº 3 (2021): 1751-82.

Moreno Catena, Víctor. "Enfermedad mental y capacidad en el proceso penal". En *Trastornos mentales y justicia penal. Garantías del sujeto pasivo con trastorno mental en el proceso penal*, de Ignacio Flores Prada y Ana Sánchez Rubio, 69-88. Pamplona: Aranzadi, 2017.

Moreno Catena, Víctor. "La fundamentación de las medidas cautelares y de las medidas de protección en el proceso penal". En *El Derecho procesal español del siglo XX a golpe de tango. Juan Montero Aroca. Liber Amicorum, en homenaje y para celebrar su LXX cumpleaños*, editado por Juan Luís Gómez Colomer, Silvia Barona Vilar, y Pío Calderón Cuadrado, 1111-35. Valencia: Tirant lo Blanch, 2012.

Moreno Catena, Víctor. "Lección 21. Otras medidas cautelares y medidas de protección". En *Derecho procesal penal*, de Valentín Cortés Domínguez y Víctor Moreno Catena, 369-84. Valencia: Tirant lo Blanch, 2021.

Pérez Pérez, Juan Javier, y Julia Patricia Santamaría Matesanz. "El internamiento psiquiátrico en el proceso penal". *Boletín Digital Penal*, Boletines jurídicos, nº 23 (24 de mayo de 2018): 1-12.

Prieto Rodríguez, Javier Ignacio. "La crisis de la prisión provisional: su conveniente reducción a la mínima expresión". En *Presos sin condena*, 1ª ed., 67-104. Thomson Reuters Aranzadi, 2021.

Ragués i Vallès, Ramón. *La prisión provisional como ultima ratio*. 1ª. Madrid: Marcial Pons, 2023.

Ragués i Vallès, Ramón. "La subsidiariedad tomada en serio: posibles alternativas a la prisión provisional". En *Estudios penales en homenaje al profesor José Manuel Lorenzo Salgado*, 1ª ed., 1179-91. Tirant lo Blanch, 2021.

Rodríguez Yagüe, Cristina. "Estándares penitenciarios europeos sobre enfermedad mental y privación de libertad". *Revista General de Derecho Penal*, nº 40 (2023).

Sanz Morán, Ángel José. "El enfermo mental en el Anteproyecto LECrim 2020". *InDret. Revista para el Análisis del Derecho*, nº 1 (2023): 98-124.

Simón Castellano, Pere. "El régimen jurídico-constitucional de la prisión provisional en España". *Revista penal México*, nº 18 (2021): 171-84.

Tomé García, José Antonio. "Particularidades que muestran las medidas cautelares personales cuando el investigado presenta indicios de enfermedad o trastorno mental (LECrim y Anteproyecto de 2020: especial referencia al internamiento en centro psiquiátrico)". *Foro, Nueva época* 25, nº 2 (2022): 69-127.

# *Las diligencias de contraste del testimonio penal: doctrina de los tribunales*

**PEDRO M. GARCIANDÍA GONZÁLEZ**
*Catedrático de Derecho Procesal*
*Universidad de La Rioja*



## 1. INTRODUCCIÓN

Como es sabido, todo proceso tiene su vida —esto es, tiene su principio y su fin; se abre, se desarrolla y se cierra— y busca, en definitiva, la obtención de un juicio. Y este juicio necesita de una prueba y de unas razones, que no se encuentran dispuestas y prontas, sino que son el fruto de un largo, paciente y difícil trabajo que ocupa la fase intermedia de este proceso. De acuerdo con ello, subrayaba Carnelutti que en el curso de esta fase de *instrucción* —no considerada en un sentido estricto, sino en el comprensivo de una actuación de instrucción preliminar y de otra definitiva en el proceso penal—, la mayor dificultad para la recogida de la prueba se produce, precisamente, en el caso del testimonio. Porque nos hallamos en realidad ante "una prueba indispensable pero peligrosa"; lo que alguien entendido en la materia llegó incluso a considerar "un mal necesario". En este supuesto ocurre que la fidelidad del relato que interesa al proceso se encuentra condicionada por el concurso de varios factores endógenos al testigo: su atención en el momento en que percibió los hechos, su memoria en el momento en el que los narra y la buena voluntad que lo lleva a no mentir sobre ellos. Se trata pues, como destacara el maestro italiano, de "un concurso tan difícil de verificarse, que un testimonio enteramente veraz se puede decir sin exageración que constituye una excepción"[1].

Pues bien, partiendo de esta premisa, el presente trabajo se inserta en el ámbito de las diligencias que el ordenamiento procesal penal pone a disposición de los tribunales para tratar de disipar las dudas de credibilidad de la declaración del testigo. En concreto, tras un acercamiento preliminar al tema del deber de veracidad, la verosimilitud del testimonio y los instrumentos para su control, examinamos aquí las dos actuaciones que durante el desarrollo de las sesiones del plenario permiten contrastar la declaración de un testigo con la emitida por él con carácter previo o con la procedente de otra u otras personas. Lo hacemos trayendo al estudio los resultados del examen de la jurisprudencia del Tribunal Europeo de Derechos Humanos, el Tribunal Constitucional y el Tribunal Supremo, así como de la doctrina de nuestras Audiencias Provinciales, relativas a dicho control.

## 2. CREDIBILIDAD DEL TESTIGO Y FIABILIDAD DEL TESTIMONIO: INSTRUMENTOS DE CONTROL

Con carácter general admite la doctrina científica que el testigo es aquel tercero, persona física, que presta su declaración de conocimiento acerca de la existencia y naturaleza de unos hechos pasados, considerados de relevancia para la averiguación y constancia de la perpetración de los delitos y para la determinación de las circunstancias de influencia en la posible responsabilidad de un sujeto[2]. Y en el centro de la figura del testigo, dando sentido a su función en el proceso, se encuentra la obligación de testificar, que arranca del mismo deber que todos los ciudadanos tienen de cooperar

---

1 Cfr. Carnelutti, *Cómo se hace un proceso*, trad. Sentis Melendo y Ayerra Redín (Buenos Aires: Librería El Foro, 1999), págs. 92 y 93.

2 Por todos, entre los clásicos, Herce Quemada, *Derecho procesal penal*, con Gómez Orbaneja, 8ª edición (Madrid: Artes Gráficas y Ediciones SA, 1975), pág. 175. En cuanto a la doctrina moderna, *vid.* Moreno Catena, *El secreto en la prueba de testigos del proceso penal* (Madrid: Montecorvo, 1980), pág. 27; Chozas Alonso, *El interrogatorio de testigos en los procesos civil y penal* (Madrid: La Ley, 2010), pág. 331; y Alemañ Cano, *La prueba de testigos en el proceso penal* (Alicante: Universidad de Alicante, 2002), pág. 27. En el ámbito de nuestra jurisprudencia, *vid.* SSTS núm. 1414/1994, 8 julio; núm. 407/1996, 24 marzo; núm. 1059/1996, 20 diciembre; núm. 407/1996, 24 marzo; núm. 1116/1998, 30 septiembre; núm. 1989/2000, 3 mayo; núm. 135/2006, 14 febrero; núm. 578/2012, 26 junio; y núm. 285/2014, 8 abril.

a la realización de los fines jurídicos, prestando su colaboración a jueces y tribunales y contribuyendo dentro de sus propios medios a la acción de la justicia (art. 17 LOPJ en relación con el art. 118 CE). Dentro de esta obligación, junto a los deberes de comparecer al llamamiento judicial y de declarar ante el tribunal, se encuentra el deber de todo testigo de ser veraz; esto es, el deber de ajustarse en su testimonio a la verdad o la realidad. En consecuencia, según dispone la LECrim (arts. 433.II, 434 y 706), antes de que se le tome declaración, el testigo ha de ser debidamente advertido por el juez o tribunal, en un lenguaje claro y comprensible, de la obligación de ser veraz y de las consecuencias de faltar a este deber en nuestro ordenamiento jurídico[3].

Ahora bien, el cumplimiento de la obligación de ser veraz no conduce de una manera directa a la credibilidad del testigo interrogado y a la fiabilidad de la declaración obtenida como resultado. En el proceso penal el testigo se limita a participar al tribunal lo que ha visto y presenciado, de tal forma que la eficacia o no de su declaración para el enjuiciamiento y acreditación de los hechos ha de depender, como con insistencia recuerda el Tribunal Supremo, de la capacidad de percepción y convicción del testigo[4]. El testigo es un instrumento de prueba y, siendo persona física, es un instrumento vivo, inteligente y autónomo; lo que lo hace superior a otros medios probatorios. Pero a su vez adolece de la seguridad y precisión que reportan aquéllos que han podido ser contrastados y sujetos a expe-

---

3 En el terreno de estas consecuencias, se sitúan las penas en que puede incurrir quien ostenta la condición de testigo por el delito de falso testimonio del art. 458 Código Penal. Sobre su tipicidad, *vid.* SSTS núm. 1624/2002, 21 octubre; núm. 318/2006, 6 marzo; y núm. 541/2009, 27 abril. Pero también la declaración mendaz puede producir efectos en la causa en la que se emite, sobre todo en los casos en que el resultado del testimonio sirve de base al pronunciamiento de la sentencia. La manipulación de la realidad ha de llevar entonces a declarar la nulidad de la prueba, ya sea en un momento anterior a la resolución que le ponga término, en la resolución que decida los recursos en que se haya hecho valer la infracción (art. 240 LOPJ) o incluso más tarde, una vez ha concluido el pleito, a través de la rescisión de la sentencia condenatoria ya firme [art. 954.1 a) LECrim]. Acerca del deber de veracidad del testigo, sus garantías legales y las consecuencias de su incumplimiento, *vid.* nuestro trabajo "De dispensas, exenciones, apercibimientos y retractaciones (un examen de las excepciones e incumplimientos de los deberes testificales en consideración a la última jurisprudencia, la reforma de la LECrim de 2021 y el Anteproyecto de 2020, en *Revista General de Derecho Procesal*, núm. 58, 2022, págs. 34 y ss.

4 Entre otras muchas, SSTS núm. 775/1992, 6 abril; núm. 1679/2000, 31 octubre; núm. 872/2003, 13 junio; núm. 184/2005, 17 febrero; y núm. 422/2016, 18 mayo.

riencias empíricas. Es por ello por lo que, para poder valorarlo justamente, el tribunal ha de averiguar todas las circunstancias que han influido en la adquisición de conocimiento y las que pueden afectar a su reproducción en juicio[5]. Si la relevancia del juicio oral reside en la posibilidad que tiene el juzgador de percibir directamente las pruebas que se desarrollan ante él, en el caso de la prueba testifical adquiere una mayor importancia, al poder discernir las condiciones del testigo, el origen de su conocimiento y su capacidad de comprensión de la realidad; lo que se resume, en definitiva, en "la fuerza de convicción" de su testimonio[6].

En presencia de una declaración que aporta información de interés para la causa, el juzgador —de acuerdo con los parámetros fijados por el Alto Tribunal para el caso de las víctimas, pero aplicables según creemos al resto de testimonios— se encuentra obligado a hacer una doble valoración. De una parte, tiene que formar criterio sobre la credibilidad que merece el testigo en tanto que fuente de prueba; mientras que, de otra, debe proyectar su apreciación sobre la calidad informativa de los datos probatorios obtenidos por este medio, los elementos de prueba propiamente dichos. En la primera valoración, que precede en el orden lógico a la segunda, se examina si lo que afirma el testigo corresponde realmente a lo que él cree que conoce. Se trata de una apreciación externa, en el sentido de que recae sobre aspectos exteriores al contenido de la declaración. En la segunda lo que se busca es determinar si esa manifestación, además de ser auténtica, tiene un contenido que corresponde efectivamente a lo sucedido en la realidad empírica[7].

Pues bien, al igual que la jurisprudencia nos muestra criterios que inciden en la valoración de la prueba; cuya consideración obliga a la toma de cautelas respecto de la fuerza de convicción de determinados testimonios[8]; nuestro sistema procesal penal también prevé la posibilidad de

---

5 En tal sentido, SSTS núm. 508/2007, 13 junio; núm. 609/2007, 10 julio; núm. 957/2007, 28 noviembre; núm. 51/2008, 6 febrero; núm. 667/2008, 5 noviembre; núm. 817/2008, 11 diciembre; núm. 732/2009, 7 julio; núm. 825/2009, 16 julio; y núm. 343/2013, 30 abril.

6 Así, SSTS núm. 94/2007, 14 febrero; núm. 13334/2011, 7 diciembre; núm. 347/2012, 25 abril; núm. 543/2013, 19 junio; núm. 328/2014, 28 abril; y núm. 635/2019, 20 diciembre.

7 Cfr. STS núm. 1177/2002, 24 junio.

8 Así, en cuanto a la declaración de la víctima y el menor de edad, el coimputado, el testigo de referencia, el agente infiltrado y el testigo protegido. Sobre las pautas subjetivas y objetivas que señala el Alto Tribunal para dotar de certidumbre y efica-

practicar durante las sesiones del juicio oral unas diligencias tendentes, tanto a acreditar la concurrencia en el testigo de circunstancias que tienen influencia en el valor probatorio de su declaración, como a contrastar las incoherencias y contradicciones que presenta su testimonio. Se trata, en definitiva, de la entrada en el proceso de dos tipos de actuaciones: las periciales propias del ámbito de la psicología del testimonio; y las diligencias de contraste, que son a las que dedicamos el presente estudio. Antes de entrar en su examen, debemos realizar respecto de ellas dos precisiones: una relativa a su naturaleza, denominación y objeto; y otra referida a su falta de exclusividad en la finalidad a la que sirven.

En efecto, comenzando por lo primero, cabe advertir que la ley regula estas diligencias en el marco del plenario, aunque su virtualidad debe situarse en el ámbito del control de la fiabilidad probatoria. Dicho de otra manera, la práctica de estas actuaciones se produce durante las sesiones del juicio oral, pero con ellas no se pretende, al menos de forma inmediata, demostrar la certeza positiva o negativa de alguno de los hechos que integran el objeto del proceso penal. Estamos ante instrumentos que tienden a desvirtuar o corroborar la credibilidad del testigo y la fiabilidad de su testimonio; y, por tanto, se practican con la intención de reforzar o rebajar el peso o la fuerza que haya de concederse al resultado del interrogatorio en el momento de su valoración. De acuerdo con ello, incidiendo en el carácter instrumental que en estos casos presenta la actividad probatoria respecto del resto de material aportado al proceso, estas diligencias forman parte de lo que la doctrina científica ha considerado pruebas "auxiliares" o "accesorias"[9] o lo que el propio Tribunal Supremo, en referencia esencialmente a las posibilidades probatorias que concede el art. 729 LECrim, ha denominado "pruebas sobre la prueba"[10]. Dentro de esta categoría,

---

cia incriminatoria a estos testimonios, *vid.* Leal Medina, "El juicio de credibilidad en las declaraciones testificales. Elementos subjetivos y objetivos. Incidencia de la presunción de inocencia en los diferentes tipos de testimonios y problemas más frecuentes que plantea", en *Diario La Ley*, núm. 8063, 16 abril 2013.

9 "La *prueba accesoria* no se proyecta sobre los hechos del proceso, sino precisamente sobre otras *pruebas* o condiciones personales de los sujetos cuando éstas no tienen relevancia en el proceso". Fenech, *El proceso penal* (Madrid, Artes Gráficas y Ediciones, 1982), pág. 119.

10 Ello en contraposición a las denominadas "pruebas autónomas". STS núm. 1983/1994, 4 noviembre. En concreto, se afirma que en nuestro sistema "Se produce prueba de varias maneras: para justificar la pretensión procesal (prueba de cargo), para desvirtuar su eficacia (prueba de descargo) o, simplemente, para contrastar, verificar otras pruebas aportadas por las partes (...) En este supuesto,

denominamos “diligencias de contraste” a aquellas dos cuyo fundamento se encuentra en las contradicciones que se advierten en la declaración emitida por un testigo. En la primera, las diferencias se observan entre el testimonio que emite en el plenario y las declaraciones prestadas por esa misma persona en la fase de instrucción, lo que lleva a incorporarlas a juicio a través de su lectura y en el interrogatorio sobre la divergencia. En la segunda, la contradicción se advierte entre la declaración que presta el testigo y la que emite otro testigo o procesado en las sesiones del juicio, consistiendo la diligencia en el careo o enfrentamiento dialéctico entre tales personas. Con origen en la diferencia existente entre dos relatos procedentes de la misma o distinta fuente de prueba, ambas actuaciones gozan de regulación en nuestro sistema y sobre su práctica se ha asentado una nutrida doctrina jurisprudencial que pasamos a exponer en los siguientes apartados de este estudio.

Ahora bien, debe advertirse también, como segunda precisión que anunciábamos, que con las diligencias que se examinan no se agotan, ni mucho menos, las actuaciones procesales que ayudan a acreditar la concurrencia de circunstancias de influencia en el valor probatorio del testimonio. Así, al igual que las condiciones que rodean a la declaración del testigo contribuyen a su mayor o menor fiabilidad[11], las propias preguntas del in-

---

la aportación probatoria (el impulso) tiene sólo como designio la “comprobación” de los hechos. Es decir, no se dirige a probar su existencia, sino a comprobar (contraste, verificación) si la prueba sobre ellos es o no fiable desde el ángulo del art. 741 LECrim”. SSTS s/núm. (núm. recurso 376/1993) 1 diciembre 1993; y núm. 904/1995, 23 septiembre. El término “pruebas sobre la prueba” se ha predicado tanto de las diligencias contenidas en el art. 729 (entre las últimas, SSTS núm. 646/2019, 20 diciembre; núm. 180/2020, 19 mayo; y núm. 496/2020, 8 octubre; núm. 106/2022, 18 enero), como de la prueba pericial en que el experto no tiene contacto alguno con la fuente o el objeto de la prueba pericial originaria o primaria, sino que su dictamen recae sobre un determinado elemento del componente subjetivo o anímico de una persona (SSTS núm. 925/2003, 19 junio; y núm. 873/2023, 24 noviembre). Destaca la doctrina que en este tipo de pruebas el elemento distinto no es la actividad en sí misma, sino la finalidad que se persigue con ellas y aquello que constituye su objeto. Por todos, Gascón Inchausti, *El control de la fiabilidad probatoria: “prueba sobre la prueba” en el proceso penal* (Valencia: Revista General de Derecho, 1999), págs. 13 y ss.

11 Según subraya la STC núm. 217/1989, 21 diciembre, “Es consustancial a los principios de oralidad, inmediación y libre valoración de la prueba el examinar gestos de los intervinientes en la misma, tales como los de turbación o sorpresa, a través de los cuales pueda el juez o tribunal de instancia fundar su íntima convicción acerca de la veracidad o mendacidad de la declaración de los intervinientes en la

terrogatorio, así como la valoración del resultado de la prueba practicada en fase de conclusiones, pueden servir a los litigantes como instrumentos para poner de relieve al tribunal la concurrencia de estas circunstancias[12]. Además, las dos diligencias específicas objeto de estudio conviven con otros controles legales automáticos, que obligan al juzgador a procurarse una información acerca de las circunstancias que pueden denotar un mayor o menor grado de fiabilidad de la declaración. Este es el caso de la preceptiva formulación al testigo de las preguntas generales de la ley (arts. 436 y 708 LECrim), de la necesidad de que el testigo de referencia exprese el origen de la información que emite (art. 710 LECrim) o de la incomunicación exigida a los testigos hasta el momento de declarar en juicio (art. 704 LECrim). El resultado obtenido en los dos primeros casos, así como el cumplimiento o no de la obligación que recoge el tercero, no impiden que el testigo declare en juicio, ni llevan consigo la nulidad de su testimonio, pero aportan determinados datos sobre su fiabilidad que afectan a la valoración de su resultado[13].

## 3. LA DILIGENCIA DE CONFRONTACIÓN DE LAS DECLARACIONES DEL MISMO TESTIGO

Según sabemos, constituye un principio general del proceso penal el que los medios de prueba se practiquen en el curso de un debate celebrado en audiencia pública. El interrogatorio de los testigos se desarrolla

---

prueba". Y es que, en las pruebas de índole subjetiva, es decisivo el principio de inmediación y, así, se otorga una mayor o menor veracidad o credibilidad a unos u otros declarantes, no solo por lo que digan, sino por la forma en que el testigo contesta a las preguntas, su tono de voz, su mayor o menor seguridad al responder, sus dudas, titubeos o silencios, su expresión facial, la serenidad o crispación de sus gestos, o los impulsos emotivos que pudieran haber surgido durante su interrogatorio. Así, SSTS núm. 1602/1994, 20 septiembre; núm. 728/2005, 9 junio; núm. 510/2011, 27 junio; y núm. 959/2012, 5 diciembre.

12 Como explicita la STS núm. 1010/2022, 12 enero, lo que se pretende con una *prueba sobre prueba* que solo trata de incidir de forma indiciaria en la relación entre un testigo y el acusado, bien puede ser puesto de manifiesto a través de los interrogatorios y en el informe de las partes.

13 En cuanto a la forma de ponderar la credibilidad del testigo de referencia, *vid.* SSTS núm. 161/2007, 27 febrero; núm. 469/2004, 6 abril; y núm. 774/2013, 24 octubre. Sobre el incumplimiento de la incomunicación del testigo y su influencia en la fiabilidad de su declaración, *vid.* SSTS núm. 1432/2003, 28 octubre; núm. 255/2017, 6 abril; y núm. 136/2021, 16 febrero.

en el acto del juicio oral, no sólo porque este supone una posibilidad real de confrontarse con ellos y a través de las preguntas contrastar el testimonio, sino también por la oportunidad que proporciona de que todos los intervinientes tomen contacto personal con cada uno de los testigos que deponen. En tal sentido, la importancia de la observación de la persona del testigo por el órgano enjuiciador durante la emisión de su testimonio ha sido puesta de manifiesto por nuestra jurisprudencia, en contraste con la utilización en la vista de declaraciones emitidas con carácter previo. Así, aunque un tribunal lleve a cabo un examen cuidadoso de las declaraciones ya realizadas por los testigos, si éstas no son registradas en video, ni el solicitante ni los jueces pueden observar su conducta bajo el interrogatorio; y, por tanto, formarse su propia impresión de fiabilidad; este examen apenas puede ser considerado un buen sustitutivo de la observación personal del testigo durante las sesiones del juicio oral[14]. Además, la posibilidad que tienen los litigantes de confrontarse con los testigos a presencia de aquel juez que en última instancia debe decidir sobre el caso constituye un elemento esencial del derecho a un proceso equitativo del art. 6.1 CEDH[15]. Igualmente, en la medida en que el derecho del acusado del art. 6 apdo. 3 d) CEDH se concreta en una adecuada oportunidad de contrastar el testimonio de cargo, su contenido se extiende también a las condiciones en

---

14 Según STC núm. 161/1990, 19 octubre, "Únicamente pueden considerarse auténticas pruebas que vinculan a los tribunales en el momento de dictar sentencia las practicadas en el acto del juicio oral, que constituye la fase estelar y fundamental del proceso penal donde culminan las garantías de oralidad, publicidad, concentración, inmediación, igualdad y dualidad de partes, de forma que la convicción del juez o tribunal que se ha de dictar sentencia se logre en contacto directo con los medios probatorios aportados a tal fin por las partes. Ello conlleva que las diligencias practicadas en la instrucción no constituyan, en sí mismas, pruebas de cargo, sino únicamente actos de investigación cuya finalidad específica no es propiamente la fijación definitiva de los hechos, sino la de preparar el juicio (art. 299 LECrim) proporcionando a tal efecto los elementos necesarios para la acusación y para la defensa". Entre otras, se reitera esta doctrina en SSTC núm. 284/1994, 24 octubre; y núm. 328/1994, 12 diciembre. En igual sentido, *vid.* también SSTEDH 10 noviembre 2005, (*caso Boscos-Cuesta contra los Países Bajos,* apdo. 71) y 24 julio 2008 (*caso Vladimir Romanov contra Rusia,* apdo. 105).

15 Cfr. SSTEDH 20 noviembre 1989 (*caso Kotovski contra los Países Bajos,* apdo. 43), 27 septiembre 1990 (*caso Windisch contra Austria,* apdo. 29), 9 marzo 2004 (*caso Pitkänen contra Finlandia,* apdo. 58), 10 febrero 2005 (*caso Graviano contra Italia,* apdo. 38), 4 junio 2013 (*caso H. contra Rumania,* apdo. 40) y 22 noviembre 2018 (*caso Avagyan contra Armenia,* apdo. 43).

que debe llevarse a cabo: tanto en audiencia pública como en el curso de un debate contradictorio en el que pueda ser confrontado[16].

Pues bien, a pesar de la vigencia de este principio de carácter general, existen casos en que, bajo ciertas condiciones, se permite la inclusión en juicio del resultado del interrogatorio a los testigos practicado con carácter previo, unas veces sólo antes de las sesiones del juicio oral, otras como diligencia en la fase de instrucción. En el primero de los dos casos nos hallamos ante el fenómeno de la anticipación de la prueba en sentido propio (arts. 657.III, 781.1.3° y 784.2 LECrim); mientras que el segundo da lugar a dos grupos de supuestos. De una parte, la lectura de la declaración sumarial se admite en determinados casos en los que se encuentra implicada la imposibilidad, el peligro o el ejercicio del derecho a no declarar del testigo, de tal forma que este no se presenta ante la autoridad judicial y no llega a declarar en la fase del juicio oral (arts. 448, 449, 777.2 y 797.2 LECrim)[17]. De otra, se prevé la lectura en aquellos casos en que la declaración del testigo en juicio no es conforme en lo sustancial con la prestada por él en el sumario (art. 714 LECrim). En este caso, que es el que ahora interesa, no se produce un supuesto de excepción por falta de declaración del testigo en el plenario, sino una contradicción o diferencia esencial entre las emitidas por la misma persona, lo que puede requerir de una actividad de confrontación en el propio acto del juicio oral.

### *3.1. Finalidad y ámbito de la diligencia del art. 714 LECrim*

En efecto, con el propósito de que el tribunal pondere la mayor o menor verosimilitud de las versiones contrapuestas, el art. 714 LECrim admite la posibilidad de lectura de las declaraciones prestadas por los testigos en el sumario cuando éstas no sean conformes en lo sustancial con las

---

16 Prácticamente todas las resoluciones que se pronuncian sobre el derecho recogido en el art. 6 apdo. 3 d) CEDH aluden a este principio general en la práctica del interrogatorio. *Vid.*, entre otras, SSTEDH 2 septiembre 2008 (*caso Ehan Kiratli contra Turquía*), 4 diciembre 2008 (*caso Trofimov contra Rusia,* apdo. 33), 13 enero 2009 (*caso Taxquet contra Bélgica,* apdo. 58) y 10 mayo 2012 (*caso Aigner contra Austria,* apdo. 35).

17 Acerca de esta prueba testifical preconstituida o anticipada en sentido impropio, *vid.* Muerza Esparza, "Sobre los límites a la prueba preconstituida en el proceso penal", en *Revista General de Derecho Procesal,* núm. 39, 2016.

efectuadas en el juicio oral[18]. La finalidad de la diligencia es entonces la indagación sobre el motivo de la retractación del testigo, de tal forma que, según se ha apuntado desde la práctica, nos hallamos ante un "medio de verificación o de descarte" de un testimonio[19]; una forma de "contrastar" el resultado de la declaración emitida en el plenario por el testigo[20].

A pesar de que el uso de este mecanismo de contraste —o, si se prefiere, la apertura de este "incidente"[21]— es facultativo de las partes, cabe advertir que el Tribunal Supremo ha entendido que, de acuerdo con el deber de buscar la verdad material en el proceso, puede utilizarse de oficio por el órgano judicial[22]. Como justificación de esta posibilidad, se cita el contenido del art. 708.II LECrim, que permite al presidente del tribunal, por sí o a excitación de cualquiera de sus miembros, dirigir a los testigos las preguntas que estime oportunas para depurar los hechos sobre los que declaren[23].

### *3.2. Presupuesto condicionante de la diligencia*

En el presente supuesto la condición que permite la lectura de las declaraciones del testigo emitidas con carácter previo al juicio oral no es otro, como se acaba de señalar, que la divergencia que se aprecia entre éstas y el testimonio que se presta en el plenario. No obstante, según parece derivarse del contenido del art. 714 LECrim —disconformidad "en lo sus-

---

18 El texto del art. 714 LECrim hace referencia literalmente a la prueba testifical, si bien es aplicable también, por vía de analogía, a las declaraciones de los acusados (SSTS núm. 1030/2009, 22 octubre; núm. 609/2015, 14 octubre; y núm. 595/2022, 15 junio), así como a la de los peritos (STS núm. 313/2019, 17 junio).

19 Según lo califica la SAP Madrid (Sección 17ª) núm. 800/2015, 4 diciembre.

20 La actuación contenida en el art. 714 LECrim, incluida en STS núm. 768/2008, 21 noviembre, en la categoría de "prueba sobre la prueba", recibe también la denominación de "diligencia de contraste" en STS núm. 821/1996, 4 noviembre.

21 Así denominan a este trámite las SSAP Barcelona (Sección 21ª) núm. 637/2015, 6 agosto; y Tarragona (Sección 2ª) núm. 250/2018, 29 mayo; núm. 91/2018, 22 febrero; y (Sección 4ª) núm. 178/2018, 14 mayo; y núm. 17/2023, 13 febrero.

22 Cfr. SSTS núm. 1224/2000, 8 julio; y núm. 1237/2003, 3 octubre. "Dicho de otro modo: cuando las declaraciones de los testigos (o del acusado) no son coincidentes, el tribunal no está autorizado a elegir las que le parezcan, sino obligado a poner en marcha el procedimiento del art. 714 LECrim". STS núm. 40/2001, 16 enero. *Vid.* también la SAP Alicante (Sección 1ª) núm. 526/2009, 23 julio.

23 STS núm. 466/2022, 12 mayo. También, entre otras muchas, SAP Jaén (Sección 3ª) núm. 376/2018, 19 diciembre.

tancial"—, la contradicción debe recaer sobre aspectos esenciales del testimonio, lo que incluye afirmaciones contradictorias o retractaciones totales o parciales de lo declarado previamente[24]. Se requiere entonces, según se ha dicho, "que la contradicción sea patente, importante o evidente"[25]; que no se trate de una simple diferencia de detalles accesorios, sino que tenga relevancia y pueda influir en el resultado del pleito.

Además, el Tribunal Supremo ha sostenido en varias sentencias que la falta de memoria o la negativa a contestar en el acto del juicio oral puede permitir la entrada en juego del precepto. En tal sentido, según se ha argumentado, "carece de lógica que, si el testigo o coacusado no comparece o no está localizable, se puede dar lectura a sus declaraciones anteriores y si comparece y se niega a declarar, no sea factible someter a contraste sus manifestaciones precedentes"[26]. Pese a ello, no se aplica esta consecuencia en el supuesto, tan habitual en la práctica, de un testigo que tiene la obligación de declarar en el juicio y no quiere seguir el proceso por aplicación de una dispensa (arts. 416 a 418 LECrim), por lo que burla su obligación negándose a declarar[27] o manifestando que no se acuerda de nada de lo

---

24 Así, SSTS núm. 113/2003, 30 enero; y núm. 466/2022, 12 mayo.

25 Cfr. SAP Tarragona (Sección 2ª) núm. 122/2018, 12 marzo. Así, por ejemplo, los casos resueltos por este mismo tribunal hacen referencia expresa a la existencia de "incongruencias narrativas, ambigüedades y contradicciones con lo ya declarado" (SAP [Sección 2ª] núm. 250/2018, 29 mayo) y a la existencia de un "cambio tan diametral de los hechos" (SAP Tarragona [Sección 4ª] núm. 110/2015, 31 marzo).

26 SSTS núm. 131/2002, 6 febrero; núm. 1389/2005, 14 noviembre; núm. 25/2008, 29 enero; y núm. 372/2011, 10 mayo. Respecto de la falta de memoria del testigo, *vid.* SSTS núm. 1058/2009, 29 octubre; y núm. 116/2023, 22 febrero. Por su parte, la STS núm. 426/2016, 19 mayo, estima que "lo que la Ley procesal requiere es la posibilidad de contradicción, y esta concurre en el desarrollo de la prueba, sin que esta exigencia de contradicción consista en una especie de obligación de declarar a las preguntas de la defensa del recurrente".

27 STS núm. 1010/2012, 21 diciembre. Esta postura tan habitual en la práctica en el caso de la dispensa del pariente, a veces expareja sentimental, "cuenta con precedentes jurisprudenciales incluso de época preconstitucional en los que se estableció la improcedencia de leer la declaración sumarial en el acto del juicio oral, y la ilicitud de utilizarla para fundar la sentencia cuando personas incluidas en los casos de los arts. 416 a 418 LECrim, hacen uso en el juicio oral de su derecho a no declarar". Así, con cita de dos SSTS 13 noviembre 1885 y 26 noviembre 1973, SSTS núm. 331/1996, 11 abril; núm. 1587/1997, 17 diciembre; núm. 1885/2000, 27 noviembre; y núm. 13/2009, 20 enero. Cfr. Garciandía González, "De dispensas, exenciones, apercibimientos y retractaciones..." cit., págs. 16 y 17.

ocurrido. "Para ese concreto supuesto del "no recuerdo" en el juicio oral —se ha dicho— no existe una clara regulación legal que permita incorporar al plenario la declaración sumarial del testigo amnésico, puesto que no nos parece que tenga encaje en el art. 714 LECrim"[28].

Ahora bien, dicho lo anterior, se debe observar que para que opere la diligencia contenida en el art. 714 LECrim no basta únicamente con la existencia de discrepancias esenciales entre las declaraciones emitidas por el testigo. Según deriva del segundo párrafo del precepto, la lectura de los resultados de las deposiciones anteriores tiene como objetivo que el testigo explique la diferencia o contradicción entre sus declaraciones, de tal forma que cuando esta obedezca a causas ajenas a él su práctica no tendrá ningún sentido. En consecuencia, como la jurisprudencia se ha encargado de ilustrar con algún ejemplo, el rechazo de la solicitud de reproducción instada por una de las partes no se estima que produzca vulneración alguna cuando se sabe de antemano que ésta a nada conducirá o no producirá ningún efecto, por cuanto el motivo de la divergencia es ajeno a la voluntad del testigo[29].

### *3.3. Declaraciones objeto de lectura*

Por lo que respecta al objeto de la lectura o reproducción en juicio, el art. 714 LECrim sólo hace referencia a las declaraciones prestadas en el sumario; esto es, a las diligencias practicadas exclusivamente en la fase procesal que transcurre desde el auto de incoación del sumario o de las dili-

---

28 "La amnesia referida por la testigo no supone que esté dando un versión distinta de lo declarado anteriormente, pues se trata de un silencio equiparable a lo "no declaración contra su pariente"; y, por lo tanto, al no existir una doble versión de lo acontecido no consideramos aplicable el referido art. 714 LECrim porque la falta de memoria compromete el principio de contradicción pues el juez no puede, como marca la ley, invitar al testigo a que explique la diferencia o contradicción dado que tal contradicción no se dio". SAP Barcelona (Sección 20ª) núm. 725/2022, 15 diciembre.

29 "Se trata, por tanto, de un expediente procesal para hacer realidad la inderogable vigencia del principio de contradicción. Y es evidente que ésta se desvanece en supuestos como el presente, en los que —como reconoce la propia defensa en el desarrollo del motivo— el declarante había sufrido un ictus cerebral tres meses atrás, sin poder recordar los términos de su anterior declaración judicial. El testigo tenía dificultades para evocar acontecimientos pasados. De ahí que mal podía ser invitado a que salvara las discordantes respuestas que ofreció al interrogatorio de las partes". STS núm. 503/2018, 25 octubre.

gencias previas hasta el auto por el que se declara concluso este periodo de instrucción. Es por ello que en repetidas ocasiones se ha planteado si esta posibilidad afecta a la fase preprocesal que tiene por objeto la formación del atestado, en la que no intervine la autoridad judicial sino la policial. A pesar de que hallamos algún aislado pronunciamiento que alude a la viabilidad de esta confrontación cuando las declaraciones fueron prestadas en presencia del letrado defensor del procesado[30], una interpretación estricta de la literalidad del precepto llevó al Tribunal Constitucional a negar de forma tajante esta posibilidad[31]. Puesto que las declaraciones prestadas ante la Policía, al formar parte del atestado tienen únicamente valor de denuncia (art. 297 LECrim), no basta para que se conviertan en prueba con que se sometan a contradicción en el acto del juicio oral, sino que es necesario que la declaración "sea reiterada y ratificada ante el órgano judicial"[32]. Las SSTC núm. 164/2014, 8 octubre, y núm. 33/2015, 2 marzo, introdujeron ciertos matices en esta doctrina, lo que pareció otorgar algún efecto a los resultados de las declaraciones prestadas ante la Policía de carácter autoincriminatorio sometidas a contradicción en la vista del juicio oral. Debido a ello, con el fin de establecer una línea interpretativa uniforme en el criterio a adoptar, se dictó el Acuerdo del Pleno no Juris-

---

30 En efecto, según STS núm. 349/2002, 22 febrero, "el Tribunal sólo podrá tomar en cuenta como prueba las declaraciones del atestado policial si en el juicio oral pudo agotar en forma exhaustiva la confrontación del testigo con sus declaraciones anteriores y éstas han sido prestadas, al menos, en presencia del letrado defensor del procesado".

31 Que la posibilidad de tomar en cuenta declaraciones prestadas extramuros del juicio oral no alcanza a las declaraciones prestadas en sede policial se sostiene en SSTC núm. 51/1995, 23 febrero; núm. 206/2003, 1 diciembre; y núm. 53/2013, 28 febrero; y SSTS núm. 1117/2010, 7 diciembre; núm. 483/2011, 30 mayo; núm. 726/2011, 6 julio; núm. 234/2012, 16 marzo; núm. 260/2012, 4 abril; núm. 591/2012, 4 julio; núm. 220/2013, 21 marzo; núm. 256/2013, 6 marzo; núm. 283/2013, 26 marzo; núm. 546/2013, 17 junio; y núm. 715/2013, 27 septiembre.

32 En efecto, recuérdese que, en relación con las diligencias policiales de investigación, desde la STC núm. 31/1981, 28 julio, es doctrina reiterada que no constituyen por sí mismas medios de prueba válidos para desvirtuar la presunción de inocencia, sin que baste para que se conviertan en prueba con su reproducción en el acto del juicio. Sólo cuando concurran circunstancias excepcionales, que hagan imposible la práctica de prueba en la fase instructora o en el juicio oral se considera admisible la introducción en el juicio de los resultados de estas diligencias a través de auténticos medios de prueba, practicados con todas las garantías. Así, SSTC núm. 36/1995, 6 febrero; núm. 51/1995, 23 febrero; y núm. 7/1999, 8 febrero.

diccional de la Sala Segunda del Tribunal Supremo de 3 de junio de 2015, que vino a asentar que las declaraciones ante los funcionarios policiales no tienen valor probatorio y no pueden ser contrastadas por la vía del art. 714 LECrim. No obstante, "cuando los datos objetivos contenidos en la autoinculpación son acreditados como veraces por verdaderos medios de prueba, el conocimiento de aquellos datos por el declarante evidenciado en la autoinculpación puede constituir un hecho base para legítimas y lógicas inferencias". A estos exclusivos efectos, para constatar la validez y el contenido de la declaración policial, "deberán prestar testimonio en el juicio los agentes policiales que la presenciaron"[33].

Otro supuesto de duda que plantea la referencia a la prestación de la declaración "en el sumario" es aquel en que la declaración vertida por un menor en el acto del juicio oral resulta contradictoria con la emitida por él al haber sido sometido a exploración ante el Fiscal de Menores. Pese a que tampoco en este caso se cumple formalmente con la previsión legal, el Tribunal Constitucional, a diferencia de lo afirmado respecto las diligencias policiales, ha admitido la aptitud de esta declaración para incorporarse por la vía del art. 714 LECrim al acervo probatorio con que cuenta el juzgador a la hora de formar su convicción. En concreto, en STC núm. 206/2003, 1 diciembre, se sostiene esta conclusión con base en la posición institucional del Ministerio Fiscal, que es muy distinta de la de la Policía —la declaración incriminatoria del menor aunque no se presta ante la autoridad judicial se produce ante un órgano público que por exigencias constitucionales ejerce sus funciones con sujeción a los principios de legalidad e imparcialidad— y en que en el proceso de menores corresponden al Fiscal las actuaciones de investigación. Estas, si bien formalmente no son sumariales, desde el punto de vista material implican una instrucción funcionalmente equiparable[34].

---

[33] Este acuerdo sustituye el que sobre esta materia se había adoptado por el Pleno en 28 noviembre 2006 y, según se observa, mantiene la inoperancia para estos casos del mecanismo del art. 714 LECrim, ya que ni el testimonio policial, ni su recuperación a través de las declaraciones de los agentes, relevan la exigencia de una verdadera prueba. Entre las últimas, cfr. SSTS núm. 120/2021, 11 febrero; núm. 651/2021, 15 julio; núm. 853/2021, 10 noviembre; núm. 304/2022, 25 marzo; núm. 107/2023, 16 febrero; y núm. 238/2023, 30 marzo. También SAN núm. 7/2020, 15 junio.

[34] En efecto, con dos votos particulares en sentido opuesto, se afirma en esta sentencia: "la declaración ante el Fiscal de Menores no es una mera actividad policial de investigación, sino una diligencia practicada en el momento inicial de otro procedimiento con todos los requisitos y garantías formalmente exigibles y ante

Por otro lado, en relación a las condiciones en que se prestó la declaración objeto de reproducción, cabe plantearse la necesidad de que en la diligencia sumarial haya tenido oportunidad de intervenir el letrado del investigado y, en el caso negativo, si esto tiene consecuencias invalidantes de la prueba testifical conseguida con su lectura en el juicio oral. Pues bien, a diferencia de lo que sucede en el caso de la prueba preconstituida (arts. 448.I, 777.2 y 797.2 LECrim), pero a similitud de lo que ocurre con la que lectura basada en la imposibilidad de reproducción por motivos sobrevenidos (art. 730 LECrim), la no presencia del abogado defensor durante su práctica no determina la falta de validez de la prueba y la imposibilidad de su posterior subsanación a través de dicha lectura[35]. Así lo ha llegado a declarar el propio Tribunal Constitucional, al admitir de forma expresa la legitimidad constitucional de la previsión contenida en el art. 714 LECrim y el valor probatorio de las declaraciones efectuadas durante la instrucción, siempre que se conceda al acusado "una ocasión adecuada y suficiente para contestar los testimonios de cargo e interrogar a su autor, sea en el momento en que presta la declaración sea con posterioridad"[36].

---

un órgano al que, conforme a dicha normativa, corresponde incoar el oportuno expediente y dirigir la investigación de los hechos a los efectos de su comprobación y de la participación del menor en los mismos, correspondiéndole también la defensa de los derechos, la observancia de las garantías y de la integridad física y moral del menor". *Vid.* también STS núm. 228/2013, 22 marzo; y SAP Madrid (Sección 4ª) núm. 552/2022, 30 noviembre.

35 En tal sentido, SSTS núm. 315/2008, 30 mayo; núm. 448/2009, 29 abril; núm. 546/2010, 10 junio; núm. 288/2012, 19 abril; y núm. 347/2014, 28 abril.

36 SSTC núm. 174/2001, 26 julio; y núm. 155/2002, 22 julio. Señala esta segunda: "En tales supuestos, pese a lo afirmado en las demandas, la doctrina de este Tribunal nunca ha exigido que la declaración sumarial con la que se confronta la distinta o contradictoria manifestación prestada en el juicio oral haya debido ser prestada con contradicción real y efectiva en el momento de llevarse a cabo, pues cumplir tal exigencia no siempre es legal o materialmente posible. Es la posterior posibilidad de confrontación en el acto del juicio oral la que cumple la exigencia constitucional de contradicción y suple cualquier déficit que, conforme a las previsiones legales, haya podido observarse en la fase sumarial. De ello es ejemplo el que hayamos reconocido validez y entidad suficiente para justificar una condena a declaraciones sumariales incriminatorias retractadas en el acto del juicio oral, cuyo contenido accede a éste a través del mecanismo su previsto en el art. 714 LECrim, en los siguientes supuestos: a) declaraciones sumariales prestadas en ausencia de la defensa del imputado por haberse producido antes de que éste hubiera alcanzado dicha condición (SSTC núm. 2/2002, 14 enero; y núm. 57/2002, 11 marzo); b) declaraciones sumariales prestadas en ausencia de la defensa del imputado por hallarse éste en rebeldía en el momento en que se prestaron (STC

Para terminar, por lo que se refiere al ámbito de la diligencia a reproducir, una cuestión que cabe plantearse es la de si puede ser trasladada al juicio oral por la vía del art. 714 LECrim la declaración prestada en el curso de un sumario preparatorio de un proceso diferente. A pesar de que el supuesto ya ha tenido su reflejo en alguna concreta ocasión en la práctica de nuestros tribunales[37], lo cierto es que el texto del precepto no autoriza en modo alguno a recurrir a declaraciones documentadas en las actas de otro litigio.

### *3.4. Introducción en juicio: lectura e interrogatorio sobre la divergencia*

Según dispone el art. 714 LECrim, cuando la declaración del testigo en el juicio oral no sea conforme en lo sustancial con la prestada en el sumario, podrá instarse "la lectura de ésta"[38]. Acto seguido, "después de leída —según continúa el párrafo segundo del precepto—, el presidente invitará al testigo a que explique la diferencia o contradicción que entre sus declaraciones se observe".

Comenzando por lo primero, en relación a las condiciones de reproducción en juicio, la jurisprudencia ha exigido en algunas ocasiones que el contenido de la diligencia practicada en el sumario, dado su carácter secreto, se reproduzca en el acto del juicio oral "mediante la lectura pública del acta en la que se documentó"[39]. Sin embargo, la doctrina unívoca del Tri-

---

núm. 115/1998, 1 junio); c) declaraciones sumariales prestadas en ausencia de la defensa del imputado porque éste declinó asistir a las mismas, pese a estar convocado (SSTC núm. 2/2002, 14 enero); d) declaraciones testificales prestadas en ausencia de la defensa del imputado por estar declarado secreto el sumario mientras éstas se prestaron (STC núm. 174/2001, 26 julio". Se hacen eco de esta sentencia las SSTS núm. 448/2009, 29 abril; y núm. 347/2014, 28 abril; la STSJ Murcia núm. 6/2011, 26 septiembre; y las SSAP Madrid (Sección 15ª) núm. 831/2014, 21 octubre; Murcia (Sección 3ª), núm. 220/2016, 7 abril; Barcelona (Sección Tribunal del Jurado), núm. 7/2017, 13 marzo; Alicante (Sección 10ª) núm. 331/2019, 15 octubre; y Málaga (Sección 7ª Melilla) núm. 16/2019, 14 febrero. *Vid.* también STEDH 2 noviembre 2010 (*Caso Vaquero Hernández y otros contra España*, apdo. 130).

[37] En tal sentido, cfr. el caso y lo decidido en la STS núm. 957/2008, 18 diciembre.

[38] Téngase en cuenta que el precepto "no prevé, por el contrario, que se pueda utilizar la grabación de una declaración para recordar al testigo lo que dijo y manifiesta haber olvidado". SAP Madrid (Sección 2ª) núm. 66/2022, 4 febrero.

[39] Así, SSTC núm. 155/2002, 22 julio; y núm. 190/2003, 27 octubre; ATC núm. 3/2005, 17 enero; y SSTS núm. 830/2006, 21 julio; núm. 1276/2006, 20 diciem-

bunal Constitucional y del Tribunal Supremo ha reducido esta exigencia formal, declarando que lo importante es que las diligencias sumariales hayan entrado en el debate del juicio por un procedimiento que garantice la contradicción. En tal sentido, al objeto de que pueda darse la explicación oportuna basta con que las diferencias se hayan puesto de manifiesto en las preguntas y respuestas del interrogatorio, con una referencia expresa a tales declaraciones sumariales[40]. Por el contrario, lo que no resulta válido es el uso de la expresión ritual de dar o tener "por reproducida" en juicio la declaración prestada durante la fase de instrucción, aunque esto se produzca con el consentimiento de todas las partes. Reitera la jurisprudencia que su adquisición en juicio "debe hacerse no como una simple fórmula retórica y de estilo, sino en condiciones que permitan a las partes someterlas a contradicción, evitando formalismos de frecuente uso forense"[41].

En estricta coherencia con la doctrina que se acaba de exponer, no sorprende que el art. 46.5 LOTJ, en sede del procedimiento ante el Tribunal del Jurado, permita igualmente interrogar al testigo —también al acusado y al perito— sobre las contradicciones existentes entre lo manifestado en el juicio oral y lo dicho en la fase de instrucción, autorizando de forma expresa el mecanismo de confrontación del art. 714 LECrim y ordenando adjuntar al acta el testimonio de lo declarado previamente. Como se observa, la discrepancia que existe entre el contenido de este art. 46.5 LOTJ y el del art. 714.1 LECrim se refiere precisamente a la forma de introducción de la declaración sumarial. Así, en el procedimiento ante el Tribunal del Jurado, tras el interrogatorio al testigo sobre sus contradicciones, el testimonio de la declaración rectificada se une al acta del juicio oral y se entrega al Jurado para la emisión del veredicto, sin necesidad de darle antes lectura pública[42].

---

bre; núm. 203/2007, 13 marzo; núm. 3/2008, 11 enero; núm. 25/2008, 29 enero; núm. 642/2008, 28 octubre; y núm. 30/2009, 20 enero.

40 Relativizan el requisito formal de la lectura, entre otras, las SSTC núm. 137/1988, 7 julio; núm. 161/1990, 19 octubre; núm. 80/1991, 15 abril; núm. 2/2002, 14 enero; y núm. 68/2010, 18 octubre; y las SSTS núm. 1187/2005, 21 octubre; núm. 56/2009, 3 febrero; núm. 814/2011, 15 julio; núm. 634/2017, 26 septiembre; núm. 681/2018, 20 diciembre, y núm. 466/2022, 12 mayo.

41 SSTC núm. 153/1997, 29 septiembre; y núm. 49/1998, 2 marzo. Además de las sentencias citadas en ellas, *vid.* también las SSTC núm. 10/2007, 15 enero; y núm. 68/2010, 18 octubre; y las SSTS núm. 1224/2000, 8 julio; núm. 347/2014, 28 abril; núm. 466/2021, 31 mayo.

42 Esta singularidad en la práctica de la prueba resulta coherente con el contenido del el art. 34.3 LOTJ, que permite a las partes "pedir en cualquier momento los

A diferencia de lo que sucede con la lectura de las declaraciones sumariales del art. 730 LECrim, cabe advertir que la posibilidad que otorga el art. 714 LECrim, igual que la contenida en el art. 46.5 LOTJ, no comporta una vulneración del principio de inmediación, puesto que no implica un juicio sobre la veracidad de declaraciones que el tribunal no ha visto ni oído directamente, sino que permite que este valore en conciencia las razones dadas oralmente por el testigo en su presencia y forme su convicción respecto de su credibilidad[43]. Dicho de otra forma, la presencia del autor de la declaración ante el juzgador garantiza el respeto del principio de inmediación, mientras que la confrontación en la vista permite dar cumplimiento al principio de oralidad[44]. Asimismo, según ha afirmado el Tribunal Supremo, este procedimiento de cotejo no afecta en lo más mínimo al principio de contradicción, dado que no impide a las defensas ejercer el derecho de interrogar a los testigos o acusados en presencia del tribunal de la causa[45]. Así pues, a través de su incorporación a juicio, el resultado de la diligencia accede al debate procesal público ante el juzgador, cumpliendo de esta forma "la triple exigencia constitucional de toda actividad probatoria: publicidad, inmediación y contradicción"[46].

Una vez constatada la no coincidencia de la versión de los hechos emitida en el juicio oral con la prestada en fase de instrucción, ha de efectuarse,

---

testimonios que les interesen para su posterior utilización en el juicio oral". Entre tales testimonios pueden encontrarse las declaraciones emitidas en fase sumarial y que sirvan para el interrogatorio, con el fin de que el Tribunal del Jurado pueda conocer la duplicidad de versiones. En estos casos, según subraya la STS núm. 264/2019, 24 mayo, "la convicción del Jurado no se forma con las declaraciones sumariales, sino con las declaraciones en el juicio que retractan y explican las declaraciones del sumario, explicando la divergencia entre unas y otras". *Vid.* también la STS núm. 580/2021, 1 julio. La valoración de la declaración prestada con las debidas garantías ante el Juez de Instrucción se acomoda en este supuesto, según STC núm. 151/2013, 9 septiembre, al carácter estructural de los principios de valoración probatoria, "cuya vigencia no puede depender de las variaciones que cada modalidad de procedimiento acoge".

43 Cfr. STC núm. 137/1988, 7 julio; SSTS núm. 40/2001, 16 enero; y núm. 1069/2006, 2 noviembre; y ATS s/núm. 5 octubre 1999.

44 Así, SSTS 1384/1992, 15 junio; núm. 105/2000, 5 febrero; y núm. 1158/2000, 30 junio.

45 En tal sentido, STS núm. 1027/1995, 23 octubre.

46 SSTC núm. 155/2002, 22 julio; núm. 187/2003, 27 septiembre; núm. 345/2006, 11 diciembre; núm. 68/2010, 18 octubre; y núm. 165/2014, 8 octubre; y, entre otras, SSTS núm. 503/2018, 25 octubre; núm. 264/2019, 24 mayo; núm. 790/2021, 18 octubre; y núm. 106/2022, 9 febrero.

como segunda parte de la diligencia que examinamos, la invitación al testigo para que explique la contradicción observada entre sus declaraciones. Puesto que la finalidad de la lectura no es otra que el que se indague a continuación sobre el motivo de la diferencia, la no realización de este segundo trámite, según ha llegado a concluirse en alguna ocasión desde la práctica, vacía de contenido e impide la valoración probatoria del resultado obtenido con el primero. Esto es, el incumplimiento del deber señalado en el art. 714.II LECrim —el no haber dado oportunidad al testigo de ofrecer tal explicación— trae como consecuencia el que la declaración sumarial leída en el juicio oral se haya introducido en condiciones que no permiten su valoración[47]. En conclusión, sin que se haya producido la interpelación al declarante no nos hallamos ante una prueba testifical cuya apreciación por el juzgador permita enervar la presunción de inocencia que ampara al acusado y, por tanto, la sentencia cuyo pronunciamiento se fundamente únicamente en dicha declaración estará viciada de nulidad[48].

También en el terreno de las infracciones hemos de situar aquellos supuestos en que, sin haberse procedido a la confrontación del testigo con las declaraciones sumariales —y no existiendo constancia en el acta del juicio oral de haberse dado cumplimiento al trámite previsto en el art. 714 LECrim—, el tribunal utiliza el contenido de tales declaraciones como fundamento de su convicción[49]. Es evidente que en estos casos el empleo del resultado de interrogatorios no celebrados en presencia del juzgador vulnera los principios de oralidad y de inmediación, lo que ha de llevar igualmente a la nulidad de la sentencia basada en dichas declaraciones.

---

47 Cfr. SAP Guipúzcoa (Sección 1ª) núm. 316/2013, 30 diciembre. En efecto, la STS núm. 94/2001, 30 enero, incluye entre los criterios de "valorabilidad" de la declaración sumarial en este caso que el declarante pueda explicar las razones de su divergencia, siendo entonces cuando el Tribunal puede sopesar la credibilidad de lo manifestado y decantarse por lo declarado en sumario o en el juicio oral. Se hacen eco de esta doctrina, las SSAP Tarragona (Sección 2ª) s/núm. 14 febrero 2005; Toledo (Sección 2ª) núm. 28/2010, 21 junio; Las Palmas (Sección 1ª) núm. 65/2012, 26 marzo; y Sevilla (Sección 3ª) núm. 215/2014, 28 abril.

48 Así sucedió en la precitada SAP Guipúzcoa (Sección 1ª) núm. 316/2013, 30 diciembre.

49 "Dicho de otro modo: cuando las declaraciones de los testigos (o del acusado) no son coincidentes, el Tribunal no está autorizado a elegir las que le parezcan, sino obligado a poner en marcha el procedimiento del art. 714 LECrim". STS núm. 40/2001, 16 enero. Cfr. también la SAP Alicante (Sección 1ª) núm. 526/2009, 23 julio.

Por último, en los casos de retractación de un testigo que no ofrezca una explicación satisfactoria de ello, el resultado de la práctica de la diligencia del art. 714 LECrim puede llevar consigo el acuerdo de deducir testimonio por posible delito de falso testimonio[50].

## 4. EL CAREO PROTAGONIZADO POR LOS TESTIGOS

Cuando entre las declaraciones de los testigos entre sí o entre las de éstos y las de los procesados se produzcan discordancias acerca de algún hecho o de alguna circunstancia que interese en el sumario o en el juicio oral se podrá, en virtud de lo dispuesto en los arts. 451 a 455, 713 y 729.1º LECrim, celebrar una diligencia de careo entre aquellos declarantes que ofrecen versiones distintas o contrapuestas. Así pues, nos hallamos ante el mismo fenómeno de actuación de contraste que acabamos de examinar, que se basa en la existencia de una contradicción, si bien ésta no sólo se extiende al contenido de las declaraciones en liza (discordancia en su vertiente "objetiva"), sino también a las personas que las emiten (discordancia en su vertiente "subjetiva").

### *4.1. Naturaleza, presupuesto condicionante y ámbito de la diligencia*

En coherencia con el sentido etimológico del término "careo" —que significa colocar "frente a frente", "cara a cara" a varias personas, habitualmente con finalidad aclaratoria de sus divergencias—, la jurisprudencia define esta diligencia, de importante raigambre histórica en nuestro sistema[51], como el acto procesal consistente en el "enfrentamiento dialéctico" o la "confrontación directa"[52] entre los protagonistas de declaraciones di-

---

50 Así, por ejemplo, ATS núm. 289/2022, 10 marzo. El art. 715 LECrim, interpretado de manera literal por nuestra jurisprudencia, manda proceder por delito de falso testimonio si la mendacidad se produce en la declaración prestada en el juicio oral y no en lo manifestado durante el trámite de instrucción. Cfr. SSTS núm. 463/1992, 28 febrero; núm. 683/1995, 5 junio; núm. 457/2007, 29 mayo; y núm. 901/2016, 30 noviembre.

51 Acerca de los orígenes, antecedentes históricos y precedentes legislativos de esta figura, *vid.* Peláez Portales, "La diligencia de careo en el proceso penal español. Un apunte histórico", en *Revista de Estudios de Ciencias Sociales y Humanidades*, núm. 13, 2005, págs. 99 y ss.

52 Como así califica esta diligencia la STS núm. 600/2001, 2 abril, seguida, entre otras, por la SAP Cádiz (Sección 8ª) s/núm. 14 febrero 2002.

vergentes, al objeto de establecer la verdad real de los hechos objeto de la causa[53]. Así pues, la diligencia de careo, a pesar de la situación que ocupa su regulación en la LECrim, no constituye un medio de prueba autónomo o independiente, sino que, como con reiteración se advierte desde la práctica, nos hallamos ante "una forma de depurar, contrastar o matizar el resultado de los interrogatorios" de los testigos[54]. "El careo —se ha dicho— es en realidad una diligencia complementaria o medio extraordinario de comprobación de la fuerza probatoria y credibilidad de las declaraciones y manifestaciones de los imputados y los testigos, al objeto de contrastar su valor y depurar o aclarar las contradicciones o discordancias que entre ellas puedan existir"[55].

Más todavía, en atención a la consideración de "fórmula incidental" que se le ha dado[56], propia de un simple medio de contraste de la fiabilidad de las pruebas testificales, no resulta extraño que la LECrim atribuya al careo una nota de subsidiariedad o aplicación por defecto. Esto es, el carácter excepcional de la diligencia obedece, de una parte, a la circunstancia de que su práctica queda supeditada al criterio potestativo del órgano jurisdiccional (art. 451 LECrim); y, de otra, a que, "ante el riesgo de enfrentamiento

---

53 Cfr. también Peláez Portales, *El careo en el proceso penal español* (Córdoba: El Almendro, 2003), pág. 25; y San Martín Larrinoa, "Careo de testigos y procesados: su valor probatorio", en *Estudios de Deusto,* Revista de Derecho Público, vol. 45, núm. 1, 1997, pág. 116.

54 Cfr. entre otras, SSTS núm. 572/1993, 15 marzo; núm. 2505/1993, 10 noviembre; núm. 1086/1994, 20 julio; y núm. 159/2003, 6 febrero. La diligencia de careo "no es propiamente un medio de prueba, sino una facultad excepcional otorgada al Tribunal sentenciador que dada su posición en el proceso debe usar de ella con extremada moderación". Entra las últimas, SSTS núm. 263/2022, 17 marzo; y núm. 378/2022, 20 abril. Mucho antes, ya la STS s/núm. 7 octubre 1986 calificaba esta diligencia como "sedicente medio probatorio", mientras que la reciente SAP Sevilla (Sección 7ª) núm. 553/2022, 1 diciembre, señala que "el careo es una suerte de metaprueba". En palabras de Arnáiz Serrano, "la imposibilidad de alcanzar la consideración de medio probatorio es la característica más sobresaliente de esta institución". *La prueba,* coord. Romero Pradas y González Cano, tomo II (Valencia: Tirant lo Blanch, 2017), pág. 646.

55 STS núm. 2162/1994, 13 diciembre. También, SSTS núm. 1004/1996, 12 diciembre; núm. 1151/1999, 9 de julio; núm. 159/2003, 6 febrero; núm. 1285/2003, 3 octubre; núm. 1755/2003, 19 diciembre; núm. 883/2004, 9 julio; núm. 346/2006, 31 marzo; núm. 615/2006, 29 mayo; núm. 660/2006, 6 junio; núm. 511/2007, 7 junio; núm. 553/2008, 18 septiembre; y núm. 243/2013, 25 enero; núm. 542/2015, 30 septiembre; y núm. 305/2017, 27 abril; y ATS núm. 110/2020, 16 enero.

56 Así, STS núm. 159/2003, 6 febrero.

dialéctico entre los careados y la experiencia demostrativa de que raras veces conduce a resultados eficaces"[57], la propia Ley procesal dispone que ha de practicarse "cuando no fuere conocido otro modo de comprobar la existencia del delito o la culpabilidad de alguno de los procesados" (art. 455.I LECrim). Esta condición negativa de la práctica del careo, que permite conceptuarla como "un último medio de investigación", ha de ser, en palabras del Tribunal Supremo, "estrictamente interpretada", lo que obliga a que el órgano judicial compruebe en cada uno de los casos la concurrencia de otros medios que permitan realizar tales comprobaciones[58].

"La discordia entre las declaraciones resulta ser, por lo tanto, un presupuesto esencial del careo", de tal forma que si las discrepancias desaparecen no se dan en el juicio oral los presupuestos que justifiquen su práctica[59]. Igualmente, la contradicción que debe existir ha de ser "relevante para la apreciación de la veracidad"[60] del contenido de los testimonios. Así, la mera existencia de una discrepancia entre dos declaraciones no determina la necesidad y pertinencia de la diligencia, ya que, incluso, en el curso de la investigación y en el acto del juicio resulta habitual que los contendientes mantengan posiciones contrapuestas sobre la forma de desarrollarse los acontecimientos[61].

---

57 Inciden en este peligro las SSTS núm. 1004/1996, 12 diciembre; y núm. 65/2000, 31 enero; y AATS núm. 104/1997, 15 enero; y núm. 1699/1997, 17 septiembre.

58 Así, SSTS núm. 179/1999, 13 febrero; núm. 67/2000, 27 enero; y núm. 587/2010, 27 mayo; y AAP Zamora s/núm. 10 mayo 2002. Señala la segunda sentencia citada del Alto Tribunal: "La reserva con que el legislador parece contemplar los careos en la norma transcrita permite conceptuar a dicha diligencia como un último medio de investigación del que el instructor —y en su caso, el juzgador— puede y aún debe prescindir cuando, tras oír las declaraciones supuestamente contradictorias que mediante el careo se podrían armonizar y ponderando el resultado de las otras pruebas ya practicadas, no tenga duda razonable sobre cuáles de aquéllas reflejan la verdad y cuáles no, de suerte que es la necesidad de su práctica, prudentemente apreciada por el instructor o el juzgador, la que debe inspirar la decisión sobre la procedencia o improcedencia de esta diligencia".

59 STS s/núm. 10 mayo 1989.

60 STS núm. 32/1995, 19 enero. Según ésta, si, aclarando la diversidad de detalles en las declaraciones de varios testigos no se puede descubrir lo que se pretende, tampoco se justifica la práctica del careo.

61 AAP Málaga (Sección 7ª, Melilla) núm. 128, 9 octubre. Según señala el AAP Zamora núm. 58/2002, 10 mayo: "Como no puede ser de otra manera las declaraciones de los denunciantes son opuestas o diferentes a la de los guardias civiles, máxime en el presente caso, cuando de lo que se trata es de probar si la suspensión de

Por otro lado, el careo no siempre constituye el medio más idóneo para aclarar discrepancias. Así sucede, por ejemplo, según se ha apuntado desde la práctica, cuando, "dado el tipo de delito, la importante diferencia de edad entre víctima e imputado, la relación en el ámbito familiar y la posible influencia de uno sobre otro en su testimonio", no nos hallamos ante dos iguales, sino ante dos personas con importantes diferencias de personalidad[62]. En concreto, los arts. 455.II y 713.II de la ley procesal penal disponen que no se practicarán careos con testigos que sean menores de edad, salvo que el juez o tribunal lo considere imprescindible y no lesivo para los intereses de dichos testigos, previo informe pericial[63]. La apuntada excepcionalidad de la diligencia se acentúa así en estos supuestos, obligando a jueces y tribunales a un necesario ejercicio de ponderación y control con objeto de preservar la indemnidad de los testigos menores de edad[64].

### *4.2. Decisión sobre la práctica de la diligencia*

Como sin esfuerzo se colige de los arts. 451 LECrim —"podrá el juez celebrar careo"— y 729 LECrim —"careos (...) que el presidente acuerde de

---

la cacería fue o no justificada y si había o no niebla, donde el careo nada puede aportar al respecto".

62 En tales casos, el careo nada puede aportar al proceso. Así, AAP Murcia (Sección 5ª) núm. 103/2006, 6 junio.

63 Incluidos estos preceptos a raíz de la reforma del Código Penal y la LECrim operada por la Ley Orgánica 14/1999, de 9 de junio, el Tribunal Supremo ha puesto de manifiesto los riesgos que la práctica del careo presenta para el menor. Así, junto a la posibilidad de que puedan producirse "graves daños en el siquismo de una persona en formación" (STS núm. 1180/1992, 26 mayo), se afirma que "la confrontación directa y personal entre la víctima menor de una agresión sexual y su agresor adquiere caracteres dramáticos cuando éste, es además su padre o una persona estrechamente relacionada con el círculo familiar" (STS núm. 706/2000, 26 abril). "Tratándose de unas niñas, que ya presentan problemas a la hora de exteriorizar sus testimonios en el plenario, una diligencia de careo entre éstas, de personalidad frágil e inmadura, y una persona adulta, que además es la autora de injustificables y reprobables ataques a la indemnidad sexual de aquéllas, resulta inadecuada, desaconsejable e inútil" (STS núm. 159/2003, 6 febrero).

64 Cabe plantearse la posibilidad de que el careo con menores de edad se practique evitándose la confrontación visual con el imputado, en el caso de que haya sido así como se le haya tomado declaración. No considera que exista óbice impeditivo alguno para ello Arangüena Fanego, "La reforma de la Ley de Enjuiciamiento Criminal en materia testifical y careos con menores de edad (Ley Orgánica 14/1999, de 9 de junio)" en *Revista de Derecho Penal*, núm. 2, 2001, pág. 66.

oficio"—, la práctica de esta diligencia queda supeditada al criterio potestativo del órgano jurisdiccional. La facultad de acordar o no la práctica del careo depende del libre arbitrio de los jueces y tribunales, que lo pueden decretar o no sin mediar la solicitud de las partes, según un criterio basado en la suficiencia o insuficiencia del resto de las pruebas practicadas[65]. La razón por la que el legislador atribuye esta decisión al personal judicial que dirige la instrucción y preside el juicio oral la hallamos en la propia naturaleza de la diligencia, "como un reconocimiento más a las exigencias propias del principio de inmediación como factor fundamental de la valoración de las pruebas de carácter personal"[66].

Pese a hallarnos ante una facultad potestativa del tribunal, el art. 729.1º LECrim permite la práctica de la diligencia de careo también "a propuesta de cualquiera de las partes". Es por ello que cabe plantearse entonces cuáles son las posibles consecuencias de su denegación en juicio. Pues bien, según ha llegado a afirmar al respecto el Tribunal Constitucional, la denegación de la solicitud que realicen las partes interesando la práctica del careo en el trámite de plenario no produce por sí misma la vulneración del derecho a la prueba; máxime cuando puedan existir otros medios como el interrogatorio directo de los afectados más importantes para decidir sobre la culpabilidad del encausado[67]. Dicho de otra forma, la consideración ne-

---

65 Entre otras, SSTS núm. 1004/1996, 12 diciembre; núm. 65/2000, 31 enero; y núm. 159/2003, 6 febrero. De acuerdo con ello, el acuerdo de la diligencia exige del juez un atento estudio de la causa —hecho cometido, declaraciones de los intervinientes, virtualidad del resto de pruebas— con el fin de valorar adecuadamente la pertinencia y utilidad de acceder a su práctica. Cfr. San Martín Larrinoa, "Careo de testigos y procesados: su valor probatorio", cit., pág. 137.

66 SSTS núm. 553/2008, 18 septiembre; núm. 243/2013, 25 enero; y núm. 305/2017, 27 abril.

67 Así, STC núm. 55/1984, 7 mayo. Cfr. SSTS núm. 65/2000, 31 enero; y núm. 159/2003, 6 febrero. La falta de necesidad del careo se justifica normalmente por la extensa prueba practicada y las prolijas declaraciones testificales que llevan al Tribunal Supremo a señalar la poca trascendencia que el resultado de dicha diligencia podía tener en la resolución adoptada. *Vid.* STS núm. 32/1995, 19 enero. Todo ello consecuencia de la naturaleza excepcional de la diligencia y considerado "el peligro que supone enfrentar delante de un tribunal a personas con diferentes características psicológicas y sacar de su enfrentamiento dialéctico conclusiones acertadas". STS núm. 65/1999, 31 enero. De hecho, en todos aquellos casos en que no se percibe ninguna circunstancia que permita afirmar que el tribunal *a quo* carecía de otros medios para comprobar la existencia del delito o la culpabilidad de un acusado la diligencia de careo ha de tildarse de innecesaria. Así, STS núm. 243/2013, 25 enero.

gativa de la práctica del careo en la ley y el más que dudoso carácter probatorio de la diligencia en el proceso penal moderno abocan a una interpretación restrictiva de su admisibilidad[68]. De hecho, con cierta frecuencia en el ámbito de las Audiencias Provinciales se señala, no sólo el carácter innecesario, sino también perturbador, de la práctica de esta diligencia[69].

De acuerdo con todo lo expuesto, existe una reiterada doctrina jurisprudencial que, en orden al carácter discrecional de la decisión de que se practique o no la diligencia de careo, afirma la inaccesibilidad del acuerdo denegatorio a la vía impugnativa del recurso extraordinario de casación[70]. Cierto es que ello no excluye la necesidad de que se funde o motive el acuerdo denegatorio (art. 120.3 CE), si bien el Alto Tribunal ha entendido que la omisión de la justificación de dicho rechazo puede ser suplida por él al proceder a examinar este recurso[71]. Igualmente, en los casos en que sí se celebra el careo tampoco resulta posible que, en directa relación con la inmediación judicial, el órgano de casación —que, a diferencia de los tribunales de instancia, no es un historiador que reconstruye un pasado, sino un crítico que revisa dicha reconstrucción— entre a considerar los hechos acaecidos en el presente judicial: la actitud de los participantes durante

---

68 Cfr. ATS núm. 675/2019, 13 junio; y AAP Sevilla (Sección 1ª) núm. 49/2017, 19 enero. Según STS núm. 1004/1996, 12 diciembre, "Ello salvo en supuestos muy excepcionales en que existan datos, naturalmente nuevos, que permitan presumir que el careo podría arrojar resultados positivos para el enjuiciamiento de los hechos".

69 "No es de esperar, ni en éste ni en la mayoría de los procesos penales, que el acusado (que se enfrenta a una grave acusación) dé una versión de los hechos autoinculpatorios; lo natural es que intente defenderse incluso fabulando sobre lo realmente sucedido. Así pues, entablar un careo entre un testigo objetivo y fiable (policía local), con deber de decir la verdad y cuyas declaraciones no contradecían en absoluto lo manifestado por el resto de testigos, frente al testimonio parcial e interesado del acusado (sin obligación alguna de decir verdad) resultaba ciertamente desequilibrado para los intervinientes y absolutamente innecesario para fijar la convicción de este tribunal, en cuanto vio y oyó con el privilegio de la inmediación a todos cuantos depusieron en el plenario, valorando así la credibilidad de cada uno de ellos sin necesidad alguna de careo". SAP Cádiz (Sección 8ª) 14 febrero 2002.

70 Entre otras muchas, SSTS núm. 572/1993, 15 marzo; núm. 2491/1993, 10 noviembre; núm. 2162/1994, 13 diciembre; núm. 1004/1996, 12 diciembre; núm. 600/2001, 2 abril; núm. 159/2003, 6 febrero; núm. 873/2003, 13 junio; núm. 615/2006, 29 mayo; núm. 94/2007, 14 febrero; y núm. 553/2008, 18 septiembre.

71 Cfr. STS núm. 1180/1992, 26 mayo.

la diligencia; y pase a enjuiciar con ello la corrección o incorrección de la valoración de una prueba[72].

Por su parte, el Tribunal Europeo de Derechos Humanos ha llegado a considerar que la denegación de la práctica en juicio del careo entre el testigo y el acusado es motivo de vulneración del art. 6, apdo. 3 d) CEDH[73]. No obstante, la existencia de un careo sumarial a presencia del acusado, donde éste pudo preguntar directamente al testigo y discutir sus declaraciones y alegaciones, impide considerar que su derecho de defensa experimentó, por falta de interrogatorio en juicio, las limitaciones constitutivas de la infracción del citado precepto[74].

### *4.3. Desarrollo de la diligencia*

Habida cuenta que la discordancia acerca de los hechos y circunstancias que interesen en la causa puede producirse tanto respecto de las declaraciones que los testigos y encausados emiten en el sumario como en el juicio oral, el legislador ha optado por regular la posibilidad de practicar el careo en ambos momentos. No obstante, el Tribunal Supremo ha llegado a sostener en alguna concreta ocasión que, puesto que nos hallamos ante un medio de carácter excepcional y la experiencia judicial enseña la general ineficacia de su práctica, "esta diligencia debe practicarse, en general, en la fase sumarial y no en el plenario"[75]. Pese a la rotundidad de este último pronunciamiento —y a la posibilidad de hallar algún supuesto de estimación de un recurso de apelación contra el auto de sobreseimiento provisional por no haberse acordado la diligencia de careo en la fase de instrucción[76]—, lo cierto es que, en nuestro criterio, resulta más acertado sostener justamente lo contrario. En tal sentido, como con frecuencia se ha afirmado en el ámbito de nuestras Audiencias Provinciales: "Si lo que se pretende es alcanzar la convicción sobre los hechos no cabe duda alguna

---

72 Así lo estima la STS s/núm. 7 octubre 1986.

73 En este sentido, SSTEDH 7 julio 1989 (*caso Bricmont contra Bélgica,* apdos. 81-85); y 13 noviembre 2003 (*caso Rachdad contra Francia,* apdo. 25).

74 Cfr. STEDH 19 febrero 1991 (*caso Isgrò contra Italia,* apdo. 35).

75 STS núm. 78/1993, 19 enero.

76 Así, AAP Madrid (Sección 15ª) núm. 347/2010, 28 mayo. En ella afirma el tribunal: "Conocemos que el careo tiene carácter excepcional (art. 455 LECrim), pero vistas la firmeza de la denunciante y la versión discrepante del testigo, no es posible descartar la utilidad de la diligencia solicitada. Denegarla podría colocar a la recurrente en situación de vulneración de su derecho a la tutela judicial efectiva".

que el careo es una diligencia más propia del acto del juicio oral que de la fase de instrucción"[77]. O, dicho de otra manera, "la contradicción *prima facie* excede del ámbito de las diligencias sumariales *ex* art. 299 LECrim, dirigidas a practicar las diligencias meramente necesarias, y afectan a la fase de plenario en la que procede la valoración de los testimonios prestados en el juicio oral con inmediación y contradicción"[78].

En relación a la forma de desarrollo de la diligencia, el art. 451 LECrim establece que el Juez podrá celebrar el careo entre los que estuvieran discordes "sin que esta diligencia deba tener lugar, por regla general, más que entre dos personas a la vez". Si bien esta previsión pudiera hacernos pensar en la casi imposibilidad de practicar careos múltiples con más de dos testigos o procesados, el Tribunal Supremo, con base en que la citada expresión "por regla general" autoriza el careo que el juez o tribunal tenga a bien considerar, ha entendido que "no existe vulneración de dicho precepto por la práctica del mismo entre más de dos personas a la vez, ni puede pretenderse que exista siempre proporcionalidad, en cuanto a que estén el mismo número de testigos entre los propuestos por cada uno de los interesados en la litis, pues no se trata de un vulgar juego paritario"[79].

El careo ha de verificarse ante el órgano jurisdiccional que se encuentra al frente de la instrucción o el plenario, cuyo titular o presidente, una vez se haya procedido a la lectura por el letrado de la administración de justicia de las declaraciones prestadas, recordará el juramento de los testigos y las penas de falso testimonio, y preguntará si se ratifican o tienen alguna variación que hacer en ellas. Posteriormente, el juez o el presidente del tribunal ha de poner de manifiesto las contradicciones resultantes y ha de invitar a los careados a que se dirijan los cargos y se realicen las observaciones —a través de preguntas, contestaciones y reconvenciones mutuas (art. 453 LECrim)— que tengan por conveniente para ponerse de acuerdo y llegar a descubrir la verdad (arts. 452 y 713 LECrim). Al juez o al presidente del tribunal le está reservada la dirección del careo, de tal forma que en ningún caso permitirá que los careados se insulten o se amenacen (arts.

---

77 AAP Murcia (Sección 5ª) núm. 103/2006, 6 junio.

78 AAP Guipúzcoa (Sección 3ª) núm. 183/2006, 25 septiembre. Según AAP Murcia (Sección 2ª) núm. 366/2011, 25 julio: "Las contradicciones pueden solventarse a través de los careos, habitualmente en aquellos delitos en los que la prueba personal deviene prácticamente única y alcanzan toda su efectividad en el acto del juicio ante el órgano que ha de valorar precisamente la prueba personal". En igual sentido, AAP Huesca núm. 76/2001, 23 julio.

79 STS (Sala de lo Militar) s/núm. 23 octubre 1995.

454 y 713 LECrim) y "sólo con su venia podrán entenderse directamente las partes con los testigos"[80]. De todo lo ocurrido en el acto del careo, incluida la actitud mostrada por los careados, ha de dar fe el letrado de la administración de justicia, quien ha de firmar la diligencia al igual que el resto de los concurrentes, y expresar, si alguno no lo hace, la razón que este haya alegado para ello (art. 453 LECrim).

## 5. A MODO DE CONCLUSIÓN

Examinadas las dos diligencias de contraste de la credibilidad objetiva del testimonio penal al amparo de la jurisprudencia de nuestros tribunales, es posible concluir que comparten una serie de caracteres que nos permiten hablar de un régimen jurídico básico que resulta común a ambas. Así, en los dos casos nos hallamos ante actuaciones de carácter excepcional, que, aunque se prevé su solicitud por las partes, pueden ser incoadas de oficio por el tribunal, tienen atribuida la consideración de incidente y revisten un dudoso carácter probatorio, por cuanto no persiguen de manera finalista justificar la pretensión procesal o desvirtuarla, sino "comprobar" la fiabilidad de la declaración de un testigo en el juicio oral —la "verificación o descarte" de una prueba ya aportada— desde el ángulo o perspectiva de su valoración (art. 741 LECrim).

En el ámbito de una posible reforma, los tres textos proyectados en los años 2011, 2013 y 2020 para la elaboración de una nueva Ley procesal penal, no sólo han mantenido, sino que han desarrollado en algún aspecto, en la línea de lo señalado por la jurisprudencia, las dos diligencias objeto de examen[81]. Así, de una parte, bajo el título "Contradicción en las decla-

---

80 Según dispone el núm. 47 de la Circular de la Fiscalía del Tribunal Supremo de 15 de septiembre de 1883, que adaptó la parca regulación de la LECrim a la contradicción característica del régimen de los debates en el juicio oral. Para Aguilera de Paz [*Comentarios a la Ley de Enjuiciamiento Criminal*, tomo V (Madrid: Reus, 1914), págs. 484 y 485], los litigantes podían intervenir en la delimitación del objeto de la confrontación, mientras que Fenech [*Derecho procesal penal*, vol. I, 3ª edición (Madrid: Labor, 1960), las partes pueden dirigir preguntas a los careados e intervenir en la diligencia. *Vid.* Peláez Portales, *El careo en el proceso penal español*, cit., págs. 148 y 149].

81 En concreto, el Anteproyecto de LECrim de 2011 regulaba la lectura del testimonio emitido durante la investigación en el art. 592 y los careos en el art. 582, mientras que la Propuesta de Texto articulado de LECrim de 2013 dedicaba a la primera diligencia el art. 456 —que se remitía al contenido del art. 449— y a la

raciones" y "Lecturas de contraste", los preceptos dedicados a la primera de ellas, además de incidir en el carácter "significativo" que han de tener las discordancias entre las declaraciones del mismo testigo, y de dar la posibilidad de la lectura "total o parcial" o la "audición de lo manifestado" en la fase de investigación antes de la invitación a explicar las diferencias, señalan la falta de valor probatorio de los hechos afirmados en aquel momento, así como su utilidad a la hora de formar la convicción del tribunal y "determinar la credibilidad de la declaración prestada por el testigo en el acto del juicio". De otra parte, el proyectado régimen de la diligencia de careo, si bien sostiene su actual configuración y mantiene su carácter excepcional y restrictivo para casos de discordancia sobre "algún hecho o circunstancia relevante para la causa", avanza en la inclusión del principio contradictorio en su desarrollo —se permite que el fiscal y las partes interroguen a los testigos careados sobre los puntos en contradicción—, a la vez que intensifica la prohibición de su práctica, ahora sin ninguna excepción, cuando estemos ante testigos menores de edad y víctimas que, según ponga de manifiesto un informe pericial, revistan "especial vulnerabilidad".

## BIBLIOGRAFÍA

Aguilera de Paz, Pedro, *Comentarios a la Ley de Enjuiciamiento Criminal*, tomo V, Madrid: Reus, 1914.

Alemañ Cano, Jaime, *La prueba de testigos en el proceso penal*, Alicante: Universidad de Alicante, 2002.

Arangüena Fanego, Coral, "La reforma de la Ley de Enjuiciamiento Criminal en materia testifical y careos con menores de edad (Ley Orgánica 14/1999, de 9 de junio)" en *Revista de Derecho Penal*, núm. 2, 2001.

Arnáiz Serrano, Amaya, "La imposibilidad de alcanzar la consideración de medio probatorio es la característica más sobresaliente de esta institución", en *La prueba*, coord. Romero Pradas y González Cano, tomo II (Valencia: Tirant lo Blanch, 2017).

Carnelutti, Francesco, *Cómo se hace un proceso*, trad. Sentis Melendo y Ayerra Redín, Buenos Aires: Librería El Foro, 1999.

Chozas Alonso, José Manuel, *El interrogatorio de testigos en los procesos civil y penal*, Madrid: La Ley, 2010.

Fenech, Miguel, *Derecho procesal penal*, vol. I, 3ª edición, Madrid: Labor, 1960.

Fenech, Miguel, *El proceso penal*, Madrid, Artes Gráficas y Ediciones, 1982.

Garciandía González, Pedro M., "De dispensas, exenciones, apercibimientos y retractaciones (un examen de las excepciones e incumplimientos de los deberes testificales

---

segunda los arts. 387 a 390. Por su parte, el texto más reciente, el Anteproyecto de LECrim de 2020, se limitó a reproducir en los arts. 685 y 673, respectivamente, el contenido de las precitadas disposiciones del Anteproyecto de 2011.

en consideración a la última jurisprudencia, la reforma de la LECrim de 2021 y el Anteproyecto de 2020, en *Revista General de Derecho Procesal,* núm. 58, 2022.

Gascón Inchausti, Fernando, *El control de la fiabilidad probatoria: "prueba sobre la prueba" en el proceso penal,* Valencia: Revista General de Derecho, 1999.

Gomez Orbaneja, Emilio, y Herce Quemada, Vicente, *Derecho procesal penal,* con Gómez Orbaneja, 8ª edición, Madrid: Artes Gráficas y Ediciones SA, 1975.

Leal Medina, Julio, "El juicio de credibilidad en las declaraciones testificales. Elementos subjetivos y objetivos. Incidencia de la presunción de inocencia en los diferentes tipos de testimonios y problemas más frecuentes que plantea", en *Diario La Ley,* núm. 8063, 2013.

Moreno Catena, Víctor, *El secreto en la prueba de testigos del proceso penal,* Madrid: Montecorvo, 1980.

Muerza Esparza, Julio, "Sobre los límites a la prueba preconstituida en el proceso penal", en *Revista General de Derecho Procesal,* núm. 39, 2016.

Peláez Portales, David, *El careo en el proceso penal español,* Córdoba: El Almendro, 2003.

Peláez Portales, David, "La diligencia de careo en el proceso penal español. Un apunte histórico", en *Revista de Estudios de Ciencias Sociales y Humanidades,* núm. 13, 2005.

San Martín Larrinoa, María Begoña, "Careo de testigos y procesados: su valor probatorio", en *Estudios de Deusto,* Revista de Derecho Público, vol. 45, núm. 1, 1997.

# *Algunas reflexiones acerca del testigo y su protección en el proceso penal a partir de la obra del profesor Moreno Catena*[1]

**CARMEN NAVARRO VILLANUEVA**
*Universitat Autònoma de Barcelona*



## 1. LA IMPORTANCIA DE LA DECLARACIÓN DE TESTIGOS EN EL PROCESO PENAL

Nadie pone en duda, hoy en día, la importancia de la prueba de testigos en el proceso penal. En efecto, tanto desde el punto de vista cualitativo como cuantitativo, estamos en presencia del medio de prueba más relevante. La prueba de testigos representa, como destaca Moreno Catena, uno de los medios de prueba esenciales en nuestro proceso penal tras haber perdi-

---

1 A menudo me siento en deuda con profesores y profesoras que han guiado mi vida en la Universidad, de manera directa o indirecta. Entre los primeros se encuentra, en primer término, mi maestro, el profesor Cachón, al que siguen otr@s maestr@s y compañer@s a l@s que ya les he transmitido mi gratitud por su generosidad acompañándome en este camino. Entre los segundos, ocupa un lugar destacado el profesor Moreno Catena. Nunca he tenido la oportunidad de manifestárselo y considero que ahora es un buen momento. En dos etapas de mi trayectoria universitaria sus aportaciones y las de su querida discípula, la profesora Isabel González Cano, fueron un factor clave para culminarlas con éxito. Me refiero, en concreto, a mi tesis doctoral acerca de la ejecución de la pena privativa de libertad— en la que hacía un análisis pormenorizado del derecho de defensa— y, a uno de los ejercicios de mi titularidad que dediqué a la protección de testigos. Valgan, pues, las líneas que siguen como sincero homenaje al profesor Moreno por su ayuda a lo largo de muchos años.

do la confesión —la declaración del acusado— su condición de "*regina probatorum*" que había tenido en el desarrollo del proceso penal inquisitivo[2]. Con razón se ha dicho que si el proceso civil es el reino del documento, el testimonio lo es del proceso penal[3]. Buena muestra de ello son los casi setenta artículos que nuestra LECrim dedica a ella.

El testimonio es un "*actus humanus*" que ha de versar[4], siguiendo a Moreno Catena, sobre los datos percibidos, sobre la experiencia vivida —de modo directo o indirecto— que, de alguna manera interese al proceso porque la declaración se presta con fines de prueba procesal[5]. En definitiva, "*testimonium est de rebus quas testis videt, vel audivit, vel alio senu corpore percepit*", esto es, el testimonio versa sobre aquello que vió u oyó el testigo o percibió con algún sentido corporal.

También se ha calificado la prueba testifical como la "*más incuestionablemente directa*" cuando viene referida a aquellas personas que han visto o dicen haber visto la realización de un delito[6].

De ahí que no resulte extraña la ausencia de condiciones de inhabilidad, de ineptitud o de incapacidad para deponer válidamente en el proceso penal, a diferencia de lo que ocurre en el proceso civil. De este modo, la víctima, el coimputado, un/a menor, una persona con la capacidad mental disminuida, entre otras, puede adquirir, según veremos, la condición de testigos y prestar un testimonio perfectamente válido para desvirtuar la presunción de inocencia. Partiendo, en consecuencia, de un concepto amplio de la figura del testigo, puede ser calificado como tal "*todo aquel que*

---

2 Moreno Catena y Cortés Domínguez, *Derecho procesal penal,* 11ª ed., Tirant lo Blanch, Valencia, 2023, p, 484.

3 En este sentido, por ejemplo, Florian Eugenio, *De la pruebas penales,* Tomo II, 3ª ed., Temis, Santa Fe de Bogotá, 1995, pág. 52, sostenía que la prueba testifical es la más utilizada y la que más provecho reporta al proceso penal, por cuanto "*el testimonio es el modo más adecuado para resolver y reconstruir los acontecimientos humanos y la prueba en la cual la investigación judicial se desenvuelve con mayor energía*".

4 Así lo calificaba Dosi Ettore, *La prova testimoniale. Structtura e funzione,* Giuffrè, Milano, 1974, pág. 76. Según el citado autor, "*el juicio testifical, además de ser personal, es siempre un juicio de un hombre que es parte, es decir, un juicio en el cual, al lado del conocer, se adivina el sentir*".

5 Moreno Catena, *El secreto en la prueba de testigos del proceso penal,* Montecorvo, Madrid, 1980, pág. 67.

6 *Vid.* en este sentido, Ruiz Vadillo, *Algunas breves consideraciones sobre la prueba testifical en el proceso penal,* en "Boletín de Información del Ministerio de Justicia e Interior", núm. 1767, 1996, pág. 368.

*pueda, en virtud de lo que ha visto, de lo que ha oído o percibido, prestar su colaboración en el descubrimiento de la infracción penal*"[7].

## 2. LA PRUEBA TESTIFICAL EN EL PROCESO PENAL

### 2.1. *El concepto de testigo*

Realizada esta breve aproximación a la importancia de la prueba testifical en el proceso penal y a la necesidad de su protección, conviene, seguidamente, analizar el concepto de testigo, considerado la "fuente de prueba" frente al "testimonio", que constituirá el medio probatorio, según la terminología clásica utilizada por Sentis Melendo[8].

En este punto topamos ya con una primera dificultad porque, a diferencia de lo que ocurre en el proceso civil, no resulta sencillo describir el concepto de testigo.

En el proceso civil, el testigo será la persona física que, sin ser parte, declara ante el órgano judicial sobre hechos que conoce y que son de relevancia para el proceso. Una concepción muy similar a la expuesta para el proceso civil ha sido la predominante durante años tanto en la doctrina como en la jurisprudencia española[9]. En este sentido, advertían Prieto Castro y Gutiérrez de Cabiedes que "*igual que sucede en la Ley de Enjuiciamiento Civil, la Ley de Enjuiciamiento Criminal no define lo que sea el testigo y sus diferencias con el perito ni la aportación que realiza al proceso, de manera que hemos de remitirnos en este momento a lo dicho sobre el particular en el "Derecho Procesal Civil" y en el dicho lugar se habla de "persona ajena al proceso (no parte*)"[10].

Por su parte, Gómez Orbaneja y Herce Quemada consideraban que los testigos eran "*las personas físicas, con la condición jurídica de terceros respecto de los sujetos de la relación procesal, que declaran en el proceso (penal) ante el juez sobre*

---

7 *Vid.* al respecto, Ruiz Vadillo, op. y loc. cit.

8 Sentis Melendo, *Fuentes y medios de prueba* en "Revista argentina de derecho procesal", núm. 2, 1968. En el mismo sentido, Moreno Catena, *El secreto en la prueba de testigos del proceso penal,* cit., pág. 26.

9 Las opiniones doctrinales y jurisprudenciales más relevantes acerca del concepto de testigo en nuestro país y en el derecho comparado pueden verse en Álvarez-Linera y Uria, *Notas sobre el testimonio en el proceso penal* en "La Ley", 1982, Vol. II, págs. 846 a 856. El autor también aporta su propia e interesante posición al respecto.

10 Prieto-Castro y Gutiérrez de Cabiedes, *Derecho procesal penal,* 2ª ed., Madrid, 1978, pág. 200. Idem, *Derecho procesal civil,* Vol. I, Madrid, 1973, pág. 174.

*sus percepciones sensoriales, de hecho y circunstancias pasadas, es decir, recibidas fuera del proceso, con la finalidad de esclarecer la verdad*"[11]. Tal definición llevaba a los citados autores a la conclusión siguiente: ni el Juez ni las partes pueden ser testigos. Podrá serlo el denunciante siempre que no haya adquirido el *status* de parte pero no el querellante[12].

Ciertamente, en lo que sí parecía haber unanimidad entre la doctrina era en el hecho que testigo sólo podía serlo una persona física, puesto que, como afirma Moreno Catena, ni las personas jurídicas ni las cosas pueden revestir tal cualidad "*ya que la declaración testifical, el medio de prueba que el testigo produce, requiere un proceso intelectivo del que carecen, obviamente, tanto las personas jurídicas como las cosas, y que trae su causa de percepciones sensoriales*"[13].

Tampoco se cuestiona la doctrina la incompatibilidad entre las funciones jurisdiccionales y las de testigo, aunque el órgano judicial haya podido tener conocimiento de los hechos por ciencia propia. Además, es preciso recordar que, hoy en día, el art. 219 de la LOPJ considera causa legítima de abstención y recusación el haber sido testigo de los hechos objeto del proceso penal[14]. Son muy ilustrativas, al respecto, las palabras de De Vicente y Caravantes: "*El Magistrado, si quiere ser testigo, que se quite la toga, que preste juramento, que se someta a las preguntas de los Magistrados y de las partes, que podrán discutir sobre sus declaraciones; pero que no condene por una persuasión secreta que no pueden combatir los litigantes, y cuyas razones ignora también el público*"[15].

En cuanto a la jurisprudencia, es preciso señalar que el Tribunal Europeo de Derechos Humanos ha elaborado un concepto amplio de la figura del testigo, al que define en función de la posición que éste ocupa en el

---

11 Gómez Orbaneja y Herce Quemada, *Derecho procesal penal*, Madrid, 1975, pág. 175.

12 Gómez Orbaneja y Herce Quemada, *op. cit.*, pág. 176.

13 Moreno Catena, *El secreto en la prueba de testigos del proceso penal*, cit., págs. 26-27.

14 Con anterioridad a la entrada en vigor de la LEC, el art. 54.4 de la LECRim preveía como causa de abstención y recusación el haber sido testigo. Sin embargo, la Disposición Final 12.1 de la LEC confirió una nueva redacción al art. 54 LECRim. Desde aquella reforma, el mencionado precepto se limita a señalar que la abstención y recusación se regirán, en cuanto a sus causas, por la LOPJ y, en cuanto al procedimiento, por lo dispuesto en la LEC. Ahora bien, el art. 219 LOPJ, como se indica en el texto, sigue manteniendo el deber de abstenerse del juez que haya sido testigo en la causa de la que está conociendo.

15 De Vicente y Caravantes, *Tratado histórico, crítico filosófico de los procedimientos judiciales en materia civil según la nueva Ley de Enjuiciamiento*, T. II, Imprenta de Gaspar y Roig, Madrid, 1856, pág. 214.

proceso y de la forma de llevar a cabo su función. De este modo, tendrá la consideración de testigo, a efectos del Convenio de Roma, toda persona que haya proporcionado información al proceso relativa a los hechos objeto de investigación y/o enjuiciamiento, cualquiera que sea la forma de aportación— oral o escrita— y, con independencia de si presenció personalmente los hechos o si se los ha narrado una tercera persona[16]. En otros términos, es irrelevante, según el Tribunal Europeo de Derechos Humanos, que una persona sea calificada como "testigo" en sentido estricto por el derecho nacional, bastando a efectos del art. 6.3 d) CEDH, que su declaración permita fundar una sentencia. Desde esta perspectiva, la noción de testigo, que se desprende del art. 6.3 d) CEDH[17], incluye también, según el TEDH, al perito o experto aunque no sea citado como testigo[18].

La jurisprudencia española, por su parte, ha venido definiendo al testigo como "*la persona física que, sin ser parte en el proceso, es llamada a declarar, según su experiencia personal, acerca de la existencia y naturaleza de unos hechos conocidos con anterioridad al proceso, bien por haberlos presenciado como testigo directo, bien por haber tenido noticia de ellos por otros medios como testigo de referencia*"[19], definición que analizaremos con más detenimiento en el epígrafe siguiente.

---

16 *Vid.* por todas las sentencias del TEDH dictadas resolviendo los conocidos como caso Isgró de 19 de febrero de 1991, caso Asch de 26 de abril de 1991, caso Pullar de 10 de junio de 1996, caso Delta de 19 de diciembre de 1990. *Vid.* también, ampliamente, Miranda Estrampes, *La prueba de testigos en la jurisprudencia del Tribunal Europeo de Derechos Humanos* en AA.VV.; *Estudios jurídicos. Ministerio Fiscal*, V, Centro de Estudios Jurídicos de la Administración de Justicia, 2000.

17 Señala el art. 6.3 d) CEDH que "*todo acusado tiene, como mínimo, los siguientes derechos: a) a interrogar o a hacer interrogar a los testigos que declaren en su favor en las mismas condiciones que a los testigos que lo hagan en su contra*". En términos similares, el art. 14.3 del Pacto Internacional de Derechos Civiles y Políticos de 19 de diciembre de 1966 establece que "*durante el proceso, toda persona acusada de un delito tendrá derecho, en plena igualdad, a las siguientes garantías mínimas: "(...) e) a interrogar o hacer interrogar a los testigos de cargo y a obtener la comparecencia de los testigos de descargo y que éstos sean interrogados en las mismas condiciones que los testigos de cargo*".

18 *Vid.* en este sentido, Sentencia del TEDH caso Bönisch v/s Austria, de 6 de mayo de 1986.

19 *Vid.* por todas las SSTS de 3 de octubre de 1995, RA: 7589 y de 18 de julio de 1996, RA: 5919.

## *2.2. La adquisición de la cualidad de testigo*

La adquisición de la cualidad de testigo no se produce, siguiendo a Moreno Catena, "*ipso iure* por la sola circunstancia de que una persona conozca los hechos que constituyen *thema probandi,* sino *officio iudicis,* es decir, sólo mediante un acto de consideración de esa persona como testigo. Tal circunstancia tiene lugar por la *vocatio* del órgano jurisdiccional, por la llamada judicial"[20]. En consecuencia, puede afirmarse, nuevamente con Moreno Catena, que la cualidad de testigo no se adquiere ni antes de la *vocatio* ni con posterioridad a aquella llamada[21].

En efecto, no se adquiere con anterioridad porque el mero conocimiento de unos hechos carece de efecto jurídico alguno si no es con relación a un proceso determinado. Es decir, el testigo será tal en el marco de un proceso.

Por otra parte, las normas de la LECrim relativas a la prueba testifical impiden considerar que el testigo adquiere tal cualidad después de la llamada judicial. Así, por ejemplo, como recuerda Moreno Catena, el art. 420 LECrim sanciona con una multa de 200 a 5000 euros al testigo que, sin estar impedido, no concurriere al primer llamamiento judicial y con el procesamiento por un eventual delito de obstrucción a la justicia del art. 463.1 del CP a la persona que persistiere en tal negativa. También del tenor literal de los arts. 433 y 706 LECrim —que regulan el juramento a los testigos— se infiere que la persona adquiere el *status* de testigo desde que es llamada por el órgano judicial[22].

---

20 Moreno Catena, *El secreto en la prueba de testigos del proceso penal,* cit., pág. 35, siguiendo a Foschini, *Sistema del diritto processuale penale,* T. I, 2ª ed., Milán, 1965, pág. 441 y a Sánchez Tejerina, *La prueba testifical en el proceso penal* en "Revista General de Legislación y Jurisprudencia", 1942, T. 172, pág. 589. Respecto a la adquisición de la condición de testigo, Moreno Catena, en un trabajo posterior, *La protección de los testigos y peritos en el proceso penal español,* cit., pág. 141, aclara que por mucho que una persona sepa acerca de los hechos que se enjuician si no es citada a comparecer por el Juez o Tribunal no adquirirá la cualidad de testigo. Al propio tiempo, aunque una persona desconozca absolutamente los hechos por los que se procede, si es llamada a declarar como testigo se le otorga tal condición por ese solo hecho.

21 Moreno Catena, *El secreto en la prueba de testigos del proceso penal,* cit., págs. 35-36.

22 Moreno Catena, op. y loc. cit.

Finalmente, señala Moreno Catena siguiendo a Corso, que la cualidad de testigo implica algo más[23]. En efecto, como indica Corso, "*la cualidad de testigo se configura como una situación jurídica instrumental, ya que no se manifiesta, por sí misma, idónea para satisfacer directamente interés alguno, sino que constituye el presupuesto para la imposición de determinados deberes y para el reconocimiento de una esfera de protección, justificados, unos y otra, por las necesidades del proceso*". Tal consideración comporta la necesidad de que el testigo "permanezca en estado de disponibilidad al poder de la autoridad judicial"[24].

Corso expone, a nuestro juicio, los dos contrapesos de la balanza que hay que cohonestar en la materia que nos ocupa. De una parte, los deberes del testigo que, como después señalaremos, consisten básicamente en comparecer y declarar cuanto se sepa. Tales deberes integran, de forma más genérica, el deber de colaborar con la Administración de Justicia que tenemos todos los ciudadanos. En el otro lado de la balanza se encuentra el derecho que tiene el testigo a recibir una protección adecuada. Obviamente, debe encuadrarse en dicha esfera de protección cualquiera de las medidas previstas por la Ley para garantizar el desarrollo adecuado de la declaración testifical, incluyendo todas aquéllas que tienen su razón de ser en el miedo a las represalias o en el pavor al enfrentamiento visual del testigo con el acusado[25].

## *2.3. Las fases del testimonio*

En otro orden de cuestiones, cabe distinguir, siguiendo a Moreno Catena, tres fases o momentos en cualquier testimonio[26].

El punto de partida viene constituido por el momento de la aprehensión del hecho, esto es, de la adquisición de las percepciones sensoriales. La segunda fase se identifica con el lapso de tiempo que media entre la

---

23 Moreno Catena, *El secreto en la prueba de testigos del proceso penal*, cit., pág. 37.

24 Corso, *La qualità de testimonio nel processo penale* en "La Giustizia Penale", 1973, III, Col. 582, págs. 598 a 600.

25 Moreno Catena, *El secreto en la prueba de testigos del proceso penal*, nota 49, págs. 37-38, considera que entra en el ámbito de protección que debe brindarse al testigo, el derecho a la no autoincriminación, las facultades de abstenerse de declarar previstas en los arts. 416 a 418 LECr. aplicables también al juicio oral, a tenor de lo dispuesto en el art. 707 LECr. y el derecho a la indemnización recogido en el art. 722 LECr.

26 Moreno Catena, *El secreto en la prueba de testigos del proceso penal*, cit., págs. 54 y ss.

aprehensión y la declaración, a la que Moreno Catena califica como de "*retención en la memoria*". Finalmente, la última etapa del testimonio es la declaración o manifestación de aquellas iniciales percepciones[27].

En cualquier caso, se observa que la declaración, que es el medio de prueba que el testigo produce, no es inmediata, sino que, como muestra Moreno Catena, media un lapso de tiempo, más o menos dilatado, entre la adquisición sensorial y su exposición[28]. De ahí que en muchos casos va a ser necesaria la adopción de una serie de medidas destinadas a proteger a la persona que ha de prestar declaración y por muy diversos motivos, especialmente si el testigo es la mujer que ha sufrido eventuales malos tratos y que probablemente será objeto de presiones, coacciones o amenazas ejercidas por el propio imputado o por su entorno durante el lapso de tiempo que va desde la percepción de los hechos hasta la deposición.

También puede ocurrir que el transcurso del tiempo redunde en el olvido o en la tergiversación de los hechos[29]. O, a la inversa, es posible que una declaración muy cercana a los hechos esté llena de vacíos e incluso de incongruencias, debido al estado de estrés postraumático en que se halla sumida la mujer que puede haber sido de violencia de género de manera reiterada.

En efecto, en algunos casos la adopción de medidas de protección encuentra su razón de ser en las presiones, coacciones o amenazas ejercidas sobre la persona del testigo —provenientes, por lo general, del entorno del imputado— durante el lapso de tiempo que va desde la percepción de los hechos hasta la deposición. En otros casos, el miedo y la aprensión que puede sentir el testigo puede justificar el mantenimiento, al menos durante la fase de instrucción, de su identidad en secreto.

---

27 Moreno Catena, *El secreto en la prueba de testigos del proceso penal*, op. y loc. cit.

28 Moreno Catena, *El secreto en la prueba de testigos del proceso penal*, op. y loc. cit.

29 El riesgo de olvidar o tergiversar los hechos que se presenciaron suele darse respecto de testigos menores o con una capacidad mental disminuida. Pero también puede ocurrir en los testigos adultos. Efectivamente, como señala Moreno Catena, *El secreto en la prueba de testigos del proceso penal*, cit., pág. 57, el tiempo que media entre la adquisición sensorial de los hechos y la exposición hace que deban "i*ntervenir las facultades intelectivas del sujeto en la conservación de tales percepciones. Esta intervención se traduce, de un lado, en la retención mental de las sensaciones y, de otro, en conseguir una reconstrucción de ellas de un modo fiel; para llegar, finalmente, a exponerlas como contestación a las preguntas en tal sentido formuladas*".

## *2.4. Deberes del o la testigo*

El deber de testificar se enmarca en el deber más general de colaborar con la Administración de Justicia, recogido en el art. 118 CE. A su vez, la obligación de testificar puede dividirse en tres subdeberes: el de comparecer, el de ser veraz y prestar juramento o promesa y el de declarar, que es el fundamental.

A la primera de las obligaciones del testigo se refieren, en términos amplísimos, los arts. 410, 661 y 720 LECrim El primero de los preceptos citados dispone que todo aquel que resida en territorio español, sea español o extranjero, tendrá obligación de concurrir al llamamiento judicial si para ello se le cita con las formalidades previstas en la Ley. Por tanto, cualquier ciudadano que resida en España y con independencia de su edad —téngase en cuenta que los menores de catorce podrán declarar aunque no se les hará prestar juramento— puede deponer válidamente como testigo. Tal previsión incluye a las personas que tengan relación de parentesco, de amistad o de enemistad o de cualquier otra clase con el/la imputado/a y las demás partes, no existiendo en el proceso penal procedimiento de tacha de testigos[30].

El incumplimiento de la obligación de comparecer es sancionado con una multa, que oscila entre los 200 y los 5.000 euros, de acuerdo con lo dispuesto en el art. 420 LECrim. Lo cierto es, de todas maneras, que dicha multa tiene un escaso o más bien nulo poder intimidatorio. Además, en la práctica, pese a la frecuencia con que se incumple el deber de comparecer, se suele hacer poco uso del citado precepto que, dicho sea de paso, quizás resulte excesivamente exigente en algunos casos concretos. En efecto, no hay que olvidar que el testigo puede ser la víctima, puede ser un menor de edad o incluso una persona con una capacidad reducida. Imponerles tal exigencia, so pena de ser sancionados económicamente, puede parecer desmesurado. También parece ser ésta la opinión de Granados Pérez que explica que, en la inaplicación del art. 420 LECrim "*ha influido el que los jueces, sensibles a los padecimientos sufridos por las víctimas de los hechos delictivos, revividos, y a veces aumentados, en sus varias intervenciones en comisarías y juzgados —la llamada "victimización secundaria"—, y ante las distintas posturas adoptadas y confusionismo creado acerca de cómo materializar dicha conducción y*

---

30 De la obligación de comparecer al llamamiento judicial para declarar como testigo sólo se excluye a las personas comprendidas en los arts. 411 y 412 LECr.

*el alcance de la orden a la Policía para hacerla efectiva, ha optado por hacer un uso muy restringido de esa facultad*"[31].

La segunda de las obligaciones del testigo se halla contemplada en el art. 433 LECrim, que dispone que "*los testigos mayores de edad prestarán juramento o promesa de decir todo lo que supieren respecto a lo que les fuere preguntado, estando el Juez obligado a informarles, en lenguaje claro y comprensible, de la obligación que tienen de ser veraces y de la posibilidad de incurrir en un delito de falso testimonio en causa criminal*". Por tanto, el testigo no sólo tiene la obligación de acudir al llamamiento judicial y de declarar sino de ser veraz y de prestar juramento o promesa. Respecto al juramento, es preciso recordar que nuestra LECrim sigue estableciendo que "*se prestará en nombre de Dios*", si bien, cada testigo, como no podía ser de otro modo, "*prestará el juramento con arreglo a su religión*" (art. 434 LECRim)[32].

Finalmente, la última de las obligaciones del testigo es la de declarar[33]. Así, según se desprende de lo dispuesto en el art. 410 LECrim, el testigo habrá de concurrir al llamamiento judicial, prestar juramento, decir la verdad y declarar cuánto supiere sobre lo que se le ha preguntado. En caso de incumplimiento de esta exigencia, se prevé también la imposición de una multa, castigo que puede verse seriamente agravado ya que, de persistir en

---

31 Granados Pérez, *Estudio de los supuestos en los que el testigo no comparece al juicio oral. Principio general: suspensión. Excepciones conforme a la doctrina del Tribunal Constitucional y de la sala 2ª del Tribunal Supremo* en AA.VV., *La prueba en el proceso penal,* Cuadernos de Derecho Judicial, Consejo General del Poder Judicial, Madrid, 1992, pág. 689. En el mismo sentido, García Quesada, *El miedo de los testigos* en AA.VV., *La prueba en el proceso penal,* Consejo General del Poder Judicial, Madrid, 1992. La autora destaca, por un lado, el escaso poder de intimidación de la multa y por otro, la falta de un procedimiento para la imposición de tal sanción.

32 Respecto al juramento, convenimos con Moreno Catena, *El secreto en la prueba de testigos del proceso penal,* cit., pág. 50 que, hoy en día, carece de la relevancia que pudo tener en otros tiempos. En este sentido, ya Manzini, *Tratado de derecho procesal penal,* T. III, pág. 347, abogaba por su supresión, mostrando escasa confianza en la eficacia del juramento: "*es de augurar que el progreso ético-social de la población haga posible la abolición del juramento y suficiente un enérgico llamamiento del magistrado a la veracidad y a la posibilidad de incurrir en las penas por falsedad*". En cualquier caso, el juramento constituye, eso sí, una garantía formal de la veracidad de la declaración pero en nada afecta ni condiciona ésta. *Vid.* en este sentido, Moreno Catena, *El secreto en la prueba de testigos del proceso penal,* cit., pág. 49. Por la misma razón, cabe afirmar que nadie podrá ser perseguido como autor de un delito de falso testimonio por faltar al juramento o promesas dadas.

33 Quedan exceptuados del deber de declarar las personas contempladas en los arts. 416 y 417 LECrim.

la negativa a declarar, podría imputársele al testigo un delito de desobediencia grave a la autoridad[34].

Con anterioridad a la declaración, se preguntará al testigo por su nombre, apellidos, edad, estado, profesión, si conoce o no al procesado y a las demás partes, si tiene parentesco con ellas o amistad o relación de cualquier tipo y si ha estado procesado. De las ocho preguntas generales de la Ley, Moreno Catena diferencia, claramente, dos grupos. El primero de ellos, siguiendo a Fenech, lo constituirían las preguntas acerca de los datos personales del testigo y que tienden a verificar la identidad de éste[35]. El segundo grupo de preguntas, desaparecidas las tachas, intenta fijar el grado de credibilidad del testigo, "*poniendo de manifiesto circunstancias externas de constatación relativamente fácil, que pueden resultar determinantes o condicionantes de su testimonio*", aunque, en cualquier caso, son de libre valoración para el órgano judicial[36].

Una vez realizadas las preguntas generales de la Ley, el Juez dejará al testigo narrar sin interrupción los hechos y solamente le exigirá las explicaciones complementarias que sean conducentes para aclarar conceptos oscuros o contradictorios. Seguidamente, el Juez dirigirá al testigo las preguntas que estime oportunas para el esclarecimiento de los hechos, a tenor de lo dispuesto en los arts. 437 y 438 LECrim[37].

---

[34] También Ríos Cabrera, *La declaración de la víctima menor o discapacitada psíquica, como única prueba de cargo, en los procesos por delitos contra la libertad e indemnidad sexuales* en "Justicia", nº 2-4, 2001, pág. 204, considera excesiva la aplicación de las medidas señaladas cuando se trata de la persona lesionada por el delito y sobretodo si ésta es menor de edad. Señala, además, que de aplicarse literalmente el art. 420 LECrim, la multa por la negativa del menor a concurrir o a declarar habrían de hacerla efectiva sus representantes legales. Por otra parte, el eventual "y descabellado", como sostiene la autora, procesamiento del menor, aunque mayor de catorce años, por los delitos de denegación de auxilio o desobediencia grave a la autoridad habría de sujetarse a las normas de enjuiciamiento de la LO 5/2000 de 12 de enero de responsabilidad del menor. En cambio si la víctima padece alguna discapacidad psíquica quedaría dispensada de la obligación de declarar, según se desprende del art. 417.3º que exime de tal deber a los "*incapacitados física o moralmente*".

[35] Moreno Catena, *El secreto en la prueba de testigos del proceso penal*, cit., págs. 52-53 y Fenech Navarro, *Derecho procesal penal*, T. I, pág. 839.

[36] Moreno Catena, *El secreto en la prueba de testigos del proceso penal*, cit, pág. 54.

[37] En el juicio oral, tras las preguntas generales de la Ley, el art. 708 LECrim dispone que la parte que ha presentado al testigo podrá hacerle las preguntas que considere convenientes; a continuación, también las otras partes podrán formular las

## 3. LA VÍCTIMA COMO TESTIGO SUSCEPTIBLE DE AMPARO

### 3.1. *Notas previas*

A continuación me referiré, de entre las numerosas categorías que integran el concepto de testigo, únicamente a la víctima[38]. Tampoco haré referencia a los allegados de ésta, quienes de acuerdo al tenor de la LO 19/94 de 23 de diciembre, de protección de testigos y peritos en causas criminales, quedarían fuera de su ámbito subjetivo. De todos modos, convenimos con Moreno Catena que sí deberían haber quedado cubiertos por aquella norma. Recuerda el profesor Moreno, al respecto, que la aplicación de medidas de protección en tales supuestos es más simple porque en ningún caso van a interferir en el curso del proceso[39]. Esta ha sido, además, la postura que el legislador español ha adoptado en la Ley 4/2015, de 27 de abril, del Estatuto de la Víctima. Así, el art. 19 de la misma establece que "*las autoridades y funcionarios encargados de la investigación, persecución y enjuiciamiento de los delitos adoptarán las medidas necesarias, de acuerdo con lo establecido en la Ley de Enjuiciamiento Criminal, para garantizar la vida de la víctima y de sus familiares, su integridad física y psíquica, libertad, seguridad, libertad e indemnidad sexuales, así como para proteger adecuadamente su intimidad y su dignidad, particularmente cuando se les reciba declaración o deban testificar en juicio, y para evitar el riesgo de su victimización secundaria o reiterada*"[40].

---

preguntas oportunas y, por último, el Presidente, por sí o a excitación de cualquiera de los miembros del Tribunal, podrá dirigir al testigo las preguntas que estime conducentes.

38 Una relación exhaustiva de las diferentes clases de testigos puede verse en Paz Rubio; Mendoza Muñoz; Olle Seje y Rodríguez Moriche, *La prueba en el proceso penal. Su práctica ante los Tribunales*, Colex, Madrid, 1999. Distinguen los citados autores hasta quince clases diversas: testigo-víctima, testigo único, testigo menor, testigo deficiente mental, de referencia, testigo policía, testigo funcionario, fallecido, en ignorado paradero y en el extranjero, testigo investigador privado, sacerdote, anónimo, oculto y testigo abogado.

39 Moreno Catena, *La protección de los testigos y peritos en el proceso penal español* cit., P. 145, mantiene, en cambio, que los allegados sí quedarían cubiertos por la LO 19/94, añadiendo, además, que la aplicación de medidas de protección en tales supuestos es más simple porque en ningún caso van a interferir en el curso del proceso.

40 Por su parte, el art. 22 del Estatuto de la víctima se refiere expresamente a la protección del derecho a la intimidad de la víctima y sus familiares en los siguientes términos: "*Los Jueces, Tribunales, Fiscales y las demás autoridades y funcionarios encargados de la investigación penal, así como todos aquellos que de cualquier modo intervengan o*

### *3.2. La víctima del delito como testigo protegido: recorrido por las diferentes posturas*

Moreno Catena recuerda "l*a nota de alteridad con respecto al órgano judicial y a los litigantes*" que se ha de predicar del testigo[41], partiendo de la definición de prueba de Serra Domínguez como "*actividad de comparación entre una afirmación sobre unos hechos y la realidad de los mismos*"[42]. Así, Moreno Catena sostiene que nos encontramos frente a la prueba testifical cuando tal afirmación instrumental proviene de un tercero[43]. En definitiva, afirmaba la incompatibilidad entre la posición de testigo y la de parte en el proceso penal puesto que, aun cuando tanto la parte acusadora como la acusada pueden declarar en el proceso y "*fácticamente sus declaraciones son iguales a las de los testigos, —declaraciones que ponen de manifiesto un conocimiento de quien las presta, una aportación cognoscitiva— no pueden ser consideradas como verdaderas y propias declaraciones testificales; esto se debe al hecho de que los litigantes no pueden ser conceptuados como testigos: el ser testigo conlleva un status que no encontramos se dé en las partes procesales penales*"[44]. En este mismo sentido, el Tribunal Supremo vino manteniendo que "*la diferencia esencial entre el testigo, sin más adjetivos, y la víctima testigo es que aquél es ajeno al proceso y ésta no*" (STS de 18 de diciembre de 1991). O, como indicaba Aragoneses Martínez, "*no parece desdeñable el dato de que, aun en el caso de que la víctima no*

---

*participen en el proceso, adoptarán, de acuerdo con lo dispuesto en la Ley, las medidas necesarias para proteger la intimidad de todas las víctimas y de sus familiares y, en particular, para impedir la difusión de cualquier información que pueda facilitar la identificación de las víctimas menores de edad o de víctimas con discapacidad necesitadas de especial protección*".

41 Moreno Catena, *El secreto en la prueba de testigos del proceso penal*, cit., págs. 26-27.

42 Serra Domínguez, *Contribución al estudio de la prueba* en sus *Estudios de Derecho Procesal*, Barcelona, 1969, págs. 356 y ss.

43 Moreno Catena, *El secreto en la prueba de testigos del proceso penal*, cit., pág. 22.

44 Moreno Catena, *El secreto en la prueba de testigos del proceso penal*, cit., págs. 29-30. Más adelante, sin embargo, el citado autor señalaría que las declaraciones que pueden prestar tanto los imputados como quienes ocupan formal o materialmente una posición actora pueden ser del mismo tipo que las prestadas por un testigo, en la medida en que supongan una aportación cognoscitiva. Sin embargo, ello no implicaba, a juicio de Moreno Catena, que su declaración pudiera considerarse como testimonio, porque el hecho de que una persona realice un acto que, en cierto sentido, se encuentre cercano al testimonio no es suficiente para calificarlo como tal. Además, recuerda que, en cualquier caso, la declaración falsa de quien ocupa una posición actora en el proceso penal integrará el delito de acusación o denuncia falsa pero nunca el de falso testimonio.

*haya ejercitado la acción penal, el ofendido o perjudicado por un delito difícilmente puede ser objetivo, desapasionado o imparcial*"[45].

De todos modos, no era la expuesta una corriente unánimemente aceptada por la doctrina. Saez Jiménez y López Fernández sostenían, por ejemplo, que el querellante podía declarar como testigo en el proceso penal en que era parte "*con lo cual respecto al mismo se produce una cierta similitud con la confesión en el proceso civil, ya que puede ocurrir que sea él la única persona que ha tenido conocimiento de los hechos y no existiendo otro medio de investigación o prueba, se encontraría el juzgador sin tener a su disposición ningún elemento que le permitiese enjuiciar la situación, si bien, aunque aquí no quepa hablar de "tachas" testificales, no hay duda alguna de que tanto el instructor como el tribunal sabrán apreciar, en su debida dimensión, el aspecto subjetivo de su versión frente a los hechos que se depuran*"[46].

Por lo que respecta a nuestra jurisprudencia, cabe señalar, en primer término, que el Tribunal Supremo afirmó con rotundidad, en alguna ocasión, que la víctima del delito no es un testigo "*pues característica de este medio de prueba es la declaración de conocimiento prestada por una persona que no es parte en el proceso y el perjudicado puede mostrarse parte en la causa como acusador particular o incluso con sólo finalidad resarcitoria como actor civil*" (STS de 27 de diciembre de 1996). Sin embargo, en otras ocasiones, se mostró más flexible, admitiendo la condición de testigo incluso de la parte acusadora, máxime cuando había sido la víctima del delito y así llegó a calificar a la víctima del delito como "*testigo con status especial*" (STS de 28 de octubre de 1992), "*aunque su declaración no puede encuadrarse en el concepto genuino de la prueba testifical pues puede constituirse en parte acusadora, lo que excluye su naturaleza de prueba personal de tercero*" (STS de 11 de julio de 1990). Más adelante, en su sentencia de 20 de mayo de 1997, el Alto Tribunal afirmaba que quien es parte en el proceso civil no puede declarar como testigo y por ello lo hará

---

45 Aragoneses Martínez, *Régimen procesal de la víctima. Deberes y medidas de protección* en "Revista de Derecho Procesal", núm. 2, 1995, pág. 432. En consecuencia, tampoco Aragoneses Martínez consideraba aceptable que la posible existencia de aspectos coincidentes entre víctima y testigo justifique que "se equiparen sus respectivos estatutos jurídicos, y mucho menos cuando, como también es práctica habitual, la víctima es parte del proceso. Esta equiparación —o, mejor, tal aplicación analógica— se produce porque así como la LECrim aborda con detalle la intervención de los testigos en el proceso, no ofrece una regulación acabada de los deberes y derechos de la víctima en relación con el proceso" (*op. cit.*, pág. 425)

46 Saez Jiménez, J. y López Fernández de Gamboa, E.; *Compendio de Derecho Procesal civil y penal,* T. IV, II, Santillana, Madrid, 1965 print, pág. 888.

a través del interrogatorio de las partes. Sin embargo, "*esto no ocurre en el proceso penal, en el que a tales efectos sólo hay una parte, aquélla contra la que se ejercita la acción penal, única que no puede declarar como testigo. Todas las demás personas que pueden aportar algún dato de interés al proceso han de actuar en el mismo prestando su testimonio con sometimiento a las normas procesales que regulan esta clase de prueba. También los ofendidos por el delito*".

Por su parte, también el Tribunal Constitucional ha sostenido que la declaración del perjudicado, practicada en el juicio oral con todas las garantías, "*tiene la consideración de prueba testifical, y como tal, puede constituir válidamente prueba de cargo, en la que puede basarse la convicción del Juez para la determinación de los hechos del caso*" (STC 229/1991 de 28 de noviembre). Y ello, aunque la víctima sea el único testigo de cargo[47]. De no ser así, esto es, si la víctima no puede ser considerada testigo, se podría llegar a la impunidad más absoluta, especialmente tratándose de aquellas infracciones delictivas que *per se* se consuman dentro del mayor de los secretismos, como suele ocurrir en los delitos contra la libertad sexual. Para el descubrimiento de tales delitos puede ser fundamental la declaración de la víctima, "*dado que en esta clase de delitos no suelen existir más medios probatorios que los que se desprenden de las versiones contrapuestas del agresor y la víctima, lo cual no es impedimento para que puedan extraerse conclusiones válidas y utilizables para llegar a una determinada resolución*" (STS de 14 de abril de 1993)[48].

Es decir, en algunos supuestos será imprescindible el testimonio de la víctima aunque la aportación cognoscitiva que ésta realice pueda estar

---

47 *Vid.* por todas las SSTS de 10 de marzo de 1986; de 11 de diciembre de 1987; de 13 de abril de 1992; de 24 de mayo de 1993; y de 16 de septiembre de 1996. En este sentido, conviene traer aquí la reiterada jurisprudencia del Tribunal Supremo, en virtud de la cual, la manifestación de un único testigo es suficiente para apoyar una resolución condenatoria. De este modo, el antiguo aforismo "*testis unus testis nullus*" ha dejado de tener vinculación para los tribunales "con lo que queda desterrada la antigua prevención de Las Partidas (Título XIV, Ley XII) cuando sólo se admitía la prueba testifical si eran más de uno y sin tacha legal" (STS de 4 de abril de 1995).
Sobre el viejo principio "*testis unus, testis nullus*" *vid.* también, Fernández Espinar, *El principio "testis unus testis nullus" en el derecho procesal español*, Madrid, 1979.

48 En el mismo sentido, *vid.* SSTS de 3 de junio de 1991 (RA: 4487), de 13 de septiembre de 1991 (RA: 6177), de 4 de abril de 1992 (RA: 2760), de 13 de abril de 1992 (RA: 3039), de 7 de marzo de 1994 (RA. 1861), de 12 de noviembre de 1996 (RA. 8198) y de 20 de mayo de 1997 (RA: 4262).

teñida de cierto subjetivismo[49], por lo que corresponde a los tribunales indagar acerca de la verosimilitud de su testimonio, "*no sólo a través de las inaprensibles percepciones que facilita la inmediación y de las reglas lógicas y de experiencia, sino valorando, además, todos los datos periféricos objetivos y subjetivos que puedan avalar la sinceridad de las referencias que facilita la víctima*" (STS de 10 de diciembre de 1992.

El problema, por tanto, del testimonio de la víctima radica en su compleja valoración, especialmente cuando constituye la única prueba de cargo ya que se entra en la "*situación límite de riesgo para el derecho constitucional a la presunción de inocencia*" (STS de 29 de diciembre de 1997). En este sentido, como señala Ríos Cabrera, la temida impunidad delictiva que pretende evitarse a través de la doctrina sobre el valor probatorio del testimonio único de la víctima puede originar "*el grave riesgo de la condena automática del inocente o, lo que es aún peor, que la Administración de Justicia sirva a los propósitos de ciertas personas que, bajo falsas imputaciones, tan sólo buscan satisfacer móviles de venganza, enemistad o resentimiento*"[50].

A tal efecto, la jurisprudencia ha destacado los tres parámetros a tener en consideración por el juzgador en la valoración como prueba de cargo de la declaración de la víctima que, como es sabido, son los siguientes[51]: a) la ausencia de incredibilidad subjetiva derivada de las previas relaciones acusado-víctima, que pongan de relieve un posible móvil espurio, de resentimiento o venganza que pueda enturbiar la sinceridad del testimonio, generando una incertidumbre incompatible con la formación de una convicción inculpatoria asentada sobre bases firmes[52]; b) La verosimilitud, que

---

49 Como señala el Tribunal Supremo, el margen de subjetivismo es amplio y en él tiene cabida desde la fabulación hasta los móviles de odio, venganza u otros torticeros.

50 Ríos Cabrera, *La declaración de la víctima menor o discapacitada psíquica, como única prueba de cargo, en los procesos por delitos contra la libertad e indemnidad sexuales*, cit., pág. 191.

51 *Vid.* entre otras muchas, las SSTS de 28 de septiembre de 1988 (RA: 7070), de 26 de mayo de 1992 (RA: 4487), de 9 de septiembre de 1992 (RA: 7098), de 26 de mayo de 1993 (RA: 4321), de 1 de febrero de 1994 (RA: 1240), de 7 de marzo de 1994 (RA: 1861), de 14 de julio de 1995 (RA: 5410), de 17 de mayo de 1996 (RA: 3888) y de 13 de mayo de 1996 (RA: 4547).

52 De todas formas, como señala la STS de 11 de mayo de 1994 (RA: 3687), hay que partir de la constatación de que "todo denunciante tiene, por regla, interés en la condena del denunciado, pero ello no elimina en forma categórica el valor de sus dichos".

constituiría el segundo elemento a tener en cuenta "*dado que el testimonio —con mayor razón al tratarse de un perjudicado— debe estar rodeado de algunas corroboraciones periféricas de carácter objetivo que lo doten de aptitud probatoria, de manera que el propio hecho de la existencia del delito esté apoyado en algún dato añadido a la pura manifestación subjetiva*" (STS de 29 de abril de 1997)[53] y, c) El último factor a tener en cuenta, según el Tribunal Supremo, es la persistencia en la incriminación, que ha de ser prolongada en el tiempo, reiteradamente expresada y expuesta sin ambigüedades o contradicciones[54].

Expuesta la doctrina del Tribunal Supremo acerca de los factores a considerar en la valoración del testimonio de la víctima, cabe añadir que la ausencia de los elementos señalados determina un vacío probatorio, de manera que en caso de condena se habría violado la garantía de presunción de inocencia[55]. Ello no obstante, la falta de alguno de los criterios mencionados ha de ser libremente valorada por el órgano judicial, a tenor de lo dispuesto en el art. 741 LECrim.

En definitiva, como recordó Font Serra la jurisprudencia acabó entendiendo que, excepto el acusado, cualquier persona que pueda aportar algún dato de interés al proceso, aunque esté personada como parte acusadora[56], puede declarar con sometimiento a las normas procesales que regulan el interrogatorio de los testigos debido "*a la amplitud del deber de testificar y al hecho de no existir en el proceso penal ni una diligencia de investigación, ni un medio de prueba consistente en el interrogatorio de las partes*"[57]. De este modo, resulta evidente, siguiendo a Álvarez-Linera y Uría, que las partes acusadoras pueden declarar en calidad de testigos en el proceso

---

53 Este elemento habrá de ponderarse adecuadamente cuando se trate de delitos que no dejan huellas o vestigios materiales de su perpetración. Por esta razón, "*el hecho de que, en ocasiones, el dato corroborante no pueda ser contrastado no desvirtúa el testimonio si la imposibilidad de la comprobación se justifica en virtud de las circunstancias concurrentes en el hecho*" (STS de 12 de julio de 1996)

54 Ello no obstante, considera el Tribunal Supremo en su sentencia de 17 de octubre de 1997 (RA: 7019) que "el hecho de que las declaraciones inculpatorias no sean absolutamente coincidentes no es base suficiente para que decaiga totalmente su potencialidad incriminatoria".

55 *Vid.* en este sentido, la STS de 11 de octubre de 1995 y de 29 de diciembre de 1997, siendo esta última objeto de un comentario por la profesora Peiteado Mariscal en "Tribunales de Justicia", núm. 7, 1998, págs. 804 a 806.

56 Font Serra, *Delimitación práctica del concepto de testigo y perito* en Robles Garzón (DIR.); *La protección de testigos y peritos en causas criminales,* Málaga, 2001, pág. 123.

57 Font Serra, *Delimitación práctica del concepto de testigo y perito,* op. y loc. cit.

penal. Otra cosa, afirma el citado autor, "*es si de lege ferenda no sería más conveniente articular una forma propia específica, distinta de la testifical, para recoger las "declaraciones" de tales personas*"[58]. También Moreno Catena señalaría que, a falta de previsión normativa que regule la declaración del acusador-ofendido, cuando éste declara en el proceso no ocupa una posición similar a la del imputado sino más cercana a la de los testigos por lo que en su órbita debe situarse, dado que a los testigos lo asimilan los deberes a que se ve sometido— comparecer, declarar y decir la verdad[59].

Por nuestra parte, también preferimos acogernos a una noción amplia de testigo, que incluya a todas aquellas personas que pueden, al amparo de lo que han visto, oído, percibido, declarar en el proceso penal. Cierto es que la consideración como testigo de la víctima del delito, con independencia de si se ha constituido o no en parte acusadora, hace quebrar el principio "*in causa propria quis testis esse non potest*" pero de no aceptar el testimonio de la víctima en más de una ocasión el órgano judicial se vería abocado a absolver al acusado dando origen a una impunidad desmedida y sin sentido. En todo caso, el problema del testimonio de la víctima que, preciso es reconocer puede estar teñido de subjetividad, radica en su verosimilitud, que habrá de ser determinada por el Tribunal sentenciador, teniendo en cuenta las circunstancias concurrentes, de acuerdo a las reglas de la lógica y de la experiencia. Por tanto, resulta patente que la declaración de la víctima en el proceso penal debe quedar amparada por lo previsto en la LO 19/94 de 23 de diciembre, de protección de testigos y peritos en causas criminales[60]. Y es que, como afirma Moreno Catena, las razones que llevaron a la aprobación del mencionado texto legal le pueden ser de entera aplicación a la víctima ya que, en primer lugar, puede correr idéntico o mayor riesgo que el testigo o el perito[61]. Por otra parte,

---

58 Álvarez-Linera y Uría, *Notas sobre el testimonio en el proceso penal*, cit., pág. 856.

59 *Vid.* Moreno Catena, *La protección de los testigos y peritos en el proceso penal español* cit., pág. 141 y del mismo autor, *Derecho procesal penal* (con Cortés Domínguez), 11ª ed., Tirant lo Blanch, Valencia, 2023, pág. 486.

60 Téngase en cuenta que en la Proposición de Ley que, en su día, remitió el grupo de Senadores Nacionalistas Vascos al Congreso incluía ya en la rúbrica del texto legal al "denunciante" que en muchas ocasiones coincidirá con la víctima. En efecto, la Proposición llevaba por nombre "*De protección a denunciantes, testigos y peritos en determinadas causas criminales*" y en su art. 1 señalaba que: "*las disposiciones de esta Ley son aplicables a quienes en calidad de denunciantes, testigos o peritos intervengan de cualquier modo en los procesos penales*".

61 Moreno Catena, *La protección de los testigos y peritos en el proceso penal español* en Ferré Olivé, J. C. y Anarte Borrallo, E. (Eds); *Delincuencia organizada. Aspectos penales,*

el sentido de la protección que la LO 19/94 confiere obedece a las especiales circunstancias que convergen en cada tipo delictivo y que pueden ser particularmente comprometedoras para la víctima. Por último, mediante la protección del testimonio de la víctima se cumple también uno de los fines perseguidos por la LO 19/94, cual es el de intentar reforzar todos los extremos que puedan resultar fundamentales para el éxito de la investigación penal[62].

### *3.3. Las medidas de protección del testimonio de la víctima*

El conjunto de medidas de protección reguladas en la LO 19/94 pueden ser agrupadas en dos grandes categorías. Las primeras, que podríamos denominar "extraprocesales" o "extrajudiciales", contempladas en el art. 3 del mencionado Texto, se caracterizan por no afectar al desarrollo del proceso. Consecuentemente, podrán éstas mantenerse incluso finalizado aquél. Dentro de este primer tipo de medidas, nos encontramos con aquéllas consistentes en reforzar la protección penal que ofrece el Código Penal en su art. 464 a testigos y peritos frente a eventuales ataques para perseguir los actos de intimidación perpetrados contra ciudadanos que están dispuestos a colaborar con la Administración de Justicia y que tienen por objeto imposibilitar la acción delictiva contra el testigo o el perito o, al menos, defender a éstos frente a aquélla[63]:

1) La prohibición de captación de la imagen del testigo o perito protegido y la retirada, en su caso, del material de cualquier tipo a quien contraviniere tal interdicción.
2) La protección policial permanente o episódica.
3) El uso exclusivo de un local reservado en las dependencias judiciales para el testigo y/o perito.
4) La autorización excepcional de nueva identidad y la concesión, también extraordinaria, de medios económicos para el cambio de residencia o de lugar de trabajo.

---

*procesales y criminológicos,* Universidad de Huelva, 1999, *pág. 142.*

62 Moreno Catena, *La protección de los testigos y peritos en el proceso penal español,* cit., pág. 142.

63 *Vid.* en este sentido Ortells Ramos, *Comentario y desarrollo de la Ley de protección de testigos y peritos,* en Robles Garzón (Dir.); *La protección de testigos y peritos en causas criminales,* CEDMA, Málaga, 2001, pág. 165.

El otro grupo de medidas, que comprende a las estrictamente procesales y que, a diferencia de las anteriores no podrán prolongarse concluido el proceso, pueden comportar un menoscabo del derecho de defensa del imputado o del acusado[64]. Estas medidas con repercusión procesal, por seguir la terminología propuesta por Ortells Ramos, vienen descritas en el art. 2 LO 19/94[65]. Son las siguientes:

1) La ocultación del nombre, apellidos, domicilio, lugar de trabajo y profesión y de cualquier otro dato que pudiera servir para la identificación del testigo o perito.
2) La utilización de cualquier procedimiento que imposibilite la identificación visual normal del testigo o perito.
3) La fijación como domicilio, a efecto de citaciones y notificaciones, de la sede del órgano judicial que las hará llegar reservadamente a sus destinatarios.

Por su parte, el art. 25.3 del Estatuto de la Víctima, además de mantener la posibilidad de aplicar cualquiera de las medidas señaladas recogidas en la LO 19/94, añade otras que podemos agrupar en función del momento procesal en que pueden ser adoptadas:

1.- Medidas de protección a aplicar durante la fase de investigación:

Dentro de esta categoría, el art. 25.1 contempla: a) la recepción de la declaración de la víctima en dependencias especialmente concebidas o adaptadas a tal fin[66]; b) por profesionales que hayan recibido una for-

---

64 Moreno Catena, *La protección de testigos y peritos en el proceso penal español*, cit., pág. 145.

65 Ortells Ramos, *Comentario y desarrollo de la Ley de protección de testigos y peritos* en Robles Garzón (Dir.); *La protección de testigos y peritos en causas criminales*, cit., pág. 164. *Vid.* también en este sentido, Moreno Catena, *La protección de testigos y peritos en el proceso penal español*, cit., pág. 146. Otros autores se refieren a estas medidas con los calificativos de extrajudiciales o extraprocesales como Palacio Sánchez-Izquierdo, *Ley de protección a testigos y peritos*, Estudios de Deusto. Revista de Derecho Público, Vol. 43, nº 1, 1995, pág. 209 o de policiales o gubernativas, como es el caso de Ferrer García, A., *Diligencias de protección referidas al perjudicado y a los testigos*, Cuadernos de Derecho Judicial, núm. 3, 1998, pág. 227.

66 En esta misma línea, téngase presente que el art. 20 del Estatuto de la Víctima también dispone que "*las dependencias en las que se desarrollen los actos del procedimiento penal, incluida la fase de investigación, estarán dispuestas de modo que se evite el contacto directo entre las víctimas y sus familiares, de una parte, y el sospechoso de la infracción o acusado*".

mación especial para reducir o limitar perjuicios a la víctima, así como en perspectiva de género, o con su ayuda; c) por la misma persona, salvo que ello pueda perjudicar de forma relevante el desarrollo del proceso o deba tomarse la declaración directamente por un Juez o un Fiscal y, d) cuando se trate de alguna víctima de violencia de género, de algún delito contra la libertad o indemnidad o de trata con fines de explotación sexual, que la declaración se lleve a cabo por una persona que, además de cumplir los requisitos previstos en la letra b) de este apartado, sea del mismo sexo que la víctima, cuando esta así lo solicite, salvo que ello pueda perjudicar de forma relevante el desarrollo del proceso o deba tomarse la declaración directamente por un juez o fiscal. Por otra parte, al amparo de lo dispuesto en el art. 25.2 del mismo Texto Legal, podrá acordarse, asimismo, que la declaración se lleve a cabo evitando, por un lado, el contacto visual entre la víctima y el presunto autor del delito y, por otro, la formulación de preguntas relativas a la vida privada de la víctima irrelevantes para la investigación del delito.

2.- Durante la fase de enjuiciamiento podrán ser adoptadas, conforme a lo dispuesto en el art. 25.2: a) medidas que eviten el contacto visual entre la víctima y el supuesto autor de los hechos, incluso durante la práctica de la prueba, para lo cual podrá hacerse uso de tecnologías de la comunicación; b) medidas para garantizar que la víctima pueda ser oída sin estar presente en la sala de vistas, mediante la utilización de tecnologías de la comunicación adecuadas; c) medidas para evitar que se formulen preguntas relativas a la vida privada de la víctima que no tengan relevancia con el hecho delictivo enjuiciado, salvo que el Juez o Tribunal consideren excepcionalmente que deben ser contestadas para valorar adecuadamente los hechos o la credibilidad de la declaración de la víctima y, d) la celebración de la vista oral sin presencia de público. En estos casos, el Juez o el Presidente del Tribunal podrán autorizar, sin embargo, la presencia de personas que acrediten un especial interés en la causa.

Finalmente, el art. 26 del Estatuto de la Víctima prevé una serie de medidas especiales para evitar o limitar, en la medida de lo posible, que el desarrollo de la investigación o la celebración del juicio se conviertan en una nueva fuente de perjuicios para la víctima del delito, a añadir a las anteriores, para los supuestos en que las víctimas sean menores, personas con discapacidad necesitadas de especial protección y víctimas de violencias sexuales: 1) La grabación por medios audiovisuales de las declaraciones realizadas en la fase de instrucción —que podrán ser recibidas por medio de personas— y n ser reproducidas en el juicio en los casos y condiciones determinadas por la Ley de Enjuiciamiento Criminal; 2) La designación, por parte del Juez o Tribunal a instancias de la Fiscalía, de un defensor judicial de la víctima, para que la represente en la investigación y en el proceso penal, en los casos previstos en el art. 22.2[67].

## 4. CONCLUSIÓN

Los intereses del Estado en su misión de perseguir la comisión de delitos; los de la víctima-testigo en ver reparadas las consecuencias del delito y resarcidos sus derechos y, los intereses de la persona acusada en la celebración de un proceso penal con todas las garantías son todos ellos dignos de la máxima protección. Sin embargo, son, cuando menos, difíciles de compatibilizar. De dicha dificultad surge el reto de afrontar el estudio de la protección de testigos y peritos en causa criminal, como hiciera el profesor Moreno Catena, con el objetivo de hallar la manera de brindar las medidas tuitivas necesarias a testigos y peritos sin detrimento de las garantías constitucionales reconocidas al acusado, porque la solución al problema de los testigos atemorizados no puede pasar, en modo alguno, por una disminución de las garantías de la persona acusada. Así, se hace imprescindible encontrar el complicado equilibrio en una balanza en la que a un lado se encuentra el/la testigo al que se ha de brindar protección y, al otro, la persona acusada al que no puede recortarle ninguno de sus derechos, esto es, en palabras de Moreno Catena: "*La protección de los derechos de testigos no puede pasar por encima de los derechos fundamentales del acusado porque si se utilizan atajos de esta naturaleza nos encontraremos en poco tiempo con un recorte*

---

67 Concretamente, el art. 26.2 del Estatuto de la Víctima hace alusión a la designación de un/a defensor/a judicial en los siguientes supuestos: a) Cuando se valore que los representantes legales de la víctima menor de edad o con capacidad judicialmente modificada tienen con ella un conflicto de intereses, derivado o no del hecho investigado, que no permite confiar en una gestión adecuada de sus intereses en la investigación o en el proceso penal; b) Cuando el conflicto de intereses a que se refiere la letra a) de este apartado exista con uno de los progenitores y el otro no se encuentre en condiciones de ejercer adecuadamente sus funciones de representación y asistencia de la víctima menor o con capacidad judicialmente modificada y, c) Cuando la víctima menor de edad o con capacidad judicialmente modificada no esté acompañada o se encuentre separada de quienes ejerzan la patria potestad o cargos tutelares.

*real de las garantías procesales y de las libertades que cada vez en más lugares van alumbrando'*[68].

## BIBLIOGRAFÍA

Álvarez-Linera y Uría, *Notas sobre el testimonio en el proceso penal* en "La Ley", Madrid, 1982, Vol. II.

Aragoneses Martínez, *Régimen procesal de la víctima. Deberes y medidas de protección* en "Revista de Derecho Procesal", núm. 2, 1995.

Corso, *La qualità de testimonio nel processo penale* en "La Giustizia Penale", 1973, III, Col. 582.

de Vicente y Caravantes, *Tratado histórico, crítico filosófico de los procedimientos judiciales en materia civil según la nueva Ley de Enjuiciamiento,* T. II, Imprenta de Gaspar y Roig, Madrid, 1856.

Dosi Ettore, *La prova testimoniale. Structtura e funzione,* Giuffrè, Milano, 1974.

Fenech Navarro, *Derecho procesal penal,* T. I, Labor, Barcelona, 1960.

Fernández Espinar, *El principio "testis unus testis nullus" en el derecho procesal español,* Madrid, 1979.

Ferrer García, A., *Diligencias de protección referidas al perjudicado y a los testigos,* Cuadernos de Derecho Judicial, núm. 3, 1998, págs. 203-236.

Florian Eugenio, *De la pruebas penales,* Tomo II, 3ª ed., Temis, Santa Fe de Bogotá, 1995.

García Quesada, *El miedo de los testigos* en AA.VV., *La prueba en el proceso penal,* Consejo General del Poder Judicial, Madrid, 1992.

Granados Pérez, *Estudio de los supuestos en los que el testigo no comparece al juicio oral. Principio general: suspensión. Excepciones conforme a la doctrina del Tribunal Constitucional y de la sala 2ª del Tribunal Supremo* en AA.VV., *La prueba en el proceso penal,* Cuadernos de Derecho Judicial, Consejo General del Poder Judicial, Madrid, 1992.

Gómez Orbaneja y Herce Quemada, *Derecho procesal penal,* Madrid, 1975.

Manzini, V., et al, *Tratado de derecho procesal penal,* traducción de Sentís Melendo y Ayerra Redín, T. III, E.J.E.A, Buenos Aires, 1951.

Miranda Estrampes, *La prueba de testigos en la jurisprudencia del Tribunal Europeo de Derechos Humanos* en AA.VV.; *Estudios jurídicos. Ministerio Fiscal,* V, Centro de Estudios Jurídicos de la Administración de Justicia, 2000.

Moreno Catena, *El secreto en la prueba de testigos del proceso penal,* Montecorvo, Madrid, 1980.

Moreno Catena, *La protección de los testigos y peritos en el proceso penal español,* en "Revista Penal", 1138-9168, núm. 4, 1999, págs. 58 a 67.

Moreno Catena, *La protección de los testigos y peritos en el proceso penal español* en Ferré Olivé/Anarte Borrallo (Eds); *Delincuencia organizada. Aspectos penales, procesales y criminológicos,* Universidad de Huelva, 1999.

Moreno Catena y Cortés Domínguez, *Derecho procesal penal,* 11ª ed., Tirant lo Blanch, Valencia, 2023.

---

68 Moreno Catena, *La protección de testigos y peritos en el proceso penal español,* cit., pág. 149.

Ortells Ramos, *Comentario y desarrollo de la Ley de protección de testigos y peritos,* en Robles Garzón (Dir.); *La protección de testigos y peritos en causas criminales,* CEDMA, Málaga, 2001.

Palacio Sánchez-Izquierdo, *Ley de protección a testigos y peritos,* Estudios de Deusto. Revista de Derecho Público, Vol. 43, nº 1, 1995.

Paz Rubio; Mendoza Muñoz; Olle Seje y Rodríguez Moriche, *La prueba en el proceso penal. Su práctica ante los Tribunales,* Colex, Madrid, 1999.

Prieto-Castro y Gutiérrez de Cabiedes *Derecho procesal civil,* Vol. I, Madrid, 1973.

Prieto-Castro y Gutiérrez de Cabiedes, *Derecho procesal penal,* 2ª ed., Madrid, 1978.

Ríos Cabrera, *La declaración de la víctima menor o discapacitada psíquica, como única prueba de cargo, en los procesos por delitos contra la libertad e indemnidad sexuales* en "Justicia", nº 2-4, 2001.

Ruiz Vadillo, *Algunas breves consideraciones sobre la prueba testifical en el proceso penal,* en "Boletín de Información del Ministerio de Justicia e Interior", núm. 1767, 1996.

Saez Jiménez, J. y López Fernández de Gamboa, E.; *Compendio de Derecho Procesal civil y penal,* T. IV, II, Santillana, Madrid, 1965.

Sentis Melendo, *Fuentes y medios de prueba* en "Revista argentina de derecho procesal", núm. 2, 1968.

Serra Domínguez, *Contribución al estudio de la prueba* en sus *Estudios de Derecho Procesal,* Barcelona, 1969.

# *Lo que late en la estrategia europea de tutela efectiva de los* whistleblowers

**NICOLÁS RODRÍGUEZ-GARCÍA**
*Catedrático de Universidad*
*Área de Derecho Procesal*
*Universidad de Salamanca*



## 1. INTRODUCCIÓN

Consideramos que para estudiar y valorar mejor quién, cuándo, cómo y por qué tiene hoy en día que cumplir con el deber cívico y constitucional de colaborar socialmente[1], y también con la Administración de Justicia, no se debe hacer sin contextualizar previamente el escenario político e institucional que ha definido la regulación en la que se deben verificar esas actuaciones por las personas llamadas a hacerlo.

Una tarea ardua a desarrollar en un contexto de *soft law* internacional[2], que tiene un alcance mayor que la *simple* existencia de un *senti-*

---

1 Y ello porque pese a que los esfuerzos institucionales se concentran en la respuesta a dar cuando las transgresiones detectadas y reportadas son ilegales, la aspiración a medio y largo plazo es que la *cultura* que se genera alcance a las ideas y conductas organizativas que, aunque no sean ilegales, cuando menos no son éticas. Con este planteamiento véase Ouriemmi, O., "The Legalistic Organizational Response to Whistleblowers' Disclosures in a Scandal: Law Without Justice?". *Journal of Business Ethics,* 2023, págs. 1 y ss.

2 *Vid.* Quintero Sánchez, A.: "El *compliance* y la inversión extranjera a la luz del Derecho Internacional y las prácticas de las empresas transnacionales". En: López

*miento* —¿deber?— de lealtad de los empleados o miembros respecto a la organización en la que se desempeñan profesional o laboralmente[3]. Incluso más: sin escrutar si de una vez[4] se han pensado —y ejecutado— las condiciones básicas estructurales de salvaguarda del estatus de esa persona que activa la señal de alarma dentro de una organización cuando detecta un mal funcionamiento[5], de manera tal que las normas reguladoras de todo ello sean eficaces y equilibradas con los derechos e intereses de otros sujetos con los que se interrelacionan en actuaciones administrativas y jurisdiccionales, y sin olvidar al afectado. En última instancia, inoculando en el sistema un planteamiento que trascienda de lo procedimental y administrativizado, inclusive aunque se beneficie de los avances de la inteligencia artificial[6], y encuentre asideros en la ética, la moral y la conciencia grupal[7].

Por tanto, para no contribuir a una *venta pública de ilusiones* temeraria e irracional, esperamos que se pueda colegir de este trabajo que, a nuestro juicio, las normas —europeas y nacionales— de trasposición son el *prin-*

---

Olvera, M. A. (coord.): *Compliance.* Ciudad de México: Tirant lo Blanch, 2023, págs. 137 y ss.

3 *Vid.* Capdeferro Villagrasa, O.: "Canales de denuncia". *Eunomía. Revista en Cultura de la Legalidad,* nº 25, 2023, págs. 293 y ss.

4 Porque no será por falta de un cuerpo doctrinal sólido que venía clamando por su necesidad. Véase, entre muchos, Ragués i Vallès, R.: Whistleblowing*: una aproximación desde el derecho penal.* Madrid: Marcial Pons, 2013; y Ortiz Pradillo, J. C.: *Los delatores en el proceso penal: recompensas, anonimato, protección y otras medidas para incentivar una colaboración eficaz con la Justicia.* Madrid: Wolters Kluwer, 2018.

5 Con relación a la conceptualización de esta persona véase Casals Fernández, A.: "*Whistleblowers:* la lucha contra las conductas ilícitas. Análisis de la Ley 2/2023, de 20 de febrero, reguladora de la protección de las personas que informen sobre infraccioner normativas y la lucha contra la corrupción". *LA LEY Penal,* nº 161, 2023.

6 *Vid.* Ribas, X.: "El uso de los sistemas IA en la función de *compliance*". *LA LEY Compliance Penal,* nº 15, 2023.

7 *Vid.* Hernández Cuadra, E.: "La importancia de adoptar un enfoque ético en el desarrollo de programas de 'compliance'". En: Frago Amada, J. A. (coord.): *Actualidad Compliance 2018.* Pamplona: Aranzadi, 2018, págs. 28 y ss.; Fernández Ajenjo, J. A.: "Estatus axiológico de la Directiva de protección del denunciante". *Revista Administración & Cidadanía, EGAP,* vol. 15, nº 1, 2020, págs. 41 y ss.; y Villoria Mendieta, M.: "Un análisis de la Directiva (UE) 2019/1937 desde la ética pública y los retos de la implementación". *Revista Española de la Transparencia,* nº 12, 2021, págs. 20 y ss.

*cipio* y no el *final* de la estrategia pergeñada e implementada en el último lustro[8].

## 2. LA JUSTICIA PENAL MODERNA: LIMITACIONES Y RESPUESTAS DEMANDADAS EN CLAVE COLABORATIVA

### *2.1. La justicia como institución social compleja*

Existe una tendencia generalizada a reducir el sistema penal a una función técnica de jueces, fiscales y otros servidores públicos, guiada por sus propios intereses, principios y fines, a ser marcados en principio, todos ellos, en las cámaras legislativas, pero modulados cada vez más frecuentemente por quien en cada momento detenta el poder ejecutivo. Una dinámica, pues, que genera, a todas luces, un distanciamiento de esa ciudadanía a la que constitucionalmente tiene que dar acceso, servir y rendir cuentas.

Más allá de la frialdad de los datos que puntualmente nos ponen, negro sobre blanco, estudios, informes y barómetros —nacionales y foráneos—, en los cuales la actividad jurisdiccional y quienes la llevan a efecto se alzan y mantienen como el último 'salvavidas' en el Estado de Derecho, por ser la garantía última de defensa de la democracia y de las libertades de los ciudadanos[9], pese a los continuos y organizados zarandeos que sufre[10],

---

8 Con este planteamiento *vid.* Kafteranis, D.: "The International Legal Framework on Whistle-Blowers: What More Should Be Done?". *Seattle Journal for Social Justice,* vol. 19, nº 3, 2021.

9 *Vid.* CONSEJO GENERAL DEL PODER JUDICIAL: *La imagen de la Justicia entre usuarios de sus servicios.* Madrid: Metroscopia, 2023, pág. 25. Y además véase CONSEJO GENERAL DE LA ABOGACÍA ESPAÑOLA: *La situación de la Abogacía vista por los abogados.* Madrid: Metroscopia, 2022, págs. 31 y ss.

10 Debiera ser de todo punto aleccionador para los responsables institucionales y políticos de la mayor parte de los Estados de la Unión Europea estudiar a fondo las causas y efectos del reciente Eurobarómetro de la Comisión Europea acerca de cómo el público en general percibe la independencia de los sistemas judiciales nacionales de la UE. De manera agregada, el 53% de los ciudadanos de la UE califica el sistema judicial de su país —en términos de independencia de tribunales y jueces— de "bastante bueno" o "muy bueno", mientras que el 36% dice que es "bastante malo" o "muy malo"; unos resultados medios que sustancialmente permanecen estables en el último lustro. Los encuestados que califican de buena la independencia de su sistema judicial son los que más afirman que se debe a que el estatus y la posición de los jueces y magistrados garantizan suficientemente su independencia; por el contrario, aquellos que desconfían más en su actuar lo

y con independencia del personal y los recursos de que disponga[11], en muchos casos su funcionamiento es observado y sentido como una *rémora*, una suerte de reliquia histórica, que se expresa en una jerga incomprensible para el ciudadano común, dotado de formalidades intrincadas y anacrónicas, con una gestión de los tiempos contraria a los de la era de la información y la comunicación[12], en unos momentos en los que se habla de una Justicia+[13] que está 'dataizada'[14], tratando de contrarrestar a una delincuencia globalizada y digitalizada[15].

Esta 'lejanía', simbólica y también percibida, coincide parcialmente, sin embargo, con la realidad concreta, tal y como se puede constatar con los datos europeos que toman el pulso en los Estados de la Unión a los sis-

---

hacen por creer que están sujetos a interferencias o presiones, bien por parte de intereses económicos u otros intereses específicos (73%), bien procedentes del Gobierno y los políticos (77%). Para el caso de España, esa dupla —bastante bueno/muy bueno y bastante malo/muy malo— es peor que la media reseñada, situándose en el 34% y en el 49%, estando el dato más lacerante en las interferencias o presiones por parte del gobierno o de los dirigentes políticos (71%). Más ampliamente véase EUROPEAN COMMISSION: *Perceived independence of the national justice systems in the EU among the general public.* Brussels: Report, Publications Office of the European Union, 2023, págs. 3 y ss.

Y no menos relevante es ampliar ese estudio y reflexión pedido con la valoración que se hace de esta misma independencia de jueces y magistrados por parte del sector privado; véase EUROPEAN COMMISSION: *Perceived independence of the national justice systems in the EU among companies.* Brussels: Report, Publications Office of the European Union, 2023, págs. 6 y ss.

11 *Vid.* CONSEIL DE L'EUROPE: *Systèmes judiciaires européens. Rapport d'évaluation de la CEPEJ. Cycle d'évaluation 2022. Tableaux, graphiques et analyses (Partie 1).* Strasbourg: Conseil de L'Europe, 2022, págs. 17 y ss.; y CONSEIL DE L'EUROPE: *Systèmes judiciaires européens. Rapport d'évaluation de la CEPEJ. Cycle d'évaluation 2022. Fiches pays (Partie 2).* Strasbourg: Conseil de L'Europe, 2022, págs. 124 y ss.

12 EUROPEAN COMMISSION: *Communication from the Commission to the European Parliament, the Council, the European Central Bank, the European Economic and Social Committee and the Committee of the Regions - The 2023 EU Justice Scoreboard.* Luxembourg: Publications Office of the European Union, 2023, págs. 3 y ss.

13 Barona Vilar, S.: "La seductora algoritmización de la justicia. Hacia una justicia poshumanista (Justicia+) ¿utópica o distópica?". *El Cronista del Estado Social y Democrático de Derecho,* nº 100, 2022, págs. 36 y ss.

14 Barona Vilar, S.: "Dataización de la justicia (Algoritmos, Inteligencia Artificial y Justicia, ¿el comienzo de una gran amistad?)". *Revista Boliviana de Derecho,* nº 36, 2023, págs. 14 y ss.

15 *Vid.* EUROPOL: *Internet organised crime threat assessment (IOCTA) 2023.* Luxembourg: European Union Agency for Law Enforcement Cooperation, 2023.

temas judiciales, al pluralismo y libertad de los medios de comunicación y a cuestiones institucionales más amplias relacionadas con el sistema de contrapoderes —como el papel de las organizaciones de la sociedad civil en la salvaguarda del Estado de Derecho, el rol de los tribunales constitucionales y las autoridades independientes como el Defensor del Pueblo o la autonomía e independencia de las fiscalías—. Todo ello bajo la cobertura de un 'mantra' mantenido en el tiempo: el orden basado en normas es fundamental para la credibilidad de la Unión Europea, en la que la defensa del Estado de Derecho no sólo tiene que ser un principio sino una realidad tangible en la que puedan confiar todas y cada una de las personas y empresas de la Unión, siendo algo esencial para el buen desarrollo de las operaciones transfronterizas comunitarias y la cooperación judicial, así como para el funcionamiento del mercado único y del ordenamiento jurídico de la Unión Europea en su conjunto en el que los Estados miembros dispongan de sistemas judiciales que funcionen correctamente y sean plenamente independientes, accesibles, responsables y sometidos al imperio de la ley[16].

Los destinatarios de estos mensajes grandilocuentes son los propios ciudadanos europeos, a quienes el acceso a la justicia y su impartición en perspectiva constitucional-garantista no deja indiferente: más del cincuenta por ciento de los habitantes de los países europeos han tenido contacto en alguna oportunidad, directamente o de manera interpuesta, con la Administración de Justicia en sus diversos ámbitos de actuación. En paralelo y particularmente, son crecientes los reclamos dirigidos al sistema penal para que dé respuestas —rápidas y eficaces— frente a casos que generan conmoción social o denotan comportamientos estructurales, cuando no 'sistémicos', que hacen debilitarse al Estado de Derecho[17]. Entre las prin-

---

16 EUROPEAN COMMISSION (2023a: 1 y ss.).

17 En el "Índice de Estado de Derecho" que anualmente viene elaborando el "Proyecto de Justicia Global" se puede constatar como hay una relación directa entre el funcionamiento de la justicia criminal con el sentir colectivo sobre la vigencia y el alcance del Estado de Derecho en un determinado país, pese a que ésta sea sólo uno de los ocho factores que son colacionados en la confección, en 2023, del ránking de 142 países. En él, España ocupa el puesto 24 con 0'72 puntos.
En el análisis y valoración de la justicia criminal de cada uno de los países el Índice toma en cuenta a sus actores principales —policías, fiscales, jueces, abogados y funcionarios de prisiones— y su desempeño en siete ítems: *(i)* el sistema de investigación penal es eficaz; *(ii)* el sistema de enjuiciamiento penal es oportuno y eficaz; *(iii)* el sistema penitenciario es eficaz para reducir el comportamiento delictivo; *(iv)* la justicia penal es imparcial; *(v)* la justicia penal está libre de co-

cipales demandas destacan tanto las cuestiones *soft*, que parecieran no preocupar a las autoridades públicas pese a ser constantes, diarias y extendidas, como lo es el primer punto de encuentro directo e individualizado con la —baja— corrupción[18], como las más *macro*, donde el blanqueo de capitales, el fraude, la corrupción —media y alta[19]— son los problemas principales[20 21].

---

rrupción; *(vi)* la justicia penal está libre de influencias indebidas por parte de los gobernantes; y *(vii)* el debido proceso legal y los derechos del acusado. Sólo considerando este factor España está en el puesto 25 (0'66). *Vid.* WORLD JUSTICE PROJECT: *Rule of Law Index 2023.* Washington D. C.: WJP, 2023, págs. 10 y ss.

18 Tal y como se evidencia en TRANSPARENCY INTERNATIONAL: *Global Corruption Barometer. European Union 2021. Citizens' Views and Experiences of Corruption.* Berlin: Transparency International, 2021, págs. 18 y ss., en la Unión Europea se ha cuantificado en 18 millones de personas las que en el último año para utilizar un servicio público pagaron un soborno, entregaron un regalo o hicieron un favor para recibir los servicios que necesitaban (sanidad pública, prestaciones sociales, educación, Policía, etc.); concretamente la media europea es del 7%, y el dato de España es del 2%. Sin embargo, mucho más amplificadas y extendidas están las prácticas de pedir favores y de recurrir a conexiones personales de familiares, amigos, compañeros de trabajo... para baipasear las normas y los procedimientos para poder hacer uso de esos servicios públicos: 106 millones de personas en el último año a nivel región. En esencia, recibir un trato *preferencial* —individual o grupal— para cuya consecución no es infrecuente que resulten damnificados otros grupos más numerosos, al quedar sesgada la distribución de los servicios gubernamentales en favor de quienes están mejor *conectados* en la sociedad. En este caso, la media europea es del 33%, siendo el resultado español significativamente más elevado: 40%.

19 A esa a la que se dedican, fundamentalmente, Policías, Fiscales, Jueces y Magistrados, porque los hechos a investigar y enjuiciar son de 'alto impacto' o tienen 'especial trascendencia'. Por ello, véase FISCALÍA GENERAL DEL ESTADO: Instrucción 4/2006, de 12 de julio de 2006, *sobre atribuciones y organización e la Fiscalía Especial para la represión de los delitos económicos relacionados con la corrupción y sobre la actuación de los Fiscales especialistas en delincuencia organizada.*

20 *Vid.* TRANSPARENCY INTERNATIONAL: *Corruption Perceptions Index 2023.* Berlin: Transparency International, 2024, págs. 2 y ss., que ranquea 180 países del mundo en función de los niveles percibidos de corrupción en el sector público, según expertos y empresarios, suspendiendo en esta valoración dos terceras partes de los países analizados y siendo la media que obtienen 4'3 puntos; 6'5 puntos en el caso de los países europeos, teniendo una puntuación de 6'0 España. Unos datos, mantenidos en el tiempo e inclusive tendencialmente inferiores, situación agravada por la pandemia sanitaria pasada, que ponen de manifiesto la inocuidad de los esfuerzos en prevenir y reprimir la corrupción, en unos escenarios nacionales, supranacionales y mundiales cada vez más violentos. Además, véase

La consecuencia de este panorama general sentido y así expresado, aunque sea estratificadamente en conductas y sectores de la población, es irremediable, inclusive en ocasiones en relación indirecta con cambios legislativos concebidos y aprobados con sesgo de impacto social[22], significadamente ante la concurrencia de grandes crisis —económicas, sanitarias, sociales, políticas, institucionales...— como las vividas en los tres últimos lustros: desafección y descrédito institucional, cuestionamiento permanente de sus actuaciones y alejamiento progresivo en perspectiva de acceso y participación activa y comprometida de la ciudadanía con aquellos que a

---

EUROPOL: *The Other Side of the Coin. An Analysis of Financial and Economic Crime.* Luxembourg: European Union Agency for Law Enforcement Cooperation, 2023, págs. 9 y ss.

Esta razón es la que justifica que en la Unión Europea se esté trabajando intensamente para aprobar a corto plazo una Directiva sobre la lucha contra la corrupción: Propuesta de Directiva del Parlamento Europeo y del Consejo *sobre la lucha contra la corrupción, por la que se sustituyen la Decisión Marco 2003/568/JAI del Consejo y el Convenio relativo a la lucha contra los actos de corrupción en los que estén implicados funcionarios de las Comunidades Europeas o de los Estados miembros de la Unión Europea, y por la que se modifica la Directiva (UE) 2017/1371 del Parlamento Europeo y del Consejo* [Bruselas, 3.5.2023 —COM(2023) 234 final— 2023/0135 (COD)]. La misma modernizará el marco jurídico europeo anticorrupción con una estrategia asentada en varios pilares aprendidos en los últimos lustros. Entre ellos, *(i)* el de la prevención de la corrupción y la creación de una cultura de integridad, por un lado, concienciando sobre la corrupción mediante la realización de campañas de información y sensibilización y el desarrollo de programas de investigación y educación para reducir los riesgos y los delitos de esta tipología; y, *(ii)* el velar porque el sector público rinda cuentas con arreglo a los más altos niveles de exigencia, imponiendo a los Estados miembros la obligación de adoptar normas eficaces sobre el acceso abierto a la información de interés público, la divulgación y la gestión de conflictos de intereses en el sector público, la publicitación y verificación de los activos de los funcionarios públicos y la regulación de la interacción entre el sector público y el privado.

21 Con relación a América Latina, LATINOBARÓMETRO: *Informe 2023. La recesión democrática de América Latina.* Santiago de Chile: Corporación Latinobarómetro, 2023, págs. 8-10 y 17, evidencia que en la región la corrupción es el segundo factor que doblega a las democracias, con veintiún presidentes condenados de corrupción, en nueve países, desde el inicio de las transiciones; además, las elecciones ganadas con dinero, en especial de una empresa (Odebrecht), pero no exclusivamente, son una forma de denigrar la voluntad popular y la soberanía.

22 Villoria Mendieta, M., Jiménez Sánchez, F.: "La paradoja de la corrupción: creciente percepción del fenómeno pese al impulso en las políticas anticorrupción". En: Colino, C., Cotarelo, R. (coords.): *España en crisis: balance de la segunda legislatura de Rodríguez Zapatero.* Valencia: Tirant lo Blanch, 2012, págs. 411 y ss.

diario ejercen funciones jurisdiccionales y con quienes les colaboran en esa tarea[23], por mucho que cada día más el ordenamiento se pueble de 'sanciones positivas'[24] y de su espíritu legitimador.

La percepción, mediada por las redes sociales[25] y los medios de comunicación, y concretada en esa visión de lejanía, cerrazón y tecnicismo, recién descrita, fue variando en las últimas décadas: *(i)* la ciudadanía ha tomado cabal conciencia del modo en que ciertos fenómenos delictivos graves —cada vez más permanentes y sistémicos— afectan a la estabilidad institucional y a la vida cotidiana, y, con ello, la consecuente necesidad de que la justicia brinde respuestas rápidas y eficaces no tanto a la situación estructural pero sí a las conductas concretas que caen bajo su órbita y que generan escándalo y alarma social; y *(ii)* también fue reclamando que la Justicia abandone su condición de arcano, para adoptar una postura de verdadera cercanía, accesibilidad y transparencia activa, tal como lo hacen los restantes poderes políticos del Estado.

En el devenir lógico de este proceso, la sociedad civil organizada y la ciudadanía en general se muestran como otro actor relevante, exigiendo ya no una eficiencia basada en el "caso a caso", sino en el funcionamiento integral de ese poder, cuando atienden a cuestiones relacionadas con la protección de intereses comunes[26].

La concreción de este variado *toolkit,* en un escenario social del *miedo* y del *riesgo* que ha favorecido una 'licuefacción'[27] de la justicia penal clásica, tiene la mejor ejemplificación en los programas de prevención y lucha contra la corrupción ensayados con políticas nacionales inspiradas, generadas y controladas a través de patrones europeos, normativizados de manera continua fundamentalmente en las tres últimas décadas, en el entendido

---

23 Jiménez Sánchez, F.: "Los efectos de la corrupción sobre la desafección y el cambio político en España". *Revista Internacional de Transparencia e Integridad,* nº 5, 2017, págs. 1 y ss.

24 *Vid.* Solanes Corella, A.: *¿Castigar o premiar? Las sanciones positivas.* Valencia: Tirant lo Blanch, 2024, págs. 94 y ss.

25 *Vid.* Miró Llinares, F., Aguerri, J. C. (eds.): *Derecho penal trending topic. Una semana de comunicación sobre la ley y la justicia penal en la red social X (antes llamada Twitter).* Madrid: Marcial Pons, 2024.

26 Jiménez Sánchez, F.: "El control social como elemento imprescindible para el éxito de la lucha contra la corrupción: algunas reflexiones a partir del caso español". *Praxis Sociológica,* nº 21, 2016, págs. 121 y ss.

27 Barona Vilar, S.: "Justicia penal líquida (desde la mirada de Bauman)". *Teoría y Derecho: Revista de Pensamiento Jurídico,* nº 22, 2017, págs. 64 y ss.

de que la eficacia en el tratamiento preventivo y reactivo contra el fraude y la corrupción[28], el buen gobierno, la transparencia y la integridad contribuyen a garantizar la fortaleza y la fiabilidad del poder estatal y son esenciales para que los ciudadanos y las empresas confíen en las autoridades públicas —comunitarias y nacionales—, que también están sujetas al Derecho[29].

## 2.2. *La 'civilización' de la justicia*

Es en ese contexto fueron abriéndose paso, a nivel global, una serie de instrumentos tendientes a dar una respuesta distinta frente a los mismos problemas: nos referimos, en lo que aquí importa, al establecimiento de mecanismos funcionales destinados a arrojar resultados equivalentes a los procesos formales, con el fin de evitarlos.

Esta idea tiene un precedente histórico en el entorno continental: el hecho de que el procedimiento inquisitivo fue desplazado, primero por un modelo acusatorio, luego por uno enteramente adversarial[30]. Esta visión del proceso por contienda de intereses entre pares llevó luego a advertir la importancia de su precedente lógico: el que todo enfrentamiento —también los penales— puede ser reemplazado, en determinadas circunstancias, por una solución dialogada, consensuada, pactada, antes o durante las tradicionales actuaciones jurisdiccionales.

Llegamos así a la actual etapa, donde proliferan cada vez más estos mecanismos, próximos a la visión pragmática norteamericana de 'más acuerdos y menos juicios'[31]: en nuestro entorno, la instauración de un nuevo

---

28 *Vid.* El Rafih, R.: Whistleblowing, *delinquência econômica e corrupção: Desafios para a consolidação de uma política geral de reportantes no Brasil.* São Paulo: Tirant lo Blanch, 2022, págs. 27 y ss.

29 Fernández Ramos, S., Pérez Monguió, J. M.: "Transparencia y buen gobierno". *Revista General de Derecho Administrativo,* nº 65, 2024, pág. 39.

30 *Vid.* Gómez Colomer, J. L.: "*Adversarial System,* proceso acusatorio y principio acusatorio: una reflexión sobre el modelo de enjuiciamiento criminal aplicado en los Estados Unidos de Norteamérica". *Revista del Poder Judicial,* nº extra 19, 2006, págs. 25 y ss.

31 *Vid.* Baker, S., Mezzetti, C.: "Prosecutorial resources, plea bargaining, and the decision to go to trial". *The Journal of Law, Economics and Organization,* vol. 17, nº 1, 2001, págs. 149 y ss.; BOWERS, J.: "Legal guilt, normative innocence and the equitable decision not to prosecute". *Columbia Law Review,* vol. 110, nº 7, 2010, págs. 1655 y ss.; Nolasco, C.: "Prosecutorial discretion in charging decisions against individual and corporate offenders". *Criminal Law Bulletin,* vol. 52, nº 3, 2016, págs.

paradigma colaborativo, dialogado, consensuado, negociado, mediado, de morigeración de toda escala de conflicto, esto es, no limitado a aquellos que suponen una víctima concreta, una acción privada o dependiente de instancia privada y una pena de rango bajo.

Si bien no es menos cierto que esta dinámica procesal convive, no necesariamente de manera armónica, organizada y planificada, con lo que se ha venido denominando 'populismo punitivo', consistente en un incremento de los esquemas retribucionistas del Estado con más tipos penales —al menos ante determinadas categorías delictivas y actores criminales— y con unas consecuencias jurídicas —personales y patrimoniales— de mayor espectro e intensidad. En esencia, una suerte de actuar, teóricamente demandado por la sociedad[32], o al menos por esa parte de ella que a diario pugna por la ideologización del Derecho Penal[33], produciéndose a la postre una *huida* del Derecho Procesal, a la que progresivamente nos estamos acostumbrando en el ámbito del Derecho público[34], que tiene una difícil cobertura dogmática: se arguye por algunos que en defensa de la seguridad ansiada por la ciudadanía, la catarsis en el sistema de justicia pasa por entender que debemos tener 'más Derecho Penal' pero con 'menos Derecho Procesal', lo que en última instancia hace que siga incólume la visión de la 'necesidad' del castigo —o cuando menos la 'amenaza' de su imposición— como ingrediente fundamental del control social por medio de unas normas, unos procedimientos, unas sanciones y unos actores, aunque no necesariamente tienen que ser éstos los *clásicos*, los estudiados, a los que de siempre venimos estando habituados cuando se buscan soluciones equilibradas a los conflictos, en particular con relación a aquellos

---

838 y ss.; y Machado de Souza, R., Rodríguez-García, N.: *Justicia negociada y personas jurídicas: la 'modernización' de los sistemas penales en clave norteamericana.* Valencia: Tirant lo Blanch, 2022.

32 *Vid.* Benito Sánchez, D.: *Evidencia empírica y populismo punitivo. El diseño de la política criminal.* J. M. Bosch Editor, Barcelona, 2020, quien cuestiona que una pretendida demanda social pueda servir de base para construir una concreta política criminal que pueda derivar en la restricción de derechos de una parte de los ciudadanos.

33 Sánchez Baena, G.: *Populismo punitivo. Un análisis acerca de los peligros de aupar la voluntad popular por encima de leyes e instituciones.* Ediciones Deusto: Barcelona, 2020.

34 A título de ejemplo *vid.* Sánchez Rodríguez, A. J.: *Introducción a la huida del Derecho administrativo.* Pamplona: Aranzadi, 2020; y Guimerá Rico, J. J.: *Las sociedades públicas. Fundamento y límites de la huida al derecho privado.* Madrid: Instituto Nacional de Administración Pública, 2020.

que perturban de manera más radical la convivencia ciudadana[35], sean cometidos por personas físicas y/o jurídicas.

Según lo expuesto, pues, vivimos momentos de cambio en los que algunas de las decisiones normatizadas que se toman vienen a significar, al menos implícitamente, que el Estado se siente desbordado e incapaz de llevar por sus instituciones el control de todas las conductas sociales divergentes; *v. gr.*, por medio de los programas de cumplimiento normativo[36].

### *2.3. La búsqueda de eficiencia del sistema penal, comenzando por la prevención*

El motor de este cambio es la búsqueda de mayor eficiencia, entendida como la obtención de una respuesta certera, rápida y que no vulnere la estructura de derechos y garantías propias del ejercicio del poder punitivo; esto es, desde una incontrovertible perspectiva económica[37], *fast-justice* en tiempos de *macdonalización* —y también *bruselización*— de la justicia penal, en la que parece que importa más, como ideación de la buena gestión, la cantidad como medida para la calidad, apreciada en términos formales, despreciada en su significado material[38] y en su ineludible conexión con la búsqueda de la verdad[39].

En este norte, la óptica del consenso empalma con la tradicional visión contenedora del Derecho Penal, paradójicamente enfrentada con el 'eficientismo' represivo: la pena debe reservarse para aquellos casos que no

---

35 Hassemer, W.: *¿Por qué castigar? Razones por las que merece la pena la pena.* Valencia: Tirant lo Blanch, 2016.

36 *Cfr.* Cuervo Nieto, C.: "Los programas de cumplimiento en el Derecho Penal español: fisuras del modelo de *compliance*". *LA LEY Penal*, nº 165, 2023.

37 *Vid.* Gordon, S., Huber, G.: "The political economy of prosecution". *Annual Review of Law and Social Science*, nº 5, 2009, págs. 135 y ss.

38 Ritzer, G. (1996): *La macdonalización de la sociedad: un análisis de la racionalización en la vida cotidiana.* Barcelona: Ariel, 1996, págs. 16 y ss.

39 *Vid.* Muñoz Conde, F.: *La búsqueda de la verdad en el proceso penal.* Buenos Aires: Hammurabi, 2007; Hassemer, W.: *Verdad y búsqueda de la verdad en el proceso penal. La medida de la Constitución.* México D. F.: UBIJUS, 2009; Torres Chedraui, A. M.: *Derechos Humanos y búsqueda de la verdad en el proceso penal. Una propuesta de armonización.* Granada: Comares, 2015; y Guzmán, N.: *La verdad en el proceso penal. Una contribución a la epistemología jurídica.* Buenos Aires: Didot, 2018.

admiten alternativas menos graves, entre otras, y en primer lugar, la prevención, en todos los campos de actuación del Estado[40].

Esta tradición no es solo una imposición legal, sino un imperativo ético: prevenir no sólo evita la aplicación de la solución más grave, sino la evitación de la lesión, en términos tanto individuales como colectivos.

En esta lógica, el ordenamiento penal es concebido como parte de un sistema integral de contención de los conflictos —que actúa *ex ante* y *ex post*— destinado a tratar riesgos multifactoriales, que involucran, entre otros aspectos, al campo de las organizaciones empresariales, con la cultura de cumplimiento, el compromiso ético, la gestión responsable, el cumplimiento de la expectativas de la comunidad en general y la evaluación de los daños reputacionales[41]. El objetivo de estos dispositivos, además, no está circunscrito a la órbita estrictamente punitiva: trata, en general, de contribuir con la fijación de multi-responsabilidades, a nivel laboral, civil, administrativo y fiscal, entre otros.

### *2.4. La ineludible pregunta por el 'cómo'*

La empresa posee objetivos atractivos, pero su implementación no resulta ni sencilla ni rápida —y menos *barata*—. En este sentido, el abandono de la estructura tradicional y la creciente incidencia de la voluntad de los actores en la solución de los conflictos generan una serie de interrogantes que cada legislación, en sus tiempos y a su modo, responde, sin que se haya

---

40 Con relación a las personas jurídicas y a las limitaciones de la prevención especial, *vid.* Feijoo Sánchez, B.: "Fortalezas, debilidades y perspectivas de la responsabilidad penal de las sociedades mercantiles". En: Ontiveros Alonso, M. (coord.): *La responsabilidad penal de las personas jurídicas* (2ª ed.). Ciudad de México: Tirant lo Blanch, 2021, págs. 150 y ss.; y Gómez Colomer, J. L.: "La posición constitucional de la persona jurídica acusada en el proceso penal español". En: Ontiveros Alonso, M. (coord.): *La responsabilidad penal de las personas jurídicas* (2ª ed.). Ciudad de México: Tirant lo Blanch, 2021, págs. 229 y ss.

41 *Vid.* Magro Servet, V.: "Desprotección ante el fraude interno y la necesidad de implementar el cumplimiento normativo en las empresas", *LA LEY Compliance Penal*, nº 14, 2023; y Bant, E., Faugno, R.: "Corporate Culture and Systems Intentionality: part of the regulator's essential toolkit". *Journal of Corporate Law Studies*, 2024, págs. 4 y ss.

logrado aún asentar, de manera acabada, el nuevo paradigma que sea *copiable* por los países más rezagados en estos planteamientos[42].

Quienes emprenden el camino del estudio, la reflexión y la reforma, no deben huír de cuestiones anudadas como si debe primar la voluntad de las partes en todos los casos y según las formas escogidas, o deben existir limitantes de algún tipo —objetivos, subjetivos, temporales o espaciales—. En los casos concretos, se hace necesario saber si se trata de aplicar a rajatabla el principio de autonomía de la voluntad que rige en los negocios privados o si deben existir —que sí parece— controles de algún tipo, y quién, cuándo y cómo los tiene que ejercer.

Inclusive debemos entender que para aquellos fenómenos que afectan a un interés amplio, colectivo, difundido, representado por un funcionario estatal, la dinámica que se siga, en principio apegada a la legalidad procedimental, puede conducirse por la senda *resultadista* conforme a la cual el *fin* —alcanzar un acuerdo— puede llegar a justificar los *medios* a emplear, concretados en la oferta y aceptación de incentivos procesales y materiales[43] —¿incluida la inmunidad penal?[44]— que actúan de 'catalizadores'[45], entendidos como una forma de poder sobre la base de una lógica economicista, mucho menos moral y ética[46], y siempre —¿o

---

42 De ahí la utilidad de los estudios de Derecho comparado y de presentación de modelos y experiencias nacionales en temas como los aquí abordados, sirviendo de buen ejemplo Gómez Colomer, J. L. (dir.): *Tratado sobre compliance penal.* Tirant lo Blanch: Valencia, 2019, págs. 1231 y ss.; Navas Mondaca, I., Balmaceda Hoyos, G.: *El* Criminal Compliance *en el Derecho Comparado.* Tirant lo Blanch: Valencia, 2019; y Rodríguez-García, N. (dir.): *Tratado angloiberoamericano sobre* compliance *penal.* Valencia: Tirant lo Blanch, 2021.

43 Con relación a la tensión reproche vs. incentivos, véase Pundik, A. (2024): "La prueba predictiva en los procesos penales: ¿por qué el Derecho Penal debe tratar a las personas como si tuvieran libre albedrío impredecible?". *Quaestio Facti. Revista Internacional sobre Razonamiento Probatorio,* nº 6, 2024, págs. 31 y ss.

44 Por supuesto, que vaya más allá del recurso a la aplicación de la atenuante analógica de colaboración con la justicia. *Vid.* Simón Castellano, P.: "La inmunidad penal como recompensa a los denunciantes. Allende un nuevo factor subjetivo-formal de punibilidad". *Revista Electrónica de Ciencia Penal y Criminología,* nº 24-14, 2022, págs. 10 y ss.

45 Bachmaier Winter, L.: "Whistleblowing europeo y compliance: La Directiva EU de 2019 relativa a la protección de personas que reporten infracciones del Derecho de la Unión". *Diario LA LEY,* nº 9539, 2019.

46 *Vid.* Grant, R. W.: *Los hilos que nos mueven. Desenmarañando la ética de los incentivos.* Madrid: Avarigani Editores, 2021.

no?— supeditada a la concurrencia de presupuestos legales[47].¿Y también económicos?[48].

Incluso más: ¿se tiene verdaderamente claro de qué manera se pueden aflorar y tratar los posibles riesgos de esta estrategia, como la connivencia del funcionario, el uso extorsivo del premio, la aplicación selectiva de la "oferta" o el oscurecimiento —*intencionado*— de derechos y garantías procesales constitucionalizadas?

A nadie escapa que la respuesta a esta cadena de interrogantes —u otros muchos— ni es fácil ni es exclusiva de un solo instituto del sistema penal; *v. gr.* lo sucedido meses atrás con la introducción —*a la española*— del delito de enriquecimiento ilícito en el Código Penal[49].

---

47 *V. gr.* que la información sea original, que no se trate de sujetos obligados normativamente a hacerlo, que el informante lo haga de manera voluntaria, etc. Sobre ello véase Messeguer Yebra, J.: "Sistema de denuncias y protección del denunciante en el sector público". En: Campos Acuña, C. (dir.): *Guía práctica de* compliance *en el sector público.* Madrid: El Consultor de Los Ayuntamientos, 2020.

48 *Vid.* Gimeno Beviá, J.: "De Falciani a Birkenfeld: la evolución del delator en un cazarrecompensas. Aspectos procesales e incidencia frente a las personas jurídicas *(whistleblower vs bounty hunter)*". *Diario LA LEY*, nº 9139, 2018; Gómez de Liaño Fonseca Herrero, M.: "Problemas que plantea la asunción del modelo norteamericano de recompensas al denunciante en el ordenamiento español y frente al cumplimiento normativo". En: López-Barajas Perea, I., Díaz Martínez, M. (coords.): *La nueva reforma procesal penal: derechos fundamentales e innovaciones tecnológicas.* Valencia: Tirant lo Blanch, 2018, págs. 283 y ss.; García-Moreno, B.: "Las recompensas económicas al alertador ("whistleblower"). ¿Límite infranqueable o justa contraprestación?". En: de Vicente Martínez, R., Gómez Iniesta, D. J., Martín López, M. T., Muñoz de Morales Romero, M., Nieto Martín, A. (coords.): *Libro Homenaje al profesor Luis Arroyo Zapatero. Un Derecho penal humanista. Vol. I.* Madrid: Boletín Oficial del Estado, 2021, págs. 249 y ss.; El Rafih, R.: *Whistleblowing, delinquência…, cit.*, págs. 247 y ss.; y Hogic, N.: "Financial Incentives for Whistleblowing. A Comparative Perspective". *European Journal of Comparative Law and Governance*, 2023, págs. 1 y ss.

49 *Vid.* Miró Estradé, J.: "El nuevo delito de enriquecimiento ilícito como forma de desobediencia (art. 438 *bis* CP)". *LA LEY Penal*, nº 161, 2023; Olaizaola Nogales, I.: "El delito de enriquecimiento ¿no justificado? ¿ilícito?". *Revista Penal*, nº 52, 2023, págs. 179 y ss.; Raga i Vives, A.: "Del enriquecimiento ilícito a la desobediencia por enriquecimiento injustificado de autoridades". *Revista General de Derecho Penal*, nº 39, 2023, págs. 1 y ss.; y Villegas García, M. A.: "El nuevo delito de 'enriquecimiento ¿ilícito?' del art. 438 *bis* del Código Penal". *Diario LA LEY*, nº 10278, 2023.

## *2.5. La protección de los colaboradores con la Justicia penal*

En esta secuencia ordenada de reflexiones llegamos al tópico al que daremos continuidad específica: en un escenario complejo y multifocal de decisiones estratégicas frente a actos antiéticos, ilegítimos, irregulares, ilegales o ilícitos, cristalizadas legalmente, por ejemplo, en el amplio catálogo de 'sujetos obligados' a reportar a las autoridades operaciones sospechosas relacionadas con el blanqueo de capitales o la financiación del terrorismo —a partir de un desempeño profesional marcado por la aplicación de medidas de 'diligencia debida'— o el efecto de minoración o erradicación de las responsabilidades penales a partir de programas eficaces de cumplimiento *(criminal compliance programs)*[50], una de las medidas estrella[51] consiste en generalizar el diseño de sistemas de detección tempranas de esas posibles actividades, debidamente contextualizadas por territorio, sujetos e impacto —social, jurídico, institucional y económico—. En su consecución hay que poner en marcha canales efectivos y seguros para hacer llegar al destinatario prefijado las denuncias cursadas y, en justa contraprestación, se deben fijar mecanismos de tutela de esas personas llamadas a colaborar con la justicia como mecanismo inserto en tan cambiante y complejo contexto jurídico y social de confianza institucional en todos los actores del sector justicia. A todas luces, una materia grandemente intrincada que, además, interacciona de manera directa y determinante con factores psicológicos de esos sujetos: moralidad, empatía y vinculación con principios y valores legales, calculando hasta qué punto su puesta en *peligro* —querida, sugerida o provocada— por participar en la administración de justicia puede provocar repercusiones negativas en su bienestar y en el de las personas de su entorno[52].

---

50 *Vid.* Gonçalves Teixeira, A. H.: *O whistleblowing como instrumento de combate à corrupção nos programas de compliance. (In)compatibilidade com a legislação brasileira.* São Paulo: Tirant lo Blanch, 2023, págs. 33 y ss.; y Rodríguez-García, N.: "El sistema penal español en tiempos de *compliance*: ¿de dónde venimos? ¿a dónde vamos?". *LA LEY Penal*, nº 160, 2023.

51 A diferencia de Burgués Viñallonga, M.: "Claves de la nueva Ley de Protección a los Informantes: sobre la transposición de la Directiva *Whistleblowing* al ordenamiento jurídico español". *LA LEY Compliance Penal*, nº 12, 2023, consideramos que las obligaciones dimantes de las normas europeas y nacionales de protección de alertantes no se extienden a que los sujetos obligados de los sectores público y privado cuenten con un adecuado programa de *compliance*, lo que no quiere decir que no sea lo más deseable.

52 Esto significa que el tratamiento holístico de la colaboración ciudadana con la administración de justicia requiera de un enfoque inter y multidisciplinar en el

Con este objetivo ahora vamos a plantear cómo se concreta la política europea de promoción de esta herramienta, cuyo conocimiento es esencial para cuando se quiera estudiar la forma de su integración en la legislación de cualquiera de los veintisiete países obligados a trasponerla.

## 3. LA PROTECCIÓN DE INFORMANTES DE INFRACCIONES EN PERSPECTIVA EUROPEA

### *3.1. Importancia del plano supranacional*

Es innegable la importancia de las instancias supranacionales de integración en el diseño y trasposición de políticas homogéneas de amplio alcance, incluyendo aquellas de contenido penal y procesal penal. En el caso europeo, si bien han sido y son objeto de resquemores, su grado de aprobación supera el de otras formas de articulación institucional y política, comenzando por las nacionales[53], de manera muy particular cuando se aborda la situación económica y los momentos de recesión que se mantienen a consecuencia de la pandemia del coronavirus y de la invasión rusa de Ucrania[54].

La mayor confianza depositada en las estructuras comunitarias va acompañada de la reivindicación de un papel activo en la solución de grandes problemas, que palíe la inacción —o cuando menos la ineficacia— de las acciones que se vienen emprendiendo en los últimos años. En este sentido y en el tema que estamos estudiando, nadie puede desconocer el empujón fundamental que ha supuesto en el cambio de rumbo de los dirigentes patrios el reparto de los "Fondos Next Generation" de la Unión Europea, para cuya gestión —y justificación posterior— se ha hecho necesario que los países comunitarios hayan aprobado planes de medidas antifraude enfocados a la prevención, la detección, la corrección y la persecución de

---

que dialoguen muchas disciplinas jurídicas, juntamente con la sociología, la psicología y la criminología.

53 En concreto, en el informe de la Comisión Europea, se pone de manifiesto que casi la mitad de los ciudadanos europeos confía mucho más en la Unión (49%) que en los gobiernos nacionales (36%). Para España, los datos respectivos son 65% y 38% [EUROPEAN COMMISSION: *European citizenship*. Brussels: Report, Publications Office of the European Union, 2021].

54 EUROPEAN COMMISSION: *Public opinion in the European Union*. Brussels: Report, Publications Office of the European Union, 2021.

cualquier clase de fraude, acto de corrupción o situación de conflicto de interés[55]. Por tanto, verticalmente se ha incentivado económicamente la autoimposición nacional de políticas de 'tolerancia cero' frente al fraude y a la corrupción, acorde con las máximas establecidas en los tratados comunitarios relativa a la tutela del euro y de las finanzas comunitarias, articuladas a partir de programas y acciones estructuradas, específicas y proactivas para conjurar los escenarios de riesgo de prácticas indeseadas, muchas de ellas merecedoras de reproches penales[56].

Vemos por tanto como el fortalecimiento de las estructuras de integración supra e internacionales, y la confianza ciudadana depositadas en ellas, hacen que sus iniciativas ejerzan una fuerte presión en el plano interno, más allá del carácter obligatorio o no que aquellas tienen. De otro lado, y más allá del mandato que puede representar fronteras adentro, esas iniciativas no solo contemplan el plano normativo, sino también el operativo: desde esta dimensión, cada día es más relevante que las convenciones internacionales sancionadas en el marco de Naciones Unidas, la Organización de Estados Americanos, la Organización para la Cooperación y el Desarrollo Económico, el Consejo de Europa, o la Unión Europea incluyan sus propios mecanismos de rastreo, orientados a dar seguimiento el grado de cumplimiento alcanzado por los diferentes países signatarios, así como también la eficacia lograda con su implementación[57]. En paralelo, otras

---

55 *Vid.* Campos Acuña, M. C. (dir.): *Guía práctica de* compliance *en el sector público.* Madrid: El Consultor de Los Ayuntamientos, 2021); y Subirana de la Cruz, S., Fortuny Cendra, M. (dirs.): *Compliance en el sector público.* Pamplona: Aranzadi, 2022.

56 *Vid.* Subirana de la Cruz, S., Fortuny Cendra, M.: "Implementación de medidas antifraude para la gestión de fondos Next Generation". *La Administración Práctica: Enciclopedia de Administración Municipal,* nº 6, 2022, págs. 67 y ss.; y Valeije Álvarez, I.: "Riesgos penales en la gestión de los Fondos Next Generation UE". *LA LEY Penal,* nº 162, 2023.

57 Así por ejemplo, en la 95º reunión plenaria del Grupo de Estados contra la Corrupción del Consejo de Europa (GRECO), que ha tenido lugar hasta el 1 de diciembre de 2023 en Estrasburgo, se ha analizado el nivel de cumplimiento de España de las recomendaciones hechas en la quinta ronda de evaluación, focalizadas en la prevención de la corrupción y promoción la integridad en los gobiernos centrales y las fuerzas de seguridad, considerándolo insuficiente (de las diecinueve recomendaciones, ninguna se ha cumplido plenamente y sólo siete se han solucionado de manera parcial), emplazando a las autoridades españolas a emprender acciones decididas para lograr avances tangibles lo antes posible. Por ejemplo, se ha reprochado que no se han regulado los aforamientos a miembros del Gobierno y se ha tildado de "decepcionante" el nivel de cumplimiento respecto a las recomendaciones sobre la Guardia Civil y la Policía Nacional. *Vid.*

instancias internacionales también operan a nivel técnico, monitorizando las mismas áreas, produciendo informes institucionales y sociológicos con cada vez mayor impronta en las acciones de los países afectados; así acontece, por ejemplo, con los eurobarómetros de la Comisión Europea o con los reportes nacionales del Grupo de Estados contra la Corrupción (GRECO) del Consejo de Europa.

La razón de ser de todos estos dispositivos normativos y de presión, en lo que atañe al campo vinculado con la protección de informantes, es generar una práctica de cumplimiento en las empresas privadas y también en las organizaciones públicas, que ayude a prevenir los fenómenos y, eventualmente, facilitar la fijación de responsabilidades.

En ese marco, las políticas de gestión de riesgos buscan introducir diversos mecanismos, orientados a incidir sobre la 'rentabilidad' y el 'peligro' de los negocios lícitos —y más de los que no lo son—, de modo que la ecuación coste/beneficio resulte, en definitiva, favorable a la adopción de mecanismos tributarios de prácticas de integridad con expresiones organizacionales y operativas preventivas y de control de base colaborativa, que sirvan tanto para depurar responsabilidades de la organización como para atribuirla a ella misma o a sus integrantes y terceros, cuando corresponda. Junto a ello, se encontrarán en mejor situación para estar preparados internamente, con el debido asesoramiento técnico y especializado, para cuando con posterioridad puedan llegar a intervenir otras instituciones (Unidad de Inteligencia Financiera, Tribunal de Cuentas, Abogacía del Estado, Policía, Ministerio Fiscal, Jueces y Magistrados, etc.)[58].

Conforme a ello, los dispositivos que promocionan esta cultura de amplio espectro, prefijada procedimentalmente y anticipada temporalmente en sus actuaciones, presentan una doble cara: de un lado, sirven para limitar el riesgo jurídico, económico y reputacional de la empresa, ínsito en todo mecanismo organizativo, como, del otro lado, para obtener resoluciones condenatorias —también en el ámbito patrimonial— en casos que antes no obtenían respuesta alguna, lo que hacía aún más grandes los sentimientos de impunidad e inseguridad.

---

*https://rm.coe.int/quinta-ronda-de-evaluacion-prevencion-de-la-corrupcion-y-promocion-de-/168098c693* y *https://rm.coe.int/greco-2023-14-eng-decisions-greco-95-2787-7198-9768-1/1680ad92b5.*

58 *Vid.* Fridriczewski, V., Rodríguez-García, N.: *En busca de estrategias 360 anticorrupción.* Valencia: Tirant lo Blanch, 2023

Las soluciones dadas a causas complejas en esta materia en muchos países[59] demuestran que este es el camino a seguir y promocionar con intensidad[60]: sin minusvalorar la importancia práctica que han tenido *héroes esporádicos*, generosos y comprometidos con valores éticos comunitarios aún a riesgo de su propia seguridad y bienestar, hay que reducir la desafección institucional, mejorando la confianza social en instancias públicas que actúen más allá de coyunturas e intereses cortoplacistas, diseñando programas y políticas de protección de los alertadores de irregularidades, materia que, repetimos de nuevo, es uno de los engranajes esenciales de los *compliance programs* cuya adopción se proclama, cual *solución mágica*, no sólo para el ámbito privado sino cada vez más también para el público por medio de pactos de integridad[61].

### *3.2. Proceso de armonización*

A diferencia de decenios pasados, en los que los instrumentos normativos nacionales sobre protección de los colaboradores con la justicia podían ser calificados de 'parciales' —testigos y peritos, y no especialmente los denunciantes ni los acusados—, 'sectoriales' —operativos fundamentalmente en casos de narcotráfico, terrorismo y crimen organizado—, 'confusos' —con una regulación tan de mínimos que ha tenido que ser objeto de interpretración y desarrollo por autoridades administrativas y jurisdiccionales—, 'asimétricos' —entre el campo penal y otros ámbitos jurídicos

---

59 Como ejemplo, por lo que de aprendizaje positivo puede resultar no sólo en el enjuiciamiento de personas físicas sino también de las jurídicas, en el orden jurisdiccional penal o fuera de él —esencialmente en el administrativo—, véase Velasco Núñez, E.: "Efectividad y contenido de los modelos/programas de *compliance*: a propósito del caso 'CORPESCA, S. A.'". *LA LEY Compliance Penal*, nº 6, 2021; y Machado de Souza, R., Rodríguez-García, N.: *Justicia negociada y personas jurídicas: la 'modernización' de los sistemas penales en clave norteamericana*. Valencia: Tirant lo Blanch, 2022.

60 *Vid.* Fridriczewski, V., Rodríguez-García, N.: *En busca de estrategias…, cit.*

61 *Vid.* Castillo Blanco, F. A. (coord.): *Compliance e integridad en el sector público*. Valencia: Tirant lo Blanch, 2019; Campos Acuña, M. C. (dir.): *Guía práctica…, cit.*; Pérez-Piaya Moreno, C., Gollonet Teruel, L. A. (coords.): *Compliance en el Derecho Administrativo. Políticas de cumplimiento en el sector público y en el sector privado*. Madrid: Bosch, 2020; Subirana de la Cruz, S., Fortuny Cendra, M. (dirs.): *Compliance en el sector…, cit.*; y Parajó Calvo, M.: "Análisis del proyecto de ley reguladora de la protección de las personas que informen sobre infracciones normativas y de lucha contra la corrupción". *Documentación Administrativa*, nº 9, 2022, págs. 43 y ss.

necesitados de cautelas, como el laboral— y con 'poca credibilidad ciudadana' —al tenor de su escaso y desilusionante uso[62]—, las iniciativas referidas buscan alcanzar una penetración más profunda, que se traduzca en la sanción, a nivel local, de normas de tipo 'integral' que den respuesta a una temática enmarañada por su heterogeneidad.

En ayuda e impulso —forzado— de los esfuerzos nacionales por colmar lagunas normativas como la que comentamos, el espacio jurídico y judicial europeo viene avanzando día tras día promoviendo un nivel de armonización cada vez más elevado, justamente en materias como la penal y la procesal penal, que parecían cuasi vedadas a cualquier intento en esta dirección.

En el tema que nos atañe, la fotografía de los niveles de regulación anterior a la cristalización de la normativa específica de la Unión en la Directiva 2019/1937[63] nos ha venido dando como resultado tres niveles de países: *(i)* aquéllos que han tenido una legislación de protección de alertadores de irregularidades *completa* (Eslovaquia, Francia, Hungría, Irlanda, Malta, Países Bajos y Suecia —y Reino Unido—), *(ii)* otros Estados que de manera fraccionada han dispuesto de dispositivos normativos *ad hoc* a la temática (Austria, Bélgica, Bulgaria, Croacia, Estonia, Italia, Lituania, Luxemburgo, Polonia, Portugal, Rumanía y Eslovenia), y *(iii)* un remanente final de ocho países que no tenían incorporada norma alguna, o si lo hacían era de

---

62 Buen ejemplo de ello durante años ha sido nuestra Ley Orgánica 19/1994, de 23 de diciembre, *de protección a testigos y peritos en causas criminales* (*BOE* nº 307, de 24 de diciembre), que desde su aprobación atrajo innumerables dudas y críticas, y un posterior olvido, como entre otros han estudiado Palacio Sánchez-Izquierdo, J. R.: "Ley de protección a testigos y peritos". *Estudios de Deusto: Revista de Derecho Público*, vol. 43, nº 1, 1995, págs. 167 y ss.; Fuentes Soriano, O.: "La Ley Orgánica 19/1994 de protección de testigos y peritos en causas criminales". *Revista de Derecho Procesal*, nº 1, 1996, págs. 135 y ss.; Moreno Catena, V. M.: "La protección de los testigos y peritos en el proceso penal español". *Revista Penal*, nº 4, 1999, págs. 58 y ss.; Ortells Ramos, M.: "Notas sobre la protección de peritos y testigos en el proceso penal español". En AA.VV.: *Estudios jurídicos en homenaje al profesor Vidal Guitarte*. Castellón: Diputación Provincial, 1999, págs. 713 y ss.; Navarro Villanueva, C.: "Protección a testigos y peritos". *Justicia: Revista de Derecho Procesal*, nº 3-4, 2009, págs. 87 y ss.; y Zafra Espinosa de los Monteros, R.: "Algunas cuestiones acerca de la protección de testigos en el proceso penal". *Diario LA LEY*, nº 7260, 2009.

63 Directiva (UE) 2019/1937 del Parlamento Europeo y del Consejo de 23 de octubre de 2019 *relativa a la protección de las personas que informen sobre infracciones del Derecho de la Unión* (*DOUE* L 305, de 26 de noviembre) —en adelante DIR 2019/1937—.

modo muy limitado e insuficiente (Alemania, Chequia, Chipre, Dinamarca, Finlandia, Grecia, Letonia y España).

Esta diversidad —y *pereza*— legislativa de algunos países justifica, pues, que la meta de la armonización europea haya requerido entonces de un refuerzo concentrado de la voluntad política a nivel local en aquellos territorios que han estado desacoplados de las directrices dominantes en los países de vanguardia. Justamente ahí, en el momento de implementación, estará uno de los muchos puntos de comparación entre los Estados miembros de la Unión, al servir para constatar entre el *law in books*, con sus buenas intenciones, y el *law in action*, con adaptaciones nacionales, que en algunos casos suponen una desvirtuación *querida* de la posición matriz de la Unión, como sucede en el caso español en muchas de las cuestiones nucleares del régimen aprobado meses atrás[64].

Más allá de su disímil nivel de regulación, el marco normativo europeo ha buscado fijar una serie de estándares mínimos, propios de la Unión Europea, los cuales se encuentran fundamentalmente vinculados a la protección de los intereses financieros comunitarios en los términos en los que está marcada en los tratados de la Unión[65], debido a que están afectados en lo particular por los delitos de fraude y corrupción. Una estrategia iniciática que en modo alguno supone renunciar a ampliaciones a otras fenomenologías y bienes jurídicos dignos de tutela, a través de los denominados "eurodelitos", en función de su extensión generalizada, su gravedad, su complejidad y su carácter transfronterizo[66].

Una libertad en la definición ampliada del ámbito objetivo —y también del subjetivo— del instrumento regulatorio del que están pudiendo hacer

---

64 Ley 2/2023, de 20 de febrero, *reguladora de la protección de las personas que informen sobre infracciones normativas y de lucha contra la corrupción* (*BOE* nº 44, de 21 de febrero).

65 Por ejemplo, recordar como los arts. 310.6 y 325 del Tratado de Funcionamiento de la Unión Europea (TFUE) señalan la obligación de la Unión y de sus Estados miembros de combatir el fraude y toda actividad ilegal que afecte a los intereses financieros de la Unión por medio de la imposición de medidas que tengan un efecto disuasorio y que sean capaces de ofrecer una protección eficaz en los Estados miembros y en las instituciones, órganos y organismos de la Unión.

66 Recordad que el art. 83.1.II TFUE particulariza esos ámbitos delictivos en el terrorismo, la trata de seres humanos y la explotación sexual de mujeres y niños, el tráfico ilícito de drogas, el tráfico ilícito de armas, el blanqueo de capitales, la corrupción, la falsificación de medios de pago, la delincuencia informática y la delincuencia organizada.

uso los Estados, al igual que en otros puntos relevantes como en la entrada en vigor —total o parcial— de los mecanismos de protección de los alertantes.

En cuanto a la terminología empleada, la misma dista mucho de ser fija e invariable. Así, para dar nombre al protagonista del mecanismo jurídico, ésta ha tratado de ser 'cautelosa', condicionada por la función de colaboración que se lleva a cabo y por sus elementos integrantes fundamentales, por lo que se podrá comprobar cómo el "informante" europeo va a ser puntualmente recalificado como "alertante", "comunicante" o "denunciante", en función de lo que en cada momento o actuación se quiera enfatizar, decisiones que ni son *inocuas*, ni su interpretación debe conducir a su asimilación lineal y acrítica. Otro tanto sucede, por ejemplo, cuando en la faz interna de la organización se habla de "canal de denuncia" o del "sistema interno de investigación", haciéndose eco del dicho de que *quien está más próximo mejor conoce*[67].

Son cuestiones que una a una ameritan un estudio individualizado y comparado de la normativa nacional y el marco europeo de la Directiva de referencia.

En cualquiera de los casos, el núcleo rector del dispositivo es el supuesto de 'buena fe' de la colaboración[68]. Con todo, el principio debe ser analizado en función de la normativa específica, caso a caso, tanto en lo que hace a la forma de corroboración del aporte, como al sistema de control de las actuaciones.

### *3.3. Ámbito de aplicación*

El instituto de referencia se encuentra pensado para operar en el seno de las organizaciones, como incentivo para exteriorizar aquello que, de otro modo, permanecería en el plano interno. En este sentido, existe una primera vertiente delictiva que se puede ver favorecida por la mala gestión o las malas prácticas empresariales: el que estas formen parte de conductas más amplias de fraude contra el Estado o de corrupción pública. Una segunda vertiente atiende a otros delitos, cometidos en función del giro

---

67 Sáez Hidalgo, I.: "Los canales internos de denuncia en el sector público". *Actualidad Administrativa,* nº 7, 2021.

68 Por ello, la protección de la DIR 2019/1937 también es aplicable cuando el denunciante comunique informaciones inexactas sobre infracciones a consecuencia de errores cometidos de buena fe, tal y como se manifiesta el "Considerando" 32.

particular de la empresa: en este caso, se trata de la comisión de esos delitos por defecto de organización.

Si bien los informantes, alertantes o denunciantes fueron incorporados primero en el ámbito privado, como parte de los programas de cumplimiento empresarial[69], luego este esquema comenzó a permear el espacio de las organizaciones públicas, donde estas nuevas herramientas vinieron a servir de complemento a las anteriores iniciativas de transparencia activa y de rendición de cuentas institucional.

### *3.4. Elementos estructurales*

La idea general que trasunta esta iniciativa europea es generar, en todos los ámbitos, escenarios favorables a la colaboración, mediante la instauración de algunos tópicos estructurales. En este sentido se anota la promoción de canales de denuncias amplios y diversos, que abarquen no solo el plano "interno", sino también el "externo", comprendiendo, en este último caso, la información de "difusión pública".

El canal de información, siendo condición necesaria, no es suficiente: lejos de ser un elemento estático, se trata de imponer procesos y estructuras capaces de dar tratamiento a esa información, de analizarla, darle seguimiento y agregar conocimiento, de modo que se puedan adoptar decisiones informadas.

Otro elemento estructural es el que, además de introducir incentivos, estipula que la política debe velar porque no existan fuerzas de sentido contrario, que frenen o disuadan las dinámicas de colaboración: en particular, aquellas que infunden temores a sufrir acosos, castigos o represalias internas. En este sentido, y más allá de lo que debe evitar, la estrategia ha de brindar seguridad material a la persona, contribuir con su tranquilidad emocional y, fundamentalmente, velar por su estabilidad y perspectivas de progreso laboral.

Hablamos, en conjunto, de alcanzar una cultura de cumplimiento y de responsabilización individual y colectiva, a través de la implementación de programas capaces de llevar a la realidad ese compromiso: en otras pa-

---

69 *Vid.* Tapia Hermida, A. J.: "Protección de los denunciantes ('whistleblowers') de infracciones de la regulación de los servicios financieros de la Unión Europea. Análisis panorámico de la Directiva (UE) 2019/1937". *Revista de Derecho del Mercado de Valores*, nº 25, 2019.

labras, el mecanismo que aquí tratamos es en sí mismo relevante, pero implica necesariamente una operatividad real y más incisiva en caso de enmarcarse en un verdadero sistema de *compliance*, que, en lo que nos ocupa, cierra su círculo arquitectónico con la introducción de cláusulas de responsabilidad de las personas jurídicas, a definir por órganos jurisdiccionales de diferentes órdenes, según los casos.

### *3.5. Beneficios esperables*

En el marco del diseño normativo europeo, la instauración de políticas de protección se encuentra asociada a una serie de beneficios esperados por los dos colectivos principales, los informantes y el sector empresarial.

Desde el punto de vista general, los programas de cumplimiento buscan prevenir la comisión de delitos mediante la identificación temprana de riesgos y su consecuente tratamiento e investigación internos, tendentes a reducir los defectos de organización que los permiten o promueven.

Desde el punto de vista de la empresa, los programas buscan minimizar los daños de todo tipo, derivados del delito, incluyendo perjuicios económicos, financieros, laborales, de contratación con las administraciones públicas, reputacionales y, fundamentalmente, de defensa frente a eventuales exigencias de variadas responsabilidades en vía administrativa y jurisdiccional, en las que tiene también encaje y cada vez es más apreciada la actitud de colaboracionismo activo y eficaz, que es recompensado con beneficios materiales y procesales; además, contribuyen, a generar una imagen positiva, que revierta, en definitiva, en la capitalización de la empresa. De modo colateral, los mismos dispositivos sirven para apuntalar la gestión, la eficiencia y la optimización de los recursos humanos disponibles, que desde una perspectiva individual ven reforzados elementos fundamentales para la motivación y buen —y leal— desempeño laboral o profesional.

### *3.6. Algunos elementos señeros de la Directiva whistleblower*

La Directiva ha aplicado inicialmente a empresas y organismos públicos con más de 250 empleados, así como a municipios de más de 10.000 habitantes, para los cuales la entrada en vigor se ha producido el 17 de diciembre de 2021; y ha quedado retardas para una segunda fase los compromisos de aquellas empresas de entre 50 y 249 empleados, que han dispuesto de un margen temporal mayor hasta el 17 de diciembre de 2023.

Se encuentra dirigida la Directiva a los empleados de esas organizaciones públicas y privadas indicadas y a un variado catálogo de sujetos que estén en contacto con ellas, lo que les convierte en interesados en los hechos que pudieran ser informados: exempleados, solicitantes de empleo, personas del entorno del informante y periodistas.

En relación a la materia que puede ser objeto de reporte, la Directiva comprende los actos de corrupción y fraude, las irregularidades relacionadas con normas de la Unión Europea (fraude fiscal, blanqueo de capitales, violaciones de protección de datos, infracciones medioambientales), a los que pueden sumarse otros ámbitos de interés, desde la perspectiva local.

En cuanto a la debatida cuestión de la 'privatización' de la investigación, tratamiento y denuncia de presuntos delitos[70], la normativa prioriza el procesamiento interno de la información sobre su canalización externa hacia la administración —particularmente cuando los hechos afecten al interés general—, o su difusión en la esfera de la comunicación pública[71]. Por tanto, se prevé una trilogía de canales de denuncia, los cuales deben destacar por ser 'confidenciales', 'seguros' y 'efectivos', que por ende supone a quienes hagan uso de ellos el estar en situación de disponer de un entorno de protección efectivo que compense el peligro de las 'represalias' que puedan sufrir.

Otros rasgos característicos de la Directiva es que *(i)* contempla diversas vías y modos de canalización de la información (escrita, digital, correo postal, verbal, telefónica, entre otras); *(ii)* la ausencia de trascendencia de la identidad del informante (por vía de anonimato o del resguardo de su identidad); *(iii)* el tratamiento de esa información y de los procesos asociados mediante la normativa de protección de datos; *(iv)* el almacenamiento seguro de la información y soportes para ulterior uso judicial; *(v)* la necesidad de contar con personal adecuado para recibir y tratar la información; y *(vi)* la posibilidad de que las pequeñas empresas —las que tengan entre 50 y 250 empleados— puedan compartir un canal de denuncias.

Destaca, entre estas características, la necesidad de resguardar los derechos del informante, más allá de su protección: acuse de recibo de la de-

---

70 *Vid.* El Rafih, R.: *Whistleblowing, delinquência…*, *cit.*, págs. 27 y ss.

71 *Vid.* Terracol, M.: *Internal whistleblowing systems. Best practice principles for public and private organisations.* Berlin: Transparency International, 2022, págs. 6 y ss., que analiza las razones y beneficios por las que se prima en todos los escenarios normativos los canales internos de información.

nuncia, informes de actualización del estado del trámite y notificación del resultado de los procesos e investigaciones internas. En paralelo, se aborda la necesidad de supeditar la aplicación del régimen sancionador interno a las necesidades del sistema implantado y su funcionamiento, siendo aplicable, en particular, cuando se produzcan acontecimientos no deseados como son la obstaculización del proceso de información, la no evitación de la identificación del alertador y el que al interior de la organización el empleador haya podido tomar represalias con quien ha colaborado.

En esta Directiva encontramos positivizada la preocupación europea por proteger a los denunciantes que con su comportamiento ayudan a prevenir y detectar la corrupción y otras infracciones del Derecho comunitario, como una expresión pertinente de las políticas generalizadas de transparencia y rendición de cuentas. Ahora bien, la Directiva no deja de ser un hito más, importante pero no definitivo, puesto que su capilarización legislativa nacional y, dentro de cada uno de los países, la necesaria traslación efectiva a la cultura ciudadana, nos sigue dejando importantes áreas de mejora en orden a la sensibilización pública y a la promoción del uso de los canales de denuncia. Valgan dos bloques de cuestiones para constatar esta preocupante aseveración[72]:

*(a)* Cuando se indaga en las razones por las cuales los ciudadanos europeos consideran que no se denuncian los casos de corrupción, se especifican causas que a nadie debieran sorprender, unas de carácter institucional, otras de carácter técnico y muchas de ellas ínsitas en la cultura de promoción y ejercicio de los derechos y deberes constitucionales: *(i)* la primera de ellas, la dificultad de obtener evidencias sobre hechos de corrupción, lo que de inicio anula cualquier predisposición a la colaboración[73]; *(ii)* le sigue en orden de relevancia la sensación mantenida en el tiempo de inutilidad de las denuncias por corrupción, puesto que las evidencias demuestran —o cuando menos la exteriorización de alguna de ellas— que los responsables de esos hechos pocas veces son condenados o cuando lo son, es de una manera atenuada y sin darse una adecuada 'proporción social' con los efectos derivados de las conductas; *(iii)* después aparecen los temores a que las personas denunciantes no resultan protegidas institucio-

---

72 Datos extraídos de EUROPEAN COMMISSION: *Corruption. Special Eurobarometer 523*. Brussels: Report, Publications Office of the European Union, 2022, págs. 78 y ss.

73 De largo es la más apreciada en todos los países de la Unión, y de manera muy significativa en España (40%).

nalmente de manera adecuada, con lo que no se mitigan los resquemores a sufrir represalias a consecuencia de su comportamiento; *(iv)* los potenciales denunciantes cada vez se repliegan más por no querer ser *héroes sociales anticorrupción* ante casos y personas que todo el mundo conoce pero que frente a ellos nadie hace nada; *(v)* para muchos, la actitud de colaborar con las instituciones denunciando, lejos de suponer un *plus* social es visto como un *minor* identificado con una traición; *(vi)* algunos de los que pudieran presentar denuncias no lo hacen porque tienen problemas pendientes con autoridades públicas administrativas, policiales o judiciales y no quieren correr riesgos en que una futura incriminación les pudiera alcanzar; y *(vii)* por ser el fraude y la corrupción conductas en las que principalmente está en juego el interés público, finalmente también se aflora la idea de que a las personas no les merece la pena el esfuerzo de informar.

*(b)* En la enumeración anterior hay que incluir un motivo que, lógicamente, está en el ADN del actuar armonizador reciente de la Unión Europea: muchos europeos no tienen claro *dónde* se pueden reportar informaciones y evidencias de casos de corrupción[74], si bien las cifras son ligeramente mejores cuando se refieren a personas que han presenciado o experimentado hechos de corrupción en el último año, quienes además presentan una posición mucho más crítica con esos casos afirmando su inaceptabilidad. En lo que no se adentran los análisis es en saber el *cómo* se denuncia, esto es cuál es el instrumento o vía de comunicación, y quién en concreto son esas instancias, organismos o autoridades a las que pueden acudir para informar. Sin embargo, si lo podemos inferir de manera indirecta si atendemos al listado priorizado de las instituciones confiables para los ciudadanos en casos de corrupción: *(i)* muy destacadamente la Policía, que lo es para dos tercios de las personas evaluadas; *(ii)* muy por debajo —poco más de una cuarta parte— los fiscales, jueces y magistrados; *(iii)* el Defensor del Pueblo; *(iv)* los periodistas y los medios de comunicación; *(v)* la agencias anticorrupción especializadas; *(vi)* las organizaciones no gubernamentales; *(vii)* los sindicatos; *(viii)* los representantes políticos en parlamentos y corporaciones locales; y *(ix)* las instituciones europeas.

---

[74] En este ítem los datos presentados por la Comisión Europea coloca a los ciudadanos españoles como los mejores informados (58%), muy por encima de la media europea (46%).

## 4. REFLEXIÓN FINAL

Iniciándose 2024, afortunadamente sigue habiendo muchos ciudadanos que a pesar del miedo a las represalias y las falencias de los sistemas de justicia penal en la persecución de las conductas criminales[75], tienen una personalidad proactiva[76] y creen que ellos mismos son *parte de la solución* si colaboran activamente con las autoridades de los sectores público y privado, todo en pro del bienestar económico y social, y de la prosperidad de cada individuo y de la sociedad en su conjunto[77]; ello, muy significa-

---

75 En GLOBAL INITIATIVE AGAINST TRANSNATIONAL ORGANIZED CRIME: *Global Organized Crime Index 2023*. Geneva: The Global Initiative Against Transnational Organized Crime, 2023, págs. 62 y ss.) se verifica cómo el contexto global de resiliencia se viene alterando significativamente a la baja: la proporción de personas que viven en condiciones de baja resiliencia frente a la delincuencia organizada ha disminuido significativamente hasta el 61,9%, frente al 79,4% de hace dos años. Es el mismo *sistema* el que manda mensajes de zozobra e incapacidad, dinámica que se retroalimenta por los medios de comunicación con titulares como: "Esto es lo que puede pasarte si denuncias a los corruptos" *[https://www.eldiario.es/politica/puede-pasarte-denuncias-corruptos-enteran_1_2194304.html]*; "El precio de denunciar la corrupción en España: acoso, depresión, despido y ruina" *[https://www.elconfidencial.com/espana/2018-07-08/corrupcion-denunciantes-acoso-despido-ruina_1588621/]*; "La pesadilla de denunciar la corrupción en España" *[https://temas.publico.es/denunciantes-corrupcion/2021/12/31/la-pesadilla-de-denunciar-corrupcion-en-espana/]*; "Soledad, represalias y ruina económica: el saldo de ser alertador de corrupción en España" *[https://www.publico.es/politica/soledad-represalias-ruina-economica-saldo-alertador-corrupcion-espana.html]*; "El coste de denunciar la corrupción en la Guardia Civil: los agentes pueden perder hasta su destino" *[https://www.vozpopuli.com/espana/corrupcion-guardia-civil-agentes.html]*; "Denuncia en Europa por represalias contra denunciantes de corrupción" *[https://ntvespana.com/11/06/2022/denuncia-en-europa-por-represalias-contra-denunciantes-de-corrupcion-por-javier-marzal/]*; "La Fiscalía denuncia la insuficiente protección de los denunciantes de corrupción" *[https://valenciaplaza.com/la-fiscalia-denuncia-la-insuficiente-proteccion-de-los-denunciantes-de-corrupcion]*. En contraposición, hay que alabar el esfuerzo de algunas instituciones por promocionar la cultura de la colaboración y la denuncia; *v. gr.*, la Oficina Andaluza Antifraude que en las redes sociales anuncia "¡PIERDE EL MIEDO A DENUNCIAR! Día mundial de las personas Alertadoras #Whistleblower" *[https://antifraudeandalucia.es/pierde-el-miedo-a-denunciar/]*.

76 Farooq, D., Akhtar Sanjrani, H., Bilal Vasty, S., Neelam, K.: "The Relationship between Organizational Identification and Whistleblowing: Moderating Roles of Perceived and Ethical Climate & Proactive Personality". *Market Forces*, vol. 17, nº 2, 2022.

77 Garrós Font, I., Romera Santiago, N.: "Hacia una protección efectiva de los denunciantes". *Actualidad Administrativa*, nº 7, 2020.

damente cuando lo que se ventilan son hechos de fraude y corrupción[78]. De ahí el esfuerzo de las autoridades europeas por irradiar en todos los Estados parte[79] la 'cultura' de que las personas comprometidas e informadas pueden exigir que las organizaciones y todos sus responsables sean transparentes, accesibles y que rindan cuentas, lo cual es más fácil en los entornos democráticos[80] y no tan afectados por la captura del Estado por las empresas y empresarios del delito[81], y ello pese a la galopante *hipocresía institucional* imperante en esta temática[82]. Por ende, los informantes

---

78 *Vid.* TRANSPARENCY INTERNATIONAL: *Global Corruption…, cit.*, págs. 31 y ss., que en el ámbito europeo presenta números esperanzadores: el 64% de las personas cree que los ciudadanos de a pie pueden marcar la diferencia en la lucha contra la corrupción. Ello no obsta para que en esta tarea autoimpuesta haya dudas, miedos y temores a represalias: así lo piensa el 50% en España. *Vid.* además AMNISTÍA INTERNACIONAL: *Los Estados deben poner fin a las represalias contra personas defensoras de los derechos humanos que combaten la corrupción*, 2022 *[https://www.amnesty.org/es/wp-content/uploads/sites/9/2022/12/AFR0162532022ARABIC.pdf]*.

79 Con impacto, además, en otras regiones del mundo, como la iberoamericana, que sigue considerando a la Unión Europea como el mejor *laboratorio jurídico* del mundo. *Vid.* Ruano, L.: "Visiones latinoamericanas de la Unión Europea como potencia normativa". *Documentos de Trabajo. Fundación Carolina*, nº 86, 2023, págs. 1 y ss.

80 *Vid.* WORLD ECONOMIC FORUM: *The Global Risks Report 2024 (19th ed.)*. Geneva: World Economic Forum, 2024, págs. 68 y ss., donde se constata cómo, por un lado, la actividad económica ilícita es uno de los *riesgos* menos valorados en los países, y, por otro, un amplio conjunto de actores no estatales capitalizarán los sistemas debilitados, consolidando el 'círculo vicioso' entre conflicto, fragilidad, corrupción, delincuencia y seguridad.

81 *Vid.* Rincón Angarita, D.: "Corrupción y captura del Estado: la responsabilidad penal de los servidores públicos que toman parte en el crimen organizado". *Prolegómenos: Derechos y Valores*, vol. 21, nº 42, 2018, págs. 57 y ss.; y Galain Palermo, P., Olásolo Alonso, H.: "Actos individuales desviados, corrupción significativa, gran corrupción, captura del estado y corrupción institucional". *Ius et Praxis*, vol. 29, nº 3, 2023, págs. 103 y ss.

82 Sirva para constatarlo la situación nacional cuando se analiza la corrupción que es *exportada*: pese a los esfuerzos de Naciones Unidas, la OCDE, el Consejo de Europa o la misma Unión Europea en perseguir el cohecho de los funcionarios públicos extranjeros en las transacciones comerciales internacionales, los informes revelan, por un lado, que la corrupción es *una cosa de dos* —las empresas multinacionales que los ofrecen, muy frecuentemente de países con poca corrupción *nacional*, y los funcionarios públicos que exigen o aceptan los sobornos—, y, por otro, que el 84% de las exportaciones globales están afectadas por los sobornos. Las causas, las *conocidas*: deficiencias en las leyes e instituciones, problemas relacionados con la protección de alertantes, el nivel de las sanciones y la ineficacia en

y los canales de información se han convertido en una salvaguarda de la legalidad[83].

Claro, indirectamente, detrás de este *discurso* late la *impresión* de que los gobiernos dan por perdida la lucha contra este flagelo con el uso de las instituciones, mecanismos y procedimientos *habituales*, de ahí que tengan que recurrir a otros actores —los ciudadanos—, a otras prácticas —los incentivos y los esquemas de protección— y a otros procedimientos —no siempre en sede jurisdiccional, o cuando menos no exclusivamente en la penal—.

Las normas europea y nacionales reúnen dispositivos compuestos, que abarcan distintas dimensiones de la vida, no circunscritas al campo jurídico, y que implican, a su vez, un cambio en la lógica del funcionamiento de las organizaciones y de todos aquellos que se relacionan con ellas: no sólo hay que evitar sanciones, sino también prevenir, detectar y actuar sobre hechos percibidos como irregulares. Concretamente, tienen en común que la finalidad última que persiguen, con mayor o menor éxito en las formas, en los tiempos y en su divulgación, es conseguir que a los colaboradores con la Justicia, en claro correlato con su utilidad social[84], se les dote de un estatus jurídico y moral que facilite su aceptación —y protección— social, y ojalá su normalización en los quehaceres diarios de personas físicas y jurídicas, cuya inercia histórica llega a *pedir silencio* a todos los que interactúan con ellas; unas personas que si bien es cierto se enfrentan a escenarios de riesgo en sus relaciones, caminando por la ética del cumplimiento y la ejemplaridad generan otros escenarios de riesgo de detección y control en quienes

---

su cumplimiento, la falta de formación y recursos en las instituciones de prevención, detección, investigación y control, la escasa coordinación entre organismos y la insuficiente independencia de instituciones básicas como la Policía y la Fiscalía. *Vid.* TRANSPARENCY INTERNATIONAL: *Exporting Corruption 2022. Assessing enforcement of the OECD Anti-Bribery Convention.* Berlin: Transparency International, 2022, págs. 31 y ss.

83 Aldea Gamarra, A. (2024): "Implicaciones en el contexto del compliance derivadas de la Directiva Whistleblowing y su transposición al ordenamiento jurídico español a través de la Ley 2/2023, de 20 de febrero, reguladora de la protección de las personas que informen sobre infracciones normativas y de lucha contra la corrupción". *Revista de Estudios Europeos*, nº 83, 2024, pág. 94.

84 Bermejo, M.: "*Whistleblowing:* evolución y caracteres esenciales en el Derecho comparado y en la Directiva Europea 2019/1937". *LA LEY Compliance Penal*, nº 2, 2020.

se ven tentados en coger atajos normativos y procedimentales buscando una ventaja inmoral, irregular, ilegal e inclusive ilícita[85].

En los países europeos el sistema de denuncias es una materia en construcción acelerada —jurídica y jurisprudencialmente[86]—, técnica, atinente a muchos y variados profesionales, que en algunos de sus puntos esenciales es objeto de estandarización[87], y en la que se establece una relación estratégica —autónoma, pero conectada— con las políticas de *compliance*, la responsabilidad de las personas jurídicas y la justicia colaborativa, en el ámbito penal, sí, pero con 'conectores' ineludibles civiles, administrativos, laborales y disciplinarios.

Como fenómeno multifactorial, requiere de un enfoque equilibrado de los sujetos, los intereses, los derechos y las garantías involucradas. Por ello, a su vez, demanda de una elevada especialización de sus actores: oficiales de cumplimiento, investigadores internos, gestores de canales de denuncias, delegado de protección de datos, representante ante la institución

---

85 No todos los factores influyen de la misma manera en un agente a la hora de ponderar la decisión de si tomar o no los mecanismos de recompensa del sistema para denunciar a otros cuando se reciben ofertas de sobornos. Así, los más determinantes tienen que ver con los valores, las normas de conducta y los principios de buen gobierno imperantes en el entorno laboral y profesional, la imposición de multas en caso de no hacerlo, la relación esporádica o continua con la otra persona, la suficiencia del salario laboral, el rol desempeñado en la organización, que en las relaciones personales y profesionales estén previstas de igual manera la denuncia de la oferta y la demanda de los sobornos, etc. Sobre ello *vid.* ABBINK, K., WU, K.: "Reward self-reporting to deter corruption: An experiment on mitigating collusive bribery". *Journal of Economic Behavior & Organization*, vol. 133, 2017.

86 *Vid.* Goena Vives, B.: "*Whistleblowing*: ¿Prohibición, prescripción o permisión? El caso 'Luxleaks'", *InDret*, nº 3, 2021, págs. 313 y ss.

87 Es fundamental en esta materia conocer la Norma ISO 37002:2021 relativa a los sistemas de gestión de la denuncia de irregularidades, que es un estándar mundial que tiene formuladas directrices sobre cómo establecer, mantener y mejorar un sistema de gestión de la denuncia de irregularidades en las organizaciones, el cual está basado en los principios de confianza, imparcialidad y protección, y que está referido a todas las fases necesarias para la gestión de las mismas: recepción, evaluación, tratamiento y conclusión. Con relación a la misma véase Ragués i Vallès, R.: "Un nuevo avance en la estandarización de los modelos de prevención de delitos: la ISO 37002 sobre gestión de sistemas de denuncia", *LA LEY Compliance Penal*, nº 7, 2021; y Casanovas Ysla, A.: "El estándar ISO 37002:2021 y la Ley 2/2023 de protección al informante". *REDEPEC: Revista Electrónica de Responsabilidad Penal de Personas Jurídicas y Compliance*, vol. 1, nº 1, 2023.

de inteligencia financiera, los auditores, los abogados, los representantes sindicales, etc.

Al final, y más allá de sus necesarios mecanismos estructurales y prácticos, la complejidad de la tarea requiere liderazgo, estrategia, planificación, monitorización, recursos y evaluación. Y también una necesaria pedagogía[88], individual y grupal, interna y externa, nacional e internacional, que vehicule un planteamiento holístico inconformista, que no acepte de forma resignada —o ignotamente— que con la Directiva y las normas de trasposición los *deberes* están hechos, porque los canales —o los sistemas— de denuncia son sólo una *parte* del *todo*: el sistema de protección integral y eficaz de alertadores, comunicantes, informantes o denunciantes de infracciones sí o sí tiene que ser seguida con cambios en la Ley de Enjuiciamiento Criminal, pensada sólo para *otras* denuncias y *otros* denunciantes[89], mientras consumimos la espera, permanentemente alargada, por un nuevo Código de Proceso Penal del siglo XXI.

## BIBLIOGRAFÍA


Abbink, K., Wu, K.: "Reward self-reporting to deter corruption: An experiment on mitigating collusive bribery". *Journal of Economic Behavior & Organization*, vol. 133, 2017, págs. 256-272.

Aldea Gamarra, A.: "Implicaciones en el contexto del compliance derivadas de la Directiva Whistleblowing y su transposición al ordenamiento jurídico español a través de la Ley 2/2023, de 20 de febrero, reguladora de la protección de las personas que informen sobre infracciones normativas y de lucha contra la corrupción". *Revista de Estudios Europeos*, nº 83, 2024, págs. 92-113.

AMNISTÍA INTERNACIONAL: *Los Estados deben poner fin a las represalias contra personas defensoras de los derechos humanos que combaten la corrupción*, 2022 *[https://www.amnesty.org/es/wp-content/uploads/sites/9/2022/12/AFR0162532022ARABIC.pdf]*.

Bachmaier Winter, L.: "*Whistleblowing* europeo y *compliance*: La Directiva EU de 2019 relativa a la protección de personas que reporten infracciones del Derecho de la Unión". *Diario LA LEY*, nº 9539, 2019.

Baker, S., Mezzetti, C.: "Prosecutorial resources, plea bargaining, and the decision to go to trial". *The Journal of Law, Economics and Organization*, vol. 17, nº 1, 2011, págs. 149-167.


---

88 *Vid.*, también con relación al cumplimiento normativo empresarial, Magro Servet, V. (2023): "Desprotección ante el fraude..., *cit.*

89 *Cfr.* León Alapont, J.: "Los canales de denuncia y la protección del informante en las entidades del sector privado: A propósito de la trasposición de la Directiva (UE) 2019/1937, de 23 de octubre". *Revista de Derecho Penal y Criminología*, nº 28, 2022, pág. 157.

Bant, E., Faugno, R.: "Corporate Culture and Systems Intentionality: part of the regulator's essential toolkit". *Journal of Corporate Law Studies*, 2024, págs. 1-30.
Barona Vilar, S.: "Dataización de la justicia (Algoritmos, Inteligencia Artificial y Justicia, ¿el comienzo de una gran amistad?)". *Revista Boliviana de Derecho*, nº 36, 2023, págs. 14-45.
Barona Vilar, S.: "Justicia penal líquida (desde la mirada de Bauman)". *Teoría y Derecho: Revista de Pensamiento Jurídico*, nº 22, 2017, págs. 64-91.
Barona Vilar, S.: "La seductora algoritmización de la justicia. Hacia una justicia poshumanista (Justicia+) ¿utópica o distópica?". *El Cronista del Estado Social y Democrático de Derecho*, nº 100, 2022, págs. 36-47.
Benito Sánchez, D.: *Evidencia empírica y populismo punitivo. El diseño de la política criminal.* J. M. Bosch Editor, Barcelona, 2020.
Bermejo, M.: "*Whistleblowing:* evolución y caracteres esenciales en el Derecho comparado y en la Directiva Europea 2019/1937". *LA LEY Compliance Penal*, nº 2, 2020.
Bowers, J.: "Legal guilt, normative innocence and the equitable decision not to prosecute". *Columbia Law Review*, vol. 110, nº 7, 2020, págs. 1655-1726.
Burgués Viñallonga, M.: "Claves de la nueva Ley de Protección a los Informantes: sobre la transposición de la Directiva *Whistleblowing* al ordenamiento jurídico español". *LA LEY Compliance Penal*, nº 12, 2023.
Campos Acuña, M. C. (dir.): *Guía práctica de* compliance *en el sector público.* Madrid: El Consultor de Los Ayuntamientos, 2020.
Capdeferro Villagrasa, O.: "Canales de denuncia". *Eunomía. Revista en Cultura de la Legalidad*, nº 25, 2023, págs. 285-309.
Casals Fernández, A.: "*Whistleblowers:* la lucha contra las conductas ilícitas. Análisis de la Ley 2/2023, de 20 de febrero, reguladora de la protección de las personas que informen sobre infraccioner normativas y la lucha contra la corrupción". *LA LEY Penal*, nº 161, 2023.
Casanovas Ysla, A.: "El estándar ISO 37002:2021 y la Ley 2/2023 de protección al informante". *REDEPEC: Revista Electrónica de Responsabilidad Penal de Personas Jurídicas y Compliance*, vol. 1, nº 1, 2023.
Castillo Blanco, F. A. (coord.): *Compliance e integridad en el sector público.* Valencia: Tirant lo Blanch, 2019.
CONSEIL DE L'EUROPE: *Systèmes judiciaires européens. Rapport d'évaluation de la CEPEJ. Cycle d'évaluation 2022. Tableaux, graphiques et analyses (Partie 1).* Strasbourg: Conseil de L'Europe, 2022.
CONSEIL DE L'EUROPE: *Systèmes judiciaires européens. Rapport d'évaluation de la CEPEJ. Cycle d'évaluation 2022. Fiches pays (Partie 2).* Strasbourg: Conseil de L'Europe, 2022.
CONSEJO GENERAL DE LA ABOGACÍA ESPAÑOLA: *La situación de la Abogacía vista por los abogados.* Madrid: Metroscopia, 2022.
CONSEJO GENERAL DEL PODER JUDICIAL: *La imagen de la Justicia entre usuarios de sus servicios.* Madrid: Metroscopia, 2023.
Cuervo Nieto, C.: "Los programas de cumplimiento en el Derecho Penal español: fisuras del modelo de *compliance*". *LA LEY Penal*, nº 165, 2023.
El Rafih, R.: *Whistleblowing, delinquência econômica e corrupção: Desafios para a consolidação de uma política geral de reportantes no Brasil.* São Paulo: Tirant lo Blanch, 2022.
EUROPEAN COMMISSION: *Communication from the Commission to the European Parliament, the Council, the European Central Bank, the European Economic and Social Committee*

*and the Committee of the Regions - The 2023 EU Justice Scoreboard.* Luxembourg: Publications Office of the European Union, 2023.

EUROPEAN COMMISSION: *European citizenship.* Brussels: Report, Publications Office of the European Union, 2021.

EUROPEAN COMMISSION: *Perceived independence of the national justice systems in the EU among companies.* Brussels: Report, Publications Office of the European Union, 2023.

EUROPEAN COMMISSION: *Perceived independence of the national justice systems in the EU among the general public.* Brussels: Report, Publications Office of the European Union, 2023.

EUROPEAN COMMISSION: *Public opinion in the European Union.* Brussels: Report, Publications Office of the European Union, 2021.

EUROPOL: *Internet organised crime threat assessment (IOCTA) 2023.* Luxembourg: European Union Agency for Law Enforcement Cooperation, 2023.

EUROPOL: *The Other Side of the Coin. An Analysis of Financial and Economic Crime.* Luxembourg: European Union Agency for Law Enforcement Cooperation, 2023.

Farooq, D., Akhtar Sanjrani, H., Bilal Vasty, S., Neelam, K.: "The Relationship between Organizational Identification and Whistleblowing: Moderating Roles of Perceived and Ethical Climate & Proactive Personality". *Market Forces,* vol. 17, nº 2, 2022, págs. 88-112.

Feijoo Sánchez, B.: "Fortalezas, debilidades y perspectivas de la responsabilidad penal de las sociedades mercantiles". En: Ontiveros Alonso, M. (coord.): *La responsabilidad penal de las personas jurídicas* (2ª ed.). Ciudad de México: Tirant lo Blanch, 2021, págs. 145-206.

Fernández Ajenjo, J. A.: "Estatus axiológico de la Directiva de protección del denunciante". *Revista Administración & Cidadanía, EGAP,* vol. 15, nº 1, 2020, págs. 39-62.

Fernández Ramos, S., Pérez Monguió, J. M.: "Transparencia y buen gobierno". *Revista General de Derecho Administrativo,* nº 65, 2024, págs. 1-39.

FISCALÍA GENERAL DEL ESTADO: Instrucción 4/2006, de 12 de julio de 2006, *sobre atribuciones y organización e la Fiscalía Especial para la represión de los delitos económicos relacionados con la corrupción y sobre la actuación de los Fiscales especialistas en delincuencia organizada,* 2016.

Fridriczewski, V., Rodríguez-García, N.: *En busca de estrategias 360 anticorrupción.* Valencia: Tirant lo Blanch, 2023.

Fuentes Soriano, O.: "La Ley Orgánica 19/1994 de protección de testigos y peritos en causas criminales". *Revista de Derecho Procesal,* nº 1, 1996, págs. 135-162.

Galain Palermo, P., Olásolo Alonso, H.: "Actos individuales desviados, corrupción significativa, gran corrupción, captura del estado y corrupción institucional". *Ius et Praxis,* vol. 29, nº 3, 2023, págs. 103-127.

García-Moreno, B.: "Las recompensas económicas al alertador ("whistleblower"). ¿Límite infranqueable o justa contraprestación?". En: de Vicente Martínez, R., Gómez Iniesta, D. J., Martín López, M. T., Muñoz de Morales Romero, M., Nieto Martín, A. (coords.): *Libro Homenaje al profesor Luis Arroyo Zapatero. Un Derecho penal humanista. Vol. I.* Madrid: Boletín Oficial del Estado, 2021, págs. 249-260.

Garrós Font, I., Romera Santiago, N.: "Hacia una protección efectiva de los denunciantes". *Actualidad Administrativa,* nº 7, 2020.

Gimeno Beviá, J.: "De Falciani a Birkenfeld: la evolución del delator en un cazarrecompensas. Aspectos procesales e incidencia frente a las personas jurídicas *(whistleblower vs bounty hunter)*". *Diario LA LEY*, nº 9139, 2018.

GLOBAL INITIATIVE AGAINST TRANSNATIONAL ORGANIZED CRIME: *Global Organized Crime Index 2023*. Geneva: The Global Initiative Against Transnational Organized Crime, 2023.

Gómez Colomer, J. L. (dir.): *Tratado sobre compliance penal*. Tirant lo Blanch: Valencia, 2019.

Gómez Colomer, J. L.: "*Adversarial System*, proceso acusatorio y principio acusatorio: una reflexión sobre el modelo de enjuiciamiento criminal aplicado en los Estados Unidos de Norteamérica". *Revista del Poder Judicial*, nº extra 19, 2006, págs. 25-77.

Gómez Colomer, J. L.: "La posición constitucional de la persona jurídica acusada en el proceso penal español". En: Ontiveros Alonso, M. (coord.): *La responsabilidad penal de las personas jurídicas* (2ª ed.). Ciudad de México: Tirant lo Blanch, 2021, págs. 207-234.

Gómez de Liaño Fonseca Herrero, M.: "Problemas que plantea la asunción del modelo norteamericano de recompensas al denunciante en el ordenamiento español y frente al cumplimiento normativo". En: López-Barajas Perea, I., Díaz Martínez, M. (coords.): *La nueva reforma procesal penal: derechos fundamentales e innovaciones tecnológicas*. Valencia: Tirant lo Blanch, 2018, págs. 283-308.

Gonçalves Teixeira, A. H.: *O whistleblowing como instrumento de combate à corrupção nos programas de compliance. (In)compatibilidade com a legislação brasileira*. São Paulo: Tirant lo Blanch, 2023.

Gordon, S., Huber, G.: "The political economy of prosecution". *Annual Review of Law and Social Science*, nº 5 (135-156).

Grant, R. W.: *Los hilos que nos mueven. Desenmarañando la ética de los incentivos*. Madrid: Avarigani Editores, 2021.

Guimerá Rico, J. J.: *Las sociedades públicas. Fundamento y límites de la huida al derecho privado*. Madrid: Instituto Nacional de Administración Pública, 2020.

Guzmán, N.: *La verdad en el proceso penal. Una contribución a la epistemología jurídica*. Buenos Aires: Didot, 2018.

Hassemer, W.: *¿Por qué castigar? Razones por las que merece la pena la pena*. Valencia: Tirant lo Blanch, 2016.

Hassemer, W.: *Verdad y búsqueda de la verdad en el proceso penal. La medida de la Constitución*. México D. F.: UBIJUS, 2009.

Hernández Cuadra, E.: "La importancia de adoptar un enfoque ético en el desarrollo de programas de 'compliance'". En: Frago Amada, J. A. (coord.): *Actualidad Compliance 2018*. Pamplona: Aranzadi, 2018, págs. 25-41.

Hogic, N.: "Financial Incentives for Whistleblowing. A Comparative Perspective". *European Journal of Comparative Law and Governance*, 2023, págs. 1-30.

Jiménez Sánchez, F.: "El control social como elemento imprescindible para el éxito de la lucha contra la corrupción: algunas reflexiones a partir del caso español". *Praxis Sociológica*, nº 21, 2016, págs. 121-140.

Jiménez Sánchez, F.: "Los efectos de la corrupción sobre la desafección y el cambio político en España". *Revista Internacional de Transparencia e Integridad*, nº 5, 2017, págs. 1-16.

Kafteranis, D.: "The International Legal Framework on Whistle-Blowers: What More Should Be Done?". *Seattle Journal for Social Justice*, vol. 19, nº 3, 2021, págs. 729-758.

LATINOBARÓMETRO: *Informe 2023. La recesión democrática de América Latina.* Santiago de Chile: Corporación Latinobarómetro, 2023.

León Alapont, J.: "Los canales de denuncia y la protección del informante en las entidades del sector privado: A propósito de la trasposición de la Directiva (UE) 2019/1937, de 23 de octubre". *Revista de Derecho Penal y Criminología*, nº 28, 2022, págs. 155-216.

Machado de Souza, R., Rodríguez-García, N.: *Justicia negociada y personas jurídicas: la 'modernización' de los sistemas penales en clave norteamericana.* Valencia: Tirant lo Blanch, 2022.

Magro Servet, V.: "Desprotección ante el fraude interno y la necesidad de implementar el cumplimiento normativo en las empresas", *LA LEY Compliance Penal*, nº 14, 2023.

Messeguer Yebra, J.: "Sistema de denuncias y protección del denunciante en el sector público". En: Campos Acuña, C. (dir.): *Guía práctica de* compliance *en el sector público.* Madrid: El Consultor de Los Ayuntamientos, 2020, págs. 105-148.

Miró Estradé, J.: "El nuevo delito de enriquecimiento ilícito como forma de desobediencia (art. 438 *bis* CP)". *LA LEY Penal*, nº 161, 2023, págs. 1-21.

Miró Llinares, F., Aguerri, J. C. (eds.): *Derecho penal trending topic. Una semana de comunicación sobre la ley y la justicia penal en la red social X (antes llamada Twitter).* Madrid: Marcial Pons, 2024.

Moreno Catena, V. M.: "La protección de los testigos y peritos en el proceso penal español". *Revista Penal*, nº 4, 1999, págs. 58-67.

Muñoz Conde, F.: *La búsqueda de la verdad en el proceso penal.* Buenos Aires: Hammurabi, 2007.

Navarro Villanueva, C.: "Protección a testigos y peritos". *Justicia: Revista de Derecho Procesal*, nº 3-4, 2009, págs. 87-118.

Navas Mondaca, I., Balmaceda Hoyos, G.: *El* Criminal Compliance *en el Derecho Comparado.* Tirant lo Blanch: Valencia, 2019.

Nolasco, C.: "Prosecutorial discretion in charging decisions against individual and corporate offenders". *Criminal Law Bulletin*, vol. 52, nº 3, 2016, págs. 838-847.

Olaizaola Nogales, I.: "El delito de enriquecimiento ¿no justificado? ¿ilícito?". *Revista Penal*, nº 52, 2023, págs. 179-200.

Ortells Ramos, M.: "Notas sobre la protección de peritos y testigos en el proceso penal español". En AA.VV.: *Estudios jurídicos en homenaje al profesor Vidal Guitarte.* Castellón: Diputación Provincial, 1999, págs. 713-720.

Ortiz Pradillo, J. C.: *Los delatores en el proceso penal: recompensas, anonimato, protección y otras medidas para incentivar una colaboración eficaz con la Justicia.* Madrid: Wolters Kluwer, 2018.

Ouriemmi, O.: "The Legalistic Organizational Response to Whistleblowers' Disclosures in a Scandal: Law Without Justice?". *Journal of Business Ethics*, 2023, págs. 1-19.

Palacio Sánchez-Izquierdo, J. R.: "Ley de protección a testigos y peritos". *Estudios de Deusto: Revista de Derecho Público*, vol. 43, nº 1, 1995, págs. 167-220.

Parajó Calvo, M.: "Análisis del proyecto de ley reguladora de la protección de las personas que informen sobre infracciones normativas y de lucha contra la corrupción". *Documentación Administrativa*, nº 9, 2022, págs. 43-74.

Pérez-Piaya Moreno, C., Gollonet Teruel, L. A. (coords.): *Compliance en el Derecho Administrativo. Políticas de cumplimiento en el sector público y en el sector privado.* Madrid: Bosch, 2020.

Pundik, A.: "La prueba predictiva en los procesos penales: ¿por qué el Derecho Penal debe tratar a las personas como si tuvieran libre albedrío impredecible?". *Quaestio Facti. Revista Internacional sobre Razonamiento Probatorio,* nº 6, 2024, págs. 1-37.

Quintero Sánchez, A.: "El *compliance* y la inversión extranjera a la luz del Derecho Internacional y las prácticas de las empresas transnacionales". En: López Olvera, M. A. (coord.): *Compliance.* Ciudad de México: Tirant lo Blanch, 2023, págs. 129-146.

Raga i Vives, A.: "Del enriquecimiento ilícito a la desobediencia por enriquecimiento injustificado de autoridades". *Revista General de Derecho Penal,* nº 39, 2023, págs. 1-32.

Ragués i Vallès, R.: "Un nuevo avance en la estandarización de los modelos de prevención de delitos: la ISO 37002 sobre gestión de sistemas de denuncia", *LA LEY Compliance Penal,* nº 7, 2021.

Ragués i Vallès, R.: Whistleblowing*: una aproximación desde el derecho penal.* Madrid: Marcial Pons, 2013.

Ribas, X.: "El uso de los sistemas IA en la función de *compliance*". *LA LEY Compliance Penal,* nº 15, 2023.

Rincón Angarita, D.: "Corrupción y captura del Estado: la responsabilidad penal de los servidores públicos que toman parte en el crimen organizado". *Prolegómenos: Derechos y Valores,* vol. 21, nº 42, 2018, págs. 57-71.

Ritzer, G.: *La macdonalización de la sociedad: un análisis de la racionalización en la vida cotidiana.* Barcelona: Ariel, 1996.

Rodríguez-García, N. (dir.): *Tratado angloiberoamericano sobre* compliance *penal.* Valencia: Tirant lo Blanch, 2021.

Rodríguez-García, N.: "El sistema penal español en tiempos de *compliance*: ¿de dónde venimos? ¿a dónde vamos?". *LA LEY Penal,* nº 160, 2023.

Ruano, L.: "Visiones latinoamericanas de la Unión Europea como potencia normativa". *Documentos de Trabajo. Fundación Carolina,* nº 86, 2023, págs. 1-34.

Sáez Hidalgo, I.: "Los canales internos de denuncia en el sector público". *Actualidad Administrativa,* nº 7, 2021.

Sánchez Baena, G.: *Populismo punitivo. Un análisis acerca de los peligros de aupar la voluntad popular por encima de leyes e instituciones.* Ediciones Deusto: Barcelona, 2020.

Sánchez Rodríguez, A. J.: *Introducción a la huida del Derecho administrativo.* Pamplona: Aranzadi, 2020.

Simón Castellano, P.: "La inmunidad penal como recompensa a los denunciantes. Allende un nuevo factor subjetivo-formal de punibilidad". *Revista Electrónica de Ciencia Penal y Criminología,* nº 24-14, 2022, págs. 1-32.

Solanes Corella, A.: *¿Castigar o premiar? Las sanciones positivas.* Valencia: Tirant lo Blanch, 2024.

Subirana de la Cruz, S., Fortuny Cendra, M. (dirs.): *Compliance en el sector público.* Pamplona: Aranzadi, 2020.

Subirana de la Cruz, S., Fortuny Cendra, M.: "Implementación de medidas antifraude para la gestión de fondos Next Generation". *La Administración Práctica: Enciclopedia de Administración Municipal,* nº 6, 2022, págs. 67-90.

Tapia Hermida, A. J.: "Protección de los denunciantes ('whistleblowers') de infracciones de la regulación de los servicios financieros de la Unión Europea. Análisis panorámico de la Directiva (UE) 2019/1937". *Revista de Derecho del Mercado de Valores,* nº 25, 2019.

Terracol, M.: *Internal whistleblowing systems. Best practice principles for public and private organisations.* Berlin: Transparency International, 2022.

Torres Chedraui, A. M.: *Derechos Humanos y búsqueda de la verdad en el proceso penal. Una propuesta de armonización.* Granada: Comares, 2015.

TRANSPARENCY INTERNATIONAL: *Corruption Perceptions Index 2023.* Berlin: Transparency International, 2024.

TRANSPARENCY INTERNATIONAL: *Exporting Corruption 2022. Assessing enforcement of the OECD Anti-Bribery Convention.* Berlin: Transparency International, 2022.

TRANSPARENCY INTERNATIONAL: *Global Corruption Barometer. European Union 2021. Citizens' Views and Experiences of Corruption.* Berlin: Transparency International, 2021.

Valeije Álvarez, I.: "Riesgos penales en la gestión de los Fondos Next Generation UE". *LA LEY Penal,* nº 162, 2023.

Velasco Núñez, E.: "Efectividad y contenido de los modelos/programas de *compliance*: a propósito del caso 'CORPESCA, S. A.'". *LA LEY Compliance Penal,* nº 6, 2021.

Villoria Mendieta, M., Jiménez Sánchez, F.: "La paradoja de la corrupción: creciente percepción del fenómeno pese al impulso en las políticas anticorrupción". En: Colino, C., Cotarelo, R. (coords.): *España en crisis: balance de la segunda legislatura de Rodríguez Zapatero.* Valencia: Tirant lo Blanch, 2012, págs. 411-432.

Villoria Mendieta, M.: "Un análisis de la Directiva (UE) 2019/1937 desde la ética pública y los retos de la implementación". *Revista Española de la Transparencia,* nº 12, 2021, págs. 15-24.

WORLD ECONOMIC FORUM: *The Global Risks Report 2024 (19th ed.).* Geneva: World Economic Forum, 2024.

WORLD JUSTICE PROJECT: *Rule of Law Index 2023.* Washington D. C.: WJP, 2023.

Zafra Espinosa de los Monteros, R. (2009): "Algunas cuestiones acerca de la protección de testigos en el proceso penal". *Diario LA LEY,* nº 7260.

# *Acceso a la justicia y discapacidad intelectual en el proceso penal*[1]

**FRANCISCO ORTEGO PÉREZ**
*Profesor Titular de Derecho Procesal*
*Universidad de Barcelona*



## 1. ACCESIBILIDAD Y TRATAMIENTO PROCESAL DE LAS PERSONAS CON DISCAPACIDAD: UN CAMBIO DE PERSPECTIVA

El Derecho progresa en la medida en que se humaniza, como demuestra la aspiración por tutelar a las personas más vulnerables salvaguardando su dignidad y amparando sus derechos[2]. En su conocido ensayo *"El acceso a la Justicia"*, Cappelletti y Garth explican que con dicha expresión se hace referencia a un propósito básico del sistema jurídico por el cual las personas puedan hacer valer sus derechos ante los tribunales bajo los auspicios del Estado y mediante un modelo que debe ser igualmente accesible para todos, propósito que denota a su vez la necesidad implícita de eliminar las barreras que pudieran dificultar dicho acceso; y aunque dicha obra no aborda los problemas inherentes a la discapacidad, hoy bien podría decirse que el tratamiento jurídico de esta cuestión constituye una nueva modalidad de lo que los autores denominaron "oleadas" en la transformación

---

1 *Al profesor Víctor Moreno Catena, como contribución a su merecido homenaje.*

2 Berizonce, R. O., "Virtualidad y proyecciones del movimiento de acceso a la justicia", *Revista Derecho y Ciencias Sociales*, abril, 2012, núm. 6, pág. 28.

jurídica y social del acceso a la justicia[3]. En ese contexto, la intervención procesal de personas con discapacidad, ya sea física como principalmente intelectual, ha pasado a convertirse desde hace algunos años en una cuestión de especial interés por la sensibilidad y relevancia social que genera, a la par que supone un importante reto para los poderes públicos en orden a promover la inclusión de las mismas en un plano efectivo de igualdad.

Dicha transformación es el resultado de constatar una realidad que contrasta con el olvido manifiesto al que en épocas pasadas se vieron sometidas como consecuencia de un obsoleto modelo y de una restrictiva concepción histórica y sociocultural ínsita al déficit específico de la persona. Mientras que las diversas manifestaciones que presenta la discapacidad física (bien sea auditiva, visual, motora o sensorial), propiciaron tradicionalmente una visión que ahondaba en el factor diferencial del individuo como aspecto negativo, la discapacidad intelectual y cognitiva todavía presentaba una connotación más excluyente. Jurídicamente se vinculó a la figura civil del incapaz, y también al producto de enfermedades, trastornos o retrasos mentales que determinaban la privación de la capacidad de obrar ante la carencia de gobernanza de dichas personas por sí mismas en cuanto premisa explicativa del anterior modelo tuitivo.

Desde el punto de vista procesal la capacidad es el primer presupuesto relativo a las partes, aunque la capacidad procesal o para actuar válidamente en juicio no tiene el mismo alcance en el proceso civil que en el penal. Como señala Moreno Catena, siendo el acusado la parte necesaria contra quien se dirige la acción penal, la capacidad procesal se rige por parámetros propios ya que la responsabilidad penal es estrictamente personal, sin que pueda transferirse ni delegarse. Además, hay que tener presente que dictar una sentencia condenatoria contra una persona con una discapacidad intelectual o cognitiva que le impidiera entender el alcance del proceso judicial y de la situación en la que se encuentra, convertiría prácticamente el proceso en una farsa intolerable[4]. Cuestión distinta es, tal como exponía hace menos de una década la organización *Plena Inclusión*, que los datos sobre personas con discapacidad intelectual que cumplían condena

---

3 Cappelletti, M. y Garth, B., "El acceso a la justicia. La tendencia en el movimiento mundial para hacer efectivos los derechos", Fondo de Cultura Económica, México, 1978, págs. 9, 10, 14 y 22.

4 Moreno Catena, V., *Enfermedad mental y capacidad en el proceso penal*, en "Trastornos mentales y justicia penal. Garantías del sujeto pasivo con trastorno mental en el proceso penal", (dir. Flores Prada, I.), Ed. Thomson Reuters Aranzadi, Cizur Menor, 2017, págs. 69-76.

en centros penitenciarios españoles sin que se hubiera advertido previamente su discapacidad intelectual eran significativos, lo que evidenciaba el fracaso del sistema por no ser capaz de detectar durante el transcurso del proceso la existencia de una alteración cognitiva[5].

En la actualidad el creciente interés por esta materia se apoya también en datos estadísticos, como los que revelan que en torno a un 10% de la población europea padece alguna discapacidad, de las cuales existen en España unas 300.000 personas con discapacidad intelectual y del desarrollo cognitivo[6].

La propuesta actual por el fomento de la accesibilidad contrasta con la antigua y excluyente concepción en torno a la discapacidad, arraigada en la propia terminología de la legislación de la época, tal como recuerda la clásica expresión *"locos o dementes"* en el Código Civil y alguna otra más peyorativa según los actuales criterios imperantes, como el término "*imbécil*", utilizado junto al *loco* por el Código Penal de 1870 al regular las eximentes y la responsabilidad civil. Se constata que las referencias a las personas con discapacidad intelectual aparecían plagadas de evidentes connotaciones negativas que subrayaban la deficiencia del individuo frente al resto, tal como sucediera ya en el Derecho romano con el *furiosus*. Históricamente el legislador ha sucumbido a determinados sesgos ante los que parece difícil sustraerse, como demuestra que hasta la Constitución Española —aunque con una óptica teleológicamente bien distinta—, se refiera en su art. 49 a *"los disminuidos físicos, sensoriales y psíquicos"*, mencionando el déficit o "disminución" personal pese a que su fin último sea la protección pública de ese colectivo.

El siglo XXI ha comportado una nueva perspectiva en el tratamiento jurídico y procesal de la discapacidad con el establecimiento de una serie de medidas legislativas y de apoyo destinadas a integrar el vacío normativo hasta entonces existente en diversos ámbitos del ordenamiento jurídico. Como punto de arranque, la Carta de los Derechos Fundamentales de la Unión Europea, de 7 de diciembre de 2000 (2000/C 364/01) establece la prohibición de cualquier tipo de discriminación por razón de discapacidad (art. 21), a la par que proclama el derecho a la integración de las personas

---

5 Recover Balboa, T. y de Araoz Sánchez-Dopico, I., "Las personas con discapacidad o del desarrollo ante el proceso penal", FEAPS, Madrid, 2014, pág. 17.

6 "Guía de intervención policial de personas con discapacidad intelectual", Ministerio del Interior y Fundación A LA PAR, Madrid, 2017. *Vid.* asimismo los datos de la organización *Plena Inclusión.*

discapacitadas. Se ha ido abriendo paso un principio de humanización del proceso, propio de esta nueva dimensión social del derecho de acceso a la justicia para determinados colectivos vulnerables como medio de promover la igualdad y dignidad de las personas[7].

En esa línea se enmarca en nuestro Derecho positivo el Real Decreto Legislativo 1/2013, de 29 de noviembre[8], que ya en su preámbulo denuncia aquella obsoleta concepción al reconocer que *"las personas con discapacidad conforman un grupo vulnerable y numeroso al que la sociedad ha mantenido habitualmente en conocidas condiciones de exclusión"* con la consiguiente restricción de sus derechos más básicos. En el ámbito civil destaca asimismo la Ley 8/2021, de 2 de junio, que declara abiertamente en su Exposición de Motivos la patente necesidad de abordar el tratamiento jurídico de la discapacidad con un nuevo y más acertado enfoque, tratando de garantizar la intervención y protección procesal de estas personas para eliminar cualquier tipo de discriminación, así como las posibles barreras que pudieran cercenar sus derechos y la posibilidad de su ejercicio.

Este cambio de rumbo ha supuesto la superación del anticuado modelo tuitivo de la discapacidad basado en la consideración de dichas personas como seres dependientes y necesitados, y en consecuencia, como *"objeto de protección"* o de tutela en función de sus circunstancias específicas, por un modelo social e inclusivo que en la actualidad las concibe como verdaderos sujetos titulares de derechos en una situación de igualdad de condiciones que cualesquiera otras personas[9].

---

7 Berizonce, R. O., "Virtualidad y proyecciones del movimiento de acceso a la justicia", *ob. cit.*, pág. 25. Damián Moreno, J., habla de un principio ético para promover legislativamente los instrumentos de apoyo necesarios para procurar el libre ejercicio de los derechos de las personas con discapacidad. "La adopción de las medidas de apoyo a las personas con discapacidad: una lectura en clave procesal", *Anuario de Derecho* Civil, vol. LXXV, núm. 2, 2022, pág. 401. De Lucchi López-Tapia, Y., "El servicio de facilitación judicial como pieza clave para la tutela judicial efectiva de las personas con discapacidad", *Actualidad Civil*, núm. 9, 2022, pág. 3 (edición digital).

8 Por el que se aprueba el Texto Refundido de la Ley General de derechos de las personas con discapacidad y de su inclusión social. Modificado por la Ley 6/2022, de 31 de marzo, para establecer y regular la accesibilidad cognitiva y sus condiciones de exigencia y aplicación.

9 Álvarez de Neyra Kappler, S., *Hacia un nuevo estatuto procesal de la persona con discapacidad como investigada o encausada en el Anteproyecto de Ley de Enjuiciamiento Criminal. Visión crítica*, en "Variaciones sobre un tema: el ejercicio procesal de los derechos" (dir. González Granda, P., Damián Moreno, J., Ariza Colmenarejo, Mª J.),

Se trata de ejemplos paradigmáticos del proceso iniciado en la legislación española para la adaptación a los principios y disposiciones de la *Convención sobre los Derechos de las Personas con Discapacidad* (en lo sucesivo, CDPD), hecha en Nueva York el 13 de diciembre de 2006 y ratificada por España el 9 de abril de 2008, que constituye la piedra angular y el auténtico punto de inflexión en esta materia, al dotarlas de un marco normativo que les ha proporcionado visibilidad como colectivo vulnerable dentro del ámbito de protección de los derechos humanos. A partir de la CDPD —como el mismo Texto reconoce— el concepto de discapacidad ha experimentado una significativa evolución como resultado de la interacción entre las personas con deficiencias físicas, mentales, intelectuales o sensoriales a largo plazo y las barreras debidas a la actitud y al propio entorno que puedan impedir su participación plena y efectiva en la sociedad en igualdad de condiciones con el resto (art. 1 y apartado *e)* de su preámbulo). En ese contexto, también las *Reglas de Brasilia* de 2008 inciden en la importancia de intensificar la actuación de los poderes públicos para eliminar o mitigar aquellos obstáculos que puedan entorpecer la accesibilidad de las personas más vulnerables al sistema de justicia[10], pues la accesibilidad, tal como establece la Ley 6/2022, de 31 de marzo, es una condición previa para que las personas con discapacidad puedan participar plenamente en igualdad de condiciones, así como una reafirmación del aspecto social del derecho de acceso (E. de M.).

Las directrices y principios en los que se basa el nuevo modelo social establecido en la CDPD han permitido pasar del olvido de épocas precedentes a una decidida apuesta pública de integración de estas personas, como muestra de aperturismo hacia una sociedad inclusiva y a las exigencias de acceso y participación igualitaria en la Justicia del siglo XXI. Una Justicia que proteja a los más débiles, tal como recoge expresamente la *Carta de Derechos de las Personas ante la Justicia en el Espacio Judicial Iberoamericano*

---

Ed. Colex, A Coruña, 2022, pág. 44. *Vid.* también Garzenmüller Roig, C., *Grandes cuestiones pendientes en el ordenamiento español para acompasarse a los mandatos de la Convención. Acceso a la Justicia,* en "La Convención Internacional sobre los Derechos de las Personas con Discapacidad. De los derechos a los hechos", (Dir. Alcaín Martínez, E.), Ed. Tirant lo Blanch, Valencia, 2015, pág. 118, quien se refiere al antiguo modelo como "médico-rehabilitador". Velilla Antolín, N., "Una visión crítica a la Ley de apoyo a las personas con discapacidad", *El Notario del Siglo XXI,* núm. 99, septiembre-octubre de 2021, pág. 13.

10 Reglas de Brasilia sobre acceso a la Justicia de las personas en condiciones de vulnerabilidad, XIV Cumbre Judicial Iberoamericana, 4 a 6 de marzo de 2008 (Capítulo I, regla 8).

(Cancún, 2002), aspiración que para ser realmente efectiva no sólo exige el reconocimiento del derecho sino también las medidas oportunas para garantizar su viabilidad práctica.

En nuestro país diversos ejemplos confirman la implicación de las instituciones y poderes públicos en la progresiva adopción de medidas y ajustes para la eliminación de barreras. Basta traer a colación la Instrucción de la Fiscalía General del Estado 4/2008 de 30 de julio, sobre *el control y vigilancia por el Ministerio Fiscal de las tutelas de personas discapaces*, que recoge expresamente de qué manera los cambios en el sistema de valores de las sociedades actuales han propiciado el relevo de la protección familiar o privada de dichas personas por un modelo de protección pública o social; o la creación del área especializada para la protección de personas con discapacidad (y mayores) en la Fiscalía General del Estado en el año 2019, el Protocolo de magistrados Delegados de Discapacidad de 17 de marzo de 2022 en el ámbito del *Foro Justicia y Discapacidad* del Consejo General del Poder Judicial, o la significativa implantación por el propio CGPJ de las *"sentencias de lectura fácil"* como método de conversión que permita su comprensión a personas con discapacidad intelectual en cuanto dimensión comunicativa del acceso a la justicia[11].

Sin embargo, a día de hoy resulta palmario que la acción legislativa en el ordenamiento jurídico español ha sido desigual e insuficiente. El hito de la evolución "conceptual" al que se refiere la CDPD y la mayor implicación pública tras el comentado cambio de enfoque no ha supuesto todavía una transformación procesal plena, sino que aún quedan importantes cuestiones pendientes.

---

[11] García López, J. C., "El método de lectura fácil de las sentencias para personas vulnerables", *Diario La Ley*, núm. 9042, Sección Tribuna, de 15 de septiembre de 2017, págs. 2 y 3 (edición digital). Se trata de un método que no sólo adapta los textos con un vocabulario más sencillo, sino que también utiliza otras técnicas relativas al diseño, tales como la maquetación, el empleo de imágenes, la composición reducida del propio texto. Rodríguez Álvarez, A., "Primera sentencia penal en lectura fácil: el caso de la SAP Madrid (Sección 16ª) 517/2018, de 9 de julio", *Revista Aranzadi Doctrinal*, núm. 8/2019 (edición digital, BIB 2019/8062). Este método se desarrolla en colaboración con otras instituciones privadas como la Fundación A LA PAR, o *Plena Inclusión*. La SAP de Madrid (Sección 16ª) núm. 517/2018, de 9 de julio (*Tol 6777146*), pionera en esta modalidad, se dictó en versión de lectura fácil para que pudiera entenderla una víctima de un delito de estafa grave con una discapacidad intelectual del 42% (ECLI: ES:APM:2018:10498).

Hasta la promulgación de la Ley 8/2021 únicamente se produjeron tímidas reformas procesales[12] de carácter parcial, como demuestra que todavía hoy se adolezca de una regulación integral en el ámbito procesal penal pese a los plausibles intentos reformistas más recientes. Adviértase que si ya desde la CDPD se vino poniendo el acento en la eliminación de las barreras que pudieran impedir la plena participación de dichas personas —a las que también se refiere el art. 25 del Código Penal—, las consustanciales a la escena procesal se magnifican de manera considerable cuando se pone en marcha esa poderosa *maquinaria* que es la justicia penal. No resulta difícil advertir su impacto en la esfera de los derechos fundamentales, incluso ya extraprocesalmente en sede policial, primer estadio en el que se evidencian obstáculos como la accesibilidad cognitiva para las personas vulnerables sin distinción de su condición de víctimas o de victimarios.

El carácter aflictivo del proceso penal exige armonizar los diversos intereses en juego, por lo que deben garantizarse adecuadamente tanto los derechos de los investigados como los de las propias víctimas, sin olvidar los intereses de la sociedad en la persecución de los delitos y en el restablecimiento del orden jurídico vulnerado[13]. La evolución garantista dimanante de la noción del *debido proceso* ha comportado un progresivo reconocimiento de importantes derechos para algunos de sus partícipes, tratando de adecuar la necesidad del instrumento a sus propios fines y a la efectiva protección de los distintos intereses mencionados. Pero las medidas legislativas no se deben circunscribir únicamente al fortalecimiento de los derechos procesales de investigados, encausados y acusados, sino que también han de proyectarse sobre otros valores tan esenciales como la inviolabilidad de la dignidad humana, la autonomía y el libre desarrollo de la personalidad[14] en cuanto pilares básicos de la materia que nos ocupa. Es preciso concienciarse de la dificultad que entraña el correcto entendimiento de la discapacidad (especialmente la cognitiva), para comprobar

---

12 Calaza López, S., "Hitos estructurales de la discapacidad", *Actualidad Civil*, núm. 10, octubre de 2022, pág. 1 (edición digital).

13 Ortego Pérez, F., "Instrucción sumarial y diligencias de investigación", Ed. Atelier, Barcelona, 2019, pág. 16.

14 *Vid.* al respecto el art. 4 del Anteproyecto de Ley de Enjuiciamiento Criminal de 2020 (ALECrim). Véase asimismo Ramos Méndez, F., "Enjuiciamiento criminal. Decimotercera lectura constitucional", Ed. Atelier, Barcelona, 2022, pág. 26. Hernández García, J., "Niños y niñas con discapacidad, victimización y proceso penal: algunas reflexiones", *Diario La Ley*, núm. 9494, de 9 de octubre de 2019, págs. 1-2 (edición digital).

hasta qué punto puede afectar al pleno ejercicio de los derechos fundamentales de aquellas personas durante su intervención en el proceso[15].

Por otra parte, también hay que tener presente que el binomio *discapacidad y proceso* exige ponderar el proclamado principio de autonomía y de trato en igualdad de condiciones de estas personas con sus propias circunstancias específicas, de modo que en la práctica se evite una indeseada situación de fragilidad o vulnerabilidad mayor de la que ya puedan sufrir[16]. El desarrollo del proceso jurisdiccional está plagado de circunstancias que aunque la mayor parte de las veces no reparemos en ellas, o las consideremos inescindibles a un concreto contexto o estadio (como sucede con la complejidad del lenguaje técnico jurídico o la solemnidad que acompaña a los Tribunales y al rito del foro), pueden abocar a la persona con discapacidad intelectual a una situación de fragilidad real frente al sistema de Justicia.

Es cierto que la dignidad del trato igualitario hacia todas las personas con independencia de su condición procesal es un principio básico inexcusable en la actuación de los Tribunales, que sin embargo debe amoldarse respecto a las personas especialmente vulnerables[17] cohonestando dicho principio con sus circunstancias singulares para promover el respeto a su dignidad. Esta exigencia permitirá valorar si nuestro ordenamiento procesal y el sistema de justicia penal ofrecen realmente o no una respuesta razonable y acorde a las normas y principios de la CDPD. Pero la incidencia procesal más destacable de esta nueva perspectiva acerca de la discapacidad es que la capacidad de intervenir de la persona no se pierde totalmente pese a la existencia y reconocimiento de déficits cognitivos o del entendimiento, los cuales no han de suponer *per se* una merma en la plenitud del ejercicio de sus derechos, con la salvedad de la intervención de una persona o de una institución de apoyo cuando resulte necesario[18].

---

15 En idéntico sentido Hernández García, J., "Notas sobre las obligaciones de ajuste en el tratamiento procesal de las personas investigadas o acusadas vulnerables (La inaplazable necesidad de un estatuto procesal específico), *Revista Jurídica de Catalunya*, núm. 4, 2020, pág. 874.

16 Pesqueira Zamora. Mª J., "Aspectos procesales de la capacidad a partir de la nueva regulación", *Revista General de Derecho Procesal*, núm. 57, 2022, pág. 6.

17 En este sentido, véase Arangüena Fanego, C., "Declaración de personas vulnerables y preconstitución de la prueba en el proceso penal", *Revista Brasileira de Direito Processual Penal*, vol. 8, núm. 3, 2022, pág. 1094.

18 Bujosa Vadell, L., *Hacia una reconsideración del proceso de incapacitación de personas mayores*, en "Justicia y personas vulnerables en Iberoamérica y en la Unión Euro-

## 2. INTERVENCIÓN DE LAS PERSONAS CON DISCAPACIDAD INTELECTUAL EN EL PROCESO PENAL

### *2.1. Distintas manifestaciones de participación procesal de las personas con discapacidad intelectual*

Pese a que la intervención en el proceso penal de personas con discapacidad intelectual suele polarizarse entre el sujeto pasivo y la víctima, también pueden darse otras situaciones que evidencian la importancia de dotar de una cobertura legal adecuada a las exigencias de inclusión y respecto a los derechos de todas las personas.

a) Una de las manifestaciones más relevantes es la de las personas investigadas, encausadas y acusadas con discapacidad intelectual, a las que por sus circunstancias específicas me referiré *infra* respecto a la necesidad de acometer la regulación de su estatuto procesal. No obstante, es preciso recordar ahora la "presunción de vulnerabilidad" que establece la regla 7 de la Recomendación de la Comisión Europea de 2013, singularmente en los casos de deficiencias graves de orden psicológico, intelectual o cognitivo que pudieran tener incidencia en su participación procesal.

b) La segunda vertiente es la de las víctimas, que además adquiere una especial significación cuando se trata de menores con discapacidad. Esa circunstancia incrementa la necesidad de apoyo y protección pública exigible, en línea con lo marcado por la Directiva 2012/29/UE, del Parlamento Europeo y del Consejo, de 25 de octubre de 2012, *por la que se establecen normas mínimas sobre los derechos, el apoyo y la protección de las víctimas de delitos*, traspuesta al derecho interno mediante la Ley 4/2015, de 27 de abril, del Estatuto de la Víctima del Delito (EVD). En esos casos es factible que tratándose de sujetos en una edad evolutiva pudiera llegar a producirse una situación de "hipervulnerabilidad"[19] ante el impacto psicológico derivado de la experiencia del proceso judicial unido al trauma emocional causado por el delito.

El EVD reconoce un catálogo de derechos comunes a todas las víctimas, entre los que destacan los derechos a una participación activa en el proceso penal (art. 11), a hacerse acompañar por una persona de su libre elección desde el primer contacto con las autoridades y funcionarios, a en-

---

pea", (dir. Álvarez Alarcón, A.), Ed. Tirant lo Blanch, Valencia, 2021, pág. 388.

19 *Vid.* Hernández García, J., "Niños y niñas con discapacidad, victimización y proceso penal: algunas reflexiones", *ob. cit.*, pág. 4.

tender y a ser entendidas durante toda la tramitación procesal (art. 4), así como a la protección de su intimidad (art. 22), brindándoles las medidas de protección adecuadas a su discapacidad previa evaluación de las mismas (arts. 23 y 26 EVD). Pero también existen otras medidas específicas que ya han demostrado su idoneidad en estos casos, como el empleo en algunos juzgados de las *cámaras Gesell* o "salas amigables" para reducir la victimización secundaria de menores con discapacidad intelectual en las entrevistas o declaraciones ante jueces y fiscales, e incluso para facilitar pericias psicológicas, o la experiencia piloto llevada a cabo en Tarragona mediante el proyecto conjunto de la Unión Europea y el Consejo de Europa con el *"modelo Barnahus"* para facilitar las investigaciones penales con menores víctimas en un entorno adaptado.

También es preciso tener en cuenta la interrelación entre discapacidad y género, que en determinadas tipologías delictivas (como la violencia en el ámbito familiar, violencia sexual, etc.), aboca a muchas mujeres a un papel de "dobles víctimas" o doble invisibilidad[20] empujadas al silencio o al estigma, pues no pocas víctimas con discapacidad intelectual se topan con barreras como la hipotética falta de credibilidad de su relato. Ese es un factor que en ocasiones propicia el desánimo o la reticencia a denunciar y a poner en marcha el proceso judicial[21], y de ahí que la CDPD establezca el deber de los Estados miembros de prever las medidas pertinentes para la protección contra la violencia o abusos relacionados con el género o la edad de personas con discapacidad (art. 16. 2).

c) Una última vertiente es la promoción del acceso a la participación procesal de personas con discapacidad fuera de esos clásicos roles como ejemplo de las actuales medidas para conseguir una sociedad verdaderamente inclusiva. Tal es el caso de la LO 1/2017, de 13 de diciembre, que modificó el art. 8 de la LO 5/1995 del Tribunal del Jurado para garantizar que dichas personas no puedan ser excluidas en el desempeño de su función como jurados, eliminando el anterior requisito de *"no estar impedido física, psíquica o sensorialmente"* para dicho cometido si cuentan con la aptitud suficiente para ello. Corresponderá en este caso a la Administración

---

20 O de doble discriminación, en palabras de la Comisionada de Género del CERMI, Ana Peláez Narváez. *La violencia contra las mujeres con discapacidad*, en "Mujer, discapacidad y violencia", CGPJ, Lual Ediciones, Madrid, 2013, pág. 13.

21 Vellaz Zamorano, A., Navas Macho, P., de Araoz Sánchez-Dopico, I., "Las personas con discapacidad intelectual como víctimas de delitos contra la libertad sexual: una realidad invisible", *Siglo Cero*, vol. 52 (1), 2021, Ediciones Universidad de Salamanca, pág. 10.

de Justicia la obligación de proporcionarles los apoyos precisos y efectuar los ajustes razonables que hagan viables su integración y participación en el Jurado, facilitándoles su comprensión en aspectos tan relevantes como el alcance de su función, de las instrucciones impartidas por el Magistrado-Presidente, del objeto del veredicto, o de la deliberación y el voto[22].

También hay que hacer especial referencia en cuanto modalidad de esta participación genérica a la declaración testifical de personas con discapacidad, para lo que se deberán establecer por parte de la autoridad judicial todas las garantías de accesibilidad y apoyos necesarios (arts. 449 ter, 703 bis LECrim y art. 26 Ley 4/2015, del Estatuto de la Víctima del Delito), pues como recuerda la STS núm. 517/2018, de 31 de octubre, el legislador es especialmente sensible respecto a la valoración de la capacidad de aquellos testigos que por su vulnerabilidad requieran medidas de especial protección (*Tol 6920475*)[23].

### 2.2. *La superación de ciertos prejuicios y estereotipos como primera barrera a eliminar en materia de discapacidad*

En la dialéctica entre víctimas y victimarios hay que partir de un entendimiento riguroso y reflexivo de lo que significa la discapacidad intelectual para garantizar el trato igualitario y el respeto a los derechos de unos y otros, lo que sin embargo no siempre se produjo en épocas pasadas. Como primera aproximación basta pensar en la existencia de ciertos estereotipos o prejuicios sociales que aún subsisten hacia las personas con discapacidad intelectual, y que resulta necesario erradicar en una sociedad que pretenda ser realmente inclusiva, pues quiérase o no, socialmente aún están fuertemente arraigados algunos clichés que inciden negativamente en el imaginario colectivo.

Aunque respecto a las víctimas pudiera pensarse que esas creencias tienen un efecto menor, la propia empatía o incluso la lástima que en ocasiones despiertan socialmente en cuanto sujetos pasivos del delito obliga a huir de un paternalismo proteccionista, pues pese a que esa visión pudiera parecer bienintencionada en realidad redunda en una negación de la sub-

---

22 Pérez Marín, Mª A., *Requisitos para ser miembro del Jurado: reflexiones sobre los jurados con discapacidad*, en "El Jurado español en la encrucijada: origen, participantes y veredicto", AA.VV., Instituto Vasco de Derecho Procesal, San Sebastián, 2023, págs. 68-70.

23 ECLI: ES:TS:2018:3790

jetividad del individuo[24] que se muestra contradictoria con los postulados de la CDPD.

Mayor repercusión tienen los prejuicios respecto a investigados, encausados y acusados debido generalmente a una arcaica pero extendida creencia social de que las personas con discapacidad intelectual suelen presentar problemas de conducta y de comprensión, además de ser mayoritariamente violentas y proclives a mentir[25]. Es un estereotipo etiológico de cierta propensión al delito o de peligrosidad que tradicionalmente se ha vinculado con la enfermedad mental, como reflejaba el art. 580 del CP de 1973 al sancionar con pena de multa a los guardianes y custodios de un enajenado que lo dejaran vagar por las calles o sitios públicos *sin la debida vigilancia.*

En este punto se hace patente la necesidad de distinguir entre la discapacidad intelectual y determinadas patologías mentales propiamente dichas que tienen una clara incidencia como factores de criminalidad[26]. Pero la discapacidad no debe equipararse a la enfermedad mental en términos absolutos, considerada esta última en las sociedades primitivas como el producto de influencias malignas o de un estado de posesión del sujeto, y también como causa de inimputabilidad según la moderna teoría del delito. La enfermedad o trastorno mental puede vincularse a dos conceptos de alcance tan distinto como son los de capacidad procesal y de imputabilidad, pudiendo darse el caso de que el trastorno mental que elimine la imputabilidad no restrinja la capacidad procesal y viceversa, por lo que es preciso distinguir entre ambas como situaciones intelectuales diferentes[27].

---

[24] González Uriel, D., "La intervención de las víctimas con discapacidad intelectual en el proceso penal", *Asociación Profesional de la Magistratura*, 6 de abril de 2021. https://apmnacional.es/actualidad/la-intervencion-de-las-victimas-con-discapacidad-intelectual-en-el-proceso-penal-daniel-gonzalez-uriel/

[25] De Araoz Sánchez-Dopico, I., "Acceso a la justicia; ajustes de procedimiento para personas con discapacidad intelectual y del desarrollo", *Plena Inclusión*, Madrid, 2018, págs. 33-34. Nagore Casas, A., *Anteproyecto de reforma de la LECrim de 2011 y en la propuesta de Código Procesal Penal de 2013: lectura desde la psicología forense*, en "Discapacidad y riesgo de los sujetos pasivos con trastorno mental en la justicia penal", (Dir. Flores Prada, I.), Ed. Aranzadi, Pamplona, 2022. BIB 2022/897, pág. 3.

[26] Díaz-Maroto y Villarejo, J., "El enajenado y su tratamiento jurídico penal", *Anuario de Derecho Penal y Ciencias Penales*, tomo 41, 1988, págs. 470-475. Homs Sanz de la Garza, J., "Psicópatas, sociópatas y antisociales. Un estudio de las mentes criminales", J. M. Bosch, Barcelona, 2020, págs. 30 y ss.

[27] Flores Prada, I., "Problemas del enjuiciamiento de delitos violentos cometidos por inimputables", *Revista Aranzadi de Derecho y Proceso Penal*, núm. 22, 2009, págs. 131 a 153. Farto Piay, T., "El enjuiciamiento penal de las personas con problemas de

Por discapacidad, como acertadamente recoge el art. 61 del Anteproyecto de Ley de Enjuiciamiento Criminal de 24 de noviembre de 2020 (en adelante, ALECrim), cabe entender *"la situación en que se encuentre una persona con limitaciones físicas, mentales, intelectuales o sensoriales que impidan o dificulten comprender el significado y las consecuencias del proceso que se sigue en su contra o que le limiten o imposibiliten para valerse por sí misma en el ejercicio de sus derechos o en el cumplimiento de sus obligaciones procesales"*. Todo ello sin olvidar el alcance del derecho a la presunción de inocencia, punto de arranque del proceso penal moderno en cuanto regla de tratamiento y del juicio, que obliga a superar la obsoleta concepción del "loco", del "demente" o del "enfermo mental" como presuntos o potenciales culpables debido a la influencia de los precitados estereotipos de peligrosidad.

### *2.3. La inaplazable necesidad de un estatuto jurídico integral de las personas investigadas y encausadas con discapacidad*

En cuanto producto legislativo de su tiempo la vigente LECrim no hizo originariamente alusión alguna a la intervención procesal de personas con discapacidad, más allá de las escuetas menciones a la apreciación por parte del Juez instructor de indicios de "enajenación mental" en el procesado (art. 381), o a la situación de "demencia sobrevenida" (art. 383) al regular las primeras diligencias relativas a acreditar la identificación del sujeto pasivo y sus circunstancias personales. Ha habido que esperar a que través de algunas de sus múltiples reformas parciales se fueran incorporando ciertas disposiciones en materia de discapacidad, aunque de forma aislada y dispersa[28].

---

salud mental", *Estudios Penales y Criminológicos*, vol. XLI, 2021, págs. 899-900. García San Martín, J., *Imputabilidad y capacidad procesal*, en "Derechos y garantías del investigado con trastorno mental en la justicia penal", Sevilla, 2016, págs. 48 a 51.

28 Así los arts. 105. 2 LECrim (respecto a la posibilidad de que el Ministerio Fiscal interponga denuncia aun tratándose delitos perseguibles a instancia del particular agraviado si este fuere "*persona con discapacidad necesitada de especial protección…*"), art. 118 (relativo a la información del derecho de defensa al investigado con discapacidad), art. 124 (respecto a las garantías de la asistencia del intérprete para las personas con discapacidad auditiva), art. 127 (aplicable a las personas con discapacidad sensorial), art. 261 (dispensa de la obligación de denunciar), art. 416 (dispensa de la obligación de declarar), arts. 449 ter, 703 bis, 707 y 777 (testigos con discapacidad), art. 520 (relativo al derecho al intérprete de personas con discapacidad auditiva o con dificultades del lenguaje), art. 544 ter (orden de protección), y el art. 681 LECrim (prohibición de divulgar cualquier información

La primera propuesta normativa en esta materia parte del Anteproyecto de LECrim de 22 de julio de 2011, que establecía un régimen jurídico de integración de la capacidad procesal de la persona investigada, haciéndose eco en su preámbulo de que el vacío legal existente producía ciertas disfunciones en la práctica forense[29]. Su regulación distinguía los supuestos de inimputabilidad de la persona en el momento de la comisión del ilícito penal, de la "enfermedad mental" sobrevenida que priva a la persona de la capacidad de entendimiento del proceso seguido en su contra y de sus posibles consecuencias punitivas, contemplándose en ambos casos la necesidad del nombramiento de un defensor judicial. Con posterioridad, el Borrador de Código Procesal Penal de febrero de 2013 dedicó tan solo un par de preceptos relativos a la integración de la capacidad procesal de personas físicas que hubieran de ser enjuiciadas (art. 49) y a la incapacidad procesal absoluta del encausado (art. 50).

### 2.3.1. La propuesta normativa del ALECrim de 2020: derechos esenciales, institución de apoyo y medidas de ajustes procedimentales razonables

Aunque fueran intentos de mínimos aquellos precedentes sirvieron, junto con las disposiciones y criterios establecidos tanto por la CDPD de 2006, como por la Recomendación de la Comisión Europea de 27 de noviembre de 2013 *relativa a las garantías para las personas vulnerables sospechosas o acusadas en procesos penales*, para que el ALECrim de 2020 tratara firmemente de regular un verdadero estatuto jurídico integral de la persona encausada con discapacidad. En su preámbulo denuncia el insostenible vacío legal existente en ese ámbito, señalando que desde el plausible y novedoso intento legislativo de 2011 no se habían dado los pasos necesarios para la integración de la considerada como *"una de las lagunas más notorias de la regulación en vigor"*.

La consecuencia de esta situación de anomia es que dicha integración pasó a convertirse en una necesidad perentoria, hasta el punto de que algunas sentencias del Tribunal Constitucional ya habían advertido de la fal-

---

relativa a la identidad de las víctimas con discapacidad necesitadas de especial protección).

29 Como las relativas a la conformidad para la imposición negociada de medidas de seguridad —o incluso de penas— a personas inimputables que no están en condiciones de prestar un consentimiento válido (apartado XIV).

ta de previsión de medidas cautelares idóneas en los supuestos de inimputabilidad por discapacidad intelectual (SSTC 217/2015, de 22 de octubre y 84/2018, de 16 de julio). Sin embargo, no es únicamente en materia de medidas cautelares donde resulta visible la situación de quiescencia legislativa, sino también en otros aspectos recogidos ya por la Recomendación de la Comisión Europea de 2013, principalmente en lo tocante al respeto de los derechos reconocidos a las personas vulnerables durante el transcurso del proceso penal (regla 6).

*a) Trilogía de derechos esenciales*

Ante la situación comentada no sorprende que la decidida propuesta normativa del ALECrim de 2020 se basara en el reconocimiento de tres derechos considerados "esenciales", como son los de defensa, autonomía o plenitud de facultades decisorias, y a la participación eficaz en el procedimiento.

En primer lugar, tratándose de una regulación que aúna proceso penal y discapacidad del sujeto pasivo es del todo punto comprensible que el ALECrim fuera especialmente cuidadoso con la necesidad de garantizar en estos casos el ejercicio del derecho de defensa, estableciendo la obligación de todas las autoridades y funcionarios que intervengan en el proceso de adaptar el procedimiento con los ajustes necesarios para garantizar la plena efectividad del derecho (art. 62).

Vinculados asimismo con el derecho de defensa, los otros dos derechos sobre los que se fundamenta la propuesta de este estatuto integral confluyen en la exigencia de garantizar la accesibilidad de dichas personas al proceso. De ahí, que en segundo lugar se reconozca a las personas con discapacidad el derecho a tomar por sí mismas sus propias decisiones a lo largo del proceso siempre que sea posible. A tal efecto, se parte —tal como señala en su Preámbulo— de una regulación flexible e individualizada del complemento procesal de la capacidad, de forma que bajo el prisma actual la discapacidad no implica necesariamente una situación de capacidad modificada ni una ausencia de condiciones personales para el ejercicio de derechos fundamentales[30].

---

[30] Ramírez Ortíz, J. L. y Rueda Soriano, Y., "El estatuto de la persona encausada con discapacidad en el proceso penal del siglo XXI (La propuesta del Anteproyecto de Ley de Enjuiciamiento Criminal de 2020)", *Diario La Ley*, núm. 9815, de 22 de marzo de 2021, págs. 4 y 5 (edición digital).

Como muestra del afán del prelegislador por la eliminación de barreras, para facilitar el ejercicio de este derecho el art. 63. 1 del ALECrim prevé la adopción de aquellas medidas de ayuda a la comunicación que se estimen adecuadas y proporcionadas al grado de discapacidad de la propia persona encausada, garantizando que pueda comprender el significado y alcance de las actuaciones procesales que le afecten[31] y de las decisiones personales que deba adoptar respecto a las mismas, en línea con lo dispuesto en la Recomendación de la Comisión Europea de 2013 respecto a los problemas de las personas especialmente vulnerables para seguir y entender el proceso penal (*considerando 11*). Para ello prevé que judicialmente pueda establecerse una "institución de apoyo" que asista a la persona con discapacidad durante el proceso, siempre y cuando no hubiera sido establecida ya de forma voluntaria o por un juez civil. Adviértase que, en coherencia con el actual enfoque de la discapacidad, la finalidad de dicha institución de apoyo es servir como indispensable complemento de la voluntad de la persona encausada, pero nunca como sustitutivo de la misma en cuanto muestra de la superación del periclitado estereotipo de personas necesitadas y dependientes[32].

Por último, junto a la accesibilidad (no sólo física), el ALECrim reconoce el derecho de la persona encausada con discapacidad a la participación eficaz en el proceso, lo que exige la remoción de aquellas barreras que puedan obstaculizarla y la adaptación a las circunstancias singulares de su discapacidad de los trámites procesales y diligencias de investigación que requieran su presencia. Teniendo en cuenta los obstáculos de comprensión que pueden suponer las actuaciones procesales se prevé que, cuando resulte necesario, *"un especialista o una persona de su elección y confianza le acompañe durante la ejecución de los mismos"* (art. 63 *in* fine), subrayando así la importancia de la institución de apoyo.

### *b) La institución de apoyo: el "facilitador judicial"*

Hay que tener en cuenta que la Recomendación de la Comisión Europea de 2013 reconoce que *"durante los procesos penales las personas vulnerables*

---

31 *Vid.* la STEDH *Caso Nenov c. Bulgaria*, de 16 de julio de 2009.

32 Motivo por el que *"se suprime el equívoco concepto de representación"* (apartado XVII del Preámbulo del ALECrim).

*necesitan asistencia y apoyo adecuados"* (Considerando 10), contemplando por ello las figuras del "representante legal" y del "adulto adecuado"[33].

El ALECrim no hace referencia *expressis verbis* a la figura del "facilitador judicial" en materia de institución asistencial a la persona con discapacidad[34], entendido aquel como la persona neutral que actúa de intermediario entre el sistema de justicia y las personas con discapacidad para proporcionar a estas una comunicación eficaz durante el procedimiento, a la vez que les "facilita" una comprensión adecuada y la toma de decisiones propias, según se establece en los *"Principios y directrices internacionales sobre el acceso a la justicia para personas con discapacidad"* elaborado por Naciones Unidas (Ginebra, 2020)[35].

Es oportuno subrayar los principios de imparcialidad y neutralidad que rigen la intervención del facilitador judicial como persona de apoyo sin ningún interés directo o indirecto ni influencia en el resultado del proceso[36]. Se trata de un profesional que puede resultar de gran utilidad pues además de sus funciones asistenciales propias ante la policía, jueces y fiscales, es quien debe evaluar las necesidades de apoyo de la persona con discapacidad y de qué manera podría llegar a interferir en el procedimien-

---

33 En el *Considerando (8)* se refiere al *"representante legal"* como la persona que representa los intereses y supervisa los asuntos jurídicos de una persona vulnerable, como sería el caso del tutor designado por un órgano judicial, mientras que por *"adulto adecuado"* se entiende el familiar o personada relacionada socialmente con la persona vulnerable que pueda interactuar con las autoridades para permitir que aquella pueda ejercer sus derechos procesales (*Considerando (9)*).

34 Cuya referencia sí que existe en otros ámbitos en cuanto profesional asistencial para la adaptación y ajustes necesarios para que la persona con discapacidad pueda entender y ser entendida, tal como se contempla en el art. 7 bis 2 c) de la Ley de Enjuiciamiento Civil 1/2000 (LEC), y en el precepto con idéntica numeración de la Ley 15/2015, de 2 de julio, de Jurisdicción Voluntaria.

35 *Vid.* asimismo "La persona facilitadora en procesos judiciales", *Plena Inclusión*, Madrid, 2020, págs. 4 a 17.

36 De producirse dicha influencia se tergiversaría su función genuina. Discrepo en este sentido con lo manifestado por Álvarez de Neyra Kappler, quien pese a presentarlo como un intermediario neutral afirma, no obstante, que su intervención *"evitaría sentencias no siempre justas"*. Considero que su neutralidad impide vincular la intervención de esta figura de mero apoyo con la justicia o injusticia de la decisión jurisdiccional, pese a que también afirma la autora que *"se ha demostrado que, cuando interviene un facilitador, se reducen las sentencias condenatorias". Hacia un nuevo estatuto procesal de la persona con discapacidad como investigada o encausada en el Anteproyecto de Ley de Enjuiciamiento Criminal. Visión crítica*, en "Variaciones sobre un tema: el ejercicio procesal de los derechos", *ob. cit.*, pág. 51.

to. Esa utilidad explica que su figura se encuentre prevista en otros ordenamientos, como sucede con los *Registered Intermediaries (RIs)* en el proceso penal de Inglaterra y Gales, que aunque son funcionarios de la Corte no sólo asisten a las personas encausadas, sino que el ámbito de su actuación se extiende también a víctimas vulnerables, testigos y sospechosos con déficits de comunicación[37].

Con independencia del alcance y significación del facilitador judicial, las normas del ALECrim contemplan la posible asistencia de la "institución de apoyo" (siempre que no hubiese sido establecida voluntariamente o por un juez civil), pudiendo aplicarse a todas las actuaciones procesales cuando la discapacidad no admita modulación (art. 65). Como límite se prevé que la designación de dicha persona o institución no podrá recaer, por razones obvias, en ningún miembro de Ministerio Fiscal ni en el abogado defensor de la persona encausada (art. 66), pudiendo establecerse contra la persona designada las medidas coactivas y las sanciones procesales que la ley contempla para los testigos en caso de incumplimiento de sus deberes (art. 67).

Respecto a los actos necesitados de asistencia se establece que en todas las diligencias que deban practicarse con la persona encausada, así como durante las sesiones del plenario, *"quien integre la institución de apoyo ocupará un lugar que le permita el contacto inmediato y confidencial con la persona encausada y con el abogado defensor"* (art. 68. 2). Esta previsión normativa trata de mitigar los efectos de una posible desubicación del sujeto pasivo en determinados trámites como el del propio *banquillo*, ya que la escenografía procesal puede ejercer una influencia simbólica decisiva en la persona con discapacidad[38]. De este modo, la importancia de la función de la persona o institución de apoyo queda de manifiesto al establecer el ALECrim la sanción de invalidez de los actos procesales realizados sin su asistencia cuando hubiera sido judicialmente establecida en los casos de retraso malicioso o negligente en la designación de la misma (art. 69).

---

37 De Araoz Sánchez-Dopico, I., "Acceso a la justicia; ajustes de procedimiento para personas con discapacidad intelectual y del desarrollo", *ob. cit.*, pág. 72. *Vid.* asimismo "Registered Intermediary Procedural Guidance Manual", Ministry of Justice, Government, United Kingdom, 2023, pág. 7.

38 Hernández García, J., "Notas sobre las obligaciones de ajuste en el tratamiento procesal de las personas investigadas o acusadas vulnerables (La inaplazable necesidad de un estatuto procesal específico), *ob. cit.*, págs. 25 y 26.

*c) Medidas procesales:*

El tercer pilar sobre el que se asienta el ALECrim, junto con el reconocimiento de los derechos esenciales y la previsión de la institución de apoyo es el del obligado ajuste del procedimiento mediante las medidas necesarias que permitan la participación eficaz de la persona encausada con discapacidad. Para ello resulta fundamental, tal como establece la Recomendación de la Comisión Europea de 2013, una pronta detección de la discapacidad de personas sospechosas e investigadas con el fin de identificar su grado de vulnerabilidad y sus necesidades específicas (regla 4). El propósito no estriba únicamente en favorecer la accesibilidad y la participación eficaz, sino también en garantizar su derecho de defensa, motivo por el que se contemplan una serie de medidas inmediatas cuando la policía o el Fiscal sospechen que la persona investigada padece alguna discapacidad, siendo preciso entonces acordar su reconocimiento médico o psicológico (art. 70).

En tales circunstancias se le deberá informar de sus derechos procesales de manera que le resulte comprensible, además de realizar las averiguaciones oportunas para determinar si ya tiene designada la institución de apoyo, recabando en caso afirmativo la presencia inmediata de la misma. En ese contexto se prevé la grabación en soporte apto para la reproducción de la imagen y el sonido de todos los interrogatorios que se practiquen, además de adoptar las medidas necesarias para proteger su integridad corporal, su intimidad y datos personales, aspecto este último que exigirá una especial diligencia cuando se trate de obtener datos médicos relativos a su salud mental o psíquica[39].

Junto a estas medidas inmediatas el ALECrim contempla asimismo otras medidas de apoyo provisionales que la autoridad judicial podrá acordar de oficio, a petición del Fiscal o a instancia de parte, estableciéndose un incidente para su adopción (arts. 71 y 72). Y más allá de este elenco de medidas, también se prevén una serie de ajustes necesarios para la celebración del juicio oral, como la posibilidad de exceptuar la presencia en Sala de la persona acusada en función de su estado, resultando necesaria en ese caso la citación y comparecencia de la persona que integre la institución de apoyo, o la razonable inadmisión de la conformidad por lo que afecta a sus facultades intelectivas y la comprensión de su alcance (art. 80).

---

39 *Vid.* la STEDH *Caso Worwa c. Polonia*, de 27 de noviembre de 2003.

Otra de las reglas de ajustes necesarias son las relativas a las medidas cautelares, dado que la CDPD de 2006 establece la obligación de los Estados parte de asegurar que las personas con discapacidad *"no se vean privadas de su libertad ilegal o arbitrariamente y que cualquier privación de libertad sea de conformidad con la ley, y que la existencia de una discapacidad no justifique en ningún caso una privación de la libertad"* (art. 14. 1. *b*). De conformidad con esta disposición la detención de la persona con discapacidad está informada por los principios de excepcionalidad y necesidad, por lo que sólo estará justificada cuando no sea posible obtener su presencia por otros medios menos gravosos. No obstante, cuando la detención devenga imprescindible deberán adoptarse las medidas precisas para adecuarla a las circunstancias personales de la discapacidad, permitiendo en tales casos el acompañamiento del detenido por una persona de su confianza (art. 73 ALECrim).

Del mismo modo, la libertad provisional y las obligaciones inherentes a la misma deberán adecuarse al grado de la discapacidad, contemplándose el posible sometimiento obligatorio al tratamiento o a los controles médicos que se estimen necesarios, pudiendo acordarse un régimen de custodia para asegurar la presencia de la persona encausada (arts. 74 y 228 ALECrim).

El ALECrim suprime expresamente la prisión provisional para encausados con discapacidad, estableciéndose como medida sustitutiva para los casos en los que a priori hubiera venido justificada, la posible adopción judicial de internamiento en un centro psiquiátrico, de deshabituación o de educación especial, medida cautelar que se sujeta a la revisión periódica por los especialistas que atiendan a la persona encausada, quienes deberán aportar los informes necesarios (arts. 75, 76 y 270). Por último, acorde con la característica de provisionalidad de las medidas cautelares (*rebus sic stantibus*), este internamiento cautelar podrá sustituirse a su vez por alguna de las fórmulas previstas para la prisión atenuada cuando las circunstancias lo requieran (art. 77).

## 3. BREVE EPÍLOGO

La conclusión a cuanto antecede ha de ser necesariamente tan breve como rotunda, pues pese al loable intento del ALECrim es incomprensible que a día de hoy el proceso penal continúe huérfano de una regulación precisa que garantice la accesibilidad e inclusión de las personas con discapacidad y ofrezca una respuesta adecuada a las necesidades que suscita su intervención en cada caso. Aunque en líneas generales la valoración del texto articulado resulta positiva, es preciso no demorar por más tiempo una reforma que deviene inaplazable.

## BIBLIOGRAFÍA


Álvarez de Neyra Kappler, S., *Hacia un nuevo estatuto procesal de la persona con discapacidad como investigada o encausada en el Anteproyecto de Ley de Enjuiciamiento Criminal. Visión crítica*, en "Variaciones sobre un tema: el ejercicio procesal de los derechos" (dir. González Granda, P., Damián Moreno, J., Ariza Colmenarejo. Mª J.), Ed. Colex, A Coruña, 2022.

Arangüena Fanego, C., "Declaración de personas vulnerables y preconstitución de la prueba en el proceso penal", *Revista Brasileira de Direito Processual Penal*, vol. 8, núm. 3, 2022.

Calaza López, S., "Hitos estructurales de la discapacidad", *Actualidad Civil*, núm. 10, octubre de 2022.

Berizonce, R. O., "Virtualidad y proyecciones del movimiento de acceso a la justicia", *Revista Derecho y Ciencias Sociales*, abril, 2012, núm. 6.

Bujosa Vadell, L., *Hacia una reconsideración del proceso de incapacitación de personas mayores*, en "Justicia y personas vulnerables en Iberoamérica y en la Unión Europea", (dir. Álvarez Alarcón, A.), Ed. Tirant lo Blanch, Valencia, 2021.

Cappelletti, M. y Garth, B., "El acceso a la justicia. La tendencia en el movimiento mundial para hacer efectivos los derechos", Fondo de Cultura Económica, México, 1978.

Damián Moreno, J., "La adopción de las medidas de apoyo a las personas con discapacidad: una lectura en clave procesal", *Anuario de Derecho* Civil, vol. LXXV, núm. 2, 2022.

De Araoz Sánchez-Dopico, I., "Acceso a la justicia; ajustes de procedimiento para personas con discapacidad intelectual y del desarrollo", *Plena Inclusión*, Madrid, 2018.

De Lucchi López-Tapia, Y., "El servicio de facilitación judicial como pieza clave para la tutela judicial efectiva de las personas con discapacidad", *Actualidad Civil*, núm. 9, 2022.

Díaz-Maroto y Villarejo, J., "El enajenado y su tratamiento jurídico penal", *Anuario de Derecho Penal y Ciencias Penales*, tomo 41, 1988, págs. 470-475.

Farto Piay, T., "El enjuiciamiento penal de las personas con problemas de salud mental", *Estudios Penales y Criminológicos*, vol. XLI, 2021.

Flores Prada, I., "Problemas del enjuiciamiento de delitos violentos cometidos por inimputables", *Revista Aranzadi de Derecho y Proceso Penal*, núm. 22, 2009.

García López, J. C., "El método de lectura fácil de las sentencias para personas vulnerables", *Diario La Ley*, núm. 9042, Sección Tribuna, de 15 de septiembre de 2017.

García San Martín, J., *Imputabilidad y capacidad procesal*, en "Derechos y garantías del investigado con trastorno mental en la justicia penal", Sevilla, 2016.

Garzenmüller Roig, C., *Grandes cuestiones pendientes en el ordenamiento español para acompasarse a los mandatos de la Convención. Acceso a la Justicia*, en "La Convención Internacional sobre los Derechos de las Personas con Discapacidad. De los derechos a los hechos", (Dir. Alcaín Martínez, E.), Ed. Tirant lo Blanch, Valencia, 2015.

González Uriel, D., “La intervención de las víctimas con discapacidad intelectual en el proceso penal”, *Asociación Profesional de la Magistratura*, 6 de abril de 2021.

Hernández García, J., “Niños y niñas con discapacidad, victimización y proceso penal: algunas reflexiones”, *Diario La Ley*, núm. 9494, de 9 de octubre de 2019.

Hernández García, J., “Notas sobre las obligaciones de ajuste en el tratamiento procesal de las personas investigadas o acusadas vulnerables (La inaplazable necesidad de un estatuto procesal específico), *Revista Jurídica de Catalunya*, núm. 4, 2020.

Homs Sanz de la Garza, J., “Psicópatas, sociópatas y antisociales. Un estudio de las mentes criminales”, J. M. Bosch, Barcelona, 2020.

Moreno Catena, V., *Enfermedad mental y capacidad en el proceso penal*, en “Trastornos mentales y justicia penal. Garantías del sujeto pasivo con trastorno mental en el proceso penal”, (dir. Flores Prada, I.), Ed. Thomson Reuters Aranzadi, Cizur Menor, 2017.

Nagore Casas, A., *Anteproyecto de reforma de la LECrim de 2011 y en la propuesta de Código Procesal Penal de 2013: lectura desde la psicología forense*, en “Discapacidad y riesgo de los sujetos pasivos con trastorno mental en la justicia penal”, (Dir. Flores Prada, I.), Ed. Aranzadi, Pamplona, 2022.

Ortego Pérez, F., “Instrucción sumarial y diligencias de investigación”, Ed. Atelier, Barcelona, 2019.

Peláez Narváez, A., *La violencia contra las mujeres con discapacidad*, en “Mujer, discapacidad y violencia”, CGPJ, Lual Ediciones, Madrid, 2013.

Pérez Marín, Mª A., *Requisitos para ser miembro del Jurado: reflexiones sobre los jurados con discapacidad*, en “El Jurado español en la encrucijada: origen, participantes y veredicto”, AA.VV., Instituto Vasco de Derecho Procesal, San Sebastián, 2023.

Pesqueira Zamora, Mª J., “Aspectos procesales de la capacidad a partir de la nueva regulación”, *Revista General de Derecho Procesal*, núm. 57, 2022.

Ramírez Ortíz, J. L. y Rueda Soriano, Y., “El estatuto de la persona encausada con discapacidad en el proceso penal del siglo XXI (La propuesta del Anteproyecto de Ley de Enjuiciamiento Criminal de 2020)”, *Diario La Ley*, núm. 9815, de 22 de marzo de 2021.

Recover Balboa, T. y de Araoz Sánchez-Dopico, I.,” Las personas con discapacidad o del desarrollo ante el proceso penal”, FEAPS, Madrid, 2014.

Rodríguez Álvarez, A., “Primera sentencia penal en lectura fácil: el caso de la SAP Madrid (Sección 16ª) 517/2018, de 9 de julio”, *Revista Aranzadi Doctrinal*, núm. 8/2019.

Velilla Antolín, N., “Una visión crítica a la Ley de apoyo a las personas con discapacidad”, *El Notario del Siglo XXI*, núm. 99, septiembre-octubre de 2021.

Vellaz Zamorano, A., Navas Macho, P., de Araoz Sánchez-Dopico, I., “Las personas con discapacidad intelectual como víctimas de delitos contra la libertad sexual: una realidad invisible”, *Siglo Cero*, vol. 52 (1), 2021, Ediciones Universidad de Salamanca.

# *La capacidad procesal de las personas con discapacidad intelectual: reflexiones a la luz de la CNUDPD*

**ÁGATA Mª SANZ HERMIDA**
*Catedrática de Derecho Procesal*
*Universidad de Castilla-La Mancha*



## 1. INTRODUCCIÓN

Las personas con discapacidad se han visto durante demasiado tiempo sometidas a las más graves restricciones de derechos en pos de su protección, tratamiento, control o cuidado. Entre las causas destaca el profundo arraigo social de las percepciones negativas hacia las personas con discapacidad, manifestación del "capacitismo", "un sistema de valores que considera que determinadas características típicas del cuerpo y la mente son fundamentales para vivir una vida que merezca la pena ser vivida"[1]. Este fenómeno, fundado en estándares estrictos de apariencia, funcionamiento y comportamiento, no sólo ha penetrado en la sociedad, sino ha orientado la legislación, políticas y prácticas discriminatorias para las personas con

---

1 *Informe de la Relatora Especial sobre los derechos de las personas con discapacidad*, de 17 de diciembre de 2019, A/HRC/43/41, consultable en A/HRC/43/41 (un.org). Se afirma que el "capacitismo" es una ideología que valora a las personas sin discapacidad y desvaloriza a las personas con discapacidad, ya que considera a estas últimas inferiores en virtud de su estado físico, emocional o cognitivo (déficits) en lugar de ser valoradas por sus capacidades y su humanidad (Perkel, Tobin y Weisman 2012, 32-33).

discapacidad[2] de la que dan buena muestra la adopción de medidas de coerción física (privaciones involuntarias de libertad en centros de internamiento, esterilizaciones forzosas[3], segregación), tratamientos químicos (psicofarmacológicos), denegaciones de la capacidad jurídica en razón de la capacidad mental, etc. Barreras infranqueables a su inserción social y laboral también han acompañado durante décadas a este sector de la sociedad.

Basta con que algunas personas pudieran ser clasificadas en las categorías que, a lo largo del tiempo, se han ido creando (minusválidos, incapaces, locos, imbéciles, débiles mentales, etc, toda una amplia gama de nombres para designar a quienes sufren algún tipo de discapacidad) para justificar un tratamiento, no ya diferente, sino en muchos casos, discriminatorio e injusto y una traslación en la toma de decisiones desde la persona con discapacidad a la persona, entidad o institución pública "responsable" que, bajo muy diversas figuras jurídicas, se han ido adoptando.

La evolución de los derechos de las personas con discapacidad debía haberse producido de manera sincronizada al reconocimiento y efectividad de los derechos humanos. Es decir, la segunda mitad del s. XX debía haber supuesto un cambio revolucionario para este sector de la sociedad. También dicho progreso debería haber sido consecuencia de los avances científicos médicos, mecánicos y de toda índole que hubieran servido para derribar buena parte de los muros creados en torno a este grupo de población. Sin embargo, no ha sido hasta muy recientemente[4], de la mano

---

2 *Ibidem*

3 Sirvan como referencia las palabras de la Corte Suprema de Estados Unidos cuando, en el primer tercio del s. XX, se pronunciaba sobre la legalidad del sistema de esterilización forzosa de los confinados en instituciones estatales de apoyo del Estado de Virginia y que son reflejo del sentir de la época: "*el Estado mantiene en diversas instituciones a muchas personas defectuosas que, si se les diera el alta, se convertirían en una amenaza, pero que, si fueran incapaces de procrear, podrían ser dadas de alta con seguridad y llegar a ser autosuficientes en beneficio propio y de la sociedad (...) siempre que se cumplan las cuidadosas disposiciones por las que la ley protege a los pacientes de posibles abusos.*" (Buck v. Bell, de 22 de abril de 1927). Esta sentencia, ejemplo de aplicación de la filosofía de la supremacía anglosajona, sentó un precedente legal que permitía la esterilización involuntaria de miles de hombres y mujeres en más de veintisiete estados, como señalan (Perkel, Tobin y Weisman 2012, 33).

4 No obstante, con carácter previo y como antecedentes en el seno de las Naciones Unidas, encontramos algunos otros instrumentos de muy diversa naturaleza y vinculación como la Declaración de los derechos de las personas con retraso mental (Proclamada por la Asamblea General en su resolución 2856 (XXVI), de 20 de

de la Convención de Naciones Unidas sobre los derechos de las personas con discapacidad (CNUDPD) de 13 de diciembre de 2006, cuando se han producido transformaciones relevantes y significativas para un colectivo invisibilizado durante mucho tiempo.

La CNUDPD constituye un cambio de paradigma para el tratamiento jurídico de la discapacidad, "asentado en el 'modelo de la diversidad', en el que se pasa de la generalidad (derechos humanos inherentes a toda persona) a la especialidad (derechos humanos de las personas con discapacidad)" (CGPJ 2018). De ahí su contribución en la eliminación de algunos de los tradicionales obstáculos a los que se han visto enfrentadas las personas con discapacidad y consolidar, no sin ciertas resistencias, que el reconocimiento de la dignidad y el valor inherentes a toda persona, así como de la universalidad, indivisibilidad, interdependencia e interrelación de todos los derechos humanos y libertades fundamentales necesariamente debe llevar, no a negar el disfrute de los derechos de estas personas, sino a facilitar el mismo y eliminar cualquier tipo de discriminación contra cualquier persona por razón de su discapacidad.

---

diciembre de 1971); la Declaración de los derechos de los impedidos de las Naciones Unidas (aprobado por Resolución 3447, de 9 de diciembre de 1975); el Programa de Acción Mundial para las impedidos (aprobado por la Asamblea General de las Naciones Unidas en su Resolución 37/52, de 3 de diciembre de 1982); las Normas Uniformes sobre Ia igualdad de oportunidades para las personas con discapacidad (AG.48/96, del 20 de diciembre de 1993); la Declaración de Viena y Programa de Acción aprobados por la Conferencia Mundial de las Naciones Unidas sobre Derechos Humanos (157/93), por destacar algunos de ellos. Es, sin embargo, la Convención de los derechos del niño, de 20 de noviembre de 1989 el primer instrumento de la ONU que establece previsiones expresas con relación a la prohibición de la discriminación por motivos de discapacidad y el derecho de los niños con alguna discapacidad a una vida plena y en condiciones que aseguren su dignidad, y que le permitan lograr su autosuficiencia e integración activa en la sociedad (cfr. arts. 2 y 23 CDN). No obstante, la CNUDPD destaca, no solo por ser el primer tratado de derechos humanos que se adoptó en el siglo XXI y haber sido negociado con gran rapidez, sino por contar con un alto nivel de intervención de los representantes de las personas directamente afectadas y por participar de un movimiento internacional que se aleja de un modelo médico o de un enfoque de bienestar social en el que las personas con discapacidad son consideradas receptoras pasivas de servicios, acogiendo una comprensión de la discapacidad basada en los derechos humanos (Gibson, 2011, pág. 12) y un sistema de cumplimiento revolucionario en el contexto internacional.

Los cambios derivados de la ratificación por España de la Convención[5] han azotado, con fuerza, algunas instituciones jurídicas pretendidamente cristalizadas, en especial, la distinción entre capacidad jurídica y capacidad de obrar[6], que sustentaba una barrera, no solo legal sino también social, para el pleno disfrute y acceso a los derechos y libertades de las personas con discapacidad. De ahí que se haya pasado de un sistema jurídico basado en la sustitución de la capacidad de obrar de la PD a un sistema de "apoyo para el ejercicio de su capacidad" cuya concreta determinación deberá tener en cuenta la diversidad de personas con discapacidad, la autonomía individual y la libertad de tomar sus propias decisiones. De manera consecuente, la fijación de esos apoyos dependerá, con carácter general, de la libre expresión de la decisión de la PD, de su voluntad y preferencias.

Para llegar hasta aquí han sido necesarios muchos e importantes cambios en nuestro sistema jurídico que deben además ser contextualizadas en el marco normativo general del RD-Legis. 1/2013, de 29 de noviembre, por el que se aprobó el Texto Refundido de la Ley General de derechos de las personas con discapacidad y de su inclusión social[7]. Así, por lo que se refiere al ámbito civil, el último gran exponente ha venido de la mano de la decisiva reforma de la Ley 8/2021, de 2 de junio, por la que se reforma la legislación civil y procesal para el apoyo a las personas con discapacidad en el ejercicio de su capacidad jurídica que, como se señala en su exposición de motivos, supone la adaptación de nuestro ordenamiento a la CNUDPD, así como en la puesta al día de nuestro Derecho interno en un tema, como es el del respeto al derecho de igualdad de todas las personas en el ejercicio de su capacidad jurídica, que viene siendo objeto de atención constante tanto por parte de las Naciones Unidas, como por el Consejo de Europa o por el propio Parlamento Europeo. La nueva regulación está inspirada

---

5 Instrumento de ratificación de 23 de noviembre de 2007.

6 Algunos autores como Manga Alonso afirman que el precepto más importante de la Convención es el art. 12 que exige a los Estados Parte asegurar que las personas con discapacidad puedan ejercer su capacidad jurídica en igualdad de condiciones que el resto de las personas, lo que significa que libremente deben poder adoptar todas aquellas decisiones que les afecten, siendo solo apoyados en los residuales casos en que lo necesiten, con máximo respeto a su capacidad (Manga Alonso 2019, 133).

7 Muy recientemente modificada por la Ley 6/2022, de 31 de marzo, de modificación del Texto Refundido de la Ley General de derechos de las personas con discapacidad y de su inclusión social, aprobado por el Real Decreto Legislativo 1/2013, de 29 de noviembre, para establecer y regular la accesibilidad cognitiva y sus condiciones de exigencia y aplicación.

en el respeto a la dignidad de la persona, en la tutela de sus derechos fundamentales y en la consideración de la libre voluntad de la persona con discapacidad, así como en los principios de necesidad y proporcionalidad de las medidas de apoyo que, en su caso, pueda necesitar esa persona para el ejercicio de su capacidad jurídica en igualdad de condiciones con los demás que abarca tanto la titularidad de los derechos, como la legitimación para su ejercicio.

Más lentos están siendo los cambios referidos al ámbito penal. En efecto, sin negar la existencia de ciertos avances producidos por cambios normativos en los últimos años como, por ejemplo, la mejora de la tutela de las víctimas con discapacidad en el estatuto de la víctima[8]; la sustitución de la referencia al "incapaz" por una nueva definición de persona con discapacidad en el art. 25 del CP al objeto de reforzar la protección especial de que deben ser objeto estos sujetos[9]; la garantía de la participación de las personas con discapacidad en el Tribunal del Jurado[10]; más recientemente, la erradicación de la esterilización forzada o no consentida de personas con discapacidad incapacitadas judicialmente[11]; los de la LO 8/2021, de 4 de junio, de protección integral a la infancia y la adolescencia frente a la violencia o los de la LO 10/2022, de 6 de septiembre, de garantía integral

---

8 Ley 4/2015, de 27 de abril, del estatuto de la víctima. Sin perjuicio de que esta norma incluye un amplio catálogo de derechos de las víctimas, destaca el art. 26 que se refiere a la posible adopción de medidas específicas para menores y personas con discapacidad necesitadas de especial protección.

9 Reforma abordada por la LO 1/2015 de 30 de marzo por la que se modifica la LO 10/1995, de 23 de noviembre del CP.

10 Llevada a cabo por la LO 1/2017, de 13 de diciembre, de modificación de la Ley Orgánica 5/1995, de 22 de mayo, del Tribunal del Jurado que, con este fin, en el art. 8.5 se refiere a que "las personas con discapacidad no podrán ser excluidas por esta circunstancia de la función de jurado, debiéndoseles proporcionar por parte de la Administración de Justicia los apoyos precisos, así como efectuar los ajustes razonables, para que puedan desempeñar con normalidad este cometido". Se pone fin a las versiones anteriores de dicho artículo que, originalmente, impedía ejercer la función de jurado al que estuviera "afectado por discapacidad física o psíquica que impida el desempeño de la función de jurado".

11 Por LO 2/2020, de 16 de diciembre, de modificación del Código Penal para la erradicación de la esterilización forzada o no consentida de personas con discapacidad incapacitadas judicialmente. Con esta reforma se pone fin a la esterilización forzada de personas con discapacidad, práctica más extendida de lo que pudiera pensarse, como lo confirman los datos del CGPJ a que hace referencia la exposición de motivos de esta norma y que señalan que, en la última década se han practicado en España más de un millar de esterilizaciones forzadas.

de la libertad sexual[12]. A este respecto, el ya caducado anteproyecto de Ley orgánica de enjuiciamiento criminal de 2020 —ALECRIM 2020— proyectaba en su articulado disposiciones dedicadas a la persona encausada con discapacidad (arts. 61 a 80) y, junto a ello, las relativas a la especial protección de las víctimas con discapacidad —en cuanto víctimas especialmente vulnerables— (arts. 101 a 103) sin perjuicio de algunas otras disposiciones dispersas en dicho texto legal con referencias a las personas con discapacidad, en un afán de reforzar el estatuto jurídico de estas personas, tanto cuando fueran sujetos activos del proceso, como sujetos pasivos del mismo. Sin embargo, todavía queda mucho por hacer.

La proyección de los cambios normativos producidos o que están por venir en el sistema de protección que brinda la justicia civil y penal a las personas con discapacidad es de amplia dimensión y se enfrenta a importantes retos en su implantación y a no pocas tensiones. En las siguientes líneas se abordarán algunos de los problemas y disfunciones relativas a las personas con discapacidad cuando son investigadas y encausadas en causas penales.

## 2. LA PERSONA CON DISCAPACIDAD COMO INVESTIGADA O ENCAUSADA EN UNA CAUSA PENAL

### *2.1. Acceso a la justicia penal en condiciones de igualdad y de modo efectivo*

Pese a ser el proceso penal el sector del ordenamiento en el que se ponen en juego los más importantes derechos de las personas y bienes jurídicos, es probablemente el que más lentamente está avanzando hacia la mejora de la tutela de los derechos de las PD, particularmente por lo que se refiere a la persona discapaz encausada, en especial las personas con discapacidad intelectual o psicosocial o con problemas de salud mental "ya que

---

12 Que contiene también referencias específicas a las necesidades especiales de protección de las víctimas de estos delitos con discapacidad, en cumplimiento, como señala el Legislador en la exposición de motivos, de la recomendación del Comité sobre los Derechos de las Personas con Discapacidad de Naciones Unidas de adoptar todas las medidas apropiadas para combatir la violencia de género contra las mujeres con discapacidad psicosocial y para prevenir, investigar y ofrecer reparaciones por las violaciones de sus derechos humanos, enjuiciando a las personas responsables.

suelen ver restringida su capacidad jurídica o se ven privadas de esta"[13], lo que puede repercutir en el ejercicio de derechos tan esenciales como los derechos de la defensa y a un proceso con todas las garantías. A este respecto, hay que tener en cuenta que la discapacidad es una circunstancia de especial vulnerabilidad[14] y que el art. 13.1 CNUDPD se refiere al acceso a la justicia de las PD "en condiciones de igualdad", como también se exige en uno de los ODS (16.3), así como en la estrategia europea 2030[15]. En esta última se señala que el acceso debe ser además "efectivo", lo que implica la realización de los ajustes adecuados en todos los procedimientos judiciales, con inclusión de la etapa de investigación y otras etapas preliminares[16]. A tal efecto deberán eliminarse las barreras prácticas y jurídicas que impiden a las PD "intervenir como testigos, defender sus derechos como víctimas, sospechosos o acusados, así como ejercer funciones profesionales como jueces, abogados o fiscales en procesos penales y civiles".

Más concretamente, la Recomendación Rec (2004)10[17], se refiere a la necesaria protección de las personas vulnerables que padecen trastornos mentales y la Recomendación Rec. (2006) 5[18] llama a los Estados a implementar diversas medidas y acciones positivas para favorecer el acceso

---

13 Comunicación de la Comisión al Parlamento Europeo, al Consejo, l Comité Económico y Social Europeo y al Comité de las Regiones, "Una Unión de la igualdad: estrategia sobre los derechos de las personas con discapacidad para 2021-2030", de 3 de marzo de 2021, COM/2021/101 final.

14 Como se establece en la Recomendación de la Comisión, de 27 de noviembre de 2013, relativa a las garantías procesales para las personas vulnerables sospechosas o acusadas en procesos penales (2013/C 378/02). Para un estudio sobre las repercusiones que tiene en los distintos ámbitos de la justicia penal cfr. (Álvarez de Neyra Kappler 2020)

15 Comunicación de la Comisión al Parlamento Europeo, al Consejo, l Comité Económico y Social Europeo y al Comité de las Regiones, "Una Unión de la igualdad: estrategia sobre los derechos de las personas con discapacidad para 2021-2030", de 3 de marzo de 2021, COM/2021/101 final.

16 De hecho, señala el Defensor del Pueblo, "La convención, al referirse a las 'etapas preliminares', se refiere sin duda a la actividad policial, con respecto a la cual también alude a la necesidad de 'capacitación adecuada'" (Defensor del Pueblo 2019, 30).

17 La Recomendación Rec (2004) 10 del Comité de Ministros a los Estados miembros relativa a la protección de los derechos humanos y a la dignidad de las personas con trastorno mental, de 22 de septiembre de 2004

18 Recomendación Rec (2006) 5 del Comité de Ministros a los Estados miembros sobre el Plan de acción del Consejo de Europa para promover los derechos y la plena participación de las personas con discapacidad en la sociedad: mejorar la

efectivo a la justicia en igualdad de las PD. Entre ellas, formación sobre los derechos humanos y la discapacidad (a escala nacional e internacional) para policías, agentes públicos, personal judicial y médico; garantizar que las personas con discapacidad disfruten de una igualdad de acceso al sistema judicial haciendo efectivo su derecho a información y comunicación accesibles para ellos; proporcionar una asistencia adecuada a las personas que se encuentran con dificultades para ejercer su capacidad jurídica y procurar que esta atención sea proporcional al grado de ayuda requerido.

Nuestro ordenamiento jurídico-penal es parco en la regulación de las adaptaciones y ajustes necesarios para las PD, con esporádicas referencias, algunas de ellas introducidas en los últimos años en el CP[19], normativa penitenciaria[20], en la LECrim, la LO del Tribunal del Jurado[21] y, con algo más de intensidad, en el Estatuto jurídico de la víctima, con las reper-

---

calidad de vida de las personas con discapacidad en Europa 2006-2015, de 5 de abril de 2006

19 Véanse, entre otros, los arts. 20, exención de responsabilidad criminal; 21, circunstancias atenuantes; 25, definición de discapacidad y personas con discapacidad necesitadas de especial protección; 60, suspensión de la pena privativa de libertad en situación duradera de trastorno mental; 80, suspensión en caso de enfermedad muy grave con padecimientos incurables; art. 96, medidas de seguridad: tipología (privativas o no privativas); 97, mantenimiento, cese, sustitución o suspenso de las medidas de seguridad durante la sentencia; 101, medidas de internamiento para tratamiento médico educación especial; 135, prescripción de las medidas de seguridad.

20 Así, Ley Orgánica 1/1979, de 26 de septiembre, General Penitenciaria nos encontramos con los arts. 62, entidades colaboradoras; 10, excepción del régimen cerrado en personas con "anomalías o deficiencias", que irán a centros especiales; 11, relativo a los tipos de establecimientos especiales; 16, separación del régimen normal del establecimiento de aquellos con "enfermedad o deficiencias físicas o mentales"; 69, colaboración de instituciones públicas o privadas en la resocialización de los reclusos. Y, por su parte, en el Real Decreto 190/1996, de 9 de febrero, por el que se aprueba el Reglamento Penitenciario, los arts. 182; internamiento en centro de deshabituación y en centro educativo especial; 183-191, ingreso en establecimientos o unidades psiquiátricas penitenciarias.

21 Destacando las importantísimas previsiones introducidas en la Ley Orgánica 5/1995, de 22 de mayo, del tribunal del jurado por la LO 1/2017, de 13 de diciembre, para garantizar la participación de las personas con discapacidad sin exclusiones y que se incorporan en los arts. 8.5 (requisitos para ser jurado: "Contar con la aptitud suficiente para el desempeño de la función de jurado. Las personas con discapacidad no podrán ser excluidas por esta circunstancia de la función de jurado, debiéndoseles proporcionar por parte de la Administración de Justicia los apoyos precisos, así como efectuar los ajustes razonables, para que puedan desem-

cusiones, en muchos casos negativas, que tiene en la vigencia y efectividad de los derechos de las PD, ya que la falta de detección de sus necesidades específicas de apoyo y protección pueden afectar gravemente a la defensa legítima de sus derechos e intereses[22].

## 2.2. *Requisitos de capacidad*

### 2.2.1. La necesidad de una evaluación individualizada

Desde el punto de vista procesal, la situación de discapacidad del encausado interesa desde distintas perspectivas que, además, tienen un carácter complementario. Por un lado, al proceso penal le importa la trascendencia que pueda tener la situación de discapacidad de la persona investigada o encausada en el momento de desarrollo del proceso para determinar si tiene, en términos razonables/suficientes, capacidad procesal, es decir, si dispone de capacidad suficiente para entender y comprender el desarrollo de las actuaciones procesales[23]; o aptitud para participar de modo consciente en el proceso, comprender la acusación que contra ellos se formula y ejercer el derecho de defensa, según Armenta Deu (2021, 116) y, en el mismo sentido, Moreno Catena (2023, 119); capacidad de autodefensa a que se refiere Grima Lizanda (2010, 2)[24]; o, quien, además de compren-

---

peñar con normalidad este cometido"), 12.1 (excusa para actuar como jurado), 20 (devolución del cuestionario) y DA 3ª, referida a la provisión de apoyos.

22 Algo, por otro lado, común en otros ordenamientos jurídicos. Se han puesto de manifiesto, por ejemplo, los problemas que presenta declaración de incapacidad para declarar, ya que puede hacer que las personas con discapacidades cognitivas pierdan acceso a las garantías procesales en el sistema de justicia penal. También pueden dar lugar a largos periodos de detención y, en algunos casos, la detención indefinida de personas con discapacidades cognitivas en prisiones y otros centros de seguridad. Esto suscita importantes preocupaciones con violaciones de los derechos humanos, incluidos los derechos a la capacidad jurídica, a un juicio justo y a la libertad. (Arstein-Kerslake, y otros 2017, 399)

23 Como se señala en el considerando 1 de la Recomendación de la Comisión, de 27 de noviembre de 2013, relativa a las garantías procesales para las personas vulnerables sospechosas o acusadas en procesos penales (2013/C 378/02). De manera muy próxima define la capacidad procesal Moreno Catena como "la capacidad de las personas vivas que tengan la aptitud necesaria para participar de modo consciente en el

24 Según este autor, "el imputado ha de tener la capacidad intelectual necesaria para comprender la imputación; para entender los consejos técnicos que le dé su abogado; para darle a éste la información que precise para su mejor asesoramiento;

der y ser consciente de la investigación y acusación contra ella formulada, puede ejercitar los derechos procesales como parte, como señala Barona Vilar (Gómez Colomer y Barona Vilar 2021, 99). Todo ello, sin perjuicio de la evaluación de las necesidades de adaptación, ajustes razonables y apoyo que una PD pueda necesitar a lo largo del proceso.

Nuestro Código penal define la discapacidad en su art. 25[25] como aquella situación en que se encuentra una persona con deficiencias físicas, mentales, intelectuales o sensoriales de carácter permanente que, al interactuar con diversas barreras, puedan limitar o impedir su participación plena y efectiva en la sociedad, en igualdad de condiciones con las demás y el párrafo segundo se refiere a la "persona necesitada de una especial protección", como "aquella persona con discapacidad que, tenga o no judicialmente modificada su capacidad de obrar, requiera de asistencia o apoyo para el ejercicio de su capacidad jurídica y para la toma de decisiones respecto de su persona, de sus derechos o intereses a causa de sus deficiencias intelectuales o mentales de carácter permanente". Al amparo de esta delimitación se incluyen situaciones de muy diversa consideración y entidad, a la vez que se pone de manifiesto la particular atención que requieren las personas que tienen gravemente afectadas las capacidades mentales, en especial, las intelectuales[26].

---

para discutir con el abogado las distintas opciones y elegir la que se estime más adecuada. En definitiva, ha de tener la capacidad intelectual para dirigir su propia defensa y para dar instrucciones al abogado al efecto; así como para dirigirse por sí mismo al Tribunal. El ejercicio del derecho de defensa por parte del imputado supone diversas y sucesivas decisiones racionales; y exige la comprensión no sólo de hechos (tanto extraprocesales como procesales) sino también de sus consecuencias jurídicas". (Grima Lizanda 2010, 4-5)

25 Definición que incorpora la de la CNUDPD tras la reforma de la LO 1/2015, de 30 de marzo, superando así la versión original del art. 25 que se refería a la persona "incapaz" como aquella "haya sido o no declarada su incapacitación, que padezca una enfermedad de carácter persistente que le impida gobernar su persona o bienes por sí misma"

26 La discapacidad intelectual (DI) "es una condición de la persona, que se caracteriza por ser multidimensional (intervienen aspectos fisiológicos, psicológicos, médicos, educativos y sociales), multicausal (se puede deber a patologías genéticas, a daños neurológicos, a factores ambientales, educacionales o sociales), y por su enorme heterogeneidad (las diferencias entre las personas con DI son aún mayores, si cabe, que las diferencias que se establecen entre las personas de la población general)" (Alemany 2013, 11). Como pone de manifiesto este autor, siguiendo la clasificación realizada por la *American Association on Intellectual and Developmental Disabilities* en 2002, la DI no depende exclusivamente de las

En efecto, el Defensor del Pueblo ha tenido ocasión de poner de manifiesto, en diversos informes[27], la particular preocupación que debe prestarse a las personas con enfermedades mentales y a las personas con discapacidad intelectual en centros penitenciarios, debido a la falta de recursos materiales y humanos para su debida atención, a la improcedencia en buen número de casos de su internamiento en módulos generales o a la falta de actividades específicas para estos grupos de sujetos[28]. En el caso de las personas con discapacidad intelectual destaca, además, su particular vulnerabilidad, ya que con bastante frecuencia siquiera se ha detectado su situación de discapacidad lo que puede generar que parte de sus conductas sean consideradas como infracciones disciplinarias; que no conozcan sus derechos adecuadamente ni tampoco comprendan las normas internas al no habérseles sido facilitadas en lenguaje accesible; en definitiva, que no reciban el adecuado tratamiento. Por ello ha insistido "en la necesidad de comunicar a la autoridad judicial la presencia de personas con discapacidad intelectual o que tengan indicios de tenerla, con el fin de garantizar —si no lo supiera anteriormente— que el juez tiene en cuenta esta relevante circunstancia en cualquier decisión que pudiera tener que adoptar, sea de naturaleza civil, penal o penitenciaria" (Defensor del Pueblo 2019, 22).

---

competencias cognitivas, sino que además de éstas, hay otras cuatro dimensiones que modulan el funcionamiento individual: las *capacidades intelectuales*, es decir, la capacidad para comprender nuestro entorno, comprender ideas complejas, adaptarse eficazmente a sus ambientes, aprender de la experiencia, desarrollar varias formas de razonamiento y superar obstáculos pensando y comunicando; la *conducta adaptativa* o conjunto de habilidades conceptuales, sociales y prácticas que han sido aprendidas por las personas para funcionar en sus vidas diarias; la *participación, interacción y roles sociales*; la *salud*; y, el *contexto*. (Alemany 2013, 13-ss.)

27 Sólo por referirnos a los últimos años, desde 2016 el Defensor del Pueblo ha denunciado sistemáticamente estas situaciones y elaborado diferentes recomendaciones. Resulta, además, particularmente ilustrativa la Separata del volumen II del Informe anual 2018 dedicada específicamente a las personas con discapacidad intelectual en prisión (Defensor del Pueblo 2019).

28 De igual modo, el CDPD, en sus Observaciones finales sobre los informes periódicos segundo y tercero combinados de España, de 13 de mayo de 2019 (CRPD/C/ESP/CO/2-3) exhortaba a nuestro Estado a que cumpla las obligaciones que le incumben en virtud del artículo 14 de la Convención y se guíe por las directrices del Comité sobre el artículo 14 (2015) en los debates regionales sobre la aprobación del proyecto de protocolo adicional al Convenio para la Protección de los Derechos Humanos y la Dignidad del Ser Humano con respecto a las Aplicaciones de la Biología y la Medicina, titulado "La protección de los derechos humanos y la dignidad de las personas con trastornos mentales con respecto al internamiento y el tratamiento involuntarios"

Las circunstancias relativas a la discapacidad no ocasionan, como regla general, la prohibición de comparecer válidamente en el proceso penal, si bien la cuestión de la capacidad procesal del encausado afectado por anomalías o alteraciones psíquicas no es pacífica, lo que ha generado ciertas oscilaciones en la jurisprudencia en la aplicación de nuestro sistema jurídico, sin que pueda afirmarse que la cuestión esté actualmente zanjada. Se trata, por tanto, de delimitar qué criterios deben seguirse para, en casos de anomalías o alteraciones psíquicas —utilizando las expresiones del CP— determinar cuándo la persona encausada dispone de esa capacidad suficiente para *comprender todo el significado de sus actos y palabras en relación con la situación jurídica y procesal y su sometimiento a la acción de la justicia.*

La trascendencia de la determinación de ese grado suficiente para participar en el proceso es tal que requiere que se adopten las medidas necesarias para su rápida detección, ya desde los momentos más iniciales de la investigación y de ahí la importancia de la adecuada formación y cualificación de todo el personal al servicio de la Administración de Justicia, particularmente, de las fuerzas y cuerpos de seguridad del Estado, como se dispone en el art. 13.2 CNUDPD. Es más, la "sospecha" de existencia de algún tipo de alteración o anomalía que pueda ser relevante a estos efectos debería constar ya en el atestado policial.

A estos aspectos se refiere precisamente la *Recomendación (2013/C 378/02) de la Comisión de 27 de noviembre de 2013, relativa a las garantías procesales para las personas vulnerables sospechosas o acusadas en procesos penales*, cuyo apartado 4 alude a que las personas vulnerables deben ser identificadas y reconocidas como tales rápidamente y que todas las autoridades competentes puedan recurrir a un reconocimiento médico efectuado por un experto independiente, con su identificación y determinación de su grado de vulnerabilidad y sus necesidades específica.

De estas previsiones se deduce que la evaluación de la concurrencia de alteraciones o anomalías que puedan incidir en la capacidad procesal suele requerir una cierta actividad instructora que exigirá además la aportación de informes de expertos sobre conducta, comprobación de su sanidad mental a través de dictamen pericial en el que se evalúe la situación individual del investigado[29]. La valoración judicial de dicha situación debe saber

---

[29] De manera anacrónica y, sin duda, desfasada con nuestro actual modelo de responsabilidad y enjuiciamiento penal, el art. 380 LECrim dispone que "Si el procesado fuere mayor de nueve años y menor de quince, el Juez recibirá información acerca del criterio del mismo, y especialmente de su aptitud para apreciar la

interpretar los informes periciales y motivar la decisión sobre dicha capacidad a la luz del marco de garantías fundamentales, lo que significa velar por el respeto de los derechos inherentes al estatuto jurídico de la persona encausada[30], con particular atención a los derechos de la defensa en toda su extensión, conforme se establece en el art. 24.2 de la CE y, detalladamente, en los arts. 118 y 520 LECrim, tanto en su manifestación del **derecho a la asistencia letrada** (recordando que la Recomendación europea llama además a los Estados a hacerla irrenunciable en el caso de discapacidad intelectual— Sección 3, apartado 11); como en su manifestación de "**autodefensa**", lo que significa que el sujeto encausado reúne las facultades necesarias para *enfrentarse al juicio, entender las instrucciones de su abogado,* puede *tomar decisiones, contestar a los interrogatorios* y, entre otros, *comprender el desarrollo de las demás pruebas, así como el derecho a la última palabra.*

Y como criterio interpretativo coadyuvante de esta labor, la Recomendación introduce una *presunción de vulnerabilidad que* los Estados miembros deben prever especialmente en el caso de las personas con deficiencias graves de orden psicológico, intelectual, físico o sensorial, o trastornos mentales o cognitivos, que les dificulten comprender y participar efectivamente en el proceso[31].

Finalmente hay que tener en cuenta que la capacidad de comprender y participar en el proceso penal debe ser una condición que se ostente durante todo el proceso penal y en todas sus fases teniendo, como se expondrá a continuación, distinta repercusión su falta según el momento procesal de que se trate.

---

criminalidad del hecho que hubiese dado motivo a la causa. En esta información serán oídas las personas que puedan deponer con acierto por sus circunstancias personales y por las relaciones que hayan tenido con el procesado antes y después de haberse ejecutado el hecho. En su defecto se nombrarán dos Profesores de instrucción primaria para que, en unión del Médico forense o del que haga sus veces, examinen al procesado y emitan su dictamen."

30 Sobre estos aspectos cfr. (Subijana Zunzunegui 2020).

31 En esta línea y también en consonancia con nuestra normativa penal y por las consecuencias jurídicas que conlleva (Batlló Buxó-Dulce 2022, 1), se señala que es necesario distinguir entre aquellas personas que sufren una discapacidad intelectual grave y aquellas otras que sufren una discapacidad leve

### 2.2.2. La regulación actual. El art. 383 LECrim: problemas de aplicación

Dispone el art. 383 de la LECrim que “si la demencia sobreviniera después de cometido el delito, concluso que sea el sumario se mandará archivar la causa por el Tribunal competente hasta que el procesado recobre la salud, disponiéndose además respecto de éste lo que el Código Penal prescribe para los que ejecutan el hecho en estado de demencia”.

Como pone de manifiesto la STS 971/2004, de 23 de julio (ECLI:ES:TS:2004:5510) este precepto no resulta aplicable en sentido literal en la actualidad, ya que entraña una respuesta no acorde con las previsiones del Código Penal vigente, al suponer, en la práctica, una imposición de medida de seguridad sin sentencia, lo que vulnera el principio de legalidad tal y como ha sido consagrado en el art. 3.1 interpretado de manera conjunta con los arts. 95 y 101 del CP. La interpretación que debe tener en cuenta el marco constitucional que impide la imposición de una pena o medida de seguridad sin juicio previo que respete todas las garantías.

A este respecto, el TS se pregunta, en la citada STS 971/2004 cómo, a la luz del citado precepto, se puede ofrecer una solución normativa ajustada y expresa al grave problema del enjuiciamiento de una persona que, en realidad, carece de la necesaria capacidad procesal para ejercitar plenamente su derecho de defensa y que se enfrenta a la necesidad ineludible del juicio para permitir, en justicia, la aplicación de la medida de seguridad que se muestra como la adecuada tanto desde el interés terapéutico del enfermo como desde el de protección de los miembros de la sociedad. Señala, por ello, que el art. 383 LECrim debe ser entendido conforme a la Constitución. En este sentido el Juez de Instrucción sólo deberá adoptar una medida provisoria de seguridad, pero deberá remitir la causa a la Audiencia para que ésta juzgue de acuerdo con la ley al procesado que ha caído en estado de inimputabilidad. En el concreto asunto, el TS toma en cuenta que los Jueces “a quibus” contaron con la opinión favorable de los médicos forenses que examinaron previamente al acusado a la celebración del juicio oral y dictaminaron que disponía, en ese momento, de las facultades psíquicas esenciales para comprender los hechos que le afectaban, e incluso que el propio Tribunal de instancia “pudo apreciar que el acusado entendía perfectamente las preguntas y las respondía con un lenguaje claro y preciso”. Señala que el trastorno psíquico sufrido por el encausado —padecía una esquizofrenia paranoide con alucinaciones e ideas delirantes que le incitaban a matar— cursaba con episodios de mayor o menor intensidad y que al margen del lógico deterioro general que podía producir en los ámbitos ajenos al objeto propio del delirio, permitía incluso conservar cierta lucidez, por lo que consideró que el juicio llevado a cabo para la adopción de la medida de seguridad, en la que el acusado contó con la asistencia letrada, era conforme al marco constitucional, lo que, como reconoce el propio TS en su STS 4065/2006, de 14 de junio, (ECLI:ES:TS:2006:4065) causó una importante polémica[32].

A diferencia de lo que sucede durante la fase de instrucción, no existe en la LECrim una norma que de manera clara y expresa, establezca las consecuencias de esta situación en fase de juicio oral, como ya había evidenciado la STS 971/2004, aspecto tratado en otras decisiones del TS.

A este respecto, la STS 4667/2017, de 21 de diciembre (ECLI:ES:TS:2017:4667) señala que este precepto, ya en su redacción originaria, entronca con una exigencia elemental, a saber, la necesidad de que el marco procesal que delimita el ejercicio del *ius puniendi* por el Estado, defina un escenario que haga posible la vigencia del derecho de defensa. Apunta que el acusado que carece de las facultades mentales precisas para tomar conciencia, por ejemplo, del alcance jurídico de sus respuestas al interrogatorio de la acusación o, con carácter general, del valor constitucional de los derechos a no confesarse culpable y a la presunción de inocencia, es un acusado inerme frente al poder sancionador del Estado y de ahí el mandato histórico de proceder al archivo de la causa y adoptar

---

32 Señala el TS que hay que diferenciar la situación a la fecha de los hechos y la que provoca la llamada "demencia sobrevenida" o "agravamiento de la ya padecida hasta el punto de privar de capacidad al acusado para comprender todo el significado de sus actos y palabras en relación con la situación jurídica y procesal y su sometimiento a la acción de la justicia". Se subraya el hecho de que la Sala sentenciadora, acordó la celebración del juicio oral, justificando su proceder en la ausencia de previsiones legales sobre el archivo de la causa una vez abierto el juicio oral y en la salvaguardia —a su parecer suficiente— de los derechos de defensa del acusado a través de la intervención de su letrada. En el mismo sentido, Grima Lizanda que pone de manifiesto las contradicciones de la propia sentencia. En particular, afirma que el razonamiento sostenido por el TS en la sentencia "incurre en un grave error de partida, en una suerte de petición de principio. Da por sentado que la aplicación de la medida de seguridad se hace imprescindible o se muestra ineludible. Pero ese es precisamente el objeto del juicio, la cuestión del debate procesal: determinar si el acusado ha sido autor del hecho, si ese hecho es típicamente antijurídico, y si el acusado autor necesita (por su peligrosidad) la imposición de una medida de seguridad (…) La tesis de la Sentencia del Tribunal Supremo viene a decir que el fin (imposición de una medida de seguridad a un ciudadano con peligrosidad criminal) justifica el medio para conseguirlo (sentencia tras un juicio en el que ese ciudadano no ha podido ejercer su derecho de defensa)". (Grima Lizanda 2010, 11-ss.).

las medidas de seguridad previstas para aquellos que ejecutan el hecho con una afectación de su imputabilidad. En este escenario sintetiza las dos opciones interpretativas en torno al art. 383 LECrim en los casos de demencia sobrevenida. La primera, que el Juez instructor dicte una resolución de archivo de la causa penal, con la consiguiente remisión de los antecedentes psiquiátricos del acusado al MF para el ejercicio de la acción civil de incapacitación, con la eventual adopción de una medida jurisdiccional tuitiva de ingreso en un centro psiquiátrico[33]. La segunda, la conclusión del sumario conforme a la regla general y la celebración de un juicio oral que tendría como desenlace una sentencia en la que se impusiera, después de un debate contradictorio, la medida de seguridad de internamiento prevista por el CP[34].

En favor de la primera solución encontramos ya en la STS 2265/1993, de 2 de abril (ECLI:ES:TS:1993:2265) y se reproduce en sentencias posteriores, como la STS 4065/2006 de 14 de junio (ECLI:ES:TS:2006:4065) o la STS 1033/2010, 24 de noviembre (ECLI:ES:TS:2010:7182), que subrayan que el derecho de asistencia letrada y el derecho a la autodefensa constituyen los pilares básicos sobre los que se asienta un proceso con la debida adecuación a las exigencias constitucionales, de modo que la garantía de aquella tiene como complemento ineludible la posibilidad efectiva de ejercitar con eficacia el derecho a la autodefensa. La consecuencia de estas garantías es la exigencia de que el encausado se encuentre con las facultades mentales necesarias para afrontar el juicio y gozar de todos los medios necesarios para defenderse y especialmente, para afrontar su interrogatorio desde el principio del juicio y para poder ponerse de acuerdo eficazmente con su Abogado, así como para ejercitar su derecho a la última palabra. Por ello, en los casos en los que existan dictámenes periciales que establezcan la imposibilidad de participar el acusado en el juicio oral debido a su situación de DI, dicho acto debería suspenderse —con archivo provisional de la causa— pues, de otro modo, se produciría una lesión del derecho de defensa del acusado, en su manifestación de autodefensa y, con ello, se lesionaría el derecho fundamental a un proceso con todas las garantías. La no suspensión en esa situación generaría la nulidad del juicio oral. En estas

---

33 Si bien esta opción debe forzosamente ser contextualizada en el marco jurídico vigente, tras la ley 8/2021.

34 Asencio Mellado apunta en este sentido que, si se trata de un enajenado mental, la declaración de su incapacidad exigirá celebración de juicio oral a los efectos de imposición de una medida de seguridad. (Asencio Mellado y Fuentes Soriano 2020, 72)

situaciones de suspensión, como se prevé en la Ley debe realizarse en todo caso un seguimiento periódico del estado de salud del procesado y en caso de que pudiera restablecerse en condiciones para afrontar el juicio oral, deberá este ser celebrado... Caso contrario, si se acredita que la demencia o incapacidad mental del procesado es de carácter permanente e irreversible en sus efectos, sin posibilidad de episodios lúcidos, deberá cesar toda intervención penal sobre el mismo, dándose traslado de las actuaciones al Ministerio Fiscal para que inste en el orden jurisdiccional civil las medidas pertinentes en materia de incapacitación o internamiento del afectado... para evitar un nuevo comportamiento criminal y remediar esa inexistente capacidad de autodeterminación".

La segunda opción se encuentra en el voto particular a la STS 2265/1993, de 2 de abril (ECLI:ES:TS:1993:2265) que debe ser contextualizada en el momento temporal en que se realiza, año 1993, antes de la entrada en vigor del CP vigente y que permitía, en virtud de la Ley de peligrosidad, imponer medidas de seguridad sin juicio previo. La discrepancia, mantenida por el Magistrado Bacigalupo Zapater, se concretaba en el sinsentido, desde su punto de vista, que representaba el hecho de excluir del enjuiciamiento a una persona con evidentes síntomas de enajenación, pues se opta así por una rígida fórmula de archivo que, en último término, está descartando la posibilidad de absolución del enfermo mental. No existe ninguna razón para privar de estas garantías a una persona simplemente porque no se puede defender por sí misma. Por el contrario: resulta totalmente infundado que la imposibilidad del acusado de autodefenderse determine sin más que las consecuencias jurídicas del delito previstas para tales casos se puedan aplicar sin juicio previo y sin las garantías que éste implica. De esta manera, en lugar de proteger al acusado que no se puede defender, se le priva de toda posibilidad de ser juzgado ante un Tribunal imparcial y, consecuentemente, no se lo trata como una persona sino como un objeto carente de los derechos procesales fundamentales para la protección de una libertad que también está garantizada por el art. 17 de la Constitución Española a los enfermos mentales. (...) En el orden jurídico de España la existencia de este hecho típico y antijurídico depende de que se lo haya establecido en una sentencia judicial que, como es obvio, sólo es válida como consecuencia de un juicio con todas las garantías, dado que no existe razón alguna que permita excluir que el enfermo mental sea absuelto. (...) En consecuencia, el art. 383 de la LECrim, que autoriza a que el Juez de Instrucción aplique sin juicio previo las medidas de seguridad que el Código Penal prevé para los inimputables o incapaces de culpabilidad, debe ser entendido conforme a la Constitución. En este sentido el Juez de Instrucción sólo deberá adoptar una medida provisoria de seguridad, pero deberá remitir la causa a la Audiencia para que ésta juzgue de acuerdo con la ley al procesado que ha caído en estado de inimputabilidad"[35].

### 2.2.3. La capacidad procesal a la luz de las disposiciones de la CNUDPD

No cabe duda de que la cuestión de la capacidad procesal de la persona encausada afectadas por anomalías o alteraciones psíquicas —o demencia, como se expresa en el art. 383 LECrim— no está zanjada y más allá de que mantenemos una normativa procesal y penal desfasada en estos aspectos —aunque haya sido reinterpretada por la jurisprudencia—, es necesario que se produzca la total armonización con las obligaciones contraídas por nuestro Estado en virtud de lo previsto en la CNUDPD, particularmente lo previsto en los arts. 5, 12, 13 y 14 y se garantice, como nos advierte el Comité de derechos de las personas con discapacidad, a accesibilidad y los ajustes de procedimiento, incluidas las disposiciones para apoyar a las personas con discapacidad en la adopción de decisiones y garantizar el derecho a la defensa, en todas las fases de los procedimientos penales, para las personas con discapacidad que estén siendo investigadas o procesadas[36].

---

35 Este voto particular va en la línea de lo que desde hace décadas se venía defendiendo por algunos autores, sobre la base de los modelos jurídicos desconectados de la CNUDPD. Así se señalaba que las normas sobre la capacidad para comparecer en juicio se basan en la premisa de que las personas no deben ser juzgadas si son incapaces de comprender el proceso legal y los cargos que se les imputan y que el objetivo es evitar juicios injustos. Sin embargo, paradójicamente, tras considerar que un acusado no es apto para declararse culpable, algunos sistemas se desvían del proceso penal ordinario y el acusado es apartado del sistema de justicia ordinario o se desvían del procedimiento normal de imposición de penas. Estas desviaciones de los procedimientos judiciales ordinarios son significativas porque equivalen a un trato diferenciado de las personas con discapacidad, sobre una base pretendidamente protectora, pese a que se puede acabar con resultados discriminatorios ya que se les puede impedir la oportunidad de examinar las acusaciones en un tribunal de justicia, o también pueden ser objeto de detención e intervención estatal durante un tiempo que supere la duración y/o la gravedad de la posible condena si no se hubiera declarado la ineptitud. (Arstein-Kerslake, y otros 2017, 403-404). No obstante, lo relevante del voto particular es que pone de manifiesto la imposibilidad de imponer una medida de seguridad si no es a través de un proceso justo.

36 Comité sobre los Derechos de las Personas con Discapacidad Observaciones finales sobre los informes periódicos segundo y tercero combinados de España, de 13 de mayo de 2019 (CRPD/C/ESP/CO/2-3)

En efecto, conforme a lo dispuesto en el art. 5 CNUDPD los Estados partes deben velar por que todas las personas sean iguales ante la ley y tengan derecho a igual protección legal y a beneficiarse de la ley en igual medida sin discriminación alguna, adoptando las medidas pertinentes para asegurar la realización de ajustes razonables a fin de promover la igualdad y eliminar la discriminación. Junto a ello, el art. 12 de la Convención supone un "cambio de paradigma" que alienta a los sistemas jurídicos a abandonar la identificación de una persona como incapaz y a ayudarle a ejercer su capacidad jurídica, derecho absoluto e inviolable, y que no debe ser utilizado el deterioro "para negar la capacidad jurídica ni ninguno de los derechos previstos en el artículo 12", sino para la aplicación de los apoyos necesarios para ayudar a su ejercicio (Arstein-Kerslake, y otros 2017, 406). De igual modo, el art. 13 aborda el derecho de acceso a la justicia en igualdad de condiciones con otras personas. [...] a fin de facilitar su participación efectiva, directa e indirecta [...] en todos los procedimientos judiciales". Finalmente, el art. 14 establece el derecho a la libertad y a la seguridad de la persona, así como la prohibición de la privación ilegal o arbitraria de la libertad, derechos que, conforme a la amplia interpretación del Comité de la CDPD "prohíben la privación de libertad sobre la base de una deficiencia real o percibida, incluso si también se utilizan otros factores o criterios para justificar la privación de libertad".

No existe consenso sobre las repercusiones de estos derechos en el sistema de justicia penal, en general, y en la capacidad procesal, en particular, si bien es cierto que el Comité de la CDPD ha apelado a la necesidad de repensar la forma en que los procedimientos penales abordan las cuestiones de aptitud y capacidad, de modo que han surgido diversas interpretaciones, como señalan (Arstein-Kerslake, y otros 2017, 409-ss.): desde las posiciones más extremas, que señalan que el art. 12 que reconoce la capacidad jurídica de las PD no permite en ningún caso negar la capacidad procesal —sin perjuicio de las adaptaciones que haya que llevar a cabo— hasta aquellas que podríamos denominar "compatibilistas" que señalan que el artículo 12 no hace más que obligar a los Estados Partes a garantizar que se adopten todas las medidas necesarias para ayudar a las personas con discapacidad a ejercer su capacidad jurídica cuando se les imputa un delito, lo que desde el punto de vista práctico, reduciría potencialmente el número de acusados declarados no aptos para participar en el proceso penal, sin perjuicio de que habrá casos en los que no pueda garantizarse un juicio justo ya que habrá acusados que, independientemente de la asistencia que se les preste, no podrán participar eficazmente en el juicio. Precisamente, en aquellos casos en los que se concluya que las personas no pueden participar en el proceso penal porque no pueden participar en igualdad de condiciones o eficazmente, o no está en condiciones de defenderse o de dar instrucciones a su abogado ni siquiera a través de la prestación de apoyos, dichas personas no deberían ser juzgadas, pues podría producirse una violación de un derecho a un proceso justo (Arstein-Kerslake, y otros 2017, 20)

Esta última parece ser la opción históricamente más extendida en los distintos sistemas jurídicos entre los que se puede observar sensibles diferencias. Así, por ejemplo, en USA la capacidad el del encausado para ser juzgado se basa en dos grandes estándares fijados en el asunto Dusky v. United States, 271 F.2d 385, 395 (8th Cir. Mo. 1959), del que surgió el denominado "estándar o test Dusky": que disponga de una comprensión racional y fáctica de los cargos que se le imputan y de las penas asociadas a ellos. En segundo lugar, que tenga la capacidad de cooperar con un abogado en su propia defensa[37]. Por su parte, en el sistema anglosajón la prueba sobre la capacidad de un acusado para participar en el proceso judicial se deriva del caso inglés de ***R v Pritchard* (1836) 7 C&P 303** en el que se acudió al denominado "test de Pritchard", que requiere que el acusado tenga la suficiente capacidad intelectual para declararse culpable, comprender el desarrollo del proceso, dar instrucciones a un abogado, recusar a un miembro del jurado y comprender las pruebas. Este test se desarrolló aún más en R v Davies 13 y R v M(John), señalándose que para ser juzgado un acusado debe ser capaz de: 1. comprender los cargos; 2. decidir si se declara culpable o no; 3. ejercer el derecho a recusar a los miembros del jurado 4. dar instrucciones a los abogados y a los procuradores 5. seguir el curso del proceso; y 6. declarar en su propia defensa, como señalan (Arstein-Kerslake, y otros 2017, 401)[38].

---

[37] Se señala en la citada sentencia que no basta con que "el acusado [esté] orientado en el tiempo y el lugar y [tenga] algún recuerdo de los acontecimientos", sino que se tiene que comprobar si en el momento presente (de desarrollo del juicio) "tiene suficiente capacidad para consultar con su abogado con un grado razonable de comprensión racional y si tiene una comprensión racional y fáctica de los procedimientos en su contra". No obstante, anteriormente a esta sentencia, se había aplicado un estándar de capacidad más exigente en los casos en los que el acusado intentaba declararse culpable o renunciar a un abogado, que incluía la capacidad de hacer una elección razonada, en Godinez v. Maran, 509 U.S. 389 (1993), aunque ha prevalecido el test Dusky por considerar que cumple con el mínimo constitucional. Sobre el estándar Dusky cfr. (Grima Lizanda 2010, 5-ss.)

[38] No obstante estos autores, comparan los criterios seguidos tanto en el sistema anglosajón como en el derecho continental subrayando que este tipo de pruebas pueden ser realizadas desde dos perspectivas distintas, la funcional o basadas en

El Comité de derechos de las personas con discapacidad ha tenido ocasión de pronunciarse en diversas ocasiones sobre si las normas que abordan la situación de las personas con discapacidad psicosocial e intelectual y son declaradas no aptas para comparecer en juicio en función de la discapacidad mental, constituye un trato diferenciado razonable o si, por el contrario, tiene naturaleza discriminatoria[39], recordando que la discriminación puede ser consecuencia del efecto discriminatorio de una norma o medida carente de la intención de discriminar pero que afecte desproporcionadamente a las personas con discapacidad. Las consideraciones realizadas por el Comité pueden resultar de enorme utilidad para hacer una valoración del modelo propugnado por la CNUDPD.

Así, por un lado, el Comité recuerda que los Estados partes tienen la obligación de reconocer que las personas con discapacidad tienen capacidad jurídica en igualdad de condiciones con las demás en todos los aspectos de la vida en virtud del art. 12.2. Junto a ello, el párrafo 3 de este mismo artículo obliga a los Estados a proporcionar acceso a las personas con discapacidad al apoyo que puedan necesitar en el ejercicio de su capacidad jurídica. Y el art. 13.1, a asegurar que las personas con discapacidad tengan acceso efectivo a la justicia en igualdad de condiciones con las demás, incluso mediante ajustes de procedimiento y adecuados a la edad. Aunque los Estados parte tienen "cierto margen de apreciación para determinar los

---

el estado, afirmando que incluso en aquellas jurisdicciones en las que la prueba legal parece neutral con respecto a la discapacidad, la aplicación históricamente desproporcionada de las leyes de incapacidad a las personas con deficiencias las hace discriminatorias en la práctica (Arstein-Kerslake, y otros 2017, 403)

39 Cfr. a este respecto hay que tener en cuenta que la Comisión se pronuncia sobre la ley australiana de Acusados con Deficiencia Mental que posibilita, cuando se establece que una persona no tiene capacidad para declarar en juicio, que la misma pueda permanecer privada de libertad durante un plazo de tiempo ilimitado. Y se presumirá que sigue siendo mentalmente no apta para comparecer en juicio hasta que se determine lo contrario. Entretanto, la persona no tiene ninguna posibilidad de ejercer su capacidad jurídica ante los tribunales. El Comité observó que durante todo el tiempo que permaneció el autor en la cárcel, todo el procedimiento judicial giró en torno a su capacidad mental para comparecer en juicio sin concederle ninguna posibilidad de declararse inocente e impugnar las pruebas presentadas contra él. El Estado parte no proporcionó al autor el apoyo o los ajustes que necesitaba para ejercer su capacidad jurídica y no analizó las medidas que podrían adoptarse al respecto. Como resultado de la aplicación de la Ley de Acusados con Deficiencia Mental, suspendió por completo el derecho del autor a un juicio imparcial y su derecho a igual protección legal y a beneficiarse de la ley en igual medida.

ajustes del procedimiento que permiten a las personas con discapacidad ejercer su capacidad jurídica", siempre deben respetarse los derechos pertinentes del interesado. No obstante, considerando que el funcionamiento de la justicia penal puede resultar muy complejo y, por tanto, el riesgo de injusticia es real, la previsión del art. 13 requiere de la provisión de adaptaciones procesales y adecuadas a la edad y la formación de las personas que trabajan en el sistema de justicia, de modo que el hecho de no proporcionar estas adaptaciones puede constituir una forma de discriminación. En la práctica, las medidas de accesibilidad y las formas de ajustes razonables son muchas y variadas, como facilitar el uso del método de comunicación de su elección en las interacciones judiciales, lo que comprende la lengua de señas, el braille, la lectura fácil, los subtítulos, los dispositivos aumentativos y alternativos de comunicación y todos los demás medios, modos y formatos de comunicación accesibles; así como que se instauren programas permanentes de capacitación y campañas regulares de sensibilización e información para los abogados, los funcionarios judiciales, los jueces, los fiscales y los agentes encargados de hacer cumplir la ley y el personal penitenciario, sobre la necesidad de dar acceso a la justicia a las personas con discapacidad.

Por ello, cuando un sistema considera que la persona encausada con discapacidad cognitiva carece de capacidad para declarar y el Estado no le proporciona ninguna forma de apoyo adecuado para comparecer en juicio y declararse inocente, se está privando de la posibilidad de ejercer su capacidad jurídica para declararse inocente e impugnar las pruebas presentadas, lo cual constituye una violación del artículo 12, párrafos 2 y 3, de la Convención[40].

También constituye una clara lesión del art. 14, aquellos sistemas jurídicos que permiten declarar inimputables a las personas con discapacidad intelectual o psicosocial, sin aplicar los principios de las debidas garantías procesales para un juicio imparcial y que estas personas con discapacidad declaradas inimputables puedan ser sometidas a medidas de seguridad que impliquen la privación forzada de libertad durante períodos indeterminados de tiempo[41]. De ahí la recomendación de que en estos casos

---

40 Cfr. Dictamen aprobado por el Comité en virtud del artículo 5 del Protocolo Facultativo, respecto de la comunicación núm. 7/2012, de 10 de octubre de 2016, CRPD/C/16/D/7/2012

41 Comité sobre los Derechos de las Personas con Discapacidad Observaciones finales sobre el informe inicial de Italia, de 6 de octubre de 2016, CRPD/C/ITA/

se apliquen plenamente los principios de las debidas garantías procesales para un juicio imparcial; de que las medidas de seguridad no impliquen la privación de libertad sin pruebas de la culpabilidad; y, en fase de ejecución, de que el Estado parte que se asegure de que se proporcionan ajustes razonables a los presos con discapacidad a fin de que puedan acceder, en condiciones de igualdad con los demás, a todos los servicios y actividades en las cárceles u otros centros de detención y participar en ellos.

En definitiva, lo que el Comité pone de manifiesto es que los sistemas jurídico-penales deben reconocer el principio de plena capacidad jurídica de las personas con discapacidad, lo que conlleva la necesidad de que en estos sistemas se implementen las medidas y ajustes necesarios para procurar hacer efectivo dicho ejercicio, garantizando en todo caso, el respeto de las garantías y derechos fundamentales de la justicia penal, particularmente el derecho a un juicio justo y a la defensa. En aquellos casos en los que ni con dichos ajustes sea posible una participación de la persona de manera razonable no es posible que los Estados recurran al internamiento forzoso de la misma como alternativa o medida transitoria, quedando, por tanto, cualquier internamiento o privación de voluntad sujeto al respeto de las garantías vigentes en el ordenamiento —lo que, en el caso español, imposibilita que en estos casos se imponga una medida de seguridad privativa de libertad a que se refiere el art. 383 LECrim—.

## 3. A MODO DE CIERRE: LA NECESIDAD DE UNA REFORMA

Siendo evidente que el sistema español presenta hoy en día importantes lagunas normativas, se hace imperiosa la necesidad de promulgar un nuevo texto normativo adecuado al marco de garantías vigentes[42]. El mencionado Anteproyecto de LECRIM 2020 apuntaba, entre otras novedades, a un estatuto jurídico de la persona con discapacidad como sujeto pasivo del proceso (arts. 61 a 80). Se incluía una definición de discapacidad como “la situación en que se encuentre una persona con limitaciones físicas, mentales, intelectuales o sensoriales que le impidan o dificulten comprender el significado y las consecuencias del proceso que se sigue en su contra o que

---

CO/1,

42 A esta necesidad se refieren, entre otros, (Ramírez Ortíz y Rueda Soriano 2021) que incluyen un estudio de los antecedentes inmediatos (el ALECrim 2011 y la propuesta de nuevo código procesal penal de 2013)

le limiten o imposibiliten para valerse por sí misma en el ejercicio de sus derechos o en el cumplimiento de sus obligaciones procesales" (art. 61).

Desde este punto de partida, la regulación se proyectaba sobre la atribución inicial de tres grandes derechos (o conjunto de garantías, o, "derechos nucleares" en expresión de Ramírez Ortíz/Rueda Soriano (2021, 4)): el derecho de defenderse en condiciones de igualdad con el resto de personas (art. 62), lo que lleva consigo la obligación de las autoridades y funcionarios que intervienen en el proceso penal de adaptar a las condiciones particulares de la discapacidad todos los trámites en los que esa intervención defensiva esté legalmente prevista; el reconocimiento de la autonomía o plenitud de facultades decisorias (art. 63), lo que da lugar a una regulación pormenorizada del complemento procesal de la capacidad, basada en los principios de individualización y flexibilidad. Y el derecho de participación eficaz en todo el procedimiento (art. 64), lo que exige la remoción de los obstáculos que impiden o dificultan dicha participación. Estos derechos deben ser considerados desde su necesaria interrelación e interconexión para dar plena efectividad a la participación de la PD como sujeto pasivo del proceso penal, sin perder de vista la disposición del art. 14.2 referida al uso de lenguaje compresible y accesible en las actuaciones procesales. A partir de aquí se abordaba una reforma de importante calado con el fin de proveer, en su caso, a la PD de los apoyos necesarios, de forma concreta e individualizada, para lograr dar efectividad a los derechos de que es titular (art. 65).

Junto a ello y bajo la rúbrica "medida inmediatas", el art. 70 señalaba que tan pronto como la policía o el fiscal sospecharan que la persona investigada padecía alguna discapacidad que pudiera afectar a su participación eficaz en el proceso adoptarían diversas prevenciones tendentes a la información de sus derechos procesales en una forma que le resulte comprensible; la eventual designación de los apoyos que precise; la grabación, en soporte apto para reproducir la imagen y el sonido todo interrogatorio que se practique; el reconocimiento médico o psicológico por los facultativos de la clínica médico forense[43], a fin de que se identifique su discapacidad, alcance y necesidades específicas, así como las medidas necesarias para proteger su integridad corporal, intimidad y datos personales. Y el art. 71 regulaba la posible adopción de oficio, por la autoridad judicial en estos casos, de las medidas necesarias para salvaguardar su derecho de defensa.

---

43 Sobre la importancia de esta observación, cfr. (Tomé García 2021, 9 y ss.)

Sin perjuicio de otras disposiciones y por lo que se refiere al objeto de esta contribución, se hacía referencia a las situaciones en las que el encausado presente "falta plena de capacidad procesal". Así el art. 79 se refiere a los casos en los que una discapacidad puede impedir "completamente que la persona encausada comprenda el significado y las consecuencias del proceso que se sigue en su contra·, en cuyo caso, el juez o tribunal lo declarará así en la resolución que ponga término al incidente regulado en el artículo 72 de esta ley. A partir de aquí, se introducían varias posibilidades, mejorando la regulación procesal existente en nuestra LECrim, entre ellas, se señalaba que la persona que integre la institución de apoyo asumiría la asistencia integral de la persona encausada y que el procedimiento de investigación continuará hasta su conclusión, sin perjuicio de la preceptiva asistencia letrada, designado por quien integre la institución de apoyo y en su defecto, del turno oficio. A la finalización de la investigación, el Ministerio Fiscal podría adoptar alguna de las resoluciones siguientes:

1°. Cuando, en atención a las circunstancias y características del hecho punible, entienda que la continuación del procedimiento solo puede tener por objeto la imposición de una pena, decretará el archivo de las actuaciones hasta que la persona investigada recobre la capacidad necesaria para ser sometida a juicio. Si esto sucediera, se procederá a la reapertura del procedimiento con la práctica de los trámites que, en cada caso, correspondan.

2°. No obstante, cuando resulte procedente la imposición de una medida de seguridad, dictará decreto acordando la conclusión del procedimiento de investigación y la continuación del proceso. A partir de este momento, se deberá continuar con la tramitación establecida en el art. 80, que contiene las especialidades procesales del juicio oral para la imposición de la medida de seguridad. En estos casos se opta por atribuir el monopolio de la acusación al Ministerio Fiscal, con adaptación subsiguiente de los trámites procesales, bajo la consideración de que la naturaleza preventivo-asistencial del proceso penal en estos casos hace aconsejable reconducir excepcionalmente la intervención de la víctima al ejercicio exclusivo de la acción civil.

Sin embargo, esta última opción no parece ser respetuosa con nuestro marco jurídico dado que, por un lado, asumimos que estas personas no ostentan las mínimas capacidades para ser juzgadas penalmente —para la imposición de una pena— pero sí para ser sujetos de una medida de seguridad. Y aquí reside la incongruencia. Tanto penas como medidas de seguridad deben ser impuestas a través de un proceso con todas las garantías en el que la persona con discapacidad ostente las condiciones necesarias para participar efectivamente en el mismo, es decir, ostente capacidad procesal, lo que no impide, evidentemente, que pueda requerir de apoyos para su ejercicio, pero sí que estos apoyos sean sustitutivos de su intervención. Si no está en condiciones de conocer los cargos y sus consecuencias, de conocer la trascendencia del proceso y su finalidad —imposición de una medida de seguridad en este caso—, ni está en condiciones de poder ejercitar los derechos inherentes a la defensa, no resulta sostenible la solución jurídica dada, por lo que deberá ser objeto de reflexión en futuros proyectos de reformas, tomando en consideración los criterios recomendados por el CoNUDPD.

## BIBLIOGRAFÍA

Alemany, Alberto. "Concepto e implicaciones del modelo actual sobre discapacidad intelectual." En *Atención a víctimas con discapacidad intelectual*, de Antonio L. Manzanero, María Recio, Alberto Alemany y Jacobo Cendra, 11-20. Fundación Carmen Pardo-Varcacel, 2013.

Alto Comisionado de las NN.UU para los dd.hh. "Informe de la Oficina del Alto Comisionado de las Naciones Unidas para los Derechos Humanos. Igualdad y No discriminación de acuerdo con el art. 5 de la Convención de los derechos de las personas con discapacidad." 2017.

Álvarez de Neyra Kappler, Susana. "La persona investigada y encausada con discapacidad." En *Reflexiones en torno al Anteproyecto de Ley de Enjuiciamiento Criminal de 2020*, de Fernando Jiménez Conde y Olga Fuentes Soriano, 295-311. Valencia: Tirant lo Blanch, 2022.

Álvarez de Neyra Kappler, Susana. *Los llamados colectivos vulnerables en el proceso penal: de la teoría a la práctica*. Madrid: Reus, 2020.

Armenta Deu, Teresa. *Lecciones de derecho procesal penal*. Madrid: Marcial Pons, 2021.

Arstein-Kerslake, Anna, Piers Gooding, Louis Andrews, y Bernadette McSherry. "Rights and Unfitness to Plead: The Demands of the Convention on the Rights of Persons with Disabilities." *Human Rights Law Review* 17, nº 3 (septiembre 2017): 399-420.

Asencio Mellado, José Mª (dir.), y Olga (coor.) Fuentes Soriano. *Derecho procesal penal*. Valencia: Tirant lo Blanch, 2020.

Batlló Buxó-Dulce, Luis. "Tratamiento penal de las personas discapacidatas." *Diario La Ley*, nº 10070 (mayo 2022): —16.

CGPJ. "Informe sobre el anteproyecto de Ley por la que se reforma la legislación civil y procesal en materia de discapacidad." 2018.

De Hoyos Sánchez, Montserrat. "El derecho de acceso a la justicia de las personas con discapacidad: obligaciones del órgano jurisdiccional en los procesos sobre capacidad y en el enjuiciamiento penal en ausencia." En *Estudios y comentarios jurisprudenciales sobre discapacidad*, de José Javier García Medina y Cristina Guilarte Martín-Calero, 535-558. 2016.

Defensor del Pueblo. "Las personas con discapacidad intelectual en prisión. Separata especial del volumen II del Informe 2018." Madrid, 2019.

Gómez Colomer, Juan Luis, y Silvia Barona Vilar. *Proceso penal. Derecho procesal III*. Valencia: Tirant lo Blanch, 2021.

Grima Lizanda, Vicente. "El derecho de defensa del imputado con graves anomalías psíquicas." *Revista Jurídica de la Comunidad Valenciana*, nº 34 (2010): 1-19.

Manga Alonso, María Teresa. "Incidencia de la Convención de los derechos de las personas con discapacidad en el Derecho español." *Revista Jurídica de Castilla y León*, nº 48 (mayo 2019): 129-152.

Moreno Catena, Víctor, y Valentín Cortés Domiguez. *Derecho procesal penal*. Valencia: Tirant lo Blanch, 2023.

Perkel, Steven, Paul J. Tobin, y James Weisman. "Disability wrongs, disability rights." *Jury Expert* 24, nº 6 (2012): 32-36.

Ramírez Ortíz, José Luis, y Yolanda Rueda Soriano. "El estatuto de la persona encausada con discapacidad en el proceso penal del siglo XXI. (Propuesta de Anteproyecto de Ley de Enjuiciamiento Criminal de 2020)." *Diario La Ley*, nº 9815 (marzo 2021): 1-22.

Subijana Zunzunegui, Ignacio José. "El estatuto jurídico de las personas investigadas/acusadas con discapacidad por trastorno mental en el proceso penal de adultos." *Práctica penal: cuaderno jurídico*, nº 100 (2020): 14-24.

Tomé García, José Antonio. "Particularidades de la instrucción en el proceso penal cuando el investigado presenta indicios de enfermedad o transtorno mental (LECrim y Anteproyecto de 2020) (1)." *La Ley Penal*, nº 151 (julio-agos 2021): 1-24.

Vázquez Ferreira, Miguel Ángel, y Amparo Cano Esteban. "Capacitismo neoliberal: los derechos y las condiciones de empleo de las personas con Diversidad Funcional en España." *Dilemata*, nº 36 (2021): 19-34.

Weller, Penelope. "Developing Law and Ethics: The Convention on the Rights of Persons with Disabilities." *Alternative Law Journal* 35, nº 1 (2010): 8-12.

Weller, Penelope. "Human Rights and Social Justice: The Convention on the Rights of Persons with Disabilities and the Quiet Revolution in International Law." *Public Space: The Journal of Law and Social Justice* 4 (2009): 74-91.

# *Prueba testifical preconstituida y víctimas vulnerables a la luz de la Ley Orgánica 8/2021, de 4 de junio: una reforma inacabada*[1]

**ANA SÁNCHEZ RUBIO**
*Profesora Titular de Derecho procesal*
*Universidad Pablo de Olavide de Sevilla*

**SUMARIO:** 1. INTRODUCCIÓN. 2. SOBRE LA REGULACIÓN DE LA PRECONSTITUCIÓN DE LA DECLARACIÓN TESTIFICAL. 2.1. REQUISITOS JURISPRUDENCIALES ANTE LA AUSENCIA DE NORMATIVA. 2.2. ANTECEDENTES LEGISLATIVOS. 2.3. LA MODIFICACIÓN OPERADA POR LA LEY ORGÁNICA 8/2021, DE 4 DE JUNIO, Y LA JURISPRUDENCIA POSTERIOR. 3. ALGUNAS REFLEXIONES ACERCA DE LA NECESIDAD DE AMPLIAR LA ACTUAL REGULACIÓN. BIBLIOGRAFÍA.

## 1. INTRODUCCIÓN

Como es sabido, la prueba se practica, como regla general, en la fase de juicio oral. En este sentido, dispone el art. 741 LECrim que el tribunal apreciará, según su conciencia, "las pruebas practicadas en juicio". No obstante, como toda regla general, puede albergar excepciones, siempre y cuando se cumplan con las garantías mínimas exigibles para que puedan ser admitidas como pruebas[2]. Nos referimos a las conocidas como pruebas anticipadas o preconstituidas, las cuales son practicadas en un momen-

1 A Víctor Moreno Catena, maestro de maestros en Derecho procesal, y de quien he tenido la inmensa suerte de recibir magisterio.

2 En palabras de Moreno Catena, "En todo caso el elemento probatorio que se pretende utilizar como prueba de cargo debe ser incorporado al juicio de manera efectiva y contradictoria, cumpliendo las exigencias de la ley procesal penal para que puedan ser tomados en cuenta por el juzgador en la sentencia". Moreno Catena, V., "La prueba preconstituida", en González Cano, I., Romero Pradas, M., (dirs.) *La prueba, t. II., La prueba en el proceso penal,* Tirant lo Blanch, Valencia, 2017, pág. 159.

to previo al del juicio oral. Y, en concreto, estudiaremos en este trabajo la toma de declaración testifical como prueba preconstituida.

En lo que a ello respecta, con anterioridad a las reformas que comentaremos *infra,* ya rezaba el art. 730 LECrim que "podrán también leerse a instancia de cualquiera de las partes las diligencias practicadas en el sumario, que, por causas independientes de la voluntad de aquéllas, no puedan ser reproducidas en el juicio oral". Precepto que supuso la antesala de la admisión de este tipo de pruebas y que, como decíamos, ha sido modificado en sendas ocasiones. Una de ellas como consecuencia de la entrada en vigor de la Ley 4/2015, de 27 de abril, del Estatuto de la víctima del delito y otra a raíz de la Ley Orgánica 8/2021, de 4 de junio, de protección integral a la infancia y la adolescencia frente a la violencia.

En esta línea, el Tribunal Constitucional se ha mostrado favorable a la admisión de prueba practicada con anterioridad a la fase de juicio oral desde mucho antes de las referidas reformas. Así, en su STC 41/1991, de 25 de febrero, declaraba que "no admitir la prueba preconstituida con las debidas garantías supondría hacer depender el ejercicio del ius puniendi del Estado del azar o de la malquerencia de las partes (por ejemplo, mediante la amenaza a los testigos; STC 154/1990, fundamento jurídico segundo); pudiendo dejarse sin efecto lo actuado sumarialmente. Un sistema que pondere adecuadamente tanto la necesidad social de protección de bienes jurídicos esenciales, como el haz de garantías frente a posibles abusos de los ciudadanos, con independencia de su posición, ha de estar en condiciones de hacer valer la seriedad de lo actuado por los órganos encargados de la represión penal; siempre que lo actuado lo haya sido con pleno respeto a aquellas garantías (SSTC 107/1985, fundamento jurídico 2°; 182/1989, fundamento jurídico 2°)" (FJ 2).

A mayor abundamiento, respecto a las declaraciones testificales practicadas en la fase de investigación, señala esta misma sentencia que "La Constitución exige, para que la presunción de inocencia se transforme en certeza judicial de culpabilidad, un proceso penal con todas las garantías, en esencia: Contradicción, inmediación, publicidad y oralidad [...]. Dadas estas notas, la Constitución requiere, pues, que la prueba se practique en el acto del juicio oral". No obstante, "se ha venido modulando esta doctrina en la medida en que sucede, como es aquí el caso, que por uno u otros motivos, los testigos que han depuesto en forma durante las diligencias de instrucción, no pueden comparecer en el acto de la vista. Si tales declaraciones figuran en autos vertidas con las debidas garantías [...], estamos ante la denominada prueba preconstituida que, en tanto prueba documentada, que no documental, puede ser traída al juicio oral al solicitarse por las partes la lectura o reproducción de lo sumarialmente actuado (art. 730 LECrim)" (FJ 2).

Así las cosas, podemos afirmar que nos encontramos ante una práctica jurídica consolidada que, aunque no viniera recogida en un inicio en la LECrim de manera explícita, ha sido admitida por los tribunales de modo genérico, con la inexorable condición de que la diligencia de investigación cumpliese con todas las garantías probatorias. Dicha práctica consistía, normalmente, en la toma de declaración como prueba preconstituida a los menores de edad que habían sido víctimas de delitos contra la indemnidad e integridad sexual[3]. Si bien, al carecer la forma de practicar las declaraciones testificales en fase de instrucción de una regulación específica para que pudieran ser admitidas como pruebas, en numerosas ocasiones nos encontrábamos ante la inadmisión de pruebas así practicadas, debido a la inobservancia de algunos de los requisitos que los tribunales consideraban imprescindibles. Además, el motivo de la imposibilidad de acudir a la sede judicial se ha ido viendo desbancado por otro más proteccionista y, a nuestro juicio, más importante, relacionado con el protagonismo que en los últimos años ha ido adquiriendo la víctima del delito, que no es otro que evitar la doble victimización.

Precisamente por ello surgió la regulación de la citada Ley 4/2015 que, en relación con el tema que nos ocupa, modificó los arts. 433, 448 y 730 LECrim. Y, más recientemente, la Ley Orgánica 8/2021, ha querido afinar en el procedimiento a seguir y en los supuestos en los que es posible realizar esta toma de declaración modificando los mismos preceptos recién mencionados, además del 703 y el 777, e introduciendo otros dos nuevos artículos al respecto: el 449 bis y el 449 ter. Con el propósito de analizar dicha normativa, en lo que sigue, se discutirá sobre si estas reformas regulan con idoneidad esta materia o si, por el contrario, convienen ser mejoradas.

---

3 Según Muerza Esparza, esta prueba preconstituida "se caracteriza porque la práctica de la prueba no tiene lugar ante el órgano enjuiciador, sino ante el juzgado de instrucción, con lo cual la inmediación desaparece al menos como inmediación espacio-temporal y queda reducida a la percepción del soporte en que aquella se documente y refleje". Muerza Esparza, J., "Sobre los límites a la prueba preconstituida en el proceso penal", en *Revista General de Derecho Procesal,* núm. 39, 2016, págs. 2-3.

## 2. SOBRE LA REGULACIÓN DE LA PRECONSTITUCIÓN DE LA DECLARACIÓN TESTIFICAL

### *2.1. Requisitos jurisprudenciales ante la ausencia de normativa*

En un primer momento, como sucede con muchas otras cuestiones que carecen de una cobertura legal suficiente, la jurisprudencia asumió la labor de instaurar una serie de condiciones a cumplir para que las declaraciones testificales prestadas en la fase de instrucción pudieran ser admitidas como prueba en el juicio oral. En este sentido, los requisitos recogidos por la jurisprudencia iban encaminados a salvaguardar las garantías procesales básicas, que no son meras formalidades, sino principios esenciales para la validez del debido proceso, como lo son la inmediación y la contradicción, en aras del derecho de defensa[4]. Y es que, tal y como afirmaba la STS 832/1999, de 28 de febrero, "pese a ser unánimemente reconocida la necesidad de tutelar eficazmente la indemnidad sexual de los menores, así como la de minimizar los efectos negativos de su intervención en el proceso, ha de convenirse también en que estos objetivos no pueden alcanzarse a través de la creación de un modelo procesal de carácter cuasi-inquisitorial, en el que se impida a la defensa el acceso directo a las fuentes de prueba sin posibilidad de contradicción. Ya que, por relevante que sea el bien jurídico que pretenda tutelarse, en ningún caso puede justificar el prescindir de las garantías fundamentales del derecho de defensa"[5].

---

4 En este sentido, advierte Moreno Catena que "el problema fundamental en el proceso penal reside en que, cuando se pretende hacer valer como prueba de cargo, la utilización de ese elemento probatorio afecta al derecho fundamental a la presunción de inocencia, con todo lo que este derecho comporta. Por consiguiente, será necesario ante todo salvaguardar los derechos del acusado, sin despreciar la defensa de los bienes jurídicos que se ventilan en el proceso penal; de ahí que la solución no puede pasar por una prohibición general de utilizar las diligencias de investigación, sino de hacerlo sólo en ciertos casos y respetando una serie de garantías, tanto en la adquisición de la fuente de prueba como en su conservación y en su aportación al juicio oral". Moreno Catena, V., "La prueba preconstituida", *ob. cit.*, pág. 162.

5 En consonancia con esta idea, afirma Bujosa Vadell que "las limitaciones que se impongan en la práctica de la prueba testifical del menor en ningún caso pueden suponer restricciones insuperables para la defensa del acusado, que debe poder combatir las declaraciones testificales en su contra, e incluso poner en duda la credibilidad del testigo, del modo que pueda introducir una duda razonable en la consideración del juzgador que le impida entender desvirtuada esa verdad interina que conocemos como presunción de inocencia". Bujosa Vadell, L., "La decla-

En esta misma línea, la STS 19/2013, de 9 de enero, recuerda que nuestro ordenamiento jurídico "no avala el desplazamiento caprichoso del principio de contradicción ni del derecho de defensa por el simple hecho de que la víctima sea un menor de edad". Idea que desarrolla con mayor profundidad la STS 632/2014, de 14 de octubre, cuando asevera que "no se puede, ni se debe, sustituir la regla general de la presencia del testigo en el acto del juicio oral por la regla general contraria cuando se trate de menores. Por ello, la regla general debe ser la declaración de los menores en el juicio, con el fin de que sea directamente contemplada y valorada por el Tribunal sentenciador y sometida a contradicción por la representación del acusado".

Sin embargo, continúa esta sentencia declarando que "cuando existan razones fundadas y explícitas —como puede ser un informe psicológico sobre un posible riesgo para los menores en caso de comparecer—, puede prescindirse de dicha presencia en aras de la protección de los menores[6]. Pero ha de hacerse siempre salvaguardando el derecho de defensa del acusado, por lo que tiene que sustituirse la declaración en el juicio por la reproducción videográfica de la grabación de la exploración realizada durante la instrucción judicial de la causa, en cuyo desarrollo haya sido debidamente preservado el derecho de las partes a introducir a los menores cuantas preguntas y aclaraciones estimen necesarias".

---

ración testifical del menor en el proceso penal de adultos y las nuevas tecnologías como instrumentos de protección", en Gómez Fröde (Coord.) *Nuevos paradigmas del Derecho procesal*, Universidad Nacional Autónoma de México, 2016, pág. 582.

6 Al respecto, apunta Grande Seara que "tratándose de la testifical de un menor de edad, en particular, cuando se trata de un menor de corta edad que ha sido víctima de un delito contra la indemnidad sexual o de carácter violento, los especialistas de la psicología del testimonio, de modo recurrente, han alertado de la conveniencia de la preconstitución probatoria de su declaración en la fase instructora, evitando así su comparecencia en el juicio oral para someterse a un interrogatorio contradictorio [...] sobre la base de dos argumentos, fundamentalmente. El primero es que una declaración tardía o la reiteración de la misma en el juicio oral potencia el riesgo de ocasionar daños psicológicos y emocionales al menor, ralentizando o dificultando su recuperación [...] Y, el segundo se basa en que la preconstitución de la testifical del menor en fase de instrucción evita el riesgo de que se pierdan elementos de prueba como consecuencia del "empobrecimiento del testimonio" del menor derivado del transcurso del tiempo o de su contaminación por la interacción de terceras personas". Grande Seara, P., "La posibilidad de anticipar o preconstituir la prueba testifical del menor de edad en el proceso penal", en Álvarez Alarcón (dir.) *Justicia y personas vulnerables en Iberoamérica y en la Unión Europea*, Tirant lo Blanch, Valencia, 2021, pág. 220.

Se recogía, así, por tanto, la posibilidad de introducir la declaración del menor como prueba preconstituida, ex art. 730 LECrim. En este sentido, cabe recalcar que, hasta ese momento, la causa habitual por la que se preconstituían pruebas no era la de evitar la repetición innecesaria de interrogatorios en las distintas fases procesales para mitigar los daños derivados de la victimización secundaria. La justificación de la prueba preconstituida nada tenía que ver con dicho fundamento. Su finalidad no era otra que asegurar el elemento de prueba por tratarse de una actuación irreproducible e irrepetible en juicio oral[7]. De ello se desprende que la pretensión principal de la preconstitución de la prueba ha sido tradicionalmente la de evitar que se produzca la pérdida o desaparición de fuentes de prueba durante la tramitación de la causa. Por ello, en el caso de pruebas testificales se aludía a la imposibilidad de que el testigo compareciese en juicio oral. Se trataba, por tanto, de diligencias de investigación que por su propia naturaleza y sus características de irrepetibilidad e irreproducibilidad podían adquirir eficacia probatoria plena siempre que no se hubiera conculcado el derecho de defensa durante su obtención y desarrollo[8]. Piénsese en la autopsia, en la recolección, traslado y análisis de muestras y huellas del

---

7 Al respecto, Moreno Catena afirma que "en el ámbito del proceso penal la prueba preconstituida se suele identificar con aquellos actos realizados durante la investigación o la instrucción que por su naturaleza resulten irreproducibles o de muy difícil reproducción en el acto del juicio oral, y que en este momento procesal son sustituidos por la lectura de las actas en donde se refleja su realización conforme a las previsiones contenidas en el art. 730 LECrim". Moreno Catena, V., "La prueba preconstituida", *ob. cit.*, pág. 156.

8 Con relación a la denominación de "preconstituida", Iglesias Canle señala que "resulta absurdo adjetivar con el participio "preconstituida" el sustantivo "prueba" pues una actividad no se puede preconstituir. Lo que sí se puede es dejar constancia de que se ha realizado y el modo como se ha hecho, en un soporte apto para albergar datos (documentos, fotos, vídeos, etc.), pero ello no es cosa distinta a la creación de una fuente de prueba". Iglesias Canle, I., "La denominada "prueba pericial preconstituida": La nueva redacción del art. 788 LECrim", en *Actualidad jurídica Aranzadi*, núm. 605, 2003, pág. 1. Asimismo, Guzmán Fluja opina que la expresión "prueba preconstituida" debería sustituirse por la de "preconstitución de las fuentes de prueba para juicio", por ser esta, a su parecer y teniendo en cuenta el propio objetivo que se persigue con esta clase de actuaciones, más adecuada. Guzmán Fluja, V. C., *Anticipación y preconstitución de la prueba en el proceso penal*, Tirant lo Blanch, Valencia, 2006, pág. 292. *Vid.* más sobre esta prueba y la diferencia con la prueba anticipada en Álvarez Buján, M. V., "Reflexiones críticas en torno a la prueba en el proceso penal español: especial referencia a la prueba preconstituida y a la prueba anticipada", en *Boletín de información del Ministerio de Justicia*, núm. 2108, 2015, págs. 18-26.

delito y, en fin, en cualquier diligencia de investigación debidamente documentada en autos no susceptible de ser repetida ante el órgano sentenciador por causa de una imposibilidad material[9].

Por consiguiente, podemos considerar que el hecho de admitir la práctica de una prueba preconstituida, que por su propia naturaleza sí puede ser repetida en fase de juicio oral, es una novedad bastante notable en el ordenamiento jurídico español. Precisamente por ello, la admisión como prueba preconstituida de una toma de declaración realizada en fase de instrucción, pudiendo la víctima acudir a juicio oral, no era algo automático, sino que habían de justificarse las razones que fundamentaban la excepción a la regla general de declarar también en sede judicial. Es por esto por lo que, quizás, podría haberse planteado el legislador referirse a esta toma de declaración como un incidente probatorio de obtención anticipada del testimonio o como una diligencia instructora de aseguramiento y disponibilidad del testimonio, para evitar la victimización secundaria[10].

En cualquier caso, con independencia del término con el que nos refiramos a esta práctica, lo esencial es tener en consideración que la validez como prueba de cargo de las declaraciones prestadas en fase sumarial se condiciona al cumplimiento de una serie de requisitos que han sido agrupados jurisprudencialmente según su naturaleza en cuatro categorías:

---

9 En este sentido, Gimeno Sendra sistematiza la prueba preconstituida en prueba preconstituida de las diligencias policiales de prevención, tales como los métodos alcoholimétricos, las grabaciones de videovigilancia, análisis sobre estupefacientes, las inspecciones corporales y la geolocalización; en prueba preconstituida de la policía judicial con control judicial, tales como circulación y entrega vigilada de drogas, escuchas telefónicas, intervenciones de los datos electrónicos de tráfico y la gestión de la base de datos policial sobre identificadores obtenidos a partir del ADN; y en cuanto prueba preconstituida del Juez de Instrucción, la recogida y conservación del cuerpo del delito, el reconocimiento judicial, las inspecciones e intervenciones corporales, la entrada y registro y la intervención de las comunicaciones. Gimeno Sendra, V., *Derecho Procesal Penal*, Civitas-Thomson Reuters, 2015, pág. 450.

10 Esta figura del incidente de anticipación probatoria mediante la grabación del testimonio viene recogida en la legislación penal italiana (arts. 392 y 398 del Codice di Procedura Penale) para menores de dieciséis años víctimas de delitos sexuales. El examen o interrogatorio puede tener lugar fuera de la sede del Tribunal, en centros asistenciales especializados o, en su defecto, en el domicilio del menor. Las declaraciones testificales han de ser documentadas en su integridad con medios de reproducción fonográfica y audiovisual.

"a) Materiales: que exista una causa legítima que impida reproducir la declaración en el juicio oral; b) Subjetivos: la necesaria intervención del Juez de Instrucción; c) Objetivos: que se garantice la posibilidad de contradicción, para lo cual ha de haber sido convocado el Abogado del imputado, a fin de que pueda participar en el interrogatorio sumarial del testigo; y d) Formales: la introducción del contenido de la declaración sumarial a través de la lectura del acta en que se documenta, conforme a lo ordenado por el artículo 730 LECrim, o a través de los interrogatorios, lo que posibilita que su contenido acceda al debate procesal público y se someta a confrontación con las demás declaraciones de quienes sí intervinieron directamente en el juicio oral".

Estos requisitos fueron establecidos por la STS 71/2015, de 4 de febrero. Si bien, tan solo dos años más tarde, y con el Estatuto de la víctima del delito ya en vigor, la STS 389/2017, de 29 mayo, amplió ligeramente el requisito cuarto, al añadir que la introducción de la declaración sumarial podía hacerse también mediante el visionado de la grabación de la diligencia, si es que se hubiese contado con medios tecnológicos que lo permitiesen. Y, un año después, dicho Tribunal, continuando con la aportación de doctrina cada vez más exhaustiva en relación con las pautas a seguir para practicar esta prueba preconstituida de la manera más garantista posible, en la sentencia 178/2018, de 12 de abril, completa con mayor detalle los requisitos anteriormente expuestos.

De lo declarado en este último pronunciamiento de 2018 debe señalarse, primero, que no basta con que la causa legítima que impida la declaración del menor en el juicio oral venga apoyada en meras argumentaciones del tribunal, sino que se precisará de razones fundadas y explícitas, generalmente contenidas en un informe psicológico sobre un posible riesgo concreto para los menores y cuya entidad ha de determinarse, en caso de comparecer y verse sometidos al interrogatorio de las partes. Por ello, es insuficiente alegar que se pretende evitar que el menor reviva una experiencia posiblemente muy traumática si no existe indicación en el expediente de que este motivo se fundamente en prueba concreta, como, por ejemplo, lo sería un dictamen pericial.

En segundo lugar, continua esta resolución declarando que es necesario, además, que el tribunal realice un análisis ponderativo que descienda a las circunstancias del caso concreto. Muy particularmente, la edad del menor, pero también su madurez y demás condiciones concretas de su personalidad. Porque, en la medida de lo posible, si se pueden adoptar cautelas que garanticen su protección —como llevar a cabo su exploración evitando la confrontación visual con el acusado mediante dispositivos físicos de separación o mediante la utilización de videoconferencia—, no se podrá prescindir de la presencia del menor en la vista del juicio oral[11].

En tercer lugar, se recalca, como no podría ser de otra forma, que el desarrollo de la prueba debe respetar escrupulosamente los principios de contradicción y de igualdad de armas, así como el derecho de defensa; pues, aunque nada se pueda objetar a que una sentencia condenatoria tenga como único fundamento la declaración de la víctima, su análisis valorativo cuando es la única o la principal prueba de cargo debe ser especialmente cuidadoso. De manera que tanto el acusado como el abogado han de estar en la sala de observación y este último podrá realizar las preguntas que al derecho de su cliente convengan. Asimismo, la exploración al menor habrá de ser debidamente grabada, a fin de que el Tribunal sentenciador pueda observar su desarrollo, lo cual opera tanto si se trata de la única prueba de cargo como si viene acompañada de otras[12].

---

11 Y es que, tal y como declara la STS 598/2015, de 14 octubre, "la regla debe ser el interrogatorio de los menores en el juicio, con el fin de que su declaración sea directamente contemplada y valorada por el Tribunal sentenciador y sometida a contradicción por la representación del acusado, salvaguardando el derecho de defensa. Ello no impide que la declaración del menor haya de practicarse en el juicio con todas las prevenciones necesarias para proteger su incolumidad psíquica. Así, el art. 707 de la LECrim, dispone para el ámbito del juicio oral que "*la declaración de los testigos menores de edad se llevará a cabo evitando la confrontación visual de los mismos con el inculpado, utilizando para ello cualquier medio técnico que haga posible la práctica de la prueba*". Sin embargo, esa misma doctrina (SSTS 96/2009, de 10 de marzo, 743/2010, de 17 de junio, 593/2012, de 17 de julio y 19/2013, de 9 de enero, entre otras) también señala que la "imposibilidad" de practicar una prueba testifical en el juicio oral, exigible para justificar la práctica anticipada de la prueba durante la instrucción, incluye los supuestos de menores víctimas de delitos sexuales, con el fin de evitar los riesgos de victimización secundaria, especialmente importantes en menores de muy corta edad, cuando sea previsible que dicha comparecencia pueda ocasionarles daños psicológicos. Lo cual se ha vinculado con la existencia de razones fundadas y explícitas, generalmente contenidas en un informe psicológico sobre un posible riesgo para los menores en caso de comparecer y verse sometidos al interrogatorio de las partes" (FJ 1).

12 Al respecto, insiste la STS 222/2019, de 29 de abril, en que "la presencia de las partes en lugar en que no pueden ser vistas por el menor y su comunicación a través del experto posibilita una comunicación indirecta con éste que garantiza el respeto del principio de contradicción procesal, en condiciones suficientes y óptimas para salvaguardar el derecho de defensa" (FJ 4).

Y, en cuarto lugar, insiste la sentencia en que el juez de instrucción, al aceptar que la toma de declaración se realice como prueba preconstituida, deberá motivar que concurre el presupuesto excepcional de exclusión de la declaración en juicio oral. Es decir, debe dar cuenta de las razones por las que entiende que los mecanismos alternativos a la confrontación con el acusado y al escenario en que el juicio se desenvuelve podrían agravar los indeseados efectos que derivan de la victimización secundaria[13].

### *2.2. Antecedentes legislativos*

Sobre el contexto normativo que posibilitaba la preconstitución de la prueba testifical en el proceso penal español cabe destacar, en primer lugar, algunos compromisos internacionales; señaladamente, en el marco de Naciones Unidas a la Convención sobre los Derechos del Niño, adoptada por la Asamblea General de las Naciones Unidas el 20 de noviembre de 1989 y ratificada por España en 1990 y la Convención Internacional sobre los Derechos de las Personas con Discapacidad, aprobada por la Asamblea General de las Naciones Unidas en Nueva York el 13 de diciembre de 2006, y ratificada por España el 30 de marzo de 2007. Y, en segundo lugar, algunas normas europeas como la Decisión Marco 2001, relativa al Estatuto de la Víctima en el Proceso Penal, que establecía que "el órgano jurisdiccional nacional debe poder autorizar que niños de corta edad que aleguen haber

---

13 En este sentido, resulta oportuno destacar lo declarado por la STS 282/2019, de 30 de mayo. En este caso no se empleó la Cámara Gesell para la toma de declaración de las menores víctimas de un delito sexual, por lo que declararon ante el plenario. Con relación a ello, señala el Tribunal que "especial consideración merecen las declaraciones que las menores hicieron cuando comparecieron en el acto del segundo juicio oral, en las que narraron de nuevo los hechos objeto de enjuiciamiento, repitiendo otra vez más lo que tantas veces dijeron en ocasiones anteriores. Es de resaltar el patente sufrimiento que ambas menores experimentaron al prestar sus declaraciones, hasta el punto de que quedaron interrumpidas por sus sollozos y excitación nerviosa, habiendo tenido que acudir el Presidente del tribunal, juntamente con el Ministerio Fiscal y los Abogados de la acusación y de la defensa, a hablar privadamente con ellas a fin de hacerles ver que tenían que tranquilizarse y contestar a las preguntas que se les hiciesen, en un último esfuerzo por zanjar definitivamente esta etapa de sus vidas, cosa que finalmente hicieron de una manera más que aceptable, respondiendo pacientemente a todo cuanto se les preguntó, sin limitación ninguna, tal y como se puede comprobar mediante el recomendable visionado de las grabaciones" (FJ 3). Con lo que queda evidenciado, *sensu* contrario, el dolor que se experimenta cuando no se opta por la preconstitución de esta prueba.

sido víctima de malos tratos presten declaración según unas formas que les garanticen un nivel adecuado de protección". Y, en el mismo sentido, la Directiva 2012/29, por la que se establecen normas mínimas sobre los derechos, el apoyo y la protección de las víctimas de delitos, y que sustituye esta decisión marco. Dicha Directiva, en sintonía con su predecesora, ordena "a grabar, en las investigaciones penales, las declaraciones de las víctimas que sean menores. Al objeto de emplear después dicha grabación como medio de prueba"[14].

Cumpliendo con lo dispuesto por la citada normativa, en nuestro ordenamiento jurídico se han sucedido varias reformas, que han consistido en la modificación de la Ley Orgánica del Poder Judicial (LOPJ), en la aprobación del Estatuto de la víctima del delito de 2015 y en diversos cambios efectuados en la Ley de Enjuiciamiento Criminal, primero, a raíz de la entrada en vigor de este último texto legal y, segundo, como consecuencia de la aprobación de la citada Ley Orgánica 8/2021, de 4 de junio, de protección integral a la infancia y la adolescencia frente a la violencia.

La reforma operada en la LOPJ se encaminó a la actualización de los medios tecnológicos en el desarrollo de los distintos actos procesales. En lo que a ello atañe, caben destacarse los arts. 229 y 230, que instauran la obligación de que los juzgados se valgan para el desarrollo de su actividad de medios técnicos y electrónicos. En esta misma dirección, el art. 325 LECrim incluye la videoconferencia como medio de comunicación bidireccional en los juzgados para la práctica de pruebas[15]. Por lo que, puede afirmarse que el proceso judicial español ha progresado notablemente en

---

14 Debe recordarse, en relación con el plano internacional, que el uso de un espacio conveniente para que un niño exprese su opinión, previa a la decisión que se pueda adoptar sobre sus intereses, es una exigencia y no una mera recomendación. La Convención sobre los Derechos del Niño de Naciones Unidas es imperativa en este punto. Conforme a la O.G. núm. 12, de su artículo 12 se desprende que: "No se puede escuchar eficazmente a un niño cuando el entorno sea intimidatorio, hostil, insensible o inadecuado para su edad. Los procedimientos tienen que ser accesibles y apropiados para los niños. Debe prestarse especial atención al suministro y la transmisión de información adaptada a los niños, la prestación de apoyo adecuado para la defensa de los intereses propios, la debida capacitación del personal, el diseño de las salas de tribunal (...)".

15 En este sentido, Moreno Catena afirma que "un medio para que los testigos puedan prestar declaración con mayor facilidad y menor coste, que se está introduciendo en nuestro ordenamiento, aunque carece de una específica regulación legal, es el testimonio prestado por medio de videoconferencia, que obviamente reduce molestias y costes para quien hubiera de comparecer ante la autoridad

la senda de la incorporación de las nuevas tecnologías en los actos procesales, lo que ha facilitado la preconstitución de prueba testifical mediante la videograbación[16]. Al menos sobre el papel, ya que son sobradamente conocidos los problemas prácticos que hay para la aplicación efectiva de estas técnicas.

En concreto, descendiendo a la preconstitución de la toma de declaración de menores y su relación con el uso de las nuevas tecnologías, la normativa que protagonizó el avance más destacado fue el Estatuto de la víctima aprobado en el año 2015. Sin embargo, antes de adentrarnos en dicha regulación debe hacerse especial mención a dos textos legales que, aunque no llegasen a ser aprobados, anteceden a esta ley y recogían importantes novedades al respecto: el Anteproyecto de LECrim de 2011 y el Borrador del Código Procesal Penal de 2013.

El primero de estos textos establecía en su artículo 68 que son víctimas en situación de especial vulnerabilidad, aquellas que, por las especiales características del delito y por sus singulares circunstancias personales, preci-

---

judicial". Moreno Catena, V., Cortés Domínguez, V., *Derecho procesal penal*, Tirant lo Blanch, Valencia, 2023, pág. 276.

16 En palabras de Aba Catoira, "es general la opinión favorable a la introducción de la implantación y uso de las nuevas técnicas vía art. 230 LOPJ, sobre todo si tenemos en cuenta los Convenios Internacionales sobre la materia que ha ratificado España y sobre los que se ha hecho referencia. La primera de las conclusiones favorables es, a nuestro juicio, la gran variedad de sujetos que pueden utilizar la videoconferencia en el proceso penal español, según resulta de una interpretación conjunta de los artículos examinados, esto es, art. 229 LOPJ y arts. 306, 325 y 731 bis de la LECrim. [...] Así lo anterior, tanto las pruebas testificales como las ratificaciones periciales por videoconferencia son bien recibidas, tal como se desprende de la Instrucción de la Fiscalía General del Estado 3/2002 que corrigió la Instrucción 1/2002. Asimismo, la jurisprudencia, tal como también se ha recogido, se muestra favorable a su uso, siempre y cuando se salvaguarden las garantías constitucionales de los imputados y se respeten las previsiones normativas establecidas al efecto. Ya en la fase del juicio oral, pueden intervenir a través de videoconferencia los imputados, testigos o peritos, según reza el art. 731 bis LECrim, que reproduce el contenido del art. 325 referido a la fase de instrucción. Sobre el Ministerio Fiscal nada se dice por lo que cuando se habla de "persona que intervenga en otra condición distinta a la de imputado, testigo o perito" hay que tener en cuenta que el Ministerio Fiscal no interviene en el proceso en el mismo plano que los citados". Aba Catoira, A., "La tecnologización de la prueba en el proceso penal. La videoconferencia: objeciones y ventajas (Realidad y futuro de la Administración de Justicia. La aplicación de las TICs)", en *Anuario da Facultade de Dereito da Universidade da Coruña*, núm. 13, 2009, págs. 34-35.

san adaptar su intervención en el procedimiento a su particular situación. Y que serán consideradas en todo caso víctimas especialmente vulnerables las que por razón de su edad, enfermedad o discapacidad no puedan someterse directamente al examen contradictorio de las partes. Para estos casos se prevé recabar el auxilio de expertos para examinarlas y que, cuando fuera necesario, la declaración se realice empleando medios que eviten la confrontación visual. En esta misma línea, el art. 382 especifica que la declaración de los menores de edad, enfermos o discapacitados se llevará a cabo por esta vía. Y el artículo 513 dispone, con mayor detalle, que la declaración del testigo menor o vulnerable se tomará de forma reservada a través del perito que el juez designe, procediendo en todo caso a su grabación audiovisual. Antes de su práctica, el juez oirá a las partes sobre las informaciones que ha de aportar el testigo, trasladando al experto las que estime pertinentes para que las incluya en la exploración, que se practicará utilizando los métodos y técnicas adecuados a las características del testigo. Además, especifica que la diligencia será presenciada por el juez y las partes a través de medios técnicos que impidan que puedan ser vistos por el testigo.

Por otro lado, el segundo texto, esto es, el Borrador del Código Procesal Penal del año 2013, amplía el ámbito subjetivo de persona vulnerable, al considerar en su artículo 61 que no solo serán las personas que por su edad, enfermedad o discapacidad puedan sufrir efectos perjudiciales de relevancia por su intervención en cualquier actuación procesal, sino también aquellas que se encuentren en una situación peculiar. De manera más concreta, el artículo 383 establece que en caso de testigos menores de edad la toma de declaración se llevará a cabo bien evitando la confrontación visual del testigo con el inculpado, bien mediante la intervención de expertos; en cuyo caso y si así se acordara, serán los únicos que estarán en presencia del menor y que le formularán las preguntas oportunas de la manera que le sea menos perjudicial. En tal supuesto, la declaración así practicada deberá serlo en condiciones que permita a los Letrados de las partes presenciar la declaración y dirigir al testigo las preguntas que, siendo admisibles a criterio del Fiscal, se realizarán por medio de los citados expertos si se hallan presentes.

Puesto que ninguno de estos dos textos fue aprobado, no es, como decíamos *supra*, hasta el año 2015 cuando, mediante la entrada en vigor del Estatuto de la víctima, se recoge expresamente la posibilidad de declarar de manera preconstituida en caso de personas especialmente vulnerables, tal y como establecían los mandatos europeos y las disposiciones de estos dos conatos de LECrim. En lo que aquí interesa, hemos de citar el art. 26

de este Estatuto que dictamina que "En el caso de las víctimas menores de edad y en el de víctimas con discapacidad necesitadas de especial protección: Las declaraciones recibidas durante la fase de investigación serán grabadas por medios audiovisuales y podrán ser reproducidas en el juicio en los casos y condiciones determinadas por la Ley de Enjuiciamiento Criminal"[17].

De la dicción literal de este precepto podemos extraer una clara contradicción con lo que ha declarado la reciente jurisprudencia del Tribunal Supremo; pues este artículo dispone que las declaraciones "serán grabadas", lo cual implica una generalidad en esta manera de proceder. También el Anteproyecto de LECrim de 2011 establecía que estas declaraciones "se tomarán de manera reservada" por un perito experto y "procediendo en todo caso a su grabación". Sin embargo, el Borrador de Código Procesal Penal de 2013 contempla esta toma de declaración como una posibilidad, pues en su redacción utiliza la expresión "podrá ser grabada" o "podrá ser acordada"; lo cual concuerda con el criterio jurisprudencial expuesto, que defiende que la toma de declaración no va a ser grabada en fase de instrucción por el mero hecho de que sea un menor o una persona discapacitada necesitada de especial protección quien deba prestarla. Por ello, esta falta de precisión del artículo 26 del Estatuto de la Víctima fue matizada por los artículos que modificaron la LECrim en el año 2015 como consecuencia de la aprobación de dicho Estatuto.

Así las cosas, el artículo 433 LECrim, desde el referido año y hasta la entrada en vigor de la Ley Orgánica 8/2021, de 4 de junio, disponía que "en el caso de los testigos menores de edad o personas con la capacidad judicialmente modificada, el juez de instrucción podrá acordar que se les tome declaración mediante la intervención de expertos y con intervención del Ministerio Fiscal", pero no siempre, sino cuando a la vista de la falta de madurez de la víctima resulte necesario para evitar causarle graves per-

---

17 En relación con esta previsión, señala Tinoco Pastrana que "las referencias a estas víctimas que consideran especialmente vulnerables, en modo alguno excluye la evaluación individual de otras posibles víctimas que presenten otras características subjetivas o sean víctimas de otros delitos o bajo otras circunstancias, en la medida en que sea necesario evitarles los perjuicios que se pudieran derivar del proceso. Por tanto, la evaluación individual se prevé para todas las víctimas, si bien las medidas especiales de los arts. 25 y 26 sólo se reconocerán a las víctimas que tras la evaluación sean consideradas con necesidades especiales de protección". Tinoco Pastrana, A., "El Estatuto español de la víctima del delito y el derecho a la protección", en *Processo penale e giustizia*, núm. 6, 2015, pág. 3.

juicios. "Con esta finalidad, podrá acordarse también que las preguntas se trasladen a la víctima directamente por los expertos o, incluso, excluir o limitar la presencia de las partes en el lugar de la exploración de la víctima. En estos casos, el juez dispondrá lo necesario para facilitar a las partes la posibilidad de trasladar preguntas o de pedir aclaraciones a la víctima, siempre que ello resulte posible"[18].

Por último, no podemos terminar este apartado sin mencionar el Anteproyecto de Ley de Enjuiciamiento Criminal del año 2020. En este texto, que, como sus predecesores, tampoco fue aprobado, quedaba reflejada la intención del legislador de regular estos supuestos de toma de declaración adecuándose a las pautas jurisprudenciales mencionadas *supra.* Así, su artículo 469 establece que cuando las condiciones del menor lo requieran (de acuerdo con sus habilidades, edad y madurez intelectual), la declaración se tomará con la intervención de un perito experto en psicología del testimonio. Y añade, también, que se garantizará que las partes puedan presenciar la declaración del menor a través de medios técnicos que impidan que puedan ser vistos por el menor que preste testimonio. Además, en aras del interés superior del menor, el artículo 672 de este Anteproyecto dispone en su letra b que la declaración de los testigos menores de dieciséis años siempre se llevará a cabo evitando la confrontación visual con el acusado.

---

[18] Con relación a ello, apunta Arrom Loscos una falta de idoneidad en la introducción de esta nueva redacción del art. 433 LECrim "lo que está realmente introduciendo el párrafo 4º del art. 433 de la LECrim es, sorprendentemente, el tercer supuesto de prueba anticipada. Y digo sorprendentemente no porque no aplauda la novedad, sino porque la ubicación me parece totalmente desafortunada, pues debería, a mi juicio, haberse configurado como tercer supuesto dentro del art. 448 de la LECrim, que es el que regula dicha modalidad anticipatoria de la prueba, y no dentro del art. 433. A su vez, curiosamente, el último párrafo del art. 448 de la LECrim, tendría una ubicación más adecuada en el citado art. 433, puesto que es éste el precepto que explica cómo se desarrolla la diligencia de la declaración testifical". Arrom Loscos, R., "La declaración del menor víctima en el proceso penal; en especial el menor víctima de delito sexual. La relevancia del nuevo Artículo 433 de la Ley de Enjuiciamiento Criminal", en *Revista Internacional de Estudios de Derecho Procesal y Arbitraje*, núm. 3, 2015, pág. 42.

### *2.3. La modificación operada por la Ley Orgánica 8/2021, de 4 de junio, y la jurisprudencia posterior*

Una vez expuestos los antecedentes legislativos, hemos de detenernos en la regulación actual, la Ley Orgánica 8/2021, de 4 de junio, de protección integral a la infancia y la adolescencia frente a la violencia, que, como señalábamos *supra*, ha modificado buena parte de los preceptos que permitían la preconstitución de la prueba testifical y ha añadido algunos otros, de cara a la ampliación de su regulación. En este sentido, el párrafo del artículo 433 recién expuesto ha sido derogado por la Disposición final primera de dicha ley orgánica, así como el párrafo tercero del artículo 448. En sustitución de ambos se han introducido los artículos 449 bis y 449 ter LECrim. El primero de ellos establece que la autoridad judicial podrá acordar la práctica de la declaración del testigo como prueba preconstituida en los casos legalmente previstos, siempre y cuando se respete el principio de contradicción y se documente la toma de declaración en soporte apto para la grabación del sonido y la imagen. En relación con el respeto a la contradicción, matiza que el interrogatorio se llevará a cabo, aunque no esté presente la persona investigada, con la presencia de su abogado o, cuando concurran razones de urgencia, con uno de oficio designado al efecto[19].

Por su parte, el artículo 449 ter LECrim dispone que "Cuando una persona menor de catorce años o una persona con discapacidad necesitada

---

19 Textualmente, el citado artículo dispone que: "Cuando, en los casos legalmente previstos, la autoridad judicial acuerde la práctica de la declaración del testigo como prueba preconstituida, la misma deberá desarrollarse de conformidad con los requisitos establecidos en este artículo.
La autoridad judicial garantizará el principio de contradicción en la práctica de la declaración. La ausencia de la persona investigada debidamente citada no impedirá la práctica de la prueba preconstituida, si bien su defensa letrada, en todo caso, deberá estar presente. En caso de incomparecencia injustificada del defensor de la persona investigada o cuando haya razones de urgencia para proceder inmediatamente, el acto se sustanciará con el abogado de oficio expresamente designado al efecto.
La autoridad judicial asegurará la documentación de la declaración en soporte apto para la grabación del sonido y la imagen, debiendo el Letrado de la Administración de Justicia, de forma inmediata, comprobar la calidad de la grabación audiovisual. Se acompañará acta sucinta autorizada por el Letrado de la Administración de Justicia, que contendrá la identificación y firma de todas las personas intervinientes en la prueba preconstituida.
Para la valoración de la prueba preconstituida obtenida conforme a lo previsto en los párrafos anteriores, se estará a lo dispuesto en el artículo 730.2".

de especial protección deba intervenir en condición de testigo en un procedimiento judicial que tenga por objeto la instrucción de un delito de homicidio, lesiones, contra la libertad, contra la integridad moral, trata de seres humanos, contra la libertad e indemnidad sexuales, contra la intimidad, contra las relaciones familiares, relativos al ejercicio de derechos fundamentales y libertades públicas, de organizaciones y grupos criminales y terroristas y de terrorismo, la autoridad judicial acordará, en todo caso, practicar la audiencia del menor como prueba preconstituida, con todas las garantías de la práctica de prueba en el juicio oral y de conformidad con lo establecido en el artículo anterior".

Por lo que, no se trata ya de una conveniencia o de una valoración por parte del juez instructor, sino de una obligación de tomar la declaración de esta manera[20]. En lo que a ello concierne, debemos mostrar nuestro desacuerdo con la taxatividad de este precepto. Resulta claro que no es lo mismo interrogar a un menor de cinco años que a un menor de dieciséis. Por ello, entendemos que, como sucedía antes de dicha reforma, deberían valorarse como paso previo a tomar declaración de manera preconstituida ciertas circunstancias como la franja de edad, el grado de madurez o la necesidad de preservar la estabilidad emocional y el normal desarrollo personal del menor ante el riesgo, razonablemente previsible, de que se pueda producir algún quebranto. Es decir, aunque las franjas de edad podrían ser un criterio orientativo, debería primar el criterio judicial de evaluar cada caso concreto para preconstituir esta prueba, por lo que consideramos más apropiado que el legislador hubiera aconsejado la preconstitución de la prueba y no haber impuesto esta modalidad haciendo referencia, además, a una edad en concreto.

De otra parte, continúa dicho precepto estableciendo que la audiencia del menor se practicará "a través de equipos psicosociales que apoyarán al Tribunal de manera interdisciplinar e interinstitucional, recogiendo el trabajo de los profesionales que hayan intervenido anteriormente y estudiando las circunstancias personales, familiares y sociales de la persona menor o con discapacidad, para mejorar el tratamiento de los mismos y el rendimiento de la prueba". Asimismo, vuelve a remarcar la necesidad de la presencia de ambas partes y de la grabación de la diligencia.

---

20 Suponemos que es este el límite de edad fijado porque así lo recoge la Ley de Enjuiciamiento Civil en su artículo 361, cuando dispone que los menores de catorce años podrán declarar como testigos si, a juicio del tribunal, poseen el discernimiento necesario para conocer y para declarar verazmente.

En cuanto a su introducción como medio de prueba, recoge el art. 797 en su apartado segundo que "a efectos de la valoración de la declaración como prueba en sentencia, la parte a quien interese deberá instar en el juicio oral la reproducción de la grabación o la lectura literal de la diligencia". El art. 730.2 establece que "a instancia de cualquiera de las partes, se podrá reproducir la grabación audiovisual de la declaración de la víctima o testigo practicada como prueba preconstituida durante la fase de instrucción conforme a lo dispuesto en el artículo 449 bis"[21]. Y el art. 777 dispone lo propio para el caso del procedimiento abreviado.

Además, respecto a esta grabación, la Ley Orgánica 8/2021, de 4 de junio, ha introducido el artículo 703 bis LECrim que establece, en relación con los artículos 449 bis y siguientes, que "se procederá, a instancia de la parte interesada, a la reproducción en la vista de la grabación audiovisual, de conformidad con el artículo 730.2, sin que sea necesaria la presencia del testigo en la vista" y que la autoridad judicial solo podrá acordar la intervención del testigo en el acto del juicio, con carácter excepcional o cuando la prueba preconstituida no reúna los requisitos previstos en el artículo 449 bis y cause indefensión. En este sentido, es importante reseñar que la práctica de la prueba no quedaría invalidada únicamente porque no se haya cumplido algún requisito formal, sino que ese incumplimiento ha de conllevar una indefensión para algunas de las partes. Por lo que, *sensu* contrario, podemos afirmar que, aunque haya habido incumplimiento, si no ha sido de suficiente entidad como para causar indefensión, la toma de declaración en fase de instrucción tendría valor probatorio.

---

21 En lo que respecta a la anterior regulación del art. 730 LECrim y en íntima conexión con su redacción actual, señala Arrom Loscos que "En realidad, lo que hace la nueva redacción del art. 730 de la LECrim es recoger, ahora de forma expresa, dos supuestos: a) por un lado, respecto de la prueba anticipada, en tanto que atempera el requisito de la misma consistente en la necesidad de nueva declaración del testigo cuando la misma no fuera posible; b) por otro, operando en los casos de que, tomada la declaración bajo la forma de diligencia de investigación, esto es, sin contradicción, no fuera posible una nueva declaración del testigo en el acto del juicio por imposibilidad sobrevenida. De este modo, la imposibilidad del art. 730 ya no es, desde la literalidad del mismo, sólo una imposibilidad material sino también legal en el caso de declaraciones de víctimas menores de edad o con discapacidad, es decir, sujetos que presentan una especial vulnerabilidad". Arrom Loscos, R., "La declaración del menor víctima en el proceso penal; en especial el menor víctima de delito sexual. La relevancia del nuevo Artículo 433 de la Ley de Enjuiciamiento Criminal", *ob. cit.*, pág. 57.

Así lo ha declarado recientemente la STS 482/2022, de 18 mayo, en la que la recurrente entiende que la grabación de la toma de declaración preconstituida "presenta sensibles deficiencias técnicas, de tal intensidad que resulta en gran parte inaudible". Y, por ello, reprocha que "resultando imposible su reproducción en condiciones aceptables, se rechazara su insistente petición de que la niña, que ya contaba a la fecha del juicio con dieciséis años, compareciese a declarar al acto del juicio oral, adoptándose, si se consideraba preciso, cualesquiera medidas que pudieran haber evitado que la testigo entrase en contacto visual con el acusado" (FJ 1). El Tribunal Supremo declara respecto a ello que, "lo que quiere evitarse legítimamente, en especial (aunque no solo) cuando se trata de menores de edad, es que quien pudiera haber sido víctima de un hecho delictivo de particular gravedad, sea además sometido a una reiteración de interrogatorios cuando su práctica comporte un riesgo en la eventual progresión de sus posibles padecimientos, que se aseguran por las acusaciones derivados del hecho que va a enjuiciarse".

En este caso concreto, por ello y por una insuficiente explicación de cómo afectaban las deficiencias de la grabación al derecho de defensa del acusado, el TS entiende que la AP estuvo acertada cuando "resolvió incorporar al acto del juicio oral la prueba preconstituida practicada en instrucción, en las condiciones incompletas pero posibles [...], no advirtiendo la necesidad de someter a la testigo a un nuevo interrogatorio, con los riegos que pericialmente se justificaron para su estabilidad emocional, sin que en nada sustancial padecieran con ello los derechos fundamentales que el acusado invoca en este motivo de impugnación y con independencia de la posterior valoración de la prueba de cargo a los efectos de determinar la aptitud de la misma para enervar la presunción de inocencia" (FJ 2).

Por último, particularmente interesante resulta la reciente STS 558/2023, de 6 julio, que, en consonancia con nuestro criterio, se muestra contraria a la obligatoriedad establecida en el precepto 449 ter LECrim sobre preconstituir la prueba testifical de menores de catorce años. Al respecto, la citada resolución declara que "la presencia de un menor de edad víctima, como en el presente caso, de un delito contra la indemnidad sexual exigirá del Tribunal un examen ponderativo del impacto que esa presencia en el plenario puede acarrear a su formación integral. El llamamiento judicial a declarar como testigo no puede asumir como efecto inevitable asociado a su práctica la victimización secundaria del menor de catorce años, la que conduce a la constante evocación de un doloroso recuerdo que, a buen seguro, tendrá efectos perjudiciales para su formación integral. Pero ese esfuerzo ponderativo no debería unificar en el mismo tratamiento todos los tramos de edad que preceden a los 14 años. Tampoco puede convertir la excepción —la virtualidad probatoria de lo declarado en fase sumarial— en regla general, frente al significado de la prueba practicada en el plenario. La decisión de declarar la pertinencia del testimonio de un menor en el acto del juicio oral no ha de quedar condicionada, pese a lo que parece sugerir el nuevo precepto, a la petición de parte. Serán las circunstancias del caso las que aconsejen una u otra decisión que, sin perder nunca de vista la indispensable e irrenunciable protección del menor, deberá alzaprimar los principios estructurales del proceso frente a las exigencias formales" (FJ 2).

## 3. ALGUNAS REFLEXIONES ACERCA DE LA NECESIDAD DE AMPLIAR LA ACTUAL REGULACIÓN

La actual regulación, contenida, principalmente, en los artículos 448, 449 bis y 449 ter LECrim, se refiere a quien no pudiera encontrarse en territorio español o padeciera riesgo de no estar vivo o en sus plenas facultades en el momento del juicio oral, así como a menores de catorce años y personas con discapacidad necesitadas de especial protección. Sin embargo, la realidad es que, en la práctica, la preconstitución de la declaración testifical se ha realizado, también, frente a otros testigos/víctimas. Es por ello por lo que merece la pena plantearnos si la normativa en vigor es suficiente o si, por el contrario, debe ser modificada o ampliada. En este sentido, comenzando por los supuestos ya recogidos en los mencionados preceptos, y al hilo de lo comentado en el apartado anterior, cabe volver sobre la cuestión de la edad fijada en catorce años. Al respecto, hemos adelantado *supra* que creemos más conveniente no fijar una edad específica[22] ni tampoco la obligatoriedad de preconstituir la prueba, sino atender

---

[22] Haciendo una breve referencia al derecho comparado, observamos que las edades y los medios de toma de declaración son muy variados: en Alemania, el § 255a STPO prevé la grabación videográfica de las declaraciones de menores de dieciocho años víctimas de un delito sexual; en Italia, los artículos 392 y 398 bis de su Código recogen esta posibilidad para menores de dieciséis años, pudiendo desarrollarse el interrogatorio incluso en el domicilio de las víctimas; en Francia, los artículos 706-52 y 706-53 del Code de procédure pénale permiten también la utilización de esta herramienta para menores, sin especificar edad; y el Código de procedimiento penal Suizo establece en el artículo 154 la posibilidad de interrogar de este modo a los menores de dieciocho años, siempre que acudir a juicio suponga una grave presión psicológica.

a la madurez de la persona menor de edad y, también, al delito que haya sufrido.

Por un lado, es claro que, por debajo de cierta edad, por ejemplo, unos tres años, es aconsejable prescindir de la toma de declaración del menor, ni preconstituida ni en juicio oral. Aunque, si el juez lo estimase conveniente, podría valerse de algún dibujo o juego por representación con muñecos que realice el menor junto con el psicólogo encargado del interrogatorio. De esa edad en adelante hasta los doce o catorce años, y dependiendo de la madurez del menor, podríamos plantearnos la idoneidad de preconstituir la prueba. Y, de ahí a la mayoría de edad podríamos, con base en informes psicológicos, valorar la conveniencia de declarar en juicio evitando la confrontación visual con el acusado[23]. Si bien, como apuntábamos, habrá de estarse, también, al delito que se enjuicie.

Piénsese en un abuso sexual de leves tocamientos por parte de un familiar adulto que sufre un menor de quince años que no ha experimentado ningún acto sexual consentido previamente. Por otro lado, piénsese en un abuso sexual que sufre un menor de trece años que ha experimentado varias relaciones sexuales completas previas y que dicho abuso se ha llevado a cabo por una expareja en un contexto en el que ambos estaban retomando la relación. Al haber optado por el límite de catorce años, creo que estaríamos obviando circunstancias determinantes, tanto del hecho delictivo como de la madurez del menor que lo sufre, para decidir sobre la idoneidad de preconstituir la prueba testifical. Es por ello por lo que abogamos por una valoración conjunta de las circunstancias que rodean a cada caso para proceder a tomar la declaración de manera preconstituida o no, sobre la base del dictamen pericial oportuno[24].

---

[23] Así lo recoge el art. 707 LECrim, al establecer que "...cuando una persona menor de dieciocho años o una persona con discapacidad necesitada de especial protección deba intervenir en el acto del juicio, su declaración se llevará a cabo, cuando resulte necesario para impedir o reducir los perjuicios que para ella puedan derivar del desarrollo del proceso o de la práctica de la diligencia, evitando la confrontación visual con la persona inculpada. Con este fin podrá ser utilizado cualquier medio técnico que haga posible la práctica de esta prueba, incluyéndose la posibilidad de que los testigos puedan ser oídos sin estar presentes en la sala mediante la utilización de tecnologías de la comunicación accesible".

[24] De otra parte, y puesto que la preconstitución de la prueba testifical ha sido utilizada para casos de delitos sexuales, cabría utilizar también como límite de edad la del consentimiento sexual. Esta edad se situó en el año 1999, mediante la reforma del Código Penal operada por la LO 11/1999, de 30 de abril, en 13 años. Sin embargo, 13 años era la edad de consentimiento sexual más baja de la Unión

Avanzado en el ámbito subjetivo de aplicación de esta toma de declaración, por otro lado, debemos detenernos en las personas con discapacidad necesitadas de especial protección, al ser expresamente citadas en nuestra LECrim como sujetos idóneos para declarar de manera preconstituida. En este sentido, entendemos poco precisa la expresión "necesitadas de especial protección". Es decir, no toda persona con discapacidad deberá ser interrogada de este modo, sino solo quien, además de tener una discapacidad, necesite especial protección. No se refiere este precepto, tampoco, a medidas de apoyo a la discapacidad, aunque podríamos interpretar que así es, por otorgarle algún significado concreto a la expresión "especial protección". No obstante, de *lege ferenda*, se aconseja especificar qué se entiende por especial protección, o directamente, eliminar esta confusa expresión, con la finalidad de aportar mayor seguridad jurídica a estos casos y no dejar al albur del juzgador la interpretación de dicho término impreciso[25].

En lo que a ello concierne, a nuestro juicio, la redacción más acertada es la que contienen los textos no aprobados de 2011 y 2013 porque no solo se refieren a personas con discapacidad, sino también a personas enfermas, haciendo clara alusión a personas que padecen trastornos psíquicos. Creemos que, al igual que sucede con el libre criterio que defendemos para que los jueces decidan sobre la idoneidad de la preconstitución de la testifical en menores, debería imperar este libre criterio también para personas con alguna enfermedad psíquica que no conlleve una discapacidad y que las haga víctimas especialmente vulnerables, al menos hasta que

---

Europea, contemplando otros países la edad de 14 años (República Federal de Alemania, Italia, Portugal, Austria, Hungría), 15 (Francia, Polonia, Dinamarca, Suecia), 16 (Reino Unido, Bélgica, Luxemburgo, Países Bajos, Noruega), 17 (Irlanda y Chipre) y 18 años (Malta). Atendiendo a esta realidad, el Comité de los Derechos del Niño (2007) recomendó a España considerar "la posibilidad de elevar la edad de consentimiento sexual para brindar una mayor protección contra los delitos abarcados por el Protocolo Facultativo". Y, como consecuencia de tal recomendación, el legislador de 2015 fijó en el artículo 183 quater del Código Penal la edad de consentimiento sexual en 16 años.

25 En este sentido, Arangüena Fanego entiende que "Se trata de un concepto jurídico indeterminado cuya concurrencia puede plantear alguna dificultad de apreciación en lo relativo al segundo de los elementos que lo integran (necesidad de especial protección) a la vista de que el primero de ellos [el de discapacidad] sí queda ahora perfectamente determinado". Arangüena Fanego, C., "Declaración de personas vulnerables y preconstitución de la prueba en el proceso penal", en *Rev. Bras. de Direito Processual Penal*, Porto Alegre, v. 8, núm. 3, 2022, págs. 1101-1102.

el legislador no afine a regular estos supuestos y siempre sobre la base de informes periciales que así lo justifiquen. Por último, respecto a este colectivo, no podemos dejar de señalar que, aunque nos parece un descuido del legislador, no ha sido acertado no incluir a las personas con discapacidad necesitadas de especial protección en el párrafo segundo del artículo 449 ter LECrim, que es el que habilita al juez para decidir que el interrogatorio lo lleve a cabo un equipo psicosocial; algo que sí ha hecho para los menores de catorce años.

Ahora bien, si el objetivo de preconstituir la declaración testifical es evitar una doble victimización para aquellas personas consideradas como vulnerables, creemos que ampliar estos sujetos sería un acierto[26]. En este sentido, no podemos dejar de mencionar a las víctimas de violencia de género. La doble victimización que sufren estas mujeres es especialmente acentuada, debido al sentimiento negativo propio de la doble victimización acerca de la repetición de la información emocionalmente dolorosa por las distintas fases procesales, el cual aparece ligado con el sentimiento de vergüenza y de culpabilidad que padecen gran parte de ellas[27]. Para

---

[26] En relación con el concepto de víctimas especialmente vulnerables, cabe decir que podrían englobarse muchas otras víctimas como personas de la tercera edad o personas discriminadas socialmente por razón de sexo, raza o religión. Sobre víctimas especialmente vulnerables y su tratamiento en el proceso penal *vid.*, ampliamente, Bujosa Vadell, L., del Pozo Pérez, M., *Proceso penal y víctimas especialmente vulnerables. Aspectos interdisciplinares*, Aranzadi, 2019. Al respecto, para Gómez Colomer se podría establecer un grupo amplio de víctimas vulnerables y especialmente vulnerables por razones de etnia, de orientación sexual, de edad, de enfermedad, de nacionalidad, por razones psíquico-físicas, de sexo, delincuencia organizada, pero el listado que expone en el que cada grupo de víctimas puede tener una justificación aceptable que lo incardine dentro del concepto de víctima vulnerable, no es asumible siendo preciso ser más rigurosos con un concepto legal de víctima especialmente vulnerable. Gómez Colomer, J. L., *Estatuto Jurídico de la víctima del delito* (*La posición jurídica de la víctima ante la Justicia Penal. Un análisis basado en el Derecho comparado y en la Ley 4/2015, de 27 de abril, del Estatuto de la Víctima del delito en España)*, Aranzadi, 2015, págs. 216-218.

[27] En lo que atañe a la declaración de las víctimas de violencia de género, cabe señalar que el miedo que suelen sufrir estas víctimas y la dominación que padecen por parte de su agresor las hace cambiar de opinión en cuanto a declarar en su contra o no hacerlo. De manera que es muy habitual que, aunque declaren en fase de instrucción, se retracten de hacerlo en fase de juicio oral. Para evitar que esta decisión resulte en la absolución del acusado por falta de pruebas la Sentencia del Tribunal Supremo 389/2020, de 10 de julio, ha prohibido que la víctima pueda acogerse a la dispensa del deber de declarar que establece el art. 416 LECrim.

mitigar esta doble victimización se ha considerado conveniente la preconstitución de la declaración de estas víctimas, pese a no estar previsto legalmente[28]. Si bien, tampoco entendemos que deba ser esta una obligación, sino que el juez, a la luz de las circunstancias de cada caso concreto, deberá ser quien decida sobre la conveniencia de interrogar a una víctima de violencia de género utilizando esta vía, con independencia de que no venga recogida en la ley esta posibilidad, siempre y cuando quede suficientemente acreditada la necesidad de hacerlo a través de los informes periciales pertinentes[29].

Por último, en relación con la ampliación de sujetos considerados como víctimas especialmente vulnerables, no debemos soslayar que existen otras víctimas que también padecen una severa victimización secundaria y que

---

Pues no es esta un simple testigo, sino la víctima de los hechos denunciados. Mediante la preconstitución de la declaración testifical, se facilitaría en estos casos la falta de prueba, ya que al tener la grabación de la declaración de instrucción ni siquiera podría la víctima cambiar su testimonio, al no haber una segunda declaración en sede judicial.

28 En consonancia con esta idea, apunta Sempere Faus que "nuestra propuesta sería que el legislador regulase este sistema de prueba para las declaraciones de los menores, de las personas especialmente vulnerables o de las víctimas mayores de edad con discapacidad, al legislador le correspondería recoger el ámbito de aplicación, los requisitos de validez esgrimidos por la Jurisprudencia durante los últimos años, para no dar lugar a interpretaciones, estableciendo con carácter preceptivo la utilización de la Cámara Gesell o sistemas análogos en los supuestos que considerase, a saber, delitos sexuales, violencia de género, trata de seres humanos, entre otros, o bien, con carácter facultativo en otros supuestos". SEMPERE FAUS, S., "La grabación audiovisual de la declaración del menor de edad: la prueba preconstituida y la eficacia de la Cámara Gesell en la reducción de la victimización secundaria", en *Revista General de Derecho Procesal. Iustel*, núm. 48, 2019, págs. 48-49.

29 En este mismo sentido, afirma Luaces Gutiérrez que no solo deben ser víctimas especialmente vulnerables los menores y las personas con discapacidad, aunque la Directiva 12/29/UE haga más hincapié en estos sujetos. Y continua la autora añadiendo que "las mujeres víctimas de Violencia de Género, es otro de los grupos o colectivos de víctimas especialmente vulnerables que requieren medidas especiales de protección, debiendo en este caso, completar las disposiciones del Estatuto con las medidas reguladas en la Ley Orgánica 1/2004, de 28 de diciembre, de Medidas de Protección Integral contra la Violencia de Género". Luaces Gutiérrez, A. I., "Los derechos en la Ley 4/2015, de 27 de abril, del Estatuto de la Víctima del delito: especial consideración a la participación de la víctima en la ejecución penal", en *Revista de Derecho penal y criminología*, núm. 15, enero, 2016, págs. 145-148.

ni la actual LECrim, ni sus anteproyectos, se han hecho eco de la conveniencia de que declaren de manera preconstituida. Nos referimos ahora a las víctimas de trata de seres humanos, delito previsto para la preconstitución de testifical solo en caso de menores de catorce años y personas con discapacidad necesitadas de especial protección. Al respecto, la realidad es que la práctica jurídica, con independencia de la edad o discapacidad de la víctima, les ha venido tomando declaración de forma preconstituida, aunque la ley no lo recogiese expresamente. Si bien, no bajo el fundamento de la doble victimización sino bajo el fundamento del riesgo de que esa persona comparezca para declarar en la fase de juicio oral[30]. Por ello, tanto la asiduidad con la que se han practicado estos interrogatorios de manera preconstituida como la idoneidad de que ello fuera así ha llevado al legislador a incluir en el Anteproyecto de Ley de Ley Orgánica integral contra la trata y la explotación de seres humanos, aprobado en noviembre de 2022, la toma de declaración que aquí estudiamos.

Una modificación, en nuestra opinión, más que necesaria, pues, al limitar el artículo 449 bis la posibilidad de producción de la prueba preconstituida a los casos "legalmente previstos", entre los que se encontrarían "la imposibilidad de concurrir por haber de ausentarse del territorio nacional, y también en el caso en que hubiere motivo racionalmente bastante para temer su muerte o incapacidad física o intelectual antes de la apertura del juicio oral" del artículo 448 y los menores de catorce años y personas con discapacidad necesitadas de especial protección del artículo 449 ter, se ha producido el indeseado efecto de excluir, en el procedimiento ordinario, la posibilidad de acordar la realización de la prueba preconstituida en otros casos en los que podría reputarse necesaria.

Con el objetivo de solventar dicha exclusión, el referido Anteproyecto, en virtud de su Exposición de Motivos, regula la preconstitución de estas declaraciones por una doble causa: minimizar el efecto de victimización secundaria que puede acompañar a la tramitación del proceso en materia probatoria y adoptar medidas que favorezcan la válida y eficaz obtención y valoración de pruebas de carácter personal. De este modo, se modifica el art. 448 LECrim, y se introducen los arts. 448 bis, 448 ter, 448 quater, 448 quinquies, 448 sexies y 448 septies. Asimismo, se eliminan los arts. 449,

---

30 Tan solo algunas sentencias que avalan la toma de declaración de manera preconstituida en el caso de trata de seres humanos son, *ad exemplum*: SSTS 53/2014, de 4 de febrero; 545/2015, de 28 de septiembre; 270/2016, de 5 abril; 132/2018, de 20 de marzo; 430/2019, de 27 de septiembre.

449 bis y 449 ter. El propósito de esta reforma no es otro que ampliar los supuestos en los que pueda llevarse a cabo esta práctica, para lo cual recoge diferentes causas: (i) cuando existan fundados motivos para temer que, por razón de ausencia justificada o inevitable, peligro de muerte o imposibilidad física, el testigo no podrá comparecer; (ii) cuando existan fundados motivos para temer que pueda ser amenazado gravemente o sometido a coacciones con la finalidad de alterar su declaración en el juicio oral; (iii) cuando, por razón de su edad, o discapacidad, el testigo no deba ser sometido al examen contradictorio de las partes en el juicio oral. Lo que concuerda con nuestro criterio de ampliar el ámbito subjetivo, de no fijar una edad concreta en los menores y de eliminar el difuso concepto de "especial protección" en materia de discapacidad.

No obstante, creemos que sería beneficioso, también, que la previsión recogida en el art. 448 sexies (idéntica al actual 449 ter)[31] sobre la posibilidad de que sea un equipo psicolosocial el que traslade las preguntas del tribunal y de las partes al testigo, no se ciña a menores y personas con discapacidad, sino que se refiera a toda víctima que declare por esta vía por ser susceptible de padecer una doble victimización, ya que la labor del experto aquí es minimizar esos efectos en quienes están siendo interrogados. En este sentido, sería aconsejable que se incluyese una previsión sobre la cualificación del experto encargado de llevar a cabo el interrogatorio, tal y como hizo el Anteproyecto de LECrim del año 2020 al disponer en el artículo 469.4 que "la declaración se tomará con la intervención de un perito experto en psicología del testimonio con experiencia en esta clase de pericia". Y es que, antes de la aparición de este Anteproyecto, los interrogatorios realizados de esta forma se han llevado a cabo por psicólogos, puesto que era fácilmente comprensible que al referirse las anteriores normas mencionadas a un experto o a un perito aludían claramente a un licenciado en Psicología. Sin embargo, no existía la exigencia de que este perito fuese experto en psicología del testimonio y, por ende, no se le requería ningún tipo de especialidad[32]. Sin embargo, la diferencia no es baladí,

---

31 Al ser una copia del actual art. 449 ter el nuevo percepto ha mantenido el límite de edad de catorce años y el término relativo a "especial protección" de personas con discapacidad, lo cual lo achacamos a un descuido del legislador que debe ser enmendado, al no contemplar el nuevo art. 448 ninguno de estos dos conceptos.

32 Robles Sevilla aboga por la necesidad de esta experticia al afirmar que "es imprescindible que el profesional se encuentre formado y capacitado en las técnicas para esta clase de entrevista, que por su naturaleza son distintas a las realizadas a las personas adultas". Con relación a ello especifica que esta formación debe incidir

pues se acota sobremanera el número de profesionales aptos para participar de esta toma de declaración, en aras de las víctimas y del proceso en su conjunto, ya que se entiende que este tipo de expertos se desenvolverán mejor ante las posibles reticencias o temores que puedan experimentar los interrogados[33].

En definitiva, nos encontramos ante una cuestión que ha pasado de venir perfilada por la jurisprudencia a estar regulada mediante ley orgánica, especificando los sujetos frente a los que puede adoptarse esta forma de declarar y ampliando los delitos que inicialmente venían contemplándose en la práctica jurídica. Además, se hace referencia también a la forma en la que esta declaración preconstituida ha de llevarse a cabo, todo lo cual ha supuesto un importante avance en la materia. No obstante, continuamos precisando de modificaciones que contemplen otros supuestos obviados por dicha normativa y que necesitan de la misma protección, así como de completar aspectos relacionados con la práctica de la prueba para lograr la seguridad jurídica que requiere esta excepción a la regla general de declarar en juicio oral.

## BIBLIOGRAFÍA

Aba Catoira, A., "La tecnologización de la prueba en el proceso penal. La videoconferencia: objeciones y ventajas (Realidad y futuro de la Administración de Justicia. La aplicación de las TICs)", en *Anuario da Facultade de Dereito da Universidade da Coruña*, núm. 13, 2009.

---

en: "el conocimiento sobre el desarrollo emocional, cognitivo y lingüístico de los niños; el conocimiento del sistema legal y judicial; el entrenamiento en técnicas para asesorar la competencia mental, legal y lingüística de los niños; el entrenamiento en técnicas de entrevistas investigativas forenses con niños para obtener declaraciones confiables, objetivas y válidas; los antecedentes de formación sobre la dinámica del abuso de niños y adolescentes y su impacto en el psiquismo; y la actualización permanente la forma de consultas a colegas, de la literatura científica y de cuestiones legales". Robles Sevilla, A., "Los desafíos de la entrevista única en cámara Gesell en el proceso penal peruano", en *Derecho y Cambio Social*, núm. 59, ene-mar, 2020, pág. 17.

33 En relación con la necesidad de especialización de los profesionales, apunta Flores Prada que "la admisibilidad del dictamen depende de que el perito posea los conocimientos especializados mínimos que le permitan ser considerado como un experto en la materia objeto de prueba". Flores Prada, I., *La prueba pericial de parte en el proceso civil*, Tirant lo Blanch, Valencia, 2005, pág. 376.

Arangüena Fanego, C., "Declaración de personas vulnerables y preconstitución de la prueba en el proceso penal", en *Rev. Bras. de Direito Processual Penal,* Porto Alegre, v. 8, núm. 3, 2022.

Arrom Loscos, R., "La declaración del menor víctima en el proceso penal; en especial el menor víctima de delito sexual. La relevancia del nuevo Artículo 433 de la Ley de Enjuiciamiento Criminal", en *Revista Internacional de Estudios de Derecho Procesal y Arbitraje,* núm. 3, 2015.

Bujosa Vadell, L., "La declaración testifical del menor en el proceso penal de adultos y las nuevas tecnologías como instrumentos de protección", en Gómez Fröde (Coord.) *Nuevos paradigmas del Derecho procesal,* Universidad Nacional Autónoma de México, 2016.

Bujosa Vadell, L., del Pozo Pérez, M., *Proceso penal y víctimas especialmente vulnerables. Aspectos interdisciplinares,* Cizur Menor, Aranzadi, 2019.

Curtis, S., "'Tangible as Tissue': Arnold Gesell, Infant Behavior, and Film Analysis", *Science in Context,* 24(3), 2011.

Flores Prada, I., *La prueba pericial de parte en el proceso civil,* Valencia, Tirant lo Blanch, 2005.

Gimeno Sendra, V., *Derecho Procesal Penal,* Cizur Menor, Civitas-Thomson Reuters, 2015.

Gómez Colomer, J. L., *Estatuto Jurídico de la víctima del delito (La posición jurídica de la víctima ante la Justicia Penal. Un análisis basado en el Derecho comparado y en la Ley 4/2015, de 27 de abril, del Estatuto de la Víctima del delito en España),* Cizur Menor, Aranzadi, 2015.

Grande Seara, P., "La posibilidad de anticipar o preconstituir la prueba testifical del menor de edad en el proceso penal", en Álvarez Alarcón (dir.) *Justicia y personas vulnerables en Iberoamérica y en la Unión Europea,* Tirant lo Blanch, Valencia, 2021.

Guzmán Fluja, V. C., *Anticipación y preconstitución de la prueba en el proceso penal,* Valencia, Tirant lo Blanch, 2006.

Iglesias Canle, I., "La denominada "prueba pericial preconstituida": La nueva redacción del art. 788 LECrim", en *Actualidad jurídica Aranzadi,* núm. 605, 2003.

Luaces Gutiérrez, A. I., "Los derechos en la Ley 4/2015, de 27 de abril, del Estatuto de la Víctima del delito: especial consideración a la participación de la víctima en la ejecución penal", en *Revista de Derecho penal y criminología,* núm. 15, enero, 2016.

Moreno Catena, V., "La prueba preconstituida", en González Cano, I., Romero Pradas, M., (dirs.) *La prueba, t. II., La prueba en el proceso penal,* Tirant lo Blanch, Valencia, 2017.

Moreno Catena, V., Cortés Domínguez, V., *Derecho procesal penal,* Tirant lo Blanch, Valencia, 2023.

Muerza Esparza, J., "Sobre los límites a la prueba preconstituida en el proceso penal", en *Revista General de Derecho Procesal,* núm. 39, 2016.

Robles Sevilla, A., "Los desafíos de la entrevista única en cámara Gesell en el proceso penal peruano", en *Derecho y Cambio Social,* núm. 59, ene-mar, 2020.

Sempere Faus, S., "La grabación audiovisual de la declaración del menor de edad: la prueba preconstituida y la eficacia de la Cámara Gesell en la reducción de la victimización secundaria", en *Revista General de Derecho Procesal. Iustel,* núm. 48, 2019.

Tinoco Pastrana, A., "El Estatuto español de la víctima del delito y el derecho a la protección", *Processo penale e giustizia,* núm. 6, 2015.

# *La violencia digital en la Ley Orgánica 8/2021, de 4 de junio, de protección integral a la infancia y la adolescencia frente a la violencia*[1]

**ANA ISABEL LUACES GUTIÉRREZ**
*Profesora Titular de Derecho Procesal UNED*



## 1. INTRODUCCIÓN

Uno de los peligros que amenazan, sin duda, a nuestra sociedad en su conjunto, y en particular a quienes en un futuro no muy lejano serán los ciudadanos del mañana, es la violencia. Proteger a las futuras generaciones de los daños que se producen ante estos hechos es un deber y un compromiso, que exige concienciación e implicación de la ciudadanía a través de los distintos roles que ocupan en los diferentes ámbitos sociales.

El uso de las tecnologías, en general, y de las redes sociales es cada vez más habitual y generalizado en la sociedad, con sus características de instantaneidad, interactividad, simultaneidad, asincronía y ubicuidad que dan lugar a dinámicas positivas a nivel individual y social[2].

---

1 Este trabajo se enmarca en dos Proyectos de investigación del MICINN: "Ejes de la Justicia en tiempos de cambio" (PID2020-113083GB-I00) y "Transición Digital de la Justicia", Plan de Recuperación, Transformación y Resiliencia, Ministerio de Ciencia e Innovación, financiado por la Unión Europea: Next Generation UE (RED 2021-130078B-100).

2 *Vid.* Aliste Santos, Tomás, "Hacia un sistema de justicia digitalizada: problemas y desafíos", *Digitalización de la justicia: Prevención, Investigación y Enjuiciamiento,* en

Si bien es cierto, que las mismas facilitan la capacidad de expresarse, no lo es menos, que se han convertido, en ocasiones, en un arma de ciberacoso, un escenario de nuevas formas de abuso, abriendo la puerta a un conjunto de delitos relacionados con la integridad física, psicológica e intelectual de las personas, superando los límites del respeto y la tolerancia, perturbando la convivencia y la participación virtual de la población más vulnerable que corren el riesgo de verse más afectada.

Cuando se alude al entorno digital nos referimos a la transmisión de conocimientos y contenidos de forma muy amplia a través de distintas herramientas informáticas, y con una gran velocidad de propagación entre los sujetos. Ese entorno digital no constituye una novedad en la sociedad de nuestros días, pues forma parte de nuestra vida cotidiana, y no solo en el ámbito de los menores, sino también de los adultos. Cualquiera de nosotros, incluso todos los días hacemos uso de las TIC del entorno digital para la comunicación ya sea vía correo electrónico, mensaje de texto a través del teléfono o utilizando las herramientas de mensajería instantánea, como WhatsApp o Skype, e incluso en la situación actual de teletrabajo, las plataformas de videoconferencias como Teams, BlueJeans, Zoom, etc.[3]

Sin embargo, los adultos, no somos "nativos digitales", y nos hemos tenido que adaptar a las TIC de una manera progresiva, hecho que no se da en el caso de los menores que han nacido ya en un mundo digitalizado, desarrollándose en un hábitat digital El menor aprende a través de la imitación del adulto, pero también, el aprendizaje se realiza a través de la intuición.

No obstante, esta docilidad de conocimientos entraña unos riesgos altísimos. El menor desconoce los peligros del entorno digital, y también ignora que sus derechos como persona pueden ser vulnerados por terceros[4].

Es necesario, por tanto, crear herramientas de control del acceso a los dispositivos, pero no solamente en el sentido de acceso físico a los mismos, sino del contenido al que se accede a través de estos dispositivos, lo que

---

Calaza López, Sonia, Llorente Sánchez-Arjona, Mercedes (Dirs) y José Carlos Muinelo Cobo (Coord.), Navarra, Aranzadi, 2022, págs. 93-110.

3 *Vid.* Guzmán Fluja, Vicente, "Proceso penal y Justicia automatizada", *Revista General de Derecho Procesal*, nº. 53, 2021, págs. 1-40.

4 *Vid. Orientación de políticas sobre el uso de la inteligencia artificial en favor de la infancia*, UNICEF-para cada infancia, Fondo de las Naciones Unidas para UNICEF, noviembre de 2021, págs. 1-60.

evidencia, que la tarea de los operadores educacionales en la actualidad es compleja[5],

El menor, como usuario de las nuevas tecnologías, puede adoptar una conducta activa o pasiva en lo que se refiere al consumo de los contenidos digitales en la sociedad actual[6]. Este contenido le puede influir, no solo, en lo atiente a las pautas de conducta, sino también, en el entorno en el que desarrolla su vida. De este modo, pasa de ser un sujeto pasivo a ser un sujeto activo y ello tiene unas consecuencias en relación con los terceros.

El entorno digital está íntimamente vinculado a la sociedad de la información y a la sociedad del conocimiento, para la transmisión no solo de información, sino también de los valores y los propios conocimientos. Este entorno ha ido cambiando conforme ha ido evolucionando la sociedad y se orienta en el futuro, no sabemos todavía con que alcance, porque el debate está abierto, a la utilización de la inteligencia artificial en el ámbito digital[7].

El *Libro Blanco sobre la inteligencia artificial, un enfoque europeo orientado a la excelencia y la confianza*, de 19 de febrero de 2020[8], contempla, por ejemplo, algunos elementos que pueden constituir un riesgo para el menor, como es el caso de los relojes de pulsera inteligentes destinados a niños, niñas y adolescentes, que principio, no constituyen un producto peligroso, pero sí a través de él se puede acceder a la localización del menor, si genera un riesgo para su persona. Ahí ya se plantean distintas cuestiones de gran calado, ya que el producto no conlleva ningún riesgo, no está vinculado al mismo, pero sí la utilización del producto que puede provocar mellas de seguridad para el menor.

Lo mismo podríamos decir de los *smartphones* o teléfonos inteligentes, en los que se puede geolocalizar al menor, constituyendo también una brecha en su seguridad, o también las aplicaciones de móviles que llevan consigo esa localización, o bien la cesión de determinados datos personales, y

---

5 *Vid.* Martín Diz, Fernando, "Menores infractores e inteligencia artificial: evaluación criminológica y aplicación de medidas judiciales, *Observatorio de Derecho Público*, 27 de abril de 2023, págs. 1 y ss.

6 *Vid.* Castillejo Manzanares, Raquel, "Digitalización y/o Inteligencia Artificial", *Inteligencia Artificial Legal y Administración de Justicia*, Calaza López, Sonia y Llorente Sánchez-Arjona, Mercedes, Navarra, Aranzadi, 2022, págs. 55-90.

7 *Vid.* Barona Vilar, Silvia, *Agoritmización del Derecho y de la Justicia. De la Inteligencia Artificial a la Smart Justicia*, Valencia, Ed. Tirant lo Blanch, 2023.

8 Comisión Europea, Bruselas 19.2.2020, COM (2020) 65 final, págs. 1-32.

que los menores cada vez en edades más tempranas terminan utilizando, sin conocer los peligros que deparan las mismas[9].

Ese entorno digital puede también entenderse como una "realidad paralela" al entorno presencial, y de hecho comparte espacio con la misma, con la peculiaridad de que muchas acciones que se despliegan en el ámbito digital pueden realizarse bajo la omisión de una identidad falsa[10].

A la vista de lo anteriormente expuesto, cabe preguntarnos, si en el caso de los menores que son sujetos vulnerables pueden verse afectados por dicho entorno digital, a través de comportamientos de terceros que pueden menoscabar sus derechos fundamentales mediante la realización por los mismos de conductas tipificadas por el Código Penal y que se ocultan bajo identidades falsas y engaños para perseguir un objetivo delictivo, y la respuesta es afirmativa.

En el ámbito jurídico, debemos partir de lo indicado en la Convención sobre los Derechos del Niño, de 20 de noviembre de 1989[11] y siguiendo las directrices de la Declaración de Ginebra de 1924 relativa a los Derechos del Niño, así como en la Declaración de los Derechos del Niño, de 20 de noviembre de 1959, junto con la Declaración Universal de Derechos Humanos, y el Pacto Internacional de Derechos Civiles y Políticos, que contemplan la protección legislativa del menor antes y después de su nacimiento. A ello se debe añadir el Protocolo Facultativo de la Convención sobre los Derechos del Niño relativo a la venta de niños, la prostitución infantil y la utilización de niños en la pornografía de la Asamblea General de Naciones Unidas, de 25 de mayo de 2000, en el que se solicita una penalización de todo tipo de material audiovisual, tanto en la producción como en la propaganda de dicho material[12].

---

9 *Vid.* Pérez Daudí, Vicente, *De la Justicia a la Ciberjusticia*, Barcelona, Atelier, 2022.

10 *Vid.* Zafra Espinosa De Los Monteros, Rocío, "Inteligencia Artificial y proceso judicial", en *Inteligencia Artificial Legal y Administración de Justicia, op. cit*, págs. 487-513.

11 *Vid.* Martiñón Quintero, Ruth, "La transcendencia del Derecho Internacional en materia de protección jurídica de los menores de edad frente a la violencia en el Derecho Español", en Calzadilla Medina, María. Aránzazu. (Dir.) y Hernández López, Claudia (Coord.), *Estudios jurídicos sobre la eliminación de la violencia ejercida contra la infancia y la adolescencia*, Navarra, Aranzadi, 2021, págs. 85-111.

12 *Vid.* Moreno Catena, Víctor, "Los datos en el sistema de justicia y la propuesta de Reglamento UE sobre inteligencia artificial", en *Uso de la información y de los datos personales en los procesos: los cambios en la era digita*l, Colomer Hernández, Ignacio (Dir.), Catalina Benavente, María Ángeles y Oubiña Barbolla, Sabela (Coord.), Navarra, Aranzadi, 2022, págs. 47-73.

Ya en el año 2017, UNICEF, elaboró un informe sobre *Niños en un mundo digital*, en el que se refería a los "peligros" en el sentido de riesgos de contenido, de conducta y de contacto y se contemplaban algunas de las conductas que realizan los menores en internet, como puede ser, la consulta de pornografía, de violencia audiovisual, de sectas y movimientos urbanos, y trastornos de conducta alimentaria[13].

De este modo, la Convención se tuvo que adaptar a las nuevas tecnologías. Los derechos de los menores se aplican en el ámbito digital, y ello, llevó a la publicación de la Observación General núm. 25 en el año 2021 sobre los derechos del niño en relación con el entorno digital, en el que se recogen los siguientes principios: no discriminación; interés superior del niño; derecho a la vida, supervivencia y desarrollo y respeto por las opiniones del niño[14]. Y en cuanto a los derechos y libertades civiles incluía las siguientes: acceso a la información; libertad de expresión; libertad de pensamiento, conciencia y religión; libertad de asociación y reunión pacífica; derecho a la privacidad; registro de nacimiento y derecho a la identidad[15].

Dentro de la Agenda 2030 de las Naciones Unidas también se establece dentro de los Objetivos de Desarrollo Sostenible (ODS), en concreto el objetivo 16 enfocado a "*promover sociedades, justas, pacíficas e inclusivas*" busca de forma urgente en la meta 2 "*poner fin al maltrato, la explotación, la trata y todas las formas de violencia y tortura contra los niños*".

Posteriormente, en el año 2022, se ha publicado *La Estrategia de Erradicación de la Violencia contra la Infancia y Adolescencia*[16], que se presenta como una obligación de la Administración General del Estado para el cumplimiento de la LOPIVI, y es el reflejo del grado de compromiso de todos los niveles de la Administración para garantizar el cumplimiento y ejercicio de los derechos humanos de los niños, niñas y adolescentes, a una vida libre

---

13 *Vid. Niños en un mundo digital*, UNICEF-para cada niño, diciembre de 2017, este documento se puede consultar en www.unicef.org/SOWC2017, págs. 1-40.

14 *Vid.* De Hoyos Sancho, Montserrat, "El uso jurisdiccional de los sistemas de Inteligencia Artificial y la necesidad de su armonización en el contexto de la Unión Europea", *Revista General de Derecho Procesal*, n. 55, 2021, págs. 1-24.

15 Véase, Nieva Fenoll, Jordi, "Inteligencia artificial y proceso judicial: Perspectivas tras un alto tecnológico en el camino", *Revista General de Derecho Procesal*; nº. 57, 2022, págs. 1-21.,

16 *Vid. Estrategia de Erradicación de la Violencia sobre la Infancia y Adolescencia*, secretaria general Técnica, Ministerio de Derechos Sociales y Agenda 2030, 2022, págs. 1-68.

de violencia, que les permita desarrollar todo su potencial y tener una infancia y adolescencia feliz[17].

La Estrategia cubre el periodo 2023-2030 y contiene cinco áreas estratégicas, para cada una de las cuales se establece un objetivo (Área Estratégica Uno, relativa al conocimiento de realidad de la violencia contra la infancia y la adolescencia, cuyo objetivo es garantizar el conocimiento de la realidad de esta violencia, para desarrollar estrategias de actuación eficaces y ajustadas a la misma; Área Estratégica Dos, concerniente a la cultura de buen trato y tolerancia cero a la violencia, cuyo objetivo es crear una cultura de buen trato y tolerancia cero ante la violencia contra la infancia y la adolescencia; Área Estratégica Tres, relativa a los entornos seguros, cuyo objetivo es garantizar que los entornos donde convivan y se relacionen niños, niñas y adolescente sean entornos seguros; Área Estratégica Cuatro, sobre atención especializada y multidisciplinar, cuyo objetivo es garantizar una atención especializada y multidisciplinar a los niños, niñas y adolescentes que han sufrido o ejercicio violencia; y por último, el Área Estratégica Cinco, relativa al abordaje multidisciplinar, coordinado y eficaz de la violencia, cuyo objetivo es abordar de una manera multidisciplinar, coordinada y eficaz, la violencia que contra la infancia y la adolescencia puede ejercerse.

Además, la Estrategia también contiene una serie de líneas de actuación, así como las medidas más importantes y sus respectivas metas para evaluar el impacto. Pretende ser la hoja de ruta para que las diferentes administraciones, entidades y actores, caminen unidos para fortalecer el trabajo de prevención de todas las formas de violencia; mejorar la detección e intervenir tempranamente desde un enfoque integral y multidisciplinar; visibilizar la violencia contra los niños, niñas y adolescentes con el fin de conocer la magnitud de este problema; generar una cultura de tolerancia cero ante la violencia y del buen trato, y fomentar la creación de entornos que protejan a todos los niños y niñas sin distinción alguna.

Por último, es obligado hacer una breve referencia a las novedades en la LECrim, contempladas en el Real Decreto Ley 6/2023, de 19 de diciembre, por el que se aprueban medidas urgentes para la ejecución del Plan de Recuperación, Transformación y Resilencia en materia de servicio público de justicia, función pública, régimen local y mecenazgo, ya que algunas

---

[17] *Vid.* Barja De Quiroga, Jacobo, *La Justicia y la política*, Valencia, Ed. Tirant lo Blanch, 2021.

de ellas, hacen referencia a las nuevas tecnologías y expresamente a los menores.

Con carácter general, el Real Decreto Ley hace una apuesta decidida por el avance tecnológico en la justicia[18], regulando de manera pormenorizada el acceso de los ciudadanos y profesionales a la Administración de Justicia por medios electrónicos, las comparecencias telemáticas en los órganos judiciales por los ciudadanos, los documentos electrónicos, la plasmación definitiva del expediente electrónico y el acceso al mismo por parte de ciudadanos y profesionales, así como la optimización del uso de la videoconferencia por parte de testigos y peritos, sobre todo, cuando nos encontremos en casos de víctimas de delitos especiales (como pueden ser los de agresiones sexuales en niños, niñas y adolescentes) que requieren evitar la presencia física de las mismas en el acto del juicio oral, para no generar una victimización secundaria. También se introducen modificaciones en los distintos órdenes jurisdiccionales, civil, penal, contencioso-administrativo y social.

Concretamente en el orden penal, y de manera sucinta, podemos señalar las siguientes modificaciones[19]:

A) Se modifica el artículo 109 LECrim, donde se introduce el concepto de perjudicado, así como se añaden especificaciones para los procesos en los que intervienen personas con discapacidad, debiendo realizarse las adaptaciones y ajustes necesarios[20].

B) Se modifica el artículo 252 LECrim, señalando que las notas autorizadas de las sentencias firmes en las que se imponga alguna pena o medida de seguridad por delito y los autos en que se declare la rebeldía de los procesados deberán ser remitidos por los Tribunales, al Registro Central de Penados, al Registro Central de Medidas Cautelares, Requisitorias y Sentencias no Firmes y al Registro Central para la Protección de las Víctimas de Violencia Doméstica y de Género. Además, dispone también que, en los procedimientos iniciados a instancia del interesado para cancelar los ante-

---

[18] *Vid.* Calaza López, Sonia, "Transición digital de la justicia", en *Digitalización de la Justicia: Prevención, Investigación y Enjuiciamiento, op. cit,* págs. 27-56.

[19] Véase, Magro Servet, Vicente, "Análisis del Real Decreto-Ley 6/2023, de 19 de diciembre, aspectos procesales y de funcionalidad tecnológica de la justicia", *Diario La Ley*, nº. 10412, Sección Doctrina, de 22 de diciembre de 2023, págs. 1-29.

[20] Véase, Julia Pijoan, Miquel, "Una razón de ser para el proceso judicial", *Revista General de Derecho Procesal,* nº.61, 2023, págs. 1-46.

cedentes penales en el Registro Central de Penados, si transcurre el plazo máximo sin resolución expresa, se entenderá desestimada la solicitud.

C) Se introduce en la LECrim un nuevo artículo 258 bis Este precepto es clave en la filosofía que preside la reforma, ya que una de las principales novedades en la ley procesal penal es la creación, en el Libro I, de un Título XIV, que lleva por rúbrica "De los actos procesales mediante presencia telemática". Este título está compuesto únicamente por el artículo 258 bis, que regula la celebración de los actos procesales mediante presencia telemática

Será necesaria la presencia física del acusado en la sede del órgano judicial de enjuiciamiento en función de los distintos delitos: a) En los juicios por delito grave y juicios de Tribunal de Jurado; b) En los juicios por delitos menos graves, si la pena excede de dos años de prisión o, de seis años en caso de penas de distinta naturaleza, el acusado comparecerá físicamente ante la sede del órgano de enjuiciamiento, si así lo solicita él o su letrado, o si el órgano judicial lo considera necesario. La decisión debe adoptarse mediante auto motivado.

c) En el resto de los juicios, cuando el acusado comparezca, lo hará físicamente ante la sede del órgano de enjuiciamiento si así lo solicita él o su letrado, o si el órgano judicial lo considera necesario. La decisión debe adoptarse mediante auto motivado.

d) En todo caso, en los procesos y juicios, cuando el acusado resida en la misma demarcación del órgano judicial que conozca o deba conocer de la causa, su comparecencia en juicio deberá realizarse de manera física en la sede del órgano judicial o de enjuiciamiento, salvo que concurran causas justificadas o de fuerza mayor.

e) Cuando deba comparecer físicamente el investigado o acusado, también será necesaria la presencia física de su defensa letrada. Cuando se permita su declaración telemática, la defensa letrada del acusado o investigado comparecerá junto a este o en sede judicial.

f) Cuando el acusado decida no comparecer en la sede del órgano judicial, deberá notificarlo con, al menos, cinco días de antelación.

g) Se garantiza especialmente que las declaraciones o interrogatorios de las partes acusadoras, testigos o peritos se realicen de forma telemática en los siguientes supuestos, salvo que el Juez o Tribunal, mediante resolución motivada, en atención a las circunstancias del caso concreto, estime necesaria su presencia física: 1) Cuando sean víctimas de violencia de género, de violencia sexual, de trata de seres humanos[21] o cuando sean víctimas menores de edad[22] o personas con discapacidad. Todas ellas podrán intervenir desde los lugares donde se encuentren recibiendo oficialmente asistencia, atención, asesoramiento o protección, o desde cualquier otro lugar, siempre que dispongan de medios suficientes para asegurar su identidad y las adecuadas condiciones de intervención; 2) Cuando el testigo o perito comparezca en su condición de Autoridad o funcionario público, debe realizarse su intervención desde un punto de acceso seguro

3) Lo dispuesto en este precepto también se aplica a las actuaciones que se realicen ante los Letrados de la Administración de Justicia o ante el Ministerio Fiscal; 4) Debe garantizarse, que las citaciones a las víctimas contempladas en el precepto que se exige su no presencia en la comparecencia en el juicio oral, se lleven a cabo comunicando las víctimas el punto seguro y lugar donde deben asistir para realizar esa declaración el día del juicio oral, pudiendo ser asistidas por expertos o personal asistencial que pueda desplazarse al punto seguro desde donde se lleve a cabo la videoconferencia.

D) Se modifican los artículos 265 y 266, para recoger con mayor detalle el contenido mínimo que debe plasmarse en la denuncia, y que será el siguiente: 1) La identificación del denunciante y si se trata de personas jurídicas o ente sin personalidad, la de la persona física que la realiza en su nombre; 2) La narración circunstanciada del hecho; 3) La identificación de las personas que hayan cometido los hechos si las conociese; 4) La identificación, en su caso, de quienes hayan presenciado o tengan información sobre él; 4) Cualquier fuente de conocimiento de la que el denunciante tenga noticia, que pueda servir para esclarecer el hecho denunciado; 5) Se contempla la presentación de la denuncia en formato electrónico.

E) Se modifican los artículos 512, 514 y 643 LECrim, la reforma adapta la redacción de estos preceptos a las novedades introducidas en la Administración de Justicia en los últimos años, incluyendo referencias al Sistema de

21 *Vid.* Planchadell Gargallo, Andrea, "Víctimas de trata de seres humanos: investigación del delito y nuevas tecnologías", en *El proceso penal ante una nueva realidad tecnológica europea,* Arangüena Fanego, Coral (Dir.), De Hoyos Sancho, Montserrat y Esther Pillado González (Coord.), Navarra, Aranzadi, 2023, págs. 393-412.

22 Véase mi trabajo, La prueba preconstituida en menores de edad tras la LO 8/2021, de 4 de junio: especial referencia a la utilización de Cámaras Gesell como instrumento para evitar la victimización secundaria, *LA LEY. Derecho de familia. La dignificación de la justicia penal de familia,* nº. 34, abril-mayo 2022, págs. 1-23.

Registros Administrativos de Apoyo a la Administración de Justicia (SIRAJ) y al Tablón Edictal Único, generándose una interoperabilidad entre ambas plataformas.

F) En la línea de adaptar la regulación del proceso penal a las nuevas tecnologías, se modifica el artículo 743 LECrim estableciendo que tanto las sesiones del juicio oral, como el resto de las actuaciones orales, se documentarán mediante sistemas de grabación y reproducción de la imagen y el sonido (remisión a lo dispuesto en los arts. 146 y 147 LEC). Además, se estable la obligación de incluir la grabación al expediente judicial electrónico cuando fuese posible.

G) Se reforma el apartado tercero del artículo 954 LECrim, con relación al recurso de revisión por haber decretado el Tribunal Europeo de Derechos Humanos resolución declarando la violación de alguno de los derechos reconocidos en el Convenio Europeo para la protección de los Derechos Humanos y Libertades Fundamentales, limitando la legitimación para presentarlo a quien haya sido demandante ante el Tribunal Europeo de Derechos Humanos, y fijando un plazo de un año desde la firmeza de la sentencia.

Además, se introduce también la obligación del Letrado de la Administración de Justicia de comunicar a la Abogacía del Estado en determinados supuestos, para que pueda intervenir sin tener la condición de parte

H) Estas modificaciones entrarán en vigor a los tres meses de su publicación en el BOE, por tanto, el 20 de marzo de 2024.

## 2. LA LEY ORGÁNICA 8/2021, DE 4 DE JUNIO: ASPECTOS GENERALES

La Ley Orgánica 8/2021, de 4 de junio, tiene como objeto según dispone en su artículo 1 *"garantizar los derechos fundamentales de los niños, niñas y adolescentes a su integridad física, psíquica, psicológica y moral frente a cualquier forma de violencia, asegurando el libre desarrollo de su personalidad y estableciendo medidas de protección integral, que incluyan la sensibilización, la prevención, la detección precoz, la protección y la reparación del daño en todos los ámbitos en los que se desarrolla su vida".*

Tal y como se recoge en el Preámbulo, la norma responde a la necesidad de protección de los niños, niñas y adolescentes, como una obligación prioritaria de los poderes públicos reconocida en el artículo 39 de la Constitución Española, y en el contexto normativo de diversos tratados internacionales, entre los que destaca la Convención de los Derechos del Niño. La norma también se adapta a los compromisos y metas del Pacto de Estado contra la violencia de género[23], así como de la Agenda 2030 en varios ámbitos, y de forma muy específica con la meta 16.2, a cuyo tenor: "Poner fin al maltrato, la explotación, la trata y todas las formas de violencia y tortura contra los niños", dentro del objetivo 16 de promover sociedades, justas, pacíficas e inclusivas.

La LOPIIA se asienta sobre una serie de conceptos clave[24], en primer lugar, se parte de un enfoque de derechos, ya que la lucha contra la violencia en la infancia y la adolescencia es un imperativo de derechos humanos, debiendo establecer un modelo de protección basado en los mismos; en segundo, es necesaria una protección integral que haga referencia a la totalidad del "ciclo de la vulneración" de derechos; en tercero, instaurar un concepto de violencia más amplio que el que se contiene en el artículo 19 CDN; en cuarto, albergar en la regulación un principio y un derecho fundamental de gran importancia como es el de buen trato a niños, niñas y adolescentes para garantizar su desarrollo holístico atendiendo al interés superior de cada niño, niña y adolescente, asegurando su participación en su evaluación y determinación y sin discriminación alguna.

Los fines que persigue la Ley se encuentran contemplados en el artículo 3 y se pueden sintetizar en los siguientes: a) Garantizar la implementación de medidas de sensibilización para el rechazo y eliminación de todo tipo de violencia sobre la infancia y la adolescencia, dotando a los poderes públicos, a los niños, niñas y adolescentes y a las familias, de instrumentos eficaces en todos los ámbitos, de las redes sociales e internet, especialmente en el familiar, educativo, sanitario, de los servicios sociales, del ámbito judicial, de las nuevas tecnologías, del deporte y el ocio, de la Administración de Justicia y de las Fuerzas y Cuerpos de Seguridad; b) Establecer medidas de prevención efectivas frente a la violencia sobre la infancia y la adolescencia, mediante una información adecuada a los niños, niñas y adolescentes, a especialización y la mejora de la práctica profesional en los distintos ámbitos de intervención, el acompañamiento de las familias, dotándolas

---

23 *Vid.* Soleto Muñoz, Helena, "Los intereses de justicia de las víctimas de violencia sexual: percepción de operadores y víctimas del tratamiento procesal", *Revista de la Asociación de Profesores de Derecho Procesal de las Universidades Españolas*, nº. 7, 2023, págs. 49-80.

24 Véase, Martínez Clara y Escorial, Almudena, *Guía sobre la Ley Orgánica de Protección Integral a la Infancia y la Adolescencia frente a la Violencia*, Plataforma de Infancia España, septiembre 2021, págs. 14-17.

de herramientas de parentalidad positiva y el refuerzo de la participación de las personas menores de edad; c) Impulsar la detección precoz de la violencia sobre la infancia y la adolescencia mediante la formación interdisciplinar, inicial y continua de los y las profesionales que contacto habitual con los niños, niñas y adolescentes[25]; d) Reforzar los conocimientos y habilidades de los niños, niñas y adolescentes para que sean parte activa en la promoción del buen trato y puedan reconocer la violencia y reaccionar frente a la misma; e) Reforzar el ejercicio del derecho de los niños, niñas y adolescentes a ser oídos, escuchados y a que sus opiniones sean tenidas en cuenta debidamente en contextos de violencia contra ellos, asegurando su protección y evitando su victimización secundaria; f) Fortalecer el marco civil, penal y procesal para asegurar la tutela judicial efectiva de los niños, las niñas y adolescentes víctimas de violencia; g) Fortalecer el marco administrativo para garantizar una mejor tutela administrativa de los niños, niñas y adolescentes víctimas de violencia; h) Garantizar la reparación y restauración de los derechos de las victimas menores de edad; i) Garantizar la especial atención a los niños, niñas y adolescentes que se encuentren en situación de especial vulnerabilidad; j) Garantizar la erradicación y la protección frente a cualquier tipo de discriminación y la superación de los estereotipos de carácter sexista, racista, homofóbico, transfóbico o por razones estéticas, de discapacidad, de enfermedad, de aporofobia o exclusión social o por cualquier otra circunstancia o condición personal, familiar, social o cultural; k) Garantizar una actuación coordinada y colaboración constante entre las distintas administraciones públicas y los y las profesionales de los diferentes sectores implicados en la sensibilización, prevención, detección precoz, protección y reparación; l) Abordar y erradicar, desde una visión global, las causas estructurales que provocan que la violencia contra la infancia tenga cabida en nuestra sociedad; m) Establecer los protocolos, mecanismos y cualquier otra medida necesaria para la creación de entornos seguros, de buen trato e inclusivos par toda la infancia e todos los ámbitos desarrollados en esta ley en los que la persona menor de edad desarrolla su vida. Se entenderá como entorno seguro aquel que respete los derechos de la infancia y promueva un ambiente protector físico, psicológico y social, incluido el entorno digital; n) Proteger la imagen del menor desde su nacimiento hasta después de su fallecimiento.

---

25 *Vid.* López Jiménez, Raquel, "La violencia de género a través de las nuevas tecnologías: especial referencia a los delitos de sexting y talking", en *La violencia de género en la sombra,* Llorente Sánchez-Arjona, Mercedes y Zafra Espinosa De Los Monteros, Rocío, (Dirs.), Navarra, Aranzadi, 2023, págs. 289-319.

En cuanto a su estructura la ley se divide en 60 artículos, distribuidos en un Título Preliminar y cinco Títulos, nueve Disposiciones adicionales, una Disposición derogatoria y veinticinco Disposiciones finales.

Respecto al Título Preliminar, aborda el ámbito objetivo y subjetivo de la ley, recogiendo tanto la definición de violencia sobre la infancia y la adolescencia, como el concepto de buen trato utilizados en la ley. Al respecto, merece una especial mención, la definición amplia que se hace de violencia que incluye expresamente la "presencia de cualquier comportamiento violento en el ámbito familiar" aunque no vaya dirigido al menor; y que dentro del concepto de buen trato se incluye la promoción activa de los "principios de respeto mutuo, dignidad del ser humano, convivencia democrática, solución pacífica de conflictos, derecho a igual protección de la ley, igualdad de oportunidades y prohibición de discriminación de niños, niñas y adolescentes". También se otorga importancia a la coordinación y colaboración entre todas las administraciones públicas, y para ello, se crea la Conferencia Sectorial de infancia y adolescencia, y con los profesionales implicados, y se otorga gran importancia a la formación especializada en la Administración púbica.

El Título I está dedicado a los derechos[26] de los niños, las niñas y adolescentes frente a la violencia, reforzándose el derecho a la información y asesoramiento junto al derecho de las víctimas menores a ser escuchadas sin límite de edad, afianzando el rigor, tacto y respeto en el testimonio obtenido, y haciendo especial hincapié en que los poderes públicos deberán impedir que se utilicen planteamientos teóricos o criterios que no hayan sido avalados por la comunidad científica, poniendo como ejemplo el denominado síndrome de alienación parental.

El Título II se dedica al deber de todos de comunicar las situaciones de violencia, siendo esta exigencia cualificada para quienes por razón de su cargo, profesión, oficio o actividad tengan encomendada la asistencia, cuidado, educación o protección de menores.

El Título III, se centra en la sensibilización, prevención y detección precoz de la violencia sufrida por los menores en todos los ámbitos. Para el cumplimiento de este objetivo se crea la figura del Coordinador de bien-

---

26 Sobre los derechos, puede consultarse mi trabajo, "Los derechos de los niños, niñas y adolescentes, en la Ley 8/2021, de 4 de junio, de Protección Integral a la Infancia y la Adolescencia frente a la Violencia, *Revista General de Derecho Procesal*, nº. 58, 2022, pág. 1-44.

estar y protección en centros educativos, quien tiene que elaborar planes concretos para la protección de los menores y para sensibilizar a la comunidad educativa sobre esta cuestión. Asimismo, se dota a los funcionarios de servicios sociales del carácter de agente de la autoridad, de modo que pueden requerir la colaboración de las fuerzas de seguridad y los servicios sanitarios, entre otros, para su intervención. Dentro del este título hay un capítulo dedicado a las nuevas tecnologías para garantizar el uso seguro y responsable de internet. También se regulan con detenimiento los criterios de actuación de las fuerzas y cuerpos de seguridad en los casos de violencia; adopción inmediata de medidas provisionales de protección, así como se establece, que con carácter general, la declaración del menor se hará una sola vez, y ante profesionales específicamente formados, se impedirá el contacto directo entre el menor y la persona investigada, y los menores podrán formular denuncias por sí mismos sin necesidad de estar acompañados por una adulto[27].

En el Título IV, se trata la actuación en los centros de protección de menores de edad, debiendo reseñar, que estos están obligados a aplicar los protocolos de actuación previstos por la Entidad Pública de Protección a la Infancia, que deberán contener actuaciones específicas de prevención, detección precoz e intervención en posibles casos de abuso, explotación sexual y trata de personas menores de edad sujetas a medidas protectoras. Su actuación será supervisada por el Ministerio Fiscal.

El título V, se centra en la organización administrativa, Dentro de la misma, de un lado, hay que destacar la creación de un Registro Central de Información sobre la violencia contra la infancia y la adolescencia, y de otro, la necesidad de una certificación negativa del Registro Central de Delincuentes Sexuales y de Trata de Seres Humanos para cualquier actividad que implique contacto habitual con menores de edad.

Además, la ley contiene veinticinco disposiciones finales donde se abordan las múltiples modificaciones legislativas que implica esta norma, centrándonos en las de mayor relieve. Podemos comenzar, por las efectuadas

---

[27] Sobre el deber de comunicación y deber de denuncia, véase, Gisbert Pomata, Marta, "La tutela procesal de la violencia contra la infancia y la adolescencia", en Martínez García, Clara (Coord.), *El nuevo marco legal de protección integral de la infancia y la adolescencia frente a la violencia en España*, Navarra, Aranzadi, 2021, págs. 292-309.

en la LECrim[28], siendo las más significativas las siguientes: a) Posibilidad de personación para la víctima o para el perjudicado hasta la celebración del juicio oral, si bien limitándose a la acusación formulada por el Ministerio Fiscal o por cualquiera de las acusaciones particulares; b) La excepción al régimen general de dispensa de la obligación de declarar del cónyuge y de los ascendientes o descendientes de la persona que haya cometido un delito grave contra una persona menor de edad o persona con discapacidad[29]; c) Obligación de la preconstitución de la prueba en los delitos relativos al homicidio, lesiones, libertad, integridad moral trata de seres humanos, libertad e indemnidad sexuales, intimidad, relaciones familiares, derechos fundamentales, organizaciones criminales y terrorismo cuando la víctima sea menor de edad o persona con discapacidad, todo ello, para evitar la victimización secundaria[30]: d) Cuando resulte inevitable la declaración del menor en el juicio oral, está habrá de realizarse evitando toda confrontación visual con el investigado.

En lo que se refiere al Código Penal[31], podemos destacar, entre las modificaciones más significativas las que se relacionan a continuación: a) Inclusión de la edad como agravante en el ordinal 4° del art. 22 CP, circunstancia que repite como causa de discriminación en el delito de odio y en el de discriminación laboral; b) Eliminación del perdón como causa de extinción de la responsabilidad criminal en los casos de delitos cometidos contra menores de edad o personas con discapacidad siempre que se trate de delitos de carácter eminentemente personal; c) En los casos de tentativa

---

28 *Vid.* Magro Servet, Vicente., "Análisis de la reforma procesal penal de la Ley Orgánica de protección integral a la infancia y la adolescencia frente a la violencia", *Diario La Ley*, nº. 9862, Sección Doctrina, 2 de junio de 2021, págs. 1-23.

29 Al respecto puede verse mi trabajo sobre "La nueva regulación de la dispensa del deber de declarar en la Ley Orgánica 8/2021, de 4 de junio, de protección integral a la infancia y la adolescencia frente a la violencia", *La violencia de género en la sombra, op. cit.*, págs. 165-191. También, véase, Rodríguez Álvarez, Ana., "Claves de la reforma de la dispensa del deber de declarar en Ley Orgánica 8/2021, de 4 de junio", *Diario La Ley*, nº. 9916, Sección Tribuna, 20 de septiembre de 2021, págs. 1-11.

30 *Vid.* Villacampa Estiarte, Carolina., "Víctima menor de edad y proceso penal: Especialidades en la declaración testifical de menores-víctimas", *Revista de Derecho Penal y Criminología*, 2ª época, nº. 16, 2005, 265-268.

31 *Vid.* González Tascón, María Marta., "Observaciones a las novedades introducidas por la Ley Orgánica de protección integral a la infancia y la adolescencia frente a la violencia en relación con la materia penal", *Diario La Ley*, nº. 9902, Sección Doctrina, 29 de julio de 2021, págs. 1-40.

de homicidio, lesiones de los arts. 140 y 150, maltrato habitual, delitos contra la libertad, contra la indemnidad y libertad sexuales o relativos a la trata de seres humanos, cuando la víctima es menor de 18 años el plazo de prescripción comenzará a contar desde los 35 años y no desde la mayoría de edad como hasta ahora; d) Se dispone la obligatoriedad de la imposición de la pena de privación de la patria potestad a los penados por homicidio o por asesinato en dos situaciones: cuando el autor y la victima tuvieran un hijo en común y cuando la víctima fuera hijo del autor.; e) Se introduce un nuevo subtipo en el art. 143 bis CP para sancionar la difusión pública a través de las tecnologías de la información de contenidos específicamente destinados a promover, fomentar o incitar al suicidio de personas menores de edad o personas con discapacidad; f) Se incrementa la edad a partir de la cual se aplica el subtipo agravado de lesiones del art. 148. 3 CP, pasando de los doce a los catorce años; g) Se modifica la redacción del tipo agravado de la agresión sexual, de los abusos y las agresiones a menores de dieciséis años y de los tipos de prostitución y explotación sexual y corrupción de menores (arts. 180, 183, 188 y 189) incluyendo agravaciones cuando los delitos sean cometidos por aquellas personas encargadas de la tutela o guarda de menores o personas con discapacidad, así como cuando el autor, en la ejecución del delito, se haya prevalido de su situación de convivencia con la víctima.

En cuanto a las modificaciones efectuadas en la LO 1/1996, de 15 de enero, de Protección Jurídica del Menor, podemos señalar, en primer lugar, que cuando no pueda establecerse la mayoría de edad de una persona, será considerada menor de edad a os efectos de la esta Ley, en segundo, se prohíben los desnudos integrales, las exploraciones genitales u otras pruebas médicas especialmente invasivas; y en tercero, en cuanto a las medidas de contención que se pueden utilizar con respecto a los menores, la contención física solo permitirá la sujeción de las muñecas del menor y nunca más de una hora y en el caso del aislamiento no podrá durar más de tres horas.

Respecto a los cambios llevados a cabo en la Ley Orgánica 1/2004, de 28 de diciembre, de Medidas de Protección Integra contra la Violencia sobre las Mujeres, se modifica el art. 1.4 de dicha ley, para incorporar expresamente dentro de la violencia de género, la ejercida con el objetivo de causar perjuicio o daño a las mujeres que se ejerza sobre sus familiares o allegados menores de edad, incorporando así la violencia vicaria.

Por la relevancia que tiene en la protección de los menores, es importante mencionar la modificación del de art. 59.3 de la Ley Orgánica 5/2000, de 12 de enero, reguladora de la responsabilidad penal de los menores, al prohibir la contención mecánica del menor consistente en la sujeción de la persona a una cama articulada o a un objeto fijo o anclado a las instalaciones o a objetos muebles[32].

Mención merece también la reforma operada en la letra g) del artículo 2 de la Ley 1/1996, de 10 de enero, de asistencia jurídica gratuita, que cuanto a la enumeración y ampliación de los delitos que abarcan la asistencia jurídica gratuita para los menores, ahora se alude explícitamente a los delitos de homicidio, de lesiones de los artículos 149 y 150, en el delito de maltrato habitual previsto en el artículo 173,2, en los delitos contra la libertad, contra la libertad e indemnidad sexual y en los delitos de trata de seres humanos, cuando anteriormente, simplemente de aludía a los menores cuando eran víctimas de situaciones de abuso o maltrato.

Finalmente, es preciso hacer una referencia a los aspectos destacados de la reforma en la Ley Orgánica 6/1985, de 1 de julio, del Poder Judicial, debiendo comenzar, por la creación de los Juzgados de Violencia contra la Infancia y la Adolescencia, con competencia especializada en la protección de menores y adolescentes, así como la necesidad de formación especializada en las carreras judicial y fiscal en el ámbito de la infancia y la adolescencia, que ya venía siendo exigida por la normativa internacional. Asimismo, se establece la posibilidad de que, en las unidades administrativas, entre las que se encuentran los Institutos de Medicina Legal y Ciencias Forenses y las Oficinas de Asistencia a las Víctimas dependientes del Ministerio de Justicia, se incorporen como funcionarios otros profesionales especializados en distintas áreas de actuación de estas unidades, reforzando así el carácter multidisciplinar de la asistencia que se prestará a las víctimas.

## 3. EL ENTORNO DIGITAL COMO ÁMBITO DE PROTECCIÓN FRENTE A LA VIOLENCIA EN LA LEY 8/2021

A lo largo de su articulado, la LO 8/2021 se encarga de especificar que el ámbito de Internet y de las nuevas tecnologías es un espacio favorable para el ejercicio de la violencia frente a los menores y que, por lo tanto, cae bajo el paraguas de protección de la Ley.

---

32 *Vid.* Vázquez González, Carlos, *Delincuencia Juvenil*, Madrid, Dykinson, 2019.

Esto lo podemos observar en diversas definiciones y medidas que se contienen en la norma, siendo la primera y más importante, el concepto de violencia que recoge en su artículo 1.2.

Según dicho precepto, se considera como tal "Toda acción, omisión o trato negligente que priva a las personas menores de edad de sus derechos y bienestar, que amenaza o interfiere su ordenado desarrollo físico, psíquico o social, con independencia de su forma y medio de comisión, incluida la realizada a través de las tecnologías de la información y la comunicación, especialmente la violencia digital".

Y a continuación, la norma enumera una serie de conductas que, en cualquier caso, se consideran violencia[33], dentro de las cuales, además de las tradicionales (como los malos tratos o la violencia sexual), se incluyen otras producidas en Internet, como el ciberacoso y también se menciona específicamente la difusión pública de datos privados.

Cabe señalar, que el concepto de dato privado no se contiene en la normativa de protección de datos personales. La utilización de este término sugiere que dentro del concepto de violencia y a efectos de la aplicación de la Ley, parece que no adquiere relevancia cualquier tipo de difusión de dato personal, sino únicamente la de aquéllos que afectan más especialmente a la intimidad de la persona y que se hacen públicos sin consentimiento de la misma.

Esto parece lógico, toda vez que ya tenemos esta normativa para sancionar la difusión de datos personales incumpliendo la legislación de protección de datos, debiendo reservarse el concepto de violencia contra los menores para aquellas actuaciones que puedan perjudicar especialmente al menor. Aquí entraría específicamente la difusión de imágenes (fotografías o videos) de la persona en un ámbito privado, especialmente las que tienen un contenido íntimo o sexual[34]l.

De hecho, la Ley presta una especial atención a la protección de la imagen de los menores, que se considera uno de los fines de la norma (art. 3, apartado n). Especifica, además, este precepto que dicha protección es

---

33 *Vid.* Abadías Selma, Alfredo, *Justicia Juvenil e inteligencia artificial en la era de la cultura "Touch"*, Valencia, Tirant lo Blanch, 2022.

34 *Vid.* Colomer Hernández, Ignacio, "Control y límites en el uso de la información y los datos personales por parte de la Inteligencia Artificial en los procesos penales", en *Justicia algorítmica y neuroderecho. Una mirada multidisciplinar*, Barona Vilar, Silvia (Ed.), Valencia, Tirant lo Blanch, 2021, págs. 287-307.

desde el nacimiento hasta después de su fallecimiento. Y el art. 8 (que regula la colaboración público-privada) señala que, en los casos de violencia contra la infancia, los medios de comunicación deben poner especial énfasis en proteger el honor, la intimidad y la propia imagen de la víctima y sus familiares, incluso en caso de fallecimiento del menor. Y establece una obligación adicional no prevista en la LO 1/1982 ni en el art. 4 LOPJM de contar con la autorización expresa de herederos o progenitores para difundir la imagen del menor en estos casos.

Con ello, se refuerza la protección de la imagen del menor o de la menor prevista en la normativa específica que acabamos de señalar y se pretenden evitar casos mediáticos cuya historia, imágenes (y otros datos personales) sacadas de redes sociales se difunden de manera constante por los medios de comunicación tras el suceso.

Por lo demás, la LO 8/2021, menciona específicamente Internet y las nuevas tecnologías como ámbito de protección cuando señala, dentro de los fines de la norma, la implementación de medidas de sensibilización para el rechazo y eliminación de todo tipo de violencia sobre la infancia y la adolescencia o la creación de entornos seguros (art. 3, apartados a) y m) o, a propósito de los diferentes niveles de actuación, cuando regula la elaboración de la estrategia nacional de erradicación de la violencia sobre la infancia y la adolescencia (art. 21) a la que hemos hecho referencia, a las campañas de sensibilización (art. 22) y los planes y programas de prevención para la erradicación de dicha violencia (art. 23)[35].

Adicionalmente, la Ley dedica un artículo específico a la colaboración público-privada, en la que el ámbito de Internet y las nuevas tecnologías tienen un papel fundamental (art. 8). En este sentido, menciona específicamente la colaboración de las Administraciones públicas con el sector de las nuevas tecnologías, con la sociedad civil para la protección de los menores en Internet (como ejemplos, se pueden citar las distintas asociaciones existentes con esta finalidad, como pantallas amigas y la Comisión de Menores de la Asociación Profesional Española de la Privacidad) y los medios de comunicación en relación con la protección del honor, la intimidad y la propia imagen de los menores.

---

35 *Vid.* Pillado González, Esther, "Algoritmos predictivos del comportamiento y proceso penal de menores", en *Justicia algorítmica y neuroderecho, op. cit.*, págs. 421-441.

## 4. MEDIDAS ESPECÍFICAS RESPECTO A LAS NUEVAS TECNOLOGÍAS EN LA ESFERA EDUCATIVA

La Ley establece obligaciones a cargo de las Administraciones Públicas en dos aspectos concretos, por un lado, en lo relativo al uso seguro y responsable de Internet (art. 45) y, por otro, en cuanto al diagnóstico y control de los contenidos (art. 46).

Como ya hemos visto, a estas cuestiones se refiere la Ley en distintas partes de su articulado, si bien en los preceptos anteriormente reseñados, contempla medidas específicas en la esfera educativa[36].

Respeto al uso seguro y responsable de Internet que se recoge en el artículo 45 de la norma, se establecen dos acciones específicas:

En primer lugar, la realización de campañas de educación, sensibilización y difusión, sobre el uso seguro de Internet y las TIC, y los riesgos que entraña un uso inapropiado de los mismos, dirigidas tanto a los menores, como a las familias, educadores y profesionales que trabajen habitualmente con ellos.

Es de celebrar que, entre dichos riesgos, además de destacar la norma conductas como el *ciberbullying* (o acoso en las redes), el *grooming* (o acoso para ganar la confianza de un menor con propósitos sexuales), la ciberviolencia de género (o acoso que lleva un comportamiento de violencia de género, siendo un ejemplo de comportamiento machista), y el *sexting* (o difusión de imágenes sin consentimiento), se hace mención específica al acceso y consumo de pornografía por lo menores, aspecto éste preocupante, dadas las cifras que arrojan en los últimos tiempos distintos informes al respecto y al que hasta ahora no se ha prestado especial atención.

Por otra parte y, en coordinación con lo dispuesto en la LO 3/2018, de 5 de diciembre, de Protección de datos personales y garantías de los derechos digitales (en adelante LOPDGDD), también se establece el fomento de medidas de apoyo a los progenitores para el cumplimiento de sus obligaciones legales, en particular la prevista en el artículo 84.1 de dicha norma, en la que se incluye a su cargo (o al de los representantes legales

---

[36] Véase, García Pérez, María, Ortega Navas, Mª del Carmen y Mampaso Debrow, Joanne, "Violencia digital y menores con discapacidad. Cuestiones relativas a la educación digital en la Ley 8/2021: medidas de protección y limitaciones", *LA LEY. Derecho de familia*, nº. 36, 2022, págs. 53-72.

o curadores) el uso responsable de dispositivos digitales y servicios de la sociedad de la información.

En segundo lugar, las Administraciones Públicas deben poner a disposición de los destinatarios antes mencionados, un servicio específico de ayuda en línea sobre uso seguro y responsable de Internet, que ofrezca asesoramiento y asistencia ante situaciones potenciales de riesgo y emergencia de los menores en Internet[37].

En lo que respecta al artículo 46 de la Ley, se establece, por un lado, una obligación de diagnóstico periódico sobre el uso seguro y responsable de Internet por los menores, los riesgos y nuevas tendencias; y por otro, en cuanto al control de contenidos, se prevén distintas acciones en colaboración con el sector privado y el tercer sector. Así, respecto a la estandarización en la clasificación por edades y etiquetado inteligente de contenidos digitales; el fomento de mecanismos de control parental, ¡denuncia y bloqueo!; el fomento de contenidos positivos en línea; o el impulso de un aviso, en los envases de los instrumentos de las nuevas tecnologías, sobre el uso responsable de las mismas para prevenir conductas adictivas, que es otro de los problemas en los que se está poniendo el foco últimamente.

En relación con esto último, se establece una recomendación a las personas adultas responsables de la educación de los menores para la vigilancia y responsabilidad en el uso adecuado de las mismas. Aunque no se menciona aquí el artículo 84.1 LOPDGDD, es evidente que será aplicable lo dispuesto en el mismo cuando se trate de los progenitores o representantes legales, si bien dicha recomendación puede tener un ámbito de aplicación más amplio y recaer sobre otros adultos encargados de la educación (ya sea en la escuela o en un ámbito familiar más amplio).

De los diferentes ámbitos que regula la Ley, nos vamos a detener sucintamente en el educativo, por ser uno de los más relevantes (junto al familiar) en el contacto diario con los menores, además de que para este sector se incluyen en la Ley menciones a la protección de datos y a la LOPDGDD. Así, por un lado, se contienen referencias explícitas al acoso escolar, con especial mención al que se produce o continúa a través de las TIC.

En este sentido, se prevé que los planes de convivencia de los centros educativos recojan códigos de conducta consensuados para atender a estas situaciones de acoso (art. 31, apartado 2). Por su parte, las Administracio-

---

37 En este aspecto, cabe destacar, por ejemplo, la labor realizada en este ámbito por el Instituto Nacional de Ciberseguridad (INCIBE).

nes Públicas deben regular protocolos de actuación para, entre otras situaciones, abordar el ciberacoso, contemplando medidas específicas orientadas al que se produzca mediante dispositivos móviles y con menoscabo de la intimidad, reputación o protección de datos de los menores (art. 34, apartados 1 y 2.II).

Por otro lado, el artículo 33 de la Ley contiene una remisión al artículo 83 LOPDGDD, por lo que hace a la formación del alumnado en el uso seguro y respetuoso de medios digitales. Habrá que estar a lo dispuesto en este último precepto, que recoge una mayor especificación de las obligaciones en relación con el derecho a la educación digital.

Por último, el artículo 35 establece la obligación de los centros educativos de contar con un Coordinador/-a de bienestar y protección del alumnado (que actuará bajo la supervisión de la dirección o titularidad del Centro).

Entre otras funciones, la Ley le asigna a dicho Coordinador la de promover, en situaciones en las que se produzca un tratamiento ilícito de datos de carácter personal de menores, la comunicación inmediata por parte del Centro a la Agencia Española de Protección de Datos (apdo. j). Aunque la redacción del precepto es genérica, es evidente que no recae sobre esta figura el deber de velar por el cumplimiento por parte del Centro de sus obligaciones en materia de protección de datos personales (el Centro debe contar también con un delegado de protección de datos que le asesore en esta materia, art. 34, apartado 1.b) LOPDGDD, que es la figura con formación y competencia para ello, art. 37.5 Reglamento General de Protección de Datos. Esa obligación de promover la comunicación a la AEPD de situaciones en las que se produzca un tratamiento ilícito de datos se refiere a las relacionadas con el ámbito de aplicación de la Ley y las funciones que ésta le atribuye al Coordinador de bienestar y protección del alumnado (por ej., difusión de grabaciones de estudiantes del centro por otros/as estudiantes que puedan suponer violencia digital).

El artículo 36, apartado 3 de la Ley, sí establece específicamente que el Coordinador debe actuar con respeto a lo establecido en la normativa de protección de datos (aunque esta obligación la tienen con carácter general todos aquellos que traten datos personales, se diga o no expresamente), y para ello podrá acudir igualmente al asesoramiento del DPD (art. 39, apartado 1.a) RGPD).

En cualquier caso, la Ley no precisa quién puede desempeñar estas funciones de Coordinador, dejando a las Administraciones educativas competentes (las autonómicas) la determinación de los requisitos, funciones (respetando las mínimas que establece el art. 35) y vinculación (personal del centro u otro nuevo).

En relación con esta cuestión hay que recordar que el artículo 16 de la Ley establece un deber de comunicación de las situaciones de violencia contra los menores "cualificado" para aquellas personas que, por razón de su cargo, tengan encomendada la "enseñanza" de menores y conozcan dicha situación en el ejercicio del mismo. Dentro de estas personas, la norma considera incluido "el personal cualificado de los centros escolares", para los cuales establece no solo la obligación de comunicar dicha situación de violencia a la autoridad competente o, si es delito, a las Fuerzas y Cuerpos de Seguridad, Ministerio Fiscal o Autoridad Judicial, sino también la de comunicar a la AEPD una posible infracción de la normativa de protección de datos personales. Dentro de ese personal cualificado habrá que incluir a la dirección del Centro y, en conexión con lo dispuesto en el artículo 35, al Coordinador de bienestar y protección del alumnado, que deberá "promover" esa comunicación.

Adicionalmente, el artículo 18 de la Ley establece un deber de información de los Centros educativos al inicio de cada curso escolar (así como, de forma permanente, en un lugar accesible y visible) de los procedimientos de comunicación de las situaciones de violencia regulados por las Administraciones Públicas y aplicados por el Centro, y de los medios electrónicos de comunicaciones (tales como líneas telefónicas de ayuda). Este precepto complementa al anterior, en el que se prevé la comunicación de las situaciones de violencia por parte de los propios menores; comunicación entre cuyos destinatarios la norma prevé a la propia AEPD, que deberá en consecuencia disponer de un mecanismo para dicha comunicación en los términos establecidos en este artículo (seguro, confidencial, eficaz, adaptado, accesible y en un lenguaje comprensible). Hay que entender que la AEPD conocerá de estas comunicaciones cuando caigan dentro de su ámbito de competencia.

## 5. RESPONSABILIDAD POR EL INCUMPLIMIENTO DE LA NORMATIVA DE PROTECCIÓN DE DATOS PERSONALES: ESPECIAL REFERENCIA A LA COMUNICACIÓN A LA AGENCIA ESPAÑOLA DE PROTECCIÓN DE DATOS

Como puede observarse, en distintas partes de la norma se prevé la comunicación a la AEPD de situaciones reguladas en la misma y relacionadas con la protección de datos personales. Pero, además, la Ley 8/2021 dedica un artículo específico a esta materia (art. 52), donde se concretan estos aspectos y se añade alguna cuestión nueva.

En particular, se recuerda la competencia de la AEPD en este ámbito para garantizar el derecho a la protección de datos de los menores en las situaciones de violencia ejercida contra ellos, especialmente a través de medios electrónicos (art. 52, apartado 1).

Se establece también la disponibilidad por parte de la AEPD de un canal de denuncias de contenidos ilícitos en internet que comporten un menoscabo grave del derecho a la protección de datos (art. 52, apartado 2, en consonancia con el deber de denuncia de contenidos ilícitos establecido en el art. 19) y se prevé la posibilidad de que sea el propio menor quien formule la denuncia, siempre que el funcionario encargado considere que tiene suficiente madurez (art. 52, apartado 3)[38].

Este último aspecto, parece conveniente, ponerlo en relación, no solo con la comunicación de las situaciones de violencia por los propios menores prevista en el artículo 17 de la Ley, sino también con otras normas que prevén el ejercicio por el propio menor de sus derechos (tenemos ejemplos en el ámbito administrativo, el artículo 3 Ley 39/2015, de 1 de octubre, del Procedimiento Administrativo Común de las Administraciones Públicas y, con carácter más en general, en el artículo 162.2.1° CC y en el artículo 2.5.a) y 9 LOPJM, que deberán tenerse en cuenta a la hora de aplicar lo dispuesto en el artículo 52.3 (por ej., en cuanto a la valoración de la madurez del menor).

Pero la cuestión más novedosa que añade este precepto es la que se contempla en sus apartados 4 y 5, donde se establece la responsabilidad administrativa de los menores a partir de los 14 años por incumplimiento de la normativa sobre protección de datos y la responsabilidad solidaria de los progenitores, tutores, acogedores y guardadores (por este orden) por la multa que se les imponga, con base en el incumplimiento del deber de cuidado y vigilancia.

Respecto a la responsabilidad administrativa del propio menor, hay que recordar que la edad de 14 años es también la prevista para poder exigir responsabilidad en el ámbito penal conforme a la Ley Orgánica 5/2000,

---

38 *Vid.* Para un estudio más extenso, véase, Andreu Martínez, Belén, "Aportaciones en materia de protección de datos de la LO 8/2021, de 4 de junio, de protección integral a la infancia y la adolescencia frente a la violencia", *Diario La Ley*, n°. 9, 2021, págs. 1 y ss.

de 12 de enero, reguladora de la Responsabilidad Penal de los Menores y coincide, además, con la establecida en el artículo 7 de la LOPDGDD, para considerar que el menor tiene capacidad para consentir el tratamiento de sus datos personales.

En cuanto a los representantes legales, acogedores y guardadores, se alude en este campo a algo similar a lo previsto en el artículo 1903 del Código Civil aunque aquí hay que tener en cuenta las características propias de la potestad sancionadora de la Administración (y especialmente, lo relativo a la aplicación de los principios de legalidad y responsabilidad, contemplados en los arts. 25 y 27 de la Ley 39/2015, de 1 de octubre, de Procedimiento Administrativo) y 28 de la Ley 40/2015, de 1 de octubre, de Régimen Jurídico del Sector Público

En particular, el artículo 28.1, establece el principio de responsabilidad personal en el ámbito del derecho administrativo sancionador, si bien en el apartado 4 se prevé una responsabilidad administrativa por "infracción de tercero" (lo dispuesto en este apartado, permite tipificar como infracción el incumplimiento de la obligación de prevenir la comisión de infracciones administrativas de terceros sujetos a relación de dependencia o vinculación), guardando similitud con lo que se vendría a establecer en el nuevo artículo 52.5 (responsabilidad por la comisión de infracciones administrativas en materia de protección de datos personales de los hijos, tutelados, acogidos...).

El artículo 28.1 LRJSP también establece la responsabilidad subjetiva (por dolo o culpa), que en el artículo 52.5 de la LO 8/2021, se justifica con base también en una suerte de culpa invigilando (en razón al incumplimiento del deber de cuidado y vigilancia para prevenir la infracción administrativa que se impute a las personas menores de edad, según dispone el precepto).

## BIBLIOGRAFÍA

Abadías Selma, Alfredo, *Justicia Juvenil e inteligencia artificial en la era de la cultura "Touch"*, Valencia, Tirant lo Blanch, 2022.

Aliste Santos, Tomás, "Hacia un sistema de justicia digitalizada: problemas y desafíos", *Digitalización de la justicia: Prevención, Investigación y Enjuiciamiento*, Calaza López, Sonia, Llorente Sánchez-Arjona, Mercedes (Dirs) y José Carlos Muinelo Cobo (Coord.), Navarra, Aranzadi, 2022.

Andreu Martínez, Belén, "Aportaciones en materia de protección de datos de la LO 8/2021, de 4 de junio, de protección integral a la infancia y la adolescencia frente a la violencia", *Diario La Ley*, nº. 9, 2021.

Barja De Quiroga, Jacobo, *La Justicia y la política*, Valencia, Ed. Tirant lo Blanch, 2021.

Barona Vilar, Silvia, *Agoritmización del Derecho y de la Justicia. De la Inteligencia Artificial a la Smart Justicia*, Valencia, Ed. Tirant lo Blanch, 2023.

Calaza López, Sonia, "Transición digital de la justicia", en *Digitalización de la Justicia: Prevención, Investigación y Enjuiciamiento*, Calaza López, Sonia, Llorente Sánchez-Arjona, Mercedes (Dirs) y José Carlos Muinelo Cobo (Coord.), Navarra, Aranzadi, 2022

Castillejo Manzanares, Raquel, "Digitalización y/o Inteligencia Artificial", *Inteligencia Artificial Legal y Administración de Justicia*, Calaza López, Sonia y Llorente Sánchez-Arjona, Mercedes, Navarra, Aranzadi, 2022.

Colomer Hernández, Ignacio, "Control y límites en el uso de la información y los datos personales por parte de la Inteligencia Artificial en los procesos penales", *Justicia algorítmica y neuroderecho. Una mirada multidisciplinar*, Barona Vilar, Silvia (Ed.), Valencia, Tirant lo Blanch, 2021.

De Hoyos Sancho, Montserrat, "El uso jurisdiccional de los sistemas de Inteligencia Artificial y la necesidad de su armonización en el contexto de la Unión Europea", *Revista General de Derecho Procesal*, n. 55, 2021.

García Pérez, María, Ortega Navas, Mª del Carmen y Mampaso Debrow, Joanne, "Violencia digital y menores con discapacidad. Cuestiones relativas a la educación digital en la Ley 8/2021: medidas de protección y limitaciones", *LA LEY. Derecho de familia*, nº. 36, 2022.

Gisbert Pomata, Marta, "La tutela procesal de la violencia contra la infancia y la adolescencia", en Martínez García, Clara (Coord.), *El nuevo marco legal de protección integral de la infancia y la adolescencia frente a la violencia en España*, Navarra, Aranzadi, 2021.

González Tascón, María Marta., "Observaciones a las novedades introducidas por la Ley Orgánica de protección integral a la infancia y la adolescencia frente a la violencia en relación con la materia penal", *Diario La Ley*, nº. 9902, Sección Doctrina, 29 de julio de 2021.

Guzmán Fluja, Vicente, "Proceso penal y Justicia automatizada", Revista General de Derecho Procesal, nº. 53, 2021.

Julia Pijoan, Miquel, "Una razón de ser para el proceso judicial", *Revista General de Derecho Procesal*, nº.61, 2023.

López Jiménez, Raquel, "La violencia de género a través de las nuevas tecnologías: especial referencia a los delitos de sexting y talking", *La violencia de género en la sombra*, Llorente Sánchez-Arjona, Mercedes y Zafra Espinosa De Los Monteros, Rocío, (Dirs.), Navarra, Aranzadi, 2023.

Luaces Gutiérrez, Ana Isabel, "Los derechos de los niños, niñas y adolescentes, en la Ley 8/2021, de 4 de junio, de Protección Integral a la Infancia y la Adolescencia frente a la Violencia", *Revista General de Derecho Procesal*, nº. 58, 2022.

Luaces Gutiérrez, Ana Isabel, La prueba preconstituida en menores de edad tras la LO 8/2021, de 4 de junio: especial referencia a la utilización de Cámaras Gesell como instrumento para evitar la victimización secundaria, *LA LEY. Derecho de familia. La dignificación de la justicia penal de familia*, nº. 34, abril-mayo 2022.

Luaces Gutiérrez, Ana Isabel, "La nueva regulación de la dispensa del deber de declarar en la Ley Orgánica 8/2021, de 4 de junio, de protección integral a la infancia y la adolescencia frente a la violencia", *La violencia de género en la sombra*, Llorente Sánchez-Arjona, Mercedes y Zafra Espinosa De Los Monteros, Rocío, (Dirs.), Navarra, Aranzadi, 2023

Magro Servet, Vicente., "Análisis de la reforma procesal penal de la Ley Orgánica de protección integral a la infancia y la adolescencia frente a la violencia", *Diario La Ley*, nº. 9862, Sección Doctrina, 2 de junio de 2021.

Magro Servet, Vicente, "Análisis del Real Decreto-Ley 6/2023, de 19 de diciembre, aspectos procesales y de funcionalidad tecnológica de la justicia", *Diario La Ley*, nº. 10412, Sección Doctrina, de 22 de diciembre de 2023.

Martín Diz, Fernando, "Menores infractores e inteligencia artificial: evaluación criminológica y aplicación de medidas judiciales, *Observatorio de Derecho Público*, 27 de abril de 2023.

Martínez Clara y Escorial, Almudena, *Guía sobre la Ley Orgánica de Protección Integral a la Infancia y la Adolescencia frente a la Violencia*, Plataforma de Infancia España, septiembre 2021.

Martiñón Quintero, Ruth, "La transcendencia del Derecho Internacional en materia de protección jurídica de los menores de edad frente a la violencia en el Derecho Español", en Calzadilla Medina, María. Aránzazu. (Dir.) y Hernández López, Claudia (Coord.), *Estudios jurídicos sobre la eliminación de la violencia ejercida contra la infancia y la adolescencia*, Navarra, Aranzadi, 2021.

Moreno Catena, Víctor, "Los datos en el sistema de justicia y la propuesta de Reglamento UE sobre inteligencia artificial", *Uso de la información y de los datos personales en los procesos: los cambios en la era digita*l, Colomer Hernández, Ignacio (Dir.), Catalina Benavente, María Ángeles y Oubiña Barbolla, Sabela (Coord.), Navarra, Aranzadi, 2022.

Nieva Fenoll, Jordi, "Inteligencia artificial y proceso judicial: Perspectivas tras un alto tecnológico en el camino", *Revista General de Derecho Procesal*; nº. 57, 2022.

Pérez Daudí, Vicente, *De la Justicia a la Ciberjusticia*, Barcelona, Atelier, 2022.

Pillado González, Esther, "Algoritmos predictivos del comportamiento y proceso penal de menores", *Justicia algorítmica y neuroderecho. Una mirada multidisciplinar*, Barona Vilar, Silvia (Ed.), Valencia, Tirant lo Blanch, 2021.

Planchadell Gargallo, Andrea, "Víctimas de trata de seres humanos: investigación del delito y nuevas tecnologías", *El proceso penal ante una nueva realidad tecnológica europea*, Arangüena Fanego, Coral (Dir.), De Hoyos Sancho, Montserrat y Esther Pillado González (Coord.), Navarra, Aranzadi, 2023.

Rodríguez Álvarez, Ana., "Claves de la reforma de la dispensa del deber de declarar en Ley Orgánica 8/2021, de 4 de junio", *Diario La Ley*, nº. 9916, Sección Tribuna, 20 de septiembre de 2021.

Soleto Muñoz, Helena, "Los intereses de justicia de las víctimas de violencia sexual: percepción de operadores y víctimas del tratamiento procesal", *Revista de la Asociación de Profesores de Derecho Procesal de las Universidades Españolas*, nº. 7, 2023.

UNICEF. *Orientación de políticas sobre el uso de la inteligencia artificial en favor de la infancia*, UNICEF-para cada infancia, Fondo de las Naciones Unidas para UNICEF, noviembre de 2021.

Vázquez González, Carlos, *Delincuencia Juvenil*, Madrid, Dykinson, 2019.

Villacampa Estiarte, Carolina., "Víctima menor de edad y proceso penal: Especialidades en la declaración testifical de menores-víctimas", *Revista de Derecho Penal y Criminología*, 2ª época, nº. 16, 2005.

Zafra Espinosa De Los Monteros, Rocío, "Inteligencia Artificial y proceso judicial", *Inteligencia Artificial Legal y Administración de Justicia,* Calaza López, Sonia y Llorente Sánchez-Arjona, Mercedes, Navarra, Aranzadi, 2022

# *La protección de las víctimas en el proceso penal de menores*[1]

**Mª DOLORES FERNÁNDEZ FUSTES**
*Profesora Titular de Derecho Procesal*
*Universidad de Vigo*



## 1. INTRODUCCIÓN

La protección de la víctima estuvo relegada a un segundo plano desde que, en el sistema de justicia penal, el Estado asumió la titularidad de la persecución y castigo del hecho delictivo. El legislador se centró en establecer un amplio sistema de garantías de los derechos del sujeto activo del delito, dejando en un segundo plano a la víctima. De este modo, la víctima no sólo padecía el hecho delictivo, sino que volvía a sufrir daños sociales, psíquicos y económicos derivados, precisamente, de su relación con la Administración de justicia, generalmente llamados victimización secundaria.

El surgimiento de la victimología incrementó la preocupación y el interés por la víctima, elaborándose programas de asistencia, auxilio e indemnización a la misma. Asimismo, numerosos organismos internacionales se han hecho eco de esta necesidad de otorgar a la víctima una adecuada protección[2]. Precisamente, la Directiva 2012/29/UE del Parlamento Eu-

---

1 El presente estudio ha sido realizado en el marco del proyecto de investigación PID2019-106700RB-I00, titulado "Respuesta jurídica y socioeducativa a la violencia de género ejercida por menores. Protección de la víctima e intervención con el menor agresor", financiado por el Ministerio de Ciencia e Innovación.

2 En la Unión Europea, se han promulgado un conjunto de normas entre las que podemos destacar: el Convenio Europeo núm. 116, de 24 de noviembre de 1983,

ropeo y del Consejo, de 25 de octubre de 2012, por la que se establecen normas mínimas sobre los derechos, el apoyo y la protección de las víctimas de delitos[3], se ha transpuesto a nuestro ordenamiento jurídico a través de la Ley 4/2015, de 17 de abril, del Estatuto de la Víctima del Delito, en adelante LEVD, que incorporando a nuestro ordenamiento interno normas mínimas sobre los derechos, el apoyo y la protección a las víctimas, pretende dotar a la víctima de un estatuto de protección de sus derechos e intereses en el proceso penal.

La adecuada protección de la víctima requiere el reconocimiento de un elenco de derechos, entre los que destaca su derecho a una completa información, en un lenguaje claro, sencillo y accesible, sobre los derechos que le asisten, tanto si decide personarse en el proceso penal, como si no lo hace. Igualmente, hay que proteger los derechos de la víctima como denunciante, en particular, el derecho a obtener el correspondiente justificante de haber presentado la denuncia y el derecho a recibir asistencia lingüística gratuita, antes y durante su presentación. Asimismo, deben tutelarse los derechos de la víctima si decide personarse en el proceso penal, ejercitando la acción penal, la acción civil o ambas conjuntamente.

Por cuanto se refiere a la salvaguardia de los derechos de la víctima durante la tramitación del proceso penal hay que prestar especial atención a las medidas de protección previstas en la LEVD, que se pueden acordar para garantizar la vida de la víctima y de sus familiares, su integridad física

---

sobre la indemnización a las víctimas de delitos violentos; la Recomendación Nº R (85) 11, del Comité de Ministros del Consejo de Europa sobre la posición de la víctima en el marco del derecho penal y procesal; Recomendación Nº R (87) 21, de 17 de septiembre de 1987, del Comité de Ministros del Consejo de Europa, sobre asistencia a las víctimas y prevención de la victimización; la Decisión Marco 2001/220/JAI del Consejo de la Unión Europea, de 15 de marzo de 2001, relativa al Estatuto de la víctima en el proceso penal; la Directiva 2011/36/UE del Parlamento Europeo y del Consejo, de 5 de abril de 2011, relativa a la prevención y lucha contra la trata de seres humanos y a la protección de las víctimas; Directiva 2011/92/UE, del Parlamento Europeo y del Consejo, de 13 de diciembre de 2011, relativa a la lucha contra los abusos sexuales y la explotación sexual de los menores y la pornografía infantil y la Directiva 2012/29/UE del Parlamento Europeo y del Consejo, de 25 de octubre de 2012, por la que se establecen normas mínimas sobre los derechos, el apoyo y la protección de las víctimas de delitos.

3 En la actualidad hay una propuesta de Directiva del Parlamento Europeo y del Consejo, por la que se modifica esta Directiva. Puede consultarse en línea: https://op.europa.eu/es/publication-detail/-/publication/9a634cdc-209c-11ee-94cb-01aa75ed71a1/language-es (25/2/2024).

y psíquica, libertad, seguridad, libertad e indemnidad sexuales, así como para proteger adecuadamente su intimidad y su dignidad. Dichas medidas se pueden acordar tanto en la fase de investigación como en la fase de audiencia o juicio oral.

La LORPM, como afirma su propia Exposición de Motivos, "se refuerza especialmente la atención y reconocimiento de los derechos de las víctimas y los perjudicados", lo que se traduce, en el derecho a recibir información en todo momento de aquellas resoluciones que afecten a sus intereses, independientemente de que se haya personado o no en el proceso penal de menores; en el establecimiento del enjuiciamiento conjunto de las pretensiones penales y civiles; se incorpora como presupuesto para acordar una medida cautelar el riesgo de que el menor pueda atentar contra los bienes jurídicos de la víctima y se introduce la medida cautelar consistente en la "prohibición de aproximarse o comunicarse con la víctima o su entorno" (art. 28.1 LORPM).

## 2. DERECHOS DE LA VÍCTIMA

Antes de entrar a analizar los derechos de la víctima debemos hacer una precisión terminológica. En nuestro ordenamiento jurídico siempre se ha empleado con gran imprecisión los términos de ofendido[4] y perjudicado[5], empleándolos en numerosas ocasiones como sinónimos, cuando en realidad no lo son[6], lo que conduce a problemas interpretativos.

Por ello nos parece más adecuada la utilización del concepto víctima en sentido amplio, como se hace en la LEVD, integrando en el mismo tanto a

---

4 Sobre el concepto de ofendido véanse Arnaiz Serrano, A., *Partes civiles en el proceso penal,* Tirant lo Blanch, Valencia, 2006, pág. 177; Fernández Fustes, M. D., *La intervención de la víctima en el proceso penal (Especial referencia a la acción civil),* Tirant lo Blanch, Valencia, 2004, págs. 42 y ss.

5 Para esta cuestión véanse, más ampliamente, Arnaiz Serrano, A., *Partes civiles…*, *op. cit.*, págs. 177 y ss.; Fernández Fustes, M. D., *La intervención de la víctima en el proceso penal…*, *op. cit.*, págs. 42 y ss.

6 En efecto, normalmente coincidirán en la misma persona la condición de ofendido y perjudicado por el delito. Sin embargo, en algunos supuestos el sujeto ofendido por el delito y el que sufre las consecuencias perjudiciales del mismo no coinciden, sino que el ofendido por el delito es un sujeto y el perjudicado, que sufre en su esfera patrimonial o moral los perjuicios ocasionados por la comisión del hecho delictivo, es otro sujeto.

la víctima directa, "toda persona física que haya sufrido un daño o perjuicio sobre su propia persona o patrimonio, en especial lesiones físicas o psíquicas, daños emocionales o perjuicios económicos directamente causados por la comisión de un delito", como a la víctima indirecta, los que sufren un perjuicio económico o moral derivado de la muerte o desaparición de una persona como consecuencia del delito (art. 2 LEVD)[7].

La víctima de un hecho delictivo tiene unos derechos reconocidos en la LEVD. Así, el art. 3 LEVD, dispone que "toda víctima tiene derecho a la protección, información, apoyo, asistencia, atención y reparación, así como a la participación activa en el proceso penal y a recibir un trato respetuoso, profesional, individualizado y no discriminatorio desde su primer contacto con las autoridades o funcionarios (...)". Así pues, la víctima tiene reconocidos unos derechos, independientemente de que se haya constituido como parte en el proceso penal de menores o no lo haya hecho.

## 3. DERECHO A RECIBIR INFORMACIÓN

La víctima tiene derecho a recibir información[8] desde el primer contacto con las autoridades y funcionarios, esto es, de forma inmediata (art.

---

7 El Preámbulo de la LEVD, apartado IV, afirma que se establece "un concepto de víctima omnicomprensivo, por cuanto se extiende a toda persona que sufra un perjuicio físico, moral o económico como consecuencia de un delito. También se reconoce la condición de víctima indirecta al cónyuge o persona vinculada a la víctima por una análoga relación de afectividad, sus hijos y progenitores, parientes directos y personas a cargo de la víctima directa por muerte o desaparición ocasionada por el delito, así como a los titulares de la patria potestad o tutela en relación a la desaparición forzada de las personas a su cargo, cuando ello determine un peligro relevante de victimización secundaria. Los derechos que recoge la Ley serán de aplicación a todas las víctimas de delitos ocurridos en España o que puedan ser perseguidos en España, con independencia de la nacionalidad de la víctima o de si disfrutan o no de residencia legal".

8 Esta información a la víctima de sus derechos se denomina ofrecimiento de acciones por la doctrina. Véanse, entre otros, Etxeberría Guridi, F., "La tutela y participación de la víctima en el proceso penal", en *Victimología: en busca de un enfoque integrador para repensar la intervención con víctimas* (coord. Varona Martínez), Thomson Reuters Aranzadi, Cizur Menor (Navarra), 2018, pág. 205; Moreno Catena, V., *Derecho Procesal Penal,* (con Cortés Domínguez), Tirant lo Blanch, Valencia, 2021, págs. 40 y ss.; Montero Aroca, J., *Derecho Jurisdiccional III. Proceso Penal,* (con Gómez Colomer, Barona Vilar, Esparza Leibar y Etxeberría Guridi), Tirant lo Blanch, Valencia, 2018, pág. 87.

5 LEVD). Esta información debe estar adaptada a sus circunstancias y condiciones personales, a la naturaleza del delito cometido y a los daños y perjuicios sufridos y debe realizarse en lenguaje claro, sencillo y accesible, teniendo en cuenta sus características personales y, especialmente, las necesidades de las personas con discapacidad sensorial, intelectual o mental o su minoría de edad (art. 4 LEVD).

Parece claro que solo si la víctima recibe una adecuada información de cuáles son sus derechos y el procedimiento para hacerlos efectivos, podrá ejercitarlos oportunamente en el ámbito del proceso penal de menores.

La LORPM, en sus arts. 4 y 22, prevé la necesidad de informar debidamente a la víctima de los derechos que le asisten, para de este modo, evitar que, por ignorancia de sus derechos, la víctima dejara de utilizar las acciones que la ley le concede para perseguir criminalmente el hecho delictivo y para reclamar la reparación del daño que se le hubiera ocasionado. Si tenemos en cuenta que la víctima tiene derecho a personarse en la causa, como acusador, es evidente que esta información facilita su derecho de defensa.

Ahora bien, es importante tener en cuenta que si la víctima fuera menor o persona con discapacidad, se realizará dicha información a su representante legal o a la persona que le asista[9].

Le corresponde llevar a cabo este deber de información al Letrado de la Administración de Justicia (art. 4 LORPM). Ahora bien, también se prevé que les instruirá de las medidas de asistencia a las víctimas que prevé la legislación vigente y derivará a la Oficina de atención a la Víctima competente, por tanto, al personal especializado en la asistencia a víctimas[10].

---

9 Véase art. 109 LECrim en su redacción dada por la Disposición Final Primera. Uno LEVD.

10 El art. 27 LEVD prevé que el gobierno y las Comunidades Autónomas que hayan asumido competencias en materia de Justicia organizarán las Oficinas de Asistencia a las Víctimas y entre las funciones que el art. 28 LEVD atribuye a estas Oficinas están, precisamente, la información y el asesoramiento de la víctima, sobre los siguientes extremos: información general sobre sus derechos y, en particular, sobre la posibilidad de acceder a un sistema público de indemnización; información sobre los servicios especializados de atención a las víctimas, en función de sus circunstancias personales y la naturaleza del delito del que hayan sido objeto; asesoramiento sobre el procedimiento para reclamar la indemnización de los daños y perjuicios causados por el delito y asesoramiento sobre el derecho a acceder a la justicia gratuita.

Por otro lado, el art. 22 LORPM prevé que el Ministerio Fiscal deberá notificar la incoación del expediente, además de al Juez de Menores y al menor investigado, a quien aparezca como perjudicado. Nos parece muy oportuno que se atribuya al Ministerio Fiscal el deber de informar a la víctima, pues resulta de gran relevancia que sea precisamente el Ministerio Fiscal el que la informe de sus derechos, especialmente de la posibilidad de personarse en el proceso en curso, y que si no se persona en la causa, esto no va a suponer una renuncia a sus derechos, ya que el propio Ministerio Fiscal actuará en defensa de sus intereses[11], instando la indemnización de los daños y perjuicios producidos por el hecho delictivo[12]. Además, en esta información de sus derechos también el Ministerio Fiscal podrá tener conocimiento del alcance de los daños y perjuicios patrimoniales y morales ocasionados por el hecho delictivo para el futuro ejercicio de la acción civil.

Ahora bien, dada la trascendencia que tiene que la víctima reciba una correcta y completa información de los derechos que le asisten, consideramos que lo más adecuado sería que esta instrucción fuera realizada por aquellos que mejor pueden explicarle a ésta su posición y sus derechos dentro del proceso penal, pues en la mayoría de las ocasiones la víctima no está asistida por abogado. Por tanto, dicha información debería realizarse por personal con experiencia en la atención y apoyo a las víctimas, que tuviera una formación general y específica en la protección de las víctimas, que pudiera explicar detenidamente a la víctima sus derechos y aclarar todas sus dudas[13].

---

11 No podemos olvidar que según prevé el Estatuto Orgánico del Ministerio Fiscal, en el apartado 10 del art. 3, corresponde al Ministerio Fiscal velar por la protección procesal de la víctima.

12 El Ministerio Fiscal ejercitará siempre la acción para exigir responsabilidad civil, excepto cuando la víctima, haciendo uso de su poder de disposición de la acción civil, renuncie a ella, la ejercite por sí misma en el plazo de un mes desde que se le notifique la apertura de la pieza separada de responsabilidad civil o la reserve para su ejercicio proceso civil posterior, ante la jurisdicción civil de acuerdo con los preceptos del Código Civil y de la Ley de Enjuiciamiento Civil (art. 61 LORPM).

13 Precisamente el art. 30 LEVD destaca la importancia de la formación general y específica del personal que estará en contacto con las víctimas y, en particular, con las víctimas necesitadas de una especial protección.

### *3.1. Contenido de la información*

Una de las cuestiones que se plantea en relación con el derecho a la información es si este derecho está previsto en nuestra legislación con carácter preceptivo o, simplemente, facultativo. Consideramos que está previsto con carácter preceptivo[14], pues, como sabemos, la primera nota esencial del derecho a la tutela judicial efectiva es el derecho de acceso a la Justicia, como necesario *prius* lógico y dicho derecho de acceso a la Justicia, sólo puede garantizarse si se pone en conocimiento de la víctima la existencia del proceso y su posibilidad de personarse en el mismo.

La LORPM no regula el contenido de la información que hay que facilitar a la víctima, se limita a remitirse a los arts. 109 y 110 de la LECrim. Así pues, para analizar el contenido de este derecho de información, es necesario poner en relación el artículo 109 LECrim con los arts. 761, 771, 773 y 776 del mismo cuerpo legal. Además, debe tenerse en cuenta lo previsto en el apartado 4º del art. 15 de la Ley 35/1995, de 11 de diciembre, de Ayudas a Víctimas de Delitos Violentos y Contra la Libertad Sexual. Del análisis de estos preceptos podemos concluir que la víctima deberá ser informada de los siguientes derechos:

1) Derecho a personarse y mostrarse parte en el proceso en curso, indicándole expresamente las posibilidades que tiene y la forma de hacerlo. Así, se le deberá informar que tiene derecho a personarse en el proceso penal de menores ejercitando la acción penal, la acción civil o ambas conjuntamente.

2) Derecho a solicitar la restitución de la cosa, la reparación del daño e indemnización de los perjuicios. Además, se le informará que, aun cuando no se persone en el proceso penal, ello no implica la renuncia a sus derechos patrimoniales, pues el Ministerio Fiscal ejercitará la acción para exigir la responsabilidad civil en el proceso penal de menores.

---

14 En este sentido se ha manifestado la mayoría de la doctrina. Véanse, entre otros, Font Serra, E., *La acción civil en el proceso penal. Su tratamiento Procesal,* La Ley, Madrid, 1991, pág. 60; Sole Riera, J., *La tutela de la víctima…, op. cit.*, pág. 33. Así lo viene entendiendo también la jurisprudencia, véase la STC (Sala Primera) núm. 98/1993, de 22 de marzo (RTC 1993/98).

3) Derecho nombrar abogado o a instar el nombramiento de uno de oficio en caso de ser titulares del derecho a la asistencia jurídica gratuita[15].

4) Derecho a percibir ayudas económicas a cargo del Estado[16].

5) Derecho a que se le comuniquen aquellos actos procesales que puedan afectar a su seguridad, para que la víctima pueda solicitar la adopción de medidas de control judicial, como podría ser una orden de alejamiento (art. 544 bis LECrim) o una orden de protección (art. 544 ter LECrim).

Además, esta información debe completarse con la prevista en el art. 5 LEVD[17], según el cual la víctima tiene derecho a recibir información sobre los siguientes extremos:

a. Medidas de asistencia y apoyo disponibles, sean médicas, psicológicas o materiales, y procedimiento para obtenerlas. Dentro de estas últimas se incluirá, cuando resulte oportuno, información sobre las posibilidades de obtener un alojamiento alternativo.

---

15 Debe valorarse positivamente que el art. 16 LEVD facilite la presentación de la solicitud de asistencia jurídica gratuita ante la propia autoridad o funcionario que realiza el ofrecimiento de acciones a la víctima o ante las Oficinas de Asistencia a las Víctimas de la Administración de Justicia, que se encargarán de remitirla al Colegio de Abogados que corresponda.

16 En los supuestos de delitos de terrorismo o de delitos violentos y contra la libertad sexual se debe informar también a la víctima de la posibilidad de solicitar ayudas públicas. En relación con las víctimas del terrorismo, véase Ley 29/2011, de 22 de septiembre, de Reconocimiento y Protección Integral a las Víctimas del Terrorismo y su reglamento de desarrollo aprobado por RD 671/2013, de 6 de septiembre, de Reconocimiento y Protección Integral a las Víctimas del Terrorismo.
Respecto a las víctimas de los delitos violentos y contra la libertad sexual, véase la citada Ley 35/1995, de 11 de diciembre, de ayudas a víctimas de delitos violentos y contra la libertad sexual y su reglamento de desarrollo, aprobado por el RD 738/1997, de 23 de mayo, de ayudas a víctimas de delitos violentos y contra la libertad sexual.

17 En el mismo sentido se manifiesta el Informe del Consejo Fiscal sobre el anteproyecto de Ley Orgánica del Estatuto de la víctima del delito, *op. cit.*, al señalar que "además, se debería incluir dentro de este nuevo artículo la previsión de que por parte del Secretario Judicial se informe a la víctima de los derechos a que hace referencia el art. 5 del Estatuto de la Víctima, toda vez que el propio artículo 5 establece que esta información será actualizada en cada fase del procedimiento para garantizar a la víctima la posibilidad de ejercer sus derechos".

b. Derecho a denunciar y, en su caso, el procedimiento para interponer la denuncia y derecho a facilitar elementos de prueba a las autoridades encargadas de la investigación.
c. Procedimiento para obtener asesoramiento y defensa jurídica y, en su caso, condiciones en las que pueda obtenerse gratuitamente.
d. Posibilidad de solicitar medidas de protección y, en su caso, procedimiento para hacerlo.
e. Indemnizaciones a las que pueda tener derecho y, en su caso, procedimiento para reclamarlas.
f. Servicios de interpretación y traducción disponibles.
g. Ayudas y servicios auxiliares para la comunicación disponibles.
h. Procedimiento por medio del cual la víctima pueda ejercer sus derechos en el caso de que resida fuera de España.
i. Recursos que puede interponer contra las resoluciones que considere contrarias a sus derechos.
j. Datos de contacto de la autoridad encargada de la tramitación del procedimiento y cauces para comunicarse con ella.
k. Servicios de justicia restaurativa disponibles, en los casos en que sea legalmente posible.
l. Supuestos en los que pueda obtener el reembolso de los gastos judiciales y, en su caso, procedimiento para reclamarlo.
m. Derecho a efectuar una solicitud para ser notificada de las resoluciones a las que se refiere el artículo 7. A estos efectos, la víctima designará en su solicitud una dirección de correo electrónico y, en su defecto, una dirección postal o domicilio, al que serán remitidas las comunicaciones y notificaciones por la autoridad.

Para garantizar que la víctima puede ejercer sus derechos, según prevé el apartado segundo de este art. 5 LEVD, la referida información será actualizada en cada fase del procedimiento.

Asimismo, según establece el último párrafo del art. 109 LECrim[18], en los procesos que se sigan por los delitos del art. 57 CP[19], el Letrado de la

---

18 Redacción dada por la Disposición Final Primera. Uno LEVD. Valoramos positivamente que se haya previsto que sea el Secretario Judicial el que asegurará la comunicación a la víctima de aquellos actos procesales que puedan afectar a su seguridad.

19 El art. 57 del CP se refiere a los delitos de delitos de homicidio, aborto, lesiones, contra la libertad, de torturas y contra la integridad moral, trata de seres huma-

Administración de Justicia asegurará la comunicación a la víctima de los actos procesales que puedan afectar a su seguridad.

Por último, si el Ministerio Fiscal, *ex* art. 18 LORPM, desiste de la incoación del expediente de reforma, deberá comunicar inmediatamente a los ofendidos y perjudicados el decreto de desistimiento de la incoación del expediente, haciéndoles saber su derecho a ejercitar las acciones civiles que les asisten ante la jurisdicción civil (véase art. 4 LORPM). Por tanto, el hecho de que el Ministerio Fiscal desista de la continuación del expediente de reforma no afecta a la responsabilidad civil, que se podrá ejercitar a través del proceso declarativo que corresponda ante la jurisdicción civil.

### *3.2. Forma y momento de realizar la información*

El art. 4 de la LORPM no prevé la forma en la que se debe informar a la víctima de sus derechos, simplemente señala que se les informará en los términos previstos en los artículos 109 y 110 de la LECrim. Si analizamos el art. 109 LECrim, en el mismo se prevé que la información de sus derechos a la víctima se realizará en el acto de recibirle declaración, de lo que se desprende que dicha información adoptará la forma oral.

Ahora bien, según dispone el art. 4 LEVD toda víctima tiene derecho a entender y ser entendida en cualquier actuación, incluida la información previa a la interposición de una denuncia. De ahí, que todas las comunicaciones con las víctimas, independientemente de si son orales o escritas, se deban realizar en un lenguaje claro, sencillo y accesible. Además, la forma de realizar la información a la víctima dependerá de sus características personales y, especialmente, si se trata de un menor o de una persona con discapacidad sensorial, intelectual o mental.

En el supuesto de que la víctima no entienda o no hable ninguna de las lenguas que tengan el carácter oficial en el lugar en el que se realiza la información de sus derechos, ésta se realizará en una lengua que comprenda, mediante un intérprete, cuyos gastos habrán de ser satisfechos por el Estado. Así, el art. 9.1. a) y c) LEVD, que regula el derecho a la traducción y a la interpretación, dispone que toda víctima que no hable o no entienda el castellano o la lengua oficial que se utilice en la actuación de que se

---

nos, contra la libertad e indemnidad sexuales, la intimidad, el derecho a la propia imagen y la inviolabilidad del domicilio, el honor, el patrimonio y el orden socioeconómico.

trate tendrá derecho: a) A ser asistida gratuitamente por un intérprete que hable una lengua que comprenda y c) A la traducción gratuita de aquella información que resulte esencial para el ejercicio de los derechos a que se refiere el Título II, esto es, su derecho a participar en el proceso penal. Lo mismo ocurre cuando se trata de una persona con limitaciones auditivas o de expresión oral, se designará un intérprete cualificado del lenguaje de signos.

Además, sería deseable que en este momento en el que se le va a informar de sus derechos a la víctima, ésta estuviera asistida por un abogado, pues es precisamente el momento en el que necesita que le expliquen detalladamente la situación jurídica en que se encuentra, así como las diversas consecuencias que de la misma se pueden derivar[20].

En cuanto al momento en que se debe realizar la información a la víctima de sus derechos, debemos tener en cuenta la finalidad perseguida, que es precisamente informar a la víctima de su derecho a personarse en el proceso penal de menores y adquirir la cualidad de parte, ejercitando, si lo considera conveniente, la acción penal, la acción civil o ambas simultáneamente. Lógicamente, la víctima estará interesada en comparecer lo antes posible en el procedimiento ya en marcha, para de este modo poder tomar conocimiento de las actuaciones y solicitar la práctica de todas aquellas diligencias de investigación que le pudieran interesar.

Por tanto, la información a la víctima de sus derechos se debería llevar a cabo lo antes posible por el Letrado de la Administración de Justicia, pues, de este modo la víctima, si se persona, podría instar la práctica de aquellas diligencias de investigación que a su derecho convengan y la adopción de todas aquellas medidas cautelares que considere necesarias para asegurar la futura ejecución de la sentencia, especialmente en su aspecto patrimonial.

Asimismo, el art. 22 LORPM dispone que desde el momento en que el Ministerio Fiscal decide incoar el expediente deberá notificárselo a la víctima. Por tanto, en el caso de que sea conocida la identidad de las víctimas será necesario que se les comunique la iniciación del proceso penal de menores y, en caso contrario, tan pronto como conste su identidad en la instrucción del expediente.

---

20 Sole Riera, J., *La tutela de la víctima…*, *op. cit.*, pág. 36.

## 4. DERECHO A DENUNCIAR: ESPECIAL REFERENCIA A LA DENUNCIA EN LOS DELITOS SEMIPÚBLICOS

El art. 16.2 LORPM prevé que los que tuvieran noticia de la comisión de un hecho que reviste carácter de delito cometido presuntamente por un menor de dieciocho años deberá ponerlo en conocimiento del Ministerio Fiscal[21]. Por tanto, en el proceso penal de menores al igual que en el proceso de adultos (art. 259 LECrim), la denuncia constituye un deber ciudadano para todos los que presenciaron o tuvieron conocimiento de la comisión de un hecho delictivo, salvo para la víctima que constituye un derecho[22]. Asimismo, se aplicará la obligación cualificada de denunciar de aquellos que tuvieron conocimiento del delito por razón de su cargo, profesión u oficio (art. 262 LECrim) y las excepciones del deber de denunciar previstas en los arts. 260 a 263 LECrim[23].

La Directiva 2012/29/UE regula en su art. 5 los derechos de las víctimas cuando interpongan una denuncia, disponiendo que "1. Los Estados miembros garantizarán que las víctimas reciban una declaración por escrito que sirva de reconocimiento de la denuncia formal que hayan presentado ante las autoridades competentes de un Estado miembro, y en la que consten los elementos básicos de la infracción penal de que se trate. 2. Los Estados miembros garantizarán que las víctimas que deseen denunciar una infracción penal y no entiendan o no hablen la lengua de la autoridad competente puedan presentar la denuncia en una lengua que entiendan o recibiendo la asistencia lingüística necesaria. 3. Los Estados miembros garantizarán que las víctimas que no entiendan o no hablen la lengua de la autoridad competente reciban gratuitamente una traducción de la declaración por escrito de la denuncia que se exige en el apartado 1, previa solicitud, en una lengua que entiendan".

---

21 La LORPM no contiene una regulación completa de la denuncia en el proceso penal de menores, excepto lo relativo a su admisión o no, por lo que se aplicará supletoriamente lo dispuesto en los arts. 259 y ss. LECrim (Véase Disposición Final Primera LORPM).

22 Cortés Domínguez, V., *Derecho Procesal Penal,* (con Moreno Catena), Tirant lo Blanch, Valencia, 2021, págs. 206 y ss.; Gómez Colomer, J. L., *Proceso Penal. Derecho Procesal III,* (con Barona Vilar, Esparza Leibar, Etxeberría Guridi, Martínez García y Planchadell Gargallo), Tirant lo Blanch, Valencia, 2021, págs. 164 y ss.

23 Grande Seara, P., "Incoación del expediente de reforma y fase de instrucción", en *Proceso Penal de menores* (coord. Gónzález Pillado), Tirant lo Blanch, Valencia, 2008, pág. 120.

El art. 6 LEVD desarrolla estos derechos. El primer derecho que se le reconoce a la víctima como denunciante es el de recibir una copia de la denuncia, debidamente certificada. Esta previsión tiene importancia, ya que para muchos trámites posteriores a la comisión del delito, como puede ser la presentación de la correspondiente reclamación ante una compañía aseguradora, la víctima necesita algún justificante de haber interpuesto la correspondiente denuncia[24]. De esta forma, se facilita que la víctima disponga de un justificante de la denuncia presentada, a efectos de poder realizar la oportuna reclamación a la compañía aseguradora. Esto es así, ya que muchos seguros de hogar extienden sus coberturas a situaciones que ocurren fuera de la vivienda, entre las que se encuentran los robos fuera del hogar de bienes, aunque es necesario haber presentado la oportuna denuncia. Lo mismo ocurre normalmente con los seguros de las tarjetas de crédito, que cubren el robo de la misma y los problemas derivados de su utilización fraudulenta.

A continuación, se regula el derecho de aquellas víctimas que no entiendan o no hablen ninguna de las lenguas que tengan el carácter oficial en el lugar en el que se presenta la denuncia. En estos supuestos se prevé, por un lado, el derecho de la víctima a recibir la asistencia lingüística gratuita. Por tanto, la víctima deberá ser asistida por un intérprete cualificado antes y durante la presentación de la denuncia.

El art. 6 LEVD no hace referencia a aquellos supuestos en los que la denuncia la presente una persona sorda, con discapacidad auditiva y sordociega, sin embargo, consideramos que en este caso se le deberá designar gratuitamente un intérprete cualificado del lenguaje de signos[25]. Esta interpretación encuentra apoyo en el art. 4 del mismo texto legal que regula el derecho de la víctima a entender y ser entendida en cualquier actuación que deba llevarse a cabo desde la interposición de una denuncia y durante el proceso penal, incluida la información previa a la interposición de la denuncia. En el mismo se prevé, en su apartado b), que "se facilitará a la

---

24 En este sentido se pronuncia la propia directiva en su considerando número 24, al prever que "cuando denuncien un delito, las víctimas deben recibir de la policía una declaración por escrito de la denuncia en la que consten los elementos básicos del delito, como el tipo de delito, la hora y el lugar, así como cualquier perjuicio, lesión o daño que traiga causa del delito. Esta declaración debe incluir un número de expediente, así como la hora y el lugar en que se denuncia el delito, de forma que pueda servir como justificante de la denuncia, por ejemplo, para reclamaciones de seguros.

25 Véase art. 9.1 a) LEVD.

víctima, desde su primer contacto con las autoridades o con las Oficinas de Asistencia a las Víctimas, la asistencia o apoyos necesarios para que pueda hacerse entender ante ellas, lo que incluirá la interpretación en las lenguas de signos reconocidas legalmente y los medios de apoyo a la comunicación oral de personas sordas, con discapacidad auditiva y sordociegas".

Asimismo, se prevé que una vez interpuesta la denuncia la víctima tiene derecho a recibir la traducción escrita de la denuncia presentada. Por tanto, en estos casos la víctima además de recibir una copia de la denuncia, debidamente certificada, recibirá una traducción escrita de la misma.

A través de la interposición de la denuncia la víctima-denunciante no ejercita la acción penal, simplemente transmite la *notitia criminis*[26], por lo que no se constituye en parte acusadora. Ahora bien, una vez que se realiza la preceptiva información de sus derechos a la víctima o a su representante legal, la víctima-denunciante puede decidir constituirse como parte dentro del proceso penal de menores ya iniciado.

Ahora bien, es necesario analizar las especialidades de la denuncia en los delitos semipúblicos. En esta clase de delitos solo la denuncia formulada por la persona legitimada al efecto, dará lugar a la válida iniciación del proceso penal de menores[27], por lo que constituye un presupuesto procesal para la persecución de estos delitos[28]. En estos casos la denuncia

---

26 La doctrina mayoritaria lo interpreta en este sentido. Véanse, entre otros, Aragoneses Alonso, P. (1981), *Instituciones de Derecho Procesal Penal*, Madrid, pág. 242; Fenech Navarro, M. (1982), *El proceso penal*, Madrid, T. I, pág. 287; Gómez Orbaneja, E. (1987), *Derecho Procesal Penal*, (con Herce Quemada), Madrid, págs. 68 y ss.; Torres Rosell, N. (1991), *La denuncia en el proceso penal*, Montecorvo, Madrid, pág. 383.
En el mismo sentido lo viene entendiendo la jurisprudencia, así, la STC núm. 115/1984, de 3 de diciembre (RTC 1984/115) señala que "la formulación de la denuncia no supone el ejercicio de la acción penal ni constituye en parte al que la formula". En idéntico sentido, entre otras, SSTC núm. 173/1987, de 3 de noviembre (RTC 1987/173); núm. 157/1990, de 18 de octubre (RTC 1990/157).

27 Coincidimos con Cortés Domínguez, V., *Derecho Procesal Penal…*, *op. cit.*, pág. 208, que en estos casos la denuncia es un derecho de la víctima, que condiciona la actuación del Ministerio Fiscal, que no puede actuar sin la previa denuncia, porque frente al interés del Estado de imponer penas, prima el interés de la víctima de preservar su intimidad o lo que considere son sus intereses privados.

28 Moreno Catena, V., *Derecho Procesal Penal…*, pág. 106. También la jurisprudencia se ha manifestado en este sentido, véanse entre otras, SSTS (Sala de lo Penal, Sección 1ª) núm. 917/2016, de 2 de diciembre (*Tol 5911477*); (Sala de lo Penal) núm. 694/2003, de 20 de junio (*Tol 293934*).

no solo transmite la existencia de un hecho que reviste carácter de delito, sino que también manifiesta la voluntad del denunciante de que se persiga ese hecho[29].

De ahí precisamente que la legitimación para interponer la denuncia se limite a la persona agraviada por el hecho delictivo o a su representante legal. Por tanto, solo la denuncia del ofendido, que es el sujeto pasivo y titular del bien jurídico protegido, o de su representante legal tendría el efecto de permitir la incoación del expediente de reforma en el proceso penal de menores, haciendo desaparecer la condición de procedibilidad[30].

La persona agraviada que quiera denunciar ha de tener capacidad procesal[31], por lo que solo podrá interponer la correspondiente denuncia cuando esté en pleno ejercicio de sus derechos civiles[32]. En consecuencia, si no fuera así habría que acudir a los mecanismos de la representación[33], en cuyo caso podrá interponer la denuncia su representante legal.

---

29 Gimeno Sendra, V., *Derecho Procesal Penal,* Aranzadi, Navarra, 2019, pág. 330.

30 En este sentido se manifiesta la Fiscalía General del Estado en la Circular 1/2000, de 18 de diciembre, relativa a los criterios de aplicación de la Ley Orgánica 5/2000, de 12 de enero, por la que se regula la responsabilidad penal de los menores, al señalar que "en aquellos delitos o faltas que exijan como condición de procedibilidad la denuncia de la persona agraviada o de su representante, el Fiscal no podrá incoar Expediente si no se cumple dicho presupuesto, por lo que si la noticia del delito procede de autoridades, funcionarios o particulares distintos del agraviado o de su representante legal, el Fiscal deberá acordar la incoación de Diligencias Preliminares pero procederá a su inmediato archivo por no concurrir las condiciones de procedibilidad legalmente exigibles".

31 Gimeno Sendra, V., *Derecho Procesal Penal…*, *op. cit.*, pág. 331; Libano Beristain, A., "La persona agraviada en las infracciones penales perseguibles a instancia de parte. Especial consideración a la víctima menor o incapaz en la incoación del proceso penal", en *Garantías y derechos de las víctimas especialmente vulnerables en el marco jurídico de la Unión Europea* (dir. Hoyos Sancho), Tirant lo Blanch, Valencia, 2013, pág. 298.

32 En los delitos públicos puede ser denunciante cualquier persona física, como se deduce del art. 260 LECrim según el cual la obligación de denunciar, prevista en el art. 259 del mismo texto legal, no alcanza a los impúberes ni a los que no gozaren del pleno uso de su razón. Sin embargo, ello no obsta, para que puedan válidamente interponer la denuncia, pues no se les prohíbe hacerlo.

33 En el mismo sentido véase Ibáñez López-Pozas, F., *Especialidades procesales en el enjuiciamiento de delitos privados y semiprivados,* Dykinson, Madrid, 1993, pág. 121; Libano Beristain, A., "La persona agraviada en las infracciones penales perseguibles a instancia de parte…", *op. cit.*, pág. 302.

Ahora bien, cuando la víctima sea menor de edad, persona con discapacidad necesitada de especial protección o una persona desvalida se reconoce legitimación al Ministerio Fiscal. Así lo reconoce expresamente el art. 105.2 LECrim al señalar que "en los delitos perseguibles a instancias de la persona agraviada también podrá denunciar el Ministerio Fiscal si aquélla fuere menor de edad, persona con discapacidad necesitada de especial protección o desvalida"[34].

Cabe preguntarse si en estos supuestos el Ministerio Fiscal tiene obligación de denunciar o si la denuncia es potestativa. La expresión utilizada por el legislador, "también podrá denunciar", permite interpretar que el Ministerio Fiscal no está obligado a denunciar, sino que está facultado para hacerlo. Así, el Ministerio Fiscal deberá de valorar, atendiendo al interés de la víctima[35], la conveniencia de iniciar o no el proceso penal. Para ello, debería oír a la víctima antes de decidir si va a interponer o no la correspondiente denuncia[36].

---

34 En la misma línea, el Código Penal, en los delitos semipúblicos, dispone en unos supuestos que "cuando la víctima sea menor de edad, persona con discapacidad necesitada de especial protección o una persona desvalida, también podrá denunciar el Ministerio Fiscal" (véanse los arts. 161.2, 201, 228, 267, 287, 296 CP) y, en otros supuestos, que "cuando la víctima sea menor de edad, persona con discapacidad necesitada de especial protección o una persona desvalida, bastará la denuncia del Ministerio Fiscal" (véase art. 191.1 CP).
Llama la atención la omisión a esta posibilidad en otros delitos semipúblicos así, por ejemplo, el art. 147 CP que tipifica los delitos de lesiones hace referencia a que éstos delitos sólo serán perseguibles mediante denuncia de la persona agraviada o su representante legal, pero omite cualquier referencia a la legitimación del Ministerio Fiscal si la víctima es menor de edad, persona con discapacidad necesitada de especial protección o una persona desvalida. Lo mismo ocurre en los art. 152.2, 171.7, 172.3, 172 ter.4 CP. No obstante, consideramos que esta omisión puede suplirse con la previsión del art. 105 LECrim que reconoce legitimación al Ministerio Fiscal para denunciar si la víctima fuera menor de edad, persona con discapacidad necesitada de especial protección o desvalida.

35 En el caso de que la víctima sea un menor de edad deberá valorar y considerar el interés superior del menor, *ex* art. 2 de la LO 1/1996, de 15 de enero, de Protección Jurídica del Menor.

36 En este sentido Libano Beristain, A., "La incoación del proceso penal por infracciones perseguibles a instancia de parte con víctima especialmente vulnerable: la intervención del Ministerio Fiscal", en *La víctima menor de edad. Un estudio comparado Europa-América* (coord. Armenta Deu y Oromí Vall-Llovera), Editorial Colex, Madrid, 2010, págs. 107 y ss.

Finalmente, señalar que en algunos de los delitos tipificados como semipúblicos en nuestro Código Penal, no será necesaria la denuncia del ofendido para la válida iniciación del proceso penal, cuando la comisión del delito afecte a los intereses generales o a una pluralidad de personas[37/38]. Así lo establece el art. 201 para los delitos de descubrimiento y revelación de secretos; el art. 287 CP para los delitos tipificados en la Sección 3ª del capítulo XI, excepto los arts. 284 y 285 y; el art. 296 CP para los delitos societarios[39].

## 5. DERECHO A LA PERSONACIÓN DE LA VÍCTIMA

La situación de la víctima en el proceso penal de menores ha variado desde la aprobación de la LO 5/2000, de 12 de enero, reguladora de la responsabilidad penal de los menores[40]. En su redacción inicial, el art. 25 de la LORPM 5/2000, bajo la rúbrica participación del perjudicado e inexis-

---

37 Como acertadamente subraya la STS (Sala de lo Penal, Sección 1ª) núm. 917/2016, de 2 de diciembre (*Tol 5911477*) "esa perseguibilidad privada es desplazada a manos de la acusación pública en el caso de que concurra un interés general relevante o cuando al afectar el delito a una pluralidad de sujetos se pondere que el conjunto de los derechos subjetivos afectados adquiere una transcendencia social que debe tutelarse con la intervención del Derecho penal".

38 Sobre la interpretación de los términos "intereses generales" y "pluralidad de personas" véanse, entre otros, Díaz-Maroto y Villarejo, J., "Las condiciones objetivas de perseguibilidad en los delitos societarios: el art. 296 del Código Penal", *La Ley*, núm. 7, 2000, http://diariolaley.laley.es/; Faraldo Cabana, P., *Los delitos societarios. Incluye la reforma del Código Penal de 2015*, Tirant lo Blanch, Valencia, 2015, págs. 98 y ss.; Libano Beristain, A., *Los delitos semipúblicos y privados. Aspectos sustantivos y procesales*, Bosch, Barcelona, 2011, págs. 306 y ss.

39 No entraremos a analizar el debate doctrinal que genera la consideración de estos delitos como semipúblicos al exceder del tema objeto de estudio. Simplemente señalar que un sector mayoritario de la doctrina crítica que se deje en manos del agraviado la persecución de estos delitos que afectan al orden socioeconómico. En este sentido véanse Díaz-Maroto y Villarejo, J., "Las condiciones objetivas de perseguibilidad en los delitos societarios...", *op. cit.*; Faraldo Cabana, P., *Los delitos societarios..., op. cit.*, págs. 86 y ss.

40 Sobre la evolución de la situación de la víctima en el proceso penal de menores véanse, entre otros, de la Rosa Cortina, J. M., "La acusación particular y proceso penal de menores", *Revista de derecho y proceso penal*, 2004, núm. 12, págs. 93 y ss.; Martín Ríos, M. P., "La víctima en el proceso penal de menores español (Especial referencia a la Ley Orgánica 8/2006, de 4 de diciembre)", *Anuario de justicia de menores*, 2006, núm. 6, págs. 57 y ss.; Revilla González, J. A., "La víctima y el menor

tencia de acción particular y popular, condicionaba la personación de la víctima en el proceso penal de menores al cumplimiento de los siguientes requisitos: a) que los hechos estuvieran tipificados como delitos; b) que se atribuyan a personas que hayan cumplido los dieciséis años en el momento de la comisión de los hechos; c) que se hubieran cometido con violencia o intimidación, o con grave riesgo para la vida o integridad física de las personas. Además, dicha personación permitía una intervención muy limitada en las actuaciones procesales, por lo que se podía concluir que la intervención de la víctima en el proceso de menores no era en calidad de parte, como en el proceso penal de adultos, sino como mero coadyuvante del Ministerio Fiscal[41], que ostentaba el monopolio en el ejercicio de la acción penal[42].

Posteriormente, la Disposición Adicional Segunda de la LO 15/2003, de 25 de noviembre, por la que se modifica la LO 10/1995, de 23 de noviembre, del Código Penal, da una nueva redacción al art. 25 de la LORPM, permitiendo que se personen en el procedimiento como acusadores particulares las personas directamente ofendidas por el delito, sus padres, sus herederos o sus representantes legales si fueran menores de edad o incapaces. Sin embargo, el legislador olvidó modificar otros preceptos de la LORPM, entre ellos el art. 31, por lo que no se preveía el contenido ni el momento en que debía presentarse el escrito de alegaciones de la acusa-

---

infractor", en *Proceso Penal de Menores* (coord. González Pillado), Tirant lo Blanch, Valencia, 2008, págs. 75 y ss.

41 En este sentido lo entiende la doctrina mayoritaria, véanse, entre otros, Martín Ríos, M. P., "La víctima en el proceso penal de menores…", *op. cit.*, pág. 57; Revilla González, J. A., "La víctima y el menor infractor…", *op. cit.*, pág. 78.
En esta misma línea se pronuncia la Circular de la Fiscalía General del Estado 1/2000, de 18 de diciembre, relativa a los criterios de aplicación de la Ley Orgánica 5/2000, de 12 de enero, por la que se regula la responsabilidad penal de los menores, en su apdo. VI.2, al señalar que "el perjudicado se incorpora al proceso en calidad de mero coadyuvante en el esclarecimiento de los hechos y de la participación del menor en el ejercicio de una legitimación procesal sui generis, dada su limitada capacidad de postulación y su carácter subordinado en relación con el Fiscal y, consiguientemente, respecto de las vicisitudes procesales que acompañen al genuino ejercicio del derecho de acción".

42 La propia LRPM, en su Exposición de Motivos, ap. II.8, subrayaba que la participación de la víctima "se establece de modo limitado ya que respecto de los menores no cabe reconocer a los particulares el derecho a constituirse propiamente en parte acusadora con plenitud de derechos y cargas procesales" y explica que el legislador prohíbe el ejercicio de la acusación particular "porque en estos casos el interés prioritario para la sociedad y el Estado coincide con el interés del menor".

ción particular. Pese a ello, podía deducirse que el legislador al reconocer al ofendido la calidad de acusador particular, le facultaba para formular escrito de alegaciones.

La LO 8/2006, de 4 de diciembre, por la que se modifica la LO 5/2000, reguladora de la responsabilidad penal de los menores, lo deja bien claro, ya que modifica el art. 31 y prevé expresamente que "recibido el escrito de alegaciones con el expediente, las piezas de convicción, los efectos, y demás elementos relevantes para el proceso remitidos por el Ministerio Fiscal, el Secretario del Juzgado de Menores los incorporará a las diligencias, y el Juez de Menores procederá a abrir el trámite de audiencia, para lo cual el secretario judicial dará traslado simultáneamente a quienes ejerciten la acción penal y la civil para que en un plazo común de cinco días hábiles formulen sus respectivos escritos de alegaciones y propongan las pruebas que consideren pertinentes".

Está legitimado para constituirse como parte, según el art. 25 LORPM, en primer lugar, el ofendido por el delito, es decir, el titular del bien jurídico protegido por la norma. En segundo lugar, se hace referencia a sus padres y herederos, refiriéndose posiblemente a los supuestos de fallecimiento del ofendido, en cuyo caso sus herederos podrán personarse como acusadores particulares.

Si la víctima fuera menor de edad o persona con discapacidad y careciera, por ello, de capacidad procesal, esta falta de capacidad será suplida por sus representantes legales, esto es, sus padres o los que ejerzan legalmente esa representación. Cabe preguntarse qué sucedería si los padres divorciados o separados, tuvieran la patria potestad compartida, pero la guarda y custodia atribuida a uno de ellos. Consideramos que el progenitor que no tiene la guarda y custodia no está privado de la patria potestad, por lo que no hay ningún motivo para excluirle de personarse como acusador particular. Caso distinto sería aquel en que, siendo la víctima menor de edad, los padres no ostentaran la representación legal, en cuyo caso no podrán personarse como acusación particular[43].

El art. 25 LORPM no regula la forma en que la víctima deberá mostrarse parte en la causa. Por tanto, debemos cuestionarnos si para constituirse en parte, ejercitando las acciones penales, las acciones civiles o ambas simultáneamente, es necesario la presentación de la oportuna querella en la forma y con los requisitos señalados en el Título II del Libro II de la LECrim,

---

43 Revilla González, J. A., "La víctima y el menor infractor...", *op. cit.*, págs. 86 y ss.

o es suficiente la presentación de un escrito de personación, solicitando ser tenido como parte.

Pese al silencio de la LORPM, por aplicación supletoria de la LECrim, la víctima podría personarse como acusación particular o actor civil tanto interponiendo la correspondiente querella como, simplemente, presentando un escrito de personación. Con la finalidad de facilitar la personación de la víctima en el proceso penal de menores en curso, debería ser suficiente que realizará un simple acto de personación, sin necesidad de formular querella. Incluso sería posible la personación de la víctima mediante un simple acto de personación *apud acta.*

Ahora bien, si se tratara de un delito de injurias o calumnias contra particulares, el art. 215 CP exige la interposición de una querella por el ofendido o su representante legal, siendo éste un requisito de imprescindible cumplimiento para que pueda iniciarse válidamente el proceso, a pesar de que el delito hubiera sido cometido por un menor de edad. En este caso la querella se presentará ante el Juez de Menores, que deberá decidir sobre su admisión a trámite y la personación de la víctima como acusador particular.

Con su personación, la víctima adquiere el estatus de acusador particular, si ejercita la acción penal y la acción civil conjuntamente, o de actor civil, en el supuesto de que sólo ejercite la acción civil. Esta personación no produce el efecto de retroacción de actuaciones. No obstante, desde el momento en que se persona en el proceso penal de menores, podrá tomar conocimiento de todo actuado e instar la práctica de todas aquellas diligencias de investigación que estime convenientes.

La LORPM tampoco lo regula el límite temporal que tiene la víctima para personarse en el proceso penal de menores, por lo que se regirá por lo previsto en el art. 110 LECrim, según el cual, la víctima podrá mostrarse parte en la causa antes del trámite de calificación del delito. Del tenor literal de este artículo se colige que, en nuestro ordenamiento jurídico, el límite preclusivo para constituirse como parte en el proceso penal en curso sería el momento de la presentación de los escritos de acusación. Por lo que, en el proceso penal de menores, sería la presentación de los escritos de alegaciones.

Sin embargo, la jurisprudencia ha venido admitiendo la personación realizada fuera de este límite preclusivo[44]. Así pues, consideramos que el

---

44 En este sentido, véanse, entre otras. las SSTS (Sala de lo Penal) núm. 170/2005, de 18 de febrero (*Tol 603628*) y 765/2012, de 27 de septiembre (*Tol 2661638*).

legislador debió aprovechar la ocasión para modificar el art. 110 LECrim y adaptarlo a la interpretación que del mismo viene haciendo nuestro Tribunal Supremo, permitiendo a la víctima comparecer en el juicio oral con su abogado y personarse *apud acta*, incorporándose al juicio con plenitud de derechos[45].

## 6. DERECHO A LA PROTECCIÓN

El Título III de LEVD contempla las medidas de protección a las víctimas, que se pueden acordar para garantizar la vida de la víctima y de sus familiares, su integridad física y psíquica, libertad, seguridad, libertad e indemnidad sexuales, así como para proteger adecuadamente su intimidad y su dignidad (art. 19 LEVD). Estas medidas se pueden adoptar tanto en la fase de investigación como en la fase de enjuiciamiento y tienen especial importancia durante la declaración de la víctima como testigo, pues a través las mismas se trata de evitar el riesgo de victimización secundaria o reiterada, la intimidación o las represalias.

### *6.1. Medidas de protección en la fase de instrucción*

El art. 21 LEVD prevé una serie de medidas que deben adoptar las autoridades y funcionarios encargados de la investigación penal:

a. Cuando resulte necesario recibirle declaración a la víctima se hará sin dilaciones injustificadas.

b. Se intentará que se reciba declaración a la víctima el menor número de veces posible y únicamente cuando sea estrictamente necesario para los fines de la investigación penal.

c. En la práctica de las diligencias en las que deban intervenir las víctimas, éstas podrán estar acompañadas, además de por su representante procesal y en su caso el representante legal, por una persona de su elección, salvo que motivadamente se resuelva lo contrario por

---

45 En el mismo sentido se expresa el Informe del Consejo Fiscal sobre el Anteproyecto de Ley Orgánica del Estatuto de la víctima del delito, al señalar que "debería aprovecharse esta ocasión para adaptar el precepto a la jurisprudencia del Tribunal Supremo, que señala que puede ejercitarse este derecho hasta el inicio del juicio oral".

el funcionario o autoridad encargado de la práctica de la diligencia para garantizar el correcto desarrollo de la misma.

d. Los reconocimientos médicos de las víctimas solamente se lleven a cabo cuando resulten imprescindibles para los fines del proceso penal, y se reduzca al mínimo el número de los mismos.

Por su parte, el art. 22 LEVD regula una serie de medidas que se deben adoptar para proteger la intimidad de las víctimas y de sus familiares[46].

La protección de la víctima adquiere especial trascendencia cuando se trata de una persona que tenga necesidades especiales de protección. Precisamente para estos supuestos la LEVD establece una protección reforzada, de ahí que el art. 23 prevea la realización de evaluación individualizada para poder valorar las circunstancias particulares de cada víctima y así determinar las medidas de protección que deben adoptarse para evitar a la víctima perjuicios relevantes. En esta evaluación se tendrá en cuenta, en primer lugar, las características personales de la víctima, en particular, si es una persona con discapacidad, si existe una relación de dependencia en el presunto autor del delito, si es menor de edad, si es una víctima necesitada de especial protección o en la que concurran factores de especial vulnerabilidad. En segundo lugar, se atenderá a la naturaleza del delito y la gravedad de los perjuicios causados a la víctima, como también a riesgo de reiteración delictiva. En tercer lugar, se valorarán las circunstancias del delito, especialmente si se trata de delitos violentos.

Si se acuerda que, una determinada persona tiene necesidades especiales de protección, se adoptará un estatuto de protección reforzado, dentro del cual se puede acordar alguna de las medidas de protección previstas en el art. 25 LEVD, que distingue entre aquellas medidas pueden ser adoptadas en la fase de investigación o en la fase de enjuiciamiento.

Las medidas de protección reforzada que se pueden acordar durante la fase de investigación son las siguientes, *ex* art. 25.1 LEVD:

---

46 El legislador no establece qué medidas se pueden acordar, por lo que para su concreción podemos acudir a la Directiva 2012/29/UE que en su considerando (54) dispone que esta protección "puede lograrse mediante una serie de medidas como la prohibición o la limitación de la difusión de información relativa a la identidad y el paradero de la víctima". Además, preocupa especialmente la protección de la víctima menor de edad o con discapacidad necesitada de especial atención, por lo que se prevé que se adoptarán medidas para impedir la difusión de cualquier información que pueda facilitar la identificación de estas.

a) Que se les reciba declaración en dependencias especialmente concebidas o adaptadas a tal fin.

b) Que se les reciba declaración por profesionales que hayan recibido una formación especial para reducir o limitar perjuicios a la víctima, o con su ayuda.

c) Que todas las tomas de declaración a una misma víctima le sean realizadas por la misma persona, salvo que ello pueda perjudicar de forma relevante el desarrollo del proceso o deba tomarse la declaración directamente por un Juez o un Fiscal.

d) Que la toma de declaración, cuando se trate de una víctima de violencia de género, una víctima de un delito contra la libertad o indemnidad sexual y una víctima de trata con fines de explotación sexual, se lleve a cabo por una persona del mismo sexo que la víctima cuando ésta así lo solicite, salvo que ello pueda perjudicar de forma relevante el desarrollo del proceso o deba tomarse la declaración directamente por un Juez o Fiscal.

Además, se podrán acordar durante la fase de investigación las siguientes medidas, *ex* art. 25.2 *in fine* LEVD: por un lado, medidas que eviten el contacto visual entre la víctima y el supuesto autor de los hechos, para lo cual podrá hacerse uso de tecnologías de la comunicación (art. 25.2.a) LEVD) y, por otro lado, medidas para evitar que se formulen preguntas relativas a la vida privada de la víctima que no tengan relevancia con el hecho delictivo objeto de investigación, salvo que el Juez o Tribunal consideren excepcionalmente que deben ser contestadas para valorar adecuadamente los hechos o la credibilidad de la declaración de la víctima (art. 25.2.c) LEVD).

En relación con los menores y personas con discapacidad necesitadas de especial protección, el art. 26 LEVD establece la presunción de que se trata de víctimas con necesidades especiales de protección y prevé que, además de las mencionadas medidas, se adoptarán aquellas que sean necesaria para evitar o limitar que la tramitación del procedimiento penal sea una nueva fuente de perjuicios para la víctima del delito, entre las que están, en primer lugar, que las declaraciones recibidas durante la fase de investigación serán grabadas por medios audiovisuales y podrán ser reproducidas en el juicio (art. 26.1.a) LEVD) y, en segundo lugar, que las declaraciones podrán recibirse por medio de expertos (art. 26.1.b) LEVD).

### *6.2. Medidas de protección durante la fase de audiencia o de juicio oral*

Como hemos mencionado, las medidas de protección a las víctimas del delito previstas en el Título III de LEVD se pueden acordar durante la tramitación del procedimiento penal, tanto en la fase de instrucción como en la fase de enjuiciamiento. En concreto, durante la fase de enjuiciamiento se podrán adoptar las siguientes medidas (art. 25.2 LEVD):

a) Medidas que eviten el contacto visual entre la víctima y el supuesto autor de los hechos, incluso durante la práctica de la prueba, para lo cual podrá hacerse uso de tecnologías de la comunicación.

   En la misma línea, el artículo 707 LECrim establece que, en caso de necesidad, a las declaraciones de las víctimas se les pueden aplicar medidas para evitar la confrontación visual con el inculpado, para lo cual se podrá utilizar cualquier medio técnico que permita la práctica de la prueba, como la utilización de tecnologías de la comunicación que faciliten que los testigos sean oídos sin estar presentes en la sala. Así, se podría recurrir al uso de la videoconferencia o a otro sistema similar que permita la comunicación bidireccional y simultánea de la imagen y sonido (art. 731 bis LECrim).

   Estas medidas de protección tienen especial trascendencia cuando se trata de testigos menores de edad o personas con discapacidad necesitadas de especial protección, en cuyo caso, el apartado segundo del art. 707 LECrim dispone que la declaración se llevará a cabo, cuando resulte necesario para impedir o reducir los perjuicios que para ellos puedan derivar del desarrollo del proceso o de la práctica de la diligencia, evitando la confrontación visual de los mismos con el inculpado, pudiendo utilizarse también, como acabamos de mencionar, cualquier medio técnico.

b) Medidas para garantizar que la víctima pueda ser oída sin estar presente en la sala de vistas, mediante la utilización de tecnologías de la comunicación adecuadas. Así, se podría oír a la víctima, como señalamos, por videoconferencia o cualquier sistema similar que facilite la comunicación bidireccional y simultánea de la imagen y sonido (art. 731 bis LECrim).

c) Medidas para evitar que se formulen preguntas relativas a la vida privada de la víctima que no tengan relevancia con el hecho delictivo enjuiciado, salvo que el Juez o Tribunal consideren excepcionalmente que deben ser contestadas para valorar adecuadamente los hechos o la credibilidad de la declaración de la víctima.

De ahí precisamente que el artículo 709 LECrim prevea la posible adopción de medidas para evitar preguntas relativas a la vida privada que no tengan relevancia para el hecho delictivo enjuiciado, salvo que el Juez o Tribunal consideren excepcionalmente que deben ser contestadas para valorar adecuadamente los hechos o la credibilidad de la declaración de la víctima. Para ello se establece que, si esas preguntas fueran formuladas, el juez no permitirá que las mismas sean contestadas.

d) Celebración de la vista oral sin presencia de público. En estos casos, el Juez o el presidente del Tribunal podrán autorizar, sin embargo, la presencia de personas que acrediten un especial interés en la causa.

El art. 680 LECrim dispone que los debates del juicio oral serán públicos, bajo pena de nulidad. Sin embargo, con la finalidad de dotar a la víctima de una adecuada protección, el art. 25.2.d) LEVD prevé que durante la fase de enjuiciamiento se podrán acordar, conforme a lo dispuesto en la LECrim, la celebración de la vista oral sin presencia de público. En estos casos, el Juez o el Presidente del Tribunal podrán autorizar, sin embargo, la presencia de personas que acrediten un especial interés en la causa.

En consonancia con lo previsto en este artículo, la Disposición Final Primera, Diecisiete LEVD, modifica el Capítulo I del Título III, relativo a la publicidad de los debates. Así, según dispone el art. 681 LECrim, será posible que el Juez o Tribunal acuerde, de oficio o a instancia de cualquiera de las partes y previa audiencia a las mismas, que todos o alguno de los actos o las sesiones del juicio se celebren a puerta cerrada[47]. Sin embargo, el Juez o el Presidente del Tribunal podrán autorizar la presencia en el juicio oral de aquellas personas que acrediten un especial interés en la causa. Para ello deberían justificar el motivo de su especial interés y el Juez o el Presidente del Tribunal, atendiendo a los intereses en juego, decidir si procede o no autorizar su presencia.

---

47 En concreto, podrá acordarlo: 1. Por razones de seguridad u orden público; 2. Para asegurar la adecuada protección de los derechos fundamentales de los intervinientes; 3. Para garantizar el derecho a la intimidad de la víctima, el respeto debido a la misma o a su familia; 4. Cuando sea necesario para evitar a las víctimas perjuicios relevantes que, de otro modo, podrían derivar del desarrollo ordinario del proceso.

La decisión del Juez o Tribunal de que todo o parte del juicio oral se celebre a puerta cerrada no afectará al Ministerio Fiscal, a las personas lesionadas por el delito, a los procesados, al acusador privado, al actor civil y a los respectivos defensores, sin perjuicio de lo dispuesto en el art. 707 LECrim, que como hemos mencionado, establece que, en caso de necesidad, a las declaraciones de las víctimas se les pueden aplicar medidas para evitar la confrontación visual con el inculpado.

Además, el apartado segundo del art. 681 LECrim prevé que el Juez o Tribunal pueda acordar la adopción de las siguientes medidas para la protección de la intimidad de la víctima y de sus familiares: a) Prohibir la divulgación o publicación de información relativa a la identidad de la víctima, de datos que puedan facilitar su identificación de forma directa o indirecta, o de aquellas circunstancias personales que hubieran sido valoradas para resolver sobre sus necesidades de protección; b) Prohibir la obtención, divulgación o publicación de imágenes de la víctima o de sus familiares.

Si se tratara de víctimas menores de edad o víctimas con discapacidad necesitadas de especial protección, se prohíbe, en todo caso, tanto, la divulgación o publicación de información relativa a su identidad, de datos que puedan facilitar, directa o indirectamente, su identificación, o de aquellas circunstancias personales que hubieran sido valoradas para resolver sobre sus necesidades de protección, como la obtención, divulgación o publicación de imágenes suyas o de sus familiares (art. 681.3 LECrim).

Asimismo, en relación con la publicidad, es necesario mencionar que el art. 682 LECrim prevé que "el Juez o Tribunal, previa audiencia de las partes, podrá restringir la presencia de los medios de comunicación audiovisuales en las sesiones del juicio y prohibir que se graben todas o alguna de las audiencias cuando resulte imprescindible para preservar el orden de las sesiones y los derechos fundamentales de las partes y de los demás intervinientes, especialmente el derecho a la intimidad de las víctimas, el respeto debido a la misma o a su familia, o la necesidad de evitar a las víctimas perjuicios relevantes que, de otro modo, podrían derivar del desarrollo ordinario del proceso. En concreto, podrá: a) Prohibir que se grabe el sonido o la imagen en la práctica de determinadas pruebas, o determinar qué diligencias o actuaciones pueden ser grabadas y difundidas; b) Prohibir que se tomen y difundan imágenes de alguna o algunas de las personas que en él intervengan; c) Prohibir que se facilite la identidad de las víctimas, de los testigos o peritos o de cualquier otra persona que intervenga en el juicio".

Finalmente, es necesario mencionar, que la LEVD modifica la información que se debe facilitar a la víctima no personada en el proceso penal. Así, mientras en la regulación actual se prevé la información a la víctima de la fecha y lugar de celebración del juicio oral, así como de la fecha de la vista que eventualmente se celebre en la tramitación del recurso de apelación, con la modificación introducida en los arts. 785.3 y 791.2 LECrim, dicha información únicamente se facilitará si la víctima lo hubiera solicitado y hubiera designado una dirección de correo electrónico y, en su defecto, una dirección postal o domicilio, al que serán remitidas las comunicaciones y notificaciones.

## BIBLIOGRAFÍA

Aragoneses Alonso, P., *Instituciones de Derecho Procesal Penal,* Madrid, 1981.

Arnaiz Serrano, A., *Partes civiles en el proceso penal,* Tirant lo Blanch, Valencia, 2006.

Cortés Domínguez, V., *Derecho Procesal Penal,* (con Moreno Catena), Tirant lo Blanch, Valencia, 2021.

De la Rosa Cortina, J. M., "La acusación particular y proceso penal de menores", *Revista de derecho y proceso penal,* núm. 12, 2004.

Díaz-Maroto y Villarejo, J., "Las condiciones objetivas de perseguibilidad en los delitos societarios: el art. 296 del Código Penal", *La Ley,* núm. 7, 2000, http://diariolaley.laley.es/.

Etxeberría Guridi, F., "La tutela y participación de la víctima en el proceso penal", en *Victimología: en busca de un enfoque integrador para repensar la intervención con víctimas* (coord. Varona Martínez), Thomson Reuters Aranzadi, Cizur Menor (Navarra), 2018.

Faraldo Cabana, P., *Los delitos societarios. Incluye la reforma del Código Penal de 2015,* Tirant lo Blanch, Valencia, 2015.

Fenech Navarro, M., *El proceso penal,* Madrid, 1982.

Fernández Fustes, M. D., *La intervención de la víctima en el proceso penal (Especial referencia a la acción civil),* Tirant lo Blanch, Valencia, 2004.

Font Serra, E., *La acción civil en el proceso penal. Su tratamiento Procesal,* La Ley, Madrid, 1991.

Gimeno Sendra, V., *Derecho Procesal Penal,* Aranzadi, Navarra, 2019.

Gómez Colomer, J. L., *Proceso Penal. Derecho Procesal III,* (con Barona Vilar, Esparza Leibar, Etxeberría Guridi, Martínez García y Planchadell Gargallo), Tirant lo Blanch, Valencia, 2021.

Gómez Colomer, J. L., *Estatuto jurídico de la víctima del delito,* Thomson Reuters Aranzadi, Cizur Menor (Navarra), 2015.

Gomez Orbaneja, E., *Derecho Procesal Penal,* (con Herce Quemada), Madrid, 1987.

Grande Seara, P., "Incoación del expediente de reforma y fase de instrucción", en *Proceso Penal de Menores* (coord. González Pillado), Tirant lo Blanch, Valencia, 2008.

Ibáñez López-Pozas, F., *Especialidades procesales en el enjuiciamiento de delitos privados y semiprivados,* Dykinson, Madrid, 1993.

Libano Beristain, A., *Los delitos semipúblicos y privados. Aspectos sustantivos y procesales,* Bosch, Barcelona, 2011.

Libano Beristain, A., "La persona agraviada en las infracciones penales perseguibles a instancia de parte. Especial consideración a la víctima menor o incapaz en la incoación del proceso penal", en *Garantías y derechos de las víctimas especialmente vulnerables en el marco jurídico de la Unión Europea* (dir. De Hoyos Sancho), Tirant lo Blanch, Valencia, 2013.

Libano Beristain, A., "La incoación del proceso penal por infracciones perseguibles a instancia de parte con víctima especialmente vulnerable: la intervención del Ministerio Fiscal", en *La víctima menor de edad. Un estudio comparado Europa-América* (coord. Armenta Deu y Oromí Vall-Llovera), Editorial Colex, Madrid, 2010.

Martín Ríos, M. P., "La víctima en el proceso penal de menores español (Especial referencia a la Ley Orgánica 8/2006, de 4 de diciembre)", *Anuario de justicia de menores,* núm. 6, 2006.

Montero Aroca, J., *Derecho Jurisdiccional III. Proceso Penal,* (con Gómez Colomer, Barona Vilar, Esparza Leibar y Etxeberría Guridi), Tirant lo Blanch, Valencia, 2018.

Moreno Catena, V., *El proceso penal,* Tirant lo Blanch, Valencia, vol. III, 2000.

Moreno Catena, V., *Derecho Procesal Penal,* (con Cortés Domínguez), Tirant lo Blanch, Valencia, 2021.

Revilla González, J. A., "La víctima y el menor infractor", en *Proceso Penal de Menores* (coord. González Pillado), Tirant lo Blanch, Valencia, 2008.

Sole Riera, J., *La tutela de la víctima en el proceso penal,* Bosch, Barcelona, 1997.

Tamarit Sumalla, J. M., "Los derechos de las víctimas", en *El Estatuto de las víctimas de delitos. Comentarios a la Ley 4/2015* (coord. Tamarit Sumalla), Tirant lo Blanch, Valencia, 2015.

Torres Rosell, N., *La denuncia en el proceso penal,* Montecorvo, Madrid, 1991.

# *La exención del deber de declarar del art. 416.1 LECRIM tras la ley orgánica 8/2021, de 4 de junio*[1]

**PABLO GRANDE SEARA**
*Profesor Titular de Derecho Procesal*
*Universidad de Vigo*



## 1. INTRODUCCIÓN

El art. 410 LECrim impone, con carácter general, a todos los residentes en territorio español, sean nacionales o extranjeros, que no estén impedidos, la obligación de concurrir al llamamiento judicial para declarar como testigos en un proceso penal siempre que se les cite formalmente para ello[2]. No obstante, en los artículos siguientes, establece distintas excepciones o salvedades a tal obligación por distintos motivos, tales como el cargo que ostenta el testigo, su obligación de guardar secreto profesional o su vínculo parental o de afectividad con el investigado.

---

1 Este trabajo ha sido elaborado en el marco del Proyecto de Investigación *"Respuesta jurídica y socioeducativa a la violencia de género ejercida por menores. Protección de la víctima e intervención con el menor agresor"*, subvencionado por el Ministerio de Ciencia e Innovación, Proyectos de I+D+i dentro de los Programas Estatales de Generación de Conocimiento y Fortalecimiento Científico y Tecnológico del Sistema de I+D+i orientado a los Retos de la Sociedad, en la convocatoria de 2019, (Ref. PID2019-106700RB-I00).

2 Una disposición análoga se recoge en el art. 707.I LECrim: "Todos los testigos están obligados a declarar lo que supieren sobre lo que les fuere preguntado, con excepción de las personas expresadas en los artículos 416, 417 y 418, en sus respectivos casos".

Esta última salvedad o exención del deber de declarar referida a los parientes del investigado o acusado no les priva de la posibilidad de declarar contra su familiar, sino que les exime del deber general de hacerlo, por lo que constituye una suerte de "privilegio", que deja a su voluntad la decisión de declarar o no en tal proceso. Se trata de un "privilegio" reconocido en casi todos los ordenamientos jurídicos[3], y el Tribunal Europeo de Derechos Humanos ha declarado en diversas ocasiones que su reconocimiento legal se ajusta a las previsiones del art. 6 CEDH[4].

En nuestro ordenamiento, tiene su base constitucional en el art. 24 *in fine* CE, conforme al cual "la ley regulará los casos en que, por razón de parentesco o de secreto profesional, no se estará obligado a declarar sobre hechos presuntamente delictivos"; y se desarrolla por el art. 416.1 LECrim.

Conforme a la doctrina y jurisprudencia mayoritarias, la razón de ser de tal dispensa de declarar radica, esencialmente, en la necesidad de evitarle al testigo pariente del investigado o acusado el conflicto que se produciría entre su deber de declarar diciendo la verdad y el de solidaridad para con su pariente acorde a la protección de las relaciones familiares que contempla el art. 39 CE[5]. En este sentido, la STS 134/2007, de 22 de febrero, declara que "la excepción o dispensa de declarar al pariente del procesado o al cónyuge que establece este artículo, tiene por finalidad resolver el con-

---

3 Así se contempla, por ejemplo, en el art. 199 del *Codice di Procedura Penale* italiano; en el § 52 de la *Strafprozessordnung* alemana; o el art. 335 del *Code de Procédure Pénale* francés.

4 Así lo ha declarado, por ejemplo, en las SSTEDH de 24 de noviembre de 1986 (asunto *Unterpertinger v. Austria*) y de 19 de febrero de 1991 (asunto *Isgrò v. Italia*).

5 *Vid.*, Rafael Alcalá Pérez-Flores, "La dispensa del deber de declarar de la víctima de violencia de género: interpretación jurisprudencial", (2009), http://www.poderjudicial.es/stfls/PODERJUDICIAL/DOCTRINA/FICHERO/Alcal%C3%A1%20P%C3%A9rez-Florez,%20Rafael_1.0.0.pdf, págs. 2-3; Ana Beltrán Montoliu, "Víctima de violencia de género y la dispensa del art. 416 LECrim: evolución jurisprudencial". *Revista de Derecho Penal y Criminología,* nº 19 (2018), pág. 30; José Alfredo Caballero Gea, *Violencia de género. Juzgados de violencia sobre la mujer penal y civil. Síntesis y ordenación de la doctrina de los Tribunales y Fiscalía General del Estado* (Madrid: Dykinson, 2013), pág. 341; María Luisa Villamarín López, "El derecho de los testigos parientes a no declarar en el proceso penal". *Indret,* nº 4 (2012), págs. 9-14; Idem, "El derecho a no declarar de las víctimas de violencia de género a la luz de la doctrina reciente del Tribunal Supremo", *Foro, Nueva Época,* vol. 22, núm. 1 (2019), pág. 269; Antonio Jesús Yugueros García, "Las dispensas procesales en el contexto de la violencia de género en las relaciones de pareja o expareja". *Aposta. Revista de Ciencias Sociales,* nº 79 (2018), págs. 146-150.

flicto que se le puede plantear al testigo entre el deber de decir la verdad y el vínculo de solidaridad y familiaridad que le une con el procesado. Esta colisión se resuelve con la dispensa de declarar, que es igualmente válida para el testigo en quien concurre la condición de víctima del delito del que se imputa al inculpado"[6].

Es decir, la exención del deber de declarar del art. 416 LECrim no está pensada para proteger al investigado dentro del proceso, sino que su razón de ser es la protección del testigo pariente que se halla en situación de conflicto entre la obligación de declarar diciendo la verdad y su interés en ocultar o silenciar a la Administración de Justicia el hecho delictivo para no incriminar a su pariente. En definitiva, se trata de evitar poner al testigo en la tesitura de tener que declarar la verdad sobre lo que conoce, incriminando a su pariente, o la posibilidad de incurrir en un delito de falso testimonio en el caso de que mienta para protegerle[7].

---

6 STS 134/2007, de 22 de febrero (*Tol 1050648*). En el mismo sentido, SSTS 385/2007, de 10 de mayo (*Tol 1075991*); 129/2009, de 10 de febrero (*Tol 1459585*); 459/2010, de 14 de mayo (*Tol 1878820*); 1010/2012, de 21 de diciembre (*Tol 2729571*); 854/2013, de 30 de octubre (*Tol 4022637*); 699/2014, de 28 de octubre (*Tol 4568859*); 703/2014, de 29 de octubre (*Tol 4551955*); 557/2016, de 23 de junio (*Tol 5762765*); 209/2017, de 28 de marzo (*Tol 6027027*); 205/2018, de 25 de abril (*Tol 6602707*); 175/2021, de 25 de febrero (*Tol 8363378*); 485/2021, de 3 de junio (*Tol 8463962*); 656/2022, de 29 de junio (*Tol 9124137*); y STC 94/2010, de 15 de noviembre (*Tol 1995104*). No obstante, en ocasiones, el TS ha añadido a esta razón de ser de la dispensa del deber de declarar, la de preservar la intimidad del ámbito familiar del testigo (*vid.*, SSTS 292/2009, de 26 de marzo (*Tol 1486845*) o 703/2014, de 29 de octubre (*Tol 4551955*). Y, en otras, se destaca que tal exención "tiene mucho que ver con razones de índole puramente pragmática. El legislador sabe que las advertencias a cualquier testigo de su deber de decir verdad y de las consecuencias que se derivarían de la alteración de esa verdad, no surten el efecto deseado cuando es un familiar el depositario de los elementos de cargo necesarios para respaldar la acusación del sospechoso. De ahí que, más que una exención al deber de declarar, el artículo 416.1 arbitre una fórmula jurídica de escape que libera al testigo-pariente de la obligación de colaboración con los órganos jurisdiccionales llamados a investigar un hecho punible" (*vid.*, SSTS 389/2020, de 10 de julio (*Tol 8030719*); 342/2021, de 23 de abril (*Tol 8423003*) o 656/2022, de 29 de junio (*Tol 9124137*).

7 *Vid.*, Lara Esteve Mallent, "La violencia de género entre adolescentes", en *La violencia de género en la adolescencia*, dir. por García González (Cizur Menor: Thomson Reuters Aranzadi, 2012), pág. 127. En este mismo sentido, la STS 699/2014, de 28 de octubre (*Tol 4568859*) declara que "conviene proclamar como punto de partida que la previsión del art. 416 LECrim es una garantía establecida para el testigo y no para el imputado. No es un derecho de éste, sino de aquél. No se pueden

Pues bien, no es pretensión de este trabajo acometer un estudio pormenorizado y exhaustivo de todas las cuestiones controvertidas que se han suscitado y siguen suscitando en relación con esta exención, y que son muchas; sino efectuar algunas precisiones con respecto a su ámbito de aplicación, poniendo de manifiesto los vaivenes jurisprudenciales que se han ido produciendo en los últimos años sobre el mismo, para, finalmente, analizar las exclusiones de la aplicación del art. 416.1 LECrim introducidas por la Ley Orgánica 8/2021, de 4 de junio, de protección integral a la infancia y la adolescencia frente a la violencia.

## 2. ÁMBITO DE APLICACIÓN DE LA EXENCIÓN DEL DEBER DE DECLARAR DEL ART. 416 LECRIM

El art. 416.1 LECrim (y, por remisión, también el art. 707.I LECrim) dispensa de la obligación de declarar como testigos en el proceso penal a aquellas personas que guarden con el investigado o acusado una determinada relación de afectividad o vínculo de parentesco que el mismo determina[8]. Si bien la redacción de esta norma es confusa y, en ciertos aspectos, redundante, se puede deducir que los testigos que pueden acogerse a tal exención son los siguientes:

a.- Los "parientes del procesado en líneas directa, ascendente y descendente"[9]. Es decir, se incluyen aquí los padres e hijos, abuelos y nie-

---

deformar las cosas hasta convertir ese derecho de determinados testigos, víctimas en ocasiones, en una especie de boomerang que se vuelve contra ellos dejándolos desprotegidos y privándoles de la tutela judicial efectiva". *Vid.*, asimismo, STS 175/2021, de 25 de febrero (*Tol 8363378*).

8 Si este vínculo sólo concurre con alguno o algunos de los investigados o acusados, el testigo está obligado a declarar respecto de los demás, salvo que con su declaración también pueda comprometer a su pariente (art. 416.2.II LECrim).

9 Conviene señalar que la referencia al "procesado" en esta disposición resulta inadecuada, porque no en todos los procesos penales existe auto de procesamiento que confiera esta condición al inicialmente investigado; y, sobre todo, porque el investigado en quien concurran los requisitos legalmente previstos ya goza de esta dispensa desde el momento de la investigación preliminar ante la policía o el Ministerio Fiscal, sin necesidad de que se haya incoado la instrucción judicial. *Vid.*, Julián Sánchez Melgar, "Nuevo marco de la dispensa a la obligación de declarar. A propósito de la Ley Orgánica 8/2021, de 4 junio", https://elderecho.com/nuevo-marco-de-la-dispensa-a-la-obligacion-de-declarar-a-proposito-de-la-ley-organica-8-2021-de-4-junio.

tos. Y también podrían incluirse los suegros, yernos y nueras, puesto que el precepto no la limita exclusivamente a la línea directa consanguínea, como sí hace a continuación respecto de los parientes colaterales hasta el segundo grado[10].

b.- El "cónyuge o persona unida por relación de hecho análoga a la matrimonial". En su redacción originaria, este inciso del art. 416.1 LECrim se refería únicamente al cónyuge, lo que suscitó la duda de si tal dispensa se podía extender o no a la pareja de hecho del investigado, dando lugar a pronunciamientos dispares de los tribunales[11]. Tal polémica ha quedado definitivamente zanjada tras la reforma de este precepto llevada a cabo por la Ley 13/2009, de 3 de noviembre, que introduce expresamente en el elenco de sujetos que pueden acogerse a esta dispensa a la "persona unida por relación de hecho análoga a la matrimonial"[12]. Por ello, actualmente, es pacífica la tesis de la plena equiparación a estos efectos del matrimonio y de la pareja de hecho, ya que ambas se encuentran en la misma relación *more uxorio.*

Y este también es el motivo por el que buena parte de la doctrina y la jurisprudencia excluye del ámbito de aplicación de esta dispensa las relaciones de noviazgo sin convivencia, ya que no se trata de relaciones análogas a la matrimonial[13].

---

10 *Vid.*, Villamarín López, "El derecho de los testigos parientes a no declarar...", pág. 17. En este sentido, STS 703/2014, de 29 de octubre (*Tol 4551955*).

11 A favor de tal extensión se pronunciaron, entre otras, las SSTS 134/2007, de 22 de febrero (*Tol 1050648*); 164/2008, 8 de abril (*Tol 1303038*); y 292/2009, de 26 de marzo (*Tol 1486845*). En contra, la STS 1540/2003, de 21 de noviembre (*Tol 352335*).

12 *Vid.*, apdo. 47 del artículo segundo de la Ley 13/2009, de 3 de noviembre, de reforma de la legislación procesal para la implantación de la nueva Oficina judicial.

13 *Vid.*, Caballero Gea, *Violencia de género. Juzgados de violencia sobre la mujer...*, pág. 346; Villamarín López, "El derecho de los testigos parientes a no declarar...", pág. 17. En la jurisprudencia, *vid.*, STS 556/2017, de 13 de julio (*Tol 6210123*). En el mismo sentido, *vid.*, *Circular de la FGE 6/2011, de 2 de noviembre, sobre criterios para la unidad de actuación especializada del Ministerio Fiscal en relación a la violencia sobre la mujer* (Conclusión Duodécima), https://www.fiscal.es/memorias/estudio2016/CIR/CIR_06_2011.html. Esta orientación viene a contradecir la tesis sustentada, entre otras, por la STS 292/2009, de 26 de marzo (*Tol 1486845*), conforme a la cual los sujetos exentos de la obligación de declarar conforme al art. 416.1 LECrim "pueden acogerse a esta dispensa con independencia de que exista o no una convivencia efectiva con el procesado".

c.- Los "hermanos consanguíneos o uterinos y los colaterales consanguíneos hasta el segundo grado civil". Es decir, podrán acogerse a esta exención tanto los hermanos que comparten padre y madre con el investigado (consanguíneos), como los hermanos hijos de la misma madre, aunque el padre sea distinto (uterinos)[14]. Por lo demás, resulta redundante la referencia a los "colaterales consanguíneos hasta el segundo grado civil", pues éstos serían los hermanos y ya están incluidos en la categoría anterior. Por ello, la única razón de ser de esta disposición sería la de excluir expresamente a los colaterales afines (cuñados), apartándose así de la regla que rige para la exención del deber de denunciar del art. 261.2º LECrim, que sí los incluye[15].

Tal delimitación legal del ámbito de aplicación de esta exención del deber de declarar ha suscitado, tradicionalmente, algunas dudas sobre las que ha debido pronunciarse la jurisprudencia, dando lugar a llamativos vaivenes jurisprudenciales, algunos de los cuales, como veremos, se trataron de solventar a través de Acuerdos de Pleno No Jurisdiccional de la Sala Segunda del Tribunal Supremo. Estas discordancias en la jurisprudencia se referían, esencialmente, a dos aspectos, a saber, el momento en el que ha de concurrir el vínculo conyugal o afectivo para que el testigo pueda acogerse a la dispensa, es decir, si debe o no subsistir en el momento en que el testigo es llamado a declarar; y el segundo, la aplicabilidad de tal dispensa al testigo que es, a su vez, víctima del hecho delictivo y, en particular, si ha formulado denuncia.

---

14 Pese a la redacción legal, entendemos que también podrán acogerse a esta exención del deber de declarar los hermanos por adopción, pues uno de los principios básicos que rigen la adopción es el de equiparación de la filiación adoptiva y biológica; y, además, respecto de ellos rige el mismo deber de solidaridad familiar en que se fundamenta dicha exención.

15 *Vid.*, Villamarín López, "El derecho de los testigos parientes a no declarar…", pág. 18. La exclusión de los colaterales afines del ámbito de aplicación de la dispensa del art. 416.1 LECrim es pacífica en la jurisprudencia del TS, tal como se recoge en las SSTS 62/2013, de 29 de enero (*Tol 3010065*) y 49/2018, de 30 de enero (*Tol 6498964*). En cambio, el art. 660.1 del Anteproyecto de Ley de Enjuiciamiento Criminal de 2020 sí incluía a los colaterales afines dentro del segundo grado como titulares de esta dispensa.

### *2.1. Momento en que ha de concurrir el vínculo conyugal o afectivo*

La actual redacción del art. 416.1 LECrim sigue sin dejar claro cuál es el momento en el que debe existir, entre el testigo y el investigado o acusado, la relación parental, conyugal o afectiva prevista en dicho precepto para que aquel se pueda acoger a esta dispensa del deber de declarar. Su tenor literal induce a pensar que tal relación debe subsistir en el momento en que se le toma declaración al testigo, si bien la jurisprudencia a este respecto no siempre ha sido uniforme, pudiendo apreciarse en ella una evolución.

Así, durante años el TS se decantó por entender que la dispensa del deber de declarar del art. 416.1 LECrim sólo era aplicable si la convivencia marital o *more uxorio* subsistía en el momento en que el testigo debía prestar la declaración, salvo que el cese de esa convivencia estuviese motivado por razones ajenas a la voluntad de la pareja, como sucedería, por ejemplo, si el imputado se hallase en prisión al tiempo en que su pareja tuviese que declarar. Esta tesis se fundamentaba en que, si la razón de ser de tal dispensa es respetar el deber de solidaridad del testigo para con el imputado por el vínculo que existe entre ellos, se entiende que esta causa justificadora desaparece cuando ya no existe relación afectiva ni convivencia[16].

No obstante, a partir de la sentencia 292/2009, de 26 de marzo, el TS cambia mayoritariamente de criterio y efectúa al respecto dos matizaciones importantes[17]. En primer lugar, señala que el momento en el que debe subsistir el vínculo afectivo a los efectos de determinar si el testigo tiene o no la obligación de declarar es aquel en que sucedieron o se conocieron los hechos, y no el momento en el que se ha de prestar la declaración. Y, en segundo lugar, destaca que no se pueden establecer a este respecto

---

16 En este sentido, *vid.*, SSTS 134/2007, de 22 de febrero (*Tol 1050648*); 164/2008, 8 de abril (*Tol 1303038*); 13/2009, de 20 de enero (*Tol 1441121*). A favor de esta interpretación también se pronuncia Caballero Gea (*Violencia de género. Juzgados de violencia sobre la mujer...*, págs. 348 y 349), argumentando que si el legislador procesal hubiera querido extender la exención del deber de declarar a quienes ya no mantienen el vínculo afectivo, lo hubiera hecho expresamente como lo hace en la redacción de los tipos penales, en los que se amplía el círculo de sujetos pasivos a los ex cónyuges, ex parejas y ex novios. Por ello, concluye que, para poder acogerse a tal dispensa, el vínculo familiar o de afectividad que une al imputado y a la víctima-testigo ha de concurrir en el momento en que es llamada a prestar declaración.

17 STS 292/2009, de 26 de marzo (*Tol 1486845*). Sobre esta sentencia, *vid.*, Villamarín López, "El derecho de los testigos parientes a no declarar...", págs. 18 y 19.

criterios apriorísticos, sino que habrá que atender a las circunstancias de cada caso y a las razones que, en tales circunstancias, podrían justificar la aplicación del art. 416.1 LECrim. Así, cuando la solidaridad con el imputado por la relación que tiene con él sea el único motivo que justificaría la aplicación de esta dispensa, parece lógico obligar al testigo a declarar si ya no existe tal vínculo con el imputado; pero si se entiende que además tal declaración puede comprometer la intimidad familiar bajo la cual ocurrieron los hechos enjuiciados (v.gr., si con su declaración puede desvelar informaciones que perjudican a los hijos que tuvo con el imputado), debe permitirse al testigo acogerse a esta exención aunque ya no hubiese vínculo afectivo ni convivencia.

Esta doctrina se ha mantenido en sentencias posteriores, entre las que cabe citar las SSTS 459/2010, de 14 de mayo y 1010/2012, de 21 de diciembre[18]. En ellas se afirma que "no se explicaría cómo puede atenderse al tiempo del proceso para determinar la subsistencia de la obligación de declarar, cuando se atiende al tiempo de los hechos no solamente para la protección penal de la persona vinculada por esa relación, sino para eximirla de la eventual responsabilidad por encubrimiento".

No obstante, también encontramos alguna sentencia en la que el TS retoma su tesis anterior, como la STS 17/2010, de 26 de enero[19], declarando que no procede la dispensa del deber de declarar porque en el momento de presentarse la denuncia por parte de la víctima "la denunciante y el acusado habían cesado su relación por decisión consciente y voluntaria de la víctima, que también puso fin a la convivencia con el acusado".

A su vez, la FGE, en su Circular 6/2011, también se aparta de esta doctrina más reciente del TS, y sostiene que no se incluyen en la dispensa del art. 416.1 LECrim las parejas de hecho cuando, en el momento de declarar ya se ha producido la ruptura por propia voluntad. Para poder acogerse a esta dispensa, el vínculo familiar o de afectividad que una al investigado y a la víctima-testigo ha de concurrir en el momento en que es llamada a prestar declaración[20].

---

18 SSTS 459/2010, de 14 de mayo (*Tol 1878820*); y 1010/2012, de 21 de diciembre (*Tol 2729571*).

19 STS 17/2010, de 26 de enero (*Tol 1792986*).

20 *Vid., Circular de la FGE 6/2011* (Conclusión Decimotercera). A este respecto, la FGE matiza que, para que deje de surtir efecto la dispensa, la ruptura de la convivencia ha de obedecer a la voluntad de poner fin a la misma por las partes, de modo que, si la interrupción de la misma es consecuencia de haber ingresado en

Pues bien, ante tales vaivenes jurisprudenciales, la Sala Segunda del TS, en los Acuerdos del Pleno No Jurisdiccional de 24 de abril de 2013, fija el siguiente criterio al respecto: "La exención de la obligación de declarar prevista en el art. 416.1 LECRIM alcanza a las personas que están o han estado unidas por alguno de los vínculos a que se refiere el precepto. Se exceptúan: a) La declaración por hechos acaecidos con posterioridad a la disolución del matrimonio o cese definitivo de la situación análoga de afecto (...)"[21]. De tal acuerdo se deduce que el momento determinante en el que ha de existir la relación conyugal o afectiva que permite al testigo acogerse a la exención del deber de declarar *ex* art. 416.1 LECrim es el de la comisión de los hechos delictivos, pues tal exención solo se excluye si la declaración es por hechos posteriores a la disolución del matrimonio o cese de la relación afectiva; pero no si los hechos son anteriores a tal disolución o cese, aunque tal relación ya no exista en el momento de la declaración.

Este criterio ya se aplicó, por ejemplo, en la STS 304/2013, de 26 de abril[22]; y más recientemente, la STS 389/2020, de 10 de julio, haciéndose eco de este Acuerdo de Pleno No Jurisdiccional, y reiterando lo ya dispuesto en la citada STS 292/2009, de 26 de marzo, señala que "la ruptura de la afectividad subsiguiente al cese de la convivencia no puede impedir que el llamado como testigo se acoja a la exención si la declaración com-

---

prisión el imputado o de la imposición de una medida cautelar de prohibición de aproximación acordada a petición del Fiscal y con la oposición expresa o tácita de la víctima, subsistiría la dispensa. Por el contrario, si ha sido la víctima, actuando como acusación particular, quien ha instado la prisión provisional o la medida cautelar de alejamiento del imputado, tendrá obligación de declarar desde el momento en que se acuerden tales medidas, porque se deduce su voluntad de poner fin a la convivencia.

21 *Vid., Acuerdos del Pleno No Jurisdiccional de la Sala Segunda del Tribunal Supremo de 24 de abril de dos mil trece* (http://www.poderjudicial.es/cgpj/es/Poder-Judicial/Tribunal-Supremo/Jurisprudencia-/Acuerdos-de-Sala/Acuerdos-del-Pleno-No-Jurisdiccional-de-la-Sala-Segunda-del-Tribunal-Supremo-de-24-04-2013–sobre-la-interpretacion-del-art–416-de-la-LECrim—).

22 *Vid.*, STS 304/2013, de 26 de abril (*Tol 3746832*). No obstante, con posterioridad, volvemos a encontrar algunas sentencias, como la STS 556/2017, de 13 de julio (*Tol 6210123*), en las que el Alto Tribunal vuelve a la interpretación anterior, y sostiene que, para que pueda operar la dispensa del art. 416 LECrim, la relación afectiva del testigo con el investigado o acusado debe subsistir cuando aquel es llamado a declarar.

promete la intimidad familiar bajo la cual ocurrieron los hechos objeto de enjuiciamiento"[23].

## 2.2. *Aplicabilidad de la exención al testigo-víctima*

Otro de los aspectos del art. 416.1 LECrim que, tradicionalmente, ha suscitado más dudas es si esta dispensa del deber de declarar debe extenderse o no al testigo que guarda con el investigado o acusado alguno de los vínculos previstos en tal precepto y que, a su vez, es la víctima del hecho delictivo; y, en particular, si, además, ha sido denunciante o se ha constituido en acusación particular.

Como se comprenderá, esta cuestión es especialmente delicada en relación con los delitos en los que el autor aprovecha un ámbito de clandestinidad o privacidad para su comisión (como suelen ser los delitos de carácter sexual o los delitos de violencia doméstica o de género), que determina que el testimonio de la víctima sea la única o principal prueba de cargo, de modo que su negativa a declarar puede conllevar la impunidad del mismo. Frecuentemente, estas agresiones se cometen en la intimidad del hogar o en lugares reservados, por lo que la víctima suele ser la única testigo, o al menos la única testigo directo de los hechos, que puede aportar al proceso los indicios suficientes para sostener la acusación contra el agresor y, en su caso, la prueba de cargo suficiente para condenarle. Por ello, si la víctima acude a la policía y presenta la denuncia, pero luego se niega a declarar ante el órgano instructor, el Fiscal se verá abocado en muchos casos a retirar la acusación, dando lugar al sobreseimiento de la causa[24].

---

23 STS 389/2020, de 10 de julio (*Tol 8030719*). Esta tesis también se recogía en el art. 660.1 del Anteproyecto de Ley de Enjuiciamiento Criminal de 2020.

24 A este respecto, señala Esteve Mallent ("La violencia de género entre adolescentes...", págs. 127-128) que, paradójicamente, en los supuestos de violencia de género, si no existe ningún otro medio de prueba apto para acreditar el delito de que se trate, nos encontramos con que el silencio del testigo que se acoge a esta exención provoca que el agresor consiga de facto el principal propósito de esta violencia: la efectiva sumisión de la víctima, que llega al extremo de renunciar a exigir justicia para evitar las consecuencias adversas que pudieran derivarse para su agresor de una eventual condena. Por ello, aunque no le corresponde al juzgador indagar en las razones últimas de la decisión del testigo-víctima de no declarar, sí que deberá constatar que la mujer actúa libre y voluntariamente, y que no ha sido presionada o coaccionada para que actúe en tal forma.

Por esta razón, desde el momento de la aprobación de la Ley Orgánica 1/2004, de 28 de diciembre, de medidas de protección integral contra la violencia de género, se advirtió desde múltiples instancias de la necesidad de modificar el art. 416 LECrim para excluir que la víctima de violencia de género, y en particular la víctima denunciante, se pudiese acoger a tal dispensa del deber de declarar, pues ello constituía uno de los principales obstáculos para llegar a sancionar estos hechos delictivos[25]. Tales propuestas cristalizaron en el *Pacto de Estado contra la Violencia de Género* de 2017, que, entre sus medidas tendentes a erradicar las distintas formas de violencia contra la mujer, contempla modificaciones legales en este punto. Concretamente, la medida 142 consiste en "evitar los espacios de impunidad para los maltratadores, que pueden derivarse de las disposiciones legales vigentes en relación con el derecho de dispensa de la obligación de declarar, a través de las modificaciones legales oportunas"[26]. Con todo, tal medida no tuvo plasmación legal hasta la reciente reforma del art. 416 LECrim, operada por la Disposición final primera de la Ley Orgánica 8/2021, de 4

---

25 En este sentido, cabe señalar, por ejemplo, que la Fiscalía General del Estado, en su Memoria anual de 2013 destacaba el incremento que, año tras año, desde 2006, habían experimentado las retiradas de la acusación por acogerse la víctima a esta dispensa, llegando a ser ésta la causa determinante de la mitad de las retiradas de acusación en juicios por violencia contra la mujer (*vid.*, *Memoria de la Fiscalía General del Estado 2013*, pág. 255, https://www.fiscal.es/documents/20142/c55a2c95-a94f-3352-6065-1a1b99aaa9a3). También el Grupo de Expertos y Expertas en Violencia Doméstica y de Género del CGPJ ya propuso en su Informe de 2006 (y lo reiteró en el de 2011) una modificación legislativa puntual del art. 416.1 LECrim, por la cual se estableciese que la dispensa de la obligación de declarar no alcanza a las víctimas y perjudicados respecto de los delitos y faltas cometidos frente a ellos (*vid.*, *Informe del Grupo de Expertos en Violencia Doméstica y de Género del Consejo General del Poder Judicial acerca de los problemas técnicos detectados en la aplicación de la Ley 1/2004 de medidas de protección integral contra la violencia de género y sugerencias de reforma legislativa que los abordan* (de 20 de abril de 2006), págs. 16-17, http://www.poderjudicial.es/cgpj/es/Temas/Violencia-domestica-y-de-genero/Grupos-de-expertos/). Y en esta misma línea se manifestaba el I Informe Anual del Observatorio Estatal de Violencia sobre la Mujer de 2007 (*vid.*, *Informe Anual del Observatorio Estatal de Violencia sobre la Mujer*, Ministerio de Trabajo y Asuntos Sociales, Madrid, 2007, págs. 171-173, http://www.msssi.gob.es/ssi/violenciaGenero/publicaciones/observatorioestatalVM/InformesAnuales/Informes_anuales/I_Informe_Anual.htm).

26 *Vid.*, *Documento refundido de medidas del Pacto de Estado en materia de Violencia de Género. Congreso + Senado* (13 de mayo de 2019) pág. 32, https://violenciagenero.igualdad.gob.es/pactoEstado/docs/Documento_Refundido_PEVG_2.pdf.

de junio, de protección integral a la infancia y la adolescencia frente a la violencia, a la que luego nos referiremos.

Hasta entonces, la jurisprudencia también se había mostrado muy vacilante a este respecto. Así, en ocasiones, se decantó por excluir la aplicación de esta dispensa a las víctimas que formalizaban "de forma espontánea" la denuncia contra el agresor, destacando que este precepto "contiene una causa de justificación para aquellos que nieguen su testimonio respecto de hechos que se imputan a personas con las que están vinculados parentalmente, pero de cuyos hechos no son víctimas"[27]. Es más, en algunas sentencias, el TS ha llegado a declarar que, cuando la propia víctima es la que denuncia, incluso no sería necesario hacerle las prevenciones y advertencias que contempla el art. 416.1 LECrim sobre la exención de su obligación de declarar contra el investigado o acusado[28]; aunque, posteriormente, volvió a sostener el criterio de la obligatoriedad de tales advertencias al testigo en todas las fases del proceso, incluso cuando haya sido víctima y denunciante del hecho[29].

Por el contrario, en otras sentencias, el TS ha optado por mantener que la dispensa del art. 416.1 LECrim es para todos los testigos que tengan con el investigado la relación prevista en dicho precepto, sin que exista exclusión alguna. Así, en la STS 134/2007, de 22 de febrero, afirma que tal dispensa del deber de declarar "tiene por finalidad resolver el conflicto que se le puede plantear al testigo entre el deber de decir la verdad y el vínculo de solidaridad y familiaridad que le une con el procesado. Esta colisión se resuelve con la dispensa de declarar, que es igualmente válida

---

27 *Vid.*, entre otras, SSTS 625/2007, de 12 de julio (*Tol 1124036*); 319/2009, de 23 de marzo (*Tol 1499111*); o 17/2010, de 26 de enero (*Tol 1792986*).

28 *Vid.*, por ejemplo, SSTS 1225/2004, de 27 de octubre (*Tol 538297*); 319/2009, de 23 de marzo (*Tol 1499111*); o 557/2016, de 23 de junio (*Tol 5762765*).

29 *Vid.*, SSTS 385/2007, de 10 de mayo (*Tol 1075991*); 160/2010, de 5 de marzo (*Tol 1792954*); 1010/2012, de 21 de diciembre (*Tol 2729571*); o 49/2018, de 30 de enero (*Tol 6498964*). Señala el TS que el testigo pariente del acusado no tiene la obligación de saber que está exento de denunciar o declarar, y para renunciar a este derecho debe conocer que dispone del mismo porque nadie puede renunciar a lo que desconoce; y añade que el hecho de renunciar a tal exención en un momento del proceso no supone una renuncia tácita a este derecho para declaraciones ulteriores.

para el testigo en quien concurre la condición de víctima del delito del que se imputa al inculpado"[30].

Ante tal disparidad de criterios, la Sala Segunda del TS también se pronunció sobre esta cuestión en el ya referido Acuerdo del Pleno No Jurisdiccional de 24 de abril de 2013, concluyendo que, en principio, el testigo-víctima no queda excluido del ámbito de la dispensa del deber de declarar del art. 416 LECrim, salvo en los "supuestos en que el testigo esté personado como acusación en el proceso"[31]. Es decir, la condición de víctima del testigo, y ni siquiera la de denunciante, no le privan de la posibilidad de acogerse a esta exención del deber de declarar; en cambio, tal dispensa es incompatible con su personación en el proceso como acusación particular[32].

No obstante, dicho Acuerdo No Jurisdiccional, lejos de pacificar la cuestión, suscitó de inmediato otro interrogante: si la exclusión de esta dispensa del deber de declarar solo afecta al testigo-víctima que "esté personado como acusación en el proceso", ¿recupera la posibilidad de acogerse a ella el testigo-víctima que, habiendo estado personado como acusación, ya no lo está en el momento de ser llamado a declarar?

*A priori*, parecía clara la postura del TS en el sentido de negar tal intermitencia operativa de la dispensa del art. 416 LECrim, y así lo declaró

---

30 STS 134/2007, de 22 de febrero (*Tol 1050648*). En el mismo sentido, *vid.*, SSTS 459/2010, de 14 de mayo (*Tol 1878820*); 703/2014, de 29 de octubre (*Tol 4551955*); y STC 94/2010, de 15 de noviembre (*Tol 1995104*).

31 Como señala la STS 205/2018, de 25 de abril (*Tol 6602707*), tal Acuerdo se justifica porque "quien ejercita la acusación reclamando del Estado una condena, no está legitimado para, al mismo tiempo, escamotear las pruebas que tiene en su mano, están a su alcance y son necesarias para que su pretensión pueda ser atendida".

32 En esta línea, ya se había pronunciado el TS, entre otras, en sus SSTS 662/2001, de 6 de abril (*Tol 4926218*); 134/2007, de 22 de febrero (*Tol 1050648*); 129/2009, de 10 de febrero (*Tol 1459585*); o 292/2009, de 26 de marzo (*Tol 1486845*). También el TC, en su sentencia 94/2010, de 15 de noviembre (*Tol 1995104*), consideró válida la declaración de la esposa del imputado (y madre de la víctima menor de edad) que se había personado como acusación particular y a la que no se había informado de su derecho a no declarar conforme al art. 416.1 LECrim. Entiende el TC que la concluyente actividad procesal desplegada por la acusadora es "reveladora de una, al menos, implícita renuncia a la dispensa que le confería el art. 416 LECrim". La doctrina derivada de tal Acuerdo No Jurisdiccional ya se aplicó, entre otras, en las SSTS 304/2013, de 26 de abril (*Tol 3746832*); 854/2013, de 30 de octubre (*Tol 4022637*) o 209/2017, de 28 de marzo (*Tol 6027027*).

expresamente en su sentencia 449/2015, de 14 de julio. En ella, sostiene que, en la medida en que la víctima había ejercido la acusación particular durante un año en el periodo de instrucción, aunque luego renunció al ejercicio de acciones civiles y penales, ya no era obligatorio instruirla de su derecho a no declarar *ex* art. 416 LECrim, porque tal derecho había decaído definitivamente con el ejercicio de la acusación particular[33]. Y, en el mismo sentido, se pronuncia la STS 209/2017, de 28 de marzo, señalando que si el testigo-víctima se persona en el proceso ejerciendo la acusación particular se sitúa fuera de las personas con derecho a la dispensa, y su status se equipara al de un simple testigo obligado a declarar; y añade que "la pérdida del derecho a acogerse a esa dispensa se perpetúa aunque después la víctima se hubiera retirado del proceso"[34].

Sin embargo, el 23 de enero de 2018, la Sala Segunda del TS adopta un nuevo Acuerdo del Pleno No Jurisdiccional sobre el "Alcance de la dispensa del art. 416 LECrim", en el que cambia de criterio, concluyendo en el segundo punto del mismo que "No queda excluido de la posibilidad de acogerse a tal dispensa (416 LECrim) quien, habiendo estado constituido como acusación particular, ha cesado en esa condición"[35].

---

33 STS 449/2015, de 14 de julio (*Tol 5391181*). No obstante, algunas Audiencias Provinciales entendieron que esta STS 449/2015, de 14 de julio era un pronunciamiento aislado, y se mostraron favorables a que, si en el momento de la declaración la víctima no está ejerciendo la acusación particular, aunque la hubiese ejercido en algún momento anterior del proceso, puede acogerse a la dispensa del deber de declarar del art. 416 LECrim (*vid.*, SSAP de Madrid 731/2017, de 30 de noviembre (*Tol 6513352*) y 796/2017, de 18 de diciembre (*Tol 6543395*).

34 STS 209/2017, de 28 de marzo (*Tol 6027027*).

35 *Acuerdo del Pleno No Jurisdiccional de la Sala Segunda del Tribunal Supremo del día 23-01-2018, sobre el alcance de la dispensa del artículo 416 LECrim* (http://www.poderjudicial.es/cgpj/es/Poder-Judicial/Tribunal-Supremo/Jurisprudencia-/Acuerdos-de-Sala/Acuerdo-del-Pleno-No-Jurisdiccional-de-la-Sala-Segunda-del-Tribunal-Supremo-de-23-01-2018–sobre-el-alcance-de-la-dispensa-del-articulo-416-LECrim—). Recordemos que, en su primer punto, este Acuerdo también fija la posición de la Sala Segunda del TS sobre otro aspecto problemático de esta dispensa del deber de declarar, cuando el testigo se acoge a ella en el juicio oral, después de haber declarado en fases anteriores del proceso. Al respecto señala que "El acogimiento, en el momento del juicio oral, a la dispensa del deber de declarar establecida en el artículo 416 de la LECrim, impide rescatar o valorar anteriores declaraciones del familiar-testigo aunque se hubieran efectuado con contradicción o se hubiesen efectuado con el carácter de prueba preconstituida".

Las razones que justifican este Acuerdo las ha expuesto el TS en su sentencia 205/2018, de 25 de abril, señalando que "es contradictoria la simultaneidad de una petición de condena ejercitada por quien al mismo tiempo está privando al Tribunal del material probatorio necesario para concretarla: puede parecer una burla. La situación es radicalmente diferente cuando esa persona, por las razones que sean (incluso por el deseo de no afrontar nuevamente la tensión de declarar en contra de su familiar), ha renunciado a esa pretensión desistiendo de su condición de acusación particular. No se aprecia entonces nada en sí contradictorio; solo un cambio de postura, de opinión o de estrategia o una reordenación de sus preferencias, decisiones todas ellas que el derecho debe respetar, desde el momento en que ningún particular está obligado a formular acusación (sí en muchos casos a denunciar) [...]. No hay razones plausibles para derivar de una personación como acusación particular en un momento dado la renuncia definitiva e irrevocable a acogerse a la dispensa. Podrá exigirse a quien se acoge a la dispensa que renuncie a ejercer una acusación a la que pone dificultades y trabas; pero no que por haber ostentado en algún momento la condición de acusación particular se vea ya despojado de ese derecho constitucional; al menos mientras que el legislador no prevea otra cosa. Como tampoco sería aceptable una renuncia de futuro a ese privilegio. Puede hacerse uso *in actu* de la dispensa o no: en esa medida es un derecho renunciable. Pero no cabe la renuncia proyectada al futuro; por muy informada que sea esa renuncia"[36].

No obstante, más recientemente, el pleno de la Sala Segunda del TS, en su sentencia 389/2020, de 10 de julio[37], reconsidera el referido Acuerdo No Jurisdiccional de 2018, así como la jurisprudencia que lo aplicaba, y da un giro de ciento ochenta grados en el tratamiento de esta cuestión; pasando a sostener que, si la víctima de los hechos, que está personada en el proceso como acusación particular, deja de ostentar tal posición procesal, no recobra el derecho a acogerse a la exención del deber de declarar por haber renunciado al mismo al constituirse como acusación[38]. Y, en

---

36 STS 205/2018, de 25 de abril (*Tol 6602707*).

37 STS 389/2020, de 10 de julio (*Tol 8030719*).

38 Conviene apuntar, no obstante, que dicha sentencia ha sido objeto de algunos votos particulares que se apartan, en este punto, del criterio de la mayoría. En este sentido, resulta ilustrativo el voto particular formulado por De Porres Ortiz de Urbina, señalando que "el derecho a la dispensa nace cada vez que el testigo es llamado a declarar y así se deduce del contenido de los artículos 416 y 707 de la LECrim que reconocen ese derecho cada vez que se declare y en las distintas fases

el fundamento jurídico undécimo de dicha sentencia se exponen seis razones que justifican este cambio de postura, que se pueden sintetizar del siguiente modo:

a.- En primer lugar, porque tal derecho es incompatible con la posición del denunciante como víctima de los hechos, máxime en los casos de violencia de género en donde la mujer denuncia a su cónyuge o pareja de hecho, atribuyéndole la comisión de unos hechos delictivos. Además, en algunos delitos (los denominados delitos semipúblicos), es imprescindible su contribución procesal para que pueda activarse el proceso, por lo que pretender que la denunciante pueda abstenerse de declarar frente a aquel, es tanto como dejar sin contenido el propio significado de su denuncia inicial.

b.- En segundo lugar, porque si la persona denunciante que se constituye en acusación particular no ostenta la facultad de dispensa, su estatuto tiene que ser el mismo al abandonar tal posición, sin que exista fundamento para que renazca un derecho que había sido renunciado. Al haber renunciado al ejercicio del derecho de dispensa, primero por la interposición de la denuncia y, luego, constituyéndose en acusación particular, una vez resuelto el conflicto que constituía su fundamento, no hay razón alguna para su recuperación.

c.- En tercer lugar, porque cuando la víctima decide denunciar a su agresor, sin tener obligación de hacerlo, es porque ya no hay espacio para que se produzca una colisión entre el deber de declarar y las consecuencias de los vínculos familiares y de solidaridad que unen al testigo con el acusado. La víctima ya ha resuelto el conflicto derivado de su vínculo con el agresor que le permitía abstenerse de declarar contra él; y, una vez que ha dado ese paso, no tiene sentido recobrar un derecho del que voluntariamente ha prescindido.

d.- En cuarto lugar, porque de esta forma el testigo-víctima no puede ser coaccionado en su actuación posterior al prestar testimonio, para que

---

procesales. No estamos en presencia de un derecho único para todo el proceso, según sugiere la sentencia, sino de un derecho que nade cada vez que el testigo es llamado. Lo mismo puede decirse del derecho al silencio del imputado o acusado y lo mismo podríamos decir de la inviolabilidad del domicilio. Si el titular de la vivienda consiente que la policía entre en su casa a registrar, ese consentimiento no se extiende a futuras injerencias, que requerirán nuevo consentimiento o autorización judicial. No atisbo a comprender porque en el caso del derecho a la dispensa esto es distinto y desde luego la sentencia no lo explica".

se acoja a la dispensa, siendo libre de declarar con arreglo a su estatuto de testigo.

e.- En quinto lugar, porque mantener lo contrario y acogerse, o no, a la dispensa a voluntad de la persona concernida, permitiría aceptar sucesivamente y de forma indefinida la posibilidad de que una misma persona, pudiera tener uno u otro status, a expensas de su voluntad, lo que no es admisible. Además, lo contrario supondría convertir de facto a este tipo de delitos en perseguibles a instancia de parte, cuando son delitos públicos perseguibles de oficio; no es tolerable una especie de privatización del derecho penal.

f.- Y, en sexto lugar, porque al tratarse de una excepción, debe ser interpretada restrictivamente, y por ello únicamente aceptable en los casos que fundamentan tal dispensa.

Esta nueva orientación jurisprudencial, iniciada con la referida STS 389/2020, de 10 de julio, se confirmó en sentencias posteriores, tales como las SSTS 202/2021, de 4 de marzo, 342/2021, de 23 de abril, 725/2021, de 6 de octubre o 656/2022, de 29 de junio[39]. Y, tras la reforma de este art. 416.1 LECrim, operada por la Ley Orgánica 8/2021, de 4 de junio, de protección integral a la infancia y la adolescencia frente a la violencia, no solo se ha recogido legalmente esta doctrina jurisprudencial, sino que, como veremos a continuación, se han ampliado los supuestos en los que se excluye la posibilidad de acogerse a esta exención de la obligación de declarar por razón de parentesco.

## 3. EXCLUSIONES DE LA EXENCIÓN DEL DEBER DE DECLARAR DEL ART. 416.1 LECRIM, TRAS LA LO 8/2021, DE 4 DE JUNIO

Para tratar de zanjar todas estas incertidumbres suscitadas en torno a esta cuestionada exención del deber de declarar del testigo, y en particular del testigo-víctima, el legislador aborda la reforma del art. 416 LECrim, a la que ya se había comprometido en el Pacto de Estado contra la Violencia de Género de 2017, con ocasión de la aprobación de la Ley Orgánica 8/2021, de 4 de junio, de protección integral a la infancia y adolescencia frente a la violencia.

---

39 *Vid.*, SSTS 202/2021, de 4 de marzo (*Tol 8371900*); 342/2021, de 23 de abril (*Tol 8423003*); 725/2021, de 6 de octubre (RJ 2021/4658); y 656/2022, de 29 de junio (*Tol 9124137*).

En el apartado cuatro de su Disposición adicional primera, modifica el art. 416.1 LECrim, en el que, además de concretar el tipo de vínculo que ha de concurrir entre el testigo y el encausado para que aquél se pueda acoger a la dispensa, y establecer el deber de informar al testigo sobre su derecho a acogerse a la misma, haciendo constar expresamente su respuesta, se contemplan cinco casos en los que tal dispensa no será de aplicación, algunos de los cuales vienen a zanjar los debates suscitados al respecto en la doctrina y en el jurisprudencia. Tales supuestos son los siguientes[40]:

1°.- Cuando el testigo tenga atribuida la representación legal o la guarda de hecho de la víctima menor de edad o con discapacidad necesitada de especial protección[41]. Con tal exclusión de la dispensa del deber de declarar, se pretende otorgar una mayor protección a las víctimas menores de edad o con discapacidad, de modo que, en los delitos cometidos contra ellos, aunque sean menos graves o leves, el testigo que, *a priori*, podría acogerse a tal dispensa por su relación con el encausado, no podrá hacerlo si tiene atribuida la representación legal o guarda de hecho de la víctima. Es lo que sucedería, por ejemplo, cuando la víctima sea un menor de edad que ha sufrido una agresión por parte del cónyuge o de la pareja de hecho de su progenitor, y en presencia o con conocimiento de éste.

2°.- Cuando se trate de un delito grave, el testigo sea mayor de edad y la víctima sea una persona menor de edad o una persona con discapacidad necesitada de especial protección. Obsérvese que esta segunda exclusión, tal como está redactada, es muy amplia, de modo que excluye de la posibilidad de acogerse a la dispensa a todo testigo pariente del encausado cuando concurran estas tres circunstancias:

a) que se trate de un delito grave, lo que debe interpretarse en sentido técnico, en los términos de los arts. 13.1 y 33.2 CP: "son delitos graves las infracciones que la Ley castiga con pena grave", entre las que cabe destacar, además de la prisión permanente revisable, la de prisión

---

40 Tales exclusiones de la exención del deber de declarar por razón de parentesco, salvo la segunda, que es la de alcance más amplio, también se contemplaban en el art. 660.2 del Anteproyecto de Ley de Enjuiciamiento Criminal de 2020.

41 Recordemos que, conforme al art. 25 CP, "a los efectos de este Código, se entenderá por persona con discapacidad necesitada de especial protección a aquella persona con discapacidad que, tenga o no judicialmente modificada su capacidad de obrar, requiera de asistencia o apoyo para el ejercicio de su capacidad jurídica y para la toma de decisiones respecto de su persona, de sus derechos o intereses a causa de sus deficiencias intelectuales o mentales de carácter permanente".

superior a cinco años. Por tanto, si, conforme a estas previsiones legales, el delito fuese menos grave o leve, no operaría esta exclusión de la dispensa.

b) que el testigo sea mayor de edad, por lo que, si el testigo también fuese menor de edad, podría acogerse a la dispensa si guarda con el agresor la relación de parentesco prevista en el art. 416.1 LECrim.

c) que la víctima sea una persona menor de edad o una persona con discapacidad necesitada de especial protección.

Por tanto, la posibilidad de acogerse a la dispensa del deber de declarar queda excluida cuando concurran estas tres circunstancias objetivas, sin necesidad de que exista ningún tipo de vínculo o relación entre el testigo y la víctima, como en la exclusión anterior. Por ello, si bien se observa, en la mayoría de los supuestos, aquella primera exclusión ya quedará subsumida en esta segunda, pues habitualmente, en tales casos, también concurrirán estas tres circunstancias; aunque, cabe precisar que, tratándose de un testigo que tenga atribuida la representación legal o de hecho de la víctima, la exclusión de la posibilidad de acogerse a la dispensa operará incluso cuando se impute al encausado un delito menos grave o leve.

3º.- Cuando por razón de su edad o discapacidad el testigo no pueda comprender el sentido de la dispensa. A tal efecto, el Juez oirá previamente a la persona afectada, pudiendo recabar el auxilio de peritos para resolver. Como ya apuntamos, el art. 416.1 LECrim, dispone, en su inciso segundo, que el Juez instructor advertirá al testigo que goce de la exención del deber de declarar, "que no tiene obligación de declarar en contra del procesado; pero que puede hacer las manifestaciones que considere oportunas", debiendo el Letrado de la Administración de Justicia consignar la respuesta del testigo a tal advertencia. Tal disposición se entiende y resulta muy acertada para que la posibilidad de acogerse a tal dispensa (y de renunciar a ella válidamente) sea real y no una mera formalidad legal, porque los testigos no tienen por qué conocer esta exención ni sus consecuencias; y, de hecho, frecuentemente, ignoran tal derecho. Y, como declara la STS 385/2007, de 10 de mayo, para renunciar a un derecho, debe informarse que se dispone del mismo, ya que nadie puede renunciar a algo que desconozca[42].

Pero, como ha destacado el TS, tal advertencia sólo tiene razón de ser y puede cumplir realmente el fin que la justifica si el testigo, aun siendo me-

---

42 STS 385/2007, de 10 de mayo (*Tol 1075991*). En el mismo sentido, STS 1010/2012, de 21 de diciembre (*Tol 2729571*).

nor (o adoleciendo de una discapacidad), tiene una mínima madurez que le permita comprender el significado y el alcance de la dispensa del art. 416.1 LECrim. En otro caso, dicha advertencia sería totalmente ineficaz y superflua, por lo que su omisión no debería determinar la nulidad de la declaración. Para estos supuestos, la jurisprudencia venía sosteniendo que si el testigo menor, dada su corta edad, no gozaba de la madurez emocional necesaria para captar el alcance del conflicto que justifica tal dispensa, ni, por tanto, de la capacidad para dilucidar si debe acogerse o no a ella, debía ser su representante legal, siempre que no tuviese conflicto de intereses con el testigo, quien decidiese si aquel debía declarar o no[43].

No obstante, el Alto Tribunal había matizado esta solución, señalando que, aun tratándose de víctimas menores de edad, si tienen suficiente madurez para entender el alcance de esta dispensa del deber de declarar contra su pariente (por ejemplo, menores de 15 o 16 años) será a ellas a quienes debe hacerse dicha advertencia, y quienes deberán decidir si se acogen o no a tal dispensa, con independencia de lo que decida su representante legal, incluso cuando éste haya ejercido la acusación particular[44].

---

43 En este sentido, la STS 699/2014, de 28 de octubre (*Tol 4568859*) señala que, "no hay que esperar a la mayoría de edad para estar en condiciones de usar de esa habilitación. Pero si ha de contarse con la indispensable madurez según un juicio ponderativo que deberá efectuar el Juzgador [...]. Esas condiciones de madurez probablemente pueden presumirse de manera indubitada a partir de una edad (quizás los dieciséis años, son pretender con esto fijar fronteras claras y precisas); ha de confiarse en un juicio casuístico en otra franja de edad; y, por fin, ha de negarse rotundamente por debajo de otra (¿doce años?, algunas normas toman ese momento como referente significativo). No ostentando capacidad para determinar en ese punto la propia conducta, en principio habrá de confiarse a los representantes legales (argumento ex art. 162 Código Civil) la decisión sobre si el menor debe declarar o no en los supuestos prevenidos en el art. 416 LECrim, aunque no lo especifique así claramente la Ley Procesal Penal a diferencia de lo que sucede en otros ordenamientos (v.gr., el británico)". *Vid.*, asimismo, STS 730/2018, de 1 de febrero (*Tol 7028696*). Esta tesis también se recogía expresamente en el Borrador de Anteproyecto de Código Procesal Penal de 2013, cuyo art. 370.3 preveía que, tratándose de menores que carezcan de madurez suficiente para valorar el sentido y alcance de su decisión o de incapaces que padezcan una deficiencia psíquica relevante, la decisión de declarar o no deberá ser adoptada por sus padres o por su representante legal, salvo que el imputado fuera alguno de los progenitores o el representante legal del menor o incapaz.

44 *Vid.*, SSTS 209/2017, de 28 de marzo (*Tol 6027027*), 225/2020, de 25 de mayo (*Tol 7968771*), 329/2021, de 22 de abril (*Tol 8409600*) o 342/2021, de 23 de abril (*Tol 8423003*). Sobre esta problemática, *vid.*, ampliamente, Alicia González Monje, *La*

Pues bien, con esta reforma legal de 2021, el legislador parece abandonar la anterior tesis jurisprudencial, estableciendo expresamente que, si por razón de su edad o discapacidad, el testigo no puede comprender el sentido de la dispensa del art. 416.1 LECrim, no se estará a lo que decida su representante legal, sino que se excluirá la aplicación de tal dispensa, debiendo el testigo prestar declaración. Y, a los efectos de tomar tal decisión, el juez debe cerciorarse sobre la madurez y aptitud del testigo para comprender el sentido de esta dispensa, dando audiencia al mismo y recabando, en su caso, el informe de peritos sobre tal extremo.

A tal efecto, como señala MAGRO SERVET, se puede tomar como referencia la edad de los 14 años, ya que, por debajo de esa edad, el art. 449 ter LECrim exime al testigo de declarar en la vista del juicio oral, debiendo practicarse la testifical del menor como prueba preconstituida, en cuyo caso la ley nada prevé sobre la posibilidad del testigo de ampararse en esta dispensa del deber de declarar, ni de la obligación del juez de advertirle de ello[45]. No obstante, si, aun habiéndose preconstituido la prueba, a la fecha del juicio oral el testigo cuenta con una edad superior a 14 años y con una capacidad que le permite comprender el alcance de esta dispensa, se debe interesar su parecer respecto al ejercicio del derecho a no declarar contra su pariente, y en caso afirmativo quedaría vetada la posibilidad de reproducir en el juicio oral sus declaraciones prestadas en la fase de instrucción[46].

4º.- Cuando el testigo esté o haya estado personado en el procedimiento como acusación particular. Con esta previsión, el legislador dota de rango legal a la orientación jurisprudencial referida anteriormente, sentada a partir de la STS 389/2020, de 10 de julio. Esto significa que, si el testigo-víctima que ha formulado denuncia no se constituye luego en acusador particular, en principio, conservaría su derecho a acogerse a esta exención. Pero, si se persona como acusación particular, perderá su derecho a la dispensa del deber de declarar y no lo recuperará, aunque luego abandone

---

*dispensa del deber de declarar en violencia de género. Problemas planteados y soluciones propuestas* (Cizur Menor: Thomson Reuters Aranzadi, 2019), págs. 119-126; Isabel Maravall Buckwalter, *La declaración del menor en el proceso penal. Admisibilidad y práctica en el derecho internacional de los Derechos Humanos* (Valencia: Tirant lo Blanch, 2019), págs. 247-266.

45 *Vid.*, Vicente Magro Servet, "Análisis de la reforma procesal penal de la Ley Orgánica de protección integral a la infancia y la adolescencia frente a la violencia", *Diario La Ley*, nº 9862, 2 de junio de 2021, (https://diariolaley.laleynext.es).

46 *Vid.*, STS 329/2021, de 22 de abril (*Tol 8409600*).

dicha posición procesal[47]. De este modo, el legislador también se aparta del criterio por el que se decantaba el art. 370.1.II del Borrador de Anteproyecto de Código Procesal Penal de 2013, el cual excluía de la posibilidad de acogerse a esta dispensa al denunciante.

A este respecto, resultan interesantes las matizaciones recogidas en las *Conclusiones del Encuentro de Fiscales Especialistas en violencia de género*, de diciembre de 2020, sobre cuándo se ha de entender, a tal efecto, que una víctima está personada como acusación particular. Según el criterio de la Fiscalía, en las diligencias urgentes y juicios rápidos, donde se produce una gran flexibilidad y concentración de trámites, con independencia de la personación formal con letrado y procurador, se atenderá al momento en que la víctima, debidamente asistida y asesorada por letrado, y una vez informada de sus derechos al amparo del art. 109 LECrim, manifieste su voluntad de participar en el procedimiento o realice actos que exterioricen de forma inequívoca esa voluntad como solicitar prisión, pedir diligencias o formular escrito de acusación. En cambio, cuando se tramiten diligencias preliminares, sumario ordinario o jurado, será necesaria la personación formal mediante abogado y procurador[48].

Por lo demás, también conviene recordar, en este punto, la orientación jurisprudencial conforme a la cual el ejercicio de la acusación particular por los padres o representantes legales de la víctima menor no conlleva una renuncia expresa o tácita de ésta a su derecho a la dispensa del deber de declarar, de modo que podrá ejercitarlo siempre que sus condiciones de madurez lo permitan[49].

5º.- Cuando el testigo haya aceptado declarar durante el procedimiento después de haber sido debidamente informado de su derecho a no hacerlo[50]. El legislador parece querer zanjar así otra de las controversias que se suscitaban en torno a esta dispensa del art. 416.1 LECrim, a saber, si el testigo que, en algún momento procesal, tras haber sido informado de su

---

47 Tal exclusión de la dispensa del deber de declarar ya se aplicó en la STS 656/2022, de 29 de junio (*Tol 9124137*).

48 *Vid.*, *Conclusiones del Encuentro de Fiscales Especialistas en violencia de género. diciembre 2020,* en https://www.fiscal.es/documents/20142/688f52f2-9775-d40b-d91c-7b5350acba9c, págs. 22 y 23.

49 *Vid.*, SSTS 342/2021, de 23 de abril (*Tol 8423003*) o 752/2021, de 6 de octubre (*Tol 8623981*).

50 Una disposición análoga ya se contenía en el art. 570.2 del Anteproyecto de Ley de Enjuiciamiento Criminal de 2011.

derecho a acogerse a tal dispensa, optaba por prestar declaración, podía o no volver a acogerse a esta exención en declaraciones posteriores.

A este respecto, cabe recordar que, aunque la LECrim únicamente refiere esta exención de los testigos parientes, y por tanto, el deber de advertirles de ella, al momento de su declaración ante el Juez de Instrucción (art. 416.1 LECrim) o en el juicio oral (art. 707 LECrim), la jurisprudencia ha extendido tal dispensa y el consiguiente deber de información a la fase policial previa, amparándose en la dispensa del deber de denunciar del art. 261 LECrim[51]. Y, además, sostiene que tal advertencia debe reiterarse en cada una de estas fases procesales, con independencia de la decisión que adopte el testigo en cada momento, pues el hecho de que decida declarar en alguna de estas fases no supone una renuncia tácita y definitiva a este derecho para las fases posteriores[52].

Pues bien, con esta disposición, el legislador se desmarca de tal orientación jurisprudencial, dando a entender que, si en algún momento del proceso, ya sea en la fase de instrucción o de juicio oral, el testigo acepta prestar declaración tras haber sido informado debidamente de su derecho a no hacerlo, estará renunciando tácitamente a acogerse a esta dispensa en posteriores ocasiones en que sea llamado a declarar nuevamente. La razón de ser de tal exclusión radica en que si el testigo, tras haber sido informado debidamente de su derecho a la dispensa, decide declarar, es porque ya ha resuelto su conflicto interno al que ésta responde, por lo que ya no ha lugar a recuperar la dispensa en momentos procesales posteriores.

---

51 En este sentido, la STS 385/2007, de 10 de mayo (*Tol 1075991*), declaró prueba obtenida ilegalmente la declaración de la hermana del acusado que entrega la droga a la policía sin haber sido advertida de la exención del deber de denunciar ni de la dispensa de la obligación de declarar. En el mismo sentido, las SSTS 160/2010, de 5 de marzo (*Tol 1792954*), 1010/2012, de 21 de diciembre (*Tol 2729571*), y 485/2021, de 3 de junio (*Tol 8463962*), tras hacer un análisis de la doctrina jurisprudencial sobre esta cuestión, concluyen que el criterio jurisprudencial predominante es el de la obligatoriedad de la advertencia tanto en sede policial como judicial, y dentro de ésta en cada una de las dos fases del proceso (instrucción y plenario); y el efecto de la no observancia de esta obligación es la nulidad de la declaración prestada y la consiguiente imposibilidad de su valoración por el juzgador.

52 *Vid.*, Villamarín López, "El derecho de los testigos parientes a no declarar…", pág. 26. En el mismo sentido, *vid.*, SSTS 160/2010, de 5 de marzo (*Tol 1792954*); 1010/2012, 21 de diciembre (*Tol 2729571*); 49/2018, de 30 de enero (*Tol 6498964*); 310/2021, de 12 de abril (*Tol 8403311*) y 485/2021, de 3 de junio (*Tol 8463962*).

No obstante, conviene hacer dos matizaciones en relación con esta exclusión de la dispensa del deber de declarar. La primera es que la ley se refiere expresamente a que el testigo haya aceptado declarar "durante el procedimiento", por lo que entendemos que no debe determinar la exclusión de esta dispensa el hecho de que el testigo haya aceptado declarar ante la policía o ante el Ministerio Fiscal en el marco de una investigación preprocesal[53].

Y la segunda matización se refiere a que, para que pueda operar esta exclusión, será necesario que la información que se le dé al testigo sobre el derecho a la dispensa también incluya expresamente este extremo, es decir, que se le advierta de modo expreso y claro de que si opta por prestar declaración ya no podrá acogerse a la dispensa en momentos procesales posteriores. Sólo así podrá ser plenamente consciente de que su declaración conllevará la renuncia tácita a tal dispensa de cara a ulteriores declaraciones.

Finalmente, cabe destacar que, con esta exclusión se solventan definitivamente las dudas y controversias que se habían suscitado en torno a la posibilidad de introducir en el juicio oral y dotar de valor probatorio, por la vía de los arts. 714 y/o 730 LECrim, o a través de los testigos de referencia, a las declaraciones sumariales cuando el testigo, tras haber declarado en la fase de instrucción, se acogía luego a la dispensa en el juicio oral, conforme al art. 707 LECrim[54]. A tenor de esta nueva disposición del art.

---

[53] En este sentido, *vid.*, Ana Rodríguez Álvarez, "Claves de la reforma de la dispensa del deber de declarar ex Ley Orgánica 8/2021, de 4 de junio", *Diario La Ley*, nº 9916, 20 de septiembre de 2021 (https://diariolaley.laleynext.es); Sánchez Melgar, "Nuevo marco de la dispensa a la obligación de declarar…". Por su parte, Ortega Calderón ("Denuncia y Artículo 416.1.5º LeCrim tras la reforma operada por LO 8/2021, de 4 de junio" (https://elderecho.com/denuncia-y-articulo-416-1-5o-lecrim-tras-la-reforma-operada-por-lo-8-21-de-4-de-junio) analiza las distintas interpretaciones que admite esta nueva disposición del art. 416.1.5º LECrim, exponiendo los argumentos a favor y en contra de cada una de ellas. Y concluye planteando como solución integradora la tesis calificada como predominante por la STS 485/2021, de 3 de junio (*Tol 8463962*), conforme a la cual la denuncia ante la policía implicaría la imposibilidad de acogerse de forma sobrevenida a la dispensa de la obligación de declarar si, al tiempo de formalizar aquella, la víctima hubiera sido debidamente informada de tal derecho; y, a tal efecto, el juez de instrucción deberá hacer un control sobre la suficiencia de la información proporcionada al respecto a la víctima por las fuerzas y cuerpos de seguridad.

[54] En relación con esta controversia, *vid.*, Alcalá Pérez-Flores, "La dispensa del deber de declarar…", págs. 11 a 16; Ruby Sibony, María Ángeles Serrano Ochoa y Olga

416.1.5º LECrim, si el testigo ha aceptado declarar en la fase de instrucción después de haber sido informado adecuadamente de su derecho a no hacerlo, ya no podrá acogerse luego a esta dispensa cuando sea llamado a declarar al juicio oral. De modo que, si opta por guardar silencio o se contradice con lo declarado anteriormente, ya nada impide la aplicación del art. 714 LECrim, permitiéndose que las partes soliciten la lectura de las declaraciones sumariales y le formulen preguntas al testigo tendentes a evidenciar sus contradicciones con lo declarado anteriormente o a recordarle sus manifestaciones anteriores, de modo que el tribunal pueda tomarlas en consideración y valorarlas[55].

## BIBLIOGRAFÍA

Alcalá Pérez-Flores, Rafael. "La dispensa del deber de declarar de la víctima de violencia de género: interpretación jurisprudencial" (2009) (http://www.poderjudicial.es/stfls/PODERJUDICIAL/DOCTRINA/FICHERO/Alcal%C3%A1%20P%C3%A9rez-Florez,%20Rafael_1.0.0.pdf).

Beltrán Montoliu, Ana. "Víctima de violencia de género y la dispensa del art. 416 LECrim: evolución jurisprudencial". *Revista de Derecho Penal y Criminología,* 3ª época, nº 19 (2018): 13-46.

Bonilla, Jesús. "La participación en el proceso penal de la víctima menor de edad. El ejercicio de la dispensa de la obligación de declarar". *Teorder. Teoría y Derecho. Revista de pensamiento jurídico,* núm. 34 (2003): 256-281.

Caballero Gea, José Alfredo. *Violencia de género. Juzgados de violencia sobre la mujer penal y civil. Síntesis y ordenación de la doctrina de los Tribunales y Fiscalía General del Estado.* Madrid: Dykinson, 2013.

Esteve Mallent, Lara. "La violencia de género entre adolescentes". En *La violencia de género en la adolescencia,* dirigido por García González, 93-156. Cizur Menor: Thomson Reuters Aranzadi, 2012.

Gómez Colomer, Juan Luis. *Violencia de género y proceso.* Valencia: Tirant lo Blanch, 2007.

---

Reina Toranzo, "La prueba y la dispensa del deber de declarar por el testigo-víctima en los procesos de violencia de género", *La Toga,* nº 182 (2011), págs. 9-16; Villamarín López, "El derecho de los testigos parientes a no declarar…", págs. 29 a 33. La Sala Segunda del Tribunal Supremo ya había tratado de cerrar esta polémica en el referido Acuerdo del Pleno No Jurisdiccional de 23 de enero de 2018, disponiendo que "El acogimiento, en el momento del juicio oral, a la dispensa del deber de declarar establecida en el artículo 416 de la LECRIM, impide rescatar o valorar anteriores declaraciones del familiar-testigo aunque se hubieran efectuado con contradicción o se hubiesen efectuado con el carácter de prueba preconstituida".

55 *Vid., Conclusiones del Encuentro de Fiscales Especialistas en violencia de género…,* op. cit, págs. 23 y 24.

González Monje, Alicia. *La dispensa del deber de declarar en violencia de género. Problemas planteados y soluciones propuestas.* Cizur Menor: Thomson Reuters Aranzadi, 2019.

Gonzalo Rodríguez, María Teresa. "La declaración de la víctima de violencia de género: buenas prácticas para la toma de declaración y valoración judicial". *Revista Jurídica de Castilla-La Mancha,* nº 51, (2020): 99-138.

López García-Nieto, Isabel. "Análisis de la nueva redacción del artículo 416 de la LECrim, establecida por Ley Orgánica 8/2021", https://elderecho.com/analisis-nueva-redaccion-articulo-416-ley-enjuiciamiento-criminal.

Magro Servet, Vicente. "Análisis de la reforma procesal penal de la Ley Orgánica de protección integral a la infancia y la adolescencia frente a la violencia". *Diario La Ley,* nº 9862, 2 de junio de 2021, https://diariolaley.laleynext.es.

Maravall Buckwalter, Isabel. *La declaración del menor en el proceso penal. Admisibilidad y práctica en el derecho internacional de los Derechos Humanos.* Valencia: Tirant lo Blanch, 2019.

Ortega Calderón, Juan Luis. "Denuncia y Artículo 416.1.5º LeCrim tras la reforma operada por LO 8/2021, de 4 de junio", https://elderecho.com/denuncia-y-articulo-416-1-5o-lecrim-tras-la-reforma-operada-por-lo-8-21-de-4-de-junio.

Rodríguez Álvarez, Ana. "Claves de la reforma de la dispensa del deber de declarar ex Ley Orgánica 8/2021, de 4 de junio". *Diario La Ley,* nº 9916, 20 de septiembre de 2021, https://diariolaley.laleynext.es.

Sánchez Melgar, Julián. "Nuevo marco de la dispensa a la obligación de declarar. A propósito de la Ley Orgánica 8/2021, de 4 junio", https://elderecho.com/nuevo-marco-de-la-dispensa-a-la-obligacion-de-declarar-a-proposito-de-la-ley-organica-8-2021-de-4-junio.

Sibony, Ruby, Serrano Ochoa, María Ángeles, y Reina Toranzo, Olga. "La prueba y el derecho a la dispensa del deber de declarar por la testigo-víctima en los procedimientos de violencia de género". *La Toga,* núm. 182 (2011): 13-22.

Tárrega Cervera, Begoña. "La esperada reforma del artículo 416 LECRIM", Artículo 416 LECrim y menores tras la reforma por LO 8/21 de 4 de junio (elderecho.com).

Villamarín López, María Luisa. "El derecho de los testigos parientes a no declarar en el proceso penal". *InDret,* núm. 4 (2012): 1-40 (www.indret.com).

Villamarín López, María Luisa. "El derecho a no declarar de las víctimas de violencia de género a la luz de la doctrina reciente del Tribunal Supremo". *Foro, Nueva Época,* vol. 22, núm. 1 (2019): 267-276.

Yugueros García, Antonio Jesús. "Las dispensas procesales en el contexto de la violencia de género en las relaciones de pareja o expareja". *Aposta. Revista de Ciencias Sociales,* nº 79 (2018): 139-163.

# *Advertencia a testigos menores de edad de la dispensa del deber de declarar contra parientes y orden europea de investigación*[1]

**MERCEDES SERRANO MASIP**
*Universidad de Lleida*



## 1. INTRODUCCIÓN

El origen de este trabajo se halla en el estudio de dos resoluciones judiciales cuya relevancia para el análisis de la interpretación y aplicación de importantes instituciones de Derecho procesal penal se percibe ya desde el momento en que son seleccionadas. Sin embargo, hasta que no se lleva a cabo una lectura detenida de las mismas no se logra identificar los extremos que las conectan y justifican el hecho de que les hayamos otorgado el rol de ser el hilo conductor de las cuestiones que van a ser abordadas.

Todas ellas emanan de un núcleo bastante pequeño, en el que no se suele reparar, pero que ha demostrado tener una gran proyección. Nos referimos a la capacidad de víctimas y testigos menores de edad de comprender el significado y los efectos del ejercicio de su derecho a no declarar contra sus parientes.

1 Este estudio se ha realizado en el marco del Proyecto de Investigación "Los crímenes de honor como violencia de género: delineamiento de un estudio jurídico-asistencial protector en España", financiado por el Ministerio de Ciencia e Innovación (Ref. PID2022-136879-NB-100).

Pues bien, el reconocimiento de la titularidad de ese derecho y las garantías procesales para poder ejercitarlo constituyen el asunto principal del que han debido ocuparse las dos sentencias referidas y que son la dictada en el asunto *R.B. c. Estonia* por el TEDH y la núm. 159/2023 emitida por la Sala Segunda del Tribunal Supremo.

La sentencia del TEDH permite, en primer lugar, conocer la regulación del derecho de los menores a la dispensa en un Estado miembro de la Unión Europea, cuál es su fundamento jurídico, cómo se aplica por las autoridades nacionales y su repercusión tanto para la persona acusada cuanto para la víctima menor de edad. Y, en segundo lugar, nos muestra el enjuiciamiento que efectúa el TEDH en el supuesto concreto, valorando la actuación de las distintas autoridades nacionales que intervienen en el proceso penal, de conformidad con su jurisprudencia y los principios en que se funda la obligación de los Estados, que forman parte del Consejo de Europa, de salvaguardar la integridad física y psicológica de las personas.

Esta doctrina del TEDH ha constituido la base en la que se han apoyado los tribunales españoles cuando han debido razonar y decidir sobre si debían informar a los menores que intervenían como testigos en el proceso penal acerca de su derecho a la dispensa de declarar. Asimismo, es la causa de la modificación del art. 416.1 LECrim por la Ley Orgánica 8/2021. De ahí que hayamos dedicado unas líneas a la incorporación de dicha doctrina en nuestro ordenamiento jurídico.

Situados en este contexto, cabe añadir que cuando la intervención de nuestros tribunales ocasione una injerencia en los derechos de las personas ha de ajustarse también a los valores consagrados en la CDFUE, singularmente, en los casos en los que tales órganos aplican Derecho de la Unión Europea. Y cuando, además, soliciten la cooperación de otro Estado miembro, con el fin de introducir los resultados de su actuación en el proceso penal que están sustanciando, deberán incluso indagar si se han respetado aquellos valores. Estos son los temas que se plantean a la Sala Segunda del Tribunal Supremo y sobre los que se pronuncia en su sentencia núm. 159/2023.

La primera parte de este trabajo se centra en la sentencia del TEDH y la segunda en la del Tribunal Supremo. Sus objetivos son plasmar la influencia de la doctrina del TEDH en la del Tribunal Supremo y en el derecho positivo español y, una vez ha sido asumida y es completada por los derechos establecidos en la CDFUE, constatar cómo se traslada su efectividad a la emisión y ejecución de una orden europea de investigación.

## 2. SENTENCIA DEL TEDH DICTADA EN EL ASUNTO *R.B. c. ESTONIA*

### *2.1. Antecedentes de hecho*

El caso resuelto en la sentencia *R.B. c. Estonia*[2], se plantea al TEDH porque la demandante entiende que las autoridades judiciales nacionales no dirigieron de forma efectiva la investigación de la denuncia que efectuó contra su padre por abusos sexuales. En el proceso penal, el padre fue absuelto a consecuencia de un quebrantamiento de ciertas normas procesales reguladoras de la declaración de los testigos. Fundamenta la demanda ante el TEDH en la violación los arts. 3 y 8 CEDH.

Las circunstancias más relevantes del asunto derivan de la tramitación, primero, de un proceso penal y, en segundo lugar, de un proceso civil.

Tras la denuncia de los hechos posiblemente constitutivos de abusos sexuales, se inicia una investigación en la que se toma declaración a la demandante que, en aquel tiempo, tenía 4 años de edad. La declaración se realiza en sede policial, en presencia de la madre de la menor y de un psicólogo, es grabada en vídeo y transcrita por una inspectora del servicio de protección de menores.

Con base en tal declaración se incoa el proceso penal en el que se atribuye al padre la condición de investigado. Posteriormente a su declaración, la menor es sometida a un examen psicológico y psiquiátrico. Sus resultados se recogen en un informe donde se concluye que aun cuando la menor sufre ansiedad, su desarrollo psicológico es el que corresponde a su edad y no muestra una tendencia a fantasear. Sin embargo, no se estima conveniente que asista a las sesiones del juicio ni que declare en el mismo.

Se procede a interrogar al padre, que cuenta con asistencia letrada, poniendo a su disposición la grabación de las declaraciones emitidas por su hija. Le es concedida la oportunidad de formular preguntas por escrito a la menor.

Estimando que existe fundamento suficiente, el Ministerio público formula acusación y subsume los hechos imputados al acusado en dos delitos, uno de agresión sexual y otro de abuso sexual.

---

2 STEDH, de 22 de junio de 2021, *R.B. c. Estonia*, ECLI:CE:ECHR:2021:0622JUD002259716 (*Tol 8473689*).

En las sesiones del juicio se reproduce la grabación de las declaraciones de la menor y se practican otros medios de prueba (interrogatorio a los testigos y examen de los peritos). El acusado afirma su inocencia esgrimiendo que el testimonio de su hija es contradictorio y no fiable puesto que estuvo influenciada por su madre, la duración de la exploración fue excesiva y las preguntas tendenciosas.

El Tribunal de primera instancia condena al acusado y le impone una pena de prisión de 6 años. Es determinante, para enervar la presunción de inocencia, de un lado la personalidad de la menor que no tiene una tendencia a fantasear y, de otro, su declaración en la que no se advierten ni manipulaciones ni influencias externas.

Contra dicha sentencia, el condenado recurre alegando la falta de fiabilidad del testimonio de su hija. El Tribunal de apelación desestima el recurso y confirma la condena amparándose en la credibilidad de las declaraciones de la menor. No obstante, la decisión no es unánime, pues, se emite un voto disidente que considera que las declaraciones de la menor han sido obtenidas quebrantando dos requisitos procesales esenciales: primero, no fue informada de su obligación de decir la verdad y, segundo, no se le advirtió de su derecho a no declarar contra su padre. Se trata de dos requisitos legales aplicables a cualquier testigo sin distinción, también a las declaraciones de los menores, si bien la información sobre esos derechos ha de hacerse de manera apropiada a su edad y su nivel de comprensión.

El condenado eleva el asunto al Tribunal Supremo que revoca la sentencia de segunda instancia y le absuelve. Motiva su decisión en que la condena se basa, esencialmente, en el testimonio de la menor que no puede gozar de credibilidad al no haber sido informada acerca de su obligación de decir la verdad ni haber sido advertida de que podía negarse a declarar en contra de su padre. Ambas exigencias legales deben ser estrictamente observadas cuando se interroga a las víctimas, aunque estas sean menores de edad. Dichas reglas son incumplidas en las diligencias previas al proceso penal, razón por la cual el Tribunal Supremo entiende que no puede reponer las actuaciones al momento anterior al interrogatorio de la menor.

Por lo que respecta al proceso civil iniciado antes de la denuncia penal, debe señalarse que su objeto era el establecimiento de un régimen de custodia o visitas del padre con la menor. Dicho régimen es suspendido a causa de la tramitación del proceso penal, prohibiéndose al padre relacionarse con su hija. Una vez absuelto se le reconoce otra vez el derecho a comunicarse con su hija, pero es dejado sin efecto por el Tribunal Supremo. Devuelta la causa civil al Tribunal de segunda instancia, este acuerda otorgar únicamente a la madre la custodia de la menor, prohibiendo al padre cualquier tipo de relación con ella hasta que alcance la mayoría de edad. Esta decisión se basa en las pruebas practicadas en el proceso civil, singularmente, en las declaraciones de la menor, su madre y testigos, así como en los dictámenes elaborados por expertos. Se opone al razonamiento del padre consistente en que la absolución penal impide que en sede civil se tengan en cuenta las alegaciones de abusos sexuales. Para el Tribunal de segunda instancia, en el proceso civil debe valorarse si la conducta del padre constituye un peligro para la menor lo que comporta que deban admitirse todas las alegaciones al respecto, así como la práctica de los pertinentes medios de prueba. Puntualiza dicho Tribunal que la causa de la absolución fue la infracción de normas procesales, no la inexistencia de los hechos delictivos en los que se basó la acusación.

### *2.2. Fundamentos de derecho*

Este epígrafe se destina a examinar, de un lado, la doctrina que emana de la concreta STEDH y, de otro, los principios de Derecho europeo en los que aquella se apoya.

#### 2.2.1. Doctrina que cabe extraer de la STEDH R.B. c. Estonia

El TEDH debe decidir si las autoridades nacionales que intervinieron en el proceso penal incumplieron las obligaciones de carácter activo impuestas por los arts. 3 y 8.1 CEDH dejando sin la debida protección legal a la menor. De conformidad con el art. 3 “Nadie puede ser sometido a tortura ni a penas o tratos inhumanos o degradantes” y con el art. 8.1 “Toda persona tiene derecho al respeto de su vida privada y familiar, ...”.

En primer lugar, el TEDH debe aclarar si la demandante ostenta el estatus de víctima. Se opone a ello el Estado demandado argumentando que la menor deja de ser víctima al conseguir una decisión favorable en el proceso civil sobre guarda y custodia. Sin embargo, el TEDH afirma que la protección efectiva ante la perpetración de un delito de abusos sexuales, que agrede valores fundamentales de la vida privada, sólo se logra en un proceso penal. Concluye que la protección que procura un proceso civil es insuficiente, de ahí que su sustanciación no libera a las autoridades nacionales de adoptar una acción positiva que ha de consistir en aplicar la norma penal a través de un efectivo proceso penal.

En segundo término, admite que la denuncia de la menor de haber sido víctima de abusos sexuales es un supuesto de hecho contemplado en los arts. 3 y 8.1 CEDH, de modo que desencadena en el Estado la obligación de índole positiva de sancionar dicha conducta con la aplicación de las normas penales a través de una efectiva investigación y acusación. La obligación del Estado es si cabe más intensa debido a la especial vulnerabilidad de la víctima debiendo ser prioritarios sus intereses que, en el plano procesal, tal preferencia se traduce en asegurar su protección.

Seguidamente, el TEDH alude a convenios y directrices aprobados en el seno del Consejo de Europa, así como a Directivas de la UE, que prevén procedimientos relativos a cómo deben obtenerse las declaraciones de los menores y ha de preservarse su validez.

En tercer lugar, se adentra en el examen acerca de si la manera de actuar, por un lado, de las autoridades de investigación al no informar a la víctima de sus derechos procesales y, por otro, del Tribunal Supremo al reaccionar absolviendo al acusado basándose en motivos procesales, disminuyeron sus respectivas potestades de fijar las circunstancias del caso o de atribuir responsabilidad penal al agresor. El TEDH constata que el derecho procesal nacional, cuando regula la información que debe suministrarse a los testigos antes de ser interrogados acerca de la obligación de decir la verdad y de su derecho a no testificar en contra de parientes, no distingue entre testigos mayores y menores de edad. Ahora bien, precisa que una aplicación estricta de esa regla no es acorde con las reglas procesales del Consejo de Europa y la Unión Europea que velan por diseñar una justicia adaptada al menor y por proteger procesalmente a la víctima menor de edad.

Para el TEDH, esos estándares supranacionales conectan la efectiva protección de los derechos procesales de los menores con la necesidad de conservar la validez de sus declaraciones tanto si son emitidas en las fases previas al juicio como en el propio juicio. Esta conexión implica que la previsión de normas específicas sobre obtención de pruebas que, partiendo de las características y necesidades de los menores, sean menos estrictas en sus requerimientos que las aplicables a los adultos, o una interpretación de las normas generales inspirada en el interés superior del menor, no ha de ser rechazada por entender que, ineludiblemente, disminuyen el valor de sus testimonios o menoscaban los derechos de la defensa.

Con apoyo en la doctrina expuesta, el TEDH estima la demanda y declara que la manera en la que se han desarrollado las actuaciones procesales penales, valoradas en conjunto, dando lugar a que el proceso penal nacional finalice sin entrar en el fondo, ha sido hasta tal punto deficiente que constituye una violación por el Estado demandado de las obligaciones que le imponen los arts. 3 y 8.1 CEDH.

### 2.2.2. Principios de Derecho europeo aplicables al caso

En la sentencia analizada, el TEDH apoya su razonamiento y decisión en unos principios ya consolidados en casos anteriores. Así, reitera que los arts. 3 y 8.1 CEDH imponen a los Estados la obligación de salvaguardar la integridad física y psicológica de las personas. Es una obligación que entraña una actuación positiva no de resultado, aunque sí de medios, y exige la previsión de un marco normativo que otorgue protección a los individuos frente a actos de violencia provenientes de otros individuos.

Han de integrar ese marco normativo preceptos de derecho penal y de derecho procesal. Estos últimos han de tender a lograr la efectividad de la investigación criminal, de la acusación y del juicio.

Cuando los actos de violencia se ejecutan sobre menores y consisten en abusos sexuales, la actuación de los Estados ha de estar guiada por el respeto al interés superior del menor. En otras palabras, debe atenderse a la dignidad, vulnerabilidad y derechos del menor. Y ese principio tiene una importante faceta procesal que es la de garantizar y salvaguardar las declaraciones y testimonios emitidos por el menor. Este fin exige que se prevean medidas menos estrictas, más compatibles con su personalidad, que las que determinan la validez de las declaraciones efectuadas por personas mayores de edad. Además, la adopción de tales medidas no ha de erigirse en una justificación para rebajar el valor de las de declaraciones del menor.

El principio que protege a los menores víctimas o testigos de delitos, eximiéndoles de las condiciones impuestas a las declaraciones prestadas por adultos para que sean válidas, no dimana ni de la Directiva 2011/92/UE, relativa a la lucha contra los abusos sexuales y la explotación sexual de los menores y la pornografía infantil, ni de la Directiva 2012/29/UE, que establece normas mínimas sobre los derechos, el apoyo y la protección a las víctimas de delitos. Su fuente más explícita, junto al Convenio del Consejo de Europa para la protección de los niños contra la explotación y el abuso sexual de 2007 y la jurisprudencia del TEDH, son las Directrices del Comité de Ministros del Consejo de Europa, relativas a una Justicia adaptada al menor, de 2010, en cuyo apartados 70 a 73 se celebra que existan normas menos estrictas reguladoras de los interrogatorios a menores, p. ej. no deban prestar juramento u emitir otras similares declaraciones, recomendando a los Estados que dichas particularidades no conduzcan a la invalidez de sus testimonios o disminuyan su valor[3].

## *2.3. Trascendencia para el Derecho procesal penal español*

La dispensa a testigos de la obligación de declarar contra parientes es un tema que ha debido ser abordado, con profundidad, por la jurisprudencia y la doctrina patria en un ámbito muy delimitado que es la violencia de género. Por consiguiente, los análisis se han centrado, mayoritariamente, en el ejercicio de tal dispensa por un sujeto concreto: mujer adulta víctima de un delito de violencia de género[4].

Menos atención ha generado la aplicación del régimen de la dispensa a los menores de edad testigos en un proceso penal. Cabe señalar que un punto de inflexión se produce a raíz de la sentencia de la Audiencia Provincial de Barcelona, de 14.1.2009[5]. En dicha causa el citado Tribunal debe pronunciarse sobre la validez del testimonio una menor de 6 años de edad, que emitió sin ser advertida de que no estaba obligada a declarar contra su padre, para poder valorarlo en el momento de dictar sentencia. Partiendo de las especialidades previstas, en aquel tiempo, por la LECrim para las declaraciones de los testigos menores, básicamente, que no debía prestar juramento o promesa de decir verdad porque la minoría de edad impide entender el alcance y la trascendencia de dicha acción, la Audiencia sostiene que la menor tampoco posee la capacidad necesaria para poder discernir entre lo que puede beneficiar o perjudicar a su padre como imputado. De modo que afirma que la falta de información sobre la dispensa no convierte en nula su declaración ni vulnera el derecho de

---

3 Council of Europe. *Guidelines of the Committee of Ministers of the Council of Europe on child-friendly justice.* (Strasbourg: Council of Europe Publishing, 2011), pág. 31. Sobre las mismas, puede consultarse Mercedes Serrano Masip, "Una justicia europea adaptada al menor: exploración de menores víctimas o testigos en la fase preliminar del proceso penal", *InDret. Revista para el análisis del Derecho* 2 (2013): 10-12.

4 Cfr., entre otros, Raquel Castillejo Manzanares, "La dispensa del deber de declarar del artículo 416 de la Ley de Enjuiciamiento Criminal respecto de la mujer que sufre violencia de género", *Revista de Derecho Penal* 26 (2009): 121-140 y Mercedes Serrano Masip, "La víctima de la violencia de género ante el deber de denunciar y declarar en el proceso penal", *Revista General de Derecho Procesal* 29 (2013): 1-37.

5 SAP Barcelona, Sec. 20ª, núm. 26/2009, de 14 de enero de 2009, ECLI:ES:APB:2009:1 (*Tol 1426093*).

defensa del acusado. La Audiencia le condenó, siendo las declaraciones de su hija una de las pruebas que permitieron enervar la presunción de inocencia. El condenado interpuso recurso de casación por violación del derecho fundamental a la presunción de inocencia basándose en que las declaraciones de la menor no constituían prueba válida al no haber estado advertida acerca de la dispensa que le otorga el art. 416.1 LECrim.

La Sala Segunda del Tribunal Supremo resuelve el recurso de casación asumiendo la tesis de la Audiencia, en el sentido de que la corta edad de la testigo le impedía distinguir entre los extremos de su relato que podían perjudicar a su padre, y concluye que las declaraciones de la menor son prueba suficiente para desvirtuar la presunción de inocencia[6].

Ahora bien, en anteriores sentencias la Sala Segunda del Tribunal Supremo había afirmado que los menores de edad estaban amparados por la dispensa establecida en el art. 416.1 LECrim[7]. Por este motivo, debe subrayarse la relevancia, para nuestro sistema procesal penal, de la sentencia del TEDH analizada en este comentario.

Informar a los testigos menores de edad sobre la dispensa de declarar en contra de sus parientes constituía, pues, un tema controvertido que, en principio, cabe estimar solucionado a partir de la reforma del art. 416 LECrim por la Ley Orgánica 8/2021, de protección integral a la infancia y la adolescencia frente a la violencia[8]. De conformidad con la nueva redacción del art. 416.1 LECrim, la dispensa no es aplicable "cuando por razón de su edad o discapacidad el testigo" no pueda comprender su sentido. A tal efecto, el Juez oirá previamente a la persona afectada, pudiendo recabar el auxilio de peritos para resolver".

Una reciente sentencia de la Sala Segunda del Tribunal Supremo ha interpretado cómo debe ser aplicada respecto de un menor, testigo y víc-

---

6 STS, Sala Segunda, Sec. 1ª, núm. 1061/2009, de 26 de octubre, ECLI:ES:TS:2009:6816.

7 *Vid.* STS, Sala Segunda, Sec. 1ª, núm. 957/2008, de 18 de diciembre, ECLI:ES:TS:2008:7499 y STS, Sala Segunda, Sec. 1ª, núm. 329/2021, de 22 de abril, ECLI:ES:TS:2021:1405.

8 Un completo estudio, sobre las normas que la LO 8/2021 dedica al trato que ha de dispensarse a las víctimas menores de edad en el marco del proceso penal, puede verse en Ana Beltrán Montoliu, "Víctimas vulnerables: especial referencia al estatuto del menor a la luz de la LO 8/2021 de protección a integral a la infancia y la adolescencia frente a la violencia", *Revista de la Asociación de Profesores de Derecho Procesal de las Universidades Españolas* 3 (2021): 124-138.

tima, la dispensa del deber de declarar contra parientes. Los hechos y las actuaciones procesales previas, así como los pronunciamientos contenidos en la misma resultan sumamente interesantes porque muestran la efectividad de la dispensa en nuestro sistema procesal penal y en el de otro Estado miembro de la Unión Europea al que se solicita su colaboración mediante la emisión de una orden europea de investigación (OEI). Estas son las principales razones que nos llevan a dedicarle el siguiente epígrafe.

## 3. ORDEN EUROPEA DE INVESTIGACIÓN Y EJERCICIO DE LA DISPENSA DEL DEBER DE DECLARAR CONTRA PARIENTES. EXAMEN DE LA SENTENCIA DEL TRIBUNAL SUPREMO, SALA SEGUNDA, NÚM. 159/2023

La sentencia de la Sala Segunda del Tribunal Supremo núm. 159/2023 es la causa desencadenante del breve análisis que se realizará en este epígrafe sobre la confluencia en un supuesto concreto de la emisión y ejecución de una OEI con el fin de salvaguardar el derecho de un menor testigo a la dispensa del deber de declarar contra uno de sus progenitores[9]. A los efectos de contextualizarlo, se ha estimado oportuno hacer, en primer lugar, una referencia en abstracto a ciertos extremos de la OEI que van a ser relevantes para el posterior examen de las decisiones que toman los tribunales españoles y las autoridades competentes alemanas que intervienen en la causa que finaliza con la mencionada sentencia del Tribunal Supremo.

### *3.1. Emisión y ejecución de la orden europea de investigación en la Directiva 2014/41/CE*

Para determinar el ámbito de aplicación de la Directiva 2014/41/CE del Parlamento Europeo y del Consejo, de 3 de abril de 2014, relativa a la orden europea de investigación en materia penal (DOEI), es crucial saber qué debe entenderse por OEI. De ahí que la DOEI la defina en su primer artículo especificando que es una resolución judicial emitida o validada por una autoridad del Estado miembro de emisión para realizar "una o varias medidas de investigación" en el Estado miembro de ejecución

---

9 STS, Sala Segunda, Sec. 1ª, núm. 159/2023, de 8 de marzo, ECLI:ES:TS:2023:797 (*Tol 9449082*).

"con vistas a obtener pruebas" así como para poder acceder a "pruebas que obren en poder de las autoridades competentes del Estado de ejecución". Sin embargo, omite definir qué ha de entenderse por "medida de investigación" y por "pruebas", lo que ha de valorarse negativamente, pues, pone de manifiesto que se dejan a un lado los postulados del principio de legalidad[10]. Es cierto que esta opción del legislador europeo permite a los legisladores nacionales acotar el alcance de tales instituciones procesales en las normas de transposición, aun a riesgo de ser un extremo que vaya en contra de la armonización y obstaculice la efectividad del reconocimiento mutuo. Al respecto debe señalarse que parte de la doctrina, a partir de una interpretación sistemática de la DOEI, parece incluir también en su ámbito de aplicación a los medios de prueba que han de practicarse en la fase de juicio[11].

Como expresamente se prevé, la persona acusada puede solicitar la emisión de una OEI para la práctica de un medio de prueba (arts. 1.3 y 4 a). Por lo que se refiere a si puede emitirse de oficio, al momento de presentar la solicitud y los requisitos que debe cumplir, así como, en lo atinente a las autoridades competentes para recibir la solicitud y emitir la OEI, son las normas previstas por los Derechos nacionales las que van a fijar tales cuestiones. Lo que la DOEI establece al respecto son unas reglas mínimas referentes a qué debe entenderse por "autoridad de emisión" (art. 2 c) y en qué tipo de procedimientos puede emitirse (art. 4)[12]. Reglas que ayudan a comprender las singularidades de la OEI.

---

10 *Vid.* la acertada critica de tales omisiones efectuada por Coral Arangüena Fanego, "Orden europea de investigación: próxima implementación en España del nuevo instrumento de obtención de prueba final transfronteriza", *Revista de Derecho Comunitario Europeo* 58 (2017): 916-918; y por Mercedes Llorente Sánchez-Arjona, *La orden europea de investigación y su incorporación al derecho español,* (Valencia: Tirant lo Blanch, 2020), 129-131.

11 Así, en algunos estudios se emplean términos y expresiones comprensivos no solo de diligencias de investigación sino también de medios de prueba; cfr. Roberto Kostoris, "Orden europea de investigación y derechos fundamentales", en *Garantías procesales de investigados y acusados. Situación actual en el ámbito de la Unión Europea,* dir. por Coral Arangüena Fanego y Montserrat de Hoyos Sancho, coord. por Begoña Vidal Fernández (Valencia: Tirant lo Blanch, 2018), 331 y 332.

12 Reglas mínimas, o amplios márgenes, que deben ser respetadas por los legisladores nacionales; *vid.* sobre las autoridades de emisión y ejecución, Marien Aguilera Morales, "Nuevas competencias para el Ministerio Fiscal con ocasión de la orden europea de investigación" en *Orden europea de investigación y prueba transfronteriza*

Singularidades que vienen generadas por ser un mecanismo cuya eficacia se hace depender de la aplicación del principio del reconocimiento mutuo de resoluciones judiciales (art. 82.1 TFUE), que es la base jurídica de la DOEI, pero como aclara en su considerando 6, la OEI presenta también rasgos característicos de los instrumentos propios de la cooperación o asistencia judicial; entre estos últimos, cabe subrayar, los que estriban en otorgar a las autoridades de emisión la potestad de decidir si la solicitud llega a la autoridad de ejecución, así como los poderes reconocidos a esta última para supervisar ciertos presupuestos de la prueba solicitada e incluso para sustituirla por otra con idéntica efectividad[13].

Interpuesta la solicitud, la emisión de la OEI se halla sujeta a un estricto doble control que ha de realizar la autoridad de emisión. Por un lado, ha de valorar si la OEI es necesaria y proporcionada a los fines del proceso penal incoado "teniendo en cuenta los derechos del sospechoso o acusado" y, de otro, si el concreto medio de prueba cuya práctica se solicita en la OEI hubiera podido "haberse dictado en las mismas condiciones para un caso interno similar" (art. 6.1). No puede pasar desapercibida la importancia atribuida a ese deber que se impone a la autoridad de emisión, ya que, sin que quede constancia de su cumplimiento, la OEI no debe ser emitida. En consecuencia, la autoridad de emisión debe comprobar que la medida a acordar sea necesaria, proporcionada y esté contemplada en la legislación nacional. Por lo que se refiere a los dos primeros presupuestos, la DOEI en sus considerandos 11 y 12 los interpreta desde la perspectiva de los derechos que el art. 48 CDFUE reconoce a las personas encausada o acusadas, aludiendo expresamente al derecho a la presunción de inocencia y a la intimidad. Y aun cuando conecta esos presupuestos con la evaluación que debe proyectarse sobre las "medidas de investigación", cabe entender que

---

*en la Unión Europea*, dir. por Mª Isabel González Cano (Valencia: Tirant lo Blanch, 2019), 459-464.

13 La doctrina coincide en señalar que la OEI es un instrumento de reconocimiento mutuo atemperado por los perfiles típicos de la asistencia judicial regulada en convenios internacionales. Esta naturaleza mixta se halla justificada por la vigencia en la Unión Europea de diferentes sistemas procesales penales, modelos de investigación, estándares de garantías y presupuestos de admisibilidad de pruebas que exigen un cierto grado de flexibilidad en la articulación de la cooperación judicial. *Vid.*, por todos, Coral Arangüena Fanego, "Orden europea de investigación: régimen de sustitución de la medida solicitada", *InDret. Revista para el análisis del Derecho* 1 (2021): 379 y 380 y Lorena Bachmaier, "La orden europea de investigación", en *Espacio judicial europeo y proceso penal,* dir. por Mar Jimeno Bulnes y coord. por Rodrigo Miguel Barrio, (Madrid: Tecnos, 2018), 133-135.

son también aplicables a los medios de prueba, con el fin de evitar bien su ilicitud bien de permitir que se declare la inocencia o culpabilidad de la persona acusada. A su vez, de los citados considerandos cabe extraer dos significados de la proporcionalidad, el primero entendida como un criterio que legitima el grado de restricción de los derechos fundamentales de índole sustantiva provocado por la adopción de la medida de investigación al ser esta idónea para la consecución del fin general pretendido, constituir la alternativa limitadora de los derechos fundamentales menos gravosa y llevar a cabo una intromisión en los intereses individuales proporcionada con la importancia de aquel fin. Y el segundo sentido situaría a la proporcionalidad en la esfera de las garantías procesales en orden a justificar que la adopción de la OEI es imprescindible para el éxito del proceso penal de modo que procede implicar a otro Estado miembro en la práctica de un medio de prueba[14].

El test de la proporcionalidad no tiene por qué ser el único control que haya de efectuar la autoridad de emisión. Esta puede, además, indagar si la DOEI concede a la autoridad de ejecución la facultad de practicar un medio de prueba distinto del indicado en la OEI o si dicha autoridad no puede llevar a cabo la sustitución puesto que aquel medio de prueba ha de estar regulado por el Derecho nacional del Estado miembro de ejecución, entre los que se cuentan las declaraciones de los testigos y las víctimas (art. 10.2 c). Asimismo, cabe que la autoridad de emisión se pregunte si los procedimientos y las formalidades que incluye en la OEI, con el fin de que sean aplicados por la autoridad de ejecución, pueden ser contrarios a los principios jurídicos fundamentales del Estado de ejecución (art. 9.2). Continuando con este razonamiento, también es posible que a la autoridad de emisión le surja la duda acerca de si la práctica del medio de prueba solicitado pudiera ser incompatible con las obligaciones del Estado miembro de ejecución de conformidad con el art. 6 TUE, que otorga el rango de principios generales del Derecho UE a los derechos fundamentales consa-

---

14 En definitiva, la proporcionalidad no solo condiciona el grado de injerencia de las autoridades competentes en los derechos fundamentales de la medida de investigación, sino que también influye en la emisión y la ejecución de una OEI teniendo en cuenta los gastos que genera. Cfr. al respecto, Lorena Bachmaier, "Prueba transnacional penal en Europa: la Directiva 2014/41 relativa a la orden europea de investigación", *Revista General de Derecho* Europeo 36 (2015): 15-19; Elena Martínez García, *La orden europea de investigación. Actos de investigación, ilicitud de la prueba y cooperación judicial transfronteriza,* (Valencia: Tirant lo Blanch, 2016), 59-61; y Llorente Sánchez-Arjona, *La orden europea de investigación y su incorporación al derecho español* ..., 111-120.

grados en el CEDH, y la CDFUE, ya que ello comportaría la denegación de la ejecución (art. 11.1 f). Una de las posibles consecuencias de este modo lógico de razonar es que sea la autoridad de emisión la que pueda iniciar el turno de consultas con la autoridad de ejecución, pese a que la DOEI parta del supuesto contrario (arts. 6.3, 10.4 y 11.4).

Alguna de las dudas expresadas, pueden reflejarse en el contenido de la OEI. En efecto, cuando la autoridad de emisión añade a los extremos mínimos, como es la descripción de la medida de investigación solicitada y la prueba a obtener (art. 5.1), formalidades o procedimientos específicos, impuestos por los hechos delictivos o las características de las partes que debe seguir la autoridad de ejecución, le puede estar concediendo un margen para que su intervención no se oponga ni a los principios fundamentales ni a concretas garantías procesales reguladas en su ordenamiento jurídico, lográndose el fin perseguido con la OEI (art. 9.1 y 2).

Recibida la OEI, la regla general derivada del principio de reconocimiento mutuo impone a la autoridad de ejecución que deba reconocerla y ejecutarla como si la medida de investigación hubiera sido ordenada por una autoridad del Estado de ejecución (art. 9.1). En esta línea, deberá también adecuar su intervención a las formalidades y procedimientos indicados en la OEI por la autoridad de emisión, siempre que no sean contrarios a los principios jurídicos fundamentales que informan su ordenamiento (art. 9.2)[15].

Igualmente, la DOEI asume la existencia de una tradición jurídica compartida por los Estados miembros que se traduce en que sus legislaciones prevén un conjunto de idénticas o similares medidas de investigación, hecho que asegura su ejecución, entre las que se hallan las declaraciones de testigos (art. 10.2). Respecto de ellas, la DOEI impide a la autoridad de ejecución que ejerza la facultad de sustituirlas, facultad del Estado de ejecución que pone de manifiesto la naturaleza híbrida de la OEI, ahora bien, ello no significa que sean de ejecución inexcusable[16]. Cabría, por

---

15 La efectividad de la *lex fori* y la *lex loci* en la fase de reconocimiento y ejecución de la OEI es explicada por Mar Jimeno Bulnes, "Orden europea de investigación en materia penal", en *Aproximación legislativa versus reconocimiento mutuo en el espacio judicial europeo: una perspectiva multidisciplinar,* dir. por Mar Jimeno Bulnes (Barcelona: Bosch, 2016), 178-184.

16 Así lo entiende también, Mª Dolores Ramírez Benavente, "Práctica de la prueba pericial en la orden europea de investigación", en *Orden europea de investigación y prueba transfronteriza en la Unión Europea,* dir. por Mª Isabel González Cano (Va-

ejemplo, que la autoridad de ejecución denegara la práctica de un interrogatorio a un testigo por oponerse a una de las obligaciones que haya contraído en virtud de la CDFUE, por ejemplo, las derivadas del interés superior del menor (art. 24.2)[17].

### *3.2. Emisión y ejecución de una orden europea de investigación relativa al ejercicio por un menor de la dispensa del deber de declarar: sentencia núm. 159/2023 de la Sala Segunda del Tribunal Supremo*

Los hechos que van a dar lugar a la sentencia objeto de examen son muy graves y suceden en España: una familia alemana, compuesta de padre, madre y dos hijos varones menores de edad viajan a Santa Cruz de Tenerife donde el padre mata a la madre y a uno de los hijos, pudiendo huir el otro hijo. Durante la fase de instrucción, se toma declaración al hijo aplicando las formalidades establecidas en la LECrim para la prueba preconstituida. Como consecuencia de entender que el menor no tenía la suficiente madurez para comprender el sentido de la dispensa del deber de declarar contra parientes, no fue informado sobre la misma. Celebrado el juicio oral ante el Tribunal del Jurado, en el que no se toma declaración al menor y se reproduce la grabación de la prueba preconstituida, se dicta sentencia condenatoria contra la que el condenado interpone recurso de apelación. La sentencia dictada por la Sala Civil y Penal del Tribunal Superior de Justicia es desestimatoria y es recurrida, por el condenado, en casación.

---

lencia: Tirant lo Blanch, 2019), 386. En sentido contrario, *vid.* Llorente Sánchez-Arjona, *La orden europea de investigación y su incorporación al derecho español*, ..., 114; Elena Laro González, "La sustitución de las medidas de investigación requeridas y la suspensión d la ejecución en la orden europea de investigación", *InDret. Revista para el análisis del Derecho* 4 (2021): 422.

17 Sobre la trascendencia de haber previsto la DOEI, de manera expresa en su art. 11.1.f, la observancia de los derechos fundamentales como una garantía máxima de la que depende la ejecución de la OEI, cfr. Montserrat de Hoyos Sancho, "Reconocimiento y ejecución de la orden europea de investigación" y Pilar Peiteado Mariscal, "¿Es acertado fundar la denegación de la ejecución de una OEI en la potencial vulneración de derechos fundamentales por parte del Estado emisor?", ambos estudios publicados en *Orden europea de investigación y prueba transfronteriza en la Unión Europea*, dir. por Mª Isabel González Cano (Valencia: Tirant lo Blanch, 2019), 620-622 y 708-712.

Al ser la declaración del menor, obtenida en fase de instrucción, la razón determinante de la enervación de la presunción de inocencia, aquella se convierte en el extremo esencial de las impugnaciones.

En cuanto al recurso de casación, nos vamos a centrar en los tres primeros motivos que se hallan estrechamente relacionados y se fundan, básicamente, en la vulneración del derecho a la tutela judicial efectiva y a un proceso con todas las garantías por inaplicación del art. 416.1 LECrim y por estimar que no quedó acreditado que el menor no podía volver a declarar en el juicio oral. Esta última alegación conlleva que el Tribunal Supremo deba pronunciarse acerca de los momentos procesales oportunos para la emisión de una OEI y para su incorporación al proceso penal, una vez es devuelta a la autoridad emisora.

El grado de madurez y desarrollo psicológico del menor es esencial para poder decidir si tenía una suficiente capacidad de autodeterminarse mediante el ejercicio de la dispensa o la renuncia a la misma. Cuando se llevó a cabo la exploración del menor (2019), el art. 416 LECrim no contenía ninguna norma que eximía al Juez de Instrucción de advertir a un testigo, teniendo en cuenta su edad, que estaba dispensado de la obligación de declarar en contra de parientes. No obstante, como se ha explicado en este trabajo, el Tribunal Supremo aplicaba su doctrina según la cual debía evaluarse la madurez del testigo menor de edad a los efectos de resolver si tenía capacidad de entender el significado de la dispensa. Dicha evaluación se desarrollaba dando audiencia al menor y pudiendo recabar el auxilio de expertos.

Según expone el Tribunal Supremo en la sentencia que se analiza, el Juez de Violencia sobre la Mujer no oyó al menor antes de la exploración ni le advirtió de que no tenía el deber de declarar. No obstante, precisa que la exploración se realizó con el auxilio de un intérprete, ya que el menor no conocía el idioma español, con la asistencia de dos expertos del Instituto de Medicina Legal y con la presencia e intervención del Ministerio Fiscal, del investigado y de su defensa letrada, garantizándose la contradicción. Incidiendo en este aspecto, el Tribunal Supremo agrega que todos los órganos jurisdiccionales españoles que intervinieron en la causa, el Juez de Violencia sobre la Mujer, el Magistrado-Presidente y la Sala Civil y Penal del Tribunal Superior de Justicia de Canarias, estimaron que tanto la edad del menor en el momento de explorarlo —siete años— cuanto la gravedad de los hechos, ponían de manifiesto sin necesidad de acudir a especialistas que aquel carecía de capacidad de decisión acerca del ejercicio de la dispensa legal.

En sus escritos de conclusiones provisionales, las acusaciones propusieron la exploración del menor mediante la reproducción de la grabación de la prueba preconstituida. Con el fin de poder dictar una resolución al respecto, el Magistrado-Presidente emite una OEI en la que pide a la autoridad competente alemana, ya que el menor testigo reside en Alemania, que valore la capacidad del menor para entender el sentido de la dispensa de declarar como testigo, por razón de su parentesco con el acusado, en la fase de juicio oral. Para el supuesto de que se considerara que sí contaba con la capacidad de decisión suficiente, se solicitaba que fuera informado de los hechos que motivaban la acusación, de su condición de testigo y del derecho que le asistía a renunciar a declarar.

La OEI fue enviada al órgano jurisdiccional competente alemán, interviniendo en su ejecución la Fiscalía y el tutor del menor que había sido nombrado por el Tribunal de Familia. Sus actuaciones se recogen en la contestación a la OEI que envía el órgano jurisdiccional alemán al español. En ella, se comunica la decisión adoptada por las autoridades alemanas de no interrogar al menor ni de informarle acerca de la dispensa. Tal decisión se basa en las afirmaciones del tutor, en las que señala que el menor se niega a declarar en el juicio, expresa su preocupación por el elevado riesgo de retraumatización si es interrogado y autoriza la reproducción de la exploración del menor que fue practicada en la fase de instrucción como prueba preconstituida. Asimismo, el órgano jurisdiccional alemán añade, de un lado, que dada la edad del menor —diez años— es correcto presumir su falta de madurez sin que sea imprescindible darle a audiencia y, de otro, que de conformidad con el § 52 (2) de la Ordenanza Procesal Penal (StPO) solamente pueden ser interrogados aquellos menores que, pese a poseer un grado de madurez insuficiente para comprender el significado de su derecho a la dispensa del deber de declarar, manifiestan que quieren declarar y su tutor no se opone a ello[18].

Rebate el Tribunal Supremo la opinión del recurrente según la cual la OEI está únicamente prevista para realizar actos de investigación en sentido estricto. La prueba fue propuesta por las acusaciones en sus escritos de conclusiones provisionales (art. 29 LOTJ) y respecto de la reproducción de

---

[18] § 52.2 Zeugnisverweigerungsrecht der Angehöringen des Bechuldigten: (2)."Haben Minderjährige wegen mangelnder Verstandesreife oder haben Minderjährige (...) von der Bedeutung des Zeugnisverweigerungsrechts keine genügende Vorstellung, so dürfen sie nur vernommen werden, wenn sie zur Aussage bereit sind und auch ihr gesetzlicher Vertreter der Vernehmung zustimmt".

la exploración del menor, el Magistrado-Presidente resolvió en el auto de hechos justiciables (art. 37 LOTJ), posponiendo su decisión hasta conocer el resultado de la OEI. Actos procesales que, según el alto Tribunal, son plenamente ajustados a las normas de la Ley 23/2014, de 20 de noviembre, de reconocimiento mutuo de resoluciones penales en la Unión Europea, que otorgan competencia para emitir una OEI a los jueces o tribunales que "hayan admitido la prueba si el procedimiento se halla en la fase de enjuiciamiento" (art. 187.1)[19].

Una tercera alegación del recurso de casación se centra en el momento en que se introduce, en el proceso penal, la documentación incluida en la ejecución de la OEI que se traslada a España. El recurrente afirma que, al incorporarse aquella documentación una vez incoado el juicio oral, han sido incumplidas las normas del art. 45 LOPJ. La relevancia de su vulneración se comprueba en que fue decisiva a la hora de convalidar la prueba preconstituida de la exploración del menor y además comportó que las autoridades alemanas sustituyeran a los tribunales españoles en lo relativo a la evaluación de grado de madurez del menor. Apoyándose en lo que se acaba de exponer, el recurrente solicita la nulidad de la incorporación del documento y su exclusión de las actuaciones, de modo que no tenga ningún efecto sobre la ratificación de la validez de la prueba preconstituida.

Frente a las referidas alegaciones, el Tribunal Supremo puntualiza que con la emisión de la OEI se persigue que las autoridades competentes de Alemania colaboren con el fin de que el tribunal competente español pueda evaluar la capacidad del menor en el momento de pronunciarse sobre la admisión de los medios de prueba, ya que habían pasado unos tres años desde la práctica de la prueba preconstituida. Aclara, de un lado, que el contenido principal de la documentación que se envía a España es el escrito del tutor del menor dirigido a la Fiscalía alemana y, de otro, que es recibida el mismo día del inicio de las sesiones del juicio oral, pasando a formar parte de las actuaciones en el trámite de las cuestiones previas.

---

19 Asimismo, del art. 186.1 Ley 23/2014 cabe inferir que la OEI puede acordarse no solo para la práctica de diligencias de investigación sino también para la obtención de pruebas. Cfr. sobre esta cuestión, Roser Casanova Martí y Elisabet Cerrato Guri, "La emisión de una orden europea de investigación para la obtención de prueba transfronteriza y su introducción en el proceso penal español", *Revista de Derecho Comunitario Europeo* 62 (2019): 207-208.

Para finalizar el recorrido efectuado por aquellas cuestiones que más nos han interesado resaltar de la sentencia examinada, estimamos apropiado reparar en las siguientes afirmaciones del Tribunal Supremo:

– La actuación de la Fiscalía alemana obedece al cumplimiento de una de las misiones que le encarga la ley alemana: velar por los intereses del menor.

– La intervención de la Fiscalía alemana es acorde con lo regulado por el ordenamiento jurídico español en lo atinente a que la tutela se ejerce "bajo la vigilancia del Ministerio Fiscal" que "en cualquier momento podrá exigir del tutor que le informe sobre la situación del menor" (art. 209 CC). Además, en nuestro sistema el tutor, al igual que está previsto en el ordenamiento jurídico alemán, es el "representante del menor, salvo para aquellos actos que pueda realizar por sí solo o para los que únicamente precise asistencia" (art. 225 CC).

– Fue respetado el engranaje entre la lex fori y la lex loci que pone en marcha la cooperación internacional y la sostiene (arts. 9.2 y 10.3 DOEI y arts. 206 y 207 Ley 23/2014).

– La Fiscalía alemana estaba autorizada por su ley de transposición nacional para practicar una medida distinta a la indicada en la OEI, menos invasiva de los derechos fundamentales del menor, siempre que permitiera lograr el mismo resultado[20].

– No fue el juez alemán, sino el tribunal español "quien decidió sobre la admisión de la prueba, y quien consideró que el menor no tenía el grado de madurez suficiente para comprender el significado y el alcance de la dispensa contemplada en el art. 416 LECrim y para actuar en consecuencia" (f. d. cuarto).

Todas estas afirmaciones del Tribunal Supremo revelan el amplio espectro de cuestiones que ha tenido que afrontar en su sentencia núm. 159/2023. Incluso, ha debido tomar una posición frente a la alegación del recurrente que sostiene que las autoridades alemanas al ejecutar la OEI han sustituido a los tribunales españoles en lo concerniente a la evaluación de la madurez del menor para comprender el alcance de la dispensa del deber de declarar.

---

20 Esta potestad de la autoridad de ejecución se regula en el §91 f Rückgriff auf andere Ermittlungsmaßnahmen, de la ley alemana que incorpora la DOEI a su ordenamiento: Viertes Gesetz zur Änderung des Gesetzes über die internationale Rechtshilfe in Strafsachen, 5.5.2017.

Junto a lo anterior, los argumentos y pronunciamientos del Tribunal Supremo constituyen valiosos ejemplos de *overruling* del "principio de no indagación"[21] y de la dirección en la que puede manifestarse el principio de reconocimiento mutuo, pues en el asunto que decide no es tanto la del "camino de ida", es decir, la ejecución de la OEI, sino la del "camino de vuelta", esto es, la admisibilidad por la autoridad de emisión del medio de prueba practicado por la autoridad de ejecución[22].

Sobre la base de esa doctrina, cabe plantearse cuál hubiera sido la decisión del Magistrado-Presidente del Tribunal del Jurado si el menor, en lugar de residir en Alemania, tuviera su residencia en Estonia y las autoridades competentes de este Estado miembro hubieran determinado que debía ser informado acerca de su derecho a no declarar en contra de su padre y le hubieran interrogado.

## 4. CONCLUSIONES

Adaptar la justicia a los menores de edad es una de las vertientes procesales del principio del interés superior del menor. Adaptación que, en parte, significa protección que a su vez comporta garantizar y salvaguardar la validez de las declaraciones de los menores víctimas o testigos emitidas en las diligencias policiales y judiciales.

---

21 Una detallada explicación de cómo la Sala Segunda del Tribunal Supremo ha transitado de la aplicación del "principio de no indagación", respecto de las pruebas procedentes del extranjero, a la derogación o abandono de dicho principio, de manera que los tribunales españoles han de poder supervisar si aquellas pruebas se han practicado de conformidad con la *lex loci* y, en su caso, si han seguido las reglas marcadas por la *lex fori*, se lleva a cabo por Fernando Gascón Inchausti, "La eficacia de las pruebas penales obtenidas en el extranjero al amparo del régimen convencional; apogeo y declive del principio de no indagación", en *Orden europea de investigación y prueba transfronteriza en la Unión Europea*, dir. por Mª Isabel González Cano (Valencia: Tirant lo Blanch, 2019), 39-39.

22 Cfr. Teresa Armenta Deu, "Orden europea de investigación y exclusión probatoria. Admisibilidad, impugnación y denegación en el Estado de enjuiciamiento o en el de ejecución cuando se aprecie vulneración de un derecho fundamental", y Mar Jimeno Bulnes, "La prueba transfronteriza y su incorporación al proceso penal español", ambos trabajos publicados en *Orden europea de investigación y prueba transfronteriza en la Unión Europea*, dir. por Mª Isabel González Cano (Valencia: Tirant lo Blanch, 2019), 755 y 756 y 778.

En orden a lograr esos fines, los Estados han de prever normas reguladoras de los interrogatorios o exploraciones a menores menos estrictas que las establecidas para los adultos. No es un ejercicio sencillo, pues, debe evitarse que esas particularidades debiliten el valor del testimonio del menor como prueba de cargo y, al mismo tiempo, que resulte afectado el derecho de defensa.

Basándose en esos pilares, el TEDH ha elaborado los argumentos que constituyen la *ratio decidendi* del fallo de su sentencia *R. B. c. Estonia.* Se trata de una resolución que contaba con pocos precedentes que hubieran afrontado, de manera tan concluyente, el tema de los extremos sobre los que han de ser informados los menores antes de declarar. En todo caso, se sitúa en una línea jurisprudencial que habrá inspirado al legislador español a la hora de modificar el régimen de la dispensa de declarar, en contra de parientes, contemplado en el art. 416.1 LECrim. Solo cabe esperar que, en el futuro, sea también una de las fuentes en las que los órganos jurisdiccionales españoles se apoyen cuando deban interpretar y aplicar el citado precepto.

Los efectos de la reforma del art. 416.1 LECrim por la Ley Orgánica 8/2021 se extenderán, lógicamente, a la obtención en otro Estado miembro de las declaraciones de un menor víctima o testigo mediante una OEI. Siendo española la autoridad de emisión solicitará a la de ejecución que valore si el menor tiene la capacidad suficiente para comprender el alcance de la dispensa del deber de declarar contra un pariente suyo. Con toda seguridad, aquella indicará en la OEI los procedimientos, las formalidades y las garantías que han de observarse en la exploración del menor, de conformidad con el art. 416.1 LECrim. Al formar parte tales indicaciones del contenido de la OEI lograrán soslayar que se deniegue su práctica por ser incompatible con las obligaciones adquiridas por el Estado miembro de ejecución en virtud de la CDFUE y de los derechos fundamentales reconocidos en el CEDH que forman parte del Derecho de la Unión Europea como principios generales.

Y, en el supuesto de que la autoridad de ejecución aplique la *lex loci,* el control de admisibilidad de la prueba transfronteriza por la autoridad española deberá abarcar el modo en el que aquella ha aplicado su propia legislación, comparándola además con las garantías procesales establecidas en nuestro ordenamiento. Así, se establece en la sentencia núm. 159/2023 de la Sala Segunda del Tribunal Supremo.

## BIBLIOGRAFÍA

Aguilera Morales, Marien. "Nuevas competencias para el Ministerio Fiscal con ocasión de la orden europea de investigación". En *Orden europea de investigación y prueba transfronteriza en la Unión Europea,* dirigido por Mª Isabel González Cano, 457-471. Valencia: Tirant lo Blanch, 2019.

Arangüena Fanego, Coral. "Orden europea de investigación: próxima implementación en España del nuevo instrumento de obtención de prueba penal transfronteriza". *Revista de Derecho Comunitario Europeo* 58 (2017): 905-939. doi.org/10-18042/cepc/rdce.58.03.

Arangüena Fanego, Coral. "Orden europea de investigación: régimen de sustitución de la medida solicitada. *InDret. Revista para el análisis del Derecho* 1 (2021): 377-401. doi: 10.31009/InDret.2021.i1.13.

Armenta Deu, Teresa. "Orden europea de investigación y exclusión probatoria. Admisibilidad, impugnación y denegación en el Estado de enjuiciamiento o en el de ejecución cuando se aprecie vulneración de un derecho fundamental", En *Orden europea de investigación y prueba transfronteriza en la Unión Europea,* dirigido por Mª Isabel González Cano, 767-796. Valencia: Tirant lo Blanch, 2019.

Bachmaier, Lorena. "Prueba transnacional penal en Europa: la Directiva 2014/41 relativa a la orden europea de investigación". *Revista General de Derecho Europeo* 36 (2015): 1-35. https://www.iustel.com//v2/revistas/detalle_revista.asp?id=13&numero=36.

Bachmaier, Lorena. "La orden europea de investigación". En *Espacio judicial europeo y proceso penal,* dirigido por Mar Jimeno Bulnes y coordinado por Rodrigo Miguel Barrio, 133-162. Madrid: Tecnos, 2018.

Beltrán Montoliu, Ana. "Víctimas vulnerables: especial referencia al estatuto del menor a la luz de laeLO 8/2021 de protección integral a la infancia y la adolescencia frente a la violencia". *Revista de la Asociación de Profesores de Derecho Procesal de las Universidades Españolas* 3 (2021): 108-149. https://apdpue.es/wp-content/uploads/2021/09/RevistaAPDPUE-Nº-3-2021.pdf.

Casanova Martí, Roser y Cerrato Guri, Elisabet. "La emisión de una orden europea de investigación para la obtención de prueba transfronteriza y su introducción en el proceso penal español". *Revista de Derecho Comunitario Europeo* 62 (2019): 197-232. doi.org/10.18042/cepc/rdce.62.06.

Castillejo Manzanares, Raquel. "La dispensa del deber de declarar del artículo 416 de la Ley de Enjuiciamiento Criminal respecto de la mujer que sufre violencia de género". *Revista de Derecho Penal* 26 (2009): 121-140.

Council of Europe. *Guidelines of the Committee of Ministers of the Council of Europe on child-friendly justice.* Strasbourg: Council of Europe Publishing, 2011.

De Hoyos Sancho, Montserrat, "Reconocimiento y ejecución de la orden europea de investigación", En *Orden europea de investigación y prueba transfronteriza en la Unión Europea,* dirigido por Mª Isabel González Cano, 596-632. Valencia: Tirant lo Blanch, 2019.

Gascón Inchausti, Fernando. "La eficacia de las pruebas penales obtenidas en el extranjero al amparo del régimen convencional: apogeo y declive del principio de no indagación". En *Orden europea de investigación y prueba transfronteriza en la Unión Europea,* dirigido por Mª Isabel González Cano, 31-63. Valencia: Tirant lo Blanch, 2019.

Jimeno Bulnes, Mar. "Orden europea de investigación en materia penal". En *Aproximación legislativa versus reconocimiento mutuo en el espacio judicial europeo: una perspectiva multidisciplinar*, dirigido por Mar Jimeno Bulnes, 151-208. Barcelona: Bosch, 2016.

Jimeno Bulnes, Mar. "La prueba transfronteriza y su incorporación al proceso penal español". En *Orden europea de investigación y prueba transfronteriza en la Unión Europea*, dirigido por Mª Isabel González Cano, 719-766. Valencia: Tirant lo Blanch, 2019.

Kostoris, Roberto K. "Orden europea de investigación y derechos fundamentales". En *Garantías procesales de investigados y acusados. Situación actual en el ámbito de la Unión Europea*, dirigido por Coral Arangüena Fanego y Montserrat de Hoyos Sancho; coordinado por Begoña Vidal Fernández, 321-336. Valencia: Tirant lo Blanch, 2018.

Laro-González, Elena. "La sustitución de las medidas de investigación requeridas y la suspensión de la ejecución en la orden europea de investigación". *InDret. Revista para el análisis del Derecho* 4 (2021): 412-431. doi: 10.31009/InDret.2021.i4.11.

Llorente Sánchez-Arjona, Mercedes. *La orden europea de investigación y su incorporación al derecho español*. Valencia: Tirant lo Blanch, 2020.

Martínez García, Elena. *La orden europea de investigación. Actos de investigación, ilicitud de la prueba y cooperación judicial transfronteriza*. Valencia: Tirant lo Blanch, 2016.

Peiteado Mariscal, Pilar. "¿Es acertado fundar la denegación de la ejecución de una OEI en la potencial vulneración de derechos fundamentales por parte del Estado emisor?". En *Orden europea de investigación y prueba transfronteriza en la Unión Europea*, dirigido por Mª Isabel González Cano, 703-716. Valencia: Tirant lo Blanch, 2019.

Ramírez Benavente, Mª Dolores. "Práctica de la prueba pericial en la orden europea de investigación". En *Orden europea de investigación y prueba transfronteriza en la Unión Europea*, dirigido por Mª Isabel González Cano, 383-393. Valencia: Tirant lo Blanch, 2019.

Serrano Masip, Mercedes. "La víctima de la violencia de género ante el deber de denunciar y declarar en el proceso penal". *Revista General de Derecho Procesal* 29 (2013): 1-37. https://www.iustel.com//v2/revistas/detalle_revista.asp?id_noticia=413005.

Serrano Masip, Mercedes. "Una justicia europea adaptada al menor: exploración de menores víctimas o testigos en la fase preliminar del proceso penal". *InDret. Revista para el análisis del Derecho* 2 (2013): 1-50. https://indret.com/una-justicia-europea-adaptada-al-menor-exploracion-de-menores-victimas-o-testigos-en-la-fase-preliminar-del-proceso-penal/?edicion=2.13.

# *Tratamiento procesal de la víctima en delitos de odio*

**FERNANDO MARTÍN DIZ**
*Catedrático de Derecho Procesal*
*Universidad de Salamanca*[1]

**SUMARIO:** 1. ODIO, SOCIEDAD, PROCESO PENAL Y VÍCTIMAS. 2. VÍCTIMA DE DELITOS DE ODIO Y EJERCICIO DE ACCIONES PENALES. 3. LA VÍCTIMA DE DELITO DE ODIO Y SU CONDICIÓN DE VÍCTIMA VULNERABLE. 4. EL TESTIMONIO DE LA VÍCTIMA DE DELITOS DE ODIO: TRATAMIENTO PROCESAL. 5. VICTIMIZACIÓN COLECTIVA EN DELITOS DE ODIO: POSIBLES ADAPTACIONES PROCESALES. 6. PROPUESTAS Y POSIBLES AVANCES PROCESALES EN RELACIÓN A LAS VÍCTIMAS DE DELITOS DE ODIO. BIBLIOGRAFÍA.

## 1. ODIO, SOCIEDAD, PROCESO PENAL Y VÍCTIMAS

Desafortunadamente el odio se ha consolida en nuestra sociedad como una expresión lesiva, denigrante y excluyente para las personas. La sociedad, como grupo, se ve fracturada por la repercusión que el odio determina en la convivencia, en la aceptación de las diferencias y la diversidad y, en la integración. Además, los sujetos víctimas del odio, son señalados pública o privadamente, situándolos en una posición de debilidad manifiesta ya sea ante la colectividad social o ante una minoría de referencia, muchas veces condicionado al propio lugar en que la manifestación de odio se produce. Así, conectado esta afirmación con los datos de que se disponen[2], se constata que el lugar más frecuente de ocurrencia de los delitos de odio

---

1 Esta publicación se enmarca dentro del Proyecto Nacional I+D+i "Tratamiento Procesal de los delitos de odio cometidos a través de medios tecnológicos" (Referencia: PID2021-128339OA-I00) perteneciente a la convocatoria sobre "Proyectos de generación de conocimiento" en el marco del Programa Estatal para Impulsar la Investigación Científico-Técnica y su Transferencia, del Plan Estatal de Investigación Científica, Técnica y de Innovación 2021-2023 financiado por MCIN/AEI /10.13039/501100011033/ y por FEDER: Una manera de hacer Europa. IP. Bueno de Mata, F.

2 Documento "Análisis de casos y sentencias en materia de racismo, xenofobia, lgtbifobia y otras formas de intolerancia 2018-2022", Ministerio de Inclusión, Seguridad Social y Migraciones, 2023, pág. 9.

es la vía pública (31%), seguido por los espacios cibernéticos o virtuales de telecomunicación (casi un 19%), los establecimientos de ocio u hostelería (16%), siendo el domicilio o lugar de trabajo de la víctima el lugar de comisión en el 12% de los casos.

Penal y procesalmente, el odio conlleva consecuencias graves, como no puede ser de otra manera. Y no solo consecuencias jurídicas, sino además una serie de retos que permitan acomodar adecuadamente el fenómeno del odio, como expresión de la discriminación hacia las personas y los colectivos, en las consecuencias penales y en las circunstancias procesales que requiere la investigación y enjuiciamiento de los delitos de odio, tipificados en el art. 510 CP, además de la valoración judicial, en otros casos, del odio como agravante cualificada del art. 22 CP. Uno de los aspectos que requiere de la atención jurídico procesal penal de esta tipología delictiva se dirige hacia las singularidades que se presentan en relación con la víctima de estos hechos criminales, fundamentalmente desde su consideración de víctimas especialmente vulnerables y respecto a los supuestos de victimización supraindividual. En ambas situaciones, no excluyentes, el tratamiento procesal de la víctima de delitos de odio precisa un análisis concienzudo e integral de la normativa vigente para adaptar su más correcta y favorecedora interpretación generalista al concreto y particular supuesto de las víctimas en este delito singular.

Penalmente, la catalogación del odio como delito ha dado lugar a su valoración como ya indicábamos, como una posible agravante, según incorpora el art. 22.4 CP, y que es susceptible de ser aplicada cuando concurra el hecho de cometer el delito por motivos racistas, antisemitas, antigitanos u otra clase de discriminación referente a la ideología, religión o creencias de la víctima, la etnia, raza o nación a la que pertenezca, su sexo, edad, orientación o identidad sexual o de género, razones de género, de aporofobia o de exclusión social, la enfermedad que padezca o su discapacidad, con independencia de que tales condiciones o circunstancias concurran efectivamente en la persona sobre la que recaiga la conducta, En segundo término su evolución y trascendencia ha dado lugar a catalogar un delito específico y singular, en el art. 510 CP.

Conceptualmente, de manera general, el delito de odio se ha definido en el *Diccionario Panhispático del español jurídico*, Real Academia Española (en adelante, RAE), como la violencia física o psicológica contra una persona en razón de su nacionalidad, etnia, sexo, religión o ideología, complementándose la antedicha catalogación con la ofrecida respecto al delito de provocación al odio, en el cual se enmarcaría de forma más directa la previsión del art. 510.1 CP, en cuanto delito que "cometen quienes públicamente fomentan, promueven o incitan directa o indirectamente al odio, hostilidad, discriminación o violencia contra un grupo, una parte del mismo o una persona determinada por razón de su pertenencia a aquel, por motivos racistas, antisemitas u otros referentes a la ideología, religión o creencias, situación familiar, la pertenencia de sus miembros a una etnia, raza o nación, su origen nacional, su sexo, orientación o identidad sexual, por razones de género, enfermedad o discapacidad".

En una línea argumental idéntica, el Diccionario de la Real Academia de Jurisprudencia y Legislación (2016) ahonda en la problemática conceptual del delito de odio al señalar que "podemos estar refiriéndonos a dos clases de conductas diferenciadas y no necesariamente coincidentes" al tratarse de un conjunto de delitos que admiten varias acepciones. Señala el Diccionario de la RAJYL que, en primer lugar, tal denominación se refiere a aquellos delitos agravados por haber sido cometidos con una determinada motivación o móvil, consistente en el odio o prejuicio del autor hacia un estereotipo caracterizado por una condición personal, real o sólo por él percibida, de su víctima (etnia, sexo, creencias, etc.). Alternativamente, también puede referirse este concepto a aquellos delitos cuya comisión, con independencia de la motivación real del autor, conlleve una carga ofensiva, humillante o intimidatoria hacia un colectivo social que haya sido tradicionalmente objeto de discriminación por razón de alguna de dichas condiciones personales. Pueden incluirse entre estos delitos o crímenes de odio todos aquellos a los que fuera de aplicación la circunstancia agravante genérica de motivos discriminatorios, así como diversos tipos de la parte especial del Código, paradigmáticamente los relativos al llamado "discurso del odio" (entre los que se encuentra el delito de incitación al odio, la hostilidad, la discriminación o la violencia contra un grupo, una parte del mismo o contra una persona determinada por razón de su pertenencia a aquél del art. 510 CP). Finalmente, cabe apuntar que a efectos policiales y de persecución del delito de odio, el

Ministerio del Interior asume la definición que al efecto ha elaborado la Organización para la Seguridad y Cooperación en Europa (OSCE), conceptuándolos como "toda infracción penal, incluidas las cometidas contra las personas o la propiedad donde el bien jurídico protegido se elige, por su real o percibida, conexión, simpatía afiliación, apoyo o pertenencia a un grupo. Un grupo se basa en una característica común de sus miembros como su raza, real o percibida, el origen nacional o étnico, el lenguaje, el color, la religión, la edad, la discapacidad, la orientación sexual u otro factor similar".

Actualmente, la tipología delictiva vinculada a los delitos de odio[3] presenta, como hemos anticipado en las definiciones previas, una menor casuística en su vertiente más ligada a la discriminación y las causas discriminatorias y se ha concentrado, mayoritariamente, en asuntos que han trascendido de forma muy notable a la propia sociedad, en delitos de odio caracterizados por la intolerancia y el señalamiento a determinados individuos o colectivos, desde la más absoluta animadversión del sujeto autor del discurso del odio, generando agresiones, más verbales que físicas, que estereotipan y señalan como objetivos a personas o colectivos por alguna circunstancia concurrente en estos: raza, condición sexual, nacionalidad[4], grupo social, político[5] o religioso, exclusión social, inmigración, extranjería, pobreza, etc. Es en este punto, donde queremos comenzar a señalar el objetivo más directo del presente trabajo, como es la situación de las víctimas de este delito, particularmente cuando son una pluralidad, más o menos determinada o determinable —víctimas colectivas o difusas, según el caso— y en la que su vinculación al tipo delictivo puede ser diferente por cuanto es más un delito de peligro abstracto y que atenta intereses supraindividuales —no queda señalada una víctima concreta y singular— frente a otros supuestos de delitos de odio en que la víctima está perfectamente determinada o determinable —persona/s frente a la cual se profieren amenazas, insultos o se dirige el discurso del odio—, lo que cambiaría en cierto modo la naturaleza del delito de odio hacia un delito de odio concreto, e, incluso, en último término la situación en que pudieran darse episodios de conductas discriminatorias o intolerantes susceptibles de encajar en la tipificación de delito de odio que no se dirigen a una víctima singular y

3 Gascón Cuenca, A., "El concepto de delito de odio y de discurso de odio en el ámbito internacional y regional europeo", *Odio, Prejuicios y Derechos humano,* Laurenzo Copello, P; Daunis Rodríguez, A. (coord.), Comares, Granada, 2021, págs. 160 y ss.

4 Por citar un ejemplo, según el Documento "Análisis de casos y sentencias en materia de racismo, xenofobia, lgtbifobia y otras formas de intolerancia 2018-2022", Ministerio de Inclusión, Seguridad Social y Migraciones, 2023, pág. 10, el 16,7% de las víctimas son de nacionalidad española, frente a un 83,3% de víctimas que son de nacionalidad extranjera.

5 En los fallos condenatorios, destaca la ideología política (18,4%) como motivación discriminatoria más habitual. En los absolutorios, en cambio, la motivación más frecuente sería la de la orientación e identidad sexual (26,2%), seguida de la racista/étnica (23,8%). Fuente: Documento "Análisis de casos y sentencias en materia de racismo, xenofobia, lgtbifobia y otras formas de intolerancia 2018-2022", Ministerio de Inclusión, Seguridad Social y Migraciones, 2023, pág. 11

concreta o a un colectivo de víctimas más o menos identificable y que, en este supuesto, vendría a suponer un delito de peligro hipotético.

## 2. VÍCTIMA DE DELITOS DE ODIO Y EJERCICIO DE ACCIONES PENALES

Así, en determinados delitos de odio, la concreción subjetiva de los afectados por el hecho delictivo tipificable en las conductas descritas en el art. 510 CP es directa, individual e indudable cuando, por ejemplo, las amenazas o la promoción de la hostilidad se dirigen o profieren frente a una, o varias, persona o personas concretas y perfectamente identificadas. En cambio, otros muchos casos, desgraciadamente cada vez más frecuentes y especialmente cuando el delito de odio se comete a través de las redes sociales[6], la victimización es grupal, ya sea colectiva[7] o difusa, y requiere de la protección de un interés supraindividual. Este condicionante se ve reafirmado cuando revisamos el propio contenido del art. 510 CP y comprobamos como muchos de los supuestos de amenaza, hostilidad o discriminación que ahí se contemplan afectan a un colectivo, vulnerable, en el cual pueden identificarse la víctimas —victimización colectiva— o que puede afectar a un número indeterminado o indeterminable de personas —victimización difusa— en la medida que comparten unos patrones comunes que les integran en el grupo hacia el cual se dirige el delito de odio.

Esta singularidad podría erigirse en obstáculo procesal tanto en relación al ejercicio de acciones por parte de las víctimas (legitimación[8]) como en relación con la declaración de las víctimas, al encontrarnos con supuestos de victimización colectiva, en los cuales un número más o menos elevado de víctimas, teniendo que delimitarse y acreditarse en estos casos

---

6 Circunstancia que opera como determinante en la imposición de la pena tal y como prevé el art. 510.3 CP estableciendo que las penas previstas "se impondrán en su mitad superior cuando los hechos se hubieran llevado a cabo a través de un medio de comunicación social, por medio de internet o mediante el uso de tecnologías de la información, de modo que, aquel se hiciera accesible a un elevado número de personas".

7 Bujosa Vadell, L., "Víctima colectiva y postconflicto", *Revista italo-española de Derecho Procesal*, núm., 1, 2018, págs. 89-108

8 González Granda, P., y Ariza Colmenarejo, M. J., "Avances y retos en materia de legitimación", *Justicia y proceso: una revisión procesal contemporánea bajo el prisma* constitucional, Dykinson, Madrid, 2021, págs. 341-365

la pertenencia al colectivo de víctimas afectadas para poder participar en dicha condición en las actuaciones y, en decisión del órgano jurisdiccional, la pertinencia, procedencia y necesidad de que presten declaración todas ellas —o al menos las que como tales se personen en las actuaciones y acrediten su condición—.

Algo más compleja puede ser aún, la situación en el supuesto de victimización difusa en delitos de odio y la singularidad que ello comporta tanto en relación con la legitimación como respecto tanto al ejercicio de acciones como de la propia declaración testifical. Nos encontramos por definición, ante un supuesto en que las víctimas no están determinadas o no son determinables, conformando asimismo una pluralidad, teóricamente, extensa. En estos casos: ¿quién puede iniciar acciones judiciales en nombre y representación del grupo?, ¿a quién cita el órgano jurisdiccional a declarar en la fase de investigación?, ¿quiénes serían llamados a declarar en juicio oral? Interrogantes de mucho peso procesal por cuanto, como hemos indicado, tanto la disponibilidad del derecho a la tutela judicial efectiva para la víctima como poder contar con su testimonio son elementos prácticamente insustituibles para el ejercicio de las funciones jurisdiccionales en un proceso penal por delito de odio.

En relación con la legitimación activa en el proceso penal, conviene recordar, con carácter general, tal y como expone Moreno Catena[9], que la legitimación activa no se reconoce en el proceso penal a partir de la relación del actor con el derecho material, sino que responde a otros criterios y opera de manera distinta. Es por ello por lo que encontramos la figura de la acusación popular[10], que habilita el ejercicio de la acción penal sin reunir la condición de agraviado o perjudicado por el delito y que en nuestro caso podría llegar a dar cobertura al supuesto planteado cuando el delito de odio a afectado a un grupo de víctimas, más o menos identificables (victimización colectiva en un caso y victimización difusa en otro).

---

9 Moreno Catena, V., y Cortés Domínguez, V., *Derecho Procesal Penal*, 11ª edición, Tirant lo Blanch, Valencia, 2023, págs. 112-113.

10 Ferreiro Baamonde, X., "¿Hacia dónde camina la acción popular?", *Revista de derecho proceso penal*, núm., 28, 2012, págs. 57-90; Valiño Ces, A., "El ejercicio de la acción penal y las particularidades en la acusación popular", *Reflexiones sobre el nuevo proceso penal*, V. Moreno Catena (dir.), Tirant lo Blanch, 2015, págs. 89-109

Ante esta tesitura, y para dar efectividad a la prosecución penal de los delitos de odio con independencia del ejercicio de acciones por parte del Ministerio Fiscal, podemos considerar, en primer lugar, que los delitos de odio lesionan de forma directa un derecho fundamental como es el derecho a la igualdad, por cuanto los prejuicios extremos que conlleva el tipo del delito de odio afectan a la víctima por su pertenencia a un grupo, sin que haya diferencia entre unos y otros integrantes del mismo, cercenan la dignidad y la individualidad de los integrantes de ese grupo o colectivo social. En este sentido, la correlación entre igualdad y discriminación que conlleva el delito de odio y que lesiona de forma directa y grave la igualdad, desde la Unión Europea se ha postulado, a través de sendas disposiciones normativas, el respeto en la aplicación del principio de igualdad de trato a las personas, con independencia de su origen racial o étnico (Directiva 2000/43/CE del Consejo de 29 de junio de 2020) así como la lucha contra las manifestaciones de racismo y xenofobia mediante el Derecho Penal (Decisión Marco 2008/913/JAI del Consejo de 29 de noviembre de 2008) que pretende armonizar la tipificación y consecuencias penales de los delitos de carácter xenófobo y racista, situaciones directamente vinculadas a la posible catalogación de un delito de odio y en la cual se prevé que la actuación procesal vinculada a la investigación y enjuiciamiento de estas conductas queda supeditada a la prestación de declaración o presentación de cargos por parte de la víctima.

De entrada, con estas consideraciones sobre la mesa, podríamos valorar la idoneidad de la previsión de legitimación para la defensa del derecho a la igualdad de trato y no discriminación prevista en el 11 bis LEC, por aplicación del principio de supletoriedad que prevé el art. 4 LEC, para habilitar el ejercicio de la acción popular a los supuestos contemplados en dicha norma, y en defecto de disposiciones concretas en la norma procesal penal, sin perjuicio, además, de las apreciaciones que efectuaremos seguidamente desde la literalidad del art. 109 bis LECrim en relación con el ejercicio de la acusación particular. En ese sentido, podría considerarse la intervención de la Autoridad Independiente para la Igualdad de Trato y la No Discriminación, así como respecto a delitos de odio vertidos hacia colectivos determinables —victimización colectiva— vinculados a una afiliación o asociación a estos, la eventual legitimación, según lo previsto en el art. 11.1 bis LEC, de partidos políticos, sindicatos, o, en el caso más próximo a la situación que nos concierne de las asociaciones y organizaciones legalmente constituidas que tengan entre sus fines la defensa y promoción de los derechos humanos —de acuerdo con lo establecido en la Ley integral para la igualdad de trato y la no discriminación[11]—. De manera similar, la previsión del apartado segundo del precitado artículo, contemplaría el escenario de los supuestos de victimización difusa, ya caracterizados anteriormente, en delitos de odio, habilitando cuando las víctimas sean una pluralidad indeterminada o de difícil determinación, la legitimación para instar acciones judiciales en defensa de derechos o intereses difusos tanto a la Autoridad Independiente para la Igualdad de Trato y la No Discriminación como a partidos políticos, sindicatos o asociaciones u organizaciones de ámbito estatal o territorial en el que se produce la discriminación que tengan entre sus fines la defensa y promoción de los derechos humanos, de acuerdo a lo establecido en la Ley integral para la igualdad de trato y no discriminación, sin perjuicio de la legitimación individual —que se traduciría en nuestro caso en el ejercicio de la acusación particular— de aquellas personas afectadas que estuviesen determinadas.

Diferente de la situación anteriormente descrita en relación con la legitimación de víctimas colectivas o difusas en delitos de odio, es el supuesto contemplado en el art. 109 bis LECrim, basado fundamentalmente en la determinación de la legitimación individual que corresponde a la víctima del delito, de odio en nuestro caso, singularmente considerada y con independencia del número, más o menos amplio de las mismas en relación con un concreto hecho delictivo. En tanto la víctima no renuncie a su derecho, podrán ejercer sus acciones penales en cualquier momento anterior a la

[11] Art. 29, Ley 15/2022, integral para la igualdad de trato y la no discriminación: 1. Sin perjuicio de la legitimación individual de las personas afectadas, los partidos políticos, los sindicatos, las asociaciones profesionales de trabajadores autónomos, las organizaciones de personas consumidoras y usuarias y las asociaciones y organizaciones legalmente constituidas que tengan entre sus fines la defensa y promoción de los derechos humanos estarán legitimadas, en los términos establecidos por las leyes procesales, para defender los derechos e intereses de las personas afiliadas o asociadas o usuarias de sus servicios en procesos judiciales civiles, contencioso-administrativos y sociales, siempre que cuenten con su autorización expresa. 2. A los efectos de lo establecido en el apartado anterior, las asociaciones y organizaciones legalmente constituidas que tengan entre sus fines la defensa y promoción de los derechos humanos tienen que acreditar los siguientes requisitos: a) Que se hubieran constituido legalmente al menos dos años antes de la iniciación del proceso judicial y que vengan ejerciendo de modo activo las actividades necesarias para alcanzar los fines previstos en sus estatutos, salvo que ejerciten las acciones administrativas o judiciales en defensa de los miembros que la integran, b) Que según sus estatutos desarrollen su actividad en el ámbito estatal o, en su caso, en un ámbito territorial que resulte afectado por la posible situación de discriminación

calificación del delito, sin posibilidad de retroacción de las actuaciones ya practicadas antes de su personación, e incluso transcurrido el plazo para formular escrito de acusación podrán, hasta el inicio del juicio oral, adherirse a los escritos de acusación presentador por partes acusadoras personadas en la causa (ya sea el Ministerio Fiscal u otra acusación).

Los delitos de odio presentan, en una de sus posibles manifestaciones, una amenaza o discriminación que puede proferirse frente a distintas víctimas perfectamente individualizables, lo cual puede conducirnos a que procesalmente el ejercicio y personación procesal de estas se reconduzca a alguna de las situaciones previstas en los apartados 2 y 3 del art. 109 bis LECrim, sin perjuicio de que, en todo caso, el ejercicio de acciones por delito de odio por una víctima impida que cualquier otro de los legitimados (víctima) ejercite a título individual acciones penales y se constituya en acusación particular. Así las cosas, podremos encontrarnos en un proceso penal por delito de odio, que no implique una victimización colectiva o difusa pero si causa una pluralidad determinable e individualizable de víctimas, que estas opten por personarse independientemente o bien, en estos casos, el Juez o tribunal, en resolución motivada y cuando considere que pueda verse afectado el buen orden del proceso o el derecho a un proceso sin dilaciones indebidas, oídas las partes, imponga que se agrupen en una o varias representaciones y que sean dirigidos por la misma o varias defensas, en razón de sus respectivos intereses.

Esta circunstancia, señalada en el párrafo anterior, puede ser de interés en los casos de delito de odio consecuencia de un discurso del odio en que el hecho punible nace de una acción común frente a las víctimas, con identidad de razón y consecuencias penales, y que puede coadyuvar a un proceso penal más eficiente al canalizar todas las diferentes acusaciones particulares que representen a todas, o, la mayoría, de las víctimas hacia una defensa unificada, sin perjuicio de la intervención individual de las víctimas en aquellos trámites procesales personalísimos (declaraciones, reconocimientos, etc.) que puedan ser oportunos en el procedimiento. Incluso podría recurrirse también, en los supuestos anteriormente expresados en este párrafo, a la situación que prevé el apartado 3 del art. 109 bis LECrim, ejercitando la acción penal una asociación de víctimas (o persona jurídica) a quien la ley reconoce legitimación para defender los derechos de las víctimas —por ejemplo una asociación constituida legalmente para la defensa de los derechos de las víctimas de delitos de odio, o la particularmente constituida en relación con algún subtipo de delitos de odio o con algún hecho punible constitutivo de delito de odio en particular—, siempre que consten, en este supuesto, de autorización expresa de la víctima del delito de odio.

## 3. LA VÍCTIMA DE DELITO DE ODIO Y SU CONDICIÓN DE VÍCTIMA VULNERABLE

La tipología penal de los delitos de odio identifica directa e indirectamente una condición distintiva de las víctimas de estas conductas punibles, como es la que trasciende la consideración y cualificación, respecto a los sujetos pasivos de estos delitos, de colectivos vulnerables. Las víctimas en los supuestos de delitos de odio que producen una victimización colectiva o difusa son objeto de una actitud amenazadora e intolerante, en ocasiones fruto de estereotipos o prejuicios hacia estas por su probable condición de vulnerables y en ocasiones producto de una visión discriminatoria del autor, que, en ambos casos determina una situación de riesgo para las víctimas o sus derechos e, incluso, como ha señalado el Tribunal Constitucional[12], para el propio sistema de libertades que la Constitución instaura y protege, pese incluso a que pueda invocarse el derecho, también fundamental y constitucional, a la libertad de expresión.

Concuerda, por tanto, el delito de odio que en sí mismo considerado conlleva una conducta intimidatoria, amenazante y discriminatoria frente a una persona, un colectivo o un grupo social, con la propia definición de víctima especialmente vulnerable que ofrece el *Diccionario Panhispánico del español jurídico* (RAE) como "el sujeto pasivo del delito con circunstancias personales que determinan que se halla en una situación de inferioridad o indefensión, que comporta una agravación de la responsabilidad penal para el autor del delito". La ostentación por la víctima de una determinada condición o circunstancia es elemento determinante para ser sujeto pasivo

---

12 En la Sentencia 112/2016, de 20 de junio, y en relación con un delito de enaltecimiento del terrorismo del art. 578 CP, estima que se considera un supuesto de odio dicha situación como manifestación del discurso del odio que propicia o alienta, aunque sea de manera indirecta, una situación de riesgo para las personas, derechos de terceros y el sistema de libertades. En la precitada Sentencia, el Tribunal Constitucional deniega el amparo solicitado por el demandante, toda vez que la sanción penal de su conducta, como manifestación del discurso del odio, incitaba a la violencia, mediante el enaltecimiento del autor de actividades terroristas, no encontrando amparo en el contenido del derecho a la libertad de expresión del art. 20.1.a CE.

de este tipo de delitos, dado el rechazo del autor a la identidad de la víctima. Esta circunstancia condiciona especialmente a la víctima, puesto que ella misma no puede cambiar o rehuir de las características por las cuales el agresor la ha señalado y ha cometido el delito (raza, pertenencia a un grupo, sexo, etc.). Incluso, la tipología penal de los delitos de odio es particular en cuanto más que daños físicos directos, que se presentan como potenciales, hipotéticos y futuros, genera un impacto inmediato a nivel emocional y psicológico (miedo, inquietud, intranquilidad, ansiedad, pérdida de confianza o depresión, entre otros) ante lo que supone la amenaza o discriminación causada frente a la víctima. Daños de carácter emocional o moral que son, por supuesto, reclamables por la víctima del delito de odio, cuantificables y resarcibles a nivel indemnizatorio[13] dentro del proceso penal seguido al efecto.

La Directiva 2012/29/UE, de 25 de octubre de 2012, por la que se establecían normas mínimas sobre derechos, apoyo y protección de las víctimas de delito, preveía, en su Preámbulo —párrafo 57—, que respecto de las víctimas de delitos de odio "tienden a sufrir una elevada tasa de victimización secundaria, intimidación o represalias", afirmación que si se conecta con su correlación cuantitativa de mayor calado en la actualidad, como es la manifestación fundamental en forma, que no totalmente exclusiva, de discursos de odio, identifican directa e indirectamente una condición distintiva de las víctimas de estas conductas punibles, como es la que trasciende la consideración y cualificación, respecto a los sujetos pasivos de estos delitos, de colectivos vulnerables.

Generalmente, por tanto, el sujeto pasivo de un delito de odio ostentará la condición de víctima especialmente vulnerable, si bien dicha circunstan-

---

13 STS núm. 437/2022, de 4 de mayo, en la cual el TS confirma condena por delito de odio a quienes insultaron a varios integrantes de la plataforma "Barcelona por la Selección", estableciendo que la condena a indemnizar por el daño moral infligido a las víctimas, en una cuantía de 18.000 euros, es apropiada por cuanto considera el Tribunal que las víctimas, tras los hechos ocurridos, es muy difícil que regresen al "antes", ni aunque sean compensadas económicamente, tomando como elemento clave para la fijación de esta cuantía, el impacto emocional percibido en las víctimas al prestar declaración así como, especialmente, las posibles consecuencias personales de miedo, o temor a que se repita o revivan lo ocurrido. Son estos tres elementos: dificultad de regreso a la situación anterior al hecho delictivo, permanencia del recuerdo de los hechos y miedo a su repetición, los que evalúa el TS para la fijación del daño moral en este concreto supuesto y que pueden ser, perfectamente, exportables a otros asuntos con identidad de razón.

cia no es predicable en todos y cada uno de los delitos de este tipo penal. La posible condicionalidad a la hora de la participación de la víctima especialmente vulnerable en el proceso penal, instrucción y enjuiciamiento, de una delito de odio vendría directamente relacionada con la necesidad de adoptar medidas de protección a dicha víctima especialmente adecuadas a sus circunstancias y en consonancia con las particularidades que prevean para ello la propia Ley del Estatuto de la Víctima del Delito u otras normas especiales en materia de protección a víctimas de concretos delitos (terrorismo, agresiones sexuales, violencia de género o menores) que puedan ser de aplicación. Teniendo presente que, uno de los elementos a los que ha de recurrir el órgano jurisdiccional tanto para acreditar la comisión de hecho delictivo como para su posterior enjuiciamiento, es la propia declaración de la víctima, será ahí donde también podremos identificar un momento procesal de relevancia en el cual su condición de víctima especialmente vulnerable habrá de ser tenida en consideración al ser sujeto pasivo de un delito en el cual las circunstancias personales, los prejuicios y la discriminación derivada de ellas generan una situación de inferioridad o indefensión que puede deparar a posterior una agravación de la responsabilidad penal del autor del hecho criminal.

Esta circunstancia, anteriormente ya reseñada, se observa, por ejemplo, en la consideración que realiza la Circular 7/2019, de 14 de mayo, de la Fiscalía General del Estado, sobre pautas para interpretar los delitos de odio tipificados en el artículo 510 CP, en que sitúa la génesis de un delito de odio con la protección directa de colectivos desfavorecidos y vulnerables y con ello determina la propia naturaleza del tipo penal que protege el bien jurídico afectado, En esa misma línea argumental, el hecho de que los delitos de odio se vinculen, fundamentalmente, con hechos en que el sujeto pasivo puede considerarse, generalmente, como colectivo vulnerable, otorga carta de naturaleza a que sean precisas determinadas condiciones y prevenciones en actuaciones procesales que deban efectuarse respecto de estas víctimas, de cara tanto a la propia efectividad de la investigación y enjuiciamiento del delito como, sobremanera, a la protección de las víctimas.

## 4. EL TESTIMONIO DE LA VÍCTIMA DE DELITOS DE ODIO: TRATAMIENTO PROCESAL

Una de las diligencias de investigación más relevantes, así como posteriormente en sede de juicio oral uno de los medios de prueba preferentes, de existir en la comisión de un hecho delictivo, es la declaración de las víctimas. La importancia y trascendencia de la transmisión de los conocimientos, consecuencias y circunstancias de comisión del hecho criminal por parte del sujeto pasivo del mismo está fuera de toda duda. El supuesto de los delitos de odio no es una excepción, pero si plantea, en muchos casos una serie de particularidades que reclaman un análisis de la situación y la valoración de las singularidades que concurren.

Acreditar la comisión del hecho delictivo y determinar a sus responsables penales son los objetivos de las diligencias de investigación[14] más relevantes, así como posteriormente en sede de juicio oral, a través de la prueba, convencer al juzgador de la existencia de responsabilidad criminal y sus eventuales consecuencias civiles. La investigación del delito, en sede procesal, debe ser rigurosa y minuciosa, para averiguar, con todas las garantías y el respeto absoluto a los derechos fundamentales, si los hechos han existido, si son constitutivos de delito y quienes han sido sus autores y grados de participación, a efectos de dar sustento a una eventual, y posterior, acusación que nos conduzca a su enjuiciamiento. Más acuciante aún, si cabe, es la situación derivada de los delitos de odio cometidos a través de internet y redes sociales y su evolución en los últimos años, particularmente desde 2020, tal y como detalla el Informe elaborado por la Oficina Nacional de Lucha contra los delitos de odio (ONDOD) donde se ha observado, en la comparativa entre 2020 y 2021 un aumento del 37% en el primer caso y del 22% en la segunda referencia.

Incorporar a las diferentes fases del proceso penal el testimonio de la víctima es imprescindible, siempre y cuando estén plenamente identificadas en tal condición, más aún en delitos en que el componente de valoración subjetiva que precisan los delitos de odio y su reflejo en el sentir de

---

14 En este sentido, según la jurisprudencia del TEDH y en relación con la práctica por las autoridades de las actuaciones de investigación en incidentes violentos, tienen éstas la obligación de "adoptar todas las medidas razonables para descubrir si existe alguna motivación racista, y para establecer si los sentimientos de odio o de prejuicios basados en el origen étnico desempeñan algún papel en los sucesos. Cierto es, que a menudo es extremadamente difícil en la práctica, probar una motivación racista. La obligación que tiene el Estado demandado de investigar sobre posibles connotaciones racistas en un acto de violencia es una obligación de medios y no de resultado absoluto. Las autoridades deben tomar las medidas razonables, vistas las circunstancias, para recoger y conservar los elementos de prueba, estudiar el conjunto de los medios concretos para descubrir la verdad, y dictar decisiones plenamente justificadas, imparciales y objetivas, sin omitir hechos dudosos reveladores de un acto de violencia…", STEDH de 24 de julio de 2012, Asunto B.S. vs. España.

la víctima (amenaza, discriminación, hostilidad) es determinante para la apreciación y concurrencia del delito. En algunos casos, incluso, puede ser el único elemento de referencia de que dispongan los órganos jurisdiccionales, tanto para fundamentar una investigación, y dar pie a una posterior acusación por las partes personadas, como para constituirse en sede de juicio oral en prueba de cargo. De ahí la necesidad imperiosa de que la víctima pueda prestar declaración, de la forma más detallada posible, desde el inicio del proceso penal, e incluso antes si se dispone de atestado[15] al efecto, describiendo todos los acaecimientos y acciones que han generado el hecho presuntamente delictivo.

En los delitos de odio, no solo las expresiones públicas amenazantes o discriminatorias nos aportan referencias para la comisión del hecho delictivo tipificado, sino que además de la palabra, el uso o exhibición de simbologías, pintadas, pancartas o dibujos, pueden señalar a determinados colectivos, sin descartar, evidentemente, el reconocimiento de los hechos por los propios autores. En otras situaciones, la base de la comisión de hechos tipificables en el delito de odio, no son tan evidentes. Nos referimos, por ejemplo, a determinadas agresiones a personas concretas o daños en sus bienes o propiedades, tumultos o riñas en lugares públicos tienen su

---

15 Según el Protocolo de actuación de las Fuerzas y Cuerpos de Seguridad, Instrucción núm. 16/2014 de la Secretaría de Estado de Seguridad, por la que se aprueba el "Protocolo de Actuación para las Fuerzas y Cuerpos de Seguridad para los Delitos de Odio y Conductas que Vulneran las Normas Legales sobre Discriminación", *Boletín Oficial de la Guardia Civil*, núm. 1, de 7 de enero de 2015, Sección I, págs. 51 y ss., en la declaración de la víctima se hará hincapié, en lo que concierne al contenido del atestado policial, en los siguientes puntos:

- El relato de los hechos será cronológico, detallado, claro y preciso.
- La identificación detallada de las víctimas, responsables y testigos.
- Lugar de los hechos, consignando específicamente la proximidad a lugares de reunión, culto, eventos deportivos, etc.
- Fecha o fechas en que se produjeron.
- Motivos esgrimidos por el autor.
- Tipo de maltrato: físico, psicológico o moral con todo tipo de detalles.
- Medios utilizados.
- Hechos anteriores similares, aunque no hayan sido denunciados.
- Denuncias formuladas por hechos anteriores.
- Manifestaciones de víctimas y responsables. Se tendrán en cuenta los indicadores de polarización del odio.
- Testigos que puedan corroborar los hechos denunciados (familiares, amigos, vecinos, etc.).
- Partes facultativos dictados por personal sanitario

origen en la animadversión hacia una persona o colectivo por sus condiciones o pertenencia a un grupo social.

Entonces cobra especial importancia, sobremanera en conductas delictivas de odio que puedan quedar más diluidas públicamente, la actitud de la víctima. En primer término, en cuanto a denunciar los hechos o formular querella y con ello activar de una u otra manera un posterior proceso penal. E, incoado éste, aportar su testimonio personal, desde la incuestionable trascendencia de la transmisión de los conocimientos, consecuencias y circunstancias de comisión del hecho criminal por parte del sujeto pasivo del mismo. El supuesto de los delitos de odio plantea, en muchos casos, una serie de particularidades que reclaman un análisis de la situación y la valoración de las singularidades que concurren.

Siendo la víctima el sujeto pasivo de un delito, siempre sus las circunstancias personales concurrentes pueden determinar un agravamiento de su situación derivándola hacia una inferioridad o indefensión debido a las especiales características del hecho cometido. De ello pueden colegirse necesidades especiales de protección, tras una valoración de la amenaza que en nuestro caso puede producir cualquiera de las conductas tipificadas en el art. 510 CP. Vinculando esta idea con las previsiones del art. 23 de la Ley 4/2015 del Estatuto de la Víctima del Delito, indica este último texto legal en el apartado b) que se valorarán especialmente las necesidades de protección, entre otras víctimas, de aquellas que lo sean de "delitos cometidos por motivos racistas, antisemitas u otros referentes a la ideología, religión o creencias, situación familiar, la pertenencia de sus miembros a una etnia, raza o nación, su origen nacional, su sexo, orientación o identidad sexual, enfermedad o discapacidad".

En este sentido, la víctima especialmente vulnerable en casos de delitos de odio, y ante la amenaza que suponen los hechos delictivos del autor que promueven la hostilidad, la discriminación o la violencia contra ella, puede verse afectada por una revictimización cuando deba afrontar prestar testimonio ante los órganos jurisdiccionales con la eventual presencia del autor o el hecho de poder revivir o suponer la concurrencia de las amenazas vertidas así como el temor a futuras represalias, persecuciones o estigmatizaciones a nivel personal o grupal, condicionando con ello la voluntariedad, libertad y serenidad que debe presidir su declaración, tratando, de darse estas circunstancias, de evitarla, concluirla cuanto antes e, incluso, olvidar hechos y datos fundamentales de sus testimonio, sin olvidar, en algunos casos, las posibles presiones que desde su entorno o desde el exterior pueda recibir ante su declaración. Es por ello que, la declaración de la víctima de delitos de odio, como víctima especialmente vulnerable, ha de rodearse de todas las garantías, tanto a nivel de protección y seguridad personal de la víctima como a nivel legal con la adopción de todas aquellas medidas previstas en la ley que puedan protegerla para garantizar una declaración que dote de credibilidad, verosimilitud y coherencia a su testimonio. Podría ser de interés, en este sentido, la elaboración de un Protocolo, a modo de Guía de Buenas Prácticas, elaborado por el CGPJ y el Ministerio de Justicia, tal y como se ha realizado para otros grupos de víctimas especialmente vulnerables, y que sirva de marco de referencia para estos supuestos. Además, a efectos de evitar la victimización secundaria, podría valorarse la declaración en dependencias separadas y sin contacto con el autor del hecho delictivo e incluso la utilización de medios tecnológicos para llevar a cabo la declaración mediante videoconferencia, así como la protección de sus datos personales que eviten, fundamentalmente en supuestos de victimización colectiva, su identificación y/o localización.

## 5. VICTIMIZACIÓN COLECTIVA EN DELITOS DE ODIO: POSIBLES ADAPTACIONES PROCESALES

La perspectiva de los delitos de odio desde la determinación de la víctima de este nos ofrece una repercusión dual. En algunos casos la concreción subjetiva de los afectados por el hecho delictivo tipificable en las conductas descritas en el art. 510 CP es directa, individual e indudable cuando, por ejemplo, las amenazas o la promoción de la hostilidad se dirigen a una, o varias, personas concretas. Pero, en otros muchos casos, desgraciadamente cada vez más frecuentes y especialmente a través de las redes sociales[16], la victimización es grupal, ya sea colectiva o difusa, y requiere de la protección de un interés supraindividual. Este condicionante se ve reafirmado cuando revisamos el propio contenido del art. 510 CP y comprobamos como muchos de los supuestos de amenaza, hostilidad o discriminación que ahí se contemplan afectan a un colectivo, vulnerable, en el cual pueden identificarse la víctimas —victimización colectiva— o que

---

16 Circunstancia que opera como determinante en la imposición de la pena tal y como prevé el art. 510.3 CP estableciendo que las penas previstas "se impondrán en su mitad superior cuando los hechos se hubieran llevado a cabo a través de un medio de comunicación social, por medio de internet o mediante el uso de tecnologías de la información, de modo que, aquel se hiciera accesible a un elevado número de personas".

puede afectar a un número indeterminado o indeterminable de personas —victimización difusa— en la medida que comparten unos patrones comunes que les integran en el grupo hacia el cual se dirige el delito de odio.

Esta singularidad podría operar como obstáculo procesal en relación con la declaración de las víctimas, al encontrarnos, en el primer caso, victimización colectiva, con un número más o menos elevado de víctimas para cuya deposición de testimonios pueda resultar especialmente compleja la citación y realización de la diligencia, o la práctica de la prueba en el juicio oral, teniendo que delimitarse y acreditarse en estos casos la pertenencia al colectivo de víctimas afectadas para poder participar en dicha condición en las actuaciones y, en decisión del órgano jurisdiccional, la pertinencia, procedencia y necesidad de que presten declaración todas ellas —o al menos las que como tales se personen en las actuaciones y acrediten su condición—.

Algo más compleja puede ser aún, la situación en el segundo de los supuestos: la victimización difusa en delitos de odio y la singularidad de la declaración testifical de las víctimas. En estos casos, nos encontramos por definición ante un supuesto en que las víctimas no están determinadas o no son determinables, conformando asimismo una pluralidad, teóricamente, extensa. En estos casos: ¿A quién cita el órgano jurisdiccional a declarar en la fase de investigación?, ¿Quiénes serían llamados a declarar en juicio oral? Interrogantes de mucho peso procesal por cuanto, como hemos indicado, poder contar con el testimonio y la declaración de las víctimas de un delito es uno de los elementos cruciales, prácticamente insustituibles, para el ejercicio de las funciones jurisdiccionales en un proceso penal por delito de odio. Ante esta circunstancia, planteamos la valoración, idoneidad y viabilidad de recurrir a una figura, ciertamente no contemplada legalmente, que podríamos denominar como "víctima por representación grupal" o "víctima subrogada[17]", por cuanto implicará la declaración de una, o alguna, de aquellas personas que puedan acreditar, por las circunstancias del hecho delictivo tipificado como delito de odio, la condición de sujeto pasivo del mismo por pertenencia al grupo respecto del cual se vierten las amenazas o proclama la hostilidad, persecución o discriminación. Siendo esta la idea que planteamos, inmediatamente surge una serie de incógnitas de cara a su correcta y adecuada conducción procedimental en el marco de la investigación y enjuiciamiento judicial de un delito de odio:

---

17 El *Diccionario de la Lengua Española* de la RAE define la palabra subrogar como "sustituir o poner a alguien o algo en lugar de otra persona o cosa"

¿quién determina a la/s víctima/s que van a intervenir por representación o subrogación del grupo?, ¿cuál debe ser el número mínimo o máximo de víctimas de estas características que podrían/deberían intervenir?, ¿sería idóneo habilitar una especie de llamamiento público desde los órganos jurisdiccionales para poder contar con el testimonio de aquellas víctimas que así lo deseen? y, finalmente, ¿debería contenerse una previsión legal al respecto?

A la primera cuestión, y como respuesta, entendemos que debería ser decisión jurisdiccional la determinación de las concretas víctimas que van a declarar en tal condición y en estos casos. Respecto del número de víctimas que puedan declarar, entendemos que no es predeterminable de antemano, quedando de nuevo a discreción jurisdiccional su concreción, de forma directamente relacionada a que con el concreto número de testimonios efectuados pueda crearse en el juez o jueza que conoce del asunto la suficiente convicción en relación a los hechos a esclarecer. A la tercera cuestión, la respuesta es más compleja por cuanto habría que habilitar por un lado mecanismos de "llamamiento público" desde los órganos jurisdiccionales y posteriormente filtrar la concurrencia y declaración de aquellas víctimas que como consecuencia del mismo comparezcan en las actuaciones, además de valorar, en conexión con la cuestión anteriormente abordada, el número de víctimas cuyo testimonio pueda precisar el órgano jurisdiccional. La respuesta a la última cuestión ha de ser afirmativa, e incluso, no solo para los supuestos de victimización difusa en delitos de odio sino para todos aquellos que pueden dar lugar a una pluralidad de víctimas indeterminadas o indeterminables.

## 6. PROPUESTAS Y POSIBLES AVANCES PROCESALES EN RELACIÓN A LAS VÍCTIMAS DE DELITOS DE ODIO

A tenor de lo expuesto anteriormente, puede afirmarse que la víctima de delitos de odio ha de ser considerada una víctima especialmente vulnerable en atención a las circunstancias concurrentes en la tipificación del hecho delictivo y en la condición personal de riesgo, amenaza y hostilidad que se ha generado hacia la víctima. Es por ello que, entre alguna de las repercusiones procesales más directas que se derivan de ello, la declaración testifical de la víctima de delitos de odio puede presentar singularidades en los casos de victimizaciones colectivas y difusas, que no debieran ser obstáculo para incorporar la declaración de las mismas a través de una serie de previsiones normativas y de resoluciones de los órganos jurisdiccionales que habiliten contar con este importante elemento para la investigación del hecho delictivo y como prueba en el juicio oral. Se recomienda, en este sentido, la elaboración de un Protocolo o Guía de Buenas Prácticas judiciales que contenga previsiones específicas para el desarrollo de las declaraciones de las víctimas de delitos de odio.

En relación al ejercicio de acciones penales en los casos de victimización colectiva o difusa para las víctimas de delitos de odio, parece accesible recurrir a lo dispuesto, por vía de supletoriedad de la aplicación de la LEC, en el art. 11 bis LEC para dar cauce de legitimación en estos casos remitiendo hacia determinadas entidades el ejercicio de la representación de las mismas a través de la figura de la acusación popular, así como la posible agrupación de víctimas con legitimación individual en torno a una, o varias, representaciones y defensas de acuerdo a las opciones del art. 109 bis LECrim. Todo ello, evidentemente, sin perjuicio de la legitimación individual, habilitante de la personación a través de la figura de la acusación particular, de la víctima concreta y singular de un delito de odio.

Esta dualidad que presentan los delitos de odio en relación a las víctimas y a su intervención en el proceso prestando declaración, por cuando unos hechos de estas características pueden afectar a una víctima individual, singular, identificable plenamente, cuya declaración testifical a estos efectos no presenta variaciones procesales respecto a lo ya previsto en nuestra LECrim, o puede afectar a una pluralidad, más o menos determinable —víctima colectiva o difusa en función de la identificación del grupo—, y ante ello confluyen toda una serie de particularidades específicas que, como condición principal, no deben ser impedimento ni plantear dificultad insalvable para poder dar cauce de intervención testimonial en el proceso a quienes acrediten dicha condición en los términos y condiciones que establezca la resolución jurisdiccional que así lo acuerde y habilite. No debe olvidarse que la Circular 7/2019 FGE establece para la determinación de posibles indicadores de odio, y vinculado a la víctima de la infracción, cuyo testimonio se considera siempre relevante y eje central desde el cual orientar toda la actividad de investigación, la consideración como factores de polarización, los siguientes: la percepción que la propia víctima pueda expresar sobre el origen del odio o motivo de conducta, su pertenencia a un colectivo de los descritos en el tipo penal o a las asociaciones que tengan por objeto el apoyo o solidaridad con estos colectivos y las relaciones personales, familiares, laborales o de amistad con personas relacionadas con esos colectivos.

En conclusión, y desde una visión más amplia, sería recomendable que, para hacer más eficiente y adaptado a la realidad social contemporánea el proceso penal, en una reforma procesal penal futura se acometa la consideración legal de las declaraciones testificales masivas o colectivas en supuestos de pluralidad de víctimas mediante posibles soluciones como puede ser la catalogación de la figura de la "víctima por representación grupal o subrogada".

## BIBLIOGRAFÍA

Bueno de Mata, F., *Investigación y prueba de delitos de odio en redes sociales: técnicas OSINT e inteligencia policial*, Tirant lo Blanch, Valencia, 2023

Bueno de Mata, F., "Delitos de odio y redes sociales: retos procesales", *Diario La Ley*, núm. 10180, 2022

Bueno de Mata, F., "Particularidades probatorias del discurso de odio en internet: identificación de indicadores de polarización radical mediante sistemas algorítimicos", *IDP. Revista de Internet, Derecho y Política*, núm. 39, 2023, http://dx.doi.org/10.7238/idp.v0i39.416359

Bueno de Mata, F., "La prueba de la intención y la motivación del odio en redes sociales a través de parámetros indiciarios", *Revista de la Facultad de Derecho de México*, Tomo LXXIII, núm. 286, 2023, págs. 491-517, https://doi.org/10.22201/fder.24488933e.2023.286.86511

Bujosa Vadell, L., "Víctima colectiva y postconflicto", *Revista italo-española de Derecho Procesal*, núm., 1, 2018, págs. 89-108

Carreras Presencio, A. I., "Concepto supranacional del delito cibernético de odio", *La Ley Penal: Revista de derecho penal, procesal y penitenciario*, núm. 145, 2020.

Chakraboti N., Garland, J., "Reconceptualizing hate crime victimization through rhe lens of vulnerability and difference", *Theoretical Criminology*, 16 (4), 2012, págs. 499-514.

Daunis Rodríguez, A., "Fórmulas para una interpretación restrictiva de los delitos de odio", *Odio, Prejuicios y Derechos Humanos*, Laurenzo Copello, P., Daunis Rodríguez, A. (coords.), Comares, Granada, 2021, págs. 285-313

Díaz López, *El odio discriminatorio como agravante penal. Sentido y alcance del artículo 22.4ª CP*, Ed. Civitas, Cizur Menor, 2013

Ferreiro Baamonde, X., "¿Hacia dónde camina la acción popular?", *Revista de derecho proceso penal*, núm., 28, 2012, págs. 57-90

Fuentes Osorio, J. L., "El odio como delito", *Revista Electrónica de Ciencia penal y Criminología*, núm., 19, 2017

Garland, J., "Difficulties in defining hate crime victimization", *International Review of Victimology*, 18 (1), 2011, págs. 25-37.

Gascón Cuenca, A., "El concepto de delito de odio y de discurso de odio en el ámbito internacional y regional europeo", *Odio, Prejuicios y Derechos humano*, Laurenzo Copello, P; Daunis Rodríguez, A. (coord.), Comares, Granada, 2021, págs. 159-188

Gimeno Sendra, V., *Fundamentos del Derecho Procesal*, Cívitas, Madrid, 1981

Gómez Bellvís, A. B., "Freedom of expression in social media and criminalization of hate speech in Spain. Evolution, impact and empirical analysis of normative compliance and self-censorship", *Spanish Journal of Legislative Studies*, núm. 1, 2019

Gómez Martín, V., "Odio en la red. Una revisión crítica de la reciente jurisprudencia sobre ciberterrorismo y ciberodio", *Revista de Derecho Penal y Criminología*, núm. 20, 2018, págs. 411-449

González Granda, P., y Ariza Colmenarejo, M. J., "Avances y retos en materia de legitimación", *Justicia y proceso: una revisión procesal contemporánea bajo el prisma* constitucional, Dykinson, Madrid, 2021, págs. 341-365

Güerri Ferrández, C., "La especialización de la fiscalía en materia de delitos de odio y discriminación: aportaciones a la lucha contra los delitos de odio y el discurso del odio en España", *InDret: Revista para el análisis del Derecho*, núm. 1, 2015

Ibarra Blanco, E., "Intolerancia, discriminación, discurso y delito de odio: por la protección universal de la víctima", *Cuadernos de análisis*, núm., 74, 2021, págs. 5-18

Landa Gorostiza, J. M., "Incitación al odio: evolución jurisprudencial (1995-2011) del art. 510 CP y propuesta de lege lata. (A la vez un comentario a la STS 259/2011 —librería Kalki— y a la STC 235/2007)", *Revista de Derecho Penal y Criminología*, núm. 7, 201, págs. 297-346

Magro Servet, V., "Contraindicio versus prueba indiciaria en el proceso penal", *Revista La Ley Penal; revista de derecho penal, procesal y penitenciario*, núm. 145, 2020

Martín Diz, F., "Delitos de odio y proceso penal: desafíos y propuestas", *Revista de la Asociación de Profesores de Derecho Procesal de las Universidades Españolas*, núm. 8, 2023, págs. 35-68

Mason, G., "The symbolic purpose of hate crime law: Ideal victims and emotion", *Theoretical Criminology*, 18 (1), 2014, págs. 75-92.

Miguel Sáez, L., "La proyección e incidencia de la justicia restaurativa en la prevención de los delitos de odio", *Avances y prospectiva en la protección jurídico-social de las personas en condición de vulnerabilidad*, Torres Fernández, C.; Jerez Rivero, W.; De La Serna Tuya, J. M.; García Vidal, M. (Eds.), Dykinson, Madrid, 2022, págs. 97-119

Miró Llinares, F., *Cometer delitos en 140 caracteres. El derecho penal ante el odio y la radicalización en Internet*, Marcial Pons, Barcelona, 2018

Monterde Ferrer, F., "Delito de odio. ¿Existe?", *Diario La Ley*, núm. 9951, 2021

Moreno Catena, V., y Cortés Domínguez, V., *Derecho Procesal Penal*, 11ª edición, Tirant lo Blanch, Valencia, 2023

Pardeza Nieto, M. D., "Análisis del delito de odio", *Diario La Ley*, núm. 10216, 2023

Ramos Méndez, *Derecho y Proceso*, Librería Bosch, Barcelona, 1978

Tamarit Sumalla, J. M., "Los delitos de odio en las redes sociales", *IDP: Revista de internet, Derecho y Política*, vol. 27, 2018, págs. 17-29

Valiño Ces, A., "El ejercicio de la acción penal y las particularidades en la acusación popular", *Reflexiones sobre el nuevo proceso penal*, V. Moreno Catena (dir.), Tirant lo Blanch, 2015, págs. 89-109

Yáñez García-Bernalt, I., "Reflexiones sobre los delitos de odio y las víctimas especialmente vulnerables", *Revista de Estudios Jurídicos y Criminológicos*, núm. 8, 2023

VV.AA., *Manual práctico para la investigación y enjuiciamiento de delitos de odio y discriminación*, Aguilar García, M. A. (dir.), Centre d'Estudis Jurídics i Formació Especialitzada (Catalunya), 2015.

VV.AA., *Delitos de odio: derecho comparado y regulación española*, Tirant lo Blanch, Valencia, 2018.

VV.AA., *El odio como motivación criminal*, Wolters Kluwer-La Ley, Madrid, 2022

# *Prueba indiciaria, factores de polarización radical y delitos de odio en redes sociales: análisis y propuestas*[1]

**FEDERICO BUENO DE MATA**
*Catedrático de Derecho Procesal*
*Universidad de Salamanca*

**SUMARIO:** 1. INTRODUCCIÓN. 2. INDICADORES INDICIARIOS QUE ORIENTAN LA INVESTIGACIÓN Y LA PRUEBA DE LOS DELITOS DE ODIO. 3. COMENTARIOS CRÍTICOS A LOS INDICADORES DE POLARIZACIÓN RADICAL PLANTEADOS POR LA FISCALÍA EN ESPAÑA. 4. PROPUESTA DE INDICADORES DE POLARIZACIÓN EN REDES SOCIALES ABIERTAS DEL INVESTIGADO. BIBLIOGRAFÍA.

## 1. INTRODUCCIÓN

En la era digital, la proliferación de delitos de odio a través de las redes sociales ha planteado desafíos significativos para todos los operadores jurídicos. Uno de los obstáculos más comunes es la dificultad de identificar y clasificar un acto como un delito de odio, lo que a menudo deriva de la complejidad para determinar la motivación subyacente detrás del comportamiento investigado. Este desafío ha llevado a la búsqueda de herramientas y criterios que faciliten la identificación y prueba de estos delitos, y es por ello por lo que cobran relevancia los llamados "indicadores de polarización radical, abordados por diferentes organizaciones y autoridades nacionales e internacionales

1 Esta publicación se presenta como resultado del proyecto nacional de I+D+i "Tratamiento procesal de los delitos de odio cometidos a través de medios tecnológicos", ref. PID2021-128339OA-I00, perteneciente a la convocatoria sobre "Proyectos de generación de conocimiento" en el marco del Programa Estatal para Impulsar la Investigación Científico-Técnica y su Transferencia, del Plan Estatal de Investigación Científica, Técnica y de Innovación 2021-2023; financiado por MCIN/ AEI /10.13039/501100011033/ y por FEDER: Una manera de hacer Europa. IP. Bueno de Mata.F.

Estos indicadores son hechos objetivos que indican que un acto puede tratarse de un delito de odio y que se han ido perfilando a nivel jurisprudencial, al igual que su valor como prueba, la cual situamos en el campo de los indicios. Este enfoque inferencial se presenta como una herramienta técnico-procesal para orientar tanto a investigadores como a tribunales en la evaluación de la posible motivación de odio, destacando que la presencia de estos indicadores no constituye una prueba concluyente, sino más bien una evidencia periférica que debe interpretarse por medio de un contexto y una serie de parámetros interrelacionados. A lo largo de este artículo, exploraremos en detalle los indicadores de polarización radical y su papel en el proceso de investigación y prueba de delitos de odio cometidos a través de las redes sociales en canales virtuales abiertos, al tiempo que propondremos una nueva clasificación de los mismos, trasladando los planteados en el terreno físico al terreno virtual.

## 2. INDICADORES INDICIARIOS QUE ORIENTAN LA INVESTIGACIÓN Y LA PRUEBA DE LOS DELITOS DE ODIO

Tal y como se recoge en la guía de referencia titulada *Preventing and responding to hate crimes* (Prevenir y hacer frente a los delitos de odio[2]), publicada por la OSCE (Organización para la Seguridad y la Cooperación en Europa) y ODIHR (Oficina para las Instituciones Democráticas y los Derechos Humanos) en 2009, se indica que "a la hora de investigar un delito de odio, el problema más corriente es la negativa o la incapacidad de las autoridades para identificar un acto criminal como un delito de odio. Por ello, es esencial que los agentes de policía y los representantes de las ONG que reciben las denuncias o entrevistan a las víctimas dispongan de criterios que les permitan determinar si se trata de un delito de odio". Es decir, una de las principales dificultades a la que se enfrentan los FCSE es ver que estamos ante un verdadero delito de odio, debido a la dificultad para determinar la motivación que subyace detrás del sujeto investigado.

Desde la perspectiva procesal, el problema se concreta en saber a través de qué mecanismos podemos identificarlos, y es ahí cuando por medio de la Sentencia del TEDH del 20 de octubre de 2015. Caso "Balázs vs. Hungría" (*Application* nº 15529/12) se plantean los denominados "indicadores

---

[2] Disponible en: https://www.osce.org/files/f/documents/8/a/39821.pdf (Fecha de consulta: 20 de noviembre de 2023).

de polarización radical". Estaríamos hablando así de "hechos objetivos que indican que un acto puede tratarse de un delito de odio. Cuando se den dichos indicadores, debe registrarse el incidente como un probable delito de odio y debe emprenderse una investigación más profunda sobre el móvil del delito[3]".

Al margen de la sentencia, también tenemos definiciones muy esclarecedoras, como la expuesta en la web de la Ertzaintza, al indicar que los indicadores de polarización "son un conjunto de indicios que deben ser meticulosamente recopilados e incorporados al atestado policial, con el fin de dotar a jueces y fiscales de los suficientes indicios racionales de criminalidad que permitan formular cargos de imputación y en su caso condenas[4]".

Por consiguiente, estos indicadores tendrían el tratamiento técnico procesal de indicios que sugieren la comisión de un delito de odio, lo que indica que debe investigarse y demostrarse de acuerdo con procedimientos específicos. En otras palabras, estos indicadores nos proporcionan orientación sobre cómo investigar un hecho en particular como un delito de odio, al mostrar que tanto la intención como la motivación pueden deducirse de ellos. En este sentido, estamos nuevamente frente a un razonamiento inferencial y, por lo tanto, claramente ante una prueba indiciaria. Es decir, estaríamos hablando de circunstancias o acciones del agresor que, cuando se consideran de forma individual o en conjunto con otros factores, sugieren que el delito fue motivado por odio o discriminación hacia una persona o grupo específico.

---

3 El tema también fue tratado de manera tangencial en resoluciones anteriores, entre otras, SSTEDH, Sección 2ª, Caso Saygili y Falakaoglu contra Turquía, de 21 de octubre de 2008 ("The Government argued that the content of the article was likely to provoke violence and hate crimes in the region") o Sección 1ª, Caso Ognyanova contra Bulgaria, de 23 de febrero de 2006 ("The military investigation authorities were not obliged to investigate the theoretical aspects of a case where there were no apparent leads to a possible hate crime.") Se pueden ver en "Análisis de casos y sentencias en materia de racismo, discriminación racial, xenofobia y otras formas de intolerancia", Observatorio Español del Racismo y la Xenofobia (OBERAXE), 2018. Disponible en: https://www.inclusion.gob.es/oberaxe/ficheros/documentos/analisis_casos_sentencias.pdf (Fecha de consulta: 21 de noviembre de 2023).

4 *Vid.* https://www.ertzaintza.euskadi.eus/lfr/web/ertzaintza/indicadores-de-polarizacion (Fecha de consulta: 23 de noviembre de 2023)

No obstante, la presencia de uno o varios de estos indicios no constituye una prueba concluyente de que se haya cometido un delito de odio, sino más bien una evidencia circunstancial de la motivación subyacente. Por lo tanto, es esencial que los investigadores y los tribunales analicen minuciosamente cada caso para determinar si se han satisfecho los requisitos necesarios para clasificar un delito como un crimen de odio.

Es importante destacar que, aunque los indicadores de polarización pueden ser una herramienta útil para establecer la motivación detrás de un delito de odio, no son suficientes por sí solos para probar la culpabilidad del acusado. En su lugar, los investigadores y tribunales deben considerar estos indicadores en conjunto con otras pruebas, tales como testimonios de testigos presenciales, pruebas periciales y cualquier otra evidencia pertinente.

Por lo tanto, los indicadores de polarización pueden servir como una guía útil para la investigación y el tratamiento policial de un delito de odio, siempre y cuando existan múltiples indicadores que converjan. Sin embargo, es fundamental tener en cuenta que estos indicadores no son suficientes por sí solos para demostrar la culpabilidad del acusado y deben ser evaluados junto con otras pruebas para determinar si se han cumplido los requisitos legales para considerar un delito como un delito de odio. Es decir, estos indicadores pretenden plantear al juez y al fiscal que nos encontramos ante posibles "indicios racionales de criminalidad" de la comisión de un delito de odio, que a su vez deberían ponerse en relación con más circunstancias para poder adoptar medidas contra el sujeto investigado. Por tanto, podríamos decir que los mismos podrían alcanzar el potencial necesario para llegar a probar la motivación de odio que existe detrás de esta acción.

Ahora bien, la numeración de indicadores de polarización no es homogénea en función del protocolo que se siga, pues se parte de una interpretación de los datos por el TEDH en sentencias de 4 de marzo de 2008, 31 de marzo de 2010, 4 de marzo de 2011, y la última, la ya aludida Sentencia del TEDH del 20 de octubre de 2015. Caso "Balázs vs. Hungría". Estos mismos criterios han sido además recogidos a nivel de organizaciones internacionales tanto por la OSCE y la ECRI (Comisión Europea contra el Racismo y la Intolerancia), esta última recogiendo a su vez los criterios del Plan de Acción de Rabat de Naciones Unidas para fijar el umbral que permita establecer adecuadamente qué tipo de expresiones pueden constituir delito de odio.

Concretamente, la recomendación nº 15 de la ECRI, para fijar el umbral que permita establecer adecuadamente qué tipo de expresiones pueden constituir delito, estableciendo los siguientes:

1. El contexto en el que se utiliza el discurso de odio en cuestión (especialmente si ya existen tensiones graves relacionadas con este discurso en la sociedad).

2. La capacidad que tiene la persona que emplea el discurso de odio para ejercer influencia sobre los demás (con motivo de ser, por ejemplo, un líder político, religioso o de una comunidad)

3. La naturaleza y contundencia del lenguaje empleado (si es provocativo y directo, si utiliza información engañosa, difusión de estereotipos negativos y estigmatización, o si es capaz por otros medios de incitar a la comisión de actos de violencia, intimidación, hostilidad o discriminación).

4. El contexto de los comentarios específicos (si son un hecho aislado o reiterado, o si se puede considerar que se equilibra con otras expresiones pronunciadas por la misma persona o por otras, especialmente durante el debate).

5. El medio utilizado (si puede o no provocar una respuesta inmediata de la audiencia como en un acto público en directo).

6. La naturaleza de la audiencia (si tiene o no los medios, o si es propensa o susceptible de mezclarse en actos de violencia, intimidación, hostilidad o discriminación).

A nivel nacional, la CFGE del 2019, organiza estos indicadores de polarización reduciéndolos a tres bloques (autor, víctima y contexto), dejando a alguno de ellos fuera por suponemos entender que no encajan en ninguna de las tres categorías.

El traslado de estos indicadores de polarización radical a las redes sociales representa una cuestión más compleja. No hemos encontrado doctrina ni jurisprudencia alguna que trate este tema de manera concreta, y preguntado a distintos agentes de la autoridad actuantes, nos indican que no existe un traslado de los indicadores de polarización específicos, ni protocolo concreto a este respecto. Si bien si existe un "Protocolo para combatir el discurso de odio ilegal en línea (*#ContraeldiscursodeOdio*)", suscrito en febrero de 2021, el cual se configura como un instrumento para la colaboración efectiva entre los actores que se ocupan de la lucha contra el discurso de odio ilegal en línea en España y en diferentes países de la UE: instituciones de la Administración Pública, organizaciones de la sociedad civil y prestadores de servicios de alojamiento de datos[5]. Por tanto, es una manera de sellar la colaboración entre todos los firmantes para agilizar la investigación de estos delitos y para lograr la cooperación y coordinación efectiva entre diferentes autoridades nacionales y europeas.

De manera concreta, se establecen los siguientes objetivos:

- Definir los delitos de discurso de odio, en consonancia con las principales normas europeas e internacionales para valorar la noción de delitos de discurso de odio.
- Propone la elaboración de un listado de autoridades competentes, que serán las que notifiquen contenidos ilegales de discurso de odio
- Se propone la tramitación preferente, por parte de los prestadores de servicios de alojamiento de datos, de las comunicaciones provenientes de los comunicantes fiables debidamente acreditados y la elaboración de un formulario para la realización de esas comunicaciones y su contenido
- Creación de un sello para la acreditación y la formación de los comunicantes fiables por parte de la Administración y las empresas proveedoras de servicios de alojamiento de datos.
- El impulso de la acomodación de mecanismos restaurativos, que también se incluye en la Recomendación UE 2018/334, con el fin de promover mecanismos de resolución extrajudiciales para los delitos vinculados a delitos de odio en Internet.

---

5 Los representantes del Consejo General del Poder Judicial, la Fiscalía General del Estado, de las Secretarías de Estado de Justicia, Seguridad, Educación, Deporte, Igualdad, Derechos Sociales y Migraciones, y del Centro de Estudios Jurídicos; los representantes del Foro para la Integración Social de los Inmigrantes, del Consejo Estatal del Pueblo Gitano, del Consejo de Víctimas de Delitos de Odio y Discriminación, de la Federación Española de Lesbianas, Gays, Transexuales y Bisexuales, de la Plataforma de la Infancia, de la Plataforma del Tercer Sector y de la Asociación Española de la Economía Digital, en la que se integran empresas prestadoras de servicios de alojamiento de datos como YouTube, Facebook, Instagram, Twitter o Microsoft. *Vid.* "Protocolo para combatir el discurso de odio ilegal en línea (#ContraeldiscursodeOdio)", Ministerio de Justicia, febrero de 2021. Disponible en: https://www.interior.gob.es/opencms/pdf/servicios-al-ciudadano/Delitos-de-odio/descargas/protocolo-discurso-odio.pdf (Fecha de consulta: 20 de octubre de 2023).

- Se plantea la creación de una comisión de seguimiento del Acuerdo Interinstitucional, con el fin de que exista representación de todas las partes implicadas para dar seguimiento al acuerdo y que el mismo se cumpla.

Si bien, aunque se asume que el discurso de odio se encuentra tipificado en el art. 510 CP, y que también podría quedar incluido entre los delitos tipificados en la legislación penal española consistentes en actos expresivo-comunicativos a los que fuera de aplicación el artículo 22.4ª del Código Penal, así como en los apartados b) y c) del artículo 23.1 de la Ley 19/2007 de 11 de julio, contra la violencia, el racismo, la xenofobia y la intolerancia en el deporte; siempre y cuando se trate de conductas desarrolladas en la red que estén alojadas en servidores y a su vez, que respete la normativa europea al respecto[6]. Si bien, no se concreta ni propone la creación de un listado de indicadores de polarización concreto a la hora de investigar las redes sociales abiertas del autor, con el fin de motivar y probar el discurso de odio en Internet.

De igual modo, en el "Protocolo de actuación de las FCSE para los delitos de odio y conductas que vulneran las normas legales sobre discriminación" se indica que para los agentes "se plantea una disyuntiva difícil de dirimir en algunos supuestos, debido a que los miembros de las Fuerzas y Cuerpos de Seguridad deben determinar si los contenidos difundidos mediante los medios de comunicación electrónicos constituyen un ataque directo a una persona o a un colectivo especialmente vulnerable o por el contrario constituye un ejercicio de la libertad de expresión", prestando una especial atención al análisis de música compartida en plataformas digitales y procurando el equilibrio entre libertad de expresión y odio, y posteriormente se reconduce para su investigación y detección a lo dispuesto en lo establecido en la CFGE 7/2019 y en la Recomendación nº 15 de la ECRI, que recoge los criterios del Plan de Acción de Rabat de Naciones Unidas redirigiéndonos a los indicadores de polarización apuntados más arriba de manera genérica.

---

6 Se tendrá en consideración la Decisión Marco 2008/913/JAI del Consejo, de 28 de noviembre de 2008, relativa a la lucha contra determinadas formas y manifestaciones de racismo y xenofobia mediante el Derecho penal; la Recomendación R (97) 20 del Comité de Ministros del Consejo de Europa; la Recomendación de Política General N 15 de la ECRI de 2016, y la Recomendación General N 35 sobre combatir el discurso de odio racista del Comité para la Eliminación de la Discriminación Racial de Naciones Unidas, siempre que el contenido sea indiciariamente infractor de las referidas leyes españolas

Si acudimos al II Plan de Acción Nacional de Lucha Contra los Delitos de Odio, vemos como existe una iniciativa vinculada a promover el protocolo anterior a través de convertir a la ONDOD en una figura de "*Trusted Flagger*" (comunicante fiable), participando en el ejercicio anual de monitoreo de los proveedores de servicios de Internet, con base en el 'Código de Conducta para contrarrestar el discurso de odio en línea' y en el que la ONDOD se compromete a promover la realización de contactos periódicos con los distintos prestadores de servicios de Internet. Podemos además afirmar que esta función seria conforme la propuesta de Directiva del Parlamento Europeo y del Consejo, por la que se establecen normas armonizadas para la designación de representantes legales a afectos de recabar pruebas de naturaleza electrónica en procesos penales, y de manera más concreta en su art. 3[7].

Si bien, si buceamos en dicho Plan de Acción vemos como las medidas destinadas a combatir el discurso de odio en redes se encuentran en desarrollo con la participación en el proyecto europeo ALRECO sobre el "discurso de odio, racismo y xenofobia: mecanismos de alerta y respuesta coordinada", destinado a identificar, analizar, monitorizar y evaluar el discurso de odio en línea, así como el de diseñar estrategias compartidas frente al discurso, y en el que no se habla de crear indicadores de polarización común, pero sí de indicadores que permitan identificar un *tweet* como discurso de odio (y los diferentes tipos de intensidad) y los indicadores de discurso de odio que se podrán obtener de la implementación de la herramienta de monitoreo del discurso de odio.

Por consiguiente, podríamos decir que sería bueno que la propuesta de estos indicadores de polarización de redes sociales pudiera llegar a tener cabida en los puntos 7.2 y 7.3 de la Estrategia, a desarrollarse en el segundo semestre de 2024:

- "7.2. Impulsar las reformas normativas o legislativas necesarias al objeto de avanzar en la lucha contra el discurso de odio en línea y los delitos de odio en general, principalmente en el ámbito administrativo.
- 7.3. Desarrollo de un análisis espacio-temporal de los delitos de odio y su relación con el discurso de odio, al objeto de conocer si existe

---

7 *Vid.* Bujosa Vadell, L., "Cooperación judicial para la obtención y transmisión de pruebas electrónicas", *A vueltas con la transformación digital de la cooperación jurídico penal internacional,* Navarra, 2022, pág. 97.

alguna relación/correlación entre el discurso de odio en línea y los delitos de odio en el "mundo físico" o, viceversa[8]".

Por este motivo, a continuación vamos a analizar el tratamiento de los indicadores concretos que ha planteado la Fiscalía para determinar la motivación de los delitos de odio, y en un segundo momento, realizaremos una propuesta de indicadores de polarización que deberían tenerse en cuenta cuando se analizan de manera concreta las redes sociales abiertas del investigado, planteando una analogía con los indicadores planteados por el TEDH en el 2015, y adaptándolos a los canales virtuales actuales basados en un modelo de red social abierta.

## 3. COMENTARIOS CRÍTICOS A LOS INDICADORES DE POLARIZACIÓN RADICAL PLANTEADOS POR LA FISCALÍA EN ESPAÑA

La CFGE opta por agrupar los indicadores de polarización, con incidencia en su adjetivo de "radical", en tres grandes grupos: víctima, autor y contexto. Pensamos que estos indicadores no están bien planteados, pues alguno parte de planteamientos idealistas en el tratamiento procesal del delito de odio.

Sin ir más lejos, en el primero de esos grupos, los destinados a la víctima, se comienza afirmando que: "El testimonio de la víctima siempre es relevante en cualquier hecho delictivo, pero en infracciones tan valorativas como las que nos ocupan la figura de la víctima se convierte en el eje central desde el que orientar toda la actividad de investigación". Esta postura viene ligada a lo planteado por la ECRI, que indica que "la sola percepción o sentimiento por parte de la víctima de que el motivo del delito sufrido pueda ser racista o xenófobo debe obligar a las autoridades a llevar una investigación eficaz y completa para confirmar o descartar la naturaleza racista o xenófoba de dicho delito".

Creemos que convertirlo en el eje central de la investigación es arriesgado, ya que en muchas ocasiones la víctima no está definida con claridad,

8 II Plan de acción de lucha contra los delitos de odio, Ministerio del Interior. Secretaría de Estado de Seguridad. Abril 2022. *Vid.* https://www.interior.gob.es/opencms/pdf/servicios-al-ciudadano/Delitos-de-odio/descargas/II-PLAN-DE-ACCION-DE-LUCHA-CONTRA-LOS-DELITOS-DE-ODIO.pdf (Fecha de consulta: 11 de octubre de 2023).

debido a que el delito puede estar dirigido hacia un colectivo entendido genéricamente o hacia una idea. Además, esto puede entrar en contradicción con la definición dada por el Tribunal Supremo de este tipo de delitos como delitos de peligro.

Es importante tener en cuenta que, en el contexto de la intolerancia o la discriminación, las percepciones de la víctima pueden verse afectadas por factores emocionales y subjetivos, ya que están siendo atacadas por el mero hecho de ser o sentirse de una determinada forma. Por lo tanto, estas percepciones pueden no ser siempre una representación precisa de los hechos o de la intencionalidad del autor. Es esencial considerarlas, pero es necesario tener en cuenta que se trata de una percepción subjetiva. No todas las percepciones de la víctima son necesariamente correctas o relevantes para la investigación, aunque deben ser tomadas en cuenta con el mayor respeto y consideración posible. En algunos casos, las percepciones de la víctima pueden estar basadas en prejuicios o estereotipos, lo que puede requerir un examen crítico adicional para determinar su relevancia y fiabilidad. Partir de la indicación dada con rotundidad por la Fiscalía en términos de que "indudablemente, para valorar la lesividad de la conducta, su percepción es un relevante elemento valorativo, por lo que los Sres. Fiscales la tendrán especialmente en cuenta para evaluar la antijuridicidad de los hechos", hace tambalear un *status quo* en la carga probatoria, que entendemos está pensado para requilibrar la relación entre presunto autor y víctima, y podría implicar una suerte de potencial inversión de la carga de la prueba en estos casos, que no nos parece admisible.

Cuestión distinta, no exenta de polémica, es unir el sentimiento de discriminación con los valores de igualdad de género. Aquí, el planteamiento puede cobrar un sentido técnico procesal más acertado, al seguir la estela de lo planteado para cuestiones propias de la prueba en igualdad, por ejemplo en el ámbito laboral. Esta idea además ha sido reforzada de manera reciente con la Ley 4/2023, de 28 de febrero, para la igualdad real y efectiva de las personas trans y para la garantía de los derechos de las personas LGTBI, conocida como Ley Trans, donde en primer punto de su art. 66 recoge, a tenor del título de precepto como Reglas relativas a la carga de la prueba: "De acuerdo con lo previsto en las leyes procesales y reguladoras de los procedimientos administrativos, cuando la parte actora o la persona interesada alegue discriminación por razón de orientación e identidad sexual, expresión de género o características sexuales y aporte indicios fundados sobre su existencia, corresponderá a la parte demandada o a quien se impute la situación discriminatoria la aportación de una justificación objetiva y razonable, suficientemente probada, de las medidas adoptadas y de su proporcionalidad". Al indicar la frase concreta de que la víctima "aporte indicios fundados sobre su existencia", pensamos que hace referencia a este contexto como factores de discriminación. Pensamos que esta cuestión debería ir más allá que la propia percepción que la propia víctima pueda expresar sobre el origen o motivo de la conducta, pero que perfectamente puede ser reforzado con los otros indicadores de polarización radical recogidos sobre la víctima.

Concretamente, también nos encontraríamos ante un indicador de polarización destacado por la Fiscalía en este bloque, si la víctima pertenece a un colectivo de los descritos en el tipo penal o a las asociaciones que tengan por objeto el apoyo o solidaridad con esos colectivos. Desde nuestro punto de vista este factor es especialmente importante en la investigación de delitos de odio, ya que la motivación situada detrás del delito a menudo se basa en la pertenencia de la víctima a un grupo social específico. Por lo tanto, la pertenencia de la víctima a un colectivo que está protegido por el tipo penal es un factor a considerar al establecer si se ha cometido un delito de odio. Pensamos que, aunque sea una característica subjetiva, por la propia pertenencia del sujeto al mismo, le dota también de mayor objetividad al mismo tiempo a la hora de constatar que el delito puede ser de odio.

Si bien creemos que volvemos a una percepción mucho más subjetiva en el tercero y último de los factores, que sería también especialmente dificultoso a nivel tanto de investigación como de prueba, más en redes sociales. Se indican en este sentido como indicador de polarización radical "las relaciones personales, familiares, laborales o de amistad con personas relacionadas con esos colectivos". Consideramos que este indicador puede resultar excesivo al plantear una prueba de contenido circunstancial. En otras palabras, el hecho de tener una relación personal, amistad o afinidad con personas relacionadas con ciertos colectivos no debería constituir automáticamente un indicio con valor radical. Esto elevaría aún más el carácter circunstancial de la prueba y reduciría su solidez probatoria. Por lo tanto, es importante tener en cuenta la subjetividad de este factor y evaluar cuidadosamente cualquier evidencia relacionada con el mismo en su contexto.

En este sentido, consideramos más acertada la visión de la ECRI, que es la que creemos se ha intentado trasladar con un resultado a nuestro parecer desafortunado. En este sentido la ECRI habla de "discriminación por asociación", que debiera ser el término aplicado, que es cuando la víctima no es miembro del grupo, pero puede ser activista en solidaridad con el objetivo o cuando son deliberadamente escogidas por su relación con la víctima por una situación de arraigo concreta.

Creemos que es importante tener en cuenta que estas relaciones por sí solas no deben ser consideradas como una prueba concluyente de la motivación detrás del delito. En muchos casos, las relaciones personales pueden ser simplemente el resultado de la inclusión y el respeto por la diversidad, y puede ocurrir que por esta razón la motivación no sea la misma o no tenga el mismo propósito, aunque el odio es cierto que puede extenderse no solo al colectivo, si no a los movimientos que apoyan el colectivo, creemos que no son por sí mismo colectivos vulnerables, y por tanto en estos casos la motivación por odio no encajaría en el tipo.

Opción distinta sería partir de una concepción diferente de la víctima del delito de odio, mucho más extensa que la que se plantea hoy en día, que podría ser una posibilidad interesante si se llegase a fundamentar de manera sólida. En resumen, si bien las relaciones personales, familiares, laborales o de amistad con personas relacionadas con los colectivos protegidos pueden ser consideradas como una prueba indiciaria en la evaluación de los indicadores de polarización, deben ser evaluadas críticamente y contextualizadas con otras pruebas para establecer una imagen precisa de lo que sucedió y por qué. Por ello pensamos que no se debe asumir que estas relaciones por sí solas sean suficientes para establecer la motivación detrás del delito y que la Circular ha hecho una interpretación victimológica expansiva.

El segundo bloque hace referencia a indicadores de polarización respecto al presunto autor del hecho. La Circular parte ya de denominarle "autor del hecho", cuestión que conceptualmente nos parece desacertada a nivel técnico— procesal, pues parte de una presunción de culpabilidad cuando nos encontramos ante un momento propio de fase de investigación en el que la presunción de inocencia debe seguir intacta. Hubiera sido más conveniente que se planteara este bloque hablando de presunto autor o directamente hablar de investigado, que sería la nomenclatura correcta para dirigirse a la parte pasiva en este momento procesal.

Dentro de este bloque, se plantean cinco indicadores distintos, de los cuales, uno tiene relación concreta con las redes sociales, el cual analizaremos en último lugar. Siguiendo lo dispuesto, estos indicadores son los siguientes:

- Los antecedentes penales o policiales por conductas similares, como sanciones por manifestaciones "ultras" o por violencia en el deporte, pueden ser considerados como indicadores de motivación de delitos de odio. La repetición de comportamientos violentos o extremistas puede indicar una inclinación hacia la discriminación y la intolerancia hacia ciertos grupos sociales, lo que puede llevar a plantear una posible motivación de odio. Por lo tanto, estos antecedentes pueden ser relevantes en la evaluación de riesgos de comportamientos violentos o extremistas en el futuro. En este sentido, es importante tener en cuenta estos antecedentes al evaluar la idoneidad de una persona para ciertos trabajos o actividades, especialmente si tienen relación con el trato hacia grupos vulnerables o con la prevención de delitos de odio.

- Las frases o gestos que haya podido expresar en el momento de cometer los hechos también pueden ser considerados como indicadores de motivación de delitos de odio. Las palabras o acciones violentas o discriminatorias dirigidas a ciertos grupos sociales pueden indicar una actitud hostil y una motivación basada en el prejuicio o la intolerancia. Por lo tanto, es importante prestar atención a estas expresiones en el contexto de la investigación de un delito de odio, ya que pueden proporcionar información valiosa sobre la motivación del agresor.
- La integración en grupos caracterizados por su odio o por la promoción de la violencia contra determinados colectivos o ideas, como la ideología neonazi, homófoba o xenófoba, el radicalismo religioso, los grupos ultra deportivos, los colectivos antisistema, las denominadas "bandas latinas", entre otros, junto con la posición de relevancia pública o liderazgo en los mismos, también pueden ser indicadores de motivación de delitos de odio. La pertenencia a estos grupos puede indicar una aceptación y promoción activa de la discriminación y la violencia hacia ciertos grupos sociales o colectivos vulnerables, lo que puede ser relevante en la investigación de delitos de odio, ya que puede proporcionar información valiosa sobre la motivación y la planificación del delito.
- Simbología[9]. La simbología de odio se refiere a aquellos símbolos o señales que son utilizados por grupos o individuos para promover la discriminación, la violencia o el odio hacia ciertos colectivos por razones de raza, género, orientación sexual, religión, entre otros.

---

9 Docal Gil, D.; Flórez López, A., "Análisis de la simbología del odio", *Ciencia policial: revista del Instituto de Estudios de Policía*, N°. 111 (marzo/abril), 2012, págs. 75-128.

En este sentido, para establecer la afiliación a estos grupos en casos donde no es reconocida directamente por el individuo, se pueden utilizar elementos externos como referencia, siempre y cuando sean valorados adecuadamente. Estos elementos pueden incluir tatuajes, vestimenta, peinados, entre otros, que sean reconocidos socialmente como asociados a estos grupos, como determinadas banderas, bufandas, pancartas etc. La presencia de estos elementos puede indicar una simpatía hacia los valores y creencias de los grupos en cuestión, y una posible implicación en actividades discriminatorias o violentas contra ciertos colectivos, lo cual puede sugerir una motivación de delitos de odio. Por tanto, es importante tener en cuenta estos factores al momento de evaluar la pertenencia a estos grupos y en la investigación de delitos de odio, a fin de comprender mejor las motivaciones del agresor y aplicar medidas preventivas adecuadas.

- En último lugar, se habla de manera concreta de "el análisis de sus comunicaciones en las redes sociales (hilos de conversaciones en chats, vídeos difundidos, etc.), anteriores y posteriores a los hechos, así como su número de seguidores". Partimos de que dicho análisis puede ser una herramienta valiosa para identificar posibles delitos de odio. Sin embargo, es importante tener en cuenta que no todos los tipos de contenidos en redes sociales son relevantes para este tipo de investigación, y es por ello por lo que la CFGE nos dice el qué pero nos falta por plantear el cómo. Hubiera sido un buen momento para trasladar los indicadores de polarización radical a las redes sociales, puesto que el análisis abstracto nos lleva a un plano de indeterminación jurídica que hubiera sido fácilmente resuelto. Si bien, tampoco los protocolos publicados se centran en este punto, cuando desde nuestro punto de vista nos parece medular. En este sentido, es primordial que cualquier examen de las comunicaciones en redes sociales para identificar delitos de odio se centre en la identificación de expresiones de odio o discriminación hacia características protegidas por la ley y se realice de manera ética, legalmente responsable y teniendo en cuenta el contexto en el que se hacen estas expresiones.

En último lugar, el tercero de los bloques hace referencia al contexto concreto en el que se desarrolla la acción. La CFGE nos habla de cuatro tipos de indicadores que a continuación exponemos y desarrollamos:

- *Aparente irracionalidad o falta de justificación.* Los delitos de odio a menudo parecen ser cometidos sin una razón clara o justificación evidente. Esto puede hacer que sea difícil para los investigadores o las víctimas comprender por qué se produjo el acto, lo que puede aumentar la sensación de incertidumbre y miedo.

- *Ausencia de relación previa entre agresor y agredido.* Los delitos de odio a menudo son cometidos por personas que no conocen a sus víctimas, lo que puede hacer que estos actos parezcan aún más arbitrarios y aterradores.
- *Presencia de una relación de enemistad manifiesta o histórica.* En algunos casos, los delitos de odio pueden estar motivados por una larga historia de conflictos y hostilidades entre diferentes grupos. Esto puede aumentar la probabilidad de que se produzcan actos de violencia o discriminación.
- *Fecha o lugar simbólicos.* Los delitos de odio a menudo se cometen en fechas o lugares que son significativos para un colectivo. Por ejemplo, un acto violento contra un lugar de culto puede ser visto como un ataque contra toda la comunidad religiosa.

Como especial comentario crítico sobre este apartado, creemos que nuevamente se ignoran o pasan por alto las particularidades del entorno tecnológico. En este sentido, creemos que es importante contar con indicadores de polarización específicos para este contexto, ya que presenta características únicas y distintivas.

En resumen, la CFGE ha intentado agrupar los indicadores de polarización radical en tres categorías para su uso en la investigación de delitos de odio. Sin embargo, algunos de estos indicadores son subjetivos y difíciles de aplicar en casos concretos, especialmente en el contexto de las redes sociales. Además, aunque se han tomado en cuenta las recomendaciones de otras instituciones, no se considera que los indicadores se hayan trasladado de manera correcta.

Tal y como hemos apuntado, creemos que debería haberse esclarecido de una manera más detallada lo que se entiende por discriminación por asociación, en los casos en los que la víctima no pertenece a un colectivo pero guarda relación con el mismo, para dar indicaciones de conformación de una prueba de cargo sólida. Tampoco se ha dado cabida clara al concepto de la aparente gratuidad de los hechos, particularmente si son violentos y la víctima pertenece a un colectivo minoritario. Cuando los mismos no tiene explicación verosímil más allá del odio y la animadversión a la víctima por su pertenencia o vinculación a un colectivo vulnerable. Ahondar en un concepto tan indeterminado como éste sería bueno, pues pensamos que es un indicio muy poderoso que debería tener, si no desarrollo conceptual en el plano legislativo, por lo menos en el contexto jurisprudencial en un futuro próximo.

## 4. PROPUESTA DE INDICADORES DE POLARIZACIÓN EN REDES SOCIALES ABIERTAS DEL INVESTIGADO

Esta propuesta parte de la planteada en la monografía que escribimos sobre el tema[10] acerca de la investigación y prueba de delitos de odio, la cual se plantea. ante el actual silencio institucional, doctrinal y jurisprudencial sobre este asunto; una vez planteada la importancia de contar con indicadores de polarización específicos para analizar si nos encontramos ante delitos de odio en redes abiertas, a continuación proponemos una serie de indicadores adicionales que podrían materializarse por medio de un protocolo específico que tuvieran en cuenta las FFCCSE.

Sir más lejos, partimos de que las redes sociales proporcionan una plataforma que sirve de altavoz para la propagación de mensajes de odio y discriminación a gran escala y de una manera muy rápida, lo que puede tener consecuencias graves en la motivación e intencionalidad de los delitos de odio que deberían reflejarse en indicadores de polarización individualizados.

Algunas de las características más dañinas propias del contexto de las redes sociales que pueden contribuir a la propagación de mensajes de odio, deberían ser también valoradas. A tenor de todo ello, proponemos que se valoren la capacidad de tener en cuenta los lo que denominamos el posible "decálogo de indicadores de polarización de redes sociales abiertas", planteados desde una propuesta propia:

- *Medir la capacidad de aumento de visibilidad e impacto* debería ser un indicador de contexto propio, más allá de la aplicación de una circunstancia agravante. Es decir, las cualidades propias del perfil desde el que se difunde y los seguidores que tiene. No será lo mismo un mensaje que se intenta propagar por alguien que tiene una decena de seguidores, que si el mismo es un *influencer*, puesto que las posibilidades de aumento de visibilidad e impacto del mensaje de odio crece de manera exponencial a golpe de *click*.

---

10 Bueno de Mata, F., *Investigación y prueba de delitos de odio en redes sociales: técnicas OSINT e inteligencia policial*, Valencia, 2023, págs. 238 y ss.

- *Analizar los algoritmos de recomendación vinculados a ese perfil*. Las redes sociales utilizan algoritmos de recomendación que muestran a los usuarios de contenido que es similar a lo que ya han visto o interactuado en el pasado. Es decir, hablamos de una algoritmización de las redes sociales que sirva de *feedback* o retroalimentación continuada. Esto puede hacer que los usuarios se encuentren en "burbujas de filtro", donde solo ven y reciben contenido que refuerza sus creencias y opiniones extremas, lo que puede aumentar su motivación para difundir mensajes de odio.
- *Estudiar el contexto legal de la red social desde el que se vierten los comentarios.* Las redes sociales a menudo tienen políticas en contra de mensajes de odio y discriminación, pero la falta de una regulación efectiva puede permitir que estos mensajes sigan siendo publicados y difundidos. Todo ello se une a un factor tan importante como la jurisdicción donde radique propiamente la empresa que da cobijo a la plataforma. Esta situación puede ser aprovechada por los potenciales autores como un mecanismo claro de huida de la jurisdicción española que debe ser contextualizado como un indicador adicional, pues el autor es consciente de que está cometiendo un hecho ilícito por razón de su contenido, lo que pensamos presupone una clara motivación delictiva de base.
- *Periodicidad en la publicación.* Analizar la publicación constante de mensajes que promuevan la discriminación, la exclusión o la violencia contra un grupo en particular, como inmigrantes, refugiados, personas LGTBI, personas de una determinada religión, etc. Uso frecuente de un lenguaje degradante, ofensivo o violento para describir a un colectivo en particular, o utilizar términos que promuevan la discriminación, el racismo, la xenofobia, la homofobia, la transfobia, etc.
- *Análisis de imágenes y simbología de fotos en redes sociales.* Publicación de contenidos que contengan imágenes, símbolos o iconografía que promuevan el odio, como la esvástica nazi o los símbolos de los grupos supremacistas blancos. Estos mismos símbolos podrían ir asociados también a su foto de perfil o a su foto de portada. De igual modo otros símbolos pueden conectar con contenido de comentarios que pueden ser basados en acrónimos y guarismos, banderas, símbolos o

que en las imágenes se les vea realizando un saludo determinado o vistiendo con una estética determinada[11].

- *Análisis de hashtag y fecha de la publicación.* El uso de hashtags en fechas señaladas para fomentar delitos de odio en Internet es una estrategia que puede ser utilizada por grupos o individuos para difundir su mensaje de odio en línea, con el fin de motivar el odio en fechas vinculadas a colectivos. Sin ir más lejos, si nos centráramos en los derechos de la comunidad LGTBI, se estaría atento ante comentarios homófobos o transfóbicos en fechas como el 17 de mayo en que se celebra el Día Internacional contra la Homofobia, la Transfobia y la Bifobia, el 28 de junio se conmemora el Día del Orgullo, o el 20 de noviembre donde se celebra el Día Internacional de la Memoria Trans.
- Tener en cuenta la *característica propia de Internet vinculada a la posibilidad de anonimato de las redes sociales*, la cual permite a los usuarios crear perfiles anónimos y publicar comentarios y mensajes de odio sin revelar su verdadera identidad, lo que a su vez hace que los usuarios tengan una sensación de falta de impunidad, cuestión que les lleva a que se sientan más libres para expresar opiniones extremas y discriminatorias que podrían ser socialmente inaceptables o incluso ilegales.
- *Utilizar un nickname o apodo que fomente el odio* también puede ser una característica de un perfil en una red social que indica que está dedicado a incitar al odio en la red, por medio de apodos que consistan en términos vinculados a lenguaje ofensivo o discriminatorio hacia un grupo en particular, términos despectivos para referirse a personas de un colectivo en particular, nombres o palabras que hacen referencia a ideologías extremistas o violentas o nombres de personas, fechas o lugares que hagan referencia a eventos históricos asociados con el odio y la discriminación hacia un colectivo en particular.

---

11 Altamente ilustrativo de esta cuestión, en abierto: Docal Gil, D., publica una guía en abierto denominada: "Símbolos del odio. Análisis simbología del odio", *Vid.* https://files.proyectoclubes.com/granada/202003/20094722manual-simbolog--a-ond_.pdf (Fecha de consulta: 20 de marzo de 2023). Del mismo autor, DOCAL GIL, D.; Flórez López, A., "Análisis de la simbología empleada por los grupos urbanos violentos de extrema derecha", *Ciencia policial: revista del Instituto de Estudios de Policía*, Nº. 144, 2017, págs. 71-106.

- *Interacción constante con otros usuarios de la red social que promuevan la discriminación o la violencia contra un colectivo en particular*, como dar "me gusta" o compartir y *retwittear* sus publicaciones, así como hacer comentarios que refuercen su discurso participado en conversaciones que promuevan la intolerancia o el odio.
- *Seguir a otros perfiles de Twitter que comparten y fomentan el discurso de odio*, lo que puede llevar a la normalización de la intolerancia y la discriminación. Por tanto, hacer un chequeo de los perfiles tanto de seguidores como de aquellos que son seguidos por el presunto autor, también será un factor a tener en cuenta si vemos que estas personas se muestran a favor de fomentar el odio y la intolerancia contra determinados colectivos vulnerables.
- *Creación de grupos o pertenencia a comunidades que estén dedicados a la promoción del odio y la discriminación contra un colectivo en particular*. Si el presunto autor es el administrador de estos grupos en los cuales se busca la discriminación, la división y el antagonismo entre grupos en una sociedad, debe tomarse en cuenta como un indicador de polarización claro.

En este sentido, el "decálogo de indicadores de polarización de redes sociales abiertas" aportado, aborda aspectos fundamentales con el objetivo de mejorar la equidad y eficiencia en procesos penales relacionados con delitos de odio en redes sociales. Este enfoque estratégico presenta diversas ventajas para garantizar un proceso judicial más justo y una mayor protección de las víctimas de estos delitos en el ámbito virtual. En primer lugar, la propuesta que planteamos destaca la importancia de medir la capacidad de aumento de visibilidad e impacto, reconociendo la influencia que un perfil con mayor alcance puede tener en la propagación de mensajes de odio. Este enfoque no solo proporciona una contextualización específica, sino que también facilita la identificación temprana de casos que podrían tener un impacto significativo en la sociedad al tiempo que considera la influencia de los algoritmos de recomendación, puesto que la propuesta busca abordar la posibilidad de que los usuarios se encuentren en "burbujas de filtro", donde solo se les muestra contenido afín a sus creencias. Creemos que esto no solo contribuye a una comprensión más profunda de la motivación detrás de los delitos de odio, sino que también permite a los investigadores evaluar el papel de las plataformas en la formación de actitudes extremas u otros parámetros visuales, circunstanciales, periódicos, legales, etc, que conllevaría a una evaluación más precisa de la intencionalidad y la motivación delictiva.

En definitiva, creemos que la propuesta no solo amplía el enfoque de la investigación de delitos de odio en redes sociales, sino que también propone un protocolo específico basado en indicadores contextualizados. Esto no solo mejora la eficiencia de los procesos penales al proporcionar herramientas más detalladas, sino que también fortalece la protección de las víctimas al anticiparse y abordar de manera más precisa los desafíos inherentes al entorno digital, puesto que creemos que con la introducción de estos indicadores adicionales, se busca dotar a la investigación y prueba de delitos de odio de un enfoque más detallado y contextual, considerando elementos específicos propios del entorno digital.

## BIBLIOGRAFÍA


Bueno de Mata, F., *Investigación y prueba de delitos de odio en redes sociales: técnicas OSINT e inteligencia policial*, Valencia, 2023.

Bujosa Vadell, L., "Cooperación judicial para la obtención y transmisión de pruebas electrónicas", *A vueltas con la transformación digital de la cooperación jurídico penal internacional*, Navarra, 2022, págs. 69-97.

Colomer Hernández, I., "Control y límites en el uso de la información y los datos personales por parte de la Inteligencia Artificial en los procesos penales" en *Justicia algorítmica y neuroderecho: una mirada multidisciplinar* (Dir. Barona Vilar, S), Valencia, 2021, págs. 287-307.

De Miranda Vázquez, C., "Indicios y presunciones en la doctrina jurisprudencial de la Sala 2º del Tribunal Supremo", Diario La Ley, nº 7549, 18 de enero de 2011, págs. 1-11.

Delgado Martín, J., "Investigación del entorno virtual: el registro de dispositivos digitales tras la reforma por LO 13/2015", *Diario La Ley*, Nº 8693, 2 de febrero de 2016, pág. 10.

Docal Gil, D.; Flórez López, A., "Análisis de la simbología del odio", *Ciencia policial: revista del Instituto de Estudios de Policía*, Nº. 111 (marzo/abril), 2012, págs. 75-128.

Docal Gil, D.; Flórez López, A., "Análisis de la simbología empleada por los grupos urbanos violentos de extrema derecha", *Ciencia policial: revista del Instituto de Estudios de Policía*, Nº. 144, 2017, págs. 71-106.

García Cavero, P., *La prueba indiciaria en el proceso penal*, Lima, 2010.

García Paz, D., "la prueba indiciaria en el proceso penal", Diario La Ley, nº 8374, 10 de septiembre de 2014, págs. 1-9.

García Rodríguez, J., "El discurso de la discriminación y los delitos de odio" en *Propuestas penales: nuevos retos y modernas tecnologías*, (Dir. Pérez Álvarez, F), Ediciones Universidad de Salamanca, España, 2016, págs. 659-672.

Magro Servet, V., "Contraindicio versus prueba indiciaria en el proceso penal", *La ley penal: revista de derecho penal, procesal y penitenciario*, Nº. 145, 2020 (Ejemplar dedicado a: Los delitos de odio).

Miró Llinares, F., *El cibercrimen. Fenomenología y criminología de la delincuencia en el ciberespacio*, Madrid, 2012.

Miró Llinares, F.; Gómez Bellvís, A. B., "Freedom of expression in social media and criminalization of hate speech in Spain. Evolution, impact and empirical analysis of normative compliance and self-censorship", *Spanish Journal of Legislative Studies*, núm. 1, 2019.

Moreno Catena, V., "Los datos en el sistema de justicia y la propuesta de Reglamento UE sobre Inteligencia Artificial", *Uso de la información y de los datos personales en los procesos: los cambios en la era digital*, Navarra, 2022, pág. 63.

Muñóz Sabaté, L., "Taxonomía indiciaria", *Diario La Ley*, nº 7564, 1 de mayo de 2011, págs. 1-23.

# *¿Vuelve el detector de mentiras? Análisis del reglamento (ley) de inteligencia artificial de la UE y su tratamiento de los polígrafos y los sistemas inteligentes de detección de emociones*[1]

**JOSÉ FRANCISCO ETXEBERRIA GURIDI**
*Catedrático de Derecho Procesal UPV/EHU*



## 1. INTRODUCCIÓN

Quienes intervienen en sus distintas fases en funciones de investigación y enjuiciamiento de hechos delictivos se han de enfrentar de forma recurrente a una cuestión esencial con ocasión de las declaraciones que prestan determinados sujetos que participan en aquéllas: la mayor o menor credibilidad de tales testimonios o declaraciones. Trátese de declaraciones del investigado o encausado, del testigo o del propio perito que ha de ratificar-

[1] Trabajo elaborado en el marco del Proyecto titulado *Inteligencia Artificial (IA) y proceso penal: biometría, aplicaciones y límites*, financiado por la Fundación Privada Manuel Serra Domínguez, VIII Convocatoria y del Proyecto titulado "Justicia sostenible en estado de mudanza global (JUSOST)" - CIPROM 2023-64 GVA.

se en su informe pericial. Este desafío se agudiza llegado el momento de otorgar, en su caso, valor probatorio a dichas declaraciones, sobre todo en situaciones extremas en las que el acervo probatorio es escaso o mínimo, limitado con frecuencia a las exclusivas manifestaciones del testigo-víctima y del investigado-encausado.

¿Y si pudiéramos acudir en estos supuestos a dispositivos que garantizaran con un elevado grado de probabilidad que la persona en cuestión miente o dice la verdad en sus manifestaciones? Como puede comprobarse, la cuestión no es novedosa, pues a lo largo de todo el siglo XX se ha suscitado el debate de si resulta admisible o no el recurso a tales medios: máquina de la verdad, polígrafo o detector de mentiras, suero de la verdad o narcoanálisis, etc.

Los argumentos que centran esta controversia sobre la permisibilidad o rechazo de esos mecanismos pueden agruparse en dos esencialmente. Por un lado, los que consideran los derechos de las personas que pueden resultar afectados como consecuencia del sometimiento a los dispositivos o sustancias indicadas. Si se trata del sujeto pasivo del proceso pueden resultar afectados los derechos a no declarar o a no autoincriminarse, dependiendo del mayor o menor grado de voluntariedad en la prestación de esas declaraciones. Si se trata de otros sujetos (testigos y peritos), y también con carácter general si es el investigado, el derecho a no ser objeto de tratos inhumanos o degradantes o la absoluta interdicción de la tortura. Por otro lado, el rechazo a tales técnicas ha venido de la mano de la propia ciencia, cuestionando la fiabilidad y admisibilidad en la comunidad científica de tales medios. De hecho, la jurisprudencia sobre la admisibilidad de la prueba científica y los presupuestos para ello surge y da sus primeros pasos en los EE.UU. con ocasión del uso del polígrafo o detector de mentiras en los tribunales del orden penal. En concreto el muy relevante y paradigmático caso *Frye v. United States*[2].

Ahora bien, respecto de la segunda objeción, no cabe cuestionar los avances tecnológicos y científicos acaecidos en esta última década, y más en concreto los nuevos escenarios que en relación con el tema que nos ocupa inaugura el desarrollo de la Inteligencia Artificial (IA) y los algoritmos en los que se fundamenta ésta. De hecho, se alude a una nueva generación de polígrafos, la "siguiente generación" en la detección de mentiras (*next generation lie detection*), que ya no se contenta con la simple medición de los

---

2 *Frye v. United States*, 293 F. 1013 (D.C. Cir. 1923).

parámetros fisiológicos característica de los añejos polígrafos, sino que se complementa con la medición de reacciones o fenómenos tales como los breves movimientos faciales o de las pupilas, la termografía facial, los signos de estrés en la voz, en la postura o los análisis lingüísticos. Y esto no es todo. No pueden obviarse las aportaciones al respecto de la neurociencia a partir de la medición de la actividad cerebral (Electroencefalografía —EEG—)[3] y la consiguiente respuesta desde el ámbito jurídico cuestionando la necesidad o, al menos, la conveniencia de una nueva categoría de derechos con los que afrontar más adecuadamente las injerencias que para el ciudadano implica la implementación de estas tecnologías[4].

Estas nuevas tecnologías perfeccionadas, auxiliadas con las aportaciones de la IA y el aprendizaje automático (*machine learning*) podrían neutralizar, de alguna manera, las objeciones de escasa fiabilidad científica achacables a las viejas versiones de polígrafos o detectores de mentiras. ¿Pero qué hay de la segunda asociación de reparos centrados en la incidencia o lesión de los derechos de los individuos implicados?

También sobre este punto hay novedades, e importantes además. No puede ignorarse que el enfoque de la UE respecto de la inteligencia artificial, centrado en la excelencia y la confianza, con el objetivo de impulsar la investigación y la capacidad industrial, pero garantizando a su vez la seguridad y los derechos fundamentales, está sirviendo de modelo en muchos países y la expectativa al respecto es enorme. Por ese motivo, no podemos pasar por alto el hecho esencial de que un texto de la trascendencia de la Propuesta de Reglamento sobre Inteligencia Artificial (RIA) presentada por la Comisión[5], considere el futuro abordaje normativo del empleo de los polígrafos y herramientas similares tanto en el ámbito de la prevención y represión de hechos criminales, como en el de la gestión de la migración, asilo y control fronterizo.

---

3 Vera K. Wilde, "On lie detection" (2018). https://iborderctrl.no/lie_detection.

4 Tomás Quadra-Salcedo Fernández del Castillo, "Derechos y libertades y neurotecnologías convergentes aplicadas a la actividad cerebral", *Derecho Digital e Innovación* 18 (2023).

5 Propuesta de Reglamento del Parlamento Europeo y del Consejo por el que se establecen normas armonizadas en materia de Inteligencia Artificial (Ley de Inteligencia Artificial) y se modifican determinados actos legislativos de la Unión, de 21 de abril de 2021, COM (2021) 206 final.

## 2. EL USO DEL POLÍGRAFO EN LA PROPUESTA DE REGLAMENTO DE INTELIGENCIA ARTIFICIAL DE LA UE

No es momento oportuno, este breve, para categorizar acerca de la naturaleza jurídica correspondiente al polígrafo o detector de mentiras como medio o fuente de prueba. Tiene innegables proximidades con la prueba pericial, en cuanto que la intervención de un experto resulta necesaria, pero sin olvidar que se trata de declaraciones prestadas por distintos sujetos intervinientes en el proceso (testigo, acusado, etc.) y como tales han de ser igualmente consideradas[6]. De otra parte, la consideración pericial como auxilio en la valoración de la credibilidad del testimonio o declaración ha actuado en ocasiones como argumento obstativo[7]. De cualquier modo, en la medida en que el empleo de esta tecnología de detección del engaño puede incidir en varios derechos de los sujetos afectados, como hemos apuntado brevemente en la introducción, resulta más que conveniente, sustancial a la esencia de tales derechos, que las posibles injerencias estén contempladas y previstas en la ley con la debida precisión de sus condiciones y presupuestos[8].

Pues bien, desde esta perspectiva ha de ser valorada positivamente la opción del prelegislador europeo en el sentido de contemplar, por un lado,

---

6 En determinadas resoluciones el TS se ha decantado por la naturaleza mixta del, en este caso, narcoanálisis: "no está ante un supuesto puro y específico de confesión del inculpado, sino que su uso participa más de la técnica pericial que de la testimonial, cuando no supone una simbiosis o maridaje de ambas" (STS de 22 de mayo de 1982; ECLI:ES:TS:1982:775). Vicente Magro Servet opta por la consideración de prueba pericial, "¿Es admisible la utilización del polígrafo como prueba en el proceso penal?, *La Ley Penal* 37 (2007), pág. 34. Cuando se han utilizado las neurociencias en la detección del engaño, se ha estimado que se trata más bien de una declaración (ATSJ Aragón, de 21 de julio de 2015).

7 La inadmisibilidad del polígrafo se fundamentaría, entre otras razones, en que "se pretendería de ese modo sustituir la función de valoración de la prueba, incluida la credibilidad del acusado, competencia exclusiva y excluyente de jueces y tribunales" (STS 1008/2016, de 1 de febrero de 2107. (*Tol 5959610*)). En todo caso, es constante la jurisprudencia de nuestro Tribunal Supremo que atribuye en última instancia al juez la valoración de la credibilidad de un testimonio pese a la práctica de la pericial psicológica (STS 487/2022, de 18 de mayo. (*Tol 8976288*)).

8 Nuestros tribunales, sobre todo el Tribunal Constitucional, han consolidado una jurisprudencia en torno al principio de legalidad de las actuaciones procesales que inciden en derechos fundamentales y como primer presupuesto de la justificación de la injerencia en los mismos (SSTC 37/1989, de 15 de febrero; 207/1996, de 16 de diciembre; 196/2001, de 16 de julio).

y de forma expresa la posible aplicación de polígrafos y de herramientas similares en diferentes ámbitos de actuación y, por otro lado, de rodear el uso de tales mecanismos de determinadas garantías al objeto de mitigar las posibles consecuencias adversas que pudieran derivarse para los ciudadanos. Como contraste, sorprende la naturalidad con la que da por hecho algo tan controvertido y discutido como el empleo de dispositivos de detección del engaño. La Propuesta RIA contempla el uso de polígrafos, que son considerados sistemas de IA de alto riesgo, en dos ámbitos concretos. Por un lado, en el ámbito de la prevención y represión penal y, por otro lado, en el ámbito de gestión de la migración, el asilo y el control fronterizo.

### *2.1. Los supuestos de uso de polígrafos contemplados en la Propuesta de RIA*

En relación al primero de los ámbitos en que sería susceptible de aplicación el polígrafo, el considerando (38) se refiere literalmente en su versión castellana al de "aplicación de la ley" que poco o nada aclara acerca de a qué se refiere si no acudimos al siempre auxiliador apartado de las definiciones o, en su caso, a la versión inglesa (*law enforcement*) de la que parece proceder la traducción literal, a la versión alemana (*Strafvervolgung*) o a la versión francesa (*fins répressives*), todas ellas más esclarecedoras de su verdadero significado. En concreto, con aquélla expresión se refiere la Propuesta RIA a *"las actividades realizadas por las autoridades encargadas de la aplicación de la ley para la prevención, la investigación, la detección o el enjuiciamiento de infracciones penales o la ejecución de sanciones penales, incluidas la protección y prevención frente a amenazas para la seguridad pública"* [art. 3.41)].

Junto al indicado, el considerando (39) menciona también la utilización de los polígrafos en el ámbito de la gestión de la migración, asilo y el control fronterizo, términos que no requieren aclaración alguna al ser suficientemente explícitos. Por último, en el apartado igualmente de los considerandos (41), la Propuesta RIA se detiene brevemente en un aspecto que, sin embargo, resulta crucial en relación a los sistemas de IA calificados como de alto riesgo —entre los que incluye los que consisten en la utilización de polígrafos—. El enunciado de este considerando (41) resulta de extrema importancia en relación al tema que nos ocupa por dos motivos: en primer lugar, porque afirma de forma expresa y meridianamente clara que *"el hecho de que un sistema de IA sea considerado de alto riesgo en virtud del presente Reglamento no debe interpretarse como indicador de que su uso sea legal con arreglo a otros actos del Derecho de la Unión o del Derecho interno compatible con el Derecho de la Unión"*. Esto es, conviene tener presente que la mera referencia normativa a los polígrafos no debe entenderse automáticamente como un título de admisibilidad en su uso, sino que habrá de considerarse lo previsto en el Derecho de la Unión o en el Derecho del Estado miembro en cuestión, siempre que en este caso sea igualmente compatible con el primero. El segundo de los motivos por los que ha de destacarse el contenido de este considerado (41) se capitaliza en que dicha mención hace referencia única y exclusivamente a la normativa relativa a *"la protección de los datos personales o a la utilización de polígrafos y herramientas similares u otros sistemas para detectar el estado emocional de las personas físicas"*. Resulta sumamente llamativo el recordatorio formulado por este considerando (41) de la necesidad de atender además al estándar de legalidad derivado de la normativa en protección de datos, obvia por lo demás atendiendo al contexto de la Propuesta RIA, y de lo que se contemple al respecto en el Derecho de la UE o de los Estados miembros. Nada definitivo, por lo tanto.

### *2.2. Los polígrafos como sistemas de IA de alto riesgo*

La Propuesta RIA opta, como afirma expresamente la Exposición de Motivos, por un *"sistema regulatorio proporcionado centrado en un enfoque normativo basado en los riesgos"*. Con ello se pretende no imponer restricciones innecesarias al comercio, adaptando la intervención jurídica a las concretas situaciones en las que existe un motivo de preocupación justificado presente o futuro. El planteamiento se pretende dotar para ello de la suficiente flexibilidad para que, en vista de la incesante evolución tecnológica, pueda adaptarse a las nuevas situaciones. Atendiendo a la afectación en la salud, la seguridad y los derechos fundamentales, la Propuesta RIA clasifica los sistemas de IA en cuatro categorías: las prácticas de IA inadmisibles y por consiguiente prohibidas (Título II —art. 5—); los sistemas de IA de "alto riesgo" (Título III) sujetos a una serie de requisitos de obligado cumplimiento y sometidos a una evaluación de conformidad *ex ante*; los sistemas de IA que implican la obligación de transparencia e información a las personas afectadas (Título IV); y los restantes sistemas de IA en los que resulta suficiente la elaboración de códigos de conducta para promover la aplicación voluntaria de los requisitos establecidos para los sistemas IA de alto riesgo (Título IX —art. 69—).

Los sistemas de IA utilizados con ocasión de los polígrafos pertenecen a la categoría de sistemas IA de "alto riesgo". Esta clasificación deriva, por remisión, del art. 6 (Título III) cuyo primer apartado condiciona lo anterior a que exista una vinculación directa con la "seguridad de los productos" a que se refieren una serie de legislaciones armonizadoras y a que el sistema deba someterse a una evaluación de conformidad por una autoridad independiente. El apartado segundo, por su parte, considera también como de alto riesgo los sistemas de IA que se mencionan en el Anexo III de la Propuesta. Se ha de acudir al mismo para encontrar las referencias expresas a los polígrafos.

En concreto, el apartado 6.b) del Anexo III clasifica de alto riesgo los sistemas IA utilizados en el ámbito de la prevención y represión como "polígrafos y herramientas similares, o para detectar el estado emocional de una persona física". Y el apartado 7.a) del Anexo III clasifica también como de alto riesgo los mismos sistemas IA utilizados por las autoridades competentes en la gestión de la migración, el asilo y el control fronterizo.

### 2.2.1. Las razones de la categorización de los polígrafos como sistemas IA de alto riesgo

La mera inclusión de los polígrafos y herramientas similares en el listado de un anexo no arroja luz suficiente acerca de las razones por las que merece dicha categorización. Sin embargo, las claves de lo anterior se atisban en los, como en muchas ocasiones, esclarecedores considerandos. En el ámbito de la prevención y represión penal [considerando (38)] la calificación de alto riesgo de los polígrafos se justificaría por tratarse de un contexto en el que pueden producirse consecuencias negativas en un amplio espectro de derechos fundamentales garantizados por la Carta, y sobre todo por la especial importancia que presenta en el mismo "la precisión, fiabilidad u transparencia" de los sistemas IA para evitar consecuencias adversas[9]. Análogas son las razones esgrimidas para el caso de que se utilicen los polígrafos o similares en el ámbito de la gestión de la migración, asilo

[9] En detalle, se hace referencia prácticamente a la totalidad de derechos y garantías de índole procesal reconocidos en la Carta: *"Las actuaciones de las autoridades encargadas de la aplicación de la ley que implican determinados usos de sistemas de IA se caracterizan por un importante desequilibrio de poder y pueden dar lugar a la vigilancia, la detención o la privación de libertad de una persona física, así como a otros efectos negativos sobre los derechos fundamentales que garantiza la Carta. En particular, si el sistema de IA no está entrenado con datos de buena calidad, no cumple los requisitos oportunos en términos de precisión o solidez, o no se diseña y prueba debidamente antes de introducirlo en el mercado o ponerlo en servicio, puede señalar a personas de manera discriminatoria, incorrecta o injusta. Además, podría impedir el ejercicio de importantes derechos procesales fundamentales, como el derecho a la tutela judicial efectiva y a un juez imparcial, así como los derechos de la defensa y la presunción de inocencia, sobre todo cuando dichos sistemas de IA no sean lo suficientemente transparentes y explicables ni estén bien documentados".*

y el control fronterizo [considerando (39)]. La calificación de alto riesgo derivaría aquí de la situación de especial vulnerabilidad en la que se encuentran las personas afectadas y la posible incidencia en sus derechos fundamentales y, en particular, a la libre circulación, la no discriminación, la intimidad personal y la protección de los datos personales, la protección internacional y la buena administración.

### 2.2.2. Los polígrafos como sistemas de IA de reconocimiento de emociones

Ya se ha dejado apuntado *supra* que el texto de la Propuesta RIA no refleja en su articulado referencia alguna a los polígrafos o detectores de mentiras, pero sí, en cambio, curiosamente en sus considerandos y en el Anexo III relativo a los sistemas IA de alto riesgo. Esto llama la atención. Salvo que puedan identificarse los polígrafos con cualesquiera otras modalidades de sistemas de IA sí previstos explícitamente en dicho articulado. Entendemos que la equiparación se corresponde con los sistemas de IA de reconocimiento de emociones que sí están contemplados entre las disposiciones de la Propuesta RIA. En el capítulo de definiciones se entiende como tal —sistema de reconocimiento de emociones— al "sistema de IA destinado a detectar o deducir las emociones o las intenciones de personas físicas a partir de sus datos biométricos". De otra parte, en los considerandos indicados anteriormente [(38), (39) y (41)] y en el Anexo III se aprecia una similar equiparación con la referencia conjunta a los "polígrafos y herramientas similares, o para detectar el estado emocional de una persona física"[10].

Los polígrafos inteligentes se fundamentan en la inteligencia artificial emocional (*emotional IA*), esto es, tecnologías que permiten analizar informaciones biométricas como las expresiones faciales, la dirección de las miradas, los gestos o la voz, el ritmo cardíaco y la temperatura corporal, la respiración, las propiedades eléctricas de la piel y similares (biomarcadores

---

10 Particularmente llamativo es el tratamiento que les reconoce el considerando (41) a ambas realidades. Tras aclarar que la clasificación como sistema de IA de alto riesgo no ha de ser interpretada como que el uso de tales sistemas sea legal, menciona expresa y exclusivamente los polígrafos y los sistemas de detección de emociones y lo hace como si los primeros fueran una especie de una categoría más amplia relativa a los segundos en los siguientes términos: "a la utilización de polígrafos y herramientas similares *u otros sistemas para detectar el estado emocional* de las personas físicas".

del engaño) para concluir que la persona en cuestión pretende engañar o miente[11].

Estos sistemas de reconocimiento de emociones, hemos de incluir los polígrafos y herramientas similares, son considerados sistemas IA de alto riesgo, con lo que su uso está sujeto a una serie de requisitos (capítulo 2 del Título III). A tales efectos se contempla la necesidad de implementar un sistema de gestión de riesgos (art. 9), la exigencia de ser escrupulosos en relación a la calidad de los datos utilizados (art. 10 —datos y gobernanza de datos—) para, por ejemplo, garantizar la vigilancia, la detección y la corrección de los sesgos asociados a los sistemas IA de alto riesgo, la obligación de transparencia y comunicación de información a los usuarios (art. 13) y, entendemos que en la materia que nos ocupa es de especial trascendencia, la obligación de diseñar y desarrollar los sistemas de IA de manera que puedan ser vigilados de forma efectiva por personas físicas al objeto de prevenir o reducir al mínimo los riesgos que puedan surgir, entre otros, para los derechos fundamentales (art. 14 —vigilancia humana—).

Junto a los requisitos indicados anteriormente para los sistemas IA considerados de alto riesgo, entre los que han de incluirse los polígrafos y las herramientas similares o de detección de emociones, la Propuesta RIA

---

11 Javier Sánchez-Monedero y Lina Dencik, "The politics of deceptivem borders: 'biomarkers of deceit' and the case of iBorderCtrl", *Information, Communication & Society* (2020): págs. 2-3. https://doi.org/10.1080/1369118X.2020.1792530. Según Eduardo De Urbano Castrillo y Miguel Ángel Torres Morato se trata "de medir la emotividad humana a través de las respuestas bioquímicas a una situación concreta planteada a la persona que se somete a la prueba", *La prueba ilícita penal*, 6ª ed. (Cizur Menor: Aranzadi, 2012), pág. 251. *Vid.* sobre el reconocimiento facial y sus aplicaciones José Francisco Etxeberria Guridi, "Sistemas biométricos (el reconocimiento facial en particular) y sus aplicaciones", *en Inteligencia artificial legal y Administración de Justicia*, dir. por Sonia Calaza López y Mercedes Llorente Sánchez-Arjona, (Cizur Menor: Aranzadi, 2022), págs. 151-180 y sobre el uso de *softwares* de análisis de emociones a partir de gestos faciales Pilar Martín Ríos, "Empleo de *big data* y de inteligencia artificial en el ciberpatrullaje: de la tiranía del algoritmo y otras zonas oscuras", *Revista de Internet, Derecho y Política* 36 (2022): págs. 8-9 https://doi.org/10.7238/idp.v0i36.394511. Manuel Richard González muestra sus dudas acerca de la aptitud actual de que el análisis de los gestos faciales posibilite deducir intenciones, "Los sistemas biométricos de reconocimiento facial en la Unión Europea en el marco del desarrollo de la Inteligencia Artificial", *Justicia* 1 (2023), pág. 240.

añade una particular obligación de transparencia a las personas afectadas por los mismos, como veremos a continuación[12].

### *2.3. La obligación de transparencia, excepciones a la misma y adecuación a los derechos procesales del investigado*

Como se ha adelantado *supra* la Propuesta de RIA contempla una obligación de transparencia respecto de determinados sistemas IA entre los que procede incluir, entendemos, los polígrafos aunque no se mencionen explícitamente. Dicha obligación se traduce en el supuesto que nos ocupa en que el usuario de los sistemas de reconocimiento de emociones (también los sistemas de categorización biométrica) informen del funcionamiento de tales sistemas a las personas físicas expuestas a él (art. 52.2). Sobre este punto nada cabe objetar, más bien aplaudir, el añadido de esta obligación a los requisitos generales indicados *supra* para los sistemas IA de alto riesgo, pues ello ha de redundar en una mejor garantía de los derechos de tales personas y, en lo que ahora nos interesa, la autodeterminación de la voluntad de las mismas.

Esta obligación de transparencia e información no es absoluta, pues el precepto indicado excluye tal obligación en determinado caso cuando el empleo de tales técnicas se produce en el ámbito de la prevención y represión penal. En concreto, se dispone que *"esta obligación no se aplicará a los sistemas de IA utilizados para la categorización biométrica autorizados por la ley para fines de detección, prevención e investigación de infracciones penales". Sensu contrario,* esta excepción implica que la obligación de informar sí es absoluta en el caso de la aplicación de sistemas de reconocimiento de emociones.

Parece evidente que la eficacia limitada de la excepción deriva sin lugar a dudas de las garantías procesales reconocidas en la CDFUE, a las que subordina la Propuesta de RIA el uso de polígrafos en el ámbito penal [considerando (38)]. Este carácter incondicional de la obligación de información se justifica en el caso del investigado, pues se encuentran en juego sus derechos a no declarar y no autoincriminarse. Sin embargo, la CDFUE

---

12 Lorenzo Cotino Hueso echa en falta que las emociones no sean merecedoras de la categoría de datos especialmente protegidos, "Reconocimiento facial automatizado y sistemas de identificación biométrica bajo la regulación superpuesta de inteligencia artificial y protección de datos", en *Derecho Público de la Inteligencia Artificial,* coord. por Francisco Balaguer Callejón y Lorenzo Cotino Hueso (Zaragoza: Fundación Giménez Abad, 2023), 347-402.

no hace mención expresa de los citados derechos[13]. Bien es cierto que la CDFUE no brilla precisamente en la consagración de los derechos y garantías relativas a la Justicia (Capítulo VI), cuya formulación es parcial, asistemática y confusa[14]. Tan sólo hallamos en la misma garantías y derechos las más de las veces expuestos de manera un tanto genérica: derecho a que la causa sea oída equitativa y públicamente y a hacerse aconsejar y defenderse (art. 47 CDFUE), a la presunción de inocencia y a la defensa (art. 48 CDFUE).

En cualquier caso, los derechos a no declarar y a no confesarse culpable que pueden resultar afectados mediante el uso de los polígrafos encuentran acomodo en los derechos, de amplia formulación, indicados arriba. No puede ser otra la conclusión si nos atenemos a lo dispuesto en la Directiva (UE) 2016/343, sobre el refuerzo de la presunción de inocencia —sí reconocido expresamente en el art. 48 CDFUE—, en cuyo capítulo 2 se incluye como contenido esencial de la misma el "derecho a guardar silencio y derecho a no declarar contra sí mismo" (art. 7). Los derechos afectados también pueden hallar anclaje, además, en el derecho al proceso justo o equitativo —también reconocido expresamente en el art. 47 CDFUE—. Sin perjuicio de otros posibles argumentos, derivaría de la necesidad de interpretar los derechos reconocidos en la Carta de conformidad con el sentido y alcance conferidos en el CEDH a los correspondientes (art. 52.3 CDFUE)[15]. En conclusión, el consentimiento del afectado por el uso de

---

13 Que sí están reconocidos expresamente en la CE. También en el Pacto Internacional de Derechos Civiles y Políticos de 1966 (art. 14.3.g) que sirve de criterio interpretativo conforme al art. 10.2 CE. Señala Vicente Magro Servet que si se verificara la admisión del polígrafo como técnica para descubrir la verdad, ello estaría condicionado al libre consentimiento de la persona sometida al mismo, "¿Es admisible la utilización del polígrafo…", cit., págs. 34-35. También en relación al uso de las neurotecnologías con idénticos fines *vid.* Ana Sanchez Rubio, "El uso del test P300 en el proceso penal español: algunos aspectos controvertidos", *Revista Electrónica de Ciencia Penal y Criminología,* 18-04 (2016), *http://criminet.ugr.es/recpc;* Mª Luisa Villamarín López, *Neurociencia y detección de la verdad y del engaño en el proceso penal: el uso del escáner cerebral (fMRI) y del "brainfingerprinting" (P300),* (Madrid: Marcial Pons, 2014).

14 Iñaki Esparza Leibar, "Artículo 47: El derecho a la tutela judicial efectiva y a un juez imparcial o el proceso debido como garantía de los derechos de los ciudadanos y de la viabilidad de la Unión Europea", en *La Carta de los Derechos Fundamentales de la Unión Europea y su reflejo en el ordenamiento jurídico español,* dir. por Ixusko Ordeñana Gezuraga (Cizur Menor: Aranzadi, 2014), pág. 832.

15 Curiosamente, tampoco el CEDH hace mención explícita de los derechos citados que pueden resultar afectados por el empleo de polígrafos, pero la jurisprudencia

tales sistemas, y por ende el derecho a ser informado de ello conforme a lo indicado, se ajusta a las exigencias derivadas del derecho a guardar silencio y a no declarar contra sí mismo[16].

## 3. PRIMERAS ALARMAS SOBRE EL USO DEL POLÍGRAFO (O DE LOS SISTEMAS DE DETECCIÓN DE EMOCIONES)

Las primeras alarmas acerca de los mencionados sistemas se activaron por parte de las autoridades europeas que tienen encomendada la tutela de los derechos de los ciudadanos desde la perspectiva de la protección de los datos de carácter personal. De manera poco usual, el Comité Europeo de Protección de Datos (CEPD) y el Supervisor Europeo de Protección de Datos (SEPD) emitieron un Dictamen conjunto (5/2021, de 18 de junio) sobre la Propuesta de Reglamento de IA mencionada. Al CEPD corresponde garantizar la aplicación coherente del RGPD 2016/679 (arts. 70 y ss. del mismo) y otras funciones relacionadas también respecto de la Directiva 2016/680 (art. 51 de la misma). El CEPD puede examinar cualquier cuestión relativa a la aplicación de los instrumentos normativos indicados y emitir dictámenes o informes al respecto (arts. 70.1 RGPD y 51.1 Directiva 2016/680).

En un pronunciamiento un tanto confuso, "recomiendan" el CEPD y el SEPD la "prohibición", tanto para las autoridades públicas como para las entidades privadas, de "los sistemas de IA cuya validez científica no está demostrada o que están en conflicto directo con los valores esenciales de la UE [por ejemplo, el polígrafo, anexo III, apartado 6, letra b), y apartado 7, letra a)]". Falta de claridad en la medida en que no queda expuesta con nitidez si la causa de la recomendación de prohibición descansa en la incertidumbre acerca de la validez científica del polígrafo o en la pugna abierta de tales sistemas con los valores esenciales de la UE o en una suma

---

del TEDH ha entendido que tienen cabida en el derecho al proceso equitativo del art. 6.1 CEDH. *Vid.* en profundidad al respecto Guillermo Ormazabal Sánchez, *El derecho a no incriminarse* (Cizur Menor: Civitas-Thomson Reuters, 2015).

16 Lo que conllevaría la prohibición de los interrogatorios encubiertos. *Vid* Montserrat De Hoyos Sancho y Salvador Guerrero Palomares, "Directiva 2016/343, de 9 de marzo, por la que se refuerzan en el proceso penal determinados aspectos de la presunción de inocencia", en *Garantías procesales de investigados y acusados en procesos penales en la Unión Europea. Buenas prácticas en España*, dirs. Coral Arangüena y Montserrat De Hoyos (Cizur Menor: Aranzadi, 2020), pág. 100.

de ambas razones. A lo anterior habría de añadirse la recomendación que en el mismo apartado (33) se hace de prohibir los "sistemas de IA que clasifican a las personas a partir de datos biométricos (...) en grupos por razón de su origen étnico, sexo, orientación política o sexual u otros motivos de discriminación". Y es confusa también la conclusión final del mismo apartado al afirmar que "En consecuencia, la '**clasificación biométrica**' deberá **prohibirse en virtud del artículo 5**" (negrita en texto original) ¿Acaso se quiere destacar que los polígrafos pertenecen a la categoría de "clasificación biométrica?

En análogo sentido, se recomienda en el Dictamen 5/2021 la prohibición de los sistemas de detección de emociones (apartado 35). Sobre este punto, se limita el mismo a considerar que "el uso de la IA para **inferir emociones de una persona física es muy indeseable y deberá prohibirse**". Nada añade, sin embargo, acerca de las razones que hacen "muy indeseable" el uso de la IA para inferir emociones y para prohibir, en consecuencia, dicho uso. Uso que, de otra parte, sí estaría justificado en determinados supuestos[17].

Estas recomendaciones de prohibición explícita, tanto de los sistemas de IA de detección de emociones de las personas físicas, como de los polígrafos y herramientas similares, se recogen también y de forma más rotunda si cabe en el Dictamen 44/2023, de 23 de octubre de 2023, del SEPD, que se adopta por propia iniciativa una vez se han hecho públicos la versión del texto del COREPER (22/11/2022) y el texto enmendado del Parlamento Europeo (14/06/2023).

También expuso objeciones al respecto el Parlamento Europeo en su Resolución, de 6 de octubre de 2021, sobre la IA en el Derecho Penal. Las dos únicas referencias que en la misma se realizan a la detección de mentiras y al reconocimiento de emociones se enmarcan en el contexto del uso de los datos biométricos (apartados 30 y 31) y respecto del segundo, subraya "la controvertida validez científica de la tecnología de reconocimiento de emociones", aunque lo hace desde una perspectiva de su uso "en contextos policiales". En relación más concreta al polígrafo o de-

---

17 Sobre las posibles excepciones a la recomendación de prohibición menciona "determinados casos de uso bien especificados, a saber, con fines de salud o investigación (por ejemplo, pacientes para quienes el reconocimiento emocional es importante), siempre con las salvaguardias adecuadas y, por supuesto, con sujeción a todas las demás condiciones y límites de protección de datos, incluida la limitación de la finalidad".

tector de mentiras, la Resolución muestra "su gran preocupación" por las experiencias llevadas a cabo en la gestión del control fronterizo, de la migración y del asilo que han aplicado inteligencia artificial en las fronteras exteriores, como en el caso del proyecto *iBorderCtrl*, un "sistema inteligente de detección de mentiras" que elabora perfiles de los viajeros a partir de una entrevista automatizada por ordenador realizada a través de la cámara web del viajero antes del viaje y un análisis de 38 micro-gestos basado en la inteligencia artificial, probado en Hungría, Letonia y Grecia[18].

## 4. LAS ENMIENDAS DEL PARLAMENTO EUROPEO A LA PROPUESTA DE REGLAMENTO IA SOBRE LOS POLÍGRAFOS Y SISTEMAS DE DETECCIÓN DE EMOCIONES

Visto el derrotero adoptado por la Resolución del Parlamento Europeo, de 6 de octubre de 2021, así como las objeciones suscitadas por las autoridades europeas con competencia en la protección de datos personales (SEPD y CEPD), era de esperar que el legislador europeo enmendara puntos relevantes de la Propuesta en lo que sobre la materia que nos ocupa respecta.

### *4.1. Cuestión previa: polígrafos y detección de emociones*

En relación con las mencionadas enmiendas del Parlamento Europeo ha de plantearse una cuestión con carácter previo. Es la relativa a la hipotética equiparación entre los polígrafos y herramientas similares, por un lado, y los sistemas de detección del estado emocional, por otro lado. Se ha dicho en relación a la Propuesta presentada por la Comisión que resulta una situación paradójica al respecto. Esto es, los polígrafos y los sistemas de detección de emociones aparecen tratados conjuntamente en sus considerandos y en los listados de Sistemas de IA de alto riesgo que se recogen en el Anexo III del mismo. Sin embargo, las referencias a los "polígrafos o herramientas

---

18 Las propuestas de prohibición y de restricción en el uso de los polígrafos y de los sistemas de detección de emociones contenidas en la Resolución del Parlamento Europeo de 6 de octubre de 2021 coinciden en su integridad con las elaboradas por la Comisión de Libertades Civiles, Justicia y Asuntos de Interior del propio Parlamento contenidas en su Informe sobre la inteligencia artificial en el Derecho penal y su utilización por las autoridades policiales y judiciales en asuntos penales (2020/2016(INI)), de 7 de julio de 2021.

similares" desaparecen totalmente a lo largo del articulado del texto de la Comisión. No así, como hemos podido comprobar, los sistemas inteligentes de detección del estado emocional de las personas físicas, pues estos son incluso definidos en el apartado de las definiciones [art. 3.34)] y sujetos a determinadas obligaciones de transparencia (art. 52). Entendemos que el olvido referido a los polígrafos no es tal si concebimos que el fundamento de su funcionamiento se basa, precisamente, en un análisis inteligente de las emociones que cabe inferir de una serie de datos basados en la biometría.

En el texto enmendado por el Parlamento la paradoja es aparentemente, si cabe, mayor, pues se mantienen casi de forma idéntica las referencias a los polígrafos y herramientas similares, mientras que se pretende instaurar una casi general prohibición de los sistemas de detección de emociones. En nuestra opinión, esta situación disruptiva sólo resulta salvable haciendo extensivas las objeciones que se formulan respecto de los sistemas de IA de detección de emociones a los polígrafos o herramientas similares. El sustrato en todos estos supuestos se basa en un fundamento común, esto es, las manifestaciones o expresiones que se obtienen y se analizan son de carácter físico, ya sean alteraciones de la temperatura, la presión sanguínea, la sudoración o las pulsaciones, ya sean movimientos o gestos faciales, ya sean movimientos o gestos de cualquier otra parte del cuerpo (manos, pies, etc.). Ya tendremos ocasión de corroborar esta circunstancia con motivo de la nueva definición que de los sistemas de reconocimiento de emociones se incorpora en el texto enmendado del Parlamento Europeo, pero, de hecho y por ahora, la primera acepción del término "emoción" según el diccionario de la RAE es la de "alteración del ánimo intensa y pasajera, agradable o penosa, *que va acompañada de cierta conmoción somática*". Los puntos en común en un caso y en otro son, pues, evidentes.

### *4.2. Amplia prohibición de los sistemas de detección de emociones*

Sobre este punto, el cambio de rumbo que se aprecia en relación con los sistemas de IA de detección de emociones es notable. En concreto, los sistemas de detección de emociones basados en IA pasan a engrosar el capítulo de prácticas de IA prohibidas conforme a lo previsto en el art. 5.1, cuya letra d) quater, de nueva incorporación, que califica como tales prácticas: "*La introducción el mercado, la puesta en servicio o la utilización de sistemas de IA para inferir emociones de una persona física en los ámbitos de la aplicación de la ley y la gestión de fronteras, en lugares de trabajo y en centros educativos*".

El texto original de la Comisión contiene referencias a los sistemas de detección de emociones en sus considerandos y en su Anexo III respecto de los ámbitos de represión penal y gestión de fronteras. Ahora, como novedad, se incorpora la prohibición de su uso además de los mencionados, en los lugares de trabajo. Esta prohibición se encuentra en consonancia con la calificación como de alto riesgo de los sistemas de IA que se utilizan en el empleo, la gestión de los trabajadores y el acceso al autoempleo ya contemplados como tales en el texto de la Propuesta de la Comisión y que en la versión del Parlamento Europeo se mantienen. También se extiende la prohibición de los sistemas inteligentes de detección de emociones a los centros educativos, ámbito merecedor de la calificación de sistemas de IA de alto riesgo.

### *4.3. Ampliación del significado de la categoría de "sistema de reconocimiento de emociones"*

Otra de las novedades derivadas de las enmiendas aprobadas por el Parlamento Europeo sobre la base del texto de la Comisión se refleja en la propia definición de lo que ha de entenderse por "Sistema de reconocimiento de emociones". Conforme al art. 3.34) se trata de "un sistema de IA destinado a detectar o deducir las emociones, los pensamientos, los estados de ánimo o las intenciones de individuos o grupos a partir de sus datos biométricos y sus datos de base biométrica". Esta definición amplía la del texto original. Por un lado, ya no se trata de detectar o deducir solamente emociones o intenciones, sino que se hacen extensivas a los pensamientos y a los estados ánimo. Por otro lado, las emociones entendidas en ese sentido amplio no son referidas exclusivamente a los individuos, sino que se hacen extensivas a los grupos. Por último, la detección o deducción de emociones puede tener lugar no sólo a partir de los datos biométricos de los individuos, sino a partir también de los datos de base biométrica.

Es destacable la incorporación de los "pensamientos" como entidad susceptible de ser detectada o deducida a partir de los datos biométricos y de los datos de base biométrica en la medida en que constituyen una expresión más elaborada y compleja perteneciente al ámbito de las ideas, difícil de reflejar, por consiguiente, a través de reacciones o expresiones de carácter corporal o físico. Salvo que se entienda que sean fruto de expresiones medibles a través de las neurociencias.

Más comprensible resulta la amplitud de la definición con fundamento en el potencial reconocido a los "datos de base biométrica" a la hora de servir a la detección o deducción de emociones. Se trata de un nuevo concepto inexistente en el texto de la Comisión y que adquiere una relevancia significativa en este punto, esto es, como fuente de la que extraer conclusiones acerca de las emociones de los individuos y de los grupos. También resulta relevante para el caso de aplicación del polígrafo o de instrumentos similares. No se nos oculta que la detección o deducción de emociones o del engaño se realiza más propiamente en base a ese tipo de datos que en base a los datos biométricos en sentido estricto. Lo característico de estos últimos es su capacidad o aptitud identificadora e individualizadora del sujeto y se definen como "los datos personales obtenidos a partir de un tratamiento técnico específico, relativos a las características físicas, fisiológicas o conductuales de una persona física que permitan o confirmen la identificación única de dicha persona, como imágenes faciales o datos dactiloscópicos" [art. 3.33)].

Con toda lógica, el protagonismo en la detección de emociones, asimismo en la detección del engaño como ocurre con el polígrafo, corresponderá no a los datos biométricos *stricto sensu* —características individualizadoras—, sino a la nueva categoría de datos de base biométrica, esto es, "los datos obtenidos a partir de un tratamiento técnico específico relativos a las señales físicas, fisiológicas o conductuales de una persona física" [art. 3.2.33 bis) texto del Parlamento Europeo]. Frente a la capacidad individualizadora e identificadora propia de los datos biométricos, los que interesan en este punto para la detección del engaño o de emociones son contrariamente "señales" que corresponden a la generalidad de las personas, si no a todas, y que han de resultar similares en todas ellas, para a partir de ellas deducir o detectar inteligentemente las diversas emociones, intenciones, etc.

### *4.4. La prohibición de los sistemas de detección de emociones no es absoluta*

Conforme al texto enmendado por el Parlamento Europeo la inclusión de los sistemas de IA de detección del estado emocional de las personas entre los sistemas de IA prohibidos no es absoluta. Como se ha dejado patente, el nuevo art. 5.1.d) quater hace referencia a cuatro ámbitos muy específicos, aunque de un espectro notablemente amplio, a los que se extiende dicha prohibición. Más allá de dichos ámbitos, los sistemas inteligentes de detección de emociones resultan admisibles[19]. En todo caso, en los supuestos no prohibidos los sistemas inteligentes de detección de emociones se mantendrían en la categoría de sistemas de IA de alto riesgo.

---

19 En el Dictamen conjunto 5/2021 del CEPD y del SEPD se mencionan, como se ha dicho ya, algunos ejemplos de posibles excepciones a la recomendación de prohibición: fines de salud o investigación.

En efecto, si nos atenemos a las previsiones contempladas en el Anexo III —listado de sistemas IA de alto riesgo— del texto enmendado por el Parlamento Europeo, se modifica el enunciado del punto 1 de dicho Anexo sustituyendo el anterior ("Identificación biométrica y categorización de personas físicas") por uno nuevo bajo la rúbrica "Sistemas biométricos y basados en la biometría". Junto al cambio experimentado en la rúbrica, se añade en dicho punto primero una nueva letra *a bis)* en la que se consagra la admisibilidad, siempre como sistema IA de alto riesgo, de los sistemas de reconocimiento de emociones distintos a los que resultan prohibidos conforme al art. 5 ya analizado.

Junto a las garantías que rodean de ordinario a la implementación de sistemas IA de alto riesgo, cabe mencionar otras garantías añadidas en el caso de los sistemas IA de detección de emociones. En lo que ahora nos interesa nos referimos a la evaluación de conformidad que ha de acompañar dicha implementación cuando se trata de sistemas IA de alto riesgo[20]. Con carácter general resulta obligatorio para los proveedores de sistemas de IA de alto riesgo asegurarse de que tales sistemas de IA sean sometidos al procedimiento de evaluación de la conformidad oportuno antes de su introducción en el mercado o puesta en servicio [art. 16.e)]. Esta evaluación de conformidad puede realizarse de dos maneras (art. 19.1) que están contempladas en el art. 43 de la Propuesta de Reglamento: por un lado, un procedimiento de evaluación de conformidad fundamentado en un control interno del propio proveedor sin la participación de un organismo notificado; por otro lado, un procedimiento de evaluación de conformidad con la participación de un organismo notificado[21]. Pues bien, la regla general consiste conforme a dicha normativa en que sea el propio proveedor quien asuma la responsabilidad de tal evaluación de conformidad mediante un procedimiento fundamentado en un control interno (conforme al anexo VI), pero esta regla general tiene como excepción precisamente los sistemas IA de alto riesgo contemplados en el punto 1 del anexo III, esto es, los supuestos de identificación biométrica y de categorización de personas

---

[20] Conforme al art. 3. 20) relativo a las definiciones la evaluación de la conformidad es "el proceso por el que se verifica si se cumplen los requisitos establecidos en el título III, capítulo 2, del presente Reglamento en relación con un sistema de IA".

[21] Por organismo notificado de evaluación de la conformidad ha de entenderse un organismo independiente que desempeña actividades de evaluación de la conformidad, entre las que figuran la prueba, la certificación y la inspección y que es designado con arreglo al presente Reglamento y otra legislación de armonización pertinente de la Unión [art. 3.21) y 22)].

físicas en los que, al no existir las normas armonizadas contempladas en el art. 40 de la Propuesta, el procedimiento de evaluación de conformidad se ha de llevar a cabo necesariamente con la participación de un organismo notificado (art. 43.1.II).

En el texto de la Comisión los polígrafos y herramientas similares y los sistemas inteligentes de detección de emociones no cuentan con la garantía añadida de que un organismo notificado participe en la evaluación de conformidad, pues se encuentran recogidos en los puntos 6 y 7 del anexo III. En el texto enmendado del Parlamento Europeo sí cuentan en cambio con tal salvaguarda añadida, al menos los sistemas de detección de emociones. En efecto, al resultar prohibidos con carácter general dichos sistemas, la enmienda nº 712 del Parlamento ha optado, como se ha dicho, por incorporar una nueva letra *a bis)* en el punto 1 del anexo III, letra en la que se mencionan los sistemas de reconocimiento de emociones no proscritos por el art. 5.

### *4.5. Los argumentos alegados para fundamentar la prohibición de los sistemas de detección de emociones*

Ya hemos hecho mención a que desde algunas instituciones clave de la UE en materia de protección de datos como el CEPD y el SEPD se han planteado objeciones a la implementación de sistemas de IA para detectar el estado emocional de las personas o para su aplicación como polígrafos. En su Dictamen conjunto 5/2021 declararon que el uso de la IA para inferir emociones de una persona física resultaba muy indeseable y debería prohibirse, aunque sin especificar los motivos o razones. La recomendación de prohibición en el caso del polígrafo descansaba en que la validez científica del mismo no estaba demostrada o el estar en conflicto con los valores esenciales de la UE. La Resolución del Parlamento Europeo, de 6 de octubre de 2021, sobre IA en la justicia penal, también mencionada, sí objetaba de forma expresa la "controvertida validez científica" de la tecnología del reconocimiento de emociones (apartado 30). El texto de la Propuesta enmendado por el Parlamento Europeo sigue esta misma senda argumentativa como fundamento de la prohibición de los sistemas de IA diseñados para utilizarse con el fin de detectar el estado emocional de las personas físicas en los ámbitos arriba mencionados. A tal fin incorpora mediante la enmienda nº 52 un nuevo considerando (26 quater) que comienza advirtiendo que

> *"Existe una gran preocupación respecto a la base científica de los sistemas de IA que procuran detectar las emociones, los rasgos físicos o psicológicos, como las expresiones faciales, los movimientos, la frecuencia cardíaca o la*

*voz. Las emociones o sus formas de expresión y su percepción varían de forma considerable entre culturas y situaciones, e incluso en una misma persona. Algunas de las deficiencias principales de estas tecnologías son la fiabilidad limitada (las categorías de emociones no se expresan de forma coherente a través de un conjunto común de movimientos físicos o psicológicos ni se asocian de forma inequívoca a estos), la falta de especificidad (las expresiones físicas o psicológicas no se corresponden totalmente con las categorías de emociones) y la limitada posibilidad de generalizar (los efectos del contexto y la cultura no se tienen debidamente en cuenta)".*

Como hemos destacado anteriormente, esta referencia a la variabilidad (cultural, contextual y personal) en las formas de expresión y percepción de las emociones constituye el fundamento de la nueva categoría de datos de base biométrica, relevante aportación del Parlamento, que constituye, a su vez, la base de los sistemas inteligentes de detección de emociones o de los polígrafos. Esto es, a diferencia de la naturaleza unívoca de los datos biométricos, los de base biométrica carecen, en principio, de dicha funcionalidad y, precisamente, en el caso que nos ocupa constituye su principal valor. Los patrones de expresión de emociones, sentimientos, etc. han de ser muy similares de un individuo a otro si se pretenden extraer conclusiones generales sobre la percepción de los mismos. Esta falta de homogeneidad en los patrones de expresión sería la principal deficiencia desde el punto de vista de la viabilidad científica de dichos sistemas IA.

Claro que las consecuencias que pueden derivarse de la imperfección científica de los sistemas de IA de detección de emociones no se manifiestan por igual en todo ámbito o situación. En determinados contextos, "los riesgos de abusos" que pueden resultar de los problemas de fiabilidad indicados son de mayor trascendencia que en otros en la medida en que pueden verse lesionados o restringidos derechos y libertades de los ciudadanos. Como acertadamente concluye el nuevo considerando (26 quater), tales riesgos "pueden surgir especialmente cuando se implanta el sistema en situaciones de la vida real relacionadas con la aplicación de la ley, la gestión de fronteras, el lugar de trabajo y las instituciones educativas". Razón que justificaría la prohibición que propone en dichos ámbitos.

### *4.6. Los polígrafos y herramientas similares en el texto enmendado del Parlamento Europeo*

Ya se ha dicho que las referencias a los polígrafos en el texto del Parlamento Europeo resultan, a nuestro juicio, un tanto desconcertantes. En el texto de la Comisión las previsiones sobre los polígrafos y los sistemas

IA de detección de emociones transcurren paralelamente y con extrema proximidad en sus considerandos y en el Anexo III relativo al listado de sistemas IA de alto riesgo. Las previsiones sobre los polígrafos desaparecen totalmente en el articulado de la Propuesta, no así las referencias a los sistemas de reconocimiento de emociones que, por un lado, son definidos y, por otro lado, quedan sujetos a una serie de obligaciones esencialmente de transparencia de los proveedores y usuarios. Podría salvarse este desencuentro, como creemos, considerando que los polígrafos no son más que modalidades de los sistemas de detección de emociones en cuanto que estas últimas implican un componente somático o corpóreo.

La situación resultante es cuanto menos más llamativa en el texto enmendado del Parlamento Europeo: se mantienen las referencias a los polígrafos de forma casi idéntica en los considerandos y en el Anexo III donde se recogen los sistemas IA de alto riesgo, pero se prohíben casi con carácter general los sistemas IA de detección de emociones —lo que desarticularía nuestra propuesta de proximidad entre ambas realidades—.

Conforme a lo anterior, en el considerando (38) se hace referencia al deber de incluir en la categoría de sistemas IA de alto riesgo en el ámbito de la aplicación de la ley o represión penal, atendiendo a la naturaleza de las actividades en cuestión y de los riesgos conexos, con carácter particular, entre otros, a los polígrafos y herramientas similares. En el considerando (39) se sostiene idéntica clasificación en función del alto riesgo en relación también a los polígrafos y herramientas similares cuando sean objeto de utilización en tareas vinculadas al ámbito de gestión de la migración, el asilo y el control fronterizo. En el considerando (41) del texto enmendado del Parlamento Europeo desaparece cualquier mención que se realizaba tanto a los polígrafos y herramientas similares como a los sistemas IA de detección de emociones.

Este último considerando (41) revestía particular trascendencia desde la perspectiva del principio de legalidad, en la medida en que proclamaba con meridiana claridad que el hecho de que un sistema IA fuera considerado de alto riesgo por la Propuesta de Reglamento IA no debía interpretarse como indicador, sin más, de que su uso fuera legal con arreglo a otros actos del Derecho de la UE o del Derecho interno compatible con el Derecho de la UE. Lo relevante en estos momentos es subrayar que acto seguido en dicho considerando se citaban expresa y exclusivamente la utilización de polígrafos y herramientas similares u otros sistemas para detectar el estado emocional de las personas físicas. El considerando (41) enmendado recoge el espíritu del original, pero ya no menciona de forma expresa ni los polígrafos y herramientas similares, ni los sistemas de detección de emociones. Este silencio no es fruto de un deliberado olvido de los polígrafos y herramientas similares en relación al principio de legalidad. Más bien la consecuencia de una ubicación sistemática más correcta. Así, cuando el ya mencionado considerando (38), donde se tratan los sistemas IA utilizados en la persecución penal considerándolas como de alto riesgo, cita el caso particular de los polígrafos y herramientas similares, puntualiza condicionándolo "en la medida en que su uso esté permitido conforme a la legislación de la Unión y nacional pertinente". Igual condicionamiento se formula en el considerando (39) referido al uso de polígrafos y similares en el ámbito de la gestión de la migración, el asilo y control fronterizo.

## 5. LA POSICIÓN DEL CONSEJO DE LA UE

El texto aprobado como Orientación General por el Consejo, con fecha de 22 de diciembre de 2023, que representa la posición provisional del Consejo sobre la Propuesta de Reglamento de IA, y que constituye la base para los preparativos de las negociaciones con el Parlamento Europeo, no se aleja en exceso del tratamiento que se le presta a la materia que nos ocupa en el texto de la Comisión. Muy lejos, por lo tanto, de la posición restrictiva y garantista que se ha expuesto en relación con el texto enmendado del Parlamento Europeo. Evidentemente sí se incorporan algunas modificaciones como consecuencia del debate que desde perspectivas muy diversas se está produciendo desde la publicación del texto original[22].

Una primera conclusión a extraer consiste en que el tratamiento diferenciado entre los polígrafos y herramientas similares, por un lado, y los sistemas de detección de emociones, por otro lado, es idéntico a los otros textos. Esto es, también en la Orientación General del Consejo se plantean referencias conjuntas a los polígrafos y a los sistemas inteligentes de detección de emociones a lo largo de los considerandos. Se vuelven a ignorar los polígrafos en el articulado del texto, no así los sistemas IA de detección de emociones —que se definen y se condiciona su aplicación a obligaciones de transparencia—. Por último, los polígrafos vuelven a reaparecer en el Anexo III como sistema de IA de alto riesgo y se mencionan junto a los sistemas de detección del estado emocional de las personas en los ámbitos

---

22 Comenzando con la propia definición de lo que ha de entenderse por "sistemas de inteligencia artificial" en el art. 3.1) del texto del Consejo.

de la persecución penal y de la gestión de la migración, el asilo y el control fronterizo.

Si centramos la atención en el contenido de los considerandos, no existen diferencias reseñables entre el texto de la Comisión y la Orientación del Consejo. En ambos casos, se formulan apreciaciones conjuntas en relación con los polígrafos y sistemas de detección emocional, tanto en el considerando (38) relativo a su uso en el ámbito de la represión penal, como en el considerando (39) cuando el uso se contempla para la gestión de la migración, el asilo y el control fronterizo. Tampoco existen diferencias entre ambos textos cuando en el importante considerando (41) se deja patente que la apreciación de los sistemas IA como de alto riesgo no equivale a una presunción de legalidad de su uso, sino que habrá de estarse a lo que se disponga por el Derecho de la UE y por el Derecho interno que resulte compatible con aquél. También en este caso, resulta significativo que se haga al respecto una mención expresa y exclusiva a los polígrafos y a los sistemas inteligentes de detección emocional, y no a otros.

El considerando (70) contiene algunas divergencias con relación al texto original de la Propuesta de la Comisión, aparentemente menores, que sí conviene resaltar. En el mismo se aborda la obligación de transparencia en determinados supuestos, entre los que se encuentran los sistemas de detección de emociones. Una de las novedades está relacionada con lo contemplado en el considerando (41) ya mencionado, esto es, que el concreto cumplimiento de la obligación de transparencia (de información a las personas expuestas al sistema) "no debe interpretarse como indicador de que el uso del sistema o su información de salida sea legal". La segunda novedad se vincula a la propia concepción de los sistemas de reconocimiento de emociones, que ya no se mencionan de tal manera, dejando además en claro que estos sistemas se fundamentan en el "tratamiento de (sus) datos biométricos". En lugar de reconocer emociones se expresa en términos de "identificar o inferir" y en lugar de a las emociones exclusivamente, se refiere a las "emociones o intenciones"[23].

Conforme a lo anterior, desaparece la diferenciación formulada por el Parlamento Europeo entre los datos biométricos y los datos de base biométrica. Así, la definición de sistema de reconocimiento de emociones queda

---

23 Dice en concreto este considerando (70) que es "preciso notificar a las personas físicas cuando estén expuestas a sistemas que, *mediante el tratamiento de sus datos biométricos, puedan identificar o inferir las emociones o intenciones* de dichas personas o asignarlas a categorías específicas".

de la siguiente manera: "un sistema de IA destinado a detectar o deducir los estados mentales, las emociones o las intenciones de las personas físicas a partir de sus datos biométricos" [art. 3.34)]. La única cuestión relevante de esta definición, comparándola con la del texto de la Comisión, es que no sólo las emociones o las intenciones son las susceptibles de detección o deducción, sino que también ahora los "estados mentales", aunque sin la amplitud que contempla el del Parlamento que se refiere igualmente a los "pensamientos".

Si conforme al texto del Consejo, el reconocimiento de emociones se basa en "datos biométricos" [considerando (70); art. 3.33)], procede analizar la definición de los mismos en aquél y si hay alteración en la misma. Aparentemente sí existe alguna modificación en la medida en que en la definición de dato biométrico que se recoge en la Orientación General del Consejo se refiere al tratamiento técnico específico de características físicas, fisiológicas o conductuales de una persona física, pero no se explicita en esta nueva definición que los datos obtenidos a partir del tratamiento técnico de tales características "permitan o confirmen la identificación única de dicha persona" [art. 3.33)]. El hecho de que no se mencione como elemento característico de los datos biométricos el de permitir o confirmar la identificación unívoca de una persona física puede resultar acorde con el propio funcionamiento de los sistemas de detección de emociones o de los propios polígrafos, como se ha dicho *supra*. De este modo, podría pensarse que el texto del Consejo ha optado por una definición más amplia de dato biométrico, no necesariamente vinculada a la identificación unívoca de las personas físicas. Pero esta opción no se corresponde exactamente con los términos del documento. Por un lado, porque al definir los datos biométricos, pese a no hacer referencia a la identificación unívoca, se mencionan como ejemplos las "imágenes faciales o datos dactiloscópicos" que representan a la postre el paradigma de datos personales identificativos de esa naturaleza. Pero sobre todo porque el considerando (7) del texto del Consejo, al igual que el resto de textos que venimos manejando, dispone que el concepto de datos biométricos empleado en el presente Reglamento "debe interpretarse en consonancia con el concepto de 'datos biométricos'" definido en los Reglamentos (UE) 2016/679, (UE) 2018/1725; y en la Directiva (UE) 2016/680.

Entre las novedades que respecto del texto original de la Comisión incorpora la Orientación General del Consejo sí resulta relevante en lo que nos ocupa las restricciones que a la obligación de transparencia e información se establecen en relación a los sistemas de detección de emociones. Con carácter general disponía aquél (art. 52.2) que a los usuarios de un sistema de reconocimiento de emociones o de un sistema de categorización biométrica les corresponde la obligación de informar del funcionamiento del sistema a las personas físicas expuestas a él. Esta obligación no es absoluta y admite excepciones, pero sólo respecto de los sistemas IA utilizados para la categorización biométrica y cuando resulten autorizados por la ley para fines de detección, prevención e investigación de infracciones penales. Como se ha comentado *supra* esta excepción no se aplica en el texto de la Comisión a los sistemas de reconocimiento de emociones, con lo que la obligación de informar sí es absoluta para estos casos. Aventurábamos que esta salvedad podía responder a la garantía vinculada con el derecho a no autoincriminarse.

El tratamiento de la cuestión da un vuelco en la Orientación General del Consejo, que mantiene la excepción a la obligación de informar por los motivos indicados respecto de los sistemas de categorización biométrica (art. 52.2), pero incorpora un apartado nuevo 2 bis por el que resulta posible trasladar idéntica excepción a la obligación de informar en el supuesto del reconocimiento de emociones. En todo caso, esta excepción está condicionada a que tales sistemas estén "autorizados por ley para detectar, impedir e investigar infracciones penales, con sujeción a las correspondientes salvaguardias de los derechos y libertades de terceros". Este aparente paso atrás ha de entenderse compensado con la remisión que se hace a la necesidad de autorización legal y para los fines estrictamente vinculados a la represión penal. No se entiende, en cambio, que la referencia a la salvaguarda de los derechos y libertades se restrinja a la de "terceros" y no se haga extensiva expresamente a la propia persona expuesta al sistema. Son los derechos y garantías de esta última las que pueden verse más directamente afectadas. Por eso conviene hacer una llamada a lo contemplado en el considerando (70) de la propia Orientación General cuando subraya que el cumplimiento de la obligación de informar no equivale a una presunción de legalidad, sin más. La excepción a dicha obligación tampoco puede interpretarse, con mayor motivo, como una indiscutida admisibilidad. Habrá de estarse, pues, a "otras obligaciones de transparencia para los usuarios de sistemas de IA establecidas en el Derecho de la Unión o nacional", entre las que han de destacar las de índole procesal.

## BIBLIOGRAFÍA

Cotino Hueso, Lorenzo. "Reconocimiento facial automatizado y sistemas de identificación biométrica bajo la regulación superpuesta de inteligencia artificial y protección de datos". En *Derecho Público de la Inteligencia Artificial*, coordinado por Francisco Balaguer Callejón y Lorenzo Cotino Hueso (Zaragoza: Fundación Giménez Abad, 2023), 347-402.

De Hoyos Sancho, Montserrat, y Salvador Guerrero Palomares. "Directiva 2016/343, de 9 de marzo, por la que se refuerzan en el proceso penal determinados aspectos de la presunción de inocencia". En *Garantías procesales de investigados y acusados en procesos penales en la Unión Europea. Buenas prácticas en España,* dirigido por Coral Arangüena y Montserrat De Hoyos (Cizur Menor: Aranzadi, 2020).

De Urbano Castrillo, Eduardo, y Miguel Ángel Torres Morato. *La prueba ilícita penal,* 6ª ed. (Cizur Menor: Aranzadi, 2012).

Esparza Leibar, Iñaki. "Artículo 47: El derecho a la tutela judicial efectiva y a un juez imparcial o el proceso debido como garantía de los derechos de los ciudadanos y de la viabilidad de la Unión Europea". En *La Carta de los Derechos Fundamentales de la Unión Europea y su reflejo en el ordenamiento jurídico español,* dirigido por Ixusko Ordeñana Gezuraga (Cizur Menor: Aranzadi, 2014).

Etxeberria Guridi, José Francisco. "Sistemas biométricos (el reconocimiento facial en particular) y sus aplicaciones". En *Inteligencia artificial legal y Administración de Justicia,* dirigido por Sonia Calaza López y Mercedes Llorente Sánchez-Arjona, (Cizur Menor: Aranzadi, 2022).

Magro Servet, Vicente. "¿Es admisible la utilización del polígrafo como prueba en el proceso penal? *La Ley Penal* 37 (2007)

Martín Ríos, Pilar. "Empleo de *big data* y de inteligencia artificial en el ciberpatrullaje: de la tiranía del algoritmo y otras zonas oscuras". *Revista de Internet, Derecho y Política* 36 (2022): https://doi.org/10.7238/idp.v0i36.394511.

Ormazabal Sánchez, Guillermo. *El derecho a no incriminarse* (Cizur Menor: Civitas-Thomson Reuters, 2015).

Quadra-Salcedo Fernández del Castillo, Tomás. "Derechos y libertades y neurotecnologías convergentes aplicadas a la actividad cerebral". *Derecho Digital e Innovación* 18 (2023).

Richard González, Manuel. "Los sistemas biométricos de reconocimiento facial en la Unión Europea en el marco del desarrollo de la Inteligencia Artificial". *Justicia* 1 (2023): 147-282.

Sánchez-Monedero, Javier, y Lina Dencik. "The politics of deceptivem borders: 'biomarkers of deceit' and the case of iBorderCtrl". *Information, Communication & Society* (2020): págs. 2-3. https://doi.org/10.1080/1369118X.2020.1792530.

Sanchez Rubio, Ana. "El uso del test P300 en el proceso penal español: algunos aspectos controvertidos". *Revista Electrónica de Ciencia Penal y Criminología* 18-04 (2016). http://criminet.ugr.es/recpc;

Villamarín López, Mª Luisa. *Neurociencia y detección de la verdad y del engaño en el proceso penal: el uso del escáner cerebral (fMRI) y del "brainfingerprinting" (P300).* (Madrid: Marcial Pons, 2014).

Wilde, Vera K. "On lie detection" (2018). https://iborderctrl.no/lie_detection.

# *Las cuestionables técnicas de investigación empleadas en la operación EncroChat: análisis de las irregularidades procesales*

**JUAN ALEJANDRO MONTORO SÁNCHEZ**[1]
*Profesor Ayudante Doctor de Derecho Procesal*
*Universidad Pablo de Olavide de Sevilla*



## 1. MALOS TIEMPOS PARA EL DERECHO PROCESAL

Si hubiera que condensar en una única frase el axioma fundamental que rige en nuestro sistema de justicia penal, sería que si bien el Estado ostenta en régimen de monopolío la potestad del ejercicio del *ius puniendi*, la imposición a un ciudadano de la pena aparejada en la legislación penal sustantiva por la comisión de un delito, está estrictamente condicionada al escrupuloso respeto los derechos fundamentales y garantías procesales del acusado durante las distintas fases que integran el proceso penal. Dicho en otros términos, el fin no justifica los medios, y la búsqueda de la verdad material y la impartición de la justicia está supeditada a la observancia de las reglas y garantías procesales instituidas para preservar los derechos y libertades de los justiciables.

1 Trabajo realizado en el marco del Proyecto de Investigación de Generación del Conocimiento 2022 "Datos personales e información en la Era Digital: Desafíos en su obtención y uso en los procesos judiciales y en los procedimientos sancionadores (DATER) (PID2022-137826NB-I00)".

Moreno Catena resume sintéticamente la anterior idea al afirmar que *"el proceso penal funciona (...) como el elemento de cierre de la lucha contra la criminalidad y de las medidas de política criminal de diversa índole que deben adoptar los poderes públicos"*, siendo *"...el único medio para imponer la sanción penal que corresponda, atendiendo a la mejor represión de las conductas delictivas, sin menoscabo al debido respeto de las libertades individuales"*[2].

Sin duda alguna, esta máxima imperante en la totalidad de los Estados de Derecho puede considerarse como uno de los grandes logros de la historia de la humanidad alcanzados en los últimos siglos, toda vez que permite conciliar de la forma más civilizada y justa dos intereses plenamente contrapuestos: de un lado, el interés de la sociedad en que se repriman y castiguen las conductas más reprochables, y de otro, el respeto a los derechos y libertades fundamentales de los ciudadanos incriminados.

No obstante, lo cierto es que desde comienzos del siglo XXI, ciertos acontecimientos están provocando una más que preocupante alteración del equilibrio que entre ambos intereses ha predominado en las últimas décadas. El abominable terrorismo yidahista en primera instancia, y posteriormente la globalización y el asombroso desarrollo que han experimentado las tecnologías de la información y comunicación, pueden señalarse como algunos de los fenómenos que en mayor medida han contribuido al degradamiento de la armonía preexistente, dando lugar a un sistema de justicia en el que las garantías procesales, y por tanto la libertad, se han visto mermadas en favor de la eficacia de la represión penal y, en última instancia, de una pretendida seguridad[3]. Circunstancias que, como

---

2 El autor expresa asimismo que *"El proceso no solo implica el reconocimiento de reglas que justifican la aplicación de la sanción penal, implica, fundamentalmente, el reconocimiento de reglas que involucran, que la justificación de la sanción penal se realice en contra de un imputado que ha sido oído y vencido"*. *Vid.* Moreno Catena y Valentín Cortés, Derecho procesal penal (Valencia: Tirant lo Blanch, 2021): 37. En el mismo sentido se pronuncia DEL RÍO LABHARTE, afirmando la necesidad de que *"En el marco de un proceso que determine la existencia de responsabilidad penal, bajo la plena seguridad que, en el trámite, han sido respetados escrupulosamente los derechos del imputado"*. *Vid.* Gonzalo Del Río Labharte; "El proceso penal: funciones", en Derecho Procesal Penal, coordinado por Olga Soriano Fuentes (Valencia: Tirant lo Blanch, 2020): 31.

3 Moreno Catena, alude a este preocupante fenómeno destacando que *"En la actualidad han aparecido en el horizonte señales alarmantes sobre las garantías procesales, haciendo primar sobre ellas los valores de la seguridad pública y de la represión de ciertas conductas delictivas, de modo que la pretendida eficacia de la lucha contra la delincuencia, señaladamente contra el terrorismo tras los atentados del 11 de septiembre de 2001 en Esta-*

magistralmente ilustra Gómez Colomer, han contribuido a gestar una expansión desmesurada del Derecho Penal, mientras el Derecho Procesal ha rebajado de forma alarmante sus garantías[4].

Una muestra especialmente representativa de este novedoso y cuestionario escenario la encontramos en varias de las operaciones desplegadas por las autoridades competentes de diversos estados con el objetivo de desmantelar diversos servicios de comunicación electrónica que se consideraban eran empleados, en gran medida, por delincuentes y miembros de organizaciones criminales para desarrollar sus fines delictivos. El presente trabajo tiene por objeto adentrarse en uno de los casos que ha más repercusión a nivel mundial ha despertado en los últimos años, el referido al servicio encriptado EncroChat. Todo ello con el objeto de desgranar los detalles de la operación llevada a cabo por las autoridades francesas junto a las neerlandesas y Europol, para posteriormente examinar las problemáticas de naturaleza procesal que se suscitan a raíz del empleo de las novedosas técnicas y métodos en la trascendente labor de persecución de las actividades criminales que más inquietudes despiertan en la sociedad.

## 2. ENCROCHAT: ¿UN SERVICIO ENCRIPTADO DE COMUNICACIONES ELECTRÓNICAS INEXPUGNABLE?

EncroChat era la denominación de la empresa de nacionalidad neerlandesa prestadora del servicio de idéntico nombre, que permitía a sus abonados comunicarse entre sí, de manera totalmente confidencial, a través de la aplicación instalada en los propios dispositivos móviles que comer-

---

*dos Unidos, parece que está terminando de justificar la merma de unos derechos individuales que tan trabajosamente se han ido conquistando a lo largo de muchas décadas, y buena parte de la ciudadanía los creían definitivamente adquiridos por la civilización occidental". Moreno Catena y Valentín Cortés, Derecho procesal penal…:* 37.

4 *"El resultado final después de mi análisis, que no me importa avanzar puesto que el problema es tan grave que se debe ser consciente desde el principio de qué nos estamos jugando exactamente, es para mí muy sorprendente, pues a la comprobada expansión del Derecho penal, no sólo el español, sigue en correlación inexplicable pero también demostrada una reducción del Derecho procesal penal hasta límites insospechados. Cuantos más delitos regula el Código Penal, menos procesos penales se quiere que haya en la realidad. Política criminal, dogmática penal y realidad procesal no están hoy, pues, compaginadas". Vid.* Juan Luis Gómez Colomer, *La contracción del derecho procesal penal.* (Valencia: Tirant lo Blanch, 2020): 135.

cializaba, tras ser objeto de una profunda modificación que afectaba tanto a su componentes lógicos como físicos.

En particular, el sistema operativo nativo de dichos terminales —Android— se complementaba[5] con uno adicional desarrollado por la propia compañía —Encrochat OS—, el cual, además de servir de soporte para la ejecución de la aplicación de mensajería encriptada asociada al servicio EncroChat[6], era el que lograba deshabilitar las funciones del dispositivo que de un modo u otro podrían comprometer la privacidad del usuario. La cámara fotográfica, el micrófono, el sistema de posicionamiento GPS o el puerto de conexión USB para la transferencia de datos eran los principales elementos que se inhabilitaban al iniciar el sistema operativo EncroChat OS. Pero es más, las modificaciones efectuadas sobre los terminales fueron tan sofisticadas, que consiguieron eliminar la interfaz de recuperación, impidiendo con ello el potencial empleo de los medios forenses más utilizados por las fuerzas policiales para el análisis de dispositivos electrónicos[7].

Con el objeto de garantizar la inexpugnabilidad de las comunicaciones escritas u orales que mantenían los usuarios a través de las distintas aplicaciones instaladas en los dispositivos, la compañía se valió del protocolo se-

---

[5] Es decir, en los terminales EncroChat convivían ambos sistemas operativos. Por un lado se mantenía la interfaz Android con el objeto de preservar la apariencia de normalidad del dispositivo, y de otro en modo oculto, el sistema específico bajo el que se ejecutaban las aplicaciones de mensajería encriptada, pudiendo el usuario decidir cuál de ellos utilizar en cada momento según su conveniencia. *Vid.* Milana Pisaric, "Encrypted mobile phones", *International Scientific Conference "Archibald Reiss Days*, 11 (2021): 188.

[6] En realidad, los dispositivos contaban única y exclusivamente con cuatro aplicaciones que permitían a los usuarios disponer de las funciones más habituales de un *smartphone*, impidiendo su sistema operativo, por razones de seguridad, la instalación de cualquier otra herramienta. En particular, los terminales disponían del siguiente software: EncroChat como servicio de mensajería instantánea cifrado; EncroTalk para la realización de llamadas de voz IP cifradas; EncroMail para el envío de mensajes de correo electrónico cifrados y, finalmente, EncroNotes como aplicación para la toma de notas personales. *Vid.* J. J. Oerlemans y D. A. G. van Toor, "Legal Aspects of the EncroChat Operation: A Human Rights Perspective", *European Journal of Crime, Criminal Law and Criminal Justice*, 30 (2022): 312 y Radina Stoykova, "Encrochat: The hacker with a warrant and fair trials?", *Forensic Science International: Digital Investigation*, 46 (2023): 2.

[7] Radina Stoykova, "Encrochat: The hacker with a warrant ...?": 2.

guro de encriptación denominado Off-the-Record Messaging[8] y del uso de sus propios servidores[9] para gestionar la transmisión del tráfico de datos, evitando de este modo la participación de los tradicionales operadores de telecomunicaciones, toda vez que el software en cuestión funcionaba primordialmente a través de conexión WiFi[10].

Mediante el uso de dicha tecnología de cifrado automático se proporcionaba a los usuarios un alto nivel de seguridad, estando el anonimato de las comunicaciones plenamente garantizado, incluso aunque éstas pudieran ser interceptadas por las autoridades durante su transmisión a través de cualquiera de las diligencias de investigación tecnológica más avanzadas. Y es que dicho protocolo permitía que se llevara a cabo el cifrado de la información que se pretendiera intercambiar en el propio terminal emisor antes de ser volcado a la red, pudiendo ser descifrados exclusivamente una vez se recepcionara en el terminal de destino[11]. Por otra parte, los dispositivos EncroChat ofrecían prestaciones adicionales orientadas a preservar

---

8 De este modo, la plataforma aseguraba no sólo la encriptación instantánea de las comunicaciones, sino que ningún tercer proveedor pudiera gestionar o tratar el flujo de la información transmitida, reduciendo el riesgo de que se produjera su interceptación. *Vid.* Vanja Bajović, "Evidence from the Encrochat and Sky Ecc encrypted phones", *CRIMEN - Journal for Criminal Justice,* 13 (2022): 156-158.

9 EncroChat desplegó su infraestructura y los servidores físicos en las instalaciones del proveedor OVH, ubicadas en la ciudad francesa de Roubaix. *Vid.* Oerlemans y van Toor, "Legal Aspects of the EncroChat Operation…": 313.

10 No obstante, también han existido medios de comunicación que han afirmado que los terminales pudieron funcionar con tarjetas SIM dela compañía holandesa de telecomunicaciones KPN. *Vid.* Radina Stoykova, "Encrochat: The hacker with a warrant …?": 2 y Alfonso Peralta Gutiérrez y Francisco Javier Parra Iglesias, "Incorporación de prueba penal obtenida en proceso judicial extranjero: casos EncroChat y Sky ECC", *La Ley Penal,* 149 (2021): 3.

11 Es más, incluso como señalan Peralta y Parra, el sistema estaba preparado para que cada intercambio de información se encriptara con una clave distinta, a fin de evitar que una eventual vulnerabilidad comprometiera al resto de comunicaciones. *Vid.* Peralta Gutiérrez y Parra Iglesias, "Incorporación de prueba penal obtenida en proceso judicial extranjero…": 2-3. Además, cabe añadir que las comunicaciones se entablaban entre los usuarios de la plataforma mediante el uso de los nombres de usuario elegidos por ellos mismos, sin que durante la adquisición del servicio, su instalación o la ejecución fuere necesario entregar ningún tipo de dato personal que pudiera vincular a posteriori a los abonados.

la seguridad y evitar posibles contingencias que pudieran comprometer la confidencialidad de sus usuarios[12].

Los dispositivos Encrochat se comercializaban públicamente a través de la web bajo la promesa de garantizar no sólo la plena confidencialidad de las comunicaciones, sino un alto nivel de seguridad frente a posibles injerencias de las autoridades penales. El coste aproximado de comercialización ascendía a 1.000 euros por el dispositivo, a lo que habría que sumar unos 1.500 euros semestrales por la suscripción al servicio, que incluía soporte técnico durante las veinticuatro horas del día[13]. Fue tal el éxito de dicho servicio, que Europol señaló a EncroChat como uno de los mayores proveedores a nivel global de comunicaciones electrónicas cifradas, al estimar que contaba a principios del año 2020 con aproximadamente 60000 usuarios activos[14].

### *2.1. La operación para del desmantelamiento de EncroChat*

Los recelos sobre la plataforma EncroChat avivaron en el año 2017, tras detectar las autoridades policiales francesas que un elevado número de individuos implicados investigados por delitos vinculados a la delincuencia organizada se valían de este tipo de dispositivos y que los servidores de la compañía prestadora del servicio se ubicaban en territorio galo. En noviembre de 2018, el Departamento de Informática Electrónica del Instituto de Investigación Criminal de la Gendarmería Nacional comenzó una investigación al efecto, dando lugar al proyecto Cerberus. Tras obtener los

---

12 Entre tales funcionalidades destacaban la eliminación automática y recurrente de las conversaciones mantenidas; la activación de un código PIN específico destinado a la eliminación inmediata y segura de todos los datos albergados en el dispositivo; el borrado automático y seguro de todos los datos en caso de que se llevaran a cabo varios intentos consecutivos de acceder al dispositivo con una contraseña errónea y, finalmente, el borrado remoto bajo petición del abonado por parte del proveedor en caso de pérdida del terminal o de sobrevenir alguna situación de riesgo. *Vid.* B. W. Schermer y Jan-Jaap Oerlemans, "De EncroChat-jurisprudentie: teleurstelling voor advocaten, overwinning voor justitie?", *Tijdschrift voor Bijzonder Strafrecht & Handhaving*, 2 (2022): 83.

13 Nota de prensa de Europol, de fecha 27 de junio de 2023. Disponible en https://www.europol.europa.eu/media-press/newsroom/news/dismantling-encrypted-criminal-encrochat-communications-leads-to-over-6-500-arrests-and-close-to-eur-900-million-seized (Última consulta, 31 de enero de 2024).

14 *Vid.* Milana Pisaric, "Encrypted mobile ...": 188.

primeros resultados en diciembre del mismo año, la Fiscalía Interregional de Lille, en el seno de una investigación preliminar, imputó a la compañía y sus responsables la comisión de un elenco de delitos relativos a la falta de declaración previa de la importación, prestación y transferencia de servicios de criptología.

En abril de 2020, tras celebrar varias consultas entre las autoridades policiales y judiciales de diferentes países con el fin de llegar a un enfoque coordinado, se creó un Equipo Conjunto de Investigación entre las autoridades francesas y neerlandesas, bajo los auspicios de Eurojust y con el apoyo de Europol. Dichas autoridades mantuvieron varias reuniones de trabajo con especialistas forenses con el objeto de preparar la infiltración en la red, para lo cual se hicieron con una copia del servidor matriz y adquirieron varios dispositivos EncroChat[15]. Tras su análisis, se concluyó que la única opción viable técnicamente era a través de la implementación de técnicas de piratería policial, y en particular, a través de la medida judicial de captación de datos informáticos prevista de modo específico en el artículo 706-102-1 del Código Procesal Penal francés para la investigación de delitos vinculados a las organizaciones criminales.

La operación de infiltración que permitió finalmente interceptar los dispositivos se desarrolló a través de dos fases diferenciadas. La primera, de carácter preparatorio, tuvo por objeto intrusión informática en los servidores de la compañía EncroChat con la finalidad de permitir a las autoridades su manipulación y control de modo clandestino. Una vez completado el anterior hito, se desarrolló la segunda y trascendental fase en la que las autoridades consiguieron enviar a los dispositivos una supuesta actualización oficial del sistema operativo que incluía un software espía, con el que se lograría registrar y redirigir todos los flujos de datos generados en los dispositivos a los servidores de las autoridades francesas[16].

Gracias a este malware, el Equipo Conjunto de Investigación pudo recopilar a distancia una ingente cantidad de datos relativos a las comunicaciones de los aproximadamente 60.000 usuarios activos de EncroChat. En concreto, dicha fase se extendió durante el período comprendido entre el 1 de abril y el 20 de junio de 2020, fecha en la que la compañía advirtió

---

15 *Vid.* Radina Stoykova, "Encrochat: The hacker with a warrant ...?": 3.

16 Para un mayor detalle de la cronología de la operación puede consultarse el trabajo de Felipe Rubio Moreno, "Caso EncroChat y la prueba resultante de las intervenciones masivas de comunicaciones encriptadas en procesos penales extranjeros", *La Ley Penal*, 153 (2021): 4-5.

el ataque. En concreto, la solución técnica empleada de forma subrepticia por las autoridades francesas permitió interceptar[17] en tiempo real[18], los siguientes datos de los usuarios[19]: el número IMEI de los terminales, el nickname utilizado por cada abonado y sus contraseñas, las direcciones IP de conexión, las notas privadas conservadas y los mensajes de chat —incluidas las imágenes— almacenados en los dispositivos[20].

---

17 Hasta el momento, las autoridades no han revelado, siquiera a las defensas de los investigados por tener carácter de secreto oficial, el modo en que pudieron acceder a los datos de las comunicaciones y el origen de éstas, habida cuenta del teóricamente inexpugnable método de cifrado que las protegía. Esto es, se desconoce si los mensajes captados se obtuvieron en el momento previo a la tranmisión y a su cifrado, o cuando ya fueron descargados en el dispositivo de destino. *Vid.* Vanja Bajović, "Evidence from the Encrochat ...": 160. Stoykova, con apoyo en Campbell, sostiene que lo más probable es que el malware fuera diseñado para tomar instantáneas de los mensajes mientras se conservaban en la memoria RAM durante el proceso de cifrado o descifrado, al ser los momentos en que se encontraban en texto plano. *Vid.* Radina Stoykova, "Encrochat: The hacker with a warrant ...?": 2. Esta tesis se ve refrendada por el pronunciamiento de la sentencia del Tribunal de Justicia de Londres, de 5 de febrero de 2021, en la que se afirma en su parágrafo 149 que, *"Está muy claro y sin ninguna controversia, que el efecto del troyano fue llevar a cabo una una exfiltración de mensajes del dispositivo. Los mensajes no se descargaron después de enviarlos desde el dispositivo del remitente o antes de recibirlos en el dispositivo del destinatario. Esta conclusión se ve respaldada por el hecho de que en el momento de la descarga el mensaje no estaba encriptado, es decir, se obtuvieron antes del cifrado desde el dispositivo desde el que se enviaron o después del descifrado en el dispositivo receptor"*. Disponible en https://www.judiciary.uk/wp-content/uploads/2021/02/A-v-R.pdf (Último acceso, 18 de enero de 2024). La respuesta a esta cuestión no es del todo baladí en términos procesales, puesto que según el método empleado podríamos encontrarnos, atendiendo a nuestra legislación procesal, bien ante una interceptación tradicional de las comunicaciones electrónicas, bien ante un supuesto de registro remoto de dispositivos de almacenamiento masivo, con las consecuencias que tal circunstancia lleva aparejadas.

18 Con independencia del modo concreto en que se obtuvieron los datos, lo cierto es que Europol manifestó que las distintas autoridades implicadas tuvieron la capacidad de investigar en tiempo real los mensajes interceptados. Véase al respecto el trabajo de Bruce Zagaris, "Transnational organized crime section I EU and law enforcement dismantle encrypted network of transnational organized crime", *International Enforcement Law Reporter*, 36 (2020): 251.

19 Sobre tal aspecto, puede consultarse el trabajo de Felipe Rubio Moreno, "Caso EncroChat y la prueba resultante de las intervenciones masivas de comunicaciones encriptadas en procesos penales extranjeros". *La Ley Penal*, 153 (2021): 10.

20 Según los datos ofrecidos por Europol, durante el periodo en que se extendió la interceptación se recopilaron más de ciento veinte millones de mensajes de los

En la noche del día 12 de junio de 2020, la compañía remitió a todos los usuarios una alerta informativa de seguridad informándoles de que el sistema había sido hackeado por las autoridades gubernamentales y aconsejando el apagado, la destrucción y el desasimiento de los terminales[21].

### 2.2. *El análisis preliminar y el intercambio de la información con las autoridades extranjeras*

Tras la incautación de los datos de EncroChat, estos fueron puestos a disposición de Europol para su procesamiento y análisis por un equipo amplio y especializado de agentes, al objeto de identificar las posibles conductas delictivas llevadas a cabo en el territorio de terceros estados, identificar posibles conflictos de jurisdicción y decidir el marco de cooperación más adecuado para efectuar su intercambio con las autoridades competentes de aquellos[22].

Tras llevar a cabo un profundo y exhaustivo análisis y realizar su clasificación, los datos se compartieron espontáneamente con los estados afectados poniéndose a su disposición a través del punto de contacto único

---

usuarios que habían instalado la actualización. Hito que fue señalado por la agencia europea como un éxito sin precedentes en la rueda de prensa "Dismantling of an Encrypted Network Sends Shockwaves through Organised Crime Groups across Europe". Disponible en https://www.eurojust.europa.eu/dismantling-encrypted-network-sends-shockwaves-through-organised-crime-groups-across-europe (Último acceso, 20 de enero de 2024).

21 En la edición del diario inglés Mirror, se publicó una fotografía de un terminal Encrochat en el que se aprecia la alerta recibida por los usuarios, que rezaba: *"Today we had our domains seized illegaly by goverment entities. They repurposed our domains to launch an attack to comprise [Encrochat] carbon units. With control of our domain they managed to launch a malware campaign against the [Encrochat] carbon to weaken its security. Due to the level of sophistication of the attack, and the malware code, we can no longer guarantee the security of your device. We took immediate action on our network by disabling connectivity to combat the attack. You are advised to power off, and physically dispose of your device immediately. Period of compromise was about 30 minutes"*. Disponible en https://www.mirror.co.uk/news/uk-news/single-text-sent-shockwaves-through-22298286 (Consultado el 20 de enero de 2024).

22 *Vid.* J. J. Oerlemans y D. A. G. van Toor, "Legal Aspects of the EncroChat Operation: A Human Rights Perspective", European Journal of Crime, Criminal Law and Criminal Justice, 30 (2022): 317.

dependiente de Europol[23]. Dicho intercambio se articuló a través de los instrumentos de cooperación policial habilitados en la Decisión Marco 2006/960/JAI del Consejo, sobre la simplificación del intercambio de información e inteligencia (*Tol 9564784*) y en el Reglamento (UE) 2016/794, relativo a la Agencia de la Unión Europea para la Cooperación Policial (*Tol 5727922*)[24].

Recabados los datos por las autoridades de los terceros estados, se iniciaron las respectivas investigaciones internas con el objeto de delimitar las conductas criminales e identificar a los posibles sospechosos. En el seno de los procedimientos penales que se incoaron, las autoridades competentes, pudieron recabar de las autoridades francesas mediante cooperación judicial, la información previamente cedida, ahora con naturaleza de fuente de prueba. Dichas solicitudes se canalizaron en el seno de la Unión a través de la emisión de Ordenes Europeas de Investigación, por la vía prevista en el segundo párrafo del art. 1.1 de la Directiva 2014/41/UE (*Tol 4228078*) reguladora de dicho instrumento, destinada al traslado de pruebas que ya obren en poder de la autoridad de ejecución. Los resultados punitivos cosechados a tres años vista pueden calificarse como extraordinarios, pudiendo incluso catalogarse como uno de los mayores éxitos en la lucha contra el crimen organizado de la historia[25].

---

23 Para un análisis más detallado y crítico de la utilización de dicho mecanismo de cooperación policial para el intercambio de la información aprehendida puede consultarse el trabajo de Rubio Moreno. *Cfr.* Felipe Rubio Moreno, "Caso EncroChat y la prueba resultante de las intervenciones masivas ...": 6-8.

24 En el caso de España, el 3 de julio de 2020, la Fiscalia General del Estado dió traslado a la Fiscalia Especial Antidroga de un escrito remitido por la Fiscalia de Lille por el que ésta ponía en conocimiento de las unidades de criminalidad informativa la existencia del material obtenido de Encrochat vinculado a nuestro territorio. *Vid.* Sentencia Audiencia Provincial de Cádiz 14/2024, de 18 de enero.

25 Según los datos ofrecidos por Europol en junio de 2023, tres años después de que se produjera el desmantelamiento de EncroChat, se han conseguido, entre otros, los siguientes logros judiciales en los distintos Estados afectados: el arresto de 6.558 sospechosos; la imposición de 7.134 años de prisión a los delincuentes condenados hasta la fecha; la incautación de 739,7 millones de euros en efectivo; el embargo de 154,1 millones de euros en activos; la aprehensión de 30,5 millones de pastillas de drogas químicas, 103,5 toneladas de cocaína, 163,4 toneladas de cannabis y 3,3 toneladas de heroína; el decomiso de 83 barcos y 40 aviones. *Vid.* Nota de prensa Europol de 27 de junio de 2023, "Dismantling encrypted criminal EncroChat communications leads to over 6 500 arrests and close to EUR 900 million seized". Disponible en https://www.europol.europa.eu/media-press/newsroom/news/dismantling-encrypted-criminal-encrochat-communications-

## 3. ANÁLISIS DE LAS POSIBLES IRREGULARIDADES PROCESALES DE LA OPERACIÓN DE DESMANTELAMIENTO DEL SERVICIO ENCROCHAT

Con motivo de la apertura de miles de causas penales a raíz de los hallazgos obtenidos de la interceptación de las comunicaciones de los usuarios de EncroChat, se ha generado tanto en los foros judiciales —esencialmente de la mano de las defensas[26]—, como en la doctrina[27] de una gran parte de los Estados de la Unión Europea, un intenso y nutrido debate acerca de la procedencia de la admisibilidad de los materiales aprehendidos con el objeto de ser empleados bien como medios de investigación adecuados para iniciar una investigación frente a los sujetos incriminados, bien como fuentes de prueba válidas y eficaces para conseguir la ulterior condena de éstos. Por tanto, la discusión se ha centrado en discernir si el material recopilado y posteriormente cedido a las autoridades competentes de otros Estados es susceptible de ser empleado sin cortapisas en los procesos incoados o por el contrario debe ser excluido del acervo probatorio por estar viciada su obtención al haberse vulnerado ciertos derechos fundamentales o incurrirse en graves vicios en su tratamiento.

Aunque en última instancia, la respuesta definitiva a esta cuestión corresponde ofrecerla a los tribunales de cada uno de los estados en los que las pruebas deban surtir efecto[28], toda vez que ésta puede diferir con mo-

---

leads-to-over-6-500-arrests-and-close-to-eur-900-million-seized (Última consulta, 20 de enero de 2024). Para detalles más concretos puede consultarse, Alfonso Peralta Gutiérrez y Francisco Javier Parra Iglesias, "Incorporación de prueba penal obtenida en proceso judicial extranjero…": 5.

26 Como apunta Saggitae, el debate judicial en torno a los datos obtenidos del hackeo de EncroChat se ha intensificado recientemente en los tribunales de justicia de toda Europa, siendo principalmente las defensas los principales promotores en la búsqueda de argumentos para impugnar la admisión y utilizabilidad de los mismos. *Vid.* Georgios Sagittae, "On the lawfulness of the EncroChat and Sky ECC-operations", *New Journal of European Criminal Law*, 14 (2023): 273-293.

27 Son numerosos los estudios doctrinales sobre la materia que se han publicado hasta la fecha en gran parte de los países afectados por la operación —especialmente Países Bajos y Reino Unido—, siendo varios de ellos citados a lo largo de este trabajo.

28 Lo cierto es que hasta la fecha, la mayoría de los tribunales han admitido la validez de la información recopilada por las autoridades francesas, descartando los motivos alegados por las defensas en su intento de excluirlas del acervo probatorio. Para mayor detalle pueden consultarse los siguientes trabajos: *Vid.* Georgios

tivo de la diversidad sistemas procesales y de las circunstancias particulares que rodeen a cada causa, lo cierto es que los métodos seguidos por las autoridades, el oscurantismo y la extrema complejidad que rodean a la operación de infiltración y hackeo del sistema Encrochat ponen sobre la mesa varios interrogantes verdaderamente apasionantes desde el punto de vista procesal que requieren ser expuestos y analizados someramente. Todo ello con el objeto de poner sobre la palestra las problemáticas que para los derechos procesales se vislumbran de las novedosas formas empleadas por las autoridades competentes en la cada vez más compleja labor de investigación del delito. Y es que todo apunta a que en este nuevo contexto en el que nos encontramos inmersos, en la denominada era de la información, estas fórmulas acabarán generalizándose hasta convertirse en los métodos habituales para enfrentarse a la criminalidad más grave —cuyas evidencias puedan localizarse en medios digitales— en lugar de en la excepción[29].

### *3.1. El carácter prospectivo de la investigación: la quiebra del principio de especialidad*

Uno de las principales obstáculos procesales a la admisibilidad de las fuentes de prueba obtenidas a través de la infiltración en los dispositivos EncroChat es, a nuestro juicio, su más que probable carácter prospectivo, y por tanto, contrario al principio rector de especialidad proclamado en nuestro ordenamiento jurídico en el art. 588.2 *bis* a) LECrim (*Tol 214466*).

El principio concernido exige *"que una medida [de investigación tecnológica] esté relacionada con la investigación de un delito concreto"*, toda vez que está vedada la emisión de diligencias *"que tengan por objeto prevenir o descubrir delitos o despejar sospechas sin base objetiva"*. Ello implica que la medida acordada debe circunscribirse a la investigación de hechos delictivos concretos[30],

---

Sagittae, "On the lawfulness of the EncroChat..." y Alfonso Peralta Gutiérrez y Francisco Javier Parra Iglesias, "Incorporación de prueba penal obtenida...", en el que se analizan los pronunciamientos de los tribunales acerca del valor probatorio de dichas fuentes de prueba en Alemania, Reino Unido, Bélgica, Países Bajos y Estados Unidos.

29 Y es que EncroChat es tan sólo el servicio desmantelado que ha generado más repercusión, pero con anterioridad se han llevado a cabo operaciones similares sobre el servicio Ennetcom, Sky ECC o Anom. Para un mayor detalle, puede acudirse al trabajo de Milana Pisaric, "Encrypted mobile...".

30 Desde el plano negativo, Sanchís Crespo identifica tres posibles escenarios en los que la fundamental exigencia del principio de especialidad de estar conectada la

prohibiéndose las denominadas en el argot jurídico anglosajón como *fishing expeditions*[31]. Esto es, que las autoridades competentes acometan búsquedas prospectivas de posibles conductas criminales sin contar, al menos, con una base indiciaria objetiva siquiera elemental[32].

Esta exigencia ya fue puesta de relieve por nuestra jurisprudencia con carácter previo a su positivación a través de la reforma procesal acometida por la Ley Orgánica 13/2015 (*Tol 5497670*), toda vez que se trata de un

---

medida de investigación con un delito concreto no se colmarían, a saber: cuando la medida tuviera por objeto prevenir delitos, cuando pretendiera descubrirlos o cuando se dirigiera a despejar sospechas sin base objetiva. Véase, Carolina Sanchís Crespo, "Principios rectores en la adopción de diligencias limitativas de los derechos reconocidos en el art. 18 CE", *Revista Boliviana de Derecho*, 31 (2021): 245.

31 Véase como el Tribunal Constitucional ha declarado reiteradamente que *"la inquisición general es "incompatible, ciertamente, con los principios que inspiran el proceso penal en un Estado de Derecho como el que consagra la Constitución Española". Vid.* SSTC 32/1994, de 31 de enero (*Tol 82441*); 63/1996, de 16 de abril (*Tol 82997*); 41/1998, de 24 de febrero (*Tol 9736069*) y 87/2001, de 2 de abril (*Tol 81453*). Por su parte, el Tribunal Supremo ha afirmado con rotundidad, en su STS 985/2009, de 13 de octubre (*Tol 1634854*), que la vigencia de dicho principio *"sirve para excluir la odiosa posibilidad de "rastreos" o exploraciones genéricas e indiscriminadas, predelictuales o de prospección, que supondrían un grave atentado contra el derecho al secreto de las comunicaciones de la generalidad de los ciudadanos, por ausencia de fundamento específico de la diligencia"*. Mientras en la más reciente sentencia STS 908/2021, de 24 de noviembre (*Tol 8674720*), afirmó que *"El objeto y finalidad del proceso penal determina sin duda alguna la proscripción de la "inquisitio generalis", también llamada "fishing expedition", investigación o causa general"*.

32 El Tribunal Constitucional concretó en su STC 26/2010, de 27 de abril (*Tol 1841558*), el umbral de calidad que deben reunir los indicios objetivos que avalen una medida de investigación, determinando que estos *"(...) son algo más que simples sospechas, pero también algo menos que los indicios racionales que se exigen para el procesamiento, en este sentido, hemos reiterado que la relación entre la persona investigada y el delito se manifiesta en las sospechas que, como tiene declarado este Tribunal, no son tan solo circunstancias meramente anímicas, sino que precisan para que puedan entenderse fundadas, hallarse apoyadas en datos objetivos que han de serlo en un doble sentido. En primer lugar, en el de ser accesibles a terceros sin lo que no serían susceptibles de control y, en segundo lugar, en el de que han de proporcionar una base real de la que pueda inferirse que se ha cometido o que se va a cometer el delito sin que puedan consistir en valoraciones acerca de la persona"*. Con base en dicha jurisprudencia, Sanchís Crespo concluye que *"el delito se considerará suficientemente identificado siempre que los indicios delictuales cumplan las siguientes condiciones: primero, accesibilidad y control por terceros y segundo, base real desconectada de valoraciones personales". Vid.* Carolina Sanchís Crespo, "Principios rectores en la adopción...": 245-246.

principio básico y esencial de cualquier sistema punitivo garantista[33]. Por ello, como recuerda la más reciente STS 272/2017, de 18 de abril (*Tol 6067346*), "*los poderes públicos no pueden inmiscuirse en la intimidad de los sospechosos, interceptando sus comunicaciones, con el exclusivo propósito u objeto de indagar a ciegas su conducta, por lo que la decisión jurisdiccional de intervención de las comunicaciones telefónicas tiene que estar siempre relacionada con la investigación de un delito concreto al menos en el plano indiciario*". Aceptar lo contrario "*supondría conceder autorizaciones en blanco*"[34] a las autoridades encargadas de la persecución penal, que resultan del todo inconcebibles en un Estado de Derecho.

En consecuencia, para garantizar el respeto al principio de especialidad resulta imprescindible que la resolución judicial habilitante de la medida de investigación que se acuerde recoja: de una parte, el tipo delictivo que es objeto de investigación incluyendo una delimitación objetiva de los hechos típicos que se traten de investigar, aun sin que sea posible exigir una descripción exacta de éstos, y de otra, los elementos subjetivos referidos a la identificación del o de los posibles sospechosos[35].

Además, conviene precisar que la regulación de la medida de investigación empleada para el hackeo del sistema Encrochat, esto es la denominada en el Código Procesal Penal francés como "*captation des données*

---

33 Véase como la STS 998/2002, de 3 de junio (*Tol 4921396*), ya afirmaba que "*... en la resolución que determine la adopción de la medida deberá figurar la identificación del delito cuya investigación lo nace necesario, en orden a la evaluación de la concurrencia de la exigible proporcionalidad de la decisión y la evitación de rastreos indiscriminados de carácter meramente preventivo o aleatorio sin base fáctica previa de la comisión de delito, absolutamente proscritos en nuestro ordenamiento*".

34 STS 393/2012, de 29 de mayo (*Tol 2558217*).

35 Como expresa la Circular 1/2019, de 6 de marzo, de la Fiscal General del Estado, sobre disposiciones comunes y medidas de aseguramiento de las diligencias de investigación tecnológicas en la Ley de Enjuiciamiento Criminal (*Tol 7087846*), a la hora de abordar al principio de especialidad, "*La delimitación subjetiva no implica, necesariamente, la filiación completa de los sujetos afectados, pero sí —al menos— que se indiquen las señas o datos indiciarios que se puedan conocer en el momento de adopción de la medida*". Del mismo modo, la precitada Circular también determina en su conclusión 2º que "*El cumplimiento del principio de especialidad exige que cualquier resolución judicial que acuerde la práctica de una diligencia de investigación tecnológica en un procedimiento deba indicar el delito concreto que se investiga y los sujetos sospechosos investigados, con expresión de los elementos identificadores de los que se disponga en ese momento, llevando a cabo una delimitación del objeto de la medida que excluya investigaciones prospectivas o genéricas*".

*informatiques"*[36], también contempla en su art. 706-102-3 la operatividad del principio de especialidad como uno sus requisitos esenciales[37]. Siendo tal la importancia que la legislación procesal francesa atribuye a la observancia de dicho presupuesto, que apareja la nulidad radical a la medida que no respete tal presupuesto.

Expuesto el fundamento y los presupuestos que rigen el principio de especialidad, procede contrastar, a la luz de los datos publicados por Eurojust y las propias autoridades francesas sobre la causa judicial en la que se acordó la captura de los datos de EncroChat, si ésta fue respetuosa con el referido elemento, o por el contrario, podría ser calificada de prospectiva, tal y como apuntan de modo generalizado las defensas de los sujetos afectado por la captación.

Debemos tener presente que la investigación preliminar iniciada por la Fiscalía de la Jurisdicción Interregional Especializada de Lille frente a la empresa EncroChat se activó como consecuencia de la aparición recurrente de sus dispositivos en intervenciones llevadas a cabo en operaciones contra la delincuencia[38]. Las primeras pesquisas desarrolladas por las autoridades francesas apuntaron a que el propósito de la compañía era prestar un servicio encriptado de comunicaciones que tenía como cliente objetivo a las organizaciones y redes criminales de todo el mundo que desearan contar con un alto nivel de seguridad. Mientras que asimismo se detectó que la infraestructura técnica y de alojamiento que servía de apoyo a los servicios ofrecidos se ubicaban en territorio francés, pese a que la empresa no había efectuado la preceptiva declaración previa que la legislación gala exigía para la realización de tal actividad. Tales descubrimientos sirvieron de fundamento a la imputación preliminar por la comisión de varios delitos relacionados con la importación, puesta a disposición a terceros y transferencia de medios criptográficos sin declaración previa. Actuación procesal que se produjo el 7 de diciembre de 2018.

Dicha incriminación permitió a las autoridades proseguir la investigación con técnicas de investigación más avanzadas e invasivas, y particular-

---

36 Su traducción al castellano sería "Captación de datos informáticos".

37 Dicho precepto prevé que *"Bajo pena de nulidad, la decisión por la que se autorice la utilización del sistema contemplado en el artículo 706-102-1 deberá precisar la infracción para la que se requieren dichas operaciones, la localización exacta o la descripción detallada de los sistemas de tratamiento automatizado de datos y la duración de las operaciones"*.

38 *Vid.* Georgios Sagittae, "On the lawfulness of the EncroChat and Sky ECC-operations", *New Journal of European Criminal Law*, 14 (2023): 275.

mente, obtener la pertinente autorización judicial para articular la infiltración en los servidores de Encrochat y la posterior interceptación de las comunicaciones de los usuarios del servicio entre los meses de abril y junio de 2020. No obstante, no sería hasta el 28 de mayo de 2020, cuando la interceptación de las comunicaciones llevaba operando prácticamente dos meses, cuando se produciría la apertura de la fase de investigación propiamente judicial frente a la compañía y sus responsables por un catálogo de cargos de mayor amplitud y gravedad[39].

Del iter de la operación expuesto, fiel a la información publicada por las propias autoridades galas junto a Eurojust, se puede comprobar nítidamente cómo a pesar de que la alerta sobre el sistema Encrochat se originó con motivo de la incautación de criptófonos a miembros de distintas organizaciones criminales en el seno de otras causas, la investigación se dirigió desde su inicio frente a la compañía y sus responsables, estando delimitado materialmente a los delitos vinculados a la falta de declaración previa sobre las actividades de encriptación ofrecidas al público.

Evidentemente, el descubrimiento reiterado de la utilización de terminales Encrochat por miembros de bandas criminales en otras causas judiciales dio lugar al nacimiento de una sospecha fundada sobre uno de los posibles usos, en este caso con fines ilícitos, de dicha tecnología, que probablemente estuviere extendido entre sus usuarios, pero nada más. Pero dicha conjetura, por sí misma y con independencia del alcance que pudiera haber alcanzado, no la consideramos suficiente para avalar el posterior hackeo masivo que sufrieron los aproximadamente sesenta mil usuarios del sistema con la finalidad de conseguir el acceso a sus comunicaciones y descubrir potenciales, y hasta entonces ignorados delitos[40]. Es decir, frente a los usuarios de EncroChat, en dicho momento desconocidos y no identificables para las autoridades por las características propias del servicio, no podría existir ningún tipo de indicio que pudiera vincularles con un acto

---

39 Entre el catálogo ampliado de delitos que fueron en última instancia imputados a los responsables de EncroChat se encontraban, entre otros, el de asociación ilícita, tráfico de estupefacientes, tenencia de armas de categoría y blanqueo de capitales en distintas modalidades. Véase la nota de prensa publicada por Eurojust en https://www.eurojust.europa.eu/sites/default/files/Press/2020-07-02_joint-Eurojust-Europol-press-release_FR.pdf (Última consulta, 18 de enero de 2024).

40 Coincidimos con Stoykova, en que difícilmente la vigilancia de un número tan elevado de posibles sospechosos pudiera estar basada en los concretos hechos individualizados de cada uno de los usuarios de EncroChat. *Vid.* Radina Stoykova, "Encrochat: The hacker with a warrant…": 3.

delictivo concreto que sirviera de suficiente aval de la medida[41]. Igualmente, no debe olvidarse que no todos los usuarios de EncroChat destinaban necesariamente el servicio a fines ilegales, por cualquier razón pretendieron valerse de un sistema de comunicaciones que garantizaba la privacidad de las comunicaciones[42]. Interés plenamente legítimo y que por sí mismo no debe ser tratado como un indicio de criminalidad[43]. De hecho, los servicios de cifrado y particularmente el referido a las comunicaciones electrónicas son plenamente legales en la Unión Europea, siendo utilizados

---

41 Esta cuestión tampoco está resuelta, ya que no se han desvelado a los sujetos incriminados por estar protegido como secreto militar, ni las bases jurídicas y el procedimiento seguido para la operación, ni en qué medida las autoridades policiales tenían sospechas razonables sobre sujetos concretos. *Vid.* Radina Stoykova, "Encrochat: The hacker with a warrant…": 3.

42 De hecho, Stoykova sostiene en base a los datos reflejados por un tribunal de Hamburgo y ante la falta de publicación de información más detallada, que hasta el 40% de los usuarios de EncroChat pudieron haber utilizado el servicio con fines legales, como proteger su privacidad. *Vid.* Radina Stoykova, "Encrochat: The hacker with a warrant…": 4. En la resolución aludida se afirma que *"32477 usuarios en 121 países se vieron afectados por la medida de interceptación de datos. De ellos, 380 usuarios se encontraban total o parcialmente en territorio francés, de los cuales, según las autoridades francesas, al menos 242 personas —más del 60%— utilizaban el sistema cifrado sistema de comunicación con fines delictivos".* Véase la sentencia de la Higher Regional Court Hamburg, de 21 de marzo de 2021. Disponible en https://www.landesrecht-hamburg.de/bsha/document/JURE210003021 (Última consulta 20 de enero de 2024).

43 Sagittae en cambio considera indicios suficientes que avalan la interceptación algunos factores como, el alto coste del servicio y la garantía de privacidad, que no aportarían ninguna ventaja real para los usuarios que no pretendieran delinquir. *Vid.* Georgios Sagittae, "On the lawfulness…": 283-285. Peralta y Parra no advierten una quiebra del principio de especialidad, y a la luz de la jurisprudencia nacional consideran suficientes los indicios tenidos en cuenta por las autoridades francesas para desplegar la infiltración. En cambio si admiten una posible discusión respecto a los principios de necesidad, excepcionalidad y proporcionalidad. *Vid.* Alfonso Peralta Gutiérrez y Francisco Javier Parra Iglesias, "Incorporación de prueba penal obtenida …": 11-12. Bajo nuestro punto de vista, ninguna de las circunstancias aducidas por los autores previamente citados pueden considerarse como elementos indiciarios objetivos y de calidad, no ya para iniciar una investigación penal, sino para acordar una medida tan intrusiva como la examinada, puesto que no se cumplirían las exigencias establecidas por la jurisprudencia constitucional plasmadas en la STC 26/2010, de 27 de abril (*Tol 1841558*).

por una gran parte de la población para fines legítimos tanto profesionales como domésticos[44].

Por otro lado, no puede obviarse que, a pesar de que los responsables de EncroChat fueran conocedores de que sus terminales podrían ser empleados con fines delictivos, no sólo no tenían ningún deber de controlar el uso que los usuarios dieran en última instancia a los terminales, sino que no podrían tener conocimiento de la identidad de los usuarios finales[45], y mucho menos, pudieran ser considerados cómplices o cooperadores de las conductas típicas que sus usuarios pudieran realizar aprovechando tal servicio.

También debe rechazarse el argumento al que han recurrido algunos órganos judiciales de estimar que los delitos descubiertos de terceros usuarios a través de la interceptación de sus comunicaciones electrónicas debe considerarse y por tanto merecer el tratamiento de hallazgos casuales. Principalmente, porque el hackeo de los terminales de los usuarios no era la vía adecuada para obtener un avance en la investigación de los delitos inicialmente imputados a la compañía proveedora. Si los delitos que se intentaban esclarecer tenían como punto en común la falta de declaración previa en la importación o prestación de servicios de criptografía, hubiera resultado más que suficiente intervenir los propios servidores de la compañía, que además se ubicaban en la sede de una tercera empresa, y adquirir algún terminal para realizar los análisis forenses oportunos, sin necesidad de inmiscuirse en el entorno virtual de los abonados.

Todo lo anterior nos lleva a colegir que lo más probable es que, ante la creencia de que el servicio era utilizado principalmente, o al menos en gran medida, por criminales para facilitar sus fines delictivos, la verdadera y subyacente intención que movió a las autoridades a llevar a cabo el empleo del hackeo masivo fue intentar llevar a cabo una investigación generalizada que les permitiera, en primer lugar, identificar a los usuarios del sistema, para

---

44 Telegram y Whatsapp son dos ejemplos de los servicios cifrados de comunicaciones más usuales y extendidos, basados en tecnologías de encriptación similares a las utilizadas por EncroChat. *Vid.* Felipe Rubio Moreno, "Caso EncroChat y la prueba resultante...": 9.

45 Saggitae añade como un elemento de base indiciaria el hecho de que EncroChat no solicitara una identificación obligatoria para los usuarios. *Vid.* Georgios Sagittae, "On the lawfulness of the EncroChat..." 285. No obstante, no nos encontramos ante un servicio de comunicaciones electrónicas en el sentido de las Directivas y las legislaciones interiores que sí obligan a dicha práctica de control. Por tanto, este tampoco puede ser un factor determinante para crear un indicio objetivo de peso para legitimar la interceptación.

posteriormente, aprehender los datos de las comunicaciones y los conservados en los terminales al objeto de descubrir posibles delitos ya consumados, anticiparse a la comisión de otros tantos y descubrir fuentes de prueba útiles tanto para las investigaciones en curso como aquellas otras que se iniciaran a raíz de los descubrimientos conseguidos[46]. Ante la posible quiebra del principio de especialidad, consideramos que la operación de desmantelamiento de EncroChat podría ser catalogada de prospectiva[47]. Factor que podría acarrear, en abstracto y sin atender a otras circunstancias, la exclusión en las distintas causas abiertas del material probatorio que dio lugar a su iniciación.

### *3.2. La interceptación masiva de las comunicaciones personales de los usuarios de EncroChat*

Otro punto relevante de la operación susceptible de repercutir en las múltiples causas penales abiertas ha sido el carácter masivo de la intercep-

---

46 Stoykova argumenta que lo más probable es que la operación pueda catalogarse como una operación de inteligencia criminal cuyo objetivo real fue recopilar, procesar y analizar información sobre delitos o actividades delictivas con el fin de establecer si se cometieron o pudieran cometerse en el futuro ciertos delitos. La autora apunta a dicha tesis, en base a las declaraciones vertidas por Europol en una rueda de prensa, en la que se manifestó que uno de los objetivos de la operación era analizar el alcance y las operaciones de las redes de delincuencia organizada. *Vid.* Radina Stoykova, "Encrochat: The hacker …": 3. La grabación de la rueda de prensa "Eurojust-Europol, 2020. Dismantling of an Encrypted Network Sends Shockwaves through Organised Crime Groups across Europe", está disponible en https://www.eurojust.europa.eu/dismantling-encrypted-network-sends-shockwaves-through-organised-crime-groups-across-europe (Última consulta 20 de enero de 2024). Así las cosas, por más loable que fuera la intención de las autoridades, lo cierto es que como ya sentenciara el Tribunal Supremo *"en nuestro sistema no es posible iniciar procesos penales para investigar en general a una persona, un entero ámbito profesional o empresarial o un fenómeno social, por atroces o lamentables que puedan parecer, puesto que la reacción de la maquinaria del Estado frente a posibles hechos delictivos no debe ser pretexto para una actuación irreflexiva y desproporcionada, pues solo cabe seguir un proceso penal, incluso desde su fase inicial de investigación, cuando existan indicios de la comisión de una infracción penal, sin que quepa su utilización en ausencia de tales indicios" STS 908/2021, 24 de noviembre (Tol 8674720).*

47 En igual sentido se manifiesta Rubio Moreno, quien también sostiene, atendiendo a los distintos principios rectores que rigen las medidas de investigación tecnológicas, que difícilmente una autoridad judicial española pudiera haber concedido una medida de investigación similar a la realizada por el juez francés. *Vid.* Felipe Rubio Moreno, "Caso EncroChat y la prueba resultante…": 11.

tación y su posible incidencia en los derechos fundamentales asociados a la privacidad garantizados en los arts. 7 y 8 de la CDFUE y art. 8 CEDH. Para analizar este factor debemos partir de un hito indiscutible, el hecho de que las autoridades francesas se inmiscuyeron de forma generalizada e indiferenciada en las comunicaciones interpersonales de todos los abonados al servicio EncroChat, recordemos, sin indicios de participación en actos delictivos concretos.

No obstante, a pesar de que la interceptación afectó a los cerca de sesenta mil abonados del servicio, no es viable calificarla de generalizada e indiscriminada en el sentido en que lo hace el Tribunal de Justicia de la Unión Europea en su reiterada jurisprudencia sobre los regímenes preventivos de conservación de datos de tráfico[48], y por tanto, no son extrapolables sus conclusiones a los casos examinados. Pese a que la infiltración tuvo por objeto la aprehensión del contenido del contenido material de las comunicaciones y ciertos datos de tráfico, lo cierto es que el destinatario de la medida fue un colectivo de personas que, aunque muy numeroso en términos cuantitativos, se encontraba perfectamente delimitado por un factor objetivo bien definido: el uso de la herramienta EncroChat[49].

Por otro lado, un factor adicional que excluye su aplicabilidad es que[50], según la propia jurisprudencia del TJUE, la Directiva 2002/58/CE (*Tol 169038*) no resulta de aplicación a las actividades de tratamiento de datos de las comunicaciones electrónicas efectuado directamente por

---

48 Nos referimos a las sentencias del Tribunal de Justicia de la Unión Europea de 8 de abril de 2014, Digital Rights Ireland (*Tol 4629782*); de 21 de diciembre de 2016, Tele2 Sverige AB (*Tol 9742621*); 2 de octubre de 2018, Ministerio Fiscal (*Tol 6814533*) y particularmente a la de 6 de octubre de 2020, La Quadrature du Net (*Tol 9749480*).

49 Sobre el carácter indiscriminado o selectivo de una medida que proporcione acceso a los datos de las comunicaciones, puede consultarse la jurisprudencia citada en la cita anterior.

50 Ello sin perjuicio de que sí le sea aplicable la jurisprudencia del TJUE que desarrolla el contenido de tales derechos fundamentales y las condiciones en que pueden verse limitados, y de la que podemos extraer que dicha intervención supuso una injerencia grave en los derechos consagrados en los arts. 7 y 8 de la CDFUE, intensificada por afectar al contenido material de las comunicaciones. *Vid.* 6 de octubre de 2020, La Quadrature du Net, apartado 116 y la jurisprudencia citada (*Tol 9749480*).

las autoridades de los Estados miembros con fines penales, en las que no intervengan los proveedores de servicios de dicha naturaleza[51].

No obstante, dicha intervención sí que puede catalogarse de masiva conforme a la jurisprudencia del Tribunal Europeo de Derechos Humanos, resultándole de aplicación las garantías establecidas al objeto de salvaguardar los derechos consagrados en el CEDH y particularmente su art. 8. En este sentido, la sentencia del TEDH Big Brother Watch[52] califica de masivas a las intervenciones de las comunicaciones que presentan unos rasgos concretos. En primer lugar, las que afectan a un gran número de individuos, de los cuales muchos no presentan un verdadero interés para las autoridades, hasta que se convierten en objetivo al aplicarse a los datos obtenidos selectores o filtros de búsqueda concretos[53]. En segundo lugar, las que se dirigen generalmente al monitoreo de las comunicaciones de índole internacional, principalmente con fines de inteligencia y salvaguarda de la seguridad nacional, aunque también pueden tener como objetivo la represión del delito[54]. Por tanto, es posible corroborar como la intervención de EncroChat encaja nítidamente dentro de esta categorización realizada por el TEDH y queda sometida a sus salvaguardas.

Como apunta Arenas Ramiro, en la sentencia Big Brother Watch[55] el TEDH determinó que las leyes reguladores de estos sistemas de interceptación deben cumplir rigurosamente con un total de ocho garantías míni-

---

51 En tales supuestos, afirma el Tribunal en su sentencia La Quadrature du Net, de 6 de octubre de 2020 (*Tol 9749480*), la protección de la confidencialidad de las comunicaciones y de los derechos a la intimidad y protección de datos se rige exclusivamente por el derecho nacional, sin perjuicio de la aplicación de la Directiva 2016/680 (*Tol 5703211*), circunstancia de la que se deriva que tales medidas deben de ajustarse, en particular, al derecho constitucional nacional y a las exigencias del Convenio Europeo de Derechos Humanos (*Tol 164153*).

52 Sentencia TEDH, Big Brother Watch, 25 de mayo de 2021 (*Tol 6772456*).

53 Sentencia TEDH, Big Brother Watch, 25 de mayo de 2021, parágrafo 326 (*Tol 6772456*).

54 Sentencia TEDH, Big Brother Watch, 25 de mayo de 2021, parágrafos 344 y 345 (*Tol 6772456*).

55 Como recuerda ARENAS RAMIRO, los seis primeros requisitos ya fueron establecidos en la STEDH Weber y Saravia c. Alemania, de 29 de junio de 2006. Siendo los dos últimos incorporados *ex novo* por la sentencia Big Brother Watch c. Reino Unido, de 25 de mayo de 2021. *Vid.* Mónica Arenas Ramiro, “Reino Unido y sistemas de vigilancia: la STEDH Big Brother Watch, de 25 de mayo de 2021”, *La Ley Privacidad*, 9 (2021): 4-5.

mas, para poder ser declarados compatibles con el CEDH[56]. Lo cierto es que, tanto por razones de espacio como de disponibilidad de información, no es posible efectuar un análisis detenido y riguroso de esta cuestión. A pesar de ello, lo cierto es que *prima facie* es posible advertir ciertas deficiencias que podrían colisionar con las garantías exigibles. Por señalar algunas en particular, podemos hacer mención a la más que probable falta de definición de las categorías de personas que pudieron verse afectadas por la interceptación toda vez que por su carácter indiscriminado respecto a los usuarios del servicio, no se tuvo en cuenta que ésta podría alcanzar a colectivos cuyas comunicaciones se encontraban protegidas por una intimidad reforzada, como pudiera ser el caso de las mantenidas entre abogados-clientes. También se desconoce, por no haberse desvelado el tratamiento que se dio a la información incautada, si se aplicaron desde el inicio filtros y selectores adecuados que permitieran discriminar los datos que no pudiera resultar relevante a efectos penales, ni tampoco parece que existiera ningún límite temporal a la intervención, que concluyó únicamente por razón del descubrimiento de la operación. Estas evidencias reflejan que la interceptación difícilmente podría superar el canon de proporcionalidad exigible a una medida de investigación tan invasiva en los derechos garantizados en el art. 8 CEDH.

En definitiva, debemos hacer hincapié en que la complejidad de este motivo requiere un examen particularizado caso a caso, siendo imprescindible para un análisis cabal, conocer la totalidad de las actuaciones procesales referidas a la operación. Pero en cualquier caso, todo apunta a que por la intensa gravedad de la injerencia, la proporcionalidad ha podido

---

56 Arenas Ramiro resume las garantías plasmadas en la sentencia que debe reunir la legislación interna del Estado que incorpore un sistema de vigilancia masiva, siendo éstas: 1) la indicación de forma clara los motivos que puedan dar lugar a una orden de interceptación. 2) la definición de las categorías de personas cuyas comunicaciones pueden ser interceptadas. 3) la fijación de un límite en la duración de la interceptación y en su conservación. 4) el establecimiento del procedimiento a seguir para examinar, utilizar y almacenar los datos obtenidos. 5) la toma de precauciones en el proceso de comunicación de los datos interceptados a terceras partes. 6) la fijación de las circunstancias en las que los datos interceptados pueden o deben ser borrados o destruidos. 7) la creación de procedimientos y mecanismos de supervisión llevados a cabo por una Autoridad de control independiente. 8) la previsión de un procedimiento para una revisión independiente a posteriori, donde se compruebe el grado de cumplimiento de los requisitos a cumplir. *Vid.* Mónica Arenas Ramiro, “Reino Unido y sistemas de vigilancia…”: 4-6.

verse más que comprometida[57], al igual que ciertas de las garantías exigidas por el TEDH.

### *3.3. La transnacionalidad de la intervención de las telecomunicaciones de los usuarios de EncroChat*

Otro aspecto de la intervención que ha planteado ciertas inquietudes para las defensas de los investigados ha sido el carácter transfronterizo de la interceptación de las comunicaciones, y por tanto, la falta de jurisdicción de las autoridades francesas para inmiscuirse en los dispositivos de ciudadanos de terceros Estados. Basta recordar que la operación ha acabado afectado a ciudadanos de ciento veintiún países de todos los continentes. Factor que desde luego no podría ser inesperado para las autoridades francesas por la magnitud de la intervención y el conocimiento de la comercialización de los dispositivos a nivel mundial. Incluso, atendiendo a tales aspectos, difícilmente podría obviarse que con un alto nivel de probabilidad se descubrirían delitos cometidos extramuros de las fronteras francesas.

La cuestión no es baladí, y consideramos que el sentido de su respuesta es susceptible de comprometer, en cierta medida, la validez de los materiales incautados que han permitido incoar causas penales en multitud de jurisdicciones. Por lo que respecta al ámbito de la Unión Europea, debemos tener presente que el art. 31 de la Directiva 2014/41/CE (*Tol 4228078*), relativa a la orden europea de investigación en materia penal, prevé de modo expreso que los Estados miembros puedan autorizar directamente la intervención de las telecomunicaciones de las personas que se encuentren otros Estados miembros, sin contar con la asistencia de éstos últimos, aunque como contrapartida, se establece la obligación de notificación a las autoridades que designen[58]. No obstante, ninguna respuesta clara y

---

57 Debemos hacer énfasis en que el TJUE ha dictaminado que *"El respeto del principio de proporcionalidad (…) exige que las excepciones a la protección de los datos personales no excedan de lo estrictamente necesario"*. *Vid.* SSTJUE, de 8 de abril de 2014, Digital Rights Ireland (*Tol 4629782*) y de 21 de diciembre de 2016, Tele2 Sverige AB (*Tol 9742621*).

58 Especifica el art. 31 de la Directiva, que dicha notificación debe de producirse con carácter previo a la intervención en aquellos casos en los que la autoridad del Estado miembro que realizara la intervención tuviere previo conocimiento de la situación de persona en territorio del tercero Estado miembro, mientras que cuando tuviere conocimiento a posteriori, la notificación debería producirse de modo simultáneo o inmediatamente tras la constatación.

definitiva ofrece la precitada Directiva acerca de las consecuencias que acarrearía el incumplimiento de dicha notificación.

Para dilucidar tal interrogante —entre otros tantos—, el Tribunal Regional de lo Civil y Penal de Berlín ha elevado una petición de cuestión prejudicial al TJUE[59] con el objeto de aclarar si la misma debe dirigirse a un juez del tercer Estado miembro y si tiene por objeto proteger los derechos fundamentales de los usuarios afectados por la intervención y, en su caso, si tiene esta el mismo valor que la finalidad adicional de proteger la soberanía del Estado miembro notificado.

A falta del pronunciamiento definitivo del tribunal europeo, la Abogada del TJUE se inclina en sus conclusiones de fecha 26 de octubre de 2023 porque la notificación se dirija a cualquier autoridad que el Estado miembro que realice la intervención considere pertinente y, además, estima que ésta tiene como objetivo proteger tanto a los usuarios de telecomunicaciones afectados como la soberanía del Estado miembro notificado. No cabe duda de la importancia de dicha comunicación para garantizar el cumplimiento de los estándares nacionales mínimos de protección y el respeto de los derechos fundamentales en la intervención transfronteriza de telecomunicaciones, habida cuenta de las facultades de control concedidas a las autoridades del Estado notificado.

En cualquier caso, atendiendo a las circunstancias comunes que presentan las causas penales iniciadas frente a los usuarios de EncroChat[60] y el contenido del apartado 3 del art. 31 de la Directiva 2014/41/CE (*Tol 4228078*), consideramos que la trascendencia de la falta de notificación dependerá en última instancia, de que los tribunales de los Estados que debieron ser notificados, y fundamentalmente los que acaben conociendo las causas, puedan efectuar el debido y efectivo control de la concurrencia o no de alguna causa de las causas de denegación de la interceptación que se prevén en el referido precepto, para lo que resultará esencial que conozcan toda la información que debe plasmarse en el respectivo formulario de notificación

59 Asunto Asunto C-670/22, Staatsanwaltschaft Berlin (EncroChat).

60 Véase que en los supuestos analizados, la información interceptada a resultas de la autoridad de un Estado miembro, va a ser objeto de reenvío para su posterior uso interno al Estado miembro que debe ser notificado. Por tanto, son las propias autoridades que deben ser notificadas, las que van a emplear tales datos en una o varias causas penales. En cambio, de forma general, es el que es el propio Estado que intercepta el que destinará el material incautado con fines penales.

De este modo, podrán comprobar si la intervención pretendida o ejecutada pudiera acordarse internamente en un caso similar[61], lo que daría lugar a la convalidación de la medida. O alternativamente, de advertir su incompatibilidad total o parcial[62] con la legislación interna, proceder a excluir y destruir[63] el contenido del material intercambiado, impidiendo su uso en la causa que corresponda.

### *3.4. Principio de no indagación*

Las posibles irregularidades procesales que han sido examinadas a lo largo del presente trabajo se han puesto de manifiesto, en mayor o menor medida, por las defensas en las distintas causas penales incoadas a raíz del intercambio de información propiciado por las autoridades francesas y Europol, con el firme propósito de cuestionar la legitimidad de la operación y

---

61 Por ello, coincidimos con Martínez García en que es imprescindible que la autoridad del Estado miembro que realiza la intervención informe a la autoridad del Estado miembro afectado *"de la finalidad de la intervención, que incluya los hechos, calificación jurídica del delito investigado y toda la información que permita evaluar que esa intervención se podría dar en casos similares domésticos en dicho estado o, cuando ya se haya dado, que acredite que esa información puede utilizarse en un proceso". Vid.* Elena Martínez García, *La orden europea de investigación* (Valencia: Tirant lo Blanch, 2016): 101.

62 Llorente Sánchez-Arjona sostiene que España podría denegar o condicionar la intervención, además de por los motivos expuestos en el artículo 32.1 Directiva, por los previstos en el art. 207 de la Ley 23/2014, de 20 de noviembre, de reconocimiento mutuo de resoluciones penales en la Unión Europea, en todos aquellos supuestos que no se autoriza la medida en un caso interno similar. Señalando además, que *"a la hora de admitir la intervención de comunicaciones la autoridad española, como autoridad de ejecución, ha de barajar los mismos criterios de actuación que rigen en su ordenamiento interno y actuar con sujeción a los principios de especialidad, idoneidad, excepcionalidad, necesidad y proporcionalidad de la medida".* Mercedes Llorente Sánchez Arjona, *La Orden Europea de Investigación y su incorporación al derecho español,* (Valencia: Tirant lo Blanch; 2020): 70. No obstante, Domínguez RUÍZ, siguiendo el tenor literal del art. 31 de la Directiva, estima que en estos supuestos *"se excepciona el régimen general de motivos de denegación del artículo 11 de la DOEI, siendo únicamente aplicable el motivo recogido en el artículo 31.3 de la DOEI". Vid.* Lidia Domínguez Ruíz, *La orden europea de investigación: Análisis legal y aplicaciones prácticas* (Valencia: Tirant lo Blanch, 2019): 179-180.

63 Ya que como apunta Domínguez Ruíz, *"en el caso de que la autoridad competente del Estado notificado informase de que el material obtenido no puede ser utilizado, la autoridad española competente ordenará su destrucción. Inciso este último incluido por nuestro legislador..." Vid.* Domínguez Ruíz, *La orden europea de investigación...*: 180.

conseguir la exclusión del material probatorio obtenido o, cuanto menos, de poner en duda su fiabilidad.

No obstante, lo cierto es que hasta el momento, los investigados se han topado con un obstáculo que se erige en prácticamente insalvable, habida cuenta de que está impidiendo que siquiera se efectúe un análisis riguroso de tales cuestiones. Nos referimos al principio de reconocimiento mutuo consagrado en el Consejo Europeo de Tampere y piedra angular del sistema de cooperación judicial europeo. En virtud de dicho principio, los tribunales de los Estados de la Unión Europea deben presumir lícita la interceptación de los datos y fiable la información cedida por parte de las autoridades francesas a través de las órdenes europeas de investigación cursadas para su obtención[64]. Lo que dicho en otros términos implicaría que las autoridades judiciales de los Estados receptores de las fuentes de prueba obtenidas en Francia, no estarían facultadas para controlar la legalidad de las medidas de investigación que permitieron su recopilación, debiendo presuponer en todo caso, que las autoridades galas respetaron tanto la legislación procesal interna, como los derechos fundamentales proclamados en la CDFUE (*Tol 131225*) y el CEDH (*Tol 164153*)[65].

---

[64] Como afirma Martínez García, *"El principio de reconocimiento mutuo es la máxima expresión de confianza entre los países colaboradores en la ejecución de una resolución penal. Ello en materia de prueba transnacional debe de traducirse en posibilitar una inmediata aceptación de la actividad investigadora del crimen y de sus frutos (fuentes de prueba) obtenidos por órganos de otro país vecino, a través de la intervención de derechos fundamentales —principalmente— o no fundamentales"*. 23-24. Martínez García, *La orden europea de investigación…*: 23-24. En el mismo sentido Llorente Sánchez-Arjona, que añade que opera, incluso en un marco de legislaciones no necesariamente armonizadas perfectamente. Llorente Sánchez Arjona, La Orden Europea de Investigación…: 70-73.

[65] En la reciente sentencia de la Audiencia Provincial de Cádiz de fecha 18 de enero, se denegó la revisión de las fuentes de prueba en virtud de no indagación, indicando que *"La emisión por España de la OEI para el traslado de tales pruebas, resulta posible pues está prevista en nuestro derecho interno (artículo 588 bis apartado "i", que se remite al 579 bis de la LECRIM), sin que puedan cuestionar la legalidad de las medidas subyacentes mientras no hayan sido declaradas ilegales en un proceso judicial en Francia. Lo contrario supondría poner en entredicho el principio de confianza mutua en que se sustentan la OEI y otros instrumentos de cooperación en materia penal"*. Decisión que se alinea con la de la mayo parte de tribunales europeos. Véanse como ejemplos representativos la sentencia del Tribunal Superior de Berlín, de 30 de agosto de 2021 y la sentencia de la Corte di Cassazione de Italia, 2130/2022, de 1 de julio de 2022.

Si bien es cierto que se prevén mecanismos para poder enervar este principio ante vulneraciones graves de derechos fundamentales, e incluso la jurisprudencia nacional se ha abierto a dicha posibilidad, cabe destacar que para que prospere tal vía resulta imprescindible que las partes afectadas acrediten indicios serios de las posibles irregularidades o las lesiones específicas que denuncien. Ello se antoja harto difícil ante la falta de revelación a las partes encausadas de una gran parte de las actuaciones procesales, por el carácter secreto de los métodos y procedimientos seguidos para la obtención y tratamiento de la información.

Indudablemente, esta situación genera un grave desequilibrio entre las partes acusadoras y las defensas que puede desembocar en una quiebra del derecho defensa y la igualdad de armas, y en consecuencia del derecho a un juicio justo proclamado en el art. 6 CEDH, máxime en supuestos tan complejos como el presente[66] en el que la obtención de las fuentes de prueba se llevó a cabo mediante métodos y técnicas extremadamente avanzadas en su aspecto técnico y gravemente intrusivas para ciertos derechos fundamentales[67].

Aún reconociendo la necesaria existencia de cierto desequilibrio entre la acusación pública y las defensas, el TEDH ha dictaminado que en principio, *"el artículo 6.1 CEDH exige que las autoridades revelen a la defensa todas las pruebas materiales que obren en su poder a favor o en contra del acusado"*[68] y que todas las partes, tienen en principio el derecho *"conocer y formular observaciones sobre todas las pruebas presentadas o las observaciones presentadas, con el fin*

---

66 De hecho, la reciente sentencia del TEDH de 26 de septiembre de 2023, Yüksel Yalçinkaya c. Turquía (*Tol 9710457*), en el que se examina la demanda de un ciudadano turco por la vigilancia sufrida por un sistema de vigilancia masiva de características similares a las empleadas con los usuarios de EncroChat, ha subrayado que *"Si bien en la lucha contra el terrorismo puede ser importante utilizar pruebas electrónicas, el procedimiento en su conjunto, incluida la forma en que se obtuvieron y presentaron las pruebas, debe ser justo. En particular, se debía dar al demandante la oportunidad de cuestionar las pruebas y oponerse a su uso en procedimientos que cumplieran con las garantías del artículo 6.1 del Convenio"*.

67 Véase al respecto el extraordinario análisis efectuado por Adams acerca del principio de no indagación y su repercusión en el derecho a un juicio justo proclamado en el art. 6.1 del CEDH. *Vid.* Stijn Adams "Vertrouwen is goed, maar controle is beter", *Delikt en Delinkwent*, 10 (2021): 959-981.

68 STEDH de 27 de octubre de 2004, Edwards y Lewis c. Reino Unido, apartado 46, (*Tol 9089304*).

*de influir en la decisión del tribunal'*[69]. Por lo tanto, es esencial que se proporcione a las defensas acceso a todo el material incriminatorio y exculpatorio a fin de que pueda contradecirlo y articular eficazmente su estrategia de defensa, con la sola excepción de aquellas actuaciones estrictamente indispensables que puedan comprometer la seguridad nacional o los métodos policiales empleados en la investigación[70].

## 4. CONCLUSIONES

El análisis de la operación EncroChat permite poner de manifiesto la existencia de una novedosa tendencia de las autoridades en los métodos y procedimientos de investigación de los delitos más graves, que desde luego permite alcanzar una eficacia y eficiencia nunca antes lograda. Es evidente que la tecnología facilita sobremanera no sólo la comisión de conductas delictivas, sino la persecución, e incluso la prevención de las conductas criminales a nivel transnacional.

No obstante, el empleo de dichas técnicas avanzadas de investigación tecnológica basadas en el rastreo digital masivo, incluso contando con el aval y control de los tribunales en su posición de garantes de los derechos de los ciudadanos, está demostrando que es susceptible de provocar una importante merma de los derechos y libertades tanto sustantivos como procesales que se pensaban consolidados y con unos límites certeros y bien definidos, suficientemente adecuados para garantizar su efectiva protección.

Todo apunta a que el modelo empleado en la operación desplegada frente a los usuarios de Encrochat y demás servicios similares está sentando los cimientos para consolidarse, ya que está recibiendo el apoyo gubernamental, con el importante riesgo que ello conlleva. El proyecto de nuevo Reglamento de la Unión Europea para la lucha contra el abuso sexual de menores en línea que pretende autorizar los escaneos continuos e indiscriminados es una buena muestra de ello.

Los Estados nunca han tenido tantas posibilidades como en la actualidad para acceder y controlar la información de los ciudadanos relativa a todos los aspectos de su vida. No obstante, es indispensable que por muy

---

69 STEDH de 10 de junio de 2020, Bajiç c. Macedonia del Norte, apartado 54 (*Tol 8459219*).

70 STEDH de 27 de octubre de 2004, Edwards y Lewis c. Reino Unido, apartado 46 (*Tol 9089304*)

graves que sean las conductas que se pretendan descubrir y muy loables los fines, los derechos fundamentales deben ser respetados en sus justos términos para evitar que devengan irreconocibles en su contenido esencial.

Como se ha dicho hasta la saciedad, el fin no justifica los medios. Es indiscutible el alto potencial que presentan estas sofisticadas técnicas para recopilar masivamente evidencias digitales, detectar conductas típicas y conseguir la incriminación y castigo de los delincuentes. No obstante, la altísima y grave incidencia que se genera en los derechos fundamentales de un gran número de ciudadanos, de los cuales, una amplia mayoría no ha cometido ningún delito, no compensa los posibles éxitos que pueden cosecharse.

Se requiere, al contrario de lo que sucede, una puesta en valor de los derechos y libertades individuales, y muy particularmente de los de índole procesal, toda vez que la posibilidad de ejercer efectivamente el derecho de defensa y el respeto a los principios de igualdad de armas y contradicción en el seno del proceso penal, pueden considerarse los arietes frente a los excesos y abusos del Estado. Sólo garantizando dichos pilares en el marco de un proceso reglado, las labores de preservación de la seguridad pública a través del ejercicio del *ius puniendi*, podrá contar con plena legitimidad democrática.

## BIBLIOGRAFÍA

Adams, Stijn. "Vertrouwen is goed, maar controle is beter". *Delikt en Delinkwent*, 10, 2021: 959-981.

Arenas Ramiro, Mónica. "Reino Unido y sistemas de vigilancia: la STEDH Big Brother Watch, de 25 de mayo de 2021". *La Ley Privacidad*, 9 (2021): 1-13.

Bajović, Vanja. "Evidence from the Encrochat and Sky Ecc encrypted phones". *CRIMEN - Journal for Criminal Justice*, 13 (2022): 154-179.

Del Río Labharte, Gonzalo. "El proceso penal: funciones". En *Derecho Procesal Penal*, coordinado por Olga Soriano Fuentes, 25-36. Valencia: Tirant lo Blanch, 2020.

Domínguez Ruíz, Lidia. *La orden europea de investigación: Análisis legal y aplicaciones prácticas*. Valencia, Tirant lo Blanch, 2019.

Gómez Colomer, Juan Luis. *La Contracción del Derecho Procesal Penal*. Valencia: Tirant lo Blanch. 2020.

Llorente Sánchez Arjona, Mercedes. *La Orden Europea de Investigación y su incorporación al derecho español*. Valencia: Tirant lo Blanch, 2020.

Martínez García, Elena. *La Orden Europea de Investigación*. Valencia: Tirant lo Blanch, 2016.

Moreno Catena, Víctor, y Valentín Cortés. *Derecho procesal penal*. 10ª ed. Valencia: Tirant lo Blanch, 2021.

Oerlemans, J. J. y D. A. G. van Toor. "Legal Aspects of the EncroChat Operation: A Human Rights Perspective". *European Journal of Crime, Criminal Law and Criminal Justice*, 30 (2022): 309-328.

Peralta Gutiérrez, Alfonso y Francisco Javier Parra Iglesias. "Incorporación de prueba penal obtenida en proceso judicial extranjero: casos EncroChat y Sky ECC". *La Ley Penal*, 149 (2021): 1-20.

Pisaric, Milana. "Encrypted mobile phones". *International Scientific Conference "Archibald Reiss Days*, 11 (2021): 185-193.

Rubio Moreno, Felipe. "Caso EncroChat y la prueba resultante de las intervenciones masivas de comunicaciones encriptadas en procesos penales extranjeros". *La Ley Penal*, 153, 2021: 1-25.

Sagittae, Georgios. "On the lawfulness of the EncroChat and Sky ECC-operations". *New Journal of European Criminal Law*, 14 (2023): 273-293.

Sanchís Crespo, Carolina. "Principios rectores en la adopción de diligencias limitativas de los derechos reconocidos en el art. 18 CE". *Revista Boliviana de Derecho*, 31 (2021): 236-246.

Schermer, B. W. y Jan-Jaap Oerlemans. "De EncroChat-jurisprudentie: teleurstelling voor advocaten, overwinning voor justitie?". *Tijdschrift voor Bijzonder Strafrecht & Handhaving*, 2 (2022): 82-89.

Adams, Stijn. "Vertrouwen is goed, maar controle is beter", *Delikt en Delinkwent*, 10 (2021): 959-981.

Stoykova, Radina. "Encrochat: The hacker with a warrant and fair trials?". *Forensic Science International: Digital Investigation*, 46 (2023): 1-14.

Zagaris, Bruce. "Transnational organized crime section I EU and law enforcement dismantle encrypted network of transnational organized crime". *International Enforcement Law Reporter*, 36 (2020): 248-255.

# *Admisibilidad de prueba penal transnacional en la Unión Europea: ¿ha llegado el momento de adoptar una Directiva europea?*

**LORENA BACHMAIER WINTER**

*Catedrática de Derecho Procesal UCM*[1]

**SUMARIO:** 1. INTRODUCCIÓN. 2. EL CONTEXTO ACTUAL. 3. PRUEBA TRANSNACIONAL Y DIVERSIDAD NORMATIVA. 4. LA PROPUESTA DE DIRECTIVA DEL EUROPEAN LAW INSTITUTE. 4.1. LOS PRINCIPIOS GENERALES. 4.2. ADMISIBILIDAD Y ARMONIZACIÓN DE LA PRUEBA ELECTRÓNICA. 5. CONCLUSIONES. BIBLIOGRAFÍA.

## 1. INTRODUCCIÓN

El tema de la admisibilidad de la prueba penal en procesos transfronterizos en el ámbito de la Unión Europea no es nuevo y, desde que se incluyera en las conclusiones del Consejo EU de Tampere de 1999[2], ha dado lugar a múltiples debates tanto en el ámbito de las instituciones europeas como a nivel académico. El Tratado de Funcionamiento de la Unión Europea (TFUE), en su artículo 82, apartado 2 a), prevé la posibilidad de que el Parlamento Europeo y el Consejo adopten, mediante directivas, normas mínimas sobre la admisibilidad mutua de las pruebas "en la medida en que sea necesario para facilitar el reconocimiento mutuo de las sentencias y resoluciones judiciales y la cooperación policial y judicial en asuntos penales con dimensión transfronteriza." Para ello se abren en principio varias opciones: o bien acordar una serie de principios y condiciones mínimas

---

1 Este trabajo ha sido elaborado en el marco del Proyecto de Investigación "Proceso penal transnacional, prueba y derecho de defensa en el marco de las nuevas tecnologías y el espacio digital" (MICINN-PID2019-107766 RB-100).

2 Consejo Europeo de 15-16 de octubre de 1999, "Conclusiones de la Presidencia" SN 200/1/99 REV 1. El Programa de medidas destinado a poner en práctica el principio de reconocimiento mutuo de las resoluciones en materia penal (DO C 12 de 15.1.2001, p 10), también afirmaba expresamente "que la finalidad de la obtención de pruebas es garantizar que las pruebas sean admisibles, evitar su desaparición,...".

para la admisibilidad de las pruebas obtenidas en otro Estado, o bien avanzar hacia una mayor armonización legislativa en cuanto a las medidas de investigación y los diferentes modos de obtención de pruebas. Cualquiera de estas opciones, habría de tener en cuenta las diferencias entre las tradiciones y los sistemas jurídicos de los Estados miembros.

En noviembre de 2009, la Comisión publicó su Libro Verde sobre la obtención de pruebas en materia penal transfronteriza[3], en el que afirmaba que:

> *"los instrumentos existentes sobre obtención de pruebas en materia penal ya contienen normas destinadas a garantizar la admisibilidad de las pruebas obtenidas en otro Estado miembro, es decir, a evitar que las pruebas se consideren inadmisibles o de valor probatorio reducido en el proceso penal en un Estado miembro debido a la forma en que se han obtenido en otro Estado miembro. Sin embargo, estas normas sólo abordan la cuestión de la admisibilidad de las pruebas de manera indirecta, ya que no establecen normas comunes para la obtención de pruebas. Por lo tanto, existe el riesgo de que las normas existentes sobre obtención de pruebas en materia penal sólo funcionen eficazmente entre Estados miembros con normas nacionales similares para la obtención de pruebas."*

Así pues, el tema de la admisibilidad de la prueba penal transnacional en la UE lleva siendo objeto de estudio y análisis desde hace décadas, en la convicción de que resulta necesario desarrollar el Artículo 82.2 a) TFUE y regular a nivel europeo unos principios normativos comunes. Sin embargo, hasta ahora los esfuerzos de la Comisión por presentar una propuesta de directiva y avanzar hacia su adopción, no han tenido éxito.

Diversos factores, sin embargo, indican que ha llegado el momento de avanzar hacia una propuesta legislativa. Entre ellos destacaré tres elementos, que hacen que esta materia deba abordarse ya. En primer lugar, la creciente importancia en toda investigación penal de la prueba electrónica que tiene un carácter eminentemente transnacional;[4] el segundo, la aprobación del Reglamento 2023/1543 sobre las órdenes de producción y

---

3 Comisión Europea, "Libro Verde sobre la obtención de pruebas en materia penal de un Estado miembro a otro y sobre la garantía de su admisibilidad" COM (2009) 624 final.

4 *Vid.* Federico Bueno de Mata, "El desafío de la cooperación procesal internacional: la prueba electrónica", en Fernando Jiménez Conde et al. (dirs.), *Adaptación del Derecho proesal español a la normativa europea y su interpretación por los tribunales,* (Valencia: Tirant lo Blanch 2018), págs. 269-276.

conservación a efectos de prueba electrónica[5]; el tercero, la entrada en funcionamiento desde el 1 de junio de 2021 de la Fiscalía europea[6]; y, por último, la enorme repercusión del conocido asunto Encrochat[7]. Todos estos factores han puesto de relieve la inaplazable necesidad de regular la materia de la admisibilidad de prueba penal transnacional en el Espacio de Libertad, Seguridad y Justicia (ELSJ). Además, en la jurisprudencia del Tribunal de Justicia de la Unión Europea (TJUE) y del Tribunal Europeo de Derechos Humanos (TEDH), ya se han perfilado unos límites sobre la admisión de prueba, cuya efectiva implementación se reforzaría mediante una normativa europea.

El presente trabajo tiene por objeto analizar el contexto actual de la prueba transfronteriza y valorar posibles soluciones en relación con su admisibilidad en el proceso penal, incluidas las pruebas electrónicas. En este escenario destaca la reciente propuesta de Directiva que ha formulado el *European Law Institute* (ELI), una organización sin ánimo de lucro y de carácter independiente cuya misión, —a imagen del conocido *American Law Institute*—, es contribuir al desarrollo del derecho europeo. Para ello, desde su sede en Viena, coordinan y financian proyectos de investigación, analizan las iniciativas de la Comisión europea o elaboran propuestas legislativas, entre otras actuaciones. Precisamente en mayo de 2023 el ELI adoptó una propuesta de Directiva (PD ELI) sobre admisibilidad mutua

---

5 Reglamento (UE) 2023/1543 del Parlamento Europeo y del Consejo, de 12 de julio de 2023, sobre las órdenes europeas de producción y las órdenes europeas de conservación a efectos de prueba electrónica en procesos penales y de ejecución de penas privativas de libertad a raíz de procesos penales, DO 28.7.2023.

6 Al respecto *vid.*, "Las investigaciones transfronterizas en el marco del proceso de la Fiscalía Europea", en L. Bachmaier (ed.), *La Fiscalía Europea,* Marcial Pons, Madrid-Barcelona, 2018, págs. 145-172.

7 Este asunto dio lugar al planteamiento de una cuestión prejudicial ante el TJUE por parte del Tribunal Regional de Berlín (*Landgericht*), mediante decisión de 19 de octubre de 2022, https://www.hrr-strafrecht.de/hrr/lg/22/279-js-30-22.php, dictándose la STJUE, de 30 de abril 2024, asunto C-670/22-M.N. (*EncroChat*), ECLI:EU:C:2024:372. Sobre este asunto, si bien antes de dictarse la sentencia, *vid.*, por ejemplo, Thomas Wahl, "Verwertung von im Ausland überwachter Chatnachrichten im Strafverfahren", 7-8 *ZIS* (2021), pág. 453; Jan Jaap Oerlemans y David van Toor, "Legal Aspects of the EncroChat Operation: A Human Rights Perspective", *European Journal of Crime, Criminal Law and Criminal Justice, 30*(3-4), 2022, págs. 309-328.

de prueba y prueba electrónica en los procesos penales en la UE[8]. Estas páginas se centrarán en estudiar esa propuesta y valorar cuáles serían las posibles ventajas de su adopción, con el fin de contribuir a enriquecer el debate académico sobre la admisibilidad de prueba penal transnacional en la UE[9].

Para ello obviaré los debates acerca de si sería posible o deseable un proceso penal uniforme a nivel europeo —asunto que abordó el conocido proyecto del *Corpus Iuris* y que fue rechazado por los Estados miembros al adoptarse el Reglamento sobre la Fiscalía Europea—[10]. Tampoco es este el lugar para examinar de nuevo la amplísima bibliografía sobre la admisibilidad de prueba transfronteriza[11], o hacer una revisión de la política legislativa de la UE en materia de prueba penal transnacional[12].

---

8 La Propuesta de Directiva ELI puede consultarse en: https://www.europeanlaw-institute.eu/fileadmin/user_upload/p_eli/Publications/ELI_Proposal_for_a_Directive_on_Mutual_Admissibility_of_Evidence_and_Electronic_Evidence_in_Criminal_Proceedings_in_t he_EU.pdf

9 No puedo obviar que el proyecto del ELI que ha llevado a la adopción de esta propuesta ha sido dirigido por mí, junto con el Prof. F. Salimi. En el proyecto, han participado numerosos expertos en la materia, por lo que la propuesta refleja las diferentes posiciones de cada una de las partes implicadas en un proceso penal.

10 El artículo 18.1 del *Corpus Iuris* configuraba el ELSJ como un espacio jurídico único. Esa idea fue retomada en la Propuesta de reglamento para una Fiscalía Europea de 2013, y en ese espacio único regiría un único código procesal para las investigaciones de la fiscalía. Se apostaba así no sólo por una armonización o aproximación normativa, sino por la uniformidad. Esa opción fue descartada finalmente en el modelo adoptado en el Reglamento de la Fiscalía Europea, que mantiene una unidad centralizada, pero con funcionamiento a nivel nacional descentralizado, de tal forma que los procesos penales en los que actúa la FE se rigen por las normas procesales del derecho nacional del foro. *Vid.* Mireille Delmas-Marty y John Vervaele (eds.), *The implementation of the Corpus Iuris in the Member States,* vol. 1 (Antwerp: Intersentia, 2000), pág. 40; Silvia Allegrezza y Anna Mosna, "Admisibilidad de la prueba transnacional en los procedimientos de la Fiscalía Europea", en Lorena Bachmaier (ed.) *La Fiscalía Europea,* (Madrid: Marcial Pons 2018), págs. 173-193, 175

11 Sería imposible reflejar aquí la amplísima bibliografía sobre la prueba penal transnacional en la UE, por ello, *vid.* entre otros Bernd Schünemann (ed), *Ein Gesamtkonzept für die Europäische Strafrechtspflege. A Programme for European Criminal Justice* (Köln: Carl Heymanns 2006), que se centra precisamente en los principios del proceso penal transnacional europeo. Sobre este tema *vid.* de Sabine Gless, *Beweisgrundsätze und Grenzüberschreitende Strafverfolgung* (Baden-Baden: Nomos 2007); Thomas Krüssmann, *Transnationales Strafprozessrecht* (Baden-Baden: Nomos 2009); Martyna Kusak, "Common EU Minimum Standards for Enhancing Mutual

## 2. EL CONTEXTO ACTUAL

Tal y como se expone en la Comunicación de la Comisión "Un espacio de libertad, seguridad y justicia al servicio de los ciudadanos" de 2009[13], la mejor solución para evitar el riesgo de que las pruebas transfronterizas no sean finalmente admitidas en los procesos penales que se sustancian ante los tribunales nacionales "parecería residir en la adopción de normas comunes para la obtención de pruebas en materia penal" y debería acordarse si se deben "adoptar normas generales aplicables a todos los tipos de pruebas o adoptar normas más específicas respecto de cada uno de los distintos tipos de pruebas."[14] Hasta ahora, los Estados miembros se han mostrado reacios a cualquier iniciativa legislativa que venga de Europa sobre admisibilidad de prueba, en el entendimiento de que ello supondría una distorsión de su sistema de justicia penal. Por tanto, no ha habido avances al respecto.

---

Admissibility of Evidence Gathered in Criminal Matters" (2017) 23 *European Journal of Criminal Policy Research*, págs. 337-352; Aukje van Hoek y Michiel Luchtman, "Transnational Cooperation in Criminal Matters and the Safeguarding of Human Rights" (2005) 1 (2) *Utrecht Law Review* 1-39, pág. 15; Silvia Allegrezza, "Critical Remarks on the Green Paper on Obtaining Evidence in Criminal Matters from one Member State to another and Securing its Admissibility" (2010) *ZIS*, vol. 9, pág. 573; Stefano Ruggeri, "Introduction to the Proposal of a European Investigation Order: Due Process Concerns and Open Issues" en Stefano Ruggeri (ed.), *Transnational Evidence and Multicultural Inquiries in Europe* (Cham: Springer 2014), págs. 29-35; Lorena Bachmaier Winter, "Transnational Criminal Proceedings, Witness Evidence and Confrontation: Lessons from the ECtHR's Case Law" (2013) *Utrecht Law Review*, Special Issue vol. 9-4, págs. 126-148; Lorena Bachmaier Winter, "Transnational Evidence: Towards the Transposition of the Directive 2014/41 Regarding the European Investigation Order in Criminal Matters" (2015) *eucrim* 2015/2, págs. 47-59.

12 También existe una ingente bibliografía sobre la cooperación judicial penal en el ámbito de la UE y sobre la prueba electrónica, que no será necesario referenciar aquí de nuevo. Este estudio se centra en un instrumento muy concreto y un aspecto muy específico como es el de la admisibilidad de la prueba transfronteriza en la UE.

13 Comisión de las Comunidades Europeas, "Comunicación de la Comisión al Parlamento Europeo y al Consejo - Un espacio de libertad, seguridad y justicia al servicio de los ciudadanos", COM (2009) 262 final: https://eur-lex.europa.eu/legal-content/EN/TXT/?uri=COM%3A2009%3A0262%3AFIN

14 Tal como se expresa en el Libro Verde de la Comisión Europea sobre la obtención de pruebas en materia penal en otro Estado miembro y sobre la garantía de su admisibilidad (COM(2009) 624 final), Bruselas 11.11.2009.

Es cierto que algunas medidas legislativas ya han abordado parcialmente esta cuestión (por ejemplo, la Directiva 2014/41/UE del Parlamento de la UE y del Consejo, de 3 de abril de 2014, relativa a la orden europea de investigación en materia penal, y el Reglamento (UE) 2017/1939 del Consejo, de 12 de octubre de 2017, por el que se aplica una cooperación reforzada para la creación de la Fiscalía Europea). En concreto la Directiva sobre la Orden Europea de Investigación (OEI) pretende mejorar la cooperación en la obtención transfronteriza de pruebas facilitando todo el proceso a las autoridades implicadas, al tiempo que establece ciertas garantías mínimas para los derechos de los acusados.

La Directiva OEI contempla varias disposiciones que deberían facilitar la admisibilidad de las pruebas obtenidas en el extranjero, pero no incluye normas sobre la admisión de esas pruebas ni tampoco normas de exclusión probatoria. La decisión última sobre la admisibilidad de pruebas obtenidas en el extranjero sigue siendo una cuestión que corresponde al derecho nacional y los tribunales competentes para enjuiciar el delito.

Es cierto que, la cuestión acerca de la admisibilidad de la prueba se ha considerado tradicionalmente una cuestión que debería corresponder exclusivamente al derecho nacional, y así lo ha declarado reiteradamente el TEDH[15].

Ello no significa que el TEDH no se haya pronunciado acerca de la admisibilidad de la prueba, pues al examinar si el procedimiento en su conjunto fue justo (*fairness as a whole*), ha sostenido que el respeto del derecho de defensa exige que, en principio, todas las pruebas se presenten en presencia del acusado en una vista pública en la que puedan ser impugnadas en un procedimiento contradictorio[16], aunque ello no implica que la prueba de referencia sea, como regla, contraria al artículo 6 (1) CEDH[17]. Conforme al TEDH las pruebas obtenidas ilegalmente no están excluidas

---

15 Véase, por ejemplo, *Hümmer v. Alemania* Appl. no 29881/07, de 19 de julio de 2012. Para un enfoque más detallado, véase Stefano Maffei, *The Right to Confrontation in Europe: Absent, Anonymous and Vulnerable Witnesses* (Groningen: Europa Law Publishing 2012), págs. 80 y ss.

16 Véanse, por ejemplo, *Barberá, Messegué y Jabardo v. España* Appl. nos. 10588/83, 10589/83 y 10590/83, de 6 de diciembre de 1988; *Bricmont v. Bélgica* Appl. no. 10857/84, de 7 de julio de 1989, *Kostovski v The Netherlands* Appl. no. 11454/85, de 20 de noviembre de 1989.

17 Véase la decisión de inadmisibilidad de la Comisión en el asunto *Blastland v UK*, Appl. no 12045/86, de 7 de mayo de 1987. Vid también John Vervaele, "Lawful and fair use of evidence from a European human rights perspective", en Fabio

por principio[18]. Sin embargo, la forma en que se obtuvieron y el papel que tuvieron en el juicio son factores que el Tribunal de Estrasburgo valora para determinar si el juicio en su conjunto fue justo[19]. En concreto, el TEDH ha declarado que deben tenerse en cuenta los siguientes elementos: la ilegalidad en cuestión; si la ilegalidad se deriva de una violación de un artículo del Convenio distinto del artículo 6 CEDH; y la naturaleza de la violación[20].

A ello hay que añadir los casos en que la prueba se hubiera obtenido con vulneración de un derecho de carácter inderogable, pues su utilización como prueba incriminatoria implicaría una vulneración del Artículo 6 (1) CEDH: no debe admitirse ninguna prueba obtenida mediante tortura, opresión, trampa o coacción[21]. También en determinados casos, la vulneración del principio del *nemo tenetur*—en concreto los supuestos que

---

Giuffrida y Katalin Ligeti (eds.), *Admissibility of OLAF Final Reports as Evidence in Criminal Proceedings*, (Luxembourg: University of Luxembourg 2019), pág. 56.

18 *Vid. Schenk v. Suiza Appl. no.* 10862/84, de 12 de julio de 1988, en el cual la intervención telefónica no había sido ordenada por el juez de instrucción; este hecho no se consideró una violación automática del artículo 6 del Convenio. En el asunto TEDH *Khan v. Reino Unido,* Appl. no. 35394/97, de 12 de mayo de 2000, en el que las conversaciones telefónicas intervenidas y obtenidas sin ninguna base jurídica constituían la única prueba, el Tribunal consideró que su utilización no era injusta, ya que el demandante había tenido suficientes oportunidades de impugnar las pruebas. Por lo general, el Tribunal examina estas cuestiones a la luz del artículo 8 del CEDH y no del artículo 6 del CEDH.

19 *Vid.*, por ejemplo, la decisión de la Comisión *Wischnewski v. República Federal de Alemania* Appl. no. 12505/86, de 11 de octubre de 1988.

20 *Sitnevskiy y Chaykovskiy v. Ucrania* Appl. nos. 48016/06 y 7817/07, de 10 de noviembre de 2016, para. 62.

21 En los procesos penales, el uso de declaraciones obtenidas como resultado de una violación del artículo 3 del CEDH, independientemente de la calificación del trato como tortura, trato inhumano o degradante, hace que el proceso en su conjunto sea automáticamente injusto, contrario al artículo 6 CEDH. *Vid., Gäfgen v. Germany* Appl. no 22978/05, de 1 de junio de 2010, para. 166; *Cēsnieks v. Latvia* Appl. no. 9278/06, de 11 de febrero de 2014, paras. 67-70. Por lo que respecta a las pruebas obtenidas mediante engaño (*entrapment*), el TEDH ha establecido que, si bien el uso de agentes encubiertos puede tolerarse siempre que esté sujeto a restricciones y salvaguardias claras, el interés público no puede justificar el uso de pruebas obtenidas como resultado de la incitación policial, ya que ello expondría al acusado al riesgo de verse privado definitivamente de un juicio justo desde el principio. Véase, *Ramanauskas v Lithuania* Appl. no, 74420/01, de 5 de febrero de 2008), para. 54; *Cwik v. Poland,* Appl. no. 31454/10, de 5 de noviembre de 2020.

abarca la doctrina *Salduz*—[22], también revertirá en la injusticia del proceso en su conjunto. En cuanto a la valoración de las pruebas, no corresponde al tribunal revisarla, a menos que la valoración sea manifiestamente injusta o arbitraria[23].

Si bien la jurisprudencia del TEDH ofrece orientaciones claras sobre las garantías procesales consagradas en el derecho a un juicio justo y fija una serie de supuestos en que debe excluirse la prueba ilícitamente obtenida, en el resto de los casos la decisión acerca de la admisión de la prueba corresponde al derecho y a los tribunales nacionales.

En cuanto a la jurisprudencia del TJUE, el Tribunal también ha reconocido que, las cuestiones relativas a la obtención de pruebas y su uso en procesos penales son competencia de los Estados miembros[24], pero en su jurisprudencia ya va sentando algunas pautas tanto sobre admisibilidad como sobre exclusión de prueba penal. En el asunto *Dzivev,* el tribunal búlgaro preguntó si la aplicación de una regla de exclusión nacional, —en el caso en concreto la exclusión de las grabaciones obtenidas mediante una interceptación de comunicaciones autorizada judicialmente, pero por un juez que carecía de competencia— era contraria al principio de eficacia del derecho de la UE. Si bien en materia de lucha contra el fraude contra los intereses financieros de la UE, el TJUE ha sostenido constantemente que los Estados miembros deben garantizar que las normas internas de procedimiento penal permitan la investigación y el enjuiciamiento efec-

---

22 *Salduz v. Turkey*, Appl. no. 36391/02, de 27 de noviembre de 2008.

23 *Vid.* la decisión de la Comisión *Company X v. Austria,* Appl. no. 7987/77, de 13 de diciembre de 1979, aunque en relación con la valoración de las pruebas en un procedimiento civil. *Vid.* también *García Ruiz v. España,* Appl. no 30544/96, de 21 de enero de 1999. El TEDH no ha profundizado en lo que esto significa en la práctica, ni los tribunales nacionales han establecido directrices sobre el posible alcance de esta revisión de la valoración de la prueba.

24 TJUE sentencia de 17 de enero de 2019, *Dzivev and Others*, asunto C-310/16, ECLI:EU:C:2019:30; y sentencia de 17 de diciembre de 2015, *WebMindLicenses*, asunto C-419/14, ECLI:EU:C:2015:832, ambos asuntos relativos a la interceptación de comunicaciones y la admisibilidad de la prueba en procesos penales por delitos PIF y fraude de IVA. También en las sentencias de 6 de octubre de 2020, *La Quadrature du Net and Others,* asuntos acumulados C-511/18, C-512/18 and C-520/18, ECLI:EU:C:2020:791*;* y en la sentencia [GC] de 2 de marzo de 2021 *Procedimiento penal entablado contra H. K.*, asunto C-746/18, ECLI:EU:C:2021:152, estas últimas relacionadas con la normativa sobre la retención de datos.

tivos de esos delitos[25], sin embargo, "la obligación de asegurar la recaudación efectiva de los recursos de la Unión Europea no dispensa a los tribunales nacionales de la necesaria observancia del principio de legalidad y del Estado de derecho, que es uno de los valores primordiales sobre los que se fundamenta la Unión Europea, tal como se indica en el artículo 2 TUE" (para. 34).

En definitiva, en un momento en el que el derecho de la UE no prevé reglas sobre la admisibilidad de la prueba interna, el TJUE sostiene, a mi juicio acertadamente, que los Estados miembros son libres de excluir prueba relevante, incluso si dicha regla de exclusión se basa, no en la vulneración de un derecho fundamental, sino en la vulneración de una norma jurídica sobre competencia. El Tribunal de Luxemburgo subraya que el respeto de la legalidad es un elemento central del Estado de derecho y ello debe prevalecer sobre la búsqueda de la verdad o la persecución efectiva.

En relación con la prueba y la retención de datos, el TJUE también se ha pronunciado acerca de la admisibilidad de la prueba, no sólo en relación con el principio de efectividad del derecho de la UE, sino también para valorar el derecho a un proceso justo[26]. En concreto, en la ya citada STJUE *Procedimiento penal contra H.K.* de 2 de marzo de 2021, el tribunal ha declarado:

> *"La necesidad de excluir la información y las pruebas obtenidas incumpliendo lo dispuesto en el Derecho de la Unión debe apreciarse atendiendo, en particular, al riesgo que la admisibilidad de dicha información y de dichas pruebas supone para el respeto del principio de contradicción y, por lo tanto, del derecho a un juicio justo. Pues bien, un órgano jurisdiccional que considera que una parte no está en condiciones de comentar eficazmente un medio de prueba que pertenece a un ámbito que escapa al conocimiento de los jueces y que puede influir destacadamente en la apreciación de los hechos debe declarar que existe una violación del derecho a un juicio justo y excluir ese medio de prueba a fin de evitar una violación de esta índole. En consecuencia, el principio de efectividad exige al juez penal nacional que descarte la*

---

25 TJUE sentencia de 5 de junio de 2018, *Kolev and Others,* asunto C-612/15, ECLI:EU:C:2018:392.

26 Así en las ya citadas sentencias TJUE de 6 de octubre de 2020, *La Quadrature du Net and Others,* asuntos acumulados C-511/18, C-512/18 y C-520/18, ECLI:EU:C:2020:791; y sentencia [GC] de 2 de marzo de 2021 *Proceso penal contra H. K.*, asunto C-746/18, ECLI:EU:C:2021:152. *Vid.* posteriormente la STJUE de 30 de abril de 2024, *La Quadrature du Net a.o. c. Premier Ministre and Ministre de la Culture,* asunto C-470/2, ECLI:EU:C:2024:370 ('*La Quadrature du Net 'II'*'); y de la misma fecha, *Procura della Repubblica presso il Tribunale di Bolzano,* asunto C-178/22, ECLI:EU:C:2024:371 ('*Bolzano*').

> *información y las pruebas que se han obtenido a través de una conservación generalizada e indiferenciada de los datos de tráfico y de localización incompatible con el Derecho de la Unión o incluso mediante el acceso de la autoridad competente a esos datos infringiendo dicho Derecho, en el marco de un proceso penal incoado contra personas sospechosas de haber cometido actos de delincuencia, cuando estas personas no estén en condiciones de comentar eficazmente tal información y tales pruebas, que proceden de un ámbito que escapa al conocimiento de los jueces y que pueden influir destacadamente en la apreciación de los hechos".* (para. 44)

En definitiva, aunque las reglas de admisión de prueba sean una cuestión que corresponde eminentemente regular y valorar al derecho nacional —pues está íntimamente relacionada con la propia concepción acerca del proceso penal nacional—, existen ya ciertas reglas de exclusión y no exclusión, que vienen definidas por el TJUE y el TEDH.

## 3. PRUEBA TRANSNACIONAL Y DIVERSIDAD NORMATIVA

En la práctica se aprecian importantes diferencias en los Estados miembros, en cuanto a la regulación nacional de las medidas de investigación penal y los presupuestos para la obtención de pruebas[27]. Las mismas medidas en algunos países están limitadas para la investigación de delitos de una determinada gravedad, o sujetas a una orden judicial previa, mientras que otros son más flexibles a la hora de acordar o ejecutar esas mismas medidas restrictivas de derechos fundamentales. Las diferencias se derivan

---

27 *Vid.* los estudios empíricos a nivel de la UE de Elodie Sellier y Anne Weyembergh, *Study for the EP LIBE Committee: 'Criminal procedural laws across the European Union - A comparative analysis of selected main differences and the impact they have over the development of EU legislation*, agosto 2018, accessible en: https://www.europarl.europa.eu/RegData/etudes/STUD/2018/604977/IPOL_STU(2018)604977_EN.pdf; Michiel Luchtman, Argyro Karagianni y Koen Bovend'Erdt, 'EU administrative investigations and the use of their results as evidence in national punitive proceedings', en Fabio Giuffrida y Katalin Ligeti, (eds.), *Admissibility of OLAF Final Reports as Evidence in Criminal Proceedings*, (Luxembourg: Luxembourg University 2019); Gert Vermeulen et al (eds.), *EU Cross-Border Gathering and Use of Evidence in Criminal Matters. Towards Mutual Recognition of Investigative Measures and Free Movement of Evidence?*, (Antwerpen: Maklu 2010); o el informe de The Law Society, "Study of the laws of evidence in criminal proceedings throughout the European Union", Summary report October 2004: https://es.scribd.com/document/144338382/The-Law-Society-Study-of-the-laws-of-evidence-in-criminal-proceedings-throughout-the-European-Union-Summary-ReportOctober-2004;

en gran medida de las divergentes estructuras de los procesos penales y, en particular, de las competencias de las fuerzas del orden y de la fiscalía en la fase previa al juicio, así como de la relevancia que se confiere a los principios de contradicción e inmediación.

En cuanto a las normas sobre admisibilidad de las pruebas, tampoco existe un planteamiento uniforme. Las diferencias van desde sistemas que aplican normas de exclusión muy estrictas, por ejemplo, por infracción de disposiciones legales meramente formales, hasta sistemas que deciden acerca de la admisión recurriendo a una ponderación de los derechos e intereses en juego[28].

Estas diferencias generan inseguridad cuando las pruebas se obtienen conforme a régimen jurídico, pero han de surtir efecto en otro ordenamiento jurídico, pues su admisibilidad dependerá de si esas normas son compatibles, o de si el tribunal del foro las acepta como válidas. Sin embargo, la mayoría de los ordenamientos jurídicos de los Estados miembros de la UE no contienen normas que regulen los procesos penales transnacionales de forma coherente y exhaustiva, y faltan en gran medida normas sobre la ley aplicable o conflictos de leyes[29].

Esa divergencia entre los ordenamientos jurídicos nacionales y la falta de una normativa europea que regule esta materia a nivel supranacional, generan una situación de clara incertidumbre en cuanto a la admisión de la prueba, inseguridad jurídica que no beneficia a ninguna de las partes en el proceso. En algunos Estados se aplica el denominado principio de *non-inquiry* o no indagación, de tal manera que las pruebas remitidas desde el extranjero son admitidas sin mayor comprobación, sin aplicar ningún filtro de legalidad, siguiendo un sistema equivalente a un reconocimiento mutuo automático: en esos países se invoca el principio de confianza mutua y no se comprueba el cumplimiento de las formalidades o normas que rigen la obtención de pruebas en el extranjero y puede que ni siquiera se controle la licitud de dichas pruebas[30]. En otros, sin embargo, la prueba

---

28 *Vid.* el magnifico estudio de derecho comparado de Stephen Thaman (ed.), *Exclusionary Rules in Comparative Law,* (Dordrecht: Springer 2013).

29 *Vid.* Lorena Bachmaier Winter, "Transnational Criminal Proceedings, Witness Evidence and Confrontation: Lessons from the ECtHR's Case Law", cit., pág. 132 ss.

30 Aukje AH van Hoek y Michiel Luchtman, "Transnational Cooperation in Criminal Matters and the Safeguarding of Human Rights", cit., pág. 15; Stefano Ruggeri, "Introduction to the Proposal of a European Investigation Order: Due Process Concerns and Open Issues", cit., pág. 15.

transfronteriza se somete a exhaustivos filtros internos destinados a garantizar su conformidad con las disposiciones legales del Estado de ejecución y con los principios jurídicos nacionales.

Así en algunos países se exige así que las pruebas se hayan obtenido de conformidad con la *lex fori* para ser admisibles, mientras que otros Estados admiten dichas pruebas siempre que se haya cumplido el principio *lex loci regit actum.* También hay países que excluyen automáticamente las pruebas que se han obtenido de forma ilegal en el país de recogida. La diversidad de soluciones existentes en cada uno de los Estados miembros obstaculiza el establecimiento de lo que se ha dado en llamar "un espacio de libre circulación de pruebas penales". Esa variedad de normas, principios y prácticas aumenta la complejidad de la justicia transnacional y, como ya se ha dicho, genera una gran incertidumbre,[31] lo que repercute negativamente en la protección de los derechos fundamentales, en la eficacia de la cooperación judicial internacional y en la admisibilidad de las pruebas en el juicio.

Mientras no se alcance una armonización procesal suficiente a escala europea, el mecanismo previsto en los instrumentos convencionales para evitar la exclusión de pruebas consiste en que la autoridad de ejecución respete, en la medida de lo posible, las normas y formalidades indicadas por la autoridad emisora. Sin embargo, esta acomodación a la *lex fori* no resuelve los complejos problemas que se plantean en relación con la obtención de todas las pruebas y resulta especialmente complicado cuando se trata de la obtención de datos electrónicos, pues de ordinario se accede a una ingente cantidad de datos que es preciso cribar para respetar el principio de proporcionalidad. Estos registros de ordenadores y bases de datos están sujetos a normas diferentes en cada Estado miembro —a veces incluso ausencia de normativa específica— las cuales no siempre permiten una aplicación de la *lex fori.*

---

31 Sobre las fases y los actos que engloban el procedimiento probatorio transnacional, véase también Stefano Ruggeri, "Horizontal Cooperation, Obtaining Evidence Overseas and the Respect for Fundamental Rights in the EU. From the European Commission's proposals to the proposal for a directive on a European Investigation Order: Towards a single tool of evidence gathering in the EU?" en Stefano Ruggeri (ed), *Transnational Inquiries and the Protection of Fundamental Rights in Criminal Proceedings* (Springer 2013), págs. 279-310, 287 ss.; Andrea Ryan, *Towards a System of European Criminal Justice. The Problem of Admissibility of Evidence* (Abingdon: Routledge 2014).

## 4. LA PROPUESTA DE DIRECTIVA DEL EUROPEAN LAW INSTITUTE

La propuesta de Directiva elaborada en el seno del ELI busca dotar de certeza a esta situación, sentar las bases legislativas para la aplicación de unos principios generales y dotar de cierta armonización al proceso de obtención de prueba electrónica. El lema de esta propuesta es la búsqueda de equilibrio entre la necesidad de reforzar los derechos de la defensa en un marco transnacional, pero sin que ello redunde en una merma de eficacia de la actuación eficaz en la lucha contra el crimen.

### *4.1. Los principios generales*

La propuesta de Directiva ELI se divide en dos partes. La primera parte (capítulo 2 de la PD ELI) contiene un conjunto de normas que pretenden aclarar qué normas deben respetarse en el proceso penal de un Estado miembro cuando las pruebas que han de utilizarse se han obtenido en otro Estado miembro y con arreglo a derecho extranjero. La Propuesta no regula cómo han de obtenerse las pruebas en cada Estado miembro y no estipula cómo debe cada Estado regular las medidas de investigación penal, salvo algunos aspectos de la prueba electrónica. Tampoco afecta a la libre valoración de las pruebas que compete a cada uno de los tribunales nacionales.

La propuesta de Directiva ELI parte de la premisa de que en el ESLJ el principio de no indagación en materia de prueba penal, no se ajusta al nivel de protección de los derechos fundamentales garantizado en la Carta de la UE y en el CEDH. Si bien esa admisión automática y sin someterse a mayor control de la prueba extranjera remitida por las autoridades extranjeras se ajustaría perfectamente al principio de reconocimiento mutuo, ello no es aceptable desde el punto de vista de los derechos de la defensa. Adoptar en este sentido el principio de reconocimiento mutuo sin mayor comprobación y en ausencia de una armonización mínima, implica que la defensa se ve obligada a enfrentarse en el juicio a una prueba cuya licitud no puede cuestionar.

Sobre esa base, y en la convicción de que el principio de "non-inquiry" debe superarse en el ESLJ, la propuesta de Directiva ELI fija como principio básico de admisibilidad de la prueba que se haya obtenido conforme al derecho del Estado de ejecución. Así se establece en el artículo 4 (1) de la ELI PD: "las pruebas obtenidas de conformidad con la *lex loci* serán admisibles en los procesos penales del Estado del foro, salvo que ello supusiera una vulneración de un principio constitucional fundamental del Estado del foro". Este es el principio *locus regit* actum, que ya es conocido en la cooperación judicial penal internacional[32], pero que, sobre la base de la confianza mutua, no se somete a prácticamente ningún control en el Estado del foro.[33]

Tal como se formula en la PD ELI, este principio no operaría como una regla de exclusión de prueba —en el sentido de hacer inadmisible cualquier prueba que no se ajuste estrictamente al principio de *lex loci*—, sino como una regla probatoria de inclusión: si la prueba extranjera ha sido obtenida de conformidad con la *lex loci*, como regla, no podrá declararse inadmisible por no ajustarse estrictamente a las formalidades legales requeridas en la ley del Estado del foro[34]. Por ejemplo, si la medida practicada en el extranjero se tratara de una interceptación telefónica, y conforme a las leyes del Estado de ejecución esta medida podría acordarse por un plazo de seis meses con extensión de otros seis meses, sin que dicha extensión tuviera que someterse a autorización judicial, ello no impediría que las grabaciones así obtenidas —respetando la *lex loci*— fueran admisibles, por ejemplo, en España, aunque en nuestro ordenamiento jurídico la prórroga debe acordarse por el juez cada mes.

---

32 Este ha sido el régimen aplicable tradicionalmente en el ámbito de la cooperación judicial penal. Así figura en el artículo 3.1 del Convenio Europeo de Asistencia Judicial en Materia Penal del Consejo de Europa de 20 de abril de 1959; y también en la mayoría de los acuerdos bilaterales de asistencia judicial mutua en materia penal de España, por ejemplo: en el artículo 5.3 del Convenio con Estados Unidos de conformidad con el acuerdo de asistencia jurídica UE/EE.UU, firmado bilateralmente con España y ratificado el 17 de diciembre de 2004; el artículo 7 del Convenio de Cooperación Jurídica y Asistencia Mutua entre España y Brasil de 22 de mayo de 2006; Artículo 10 de la Convención sobre Asistencia Legal Mutua con México del 29 de septiembre de 2006. Sin embargo, el Convenio EU de 29 de mayo de 2000 se centraba con prioridad en el principio *forum regit actum*. Sobre este último *vid.*, Lorenzo Bujosa Vadell, "La asistencia judicial en materia penal en la Unión Europea", *Revista de derecho y ciencias penales*, no. 12-2009, págs. 73-86, 76 y ss.

33 Así, por ejemplo, el Tribunal Supremo español, SSTS 18/2003 de 10 de enero; 1345/2005 de 14 de octubre; 886/2007, de 2 de noviembre; y 4777/2013 de 8 de octubre.

34 A favor de una regla de inclusión vinculante, como la prevista en el Reglamento OLAF, que podría ir acompañada de reglas de exclusión de prueba derivadas de la jurisprudencia del TEDH, también se expresa Katalin Ligeti *et al*, "Admissibility of Evidence in Criminal Proceedings in the EU", *eucrim*, 3/2020, págs. 201-208, 206.

Si se considera que el enfoque más racional para regular los estándares comunes sobre admisibilidad de la prueba penal transfronteriza es cumplir con el principio de la *lex loci regit actum* —con los ajustes necesarios a la legislación estatal del foro—[35], el siguiente paso será determinar quién debe verificar que las normas del Estado de ejecución se han observado y cómo debe hacerse esa comprobación. Y es aquí donde la Propuesta Directiva ELI busca incrementar la protección de los derechos fundamentales: no basta definir el principio de *locus regit actum* como criterio de admisibilidad, sino arbitrar cauces para posibilitar que pueda comprobarse su cumplimiento.

Evidentemente, la autoridad que ejecuta las medidas de investigación es la que debe velar en primer lugar, porque todos los actos procesales —incluida la práctica de la prueba—, se realicen de conformidad con la ley. En última instancia, el principio de reconocimiento mutuo se asienta precisamente sobre la presunción de que todos los países actúan conforme a las normas legales, respetan los derechos fundamentales y establecen los controles necesarios para garantizar que tanto el derecho nacional como el derecho internacional no se vea infringido. Como regla, la autoridad requirente que reciba las pruebas obtenidas en otro país de la UE actuará de acuerdo con esta premisa, si bien no de forma absoluta o a ciegas, sino adoptando unas mínimas comprobaciones.

Para ello lo razonable es que la autoridad remitente, junto con la prueba en sí, adjunte la información precisa acerca del modo en que se ha llevado a cabo la obtención de la prueba, y cuál es la normativa aplicable. No parece complicado exigir esa descripción de las actuaciones, pues al fin y al cabo los pasos seguidos en la obtención de la prueba y cualquier incidencia que se haya producido en la ejecución de la investigación, también se reflejarían en el informe que acompañaría a la prueba destinada a un proceso doméstico. Si toda esa información como regla estaría al alcance del juez en un proceso nacional cuando la medida se ejecuta en el propio territorio, ¿por qué no ha de facilitarse también en el caso de que la prueba

---

35 Tal y como ya se preveía en el en el Artículo 4 (1) del Convenio relativo a la asistencia judicial en materia penal entre los Estados miembros de la Unión Europea, de 29 de mayo de 2000: "En los casos en los que se conceda la asistencia judicial, el Estado miembro requerido observará los trámites y procedimientos indicados expresamente por el Estado miembro requirente, salvo disposición contraria del presente Convenio y siempre que dichos trámites y procedimientos no sean contrarios a los principios fundamentales del Derecho del Estado miembro requerido." Y se contempla también en la Directiva EIO, Artículo 9 (2).

vaya destinada a un proceso extranjero? Parece sensato que se intente proporcionar al juez del foro esa misma información, que habría de remitirse desde el Estado EU que ejecuta la medida de investigación. Con esa información, tanto el juez de instrucción como el tribunal competente para el enjuiciamiento, les sería sencillo llevar a cabo una comprobación mínima de la legalidad de las pruebas aportadas por el Estado de ejecución.

Esto es lo que prevé el artículo 4 (3) PD ELI: el juez del Estado del foro, con la información que adjuntarían las autoridades de ejecución, podría verificar si la prueba *prima facie* cumple con garantías suficientes del derecho a un proceso justo. Este control no supondría una comprobación exhaustiva del cumplimiento de cada uno de los requisitos y formalidades previstos por la *lex loci* para la ejecución de una medida de investigación, pues tal comprobación o cuestionamiento exhaustivo sí que iría contra la base que fundamenta el principio de reconocimiento mutuo. A su vez, al disponer de la información sobre cómo se ha obtenido la prueba en el extranjero y que normas legales son aplicables a la misma, la defensa del acusado también dispondría de elementos para determinar, al menos prima facie, si la adolece de defectos que puedan determinar su licitud o, en su caso, podrían llevar a la exclusión de la misma.

En definitiva, el argumento de que no es posible comprobar la licitud de una actuación llevada a cabo por autoridades extranjeras, porque no se conocen las normas aplicables, creo que es un argumento propio de otra época. Con los sistemas de comunicación y acceso a la información actuales, junto con el avanzado desarrollo de los programas de traducción de idiomas, ya no puede aducirse que resulta imposible saber cuáles son las normas que se han seguido en la obtención de una prueba en otro Estado miembro de la UE. Por otro lado, si bien la función del juez del foro no es fiscalizar la actuación de autoridades extranjeras —lo cual sí que excedería de su competencia—, realizar una mínima comprobación para asegurarse de mediante la admisión de una prueba ilícita no estaría vulnerando el propio ordenamiento jurídico constitucional, no creo que sea objetable. Al mismo tiempo, invocar cuestiones del respeto a la soberanía del otro Estado y a las relaciones diplomáticas para impedir ese tipo de control, tampoco parece que tengan solidez en el espacio de la UE.

Cabría cuestionar que esa comprobación, si bien mínima, contravendría el principio de reconocimiento muto, frente a lo cual ha de admitirse que, si bien es cierto que se limita ese principio, no se anula. En todo caso, tanto en el ámbito de la Orden Europea de Investigación como en la ejecución de la Orden de Detención y Entrega, ya se ha superado esa concepción automática del principio de reconocimiento mutuo. Alinear las normas de admisibilidad de prueba a lo que se denomina principio de reconocimiento mutuo con supervisión, no sólo no parece descabellado, sino que resulta lógico.

Además de los principios generales sobre la admisibilidad de la prueba que acaban de enunciarse, la Propuesta de Directiva ELI prevé también unas mínimas reglas de exclusión de prueba, las cuales en su mayoría derivan de lo que ya ha sido definido en la jurisprudencia del TJUE y del TEDH. Ante el temor de que todo avance en pos de una directiva sobre admisibilidad de prueba pueda fracasar nuevamente por el temor de los Estados miembros a una regulación europea que altere su concepción de su propio proceso penal y de su derecho probatorio, el texto de esta Propuesta ELI ha evitado introducir normas de exclusión de prueba que interfieran con la estructura y los principios generales de los procedimientos penales nacionales. Sólo se reflejan en la misma, aquellas normas de exclusión de prueba que ya son vinculantes en los países europeos. Por ejemplo, las normas sobre la inadmisibilidad absoluta que se regulan en el Artículo 5 PD ELI se refieren a pruebas que se hayan obtenido mediante tortura, coacción o engaño o contra el derecho a la autoincriminación, y que conforme al TEDH no pueden someterse a una ponderación, pues por sí mismas suponen la vulneración del derecho a un proceso justo.

En este sentido, el valor añadido de la presente propuesta de Directiva podría considerarse escaso, puesto que los Estados miembros ya están vinculados por la jurisprudencia de los tribunales europeos. Sin embargo, una regulación a nivel de la UE no sólo reforzaría el cumplimiento de esas normas, sino que también dota de mayor eficacia a los mecanismos de respuesta en caso de infracción. Además, dado que el derecho de la UE está sometido a la interpretación del TJUE, se promovería cierta armonización normativa, que beneficiaría tanto la eficacia en la persecución del delito como una mejor protección de los derechos de los acusados[36].

En resumen, la primera parte de la Propuesta de Directiva ELI pretende alcanzar dos objetivos: que se cumpla el principio de *lex loci* en la obtención de pruebas y que dicho cumplimiento sea controlado por el órgano jurisdiccional sentenciador (reforzando el *respeto de los derechos de los acusados*); y también que las pruebas obtenidas con arreglo a normas diferentes de

---

36 También a favor de la armonización en materia procesal penal en la UE, *vid.* Guillermo Ormazábal Sánchez, *Espacio penal europeo y mutuo reconocimiento,* (Madrid: Marcial Pons 2006), págs. 17 y ss.

las previstas en la *lex fori* no den lugar a su inadmisibilidad, a menos que se violen principios fundamentales del Estado del foro (*reforzando la libre circulación de pruebas y, por tanto, la eficacia en los procesos transfronterizos*). Estos objetivos deben alcanzarse de conformidad con las normas de derechos humanos ya definidas por los tribunales europeos. Al definir estas normas comunes a escala de la UE, se aplicará mejor el principio de reconocimiento mutuo.

### *4.2. Admisibilidad y armonización de la prueba electrónica*

La segunda parte de la Propuesta de Directiva ELI (capítulo 3 de la PD ELI) se dedica a establecer unas normas concretas que habrían de respetarse en la obtención de pruebas electrónicas, para así garantizar su integridad y autenticidad.

Si bien la Propuesta de Directiva se ha abstenido de adoptar normas sobre la obtención de pruebas, en el caso de la prueba electrónica el enfoque ha sido diferente. Las razones que explican esta decisión son fundamentalmente que las normas sobre obtención de pruebas electrónicas en los procesos penales se encuentran en una fase incipiente, y tal y como se ha confirmado en los estudios que se han manejado, en muchos casos esas normas no están suficientemente desarrolladas en el derecho nacional.

Esta ausencia de normas precisas representa a la vez un defecto y una ventaja. La falta de disposiciones legales precisas en la mayoría de los Estados miembros de la UE crea incertidumbre, que es mayor en un entorno transfronterizo. Es necesario aclarar cómo deben obtenerse las pruebas electrónicas, ya que de lo contrario se corre el riesgo de infringir la exigencia del TEDH de que toda medida de investigación que menoscabe los derechos fundamentales cuente con disposiciones legales suficientes. El texto actual de la Propuesta de Directiva cubriría esta laguna y aportaría seguridad.

Por otra parte, la ausencia de normas precisas en la mayoría de los sistemas nacionales de justicia penal de la UE brinda a los Estados miembros la oportunidad de adoptar normas uniformes a escala de la UE, sin entrar en conflicto con tradiciones constitucionales profundamente arraigadas. Dado que las pruebas electrónicas son un tipo de prueba relativamente reciente y que los ordenamientos jurídicos no las han regulado de manera exhaustiva, podrían adoptarse normas a escala de la UE sin necesidad de sustituir o derogar normas ya existentes. Así pues, las normas contenidas en el capítulo 3 PD ELI no sólo se basarían en el principio de reconocimiento mutuo, sino que avanzarían hacia una mayor armonización en la regulación de la obtención de prueba electrónica.

Los beneficios de una mayor armonización en materia de prueba electrónica penal son aún más visibles en el contexto de la reciente adopción del Reglamento 2023/1543 relativo a las órdenes europeas de producción y conservación de pruebas electrónicas en materia penal. El Reglamento pretende garantizar un acceso rápido a los datos almacenados por los proveedores de servicios de telecomunicaciones e internet (PSI), pero no aborda las normas sobre admisibilidad de las pruebas.

Tanto a nivel nacional, como a nivel de la UE e internacional, los límites a la admisibilidad de determinadas pruebas electrónicas son una preocupación creciente. Dichos límites pueden tener su origen, especialmente, en: (1) privilegios e inmunidades; (2) la ilegalidad de la obtención de la prueba; (3) los derechos fundamentales como tales. Los Artículos 5 (10) y 16 del Reglamento (UE) 2023/1543 contemplan la protección de inmunidades y privilegios, aspectos que tienen un importante impacto en el derecho de defensa, especialmente cuando se ve afectada a la confidencialidad abogado-cliente. En ellos, —al igual que ya estaba contemplado en la Directiva 2014/41 OEI—, se establece que la existencia de una inmunidad o privilegio constituye una causa de denegación de la ejecución, tanto de la orden de producción como la de conservación (Artículos 16 (4) (f) y 16 (5) (e) del Reglamento 2023/1543. En este ámbito ha de resaltarse que en lo que se refiere al acceso y uso de datos digitales y pruebas electrónicas en las investigaciones penales, muy pocos sistemas contienen normas sobre cómo llevar a cabo búsquedas informáticas de manera que se impida la divulgación de comunicaciones confidenciales entre el abogado y su cliente; y los países que cuentan con tales normas no siempre proporcionan procedimientos adecuados para cribar y filtrar los archivos protegidos.

Si los datos obtenidos mediante la Orden Europea de Producción están protegidos por inmunidades o privilegios en virtud de la legislación del Estado miembro del destinatario, o afectan a intereses fundamentales de dicho Estado miembro, como la seguridad y la defensa nacionales, el órgano jurisdiccional del Estado de emisión garantizará que estas consideraciones se tengan en cuenta de la misma manera que si estuvieran previstas en su legislación nacional al evaluar la admisibilidad de las pruebas en cuestión. Sin embargo, fuera de las OEP, la pertinencia de las normas extranjeras sobre inmunidades y privilegios es en gran medida confusa.

En cuanto a la legalidad de la prueba electrónica, hay que recordar que las pruebas electrónicas son normalmente datos personales, cuya recogida, almacenamiento o divulgación están sujetos a normas estrictas de protección de datos, como las normas de aplicación de la Directiva (UE) 2016/680[37]. Asimismo, en virtud de la legislación general de protección de datos, consagrada principalmente en el Reglamento general de protección de datos[38], y en la Directiva sobre privacidad electrónica[39], así como en la propuesta de Reglamento sobre privacidad electrónica[40], el tratamiento de datos personales, por ejemplo por un proveedor de funciones de control por voz para dispositivos domésticos inteligentes, podría ser ilegal. La ilegalidad también puede venir determinada por otros motivos, incluido el acceso a datos obtenidos infringiendo la legislación penal, tal como se establece en el artículo 2 del Convenio de Budapest, por ejemplo, pirateando la cuenta de otra persona.

Las normas incluidas en los Artículos 7, 8 y 9 PD ELI se basan primordialmente en los estándares internacionales en materia de *digital forensics*[41], y

---

37 Directiva (UE) 2016/680 del Parlamento Europeo y del Consejo, de 27 de abril de 2016, relativa a la protección de las personas físicas en lo que respecta al tratamiento de datos personales por las autoridades competentes para fines de prevención, investigación, detección o enjuiciamiento de infracciones penales o de ejecución de sanciones penales, y a la libre circulación de estos datos, y por la que se deroga la Decisión Marco 2008/977/JAI del Consejo [2016] DO L119/89.

38 Reglamento (UE) 2016/679 del Parlamento Europeo y del Consejo, de 27 de abril de 2016, relativo a la protección de las personas físicas en lo que respecta al tratamiento de datos personales y a la libre circulación de estos datos y por el que se deroga la Directiva 95/46/CE [2016] DO L119/1.

39 Directiva 2002/58/CE del Parlamento Europeo y del Consejo, de 12 de julio de 2002, relativa al tratamiento de los datos personales y a la protección de la intimidad en el sector de las comunicaciones electrónicas [2002] DO L201/37.

40 Propuesta de Reglamento del Parlamento Europeo y del Consejo relativo al respeto de la vida privada y a la protección de los datos personales en el sector de las comunicaciones electrónicas y por el que se deroga la Directiva 2002/58/CE, COM/2017/010 final.

41 Esta parte se ha basado en gran parte en los resultados del proyecto de investigación OLAF que pueden consultarse en Michele Caianiello y Alberto Camon (eds.), *Digital forensic evidence. Towards common European standards in antifraud administrative and criminal investigations,* (Milano: Wolters Kluwer-Cedam 2021), open access online; *vid.* también Pilar Martín Ríos, *Digital forensics and criminal process in Spain: evidence gathering in a changing context,* (Cizur Menor: Aranzadi 2022), en particular págs. 68 ss.; Sonia Calaza López, "Cadena de custodia y prueba tecnológica", en César Villegas Delgado y Pilar Martín Ríos (eds.) *El derecho en la encrucijada tecnológica. Estudios sobre derechos fundamentales, nuevas tecnologías e inteligencia artificial,* (Valencia: Tirant lo Blanch 2022), págs. 39-61.

buscan preservar la integridad de los datos electrónicos, regulando cómo ha de realizarse el clonado del dispositivo, previendo que esté presente en esa actuación, no sólo un experto informático, sino a ser posible el propio interesado (el investigado o el usuario), o en su defecto una autoridad independiente. El Artículo 8 (4) PD ELI exige que se regule legalmente el procedimiento para garantizar la cadena de custodia, el cual actualmente en la mayoría de los Estados sólo figura en los protocolos forenses y se cumplen como medidas de "buenas prácticas". Así mismo se prevé que los Estados, en la medida de lo posible, lleven a cabo los registros electrónicos en el entorno adecuado, y sigan las pautas aprobadas para los *digital forensics labs* de Interpol[42].

En cuanto al Artículo 9 PD ELI, contiene algunas previsiones sobre el acceso a los dispositivos electrónicos de almacenamiento masivo. Siguiendo la línea de toda la propuesta de hallar un equilibrio adecuado entre los intereses de la eficaz persecución del delito y de la protección de los derechos y garantías del sospechoso y acusado, prevé:

> *(1) Los Estados miembros garantizarán que, en los procesos penales, no se utilice la coacción física contra una persona con el fin de permitir el acceso a medios electrónicos de almacenamiento que contengan pruebas electrónicas, a menos que sea proporcionada y esté basada en una orden judicial.*
>
> *(2) Las pruebas electrónicas obtenidas en violación de esta prohibición no podrán utilizarse en procesos penales. Esto también se aplicará a las pruebas electrónicas obtenidas en la forma descrita en el apartado 1 en procedimientos administrativos.*

En definitiva, la Propuesta de Directiva ELI, sin entrar a regular todos y cada uno de los detalles sobre la prueba electrónica, sí incluye ciertas normas que buscan promover cierta uniformidad en el modo de extraer datos electrónicos de un ordenador, y así incrementar las garantías de autenticidad e integridad de la prueba electrónica. Ello debería contribuir a fomentar la confianza y facilitar la cooperación judicial en materia penal y el intercambio de pruebas electrónicas en entornos transfronterizos, reforzando al mismo tiempo la protección de los derechos de la defensa, también en los procesos competencia de la Fiscalía Europea[43]. Esto es tanto

---

42 *Vid.* "Interpol, Global Guidelines for digital forensics laboratories", mayo 2019, y los estándares internacionales definidos en las ISO 17025, ISO 27001, y ISO 27037.

43 *Vid.* Víctor Moreno Catena, *Fiscalía Europea y derechos fundamentales* (Valencia: Tirant lo Blanch, 2014); Nuria Díaz Abad, "El marco de la protección de los dere-

más importante cuanto que el artículo 37 del Reglamento (UE) 2017/1939 de la Fiscalía Europea (FE) solo prevé una norma de prueba "de inclusión", según la cual, no se denegará la admisión de las pruebas presentadas por la FE o el acusado ante un órgano jurisdiccional por el mero hecho de que las pruebas se hayan obtenido en otro Estado miembro o de conformidad con la legislación de otro Estado miembro, lo que deja margen para desarrollar otras normas de exclusión de pruebas.

Hoy en día, cuando las pruebas transfronterizas desempeñan un papel cada vez más importante, ya no basta con prever la protección de las garantías procesales a nivel nacional, porque los datos y las comunicaciones electrónicas pueden utilizarse en una jurisdicción distinta de aquella en la que se produjeron las comunicaciones.

## 5. CONCLUSIONES

En las últimas décadas hemos asistido a importantes avances en la cooperación judicial penal en la UE, principalmente centrados en la simplificación de los trámites, la agilización en la ejecución y la restricción de los motivos de denegación. Sin embargo, no ha habido un esfuerzo paralelo para identificar y adoptar principios generales sobre la admisibilidad de las pruebas. Se han dado pasos en relación con determinados derechos de los sospechosos o acusados en los procesos penales, así como en el enfoque hacia una comprensión del principio *ne bis in idem* transnacional y su reconocimiento en el Artículo 50 de la Carta de Derechos Fundamentales de la UE. Pero hasta ahora no ha habido un consenso acerca de cómo afrontar el tema de la admisibilidad de la prueba transfronteriza, ni una comprensión uniforme de lo que significa la admisibilidad de las pruebas como concepto. A pesar de ello, sí parece haber acuerdo en un punto: estar sometido a un proceso penal transnacional no debe afectar negativamente al derecho de defensa ni diluir los derechos procesales del acusado[44]. Para ello, y mientras no se avance en la armonización del derecho procesal y en la regulación de las medidas de investigación penal, resulta preciso estable-

---

chos fundamentales de los acusados o sospechosos en los procesos de la Fiscalía Europea", en Lorena Bachmaier (ed.) *La Fiscalía Europea* (Madrid: Marcial Pons 2018), págs. 255-276.

44 Y como señalan van Hoek y Luchtman, *op. cit.*, pág. 16 "la práctica interestatal actual genera así una laguna en la protección jurídica que no existe en los casos puramente nacionales".

cer criterios claros —y, a ser posible, también homogéneos— que regulen la admisibilidad o exclusión de determinadas pruebas transfronterizas. En este tema resulta cada vez más evidente la necesidad de directrices claras a nivel de la UE.

La iniciativa lanzada desde el *European Law Institute* al adoptar un documento consensuado con todos los actores implicados en forma de Propuesta de Directiva, busca concienciar a los Estados miembros de que merece la pena abrir el proceso legislativo en esta materia. Anclarse en una inflexible oposición frente cualquier iniciativa que se intente lanzar en esta materia, no responde a criterios racionales ni a argumentos sólidos. Si esta propuesta de Directiva sirve para reabrir el debate —tanto el político como el académico—, el primer objetivo se habrá alcanzado. Sabemos que en materia penal ningún avance del Derecho europeo ha sido sencillo, baste observar el tiempo que ha llevado llegar a la implantación de la Fiscalía Europea, pero en materia de derechos humanos todo esfuerzo merece la pena.

## BIBLIOGRAFÍA

Allegrezza, Silvia, "Critical Remarks on the Green Paper on Obtaining Evidence in Criminal Matters from one Member State to another and Securing its Admissibility" (2010) *ZIS*, vol. 9, págs. 569-579.

Allegrezza, Silvia y Mosna, Anna, "Admisibilidad de la prueba transnacional en los procedimientos de la Fiscalía Europea", en Lorena Bachmaier (ed.) *La Fiscalía Europea*, (Madrid: Marcial Pons 2018), págs. 173-193.

Bachmaier Winter, Lorena, "Transnational Evidence: Towards the Transposition of the Directive 2014/41 Regarding the European Investigation Order in Criminal Matters" (2015) *eucrim* 2015/2, págs. 47-59.

Bachmaier Winter, Lorena, "Transnational Criminal Proceedings, Witness Evidence and Confrontation: Lessons from the ECtHR's Case Law" (2013) *Utrecht Law Review*, special issue vol. 9-4, 126-148: https://utrechtlawreview.org/articles/10.18352/ulr.246.

Bachmaier Winter, Lorena, *Las investigaciones transfronterizas en el marco del proceso de la Fiscalía Europea*, en L. Bachmaier (ed.), La Fiscalía Europea, Marcial Pons, Madrid-Barcelona, 2018, págs. 145-172.

Bueno de Mata, Federico, "El desafío de la cooperación procesal internacional: la prueba electrónica", en Fernando Jiménez Conde et al. (dirs.), *Adaptación del Derecho proesal español a la normativa europea y su interpretación por los tribunales*, (Valencia: Tirant lo Blanch 2018), págs. 269-276.

Bujosa Vadell, Lorenzo, "La asistencia judicial en materia penal en la Unión Europea", *Revista de derecho y ciencias penales*, no. 12-2009, págs. 73-86.

Caianiello, Michele y Camon, Alberto (eds.), *Digital forensic evidence. Towards common European standards in antifraud administrative and criminal investigations*, (Milano: Wolters Kluwer-Cedam 2021).

Calaza López, Sonia, "Cadena de custodia y prueba tecnológica", en César Villegas Delgado y Pilar Martín Ríos (eds.) *El derecho en la encrucijada tecnológica. Estudios sobre derechos fundamentales, nuevas tecnologías e inteligencia artificial,* (Valencia: Tirant lo Blanch 2022), págs. 39-61.

Delmas-Marty, Mireille y Vervaele, John (eds.), *The implementation of the Corpus Iuris in the Member States,* vol. 1 (Antwerp: Intersentia, 2000).

Díaz Abad, Nuria, "El marco de la protección de los derechos fundamentales de los acusados o sospechosos en los procesos de la Fiscalía Europea", en Lorena Bachmaier (ed.) *La Fiscalía Europea* (Madrid: Marcial Pons 2018), págs. 255-276.

Gless, Sabine, *Beweisgrundsätze und Grenzüberschreitende Strafverfolgung* (Baden-Baden: Nomos 2007).

Hoek, Aukje van y Luchtman, Michiel, "Transnational Cooperation in Criminal Matters and the Safeguarding of Human Rights" (2005) 1 (2) *Utrecht Law Review* 1-39.

Krüssmann, Thomas, *Transnationales Strafprozessrecht* (Baden-Baden: Nomos 2009).

Kusak, Martyna, "Common EU Minimum Standards for Enhancing Mutual Admissibility of Evidence Gathered in Criminal Matters" (2017) 23 *European Journal of Criminal Policy Research,* págs. 337-352.

Ligeti, Katalin; Garamvölgyi, Balász; Ondrejová, Anna; y von Galen, Margarete "Admissibility of Evidence in Criminal Proceedings in the EU", *eucrim,* issue 3/2020, 201-208: https://eucrim.eu/articles/admissibility-evidence-criminal-proceedings-eu/

Luchtman, Michiel; Karagianni, Argyro; y Bovend'Erdt, Koen, 'EU administrative investigations and the use of their results as evidence in national punitive proceedings', en Fabio Giuffrida y Katalin Ligeti, (eds.), *Admissibility of OLAF Final Reports as Evidence in Criminal Proceedings,* (Luxembourg: Luxembourg University 2019), págs. 7-55.

Martín Ríos, Pilar, *Digital forensics and criminal process in Spain: evidence gathering in a changing context,* (Cizur Menor: Aranzadi 2022).

Moreno Catena, Víctor *Fiscalía Europea y derechos fundamentales* (Valencia: Tirant lo Blanch, 2014).

Ormazábal Sánchez, Guillermo, *Espacio penal europeo y mutuo reconocimiento,* (Madrid: Marcial Pons 2006).

Oerlemans, Jan Jaap, y van Toor, David, "Legal Aspects of the EncroChat Operation: A Human Rights Perspective", *European Journal of Crime, Criminal Law and Criminal Justice, 30*(3-4), 2022, págs. 309-328.

The Law Society, "Study of the laws of evidence in criminal proceedings throughout the European Union", Summary report October 2004: https://es.scribd.com/document/144338382/The-Law-Society-Study-of-the-laws-of-evidence-in-criminal-proceedings-throughout-the-European-Union-Summary-ReportOctober-2004.

Ruggeri, Stefano, "Horizontal Cooperation, Obtaining Evidence Overseas and the Respect for Fundamental Rights in the EU. From the European Commission's proposals to the proposal for a directive on a European Investigation Order: Towards a single tool of evidence gathering in the EU?" en Stefano Ruggeri (ed.), *Transnational Inquiries and the Protection of Fundamental Rights in Criminal Proceedings* (Cham: Springer 2013), págs. 279-310.

Ruggeri, Stefano, "Introduction to the Proposal of a European Investigation Order: Due Process Concerns and Open Issues" en Stefano Ruggeri (ed.), *Transnational Evidence and Multicultural Inquiries in Europe* (Cham: Springer 2014), págs. 3-25.

Ryan, Andrea, *Towards a System of European Criminal Justice. The Problem of Admissibility of Evidence* (Abingdon: Routledge 2014).

Sellier, Elodie y Weyembergh, Anne *Study for the EP LIBE Committee: 'Criminal procedural laws across the European Union - A comparative analysis of selected main differences and the impact they have over the development of EU legislation,* agosto 2018, accessible en: https://www.europarl.europa.eu/RegData/etudes/STUD/2018/604977/IPOL_STU(2018)604977_EN.pdf;

Schünemann, Bernd (ed.), *Ein Gesamtkonzept für die Europäische Strafrechtspflege. A Programme for European Criminal Justice* (Köln: Carl Heymanns 2006).

Thaman, Stephen (ed.), *Exclusionary Rules in Comparative Law,* (Dordrecht: Springer 2013).

Vervaele, John, "Lawful and fair use of evidence from a European human rights perspective", en Fabio Giuffrida y Katalin Ligeti (eds.), *Admissibility of OLAF Final Reports as Evidence in Criminal Proceedings,* (Luxembourg: University of Luxembourg 2019), págs. 56-94.

Vermeulen, Gert *et al* (eds.), *EU Cross-Border Gathering and Use of Evidence in Criminal Matters. Towards Mutual Recognition of Investigative Measures and Free Movement of Evidence?* (Antwerpen: Maklu 2010).

Wahl, Thomas, "Verwertung von im Ausland überwachter Chatnachrichten im Strafverfahren", 7-8 *ZIS* (2021), pág. 452-461.

# *Hacia un nueva dimensión en el tratamiento de los datos personales en la cooperación judicial penal*

**MIREN JOSUNE PÉREZ ESTRADA**[1]
*Profesora Agregada (acred. Titular) de Derecho Procesal*
*Universidad del País Vasco. UPV/EHU*

**SUMARIO:** 1. EL DIFÍCIL EQUILIBRIO ENTRE LA PROTECCIÓN DE LOS DATOS Y LA GARANTÍA DE LA SEGURIDAD. 1.1. EL CONTEXTO NORMATIVO EUROPEO DE LA PROTECCIÓN DE LOS DATOS: EL DERECHO FUNDAMENTAL A LA PROTECCIÓN DE LOS DATOS PERSONALES. 1.2. ENTRE LA PROTECCIÓN DE LOS DATOS PERSONALES Y LA GARANTÍA DE UN ALTO GRADO DE SEGURIDAD EN EL ELSJ. 2. LOS LÍMITES A LA LIBERTAD EN LA UNIÓN EUROPEA: LA DIRECTIVA (UE) 2016/680 Y SU TRASPOSICIÓN EN EL ORDENAMIENTO JURÍDICO ESPAÑOL POR LO 7/2021. 2.1. EL AMPLIO ÁMBITO DE APLICACIÓN, MÁS ALLÁ DEL PROCESO PENAL. 2.2. LIMITACIONES EN SU APLICACIÓN PRÁCTICA. BIBLIOGRAFÍA.

## 1. EL DIFÍCIL EQUILIBRIO ENTRE LA PROTECCIÓN DE LOS DATOS Y LA GARANTÍA DE LA SEGURIDAD

### *1.1. El contexto normativo europeo de la protección de los datos: el derecho fundamental a la protección de los datos personales*

El marco normativo europeo en materia de protección de datos se caracteriza, en su configuración, por el difícil equilibrio entre la tutela de la privacidad y la garantía de la seguridad pública. Sin duda, un marco regulatorio que ha consolidado, a nivel mundial, el derecho a la protección de los datos personales como derecho fundamental autónomo recogido en el art. 8 de la Carta de los Derechos Fundamentales de la Unión Europea

1 Este trabajo se realiza en el contexto de las actividades del Grupo de Investigación en Ciencias Sociales y Jurídicas aplicadas a las nuevas Tecnociencias (GI-CISJANT IT 1541-22) y del proyecto de investigación GODAS (Gobernanza de los usos secundarios de datos de salud y genéticos en espacios compartidos), MCIU-022/P65.

(en adelante, CDFUE)[2], y al que se reconoce valor legal completo como derecho fundamental en el art. 16 del conocido como Tratado de Lisboa, el Tratado de Funcionamiento de la Unión Europea (en adelante, TFUE), haciendo prevalecer la protección de la persona respecto de sus datos si se vulnera por su libre circulación o con motivo de su tratamiento masivo. Se trata, en consecuencia, de otorgar protección frente a los desafíos o amenazas de la era digital que está en consonancia con los principios recogidos en el preámbulo de la CDFUE por los que se garantiza la protección de los derechos de la ciudadanía europea, protegiendo su dignidad, frente a los cambios de la sociedad que, con motivo del progreso social, conllevan los avances científicos y tecnológicos[3].

Incluso antes de la incorporación del derecho a la protección de los datos en la CDFUE la protección de este derecho fundamental se garantizaba en la Directiva 95/46/CE, de 24 de octubre, sobre la protección de las personas físicas en lo que respecta al tratamiento de datos personales y a la libre circulación de estos datos (en adelante, Directiva 95/46/CE), así como en la Decisión Marco 2008/977/JAI, de noviembre de 2008, para la protección de datos personales en la cooperación policial y judicial en materia penal (en adelante, DM 2008/977). Ambos instrumentos legislativos han sido derogados en época reciente por el Reglamento (UE) 2016/679, de 27 de abril de 2016, sobre la protección de las personas físicas en lo que respecta al tratamiento de datos personales y a la libre circulación de estos datos y por el que se deroga la Directiva 95/46/CE[4] (en adelante, RGPD), que introduce reglas generales uniformes en el Derecho de la Unión[5] y la Directiva (UE) 2016/680, que rige para la protección de da-

---

2 Carta de los Derechos Fundamentales de la Unión Europea (2000/C 364/01). DOUE, 18 de diciembre de 2000.

3 Una de las características de la sociedad actual es la digitalización de su actividad lo que permite almacenar y transmitir en dispositivos digitales o en formato digital abundante información y datos personales. Sobre las notas que caracterizan la irrupción de las nuevas tecnologías con motivo de la Revolución Industrial 4.0 *vid.* Barona Vilar, S., *Algoritmización del derecho y de la justicia: de la Inteligencia Artificial a la Smart Justice,* Tirant lo Blanch, Valencia, 2021, págs. 42-76.

4 DOUE, de 4 de mayo de 2016.

5 El Reglamento (UE) 2016/679, de 27 de abril de 2016, sobre la protección de las personas físicas en lo que respecta al tratamiento de datos personales y a la libre circulación de estos datos y por el que se deroga la Directiva 95/46/CE (RGPD), aunque directamente aplicable ha supuesto que por parte del legislador español se actualizase la norma nacional de Protección de Datos de 1999, promulgando la Ley Orgánica 3/2018, de 5 de diciembre, de Protección de Datos personales

tos en relación con la cooperación policial y judicial al prevenir, investigar, detectar o enjuiciar delitos[6]. Se pretende con estos textos normativos[7], que implementan también la doctrina del Tribunal de Justicia de la Unión Europea (en adelante, TJUE) de este derecho fundamental, garantizar de manera completa el derecho a la protección de los datos personales en la Unión Europea (en adelante, UE)[8].

### *1.2. Entre la protección de los datos personales y la garantía de un alto grado de seguridad en el ELSJ*

El incremento de la amenaza terrorista en Europa ha conllevado un incremento exponencial de las medidas de seguridad y orden público, situación que de alguna manera tensiona la protección del derecho fundamental a la protección de los datos personales con motivo de su tratamiento

---

y garantías de los y garantía de los derechos digitales. BOE núm. 294, de 06 de diciembre de 2018.

6 Directiva (UE) 2016/680 del Parlamento Europeo y del Consejo, de 27 de abril de 2016, relativa a la protección de las personas físicas en lo que respecta al tratamiento de datos personales por parte de las autoridades competentes para fines de prevención, investigación, detección o enjuiciamiento de infracciones penales o de ejecución de sanciones penales, y a la libre circulación de dichos datos y por la que se deroga la Decisión Marco 2008/977/JAI del Consejo. DOUE, de 4 de mayo de 2016.

7 Hay una difícil delimitación práctica entre el ámbito del RGPD y la Directiva 2016/680. *Vid.*, entre otros, Caruana, M. M., "The reform of the EU data protection framework in the contex of the police and criminal justice sector: harmonisation, scope, oversight and enforcement", *Internacional Review of Law, Computers & Technology*, vol. 33, nº 3, 2019, págs. 249-270.

8 Estudia el contexto normativo Pérez Luño-Robledo, E., "La nueva normativa europea para la Protección de Datos personales", *Derechos y Libertades: Revista de Filosofía del Derecho y Derechos Humanos*, núm. 40, enero 2019, págs. 213-238. Otras normas a tener en cuenta dentro del marco normativo de la protección de datos en la UE son la Directiva (UE) 2016/681 del Parlamento Europeo y del Consejo, de 27 de abril de 2016, relativa a la utilización de datos del Registro de Nombres de los Pasajeros (PNR) para la prevención, detección, investigación y enjuiciamiento de los delitos de terrorismo y de la delincuencia grave y la Directiva (UE) 1153/2019, del Parlamento Europeo y del Consejo, de 20 de junio del 2019, por la que se establecen normas destinadas a facilitar el uso de información financiera y de otro tipo para la prevención, detección, investigación o enjuiciamiento de infracciones penales y por la que se deroga la Decisión 2000/642/JAI del Consejo.

masivo para posibilitar el intercambio de información entre las autoridades policiales y judiciales europeas y su transferencia a terceros países[9].

Como consecuencia de los atentados del 11-S los instrumentos que se utilizaban para otros fines como el control del fujo migratorio se empiezan a utilizar en el Espacio Europeo de Libertad, Seguridad y Justicia (en adelante, ELSJ) como sistemas para el control del orden público y la seguridad ciudadana por las autoridades policiales, aunque la utilización de estos sistemas afecta de manera grave al principio de limitación de la finalidad de los datos personales que se reconoce en la normativa europea de protección de datos[10].

---

9 La gestión del Espacio de Libertad, Seguridad y Justicia la estudia Gutiérrez Zarza, A., "Terrorismo yihadista, crisis migratorias, fronteras, prueba electrónica, encriptado, referéndum y otras palabras clave del espacio LSJ, *Diario La Ley, Sección Tribuna*, núm. 8904, 2016.
Disponible en http://diariolaley.laley.es/home/DT0000240761/20170111/Terrorismo-yihadista-crisis-migratorias-fronteras— prueba-electronica-encriptado—, acceso el 3 de febrero de 2024.

10 Las instituciones europeas intensifican su actividad en materia de seguridad para hacer frente a las amenazas colectivas lo que da lugar a la creación dentro de la UE, derivados de una serie de acuerdos internacionales, de organismos y agencias con un alto grado de autonomía, pero sin un marco jurídico claro. La Comisión Europea ha intentado en varias ocasiones clasificar sus propias actividades en estos ámbitos: COMISIÓN EUROPEA, "Panorama general de la gestión de la información en el espacio de libertad, seguridad y justicia", COM/2010/0385 final, Bruselas, de 20 de julio de 2010.
Disponible en http://eur-lex.europa.eu/legal— content/ES/TXT/?uri=CELEX:52010DC0385, acceso el 3 de febrero de 2024. Según esta Comunicación, la Comisión clasifica los instrumentos en: "1) Instrumentos de la UE para mejorar el funcionamiento del espacio de Schengen y de la unión aduanera: Sistema de Información de Schengen (SIS); Sistema de Información de Schengen de segunda generación (SIS II); EURODAC; Sistema de Información de Visados (VIS); Información Previa sobre Pasajeros (API); Convenio de Nápoles II; Sistema de Información Aduanero (SIA). 2) Instrumentos de la UE para prevenir y combatir el terrorismo y otras formas graves de delincuencia transfronteriza: Decisión Prüm; Directiva sobre conservación de datos de 2006; Sistema de Información Europeo de Antecedentes Penales (ECRIS); Unidades de Información Financiera; Organismos de Recuperación de Activos. 3) Agencias y organismos de la UE encargados de ayudar a los Estados miembros a prevenir y combatir las formas graves de delincuencia transfronteriza: Oficina Europea de Policía (Europol); Unidad Europea de Cooperación Judicial (Eurojust). 4) Acuerdos internacionales para prevenir y combatir el terrorismo y otras formas graves de delincuencia transnacional: Registro de Nombres de Pasajeros (PNR); Programa de seguimiento de la financiación del terrorismo."

Esta situación conlleva que, a nivel europeo, existen una serie de sistemas que permiten la obtención, el procesamiento y la creación de bases de datos para posibilitar la información compartida, lo que requiere la elaboración de una normativa uniforme para la protección de los datos a los efectos de poder tutelar el derecho subjetivo a la privacidad de los titulares que pueda conjugarse con la garantía de la seguridad pública. A esta labor principal se ha dedicado el marco normativo actual europeo de protección de datos que tenemos (RGPD y la Directiva 680/2016), aunque como más adelante veremos mantienen excepciones en su ámbito de aplicación, por lo que podemos decir que se reduce la idea primigenia del legislador europeo de homogeneizar los niveles de protección de los datos personales, tanto a nivel interno como europeo[11].

En el ámbito de la investigación y cooperación judicial penal la UE ha desarrollado instrumentos descentralizados para el intercambio de información entre los que destaca el Tratado de Prüm[12], que sirve de marco para el intercambio de ADN, datos dáctiloscópicos, registros de matriculación de vehículos y datos personales y no personales relacionados con la cooperación policial transfronteriza[13].

Con fines policiales, de investigación penal y cooperación judicial, la UE ha desarrollado otro instrumento descentralizado para el intercambio de información, es el Sistema Europeo de Información de Antecedentes

---

11 RIZZO, G., *Derecho a la privacidad y seguridad en el espacio público europeo,* tesis doctoral (dir. José Vila Fernández y Pablo Zapatero Miguel), Universidad Carlos, Madrid, 2019, pág. 230.
Disponible
https://earchivo.uc3m.es/bitstream/handle/10016/29719/tesis_giuseppe_rizzo_2019.pdf?sequence=1&isAllowed=y

12 Instrumento de ratificación de España del Convenio relativo a la profundización de la cooperación transfronteriza, en particular en materia de lucha contra el terrorismo, la delincuencia transfronteriza y la migración ilegal, hecho en Prüm, el 27 de mayo de 2005. BOE núm. 307, de 25 de diciembre de 2006. Las características esenciales de la convención fueron recogidos por la Decisión 2008/615/JAI del Consejo de la UE, el 23 de junio de 2008, sobre intensificación de la cooperación transfronteriza, particularmente en la lucha contra el terrorismo y la delincuencia transfronteriza.

13 Trata esta cuestión ampliamente, Freixes Sanjuán, T., "Protección de datos y globalización. La Convención de Prüm", *Revista de Derecho Constitucional Europeo,* núm. 7, 2007, págs. 11 y ss. Disponible en https://dialnet.unirioja.es/servlet/articulo?codigo-2492884, acceso el 2 de febrero de 2024.

Penales (ECRIS)[14]. Para intensificar la cooperación en la lucha contra la delincuencia, la UE creó Eurojust, órgano de la Unión competente en investigaciones y actuaciones relativas a la delincuencia grave que afecta al menos a dos Estados miembros. Su papel es promover la coordinación entre autoridades competentes de los distintos Estados miembros y facilitar la cooperación judicial entre ellos. Eurojust tiene también que desempeñar un papel esencial en materia de lucha contra el terrorismo[15].

## 2. LOS LÍMITES A LA LIBERTAD EN LA UNIÓN EUROPEA: LA DIRECTIVA (UE) 2016/680 Y SU TRASPOSICIÓN EN EL ORDENAMIENTO JURÍDICO ESPAÑOL POR LO 7/2021

### *2.1. El amplio ámbito de aplicación, más allá del proceso penal*

La evolución tecnológica y la globalización han generado nuevos desafíos en la protección de datos personales, especialmente con el aumento significativo en la recopilación e intercambio de datos para actividades como la prevención, investigación, detección y enjuiciamiento de infracciones penales. Precisamente, tanto la Directiva (UE) 2016/680, para la protección de los datos personales en el ámbito penal[16] y la norma por

---

14 El sistema ECRIS se utiliza para el intercambio de información sobre antecedentes penales nacionales. ECRIS permite el intercambio de información, a través de una red segura, sobre las condenas pronunciadas contra una persona determinada por los órganos jurisdiccionales penales en la Unión Europea. Las solicitudes se basan principalmente en información de identificación alfanumérica, aunque es posible el intercambio de datos biométricos. COMISIÓN EUROPEA, "Sistemas de información más sólidos e inteligentes para la gestión de las fronteras y la seguridad", COM(2016) 205 final, de 14 de septiembre de 2016.

15 *Vid.* REGLAMENTO (UE) 2018/1727 DEL PARLAMENTO EUROPEO Y DEL CONSEJO de 14 de noviembre de 2018 sobre la Agencia de la Unión Europea para la Cooperación Judicial Penal (Eurojust) y por la que se sustituye y deroga la Decisión 2002/187/JAI del Consejo.

16 Relacionada con la Directiva 2016/680 está la Directiva UE 2016/681, del Parlamento Europeo y del Consejo de 27 de abril del 2016, relativa a la utilización de datos del registro de nombres de los pasajeros (PNR) para la prevención, detección, investigación y enjuiciamiento de los delitos de terrorismo y de la delincuencia grave. Si bien esta Directiva no hace mención al RGPD ni a la Directiva UE 2016/680 debemos entender que está relacionada con estos dos instrumentos legislativos, puesto que regula la necesaria cooperación de las compañías de transporte aéreo con las autoridades policiales y judiciales para "prevenir, detec-

la que se transpone a nuestro derecho interno, LO 7/2021, de protección de datos personales tratados para fines de prevención, detección, investigación y enjuiciamiento de infracciones penales y de ejecución de sanciones penales[17] (en adelante, LO 7/2021) destacan la relevancia de la tecnología en la colaboración con las autoridades policiales y judiciales para hacer frente al terrorismo nacional e internacional, así como en la prevención general de la delincuencia. La normativa subraya la necesidad de facilitar la libre circulación de datos personales entre las autoridades competentes para tales fines, tanto a nivel nacional como en la transferencia a terceros países y organizaciones internacionales a la vez que aboga por garantizar un alto nivel de protección de datos en este proceso, estableciendo un marco sólido y coherente en la UE.

El objetivo de la Directiva (UE) 2016/680[18] (en el mismo sentido la LO 7/2021[19]) no es restringir el flujo de información entre organismos dentro de la Unión o entre Estados miembros, por el contrario, mediante la regulación, se busca institucionalizar y agilizar los flujos de datos, permitiendo el tratamiento de datos personales en el contexto de la policía y la justicia penal en toda la UE. Ante la posibilidad de que los datos recopilados por razones de prevención y seguridad pueden transmitirse en toda Europa y en el extranjero, se exige que los Estados miembros garanticen niveles mínimos de protección para los datos personales manejados por

---

tar, investigar y enjuiciar, de modo eficaz, delitos de terrorismo y delitos graves reforzando así la seguridad interior, para reunir pruebas y, en su caso, descubrir a los cómplices de los delincuentes y desmantelar redes delictivas" (art. 1 y considerando 6 de la Directiva). Sobre ese tema Catalina Benavente, Mª A., "Entrada en vigor de la Ley Orgánica 1/2020, de 16 de septiembre, sobre la utilización de los datos del registro de nombres de los pasajeros para la prevención, detección, investigación y enjuiciamiento de delitos de terrorismo y delitos graves", *Diario La Ley*, núm. 9737, 2020; y Alcoceba Gil, J. M., "Evolución del PNR como herramienta de investigación y predicción del delito", *Uso y cesión de evidencias y datos personales entre procesos y procedimientos sancionadores o tributarios*, (coords. Oubiña Barbolla, S. Catalina Benavente, Mª A., Colomer Hernández, I. (dir.), Thomson Reuters Aranzadi, Navarra, 2017.

17 La Directiva (UE) 2016/680 se transpone al ordenamiento jurídico español por Ley Orgánica 7/2021, de 26 de mayo, de protección de datos personales tratados para fines de prevención, detección, investigación y enjuiciamiento de infracciones penales y de ejecución de sanciones penales. BOE núm. 126, de 27/05/2021.

18 Arts. 1 y 2 Directiva (UE) 2016/680.

19 Arts. 1 y 2 LO 7/2021.

sus autoridades policiales y judiciales. La Directiva (UE) 2016/680[20], así su norma de trasposición, la LO 7/2021[21], establecen normas para la protección de datos personales en el tratamiento realizado por las autoridades competentes con fines de prevención, investigación, detección, enjuiciamiento y ejecución de sanciones penales, incluyendo la protección contra amenazas a la seguridad pública[22].

La normativa europea tiene como objetivo estandarizar la protección de los derechos de las personas físicas en los Estados miembros con respecto al tratamiento de sus datos personales, facilitando el intercambio de datos entre las autoridades competentes. Aunque se busca una cooperación judicial efectiva en asuntos penales, se reconoce que este ámbito está dentro de la soberanía de los Estados miembros, y que se realiza mediante la correspondiente trasposición nacional de la Directiva europea (en España, como hemos señalado, mediante la LO 7/2021). En consecuencia, se busca que la protección de los datos personales sea uniforme en toda la UE por lo que se aspira a armonizar las legislaciones de los Estados miembros en este ámbito, estableciendo un nivel mínimo de regulación que los Estados deben incorporar en sus legislaciones nacionales que, en España, como hemos señalado se realiza por la LO 7/2021. Esto garantiza que el nivel de protección de los derechos de las personas sea óptimo y uniforme en todos los Estados miembros con respecto al tratamiento de datos por parte de las autoridades públicas nacionales.

A través de la Directiva las instituciones de la UE permiten la libre circulación de datos personales entre las autoridades nacionales con el fin de prevenir, investigar y enjuiciar delitos, así como ejecutar sanciones penales.

---

20 Art. 2 Directiva (UE) 2016/680.

21 Art. 2 LO 7/2021.

22 Se evidencia la complejidad práctica de la aplicación de la Directiva puesto que se pregunta Guzmán Fluja, V. C., "Consideraciones sobre el alcance objetivo y subjetivo de la Directiva UE 680/2016, *Nuevos postulados de la cooperación judicial en la Unión Europea, Libro homenaje a la profª González Cano,* Mª I. (dirs. Moreno Catena, V. y Romero Pradas, Mª I. Laro González, E. (ed.), Tirant lo Blanch, Valencia 2021, pág. 841, si es posible "aplicar las limitaciones a los derechos de información, acceso, su presión, etc., establecidas en los artículos 13 y 15 de la directiva", ie., "el éxito preventivo respecto de un caso concreto y la desvinculación del interesado respecto de la infracción criminal prevenida con éxito no impide que se le restrinjan los derechos de información, acceso, etc., en cuanto eso pueda poner en riesgo a indagaciones e investigaciones incluso acciones preventivas en relación a otras infracciones penales".

El objetivo principal es prevenir amenazas a la seguridad pública y transferir datos personales a terceros países y organizaciones internacionales, manteniendo un alto nivel de protección independientemente de las técnicas o herramientas utilizadas por las autoridades[23].

Es importante destacar que la Directiva, se aplica tanto al tratamiento automatizado como no automatizado de datos personales por parte de las autoridades nacionales competentes, abarcando diversas actividades relacionadas con la prevención, investigación, detección, enjuiciamiento y ejecución de sanciones penales. La Directiva supera una limitación clave de la DM 2008/977/JAI al extender su alcance más allá del tratamiento transfronterizo a diversas actividades, incluyendo la gestión, organización, conservación, adaptación, extracción, consulta, utilización, comunicación, difusión, y otras formas de manipulación de datos personales, ya sea a nivel nacional o transfronterizo[24].

23 Considerando 4 Directiva (UE) 2016/680.

24 Este amplio ámbito de aplicación de la Directiva no es sino fruto de la labor de prevenir la delincuencia que en los últimos años está alcanzando un gran protagonismo incluso “desplazando a la tradicional función de detención y averiguación del hecho criminal”, en palabras de Guzmán Fluja, V. C., “Consideraciones sobre el alcance objetivo y subjetivo de la Directiva UE 680/2016”, *Nuevos postulados de la cooperación judicial en la Unión Europea, Libro homenaje a la prof^a^ González Cano,* M^a^ I., *op. cit.*, pág. 842. Así mantiene Bernal del Castillo, J., “Prevención y seguridad ciudadana. La recepción en España de las teorías criminológicas de la prevención situacional”, *Revista de Derecho Penal y criminología*, 3^a^ época, núm. 9, enero de 2013, pp, 267-304, que desde la política criminal “se va entendiendo que, frente a la prevención secundaria del crimen (en el momento del problema), es mejor trabajar en la prevención primaria (antes del problema)”, lo que entiende” que contribuirá en nuestro país a superar el recelo (razonable en cierto modo) a que el Estado traspase el límite de las libertades individuales y colectivas. Sobre todo, porque la solidez científica de muchas de las teorías criminológicas preventivas muestra no solo su eficacia, sino la compatibilidad entre intervenciones tempranas en los problemas sociales y respeto a las libertades” (p. 273). Respecto de la seguridad ciudadana defiende “la importancia de la “prevención situacional, cada vez más usada frente a las críticas y defectos de forma que, unida a la proactividad y actuación preventiva que recae sobre las personas y sus datos personales genera la posibilidad de acentuar la prevención primaria en diversas clases de delitos, incluidos delitos especialmente graves como terrorismo, delitos económicos, tráfico de personas etc.”

## *2.2. Limitaciones en su aplicación práctica*

A pesar de su amplio enfoque en los sectores policial y judicial, la aplicación real de la Directiva está limitada al tratamiento de datos personales por parte de las autoridades competentes con fines específicos relacionados con la prevención, investigación, detección o enjuiciamiento de infracciones penales o ejecución de sanciones penales, sin que tenga aplicación al tratamiento de los datos personales que se contengan en resoluciones judiciales o en registros relacionados con procesos penales[25], que en el caso de España se regula en la Ley Orgánica del Poder Judicial (en adelante, LOPJ)[26]. Además, no regula el tratamiento de datos en actividades que no estén dentro del ámbito del Derecho de la Unión Europea, excluyendo ciertas actividades relacionadas con la seguridad nacional y las actividades de los Estados miembros en el ámbito de la política exterior y de seguridad común, persistiendo en ambigüedades que corresponderá clarificar al TJUE y antes a los tribunales nacionales.

Presenta limitaciones notables, como la falta de referencia a los regímenes jurídicos de organismos europeos como Europol y Eurojust, quedando excluidos de su alcance. Además, no aborda de manera efectiva el intercambio de información personal entre estas agencias y terceros países u organizaciones internacionales. En este contexto, el Reglamento (UE) 2018/1725 del Parlamento Europeo y del Consejo, de 23 de octubre de 2018, relativo a la protección de las personas físicas en lo que respecta al tratamiento de datos personales por las instituciones, órganos y organismos de la Unión, y a la libre circulación de esos datos, y por el que

---

25 La Directiva (UE) 2016/680 no se aplica, como especifica su considerando 20, a los tratamientos de datos personales en el contexto de un procedimiento judicial penal, dejando que "los Estados miembros especifiquen operaciones y procedimientos relativos al tratamiento de datos personales por parte de tribunales y otras autoridades judiciales". art. 4 LO 7/2021. Hay quien considera que este diferente tratamiento legislativo lo aleja del objetivo de la armonización, *vid.* di Francesco Maesa, C., "Balance between Security and Fundamental Rights Protection: An analysis of the Directive 2016/680 for Data Protection in the Police and Justice Sectors and Directive 201/680 and the Directive 2016/681 on the use of passenger name record (PNR)", *Eurojus.it rivista*, 24 May 2016. Disponible en http://rivista.eurojus.it/balance-between-security-and-fundamental-rightsprotection-an-analysis-of-the-directive-2016680-for-data-protection-in-the-police-and-justice-sectors-and-the-directive2016681-on-the-use-of-passen/, pág. 5, acceso el 13 de enero de 2024.

26 En el capítulo I Bis LOPJ, dedicado a la "Protección de Datos de carácter personal en el ámbito de la administración de Justicia".

se derogan el Reglamento (CE) nº 45/2001 y la Decisión nº 1247/2002/CE[27], sería el encargado de supervisar la actividad en esta materia de estas agencias, combinando protección de datos interna, comisiones mixtas y supervisión del Supervisor Europeo de Protección de Datos. También se observan contradicciones y falta de claridad en la formulación de las disposiciones relacionadas con "protección y prevención frente a las amenazas contra la seguridad pública". No se define en la Directiva qué se entiende por actividades relacionadas con la "seguridad pública" (puede, en ocasiones, abarcar la prevención o detección de hechos delictivos aunque el concepto es más amplio y puede relacionarse con otros como "seguridad ciudadana" u "orden público"), y además la interpretación de este concepto puede variar atendiendo al momento histórico; esto último, unido a que es un concepto que se puede aplicar a diferentes actividades (no se sabe si incluye a todas las que pueden servir para la prevención y protección de las amenazas) es evidente causará problemas interpretativos[28].

A pesar de ciertas limitaciones en el alcance de la normativa, es crucial reconocer que este marco jurídico europeo representa el primer esfuerzo por armonizar las normas aplicables al tratamiento de datos por parte de los Estados miembros en los sectores de "policía y justicia". La efectividad real de la Directiva en los sectores de policía y justicia depende de su implementación en la legislación nacional de cada Estado y de la actuación uniforme de los tribunales nacionales y de su tratamiento por el TJUE[29].

---

27 DOUE núm. 295, de 21 de noviembre de 2018.

28 Se pone de manifiesto por Guzmán Fluja, V. C., "Consideraciones sobre el alcance objetivo y subjetivo de la Directiva UE 680/2016", *Nuevos postulados de la cooperación judicial en la Unión Europea, Libro homenaje a la profª González Cano,* Mª I., *op. cit.*, pág. 844; y por Rizzo, G., *Derecho a la privacidad y seguridad en el espacio público europeo, op. cit.*, págs. 521-522, que tanto la seguridad pública como la seguridad nacional son conceptos en evolución cuyo alcance depende del momento histórico de referencia, por lo que su significado no debería contemplarse de manera estricta en la ley a fin de permitir la posibilidad de adaptarse a través de la interpretación de las autoridades.
El Tribunal Constitucional aboga por un concepto restrictivo de "seguridad pública" y considera que "seguridad pública" sería un concepto más amplio que "seguridad ciudadana". *Vid.* STC 184/2016, de 3 de noviembre de 2016.

29 El RGPD establece reglas generales "para garantizar la libre circulación de datos personales" y "para proteger a las personas físicas en relación con el tratamiento de datos personales" dentro de la UE. La nueva Directiva 2018/680 y el RGPD se complementan entre sí, ya que operan en diferentes sectores, pero cooperan en las áreas donde se superponen. Por ejemplo, si los datos personales fueron recopilados por una autoridad competente para uno de los fines de la Directiva,

## BIBLIOGRAFÍA

Alcoceba Gil, J. M., "Evolución del PNR como herramienta de investigación y predicción del delito", *Uso y cesión de evidencias y datos personales entre procesos y procedimientos sancionadores o tributarios* (coords. Oubiña Barbolla, S. Catalina Benavente, Mª A., Colomer Hernández, I. (dir.), Thomson Reuters Aranzadi, Navarra, 2017.

Barona Vilar, S., *Algoritmización del derecho y de la justicia: de la Inteligencia Artificial a la Smart Justice*, Tirant lo Blanch, Valencia, 2021.

Bernal Del Castillo, J., "Prevención y seguridad ciudadana. La recepción en España de las teorías criminológicas de la prevención situacional", *Revista de Derecho Penal y criminología*, 3ª época, núm. 9, enero de 2013

Catalina Benavente, Mª A., "Entrada en vigor de la Ley Orgánica 1/2020, de 16 de septiembre, sobre la utilización de los datos del registro de nombres de los pasajeros para la prevención, detección, investigación y enjuiciamiento de delitos de terrorismo y delitos graves", *Diario La Ley*, núm. 9737, 2020.

Caruana, M. M., "The reform of the EU data protection framework in the contex of the police and criminal justice sector: harmonisation, scope, oversight and enforcement", *Internacional Review of Law, Computers & Technology*, vol. 33, nº 3, 2019.

Di Francesco Maesa, C., "Balance between Security and Fundamental Rights Protection: An analysis of the Directive 2016/680 for Data Protection in the Police and Justice Sectors and Directive 201/680 and the Directive 2016/681 on the use of passenger name record (PNR)", *Eurojus.it rivista*, 24 May 2016. Disponible en http://rivista.eurojus.it/balance-between-security-and-fundamental-rightsprotection-an-analysis-of-the-directive-2016680-for-data-protection-in-the-police-and-justice-sectors-and-the-directive2016681-on-the-use-of-passen/

De Hoyos Sancho, M., "Profundización en la cooperación transfronteriza en la Unión Europea: obtención, registro e intercambio de perfiles de ADN de sospechosos", *Espacio europeo de libertad, seguridad y justicia: últimos avances en cooperación judicial penal*, (dir. Arangüena Fanego, C.), Lex Nova, Valladolid, 2010.

Esparza Leibar, I., "La Directiva (UE) 2016/680 y la Protección de Datos de carácter personal derivada de la actividad jurisdiccional penal", *el nuevo proceso penal sin código procesal penal* (dir. Castillejo Manzanares, R., coord. Alonso Salgado, C.), Atelier, Barcelona, 2019.

---

el RGPD debería aplicarse al tratamiento de tales datos para finalidades diferentes de los de la Directiva, si dicho procesamiento está autorizado por el Derecho de la Unión o del Estado miembro. En particular, las normas del RGPD deberían "aplicarse a la transmisión de datos personales para fines que no entran en el ámbito de aplicación de la Directiva". En el tratamiento de los "datos personales por parte de un destinatario que no sea una autoridad competente" o que no ejerza esta función con arreglo a la Directiva y a "quien una autoridad competente" divulgue lícitamente datos personales, se debería aplicar el RGPD. Al aplicar la Directiva, los Estados miembros deberían poder especificar mejor la aplicación de las normas del RGPD, "con sujeción a las condiciones establecidas en el mismo". Considerando 34 de la DIRECTIVA (UE) 2016/680.

Etxeberia Guridi, J. F., "Principio de disponibilidad y protección de datos personales: a la búsqueda del necesario equilibrio en el espacio judicial penal europeo", *Eguzkilore: Cuaderno del Instituto Vasco de Criminología,* núm. 23, 2009.

Freixes Sanjuán, T., "Protección de datos y globalización. La Convención de Prüm", *Revista de Derecho Constitucional Europeo,* núm. 7, 2007. Disponible en https://dialnet.unirioja.es/servlet/articulo?codigo=2492884

González Cano Mª I., "Cesión y tratamiento de datos personales, principio de disponibilidad y cooperación judicial penal en la Unión Europea", *Cesión de datos personales y evidencias entre procesos penales y procedimientos administrativos sancionadores o tributarios,* (coords. Oubiña Barbolla, S. Catalina Benavente, Mª A., Colomer Hernández, I. (dir.), Thomson Reuters Aranzadi, Navarra, 2017.

Gutiérrez Zarza, A., "Terrorismo yihadista, crisis migratorias, fronteras, prueba electrónica, encriptado, referéndum y otras palabras clave del espacio LSJ, *Diario La Ley, Sección Tribuna,* núm. 8904, 2016.

Disponible http://diariolaley.laley.es/home/DT0000240761/20170111/Terrorismo-yihadista-crisis-migratorias-fronteras— prueba-electronica-encriptado

Pérez Luño-Robledo, E., "La nueva normativa europea para la Protección de Datos personales", *Derechos y Libertades: Revista de Filosofía del Derecho y Derechos Humanos,* núm. 40, enero 2019.

Guzmán Fluja, V. C., "Consideraciones sobre el alcance objetivo y subjetivo de la Directiva UE 680/2016, *Nuevos postulados de la cooperación judicial en la Unión Europea, Libro homenaje a la profª González Cano,* Mª I. (dirs. Moreno Catena, Víctor y Romero Pradas, Mª Isabel; edit. Laro González, Elena), Tirant lo Blanch, Valencia 2021.

Rizzo, G., D*erecho a la privacidad y seguridad en el espacio público europeo,* tesis doctoral (dir. José Vila Fernández y Pablo Zapatero Miguel), Universidad Carlos, Madrid, 2019.

Disponible https://e-archivo.uc3m.es/bitstream/handle/10016/29719/tesis_giuseppe_rizzo_2019.pdf?sequence=1&isAllowed=y

# *Reglamento (UE) 2023/1543 sobre producción y conservación de prueba electrónica. Análisis crítico sobre su aplicabilidad en el contexto de la ciberdelincuencia*

**FEDERICO GONZÁLEZ BARRERA**

*Contratado Predoctoral FPI*[1]*. Universidad Carlos III de Madrid*



## 1. INTRODUCCIÓN AL REGLAMENTO (UE) 2023/1543

Desde el inicio del siglo XXI, se ha producido un incremento exponencial de la ciberdelincuencia tanto a nivel internacional como europeo, situación que ha continuado en un mayor detrimento a raíz de la crisis del COVID-19. Debido a esta situación, las autoridades gubernativas han puesto el foco en la lucha contra este fenómeno delictivo que, en multitud de ocasiones, resulta impune debido al anonimato y extraterritorialidad que ofrece Internet, la instantaneidad en la comisión de los ciberdelitos, así como la posibilidad de eliminar o manipular pruebas debido a las diversas herramientas tecnológicas existentes para ello. Esto da lugar a que

[1] Capítulo científico realizado en el marco del Proyecto RTI2018-099170-B-I00 "Tratamiento procesal de la víctima de violencia sexual: participación, objeto e interpretación social en las redes", Ministerio de Ciencia e Innovación (MCI) - Agencia Estatal de Investigación (AEI) y Fondo Europeo de Desarrollo Regional (FEDER).

se dificulte la investigación penal por parte de las instituciones policiales y judiciales.

La Unión Europea (UE, en lo que reste), desde la promulgación del Tratado de Lisboa en 2009, busca establecer un espacio europeo de libertad, seguridad y justicia para todos los ciudadanos europeos. Así pues, a fin de alcanzar este objetivo, en el marco de este Tratado surgió la denominada cooperación judicial europea, tal y como señala Moreno Catena[2] afirmando cuánto sigue: *"el TFUE comienza sentando que la cooperación judicial en materia penal en la Unión se basará en el principio de reconocimiento mutuo de las sentencias y resoluciones judiciales e incluye la aproximación de las disposiciones legales y reglamentarias de los Estados miembros adoptando medidas para establecer normas y procedimientos que garanticen el reconocimiento en toda la Unión de las sentencias y resoluciones judiciales en todas sus formas"*. Pues bien, a partir de la aprobación del Tratado de Lisboa[3] se dio lugar a la creación de diversas normativas europeas que buscaban garantizar este espacio de cooperación judicial mutua en el seno de la Unión[4].

Con el paso del tiempo y, en especial debido al desarrollo de técnicas más sofisticadas en el ámbito de la ciberdelincuencia, la UE identificó la necesidad de crear nuevos mecanismos que permitan la lucha contra la misma. Además, debido a las características inherentes a la ciberdelincuencia, en la mayoría de las ocasiones la única posibilidad de garantizar sentencias condenatorias, se reduce a la obtención y remisión de contenido

---

2 Víctor Moreno Catena, "El cambio de paradigma y el principio de reconocimiento mutuo y sus implicaciones. Perspectivas del Tratado de Lisboa", en *Cooperación Judicial Penal en Europa*, dir. por Miguel Carmona Ruano, Ignacio U. González, y Víctor Moreno Catena., coord. por Amaya Arnáiz Serrano (Madrid: Editorial Dykinson, 2013), 49.

3 Tratado de Lisboa por el que se modifican el Tratado de la Unión Europea y el Tratado Constitutivo de la Comunidad Europea, firmado en Lisboa el 13 de diciembre de 2007 (*Tol 1347864*).

4 Así lo destaca Ron Holzhacker, y Paul Luif. "Introduction: Freedom, Security and Justice After Lisbon", en *Freedom, Security and Justice in the European Union. Internal and External Dimensions of Increased Cooperation after the Lisbon Treaty*, ed. por Ron, Holzhacker, y Paul Luif (New York: Springer, 2014), 1-11. Entre algunas de las normas aprobadas en este contexto de cooperación judicial europea, se puede destacar, por un lado, la Directiva 2014/14/CE del Parlamento Europeo y del Consejo, de 3 de abril de 2014, relativa a la orden europea de investigación en materia penal (*Tol 4228078*). O bien, la Decisión Marco del Consejo, de 13 de junio de 2002, relativa a la orden de detención europea y a los procedimientos de entrega entre Estados miembros (2002/584/JAI) (*Tol 507479*).

digital, como fuentes de prueba, que permita conformar la denominada prueba electrónica en el acto de juicio oral.

Junto a esta situación, y debido al carácter transfronterizo y universal de Internet, en muchas ocasiones estos ciberdelitos, aunque sean cometidos contra víctimas españolas, son perpetrados por ciberdelincuentes que se encuentran en otro país de la UE, siendo fundamental potenciar la actuación de la cooperación judicial europea a fin de garantizar su perseguibilidad. De igual forma, uno de los principales obstáculos que se han detectado en relación con las investigaciones que incluyen dispositivos tecnológicos radica en la inexistencia de un marco común de actuación de los Estados Miembros para obtener y transmitir datos digitales que permitan la conformación de la prueba electrónica, sin que, además, existan unos estándares mínimos que garanticen el debido respeto de los derechos fundamentales y garantías básicas de las partes que intervienen en procedimientos penales[5].

Pues bien, en este contexto, la UE, en su ánimo de erradicar la ciberdelincuencia, aprobó el Reglamento (UE) 2023/1543 del Parlamento Europeo y del Consejo, de 12 de julio de 2023, sobre las órdenes europeas de producción y las órdenes europeas de conservación a efectos de prueba electrónica en procesos penales y de ejecución de penas privativas de libertad a raíz de procesos penales (el Reglamento, en lo sucesivo)[6]. A lo largo de este trabajo, se realiza un análisis exhaustivo de este Reglamento, identificando, en primer lugar, la definición de prueba electrónica proporcionada por esta norma de transposición directa para, posteriormente, abordar las particularidades existentes en torno a las órdenes europeas de producción y conservación de prueba electrónica. Finalmente, se abordarán algunos posibles obstáculos procesales existentes que pueden surgir a raíz de la aplicación de este Reglamento.

---

5 Así, entre otros, cabe destacar a Steve Peers, "The proposed European Investigation Order: Assault on human rights and national sovereignty", *Statewatch analysis* (2010), disponible en: https://www.statewatch.org/media/documents/analyses/no-96-european-investigation-order.pdf. O bien, Debbie Sayers, "The European Investigation Order. Travelling without a 'roadmap'", *Centre for European Policy Studies*, (2011): 6-7.

6 Reglamento (UE) 2023/1543 del Parlamento del Consejo, de 12 de julio de 2023, sobre las órdenes europeas de producción y las órdenes europeas de conservación a efectos de prueba electrónica en procesos penales y de ejecución de penas privativas de libertad a raíz de procesos penales (*Tol 9714602*).

## 2. HACIA UNA DEFINICIÓN DE PRUEBA ELECTRÓNICA

Establecer una definición única sobre prueba electrónica en procedimientos penales no resulta una cuestión sencilla debido a la volatilidad de las herramientas tecnológicas. Sin embargo, debido a la evolución constante de las nuevas tecnologías y cómo las mismas pueden repercutir en el proceso penal, es necesario establecer una definición amplia de la misma. En la normativa procesal española, no existe definición sobre prueba electrónica, aunque la doctrina académica ha debatido desde hace algunos años la necesidad de proporcionar una definición de la misma, al igual que ocurre con el resto de tipologías de pruebas. En este sentido, siguiendo a LÓPEZ Jiménez[7], en relación con la definición de prueba electrónica, considera que: *"La doctrina maneja un concepto amplio de prueba electrónica que incluye tres variantes: a) la creada directamente a través de la informática como es, por ejemplo, un correo electrónico; b) la que procede de medios de reproducción o archivos electrónicos como son los vídeos, fax, fotografía digital; y por último, c) la que se presenta mediante instrumentos informáticos del tipo disquetes, pen-drives, bases de datos, etc."*.

En un sentido similar, también se pronuncia BUENO DE MATA[8] que considera la prueba electrónica como: *"cualquier prueba presentada informáticamente y que estaría compuesta por dos elementos: uno material que depende de un hardware, la parte física y visible de la prueba para cualquier usuario a pie, por ejemplo, la carcasa de un Smartphone o una memoria USB; y por otro lado un elemento intangible que es representando por un software consistente en los metadatos y archivos electrónicos modulados a través de unas interfaces informáticas"*.

Pues bien, en este marco conceptual, el Reglamento, en su artículo 3(8), entiende por prueba electrónica: *"los datos de los abonados, de tráfico o datos de contenido almacenados por un prestador de servicios, o en nombre de un prestador de servicios, en formato electrónico, en el momento de la recepción de un certificado de orden europea de producción... o de un certificado de orden europea de conservación"*. En relación con los datos de los abonados, el art. 3(9) afirma que se tratan de aquellos datos que permitan la identificación del investigado debido a la contratación de determinados servicios digitales con un proveedor determinado (como, por ejemplo, nombre, fecha de nacimiento,

---

[7] *Vid.* Raquel López Jiménez, *Victimización sexual y nuevas tecnologías: desafíos probatorios.* (Madrid: Dykinson, 2021).

[8] Así, lo expresa Federico Bueno de Mata, *Prueba electrónica y proceso 2.0. Especial referencia al proceso civil.* (Valencia: Tirant lo Blanch, 2014) (*Tol 4147241*).

dirección de residencia, correo electrónico, teléfono móvil, direcciones IP que permiten la identificación del investigado, así como el tipo de servicio contratado). Por otro lado, los datos de tráfico hacen referencia a aquellos intrínsecos al servicio prestado por el proveedor de servicios digitales que permiten conocer, entre otros, el lugar de origen y destino de una comunicación, la ubicación de un dispositivo electrónico, normalmente, a través del GPS, así como otros datos que, por ejemplo, permitan conocer la conexión del investigado al dispositivo en cuestión (art. 3.11). Respecto a los datos de contenido (art. 3.12), se refieren a cualquier tipo de información digital que se remite por el investigado o la víctima a lo largo de una comunicación digital como pueden ser imágenes, vídeos, texto, voz... (aquí, por ejemplo, se encuadrarían las imágenes o vídeos de contenido sexual que son diseminados por el presunto ciberdelincuente, sin el consentimiento de una víctima adulta).

Pues bien, a partir de la promulgación de este Reglamento, se ha introducido, por primera vez, una definición de prueba electrónica en el ámbito del proceso penal español. No obstante, se considera que esta definición normativa no resulta del todo completa en comparación a lo reclamado por la doctrina científica y, en concreto, en lo que respecta a su ámbito de aplicación. La prueba electrónica no sólo ha de ser aquella que es almacenada por un prestador de servicios, sino que, también, siguiendo a la doctrina científica detallada con anterioridad, abarca aquella información digital que se pueda encontrar almacenada en dispositivos tecnológicos que sean propiedad del investigado y que, una vez llegado el juicio oral, pueden ser utilizados para desvirtuar la presunción de inocencia del acusado. En el contexto del Reglamento, sólo se tiene en consideración aquella información digital que es utilizada en comunicaciones entre investigado-víctima, que permiten la identificación del investigado (por encontrarse suscrito a un proveedor), o bien, aquella información inherente al servicio digital prestado, pero no cuenta con una definición amplia que abarque, por ejemplo, posibles datos digitales que puedan ser creados a partir del desarrollo de las nuevas tecnologías (por ejemplo, el *deep fake*), o la estructura de *hardware* (un USB) que pueda contener información relevante para el procedimiento. Por ello, el Reglamento debería ampliar la definición de prueba electrónica permitiendo abarcar cualquier tipo de información digital que pueda ser obtenida a lo largo de cualquier investigación penal y, más aún, teniendo en consideración la evolución de las nuevas tecnologías en los años venideros.

## 3. CUESTIONES GENÉRICAS RESPECTO A LA EMISIÓN DE ÓRDENES EUROPEAS DE PRODUCCIÓN Y CONSERVACIÓN DE PRUEBAS ELECTRÓNICAS

La orden europea de producción y conservación de pruebas electrónicas surge como una herramienta complementaria a la Orden Europea de Investigación (OEI)[9] a raíz de los avances tecnológicos y la necesidad de proporcionar un procedimiento de investigación penal más rápido y eficaz. Así, lo reconoció la Exposición de Motivos de la propuesta del Reglamento aseverando cuánto sigue: *"La Directiva relativa a la orden europea de investigación en materia penal, que en gran parte sustituyó al Convenio de Asistencia Judicial en Materia Penal, cubre todas las medidas de investigación, incluido el acceso a las pruebas electrónicas, pero no contiene disposición específica alguna sobre este tipo de pruebas. El nuevo instrumento no sustituirá a dicha Directiva a efectos de obtener pruebas electrónicas, pero ofrece un instrumento adicional a las autoridades"*. De esta forma, el legislador europeo busca evitar cualquier tipo de interferencia o cuestionamiento entre las órdenes de conservación y creación de prueba electrónica y su posible colisión con la OEI que, como ya se ha destacado, van a tratarse de herramientas de cooperación adicionales y complementarias a las ya existentes en el contexto europeo.

Por otro lado, uno de los principales ejes de este Reglamento, como es lógico, se trata de los proveedores de servicios digitales que se tratan de las entidades encargadas de proporcionar servicios de comunicación electrónica, servicios relativos a los nombres de dominio de internet y direcciones IP, así como de almacenamiento de datos, o bien, otras entidades que permiten a sus usuarios establecer relaciones entre sí (por ejemplo, las redes sociales)[10]. Una de las principales características diferenciadoras del Reglamento es que las órdenes que se emitan por parte de las autoridades competentes, a diferencia de la OEI, se dirigen directamente a los prestadores de servicios digitales para agilizar el proceso de remisión de información digital y dinamizar la propia investigación penal sin necesidad de que sea necesaria la participación de alguna institución judicial del Estado miembro de ejecución que recibe la orden de producción o

---

9 La regulación de esta herramienta de cooperación judicial estriba en la Directiva 2014/41/CE del Parlamento Europeo y del Consejo, de 3 de abril de 2014, relativa a la orden europea de investigación en materia penal (*Tol 4228078*).

10 Definición de creación propia que ha sido extraída del art. 3(3) del Reglamento.

conservación de la prueba electrónica[11]. Además, estas órdenes se pueden emitir contra cualquier prestador de servicios que tenga alguna de sus sedes en territorio de la UE, aunque su domicilio social se encuentre en un país tercero de la UE, garantizando, así, el cumplimiento de las órdenes y el buen devenir de la investigación criminal[12]. En este sentido, el art. 7.1 del Reglamento exige que las órdenes deberán remitirse directamente al establecimiento designado por la entidad prestadora de servicios, o bien, al representante legal que la entidad haya escogido.

Asimismo, ante la creación de diversas obligaciones y deberes a cumplir por parte de los prestadores de servicios, el Reglamento establece un régimen sancionador en caso de que no cumplan con la orden recibida. Concretamente, se establece que, al menos, la sanción de los Estados miembros debe ser del 2% del total del volumen de negocios anual del prestador de servicios, aunque, la normativa permite que los Estados miembros puedan ampliar esta cuantía pecuniaria (art. 15).

Finalmente, de cara a facilitar el intercambio de información digital y la transmisión de la prueba electrónica entre las autoridades competentes y los prestadores de servicios digitales, el Reglamento estipula la creación de un sistema informático descentralizado (art. 19) seguro y fiable al que tengan acceso las entidades involucradas. Este sistema permite agilizar la emisión y recepción de información digital ya que parte de un sistema seguro y encriptado que evitará posibles hackeos y donde la información se transmite de forma confidencial, siendo obligatorio que los Estados miembros garanticen su operatividad a partir del 18 de agosto de 2026 (fecha en la que entrará en vigor el Reglamento). En caso de que el sistema no se encuentre operativo por posibles errores técnicos o informáticos, se permitirá el uso de medios informáticos alternativos seguros y fiables. Además, estos sistemas alternos deben garantizar la autenticidad de los datos remitidos (aunque, no se llega a establecer requisitos mínimos que estos sistemas

---

11 En este sentido, se pronuncia Elena Laro González, “Prueba penal transfronteriza: de la orden europea de investigación a las órdenes europeas de entrega y conservación de pruebas electrónicas”, *REVISTA DE ESTUDIOS EUROPEOS*, Volumen 79 (2022): 285-303. O, también, Valentina Faggiani, “La armonización de los derechos de los sospechosos y acusados en el espacio europeo de justicia penal: avances, límites y perspectivas”, *Política Criminal: Revista Electrónica Semestral de Políticas Públicas en Materias Penales*, Volumen 18(36) (2023): 690-717.

12 Así, lo señala Carmen Cuadrado Salinas, “La Directiva Europea y las Órdenes de Producción y Conservación de pruebas electrónicas en los procesos penales. ¿Nuevas perspectivas?”, *IUS ET SCIENTIA*, Volumen 9(2) (2023): 117-135.

alternativos deben cumplir para garantizar dicho requisito, debiendo remitirnos a la normativa de cada país concreto para cumplir con este criterio de autenticidad).

Pues bien, una vez delimitadas las particularidades genéricas aplicables a cualquier orden emitida en el contexto del Reglamento, a continuación, se realizará un análisis tanto de las órdenes europeas de producción como de conservación de prueba electrónica, destacando las principales novedades legislativas introducidas, así como algunas problemáticas que plantean desde el punto de vista procesal.

## 4. LA ORDEN EUROPEA DE PRODUCCIÓN DE PRUEBA ELECTRÓNICA

### *4.1. Definición y principales requisitos*

Las órdenes europeas de producción (EPO, *European Production Order*) de prueba electrónica se conciben como mecanismos procesales de cooperación para la creación de fuentes de prueba digitales, por parte de los prestadores de servicios digitales, que pueden ser emitidas en procedimientos penales por las autoridades competentes para determinados hechos delictivos que están siendo investigados en el seno de un proceso penal[13]. De esta forma, no se podrá emitir una orden de creación como una medida preventiva, siendo necesario que exista una investigación penal en curso[14].

De igual forma, los requisitos legales que exige el Reglamento en su artículo 5 para emitir una EPO son:

---

13 En este sentido, el art. 3(1) del Reglamento concibe la orden europea de producción de prueba electrónica como: *"una decisión por la que se ordena la entrega de pruebas electrónicas, emitida o validada por una autoridad judicial de un Estado miembro de conformidad con el artículo 4, apartados 1, 2, 4 y 5, y dirigida a un establecimiento designado o a un representante legal de un prestador de servicios que ofrezca servicios en la Unión, cuando dicho establecimiento designado o representante legal esté situado en otro Estado miembro vinculado por el presente Reglamento"*. En un sentido similar, se pronuncia Ángel Tinoco-Pastrana, "The Proposal on Electronic Evidence in the European Union", *European Criminal Law Associations' Forum, EUcrim*, Issue 2020/1 (2020): 46-50.

14 Véase Michael Platcha, "European Union Introduces European Production and Preservation Orders for Electronic Evidence in Criminal Matters", *International Enforcement Law Reporter*, Volume 37(7) (2023): 237-240.

- Cumplimiento con los principios de necesidad y proporcionalidad de conformidad con los derechos fundamentales y garantías procesales del investigado. La EPO se podrá emitir siempre y cuando no existan otros medios de investigación menos lesivos para los derechos fundamentales y garantías procesales (principio de proporcionalidad).
- La EPO deberá incluir el nombre de usuario del investigado, así como otros datos digitales que permitan su identificación (entre otros, dirección IP, nombre del usuario registrado en el sistema del proveedor de servicios, nombre de la cuenta, entre otros), salvo que el objetivo de la EPO sea conocer la identidad del sujeto investigado.
- Para que se pueda emitir una EPO, es necesario que el hecho delictivo investigado tenga una pena de prisión de al menos 3 años, lo cual guarda cierta lógica en relación con la pena que normalmente suele imponerse en el ámbito de la ciberdelincuencia. Asimismo, el Reglamento incluye la posibilidad de que se emita la EPO siempre que se trate de delitos de fraude, abuso sexual y explotación de menores, así como ataques contra infraestructuras estatales críticas o terrorismo. No obstante, el Reglamento no especifica en qué Estado Miembro debe cumplirse con el requisito de los 3 años de prisión, si en el que emite la EPO, o en el que la recibe, aunque, debido a la finalidad de la norma, este requisito aplicaría a la normativa penal del Estado emisor de la orden.
- Respecto de los requisitos formales asociados a la EPO, es necesario que se incluya la siguiente información: (i) la autoridad emisora; (ii) el proveedor de servicios digitales, representante legal designado, o bien, la autoridad judicial a la que se remite (en el caso de que la información digital se encuentre almacenada por una institución pública del país receptor), (iii) la información digital que se solicita, debiendo concretarse el contenido de la misma; (iv) la identificación del usuario (siempre que sea conocido por el Estado emisor), (v) el período de tiempo que abarca los datos cuya producción se solicita, (vi) las disposiciones penales que aplican; (vii) una descripción sucinta del procedimiento; (vii) así como los motivos que justifican el cumplimiento de los principios de necesidad y proporcionalidad. De igual forma, y a fin de facilitar y agilizar el intercambio de información por parte de las autoridades judiciales, el Reglamento incluye en su Anexo I, un borrador de EPO.

- Para supuestos en los que la información solicitada se encuentre protegida por el principio de confidencialidad, es necesario que la EPO detalle exhaustivamente el detrimento que se puede producir para la investigación penal, el hecho de que no se remita la información solicitada.

En relación con las autoridades competentes para la emisión de la EPO, en función de los datos que se deseen solicitar, el artículo 4 realiza dos matizaciones distinguiendo en función de la tipología de información que sea solicitada al proveedor de servicios digitales.

En primer lugar, de conformidad con el art. 4.1, las autoridades competentes para la emisión de una EPO que tenga por objetivo obtener datos de abonados para la identificación de un usuario son: (i) un juez, tribunal, juez de instrucción o fiscal, o bien, (ii) cualquier otra autoridad competente que esté dirigiendo la investigación de conformidad con la normativa procesal del Estado Miembro. Esta última disposición normativa parece haber sido introducida para aquellos Estados Miembros, de tradición anglosajona, en los que la investigación penal se desarrolla en su totalidad por la Policía, como pueden ser el caso de Irlanda o Chipre.

No obstante, en caso de que la EPO busque obtener datos de tráfico (que no tienen por único objetivo identificar al investigado), la misma sólo puede ser emitida por (art. 4.2): (i) un órgano jurisdiccional, o bien, (ii) cualquier otra autoridad competente que esté dirigiendo la investigación y sea competente para ello conforme a la normativa penal del Estado Miembro. De esta forma, el Reglamento excluye la posibilidad de que la Fiscalía pueda emitir la EPO, siempre que tenga por objeto la producción de datos de tráfico de un abonado debido, esencialmente, a que estos datos se tratan de datos de carácter personal (por ejemplo, imágenes o conversaciones electrónicas), siendo obligatorio la emisión de una resolución judicial motivada (salvo que se traten de Estados miembros de tradición anglosajona).

Esta diferenciación en relación con la competencia de la autoridad para la emisión de la EPO en función de los datos solicitados fue señalada por parte del Comité Económico Social Europeo (CESE), en su Dictamen sobre la propuesta del Reglamento, en el que destacó cuánto sigue: "*1.7. El CESE acoge con satisfacción que ambas órdenes deban ser emitidas o confirmadas por una autoridad judicial de un Estado miembro. Sin embargo, el CESE considera problemático que, para la obtención de datos de los abonados y datos relativos al acce-*

*so, los fiscales también puedan emitir órdenes de entrega y respalda que la obtención de los datos de carácter personal se someta a la autorización de un juez"*[15].

Finalmente, el Reglamento, en casos urgentes en los que sea necesaria la creación de una EPO sobre datos de tráfico de un sujeto[16], se permite que la Fiscalía pueda emitirla, siempre y cuando la misma sea ratificada por un órgano judicial en un plazo máximo de 48 horas desde que sea remitida por la Fiscalía (*ex.* art. 4.5 del Reglamento).

### *4.2. Procedimiento para la ejecución de la EPO*

El procedimiento para la ejecución de la EPO se encuentra estipulado en el art. 10 del Reglamento. Concretamente, la autoridad emisora de la EPO, tendrá que remitir la misma, a través del certificado disponible en el Anexo I del Reglamento, a la entidad prestadora de servicios digitales, o bien, a su representante legal designado que tendrá que remitir este certificado a la entidad prestadora de servicios digitales en el menor tiempo posible.

La tramitación de este certificado, así como la creación de los datos digitales solicitados, deberá realizarse con la mayor premura posible. El plazo de remisión de los datos digitales por parte del destinario, desde la recepción de la orden, es de 10 días, bien a la entidad emisora o, en su caso, a las autoridades policiales del Estado emisor que hayan sido designadas en el certificado de la EPO[17]. Ahora bien, en aquellos casos en los que concurra un caso urgente, esta información deberá ser proporcionada

---

15 *Vid.* Unión Europea, Dictamen del Comité Económico y Social Europeo sobre "La Propuesta de Reglamento del Parlamento Europeo y del Consejo sobre las órdenes europeas de entrega y conservación de pruebas electrónicas a efectos de enjuiciamiento penal", Diario Oficial de la Unión Europea C 367 (2018): 88-92.

16 De conformidad con el art. 3(18), se concibe como caso urgente aquellos en los que: *"exista una amenaza inminente para la vida, la integridad física o la seguridad de una persona o para una infraestructura esencial... cuando la perturbación o destrucción de dicha infraestructura esencial pueda dar lugar a una amenaza inminentes para la vida, la integridad física o la seguridad de una persona, también mediante perjuicios graves al suministro de productos básicos para la población o para el ejercicio de las funciones esenciales del Estado*".

17 Cfr. Montserrat De Hoyos Sancho, "Novedades en materia de obtención transfronteriza de información electrónica necesaria para la investigación y enjuiciamiento penal en el ámbito europeo", *Revista de Estudios Europeos,* Número extraordinario 1 (2023): 99-128.

por el destinario en un plazo de 96 horas desde la recepción del certificado (art. 10.4).

Por otro lado, si la EPO no cumple con alguno de los requisitos formales estipulados en el anterior apartado, el destinatario deberá informar lo antes posible a la autoridad emisora que deberá enmendar su error en el plazo de 5 días, realizando las aclaraciones que sean oportunas, así como detallando un nuevo plazo de entrega de la información (art. 10.6).

En caso de que los datos no puedan ser facilitados por una causa ajena a la entidad prestadora de servicios digitales, el destinatario tendrá que informar lo antes posible a la entidad emisora (art. 10.7), debiendo detallarse las condiciones que impiden la remisión de la información. Además, el órgano emisor queda obligado a responder si se muestra conforme o no con dicha decisión.

De esta forma, se observa que el procedimiento para la obtención datos digitales que poseen prestadores de servicios digitales, resulta sencillo, eficaz y de rápido cumplimiento. Así el estado de las cosas, en caso de que no sea necesario subsanar ningún error de forma, o en caso de que no concurra causa de denegación (las cuáles serán explicadas posteriormente), el plazo de remisión de los datos solicitados será de 10 días desde la recepción de la orden. En caso de que concurra algún error de forma, el plazo máximo de subsanación y remisión de los datos, se puede ampliar hasta los 25 días.

## 5. LA ORDEN EUROPEA DE CONSERVACIÓN DE PRUEBA ELECTRÓNICA

### *5.1. Definición y requisitos legales para su emisión*

Respecto de la orden europea de conservación de prueba electrónica (ECO, *European Conservation Order*) se puede concebir como aquel mecanismo procesal de cooperación europea que permite solicitar, por la autoridad competente al proveedor de servicios digitales, la conservación (a diferencia de la EPO en la que se solicita la producción) de datos almacenados en los servidores informáticos propiedad de los proveedores de servicios digitales.

En este sentido, la ECO se trata de una herramienta procesal excluyente respecto de los nuevos datos que sean almacenados por el prestador, una vez sea remitida la ECO por la autoridad competente. De esta forma, no será posible solicitar la conservación de aquellos datos que no hayan sido incluidos en la misma[18]. De forma paralela, en el contexto procesal nacional, existe una diligencia de investigación similar para la conservación de datos que se encuentren en territorio nacional, reconocida en el art. 588 *octies* de la Ley de Enjuiciamiento Criminal en el que se regula la orden de conservación de datos[19]. Su introducción en el contexto europeo responde a la necesidad de conservar dichos datos cuando obran en poder de un proveedor de servicios digitales que se encuentra fuera del Estado miembro en el que se está desarrollando la investigación penal.

En relación con la posibilidad de emitir la ECO, es necesario cumplir con los requisitos estipulados en el artículo 6, entre los que cabe señalar:

- Cumplimiento de los principios de necesidad y proporcionalidad en el sentido de que la orden busque evitar la eliminación o alteración de los datos almacenados, siempre que se emita una posterior OEI, una EPO, o bien, se solicite la asistencia judicial mutua
- La ECO, a diferencia de la EPO, no establece un *numerus clausus,* o listado tasado de las infracciones penales, bastará con cumplir con el requisito de doble incriminación tanto en el Estado emisor como en el receptor de la ECO
- Finalmente, el Reglamento vuelve a establecer, como ocurre con la EPO, un modelo de ECO (Anexo II) para facilitar la labor de emisión a las autoridades competentes. Entre los requisitos a cumplir en la redacción de la misma, es necesario cumplimentar: (i) la autoridad emisora, (ii) el proveedor de servicios digitales al que se dirige, o el representante legal designado, (iii) el usuario (o cualquier dato que permita su identificación), (iv) los datos cuya conservación se solicita, (v) el período de tiempo a lo largo del cual los datos fueron emitidos y/o conservados, (vi) las disposiciones penales de aplicación del Estado miembro emisor, y (vii) los motivos que justifiquen la necesidad y proporcionalidad de la orden

---

18 Cfr. Carmen Cuadrado Salinas, "La Directiva Europea…", op., cit., 119.

19 *Vid.* Juan Alejandro Montoro Sánchez, "La orden de conservación de datos: una medida de aseguramiento de fuentes de prueba imprescindible para la investigación de los delitos de odio cometidos en línea", *Revista Iberoamericana de Derecho Informático,* no. 13 (2023): 119-132.

### *5.2. Procedimiento para la obtención de la ECO*

El procedimiento de obtención de la ECO, dado que los datos digitales ya se encuentran almacenados, resulta mucho más sencillo que la producción de los mismos a partir de la EPO. La ejecución de la ECO se regula a través del art. 11 del Reglamento que establece que una vez sea recibida la orden, el destinatario queda obligado a conservar los datos solicitados durante, al menos, 60 días, plazo en el que la autoridad emisora deberá remitir la correspondiente OEI, o bien, solicitar la asistencia judicial mutua a la autoridad judicial del país receptor a fin de recibir estos datos digitales. No obstante, durante esos 60 días, se prevé la posibilidad de que la autoridad emisora solicite una prórroga, debiendo el proveedor de servicios conservar los datos por un nuevo período de 30 días, una vez finalice el primer plazo (art. 11.1).

Una vez confirmada, por la autoridad emisora, la emisión de la solicitud de entrega de los datos que han sido solicitados, el proveedor de servicios digitales queda obligado a preservar los datos solicitados por el tiempo que sea necesario hasta la recepción de la solicitud (art. 11.2). Ello puede ocasionar problemas en relación con los derechos de los investigados y el tratamiento de sus datos en tanto que los mismos no pueden ser eliminados hasta que no se reciba la solicitud de entrega y se produzca la remisión de los mismos. De esta forma, esta situación puede dar lugar a que la conservación de los datos pueda demorarse indefinidamente hasta la meritada recepción. Esta situación, en realidad, podría haberse solventado si el Reglamento hubiese estipulado un plazo máximo de conservación de los datos ante estas situaciones que pueden vulnerar derechos fundamentales básicos de los investigados en relación con el tratamiento de sus datos personales[20].

En caso de que la entidad receptora considere que los datos solicitados vulneran el principio de confidencialidad, o bien, no cuenta con los mismos debido a una imposibilidad de hecho, la situación deberá ser comunicada lo antes posible a la autoridad emisora, quién valorará la justificación proporcionada ante dichas situaciones y, en caso de que quede conforme, el prestador de servicios digitales quedará eximido del cumplimiento de esta obligación (arts. 11.4, 6 y 7).

---

[20] Así, en este sentido, se pronuncia Maciej Rogalski, "The European Commission's e-Evidence Proposal - Critical Remarks and Proposals for Changes", *European Journal of Crime, Criminal Law and Criminal Justice*, Volumen 28(4) (2020): 333-353.

Finalmente, ante la existencia de posibles errores formales en la orden, el destinatario informará lo antes posible a la autoridad emisora para que, en el plazo máximo de 5 días, remita una nueva orden con los errores subsanados (art. 11.5).

## 6. MOTIVOS DE DENEGACIÓN DE LAS ÓRDENES Y PROCEDIMIENTO DE EJECUCIÓN

Como es lógico, existen algunas excepciones que permiten a los proveedores de servicios digitales no dar cumplimiento a las órdenes de producción y conservación de pruebas electrónicas. Estos motivos deberán ser señalados por el destinatario en un plazo de 96 horas desde la recepción de la orden. El artículo 12 del Reglamento asienta los motivos sobre los cuáles se puede denegar el cumplimiento de las mismas, entre los que destaca los datos que se encuentran protegidos por privilegios o inmunidad (de conformidad con el derecho interno del Estado de ejecución), o bien, la posible vulneración de un derecho fundamental que pueda dar lugar a la vulneración del derecho a la presunción de inocencia, al derecho de defensa, o en su caso, el derecho a la tutela judicial efectiva. También, se incluye como motivos de denegación la posibilidad de que se vulnere el principio *non bis in idem,* así como que la conducta que esté siendo perseguida no sea considerada como un hecho delictivo en el Estado de ejecución.

En caso de que, según criterio del destinatario concurra algún motivo de denegación, deberá informar lo antes posible a la autoridad emisora de la orden, dando lugar a la interrupción en la ejecución de la misma. En este sentido, en caso de que el destinatario considere que es posible la transmisión parcial de algunos datos, deberá cumplirlo a la mayor brevedad posible.

Si los motivos de denegación no son alegados por parte del destinatario, la autoridad emisora podrá solicitar a la autoridad judicial del país de ejecución que dé curso a la orden (art. 16). En este sentido, la autoridad emisora deberá remitir a la autoridad judicial del país de ejecución toda la información relativa a la orden. La autoridad judicial la analizará y, en función de las conclusiones de dicho examen, podrá adoptar alguna de las siguientes decisiones: (i) la ejecución de la EPO o ECO, o (ii) su denegación debido a la aplicabilidad de alguno de los motivos de denegación expuestos con anterioridad, los cuales deberán ser debidamente motivados. Esta decisión se adoptará en un plazo de 5 días desde la recepción de toda la información del caso.

En caso de que el destinatario presente alguna objeción respecto de la decisión judicial adoptada, la autoridad de ejecución decidirá, por sí misma, sobre la ejecución de la EPO o ECO sobre la base de la información que ha sido facilitada por todas las partes, pudiendo solicitar información adicional a la entidad emisora de la orden. En caso de que no sea posible la ejecución judicial, y se continúe incumpliendo la orden emitida, la autoridad judicial del país requerido podrá imponer la sanción correspondiente en los términos previstos en el art. 15, o bien, en función de lo que disponga su normativa interna.

Así pues, el Reglamento establece un nuevo procedimiento de cooperación y remisión de información relativa a la investigación de un delito que va más allá de la denominada cooperación judicial clásica en tanto en cuanto es la autoridad judicial del país emisor la que solicita la información directamente al proveedor de servicios digitales sin necesidad de que esta orden sea validada por parte de la autoridad judicial del país requerido (salvo que sea alegado alguno de los motivos de denegación que han sido expuestos con anterioridad).

## 7. OBSTÁCULOS PROCESALES EN TORNO AL REGLAMENTO 2023/1543: GARANTÍAS PROCESALES Y OTRAS DEFICIENCIAS NORMATIVAS

A pesar de que la aprobación del Reglamento se trata de un avance en torno a la regulación normativa de la prueba electrónica, así como una novedad procesal que permitirá tramitar con mayor rapidez la obtención de estos datos digitales, existen ciertos obstáculos procesales respecto a su aplicación práctica. Como ya señalaba Moreno Catena[21] en torno a las actuaciones judiciales transfronterizas en el marco de la UE: "*los avances europeos que se están produciendo ponen el acento en la represión penal, perdiendo de vista en muchas ocasiones la salvaguarda de las garantías de las partes procesales…*". En este sentido, este reciente Reglamento presenta algunas deficiencias normativas que hacen poner en riesgo determinados principios básicos del proceso penal español, así como las garantías procesales de las partes procesales.

---

21 *Vid.* Víctor Moreno Catena, "El cambio de paradigma y el principio de reconocimiento mutuo…", op., cit., 75.

En primer lugar, en relación con el conocimiento por el investigado de los datos que formarán parte de la orden de producción y conservación, conviene indicar que el artículo 13 del Reglamento establece que la autoridad emisora deberá informar sin demora a la persona de cuyos datos se solicitan. Sin embargo, el apartado 2, añade que se podrá omitir dicha obligación, cuando concurra alguno de los supuestos regulados en el art. 13.3 de la Directiva (UE) 2016/680, del Parlamento y del Consejo, sobre tratamiento de datos personales por parte de las autoridades en la investigación de hechos delictivos[22], el cual impide compartir información con el investigado en los siguientes supuestos: *"a) evitar que se obstaculicen indagaciones, investigaciones o procedimientos oficiales o judiciales; b) evitar que se cause perjuicio a la prevención, detección, investigación o enjuiciamiento de infracciones penales o la ejecución de sanciones penales; c) proteger la salud pública; d) proteger la seguridad nacional; e) proteger los derechos y libertades de otras personas".*

Así pues, a partir del art. 13 del Reglamento, y la meritada Directiva, es posible restringir el derecho de acceder a la información digital por parte del investigado en caso de que exista un riesgo de obstaculización de la investigación, situación que, si no es motivada suficientemente, puede conllevar una posible vulneración del derecho de defensa. Asimismo, los últimos apartados del art. 13.2 de la Directiva 2016/680 poseen una redacción muy amplia y abierta que, dependiendo de la interpretación judicial de los jueces de cada Estado miembro, puede dar lugar a que las órdenes de producción y conservación de prueba no sean conocidas por el investigado en unas situaciones y, en otras, sí en función de cada Estado (dando lugar a la existencia de posibles resoluciones judiciales contradictorias en casos similares). Además, esta situación puede tener como consecuencia la vulneración del principio acusatorio y de contradicción (cuando no resulte debidamente justificado estos requisitos) en tanto que se estaría prohibiendo al investigado poder contradecir la acusación que se pueda formular y conocer los hechos fácticos por los que está siendo investigado.

Por otro lado, otra problemática identificada en el Reglamento radica en qué ocurre con el tratamiento de los datos que son obtenidos de la víctima, y la información que las víctimas reciben sobre las órdenes europeas

22 Directiva (UE) 2016/680, del Parlamento Europeo y del Consejo, de 27 de abril de 2016, relativa a la protección de las personas físicas en lo que respecta al tratamiento de datos personales por parte de las autoridades competentes para fines de prevención, investigación, detección o enjuiciamiento de infracciones penales, y a la libre circulación de datos y por la que se deroga la Decisión Marco 2008/977/JAI del Consejo (*Tol 5703211*).

en tanto que el Reglamento en ningún momento realiza referencia alguna a la figura de la víctima. Por ejemplo, en el contexto de la (ciber)violencia sexual uno de los principales obstáculos a los que se enfrentan las víctimas a lo largo del proceso penal es la nula información sobre el proceso que reciben por parte de las instituciones judiciales, ya sea en su forma o contenido[23]. Pero, es más, la situación se agrava en tanto que no sólo no se facilita información a la víctima sobre las órdenes emitidas y su contenido, sino que, además, el Reglamento no dispone nada sobre la información que recibirán las víctimas respecto al tratamiento de los datos digitales que se pueden incluir en las mismas. Ello supone un claro detrimento para las víctimas del derecho fundamental a la tutela judicial efectiva en tanto que las órdenes, y su contenido, sólo pueden ser emitidas por autoridades judiciales, o la fiscalía, sin tener en consideración en momento alguno los intereses de justicia que las víctimas pudiesen tener.

Por otro lado, en el artículo 18 del Reglamento se habilita la posibilidad de que el investigado pueda interponer recursos "efectivos" contra la orden emitida en el Estado miembro en el que se esté tramitando el procedimiento en cuestión, conforme a la normativa procesal del mismo. De esta forma, en el proceso español, se entiende que la decisión judicial que acuerde la tramitación de estas órdenes podrá ser recurrida a través de un recurso de reforma o de apelación en función del órgano judicial frente al que se desee dirigir el recurso. Ahora bien, uno de los principales escollos en relación con este sistema de recursos es la posibilidad de recurrir cuando el investigado se encuentre en el país de ejecución de la orden y no en el emisor. En estas situaciones, la autoridad judicial emisora deberá actuar diligentemente e informar debidamente al investigado de su derecho a recurrir ya que, en caso contrario, la orden emitida podrá ser ilícita al vulnerar derechos fundamentales al amparo del art. 11.1 de la Ley Orgánica del Poder Judicial.

Asimismo, nada se establece sobre la posibilidad de que las víctimas puedan interponer un recurso frente a la orden, por ejemplo, en los casos en los que no estén de acuerdo con el contenido de la orden o con el con-

---

23 Así lo destaca Helena Soleto Muñoz et al., "Capítulo 1. Obstáculos que enfrentan las víctimas de delito sexual en las etapas del proceso penal", en *Reformulando el tratamiento procesal de las víctimas de violencia sexual en procesos penales*, dir. por Helena Soleto Muñoz, Sabela Oubiña Barbolla, coord. por Jessica Jullien de Asís, ed. por Federico González Barrera, y Anna Fiodorova (Madrid: Dykinson, 2022): 39.

junto de datos digitales que son solicitados y/o tramitados por parte de las autoridades judiciales.

Por último, y de forma somera ya que se trata de una temática muy amplia, otro de los inconvenientes de este Reglamento radica en el tratamiento de los datos digitales de carácter personal que formar parte de las órdenes. En este sentido, como se ha destacado con anterioridad, el Reglamento se remite a la Directiva (UE) 2016/680 en relación con el tratamiento de los datos personales que formen parte de estas diligencias de investigación. Esta Directiva ha sido criticada por la doctrina al tener disposiciones que, en determinadas ocasiones, resultan poco completas y superficiales, pudiendo dar lugar a que se produzcan vulneraciones de derechos fundamentales en la transmisión de los datos digitales que forman parte de la orden de conservación o producción de la prueba electrónica, dado que no se establecen normas precisas para ejercitar el derecho de defensa[24]. En un sentido similar se ha pronunciado el Consejo General del Poder Judicial (CGPJ) en relación con su informe sobre el anteproyecto de la Ley Orgánica 7/2021, de protección de datos en las investigaciones policiales y judiciales (que transpuso esta Directiva)[25], en el que señaló[26]: *"82.- Esta transcripción es merecedora de objeción, pues la Directiva, si bien recoge*

---

24 Entre otros, véase Stefano Ruggeri, "Principio de disponibilidad y libre circulación de evidencias y datos personales en Europa. Nuevas garantías y nuevos riesgos para los derechos individuales", en *Uso de la información y de los datos personales en los procesos: los cambios en la era digital*, dir. por Ignacio Colomer Hernández, y coord. por María Ángeles Catalina Benavente, y Sabela Oubiña Barbolla (Navarra: Aranzadi, 2022): 313-338. O bien, Ignacio Colomer Hernández, "A Propósito de la compleja trasposición de la Directiva 2016/680 relativa al tratamiento de datos personales para fines penales", *Diario La Ley*, no. 9179 (2018).

25 Ley Orgánica 7/2021, de 26 de mayo, de protección de datos personales tratados para fines de prevención, detección, investigación y enjuiciamiento de infracciones penales y de ejecución de sanciones penales (*Tol 8439617*).

26 Cfr. Consejo General del Poder Judicial, *Informe sobre el Anteproyecto de ley orgánica de protección de datos personales tratados para fines de prevención, detección, investigación o enjuiciamiento de infracciones penales y de ejecución de sanciones penales, así como de protección y prevención frente a las amenazas contra la seguridad pública* (Madrid: Consejo General del Poder Judicial, junio de 2020), 26. Disponible en: https://www.poderjudicial.es/cgpj/ca/Poder-Judicial/Consell-General-del-Poder-Judicial/Activitat-del-CGPJ/Informes/Informe-sobre-el-Anteproyecto-de-ley-organica-de-proteccion-de-datos-personales-tratados-para-fines-de-prevencion–deteccion–investigacion-o-enjuiciamiento-de-infracciones-penales-y-de-ejecucion-de-sanciones-penales–asi-como-de-proteccion-y-prevencion-frente-a-las-amenazas-contra-la-seguridad-publica.

*en algunos aspectos mandatos claros y precisos dirigidos a los Estados miembros, en otros se caracteriza por emplear unos términos vagos y difusos en una materia que, en cuanto afecta directa e intensamente a un derecho fundamental muy vulnerable, requiere de una mayor dosis de precisión y certeza".*

Esta Directiva, así como la meritada LO, dado su ámbito de aplicación estipulado en el art. 2, tiene una relación directa con los datos digitales objeto del Reglamento, habida cuenta que la LO se emplea respecto del tratamiento de datos personales automatizados y no automatizados en investigaciones penales. A pesar de que la Directiva impide a los Estados miembros debilitar el nivel de protección establecido, permite aumentar la protección cuando se estime oportuno por la normativa interna de cada Estado[27]. Esta situación puede ocasionar desigualdades en los procesos penales en los que se utilicen estas órdenes ya que puede haber Estados miembros que sean más proteccionistas y garantistas respecto de este derecho fundamental, mientras que otros pueden limitarse a realizar una mera copia de la Directiva (con las limitaciones que conllevan determinados términos ambiguos y vagos como ya se ha expuesto en el informe emitido por el CGPJ).

Asimismo, la LO, en su art. 3, prevé que el período de conservación de datos será "el estrictamente necesario", mientras que el plazo máximo para la eliminación de los mismos es de 3 años (art. 3.8). Esto parece contradecir lo estipulado en el Reglamento para las órdenes de conservación habida cuenta que estipula un plazo máximo de conservación de 60 días desde que se reciba la orden por el órgano destinatario mientras se emite la OEI. Esta situación contradictoria puede conducir a confusión a los proveedores de servicios digitales como principales destinatarios de las órdenes de conservación, aunque, entendemos que, por jerarquía normativa, será de aplicación preferente el plazo máximo estipulado por el Reglamento de 60 días de conservación.

Al margen de estas problemáticas, se entiende que el tratamiento de los datos objeto de las órdenes han de seguir los principios básicos establecidos por la Directiva 2016/680. Así las cosas, siguiendo a Montoro Sánchez, cuando se produzca el tratamiento de datos personales en procedimientos

---

27 Véase la opinión de José Antonio Colmenero Guerra, "La Ley Orgánica 7/2021, de protección de datos en materia penal: ámbito y principio de proporcionalidad", en *Uso de la información y de los datos personales en los procesos: los cambios en la era digital*, dir. por Ignacio Colomer Hernández, y coord. por María Ángeles Catalina Benavente, y Sabela Oubiña Barbolla (Navarra: Aranzadi, 2022): 423-477.

penales se deberá dar cumplimiento a una serie de principios básicos, que deberán ser observados en las órdenes sobre creación y conservación de pruebas electrónicas en relación con el uso de los datos personales que se incluyan en las mismas[28]:

- Principio de licitud, entendiendo por tal que se cumplan con los fines perseguidos por la investigación penal (en el presente caso, la obtención de datos digitales como fuente de prueba electrónica); que exista un responsable del tratamiento de los datos personales (recayendo esta responsabilidad tanto en el proveedor de servicios digitales, en el sistema informático descentralizado que se constituya para la remisión de la información, así como en la autoridad judicial emisora); y la habilitación legal para el tratamiento de los datos personales (a través de la emisión de la EPO o la ECO cuando corresponda).
- Principio de lealtad. Las autoridades emisoras, los proveedores de servicios digitales, así como los encargados del sistema descentralizado deben actuar conforme a la buena fe y la debida diligencia, siendo necesario que el tratamiento de los datos se acote al tiempo estrictamente necesario.
- Principio de limitación de la finalidad perseguida y minimización que exigen que la orden tiene que detallar los fines que persigue, así como debe ser adecuada y pertinente respecto de los datos que recoja.
- Principio exactitud por el que la autoridad emisora deberá especificar, exactamente, cuáles son los datos concretos y específicos que se solicitan en la orden que corresponda.
- Principios de integridad y confidencialidad, debiendo procederse a la creación de un sistema informático descentralizado que, verdaderamente, permita garantizar la protección de los datos digitales, evitando, también, posibles hackeos que permitan la obtención de información sensible por parte de ciberdelincuentes.
- Principio de responsabilidad, siendo las autoridades emisoras (los órganos judiciales), así como los proveedores de servicios digitales,

---

28 Véase Juan Alejandro Montoro Sánchez, "Los principios rectores del tratamiento de datos de carácter personal y sus implicaciones en el proceso penal", *Revista Acta Judicial*, no. 10 (2022): 37-73.

los principales sujetos que deben velar por el cumplimiento del Reglamento, la Directiva, así como ser capaces de demostrar esta diligencia en el tratamiento de los datos ante las partes interesadas en la investigación.

De esta forma, será fundamental, al margen de las disposiciones del Reglamento, dar cumplimiento a cada uno de los principios rectores asentados por la Directiva 2016/680 debido a su aplicabilidad directa respecto a las órdenes que forman parte del Reglamento.

En conclusión, tal y como se ha expuesto, la aplicación del Reglamento presenta algunas deficiencias normativas que podrían dar lugar, sino es aplicado conforme a la buena fe y siguiendo los requisitos estipulados legislativamente, a la vulneración de sendos derechos fundamentales y garantías procesales. De igual forma, el Reglamento, en ningún momento, hace referencia a los derechos de las víctimas a ser informadas de los posibles datos digitales en los que aparezcan y cómo van a ser tratados por las partes que intervengan en el proceso penal. Asimismo, tampoco les permite la interposición de recursos contra las órdenes, a diferencia de lo que ocurre con los investigados, suponiendo una clara vulneración del derecho a la igualdad de armas y del principio de contradicción que rigen en nuestro proceso penal.

## 8. CONCLUSIONES

El incremento en la comisión de ciberdelitos a nivel europeo se trata de una realidad tangible que aumenta constantemente con el paso de los años. Ante esta situación, la UE, a partir del Reglamento 2023/1543 ha creado una nueva herramienta procesal que permite la creación y/o conservación de datos digitales entre los Estados miembros y que constituyen fuente de prueba para la posible conformación de la prueba electrónica que permita desvirtuar la presunción de inocencia ante el auge de la ciberdelincuencia.

Este Reglamento ha supuesto un cambio en relación con la concepción clásica de la cooperación judicial europea y reconocimiento mutuo de sentencias y resoluciones judiciales en tanto que las órdenes europeas de creación y conservación de prueba electrónica puede ser emitida directamente por la autoridad judicial al proveedor de servicios digitales, sin necesidad de que sea ejecutada por la autoridad judicial del Estado miembro del país de ejecución, salvo que el destinatario de la orden se niegue a su cumplimiento, situación en la que intervendrá la autoridad judicial del Estado miembro requerido. De esta forma, a partir de 2026, los procedimientos penales por ciberdelincuencia podrán tramitarse con una mayor rapidez en lo que respecta a la obtención de datos digitales que constituirán la prueba electrónica ya que, en el caso de la orden de creación de prueba electrónica se puede demorar como máximo 25 días (en caso de que concurran problemáticas en torno a su ejecución como posibles errores de forma), mientras que la orden de conservación de datos, en la mayoría de casos, se aplicará automáticamente siempre que, posteriormente, se emita la correspondiente OEI.

De esta forma, este Reglamento permitirá, a partir de su entrada en vigor, la creación de un sistema común en la normativa de los Estados miembros, a pesar del abanico normativo existente, para la creación o conservación de datos por parte de los prestadores de servicios digitales que permita a las entidades encargadas de la investigación penal aportarlos en la fase de juicio oral y que, tras el cumplimiento de los principios básicos sobre conformación de prueba electrónica (admisibilidad, licitud, veracidad, autenticidad, entre otras), puedan ser utilizados para garantizar una sentencia condenatoria.

A pesar de que este Reglamento, complementario a la OEI, se trata de una herramienta de cooperación oportuna para agilizar las investigaciones penales en ciberdelitos que se caracterizan por su inmediatez, anonimato y extraterritorialidad, no es menos cierto que existen diversas problemáticas procesales en torno a su aplicación, tal y como hemos presentado a lo largo de la presente investigación. Especialmente preocupante resulta la imposibilidad que tienen víctimas del cumplimiento de su derecho a ser informadas del contenido de los datos digitales en los que puedan aparecer, así como del tratamiento que se realizarán con sus datos. De igual forma, el Reglamento tampoco hace mención a su derecho a recurrir la orden, bien porque no estén de acuerdo con la cantidad de datos solicitados, bien porque no estén de acuerdo con el tratamiento que se realizarán de los mismos. Ante esta situación, parece importante proceder a la reforma del Reglamento en tanto que su redacción resulta contraria a los derechos concedidos a las víctimas tanto en la Directiva 2012/29, como en la Ley del Estatuto de las Víctimas de delitos 2015.

De igual forma, es importante destacar que existen algunas deficiencias normativas en relación con los derechos y garantías procesales de los investigados. En primer lugar, el Reglamento no estipula nada en relación con la información que debería ser proporcionada por la autoridad judicial emisora del derecho a recurrir la orden en caso de que el investigado se encuentre en el país receptor de la misma. Pero, es más, tampoco realiza referencia alguna a si será posible recurrir la orden en aquellos casos en los que, por posible destrucción de material digital, no se informe al investigado de una orden que haya podido ser emitida en su contra.

Finalmente, será importante que las autoridades judiciales tanto emisoras, como aquellas que participen en la ejecución de las órdenes, prestadores de servicios digitales, así como el sistema informático descentralizado cumplan estricta y diligentemente con los diversos principios inherentes al tratamiento de datos de carácter personal en procedimientos penales, de conformidad con la Directiva 2016/680, la cual, como se ha expuesto, a pesar de ser una norma relativamente apropiada para la gestión y remisión de datos de carácter personal, posee algunos conceptos ambiguos y vagos que pueden dar lugar a que el Reglamento no sea aplicado correctamente, teniendo como consecuencia una posible conculcación de este derecho fundamental.

Al margen de estas deficiencias normativas, será interesante observar cómo se implementa el Reglamento por los Estados miembros a partir de agosto de 2026, así como se procede a la creación del sistema informático descentralizado que deberá establecer cauces de comunicación lícitos, seguros, confidenciales y apropiados entre las autoridades competentes y los prestadores de servicios digitales.

## BIBLIOGRAFÍA

### *Doctrina académica*

Bueno de Mata, Federico. *Prueba electrónica y proceso 2.0. Especial referencia al proceso civil.* Valencia: Tirant lo Blanch, 2014 (*Tol 4147241*).

Colmenero Guerra, José Antonio. "La Ley Orgánica 7/2021, de protección de datos en materia penal: ámbito y principio de proporcionalidad". En *Uso de la información y de los datos personales en los procesos: los cambios en la era digital*, dirigido por Ignacio Colomer Hernández, y coordinado por María Ángeles Catalina Benavente, y Sabela Oubiña Barbolla, 423-477. Navarra: Aranzadi, 2022.

Colomer Hernández, Ignacio. "A Propósito de la compleja trasposición de la Directiva 2016/680 relativa al tratamiento de datos personales para fines penales". *Diario La Ley* no. 9179 (2018).

Cuadrado Salinas, Carmen. "La Directiva Europea y las Órdenes de Producción y Conservación de pruebas electrónicas en los procesos penales. ¿Nuevas perspectivas?". *IUS ET SCIENTIA*, Volumen 9(2) (2023): págs. 117-135.

De Hoyos Sancho, Montserrat. "Novedades en materia de obtención transfronteriza de información electrónica necesaria para la investigación y enjuiciamiento penal en el ámbito europeo". *Revista de Estudios Europeos*, Número extraordinario 1 (2023): 99-128.

Faggiani, Valentina. "La armonización de los derechos de los sospechosos y acusados en el espacio europeo de justicia penal: avances, límites y perspectivas". *Política Criminal: Revista Electrónica Semestral de Políticas Públicas en Materias Penales* Volumen 18(36) (2023): 690-717.

Montoro Sánchez, Juan Alejandro. "La orden de conservación de datos: una medida de aseguramiento de fuentes de prueba imprescindible para la investigación de los delitos de odio cometidos en línea". *Revista Iberoamericana de Derecho Informático* no. 13 (2023): 119-132.

Montoro Sánchez, Juan Alejandro. "Los principios rectores del tratamiento de datos de carácter personal y sus implicaciones en el proceso penal". *Revista Acta Judicial* no. 10 (2022): 37-73.

Moreno Catena, Víctor. "El cambio de paradigma y el principio de reconocimiento mutuo y sus implicaciones. Perspectivas del Tratado de Lisboa". En *Cooperación Judicial Penal en Europa,* dirigido por Miguel Carmona Ruano, Ignacio U. González, y Víctor Moreno Catena., coordinado por Amaya Arnáiz Serrano, 41-78. Madrid: Editorial Dykinson, 2013.

Laro González, Elena. "Prueba penal transfronteriza: de la orden europea de investigación a las órdenes europeas de entrega y conservación de pruebas electrónicas". *REVISTA DE ESTUDIOS EUROPEOS* Volumen 79 (2022): 285-303.

López Jiménez, Raquel. *Victimización sexual y nuevas tecnologías: desafíos probatorios.* Madrid: Dykinson, 2021.

Rogalski, Maciej. "The European Commission's e-Evidence Proposal - Critical Remarks and Proposals for Changes". *European Journal of Crime, Criminal Law and Criminal Justice* Volumen 28(4) (2020): 333-353.

Ruggeri, Stefano. "Principio de disponibilidad y libre circulación de evidencias y datos personales en Europa. Nuevas garantías y nuevos riesgos para los derechos individuales". En *Uso de la información y de los datos personales en los procesos: los cambios en la era digital,* dirigido por Ignacio Colomer Hernández, y coordinado por María Ángeles Catalina Benavente, y Sabela Oubiña Barbolla, 313-338. Navarra: Aranzadi, 2022.

Peers, Steve. "The proposed European Investigation Order: Assault on human rights and national sovereignty". *Statewatch analysis* (2010). Disponible en: https://www.statewatch.org/media/documents/analyses/no-96-european-investigation-order.pdf

Plachta, Michael. "European Union Introduces European Production and Preservation Orders for Electronic Evidence in Criminal Matters". *International Enforcement Law Reporter,* Volume 37(7) (2023): 237-240.

Sayers, Debbie. "The European Investigation Order. Travelling without a 'roadmap'". *Centre for European Policy Studies,* (2011): 1-15.

Soleto Muñoz, Helena, et al. "Capítulo 1. Obstáculos que enfrentan las víctimas de delito sexual en las etapas del proceso penal". En *Reformulando el tratamiento procesal de las víctimas de violencia sexual en procesos penales,* dirigido por Helena Soleto Muñoz, Sabela Oubiña Barbolla, coordinado por Jessica Jullien de Asís, editado por Federico González Barrera, y Anna Fiodorova, 39. Madrid: Dykinson, 2022.

Tinoco-Pastrana, Ángel. "The Proposal on Electronic Evidence in the European Union". *European Criminal Law Associations' Forum, EUcrim,* Issue 2020/1 (2020): 46-50.

*Diario Oficial de la Unión Europea C 367*, de 10 de noviembre de 2018, págs. 88-92.

## *Normativa*

### Normativa europea

Reglamento (UE) 2023/1543 del Parlamento del Consejo, de 12 de julio de 2023, sobre las órdenes europeas de producción y las órdenes europeas de conservación a efectos de prueba electrónica en procesos penales y de ejecución de penas privativas de libertad a raíz de procesos penales (*Tol 9714602*).

Directiva (UE) 2016/680, del Parlamento Europeo y del Consejo, de 27 de abril de 2016, relativa a la protección de las personas físicas en lo que respecta al tratamiento de datos personales por parte de las autoridades competentes para fines de prevención, investigación, detección o enjuiciamiento de infracciones penales, y a la libre circulación de datos y por la que se deroga la Decisión Marco 2008/977/JAI del Consejo (*Tol 5703211*).

Directiva 2014/41/CE del Parlamento Europeo y del Consejo, de 3 de abril de 2014, relativa a la orden europea de investigación en materia penal (*Tol 4228078*).

Decisión Marco del Consejo, de 13 de junio de 2002, relativa a la orden de detención europea y a los procedimientos de entrega entre Estados miembros (2002/584/JAI) (*Tol 507479*).

### Normativa nacional

Ley Orgánica 7/2021, de 26 de mayo, de protección de datos personales tratados para fines de prevención, detección, investigación y enjuiciamiento de infracciones penales y de ejecución de sanciones penales (*Tol 8439617*).

### Informes públicos

Consejo General del Poder Judicial. "Informe sobre el Anteproyecto de ley orgánica de protección de datos personales tratados para fines de prevención, detección, investigación o enjuiciamiento de infracciones penales y de ejecución de sanciones penales, así como de protección y prevención frente a las amenazas contra la seguridad pública". *Consejo General del Poder Judicial*. Madrid: 2020. https://www.poderjudicial.es/cgpj/ca/Poder-Judicial/Consell-General-del-Poder-Judicial/Activitat-del-CGPJ/Informes/Informe-sobre-el-Anteproyecto-de-ley-organica-de-proteccion-de-datos-personales-tratados-para-fines-de-prevencion--deteccion--investigacion-o-enjuiciamiento-de-infracciones-penales-y-de-ejecucion-de-sanciones-penales--asi-como-de-proteccion-y-prevencion-frente-a-las-amenazas-contra-la-seguridad-publica.

Unión Europea. "Dictamen del Comité Económico y Social Europeo sobre La Propuesta de Reglamento del Parlamento Europeo y del Consejo sobre las órdenes europeas de entrega y conservación de pruebas electrónicas a efectos de enjuiciamiento penal". *Diario Oficial de la Unión Europea C 367*. Estrasburgo: 2018. https://eur-lex.europa.eu/legal-content/ES/TXT/?uri=CELEX%3A52018AE2737.

# *El Tribunal de Justicia de la Unión Europea y el uso de los datos PNR en el proceso penal español*[1]

**Mª ÁNGELES CATALINA BENAVENTE**
*Profesora Titular de Derecho Procesal*
*Universidad de Santiago de Compostela*



## 1. INTRODUCCIÓN[2]

Uno de los retos a los que el legislador español debe hacer frente a lo largo del año 2024 es el de adaptar la Ley Orgánica 1/2020, de 16 de septiembre, sobre la utilización de los datos del Registro de Nombres de Pasajeros para la prevención, detección, investigación y enjuiciamiento de delitos de terrorismo y delitos graves (*Tol 8075929*), en adelante LOPNR, a las importantes precisiones y matizaciones efectuadas por el Tribunal de Justicia de la Unión Europea (en adelante, TJUE) en su sentencia de 21 de junio de 2022 (*Tol 9012840*)[3]. Esta sentencia resuelve la cuestión preju-

---

1 Este trabajo ha sido realizado en el marco del Proyecto PID2022-137826NB-I00, financiado por el Ministerio de Ciencia e Innovación - Agencia Estatal de Investigación, sobre "Datos personales e información en la era digital: desafíos en su obtención y uso en los procesos judiciales y en los procedimientos sancionadores" (DATER).

2 La elección de este tema para el libro Homenaje al profesor Víctor Moreno Catena está directamente relacionada con su trayectoria investigadora y con su clara preocupación por la defensa de los derechos y garantías procesales de quienes son parte pasiva en un proceso penal, como demuestra su producción científica a lo largo de su carrera universitaria. Sus escritos y reflexiones sobre las garantías procesales han sido, son y seguirán siendo una referencia esencial para los procesalistas.

3 STJUE (Gran Sala) de 21 de junio de 2022, *Ligue des droits humains/Conseil des ministres* (Asunto C-817/19).

dicial elevada por la *Cour Costitutionelle* belga el 31 de octubre de 2019, que planteó al TJUE sus dudas acerca de la conformidad con el Derecho de la Unión de la norma de transposición al ordenamiento belga de la Directiva (UE) 2016/681 del Parlamento Europeo y del Consejo, de 27 de abril de 2016, relativa a la utilización de datos de registro de nombres de los pasajeros (PNR) para la prevención, detección, investigación y enjuiciamiento de los delitos de terrorismo y de la delincuencia grave (*Tol 5703282*)[4].

El origen de esta cuestión prejudicial se encuentra en el recurso de anulación presentado ante el Tribunal Constitucional belga por la *Ligue des droits humains* contra la *Loi du 25 décembre 2016 relative au traitement des données des passagers (Moniteur belge de 25 de enero de 2017)*, que es la norma de transposición al ordenamiento belga de la Directiva (UE) 2016/681. En el recurso de anulación planteado, la *Ligue des droits humains* se cuestionaba si algunas de las medidas acordadas en la ley de transposición belga eran o no contrarias a algunos de los derechos fundamentales recogidos en la Carta de Derechos Fundamentales de la Unión Europea (en adelante, CDFUE) (*Tol 131225*), en concreto, el derecho a la vida privada (art. 7 CDFUE), el derecho a la protección de datos personales (art. 8 CDFUE), y el derecho a la libre circulación (art. 45 CDFUE). El Consejo de Ministros belga se opuso a los dos motivos de anulación alegados por *la Ligue des droits humains,* y finalmente el Tribunal Constitucional belga planteó una serie de cuestiones prejudiciales al TJUE en relación con la norma belga de trasposición de la Directiva (UE) 2016/681.

La importancia de la STJUE, de 21 de junio de 2022, radica en que no elimina la posibilidad de utilizar los datos PNR con fines penales, sino que los somete a más restricciones de las que propiamente se deducen del tenor literal del articulado de la Directiva (UE) 2016/681[5]. La importancia de los datos PNR para garantizar la seguridad nacional, la seguridad

---

4 Quedan todavía tres cuestiones prejudiciales pendientes de resolver: 1) La presentada por el *Amtsgericht Köln (Alemania) el 16 de marzo de 2020 —DF/ Deutchse Lufthansa AG.* [Asunto C-149/20) (2020/C 279/29)]; 2) La presentada por el *Verwaltungsgericht Wiesbaden (Alemania) —JV/Bundesrepublik Deutchsland,* el 19 de mayo de 2020, (Asunto C-215/20) (2020/C 279/39); y 3) La presentada por el *Verwaltungsgericht Wiesbaden (Alemania) —OC/Bundesrepublik Deutchsland,* el 27 de mayo de 2020, (Asunto C-220/20) (2020/C 279/42).

5 Como señala Christian Thönnes, "A Directive altered beyond recognition", https://verfassungsblog.de/pnr-recognition/, la Directiva (UE) 2016/681 sobrevive tras la STJUE "como una extraña bestia alterada hasta hacerse irreconocible". Ver también sobre la STJUE los comentarios de Thomas Wahl, "CJEU: PNR Di-

pública y la prevención y persecución de los delitos de terrorismo y otros delitos graves, de un lado, y la necesidad de garantizar los derechos a la libre circulación en el territorio de la Unión, la intimidad y la protección de datos de carácter personal, de otro, han hecho que el TJUE inste a los Estados miembros a aplicar los preceptos de la Directiva (UE) 2016/681 atendiendo a criterios de proporcionalidad y necesidad. Esta sentencia supone, sin lugar a duda, un reforzamiento de las garantías de quienes en un futuro puedan llegar a ser investigados o acusados por la comisión o su participación en delitos de terrorismo u otros delitos graves, en relación con la utilización de sus datos PNR.

Los datos PNR, conocidos así por su acrónimo en inglés *Passenger Name Record*, o Registro de Nombres de Pasajeros en castellano, son todo un conjunto de datos de carácter personal de los pasajeros de avión y, en el caso de España, también de la tripulación, que las compañías aéreas están obligadas a recoger y transmitir a la autoridad que cada Estado miembro haya designado como Unidad de Información sobre Pasajeros[6] (en adelante, UIP) que se convierte, a partir de la recepción de dichos datos, en la autoridad encargada de gestionarlos durante un periodo de tiempo máximo de cinco años, que es cuando la Directiva (UE) 2016/681 impone la obligación de eliminarlos definitivamente. La recogida y conservación masiva de los datos personales de los pasajeros del transporte aéreo tiene como finalidad la lucha contra el terrorismo y otras formas de delincuencia grave, de tal manera que son datos que se pondrán a disposición de las autoridades competentes en los distintos Estados miembros, que, en el marco de sus funciones de prevención, detección, investigación o enjuiciamiento de cualquiera de estos delitos podrán controlar quiénes entran o salen del territorio de la Unión Europea, o se desplazan vía aérea dentro de ella.

## 2. LA ADAPTACIÓN DE LA LOPNR A LA STJUE DE 21 DE JUNIO DE 2022

La lectura de la STJUE, de 21 de junio de 2022, pone de manifiesto que son muchos los aspectos de la Directiva (UE) 2016/681 que pueden entrar en colisión con los derechos a la vida privada (art. 7 CDFUE), a la protec-

---

rective Valid if Limited to the "Strictly Neccesary", 4 de agosto de 2022, https://eucrim.eu/news/cjeu-pnr-directive-valid-if-limited-to-the-strictly-necessary/.

6 En España esta Unidad de Información sobre Pasajeros es el Centro de Inteligencia contra el Terrorismo y el Crimen Organizado (CITCO).

ción de los datos personales (art. 8 CDFUE) y a la libre circulación dentro del territorio de la Unión (art. 45 CDFUE). Al resolver la cuestión prejudicial planteada por el Tribunal Constitucional belga, el TJUE se enfrentaba a dos cuestiones de importante entidad. Por un lado, debía decidir si otorgaba o no su bendición al sistema PNR-UE diseñado por la Directiva (UE) 2016/681. Por otro lado, se veía lastrado por una importante limitación: su temor a crear con su sentencia la misma situación de incertidumbre y descontrol que había generado con sus sentencias relativas a la conservación de los datos de las comunicaciones telefónicas. La situación existente en ese momento en la Unión Europea en relación con la conservación de los datos de las comunicaciones electrónicas hacía prever que el TJUE no iba a tratar a la Directiva (UE) 2016/681 con la misma severidad con la que trató a la Directiva 2006/24/CE (*Tol 865360*)[7], en su sentencia (Gran Sala), de 8 de abril de 2014 (*Tol 4629782*)[8], que declaró la invalidez íntegra de toda la Directiva y cuyas consecuencias aún está pagando[9].

La existencia de estas dos circunstancias son las que permiten entender la STJUE, de 21 de junio de 2022, que supone, en nuestra opinión, una huida hacia adelante del TJUE que, en vez de dar, en sentido figurado, un "golpe sobre la mesa" y obligar al Parlamento Europeo y al Consejo a una modificación de la Directiva (UE) 2016/681, traslada a los legisladores nacionales y a las autoridades judiciales de los Estados miembros, la carga de controlar la aplicación de una norma que supone una clara injerencia en los derechos fundamentales mencionados. La importancia de la STJUE, de 21 de junio de 2022, radica en que no impone cambios en la redacción de la Directiva (UE) 2016/681, ni elimina la posibilidad de utilizar los datos PNR con fines penales, sino que somete la utilización de los datos PNR con fines de prevención, detección, investigación o enjuiciamiento de delitos de terrorismo y de otros delitos graves a una serie de restricciones y limitaciones que no están previstas en la propia Directiva (UE) 2016/681. Ello

---

7 Directiva 2006/24/CE del Parlamento Europeo y del Consejo, de 15 de marzo, de 2006, sobre la conservación de datos generados o tratados en relación con la prestación de servicios de comunicaciones electrónicas de acceso público o de redes públicas de comunicaciones y por la que se modifica la Directiva 2002/58/CE.

8 Asunto *Digital Rights Ireland Ltd* y otros (asuntos acumulados C-293/12 y C-594/12).

9 Tal y como afirma José Luis Rodríguez Lainz. "La evolución de la jurisprudencia del Tribunal de Justicia de la Unión Europea en materia de conservación indiscriminada de datos de comunicaciones electrónicas en la STJUE del Caso G.D. y Comissioner an Garda Síochána". *Diario La Ley*, 10058, 28 de abril de 2022.

implica, en definitiva, y mientras los legisladores nacionales no procedan a la adaptación de las normas de transposición a lo previsto en la STJUE, que son los jueces y tribunales los que van a tener que sufrir directamente las consecuencias del miedo del TJUE a responder de manera más contundente a la cuestión prejudicial planteada, en cuanto que serán ellos los que tengan que velar porque no se incorporen a los procesos penales datos PNR que no cumplan con las exigencias impuestas por el TJUE. La solución por la que opta el TJUE afecta igualmente al Tribunal Europeo de Derechos Humanos (en adelante, TEDH), que en pocos años se verá en la obligación de resolver los recursos planteados por quiénes hayan visto que sus datos PNR han sido utilizados en un proceso penal contra ellos.

Esto supone que todas las leyes nacionales de transposición de la Directiva (UE) 2016/681, entre ellas la LOPNR[10], van a tener que ser objeto de revisión por parte de los Estados miembros. Los cambios esenciales que debería abordar el legislador español en orden a garantizar la adecuación de la LOPNR con la STJUE de 21 de junio de 2022 hacen referencia esencialmente a los siguientes aspectos: 1) La delimitación clara de los datos personales que se pueden incluir en el PNR; 2) La justificación y limitación temporal de la recogida de los datos PNR de los vuelos internos; 3) La revisión del periodo de conservación de los datos PNR; 4) La inclusión clara del principio de finalidad para la utilización de los datos PNR en un caso concreto; y 5) La exigencia de previa autorización judicial o administrativa para la transmisión de los datos PNR a las autoridades competentes.

En lo que se refiere a la delimitación clara de los datos personales que se pueden incluir en el PNR de cada pasajero, la STJUE de 21 de junio de 2022 obliga al legislador español a introducir pequeñas modificaciones en el artículo 5.2 LOPNR. Este precepto enumera todos los datos PNR de los pasajeros que las compañías aéreas están obligadas a recopilar en cumplimiento de la obligación impuesta por la LOPNR. Los datos incluidos en este precepto son exactamente los mismos que los recogidos en el Anexo I de la Directiva (UE) 2016/681, e incluyen una información muy completa de la persona o personas que viajan, y de todo su historial de viaje. Los diecinueve datos que configuran los datos PNR que han de transmitirse a la UIP correspondiente se pueden agrupar en seis grandes bloques: 1) Los datos de identificación de los pasajeros; 2) Los datos de la reserva; 3)

---

10 Un análisis más detenido de la LOPNR puede verse en Mª Ángeles Catalina Benavente. *El uso de los datos PNR en el proceso penal*. Cizur Menor. Thomson Reuters-Aranzadi, 2022, 31-110.

Los datos sobre el vuelo efectuado; 4) La información sobre menores; 5) Los datos API, conocidos así por su acrónimo en inglés, *Advanced Passanger Information*; y 6) Las denominadas "observaciones generales".

Al analizar este conjunto de datos, el TJUE ha dejado claro que hay que ser muy cautelosos en relación con los datos que se pueden incorporar al conjunto de datos PNR y los que no. En este sentido, identifica aquellos aspectos que pueden generar problemas y que, en nuestra opinión, requerirían una precisión al respecto en el artículo 5.2 LOPNR. Entre ellos, cuando en los apartados d) y e) se hace referencia al nombre, apellidos, dirección y datos de contacto, entre los que se incluyen el número de teléfono y la dirección de correo electrónico, estos han de limitarse al pasajero o pasajeros que hacen la reserva, sin que, en ningún caso, puedan incluirse estos datos referidos a los terceros a través de los cuales se puede contactar con un pasajero, ni a los pasajeros a los que se debe informar en caso de emergencia[11].

En lo que se refiere a la información que se puede incluir dentro del apartado relativo a los viajeros frecuentes (apartado h del art. 5.2 LOPNR), ha de referirse exclusivamente a los datos relativos a su condición de pasajero frecuente y al número de miembro[12]. En relación con esta cuestión hay que tener en cuenta que la inscripción en los programas de pasajeros frecuentes de las compañías aéreas permite acumular millas, kilómetros o puntos por cada trayecto realizado con la aerolínea. Además, estos programas permiten a sus miembros disfrutar de una serie de beneficios y comodidades, y permiten conservar información sobre viajes y beneficios anteriores. Es importante, por tanto, que la información relativa a los pasajeros frecuentes que finalmente se va a enviar al CITCO, se limite exclusivamente al número de miembro, sin que se pueda incorporar un historial completo de los vuelos realizados por dicho pasajero o de los beneficios o ventajas que ha disfrutado, por ejemplo.

Otra de las preocupaciones del TJUE en relación con la información que se puede incluir en los PNR viene referida a la información que se puede incorporar en el apartado referido a las "observaciones generales" (art. 5.2.l de la LOPNR[13]), en cuanto puede acabar convirtiéndose en una especie de cajón de sastre en el que incorporar información personal

---

[11] Apartado 131 de la STJUE, de 21 de junio de 2022. Esto supone, por tanto, que esta información no debería llegar a las UIP de los Estados miembros.

[12] Apartado 133 de la STJUE, de 21 de junio de 2022.

[13] Apartado 12 del Anexo I de la Directiva (UE) 2016/681.

de los pasajeros que no se haya incluido en otras rúbricas y que, puede traer consigo el peligro de que en este apartado se incluyan datos sensibles, o información que no guarda ninguna relación con la finalidad de la transferencia de los datos PNR[14]. Por ejemplo, es esencial evitar que en estas observaciones generales las compañías incluyan información sobre el menú elegido por el pasajero, que podría revelar datos sobre su religión, por ejemplo; o información sobre si ha solicitado asistencia especial para su vuelo, con lo cual se podría deducir si padece algún tipo de enfermedad o discapacidad. También se podría incluir aquí la información relativa al motivo del viaje: negocios, visita a familiares o turismo; o, incluso, el resto de información relativa al viaje en el supuesto de que hubiera hecho las reservas con la misma compañía: hoteles reservados, excursiones o actividades organizadas, etc. Por ello, el TJUE entiende que dentro de la rúbrica dedicada a "observaciones generales", solo se debe permitir la información expresamente mencionada en dicho epígrafe: la información sobre los menores no acompañados[15]. En consecuencia, y para evitar cualquier extralimitación en la recogida de datos personales, el apartado l) del artículo 5.2 LOPNR debería sustituir la rúbrica "observaciones generales" por la de "información sobre menores de edad no acompañados".

En definitiva, de la STJUE, de 21 de junio de 2022, se pueden extraer, al menos, dos conclusiones esenciales en lo que se refiere al conjunto de datos de carácter personal que van a ser recogidos. La primera, que los datos recogidos deben limitarse exclusivamente a los datos relacionados con el concreto pasajero que efectúe el vuelo y con la información referida al concreto vuelo que realiza. En segundo lugar, que no son admisibles bloques de datos que no sean lo suficientemente claros y precisos de tal manera que permitan que se recopilen más datos de los estrictamente necesarios. Es importante no olvidar, como recuerda el TJUE en esta sentencia, que, aunque haya datos personales que si se consideran aisladamente no parecen susceptibles de revelar información precisa sobre la vida de las personas, cuando se analizan en conjunto pueden ofrecer una información muy detallada acerca de los pasajeros, con la posibilidad incluso, de que se incluyan datos sensibles[16]. En relación con el valor de los datos

---

14 Peligro que ya apuntó el TJUE en el Dictamen 1/15 (apartado 160).

15 Apartado 136 de la STJUE, de 21 de junio de 2022. En este punto el TJUE sigue la propuesta del Abogado General Pitruzzella en sus Conclusiones (Conclusión final 4).

16 Apartado 100 de la STJUE, de 21 de junio de 2022, con cita del Dictamen 1/15, de 26 de julio de 2017, apartado 128.

personales y los peligros que se pueden derivar de su recogida, no podemos desconocer, como señala Moreno Catena, que "no hay dato personal que quede fuera del campo de visión policial para la elaboración de perfiles, no solo de carácter postdelictual, para descubrir al responsable de un delito, sino de carácter preventivo, de anticipación de futuras conductas criminales, para impedir la comisión de un delito, aunque ni siquiera se haya intentado"[17].

En segundo lugar, otro de los cambios esenciales que implica la STJUE de 21 de junio de 2022 es la prohibición, salvo que está debidamente justificada, de recoger los datos PNR de los pasajeros de los vuelos interiores de la UE, es decir, de los vuelos con salida y destino en un Estado miembro[18]. La Directiva (UE) 2016/681 impone exclusivamente la obligación de recoger los datos PNR de todos los pasajeros de avión de los denominados vuelos exteriores, que son aquellos que tienen como punto de salida o llegada un tercer Estado (art. 3.2). El legislador europeo ha pretendido así controlar los pasajeros que entran o salen de la Unión Europea, estableciendo una obligación común a todos los Estados miembros de controlar dicho acceso a través de sus aeropuertos. No obstante, y aunque la Directiva (UE) 2016/681 impone exclusivamente la obligación de recoger los datos PNR de los vuelos exteriores, por otro lado, deja en manos de cada uno de los Estados miembros la decisión de extender la obligación de recogida a los datos PNR de los vuelos interiores. Es decir, corresponde a cada uno de los Estados miembros la decisión de controlar o no las entradas y salidas vía aérea de su territorio en los casos de desplazamientos interiores. La única condición que impone a los Estados miembros es que informen a la Comisión de su decisión de recoger los datos PNR de los vuelos interiores, indicando si serán todos los vuelos interiores, o sólo alguno de ellos. A partir de dicha notificación, a los datos PNR de los vuelos interiores se les aplicará las exigencias y garantías derivadas de la Directiva (UE) 2016/681.

La solución por la que optaron el Parlamento y el Consejo se presenta, en nuestra opinión, como la más lógica, en el sentido de que es difícil acep-

---

17 Víctor Moreno Catena, "Los datos en el sistema de justicia y la propuesta de Reglamento UE sobre inteligencia artificial", en *Uso de la información y de los datos personales en los procesos: los cambios en la era digital*, dir. por Ignacio Colomer Hernández (Cizur Menor: Thomson Reuters-Aranzadi, 2022), 64.

18 Por vuelo interior hay que entender "cualquier vuelo programado o no programado por una compañía aérea, procedente del territorio de un Estado miembro y que tenga previsto aterrizar en el territorio de otro u otros Estados miembros, sin escalas en el territorio de un tercer país" (art. 3.3. Directiva (UE) 2016/681).

tar que el legislador europeo apruebe una norma que implique el control de todos los desplazamientos vía aérea dentro de la Unión Europea. Esta obligación hubiera supuesto que, en aras de la lucha contra el terrorismo y otras formas de delincuencia grave, y, por tanto, con la finalidad de garantizar la seguridad dentro del territorio de la Unión, se pasara de un control de la entrada al territorio de la Unión Europea a un control sobre los desplazamientos interiores, en una Unión Europea concebida como un territorio sin fronteras interiores. Ni siquiera la lucha contra el terrorismo y otras formas de delincuencia grave podía justificar esta injerencia en uno de los pilares esenciales de la Unión Europea, reconocido expresamente como derecho fundamental (art. 45 CDFUE): la libre circulación de personas.

Sin embargo, los Estados miembros de manera unánime hicieron uso de la vía que abría el artículo 2.1 de la Directiva (UE) 2016/681, y extendieron la recogida de los datos PNR a los vuelos interiores[19], entre ellos España (art. 2.1 LOPNR). Esta extensión a los vuelos interiores, que es posible tal y como se deduce de la Directiva, debe llevarse a cabo respetando el principio de proporcionalidad, justificando su necesidad sobre la base de que responda efectivamente a un objetivo de interés general reconocido por la UE, o a la necesidad de protección de los derechos y libertades de los demás (art. 52.1 CDFUE)[20].

En consecuencia, el TJUE se ha visto en la obligación de señalar que la extensión automática de la recogida de los datos PNR a los vuelos interiores no es conforme con el Derecho de la Unión. La recogida de los datos PNR de los pasajeros de vuelos interiores debe fundamentarse en la existencia de un peligro actual que justifique la restricción del derecho fundamental

---

19 Esta posibilidad ha sido asumida por la mayoría de los Estados miembros. En el DOUE de 26 de octubre de 2020 se publicó la lista actualizada de países que habían notificado a la Comisión la aplicación de la Directiva PNR en los vuelos interiores de la UE: Bélgica, Bulgaria, Chequia, Alemania, Estonia, Grecia, España, Francia, Croacia, Italia, Chipre, Letonia, Lituania, Luxemburgo, Hungría, Malta, Países Bajos, Polonia, Portugal, Rumania, Eslovaquia, Finlandia, Suecia y Reino Unido. En el DOUE de 8 de septiembre de 2021 se publicó una modificación de esta lista, en el siguiente sentido: se incluyó a Eslovenia y se suprimió la referencia a Reino Unido.

20 En opinión del TJUE, la ley belga no se ajusta a estos requisitos fundamentales, puesto que el legislador belga se ha limitado a incluir en su articulado la obligación de recogida de los datos PNR de los vuelos interiores, sin que justifique la necesidad de la extensión de esta obligación, que no puede fundamentarse exclusivamente en la gravedad de los hechos que se tratan de perseguir.

a la libre circulación dentro del territorio de la Unión y limitar temporalmente la recogida de los datos PNR mientras se mantenga esa situación de peligro real y efectivo. Los Estados miembros han aprovechado la laxitud en la redacción del artículo 2 de la Directiva (UE) 2016/681, que se limita a exigir a los Estados miembros que comuniquen por escrito a la Comisión su decisión de extender la recogida de los datos PNR a los vuelos interiores, para entender que este es el único requisito que han de cumplir para recoger los datos PNR de estos vuelos. El TJUE ha dejado claro que esto no es suficiente, en cuanto que no queda justificada exclusivamente por la gravedad de los delitos que se pretenden combatir[21].

Esto supone, por tanto, la necesidad de proceder a una nueva redacción del artículo 2 LOPNR, en concreto de su apartado primero, en el sentido de diferenciar claramente el régimen para la recogida de los datos PNR de vuelos exteriores y el de la recogida de los datos PNR de los vuelos interiores. Así, la nueva redacción debería especificar que la recogida de los datos PNR de vuelos interiores queda limitada a aquellos supuestos en los que existan indicios suficientes de una clara y contrastada situación de riesgo, con la finalidad de prevenir, detectar, investigar y enjuiciar los delitos a los que se refiere el artículo 4, y por el tiempo expresamente determinado.

Además, en este mismo precepto se deberá indicar cuál es la autoridad competente para determinar cuáles son los vuelos interiores afectados. En relación con esta cuestión, el legislador español deberá determinar la autoridad a la que corresponderá la selección de los vuelos interiores a los que se podrá extender la aplicación de la LOPNR. Parece complicado aplicar aquí lo previsto en el apartado 3 del artículo 2 LOPNR, que supondría que la decisión sobre los vuelos o rutas afectadas debería atribuirse al Consejo

---

21 La STJUE (Gran Sala), de 6 de octubre de 2020, la Quadrature du Net y otros contra Premier ministre y otros, señaló que "ni siquiera las obligaciones positivas de los Estados miembros [...] que se refieren [...] a la adopción de normas que permitan combatir eficazmente los delitos pueden tener por efecto justificar injerencias tan graves como la que supone una normativa que establece una conservación de los datos de tráfico y de localización en los derechos fundamentales consagrados en los artículos 7 y 8 de la Carta de prácticamente toda la población sin que los datos de las personas afectadas puedan guardar una relación, al menos indirecta, con el objetivo perseguido" (apartado 145). Sin embargo, "los objetivos de la lucha contra la delincuencia grave, de prevención de las amenazas graves a la seguridad pública y, *a fortiori*, de protección de la seguridad nacional pueden justificar, [...], la injerencia especialmente grave que supone una conservación selectiva de los datos de tráfico y localización" (apartado 146).

de Ministros, a propuesta de la persona titular del Ministerio del Interior. Un último requisito que exige el TJUE para la admisión de la recogida de los datos PNR a los vuelos interiores señalados o las rutas determinadas es que dicha decisión sea objeto de un control efectivo, ya sea por parte de un órgano jurisdiccional o por un órgano administrativo independiente, cuya decisión sea vinculante[22].

La tercera modificación sustancial que introduce la STJUE de 21 de junio de 2022 es la reducción del plazo de conservación de los datos PNR por el CITCO. La LOPNR, ajustándose a lo previsto en la Directiva (UE) 2016/681[23], prevé la conservación generalizada de los datos PNR de todos los pasajeros de los vuelos exteriores e interiores de la Unión Europea por un periodo máximo de cinco años. Así, y tal y como señala el apartado primero del artículo 19 LOPNR, "(l)os datos PNR proporcionados a la UIP por los sujetos obligados se conservarán en una base de datos de la Unidad durante un plazo de cinco años a partir de la fecha de su transmisión a la UIP". Una vez transcurridos los cincos años de conservación "los datos PNR serán suprimidos de modo permanente", sin perjuicio "de aquellos casos en que se hayan transferido datos PNR específicos a una autoridad competente y esta los esté utilizando en el marco de un asunto concreto a efectos de prevenir, detectar, investigar o enjuiciar delitos de terrorismo o delitos graves, en cuyo caso la conservación de los datos por la autoridad competente se regirá por la normativa específica" (art. 19.4 LOPNR). El CITCO únicamente es responsable de suprimir los datos que se encuentran en su base de datos, pero no tiene capacidad para controlar lo que ocurre con los concretos datos PNR que haya transmitido a las autoridades competentes para el ejercicio de sus funciones[24].

---

22 Apartado 172 de la STJUE, de 21 de junio de 2022.

23 En opinión del Abogado General Pitruzzella, este plazo máximo de cinco años es un plazo respecto del cual los Estados no tienen ningún margen de maniobra, ni para ampliarlo ni para reducirlo (ver apartado 236 de las Conclusiones del Abogado General Pitruzzella).

24 En este caso serán de aplicación los plazos previstos en la LO 7/2021, de 26 de mayo, de protección de datos personales tratados para fines de prevención, detección, investigación y enjuiciamiento de infracciones penales y de ejecución de sanciones penales (*Tol 8439617*). Una crítica muy acertada a los plazos de conservación establecidos en esta LO puede verse en José Antonio Colmenero Guerra, "La Ley Orgánica 7/2021, de protección de datos en materia penal: ámbito y principio de proporcionalidad", en *Uso de la información y de los datos personales en los procesos: los cambios en la era digital*, dir. por Ignacio Colomer Hernández, (Cizur Menor: Aranzadi: 2022), 475-477.

La STJUE, de 21 de junio de 2022, señala que este plazo general de conservación de cinco años de todos los datos PNR no es conforme con los derechos a la vida privada (art. 7 CDFUE) y a la protección de datos personales (art. 8 CDFUE), en cuanto que no queda justificado que exista una relación objetiva entre la conservación generalizada de todos los datos y la lucha contra el terrorismo y otras formas de delincuencia grave, siempre y cuando estos últimos guarden una relación objetiva, aunque sea indirecta, con el transporte aéreo de pasajeros[25]. Por ello, el TJUE obliga a los Estados miembros a fijar un plazo máximo de conservación de seis meses atendiendo al resultado del tratamiento previo al que son sometidos todos los datos PNR. Es decir, el tratamiento automatizado de todos los datos PNR recibidos ha de tener también entre sus finalidades la de descartar los pasajeros no sospechosos, lo que debe reflejarse en el periodo de conservación de los datos, de tal manera que, una vez confirmado que el pasajero no supone un riesgo, no queda justificada la conservación de sus datos PNR.

En definitiva, la STJUE, de 21 de junio de 2022, obliga a revisar el plazo máximo de conservación de los datos PNR en el sentido de incluir un nuevo límite: el de seis meses para los datos que no han revelado ningún resultado positivo. El Tribunal Constitucional belga en la cuestión prejudicial planteada le preguntaba al TJUE si los derechos a la vida privada y a la protección de datos personales, así como el artículo 52.1 CDFUE, admiten una regulación en la que se establece un plazo máximo general de conservación para todos los datos PNR recopilados sin establecer ningún tipo de distinción en función del riesgo que los titulares de dichos datos suponen. En este sentido, y teniendo en cuenta que todos los datos PNR recogidos son objeto de un tratamiento automatizado, parece necesario que se atribuyan determinadas consecuencias al resultado de dicho tratamiento, fundamentalmente para aquellos datos cuyo tratamiento no ha revelado la existencia de indicios objetivos capaces de demostrar que su titular supone un riesgo relacionado con delitos terroristas o con delitos graves que tengan una relación objetiva, aunque sólo sea indirecta, con los viajes aéreos[26]. Finalmente, el TJUE entiende que, si el examen previo al que son sometidos todos los datos no desvela ningún dato relevante, la conservación de dichos datos hasta el plazo máximo de cinco años supone

---

[25] Ver apartado 251 de la STJUE, de 21 de junio de 2022. El Abogado General Pitruzzella también señalaba en sus Conclusiones que no queda justificada la conservación generalizada e indiferenciada de los datos PNR después del tratamiento automatizado que no ha dado ningún resultado positivo (apartado 241).

[26] Ver apartado 257 de la STJUE, de 21 de junio de 2022.

que la restricción de los derechos fundamentales afectados no se limita a lo estrictamente necesario[27].

La STJUE, de 21 de junio de 2022, no ha hecho otra cosa que fijar la necesidad de diferenciar entre los datos PNR que llegan al CITCO —o a la UIP de cualquier Estado miembro— y que pueden ser objeto de un primer tratamiento automatizado, y los datos PNR que podrán ser conservados por el CITCO, o la UIP de otro Estado miembro, de tal manera que el plazo general de conservación de cinco años no se puede aplicar indistintamente a todos los pasajeros[28]. En definitiva, es necesaria una nueva redacción del artículo 19 LOPNR.

En cuarto lugar, otra de las apreciaciones fundamentales que incorpora la STJUE de 21 de junio de 2022 es su preocupación por garantizar el principio de finalidad de la recogida de los datos PNR. El artículo 4 LOPNR enumera los delitos para cuya detección, prevención, investigación y enjuiciamiento serán recogidos los datos PNR: los delitos de terrorismo y determinados delitos graves. A pesar de que han sido los atentados terroristas los que han marcado la cronología de la regulación de los datos PNR, principalmente a partir de los atentados de Nueva York de 2001, pero también de los atentados cometidos en territorio europeo, la utilización de estos datos no se limita exclusivamente a la persecución de los delitos de terrorismo, sino que se ha extendido a otros delitos, con el claro objetivo de maximizar el rendimiento con fines penales que se puede obtener de esta recogida masiva de datos de carácter personal.

En esta regulación falta, como señala el TJUE para la Directiva (UE) 2016/681, y ya había señalado previamente también el Abogado General en sus Conclusiones[29], un criterio que permita circunscribir el ámbito de aplicación de la LOPNR "únicamente a los delitos que, por su naturaleza, podrían tener, al menos indirectamente, una relación objetiva con los viajes aéreos y, por lo tanto, con las categorías de datos transmitidos"[30]. Por ello, el TJUE exige que exista un vínculo entre el delito cometido y el transporte aéreo, lo que supone que los datos PNR solo se pueden utilizar en relación con delitos que puedan tener una relación objetiva, aunque sea indirecta, con los viajes aéreos y, por tanto, con las categorías de datos

---

27 Ver apartado 258 de la STJUE, de 21 de junio de 2022.

28 Conclusión núm. 5 de la STJUE, de 21 de junio de 2022.

29 Conclusiones del Abogado General, puntos 119 a 121.

30 Ver apartado 153 de la STJUE, de 21 de junio de 2022.

transferidos, tratados y conservados en virtud de la aplicación de la LOP-NR[31].

Esto va a exigir, por lo tanto, que en cada caso concreto se analice no solo si el delito en el marco de cuya prevención, investigación o enjuiciamiento se quieren utilizar los datos PNR se encuentra dentro de los enumerados en el artículo 4 LOPNR, sino si se dan algunas de las circunstancias siguientes: (i) que se trate de delitos dirigidos contra el transporte aéreo de pasajeros; (ii) que se trate de delitos cometidos con ocasión o por medio de un viaje aéreo; (iii) que el transporte aéreo haya servido para preparar tales delitos o para sustraerse a la acción de la justicia después de haberlos cometidos. Sin embargo, los delitos que carezcan de cualquier relación objetiva, siquiera indirecta, con el transporte de pasajeros no podrán justificar la aplicación del sistema establecido por la LOPNR y, por lo tanto, los datos PNR no podrán ser válidamente incorporados al proceso.

En último lugar, la STJUE de 21 de junio de 2022 introduce un cambio radical en la disponibilidad de los datos PNR para las autoridades competentes para la prevención, detección, investigación o enjuiciamiento de los delitos de terrorismo y el resto de delitos graves. Se introduce con esta sentencia un requisito procedimental inexistente en la Directiva (UE) 2016/681 y, en consecuencia, también inexistente en la LOPNR: la cesión de los datos PNR por parte del CITCO debe supeditarse, en principio, y salvo en casos de urgencia debidamente justificados, al control previo de un órgano judicial o de una entidad administrativa independiente y la decisión de esta autoridad debe adoptarse a raíz de una solicitud motivada de las autoridades competentes previstas en el artículo 14 LOPNR para la prevención, detección, investigación o enjuiciamiento de infracciones penales[32].

El sistema PNR diseñado por la Directiva (UE) 2016/681 y transpuesto en su integridad por la LOPNR no condiciona, con carácter general, la recogida, tratamiento, conservación, cesión y supresión de los datos PNR a ningún control previo, ni judicial ni administrativo. La intervención judicial, o de la autoridad administrativa, queda reservada para aquellos supuestos en los que, una vez transcurridos los seis primeros meses desde que los datos llegaron al CITCO y una vez, por tanto, que los datos han sido despersonalizados, alguna de las autoridades competentes solicita al

---

[31] Ver apartados 153 a 157 de la STJUE, de 21 de junio de 2022.

[32] Apartado 223 de la STJUE, de 21 de junio de 2022.

CITCO los datos PNR completos lo que requiere, por tanto, la repersonalización de los datos. En estos casos, la cesión de los datos PNR completos solo podrá hacerse si hay previa autorización judicial o, en su caso, de la autoridad administrativa correspondiente (art. 19.3.b LOPNR[33]).

En definitiva, en la regulación de la LOPNR la transmisión de los datos PNR por parte del CITCO a algunas de las autoridades españolas competentes, a las UIP de otros Estados miembros o, incluso, a las autoridades competentes de otros Estados miembros, no está condicionada a la previa autorización, ya sea judicial o administrativa. Sin embargo, el TJUE ha considerado que es necesario extender el mismo "alto nivel de protección" a los datos PNR que se transmiten una vez transcurridos los seis primeros meses y a los datos que se transmiten durante los seis primeros meses[34]. El reforzamiento de la protección de los datos PNR refleja claramente que el TJUE ha optado por reforzar la protección de los datos personales de los pasajeros de avión, estableciendo un mayor control a su cesión, lo que implica, al mismo tiempo, una importante restricción al libre flujo de datos PNR entre las autoridades competentes en España y en la Unión Europea para la prevención, detección e investigación de infracciones penales.

## 3. LOS EFECTOS DE LA STJUE DE 21 DE JUNIO DE 2022 EN LOS PROCESOS PENALES

El 17 de noviembre de 2020, fecha de la entrada en vigor de la LOPNR, comenzaron a recogerse los datos PNR de los vuelos exteriores e interiores de la UE al amparo de lo dispuesto en dicha norma[35]. A partir de dicho

---

33 En el caso español, dicha autoridad es la persona titular de la Secretaría de Estado de Seguridad. La LOPNR no indica, sin embargo, en qué supuestos es suficiente con que la repersonalización la apruebe la persona titular de la Secretaría de Estado, y en qué casos será necesaria la intervención judicial para que pueda procederse a dicha repersonalización.

34 Ver Apartado 222 de la STJUE, de 21 de junio de 2022. En el apartado 224 señala: "En estas circunstancias, el requisito de control previo establecido en el artículo 12, apartado 3, letra b), de la Directiva PNR para las solicitudes de comunicación de datos PNR formuladas después de la expiración del plazo de los seis meses siguientes a la transferencia de esos datos a la UIP también debe aplicarse, *mutatis mutandi*, cuando la solicitud de comunicación se presente antes de que expire dicho plazo".

35 En su primer día de vigencia, es decir, el 17 de noviembre de 2020, la Unidad Nacional de Información de Pasajeros (UNIP) chequeó un total de 165 vuelos

momento, los datos PNR pasaron a ser un medio más del que podían disponer policías, fiscales y jueces para la investigación y enjuiciamiento de delitos de terrorismo y de cualquiera de los delitos incluidos en el artículo 4.2 LOPNR[36].

En el desarrollo del sistema PNR de la Unión Europea introducido por la Directiva (UE) 2016/681, e incorporado a nuestro ordenamiento a través de la LOPNR, son esenciales, por un lado, las compañías aéreas en cuanto que sobre ellas recae la obligación de recoger los datos PNR, y, por otro, las UIPs de los distintos Estados miembros, el CITCO en el caso español, en cuanto les corresponde el tratamiento en sentido amplio de los datos PNR (recogida, tratamiento, cesión, conservación y supresión). Las compañías aéreas y el CITCO son, sin duda alguna, los primeros afectados por la STJUE de 21 de junio de 2022. Las compañías aéreas en la medida en que el TJUE excluye la recogida automática y permanente de los datos PNR de los pasajeros de vuelos interiores, al tiempo que limita la información que puede incluirse en el PNR que se envía a la UIP correspondiente. El CITCO en cuanto que, en su condición de gestor de los datos PNR, es el competente para la recogida, tratamiento, conservación, cesión y supresión de los datos PNR[37].

En el cumplimiento de sus funciones como UIP española el CITCO se encuentra sometido a lo previsto en la LOPNR. Esta norma le impone varias obligaciones: (i) revisar los datos PNR recibidos por las compañías aéreas para eliminar todos aquellos que puedan considerarse "datos

(97 de llegada y 68 de salida), que transportaban, entre pasajeros y tripulación, a 7.802 personas (https://www.protegedatos.com/2020/11/25/interior-refuerza-la-seguridad-con-la-implantacion-del-registro-de-nombres-de-pasajeros-pnr/).

36 Como recuerda, entre otros, Juan Alejandro Montoro Sánchez. *Uso y cesión de datos de carácter personal en el proceso penal.* Cizur Menor. Aranzadi, 2022, 331; o en su trabajo "La Directiva 2016/680/UE: un nuevo paradigma para el tratamiento de datos de carácter personal con fines penales", en *El proceso penal ante una nueva realidad tecnológica europea*, dir. por Coral Arangüena Fanego, Montserrat de Hoyos Sánchez, Esther Pillado González (Cizur Menor: Aranzadi, 2023), 106-107, "los datos de carácter personal son en la actualidad elementos esenciales del sistema de justicia penal", puesto que permiten desarrollar las funciones de investigación penal, el esclarecimiento de hechos de naturaleza criminal, así como la determinación de sus autores y partícipes.

37 En relación con el CITCO no podemos olvidar que depende de la Secretaría de Estado de Seguridad del Ministerio del Interior (art. 6.1 LOPNR).

sensibles"[38] (art. 15.1 LOPNR); (ii) llevar a cabo un tratamiento automatizado de los datos PNR recibidos de acuerdo con lo previsto en el artículo 12 LOPNR; (iii) transmitir los datos PNR a las autoridades competentes en España, así como en la Unión Europea, a Europol, o incluso a las autoridades competentes en terceros Estados, cuando sea necesario para la prevención, detección, investigación o enjuiciamiento de delitos de terrorismo y otros delitos graves; (iv) conservar los datos PNR por un plazo máximo de cinco años (art. 19.1 LOPNR), sin perjuicio de que, una vez transcurridos los seis primeros meses, deba proceder a su despersonalización mediante enmascaramiento, de manera que resulten invisibles aquellos elementos que servirían para identificar directamente al titular de los datos PNR (art. 19.2 LOPNR); (v) suprimir los datos PNR una vez transcurridos los cinco años mencionados (art. 19.4 LOPNR).

Este conjunto de obligaciones que grava al CITCO se ha visto afectado directamente por la STJUE de 21 de junio de 2022, dado que las prescripciones fijadas por el TJUE modulan de forma directa la función legalmente atribuida al CITCO por la LOPNR. Sin embargo, esta afectación del régimen de recogida y tratamiento de los datos PNR que maneja el CITCO no significa que el propio CITCO esté vinculado directamente por el contenido de la STJUE de 21 de junio de 2022, en tanto no se reforme la LOPNR. Es decir, en otras palabras, el CITCO debe ajustar su actuación al marco legal vigente, que en la actualidad es la LOPNR, sin que, en principio, pueda actuar de forma distinta a la habilitación concedida en la Ley en el tratamiento de los datos PNR a través de una aplicación e interpretación directa de la STJUE. En este sentido, es preciso tener presente que habrán de ser los jueces y tribunales los que tengan que decidir cuáles son las consecuencias procesales que la STJUE de 21 de junio de 2022 provoca sobre los datos PNR que se pretenden incorporar, o que han sido incorporados, a un concreto proceso penal. Lo que supone la existencia de una reserva de jurisdiccionalidad para la apreciación de las consecuencias procesales, sustancialmente de validez o exclusión de la fuente probatoria, que el contenido de la STJUE tiene sobre el concreto régimen de tratamiento de los datos PNR que haya realizado el CITCO.

La existencia de una clara falta de coincidencia entre el régimen legal y las exigencias establecidas por la STJUE, como se ha ido señalando en

---

38 Que son aquellos que revelen el origen racial o étnico, las opiniones políticas, las creencias religiosas o filosóficas, la pertenencia a un sindicato o partido político, la salud, la vida o la orientación sexual de persona.

los párrafos anteriores, ha puesto de relieve la inadmisibilidad de la inactividad del legislador, a lo largo de estos más de dos años desde que se dictó la sentencia, para adaptar el régimen normativo a las previsiones y exigencias del TJUE, en particular si tenemos en cuenta la importancia de los derechos fundamentales afectados en la recogida y tratamiento de los datos PNR. Y es inadmisible porque, en nuestra opinión, y a pesar de que la STJUE de 21 de junio de 2022 no vincula directamente a las compañías aéreas ni al CITCO, y, por tanto, deberán seguir ajustándose en su actuación a lo previsto en la LOPNR, parece claro que la posición del CITCO, dada su naturaleza pública, debería ser diferente a la de sujetos privados como las compañías aéreas. Y es que, no se debe perder de vista que el CITCO, en su condición de UIP española y, por tanto, en su condición de gestor de los datos PNR, es un elemento clave para la correcta utilización de los datos PNR con fines penales y por ello no es adecuado que se guíe en su actuación por una norma que no resulta, en aspectos esenciales de su regulación conforme con el Derecho de la Unión, como ha puesto de relieve el TJUE, en su sentencia.

Esta situación no puede ser suplida, en nuestra opinión, con una supuesta obligación del CITCO de someter el ejercicio de sus actuaciones a los criterios establecidos por el TJUE. En este sentido no podemos desconocer que las obligaciones que para el CITCO se derivan de la STJUE de 21 de junio de 2022 se concretan esencialmente en las siguientes: 1) La imposibilidad de conservar datos PNR de los vuelos interiores, hasta que no haya una resolución expresa por parte del órgano competente[39], que justifique la necesidad de recogida de estos datos y el tiempo durante el cual se van a recoger. Esto supone, por tanto, que cuando las compañías aéreas les envíen los datos PNR de vuelos interiores, el CITCO debería proceder de manera inmediata a su supresión[40]; 2) La obligación de su-

---

39 No debe perderse de vista que actualmente en la regulación en España no aparece prevista, ni determinada, esa autoridad competente que deberá justificar la recogida de los datos PNR en los concretos supuestos. Y es que, a pesar de que la STJUE exige esa autorización de una autoridad judicial o administrativa que justifique la recogida y conservación, en la regulación contenida en la LOPNR no aparece prevista la necesidad de esa resolución expresa. Es este un punto en el que se aprecia la disonancia que se ha producido entre las exigencias establecidas en la STJUE y el régimen previsto en la Ley.

40 En este sentido, y mientras no se reforme la LOPNR, las compañías aéreas, y, en general, los sujetos obligados mencionados en el artículo 3 LOPNR, deben cumplir con las exigencias derivadas de la LOPNR y, en consecuencia, enviar al CITCO "los datos PNR correspondientes a las personas que viajen en los vuelos

primir los datos PNR procedentes de los pasajeros de vuelos interiores que hubiera recopilado desde la entrada en vigor de la LOPNR; 3) La obligación de suprimir los datos PNR de los pasajeros de vuelos exteriores que se encuentren conservados en el CITCO despersonalizados, cuando sean datos que, conforme a la STJUE de 21 de junio de 2022 hubieran tenido que ser eliminados una vez transcurridos los seis primeros meses al no haber dado un resultado positivo tras el tratamiento automatizado al que son sometidos todos los datos PNR. Esto incluye igualmente a los datos que tras el tratamiento automatizado dieron un resultado positivo, pero que luego no fue confirmado tras el análisis no automatizado que impone la Ley; 4) La prohibición de responder a las solicitudes de transmisión procedentes de las autoridades competentes cuando no vengan acompañadas de la correspondiente autorización judicial o administrativa. Por ello, lo deseable sería que la actuación del CITCO, previa modificación de la LOPNR, se ajustara al Derecho de la Unión en el sentido determinado por el TJUE en su sentencia de 21 de junio de 2022.

La aplicación efectiva de lo previsto en la STJUE de 21 de junio de 2022, mientras no lo haga el legislador modificando la LOPNR, corresponde, por tanto, a los jueces y tribunales, que habrán de extremar el cuidado para garantizar que no se incorporen dentro del acervo probatorio del proceso penal datos PNR que no cumplen con los requisitos establecidos por la STJUE de 21 de junio de 2022, a pesar de que su recogida se haya hecho conforme a una norma formalmente vigente, pero sustancialmente afectada y modificada por lo establecido por el TJUE en su sentencia. De forma que la aplicación del contenido previsto en la LOPNR, de cara a sus efectos procesales, deberá ser realizada por los jueces y tribunales de conformidad con lo fijado por el TJUE en relación con la interpretación del Derecho de la Unión Europea sobre los límites, exigencias y requisitos para la recogida, tratamiento y cesión de los datos PNR para su uso en un proceso penal como fuente de prueba.

En este sentido hay tres cuestiones esenciales a las que jueces y tribunales deberán prestar atención. En primer lugar, si se han incorporado al proceso penal datos PNR relativos a vuelos interiores de la UE. En la me-

---

internacionales, tanto interiores como exteriores de la Unión Europea, con su salida en territorio español o llegada al mismo, o que hagan escala en él. En este último supuesto, siempre se entenderán comprendidos los pasajeros en tránsito o en conexión, con las precisiones establecidas en el apartado siguiente" (art. 2.1 LOPNR).

dida en que la LOPNR extiende automáticamente la recogida de los datos PNR a los vuelos interiores, sin justificarlo por razones de necesidad en un momento concreto y sin limitar en el tiempo la recogida de dichos datos personales, hay que entender que cuando en un proceso penal se traten de incorporar, o se hayan incorporado estos datos, el juez o tribunal competente deberá excluirlos en cuanto que no son conformes con el Derecho de la Unión. En este sentido, y a pesar de que su recogida se ajustaba a la legalidad en el momento en el que se recogieron al permitirlo la LOPNR, la STJUE de 21 de junio de 2022 vicia de nulidad estos datos, que no podrán incorporarse al proceso, en cumplimiento claro de lo dispuesto en el artículo 11.1 de la Ley Orgánica del Poder Judicial (*Tol 268267*) de que no se admitirán las pruebas que directa o indirectamente se hayan obtenido violentando derechos fundamentales. La exclusión de los datos PNR de los vuelos interiores recogidos sin la justificación exigida por el TJUE deriva de la protección al derecho a la libre circulación en el territorio de la Unión (art. 45 CDFUE).

En segundo lugar, si se han incorporado al proceso penal datos PNR que se hubieran conservado más allá de seis meses, cuando del tratamiento automatizado al que han sido sometidos no se ha derivado ningún resultado positivo. También deberán ser excluidos del proceso aquellos datos PNR repersonalizados que hubieran sido transmitidos a cualquiera de las autoridades competentes para la investigación o enjuiciamiento de hechos delictivos, pero que no cumplen los requisitos exigidos por la STJUE de 21 de junio de 2022 para haber sido conservados aun despersonalizados. La exclusión de estos datos deriva de que para el TJUE no está justificada su conservación si, tras el tratamiento automatizado al que fueron sometidos por el CITCO, no derivó un resultado positivo. La lucha contra el terrorismo y otros delitos graves justifica la recogida masiva de los datos PNR de todos los pasajeros y justifica al mismo tiempo que todos estos datos sean objeto de un tratamiento automatizado de manera automática; sin embargo, el TJUE entiende que si del tratamiento automatizado llevado a cabo no deriva un resultado positivo deja de estar justificada la conservación de los datos PNR[41].

En tercer lugar, los jueces y tribunales deberán controlar si los datos PNR incorporados al proceso, o que se pretenden incorporar, se obtuvieron tras la correspondiente autorización judicial o administrativa. Ni la

---

41 Por otro lado, ya veremos en los próximos años si no se modifica también este plazo de seis meses, en el sentido de reducirlo.

Directiva (UE) 2016/681 ni la LOPNR prevén la intervención judicial en el momento de recogida de los datos PNR por las compañías aéreas, tampoco cuando los datos son transmitidos al CITCO y sometidos de manera automática a un tratamiento automatizado, y tampoco para la transmisión de los datos PNR por el CITCO a cualquiera de las autoridades competentes enumeradas en el artículo 14 LOPNR, ya sea por propia iniciativa del CITCO, ya sea cuando los datos les son solicitados por alguna de las autoridades competentes. Esto supone, por tanto, que el juicio de idoneidad, necesidad y proporcionalidad para la transmisión de datos PNR se deja en manos del CITCO, en aquellos casos en que la iniciativa de la transmisión parte de este organismo; y, en los demás casos, el juicio de idoneidad, necesidad y proporcionalidad de la cesión de datos PNR corresponde hacerlo a las autoridades competentes para llevar a cabo la investigación de delitos, que habrá de ser verificado por el CITCO al analizar la solicitud formulada.

Sin embargo, para el TJUE la inexistencia de cualquier tipo de control previo, ya sea judicial o de una autoridad administrativa, en la transmisión de los datos PNR, aunque solo cuando los datos PNR los solicita alguna de las autoridades competentes, debe también ser objeto de revisión en cuanto que para el TJUE esta cuestión se configura como un elemento esencial para garantizar los derechos fundamentales de los titulares de los datos PNR. Esto trae consigo el problema de dilucidar si la inexistencia de autorización judicial vicia de nulidad los datos PNR que se pretenden incorporar, o que ya han sido incorporados al proceso.

En definitiva, en el examen de la validez de los datos PNR como fuente de prueba en los procesos penales, el juez o tribunal debe apreciar si concurre una causa de exclusión probatoria[42], como consecuencia de que los datos PNR no reúnan estos tres requisitos que hemos analizado. Si partimos del hecho de que el fin probatorio del dato personal debe condicio-

---

42 Tal y como señala Ignacio Colomer Hernández, "Limitaciones en el uso de la información y los datos personales en un proceso penal digital", en *El proceso penal ante una nueva realidad tecnológica europea*, dir. por Coral Arangüena Fanego, Montserrat de Hoyos Sánchez, Esther Pillado González (Cizur Menor: Aranzadi, 2023), 69, que deben hacer los jueces en el examen de la validez de cualquier dato como fuente de prueba en el proceso penal. Ver también sobre esta cuestión Julio Pérez Gil, "Exclusiones probatorias por vulneración del derecho a la protección de datos personales en el proceso penal", en *Justicia, ¿garantías versus eficiencia?*, dir. por Fernando Jiménez Conde y Rafael Bellido Penadés (Valencia: Tirant lo Blanch, 2019), 339-441.

narse a la regularidad de su obtención[43], la posición más garantista para los derechos fundamentales afectados por la recogida masiva de datos PNR nos lleva a entender que los datos PNR que no cumplan con los requisitos exigidos por la STJUE de 21 de junio de 2022 no podrán ser tenidos en cuenta en el proceso penal.

Los dos primeros elementos a los que hemos hecho referencia se refieren a la cantidad de datos PNR que pueden ser utilizados con fines penales, e implica que para el TJUE no pueden ser utilizados ni los datos PNR de vuelos interiores, ni los datos PNR más allá de los seis primeros meses desde su recogida, en ambos casos con las excepciones previstas en la propia STJUE de 21 de junio de 2022.

El tercero de los supuestos analizados, sin embargo, no se refiere a la validez del propio dato PNR para ser utilizado con fines penales, sino en el modo en que dicho dato ha llegado a las autoridades competentes para la investigación o enjuiciamiento de hechos delictivos. La exclusión del proceso de datos PNR que el CITCO transmitió a cualquiera de las autoridades con funciones de policía judicial en el curso de la investigación de unos hechos delictivos, sobre la base de que los datos se transmitieron sin previa autorización judicial, cuando en el momento en que se transmitieron los datos dicha autorización no era necesaria, otorga mayor protección a los derechos fundamentales de los investigados o acusados en un proceso penal. A pesar de que en el momento de acopio del dato PNR no era necesaria la autorización judicial, la introducción de este requisito posteriormente por vía jurisprudencial persigue reforzar la protección del titular del dato en cuanto que pueda verse implicado en un proceso penal.

La obtención de datos personales por la policía con la finalidad de generar actos de prueba no está sometida en nuestro ordenamiento en todo caso a la exigencia de autorización judicial previa. El Tribunal Supremo ha señalado en distintas resoluciones que "la jurisdiccionalidad es exigible en algunos casos; en otros no". Así, y a título de ejemplo, no es necesaria autorización judicial previa para acceder a los datos relativos al ADN incor-

---

43 Ver Eloy Velasco Núñez, "Investigación penal y protección de datos", *El Cronista del Estado social y democrático de Derecho*, 88-89 (2021), 143. En el mismo sentido, María Josune Pérez Estrada, "Efectos de la vulneración de la protección de datos personales en el proceso penal", *La Ley Penal*, 135 (noviembre-diciembre 2018), señala que la obtención ilegítima de datos de carácter personal "debe conllevar unas consecuencias en el proceso penal en orden a su valoración como prueba incriminatoria para desvirtuar la presunción de inocencia".

porados en las bases de datos policiales o para acceder a la información contenida en el Fichero de Titularidades Financieras (FTF)[44].

En este sentido, la LOPNR no introduce la previa autorización judicial como exigencia para el acceso por parte de las autoridades competentes a los datos PNR; sin embargo, esta situación cambia radicalmente con la STJUE de 21 de junio de 2022, tras la cual toda solicitud de datos PNR con fines de investigación de hechos delictivos y, en definitiva, con la finalidad de generar actos de prueba, ha de ir acompañada de la pertinente autorización judicial. A diferencia de lo que ocurre para el CITCO, que no está sometido a la obligación impuesta por el TJUE de requerir autorización previa para la cesión de datos PNR, la policía debe saber que la única manera de garantizar que los datos PNR puedan generar actos de prueba es cumpliendo el requisito impuesto por la STJUE de 21 de junio de 2022, y, por lo tanto, cuando considere que estos datos pueden ser necesarios para la concreta investigación que está llevando a cabo debe proceder a solicitar la autorización judicial pertinente, aunque ello implique el fin de la investigación preliminar y, en consecuencia, la judicialización de la investigación.

En definitiva, y desde el punto de vista de los derechos fundamentales implicados, la STJUE de 21 de junio de 2022 debería haber traído consigo una revisión y depuración de las bases de datos, atestados o expedientes en los que estuvieran incorporados datos PNR recogidos desde el 17 de

---

44 Nos parece de interés poner de manifiesto lo que ha ocurrido con el acceso al FTF. La LO 9/2022, de 28 de julio, por la que se establecen normas que faciliten el uso de información financiera y de otro tipo para la prevención, detección, investigación o enjuiciamiento de infracciones penales (*Tol 9141413*), suprime la exigencia de autorización judicial previa, o del Ministerio Fiscal, para el acceso al FTF por parte de las autoridades competentes, con la consiguiente modificación del artículo 43 de la Ley 10/2010, de 28 de abril, de prevención del blanqueo de capitales y de la financiación del terrorismo (*Tol 1817133*). Desde la creación del FTF, el acceso a la información allí contenida se hacía depender de la autorización previa, que, sin embargo, el legislador ha considerado conveniente suprimir en esta última reforma, con el objetivo de "garantizar un acceso directo e inmediato" a los datos contenidos en el FTF, en los términos expresamente previstos por la Directiva (UE) 2019/1153 del Parlamento Europeo y del Consejo, de 20 de junio de 2019 (*Tol 7434396*), que prevé el acceso directo de las autoridades competentes a los registros nacionales centralizados de cuentas bancarias o a los sistemas de recuperación de datos. Sobre esta modificación ver Juan Alejandro Montoro Sánchez, "La Ley Orgánica 9/2022, de 28 de julio. Un controvertido instrumento para la investigación sobre la dimensión económica del delito", *Eunomía. Revista en Cultura de la Legalidad*, 24 (2023), 352-353, doi: 10.20318/eunomia.2023.7675.

noviembre de 2020. Mientras esta función de depuración no la haga el legislador a través de la oportuna reforma de la LOPNR, determinando al mismo tiempo los efectos de dicha reforma para los datos recopilados hasta ese momento, esta función de depuración les corresponde a jueces y tribunales en cada proceso concreto y, también de manera esencial, a los letrados de quienes sean investigados o acusados en un proceso penal en el que se pretendan utilizar datos PNR[45].

Nos gustaría terminar este trabajo recordando las reflexiones que en el año 2006 hacía el profesor Moreno Catena al afirmar que "cualquier medida que se adopte para luchar contra el terrorismo ha de respetar siempre, y en primer lugar, los postulados que dictan los principios democráticos de libertad, a los que no se puede renunciar, ni siquiera para combatir la lacra del terror", al tiempo que alertaba que en el horizonte estaban apareciendo "señales alarmantes sobre las garantías procesales, haciendo primar sobre ellas los valores de la seguridad pública y de la represión de ciertas conductas delictivas"[46]. La recogida de los datos PNR con fines penales refleja claramente que los peligros que apuntaba el profesor Moreno Catena nos han invadido de lleno, y por eso debemos congratularnos por la intervención del TJUE y reclamar a nuestro legislador que proteja de manera efectiva los derechos y libertades que proclaman tanto la Constitución como la Carta de Derechos Fundamentales de la Unión Europea.

## BIBLIOGRAFÍA

Catalina Benavente, Mª Ángeles. *El uso de los datos PNR en el proceso penal.* Cizur Menor: Thomson Reuters-Aranzadi, 2022.

Colmenero Guerra, José Antonio. "La Ley Orgánica 7/2021, de protección de datos en materia penal: ámbito y principio de proporcionalidad". En *Uso de la información y de los datos personales en los procesos: los cambios en la era digital,* dir. por Ignacio Colomer Hernández, 475-477 (Cizur Menor: Aranzadi: 2022).

---

45 Los datos PNR se incorporarán al proceso penal como prueba documental. La garantía de la práctica de este medio de prueba son la inmediación y la contradicción. Por tanto, será necesario abrir en el juicio oral el debate procesal sobre estas fuentes de prueba. Ver Víctor Moreno Catena, *Derecho Procesal Penal* (con Valentín Cortés Domínguez), Valencia: Tirant lo Blanch, 2022, pág. 492.

46 Víctor Moreno Catena, "El enjuiciamiento de delitos de terrorismo y el derecho de defensa", en *Terrorismo y proceso penal acusatorio,* coord. por Juan Luis Gómez Colomer y José Luis González Cussac, (Valencia: Tirant lo Blanch, 2006), 370-371, 378 (*Tol 971918*).

Colomer Hernández, Ignacio. "Limitaciones en el uso de la información y los datos personales en un proceso penal digital". En *El proceso penal ante una nueva realidad tecnológica europea*, dirigido por Coral Arangüena Fanego, Montserrat de Hoyos Sánchez, Esther Pillado González, 39-74. Cizur Menor: Aranzadi, 2023.

Montoro Sánchez, Juan Alejandro, "La Ley Orgánica 9/2022, de 28 de julio. Un controvertido instrumento para la investigación sobre la dimensión económica del delito", *Eunomía. Revista en Cultura de la Legalidad*, 24 (2023), 348-357, https://doi.org/10.20318/eunomia.2023.7675.

Montoro Sánchez, Juan Alejandro. "La Directiva 2016/680/UE: un nuevo paradigma para el tratamiento de datos de carácter personal con fines penales". En *El proceso penal ante una nueva realidad tecnológica europea*, dirigido por Coral Arangüena Fanego, Montserrat de Hoyos Sánchez, Esther Pillado González, 103-130. Cizur Menor: Aranzadi, 2023.

Montoro Sánchez, Juan Alejandro. *Uso y cesión de datos de carácter personal en el proceso penal*. Cizur Menor. Thomson Reuters-Aranzadi, 2022.

Moreno Catena, Víctor y Valentín Cortés Domínguez. *Derecho Procesal Penal*. Valencia, Tirant lo Blanch, 2023.

Moreno Catena, Víctor. "El enjuiciamiento de delitos de terrorismo y el derecho de defensa". En *Terrorismo y proceso penal acusatorio*, coordinado por Juan Luis Gómez Colomer y José Luis González Cussac, 369-398. Valencia: Tirant lo Blanch, 2006.

Moreno Catena, Víctor. "Los datos en el sistema de justicia y la propuesta de Reglamento UE sobre inteligencia artificial". En *Uso de la información y de los datos personales en los procesos: los cambios en la era digital*, dirigido por Ignacio Colomer Hernández, 47-73. Cizur Menor: Thomson Reuters-Aranzadi, 2022.

Pérez Estrada, María Josune. "Efectos de la vulneración de la protección de datos personales en el proceso penal" *La Ley Penal*, 135, (noviembre-diciembre 2018).

Pérez Gil, Julio. "Exclusiones probatorias por vulneración del derecho a la protección de datos personales en el proceso penal". En *Justicia, ¿garantías versus eficiencia?*, dirigido por Fernando Jiménez Conde y Rafael Bellido Penadés, 339-441. Tirant lo Blanch. 2019.

Rodríguez Lainz, José Luis. "La evolución de la jurisprudencia del Tribunal de Justicia de la Unión Europea en materia de conservación indiscriminada de datos de comunicaciones electrónicas en la STJUE del Caso G.D. y Comissioner an Garda Síochána". *Diario La Ley*, 10058 (28 de abril de 2022).

Thönnes, Christian. "A Directive altered beyond recognition". 23 de junio de 2022. https://verfassungsblog.de/pnr-recognition/

Velasco Núñez, Eloy. "Investigación penal y protección de datos", *El Cronista del Estado social y democrático de Derecho*, 88-89 (2021), 136-151.

Wahl, Thomas. "CJEU: PNR Directive Valid if Limited to the 'Strictly Neccesary'", 4 de agosto de 2022, https://eucrim.eu/news/cjeu-pnr-directive-valid-if-limited-to-the-strictly-necessary/.

Wahl, Thomas. CJEU: PNR Directive is in Line with WU Charter, eucrmi issue 1/2022, 30-31 https://eucrim.eu/news/ag-pnr-directive-is-in-line-with-eu-charter/

# *De nuevo sobre el uso de la videoconferencia en el proceso penal*

**RAFAEL BELLIDO PENADÉS**
*Catedrático de Derecho Procesal*
*Universidad de Valencia*

**SUMARIO:** 1. INTRODUCCIÓN. 2. EL USO DE LA VIDEOCONFERENCIA EN LA LEGISLACIÓN PROCESAL PENAL ANTERIOR AL REAL DECRETO-LEY 6/2023. 2.1. EN LA LEGISLACIÓN PROCESAL PENAL ANTERIOR A LA COVID-19. 2.2. EN LA LEGISLACIÓN PROCESAL PENAL APROBADA A CAUSA DE LA COVID-19. 3. EL USO DE LA VIDEOCONFERENCIA EN EL PROCESO PENAL EN LA JURISPRUDENCIA DEL TEDH Y DEL TC. 4. APROXIMACIÓN AL USO DE LA VIDEOCONFERENCIA EN EL PROCESO PENAL EN EL REAL DECRETO-LEY 6/2023, DE 19 DE DICIEMBRE. 5. A MODO DE CONCLUSIÓN. BIBLIOGRAFÍA.

## 1. INTRODUCCIÓN

El origen próximo de la normativa española sobre el uso de la videoconferencia en el proceso penal se encuentra en la Ley Orgánica 13/2003, de 24 de octubre[1] , que dio nueva redacción al artículo 229 de la LOPJ y a los artículos 325 y 731 *bis* de la LECrim, para autorizar que las actuaciones procesales —entre ellas, las declaraciones de testigos, de peritos y del investigado o acusado— pudieran realizarse a través de videoconferencia, u otro sistema similar, que permitiera la comunicación bidireccional y simultánea de la imagen y el sonido y la interacción visual, auditiva y verbal entre personas geográficamente distantes.

La aplicación de esa normativa ha sido una realidad en los procesos penales desarrollados ante los Juzgados y Tribunales, en especial, en lo que se refiere a las declaraciones de testigos y peritos. Si el uso de las tecnologías de la comunicación no ha sido más frecuente en la realidad jurisdiccional, probablemente no haya sido debido a la falta de cobertura normativa, sino a la insuficiencia de dotación presupuestaria para adquirir los medios materiales necesarios para ello.

---

1 Sobre los antecedentes del uso de la videoconferencia en nuestro Derecho interno *vid.* Montesinos García, A., *La videoconferencia como instrumento probatorio en el proceso penal*, Marcial Pons, 2009, págs. 41 y ss.

Sin embargo, la crisis sanitaria generada por la Covid-19 supuso un giro copernicano en la percepción de la realidad jurisdiccional ante los intensos riesgos sanitarios que se produjeron, con resultados letales en un elevado número de casos, y el gobierno y el legislador adoptaron las medidas normativas a su alcance para frenar la evolución de la pandemia. Así, mediante el Real Decreto 463/2020, de 14 de marzo, por el que se declara el estado de alarma, se decretó, con carácter general, la suspensión e interrupción de los plazos para la realización de actuaciones procesales, con algunas excepciones en los diferentes órdenes jurisdiccionales. Posteriormente, mediante el Real Decreto-ley 16/2020, de 28 de abril, y la Ley 3/2020, de 18 de septiembre, se aprobó una normativa orientada al fomento de la preferencia por las actuaciones procesales mediante presencia telemática, frente a la tradicional preferencia por las actuaciones procesales mediante presencia física.

Esa situación de pandemia se ha prolongado durante algo más de tres años, declarándose mediante Acuerdo del Consejo de Ministros de 4 de julio de 2023 el fin de la situación de crisis sanitaria ocasionada por la COVID-19. Pero, tras su finalización, el avance de las tecnologías en la realidad social y económica ha comenzado a abrirse paso en la realidad jurídica y en los procedimientos ante la Administración Pública y ante los Juzgados y Tribunales, en gran medida como consecuencia de las dotaciones económicas facilitadas por la Unión Europea. A este objetivo responde el Real Decreto-ley 6/2023, de 19 de diciembre.

## 2. EL USO DE LA VIDEOCONFERENCIA EN LA LEGISLACIÓN PROCESAL PENAL ANTERIOR AL REAL DECRETO-LEY 6/2023

La realización de actos procesales mediante sistemas que permitan la comunicación bidireccional del sonido y la imagen ya disponía de cobertura normativa en nuestro ordenamiento procesal desde 2003. Pero la crisis sanitaria generada por la Covid-19 constituyó un antes y un después en el interés por el uso de la videoconferencia para la realización de actos procesales, desde luego en los estudios doctrinales, pero también en los cuerpos legisladores, como se verá en las páginas siguientes.

### *2.1. En la legislación procesal penal anterior a la Covid-19*

Como ya se ha indicado, el origen próximo de la regulación del uso de la videoconferencia para la celebración de actos procesales en el proceso penal se encuentra en la Ley Orgánica 13/2003, de 24 de octubre, de reforma de la Ley de Enjuiciamiento Criminal en materia de prisión provisional, la cual introdujo tres normas mediante las que se otorgaba de forma expresa carta de naturaleza a la realización de actos procesales mediante videoconferencia en el proceso español, en general, y en el proceso penal, en particular, a través de la introducción de un nuevo apartado 3 al artículo 229 de la LOPJ, de la dotación de contenido al entonces derogado artículo 325 LECrim y de la incorporación de un nuevo artículo, el art. 731 *bis* LECrim.

El artículo 229. 3 de la LOPJ, con el carácter general propio de la legislación orgánica, autorizaba la realización de actuaciones procesales mediante videoconferencia, "u otro sistema similar que permita la comunicación bidireccional y simultánea de la imagen y el sonido y la interacción visual, auditiva y verbal entre dos personas o grupos de personas geográficamente distantes", cuando lo acordase el juez o tribunal, "asegurando en todo caso la posibilidad de contradicción de las partes y la salvaguarda del derecho de defensa".

Por su parte, la nueva redacción del artículo 325 LECrim estableció la posibilidad de recurrir a la videoconferencia, o u otro sistema similar que permitiera la comunicación bidireccional y simultánea de la imagen y el sonido, durante la fase de instrucción y en cualquier clase de procedimiento penal, para la comparecencia y toma de declaración como imputado, testigo, perito, o en otra condición "por razones de utilidad, seguridad o de orden público", o cuando la comparecencia física de aquellos "resulte gravosa o perjudicial".

Similar regulación realizó el art. 731 *bis* LECrim, al autorizar el uso de la videoconferencia, o u otro sistema similar que permitiera la comunicación bidireccional y simultánea de la imagen y el sonido, durante la fase de juicio oral y en cualquier clase de procedimiento penal, para la comparecencia y toma de declaración como acusado, testigo, perito, o en otra condición "por razones de utilidad, seguridad o de orden público", o cuando la comparecencia física de aquellos "resulte gravosa o perjudicial"[2] .

---

2 La redacción actual mantiene la incorrecta referencia que desde su introducción en 2003 se hace al "imputado", pues, encontrándose dicho precepto entre los que disciplinan el "modo de practicar las pruebas durante el juicio oral" (Libro III, Título III, Capítulo III, Sección 5ª LECrim), el término "imputado" utilizado en este precepto debe entenderse referido al "acusado", que es el término adecuado para designar a quien ocupa la posición pasiva en ese momento del proceso penal.

De modo que el artículo 229. 3 LOPJ contenía los elementos esenciales para el adecuado uso de la videoconferencia en el proceso, tanto desde la perspectiva de los requerimientos técnicos de calidad —sistema que permita la comunicación bidireccional y simultánea de la imagen y el sonido y la interacción visual, auditiva y verbal entre personas geográficamente distantes—, como desde la perspectiva de las garantías de los principios y derechos fundamentales nucleares —asegurando en todo caso la posibilidad de contradicción de las partes y la salvaguarda del derecho de defensa—.

Por su parte, los artículos 325 y 731 *bis* LECrim concretaban algo más el uso de la videoconferencia respecto de las dos principales fases del proceso penal, tanto respecto de la fase de instrucción (art. 325 LECrim), como respecto de la fase de juicio oral (art. 731 *bis* LECrim) y con gran amplitud en ambos casos, tanto en lo que se refiere a las causas que pueden justificar el uso de la videoconferencia (razones de utilidad, seguridad o de orden público, o que la comparecencia de quien haya de intervenir en el proceso penal resulte gravosa o perjudicial), como en lo que se refiere a las personas que pueden declarar por videoconferencia, al referirse expresamente no solo a los testigos y peritos, sino también al imputado —hoy investigado o encausado— (art. 325 LECrim), e, incluso se debe entender que al acusado en el juicio oral (art. 731 *bis* LECrim).

Así mismo, el art. 306 LECrim —en la redacción dada por la LO 13/2003— autorizaba que de forma generalizada —admitía que "en las actuaciones de cualquier procedimiento penal, incluida la comparecencia del artículo 505"—, el fiscal pudiera intervenir, mediante videoconferencia u otro sistema similar que permitiese la comunicación bidireccional y simultánea de la imagen y el sonido, siempre y cuando en los órganos judiciales existieran los medios técnicos precisos para ello.

Estos preceptos se complementan en la LECrim con otros artículos referidos a distintas clases de declaraciones efectuadas en el curso del proceso penal modificados en sucesivas reformas. Así sucede con relación a la declaración de testigos menores de edad o incapacitados judicialmente, tanto en fase de instrucción (art. 448 LECrim), como en fase de juicio oral (art. 707 LECrim), que han sufrido numerosas modificaciones[3] .

---

3 Ley Orgánica núm. 14/1999 de 9 de junio, de modificación del Código Penal de 1995, en materia de protección a las víctimas de malos tratos y de la Ley de Enjuiciamiento Criminal; Ley Orgánica núm. 8/2006, de 4 de diciembre, por la que se modifica la Ley Orgánica 5/2000, de 12 de enero, reguladora de la responsabilidad penal de los menores; Ley núm. 4/2015 de 27 de abril, del Estatuto de la

La Ley Orgánica 8/2021, de 4 de junio, de protección integral a la infancia y la adolescencia frente a la violencia, diseña un nuevo régimen jurídico de la prueba preconstituida, en el que la declaración en el juicio oral de los testigos menores de catorce años, o de los discapacitados necesitados de especial protección, se convierte en excepcional, al establecerse como regla general la práctica de la prueba preconstituida en la fase de instrucción y su reproducción en el acto del juicio, a fin de evitar que el lapso temporal entre la primera declaración y la fecha de juicio oral afecten a la calidad del relato, así como de impedir la victimización secundaria de víctimas especialmente vulnerables[4] .

No obstante, en el nuevo régimen jurídico de la declaración de los testigos menores de catorce años o discapacitados necesitados de especial protección introducido por la LO 8/2021 pervive la posibilidad de que esas víctimas declaren mediante videoconferencia, a fin de evitar su confrontación visual con el inculpado, ya se trate en el caso general de su declaración preconstituida en fase de instrucción, en el que se admite el uso de cualquier medio técnico para evitar la confrontación visual (art. 449 *ter*, III LECrim), ya se trate de su excepcional declaración en el juicio oral, en el que se acepta cualquier medio técnico, incluyendo los que permiten que los testigos "puedan ser oídos sin estar presentes en la sala" mediante la utilización de tecnologías de la comunicación (art. 707, II LECrim).

Así mismo, la legislación anterior a la COVID-19 también contempla que la asistencia de intérprete en las declaraciones del sospechoso, investigado o acusado en el proceso penal pueda llevarse a cabo mediante videoconferencia, salvo que resulte necesario acordar la presencia física del intérprete para salvaguardar los derechos del investigado o acusado (art. 123. 5 LECrim)[5] .

Igualmente, con relación al derecho de asistencia letrada al detenido, el art. 520. 2, c) LECrim, desde la redacción dada por la LO 13/2015, de 5 de octubre, autoriza que en supuestos de lejanía geográfica la comunicación

---

víctima del delito; y Ley Orgánica 8/2021, de 4 de junio, de protección integral a la infancia y la adolescencia frente a la violencia.

4 Apartado I del Preámbulo de la Ley Orgánica 8/2021, de 4 de junio, de protección integral a la infancia y la adolescencia frente a la violencia.

5 Para una visión general de las exigencias del derecho de defensa *vid.* Moreno Catena, V., *Sobre el derecho de defensa: cuestiones generales,* Teoría y derecho: revista de pensamiento jurídico, núm. 8, 2010, págs. 17-40.

entre el detenido y su letrado pueda llevarse a cabo mediante videoconferencia.

En definitiva, en la legislación anterior a la pandemia existía un nutrido grupo de normas que permitían la realización de declaraciones mediante videoconferencia con bastante amplitud, tanto en lo que se refiere a los supuestos en los que resultaba justificado que la general "presencia física" se sustituyera por una excepcional "presencia telemática", como en lo que se refiere a las personas que podían declarar e intervenir a través de videoconferencia.

Sin embargo, en la jurisprudencia de la Sala Segunda del Tribunal Supremo se ha venido haciendo un tratamiento muy diferenciado de los distintos supuestos que pueden encontrar cobertura legal en los arts. 325 y 731 *bis* LECrim. Esa jurisprudencia ha admitido con carácter pacífico la declaración por videoconferencia de testigos (especialmente en el caso de menores y de víctimas, o de testigos que residen en lugares alejados geográficamente del lugar donde se desarrolla el juicio, o de miembros de las Fuerzas y Cuerpos de Seguridad del Estado) y de peritos, sobre todo, si se trata de peritos que colaboran frecuentemente con la Administración de Justicia, como médicos forenses, miembros de la policía científica o del Instituto Nacional de Toxicología[6] .

Por el contrario, con igual cobertura normativa, la jurisprudencia de la Sala Segunda del Tribunal Supremo ha sido muy restrictiva respecto de la posibilidad de que el acusado pueda declarar mediante videoconferencia en el proceso penal, dadas las limitaciones que la declaración mediante videoconferencia puede comportar para un ejercicio efectivo del derecho de defensa del acusado.

La paradigmática STS 678/2005, de 16 de mayo (Ponente Maza Martín), puso de manifiesto las razones que, pese al tenor legal de los arts. 229. 3 de la LOPJ o 731 *bis* de la LECrim, podían justificar la mayor excepcionalidad de la declaración por videoconferencia cuando se trate del acusado que cuando se trate de testigos o peritos. En este sentido, se advierte que "no puede ignorarse que la proyección de los principios básicos del pro-

---

6 Sobre la posición de la jurisprudencia al respecto, cfr. Cabezudo Bajo, M. J., *Avance hacia un juicio penal íntegramente telemático mediante un uso más generalizado de la videoconferencia: eficiencia y derechos fundamentales, Revista General de Derecho Procesal 52 (2020)*, págs. 11 y ss. y Gutiérrez Barrenengoa, A., *El uso de la videoconferencia en el proceso penal: utilidades, requisitos y limitaciones, Revista de Derecho, Empresa y Sociedad, nº. 14, 2019, enero-junio 2019*, págs. 32 y ss.

cedimiento es, en esta materia, diferente según que nos hallemos ante la declaración distante de un testigo o la práctica del informe de un perito, que tan sólo requieren garantizar la exactitud y fiabilidad de la información recibida por el Juzgador, así como el sometimiento de su generación a la contradicción de las partes, que cuando estamos ante la participación de los propios acusados, especialmente en el momento cumbre del Juicio oral, a los que ha de permitírseles intervenir activamente en el ejercicio de su propio derecho de Defensa. (...) Y, para ello, adquiere gran relevancia tanto su presencia física en él, como también la posibilidad constante de comunicación directa con su Letrado que, de otro modo, podría ver seriamente limitadas sus funciones de asesoramiento y asistencia”[7].

No obstante, poco después la STS 644/2008, de 10 de octubre, con el mismo ponente, matizó la doctrina anterior, aunque con carácter de *obiter dicta*, en el sentido de que no debe rechazarse totalmente la declaración del acusado por videoconferencia en casos de extrema peligrosidad de los acusados, o cuando las sesiones pudieran verse seriamente alteradas por concentraciones masivas de personas en los alrededores de la sede del tribunal.

La anterior doctrina jurisprudencial se recuerda más tarde en la STS 161/2015, de 17 de marzo, en la que, además de recordar la excepcionalidad de la declaración del acusado mediante videoconferencia, destaca también la actual preferencia de la declaración presencial de los testigos y peritos en el proceso penal. Así, se señala: “El ritmo al que se suceden los avances tecnológicos obliga a no descartar que en un futuro no muy lejano la opción entre el examen presencial de los testigos/peritos y su interrogatorio mediante videoconferencia, sea una cuestión que no se plantee en términos de principalidad y subsidiariedad. Sin embargo, en el actual estado de cosas, el entendimiento histórico-convencional del principio de inmediación sigue siendo considerado un valor que preservar, sólo sacri-

---

7 En el caso la Audiencia Provincial de Alicante juzgó los numerosos delitos cometidos en el curso de un motín producido en el establecimiento penitenciario de Fontcalent, en el que hubo que tomar declaración a un elevado números de acusados y testigos que se encontraban presos en los Centros Penitenciarios de Fontcalent y Picassent y a los que la Audiencia decidió tomarles declaración por videoconferencia desde los respectivos centro penitenciarios, con fundamento en razones de seguridad, debido a la alta peligrosidad de los sujetos sometidos a enjuiciamiento. Dicha sentencia terminó condenando a doce acusados por dos delitos de homicidio y numerosos delitos de detención ilegal, de atentado, de lesiones, de robo y de quebrantamiento de condena.

ficable cuando concurran razones que, debidamente ponderadas por el órgano jurisdiccional, puedan prevalecer sobre las ventajas de la proximidad física y personal entre las fuentes de prueba y el Tribunal que ha de valorarlas".

En consecuencia, la jurisprudencia del Tribunal Supremo que ha aplicado la normativa anterior al Covid-19 en el proceso penal (arts. 229. 3 LOPJ y 731 *bis* LECrim) ha puesto de manifiesto la marcada excepcionalidad que debe tener la declaración del acusado mediante videoconferencia en el proceso penal, así como la prevalencia de esa normativa por la declaración presencial física de los testigos y peritos en el proceso penal, salvo que concurran causas justificadas.

### 2.2. *En la legislación procesal penal aprobada a causa de la Covid-19*

Ante la situación de emergencia ocasionada por la Covid-19, el Real Decreto 463/2020, de 14 de marzo, por el que se declaró el estado de alarma, dispuso la suspensión e interrupción de los plazos para la realización de actuaciones procesales, salvo, en el caso del orden jurisdiccional penal, en lo relativo a "los procedimientos de *habeas corpus*, a las actuaciones encomendadas a los servicios de guardia, a las actuaciones con detenido, a las órdenes de protección, a las actuaciones urgentes en materia de vigilancia penitenciaria y a cualquier medida cautelar en materia de violencia sobre la mujer o menores". Así mismo, se incorporó una cláusula general de excepción a la suspensión de actuaciones procesales penales, merced a la cual "en fase de instrucción, el juez o tribunal competente podrá acordar la práctica de aquellas actuaciones que, por su carácter urgente, sean inaplazables" (disposición adicional segunda. 2 RD 463/2020)[8] .

No obstante, esa regulación guardaba silencio sobre si esas actuaciones procesales penales que podían continuar realizándose durante la pandemia podían practicarse a través de videoconferencia, lo que suscitó dudas entre los operadores jurídicos.

El Decreto de la Fiscalía General del Estado de 19 de marzo de 2020, sobre utilización de sistemas de videoconferencia u otros similares durante la prestación de los servicios de guardia y otros esenciales con ocasión de la pandemia por coronavirus COVID-19, a fin de salvaguardar la salud de

---

8 Cfr. Banacloche Palao, J., *El cómputo de los plazos procesales como consecuencia del Estado de Alarma derivado del Covid-19*, Diario La Ley, núm. 9641, 27 de mayo de 2020.

los intervinientes en el acto, propuso a los Fiscales, que se encontraran prestando servicios esenciales o de guardia, el uso preferente de la videoconferencia en la toma de declaración a detenidos y en la celebración de comparecencias de medidas cautelares (art. 505 LECrim), evitando en la medida de lo posible los traslados y desplazamientos a dependencias judiciales, siempre que quedaran garantizados los derechos del detenido y la defensa letrada[9] .

En el plano doctrinal se propuso un uso más amplio de la videoconferencia que se extendiera, además de a las actuaciones con detenidos en el Juzgado de Guardia, al juicio oral en causas con preso, cuando se presentaran situaciones de urgencia o inaplazables, ante el riesgo de contagio por coronavirus inherente a la realización de esas declaraciones de forma presencial para los diferentes personas que deberían intervenir para posibilitarlos (detenidos y presos, policías que los trasladen, jueces, fiscales, abogados, funcionarios de justicia, ...)[10] .

El Real Decreto-ley 16/2020, de 28 de abril, y la Ley 3/2020, de 18 de septiembre, ya abordaron la regulación del uso de la videoconferencia con ocasión de la Covid-19 en las actuaciones procesales, incluidas las penales, estableciendo que, con carácter general, en el marco temporal que definen[11] todos los actos procesales se realizarían preferentemente mediante presencia telemática (art. 19 RDL 16/2020 y art. 14 Ley 3/2020)[12] .

---

9 El Decreto sobre utilización de sistemas de videoconferencia u otros similares durante la prestación de los servicios de guardia y otros esenciales con ocasión de la pandemia por coronavirus COVID-19 está disponible en: https://www.fiscal.es/-/decreto-de-la-fiscal-general-en-relacion-con-la-utilizacion-de-sistemas-de-videoconferencia. Última visita: 14/02/2024.

10 Magro Servet, V., *Opción del uso de la videoconferencia en causas con detenidos o presos ante la emergencia por estado de alarma por Coronavirus*, Diario La Ley, núm. 9603, 27 de marzo de 2020, págs. 6-7.

11 Ese marco temporal estaba previsto inicialmente por la vigencia del estado de alarma y hasta tres meses después de su finalización, en el caso del RDL 16/2020, y hasta el 20 de junio de 2021, en el caso de la Ley 3/2020.

12 La bibliografía sobre la materia es abundante. Bellido Penadés, R., "El uso de las nuevas tecnologías en el proceso penal: a propósito del Covid-19", en *¿Cuarentena de la Administración de Justicia?* (Dir. Pérez Daudí), Atelier, 2021, págs. 175 y ss.; Cabezudo Bajo, M. J., *Avance hacia un juicio penal íntegramente telemático mediante un uso más generalizado de la videoconferencia: eficiencia y derechos fundamentales*, Revista General de Derecho Procesal 52 (2020); Cacciatore, S. y Jimeno Bulnes, M, *Emergenza giudiziaria ai tempi del Covid-19 in Spagna*, Cassazione Penale 2020, n. 10; Delgado Martín, J., "Hacia la transformación digital de la justicia. Tecnología

Esa preferencia de celebración telemática quedaba condicionada en ambos casos a que los Juzgados, Tribunales y Fiscalías tuvieran a su disposición los medios técnicos necesarios para ello. Y, además, se trataba de una simple preferencia de la actuación en forma telemática, que no impedía que el juez o tribunal pudiera considerar en algún supuesto que en él resultaba justificada y preferible la actuación mediante presencia física, en cuyo caso el órgano judicial debía motivarlo en el auto en el que se acordase la práctica con presencia física[13] .

Con los condicionamientos anteriores, en ambos textos se estableció que, constituido el Juzgado o Tribunal en su sede, los actos de juicio, comparecencias, declaraciones y vistas y, en general, todos los actos procesales, se realizarían preferentemente mediante presencia telemática, regla general que se excepcionaba en el orden jurisdiccional penal, aunque con diferente alcance en el RDL 16/2020 y en la Ley 3/2020.

En el RDL 16/2020, de 28 de abril, la salvedad consistía en que en el orden jurisdiccional penal se exigía la presencia física del acusado "en los juicios por delito grave", teniendo dicha consideración los delitos sancionados con pena grave, lo que incluye la prisión superior a cinco años y el resto de penas definidas como tales en el Código penal (arts. 13. 1 y 33. 2 CP).

Esta escueta regulación planteaba numerosos interrogantes, pues la breve referencia a la "necesaria ... presencia física del acusado en los juicios por delito grave", generaba la duda de si esa regla de presencia física

---

y COVID-19", en *Cómo hacer frente a los efectos legales y litigios derivados del COVID-19* (Coord. Domènech), Bosch, 2020, págs. 81 y ss.; y "Medidas organizativas con efectos en el proceso y su relación con profesionales y ciudadanos", en *Cómo hacer frente a los efectos legales y litigios derivados del COVID-19*, (Coord. Domènech), Bosch, 2020, págs. 225 y ss.; Fontestad Portalés, L., *Medidas procesales frente al coronavirus en la administración de justicia regreso a la entrada en vigor de la Ley 3/2020, a partir del 18 de septiembre*, en Revista Eletrônica de Direito do Centro Universitário Newton Paiva, 2020, núm. 42, págs. 293 y ss.; Jimeno Bulnes, M., *Emergencia judicial ante la crisis sanitaria originada por el COVID-19*. Disponible en: http://rightsinternationalspain.org/es/blog/165/emergencia-judicial-ante-la-crisis-sanitaria-originada-por-el-covid-19; Magro Servet, V., *La realización de actuaciones procesales telemáticas en el orden penal tras la Ley 3/2020, de 18 de septiembre*, Diario La Ley, núm. 9716, 15 de octubre de 2020 y *Opción del uso de la videoconferencia en causas con detenidos o presos ante la emergencia por estado de alarma por Coronavirus*, Diario La Ley, núm. 9603, 27 de marzo de 2020; y Marca Matute, J., *Juicios virtuales en tiempos del coronavirus*, Diario La Ley, núm. 9696, 15 de septiembre de 2020.

13 Magro Servet, V., *La realización de actuaciones ...*, *ob. cit.*, pág. 9.

era de aplicación a todas las actuaciones y fases del proceso por delitos graves —incluidas las de la fase de instrucción— o de cómo debían intervenir (telemática o presencialmente) el resto de intervinientes, principalmente el abogado del acusado[14] .

Además, esa regulación contenía soluciones que así mismo fueron criticadas por razones de fondo, en el entendimiento de que debería exigirse también la presencia física del investigado en las vistas y comparecencias en las que se pudiera adoptar una decisión que afectara a derechos fundamentales —como la comparecencia para acordar la prisión provisional (art. 505 LECrim)—; así como por la necesidad de extender el requisito de la presencia física del acusado —restringida a los juicios por delito grave— a otras clases de juicios penales[15] .

La Ley 3/2020, de 18 de septiembre, consagrando igualmente la preferencia de las actuaciones telemáticas, delimitó de forma diferente los supuestos en los que resultaba necesaria la presencia del investigado o acusado, en la dirección propuesta en la doctrina. En este sentido, junto al supuesto de los "juicios por delito grave" del RDL 16/2020, añadió otros dos supuestos en los que también sería necesaria la presencia física del investigado o acusado: el de la audiencia prevista en el artículo 505 de la Ley de Enjuiciamiento Criminal, cuando cualquiera de las acusaciones interese su prisión provisional, o "en los juicios cuando alguna de las acusaciones solicite pena de prisión superior a los dos años, salvo que concurran causas justificadas o de fuerza mayor que lo impidan" (art. 14. 2, II Ley 3/2020).

Con ello, la Ley 3/2020 resolvió algunas de las dudas que se suscitaban en la regulación del RDL 16/2020. Este planteaba la cuestión de si esa regla excepcional de presencia física del acusado en los juicios por delito grave era de aplicación a todas las actuaciones y fases del proceso por delitos graves, incluidas las de la fase de instrucción[16], o, por el contrario, en los procesos por delito grave solo debía exigirse la presencia física del inculpado en el acto del juicio oral.

---

14 En este sentido, Richard González, M., *Elogio del juicio oral (presencial) escrito por un profesor partidario del uso de la tecnología en el sistema judicial*, Diario La Ley, núm. 9654, 16 de junio de 2020, *ob. cit.*, pág. 12 y Torres Rosell, N., *Medidas ¿organizativas y tecnológicas…, ob. cit.*, pág. 2.

15 Richard González, M., *Elogio del juicio oral (presencial)…*, págs. 3 y 12.

16 Torres Rosell, N., *Medidas ¿organizativas y tecnológicas?…, ob. cit.*, pág. 2.

La regulación contenida en la ley 3/2020, aunque no resolvió con la claridad deseable la duda, sí contenía algunos elementos que contribuían a aclararla. Con ella, la regla sobre la necesaria la presencia física del acusado en los juicios por delito grave" se amplió a dos supuestos más: en la audiencia prevista en el artículo 505 de la LECrim y en el acto del juicio oral cuando alguna de las acusaciones solicite pena de prisión superior a los dos años (art. 14. 2, II Ley 3/2020).

En consecuencia, fuera de estos supuestos, y para cualesquiera actuaciones que se practiquen durante la fase de instrucción distintas de la audiencia del art. 505 de la LECrim —incluida la asistencia letrada al detenido— no era imprescindible la presencia física del investigado[17].

No obstante, en la regulación establecida en la Ley 3/2020 no todos los supuestos de necesaria presencia física del investigado o acusado tienen el mismo tratamiento. En el caso de los juicios por delito grave no se contempla ninguna excepción a la presencia física. Por el contrario, en el caso de la audiencia prevista en el artículo 505 LECrim o del acto del juicio cuando alguna acusación solicite pena de prisión superior a los dos años, se admite la presencia telemática del acusado cuando concurran causas justificadas o fuerza mayor que impidan la presencia física, en los que podría motivarse mediante auto la decisión de su realización en forma telemática[18] .

Con todo, en mi opinión, no parece acertado el establecimiento de un diferente régimen de comparecencia del investigado o acusado en función de la clase de juicio, mediante presencia física en el juicio por delitos graves —sin excepción— y en los juicios en los que se solicite una pena de prisión superior a los dos años —salvo causa justificada o fuerza mayor en este caso—, y mediante videoconferencia en las demás clases de juicios. Respecto de lo primero, siempre que quede garantizado el derecho a la defensa letrada y la confidencialidad en la comunicación del investigado o acosado con su abogado, no es fácil comprender la razón que debe llevar a descartar la posibilidad de que la declaración del acusado en el juicio oral se realice por esa vía, aunque se trate de un juicio por delitos graves, pues no debe olvidarse que es precisamente en juicios por esa clase de delitos, con acusados ligados a bandas organizadas de extrema peligrosidad,

---

17 Magro Servet, V., *La realización de actuaciones procesales telemáticas en el orden penal tras la Ley 3/2020, de 18 de septiembre*, Diario La Ley, núm. 9716, 15 de octubre de 2020, pág. 6.

18 Magro Servet, V., *La realización de actuaciones procesales telemáticas ..., ob. cit.*, pág. 5 y Marca Matute, J., *Juicios virtuales ..., ob. cit.*, págs. 6-7.

en los que pueden existir poderosas razones de seguridad que aconsejen la declaración por videoconferencia del investigado o del acusado que se encuentra preso en un centro penitenciario, como además ha admitido la jurisprudencia del TEDH[19] .

Por otra parte, tampoco parece acertada la generalización de la declaración del acusado mediante videoconferencia en el resto de juicios —que no sean por delitos graves o en los que no se solicite pena de prisión superior a dos años—, ya que puede ir en detrimento de un ejercicio efectivo de su derecho de defensa letrada, que exige una comunicación fluida entre el acusado y su abogado y la confidencialidad de esa comunicación.

Un segundo interrogante que resolvió parcialmente la Ley 3/2020 fue el relativo a qué forma de comparecencia podía utilizar el abogado del investigado o acusado, cuando era necesaria la presencia física de este, o cuando este comparecía mediante videoconferencia. En este sentido, se aclaró que cuando se dispusiese la presencia física del acusado o del investigado, sería también necesaria la presencia física de su defensa letrada, a petición de esta o del propio acusado o investigado (art. 14. 2, III).

En tercer lugar, la Ley 3/2020 puso de manifiesto la posibilidad de combinar las actuaciones telemáticas con las actuaciones presenciales, incluso cuando la forma preferente elegida en un proceso determinado sea la telemática. En nuestro derecho anterior se daba precisamente la fórmula inversa, el proceso se realizaba con la presencia física de los intervinientes, si bien algunos de ellos —predominantemente testigos o peritos— podían declarar telemáticamente mediante videoconferencia. La Ley 3/2020 autorizó precisamente el fenómeno contrario, que en un proceso preferentemente telemático algunas actuaciones concretas se realicen con presencia física ante el juez o tribunal (art. 14. 6 Ley 3/2020).

En cuarto lugar y, sobre todo, a mi juicio, el mayor acierto de la regulación efectuada en la Ley 3/2020 fue que recogió de forma expresa el que debe ser criterio rector de la implantación de las nuevas tecnologías en el proceso, especialmente en el caso del proceso penal y respecto del investigado o acusado: la implantación del uso de métodos telemáticos en el proceso debe coordinarse con la garantía de los derechos fundamentales de las partes del proceso, en especial, con la garantía del derecho a la asistencia letrada efectiva de los acusados e investigados en los procesos penales (art. 14. 5 Ley 3/2020).

---

19 STEDH 5 octubre 2006, caso Marcello Viola contra Italia.

Finalmente, debe recordarse que las medidas organizativas y tecnológicas introducidas por la Ley 3/2020, de 18 de septiembre, para hacer frente a la COVID-19 eran de aplicación, en principio, hasta el 20 de junio de 2021, inclusive[20] . Sin embargo, la propia ley contemplaba que, si a dicha fecha se mantuviera la situación de crisis sanitaria, esas medidas seguirían siendo de aplicación en todo el territorio nacional hasta que el Gobierno declarase la finalización de la situación de crisis sanitaria ocasionada por la COVID-19[21] . Dicha declaración ha tenido lugar mediante la Orden SND/726/2023, de 4 de julio, por la que se publica el Acuerdo del Consejo de Ministros, de 4 de julio de 2023, por el que se declara la finalización de la situación de crisis sanitaria ocasionada por la COVID-19[22] .

## 3. EL USO DE LA VIDEOCONFERENCIA EN EL PROCESO PENAL EN LA JURISPRUDENCIA DEL TEDH Y DEL TC

La jurisprudencia del Tribunal Europeo de Derechos Humanos se ha pronunciado sobre la compatibilidad o no del derecho a la defensa, consagrado en el art. 6 CEDH, con la comparecencia del acusado en el proceso penal a través de videoconferencia.

De gran interés en la materia resulta la STEDH de 5 octubre 2006, que resuelve un asunto en el que se formuló acusación por varios homicidios e intentos de homicidio, de pertenencia a asociación de malhechores de tipo mafioso y de tenencia ilícita de armas y en el que el acusado fue condenado a cinco penas de cadena perpetua con aislamiento por un período de tres años[23] . La queja de vulneración del derecho a la defensa, reconocido en el art. 6 CEDH, se fundaba en que la participación del acusado durante la vista del recurso de apelación se había llevado a cabo mediante videoconferencia, al encontrarse en ese momento privado de libertad en un centro penitenciario.

El TEDH señaló que la participación del acusado en los debates por videoconferencia no es en sí contraria al Convenio, si bien corresponde al tribunal que conoce de la causa asegurar que su aplicación en cada caso

---

20 Ley 3/2020, de 18 de septiembre, de medidas procesales y organizativas para hacer frente a la COVID-19 en el ámbito de la administración de justicia.

21 Disposición transitoria segunda de la Ley 3/2020.

22 BOE núm. 159, de 5 de julio de 2023, páginas 93379 a 93387.

23 STEDH (Sección 3ª) de 5 octubre 2006, caso Marcello Viola contra Italia.

concreto persigue un fin legítimo y resulta respetuoso con las exigencias de los derechos de la defensa establecidos en el artículo 6 del CEDH. Entre esos fines legítimos, que en principio justificarían la declaración del acusado mediante videoconferencia, se encuentran "la defensa del orden público, la prevención del delito, la protección de los derechos a la vida, a la libertad y a la seguridad de los testigos y de las víctimas de los delitos, así como el respeto de la exigencia del "plazo razonable" de la duración de los procesos judiciales" (ap. 67-72).

Se analizaron las circunstancias del caso: que el acusado mantuvo una conexión audiovisual con la sala de audiencia, que le permitió ver a las personas presentes en ella y oír lo que se decía; que el acusado era visto y oído por las otras partes, el Juez y los testigos y podía hacer declaraciones al tribunal desde su lugar de detención; y que el acusado en ningún momento de la vista de apelación trató de informar al juez, personalmente o a través de sus abogados, de sus dificultades de audición o de visión (ap. 73-74).

Atendidas las anteriores circunstancias, el TEDH concluye que "nada demuestra que en este caso se vulnerase el derecho del demandante a comunicar con su abogado sin ser oído por terceras personas", por lo que el acusado tuvo la posibilidad de ejercer los derechos y facultades inherentes a la noción de juicio justo recogida en el art. 6 del CEDH (ap. 75-76).

Un segundo asunto de importancia es el resuelto por la STEDH de 27 noviembre 2007[24] , en el que en el curso del juicio oral seguido por delito de pertenencia a una asociación de malhechores de tipo mafioso, el acusado, que se encontraba encarcelado en un centro penitenciario al haberse acordado su prisión provisional, participó en el acto del juicio a través de videoconferencia, siendo escuchada una conversación telefónica del acusado con su abogado por un policía del centro penitenciario en el que se encontraba ingresado el acusado.

En ella, el TEDH, partiendo de la doctrina sentada en el caso Marcello Viola, la desarrolla al señalar que "el derecho, para el acusado, de comunicarse con su abogado fuera del alcance de un tercero figura entre las exigencias elementales del proceso equitativo en una sociedad democrática y emana del artículo 6.3 c) del Convenio" porque "si un abogado no pudiera entrevistarse con su cliente sin vigilancia y recibir instrucciones confidenciales, su asistencia perdería mucha de su utilidad" (ap. 29-30).

---

24 STEDH (Sección 2ª) de 27 noviembre 2007, caso Zagaria contra Italia.

El TEDH argumenta que, en el caso, habiendo sido escuchada con anterioridad al acto del juicio una conversación telefónica del acusado con su abogado por un policía del centro penitenciario en el que se encontraba ingresado el acusado, este "razonablemente podía temer que otras conversaciones fueran escuchadas, lo que podía haberle dado motivos para dudar antes de abordar cuestiones susceptibles de revestir una importancia para la acusación". Por lo que se concluye que la escucha de la conversación telefónica del acusado vulneró su derecho a ejercer de manera efectiva los derechos de la defensa reconocidos en el art. 6.3 c), en relación con el art. 6.1 del CEDH (ap. 33-36).

La STEDH de 27 noviembre 2018[25] incide en el carácter fundamental de la garantía de la confidencialidad de la comunicación con su abogado del acusado que interviene en el proceso penal por videoconferencia, con relación a un condenado que en el momento de la celebración de la vista de apelación se encontraba recluido en un centro penitenciario en situación de prisión provisional.

El TEDH pone de manifiesto que, aunque el acusado pudo comunicarse con su abogada antes de la audiencia de apelación, el Tribunal ya ha expresado en distintas ocasiones sus dudas respecto a la privacidad de las comunicaciones llevadas a cabo mediante un sistema de videoconferencia instalado y operado por el Estado.

Por lo que, en las anteriores circunstancias, se concluye que el tribunal nacional no aseguró al acusado una asistencia legal efectiva durante la audiencia de apelación y que, en consecuencia, hubo una violación del art. 6.1, en relación con el artículo 6. 3, c) del CEDH.

De esta jurisprudencia del TEDH se puede concluir que la participación del acusado en los debates por videoconferencia no es en sí contraria al CEDH, siempre que persiga un fin legítimo y que su concreta modalidad de desarrollo sea compatible con las exigencias de los derechos de la defensa reconocidos en artículo 6 del Convenio. En otras palabras, el derecho a estar presente físicamente en el proceso penal y a intervenir en él, en principio, forma parte del derecho a un juicio justo y de las manifestaciones del derecho de defensa reconocidos, respectivamente, en los apartados 1 y 3 del artículo 6 del CEDH; sin perjuicio de que el derecho a la presencia física pueda ser restringido, a través de una presencia virtual mediante videoconferencia, siempre que el concreto desarrollo de la comparecencia

---

25 STEDH (Sección 3ª) de 27 noviembre 2018, caso S. contra Rusia.

por videoconferencia no impida un ejercicio efectivo y confidencial del derecho de defensa.

Por lo que respecta a la jurisprudencia del Tribunal Constitucional, existe una consolidada jurisprudencia que ha proclamado reiteradamente, aún con carácter de *obiter dicta*, el carácter subsidiario de la práctica de medios de prueba personales a través de videoconferencia. En ella se parte del reconocimiento de que la imposibilidad de reflejar los aspectos comunicativos no verbales de toda declaración no es una deficiencia que pueda predicarse sin más de "aquellos medios que con creciente calidad transmiten o reproducen las declaraciones, como acontece con la videoconferencia".

Sin embargo, se concluye que "en nuestro ordenamiento positivo no faltan supuestos de carencia o defecto de inmediación que no afectan a la validez de la actuación procesal correspondiente (así, en los arts. 306 *in fine*, 325, 448, 707, 710, 714, 730, 731 *bis* y 777 de la Ley de Enjuiciamiento Criminal), en el bien entendido de que cualquier modo de practicarse las pruebas personales que no consista en la coincidencia material, en el tiempo y en el espacio, de quien declara y quien juzga, no es una forma alternativa de realización de las mismas sobre cuya elección pueda decidir libremente el órgano judicial sino un modo subsidiario de practicar la prueba, cuya procedencia viene supeditada a la concurrencia de causa justificada, legalmente prevista"[26].

Y es evidente que, entre los supuestos legales de carencia o defecto de inmediación —que pueden utilizarse cuando concurra una causa legalmente prevista que resulte justificada—, se encuentran los preceptos que desde el año 2003 regulan el uso de la videoconferencia en las declaraciones de testigos, peritos, investigados y acusados en el proceso penal (arts. 306 *in fine*, 325, y 731 *bis* LECrim).

En consecuencia, a la luz de esta jurisprudencia se debe concluir que, desde un prisma constitucional, la legitimidad del uso de la videoconferencia en la práctica de medios de prueba personales debe tener carácter subsidiario, quedando condicionada a la concurrencia de una causa legalmente prevista, que resulte justificada.

---

26 Cfr. (Sala 1ª) STC 120/2009, de 18 de mayo, FJ 6; STC (Sala 2ª) 2/2010, de 11 de enero, FJ 3 y STC (Sala 2ª) 135/2011, de 12 de septiembre, FJ 2.

## 4. APROXIMACIÓN AL USO DE LA VIDEOCONFERENCIA EN EL PROCESO PENAL EN EL REAL DECRETO-LEY 6/2023, DE 19 DE DICIEMBRE

El Real Decreto-ley 6/2023, de 19 de diciembre[27] , persigue profundizar en la transformación digital en el marco de la Administración de Justicia, bajo el impulso del Plan de Recuperación, Transformación y Resiliencia, cuya primera fase comprende un ambicioso programa de reformas, financiadas con transferencias del presupuesto comunitario, uno de cuyos ejes transversales es la transformación digital. En este ámbito un primer hito relevante fue la aprobación de la Ley 18/2011, de 5 de julio, reguladora del uso de las tecnologías de la información y la comunicación en la Administración de Justicia, que inició la transición del expediente en papel al expediente electrónico.

Otro paso importante en la transición hacia la transformación digital se dio a través del Real Decreto 1065/2015, de 27 de noviembre, sobre comunicaciones electrónicas en la Administración de Justicia en el ámbito territorial del Ministerio de Justicia y por el que se regula el sistema LexNET[28] .

El Real Decreto-ley 6/2023, de 19 de diciembre, por el que se aprueban medidas urgentes para la ejecución del Plan de Recuperación, Transformación y Resiliencia en materia de servicio público de justicia, función pública, régimen local y mecenazgo, persigue adaptar la realidad judicial española del siglo XXI al marco tecnológico actual y profundizar en la transformación digital en el ámbito de la Administración de Justicia, entre otros.

Así mismo, el Real Decreto-ley 6/2023, de 19 de diciembre, en el contexto de la digitalización de la justicia y de fomento de las tecnologías de la información y de la comunicación, añade en su artículo 101. 3 el artículo

---

27 BOE núm. 303, de 20 de diciembre de 2023). Por Resolución de 10 de enero de 2024, del Congreso de los Diputados, se ordena la publicación del Acuerdo de convalidación del Real Decreto-ley 6/2023, de 19 de diciembre (BOE núm. 11, de 12 de enero de 2024).

28 BOE núm. 287, de 1 de diciembre de 2015, que entró en vigor el 1 de enero de 2016 para los órganos y oficinas judiciales y fiscales y para los profesionales de la justicia, y el 1 de enero de 2017 para los ciudadanos que vengan obligados a ello, conforme a las leyes o reglamentos, y para los ciudadanos que opten por el uso de los medios electrónicos para comunicarse con la Administración de la Justicia (disposición final cuarta).

258 *bis*, que responde a la rúbrica "celebración de actos procesales mediante presencia telemática", dentro del nuevo Título XIV del Libro I de la Ley de Enjuiciamiento Criminal, en el que se regula la realización de actos procesales en el proceso penal mediante presencia telemática, de la que es paradigmática la videoconferencia[29] .

Las restricciones de espacio propias de una obra colectiva como la presente nos impiden un análisis con la profundidad que requiere un estudio reflexivo de la nueva normativa. Por ello, nos limitaremos a realizar una aproximación inicial y una valoración provisional del nuevo precepto.

En primer lugar, la regla general es que los actos de juicio, vistas, audiencias, comparecencias, declaraciones y, en general, todas las actuaciones procesales, se realizarán preferentemente mediante presencia telemática, salvo que el juez disponga otra cosa, en atención a las circunstancias. No obstante, esa regla se completa con la remisión a las especialidades previstas en los artículos 325, 731 bis y 306 de la Ley de Enjuiciamiento Criminal, de conformidad con lo dispuesto en el apartado 3 del artículo 229 y artículo 230 de la LOPJ, y, supletoriamente, por lo dispuesto en la el artículo 137 bis de la LEC (artículo 258 *bis.* 1 LECrim).

Esa remisión a las especialidades previstas en los artículos 325, 731 *bis* y 306 de la LECrim, de conformidad con lo dispuesto en el apartado 3 del artículo 229 de la LOPJ, en nuestra opinión, resulta desacertada, pues la doble regulación de un mismo objeto puede generar redundancias y contradicciones.

En segundo lugar, la intervención mediante presencia telemática se practicará, siempre que las oficinas judiciales o fiscales dispongan de los medios técnicos necesarios y a través de un "lugar seguro", de conformidad con la normativa que regule el uso de la tecnología en la Administración de Justicia (art. 258 *bis.* 1 LECrim). Resulta razonable y prudente condicionar la preferencia por la realización telemática de los actos procesales a que los órganos judiciales o fiscales dispongan de los medios técnicos necesarios para ello, porque algo distinto sería mero voluntarismo. Ahora bien, el momento actual parece propicio, habida cuenta de las importantes transferencias económicas realizadas desde el presupuesto de la Unión Europea para la consecución de unos objetivos entre los que se encuentra

29 Este precepto no ha entrado en vigor a la fecha de finalización de este trabajo (29/02/2024), la cual se producirá el 20 de marzo de 2024 (disposición final novena. 2, II RDL 6/2023).

la transformación digital. Por ello, esos fondos deben utilizarse para dotar de los medios técnicos necesarios a todos los órganos judiciales del orden jurisdiccional penal ante los que puedan realizarse actos procesales mediante presencia telemática.

En tercer lugar, la regulación específica de la declaración del investigado mediante presencia física o telemática en el nuevo art. 258 *bis*. 2, V de la LECrim durante la fase de instrucción resulta excesivamente breve y tangencial. Por otra parte, la nueva regulación de la intervención del acusado en el acto del juicio oral mediante presencia física o telemática es compleja y confusa[30] , debiendo destacarse de la misma que establece un régimen general de presencia física del acusado en el juicio oral en toda clase de procesos penales en los casos en los que el acusado resida dentro de la demarcación judicial del tribunal de enjuiciamiento, salvo que concurran causas justificadas, o de fuerza mayor (art. 258 *bis*. 2, IV LECrim).

En cuarto lugar, respecto a la forma de la comparecencia del abogado, tanto del investigado, como del acusado, la nueva norma establece que cuando el investigado o acusado declaren estando presentes físicamente también será necesaria la presencia física de su defensa letrada. En cambio, cuando el investigado o acusado declaren mediante videoconferencia, su abogado podrá elegir entre comparecer junto con el investigado o acusado, o comparecer en la sede del órgano judicial de enjuiciamiento (art. 258 *bis* 2, V LECrim). A nuestro juicio, esta norma, que autoriza que el abogado pueda comparecer en lugar distinto de aquel en el que se encuentra su defendido sin sujeción a requisito alguno, no garantiza suficientemente los derechos fundamentales a la defensa y a un proceso con todas las garantías, consagrados en el art. 24. 2 de la CE, y en el art. 6. 1º y 3º del CEDH, al ser necesario que el abogado pueda comunicarse reservada o confidencialmente con el investigado o acusado a quien defiende[31] .

---

30 Además, el texto del art. 258 *bis*. 2 LECrim publicado en el BOE contiene algunas erratas no corregidas a fecha de cierre de este trabajo (29/2/2024), como la falta de artículo en la referencia a "los juicios de Tribunal de Jurado" (párrafo I), la mención de los juicios por delito menos grave cuando la duración de la pena "no exceda" de seis años, sobrando el "no" (párrafo II), o la referencia al "órgano judicial o enjuiciamiento" (párrafo IV).

31 En este sentido, Armenta Deu, T., *Derivas de la justicia. Tutela de los derechos y solución de controversias en tiempos de crisis*, Marcial Pons, 2021, págs. 256-257; Banacloche Palao, J., *El proyecto de ley de eficiencia procesal y el proceso penal: una reflexión crítica sobre las innovaciones propuestas*, Diario La Ley, núm. 10103, 5 de julio de 2022, pág. 11; Bellido Penadés, R., "El uso de las nuevas tecnologías en el proceso penal: a

Por último, el régimen de intervención que introduce la nueva regulación respecto de la declaración de testigos, peritos o víctimas, establece, como regla general, la declaración mediante la presencia física de estas personas ante el tribunal de enjuiciamiento, a fin de una mayor garantía del principio de inmediación, que debe regir especialmente en el proceso penal.

## 5. A MODO DE CONCLUSIÓN

La realización de actos procesales mediante videoconferencia goza de plena cobertura en nuestro ordenamiento jurídico procesal desde hace algo más de cuatro lustros, especialmente, respecto del proceso penal, tanto en la fase de investigación, como en la fase de juicio oral. El estudio de la jurisprudencia pone de manifiesto que el uso de la videoconferencia para la toma de declaración a testigos y peritos es una realidad, siempre que, como ha exigido la legislación procesal penal tradicional, concurra causa justificada para ello.

La crisis sanitaria provocada por la Covid en el año 2020 generó riesgos importantes para la salud y la vida de las personas, que justificó que se invirtiera la regulación del uso de la videoconferencia en el proceso penal. En nuestro derecho anterior se daba precisamente la fórmula inversa, el proceso se realizaba con la presencia física de los intervinientes, si bien algunos de ellos —predominantemente testigos o peritos— podían declarar telemáticamente mediante videoconferencia. Con la llegada de la Covid, la legislación aprobada a causa de ella se autorizó precisamente el fenómeno contrario, que en un proceso preferentemente telemático algunas actuaciones concretas se realizaran con presencia física ante el juez o tribunal.

Declarada oficialmente la finalización de la crisis sanitaria provocada por la Covid, en el Real Decreto-ley 6/2023 se apuesta de nuevo por la preferencia por la realización de actos procesales mediante presencia telemática, incluso en el proceso penal, conforme al nuevo art. 258 *bis* de la LE-

---

propósito del Covid-19", en *¿Cuarentena de la Administración de Justicia?* (Dir. Pérez Daudí), Atelier, 2021, págs. 206-207 y *Presente y futuro de la videoconferencia en materia penal (proceso penal español y cooperación judicial penal internacional en la UE)*, Revista General de Derecho Procesal, 59 (2023), págs. 62-63; y Criado Enguix, J., "La utilización de la videoconferencia y la Inteligencia Artificial en el proceso penal", en *Inteligencia artificial legal y Administración de Justicia* (Dir. Calaza López, S. y Llorente Sánchez-Arjona, M.), Thomson Reuters-Aranzadi, 2022, pág. 534.

Crim. Sin embargo, los medios técnicos de los que disponen en la realidad las sedes de los órganos judiciales en la actualidad requieren abordar la implantación de la presencia telemática en la práctica de medios de prueba personales con prudencia. Y con mayor razón en el caso del proceso penal, en el que rigen con intensidad el principio de inmediación y los derechos fundamentales a un proceso con todas las garantías y a la defensa (art. 24. 2 CE), por lo que el actual estado de la realidad reclama la preferencia por la declaración mediante la presencia física del investigado o acusado, y de testigos y peritos, salvo que concurra causa justificada en contrario.

## BIBLIOGRAFÍA


Armenta Deu, T., *Derivas de la justicia. Tutela de los derechos y solución de controversias en tiempos de crisis*, Marcial Pons, 2021.

Banacloche Palao, J., *El cómputo de los plazos procesales como consecuencia del Estado de Alarma derivado del Covid-19*, Diario La Ley, núm. 9641, 27 de mayo de 2020.

Banacloche Palao, J., *El proyecto de ley de eficiencia procesal y el proceso penal: una reflexión crítica sobre las innovaciones propuestas*, Diario La Ley, núm. 10103, 5 de julio de 2022.

Bellido Penadés, R., "El uso de las nuevas tecnologías en el proceso penal: a propósito del Covid-19", en *¿Cuarentena de la Administración de Justicia?* (Dir. Pérez Daudí), Atelier, 2021.

Bellido Penadés, R., *Presente y futuro de la videoconferencia en materia penal (proceso penal español y cooperación judicial penal internacional en la UE)*, Revista General de Derecho Procesal, 59 (2023).

Cabezudo Bajo, M. J., *Avance hacia un juicio penal íntegramente telemático mediante un uso más generalizado de la videoconferencia: eficiencia y derechos fundamentales*, Revista General de Derecho Procesal 52 (2020).

CACCIATORE, S. y Jimeno Bulnes, M, *Emergenza giudiziaria ai tempi del Covid-19 in Spagna*, Cassazione Penale 2020, n. 10

Criado Enguix, J., "La utilización de la videoconferencia y la Inteligencia Artificial en el proceso penal", en *Inteligencia artificial legal y Administración de Justicia* (Dir. Calaza López, S. y Llorente Sánchez —Arjona, M.), Thomson Reuters— Aranzadi, 2022.

Delgado Martín, J., "Hacia la transformación digital de la justicia. Tecnología y COVID-19", en *Cómo hacer frente a los efectos legales y litigios derivados del COVID-19* (Coord. Domènech), Bosch, 2020.

Delgado Martín, J., "Medidas organizativas con efectos en el proceso y su relación con profesionales y ciudadanos", en *Cómo hacer frente a los efectos legales y litigios derivados del COVID-19*, (Coord. Domènech), Bosch, 2020.

Fontestad Portalés, L., *Medidas procesales frente al coronavirus en la administración de justicia regreso a la entrada en vigor de la Ley 3/2020, a partir del 18 de septiembre*, en Revista Eletrônica de Direito do Centro Universitário Newton Paiva, 2020, núm. 42.

García Molina, P., "El uso de la videoconferencia en el proceso penal: situación actual y perspectivas de futuro", en *La justicia digital en España y la Unión Europea: situación actual y perspectivas de futuro* (Dir. Conde Fuentes Y Serrano Hoyo), Atelier, 2019.

Gutiérrez Barrenengoa, A., *El uso de la videoconferencia en el proceso penal: utilidades, requisitos y limitaciones*, Revista de Derecho, Empresa y Sociedad, nº. 14, 2019, enero-junio 2019.

Jimeno Bulnes, M., *Emergencia judicial ante la crisis sanitaria originada por el COVID-19.* Disponible en: http://rightsinternationalspain.org/es/blog/165/emergencia-judicial-ante-la-crisis-sanitaria-originada-por-el-covid-19.

Laro Conzález, E., "Una justicia eficiente y digital para una administración de justicia obsoleta", en *Digitalización de la Justicia: prevención, investigación y enjuiciamiento* (Dir. Llorente Sánchez —Arjona y Calaza López), Thomson Reuters— Aranzadi, 2022.

Magro Servet, V., *La realización de actuaciones procesales telemáticas en el orden penal tras la Ley 3/2020, de 18 de septiembre,* Diario La Ley, núm. 9716, 15 de octubre de 2020.

Magro Servet, V., *Opción del uso de la videoconferencia en causas con detenidos o presos ante la emergencia por estado de alarma por Coronavirus,* Diario La Ley, núm. 9603, 27 de marzo de 2020.

Marca Matute, J., *Juicios virtuales en tiempos del coronavirus,* Diario La Ley, núm. 9696, 15 de septiembre de 2020.

Montesinos García, A., *La videoconferencia como instrumento probatorio en el proceso penal,* Marcial Pons, 2009.

Morán Martínez, R. A., *Dictamen 1/21 sobre el uso de la videoconferencia en la cooperación judicial internacional en materia penal,* Fiscalía General del Estado, Unidad de Cooperación Internacional, Fiscal de Sala, disponible en https://www.fiscal.es.

Moreno Catena, V., *Sobre el derecho de defensa: cuestiones generales,* Teoría y derecho: revista de pensamiento jurídico, núm. 8, 2010.

Richard González, M., *Elogio del juicio oral (presencial) escrito por un profesor partidario del uso de la tecnología en el sistema judicial,* Diario La Ley, núm. 9654, 16 de junio de 2020.

Torres Rosell, N., *Medidas ¿organizativas y tecnológicas? aprobadas en el RD-L 16/2020,* Diario La Ley, núm. 9654, 5 de junio de 2020.

# *Documentación digital de vistas públicas penales y eficiencia procesal. Una visión comparada entre España y Alemania*[1]

**ALICIA GONZÁLEZ NAVARRO**
*Profesora titular de derecho procesal*
*Universidad de La Laguna (Tenerife)*



---

1 Esta publicación es parte del Proyecto de I+D+i de Generación de Conocimiento, titulado Sostenibilidad ambiental, social y económica de la administración de justicia. Retos de la Agenda 2030. (SOST JUST 2030), con referencia PID2021-126145OB-I00, financiado por MCIN/ AEI/10.13039/501100011033/ y "FEDER Una manera de hacer Europa"; así como también del Proyecto titulado "Transición Digital de la Justicia", Plan de Recuperación, Transformación y Resiliencia, Ministerio de Ciencia e Innovación, financiado por la Unión Europea: Next Generation UE (RED 2021-130078B-100).
El presente trabajo constituye una versión actualizada y sintetizada de los informes que presenté, por un lado, ante el *Arbeitskreis deutscher, österreichischer und schweizerischer Strafrechtslehrer*, en su sesión del día 29 de noviembre de 2019, en la Universidad de Bonn, gracias a la invitación que me cursó el Prof. Stuckenberg y, por otro lado, en la sesión plenaria del Grupo de Expertos para la documentación de las vistas penales, designado por la Ministra Federal de Justicia y Protección de los Consumidores, celebrada los días 2 y 3 de diciembre de 2020 en Berlín.

# 1. INTRODUCCIÓN

Como es sabido, en España es costumbre que los estudiosos del derecho *miremos* hacia Alemania cuando nos adentramos en el análisis científico de las instituciones o de los problemas que nos proponemos abordar. Estamos, sin embargo, menos acostumbrados a que esta práctica comparativa tenga lugar en sentido contrario, es decir, que la doctrina —y, menos aún—, la jurisprudencia y el legislador alemanes presten atención a nuestra legislación y práctica forense. No obstante, esto es precisamente lo que ha sucedido en los últimos años en relación con el tema sobre el que me ocuparé en las páginas que siguen, las cuales, con mucho cariño y todo merecimiento le dedico al hoy homenajeado: el Profesor Moreno Catena, a quien me una la entrañable curiosidad de que él es el *benjamín* de los discípulos del Profesor Gutiérrez-Alviz Armario, mientras que el Profesor Morón, a quien considero *mi abuelo académico*, fue el *primogénito* de los discípulos de aquella *familia científica* fundada por Don Faustino.

Ciertamente, desde el punto de vista español, llama la atención el hecho de que el legislador alemán no haya logrado aún sacar adelante una regulación por medio de la cual se consiga el objetivo de seguridad jurídica que proporciona la documentación audiovisual de las vistas públicas o juicios orales en el proceso penal. Decía que es llamativo, pues si bien en nuestro país, desde la entrada en vigor de nuestra actual Ley de Enjuiciamiento Civil (en adelante, LEC) ya comenzó la práctica de la grabación audiovisual de vistas públicas —generalizándose luego con la Ley 13/2009, de 3 de noviembre, de reforma de la legislación procesal para la implantación de la nueva Oficina judicial—, a día de hoy, la *Strafprozessordnung* (en adelante, *StPO*) alemana solo contempla la *posibilidad* de que se acuerde la grabación de audio (*Tonprotokoll*) de los resultados esenciales de los interrogatorios (§ 273 II StPO) en aquellos juicios orales (*Hauptverhandlungen*) que se celebran en el ámbito del *Amtsgericht* (cuya competencia, sintetizando, abarca el enjuiciamiento de delitos con pena de hasta cuatro años de prisión). Por el contrario, cuando la competencia corresponde a los ámbitos de los *Landgerichte* (en adelante, *LG*) y de los *Oberlandesgerichte* (*OLG*, en lo sucesivo), que conocen de la criminalidad más grave, no está prevista —ni siquiera como posibilidad— grabación de ningún tipo. Por lo tanto, en los juicios ante los *LG* y los *OLG*, la única documentación de la que se dispone es el denominado *Formalprotokoll* (similar a nuestra acta sucinta), en el que solamente se recogen los resultados más importantes del juicio oral, así como la observancia de las formalidades esenciales (§ 273 I *StPO*).

Si bien es cierto que en la actualidad, se está tramitando un borrador de ley de documentación digital de los juicios orales penales[2], también es verdad que la tramitación legislativa del mismo está encontrando bastante oposición en el Senado alemán, hasta el punto de que el *Bundesrat* ha remitido el texto proyectado a la *Comisión de mediación del Congreso y Senado alemanes*, donde el 21 de febrero de 2024 comenzó a estudiarse el proyecto con el fin de intentar un consenso que salve la reforma[3].

## 2. ANTECEDENTES Y REGULACIÓN ACTUAL DE LAS GRABACIONES AUDIOVISUALES EN LOS PROCESOS PENALES ESPAÑOLES

1. Por lo que se refiere a la situación de las grabaciones audiovisuales de las vistas públicas de los procesos penales en España, en primer lugar, me parece oportuno hacer algunas consideraciones sobre los antecedentes históricos de la documentación de los juicios penales en nuestro país, pues, aunque en la actualidad y como es sabido, los procesos penales españoles se graban de forma generalizada y en formato digital, lógicamente esto no siempre ha sido así. Salvo algunos planteamientos anteriores, las grabaciones audiovisuales no se generalizaron hasta la Ley 13/2009. Pero… ¿cómo se levantaba acta en los juzgados de nuestro país hasta entonces?

Antiguamente, las actas las levantaba el entonces secretario judicial (hoy letrado de la administración de justicia). Este funcionario siempre estaba presente en la sala de vistas y levantaba acta. Por esta razón, las actas no podían ser totalmente literales. Más bien, solo se podía registrar lo que el entonces secretario judicial era capaz de escribir (inicialmente a mano, en el último período más bien —pero no siempre— mecanografiado en un ordenador; por lo tanto, no existía registro taquigráfico o textual). En cuanto a la fidelidad o adecuación de las actas a lo que realmente sucedió durante la vista principal, hay que decir que el sistema podía calificarse de muy insatisfactorio, al menos si se analiza el mismo desde nuestra perspec-

---

2 *Entwurf eines Gesetzes zur digitalen Dokumentation der strafgerichtlichen Hauptverhandlung (Hauptverhandlungsdokumentationsgesetz - DokHVG)*, disponible en https://dserver.bundestag.de/btd/20/080/2008096.pdf (último acceso: 20 febrero 2024)

3 *Vermittlungsausschuss von Bundestag und Bundesrat.* La función principal de esta Comisión trae causa del artículo 77.2 de la Ley Fundamental y consiste en tratar de conciliar las opiniones discrepantes del *Bundestag* y del *Bundesrat*.

tiva actual. Desde luego, no se correspondía con las tecnologías del siglo XXI.

2. Aunque la actual regulación de la grabación audiovisual del juicio proviene de la entrada en vigor de la Ley 13/2009, de 3 de noviembre, de reforma de la legislación procesal para la implantación de la nueva Oficina judicial, no es menos cierto que existían antecedentes de grabaciones audiovisuales anteriores a 2009, tanto desde el punto de vista legislativo como práctico.

En cuanto al plano legislativo, ya en 1997, el llamado Libro Blanco de la Justicia señalaba que "era necesario proceder a una modificación legislativa global de la Ley de Enjuiciamiento Criminal, reconociendo en principio las nuevas tecnologías con el fin de representar fielmente el desarrollo del juicio mediante el uso generalizado de la taquigrafía, el magnetofón y el vídeo…".

Por otra parte, la Ley 1/2000, de 7 de enero, de Enjuiciamiento Civil, ya preveía en la versión original del artículo 147, 1º[4], que los procedimientos orales debían ser grabados en un medio capaz de grabar y reproducir sonido e imágenes. El hecho de que el artículo 4 de la misma ley disponga también que la LEC se aplicará en el proceso penal de forma supletoria, supuso que tanto la doctrina como la más alta jurisprudencia considerasen que las vistas orales en el proceso penal también debían ser grabadas.

En 2005 también se intentaron regular las grabaciones audiovisuales de las vistas en el proceso penal, pero esta iniciativa legislativa solo llegó a alcanzar la fase de anteproyecto, a partir de la cual la tramitación legislativa del texto propuesto ya no prosperó.

Por su parte, tampoco podemos olvidar el hecho de que nuestra Ley de Enjuiciamiento Criminal (LECrim, en lo sucesivo), ya desde 1988, establecía algo similar a las grabaciones audiovisuales en su entonces artículo 793.9, según el cual:

---

[4] V., en relación con este precepto, Gimeno Sendra, Vicente y Magro Servet, Vicente, *Comentario al artículo 147 LEC*, en *Proceso Civil Práctico*, (dir. Gimeno Sendra), t. I, vol. II (Arts. 99 a 247), Aranzadi, Navarra, 2018, págs. 361 y ss.; Arangüena Fanego, Coral, "Comentario al art. 147 LEC", en *Comentarios a la nueva Ley de Enjuiciamiento Civil*, (dir. Lorca Navarrete), t. III, Lex Nova, Valladolid, 2000, págs. 966 a 977; Tirado Estrada, Jesús José, "La documentación videográfica de las vistas orales y su trascendencia procesal. El artículo 147 de la Ley de Enjuiciamiento Civil", en *Diario La Ley*, núm. 7.674, 15 julio 2011, Sección Tribuna

> *"Del desarrollo del juicio oral se levantará acta que firmarán el Juez o el Presidente y Magistrados, el Secretario, el Fiscal y los Abogados de la acusación y la defensa, reseñándose en la misma el contenido esencial de la prueba practicada, las incidencias y reclamaciones producidas y las resoluciones adoptadas, pudiendo completarse o sustituirse por cualquier medio de reproducción mecánica, oral o escrita, de cuya autenticidad dará fe el Secretario".*

Es posible que la escasa calidad técnica del precepto contribuyera en su día a que la grabación audiovisual no se generalizara en aquel momento. Además, el carácter facultativo del uso de medios de reproducción mecánica propició seguramente el mantenimiento de inercias de décadas anteriores.

Los planteamientos mencionados hasta ahora pueden haber contribuido o no a ello, pero lo cierto es que, en lo que respecta a la práctica de las grabaciones, las vistas principales de las causas penales ya se grababan con mucha frecuencia —aunque no de forma generalizada— antes de 2009, año del que, como es sabido, procede la regulación actual.

## 3. MOTIVOS QUE DIERON LUGAR A LA REGULACIÓN ESPAÑOLA ACTUAL

Probablemente se podrían nombrar varios motivos que movieron al legislador a generalizar la grabación en vídeo de las vistas públicas penales: la modernización o digitalización de la administración de justicia, permitir una reproducción fiel de la vista principal... Pero lo cierto es que, salvo la alusión en el preámbulo de la Ley 13/2009 al "reforzamiento de las garantías del justiciable", el legislador no explicita ningún otro motivo.

Sin embargo, creo que había una razón más que real para generalizar las grabaciones audiovisuales de las actuaciones judiciales. Y esa razón fue la de la economía —hoy, eficiencia— procesal. Sin embargo, esta afirmación merece al menos una breve explicación, aunque solo sea a modo de recordatorio, pues ya han transcurrido casi quince años desde la aprobación de la Ley 13/2009, de 3 de noviembre, de reforma de la legislación procesal para la implantación de la nueva Oficina judicial. Hasta ese momento —o, más precisamente— hasta que el 4 de mayo de 2010 entrara en vigor la citada Ley, al secretario judicial español (hoy letrado de la administración de justicia, en adelante, LAJ), al ser el único funcionario para dar fe, con plenitud de efectos, de las actuaciones judiciales (artículo 145 LEC), le correspondía la función de redactar el acta del juicio oral. Por este motivo, siempre se les encomendó a dichos funcionarios la redacción de las actas, que, en un primer momento, como se podrá imaginar, eran manuscritas. Para cumplir esta tarea, los LAJ naturalmente tenían que estar presentes durante toda la vista principal. Sin embargo, como consecuencia de la alta cualificación de estos profesionales, en 2009, el legislador quiso *recuperar* a estos altos funcionarios para ampliar sus funciones, atribuyéndoles nuevas competencias que, a la vez, descargaran de trabajo a los jueces y magistrados, contribuyendo así, en definitiva, a una mayor eficiencia de la administración de justicia. Y uno de los medios para conseguirlo fue la implantación en España de la entonces llamada *nueva oficina judicial* dentro de la administración de justicia, cuyo objetivo era racionalizar y optimizar los recursos destinados al funcionamiento de la administración de justicia.

Relevar a los LAJ de la obligación de levantar acta sirve a esta racionalización y optimización de recursos, en definitiva: a la economía y a la eficiencia procesal. Gracias a este relevo, como es sabido, los LAJ asumieron a partir de 2009 nuevas tareas que antes estaban encomendadas a los jueces pero que, en rigor, no constituían verdadera potestad jurisdiccional. De esta forma, se libera a los jueces del cumplimiento de dichas funciones para que puedan dedicarse íntegramente a aquellas otras que sí les encomienda la Constitución en exclusiva: juzgar y hacer ejecutar lo juzgado[5].

Así pues, como se ve, no hay ni rastro de la razón esgrimida en el Libro Blanco de la Justicia de 1997 respecto a la representación fiel del desarrollo del juicio mediante el uso generalizado de las nuevas tecnologías. Por el contrario, la implantación de las grabaciones audiovisuales de forma generalizada se utilizó en su día como instrumento al servicio de la siempre anhelada eficiencia procesal.

## 4. TIPOS DE ACTAS DEL JUICIO ORAL EN EL PROCESO PENAL ESPAÑOL

Por lo que se refiere a la regulación actual, del art. 743 LECrim se desprende que pueden darse tres clases de actas distintas:

1. La primera de ellas es la priorizada por el legislador y también la que ha prevalecido. En este sentido, el art. 743.1 LECrim se expresa como norma imperativa, al afirmar que “El desarrollo de las sesiones del juicio oral

---

5 En este sentido, Calderón Cuadrado, María Pía, *La encrucijada de una justicia penal tecnológicamente avanzada. Sobre la grabación de las vistas, los recursos y la garantía de la inmediación*, La Ley, Madrid, 2011, pág. 87.

y resto de actuaciones orales se documentarán conforme a lo preceptuado en los artículos 146 y 147 de la Ley de Enjuiciamiento Civil. La oficina judicial deberá asegurar la correcta incorporación de la grabación al expediente judicial electrónico. Si los sistemas no proveen expediente judicial electrónico, el letrado o letrada de la Administración de Justicia deberá custodiar el documento electrónico que sirva de soporte a la grabación. Las partes podrán pedir a su costa copia o, en su caso, acceso electrónico de las grabaciones originales". No se trata, por lo tanto, de una facultad, sino de un deber del tribunal, consistente en registrar las sesiones de la vista principal en un soporte capaz de grabar y reproducir imágenes y sonido, pues así lo preceptúa a su vez el artículo 147,1° LEC, el cual, salvo la supresión del inciso final ("y no podrán transcribirse"), no ha sido modificado como consecuencia de la entrada en vigor del Real Decreto-ley 6/2023, de 19 de diciembre, por lo que sigue disponiendo que "Las actuaciones orales en vistas, audiencias y comparecencias celebradas ante los jueces o magistrados o, en su caso, ante los letrados de la Administración de Justicia, se registrarán en soporte apto para la grabación y reproducción del sonido y la imagen".

El apartado 2 del mismo artículo 743 añade que "Siempre que se cuente con los medios tecnológicos necesarios, estos garantizarán la autenticidad e integridad de lo grabado o reproducido. A tal efecto, el letrado o letrada de la Administración de Justicia hará uso de la firma electrónica u otro sistema de seguridad que conforme a la ley ofrezca tales garantías. En este caso, la celebración del acto no requerirá la presencia en la sala del letrado o letrada de la Administración de Justicia (...)". Sin embargo, el propio precepto continúa estableciendo dos excepciones a esta ausencia del LAJ: i. si las partes han solicitado la presencia del LAJ, y ii. si el propio LAJ lo considera necesario en casos excepcionales (debido a la complejidad del asunto, al número y la naturaleza de las pruebas a practicar, al número de intervinientes, a la posibilidad de que se produzcan incidencias que no pudieran registrarse, o a la concurrencia de otras circunstancias igualmente excepcionales que lo justifiquen), añadiendo la norma que en estos casos el LAJ extenderá un acta sucinta.

2. Por otra parte, si en la sala de vistas no se dispone de esta tecnología necesaria para garantizar la autenticidad e integridad de las actas, se estará ante el segundo tipo de acta, para cuya elaboración, el LAJ deberá estar presente, debiendo contener el acta, como mínimo, lo siguiente: "el número y clase de procedimiento; el lugar y fecha de celebración; tiempo de duración, asistentes al acto; peticiones y propuestas de las partes; en caso de proposición de pruebas, declaración de pertinencia y orden en la prác-

tica de las mismas; resoluciones que adopte el juez o tribunal; así como las circunstancias e incidencias que no pudieran constar en aquel soporte".

En definitiva, este tipo de acta se corresponde con la denominada acta sucinta, que solo contiene las formalidades y no, por ejemplo, los posibles resultados de la práctica de la prueba.

3. Por último, si el sistema de grabación no pudiera utilizarse por cualquier motivo, entonces estaríamos ante el tercer tipo. En este caso, el LAJ también deberá levantar acta de cada vista, pero en este caso dicha acta deberá contener además lo siguiente: el contenido esencial de la práctica de la prueba, los incidentes y reclamaciones producidas, así como las resoluciones adoptadas.

En cuanto a la forma de las citadas actas, el art. 743.5 LECrim establece que deberán extenderse por procedimientos informáticos. La norma excluye expresamente la posibilidad de que el acta se extienda de forma manuscrita, con la única excepción de que no existan tales medios informáticos en la sala donde se celebre el procedimiento. En estos últimos casos en que no existen tales medios, el LAJ debe dar lectura al acta al final de la vista, para que se introduzcan las correcciones solicitadas por las partes, si lo estima oportuno. Las actas son firmadas por el presidente y los demás jueces del tribunal, así como por el fiscal y los abogados defensores.

## 5. LA REGULACIÓN ALEMANA ACTUALMENTE VIGENTE

La documentación del juicio oral que contempla la *StPO* (§§ 271 a 274) en la actualidad consiste en la protocolización escrita de la vista principal. Nos encontramos ante el que se denomina como *Formalprotokoll*, que, en líneas generales, coincide en gran medida con nuestra acta sucinta de la que ya hemos dado cuenta en las líneas anteriores. En este sentido, el § 272 StPO dispone que el contenido del acta o protocolo del juicio oral deberá comprender: i. el lugar y la fecha de la vista; ii. los nombres de los magistrados y escabinos, del funcionario del ministerio fiscal, del fedatario de la administración de justicia y del intérprete consultado; iii. la calificación jurídica de los hechos penales, según la calificación de la acusación; iv. los nombres de los acusados, de sus defensores, del querellante privado, acusación particular, etc.; v. la indicación de si la vista ha sido pública o si se ha excluido la publicidad. Por su parte, el § 273 I *StPO* establece que en el acta se dará cuenta de la esencia del desarrollo y de las decisiones adoptadas en las vistas públicas, añadiendo el apartado Ia del citado parágrafo la necesidad de que también se haga constar si ha habido conformidad, lo cual, si bien se mira, ya podía deducirse del contenido del apartado I. En consecuencia, en el acta solamente se recogen los resultados más relevantes del juicio oral, así como la circunstancia de que se hayan respetado las formalidades esenciales, de manera que en la fase de casación (*Revisionsinstanz*) pueda constatarse la observancia de dichas formalidades. Solamente de forma excepcional, si es necesaria la determinación de un hecho concreto o la literalidad de una declaración, entonces el presidente del tribunal ordenará que se levante acta completa, así como su posterior lectura (§ 273 III StPO).

Hasta aquí la regulación que concierne a las vistas públicas penales que se celebran ante los *Landgerichte (LG)* y los *Oberlandesgerichte (OLG)*. Sin embargo, de forma similar a lo que sucedía en nuestro ordenamiento procesal penal con el derecho a la doble instancia hasta épocas recientes —donde, como se recordará, se garantizaba el acceso al recurso de apelación de las resoluciones dictadas en los procesos de menor gravedad, de los que conocen los juzgados (centrales) de lo penal, mientras que no se podía acceder a la doble instancia en los procesos de mayor gravedad y competencia de las secciones penales de las audiencias provinciales (o de la Sala de lo penal de la Audiencia Nacional)—, el § 273 II StPO sí contempla, aunque solo como posibilidad, la facultad de que se acuerde la grabación de audio (*Tonprotokoll*) de los resultados esenciales de los interrogatorios en aquellos juicios orales que se celebren en el ámbito de los *Amtsgerichte, AG* (tribunales municipales), cuya competencia (asumiendo, en aras de una mayor sencillez en la exposición, el riesgo de simplificar demasiado) abarca solamente hasta el límite de cuatro años de pena privativa de libertad (§ 74 I *Gerichtsverfassungsgesetz, GVG*). Lo explicado, que para nosotros es paradójico, desde la perspectiva alemana, al parecer, no lo es tanto, pues parten de la base de que, como los *LG* y los *OLG* son órganos jurisdiccionales colegiados, integrados por tres o cinco magistrados, esta mayor garantía exime de la necesidad de grabar, mientras que, como en el ámbito del *AG* estamos ante un órgano unipersonal, el *Strafrichter*, en este caso sí se justifica la grabación. Eso sí, solamente por medio de un magnetófono, si se me permite esta expresión que, si bien desfasada, parece que se ajusta bastante a las circunstancias de la regulación y práctica de la documentación en los juicios penales alemanes.

La situación expuesta ha dado lugar a que los profesionales que intervienen en el juicio oral (magistrados, fiscales, abogados) no dispongan de una documentación objetiva y fiable, debiendo todos ellos tomar anotaciones de lo que va sucediendo en el juicio, para auxiliar de esta manera a su memoria, lo cual, a su vez, ocasiona que no puedan concentrarse plenamente en lo que están presenciando. Todo ello más allá, claro está, del hecho de que las anotaciones de los distintos profesionales en muchas ocasiones no serán totalmente coincidentes entre sí, pues cada una de ellas está impregnada de la correspondiente subjetividad. Todas estas circunstancias cobran singular gravedad si las ponemos en el contexto de los tiempos propios de la administración de justicia, de los cuales tampoco Alemania escapa totalmente, tal y como, por lo demás, también expone el propio prelegislador en el proyecto de ley que a continuación se comenta.

## 6. EL BORRADOR DE LEY DE DOCUMENTACIÓN DIGITAL DE LA VISTA PRINCIPAL DEL PROCESO PENAL (*HAUPTVERHANDLUNGSDOKUMENTATIONSGESETZ*)

No son pocos los años que la ausencia de una documentación objetiva y fiable del juicio oral lleva preocupando a los juristas alemanes. Ya en 2015, el informe de la Comisión de Expertos para el diseño de un proceso penal más efectivo y práctico, se constataba esta preocupación, si bien dicha Comisión concluyó que la introducción de la documentación audiovisual debía estudiarse con mayor profundidad, poniendo especial énfasis en la protección de los derechos de la personalidad, por un lado, y, por otro, en las consecuencias que la grabación audiovisual supondría en relación con el recurso de casación alemán (*Revisionsverfahren*)[6]. Con posterioridad, se designó una nueva comisión, *Expertinnen— und Expertengruppe zur Dokumentation der strafgerichtlichen Hauptverhandlung*, que nuevamente emitió informe en junio de 2021[7].

Si bien el borrador de ley elaborado por el Gobierno federal alemán contemplaba inicialmente la previsión de una grabación audiovisual, el

---

6 Informe disponible en https://krimpub.krimz.de/frontdoor/deliver/index/docId/188/file/Abschlussbericht_Reform_StPO_Kommission.pdf (último acceso: 20 febrero 2024)

7 En este informe, el Grupo de Expertos/as da cuenta de antecedentes de intentos de reformas legislativas que se remontan nada menos que hasta 1964 (*Gesetz zur Ändrung der Strafprozessordnung und des Gerichtsverfassungsgesetzes vom 19. Dezember 1964*). Cfr. *Bericht der Expertinnen— und Expertengruppe zur Dokumentation der strafgerichtlichen Hauptverhandlung*, pág. 2, disponible en https://www.bmj.de/SharedDocs/Publikationen/DE/Fachpublikationen/2021_Abschlussbericht_Hauptverhandlung_Anlagenband.pdf?__blob=publicationFile&v=3 (último acceso: 20 febrero 2024)

texto que, por ahora, solamente ha sido aprobado por el *Bundestag*, ha desistido de la grabación de la imagen, por lo que, en la actualidad, solo contempla la grabación de sonido, a partir de la cual se generaría automáticamente una transcripción electrónica de lo grabado (§ 271 II *StPO* proyectado). A día de hoy, el borrador aprobado por el parlamento alemán deja a los estados federados, *Länder*, la posibilidad de aprobar normas que contemplen la grabación audiovisual. Esta última cuestión ha sido también objeto de crítica por afectar al carácter unitario propio del derecho procesal penal desde que, hace ya 145 años (en 1879), entrara en vigor la *StPO*[8].

En determinadas condiciones, contempladas en el proyectado § 273 II *StPO*, el tribunal podrá abstenerse de grabar y transcribir. Así sucederá en aquellos supuestos que conlleven la exclusión de la publicidad, por ejemplo, en el caso de declaraciones de testigos menores de edad y víctimas de delitos sexuales, o si existe riesgo para la seguridad del Estado o para la vida, la integridad física o la libertad de un testigo o de otra persona.

Una cuestión que llama la atención, al menos cuando nos acercamos al proyecto de ley desde la perspectiva española, es el hecho de que, aunque finalmente se apruebe y entre en vigor esta previsión relativa a la documentación digital del juicio oral, se seguirá conservando el denominado *Formalprotokoll*, cuya analogía con nuestra acta sucinta del artículo 743.2 LECrim ya hemos destacado anteriormente. Desde mi punto de vista, esta cuestión resulta llamativa, pues pienso que los mayores (¿únicos?) problemas que en España se han suscitado en relación con la documentación audiovisual de las vistas penales públicas han sido, precisamente, los que se derivan de la ausencia de documentación cuando, *a posteriori*, se constata que, por dificultades técnicas, no hay grabación o que la misma es parcial o totalmente defectuosa. Este problema de las grabaciones en nuestro país, en gran medida, se resolvería si, junto a la grabación, perviviese en nuestro ordenamiento un acta sucinta, como es el caso de lo que sucederá en Alemania si la reforma acaba por aprobarse.

Por último, la reforma alemana proyectada contempla la transcripción automática de las grabaciones de audio. Esta es una cuestión sobre la que se ha discutido mucho en aquel país, pues se han criticado mucho los al-

---

8 A diferencia de lo que sucede en nuestro país con las críticas a la longevidad de nuestra LECrim, son pocas —o al menos así se me antoja a mí— las veces que se alude a la senectud de la *StPO*, que cuenta con tres años más de antigüedad que nuestra LECrim.

tos porcentajes de error (entre el 20 y el 30%) de las transcripciones. En cuanto a esta cuestión, causa perplejidad que en España, a pesar de la prohibición expresa de transcripción contenida en el artículo 147, 1° de la LEC, vigente hasta el pasado 20 de marzo de 2024, en la actualidad y, en muchas ocasiones desde hace años —en el caso de Canarias, por ejemplo, desde 2021—, se transcriben las grabaciones, si bien es cierto que en vez de transcripción se habla de *textualización* de vistas[9]. Como si por el hecho de llamarlas de otra manera las transcripciones dejaran de existir. Las citadas textualizaciones tienen lugar sin que una ley lo haya previsto, a pesar de que el artículo 147, 3° de la LEC establece que "las actuaciones orales y vistas grabadas y documentadas en soporte digital no podrán transcribirse, salvo en aquellos casos en que una ley así lo determine".

Si finalmente se aprueba, la entrada en vigor de la reforma alemana, estaría prevista para el 1 de enero de 2030, si bien hasta ese momento se irían llevando a cabo determinadas fases piloto que podrían empezar desde 2025.

El proyecto de reforma ha cosechado muchas críticas a su paso por el *Bundesrat*. Entre otras cuestiones, se ha objetado que no se haya tenido en cuenta la cuestión de los testigos protegidos, el riesgo para el establecimiento de la verdad (sic), el menoscabo de la protección de las víctimas, el retraso en los procedimientos (sic), pasando por la introducción de las transcripciones, dada la alta cuota de falibilidad del sistema (entre un 20 y un 30 por ciento de error, como ya se dijo), así como, por supuesto, los gastos de personal, técnicos, organizativos y financieros que la implantación de la reforma traería consigo.

Como consecuencia de estas críticas, el pasado 15 de diciembre, el Senado alemán remitió el proyecto a la Comisión de Mediación del congreso y Senado alemanes con el fin de intentar conseguir un acuerdo que no haga naufragar el proyecto. Todo ello proyecta una cierta incertidumbre sobre la suerte del proyecto de ley comentado.

---

9 De todo ello se da cuenta en el siguiente enlace: https://www.administraciondejusticia.gob.es/-/soluciones-textualizacion-de-grabaciones (último acceso: 20 febrero 2024)

## 7. VENTAJAS DE LA INTRODUCCIÓN DE GRABACIONES AUDIOVISUALES

Por motivos de espacio y quizás también porque es muy probable que sean suficientemente conocidas, no me referiré a las ventajas generales de las grabaciones audiovisuales de la fase de juicio oral del proceso penal.

Sin embargo, la legislación española menciona otras ventajas (específicas del proceso penal español) que tiene la introducción de las grabaciones audiovisuales, a saber, por un lado, la economía procesal y, por otro, la potenciación de la inmediación en la segunda instancia o apelación.

### *7.1. Las ventajas asociadas a la economía procesal: el LAJ ya no necesita estar presente en la sala de vistas para levantar la correspondiente acta*

La ventaja de la economía procesal ya fue objeto de explicación en páginas anteriores, por lo que, en este momento, procede la remisión a aquel lugar[10]. Por lo tanto, ahora solo procede recordar: el LAJ queda liberado de la tarea de elaborar analógicamente el acta de la vista principal y, de esta forma, los jueces también quedan indirectamente liberados de trabajo, porque los LAJ descargan ahora a jueces y magistrados de aquellas tareas que no están directamente relacionadas con el ejercicio de la función jurisdiccional y que, en rigor, no deberían figurar entre sus competencias.

### *7.2. Fase de recurso: principio de inmediación y jurisprudencia del TC español (STC 167/2002)*

La segunda ventaja de la implantación de las grabaciones audiovisuales en la fase de juicio oral del proceso penal español consiste en el reforzamiento del principio de inmediación en la instancia de apelación. Sin embargo, en mi opinión, se trata sólo de una *pseudoventaja.*

Para explicar esta ventaja hay que hacer un pequeño excurso. Se trata de la jurisprudencia introducida por primera vez por el Tribunal Constitucional español en su sentencia 167/2002 sobre la instancia de apelación y el principio de inmediación. Según esta, el tribunal de segunda instancia no está autorizado para llevar a cabo una revisión del examen de las pruebas en primera instancia debido a la falta de inmediación. Esta jurispru-

---

10 Véase *supra*, epígrafe 3.

dencia se refiere a las pruebas personales, ya que el tribunal de apelación no podía interrogar directamente a la persona que había declarado en la primera instancia. En este punto conviene recordar que la apelación española, a diferencia de la alemana, es una apelación limitada, por lo que la prueba está muy acotada (como es sabido, se restringe a tres supuestos: i. Pruebas que el recurrente no pudo proponer en primera instancia; ii. Pruebas propuestas en primera instancia por el recurrente pero que le fueron denegadas indebidamente; o iii. Pruebas que fueron admitidas en primera instancia pero que, por alguna razón no imputable al recurrente, no se practicaron (artículo 790.3 LECrim).

Aunque la Ley 13/2009, que generalizó las grabaciones audiovisuales, no dice nada sobre esta cuestión en su preámbulo, pretendía solucionar este problema de la inmediación en relación con el tribunal de segunda instancia[11]. Sin embargo, incluso unos meses antes de la promulgación de esta ley, el Tribunal Constitucional español ya había declarado que la utilización de una grabación de vídeo en segunda instancia no altera la jurisprudencia sobre inmediación que se acaba de mencionar brevemente (STC 120/2009, de 18 de mayo). En este sentido, ya se ha opinado —también en la jurisprudencia dominante— que el único aspecto de la inmediación que se refuerza con la reproducción de las grabaciones en segunda instancia es la llamada *inmediación pasiva*, es decir, que el tribunal puede escuchar y ver lo que ocurrió en la prueba de primera instancia, pero sin embargo no estuvo presente durante la misma y por ello no pudo tener una participación activa, por ejemplo, interrogando directamente al testigo.

Tal y como ha indicado el Tribunal Constitucional español, en rigor, la cuestión de la falta de inmediación en el recurso de apelación, no es un problema que pueda resolverse con la sola visualización por el tribunal de instancia de la grabación audiovisual de la vista principal. Por el contrario, la solución de esta dificultad habría requerido la reforma de la segunda instancia penal española. En su lugar, se aprovechó la ocasión de la reforma operada por la Ley 13/2009 y la implantación de las grabaciones de los juicios orales para (intentar) resolver el problema de la falta de inmediación. Sin embargo, esta forma de proceder no fue suficiente como medida única. En este sentido, hay que recordar que la intención del legislador español en 2009 era potenciar la racionalización y optimización de recursos dentro de la administración de justicia y, por lo tanto, las grabaciones audiovisuales eran, en principio, un medio adecuado para aliviar la carga de

11 Calderón Cuadrado, María Pía, *La encrucijada...*, pág. 20

trabajo de los LAJ e, indirectamente, de los jueces. El objetivo perseguido por el legislador no era, por lo tanto, reforzar el principio de inmediación.

Hasta aquí, y con carácter específico para España, se han expuesto las ventajas de la documentación audiovisual de las vistas públicas de juicios penales. Pero pasemos ahora a los problemas que plantean dichas grabaciones.

## 8. PROBLEMAS O INCONVENIENTES (¡DE LA REGULACIÓN!) DE LAS GRABACIONES AUDIOVISUALES

Los inconvenientes que plantean las grabaciones audiovisuales de la fase de juicio oral del proceso penal, en mi opinión, son más achacables a la concreta regulación promulgada que a las grabaciones en sí mismas consideradas.

### *8.1. Inexistencia de grabación si, por razones técnicas, no se ha grabado en absoluto o solo de forma insuficiente*

Un problema que desgraciadamente se da con demasiada frecuencia es el de la inexistencia de grabación. Esto ocurre cuando se constata, una vez finalizado el juicio oral y debido a dificultades técnicas, que el sistema no grabó en absoluto o solo grabó de forma parcial o deficiente. Por supuesto, las dificultades de esta ausencia de grabación no siempre son graves: a menudo el problema no se plantea en absoluto (ni el tribunal que resuelve, ni las partes del recurso, ni el tribunal de segunda instancia han tenido necesidad de ver las grabaciones o la parte concreta en la que se produjo el problema técnico). En estos casos, lógicamente la vista no será nula por el solo hecho de que no se disponga de la correcta grabación. Pero lamentablemente, esto no siempre será así, sino más bien al contrario, pues a menudo estos problemas conducen de forma inexorable a la declaración de nulidad de la vista principal, debiendo empezar su celebración de nuevo desde el principio, lo cual, y aunque resulte contradictorio con la consecución del logro de la eficiencia perseguido por el legislador, tiene poco que ver con la economía procesal. Otras veces, la grabación puede salvarse —y con ello también la vista principal— gracias a que, por ejemplo, la grabación del momento concreto de la práctica de las pruebas que el tribunal sentenciador tuvo en cuenta en su decisión no se vio afectada por el problema técnico.

La problemática aquí expuesta llevó al Tribunal Supremo a adoptar el siguiente acuerdo en mayo de 2017:

> "1. El actual sistema de grabación de las vistas principales es sumamente insatisfactorio y debe ser complementado con un sistema de taquigrafía. A la vista de las deficiencias que se han puesto de manifiesto en numerosos casos, el art. 743 LECrim establece que debe garantizarse la autenticidad, integridad y accesibilidad del contenido de los soportes de datos que se entreguen a las partes o se remitan al tribunal encargado de la resolución del recurso.
> 2. Si las grabaciones de la vista principal resultaran indispensables para la resolución del asunto, la inexistencia de la grabación en relación con las cuestiones controvertidas dará lugar a la nulidad de la vista principal o, en su caso, a la absolución si este defecto hubiera podido vulnerar el derecho de defensa".

El problema no es menor, al contrario. Sin embargo, como indiqué al principio, creo que las dificultades que han surgido no se deben a la introducción de grabaciones audiovisuales *per se*, sino más bien a la opción específica por la que el legislador se decantó en 2009, la cual, en mi opinión, tiene varios puntos débiles:

i) En primer lugar, el hecho de que los LAJ ya no tengan que estar presentes en la vista principal está en el centro de las dificultades. A este respecto, el primer problema que se plantea es el del cumplimiento de la función de fedatario público en el ámbito judicial. Con el sistema actual, en rigor, ya no puede decirse que los LAJ puedan cumplir la citada función. Hoy en día, salvo excepciones, no están presentes ni al principio ni al final de la vista principal, lo que, en mi opinión, debe significar que ya no debería recaer sobre ellos con carácter exclusivo la función de la fe pública judicial, al menos en lo que se refiere a la documentación de la vista principal[12]. No se corresponde con la racionalización y optimización de recursos que a funcionarios tan cualificados como los LAJ se les encomiende una tarea que, en rigor, no exige tanta cualificación, pero que sin embargo es laboriosa, al menos desde la perspectiva de la cantidad de tiempo que es

---

[12] Cabezudo Rodríguez, Nicolás, *Del principio de inmediación, sus excepciones y los instrumentos tecnológicos*, Tirant lo Blanch, Valencia, 2010, pág. 73: "Para más, el mencionado mecanismo técnico no está bajo su control directo, sino en manos de un tercero que materialmente se ocupa de su manejo. Según estas premisas, para el secretario el estar y pasar por lo que finalmente resulta incorporado a la cinta de video o en su caso al DVD e independientemente de que pudiera verificar en una pantalla de modo simultáneo esas imágenes se convierte en un "artículo de fe".

necesario invertir en ella. En la actualidad no se puede afirmar que la función de documentación pese de forma exclusiva sobre los LAJ, sino que, de hecho, está compartida con otros funcionarios de los cuerpos de gestión y tramitación procesales[13].

ii) En este sentido, es necesario mencionar la posibilidad de que la tecnología utilizada no sea realmente la mejor, porque es cierto que con demasiada frecuencia hay dificultades con las grabaciones y ello hasta el punto de que el propio Tribunal Supremo ha propuesto que el sistema se complemente con el de taquigrafía.

Como hemos visto con anterioridad, este problema no se daría en Alemania si se llegase a aprobar el proyecto de ley, puesto que el mismo continúa contemplando la existencia del denominado *Formalprotokoll*.

## *8.2. Las preocupaciones mencionadas por la Comisión de Expertos de 2015*

En cuanto a la problemática jurídica que podría asociarse a las grabaciones audiovisuales de las vistas, abordaré las citadas por la mencionada Comisión de Expertos, a saber: por un lado, las preocupaciones relativas a la protección de los derechos personales y, por otro lado, los efectos de la grabación audiovisual en la fase de casación.

### 8.2.1. Protección de los derechos de la personalidad

1. Por lo que se refiere a la protección de los derechos de la personalidad, creo que las posibles dificultades que aquí se plantean sólo pueden calificarse de menores, sobre todo si se comparan con las ventajas de la documentación audiovisual de las vistas. Y ello —al menos desde la perspectiva española— por las siguientes razones:

i. Por un lado, el derecho a consultar la grabación se limita a las partes. Por otra parte, no existen restricciones específicas a la divulgación de la grabación. No obstante, estas restricciones se derivan lógicamente de normas generales tanto en el contexto de la protección de datos como de las obligaciones de los abogados y su posible responsabilidad penal, civil y

---

13 De la misma opinión, Calderón Cuadrado, María Pía, *La encrucijada...*, cit., pág. 79.

disciplinaria[14]. Por ejemplo, si un abogado cuelga el vídeo en internet, en principio puede hacerlo sin impedimentos, pero debe ser consciente de que puede incurrir en responsabilidad como consecuencia de ello. En este contexto, hay que tener en cuenta que no siempre y necesariamente se estará ante una vulneración del deber de confidencialidad (revelación de secretos), pues en principio la grabación será de una vista pública (incluso en lo que a medios de comunicación se refiere) salvo que el presidente del tribunal haya decidido que el público debe ser excluido conforme al artículo 681 LECrim.

Sin embargo, esto último no significa en todo caso que, en el ejemplo anterior, el abogado no esté incurriendo en responsabilidad, porque puede haber vulnerado la normativa sobre protección de datos (piénsese, por ejemplo, en la víctima). Además, aunque la vista en sí suele ser pública, también hay que tener en cuenta que al abogado se le ha concedido el acceso a la grabación porque ha demostrado ante el LAJ que él —o su cliente— tiene un interés directo y legítimo en la misma y no para una finalidad ilícita o espuria (como pudiera ser la difusión ilegítima de la grabación).

Para casos especialmente delicados en los que, por ejemplo, pudiera vulnerarse la intimidad, la doctrina, de *lege ferenda,* ha hecho sugerencias que van desde la entrega solo condicionada de una copia, pasando por la posibilidad de entregar únicamente una transcripción de las grabaciones (es decir, la entrega de un mero texto, no de la grabación en sí), lo que dificultaría mucho más su difusión, hasta la sola visualización de las grabaciones por el solicitante en sede judicial[15].

ii. Por otra parte, hay que recordar que las dificultades en materia de protección de los derechos de la persona suelen surgir más bien en fase de instrucción: por ejemplo, en el momento de la adopción de medidas cautelares, como la detención de personas.

2. En cuanto a las posibles influencias negativas sobre el comportamiento de las partes en el proceso debido a la grabación en curso, salvo error

---

14 Artículo 236 quinquies 3. LOPJ: "Los datos personales que las partes conocen a través del proceso deberán ser tratados por éstas de conformidad con la normativa general de protección de datos. Esta obligación también incumbe a los profesionales que representan y asisten a las partes, así como a cualquier otro que intervenga en el procedimiento", en relación con los artículos 5 y 10 de la Ley Orgánica 3/2018, de 5 de diciembre, de Protección de Datos Personales y garantía de los derechos digitales.

15 Calderón Cuadrado, María Pía, *La encrucijada...*, cit. pág. 123

mío, no existe información al respecto. Por el contrario, a menudo se hace hincapié en las influencias positivas de las grabaciones: tanto la eliminación de cualquier parcialidad por parte de algún juez como de cualquier comportamiento censurable protagonizado por las partes y/o intervinientes en el proceso[16]. Dado que todo queda registrado, las grabaciones pueden servir de base para exigir responsabilidades por tales comportamientos reprobables.

En cuanto a la preocupación por la pérdida de espontaneidad en las declaraciones de testigos y acusados, tal y como se ha afirmado, esas reacciones de las partes se deben más a las formalidades habituales de los procedimientos judiciales que a las cámaras de grabación[17]. En este sentido, creo que no es desacertado afirmar que, las más de las veces, las partes ni siquiera serán conscientes de que se está grabando el juicio.

### 8.2.2. Efectos en el recurso de casación

En lo que respecta a los posibles efectos en la fase de casación de la implantación de las grabaciones audiovisuales de la primera instancia, si bien es cierto que la existencia de la grabación da lugar al riesgo potencial

---

16 Cabezudo Rodríguez, Nicolás, *Del principio de inmediación…*, pág. 74: "La grabación de las vistas ha tenido como efecto inmediato la eliminación de determinadas corruptelas procesales que habían tomado ya forma de normalidad, pero que, no obstante, subvertían gravemente el orden procesal en detrimento de principios de gran trascendencia, tales como el de oralidad, el de inmediación, el de publicidad o el de doble instancia, que ahora se ven facilitados", si bien es cierto que el citado autor, en este caso, se está refiriendo a vistas civiles.

17 Calderón Cuadrado, María Pía, *La encrucijada…*, cit. pág. 85: "Por lo demás, entiendo que esta posibilidad que abren las nuevas tecnologías (se refiere a la posibilidad de denunciar quebrantamientos de forma) compensa con creces el impacto desfavorable que para ellos —y para otros sujetos participantes: testigos, peritos— pueda tener el sentirse grabados. La intimidación y la falta de espontaneidad consecuencia del uso de cámaras en la sala de vistas son eminentemente relativas. No es posible generalizar, cierto, pero dada la actual disposición de las mismas y las propias formalidades del acto en sí más parece que esas implicaciones negativas sean debidas al entorno en su conjunto, es decir, a la seriedad y gravedad que acompaña al procedimiento judicial", con cita de Gómez Martínez, "La grabación del sonido y de la imagen en los juicios civiles. Del juez lector al juez espectador", en Jueces para la Democracia, cit., págs. 85 y 86, que a su vez indica que "el juicio en sí, aun sin grabación, es una situación artificiosa y ritualizada" y que "la eventual falta de espontaneidad en el juicio civil no depende de manera determinante de la grabación sino del carácter formal de dicho acto procesal en sí".

de que el tribunal de casación acceda a la revisión de los hechos en una instancia como la casación, en mi opinión, estos posibles efectos, por un lado, serían desventajas que habría que asumir, teniendo en cuenta los beneficios que se siguen de la existencia de las grabaciones. Se trata de un problema que —como pareció sugerir la comisión de expertos en 2015— también podría tener solución prohibiendo expresamente al tribunal de casación utilizar la grabación, salvo en dos casos: i. verificar el cumplimiento de todas las formalidades procesales esenciales o ii. controlar supuestas discrepancias entre los motivos de la sentencia y la grabación audiovisual.

## 9. CONCLUSIONES

Tras este recorrido por los sistemas de documentación de las vistas orales de los procesos penales alemán y español, creo que se han puesto de manifiesto las grandes diferencias que resultan de la comparación entre ambos sistemas.

En mi opinión, la conclusión más llamativa a la que se puede llegar hace referencia a las improvisaciones del legislador español frente a la pausada meditación (¿excesiva quizás en este caso?) del alemán. Esta circunstancia se pone especialmente de relieve en cuanto a tres cuestiones:

En primer lugar, la preocupación que se ha puesto de manifiesto en los trabajos prelegislativos en Alemania en relación con el objetivo de evitar que el tribunal de casación pueda tener acceso a los hechos como consecuencia de tener a su disposición la grabación de la primera instancia. En nuestro país, si no me equivoco, esta discusión ni siquiera se planteó a la hora de aprobar la Ley 13/2009.

En segundo lugar, desde la perspectiva española llama la atención el hecho de que los peores problemas que ha planteado la generalización de las grabaciones de vistas penales en nuestro país (la inexistencia de grabación en casos de defectos técnicos), en Alemania ni siquiera se van a dar, puesto que, tal y como se ha dicho, en este país, aunque se apruebe la reforma por la que se contemplen estas grabaciones de audio va a seguir existiendo un acta sucinta o *Formalprotokoll*, a diferencia de lo que sucede en España.

Por último, también es muy llamativo el distinto tratamiento que ha recibido en uno y otro país la cuestión de la transcripción (*¿textualización?*) de las grabaciones: mientras en Alemania, tras tomar el *Grupo de Expertos/as para la documentación de las vistas penales* la práctica española de las transcripciones como posible modelo a seguir, se ha incluido la previsión de las transcripciones en el proyecto de ley que en la actualidad está tramitándose. Por su parte, en España siguen sin estar reguladas o, más exactamente, con carácter general están prohibidas; a pesar de lo cual las transcripciones tienen lugar, si bien bajo la denominación de *textualización*.

En cualquier caso, resulta muy curioso que todavía en plena era digital siga sin existir en Alemania una documentación de las vistas penales que dé un mínimo de seguridad jurídica a los profesionales que actúan en el proceso penal.

## BIBLIOGRAFÍA Y MATERIALES


Alternativ-Entwurf Audiovisuelle Dokumentation der Hauptverhandlung (AE-ADH), Arbeitskreis deutscher, österreichischer und schweizerischer Strafrechtslehrer, Nomos, 1ª edición, Baden-Baden, 2022, también disponible en https://www.nomos-elibrary.de/10.5771/9783748933793.pdf?download_full_pdf=1&page=1 (último acceso: 20 febrero 2024)

Adan Domenech, Federic, "Documentación de la actividad procesal y nulidad de actuaciones", en *Revista General de Derecho Procesal* 30 (2013), págs. 1 a 23

Arangüena Fanego, Coral, Comentario al artículo 147 LEC, en *Comentarios a la nueva Ley de Enjuiciamiento Civil*, (dir. Lorca Navarrete), t. III, Lex Nova, Valladolid, 2000, págs. 966 a 977

Bachmaier Winter, Lorena, "Das Unmittelbarkeitsprinzip im spanischen Strafverfahren", en *Zeitschrift für die gesamte Strafrechtswissenschaft*, ZSTW 2014; 126(1), págs. 194-213, accesible en https://www.degruyter.com/document/doi/10.1515/zstw-2014-0011/html (último acceso: 20 febrero 2024)

Cabezudo Rodríguez, Nicolás, *Del principio de inmediación, sus excepciones y los instrumentos tecnológicos*, Tirant lo Blanch, Valencia, 2010

Calderón Cuadrado, María Pía, *La encrucijada de una justicia penal tecnológicamente avanzada*, Madrid, 2011

Gimeno Sendra, Vicente y Magro Servet, Vicente, *Comentario al artículo 147 LEC*, en Proceso Civil Práctico, (dir. Gimeno Sendra), t. I, vol. II (Arts. 99 a 247), Aranzadi, Navarra, 2018, págs. 361 y ss.

Ramos Fernández, María del Carmen, "La grabación de las actuaciones en fase de instrucción. La decisión sobre su forma y modo de documentación. La transcripción de lo grabado", en *Revista Acta Judicial* nº 1, enero 2018, págs. 114-131. También disponible en https://revistaactajudicial.letradosdejusticia.es/index.php/raj/article/view/13/12 (última consulta: 20 febrero 2024)

Roxin, Claus / Schünemann, Bernd, *Strafverfahrensrecht*, 28. Auflage, München, 2014

Sánchez Romero, Rosario, *La garantía jurisdiccional de inmediación en la segunda instancia penal: revocación de las sentencias absolutorias o agravación de las condenatorias, dictadas en primera instancia, fundamentadas en las pruebas personales*, Dykinson, Madrid, 2017

Schmitt, Bertram, "Die Dokumentation der Hauptverhandlung. Ein Diskussionsbeitrag", en *Neue Zeitschrift für Strafrecht (NStZ)* 2019,1

Tirado Estrada, Jesús José, "La documentación videográfica de las vistas orales y su trascendencia procesal. El artículo 147 de la Ley de Enjuiciamiento Civil", en *Diario La Ley*, núm. 7.674, 15 julio 2011, Sección Tribuna

Volk, Klaus, Ambos, Kai, Planchadell Gargallo, Andrea, Beltrán Montoliu, Ana, Madrid Boquín, Christa M., *Derecho procesal penal alemán y español*. Colección Sapientia 188, Universitat Jaume I, disponible en http://dx.doi.org/10.6035/Sapientia188 (último acceso: 20 febrero 2024)

Bericht der Expertinnen— und Expertengruppe zur Dokumentation der strafgerichtlichen Hauptverhandlung, disponible en https://www.bmj.de/SharedDocs/Downloads/DE/Themen/Nav_Themen/0709_Dokumentation_Hauptverhandlung_Anlagenband.pdf?__blob=publicationFile&v=3 (último acceso: 20 febrero 2024)

Entwurf eines Gesetzes zur digitalen Dokumentation der strafgerichtlichen Hauptverhandlung (Hauptverhandlungsdokumentationsgesetz - DokHVG), disponible en https://dserver.bundestag.de/btd/20/080/2008096.pdf (último acceso: 20 febrero 2024)

# *La declaración del acusado por videoconferencia en el ámbito de la cooperación judicial penal, a propósito de la cuestión prejudicial C-285/23*[1]

**ELENA LARO GONZÁLEZ**
*Profesora contratada doctora de Derecho Procesal*
*Universidad de La Laguna*

**SUMARIO:** 1. REGULACIÓN DE LA DECLARACIÓN POR VIDEOCONFERENCIA. 2. COMPATIBILIDAD DE LA DECLARACIÓN DEL ACUSADO EN EL JUICIO ORAL CON EL ARTÍCULO 24 DE LA DIRECTIVA 2014/41/UE. 3. PROCEDIMIENTO Y FORMALIDADES. 4. DERECHOS Y GARANTÍAS QUE INFORMAN LA DECLARACIÓN. 5. CONCLUSIONES. BIBLIOGRAFÍA.

## 1. REGULACIÓN DE LA DECLARACIÓN POR VIDEOCONFERENCIA

En el ámbito transfronterizo la declaración por videoconferencia se encuentra regulada en muchos de los convenios y normas internacionales desde hace algunas décadas, que facilitan la realización de la actuación procesal cuando existe distancia geográfica entre el lugar en el que se encuentra la persona que debe prestar la declaración y el del Estado donde se sigue el procedimiento, apreciándose así una tendencia por el fomento de la comparecencia virtual. Sin ánimo de hacer un análisis exhaustivo, señalamos algunos de los instrumentos normativos:

---

1 Sirva este modesto trabajo para homenajear a quien es un referente para todos, el prof. Moreno Catena, y como muestra de gratitud por su dedicación y enseñanzas. El presente trabajo se realiza en el marco de los proyectos de investigación del Ministerio de Ciencia e Innovación: "Proceso penal y Unión Europea. Análisis y propuestas" (Referencia PID2020-116848GB-I00); "Sostenibilidad ambiental, social y económica de la justicia. Retos de la Agenda 2030" (Referencia PID2021-126145OB-I00).

- La Convención de las Naciones Unidas contra la delincuencia organizada transnacional, de 15 de noviembre de 2000, la cual prevé la audiencia por videoconferencia de testigos o peritos.
- El Convenio relativo a la asistencia judicial penal entre los Estados miembros, de 29 de mayo de 2000, fue una norma pionera en la materia e incorporó la declaración por videoconferencia de testigos, peritos, investigados o acusados[2].
- El Segundo Protocolo Adicional al Convenio de Asistencia Judicial Penal, de 8 de noviembre de 2001, regula la medida en términos muy parecidos a la norma anterior.
- La Directiva 2013/48/UE, de 22 octubre, relativa al derecho a la asistencia de letrado en los procesos penales y en procedimientos relativos a la orden de detención europea, y derecho a que se informe a un tercero en el momento de la privación de libertad, contempla la videoconferencia como medio técnico para posibilitar la asistencia letrada[3]. Igualmente, se hace referencia en la Directiva 2012/29/UE, del Parlamento Europeo y del Consejo, de 25 de octubre de 2012, por la que se establecen normas mínimas sobre los derechos, el apoyo y la protección de las víctimas de delitos, y por la que se sustituye la Decisión marco 2001/220/JAI del Consejo, como medio para oír a la víctima.
- La Directiva (UE) 2014/41, de 3 de abril, reguladora de la orden europea de investigación en materia penal, introduce de forma muy similar al Convenio de 2000 la disposición relativa a la audición por videoconferencia.
- El reciente Reglamento (UE) 2023/2844, del Parlamento Europeo y del Consejo, de 13 de diciembre de 2023, sobre digitalización de la cooperación judicial y del acceso a la justicia en asuntos transfronte-

---

2 Poza Cisneros, M., "El Convenio de 2000", *Cooperación judicial penal en Europa* (Carmona Ruano, M., González Vega, I. U. y Moreno Catena, V.), Dykinson, 2013, págs. 338-416; Rodríguez Sol, L., "El empleo de la videoconferencia en la asistencia penal internacional", *Diario La Ley,* nº 6737, sección doctrina, 18 de junio de 2007.

3 Campaner Muñoz, J., Costa Ramos, V. y Vidal Fernádnez, B., "Asistencia letrada y asistencia jurídica gratuita (Directivas 2013/48 y 2016/1919)", *Garantías procesales de investigados y acusados en procesos penales en la Unión Europea: buenas prácticas en España* (Arangüena Fanego, C. y De Hoyos Sancho, M.), Aranzadi, Navarra, 2020, págs. 69-91.

rizos civiles, mercantiles y penales, y por el que se modifican determinados actos jurídicos en el ámbito de la cooperación judicial, establece normas para el uso de la videoconferencia en procedimientos civiles, mercantiles y penales[4].

Aunque un análisis profundo de todos los instrumentos referenciados excede del presente trabajo, debemos mencionar los aspectos generales, aún de forma sucinta, de los dos más recientes:

1. Por un lado, tenemos que detenernos en el análisis del art. 24 de la citada Directiva 2014/41/UE, el cual prevé que el Estado de emisión podrá emitir una orden cuando un testigo o perito se encuentre en el Estado de ejecución con la finalidad de que preste declaración[5]. Del mismo modo, se aplica el precepto cuando se trate del investigado o acusado, como una alternativa a otras medidas más invasivas[6], con la particularidad de que en este caso la práctica de la medida gravita sobre su consentimiento. Por tanto, la norma europea sigue el modelo de la antecesora —Convenio de Asistencia judicial de 2000—, con algunas ligeras modificaciones, y establece un régimen jurídico distinto en función de quien sea el declarante —testigo, perito, investigado o acusado—[7].

Este precepto fue incorporado a los arts. 197 y 216 de la Ley de reconocimiento mutuo de resoluciones penales, mediante la transposición española de la directiva[8], cuya norma supone un avance en el ámbito de la

---

4 Catalán Chamorro, M. J., *La justicia digital en España. Retos y desafíos,* Tirant lo Blanch, Valencia, 2023, págs. 119-122.

5 El art. 25 DOEI contempla también la posibilidad de que el testigo o perito (excluyendo al investigado o acusado) declare por comparecencia telefónica. Esta diligencia no está prevista en nuestro ordenamiento jurídico, motivo por el cual quizás el legislador español la recoge en la disposición adicional sexta de la LRMRP, como una previsión futura para el caso de que sea introducida en la legislación procesal penal española.

6 Tirado Estrada, J. J., "Videoconferencia, cooperación judicial internacional y debido proceso", *Revista de la Secretaría del Tribunal permanente de Revisión,* año 5, nº 10, octubre de 2017. *Vid.* Dictamen de la FGE 1/21 sobre el uso de la videoconferencia en la cooperación judicial internacional en materia penal, de 29 de marzo, pág. 3.

7 *Vid.* Fontestad Portalés, L., "La digitalización de la cooperación judicial penal en la Unión Europea", *A vueltas con la transformación digital de la cooperación jurídico penal internacional* (Fontestad Portalés, L.), Aranzadi, Navarra, 2022, págs. 29-52.

8 Ley 3/2018, de 11 de junio, por la que se modifica la Ley 23/2014, de 20 de noviembre, de reconocimiento mutuo de resoluciones penales en la Unión Euro-

cooperación judicial, y en particular la medida objeto de estudio facilita la declaración cuando la distancia impide que se realice de forma física ante la autoridad de emisión. Además de los motivos generales de denegación del reconocimiento y ejecución (arts. 11 DOEI y 32.1 LRMRP) se añaden dos motivos específicos, como son: la no prestación del consentimiento por el investigado o acusado; y cuando la ejecución de la medida sea contraria a los principios fundamentales del Derecho del Estado de ejecución (art. 24.2 DOEI y 207 LRMRP)[9].

2. En segundo lugar, la reciente promulgación del Reglamento (UE) 2023/2844 introduce normas mínimas en relación con la audición por videoconferencia, si bien no incluye dentro de su ámbito de aplicación determinados actos jurídicos[10]. En este sentido, el considerando 43 dispone que las normas contenidas en el presente Reglamento sobre el uso de la videoconferencia u otro medio análogo en los procedimientos de cooperación judicial en materia penal no deben aplicarse a aquellas vistas cuyo objeto sea la obtención de pruebas o la celebración de un juicio[11]. Y continúa aclarando que el Reglamento se entiende sin perjuicio de lo previsto en la Directiva 2014/41/UE, del Convenio Europeo de Asistencia Judicial en materia penal y de la Decisión Marco 2002/465/JAI del Consejo, limitando por ello el ámbito de aplicación de dicho Reglamento[12]; por tanto, las disposiciones legales en los instrumentos señalados se aplicarán en función de la finalidad de la diligencia. No debemos eludir un elemento de especial importancia como es el consentimiento, cuyo carácter potestativo o preceptivo difiere en los dos instrumentos mencionados, ya que el Reglamento (UE) 2023/2844 le confiere un carácter obligatorio mientras que la Directiva 2014/41/UE lo configura de forma facultativa, por lo que

pea, para regular la Orden Europea de Investigación.

9 Bellido Penadés, R., "Presente y futuro de la videoconferencia en materia penal (proceso penal español y cooperación judicial penal internacional en la UE)", *Revista General de Derecho Procesal*, nº 59, 2023, págs. 1-67.

10 Sobre el estudio de la Propuesta de Reglamento, *Vid.* Hernández López, A., "La digitalización de la cooperación en materia penal en la Unión Europea: propuestas y perspectivas legislativas", *El proceso penal ante una nueva realidad tecnológica europea* (Arangüena Fanego, C., De Hoyos SanchO, M., y González Pillado, E.), Aranzadi, 2023, págs. 281-306.

11 Dictamen del Comité Económico y Social europeo sobre digitalización de la cooperación judicial transfronteriza, de 19 de mayo de 2022 (SOC/711).

12 *Vid.* art. 6.4 del Reglamento (UE) 2023/2844.

quizás se debería haber optado por una posición uniforme en materia de cooperación judicial penal.

Al margen de lo anterior, entre los fines del Reglamento destaca la comunicación telemática entre las autoridades competentes, incluido el intercambio de formularios, a través de un sistema informático descentralizado, seguro, eficaz y fiable, aplicando este esquema a todos los actos jurídicos incluidos en los Anexos I y II[13], donde se encuentra comprendida la Directiva 2014/41/UE, instaurando así el principio digital por defecto[14].

En lo referente a la regulación en derecho español, el empleo de este medio técnico goza de cobertura legal, pues tanto los artículos 229 de la LOPJ como 325 y 731 bis de la LECRIM[15] regulan la declaración por videoconferencia[16].

Sin embargo, en el ámbito del procedimiento abreviado la ley guarda silencio sobre la intervención del acusado por videoconferencia y exige que "la celebración del juicio oral requiere preceptivamente la asistencia del acusado y del abogado defensor" (art. 786 LECRIM), lo cual nos podría llevar a la conclusión que "la preceptiva asistencia" exige la presencia física. En este sentido, Magro Servet argumenta que el precepto no impide asegurar su presencia[17], aunque sea de forma virtual.

En el orden jurisdiccional penal, conforme con los preceptos citados, esta declaración constituye un medio excepcional y de carácter subsidiario, que requiere un juicio de proporcionalidad, más aún cuando se trata de la declaración del acusado en el acto del juicio oral[18].

---

13 *Vid.* Considerando 14.

14 A pesar de instaurar el principio digital por defecto, se establecen excepciones para la utilización de medios de comunicación distintos. *Vid.* art. 3 apdo. 3 y 4.

15 La videoconferencia fue introducida mediante la Ley Orgánica 13/2003, de 24 de octubre, de reforma de la Ley de Enjuiciamiento Criminal en materia de prisión provisional, modificando también el art. 229 LOPJ.

16 Arnáiz Serrano, A., "La experiencia española en el uso de la videoconferencia en el proceso penal", *Publicaciones del portal iberoamericano de las Ciencias Penales,* Instituto de Derecho Penal Europeo e Internacional de la Universidad de Castilla-La Mancha, 2009.

17 Magro Servet, V., "Hacia el uso habitual de la videoconferencia en las vistas judiciales. 'Aprovechando las enseñanzas del Coronavirus'", *Diario La Ley,* mayo de 2020.

18 Sentencia del Tribunal Superior de Justicia de Extremadura nº 3/2022, de 1 de marzo (*Tol 8900614*); Auto de la Audiencia Provincial de Guipúzcoa 398/2022, de

Con la crisis sanitaria del año 2020 el proceso penal no pudo sustraerse de la incorporación de las nuevas tecnologías y las comparecencias por videoconferencias fueron una práctica habitual en los juzgados y tribunales, dando lugar a la publicación del RD 463/2020, de 14 de marzo, por el que se declaraba el Estado de alarma, y la Ley 3/2020, de 18 de septiembre, de medidas procesales y organizativas para hacer frente al covid-19 en el ámbito de la Administración de Justicia[19], que sentaron un precedente para la regulación posterior.

Recientemente, tras un período de incertidumbre y paralización a consecuencia de la convocatoria de elecciones, se publica el RDL 6/2023, de 19 de diciembre, por el que se aprueban medidas urgentes para la ejecución del Plan de Recuperación, Transformación y Resiliencia en materia de servicio público de justicia, función pública, régimen local y mecenazgo, que incorpora las medidas de eficiencia procesal contenidas en el Anteproyecto y Proyecto de Ley de medidas de eficiencia procesal del servicio público de justicia. La norma añade un nuevo art. 258 bis LECRIM, el cual establece la realización de actuaciones procesales telemáticas de forma preferente, aunque exceptúa aquellas que son de naturaleza personal, obligando a la presencia física del acusado en atención a la gravedad del delito o a la voluntad del mismo.

Así pues, se exige la presencia física del acusado en aquellos juicios por delito grave o que se enjuicien por el Tribunal de Jurado[20], sin excepción alguna. En los juicios por delitos menos graves, la comparecencia física de-

---

7 de julio (*Tol 9507975*); Auto de la Audiencia Provincial de Madrid nº 323/2019, de 27 de febrero (*Tol 7205823*)

19 Castillejo Manzanares, R., "Digitalización y/o Inteligencia Artificial", *Inteligencia artificial legal y Administración de Justicia* (Calaza López, S. y Llorente Sánchez-Arjona, M.), Aranzadi, Navarra, 2022, págs. 55-90.

20 Es conveniente traer a colación el Anteproyecto de Ley de Enjuiciamiento Criminal de 2020, el cual apuesta firmemente por la presencia física del acusado en el acto del juicio. Así, el art. 675.1 determina que "la declaración de la persona acusada deberá ser siempre presencial, sin posibilidad de usar la videoconferencia u otro medio semejante para llevarla a efecto", sin excepción alguna, por lo que quizás en un futuro próximo si se abordara nuevamente un nuevo texto procesal penal se debería reflexionar sobre ello, en consonancia con la reforma producida recientemente y con las normas internacionales. *Vid.* el estudio que realiza Santisteban Castro, M., "De la excepción a la normalidad: la declaración del acusado a través de medios telemáticos a la luz del Anteproyecto de Ley de Medidas de Eficiencia Procesal del Servicio Público de Justicia", *Diario La Ley*, nº 9873, sección doctrina, 17 de junio de 2021.

penderá de la voluntad del acusado, de su letrado o cuando el tribunal lo estime necesario. No obstante, la presencia física del investigado o acusado es preceptiva cuando resida en la misma demarcación del órgano judicial que conozca de la causa.

En el plano internacional la situación es distinta y requiere de un tratamiento jurídico específico, motivo por el cual la regla general de la presencia física del acusado en causas por delitos graves admite una modulación, porque puede suceder que se emita una orden en un supuesto transfronterizo que reviste cierta gravedad. En este sentido, el art. 258 bis apdo. 2 LECRIM determina que la presencia física del acusado será preceptiva en juicios por delitos graves, "sin perjuicio de lo previsto en los tratados internacionales en los que España sea parte, las normas de la Unión Europea y demás normativa aplicable a la cooperación con autoridades extranjeras para el desempeño de la función jurisdiccional"[21].

Esta redacción final ha sido fruto de algunas modificaciones a lo largo de tramitación legislativa, porque en el Anteproyecto de ley se exigía la presencia física del acusado con carácter general, sin contemplar la casuística en el ámbito de la cooperación, limitando así la posibilidad de declarar por videoconferencia.

Posteriormente, este error fue advertido y se modificó en el Proyecto de Ley[22], que preveía la declaración por videoconferencia cuando estuviera prevista en normas internacionales, aunque condicionada al consentimiento[23]. El legislador español no podía permanecer ajeno a la casuística internacional, pues de no haberse modificado la propuesta legislativa inicial hubiera colisionado con las normas de derecho europeo.

En definitiva, la reforma construye un marco jurídico que aporta algunas respuestas a situaciones que carecían de regulación, sobre todo des-

---

21 Magro Servet, V., "Análisis del Real Decreto-Ley 6/2023, de 19 de diciembre. Aspectos procesales y de funcionalidad tecnológica en la justicia", *Diario La Ley,* nº 10419, Sección Doctrina, 5 de enero de 2024.

22 Sobre el estudio de dicho proyecto, *consúltese* Banacloche Palao, J., "El proyecto de ley de eficiencia procesal y el proceso penal: una reflexión crítica sobre las innovaciones propuestas", *Diario La Ley,* nº 10103, Sección Plan de Choque de la Justicia/Tribuna, 5 de julio de 2022.

23 Ahora, la redacción final del art. 258 bis LECRIM elimina cualquier referencia al consentimiento del acusado.

pués de la situación vivida con la pandemia[24], dejando al margen los supuestos de asistencia internacional, donde no debería operar la limitación establecida para los delitos graves, que no debe impedir la declaración por videoconferencia del acusado.

Una vez realizado un somero análisis sobre la regulación interna y transnacional, tenemos que centrar nuestra atención en las lagunas que presenta el art. 24 DOEI y en los aspectos que ahora generan dudas interpretativas, motivo por el cual se ha planteado una cuestión prejudicial ante el Tribunal de Justicia de la Unión Europea, la cual analizaremos a continuación[25].

Las dudas sobre esta diligencia de investigación han derivado en la petición de decisión prejudicial C-285/23 planteada por el Ekonomisko lietu tiesa (Tribunal de Asuntos Económicos de Letonia), el 3 de mayo de 2023, por los interrogantes que surgen del artículo 24 de la Directiva 2014/41/UE[26].

El supuesto de hecho versa sobre la causa que se sigue contra cinco acusados, incluido un nacional alemán que reside en Alemania, por fraude y blanqueo de capitales cometido en el seno de banda organizada. Debido a que las infracciones son graves se decide que no procede la celebración del juicio *in absentia.*

La situación personal de uno de los acusados, que reside en Alemania, dificulta su presencia en el plenario, debido a su avanzada edad y circunstancias familiares, pues cuenta con setenta y un años y carece de los in-

---

24 Bueno Benedí, M., *Videoconferencia y juicios telemáticos,* La Ley, Madrid, 2023, págs. 354-365.

25 Este defecto también se ha advertido por la FGE en su memoria relativa al ejercicio 2022, cuando señala que "la ejecución de las declaraciones de investigados y testigos mediante videoconferencia plantea problemas relevantes debido a la falta de consistencia de la regulación de la LRM con la normativa nacional". Memoria de la FGE, presentada al inicio del año judicial, 2023, págs. 829 y ss.

26 El auto de 21 de julio de 2023 desestima la solicitud de tramitación por el procedimiento acelerado previsto en el artículo 105 del Reglamento de Procedimiento del Tribunal de Justicia. Téngase en cuenta que en la fecha de elaboración del presente trabajo el TJUE no había dictado sentencia, la cual fue publicada el pasado 6 de junio de 2024. La citada sentencia no se pronuncia sobre el fondo del asunto debido a la falta de suspensión del procedimiento principal y a la realización de actuaciones procesales, que podrían impedir el cumplimiento de las resoluciones por parte del órgano remitente.

gresos suficientes para sufragar los gastos del viaje y, además, cuida de su suegra que convive con él y su esposa. Aun cuando el traslado a Letonia era complicado, tenía voluntad de comparecer en el juicio oral mediante videoconferencia, motivo por el cual el Estado de emisión remite una OEI, que fue denegada por la autoridad alemana porque entendía que dicha participación no era una medida de investigación y no se había obtenido el consentimiento del acusado; desestimando la petición nuevamente una vez informada la persona sobre el consentimiento.

El Ministerio de Justicia Letón consultó al alemán sobre las posibilidades de realización de la videoconferencia, cuya respuesta fue que la participación del acusado por videoconferencia sería contraria a los principios fundamentales del Derecho alemán y que la presencia física es absolutamente necesaria.

Con base en ello, se formulan las siguientes cuestiones: 1) si la interpretación del citado art. 24 permite la declaración del acusado por videoconferencia; 2) si el derecho del acusado a acudir al juicio oral se puede garantizar mediante la declaración por dicha herramienta tecnológica; 3) sobre la equiparación de la presencia virtual con la presencia física; 4) en relación con la obligatoria intervención de las autoridades competentes del Estado miembro; 5) si el Estado miembro de emisión puede contactar directamente con el acusado y enviarle un enlace para la realización de la videoconferencia; 6) si la intervención de las autoridades competentes constituye un presupuesto exigible y, en caso contrario, sobre la incompatibilidad con el espacio europeo de libertad, seguridad y justicia.

## 2. COMPATIBILIDAD DE LA DECLARACIÓN DEL ACUSADO EN EL JUICIO ORAL CON EL ARTÍCULO 24 DE LA DIRECTIVA 2014/41/UE

Uno de los interrogantes que se plantean es sobre la viabilidad de la orden europea de investigación para llevar a cabo la declaración del acusado en el juicio oral mediante videoconferencia y si sus derechos quedan debidamente garantizados.

Antes de centrarnos en el estudio de las cuestiones formuladas por el tribunal, debemos señalar que la videoconferencia es una herramienta técnica que posibilita la declaración, pero por sí misma no constituye un medio probatorio, ya que es el cauce para que la prueba se obtenga e incorpore al proceso[27].

En relación con la pregunta primera, la respuesta debe ser afirmativa, porque el art. 24 DOEI deja claro que el sujeto pasivo de esta diligencia puede ser el investigado o *acusado*, el cual dispone que "la autoridad de emisión podrá también emitir una OEI a efectos de que un investigado o acusado sean oídos por videoconferencia u otro medio de transmisión audiovisual".

El citado precepto supedita la declaración del investigado o acusado a la prestación de su consentimiento porque su ausencia constituye un motivo de denegación —aunque potestativo— de la ejecución de la orden.

En este punto debemos extendernos sobre la regulación del consentimiento, que tradicionalmente ha sido un requisito preceptivo para la práctica de la comparecencia por videoconferencia, como así se establecía en el Convenio de Asistencia Judicial del 2000. Ahora, tanto la Directiva 2014/41/UE, como la ley española de transposición, le otorgan al consentimiento un carácter facultativo, porque de la lectura del art. 24.2 se infiere que cuando el investigado o acusado no presté su consentimiento la ejecución de la orden "podrá denegarse". Como se aprecia, este requisito opera exclusivamente cuando quien declare sea el investigado o acusado, pues no se extiende a la declaración de testigo o perito.

Como hemos mencionado *supra*, la reciente publicación del Reglamento (UE) 2023/2844 también prevé el uso de la videoconferencia cuando quien declare sea el acusado, también subordinada a su consentimiento, que ahora sí tiene carácter preceptivo.

Al margen de la configuración del consentimiento en los distintos textos normativos mencionados, apuntamos que la Directiva 2014/41/UE no determina el momento en el que se presta, es decir, si se realiza previamente a la remisión de la orden o ya en sede de ejecución. Parece que la intención del legislador es que se preste antes de la transmisión de la petición de cooperación, porque el propio formulario contempla una casilla donde se debe señalar si el "investigado o encausado ha dado su consentimiento". No podemos desconocer que esta cuestión queda condicionada a la voluntad del investigado o acusado, porque sería perfectamente válido que preste su consentimiento cuando la autoridad de ejecución lo cite para

27 STS 331/2019, de 27 de junio (*Tol 7355325*).

comparecer, que en caso de negativa no evitaría los costes que acarrea la práctica de la diligencia y la tramitación del expediente de cooperación.

No obstante, entendemos que debemos distinguir entre la negativa a la práctica de la comparecencia por videoconferencia (o ausencia de consentimiento) y el derecho a no declarar que ampara al investigado o acusado. En el primer supuesto, si es la autoridad española la competente para la ejecución, podría llevar a cabo la comparecencia, debido a la configuración del consentimiento como causa de denegación facultativa, pero no impediría que el investigado o acusado se acogiera a su derecho a no declarar.

Retomando el tema inicial, se evidencia que algunos de los instrumentos internacionales regulan la declaración por videoconferencia del sujeto pasivo del proceso, en consonancia con la doctrina del Tribunal Europeo de Derechos Humanos que ya se ha pronunciado sobre la compatibilidad de la misma con el derecho de defensa previsto en el art. 6 del CEDH, siempre que se respeten los derechos y garantías de quien declara.

En este punto tenemos que citar un pronunciamiento de especial trascendencia en la materia, como es la STEDH de 5 de octubre de 2006 (asunto Marcello Viola contra Italia), donde se afirma que la declaración del acusado por videoconferencia es una medida que persigue un fin legítimo que por sí misma no vulnera el derecho a un proceso justo, considerando que la intervención del acusado en el proceso fue respetuosa con el derecho de defensa y, por ende, no hubo vulneración del art. 6 del CEDH.

Igualmente, traemos a colación la STEDH de 27 de noviembre de 2007 (asunto Zagaria contra Italia), donde el acusado no participó presencialmente en el acto del juicio, pues lo hizo de forma remota, cuestionándose la vulneración del derecho de defensa por la imposibilidad de comunicación con su letrado, el cual ampara la comunicación fluida, reservada e inmediata entre ambos. Al respecto, el tribunal afirma que en el presente caso sí se produjo una vulneración porque se escuchó la conversación entre ambos, sin perjuicio de que la legislación italiana permite la declaración por esta herramienta tecnológica y su equiparación con la presencia física ("è equiparato all'aula d'udienza").

En el ámbito nacional, tenemos que referirnos a la doctrina de la Sala segunda del Tribunal Supremo, la cual considera que el uso de la videoconferencia en el proceso penal produce una equiparación jurídica de la presencia física con la virtual[28], que permite el cumplimiento de los principios de inmediación, publicidad, oralidad, concentración, unidad de acto y contradicción[29].

Aun cuando es un medio técnico admitido por las normas europeas y españolas, y reconocido por los tribunales nacionales y supranacionales, la posibilidad de recurrir a él, especialmente cuando la declaración se produce en la fase de juicio oral, no implica que se utilice de forma preferente y predominante, pues la máxima es la presencia física del acusado en el plenario por las implicaciones que conlleva para la comunicación con su letrado y los ritos que presiden dicho acto[30]. En este sentido, la doctrina del TEDH tiene por sentado que la concurrencia del acusado en el acto del juicio es la forma predominante y preferente, aunque ello no impide la presencia virtual y que queden garantizados todos sus derechos.

Ahora bien, en el ámbito internacional las dificultades son mayores y se encuentran impedimentos para garantizar la presencia física del acusado, justificándose el recurso frecuente a la comparecencia virtual[31]. Así pues,

---

28 STS 331/2019, de 27 de junio (*Tol 7355325*). En la sentencia se afirma expresamente que "en relación con el juicio oral, el asunto es aún más sencillo en cuanto, en realidad, se produce una equiparación jurídica de la presencia física con la presencia virtual".

29 STS 362/2023, de 17 de mayo (*Tol 9575980*); 3/2022, de 1 de marzo (*Tol 8900614*); 331/2019, de 27 de junio (*Tol 7355325*); 200/2017, de 27 de marzo (*Tol 6010231*). Criado Enguix, J., "La utilización de la videoconferencia y la Inteligencia Artificial en el proceso penal", *Inteligencia artificial legal y Administración de Justicia* (Calaza López, S. y Llorente Sánchez-Arjona, M.), Aranzadi, Navarra, 2022, págs. 525-542; Gutiérrez Barrenengoa, A., "El uso de la videoconferencia en el proceso penal: utilidades, requisitos, y limitaciones", *REDS*, núm. 14, enero-junio 2019, págs. 27-41.

30 SAN 17/2016, de 11 de mayo (*Tol 5732779*): "como se puso de relieve en la sentencia de esta Sala de 16 de mayo de 2005, el acusado debe tener un papel activo en el juicio oral por lo que adquiere relevancia su presencia física e incluso la posibilidad de comunicación constante con su Abogado, que no sólo se debe cumplir en los procedimientos de la Ley del Jurado, sino en toda clase de juicios orales". Merchán González, A., "La posición del acusado en el proceso penal, el derecho a declarar en último lugar y el derecho a sentarse junto a su abogado", *Diario la Ley*, nº 10397, sección tribuna, 28 de noviembre de 2023.

31 Al respecto, Illán Medina argumenta que "reconociendo los beneficios que nos ofrece el uso de las nuevas tecnologías aplicadas a la actividad judicial y por muy entusiastas que seamos de las mismas tampoco podemos extender su uso de manera incontrolada, haciendo un 'uso abusivo' de las mismas, sin realizar una valoración previa en cada caso del sacrificio que su uso puede suponer en ocasiones al

esta equiparación, en ocasiones, es la única alternativa para hacer posible la declaración del investigado o acusado, existiendo mayores riesgos de que la presencia virtual acabe sustituyendo a la física.

## 3. PROCEDIMIENTO Y FORMALIDADES

La práctica de la medida exige el acuerdo entre ambas autoridades sobre los aspectos prácticos, esencialmente en la organización sobre el desarrollo de la videoconferencia (hora, coordinación de agendas judiciales, plataforma que van a utilizar, etc.), por lo que sería conveniente que exista una coordinación entre ellas y se reúnan previamente al día fijado para la comparecencia.

La autoridad de ejecución debe tener presente que la comparecencia se ha de ajustar a las formalidades y procedimientos que indique el Estado de emisión, siempre que no sean contrarias a disposiciones de Derecho español, porque de ello dependerá la validez de la prueba en el procedimiento que se sigue en el Estado de origen. Por ello, la autoridad de ejecución debe actuar facilitando la cooperación (principio *pro cooperatione*) y, por tanto, la práctica de la diligencia, salvo que se produzcan vulneraciones flagrantes que lo impidan.

Entre las dudas que se suscitan en la cuestión prejudicial C-285/23 aparecen las relacionadas con el procedimiento para cursar la solicitud y la intervención de las autoridades competentes.

En primer lugar, es cierto que durante la pandemia las necesidades de los juzgados y tribunales cambiaron y tuvieron que adaptarse a una situación desconocida, que dio lugar a alguna práctica irregular, incluso en el ámbito transfronterizo. Por ello, el CGPJ elaboró una guía para la celebración de actuaciones telemáticas[32], donde "recomendaba" la utilización del

---

respeto de los derechos fundamentales reconocidos en nuestra legislación [...]" (Illán Medina, M., "El uso de la videoconferencia como medio para la práctica de diligencias de declaración de testigos, peritos y acusados desde la perspectiva de la cooperación internacional", *Libro en homenaje a María Poza Cisneros. Una magistrada para el siglo XXI* (Del Olmo Gálvez, J., Sánchez Siscart, J. M. y Ayala García, J. M.), Tirant lo Blanch, Valencia, 2022, págs. 203-220).

32 CGPJ, *guía para la celebración de actuaciones judiciales telemáticas*, de 11 de febrero de 2021.

auxilio internacional para la intervención telemática de personas que se encontraban fuera de España.

Además, el Dictamen 1/2021 emitido por la Fiscalía General del Estado aboga por seguir el cauce procedimental establecido, argumentando al respecto que el fácil acceso a las tecnologías ha ocasionado declaraciones irregulares de testigos, prescindiendo de la solicitud formal de auxilio internacional, que se apartan de los actos de cooperación judicial y carecen de garantías[33]. Además, concluye con la afirmación de que los convenios vigentes no permiten tomar declaración en el extranjero sin la intervención de la autoridad del Estado donde reside el declarante. En definitiva, defiende el cumplimiento de los procedimientos y formalidades de la LRMRP u otros instrumentos aplicables[34].

A nuestro juicio, consideramos que para practicar la medida se exige un acto formal de cooperación, con escrupuloso respeto de las formalidades exigidas, por lo que entendemos que actualmente no tiene cabida en la norma la actuación unitaria de la autoridad de emisión mediante el envío del enlace al acusado, al margen de la autoridad de ejecución (pregunta nº 5), porque contraviene al propio instrumento aquí analizado y las normas vigentes en el espacio europeo, donde rige la confianza mutua entre Estados miembros y el respeto a la soberanía del Estado y al conjunto de derechos y garantías.

Esta intervención no tiene cobertura legal y, por tanto, la declaración así obtenida no debería tener validez alguna. No obstante, debido a que los expedientes de cooperación actuales a veces son complejos y se dilatan en el tiempo, quizás deberíamos reflexionar sobre la simplificación de los trámites para apostar por un procedimiento más rápido y menos burocrático, máxime cuando la ejecución de la medida es sencilla como ocurre con la declaración por videoconferencia.

---

33 Memoria de la FGE, presentada al inicio del año judicial, 2023, donde se pone de manifiesto que "en cualquier caso, es necesaria la intervención (presencial o virtual) del MF como autoridad de ejecución, pero se observa una tendencia a solicitar su ejecución directamente con el testigo. Incluso, en fase de plenario, se ha detectado la utilización de sistemas de conexión directa con acusados que se encuentran en el extranjero, al contar con su consentimiento y la aprobación de su representación procesal".

34 Dictamen de la FGE 1/21 sobre el uso de la videoconferencia en la cooperación judicial internacional en materia penal, de 29 de marzo, pág. 15-17.

Por otro lado, sobre la posibilidad de que la medida se decrete sin la intervención de las autoridades competentes de ambos Estados implicados, es decir, al margen de cualquier procedimiento de cooperación (cuestión nº 6), apuntamos que de la lectura del art. 24 de la Directiva 2014/41/UE se desprende claramente que la declaración por videoconferencia precisa de un acto de cooperación con la intervención de dos autoridades, porque en caso contrario la prueba no debería ser admitida al no ajustarse a las formalidades vigentes en el espacio europeo de libertad, seguridad y justicia.

El interrogante nº 6, relativo a la intervención de las autoridades como presupuesto exigible, se aclara en el apdo. 3 del art. 24 de la DOEI, el cual exige un acuerdo entre ambas para concretar los aspectos prácticos de la videoconferencia. Más aún, la directiva encomienda a la autoridad de ejecución la realización de los siguientes actos: notificar al testigo o perito el día, hora y lugar de la comparecencia; citar a los investigados o acusados e informarles de los derechos conforme con el Derecho del Estado de emisión; identificar al declarante.

Por otra parte, la respuesta a la pregunta nº 4 plantea algunas dudas, debido a la redacción confusa de la norma en cuanto al papel que asumen las autoridades intervinientes. Entendemos que la autoridad competente del Estado de ejecución asume una función asistencial, porque su cometido es velar por el cumplimiento del ordenamiento jurídico del Estado de ejecución.

En cambio, la autoridad de emisión tiene mayor protagonismo, pues es quien conoce el procedimiento que se sigue en el Estado de emisión y debe dirigir el interrogatorio, formulando y admitiendo las preguntas que considere pertinentes, como así se establece en el art. 24.5 c): "la comparecencia será efectuada directamente ante la autoridad competente del Estado de emisión o bajo su dirección, con arreglo a su Derecho interno".

No obstante, esta disposición se presta a confusión cuando indica que la declaración se puede producir ante una persona distinta a la autoridad de emisión, al emplear la terminología "bajo su dirección". En nuestra opinión, interpretamos que cabría la posibilidad que el interrogatorio se produzca en ausencia de la autoridad de emisión, aun cuando asuma su dirección. Por tanto, con independencia de su presencia o ausencia, lo que parece claro es que la autoridad de emisión ostenta la dirección del interrogatorio, asumiendo un papel esencial. Consideramos que la disposición es confusa, en cuanto que no se determina cómo debe realizarse el interrogatorio, porque parece claro que si la autoridad de emisión está presente será la misma quien dirija el interrogatorio y formule las preguntas y/o repreguntas, pero cuando se encuentre ausente sería conveniente que enviara un listado con las preguntas que deban realizarse. En este último supuesto no significa que la autoridad de ejecución dirija el interrogatorio porque su función es otra y porque carece de los elementos suficientes para declarar la pertinencia de las mismas, ciñéndose exclusivamente al listado remitido.

También consideramos que la pregunta nº 4 es poco precisa, porque no se concreta en qué momento es exigible la intervención de las autoridades competentes. En este sentido, en cuanto al procedimiento de cooperación, la norma obliga a la intervención de ambas autoridades, cuestión distinta es su actuación en el desarrollo de la comparecencia, que es donde aparecen las dudas que hemos señalado. No obstante, nuestro criterio es que la intervención es preceptiva, con independencia de que el art. 24 de la directiva permita la declaración ante una persona distinta a la autoridad de emisión, que no exime a ésta de su obligación de dirección del interrogatorio.

Por último, una vez finalizada la declaración, la autoridad española levantará acta consignando los datos más relevantes (art. 24.6 DOEI y 216.4 LRMRP), que será enviada a la autoridad de emisión. Según nuestro criterio, la forma de documentación de la declaración no se adecua con los tiempos actuales, porque existen herramientas más vanguardistas que cumplen la misma finalidad, como la grabación de la declaración, que se puede guardar en soporte digital y transmitirlo a la autoridad de emisión. Sobre este aspecto, ante el silencio de la directiva y la ley española sobre las normas que han de regir la documentación de la declaración, entendemos que debería realizarse conforme a las normas del Estado de emisión, que es donde va a surtir efecto la prueba; por tanto, es especialmente útil que el Estado de emisión señale cuáles son las formalidades que deben cumplirse para documentar el acta —o, en su caso, realizar la grabación—.

## 4. DERECHOS Y GARANTÍAS QUE INFORMAN LA DECLARACIÓN

Como hemos indicado *supra*, la utilización de este medio técnico por sí mismo no supone un problema, ya que las dudas aparecen en el respeto de los derechos y garantías que asisten al declarante.

La Directiva 2014/41/UE no ha dedicado especial atención a los derechos que presiden la declaración, como tampoco la transposición española de dicha norma que en gran parte reproduce el patrón europeo. Ante la falta de tratamiento específico, señalamos algunos aspectos a tener en cuenta para la práctica de la medida:

- En primer lugar, la declaración debe comenzar con la lectura de los derechos, conjugando las disposiciones de ambos ordenamientos jurídicos (de los Estados de emisión y ejecución). Para ello, es especialmente importante que la autoridad de emisión indique cuáles son los derechos que asisten al compareciente. En este sentido, el art. 216.2 b) LRMRP obliga a que, en la citación al investigado o encausado, se le informe de sus derechos con tiempo suficiente.
- El declarante debe ejercitar su derecho de defensa y asistencia letrada, cuyo tratamiento en las normas citadas ha sido inexistente. Es cierto que el derecho a la asistencia letrada se encuentra regulado específicamente en la Directiva 2013/48/UE, aunque hubiera merecido mayor atención en la directiva reguladora de la orden europea de investigación. Una cuestión importante es si el declarante tiene derecho a la doble defensa y, por tanto, a la designación de un abogado en el Estado de emisión y otro en el de ejecución, actuando ambos coordinadamente[35].

  Tampoco se ha tratado cómo se produce la comunicación con el letrado cuando se encuentra en lugar distinto al del declarante (por ejemplo, en el Estado de emisión), debiendo respetarse en todo caso el derecho a la entrevista reservada y la confidencialidad de la misma, y garantizándose que la comunicación no sea escuchada por terceras personas —especialmente cuando la conversación se produce a distancia—.

  Sobre esta materia, tenemos que traer a colación por su reciente promulgación, el Reglamento (UE) 2023/2844[36] el cual emplea una mejor técnica legislativa, porque contempla expresamente que el acusado, previamente a la prestación del consentimiento, podrá solicitar asistencia letrada y se le deberá informar sobre el procedimiento para celebrar la comparecencia por videoconferencia, así como sobre sus derechos procesales, incluido el derecho a la interpretación y asistencia letrada (art. 6.2). Sin embargo, no se concreta cómo se realiza la comunicación entre letrado y defendido —a través de una videoconferencia, por teléfono o cualquier otro medio—. Del mismo

35 Campaner Muñoz, J., Ollé Sesé, M. y Ruiz Calvo, S., "El derecho de defensa penal dual en la Unión Europea: una de cal y otra de arena", *Revista de Estudios Europeos*, nº monográfico 1, 2023.

36 No es aplicable cuando la videoconferencia tenga por finalidad la obtención de prucbas (considerando 43).

modo, se obliga expresamente a garantizar la confidencialidad entre el declarante y su letrado antes y durante la audiencia, porque en caso contrario se produciría una vulneración de derechos.

No obstante, en el ámbito de la comparecencia por videoconferencia prevista en la Directiva 2014/41/UE, consideramos que igualmente deben quedar garantizada la comunicación reservada entre abogado y defendido, así como la posibilidad de entrevistarse antes y posteriormente a la declaración.

- Por otro lado, cuando el declarante hable un idioma distinto al del Estado de ejecución, o de emisión, se necesitará el nombramiento de un intérprete, aunque también puede ser útil para facilitar la comunicación entre las autoridades intervinientes. Ni la Directiva ni la LRMRP se pronuncia sobre el lugar donde debe situarse el profesional, aunque lo ideal sería que se ubique en el mismo espacio físico donde se encuentre el declarante. Cabe destacar que este derecho se encuentra regulado por la Directiva 2010/64/UE, del Parlamento Europeo y del Consejo, de 20 de octubre de 2010, relativa al derecho a la interpretación y traducción en los procesos penales, la cual prevé la intervención del intérprete por videoconferencia, salvo cuando se requiere su presencia física (art. 2.6).

## 5. CONCLUSIONES

Con la pandemia se aumentó de forma exponencial la realización de actos procesales de forma telemática, teniendo un papel destacado la celebración de vistas y declaraciones por videoconferencia. La declaración por videoconferencia del investigado o acusado, tanto en la fase de instrucción como de juicio oral, es una práctica extendida, aunque a veces cuestionada, especialmente cuando quien declara es el acusado por las propias características del juicio oral y por la exigencia de que aquel participe en los debates y esté presente en el mismo lugar donde se encuentra su letrado, pudiendo comprometer en determinadas ocasiones sus derechos. Aunque la presencia física del acusado en el acto de juicio es la forma preferente y predominante, en determinadas ocasiones admite excepciones y se produce una equiparación jurídica con la presencia virtual, siempre que no se impida el correcto ejercicio de los derechos del declarante, especialmente los de defensa y asistencia letrada.

En determinadas situaciones la videoconferencia se impone como un fin legítimo para que el investigado/acusado preste declaración, en particular en el ámbito de la cooperación judicial, donde resulta una técnica de especial utilidad cuando la distancia geográfica y las circunstancias del declarante son un obstáculo que pueden frustrar la práctica de la diligencia; incluso para evitar medidas más intrusivas como el traslado de detenidos o la orden europea de detención. Así pues, la declaración por videoconferencia está prevista en los instrumentos jurídicos europeos, aunque adolece de algunas deficiencias, que obligará a un pronunciamiento por parte del TJUE, ya que actualmente no se ha pronunciado sobre el fondo del asunto con ocasión del planteamiento de la cuestión prejudicial C-285/23.

Con base en los interrogantes planteados a lo largo del trabajo, la primera conclusión que podemos extraer es que la declaración del acusado tiene cobertura legal internacional, pues se encuentra prevista tanto en la Directiva 2014/41/UE, como en el reciente Reglamento (UE) 2023/2844. En ambos instrumentos la posibilidad de tomar la declaración mediante videoconferencia al investigado o acusado se configura sobre el consentimiento del mismo, aunque existen divergencias en cuanto a su carácter preceptivo o facultativo.

La segunda es respecto a la equiparación jurídica de la presencia física y la virtual, ambas admitidas por el TEDH siempre que se salvaguarden los derechos del declarante. Sin embargo, no podemos obviar que la declaración que se produce con la presencia física del acusado en sede judicial nos ofrece la posibilidad de realizar el seguimiento de las intervenciones y apreciar su comunicación no verbal, la espontaneidad de las respuestas, etc.

La tercera conclusión es la referida a la necesaria intervención de las autoridades intervinientes, especialmente la de ejecución, a quien le corresponde realizar una serie de actuaciones —como proporcionar la información sobre los derechos que asisten al declarante—. Aunque consideramos que su actuación es meramente asistencial, debe estar presente para velar por el efectivo cumplimiento de su derecho interno.

En cuarto lugar, la autoridad de emisión no debe contactar directamente con el declarante y remitirle un enlace, al margen de todo procedimiento de cooperación, porque la Directiva 2014/41/UE exige una solicitud formal, entre otros motivos porque si la autoridad de ejecución considera que contraviene los principios fundamentales de su ordenamiento jurídico podrá denegar la práctica de la diligencia. Dicha diligencia no admite su realización por medio de un acto privado, porque incumple las normas vigentes en el espacio europeo de libertad, seguridad y justicia, donde rige la confianza mutua entre Estados y el respeto al conjunto de garantías.

A modo de conclusión final, se exige un acto formal consistente en la emisión de una orden que se transmitirá a la autoridad de ejecución, la cual participará en el procedimiento de cooperación principalmente porque debe autorizar la ejecución de la diligencia y valorar la existencia de motivos de denegación y, en caso contrario, se debe asegurar del cumplimiento de su ordenamiento jurídico. Aun cuando su papel es meramente auxiliar, es preceptiva su intervención.

## BIBLIOGRAFÍA

Arnáiz Serrano, A., "La experiencia española en el uso de la videoconferencia en el proceso penal", *Publicaciones del portal iberoamericano de las Ciencias Penales,* Instituto de Derecho Penal Europeo e Internacional de la Universidad de Castilla-La Mancha, 2009.

Banacloche Palao, J., "El proyecto de ley de eficiencia procesal y el proceso penal: una reflexión crítica sobre las innovaciones propuestas", *Diario La Ley,* nº 10103, Sección Plan de Choque de la Justicia/Tribuna, 5 de julio de 2022.

Bellido Penadés, R., "Presente y futuro de la videoconferencia en materia penal (proceso penal español y cooperación judicial penal internacional en la UE)", *Revista General de Derecho Procesal,* nº 59, 2023.

Bueno Benedí, M., *Videoconferencia y juicios telemáticos,* La Ley, Madrid, 2023.

Campaner Muñoz, J., Ollé Sesé, M. y Ruiz Calvo, S., "El derecho de defensa penal dual en la Unión Europea: una de cal y otra de arena", *Revista de Estudios Europeos,* nº monográfico 1, 2023.

Campaner Muñoz, J., Costa Ramos, V. y Vidal Fernádnez, B., "Asistencia letrada y asistencia jurídica gratuita (Directivas 2013/48 y 2016/1919)", *Garantías procesales de investigados y acusados en procesos penales en la Unión Europea: buenas prácticas en España* (Arangüena Fanego, C. y De Hoyos Sancho, M.), Aranzadi, Navarra, 2020.

Castillejo Manzanares, R., "Digitalización y/o Inteligencia Artificial", *Inteligencia artificial legal y Administración de Justicia* (Calaza López, S. y Llorente Sánchez-Arjona, M.), Aranzadi, Navarra, 2022.

Catalán Chamorro, M. J., *La justicia digital en España. Retos y desafíos,* Tirant lo Blanch, Valencia, 2023.

Criado Enguix, J., "La utilización de la videoconferencia y la Inteligencia Artificial en el proceso penal", *Inteligencia artificial legal y Administración de Justicia* (Calaza López, S. y Llorente Sánchez-Arjona, M.), Aranzadi, Navarra, 2022.

Fontestad Portalés, L., "La digitalización de la cooperación judicial penal en la Unión Europea", *A vueltas con la transformación digital de la cooperación jurídico penal internacional* (Fontestad Portalés, L.), Aranzadi, Navarra, 2022.

Gutiérrez Barrenengoa, A., "El uso de la videoconferencia en el proceso penal: utilidades, requisitos, y limitaciones", *REDS,* núm. 14, enero-junio 2019.

Hernández López, A., "La digitalización de la cooperación en materia penal en la Unión Europea: propuestas y perspectivas legislativas", *El proceso penal ante una nueva realidad tecnológica europea* (Arangüena Fanego, C., De Hoyos Sancho, M., y González Pillado, E.), Aranzadi, Navarra, 2023.

Illán Medina, M., "El uso de la videoconferencia como medio para la práctica de diligencias de declaración de testigos, peritos y acusados desde la perspectiva de la cooperación internacional", *Libro en homenaje a María Poza Cisneros. Una magistrada para el siglo XXI* (Del Olmo Gálvez, J., Sánchez Siscart, J. M. y Ayala García, J. M.), Tirant lo Blanch, Valencia, 2022.

Magro Servet, V., "Análisis del Real Decreto-Ley 6/2023, de 19 de diciembre. Aspectos procesales y de funcionalidad tecnológica en la justicia", *Diario La Ley*, nº 10419, Sección Doctrina, 5 de enero de 2024.

Magro Servet, V., "Hacia el uso habitual de la videoconferencia en las vistas judiciales. 'Aprovechando las enseñanzas del Coronavirus'", *Diario La Ley*, mayo de 2020.

Merchán González, A., "La posición del acusado en el proceso penal, el derecho a declarar en último lugar y el derecho a sentarse junto a su abogado", *Diario la Ley*, nº 10397, sección tribuna, 28 de noviembre de 2023.

Poza Cisneros, M., "El Convenio de 2000", *Cooperación judicial penal en Europa* (Carmona Ruano, M., González Vega, I. U. y Moreno Catena, V.), Dykinson, 2013.

Rodríguez Sol, L., "El empleo de la videoconferencia en la asistencia penal internacional", *Diario La Ley*, nº 6737, sección doctrina, 18 de junio de 2007.

Santisteban Castro, M., "De la excepción a la normalidad: la declaración del acusado a través de medios telemáticos a la luz del Anteproyecto de Ley de Medidas de Eficiencia Procesal del Servicio Público de Justicia", *Diario La Ley*, nº 9873, sección doctrina, 17 de junio de 2021.

Tirado Estrada, J. J., "Videoconferencia, cooperación judicial internacional y debido proceso", *Revista de la Secretaría del Tribunal permanente de Revisión*, año 5, nº 10, octubre de 2017.

# *Proceso penal e indemnización a la víctima de violencia sexual por el condenado*

**HELENA SOLETO**
*Catedrática de Derecho Procesal*
*Departamento de Derecho Penal, Procesal e Historia*
*Instituto Alonso Martínez de Justicia y Litigación*
*orcid 0000-0001-8283-7354*



## 1. PARÁMETROS EN JUSTICIA FRENTE A LA VIOLENCIA SEXUAL

### *1.1. La prevalencia de la violencia sexual y las cifras de la justicia penal*

Según distintas instituciones la prevalencia de la violencia sexual es muy alta en el mundo; se calcula que aproximadamente 15 millones de mujeres adolescentes (de entre 15 y 19 años) de todo el mundo han sufrido relaciones sexuales forzadas en algún momento de su vida[1], y que un 6% de mujeres ha sido víctima de violencia sexual por no pareja. Curiosamente, las cifras son más altas en las regiones de mayor nivel económico entre las que se encuentran Australia y Nueva Zelanda, Norteamérica y Norte de Europa[2].

---

1 UNICEF, *A familiar face*, 2017.

2 ONU/WHO, *Violence against women prevalence*, 2021.

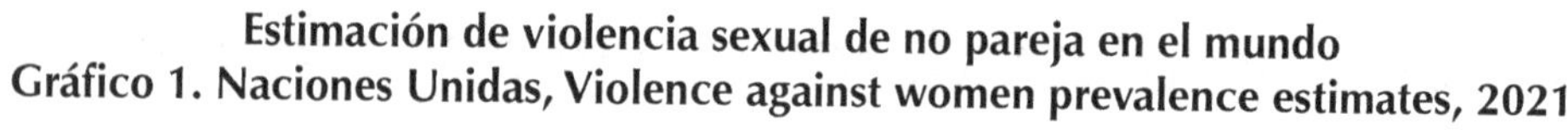

**Estimación de violencia sexual de no pareja en el mundo**
**Gráfico 1. Naciones Unidas, Violence against women prevalence estimates, 2021**

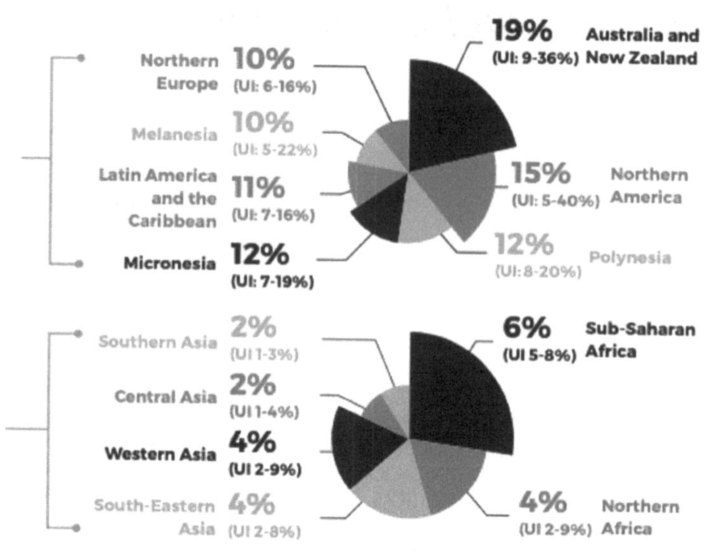


Además, como fenómeno especialmente grave a nivel mundial, 4 de cada 5 mujeres víctimas de trata son utilizadas para explotación sexual[3].

En lo que concierne a Europa, entre el 45% y el 55% de las mujeres en la Unión Europea han sufrido acoso sexual desde los 15 años[4], y la macroencuesta de violencia sobre la mujer española de 2019 se refiere a una cifra de un 6,5% de la población victimizada sexualmente fuera de la pareja.

La protección a las víctimas de violencia sexual es un objetivo que ha alcanzado las agendas internacionales y europeas entrado el siglo XXI. Las estrategias de Naciones Unidas, Unión Europea y Consejo de Europa incluyen así una necesaria perspectiva de género, de infancia, de pertenencia a minorías y de diversidad funcional para identificar la situación y problemática real.

La Organización de Naciones Unidas (ONU) ha implementado en su agenda política y estratégica la protección y asistencia a víctimas de abusos y agresiones sexuales; en 2015 se publicó la denominada Agenda 2030 para un Desarrollo Sostenible en la que el objetivo 5 es conseguir la igualdad de

---

[3] ONU/UNODC *Informe Mundial sobre la trata*, 2018.

[4] FRA, *Violencia de género*, 2014.

género y el empoderamiento de niñas y mujeres, en 2016 se nombró una Coordinadora Especial para Mejorar la Respuesta de las Naciones Unidas a la Explotación y los Abusos Sexuales, así como a la primera defensora de los Derechos de las víctimas. La ONU ha desarrollado numerosos trabajos y recomendaciones en este ámbito, y en concreto a la violencia contra las mujeres, incluyendo la violencia sexual, el Comité CEDAW adoptó a la Recomendación n. 35 sobre la violencia contra la mujer, declarando la responsabilidad del Estado en cumplimiento de la obligación *"de diligencia debida por los actos u omisiones de agentes no estatales"*, instando la adopción de medidas preventivas y represivas, y obligaciones de protección y reparación a las mujeres afectadas.

A nivel regional, el Consejo de Europa cuenta con una Estrategia para la Igualdad de Género 2018-2025, y a nivel normativo es especialmente relevante el Convenio del Consejo de Europa sobre prevención y lucha contra la violencia contra las mujeres y la violencia doméstica de 2011 (Convenio de Estambul), que describe la violencia sexual como violencia de género y establece la obligación de los Estados parte de adoptar las medidas de prevención, sensibilización, educación, formación de profesionales, crear o apoyar programas preventivos de intervención para la prevención de estos delitos (definiéndose entre otras en medidas legislativas —art. 18.1), deber de información o medidas de protección. España no solo ha ratificado este tratado internacional, sino que además los delitos regulados en el Convenio de Estambul serán competencia de la jurisdicción española, aunque se produzcan fuera de nuestras fronteras si concurre alguna de las circunstancias del art. 24.3.l de la LOPJ. El primer informe del GREVIO sobre la aplicación del Convenio en España señala la problemática de la falta de inclusión de la violencia sexual en la protección realizada, que se basa en la asimilación de violencia de género a la violencia entre parejas o exparejas (IVP, *intimate partner violence*).

En la UE, la protección de las víctimas y la lucha contra los delitos sexuales se ha implementado en su agenda estratégica, organizativa y legislativa en el denominado Espacio de Libertad, Seguridad y Justicia, siguiendo el Programa de Estocolmo del Consejo Europeo titulado "Una Europa abierta y segura que sirva y proteja al ciudadano" (rúbrica 2.3.4).

Los instrumentos armonizadores que afectan la materia son la Directiva 2011/36/UE del Parlamento Europeo y del Consejo, de 5 abril de 2011, relativa a la prevención y lucha contra la trata de seres humanos y a la protección de las víctimas), la Directiva 2011/93/UE del Parlamento Europeo y del Consejo, de 13 de diciembre de 2011, relativa a la lucha contra los abusos sexuales y la explotación sexual de los menores y la pornografía infantil, la Directiva 2012/29/UE, por la que se establecen normas mínimas sobre los derechos, el apoyo y la protección de las víctimas de delitos, y por la que se sustituye la Decisión marco 2001/220/JAI del Consejo, la Directiva 2004/80/CE del Consejo sobre indemnización a las víctimas de delitos, la Directiva 2011/09/UE del Parlamento Europeo y del Consejo, de 13 de diciembre de 2011, sobre la orden europea de protección la Directiva 2014/41/CE del Parlamento Europeo y del Consejo, de 3 de abril de 2014, relativa a la orden europea de investigación en materia penal.

Entre ellos destaca la llamada Directiva de víctimas de 2012, y en 2020 se comunicaron tres estrategias para el quinquenio de absoluta relevancia: la estrategia de la UE sobre los derechos de las víctimas, la estrategia para la igualdad de género y la estrategia para la lucha eficaz contra el abuso sexual de menores.

La estrategia de la UE para las víctimas tiene como objetivo principal empoderar a las víctimas, y tiene cinco prioridades: la comunicación eficaz y el establecimiento de un entorno seguro para denunciar el delito, mejorar la protección y apoyo a las víctimas más vulnerables, facilitar el acceso a las indemnizaciones, reforzar la cooperación y coordinación entre los actores relevantes y reforzar la dimensión internacional de los derechos de las víctimas. En esta estrategia, la victimización sexual es protagonista, y se hace referencia a la importante cifra negra en estos delitos, de probablemente un 200%. Converge esta estrategia con la de la igualdad de género y la de lucha de manera más efectiva contra el abuso sexual de menores.

En el año 2023 se encuentra en tramitación, desde el mes de marzo de 2022 la *Propuesta de Directiva del Parlamento Europeo y del Consejo sobre la lucha contra la violencia contra las mujeres y la violencia doméstica* (COM(2022) 105 final) que contempla la violencia sexual y diferentes medidas en este ámbito, como, por ejemplo, el apoyo específico e inmediato en los centros de atención urgente a las víctimas de violación o de violencia sexual (artículo 28) así como también especializado para las víctimas de mutilación genital femenina (artículo 29). También está desde 2023 en curso un proceso de modificación de la Directiva de 2012 (COM (2023) 424: Propuesta de Directiva del Parlamento Europeo y del Consejo por la que se modifica la Directiva 2012/29/UE, por la que se establecen normas mínimas sobre los derechos, el apoyo y la protección de las víctimas de delitos, y por la que se sustituye la Decisión marco 2001/220/JAI del Consejo), que propone mejoras en el acceso a la información, protección, participación en el proceso penal y indemnización, con el fin de procurar un mejor impacto práctico de la normativa desarrollada.

## *1.2. Las cifras estadísticas de la victimización y el proceso en España*

### 1.2.1. La denuncia de la violencia sexual

En el Informe sobre delitos contra la libertad sexual del Ministerio del Interior (2023, cifras de hasta 2022) se recoge una cifra total de 19.013 victimizaciones sexuales denunciadas o conocidas en 2022 en España, cifras que ya doblan las que encontrábamos en el año 2015 (9.869), cuestión que se atribuye no a una mayor producción de hechos sino a una mayor denuncia[5]

**Hechos conocidos por la policía registrados, datos anuales Gráfico 2. Ministerio del Interior, Informe sobre delitos contra la libertad sexual en España 2022**

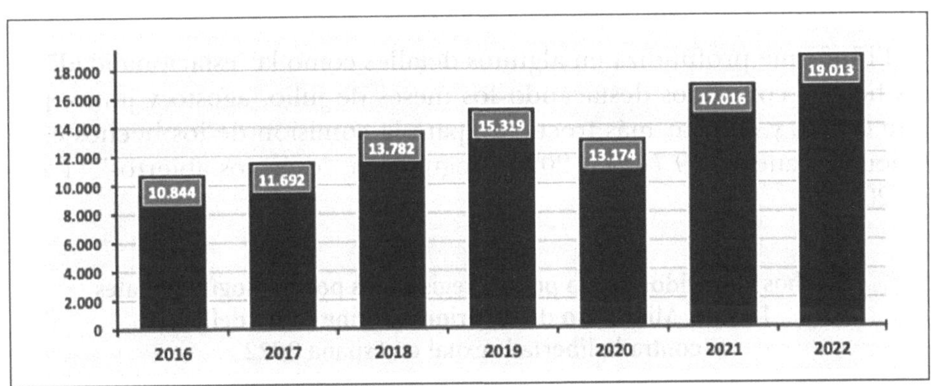


Del total de hechos conocidos, los abusos sexuales representaban el 44% (6.066) y las violaciones el 12.3% (1.700).

Por otra parte, el Ministerio del Interior clasifica como "esclarecidos" la mayoría de los casos conocidos, cerca de un 76% en 2022, como se puede observar en esta gráfica:

---

5 Memoria de la Fiscalía General del Estado, 2018.

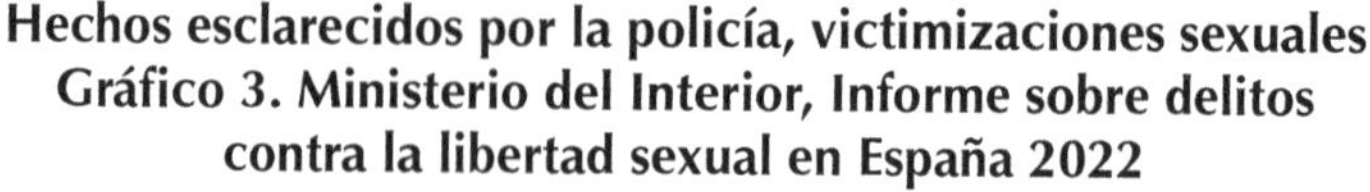

**Hechos esclarecidos por la policía, victimizaciones sexuales Gráfico 3. Ministerio del Interior, Informe sobre delitos contra la libertad sexual en España 2022**

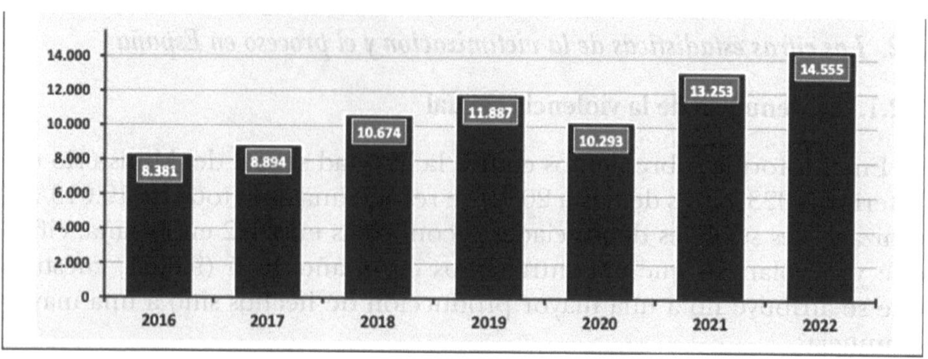


El índice de mayor esclarecimiento se da en delitos relativos a la prostitución (88,2% en 2022) y el delito con menor índice de esclarecimiento se da en el relativo al contacto a través de la tecnología con menores de 16 años para fines sexuales (38,9% en 2022).

El Informe profundiza en algunos detalles como la "estacionalidad" de los hechos conocidos destacando los meses de julio, agosto y junio, por este orden, y el lugar más frecuente para la comisión de los hechos es la vivienda y anexos (9.712 en 2022), seguido de "espacios abiertos" (1.255 en 2022).

**Hechos conocidos por la policía registrados por tipologías penales Tabla 1. Ministerio del Interior, Informe sobre delitos contra la libertad sexual en España 2022**

| TIPOLOGÍA PENAL | 2016 | 2017 | 2018 | 2019 | 2020 | 2021 | 2022 |
|---|---|---|---|---|---|---|---|
| AGRESIÓN Y ABUSO SEXUAL | 6.233 | 6.580 | 7.983 | 8.885 | 7.276 | 10.061 | 11.426 |
| AGRESIÓN Y ABUSO SEXUAL CON PENETRACIÓN | 1.793 | 2.136 | 2.744 | 3.079 | 2.785 | 3.795 | 4.270 |
| EXHIBICIONISMO | 701 | 657 | 664 | 690 | 612 | 683 | 739 |
| PORNOGRAFÍA DE MENORES | 621 | 767 | 892 | 866 | 762 | 739 | 707 |
| ACOSO SEXUAL | 335 | 354 | 443 | 540 | 476 | 528 | 595 |
| DELITO DE CONTACTO MEDIANTE TECNOLOGÍA CON MENOR DE | 365 | 394 | 442 | 527 | 575 | 534 | 498 |
| CORRUPCIÓN DE MENORES/INCAPACITADOS | 368 | 400 | 268 | 369 | 350 | 347 | 384 |
| DELITOS RELATIVOS A LA PROSTITUCIÓN | 304 | 266 | 247 | 248 | 216 | 229 | 216 |
| PROVOCACIÓN SEXUAL | 124 | 138 | 99 | 115 | 122 | 100 | 178 |
| TOTAL | 10.844 | 11.692 | 13.782 | 15.319 | 13.174 | 17.016 | 19.013 |

La contabilización de los casos a partir de 2022 elimina el abuso y lo integra en la agresión sexual, resultando un aumento relevante de los casos de agresión sexual.

En relación con los menores infractores, en 2022 se tramitaron por la Fiscalía cerca de 2600 expedientes por abuso o agresión sexual, frente a los aproximadamente 1000 de 2014[6].

La Fiscalía General del Estado refiere un incremento de sus "calificaciones" en delitos contra la libertad e indemnidad sexual, es decir, de aquellos casos en los que se pasa a juicio oral de cerca de un 15% en 2021 tras la reducción de 2020[7].

En cuanto a las victimizaciones, los datos del Ministerio del Interior apuntaban en 2019 a que una enorme mayoría era femenina: de las 14.026 victimizaciones denunciadas, en el 95,2% de los casos, son de mujeres (niñas en un 48,1% de los casos). En el informe de 2022 se apunta que las victimizaciones totales son en un 86% femeninas, subiendo por lo tanto las masculinas en un número importante, en el marco de delitos vinculados con las tecnologías, grooming, pornografía y provocación sexual, en el que son mayoritarias las víctimas masculinas (60%), y que se corresponden principalmente con víctimas menores de edad.

### 1.2.2. Las sentencias en procesos por delito sexual

Las condenas por delito sexual de acuerdo con los datos del INE se encuentran cerca de las 4000 anuales en los años 2022 y 2021; con un incremento constante en el último quinquenio excepto la bajada de 2020 debida a la pandemia y al mal funcionamiento del sistema de justicia.

Preponderan los abusos sexuales en una proporción de tres veces frente a la agresión sexual, en extinción desde 2023.

---

6 Memoria de la Fiscalía General del Estado sobre 2022, 2023.

7 Memoria de la FGE sobre 2021, 2022.

**Condenados por delito sexual en España-2017 a 2022**
**Tabla 2. INE Condenas por delitos sexuales. Años 2019 a 2022**

| | 2022 | 2021 | 2020 | 2019 | 2018 | 2017 |
|---|---|---|---|---|---|---|
| **A Delitos** | | | | | | |
| **Total** | 3.835 | 3.960 | 2.922 | 3.401 | 2.953 | 2.816 |
| **Hombres** | 3.704 | 3.842 | 2.838 | 3.298 | 2.839 | 2.695 |
| **Mujeres** | 131 | 118 | 84 | 103 | 114 | 121 |
| **7 BIS Trata de seres humanos** | | | | | | |
| **Total** | 50 | 79 | 37 | 105 | 36 | 52 |
| **Hombres** | 22 | 54 | 16 | 82 | 19 | 29 |
| **Mujeres** | 28 | 25 | 21 | 23 | 17 | 23 |
| **8 Contra la libertad e indemnidad sexuales** | | | | | | |
| **Total** | 3.785 | 3.881 | 2.885 | 3.296 | 2.917 | 2.764 |
| **Hombres** | 3.682 | 3.788 | 2.822 | 3.216 | 2.820 | 2.666 |
| **Mujeres** | 103 | 93 | 63 | 80 | 97 | 98 |
| **8.1 Agresiones sexuales** | | | | | | |
| **Total** | 508 | 491 | 428 | 428 | 386 | 387 |
| **Hombres** | 503 | 488 | 422 | 427 | 380 | 383 |
| **Mujeres** | 5 | 3 | 6 | 1 | 6 | 4 |
| **8.1.1 Agresión sexual** | | | | | | |
| **Total** | 462 | 445 | 390 | 392 | 354 | 360 |
| **Hombres** | 457 | 443 | 384 | 391 | 350 | 356 |
| **Mujeres** | 5 | 2 | 6 | 1 | 4 | 4 |
| **8.1.2 Violación** | | | | | | |
| **Total** | 46 | 46 | 38 | 36 | 32 | 27 |
| **Hombres** | 46 | 45 | 38 | 36 | 30 | 27 |
| **Mujeres** | 0 | 1 | 0 | 0 | 2 | 0 |
| **8.2 Abusos sexuales** | | | | | | |
| **Total** | 1.458 | 1.556 | 1.070 | 1.218 | 1.011 | 956 |
| **Hombres** | 1.428 | 1.546 | 1.065 | 1.207 | 1.000 | 942 |
| **Mujeres** | 30 | 10 | 5 | 11 | 11 | 14 |
| **8.2 BIS Abusos y agresiones sexuales a menores de 16 años** | | | | | | |
| **Total** | 762 | 738 | 560 | 529 | 453 | 320 |
| **Hombres** | 750 | 733 | 552 | 523 | 448 | 316 |
| **Mujeres** | 12 | 5 | 8 | 6 | 5 | 4 |

| | 2022 | 2021 | 2020 | 2019 | 2018 | 2017 |
|---|---|---|---|---|---|---|
| **8.3 Acoso sexual** | | | | | | |
| **Total** | 81 | 74 | 58 | 69 | 59 | 45 |
| **Hombres** | 81 | 73 | 58 | 68 | 59 | 44 |
| **Mujeres** | 0 | 1 | 0 | 1 | 0 | 1 |
| **8.4 Exhibicionismo y provocación sexual** | | | | | | |
| **Total** | 377 | 430 | 340 | 432 | 394 | 414 |
| **Hombres** | 372 | 422 | 333 | 426 | 387 | 404 |
| **Mujeres** | 5 | 8 | 7 | 6 | 7 | 10 |
| **8.5 Prostitución y corrupción menores** | | | | | | |
| **Total** | 599 | 592 | 429 | 620 | 614 | 642 |
| **Hombres** | 548 | 526 | 392 | 565 | 546 | 577 |
| **Mujeres** | 51 | 66 | 37 | 55 | 68 | 65 |

Se evidencia la proporción masiva de hombres condenados, en un 96%, y una pequeña porción de mujeres condenadas, y mayoritariamente en el contexto de la trata de personas en un número superior a hombres, y la prostitución y corrupción de menores.

## 2. LAS INDEMNIZACIONES EN LAS SENTENCIAS DE CONDENA (2014-2020)[8]

### *2.1. Sobre la base de datos*

Como es sabido, en lo que toca a la justicia sobre delitos sexuales, las sentencias en primera instancia en España se concentran en los Juzgados de lo Penal (salvo por un pequeño periodo de tiempo entre 2022 y 2023 en el que los delitos de naturaleza sexual se decidían en primera instancia en la Audiencia Provincial, por un cambio de competencia producido por LOGILS al incluir penas accesorias superiores a la competencia del Juzgado de lo Penal, y posteriormente corregido en 2023) y en la Audiencia Provincial, y en segunda instancia, en la Audiencia Provincial o el TSJ, salvo las excepciones correspondientes a la Audiencia Nacional, donde se

---

8 Autoría Soleto, Helena y Grané, Aurea, Catedrática de Estadística de la Universidad Carlos III de Madrid.

juzgan los casos relativos a violencias sexuales producidas en el extranjero. La casación corresponde al Tribunal Supremo.

La muestra analizada está formada por 3.764 sentencias dictadas por el Tribunal Supremo, Tribunales Superiores de Justicia y Audiencias Provinciales, tanto en primera instancia como en apelación. El periodo de análisis va desde enero de 2014 hasta octubre de 2020 y los tipos de delitos son abusos y agresiones sexuales, vigentes en este periodo de tiempo. Como es sabido, tras la entrada en vigor de la Ley orgánica de garantía de la libertad sexual (LOGILS) se unifica la clasificación de estos delitos en agresión sexual. La población objetivo en la que estamos interesadas está formada por 9.430 sentencias dictadas por Audiencias Provinciales, 1077 dictadas por Tribunales Superiores de Justicia y 951 dictadas por el Tribunal Supremo[9].

La muestra de estudio se seleccionó de forma aleatoria dentro de la base oficial de Sentencias en España, del Centro de Documentación Judicial (CENDOJ). Para que la muestra fuera lo más representativa posible de la población objetivo, se calcularon los cupos muestrales teniendo en cuenta el tipo de delito, el año y órgano judicial (AP, TSJ, TS). En concreto, el error de muestreo obtenido es inferior al 3%, considerando un nivel de confianza del 95% y asumiendo normalidad. La siguiente tabla contiene el tamaño de la población objetivo, el tamaño de la muestra recogida (casos estudiados) y el error de muestreo final.

**Tabla 3. Población objetivo y casos estudiados, por órgano judicial**

| | Tribunal Supremo | Tribunal Superior de Justicia | Audiencia Provincial | Total |
|---|---|---|---|---|
| Población objetivo (total en CENDOJ) | 951 | 1077 | 9430 | 11458 |
| Muestra recogida (casos estudiados) | 705 | 684 | 2375 | 3764 |
| Porcentaje de casos estudiados | 74% | 64% | 25% | 33% |
| Error de muestreo (95% nivel de confianza) | 1.9% | 2.3% | 1.7% | 1.3% |

9 Soleto, Helena y Grané, Aurea, *Parámetros de la Justicia en violencia sexual: un estudio de sentencias (2014-2020)*, 2024.

**Gráfico 4. Porcentaje de casos estudiados, según órgano judicial**

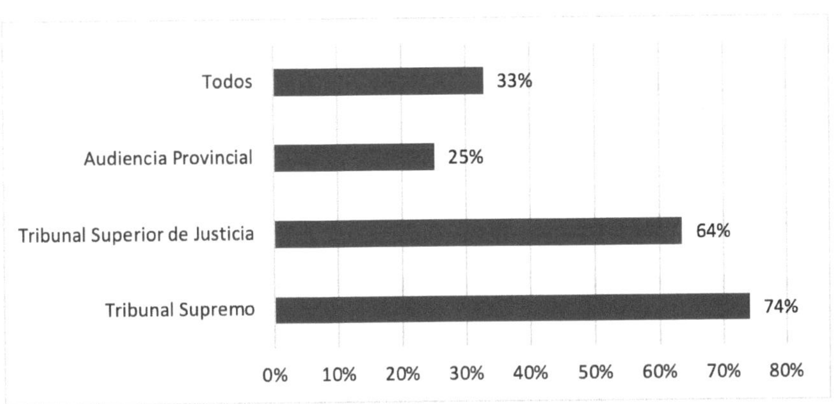


Se ha decidido centrar el estudio de las sentencias de primera instancia en aquellas dictadas por la Audiencia Provincial por dos razones: en primer lugar, la accesibilidad que permite el CENDOJ; todas las sentencias de las Audiencias tienden a estar en la base de datos del Poder Judicial, mientras que las de los Juzgados de lo Penal aparecen de forma anecdótica. En segundo lugar, la violencia sexual tiende a tener aparejada inicialmente una privación de libertad superior a los 5 años, por lo que las Audiencias Provinciales van a ocuparse en primera instancia de los delitos más graves, por lo que la victimización es probablemente más grave y requiere de nuestra primera atención.

**Gráfico 5. Casos de estudio por CCAA y según órgano judicial**

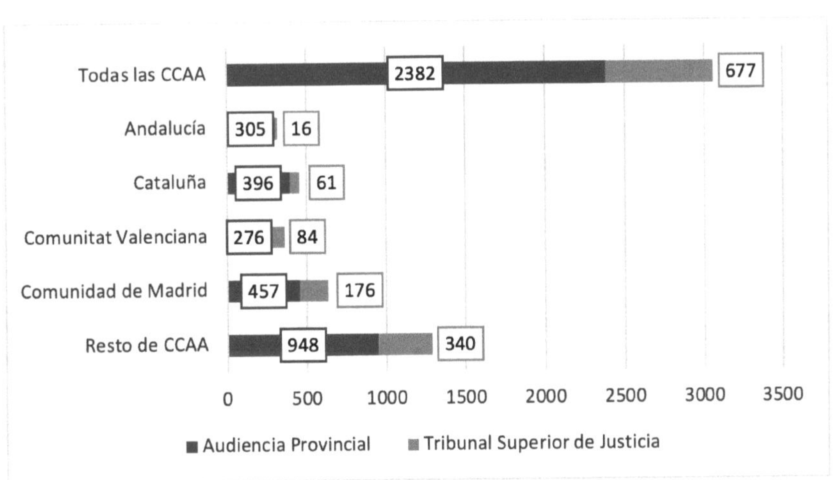

En el caso de las Audiencias Provinciales, para lograr la representatividad de la muestra de estudio (es decir, para conseguir un error de muestreo inferior al 3%), la selección de casos se hizo de forma aleatoria dentro de cada Comunidad Autónoma, una vez fijados el tipo de delito y año de estudio.

## *2.2. Características*

### 2.2.1. Victimizaciones de adultas y de menores

Cuando se dispone de información sobre la edad de la víctima, lo que ocurre en el 96,7% de las sentencias, el 60,7% corresponde a víctimas menores de edad y solo el 39,3% a víctimas adultas.

Las sentencias relativas a víctimas mayores de edad son 1431 y en 2207 sentencias las víctimas son de edad inferior a 18 años.

**Gráfico 6. Distribución de las víctimas según mayoría de edad**

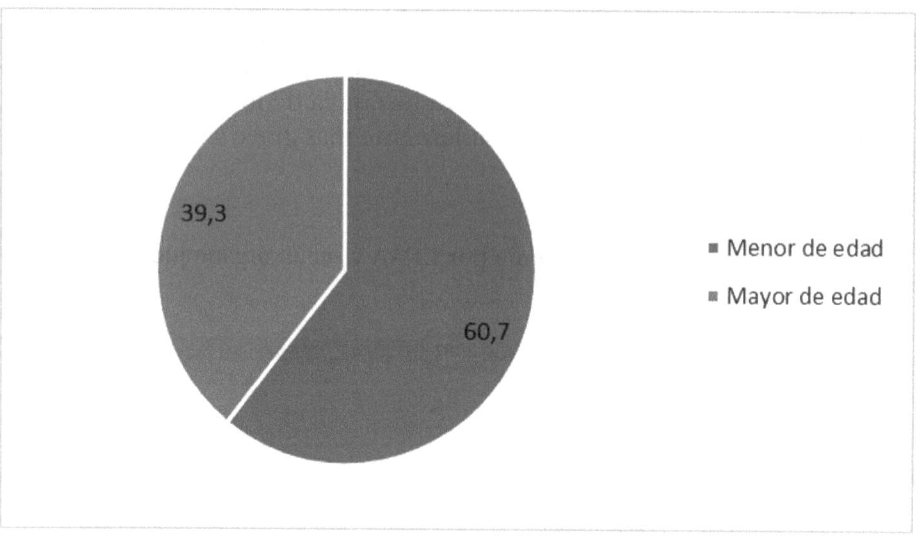


Sólo en el 59,8% de los casos estudiados consta la edad de la víctima. Para esos casos, la franja de edad más afectada en la victimización es aquella comprendida entre los 11 a 20 años, con una incidencia del 56,8%.

**Gráfico 7. Edad de las víctimas (59,8% del total)**

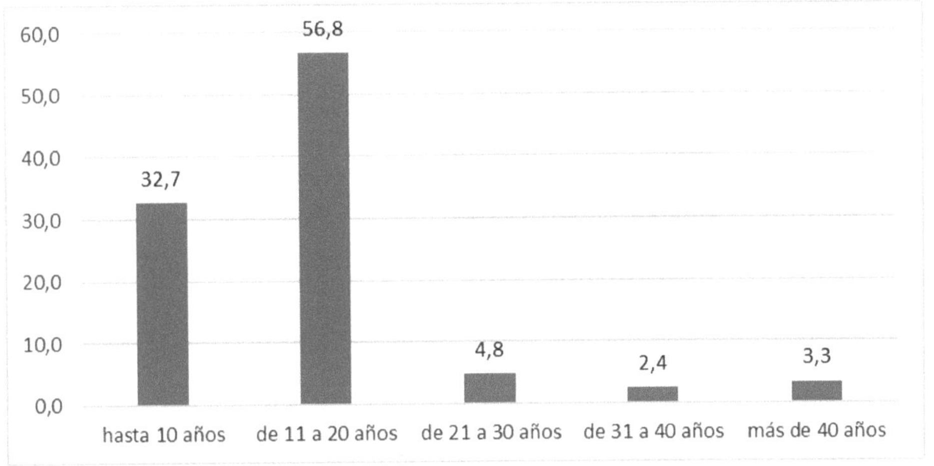


La proporción entre víctimas adultas y menores resultado del estudio es análoga al de otros como el de Sexviol, sobre 93 sentencias de la AP Madrid entre 2016 y 2018, que arroja un 64,5% de menores y 35,4% de adultas[10].

### 2.2.2. El género de la víctima

Las víctimas adultas son mujeres en el 94,7% de los casos, frente a un 5,3% de hombres. Su edad media es de 29,6 años y la mediana de 25 años. Es decir, la mitad de las víctimas tienen entre 18 y 25 años y la otra mitad son mayores de 25 años.

10 Aguado Bloise, Empar, Esmeralda Ballesteros Doncel, Francisca Blanco Moreno, Concepción Fernández Villanueva, Elisa García Mingo, Tania García Sedano, Mª José Rubio Martín y Carmen Ruiz Repullo (Sexviol grupo de investigación):, *Desmontando mitos acerca de la agresión sexual*, 2022.

**Gráfico 8. Género de las víctimas mayores de edad**

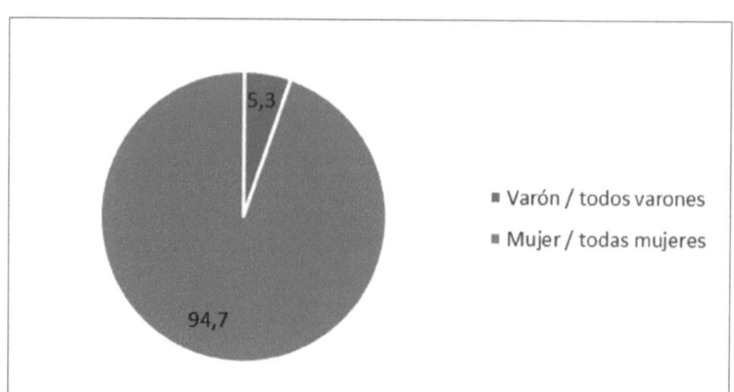


En comparación con las víctimas menores de edad, el porcentaje de casos en los que las víctimas son niñas es del 84.6% frente al 15,4% de niños. En el estudio de 555 sentencias entre 2010 y 2019 de la Delegación del Gobierno contra la violencia de género[11] el porcentaje de niñas sería del 72% y de niños de casi el 29%, siendo el 47% de víctimas niños en los casos de prostitución, corrupción y pornografía y abusos y agresiones sexuales niñas en el 97,9% de los casos.

**Gráfico 9. Género de las víctimas menores de edad**

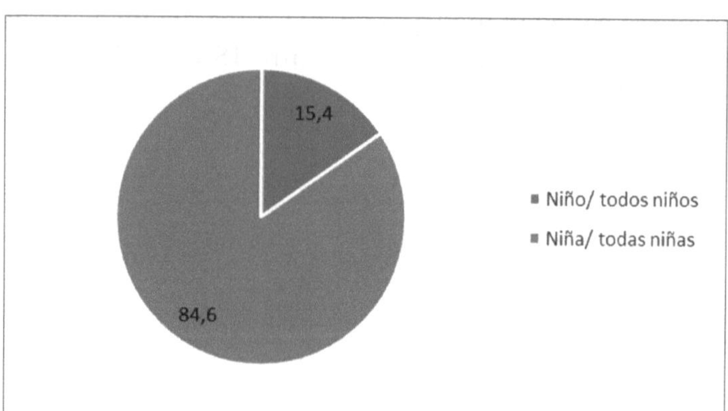


[11] Ministerio de Igualdad, *La respuesta judicial a la violencia sexual que sufren los niños y las niñas*, 2019.

### 2.2.3. El tiempo de la respuesta penal

El tiempo medio transcurrido desde la comisión del delito hasta la sentencia en primera instancia es de 3,0 años. Para la mitad de los casos el tiempo transcurrido es superior a 2,2 años y para el 25% de ellos es superior a 3,5 años. En general, observamos tiempos más cortos que en el caso de las víctimas menores de edad, que recordemos que el 25% de ellas tienen que esperar más de 5,4 años para tener una sentencia en primera instancia.

**Gráfico 10. Tiempo transcurrido desde la comisión del delito hasta la sentencia en primera instancia**

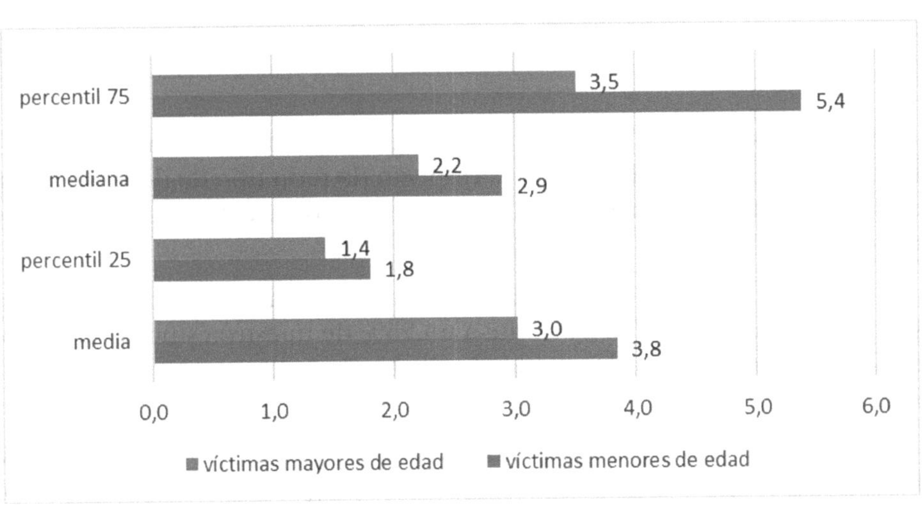


### 2.2.4. Condenas y absoluciones

Los ofensores son encontrados culpables (total o parcialmente) en el 76% de los casos (frente al 81% en las víctimas menores de edad), no culpables en el 24% de los casos. Observamos que en general las condenas están en torno al 75% en primera instancia, cerca de la segunda instancia (77%), y que en casación en la gran mayoría de los casos se confirma la condena (89%).

**Gráfico 11. Condenas y absoluciones en víctimas adultas, según instancia**

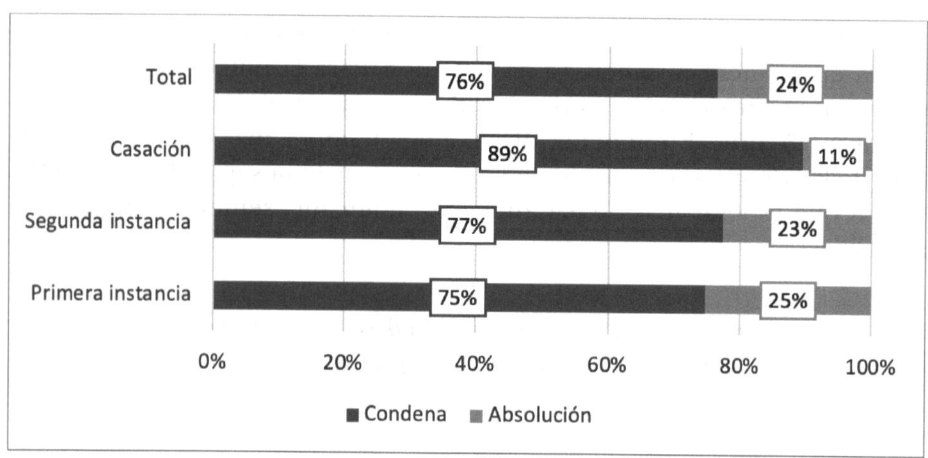


Estas cifras son más bajas que las que refiere la Fiscalía General del Estado en las Audiencias Provinciales respecto de todo tipo de delitos, en los que habría una condena en el 82,5% de los asuntos, que bajaría en Juzgado de lo Penal a un 78%[12].

La absolución en la Audiencia Provincial afectaría en todos los delitos según la Fiscalía a un 17,5%, frente a un 25% de nuestro estudio centrado en violencia sexual, por lo que la absolución sería mayor en violencia sexual que en otros delitos.

De las condenas en los casos con víctima mayor de edad, la pena más frecuente es la prisión en el 89% de los casos, seguida de la inhabilitación en el 78% y de las prohibiciones de aproximación y comunicación en el 76 y 74% (10 puntos porcentuales más que en el caso de las víctimas menores de edad). La pena de prohibición de residencia es muy poco utilizada.

La pena privativa de libertad se suele acompañar de estas penas accesorias.

[12] Memoria de la Fiscalía General del Estado sobre 2021.

**Gráfico 12. Tipos de penas impuestas**

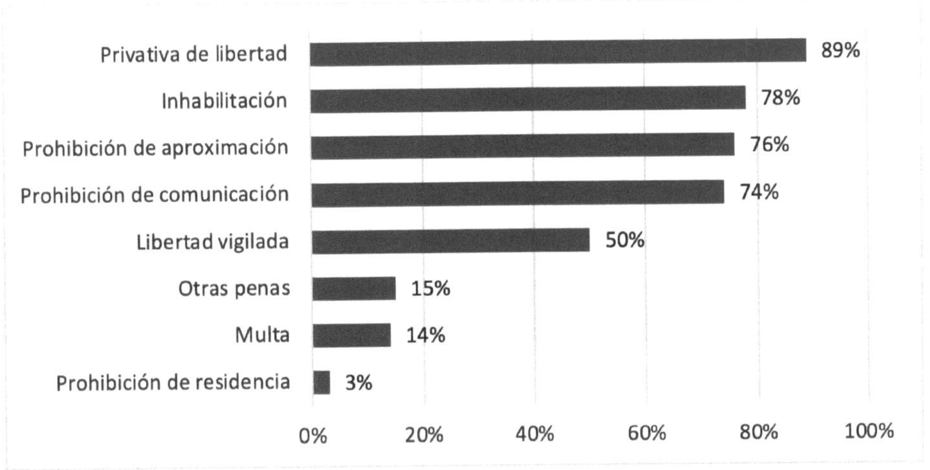


La duración de la pena de prisión tiene una media de 6,8 años, con una mediana de 6 años, siendo más alta en el caso de la agresión, dos años más que el abuso de media, así como de mediana.

**Tabla 4. Duración de las penas de prisión (en años)**

| Pena de prisión (en años) | | | |
|---|---|---|---|
| | **casos** | **media** | **mediana** |
| **Abuso** | 233 | 5,3 | 4 |
| **Agresión** | 737 | 7,3 | 6 |
| **Todos** | 944 | 6,8 | 6 |

### 2.2.5. Conformidad

Sobre el total de las condenas en primera instancia con víctimas adultas, se observa que un 14% de ellas se concluyeron por conformidad, lo que supone un porcentaje inferior al que se encuentra en relación con la generalidad de los delitos en la Audiencia Provincial, y muy lejano al porcentaje medio si se incluyen los Juzgados de lo Penal.

Los resultados apuntan a una baja tasa de conformidad, pese a que lo esperable hubiera sido una mayor conformidad, tanto por los datos generales como por las noticias periodísticas sobre algunos casos de los últimos años.

**Gráfico 13. Conformidades sobre el total de condenas**

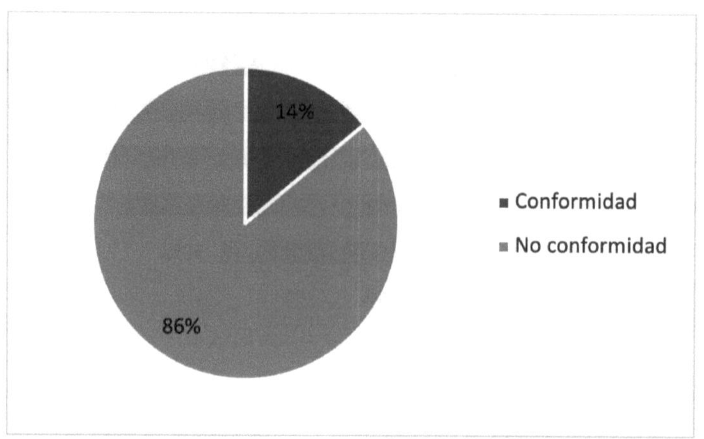


Si no realizamos distinción respecto de la clase ni la gravedad de los delitos, en España la conformidad es en general muy alta en Juzgado de Instrucción y en Juzgado de lo Penal en las diligencias urgentes, que suelen aplicar la llamada conformidad premial, de reducción de un tercio de la pena, sobre un máximo de 3 años de prisión, afectando a cerca de la mitad de las diligencias urgentes en Juzgado de lo Penal[13] o incluso en una proporción superior englobando al Juzgado de Instrucción en un 81% de conformidades en urgentes en 2021 y una tasa de conformidad del 64% en Juzgado de lo Penal[14].

En relación con el ámbito principal de nuestro estudio, las sentencias de la Audiencia Provincial, la Fiscalía apunta a unas tasas de conformidad muy alta sin distinción de tipos delictivos, del 58% en 2021, 59% en 2020, 55% en 2019, y 51% en 2018, 2017 y 2016.

En estudios anteriores de las autoras sobre sentencias en la Comunidad de Madrid en todo tipo de delito, la media de conformidades ascendía a un 50,2%, sin embargo, las correspondientes a Juzgado de lo Penal serían de un 56% y de la Audiencia Provincial un 19,8%[15].

---

13 La justicia dato a dato, CGPJ, 2022.

14 Memoria de la Fiscalía General del Estado 2022.

15 Soleto y Grané, *La eficacia de la reparación a la víctima en el proceso penal a través de las indemnizaciones*, 2018.

Romero, Arantegui, y Tamarit en relación con 1754 sentencias de condena (de 2239 sentencias) específicamente sobre violencia sexual de primera instancia en Audiencias Provinciales de los años 2019 y 2020 encuentran conformidad en un 29,3% de los casos, señalando la predominancia de ofensores extranjeros, y la menor presencia de acusación particular[16] aunque estudios como el de Varona y Kemp sobre 2958 expedientes de ejecutorias de los Juzgados de lo Penal señalan una menor conformidad de los extranjeros en toda clase de delitos[17].

Por lo tanto, nuestro estudio apunta a que la conformidad en violencia sexual en los delitos graves competencia de la Audiencia Provincial es mucho más baja que en el resto de delitos.

### 2.2.6. Partes acusadoras y condena

Como es sabido, las víctimas pueden elegir en España participar activamente como parte en el proceso penal a través de la acusación particular, que permite ser informada de toda actividad procesal, solicitar diligencias, así como realizar acusación y participar en toda la tramitación procesal, incluyendo la ejecución desde la promulgación de la ley de estatuto de la víctima en 2015.

La Fiscalía detalla en su Memoria que los delitos contra la libertad sexual dieron lugar al mayor número de escritos de calificación en 2021: 1.816, de los cuales 524 fueron por agresiones sexuales, 151 por violaciones y 458 por abusos sexuales[18].

La Fiscalía ejerce la acusación pública y también solicita indemnización para la víctima, salvo que esta renuncie a ella o la reserve. Se observa que parte de las víctimas no utiliza la posibilidad de personarse como parte a través de la acusación particular, en las sentencias estudiadas participa la acusación particular en un 77% de los casos.

---

16 Romero Seseña, Pablo, Laura Arantegui Arráez, Josep Maria Tamarit Sumalla, "The impact of plea bargaining on sexual offences in Spain: An analysis of judicial sentences", *Journal of Criminal Justice*, Volume 90, 2024.

17 Varona, Daniel, Steven Kemp y Olivia Benítez, "La conformidad en España: predictores e impacto en la penalidad", *InDret*, 1. 2022, accesible en https://indret.com/la-conformidad-en-espana

18 Memoria de la Fiscalía General del Estado sobre actividad de 2021.

**Gráfico 14. Acusación particular en víctimas adultas**

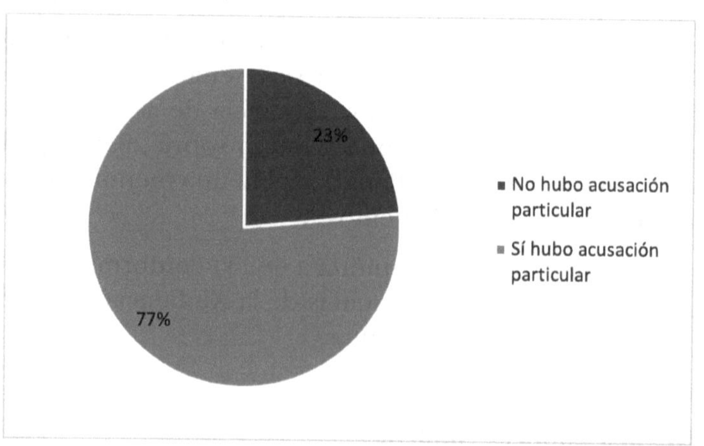


El impacto de la participación de la acusación particular supone un incremento de dos puntos porcentuales en la condena: en primera instancia, el porcentaje de absoluciones es del 25% cuando hay acusación particular frente al 27% cuando no la hay. Estas cifras son ligeramente superiores al caso de víctimas menores, para las que se obtienen unos porcentajes del 21% y 19%, respectivamente, por lo tanto, ejercer la participación activa de la víctima ejerciendo la acusación particular incrementa las posibilidades de condena.

**Gráfico 15. Tipo de fallo según acusación particular en victimas adultas**

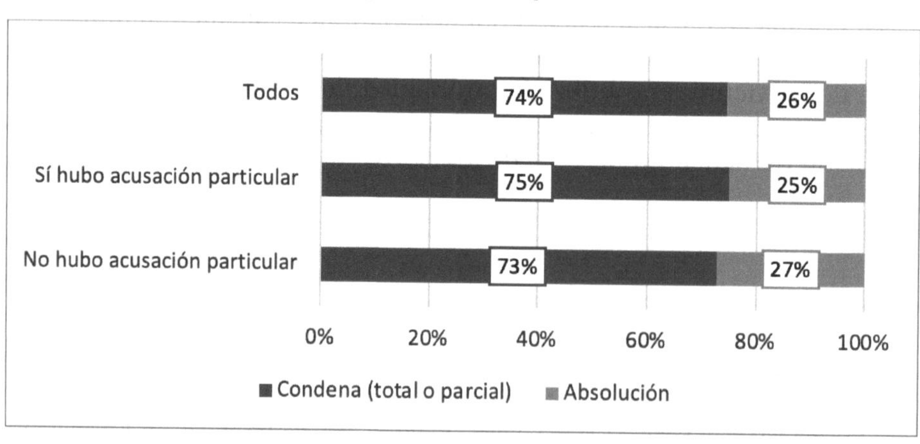


En cuanto a la participación de la acusación popular en victimizaciones sexuales, existe muy residualmente, 9 casos en víctimas adultas (0,7% de los casos con víctimas adultas) y 16 casos en víctimas menores de edad (0,7% de los casos con víctimas menores).

## *2.3. Indemnizaciones*

### 2.3.1. La indemnización y su ausencia

En las sentencias de condena en primera instancia de las Audiencias Provinciales se observa que existe indemnización para la víctima en el 80% de los casos.

**Gráfico 16. Indemnizaciones dictadas en primera instancia**

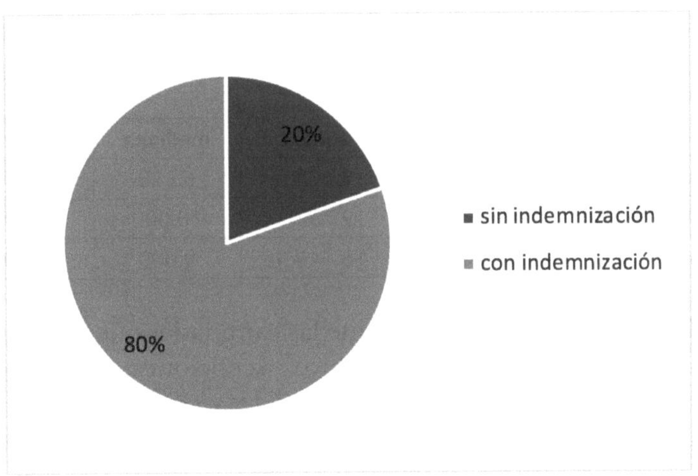


Esto supone que en un 20% de los casos se condena al ofensor en primera instancia y no se establece indemnización, solo posible si se ha excluido por parte de la acusación.

Esta tendencia a renunciar a la indemnización por parte de la víctima, normalmente a través de la acusación particular, pues también podría, sin ejercitar la acusación particular, comunicar a la fiscalía su deseo de no reclamar indemnización, es habitual entre la abogacía defensora, por varios factores: en primer lugar, las cuantías conseguidas en las sentencias son bajas, en segundo lugar, en la práctica es difícil si no imposible conseguir el cobro, y, en tercer lugar, a nivel psicológico para la víctima puede ser ventajoso, ya que excluyen diligencias tendientes a probar el nivel del daño producido, o el ataque a las víctimas a través del cuestionamiento a nivel social en redes sociales entre otros medios puede ser menos cruento. Posiblemente una garantía de cobro de la indemnización, a través de un fondo público, reduciría esta estrategia procesal de la defensoría de las víctimas.

### 2.3.2. Cantidades

Las cantidades concedidas en las sentencias tienen una cantidad media de 18.186,23 euros y una mediana de 9.000 euros.

Observamos que estas cantidades son superiores a las correspondientes a las víctimas menores de edad. En concreto, unos 1.380 euros de media en cuanto a la indemnización.

**Tabla 5. Cuantías de las indemnizaciones dictadas en primera instancia**

| Indemnizaciones dictadas (en euros) | | | | |
|---|---|---|---|---|
| | casos | media | mediana | máximo |
| **Abuso sexual** | 232 | 12.688,63 | 6.370 | 210.000 |
| **Agresión sexual** | 638 | 19.752,94 | 10.000 | 320.000 |
| **Todos** | 840 | 18.046,86 | 9.000 | 320.000 |

Es evidente por estos resultados que las cantidades que han estado otorgando los tribunales españoles son, salvo excepciones, muy muy bajas en relación con el daño que se ha producido a las víctimas.

Además, es necesario remarcar que la concesión a cargo del condenado de una indemnización no supone que la víctima vaya a recibir en la práctica esta cantidad. En nuestro estudio de 2018 (Soleto y Grané 2018) se apuntaba a la inefectividad del sistema en la ejecución, y que la mayoría de las víctimas no reciben la cantidad recogida en sentencia, lo cual es una forma de violencia institucional, de victimización secundaria muy grave, además de debilitar la imagen de la justicia a ojos de toda la sociedad. LOGILS pretende mejorar la situación de las víctimas de violencia sexual en este ámbito, con medidas aún pendientes de desarrollo.

Es por ello que se proponen medidas como la de Países Bajos, en las que el Estado paga directamente a la víctima en los seis meses tras la sentencia firme y se ocupa de perseguir al condenado para su cobro, y que se han incluido en la propuesta de modificación de la Directiva de la Unión Europea de víctimas en julio de 2023.

## 3. HACIA UNA MEJOR COMPENSACIÓN A LAS VÍCTIMAS DE VIOLENCIA SEXUAL

### *3.1. La compensación económica como uno de los intereses de justicia de la víctima de violencia sexual protegido por la normativa europea*

Las víctimas de delitos sexuales pueden tener variados intereses de justicia y necesidades, como pueden ser seguridad, participación, voz, validación, reivindicación, responsabilización del ofensor[19], privacidad, información, dignidad, apoyo, compensación y minimización de eventos de producción de estrés[20], todos ellos muchas veces "diametralmente opuestos" a los requerimientos legales en el proceso[21].

Aunque la indemnización no suele ser su principal necesidad, es sin duda importante porque es una de las pocas formas en que el sistema jurídico puede satisfacer necesidades económicas y no económicas[22]. El derecho a la indemnización también crea un cierto empoderamiento al fortalecer la posición de la víctima en los procedimientos penales. En resumen, la indemnización proporciona "justicia monetaria"[23] y ejerce como mecanismo de reconocimiento, ya que puede tener un valor inmaterial de reconocimiento social del daño causado sea cual sea el objetivo específico de las víctimas al solicitar la compensación[24].

---

19 Ver Daly, Kathleen. "Conventional and Innovative. Justice Responses to Sexual Violence". *Australian Centre for the Study of Sexual Assault* 12, nº 2, 2011 págs. 1-35, así como para también otras victimizaciones Bolívar, Daniela, Sánchez-Gómez, Victoria y de Haan, Marit, "Uncovering Justice Interests of Victims of Serious Crimes: A Cross-sectional Study", *Victims & Offenders*, 2022: pág. 2 y ss., y Ten Boom, Annemarie, y Kuijpers, Karlinjn, "Victims' needs as basic human needs", *International Review of Victimology*, 18(2), 2012, págs. 155-179.

20 Soleto, Helena y Jullien, Jessica, "Los intereses de justicia de las víctimas de violencia sexual: percepción de operadores y víctimas del tratamiento procesal", *Revista de la asociación de profesores de derecho procesal de las universidades españolas*, nº. 7, 2023, págs. 61 y ss.

21 Herman, Judith, "Justice from the victim's perspective", *Violence against women*, vol 11, nº. 5, mayo 2005, págs. 571-602.

22 Ver Soleto, Helena, Elbers, Nieke, Akkermann, Aarno y otros, "Ineffectiveness of the Right to Compensation for Victims of Sexual Violence: A Comparison Between Five EU Member States", *Journal:* International Criminology, 2024.

23 Daly, Kathleen., y Davis, J. "Money justice", *Journal of Criminology*, 54(1), 2021, págs. 60-75.

24 La indemnización sirve a varios objetivos: las víctimas pueden necesitarla, por ejemplo, para pagar el tratamiento que necesitan como consecuencia del delito,

La normativa europea exige a los Estados sistemas eficaces de compensación económica a las víctimas tanto a través de la indemnización del ofensor como de sistemas públicos de compensación. La primera legislación europea en materia de indemnización procede del Consejo de Europa, el Convenio Europeo sobre Indemnización a las Víctimas de Delitos Violentos, de 1983, y además, en 2011, el Consejo de Europa adoptó el Convenio sobre prevención y lucha contra la violencia contra las mujeres y la violencia doméstica ("Convenio de Estambul"), que incluye la obligación de garantizar que las víctimas tengan derecho a reclamar una indemnización a los agresores y que se conceda una indemnización estatal "adecuada" (artículo 30).

En la Unión Europea, la Directiva 2004/80/CE relativa a la indemnización a las víctimas de delitos ("Directiva de indemnización"), incluye el requisito de que los Estados miembros dispongan de un sistema de indemnización que garantice una indemnización "justa y adecuada" a las víctimas de delitos dolosos violentos (artículo 12).

En 2012, la UE adoptó la Directiva 2012/29/UE, por la que se establecen normas mínimas sobre los derechos, el apoyo y la protección de las víctimas de delitos, que obliga a los Estados miembros a garantizar que las víctimas tengan derecho a obtener una decisión en un "plazo razonable" sobre la indemnización por parte del delincuente en el proceso penal (artículo 16).

### *3.2. La ineficacia práctica de la indemnización*

En los últimos años se han presentado estudios sobre la ineficacia práctica de los sistemas de compensación económica a las víctimas, entre ellos el realizado por Soleto y Grané sobre eficacia del pago de la indemnización contenida en sentencia en expedientes de ejecutorias en los Juzgados de lo Penal y la Audiencia Provincial de Madrid, se ha medido el pago real y el correspondiente cobro de las indemnizaciones establecidas por las sen-

---

para compensar otras pérdidas, o para desarrollar nuevos proyectos de vida. Holder y Daly se refirieron en su estudio sobre ayudas estatales a que las finalidades más buscadas por las víctimas eran asistencia médica, tratamiento psicológico, cambio de domicilio y seguridad, y gastos familiares y de los hijos. Holder, Robyn y Daly, Kathleen, Recognition, reconnection, and renewal: The meaning of money to sexual assault survivors International Review of Victimology 2018, Vol. 24(1) 25-46. Milquet, 2019

tencias dictadas en procesos con víctima directa, en el que se ha constatado que, en general, el sistema procesal penal para que la indemnización sea pagada es ineficaz[25].

El estudio fue realizado con un muestreo por conglomerados —cada uno de los partidos judiciales de la Comunidad de Madrid y la Audiencia Provincial—. Los asuntos se seleccionaron dentro de cada conglomerado, respetando la segmentación por tipo de delito. Inicialmente, los cupos muestrales se calcularon para que, con un nivel de confianza del 95% (y suponiendo normalidad) las muestras obtenidas por conglomerados fueran representativas para un error no superior al 4% (aproximadamente).

Tras recoger los datos de 2763 expedientes de ejecutorias penales de los años 2012 a 2015 de ambos tipos de órgano, el estudio ha demostrado que un tercio de las víctimas no cobra nada, que un segundo tercio cobra solo una parte y que solo un tercio cobra su indemnización. Sin embargo, estos datos corresponden, en general, a las indemnizaciones más bajas, inferiores a 1600 euros. La mediana de cobro para todos los tipos de delito es de cerca de 300 euros, lo cual significa que la mitad de las víctimas que han obtenido en una sentencia un pronunciamiento indemnizatorio cobran menos de 302 euros.

Los datos que se obtuvieron respecto a las indemnizaciones para las víctimas de violencia sexual arrojaron unos resultados muy inquietantes; la media de las indemnizaciones establecidas en las sentencias es de 13.728 €, la mediana de 6.300€, mientras que la media las indemnizaciones realmente pagadas por los infractores era de 1.911,9€, con una mediana de 166,56 €.

La eficacia del sistema de indemnizaciones estatales en España, reguladas por la Ley 35/1995, de 11 de diciembre, de ayudas y asistencia a las víctimas de delitos violentos y contra la libertad sexuales igualmente ineficiente, principalmente por la casi anecdótica existencia de compensaciones; en el estudio de Soleto se apunta a 11 ayudas concedidas en toda España a víctimas de violencia sexual en 2018[26].

La ineficacia de los sistemas europeos para alcanzar los estándares establecidos en la normativa europea en compensación a víctimas se ha seña-

---

25 Soleto, Helena y Aurea Grané, *La eficacia de la reparación a la víctima en el proceso penal a través de las indemnizaciones*, Dykinson, 2018.

26 Soleto, Helena; "La ineficacia del sistema español para reparar económicamente a las víctimas de violencia sexual", *Teoría y Derecho*, 2019, 321-340.

lado en el informe de Joelle Milquet[27], lo que ha llevado a la definición de la estrategia europea en este sentido y la propuesta de modificación de la Directiva de víctimas; desde 2023 en curso un proceso de modificación de la Directiva de 2012 (COM (2023) 424: Propuesta de Directiva del Parlamento Europeo y del Consejo por la que se modifica la Directiva 2012/29/UE, por la que se establecen normas mínimas sobre los derechos, el apoyo y la protección de las víctimas de delitos, y por la que se sustituye la Decisión marco 2001/220/JAI del Consejo, en el que se prevé el desarrollo de un mecanismo de adelanto de cantidades por el Estado tal como ocurre en otros países, en su el artículo 16.

### *3.3. Las previsiones de LOGILS sobre la compensación*

La Ley Orgánica 10/2022, de 6 de septiembre, de garantía integral de la libertad sexual, LOGILS, es conocida popularmente en España como la ley del "sí es sí" o en el extranjero como la "ley del consentimiento (*consent law*)", mas importantes partes de esta norma se centran en mejorar la reparación económica de la víctima de violencia sexual, además de otras formas de reparación, sin embargo, el debate social y político jurídico en torno a las problemáticas penales no han permitido avanzar en las cuestiones procesales y específicamente en las relacionadas con la compensación.

En el título VII de la LOGILS se regula el derecho a la reparación. En el artículo 52 se describe el alcance del derecho y su garantía, el artículo 53 se centra en la reparación a través de la indemnización, y los ámbitos que debe cubrir, a ser pagada por el responsable civil y penal. En el artículo 54 se establece la extensión de los derechos de los hijos de las víctimas fallecidas a percibir una pensión o prestación de orfandad.

Además, en el artículo 55 se regula la obligación de las administraciones públicas de procurar la completa recuperación de las víctimas a través de la red de atención integral, impulsando todo tipo de medidas, incluidas las relacionadas con las redes sociales e internet, y la protección frente a amenazas. En lo económico, se regula la posibilidad de cantidades complementarias para gastos sanitarios. También se dispone que han de desarrollar programas de reinserción y prevención de reincidencia para agresores.

---

27 Milquet, Joelle, *Strengthening victims rights: from compensation to reparation. For a new victims rights strategy 2020-2025, Report from the Commission of European Union*, 16 April 2019 (OR. en) 8629/19 JAI 414 DROIPEN 65 COPEN 173.

En el artículo 56 se dispone que las administraciones recibirán fondos para hacer efectivo el derecho a la reparación, con origen en la ejecución de bienes decomisados, y que podrán destinarse también a financiar las ayudas adicionales para gastos sanitarios, así como a medidas tendentes a lograr la inserción laboral prioritariamente de víctimas de explotación sexual.

Este título se relaciona directamente con la regulación en el título IV, sobre Derecho a la asistencia integral especializada y accesible, ya que en su artículo 41 se describen las ayudas económicas para víctimas con rentas inferiores al salario mínimo interprofesional.

Además, en la Disposición final quinta se modifica la ley 35/1995 de ayudas, que serían compatibles con las ayudas del artículo 41.

La LOGILS prevé un sistema ampliado de reparación económica a varios niveles y pretende garantizar la eficacia del sistema; se distinguen en la regulación principalmente dos formas de reparación económica; por una parte, la compensación por el ofensor, y por otra las de las administraciones, que pueden ser de tres tipos.

En relación con la compensación por el ofensor, se establecen los elementos que el juzgador ha de tener en cuenta para definir la indemnización. En la práctica homogeiniza los elementos que la jurisprudencia tiene en cuenta para establecer una compensación, incluyendo expresamente elementos más novedosos como el daño a la dignidad y el daño social, y permite que se pueda solicitar la indemnización en un momento posterior incluso en los casos en los que se hubiera renunciado.

Es en el marco de las ayudas de las administraciones donde la LOGILS introduce novedades; establece la compatibilidad de las nuevas ayudas con las de la ley del 95, así como con la indemnización por parte del ofensor.

a) Ayudas del artículo 41 LOGILS: compatibles con las ayudas del 95 y con la indemnización en sentencia, para víctimas con rentas inferiores al SMI o dependientes con rentas inferiores a dos veces el SMI, y con cuantías entre 6 meses de subsidio por desempleo y 24 meses dependiendo de circunstancias de vulnerabilidad y dependencia.

b) Ayudas de la ley del 95: se modifican por LOGILS, se facilita el procedimiento, se incrementa el plazo de prescripción a 5 años desde la decisión firme, se elimina el sentido finalista de la ayuda (solo existía para tratamiento terapéutico) y se elimina la limitación de cuantías que se establecían, y desde la vigencia de LOGILS habrá de valorarse por la comisión factores para sufragar la reparación de daños y perjuicios descritos en el artículo 6.4. Las ayudas de la ley del 95 son subsidiarias del pago de la indemnización en sentencia o de un seguro privado, son independientes de la capacidad económica de la víctima o el hogar del que dependa, y permiten el pago a víctimas cuyo caso no haya finalizado con sentencia.

LOGILS podría haber sido técnicamente más completa, reformando adecuadamente la ley del 95, y también más moderna, estableciendo el sistema de adelanto de las cantidades recogidas en sentencia, entre otras cuestiones. De hecho, la reciente modificación a la ley de Igualdad del País vasco (Decreto Legislativo 1/2023, de 16 de marzo, por el que se aprueba el texto refundido de la Ley para la Igualdad de Mujeres y Hombres y Vidas Libres de Violencia Machista contra las Mujeres) ha establecido en su artículo 65 dentro del derecho a la reparación de las víctimas reconocido en el Convenio de Estambul que "adoptará medidas de apoyo o ayuda económica a las víctimas para supuestos de impago de indemnizaciones derivadas del delito establecidas por resolución judicial".

Es urgente su desarrollo reglamentario y normativo en todo caso para llegar a los objetivos de reducción de la victimización secundaria que el sistema provoca en la actualidad en lo relacionado con la compensación económica a las víctimas de violencia sexual.

## 4. CONCLUSIONES

La compensación económica en el sistema de justicia penal es una forma de reconocimiento a las víctimas del daño producido, y debe producir efectos reparadores, sin embargo, las bajas cuantías recogidas en sentencia, el proceso para su consecución y la ineficacia de su cobro no parecen producir estos efectos.

La mediana de las indemnizaciones en las sentencias condenatorias en la práctica española entre los años 2014 y 2020 se encuentran en torno a 6000 euros para abuso y en torno a 10000 euros para agresión sexual, lo que es claramente insuficiente para estos tipos de victimización.

Se presenta absolutamente necesario un cambio. Los operadores de justicia deben introducir la perspectiva de los intereses de la víctima en su labor, entre los que se encuentra la compensación, que está estrechamente vinculado con el interés de reconocimiento.

Desde la instrucción de los asuntos dichos operadores deben garantizar la responsabilidad civil derivada de delito a través de los mecanismos aseguratorios correspondientes, las medidas cautelares, desde el momento más temprano posible, y en una cantidad suficiente, para ello se hace preciso que la Fiscalía elabore una instrucción que establezca la necesidad de adoptar medidas cautelares de carácter civil al inicio de toda instrucción por delito sexual, así como el establecimiento de un baremo adecuado para la solicitud de cuantías más altas que cubran los elementos descritos en LOGILS, y que sean asumidos por la sociedad como justos en su cuantificación.

Es además conveniente el establecimiento de tablas modulables de cantidades vinculadas a los tipos delictivos y agravantes con el fin de objetivizar cantidades y eliminar de la discusión procesal en lo posible las cuestiones económicas.

Es además necesario el desarrollo de sistemas de adelanto público de cantidades recogidas en las sentencias condenatorias firmes, en la proporción que se considere, y que el Estado persiga con posterioridad al condenado para su cobro, tal como se hace en países Bajos y se propone en la propuesta de modificación de la Directiva de Víctimas en tramitación en 2023 y 2024.

La Administración central y las Comunidades Autónomas han de dotar de fondos dedicados a la reparación a las víctimas (art. 56 LOGILS) en cuantía suficiente.

Se presenta como absolutamente necesario el desarrollo de los procedimientos de solicitud orientados a la víctima, accesibles, sencillos y adaptados a las personas según sus conocimientos y habilidades, tanto para las ayudas del artículo 41 LOGILS como las de la ley 35/95. La documentación entregada por la policía y en centros de atención a víctimas ha de ser sencilla y adaptada a las personas víctimas, con un mínimo de burocracia para éstas y sin barreras tecnológicas.

Es recomendable además que las comisiones que decidan estas ayudas estén bajo la supervisión del Ministerio de Igualdad y o Justicia, y en su composición

## BIBLIOGRAFÍA

Aguado Bloise, Empar, Esmeralda Ballesteros Doncel, Francisca Blanco Moreno, Concepción Fernández Villanueva, Elisa García Mingo, Tania García Sedano, Mª José Rubio Martín y Carmen Ruiz Repullo (Sexviol grupo de investigación):, *Desmontando mitos acerca de la agresión sexual*, 2022, accesible en https://www.ucm.es/sexviol/

Bolívar, Daniela, Sánchez-Gómez, Victoria y de Haan, Marit, "Uncovering Justice Interests of Victims of Serious Crimes: A Cross-sectional Study", Victims & Offenders, (2022)

Daly, Kathleen. "Conventional and Innovative. Justice Responses to Sexual Violence". Australian Centre for the Study of Sexual Assault 12, nº 2, 2011 págs. 1-35

Daly, Kathleen., y Davis, J. "Money justice", *Journal of Criminology*, 54(1), 2021, págs. 60-75.

Herman, Judith, "Justice from the victim's perspective", Violence against women, vol 11, nº. 5, mayo 2005, págs. 571-602.

Holder, Robyn y Daly, Kathleen, Recognition, reconnection, and renewal: The meaning of money to sexual assault survivors International Review of Victimology 2018, Vol. 24(1) 25-46.

Milquet, Joelle, *Strengthening victims rights: from compensation to reparation. For a new victims rights strategy 2020-2025, Report from the Commission of European Union,* 16 April 2019 (OR. en) 8629/19 JAI 414 DROIPEN 65 COPEN 173

Soleto, Helena, Elbers, Nieke, Akkermann, Aarno y otros, "Ineffectiveness of the Right to Compensation for Victims of Sexual Violence: A Comparison Between Five EU Member States", Journal: International Criminology, 2024.

Soleto, Helena y Grané, Aurea, *Parámetros de la Justicia en violencia sexual: un estudio de sentencias (2014-2020)*, 2024.

Soleto, Helena y Jullien, Jessica, "Los intereses de justicia de las víctimas de violencia sexual: percepción de operadores y víctimas del tratamiento procesal", Revista de la asociación de profesores de derecho procesal de las universidades españolas, nº. 7, 2023, págs. 61 y ss.

Soleto, Helena y Aurea Grané, *La eficacia de la reparación a la víctima en el proceso penal a través de las indemnizaciones*, Dykinson, 2018.

Soleto, Helena y Sabela Oubiña dirs., *Reformulando el tratamiento procesal de las víctimas de violencia sexual en procesos penales, Proyecto Re-treat.* Dykinson, 2022.

Soleto, Helena; "La ineficacia del sistema español para reparar económicamente a las víctimas de violencia sexual", *Teoría y Derecho*, 2019, 321-340.

Ten Boom, Annemarie, y Kuijpers, Karlinjn, "Victims' needs as basic human needs", International Review of Victimology, 18(2), 2012, págs. 155-179.

Romero Seseña, Pablo, Laura Arantegui Arráez, Josep Maria Tamarit Sumalla, "The impact of plea bargaining on sexual offences in Spain: An analysis of judicial sentences", *Journal of Criminal Justice*, Volume 90, 2024, https://doi.org/10.1016/j.jcrimjus.2023.102150.

Varona, Daniel, Steven Kemp y Olivia Benítez, "La conformidad en España: predictores e impacto en la penalidad", *InDret*, 1. 2022, accesible en https://indret.com/la-conformidad-en-espana

Documentos institucionales

Delegación del Gobierno contra la violencia de género

Delegación del Gobierno contra la violencia de género, Ministerio de Igualdad, *La respuesta judicial a la violencia sexual que sufren los niños y las niñas*, 2019

Delegación del Gobierno contra la Violencia de Género, Ministerio de Igualdad, *Macroencuesta de violencia contra la mujer 2019*, accesible en https://violenciagenero.igualdad.gob.es/violenciaEnCifras/macroencuesta2015/pdf/Macroencuesta_2019_estudio_investigacion.pdf

Fiscalía General del Estado

Fiscalía General del Estado. *Memoria de la Fiscalía General del Estado sobre el año 2022*, 2023, accesible en https://www.fiscal.es/memorias/memoria2023/FISCALIA_SITE/recursos/pdf/MEMFIS23.pdf

Fiscalía General del Estado. *Memoria de la Fiscalía General del Estado sobre el año 2021*, 2022, accesible en https://www.fiscal.es/memorias/memoria2022/FISCALIA_SITE/recursos/pdf/MEMFIS22.pdf

Fiscalía General del Estado. *Memoria de la Fiscalía General del Estado sobre el año 2020*, 2021 accesible en https://www.fiscal.es/memorias/memoria2021/FISCALIA_SITE/index.html

Fiscalía General del Estado. *Memoria de la Fiscalía General del Estado sobre el año 2018*, 2019, accesible en https://www.fiscal.es/memorias/memoria2019/FISCALIA_SITE/index.html

Naciones Unidas

ONU, Organización de Naciones Unidas, Comité para la Eliminación de la Discriminación contra la Mujer (CEDAW) Recomendación general núm. 35 sobre la violencia por razón de género contra la mujer, por la que se actualiza la recomendación general núm. 19, 2017, accesible en https://www.ohchr.org/es/documents/general-comments-and-recommendations/general-recommendation-no-35-gender-based-violence

ONU Agenda 2030 para un Desarrollo Sostenible, 2015. Accesible en https://www.un.org/sustainabledevelopment/es/development-agenda/

UNODC. *Informe Mundial sobre la Trata de Personas*, 2018.

Consejo de Europa

COE. *Gender Equality Strategy 2018-2023*. Accesible en https://www.coe.int/en/web/genderequality/gender-equality-strategy

Consejo de Europa. Grupo de Expertos en la Lucha contra la Violencia contra la Mujer y la Violencia Doméstica (GREVIO) *Primer Informe de evaluación de GREVIO sobre las medidas legislativas y de otra índole que dan efecto a las disposiciones del Convenio del Consejo de Europa sobre Prevención y Lucha contra la violencia contra las Mujeres y la Violencia Doméstica (Convenio de Estambul). España*. GREVIO / Inf (2020) 19. Adoptado por GREVIO el 13 de octubre de 2020. Publicado el 25 de noviembre de 2020. Accesible en https://violenciagenero.igualdad.gob.es/marcoInternacional/informesGREVIO/docs/InformeGrevioEspana.pdf

Instituto Nacional de Estadística, España

INE, Resultados Nacionales, Condenados por delitos sexuales, Delitos sexuales según sexo. Accesible en https://www.ine.es/jaxiT3/Datos.htm?t=28714#!tabs-tabla

INE. Estadística de Condenados: Adultos / Menores. Año 2019. Accesible en https://www.ine.es/dyngs/INEbase/es/operacion.htm?c=Estadistica_C&cid=1254736176793&menu=ultiDatos&idp=1254735573206

Ministerio del Interior

Ministerio del Interior. *Informe sobre delitos contra la libertad sexual en España 2022*, 2023. Accesible en https://www.interior.gob.es/opencms/pdf/archivos-y-documentacion/documentacion-y-publicaciones/publicaciones-descargables/publicaciones-periodicas/informe-sobre-delitos-contra-la-libertad-e-indemnidadsexual-en-Espana/Informe_delitos_contra_libertad_sexual_2022_126210034.pdf

Ministerio del Interior, *Informe sobre delitos contra la libertad e indemnidad sexual en España 2018*, 2019, 2022.

UE.

Fundamental Rights Agency, *Violencia de género contra las mujeres: una encuesta a escala de la UE*, 2014. Accesible en: https://fra.europa.eu/es/publication/2020/violencia-de-genero-contra-las-mujeres-una-encuesta-escala-de-la-ue

Programa de Estocolmo del Consejo Europeo, "Una Europa abierta y segura que sirva y proteja al ciudadano" (2010/C 115/01). 2010. Accesible en: https://eur-lex.europa.eu/LexUriServ/LexUriServ.do?uri=OJ:C:2010:115:0001:0038:ES:PDF

COM (2023) 424: Propuesta de DIRECTIVA DEL PARLAMENTO EUROPEO Y DEL CONSEJO por la que se modifica la Directiva 2012/29/UE, por la que se establecen normas mínimas sobre los derechos, el apoyo y la protección de las víctimas de delitos, y por la que se sustituye la Decisión marco 2001/220/JAI del Consejo.

UNICEF. *A Familiar Face: Violence in the lives of children and adolescents*, 2017. Accesible en: https://www.unicef.org/publications/files/Violence_in_the_lives_of_children_and_adolescents.pdf

World Health Organization *Violence against women prevalence estimates, 2018: global, regional and national prevalence estimates for intimate partner violence against women and global and regional prevalence estimates for non-partner sexual violence against women. Executive summary. Geneva: World Health Organization;* 2021. Accesible en https://iris.who.int/bitstream/handle/10665/341338/9789240026681-eng.pdf?sequence=1

# *La eficacia del decomiso en la lucha contra la delincuencia frente a la necesaria protección de las garantías procesales en la unión europea*

**TOMÁS FARTO PIAY**

*Profesor Ayudante Doctor de Derecho Procesal de la Universidad de Vigo*



## 1. EL DECOMISO COMO GARANTÍA DE SEGURIDAD

Toda sociedad que aspire a alcanzar el mayor grado de seguridad para sus ciudadanos debe situar al decomiso como una prioridad en su sistema de justicia dotar a esta institución de la máxima eficacia en su ordenamiento jurídico.

La lucha frente a la criminalidad afrontada desde un ámbito patrimonial, —expresada en inglés como *follow the money*—, en aras de materializar el postulado de que el crimen no sea rentable —recogido en la célebre *crime doesn't pay*—, no se puede concebir sin la institución del decomiso, básico en toda política criminal de recuperación de activos, o *asset recovery*.

En este sentido, el decomiso de activos de origen delictivo resulta una figura imprescindible para toda política criminal que pretenda ser eficaz en el combate de la delincuencia organizada[1], que resulta especialmente grave para la sociedad y que obtiene enormes beneficios de sus actividades,

---

1 Sobre el decomiso como instrumento en la lucha contra la delincuencia organizada, *vid.* Teresa Aguado, "Normas mínimas sobre decomiso de los instrumentos y del producto de la delincuencia organizada en la Unión Europea (Directiva 2014/42/UE) y su incorporación al derecho español". En *Criminalidad organizada*

lo que supone una seria amenaza y determina la necesidad de instaurar e implementar herramientas frente a tales ganancias ilícitas.

La delincuencia organizada ha adquirido, y continúa haciéndolo, una magnitud sin precedentes, con una obtención de beneficios, cada vez mayores, fruto de sus actividades, tanto en el seno de la UE como a nivel mundial, comprometiendo con ello la economía legal y seguridad de la sociedad[2].

En la búsqueda de la erradicación de esta delincuencia organizada, la figura del decomiso de activos se presenta como una herramienta de vital importancia, tanto a fin de evitar la comisión de nuevos delitos como a la eliminación de cualquier ventaja económica de los actos delictivos, esto es, se orienta a actuar sobre su beneficio económico, esencia de este tipo de criminalidad[3].

Esta garantía de seguridad, pergeñada sobre el pilar de la persecución del delito desde una vertiente económica, no puede obtener resultados positivos sino se afronta sobre la base de una estrategia común y plural, sin que actuaciones aisladas ante un problema transnacional permita una acción, por tanto, un resultado eficaz, toda vez que es ineludible una estrategia armonizada y globalizada.

Ahora bien, la eficacia del decomiso queda lastrada si no viene acompañada de un proceso penal ágil, dotado de eficacia, que constituya el cauce adecuado para materializar tan importante pretensión, proceso, eso sí, que debería ser necesaria y estrictamente respetuoso con los derechos y garantías procesales de los sujetos pasivos afectados.

---

*trasnacional: una amenaza a la seguridad de los estados democráticos* (Valencia: Tirant lo Blanch, 2017), 551-590.

2 Sobre los beneficios del delito y sus magnitudes, Vicente Corral, *La localización de bienes en la UE y su aplicación en España: fase clave de la recuperación de activos procedentes del delito* (Valencia: Tirant lo Blanch, 2023), 45-53.

3 Nicolás Rodríguez, "Decomisa que algo queda como estrategia dominante e influyente en los sistemas penales para poner freno a la sociedad incivil". En *Derecho y proceso. Liber Amicorum del profesor Francisco Ramos Méndez*, Vol. 3 (Barcelona: Atelier, 2018), 2170.

## 2. ASPECTOS DE POLÍTICA CRIMINAL SOBRE EL DECOMISO

Es patente que la globalización ha modificado la criminalidad[4], pasando a ser considerada no como un asunto local, sino como un problema general[5], atendida la transnacionalidad de la delincuencia, sus efectos y vínculos entre los diversos países, como fenómeno congénito a la globalización[6].

El impacto de la criminalidad más allá de las fronteras de cada estado ha determinado que tanto países como organismos internacionales hayan tenido que implementar sistemas e instrumentos que permitan ofrecer una respuesta eficaz, armonizando actuaciones y mecanismos frente a esta tipología delictiva, entre los que se alzaprima el decomiso para la privación de activos ilícitos[7].

En cuanto al espacio europeo de justicia penal, éste pivota sobre tres ejes básicos: la confianza mutua, el reconocimiento mutuo de resoluciones judiciales y una armonización o unificación de las líneas esenciales de sus ordenamientos[8], con el claro objetivo de crear un espacio de libertad, seguridad y justicia, con un cambio de paradigma de la cooperación judicial penal en la UE[9], regida por el principio de reconocimiento mutuo, que impone una homogeneización de las garantías procesales.

---

4 Nicolás Rodríguez, *El decomiso de activos* (Cizur Menor (Navarra): Thomson Reuters Aranzadi, 2017) 28, afirma que "Ante un escenario de *globalización de la economía,* se ha favorecido indirectamente una *globalización de la delincuencia,* que exige de los Estados una *globalización de la respuesta penal*". Joachim Vogel, "Derecho penal y globalización", *Anuario de la facultad de Derecho de la Universidad Autónoma de Madrid,* núm. 9 (2015): 115, considera que la realidad de la criminalidad se ha visto modificada por la globalización, pero ello de manera moderada y, por regla general, sin que se haya producido lo que podría llamarse "criminalidad global" en sentido estricto.

5 Sergio Romeo, "Un nuevo modelo de derecho penal transnacional: el derecho penal de la Unión Europea tras el Tratado de Lisboa", *Estudios Penales y Criminológicos,* núm. 32 (2012): 315.

6 Vogel, "Derecho penal y globalización…": 115-117.

7 John Vervaele, "Las sanciones de confiscación: ¿un intruso en el Derecho penal?", *Revista Penal,* núm. 2 (1998): 68.

8 Alejandro Hernández, "Granting Due Process of Law to Suspected and Accused Persons Involved in Parallel Criminal Proceedings in the EU", *Diritto Penale Contemporaneo,* núm. 1, (2019): 1-2.

9 Alejandro Hernández, *El papel de Eurojust en la resolución de conflictos de jurisdicción penal en la Unión Europea. Propuestas legislativas* (Cizur Menor: Thomson Reuters-

En ese orden de cosas, la concepción de la UE como un espacio de libertad, seguridad y justicia —tras el Tratado de Lisboa[10]— ha significado un importante cambio de modelo en el ordenamiento penal y procesal penal, con la atribución de nuevas competencias a la UE, antes residenciadas en cada Estado, que afecta especialmente a la cooperación jurídica, con una regulación común específica que determina que sea la UE la que establezca las directrices y legisle para una armonización normativa y de cooperación entre Estados[11].

Esa acción legislativa, enmarcada en una política criminal común de la UE, se plasma en un Derecho Penal europeo de creciente desarrollo, con la firme determinación de privar a delincuentes y organizaciones criminales de sus activos ilícitos, con el fin de enervar estas infracciones y el quebranto que generan para los intereses financieros de la UE[12], articulando medidas que permitan actuar sobre esos beneficios de origen delictuoso radicados en terceros estados, destacando de entre ellas el decomiso de activos[13].

No cabe obviar que, como advierte la Evaluación de la amenaza de la delincuencia grave y organizada de la Unión Europea —SOCTA— 2021 de

---

Aranzadi, 2020) 30-32; Víctor Moreno, “El cambio de paradigma y el principio de reconocimiento mutuo y sus implicaciones. Perspectivas del Tratado de Lisboa”. En *Cooperación judicial penal en Europa*, (Madrid: Dykinson, 2013), 41-77.

10 Art. 3.2 TUE “la Unión ofrecerá a sus ciudadanos un espacio de libertad, seguridad y justicia sin fronteras interiores, en el que esté garantizada la libre circulación de personas conjuntamente con medidas adecuadas en materia de control de fronteras exteriores, asilo, inmigración y prevención de la lucha contra la delincuencia”. No obstante, el art. 67.1 TFUE dispone que “la Unión constituye un espacio de libertad, seguridad y justicia dentro del respeto de los derechos fundamentales y de los distintos sistemas y tradiciones jurídicas de los Estados miembros”.

11 Sobre este proceso, *vid.* John Vervaele, “La europeización del Derecho penal y la dimensión penal de la integración europea”, *Revista Penal*, núm. 15 (2005): 169-184.

12 Fernando Gascón, “Las nuevas herramientas procesales para articular la política criminal de decomiso total: la intervención en el proceso penal de terceros afectados por el decomiso y el proceso para el decomiso autónomo de los bienes y productos del delito”, *Revista General de Derecho Procesal*, núm. 38 (2016): 2-3.

13 Francisco Javier Garrido, *El decomiso. Innovaciones, deficiencias y limitaciones en su regulación sustantiva y procesal* (Madrid: Dykinson, 2019), 20, afirma que la lucha contra la delincuencia organizada y transfronteriza es una prioridad en Europa que se articula en tres líneas de intervención, el decomiso, el blanqueo de capitales y la recuperación de activos.

Europol[14], los grupos de delincuencia organizada existen en todos los Estados miembros, caracterizados por su interconexión y cooperación fluida y sistemática, infiltrándose en el marco de la economía lícita y las instituciones públicas, erosionando el Estado de Derecho y los derechos fundamentales y socavando la seguridad y confianza en las autoridades. Como dato claro, en 2019 los ingresos generados en los principales mercados delictivos de la UE ascendieron a 139.000 millones de euros —el 1% del producto interior bruto de la UE—, y pese a ello sólo una pequeña parte —menos del 3%— es objeto de decomiso o confiscación[15].

Por tanto, se ha ido asumiendo que, frente a ello, una estrategia eficaz exige la privación de las ganancias del delito, su decomiso[16], con el decidido impulso hacia una política de “decomiso total”, una progresiva extensión del objeto de esta figura y, asimismo, con una acción tendente a eliminar los obstáculos de carácter procesal que mitiguen su eficacia transfronteriza[17].

Esa política criminal de optimización del decomiso hace ineludible una regulación armonizada en materia de reconocimiento mutuo de resoluciones que permita —sin divergencias entre ordenamientos— reconocer y ejecutar las resoluciones de decomiso de otros estados, dotando a este instrumento de su necesaria ejecutividad y efectividad global.

---

14 Europol, *2021 European Union Serious and Organised Crime Threat Assessment* (EU SOCTA) [Evaluación de la amenaza de la delincuencia grave y organizada en la UE (SOCTA UE)], 12 de abril de 2021; https://www.europol.europa.eu/activities-services/main-reports/european-union-serious-and-organised-crime-threat-assessment. La SOCTA UE es un análisis exhaustivo de la amenaza derivada de la delincuencia organizada que define los ámbitos delictivos de alta prioridad. Europol lo lleva a cabo cada cuatro años a partir de las contribuciones de los Estados miembros.

15 Corral, *La localización de bienes en la UE…*, 52.

16 Francisco Javier Garrido (*El decomiso. Innovaciones, deficiencias y limitaciones en su regulación sustantiva y procesal…*, 20) afirma que la lucha contra la delincuencia organizada y transfronteriza es una prioridad en Europa que se articula en tres líneas de intervención, el decomiso, el blanqueo de capitales y la recuperación de activos.

17 Gascón, “Las nuevas herramientas procesales para articular…” 3. Sobre ello, *vid.* Tomás Farto, “Evolución y desafíos de la política criminal y la normativa de la UE en materia de recuperación y decomiso de activos”. En *Proceso penal europeo: últimas tendencias, análisis y perspectivas.* (Navarra: Aranzadi, 2023), 315-336.

En cualquier caso, además del proceso normativo armonizador, debe fomentarse una cooperación económica y financiera que faculte la realización de investigaciones económico-financieras eficaces, que permita la acreditación y localización de patrimonios ilícitos, con una cumplida recuperación, conservación y administración de activos para su realización, con la estrecha cooperación entre policías, administraciones u organismos competentes[18], prestando así un servicio público eficaz y con resultados satisfactorios.

En esa línea, deviene básico fomentar y desarrollar, funcional y competencialmente, los organismos de recuperación de activos, armonizando y potenciando su funcionamiento y coordinación entre los países, para lograr exhaustivas investigaciones patrimoniales, debiendo dotarse de los medios y estructuras precisas por los estados.

Esta política criminal se ha ido concretando en cuerpos normativos cada vez más ambiciosos en orden a conseguir los fines y objetivos perseguidos[19], evolucionando hacia una indefectible *vis* expansiva del decomiso de activos, cuya última expresión se integra por la propuesta de Directiva del Parlamento Europeo y del Consejo sobre recuperación y decomiso de activos de 2022[20], concebido como una norma destinada a alcanzar la mayor eficacia del decomiso, maximizando su potencial con herramientas de mayor eficacia frente a la criminalidad, particularmente la organizada[21], evidenciando, sin ambages, que la lucha frente al delito se fundamenta en

---

18 Rodríguez, "Decomisa que algo queda como…", 2211.

19 Para un estudio detallado de las fuentes normativas internacionales y supranacionales sobre el decomiso, *vid.* Ana Carrillo, *Decomiso y recuperación de activos en el sistema penal español.* (Valencia: Tirant lo Blanch, 2018), 39-80; Tomás Farto, *El proceso de decomiso autónomo.* (Valencia: Tirant lo Blanch, 2021), 36-52; Nicolás Rodríguez, "Redescubrimiento de las bonanzas del decomiso en las tácticas supranacionales internacionales para poner freno a la 'sociedad incivil'". En *Recuperación de activos y decomiso. Reflexiones desde los sistemas penales iberoamericanos* (Valencia: Tirant lo Blanch, 2017), 317-384.

20 Propuesta de Directiva del Parlamento Europeo y del Consejo sobre recuperación y decomiso de activos. Bruselas, 25.5.2022 COM (2022) 245 final 2022/0167 (COD).

21 *Vid.* Francisco Javier Garrido, "Cuestiones pendientes sobre el decomiso ocho años después. La Propuesta de Directiva del Parlamento Europeo y del Consejo sobre recuperación y decomiso de activos", *Revista de Estudios Europeos,* núm. Extra 1 (2023): 316-319.

una estrategia de erradicación de sus beneficios[22]. No obstante, esa firmeza no puede obviar la protección de las garantías procesales de los sujetos afectados.

## 3. REGULACIÓN

### *3.1. Cuestiones generales*

El fomento del decomiso de activos delictivos —tanto desde el plano de la ampliación de su ámbito, como desde la concepción de mecanismos procesales y procedimientos para su aplicación, cooperación y reconocimiento— ha dado lugar a una regulación que, tanto internacionalmente como en el ámbito europeo[23], tiende a la obtención de los fines y objetivos propuestos.

Es necesario destacar las iniciativas surgidas en la ONU a finales del siglo XX, concretadas en diversos convenios internacionales, si bien de carácter sectorial referidos a determinados delitos, relativos al narcotráfico, terrorismo, la delincuencia organizada transnacional y la corrupción.

Así, la Convención de las Naciones Unidas contra el tráfico ilícito de estupefacientes y sustancias sicotrópicas —Viena, 20 de diciembre de 1988[24]—, pone de manifiesto la necesidad de privar del producto de sus actividades delictivas, eliminando su principal incentivo, y prevé que los Estados adopten medidas para acordar el decomiso del producto derivado de delitos o de bienes de valor equivalente[25].

---

22 No en vano la Exposición de Motivos de la propuesta refiere entre sus razones y objetivos la delincuencia organizada, dado su alcance transnacional, uso la violencia e infiltración económica, como una de las mayores amenazas de la UE. Por ello, de acuerdo con la Estrategia de la UE contra la Delincuencia Organizada (2021-2025), para dificultar las actividades de los grupos delictivos es fundamental privarles de los beneficios ilícitos, principal motivo de la delincuencia organizada.

23 Para un estudio detallado de las fuentes normativas internacionales y supranacionales sobre el decomiso, *vid.* Carrillo, *Decomiso y recuperación de activos en el sistema penal español*..., 39-80; Rodríguez, "Redescubrimiento de las bonanzas del decomiso en las tácticas supranacionales internacionales para poner freno a la 'sociedad incivil'" ..., 317-384.

24 Instrumento de Ratificación de la Convención de las Naciones Unidas contra el tráfico ilícito de estupefacientes y sustancias sicotrópicas, hecha en Viena el 20 de diciembre de 1988 (BOE núm. 270, de 10 de noviembre de 1990).

25 Art. 5.1 a) CNUN.

Posteriormente, el Convenio Internacional para la Represión de la Financiación del Terrorismo, hecho en Nueva York el 9 de diciembre de 1999[26], prevé que los Estados adopten las medidas precisas para el decomiso de los fondos utilizados y del producto derivado de delitos de terrorismo[27].

Ulteriormente, otros instrumentos de Naciones Unidas contienen previsiones sobre medidas para el decomiso del producto obtenido de los delitos, como la Convención de Palermo contra la Delincuencia Organizada Transnacional, aprobada el 15 de noviembre de 2000[28], o la Convención de Mérida contra la corrupción, de 9 de diciembre de 2003[29].

### *3.2. Del primer marco regulatorio hasta la Directiva 2014/42/UE*

La privación de los beneficios y ganancias de origen delictivo, como estrategia frente a la criminalidad, se ha materializado en una continua y constante evolución de la normativa europea sobre el decomiso.

El Consejo de Europa ha asumido que el decomiso es una herramienta de particular valor frente a cualquier delito —con carácter general—. Es así que, tanto el Convenio relativo al blanqueo, seguimiento, embargo y decomiso de los productos del delito —Estrasburgo, 8 de noviembre de 1990[30]— como el Convenio relativo al blanqueo, seguimiento, embargo y comiso de los productos del delito y a la financiación del terrorismo —

---

26 Instrumento de Ratificación de la Convención del Convenio Internacional para la Represión de la Financiación del Terrorismo, hecho en Nueva York el 9 de diciembre de 1999 (BOE núm. 123, de 23 de mayo de 2002).

27 Art. 8.2 CNUFT.

28 Instrumento de Ratificación de la Convención de las Naciones Unidas contra la Delincuencia Organizada Transnacional, hecho en Nueva York el 15 de noviembre de 2000 (BOE núm. 233, de 29 de septiembre de 2003).

29 Instrumento de Ratificación de la Convención de las Naciones Unidas contra la corrupción, hecha en Nueva York el 31 de octubre de 2003 (BOE núm. 171, de 19 de julio de 2006).

30 Instrumento de ratificación por parte de España del Convenio relativo al blanqueo, seguimiento, embargo y decomiso de los productos del delito, hecho en Estrasburgo el 8 de noviembre de 1990 (BOE núm. 252, de 21 de octubre de 1998).

Varsovia, 16 de mayo de 2005[31]— prevén que la adopción de las medidas necesarias para el decomiso del producto obtenido de los delitos[32].

En la UE, la expansión del decomiso se ha traducido en la aprobación de distintas decisiones marco y directivas europeas. Una primera fase normativa se abre con la AC 98/699/JAI, de 3 de diciembre de 1998, adoptada por el Consejo sobre la base del artículo K.3 del Tratado de la Unión Europea, relativa al blanqueo de capitales, identificación, seguimiento, embargo, incautación y decomiso de los instrumentos y productos del delito[33], con la finalidad de fomentar la cooperación y coordinación en las estrategias frente a los activos delictivos[34].

Desde entonces, la política relativa al decomiso se ha ido sustanciando en sucesivos instrumentos, siendo el primero a destacar la DM 2001/500/JAI[35], que obligaba a incorporar en las legislaciones internas el decomiso valor —decomiso de bienes cuyo valor corresponda al de los productos del delito al menos en los casos en que no pueden ser aprehendidos—, si bien con carácter facultativo en caso de valor del producto de delito inferior a 4000 euros[36].

Por su parte, la DM 2003/577/JAI, relativa a la ejecución en la Unión Europea de las resoluciones de embargo preventivo de bienes y de aseguramiento de pruebas[37], establece normas sobre reconocimiento de resoluciones de embargo preventivo de bienes para preservar su decomiso.

---

31 Instrumento de ratificación por parte de España del Convenio relativo al blanqueo, seguimiento, embargo y comiso de los productos del delito y a la financiación del terrorismo, hecho en Varsovia el 16 de mayo de 2005 (BOE núm. 155, de 26 de junio de 2010).

32 El Preámbulo del CCOEE y del CCOEV afirman que "la lucha contra los delitos graves, que constituye un problema con una dimensión cada vez más internacional, requiere el uso de métodos modernos y efectivos a escala internacional" y que "uno de dichos métodos consiste en privar al delincuente del producto del delito".

33 DOUE L núm. 333, de 9 de diciembre de 1998.

34 *Vid.* Carrillo, *Decomiso y recuperación…*, 58-60; Rodríguez, "Decomisa que algo queda…", 2190-2192.

35 DOUE L núm. 182, de 5 de julio de 2001.

36 Art. 3 DM 2001/500/JAI.

37 DOUE L núm. 196, de 2 de agosto de 2003.

Una segunda fase, más ambiciosa[38], parte de la DM 2005/212/JAI[39], que prevé la incorporación del decomiso de instrumentos y productos de infracciones penales con pena privativa de libertad de duración superior a un año, o de bienes de valor equivalente[40]. También exigía incorporar el decomiso ampliado[41], así como del decomiso de terceros de bienes adquiridos por los allegados de la persona de que se trate y de bienes transferidos a una persona jurídica sobre la que la persona ejerza un control efectivo, individualmente o con sus allegados[42].

Seguidamente, la DM 2006/783/JAI relativa a la aplicación del principio de reconocimiento mutuo de resoluciones de decomiso[43], incluye en sus objetivos facilitar el reconocimiento y ejecución entre Estados de las resoluciones de decomiso, en base en la cooperación jurídica y el principio de confianza[44].

La DM 2007/845/JAI del Consejo de 6 de diciembre de 2007 sobre cooperación entre los organismos de recuperación de activos de los Estados miembros en el ámbito del seguimiento y la identificación de productos del delito o de otros bienes relacionados con el delito[45], prevé la obligación de disponer de organismos nacionales de recuperación de activos con competencias en decomiso y garantizar que puedan intercambiar información con rapidez, para lograr una cooperación eficaz.

Con la DIR 2014/42/UE se abre un tercer estadio, decisivo por ambicioso en la expansión del decomiso[46], particularmente en relación con la

---

38 Gascón, "Las nuevas herramientas procesales para articular...", 4; Rodríguez, "Decomisa que algo queda...", 2196.

39 DOUE L núm. 68, de 15 de marzo de 2005.

40 Art. 2 DM 2005/212/JAI.

41 Art. 3.2 DM 2005/212/JAI.

42 Art. 3.3 DM 2005/212/JAI.

43 DOUE L núm. 328, de 24 de noviembre de 2006.

44 La DM 2006/783/JAI ha sido sustituida por el REG (UE) 2018/1805 del Parlamento Europeo y del Consejo, de 14 de noviembre de 2018, sobre el reconocimiento mutuo de las resoluciones de embargo y decomiso (art. 39).

45 DOUE L núm. 332, de 18 de diciembre de 2007.

46 Sobre la DIR 2014/42/UE, *vid.* Teresa Aguado, "La Directiva 2014/42/UE sobre embargo y decomiso en la Unión Europea: una solución de compromiso a medio camino", *Revista General de Derecho Europeo*, núm. 35 (2015), 1-34 (http://iustel.com); Ana Carrillo, "La directiva 2014/42/UE sobre el embargo y el decomiso de los instrumentos y del producto del delito en la UE: Decomiso ampliado y presunción de inocencia", *Revista de Estudios Europeos*, núm. Extra 1 (2017), 20-32

armonización de las legislaciones (Cdo. 5 DIR 2014/42/UE)[47], así como en revertir su infrautilización (Cdo. 4 DIR 2014/42/UE).

En el orden sustantivo regula, tres aspectos esenciales, con carácter de mínimos. En este sentido, prevé el decomiso ampliado de bienes provenientes de una infracción penal previa en base a indicios de su ilícita procedencia, como la desproporción del valor del bien con los ingresos lícitos de la persona condenada —art. 5.1—.

De otro lado, faculta el decomiso de bienes de terceros, obligando a adoptar medidas para posibilitar el decomiso de productos del delito, u otros bienes cuyo valor se corresponda, que, directa o indirectamente, hayan sido transferidos a terceros por un sospechoso o acusado, o hayan sido adquiridos por terceros de un sospechoso o acusado, al menos cuando aquellos tuvieran, o hubieran debido tener, conocimiento de que el objetivo era evitar el decomiso, con base en hechos y circunstancias concretas, como la transferencia o adquisición gratuita o por importe significativamente inferior al valor de mercado —art. 6—[48];

Asimismo, prevé el decomiso autónomo en supuestos en que no sea posible hacerlo en una resolución penal firme condenatoria, cuando dicha imposibilidad se derive, al menos, de la enfermedad o fuga del sospechoso o acusado, esto es, supuestos en que se hayan incoado procedimientos penales en relación con una infracción penal que pueda dar lugar, directa o indirectamente, a una ventaja económica, y que podrían haber conducido a una resolución penal condenatoria si el sospechoso o acusado hubiera podido comparecer en juicio —art. 4.2—.

En materia de garantías, la DIR 2014/42/UE establece —art. 8.1— la obligación de los Estados de adoptar las medidas precisas para garantizar que las personas afectadas por el decomiso tengan derecho a una tutela judicial efectiva y a un juicio justo a fin de preservar sus derechos. Es así

---

(http://www.ree-uva.es); Anna María Maugeri, "La Direttiva 2014/42/UE relativa alla confisca degli strumenti e dei proventi da reato nell'Unione Europea tra garanzie ed efficienza: un 'work in progress'", *Diritto penale contemporaneo*, núm. 1 (2015) 300-352; Rodríguez, "Decomisa que algo queda…", 2205-2208.

47 El Cdo. 5 DIR 2014/42/UE se refiere a la adopción de normas mínimas para aproximar el régimen de decomiso de los Estados miembros, facilitando la confianza mutua y la cooperación transfronteriza eficaz.

48 Se prevé la transferencia o adquisición gratuita o a cambio de un importe significativamente inferior al valor de mercado —art. 6.1—, con la expresa previsión de que no se perjudicará los derechos de terceros de buena fe —art. 6.2—.

como la configuración del decomiso, y particularmente atendida la ampliación de su ámbito, exige la máxima observancia de las garantías en el proceso penal en que se pueda acordar el mismo, pues sólo así se preservan los derechos de los afectados.

## 4. LA PROPUESTA DE DIRECTIVA DEL PARLAMENTO EUROPEO Y DEL CONSEJO SOBRE RECUPERACIÓN Y DECOMISO DE ACTIVOS DE 2022

### *4.1. Cuestiones generales*

Las políticas legislativas de expansión del decomiso en la UE han tenido continuidad en diversos instrumentos, como la DIR (UE) 2018/1673 del Parlamento Europeo y del Consejo, de 23 de octubre de 2018, relativa a la lucha contra el blanqueo de capitales mediante el Derecho penal[49], que prevé —Cdo. 16— que la Comisión presente un informe sobre la viabilidad y ventajas de nuevas normas comunes sobre el decomiso, incluso en ausencia de condena, por tanto, la voluntad de ampliar el decomiso sin condena[50].

En esta línea, el REG (UE) 2018/1805, sobre el reconocimiento mutuo de las resoluciones de embargo y decomiso[51], con el objetivo de mantener y desarrollar un espacio de libertad, seguridad y justicia —Cdo. 1— parte de la base de la cooperación judicial en materia penal, erigida sobre el principio de reconocimiento mutuo de sentencias y resoluciones judiciales, pieza clave de la cooperación judicial penal —Cdo. 2—, y advierte que embargo y decomiso de los instrumentos y producto del delito se encuentran entre las herramientas más eficaces contra la delincuencia —Cdo. 3—.

En lo que atañe al decomiso, el REG (UE) 2018/1805 contempla —arts. 14 a 21— la transmisión, reconocimiento y ejecución de las resoluciones de decomiso, con el objetivo de garantizar la efectividad del reconocimien-

---

49 DOUE L núm. 284, de 12 de noviembre de 2018.

50 En concreto, en el Cdo. 16 DIR (UE) 2018/1673 se refiere a permitir el decomiso en todos los casos en los que no se pueda incoar o concluir un proceso penal, incluso en los casos en los que el autor del delito ha fallecido y a las posibles ventajas de introducir nuevas normas comunes sobre el decomiso de bienes provenientes de actividades de carácter delictivo, incluso en ausencia de condena de una o más personas concretas por tales actividades.

51 DOUE L núm. 303, de 28 de noviembre de 2018.

to mutuo de las resoluciones de decomiso —Cdo. 11—, mediante normas que obliguen a reconocer las resoluciones. Así, en su Cdo. 12, reafirma la importancia de facilitar el reconocimiento mutuo y la ejecución de las resoluciones de decomiso mediante normas que obliguen a un Estado a reconocer sin más trámites las resoluciones de decomiso de otro Estado en el marco de un procedimiento penal y a ejecutar dichas resoluciones[52].

Con posterioridad, la DIR (UE) 2019/1153 del Parlamento Europeo y del Consejo, de 20 de junio de 2019, por la que se establecen normas destinadas a facilitar el uso de información financiera y de otro tipo para la prevención, detección, investigación o enjuiciamiento de infracciones penales, que deroga la Decisión 2000/642/JAI del Consejo[53], y establece que los organismos de recuperación de activos han de figurar entre las autoridades competentes con acceso directo a la información de los registros centralizados de cuentas bancarias, para prevenir, detectar o investigar una infracción penal grave específica o apoyar una investigación penal específica, incluidas la identificación, localización e inmovilización de activos —Cdo. 10—, disponiendo en su art. 3.1 la obligación de designar, entre sus autoridades competentes a efectos de la prevención, detección, investigación o enjuiciamiento de infracciones penales, a las autoridades facultadas para acceder a su registro nacional centralizado de cuentas bancarias, entre ellas, al menos, los organismos de recuperación de activos.

En esta DIR (UE) 2019/1153 subyace la idea de potenciar la investigación y localización de bienes, con expreso protagonismo de los organismos de recuperación de activos, evidenciando la voluntad de la UE de detectar los activos ilícitos.

En este proceso de constante evolución y a fin de conseguir que el decomiso sea —de una vez por todas— un instrumento normativo eficaz en la lucha contra la delincuencia organizada, la Comisión Europea ha presen-

---

52 Cdo. 12 REG (UE) 2018/1805: "Es importante facilitar el reconocimiento mutuo y la ejecución de las resoluciones de embargo y las resoluciones de decomiso de bienes mediante el establecimiento de normas que obliguen a un Estado miembro a reconocer sin más trámites las resoluciones de embargo y las resoluciones de decomiso dictadas por otro Estado miembro en el marco de un procedimiento en materia penal y a ejecutar dichas resoluciones en su territorio".

53 DOUE L núm. 186, de 11 de julio de 2019.

tado la propuesta de Directiva del Parlamento Europeo y del Consejo sobre recuperación y decomiso de activos de 25 de mayo de 2022[54].

Con carácter general, la propuesta aspira a modernizar la regulación sobre recuperación de activos, con medidas como la ampliación del decomiso a más delitos y supuestos, la potenciación de los organismos de recuperación de activos, la creación de oficinas de gestión de activos para garantizar que los bienes no pierdan valor y su realización en caso de fácil depreciación o mantenimiento costoso.

Esta Directiva tendría como objetivo garantizar un nivel mínimo común de las medidas de decomiso en todos los Estados, reforzando las capacidades en materia de seguimiento, identificación y gestión de bienes y facilitando la cooperación transfronteriza, con la flexibilidad necesaria para su aplicación de acuerdo a las tradiciones y marcos jurídicos nacionales[55].

A tales fines, la propuesta de Directiva vendría a sustituir a la DM 2005/212/JAI del Consejo y la DM 2007/845/JAI del Consejo, así como a la DIR 2014/42 sobre decomiso, fijando una normativa mínima común para el seguimiento e identificación, embargo, gestión y decomiso de activos en un único cuerpo normativo[56], en garantía de un enfoque más coherente y estratégico, con herramientas de mayor eficacia para el decomiso, sobre la base de recursos, capacidades y competencias necesarios para que dotar de eficacia a los sistemas de recuperación de activos y la cooperación transfronteriza.

En cuanto a su fundamento jurídico, la Directiva propuesta emana de los arts. 82.2, 83. 1 y 2, y 87.2 TFUE, y concretamente, las previsiones relativas al decomiso —Capítulo III, arts. 12 a 18— resultan conformes con el art. 83.1 TFUE, precepto que permite establecer normas mínimas sobre la definición de las sanciones en ámbitos delictivos de especial gravedad y

---

54 Propuesta de Directiva del Parlamento Europeo y del Consejo sobre recuperación y decomiso de activos. Bruselas, 25.5.2022 COM (2022) 245 final 2022/0167 (COD).

55 Sobre el objeto de la propuesta, *vid.* Teresa Aguado, "Embargo y decomiso en la propuesta de directiva sobre recuperación y decomiso de activos: garantizar que el delito no resulte provechoso a costa de las garantías", *Revista Electrónica de Ciencia Penal y Criminología,* núm. 25-34 (2023):4-8 (http://criminet.ugr.es/recpc/25/recpc25-34.pdf).

56 El art. 1 de la propuesta de Directiva advierte que establece normas mínimas sobre seguimiento e identificación, embargo, decomiso y gestión de bienes en el marco de un procedimiento en materia penal.

con dimensión transfronteriza a los delitos del ámbito previsto en el art. 2, apartados 1, 2, 3 y 4 de la propuesta de Directiva, el cual resulta ampliado a los delitos cometidos en el contexto de organizaciones delictivas, pues la delincuencia organizada es un "eurodelito" a efectos del art. 83.1 TFUE.

En cualquier caso, de conformidad con el principio de proporcionalidad la propuesta se limita a lo necesario y proporcionado para aplicar una norma mínima común en toda la UE a fin de desarticular la delincuencia organizada y sus beneficios. Para ello, la apertura sistemática de investigaciones de seguimiento de activos se ciñe a delitos que puedan generar ventajas económicas sustanciales, o limitando las posibilidades de decomiso, a falta de sentencia condenatoria por un delito específico, a delitos graves que puedan generar ventajas sustanciales, bajo sólidas salvaguardias que garanticen la proporcionalidad[57].

En cuanto a la justificación o necesidad de una nueva Directiva, se parte, sin atisbo de duda, de la insuficiencia del sistema actualmente vigente. Es así que, pese a que el decomiso es un instrumento idóneo para disuadir de las actividades delictivas y garantizar que el delito no resulte provechoso, los actuales sistemas de recuperación de activos no son suficientes, por lo que las propias instituciones de la UE asumen esa necesidad de reforzar su régimen[58], pues las evaluaciones y controles en relación con la adecuación de la legislación y sistema de decomiso para conseguir su finalidad concluyen que quedan muchos retos pendientes pues su eficacia es escasa como para afectar, significativamente, a la delincuencia organizada y sus enormes beneficios.

La propia exposición de motivos de la propuesta, en el análisis de sus razones y objetivos, expone que la delincuencia organizada, por su transnacionalidad, violencia e infiltración económica, es una de las mayores amenazas para la seguridad de la UE. Así, según la Estrategia de la UE contra la Delincuencia Organizada (2021-2025), para dificultar las actividades de los

---

57 El Cdo. 35 de la propuesta advierte que al aplicar la Directiva, y a fin de garantizar la proporcionalidad de las medidas de decomiso, los Estados miembros deben disponer que no se resuelva el decomiso de bienes en la medida en que resulte desproporcionado con respecto a la infracción en cuestión.

58 En el Cdo. 4 de la propuesta de Directiva se admite que el actual marco jurídico de la UE no alcanza plenamente el objetivo de luchar contra la delincuencia organizada mediante la recuperación de sus beneficios.

grupos delictivos es fundamental privarles de los beneficios ilícitos, razón de ser de esta delincuencia organizada[59].

En un contexto de lucha contra la delincuencia organizada, y en coherencia con disposiciones de política sectorial[60], se sitúa la propuesta de Directiva, adecuada a la aplicación efectiva de la política de seguridad de la UE, como conjunto de medidas legislativas —y no legislativas— tendentes a ofrecer herramientas frente al delito, implementando medios que permitan, con celeridad y eficacia, identificar, embargar, decomisar y gestionar los activos delictivos[61].

Y es que, pese a que la recuperación de activos constituye un mecanismo ciertamente eficaz para retraer las actividades delictivas y garantizar que el delito no sea rentable, los actuales sistemas son insuficientes, y la UE reconoce la necesidad de reforzarlos[62]. Así, las evaluaciones y controles de la UE sobre la adecuación de la legislación y del sistema de recuperación de activos en orden a conseguir su finalidad, y para revelar sus déficits, concluyen la concurrencia de retos en materia de identificación de activos, así como que el decomiso sigue siendo exiguo como para afectar significativamente a los beneficios de la criminalidad.

---

59 En el Cdo. 1 de la propuesta de Directiva se señala que la Evaluación de la Amenaza de la Delincuencia Grave y Organizada (SOCTA) de Europol, de 2021, puso de relieve la creciente amenaza de la delincuencia organizada y la infiltración delictiva, con ingresos anuales de un mínimo de 139 000 millones EUR, que se blanquean cada vez más a través de un sistema financiero paralelo encubierto, siendo una amenaza significativa a la integridad de la economía y la sociedad, que erosiona el Estado de Derecho y los derechos fundamentales. La Estrategia de la UE contra la Delincuencia Organizada 2021-2025 pretende abordar estos retos impulsando la cooperación transfronteriza, apoyando investigaciones eficaces contra las redes delictivas, eliminando el producto de las actividades delictivas y adaptando las fuerzas y cuerpos de seguridad y el poder judicial a la era digital.

60 Así, la Convención de las Naciones Unidas contra la Delincuencia Organizada y sus Protocolos, así como la Convención de las Naciones Unidas contra la Corrupción, la Convención de Varsovia del Consejo de Europa y la Recomendación nº 4 del Grupo de Acción Financiera Internacional (GAFI), que instan a los países que son Partes a adoptar medidas que permitan a sus autoridades embargar y decomisar los productos e instrumentos del delito.

61 Así lo señala el Cdo. 2 de la propuesta de Directiva.

62 En el Cdo. 4 de la propuesta de Directiva se admite que el actual marco jurídico de la UE no alcanza plenamente el objetivo de luchar contra la delincuencia organizada mediante la recuperación de sus beneficios.

Por ende, para pergeñar un sistema eficaz de decomiso es procedente, e ineludible, actualizar el marco jurídico de la UE, con una Directiva que establezca marco mínimo respecto al seguimiento e identificación, embargo, decomiso y gestión de bienes en los procedimientos en materia penal —concepto que engloba todas las resoluciones de decomiso dictadas tras un procedimiento relativo a una infracción penal—, así como otras resoluciones dictadas sin sentencia condenatoria firme.

Asimismo, es básico reforzar la capacidad de las autoridades para la privación de los activos, con previsiones que robustezcan las potestades de seguimiento e identificación de activos, mejoren la gestión de bienes y refuercen los sistemas de decomiso, pues únicamente de este modo se puede perfeccionar la eficiencia global de la recuperación de activos[63].

Y es que las actuaciones aisladas de los Estados miembros en la lucha contra la delincuencia organizada son insuficientes ante la delincuencia organizada transfronteriza[64], que cuenta con un entramado complejo de cuentas bancarias y empresas pantalla diseminados por territorios diversos, particularmente en lugares con los sistemas más débiles de recuperación de activos, lo que convierte en ineludible aunar los esfuerzos de la UE frente a los sistemas financieros de las organizaciones delictivas para recuperar sus activos, por lo que la Directiva propuesta aboga por la el fomento de la cooperación transfronteriza.

En cualquier caso, en relación con la importancia de ofrecer una mejor y más adecuada regulación del decomiso, cabe reseñar que el texto de la propuesta ya ha sido objeto de modificaciones aprobadas por Consejo de la Unión Europea de 9 de junio de 2023[65], y, sin perjuicio del contenido del texto que sea definitivamente aprobado, dos de las cuestiones más controvertidas y afectadas por la modificación son el decomiso de patrimonio no explicado —art. 16— y el régimen de garantías, que ha sido ampliado en la reforma propuesta.

---

63 *Vid.* Cdo. 5 de la propuesta de Directiva.

64 El 70% de los grupos criminales activos en la UE operan en más de tres Estados miembros y ocultan y reinvierten bienes derivados de sus actividades delictivas en el mercado interior de la UE.

65 Consejo de la Unión Europea, Documento 10347/23, 9 junio 2023.

### *4.2. Derechos y garantías*

Otra cuestión esencial en la propuesta de Directiva es la atinente a los derechos afectados, partiendo del aquietamiento de las garantías procesales al art. 82.2 TFUE, como precepto que las fundamenta, e incidiendo en que las medidas recogidas resultan respetuosas con los derechos y libertades fundamentales previstos en la Carta de los Derechos Fundamentales de la Unión Europea y en el Convenio Europeo para la Protección de los Derechos Humanos y de las Libertades Fundamentales[66].

La Directiva propuesta justifica la injerencia de las medidas sobre los derechos fundamentales, en particular los derechos de propiedad, en la necesidad de privar, de manera efectiva, a los delincuentes —en especial a la delincuencia organizada— de sus activos ilícitos, limitadas a lo necesario para materializar dicho objetivo, con observancia y respeto de los derechos fundamentales[67].

Específicamente, el respeto de los derechos fundamentales —derecho a un juez imparcial, a la tutela judicial efectiva y la presunción de inocencia— se garantizará mediante las previsiones contenidas en los arts. 22 a 24, basadas, en gran medida, en las disposiciones de la Directiva de 2014 sobre decomiso[68], sin obviar el respeto al principio de proporcionalidad de toda limitación de los derechos que, con carácter general establece el art. 52.1 CDFUE.

El art. 22 de la Directiva propuesta pretende garantizar la información de las medidas de decomiso adoptadas a las personas afectadas, así como su motivación. Por su parte, el art. 23 prevé requisitos más específicos, como la garantía del derecho de defensa, a una tutela judicial efectiva y a un juicio justo, con la posibilidad efectiva de que la persona cuyos bienes

---

66 Así, el Cdo. 32 de la propuesta de Directiva señala que se respetan los derechos fundamentales y observan los principios reconocidos en CDFUE y el CEDH, según los interpreta el TEDH, debiendo aplicarse de conformidad con estos derechos y principios.

67 El Cdo. 33 de la propuesta de Directiva advierte que las resoluciones de decomiso afectan sustancialmente a los derechos de los sospechosos y acusados y, en determinados casos, de terceros, por lo que deben contemplarse garantías específicas y recursos judiciales que protejan sus derechos fundamentales, en consonancia con el derecho a un juez imparcial, el derecho a la tutela judicial efectiva y la presunción de inocencia, consagrados en los arts. 47 y 48 CDFUE.

68 Destaca la referencia al derecho a la presunción de inocencia, que no aparece mencionado en la DIR 2104/42.

resulten afectados recurra la resolución de decomiso y las circunstancias del asunto ante un órgano jurisdiccional u otra autoridad judicial, garantizándose el derecho a la asistencia letrada —con la debida información de este derecho a los afectadas—, así como una previsión expresa de que los terceros puedan ejercitar su derecho a reclamar la titularidad de los bienes o derechos[69].

Ciertamente, una de las cuestiones esenciales del decomiso atañe a la protección de los derechos fundamentales, especialmente cuando se trata de supuestos de decomiso sin sentencia penal condenatoria —decomiso autónomo— y del novedoso decomiso de patrimonio no explicado. La propuesta de Directiva no es ajena a esta problemática, y así en sus arts. 15.3 y 16.4 relativos, respectivamente, al decomiso sin sentencia y al decomiso de patrimonio no explicado, prevé la obligación de respetar los derechos de defensa de la persona afectada, en particular, de acceso al expediente y el derecho a ser oído en cuestiones de hecho y de derecho.

Procede señalar que la proposición de modificación de la propuesta de Directiva evacuada por el Consejo en orden a garantizar el respeto de los derechos procesales de la persona afectada aboga por una modificación del régimen de derechos y garantías y, por ende, del art. 23 de la propuesta, con la previsión de que las garantías sean extensibles a terceros afectados. Cabe reseñar que en la reforma propuesta por el Consejo el derecho de defensa incluye el derecho de acceso al expediente, a ser oído en cuestiones de hecho y de Derecho y, en su caso, el derecho a interpretación y traducción —este último novedoso, extensibles todas las personas afectadas, incluidos a aquellos afectos por el decomiso de patrimonio no explicado del art. 16, sin perjuicio de que los Estados puedan prever su aplicación a cualesquiera otras personas afectadas —como entendemos sería procedente—. Asimismo, deberá disponerse que todos los afectados disfruten de "cualquier de otro derecho procesal que sea necesario para ejercer efectivamente su derecho a la tutela judicial efectiva", si bien el acceso al expediente podrá limitarse a los documentos relacionados con el decomiso, siempre que las personas afectadas puedan tener acceso a los documentos necesarios para ejercer su derecho a la tutela judicial efectiva.

Y es que el decomiso en general, y las referidas modalidades en particular, exige extremar la observancia de las garantías procesales de los sujetos afectados, a fin de preservar los derechos fundamentales y los principios

69 Sobre la obligación de informar y el derecho al recurso, *vid.* Aguado, "Embargo y decomiso…", 16-18

puestos en liza, en especial el de proporcionalidad. La ampliación y la eficacia del decomiso no puede prevalecer en todo caso, sino que garantías, derechos y principios deben quedar salvaguardados[70] .

De otro lado, no obvia la Directiva los derechos de las víctimas o perjudicados por el delito, de suerte que en el art. 18 —relativo a la indemnización de las víctimas— se establece el derecho de reclamación respecto de la persona sometida a una medida de decomiso, debiendo fijarse medidas necesarias que garanticen que el decomiso no afecte el derecho de las víctimas a una indemnización.

### *4.3. Decomiso*

La propuesta de Directiva conceptúa el decomiso —art. 3— como la privación definitiva de un bien dictada por un órgano jurisdiccional en relación con una infracción penal, conteniendo en el Capítulo III —arts. 12 a 16— las disposiciones sobre las diversas modalidades.

El decomiso previsto se aplicará a los delitos referidos en el art. 2 apdos. 1, 2, 3 y 4, que comprende un elenco amplio de tipos penales que se han considerado de particular relevancia, como: participación en una organización delictiva, terrorismo, trata de seres humanos, explotación sexual de menores y pornografía infantil, tráfico ilícito de estupefacientes y sustancias psicotrópicas, corrupción, falsificación de medios de pago, delitos informáticos, tráfico de armas, fraude, delitos contra el medio ambiente y otros delito cometidos en el seno de organizaciones delictivas[71].

De otro lado, la propuesta incide en la perentoriedad de la armonización y clarificación de las definiciones en toda la UE, especialmente en la necesidad de ofrecer una definición amplia de los bienes, así como del producto del delito objeto de decomiso. Así, se conceptúan —art. 3— los bienes como cualquier tipo de bienes, materiales o inmateriales, muebles o inmuebles, así como documentos o instrumentos jurídicos acreditativos de un título o derecho sobre aquellos, lo que debe incluir los criptoactivos[72]. Por su parte, el producto del delito es definido como toda ventaja económica derivada, directa o indirectamente, de infracciones penales, que

---

70 Aguado, "Embargo y decomiso...": 46-47.

71 En el Cdo. 9 de la propuesta de Directiva se hace referencia a los delitos comprendidos en el ámbito de la propuesta de Directiva.

72 Cdo. 12 de la propuesta de Directiva.

puede consistir en cualquier tipo de bien, e incluye cualquier reinversión o transformación posterior del producto directo así como cualquier beneficio cuantificable[73].

Con ello queda patente el decidido interés que subyace en la UE de maximizar el decomiso incluyendo en su ámbito objeto todo tipo de bienes o ventajas económicas de origen delictuoso.

#### 4.3.1. Modalidades

Respecto de las modalidades de decomiso, la propuesta de Directiva mantiene las previstas en la normativa vigente, de modo que regula el decomiso ordinario de instrumentos y productos del delito tras una sentencia condenatoria firme y el decomiso de bienes de valor equivalente o decomiso de valor —art. 12—; el decomiso de bienes transferidos por el acusado o sospechoso a un tercero con el fin de evitar el decomiso, o decomiso de terceros —art. 13—; el decomiso ampliado —art. 14— y el decomiso autónomo —art. 15—, si bien en cuanto a esta última modalidad se incluyen nuevos supuestos.

Ahora bien, la novedad a destacar es que la Directiva propuesta contempla una modalidad inédita de decomiso, denominada "Decomiso de patrimonio no explicado vinculado a actividades delictivas" —art. 16—, que faculta el decomiso de activos sobre la base de sospechas de implicación en actividades de delincuencia organizada y cuando no sea posible el decomiso con arreglo a otras disposiciones, limitado a delitos con una pena máxima de privación de libertad de al menos cuatro años[74].

---

73 Cdo. 13 de la propuesta de Directiva.

74 El Cdo. 28 de la propuesta de Directiva justifica esta modalidad en la naturaleza intrínsecamente opaca de la delincuencia organizada, pues no siempre es posible establecer una relación entre los bienes derivados de actividades delictivas y un delito específico y confiscar dichos bienes. Por ello debe ser posible el decomiso, bajo determinadas condiciones, en particular: que el embargo se base en sospechas de delitos cometidos en el marco de una organización delictiva, que dichos delitos puedan generar ventajas económicas sustanciales y que el órgano jurisdiccional haya resuelto que los bienes embargados proceden de actividades delictivas realizadas en el marco de una organización delictiva, limitado a actividades realizadas por organizaciones delictivas, graves por naturaleza y que puedan generar ventajas sustanciales.

De los nuevos supuestos de la modalidad de decomiso autónomo y la introducción del novedoso decomiso de patrimonio no explicado, se evidencia la voluntad de ampliar los supuestos de aplicación del decomiso.

#### 4.3.2. Nuevos supuestos de decomiso autónomo

La propuesta de Directiva aumenta los supuestos de aplicación de la modalidad de decomiso autónomo, lo que se traduce en la ampliación de su ámbito o alcance decomisivo.

Así, la actual DIR 2014/42/UE prevé el decomiso autónomo en supuestos en que no sea posible acordarlo en una resolución penal condenatoria cuando dicha imposibilidad, al menos, se derive de la enfermedad o fuga del sospechoso o acusado —art. 4.2—[75], si bien atendida su carácter de norma de mínimos y la expresión "al menos", deja la posibilidad de que los Estados puedan establecer otros, como ha ocurrido en nuestro país[76].

La propuesta de 2022 amplía los supuestos de la Directiva de 2014 relativo al decomiso autónomo —"decomiso no basado en sentencia condenatoria"—, toda vez que su art. 15 exige a los Estados la previsión de la posibilidad de articular este decomiso, cuando se disponga de todas las pruebas de infracción penal, pero no sea posible la sentencia condenatoria por número limitado de circunstancias, en las que, además de la enfermedad y la fuga, se contemplan el fallecimiento del sospechoso o acusado, la inmunidad o amnistía, o la expiración de los plazos estipulados en la legislación nacional.

En la propuesta de Directiva se motivan estos nuevos supuestos —Cdo. 26— bajo el fundamento de que el decomiso ha de ser viable cuando un

---

[75] El Cdo. 15 DIR 2014/42/UE señala que, cuando no sea posible el decomiso basado en una resolución judicial, debería ser posible, en determinadas circunstancias, decomisar esos instrumentos y productos, al menos ante la enfermedad o fuga del sospechoso o acusado; en tales supuestos, la existencia de procedimientos en ausencia del acusado sería suficiente para colmar tal obligación, bajo la prevención de que ante la fuga del sospechoso o acusado los Estados hayan de adoptar las medidas oportunas para que se convoque o ponga en conocimiento del sujeto el proceso de decomiso.

[76] Sobre los nuevos supuestos y su incidencia en nuestro ordenamiento jurídico, *vid.* Tomás Farto, "El decomiso autónomo en el Proyecto de Directiva de 2022 sobre recuperación y decomiso de activos: los nuevos supuestos y su incidencia en nuestro ordenamiento jurídico interno", *Revista General de Derecho Procesal,* núm. 60, (2023): 1-42.

órgano jurisdiccional determine que los instrumentos, productos o bienes son de origen delictivo, ante la imposibilidad del dictado de una sentencia condenatoria por casusa de enfermedad, fuga, muerte, o porque el sospechoso o acusado no pueda ser considerado responsable en virtud de inmunidad o amnistía, al igual que en caso de transcurso de los plazos señalados por la legislación nacional, o si tales plazos no resultan lo suficientemente prolongados como para la investigación y enjuiciamiento efectivo de las infracciones penales.

En cualquier caso, como expone el Cdo. 26, el decomiso solo debe permitirse si el órgano jurisdiccional ha resuelto que concurren todos los elementos de una infracción, limitado, por razones de proporcionalidad, a delitos graves y siempre garantizando el derecho a ser informado del procedimiento y estar representado por un abogado.

Es así que los supuestos de aplicación del decomiso autónomo de enfermedad y fuga previstos en la Directiva de 2014 se amplían con el fallecimiento, inmunidad, amnistía, o la expiración de los plazos, nuevos supuestos que exigirían determinar, en su caso, su regulación en los ordenamientos jurídicos internos en orden a su transposición, en particular tanto la conceptualización de la inmunidad y la amnistía, como en relación con la expiración de los plazos fijados cuando no sean lo suficientemente prolongados para permitir la investigación y el enjuiciamiento del delito —prescripción—, pues exige interpretar si los plazos de cada Estado colman ese presupuesto temporal y el significado de enjuiciamiento efectivo. No obstante, lo cierto es que tanto la amnistía como el indulto han sido suprimidos tras la modificación operada en el texto del art. 15 de la propuesta del Consejo, de modo que los supuestos quedarían limitados a: enfermedad, fuga, fallecimiento y prescripción.

### 4.3.3. Decomiso de patrimonio no explicado

Esta modalidad de decomiso se condiciona a la existencia de la sospecha de delitos cometidos en la órbita de una organización delictiva, susceptibles de producir ventajas económicas sustanciales, o que el órgano jurisdiccional haya resuelto que los bienes proceden de actividades delictivas de una organización delictiva, si bien no es presupuesto previo que el órgano jurisdiccional haya dictaminado la comisión de una infracción penal[77].

---

77 *Vid.* Aguado, "Embargo y decomiso...": 33-45.

A fin de determinar su procedencia ilícita, el órgano judicial deberá estar a las circunstancias, entre ellas que los bienes —su valor o importe— sean sustancialmente desproporcionados en relación con los ingresos lícitos de su titular, siempre admitiéndose que pueda acreditar su origen lícito.

Resulta evidente, e indiscutible, que la propuesta de Directiva aspira a mejorar la eficacia del decomiso, tanto con los nuevos supuestos de decomiso autónomo, como con la introducción de la modalidad de decomiso de patrimonio no explicado, con el objetivo de garantizar el decomiso de los bienes cuando éste no sea viable bajo otras modalidades, constituyendo una herramienta de cierre del sistema de decomiso que permita decomisar los activos delictivos en los supuestos en que marco legal vigente no lo faculte.

Cumple señalar que el texto de modificación del Consejo reforma esta modalidad para dotarla de una, aún mayor, eficacia, ampliando su ámbito de aplicación como "mínimo" a supuestos de ventajas económicas sustanciales, así como en casos en que "la persona esté vinculada a personas vinculadas a su vez a una organización delictiva", e introduciendo en su radio de acción los supuestos en que "el bien no tenga una procedencia lícita verosímil".

#### 4.3.4. Organismos de recuperación de activos

Un elemento esencial para el funcionamiento eficaz del decomiso lo integran los organismos de recuperación de activos, de ahí que la propuesta de 2022 establezca su obligatoriedad, y pretenda potenciar sus facultades y capacidad de información, así como la necesaria cooperación transfronteriza entre los organismos de los diversos estados, con el deber de una estrecha cooperación con los organismos y agencias de la UE, incluidos Europol, Eurojust y la Fiscalía Europea[78], incluso extensible a terceros países[79].

Entre sus funciones, se prevé las de seguir e identificar instrumentos, productos o bienes, cooperar e intercambiar información con los organismos de recuperación de activos de otros Estados y adoptar medidas inmediatas de embargo[80].

---

78 Así lo dispone el art. 28 y los Cdos. 44 y 45 de la propuesta de Directiva.

79 Art. 29 y Cdo. 44 de la propuesta de Directiva.

80 Art. 5 de la propuesta de Directiva.

Para acometer y llevar a efecto todas sus funciones, estos organismos de recuperación de activos habrán de contar con un acceso inmediato y directo a la información necesaria para el seguimiento e identificación de activos, concretamente: los datos fiscales; los registros inmobiliarios nacionales o sistemas electrónicos de recuperación de datos nacionales y los registros de la propiedad y catastrales; los registros nacionales de ciudadanía y población de personas físicas; los registros nacionales de vehículos de motor, aeronaves y embarcaciones; bases de datos comerciales, incluidos los registros mercantiles y de sociedades; los registros nacionales de la seguridad social[81].

Toda la información también deberá ser facilitada ante solicitudes de organismos de recuperación de activos de terceros Estados[82], evidenciando, una vez más, la firme voluntad por el fomento de la cooperación de la UE y que imbuye la propuesta de Directiva.

## 5. CONCLUSIONES

El decomiso de activos es un instrumento fundamental que se ha tornado en imprescindible en la lucha contra la criminalidad organizada, pues su acción se proyecta sobre el motor que la impulsa: la obtención de riqueza y beneficios económicos.

Esta relevancia ha impregnado la política criminal de la UE, situando esta figura como un elemento esencial, de máxima utilidad, en orden a edificar la estrategia de la UE frente al crimen organizado sobre el pilar del decomiso de sus activos delictivos, pues sólo con ello se puede erradicar esta lacra que daña nuestras instituciones, perjudica la economía, los derechos de los ciudadanos y, consecuentemente, la propia sociedad.

En este orden de ideas, los métodos de erradicación de los beneficios delictivos pergeñados sobre el decomiso han ido marcando la pauta, con firmeza, de las actuaciones normativas de la UE, desde los inicios determinados por instrumentos normativos con carácter limitado, hacia una nueva regulación más ambiciosa, que implementa y pone en valor un decomiso con unas proporciones y características más amplias y extensas, en cuanto a su ámbito objetivo, las modalidades y supuestos de aplicación, las facultades previstas y un desarrollo de los organismos de recuperación de activos,

---

81 Art. 6 de la propuesta de Directiva.

82 Art. 9 de la propuesta de Directiva.

todo ello en un marco de cooperación entre Estados como único cauce que puede permitir maximizar la aplicación de esta figura, que se traduzca, por tanto, en su mayor eficacia.

Esa constante e imparable evolución de la regulación del decomiso en la UE ha experimentado un hito paradigmático con la vigente DIR 2014/42/UE, que ha tenido, en determinados aspectos, una continuidad en instrumentos posteriores. Ahora bien, las instituciones europeas se muestran conscientes de la insuficiencia del sistema actual, de sus carencias, que suponen la infrautilización de esta herramienta, desaprovechando su potencial frente al crimen y, en consecuencia, para garantizar la seguridad de nuestra sociedad.

Por ello, se aspira a alcanzar un estadio superior con la propuesta de Directiva del Parlamento Europeo y del Consejo sobre recuperación y decomiso de activos de 2022, imbuido por el firme objetivo de superar el modelo existente, con herramientas e instrumentos de mayor eficacia que consolide, definitivamente, al decomiso como el elemento decisivo que está llamado a ser a fin de materializar la política criminal de la UE.

Es así que esta propuesta de Directiva, con el indisimulado objetivo de superar las carencias detectadas, pretende ofrecer herramientas más eficaces, bajo la premisa de la necesidad de profundizar en la más amplia cooperación entre Estados, con la potenciación de los organismos de recuperación de activos, y erigiéndose en el marco mínimo común, más moderno y amplio en materia de decomiso.

La nueva hoja de ruta normativa que se propone evidencia la apuesta firme por el decomiso de activos, si bien ello exige, de un lado, proveer los medios precisos y las inversiones necesarias que permitan llevar a la práctica este nuevo sistema, evitando que se convierta en un programa bienintencionado pero sin efectividad real y, por otro lado, no menoscabar la protección de las garantías procesales de los sujetos afectados por el decomiso, pues el camino en la lucha frente al crimen no puede acometerse en detrimento de las garantías procesales.

En consecuencia, es necesario que el proceso penal resulte dotado de agilidad en todas sus fases procesales, desde una investigación eficaz que permita garantizar la localización, embargo y preservación de los activos, hasta un enjuiciamiento y la ulterior ejecución que facilite la materialización del decomiso, pero todo ello desde el máximo respeto de las garantías procesales, en toda su extensión, de los sujetos afectados.

## BIBLIOGRAFÍA

Aguado, Teresa, "La Directiva 2014/42/UE sobre embargo y decomiso en la Unión Europea: una solución de compromiso a medio camino", *Revista General de Derecho Europeo*, núm. 35 (2015): 1-34.

Aguado, Teresa, "Comentarios a los arts. 127 a 128". En *Comentarios prácticos al Código penal*, 1001-1055, Cizur Menor (Navarra): Thomson Reuters Aranzadi, 2015.

Aguado, Teresa, "Normas mínimas sobre decomiso de los instrumentos y del producto de la delincuencia organizada en la Unión Europea (Directiva 2014/42/UE) y su incorporación al derecho español". En *Criminalidad organizada trasnacional: una amenaza a la seguridad de los estados* democráticos, 551-590, Valencia: Tirant lo Blanch, 2017.

Aguado, Teresa, "Embargo y decomiso en la propuesta de directiva sobre recuperación y decomiso de activos: garantizar que el delito no resulte provechoso a costa de las garantías", *Revista Electrónica de Ciencia Penal y Criminología*, núm. 25-34 (2023): 1-49 (http://criminet.ugr.es/recpc/25/recpc25-34.pdf).

Carrillo, Ana, "La directiva 2014/42/UE sobre el embargo y el decomiso de los instrumentos y del producto del delito en la UE: Decomiso ampliado y presunción de inocencia", *Revista de Estudios Europeos*, núm. Extra 1 (2017): 20-32.

Carrillo, Ana, *Decomiso y recuperación de activos en el sistema penal español*, Valencia: Tirant lo Blanch, 2018.

Corral, Vicente, *La localización de bienes en la UE y su aplicación en España: fase clave de la recuperación de activos procedentes del delito*, Valencia: Tirant lo Blanch, 2023.

Farto, Tomás, *El proceso de decomiso autónomo*. Valencia: Tirant lo Blanch, 2021.

Farto, Tomás, "El decomiso autónomo en el Proyecto de Directiva de 2022 sobre recuperación y decomiso de activos: los nuevos supuestos y su incidencia en nuestro ordenamiento jurídico interno", *Revista General de Derecho Procesal*, núm. 60 (2023): 1-42.

Farto, Tomás, "Evolución y desafíos de la política criminal y la normativa de la UE en materia de recuperación y decomiso de activos". En *Proceso penal europeo: últimas tendencias, análisis y perspectivas*, 315-336, Navarra: Aranzadi, 2023.

Garrido, Francisco Javier, *El decomiso. Innovaciones, deficiencias y limitaciones en su regulación sustantiva y procesal*. Madrid: Dykinson, 2019.

Garrido, Francisco Javier, "Cuestiones pendientes sobre el decomiso ocho años después. La Propuesta de Directiva del Parlamento Europeo y del Consejo sobre recuperación y decomiso de activos", *Revista de Estudios Europeos*, núm. Extra 1, (2023): 311-348.

Gascón, Fernando, "Las nuevas herramientas procesales para articular la política criminal de decomiso total: la intervención en el proceso penal de terceros afectados por el decomiso y el proceso para el decomiso autónomo de los bienes y productos del delito", *Revista General de Derecho Procesal*, núm. 38 (2016): 1-71.

González-Cuellar, Nicolás, "Aspectos procesales del decomiso: intervención de terceros afectados por el decomiso, el proceso de decomiso autónomo y la Oficina de Recuperación y Gestión de Activos". En *La reforma de la Ley de Enjuiciamiento Criminal en 2015*, 439-520, Madrid: Ediciones Jurídicas Castillo de Luna, 2015.

Hernández, Alejandro, "Granting Due Process of Law to Suspected and Accused Persons Involved in Parallel Criminal Proceedings in the EU", *Diritto Penale Contemporaneo*, núm. 1 (2019): 1-16.

Hernández, Alejandro, *El papel de Eurojust en la resolución de conflictos de jurisdicción penal en la Unión Europea. Propuestas legislativas.* Cizur Menor: Thomson Reuters-Aranzadi, 2020.

Maugeri, Anna María, "La Direttiva 2014/42/UE relativa alla confisca degli strumenti e dei proventi da reato nell'Unione Europea tra granzie ed efficienza: un 'work in progress'", *Diritto penale contemporaneo*, núm. 1 (2015): 300-352.

Rodríguez, Nicolás, *El decomiso de activos.* Cizur Menor (Navarra): Thomson Reuters Aranzadi, 2017.

Rodríguez, Nicolás, "Redescubrimiento de las bonanzas del decomiso en las tácticas supranacionales internacionales para poner freno a la 'sociedad incivil'". En *Recuperación de activos y decomiso. Reflexiones desde los sistemas penales iberoamericanos,* 317-384, Valencia: Tirant lo Blanch, 2017.

Rodríguez, Nicolás, "Decomisa que algo queda como estrategia dominante e influyente en los sistemas penales para poner freno a la sociedad incivil". En *Derecho y proceso. Liber Amicorum del profesor Francisco Ramos Méndez,* Vol. 3, 2169-2216, Barcelona: Atelier, 2018.

Romeo, Sergio, "Un nuevo modelo de derecho penal transnacional: el derecho penal de la Unión Europea tras el Tratado de Lisboa", *Estudios Penales y Criminológicos,* núm. 32 (2012): 313-386.

Vogel, Joachim, "Derecho penal y globalización", *Anuario de la facultad de Derecho de la Universidad Autónoma de Madrid,* núm. 9 (2005): 113-126.

Vervaele, John A. E., "Las sanciones de confiscación: ¿un intruso en el Derecho penal?", *Revista Penal,* núm. 2 (1998): 67-80.

Vervaele, John A. E., "La europeización del Derecho penal y la dimensión penal de la integración europea", *Revista Penal,* núm. 15 (2005): 169-184.

# *Revisión penal, justicia y proceso*[1]

## En España se pueden revisar sentencias absolutorias firmes

**JULIO SIGÜENZA LÓPEZ**
*Profesor Titular de Derecho Procesal*
*Universidad de Murcia*



## 1. CONSIDERACIONES PRELIMINARES

**1.** Si el proceso jurisdiccional es el instrumento a través del cual el Estado cumple su función de juzgar y hacer ejecutar lo juzgado, el proceso penal —más en concreto— es el medio a través del cual se investigan y en su caso enjuician aquellas conductas que una sociedad considera más execrables, más aborrecibles.

**2.** Para que pueda cumplir tan importante propósito parece sensato concluir que, antes de adoptar cualquier decisión, el tribunal que ha de dictar el pertinente pronunciamiento debe conocer —y no de cualquier manera, sino con el debido detalle— qué fue lo que sucedió en cada caso, qué fue lo que de verdad aconteció. Pues solo si se conoce con fidelidad lo acaecido puede dictarse una sentencia cabal, ajustada a justicia y razón, que, de acuerdo con la conocida máxima de Ulpiano, de "a cada uno lo suyo"[2].

---

1 El presente trabajo es uno de los resultados del proyecto de investigación "El proceso desigual: razón, diagnóstico y propuestas de intervención" (PID2022-139585OB-100), financiado por el Ministerio de Ciencia e Innovación (Gobierno de España).

2 *Iustitia est constans et perpetua voluntas ius suum cuique tribuendi* (*Ulp. 1 reg.* D. 1.1.10).

**3.** Lo anterior tiene especial relevancia en el proceso penal, en el que parece evidente que la búsqueda de la verdad histórica, de lo que sucedió realmente, no siempre puede ser una aspiración realista[3]. Sobre todo si se tiene en cuenta el pronunciamiento que se exige a los tribunales en la fase de juicio oral, en la que se les pide que emitan una declaración sobre lo que es objeto de acusación, no sobre lo que de verdad aconteció. Es sobre esa verdad relativa, referida a la persona a la que se acusa y determinada por las afirmaciones que se contienen en los escritos de acusación, sobre la que han de pronunciarse los tribunales. Y son esos, y sólo esos, los argumentos que la defensa ha de intentar contrarrestar. El debate procesal no se centra pues sobre lo que de verdad ocurrió como presupuesto necesario para que pueda hacerse justicia: lo que se discute en él son las propuestas que formula la acusación tras la investigación practicada, ya que son esas, y sólo esas, las que la defensa ha de discutir y neutralizar. Es esa la "verdad" que ha de tratar de combatir, no otra.

No decimos con ello que en el proceso penal no deba intentarse conocer la verdad de lo acaecido. En modo alguno. Para que el juez pueda dictar el pronunciamiento a que viene obligado es preciso que conozca debidamente los hechos que son objeto de discusión y controversia. Lo que en puridad apuntamos es que, en dicho proceso, el debate procesal no se centra en conocer la verdad histórica y que la labor del juez en el orden criminal pasa por pronunciarse sobre si lo afirmado por la acusación ha quedado o no acreditado, deduciendo las consecuencias jurídicas que se deriven de ello y de lo expuesto y justificado a instancia de la defensa.

**4.** Junto a lo anterior debe asimismo tenerse en cuenta que, desde hace varios años, nuestra principal ley procesal penal regula y favorece la conformidad del inculpado con la acusación más grave, lo que suscita diferentes dudas. Entre otras, la de si, en todos los casos en que aquel se adhiere a esta, la decisión que pone fin al proceso es realmente "justa". Pues aunque es cierto, y no se discute, que la conformidad implica que el sujeto pasivo del proceso penal asume los hechos en los que la acusación fundamenta su pretensión, no es descartable que en algún caso lo haga solo o con el principal propósito de que el proceso concluya lo antes posible y con una sanción que no determine su ingreso en prisión. Digámoslo de otro modo: tal y como está concebida actualmente la conformidad penal en nuestro

---

3 En igual sentido: Salvador Viada Bardají, "Los fines del proceso penal". *La ley penal: revista de derecho penal, procesal* y penitenciario, 75 (2010): págs. 1 y ss.

ordenamiento jurídico se favorece que puedan existir supuestos en los que el sujeto frente al que se dirige una acusación acepte que se le imponga la pena más grave de las solicitadas por las acusaciones, tras haber reducido estas las que inicialmente pedían, no tanto por estar de acuerdo con el relato de hechos realizado por aquellas como por miedo a que, si no lo hace, y en consecuencia da lugar a que el juicio oral se desarrolle por todos sus trámites, pueda imponérsele una pena más grave que la ofrecida[4].

---

4 Pese a lo que pueda pensarse, no es un supuesto tan extraño.
Así, la STS de 12 de diciembre de 2012 (ECLI:ES:TS:2012:8799), Pte. Sr. Giménez García, declaró haber lugar a la revisión de la sentencia condenatoria dictada por un Juzgado de lo Penal de Sevilla tras conformarse el acusado con la pena solicitada por el ministerio fiscal —modificada a la baja en relación con la que pidió anteriormente con carácter provisional—. En este concreto caso, mientras se estaba ejecutando la pena privativa de libertad acordada por el juzgador, se unió a los autos un informe completo del análisis de ADN que había remitido el juzgado que instruyó la causa que, a juicio de la fiscalía, podía evidenciar la inocencia del condenado, como en efecto se acreditó posteriormente. Del mismo modo, la STS de 18 de octubre de 2010 (ECLI:ES:TS:2010:5795), Pte. Sr. Monterde Ferrer, declaró haber lugar a la revisión de la sentencia condenatoria dictada en virtud de la conformidad privilegiada del art. 801 de la LECrim por conducir sin permiso para hacerlo tras alegarse como "hecho nuevo", al amparo de lo dispuesto en el art. 654.4º de dicho texto legal, que, con posterioridad a los hechos y a la sentencia, la Jefatura de Tráfico expidió permiso en el que se autorizaba a conducir al condenado desde una fecha anterior a la de los hechos por los que fue condenado.
Más lejana en el tiempo, puede consultarse la STC 76/2007, de 16 de abril, en la que se anula las sentencias dictadas por el Juzgado de lo Penal núm. 1 de Murcia el 20 de octubre de 2003 y la Audiencia Provincial de Murcia el 9 de julio siguiente por infracción de los derechos constitucionales a la tutela judicial efectiva, a no declarar contra uno mismo y a no confesarse culpable, ordenándose retrotraer las actuaciones al momento anterior al pronunciamiento de la primera resolución antedicha. En ella se había justificado la no imposición de la pena en el grado mínimo previsto en la ley con los siguientes argumentos: en primer lugar, en que eso es lo que se les había ofrecido para el caso de que se conformaran, de modo que, no concurriendo circunstancias modificativas, no existían motivos para rebajar la pena solicitada por el ministerio fiscal; en segundo término, en "la propia actitud de los acusados en el acto del juicio. Si hubieran reconocido los hechos, o al menos no hubieran negado hasta lo más evidente, y no hubieran obligado a hacer un juicio larguísimo (declaraciones de dos acusados, un perjudicado, un testigo y cuatro policías, con preguntas por parte del Fiscal y dos defensas) se justificaría que se les tratara con más magnanimidad. Pero si ellos no la han tenido con la Administración de Justicia, ¿por qué ésta la va a tener con ellos? —Por supuesto se reconoce su derecho constitucional a la defensa, a no reconocerse culpables. Evidentemente. Pero si luego se demuestra que no son tan inocentes como ellos alegan, lo que no parece lógico ni razonable es que vengan solicitando un trato

El que ello pueda suceder permite subrayar la importancia de que en esta materia se respeten siempre y en todo caso dos postulados que, por lo demás, constituyen exigencias determinadas por la más elemental prudencia y lógica jurídica: el que dispone que, en los supuestos de conformidad penal, los jueces han de controlar que los acusados aceptan el ofrecimiento que se les hace libre y voluntariamente y, por tanto, adecuadamente informados de lo que su consentimiento supone[5]; y el que señala que, en estos casos, la decisión jurisdiccional debe adoptarse no sólo como consecuencia del pacto alcanzado, sino también, y sobre todo, por la existencia de prueba de cargo suficiente que permita concluir que la conclusión alcanzada no es irrazonable y que, por el contrario, es conforme a derecho[6].

**5.** Nuestra reflexión quedaría incompleta si no destacásemos de inmediato que, si bien el fin del proceso penal —como, por lo demás, el de cualquier proceso jurisdiccional— es el de que se haga justicia, dicho propósito no puede alcanzarse a cualquier precio; sólo resulta legítimo si se consigue desde el más absoluto respeto y sometimiento a los derechos y cautelas legalmente reconocidos, pues el derecho procesal penal es —debe ser— un derecho de garantías, un derecho garantista. Lo que implica que la búsqueda de la verdad que en él se persigue se encuentra condicionada por el debido respeto a los derechos fundamentales de los individuos, limitación que lógicamente impide que la posible culpabilidad de una persona pueda descubrirse sin reparar en los medios a través de los cuales pueda conocerse[7].

---

benévolo". Su mera lectura justifica, sin necesidad de más argumentos, por qué fue anulada por nuestro Tribunal Constitucional.

5 Pues difícilmente puede asumirse una sanción si se desconoce cuál es su razón de ser y lo que dicha aceptación supone.

6 Sobre esta cuestión: Andrés de la Oliva Sánchez, "Presunción de inocencia, prueba de cargo y sentencia de conformidad", en *Prueba y proceso penal,* coordinado por Juan-Luis Gómez Colomer (Valencia: Tirant lo Blanch, 2008), págs. 67-74.

7 De lo contrario, si no fuera así, ¿qué sentido tendría prohibir el uso de la tortura o de las escuchas telefónicas ilegales? Sin duda, tales prohibiciones constituyen importantes obstáculos para la averiguación de la verdad, pero es el precio que se ha de pagar para salvaguardar los derechos fundamentales del acusado, que son derechos inherentes a todo ser humano y, por ello, una garantía para la sociedad en su conjunto. En relación con esta cuestión puede consultarse Ana María Torres Chedraui, *Derechos humanos y búsqueda de la verdad en el proceso penal* (Granada: Comares, 2015).

**6.** Semejante conclusión supone considerar el proceso penal como un aval para los ciudadanos, que sólo a través de dicho instrumento pueden ver restringidos, limitados o suspendidos sus derechos, singularmente su derecho a la libertad, toda vez que únicamente a través de este cauce —respetando los derechos que son inherentes a cuantos pueden intervenir en él— es posible velar por la aplicación de la ley sustantiva, asegurando su cumplimiento.

**7.** De ahí que pueda afirmarse que el proceso penal existe y está concebido para que los tribunales apliquen el derecho penal vigente en cada momento. Pero también, sobre todo y de manera muy destacada, para garantizar los derechos fundamentales de los ciudadanos: tanto los de aquellos sobre los que recaen sospechas, dudas o indicios de tener alguna clase de responsabilidad criminal, como los de quienes afirman haber sido ofendidos o perjudicados por el hecho ilícito[8], a los que nuestro derecho ha procurado tutelar desde antiguo a través de dos eficaces medidas: permitiendo su personación en las causas penales como parte acusadora, y autorizando que puedan ejercitar en ellas, además de la acción penal, la acción civil derivada del hecho ilícito, a fin de que puedan solicitar la restitución de un bien, la reparación del daño causado o la indemnización de los perjuicios ocasionados (art. 110 del Código Penal).

**8.** Con ellas, nuestro ordenamiento procesal evidencia su preocupación o consideración por las víctimas de la posible actividad delictiva, a las que, como acabamos de indicar, reserva desde antaño un destacado papel en el proceso penal[9].

**9.** La pregunta que ahora cabe hacerse es la de si dicha protección también debe determinar que, cumpliéndose determinados requisitos, pue-

---

8 Ya que, como apuntó Alonso Martínez, "el problema de la organización de la justicia criminal no se resuelve bien sino definiendo claramente los derechos de la acusación y de la defensa, sin sacrificar ninguno de los dos, ni subordinar el uno al otro, antes bien, armonizándolos en una síntesis superior" (cfr. la Exposición de Motivos de la Ley de Enjuiciamiento Criminal).

9 No obstante, es innegable que, durante siglos, la dogmática penal se olvidó de la víctima, centrando sus esfuerzos en el estudio del delincuente y de las garantías que debían reconocerse a quienes se imputaba la comisión de un posible hecho delictivo y que no es sino a partir de la Segunda Guerra Mundial cuando la tradicional postergación de la víctima va siendo sustituida por una progresiva preocupación por la misma.

dan solicitar la reapertura de un proceso penal concluido con una sentencia firme que haya determinado la absolución del acusado.

**10.** La cuestión no es nueva, pues ha sido suscitada en el pasado por destacados autores[10], sin que haya sido objeto de un debate serio y desapasionado que profundice con el debido detalle en los argumentos favorables y desfavorables a dicha opción.

## 2. FUNDAMENTO Y NATURALEZA DE LA REVISIÓN PENAL

### *2.1. Fundamento*

**11.** El proceso de revisión de sentencias penales firmes, incorrectamente llamado "recurso de revisión" en la Ley de Enjuiciamiento Criminal (LECrim en lo sucesivo), como seguidamente tendremos ocasión de explicar, constituye un instituto procesal que permite rescindir dichas resoluciones, contrariando el principio de que lo decidido en ellas es inmodificable y de obligado cumplimiento.

**12.** Su fundamento o razón de ser se encuentra íntimamente ligado con los fines y efectos del proceso. Pues en este, como señaló Carreras, no solo está en juego "la victoria de los litigantes, sino la Justicia y la salvaguardia del orden jurídico", lo que debe permitir corregir cualquier extravío[11]. La revisión viene, así, a resolver la pugna entre dos fundamentales principios, base de todo enjuiciamiento: el de seguridad jurídica, que determina la irrevocabilidad de la decisión contenida en las sentencias firmes, y el de que se haga justicia, fin superior de todo litigio[12]. Sólo

---

10 Entre otros, por Prieto-Castro, Gutiérrez de Cabiedes, Barona Vilar, Gómez Colomer, Tomé García y Villamarín López, como tendremos ocasión de detallar en posteriores citas.

11 Cfr. Jorge Carreras Llansana, "Proceso, guerra y juego", en *Estudios de Derecho Procesal* [con Fenech Navarro] (Barcelona, 1962), pág. 78. En parecidos términos, señala de la Plaza que en el proceso se tiende a satisfacer una aspiración de justicia y que, en la medida en que llegue a alcanzarse, "estribará, a despecho de mayores detalles, su mayor perfección" (Manuel de la Plaza Navarro, "La revisión civil y sus problemas", *Revista de Derecho Procesal*, núm. 4 (1946): págs. 531-555).

12 Radbruch afirma que "el orden jurídico cumple una doble misión de justicia y de seguridad jurídica, doble misión que corresponde, dentro de la teoría de los valores, a un valor de fondo y a uno de forma" (Gustav Radbruch, *Filosofía del De-*

partiendo de la dicotomía entre uno y otro es posible encontrarle sentido. Pues si la seguridad jurídica exige que los resultados del proceso no puedan ser atacados indefinidamente, es decir, que la discusión que todo pleito conlleva tenga un momento final, alcanzado el cual la conclusión obtenida devenga inatacable, la justicia demanda que se dé la razón a quien realmente la tiene.

**13.** Ambos principios, el de seguridad jurídica, en el que se basa la cosa juzgada, y el de justicia, que justifica la revisión de sentencias firmes, van normalmente unidos y se complementan. Sin embargo, en determinados supuestos, en los que cabe suponer fundadamente que el resultado alcanzado es consecuencia de algunos vicios que, si no hubiesen existido, hubiesen determinado que se fallase de distinto modo, la ley, ante la tesitura de dar prevalencia al principio de seguridad jurídica y, en consecuencia, no permitir que pueda revocarse, o, por el contrario, dar prioridad al principio de justicia y admitir que, en determinadas hipótesis, la cosa juzgada puede quedar sin efecto, se inclina por esta segunda opción, que, si se reflexiona con atención, robustece al propio tiempo el valor seguridad jurídica, pues como indica Ramos Méndez, "el proceso no se revisa porque la sentencia sea injusta, sino por la irregularidad del *iter* generativo de la misma"[13].

Es por ello por lo que la STC 124/1984, de 18 de diciembre, tras señalar que la revisión supone "una derogación del principio preclusivo de la cosa juzgada", añade que "su existencia se presenta esencialmente como un imperativo de justicia, configurada en el art. 1.1 de la Constitución, junto con la libertad, la igualdad y el pluralismo político, como uno de los valores

---

*recho*, trad. de Medina Echavarría (Madrid: Revista de Derecho Privado, 1933), pág. 96). En igual sentido, Legaz Lacambra señala que "el derecho es justicia y es seguridad, pero la justicia que sólo existe como tal en cuanto está montada sobre un orden seguro, y seguridad que sólo es pensable sin contradicción en cuanto está transida íntimamente de alguna justicia. Al margen de la justicia la seguridad sería inauténtica, no sería otra cosa que una pura fuerza dominadora de la existencia, exenta del más elemental sentido ético; y sólo en su zona de interferencia con la justicia, que es el derecho, es donde la seguridad constituye un orden dotado de intrínseca justificación" (Luis Legaz Lacambra, "El derecho, la justicia y la seguridad", en *Humanismo, Estado y Derecho* (Barcelona: Bosch, 1960), págs. 161 y ss.).

13 Francisco Ramos Méndez, *Derecho Procesal Civil*, t. II, 5ª ed. (Barcelona: Bosch, 1992), págs. 761-762.

superiores que propugna el Estado social y democrático de Derecho en el que España, en su virtud, se constituye".

Con todo, no sería correcto afirmar que la revisión permite examinar si la decisión alcanzada incurrió o no en infracción de derecho positivo: su función se reduce a constatar, sin limitación temporal alguna[14], y dándose los motivos fijados por el legislador, si existen circunstancias que puedan hacer creer que en el caso analizado se alcanzó una solución injusta o errónea como consecuencia de determinados hechos "que son incompatibles con la debida prestación de la jurisdicción"[15].

### *2.2. La revisión de sentencias firmes como acción impugnatoria autónoma*

**14.** La Ley de Enjuiciamiento Criminal, después de ocuparse de los recursos o medios de impugnación en sentido estricto, es decir, de los instrumentos legales puestos a disposición de las partes, del ministerio fiscal y, en su caso, de otros sujetos jurídicos, para intentar la modificación o la anulación de aquellas resoluciones definitivas que les resulten perjudiciales, regula en el Título III de su Libro V el que denomina "recurso de revisión", que permite impugnar los efectos de la cosa juzgada cuando la aparición de nuevas y singulares circunstancias, legalmente tasadas, permiten suponer fundadamente que la sentencia condenatoria que alcanzó firmeza en su día es injusta o errónea.

**15.** Aunque dicha norma se refiere a este instrumento procesal como recurso, lo cierto es que la revisión no es sino un proceso en el que se ejercita una pretensión autónoma y distinta de la que se instó en la causa que se quiere rescindir basado en hechos diferentes a los que se alegaron y discutieron en ella.

Dicha afirmación no es gratuita. Al contrario, se fundamenta en sólidos argumentos que pasamos a desgranar, no sin antes subrayar que, aunque tanto la revisión como los recursos pueden ser considerados medios de impugnación en sentido amplio, solo los segundos implican una reclamación efectuada en un proceso aún pendiente con el propósito de que se realice

---

14 Es ésta una importante diferencia con la revisión civil, en la que se fija un límite temporal de cinco años desde que se publicó la sentencia dictada en el proceso que se desea rescindir (cfr. el artículo 512.1 de la Ley de Enjuiciamiento Civil).

15 Jordi Nieva Fenoll, *Derecho Procesal III. Proceso Penal,* 2ª ed. (Valencia: Tirant lo Blanch, 2022), pág. 502.

un nuevo examen de lo acordado en una decisión con la que no se está conforme y causa algún perjuicio, para que se dicte otra resolución que anule o modifique la anterior. Siendo ello así parece forzoso concluir que si bien todo recurso constituye un medio de impugnación, no toda impugnación es un recurso en sentido estricto, por más que en ambos casos se requiera la existencia de un gravamen o perjuicio para tener legitimación activa.

A nuestro parecer, dicha conclusión se infiere, al menos, de las siguientes consideraciones:

a) El plazo de interposición es distinto en uno y otro caso. Pues mientras en la revisión penal, con carácter general, no existe límite temporal alguno que impida su interposición[16], al considerarse que carece de sentido circunscribir a un determinado plazo la reparación de errores tan importantes como los que pueden motivarla, los recursos solo pueden formalizarse dentro de los estrechos plazos que establece la ley en cada caso.

b) Mientras el conocimiento de los recursos corresponde al mismo tribunal que dictó la resolución que se impugna (recursos no devolutivos) o al jerárquicamente superior a aquél que conoció y dictó la resolución definitiva (recursos devolutivos), el conocimiento para decidir si se admite o no trámite la petición de revisión penal y para concederla en su caso corresponde siempre a la Sala Segunda del Tribunal Supremo, sea cual sea el órgano jurisdiccional que haya dictado la sentencia cuya comprobación se pide (artículo 57.1.1° de la Ley Orgánica del Poder Judicial —LOPJ en lo sucesivo).

c) Los recursos o medios de impugnación en sentido estricto, sean devolutivos o no devolutivos, siempre tienen lugar antes de que el proceso penal en que se interponen haya concluido con una resolución judicial firme. Sin embargo, la revisión penal presupone en todo caso que el proceso cuya revisión se pide haya concluido por

---

16 Como excepción a lo que se acaba de apuntar, el artículo 954.3 de la LECrim exige el cumplimiento de un plazo en aquellos casos en los que se pida la revisión de una sentencia penal con base en la violación de un derecho fundamental declarada por sentencia del Tribunal Europeo de Derechos Humanos. Con todo, dicho plazo, un año desde que haya adquirido firmeza la sentencia de dicho tribunal, es notablemente más amplio que los que establece nuestra Ley de Enjuiciamiento Criminal para la interposición de cualquier recurso.

sentencia firme, por lo que resulta forzoso reconocer que tiene lugar al margen de este y que la acción en virtud de la cual se solicita la revisión constituye una acción nueva y distinta de aquella que se consumió en aquel.

d) Revisión y recursos se distinguen asimismo por su distinta finalidad. Si el propósito común de todo recurso es evitar que la resolución impugnada devenga firme, sin perjuicio de la meta específica que con cada uno de ellos se pretenda, el fin de la revisión no es otro que el de dejar sin efecto el estado jurídico producido por una sentencia que ha alcanzado firmeza. La diferencia es pues evidente.

e) Revisión y recursos también se diferencian en cuanto al *petitum.* Pues mientras el de los recursos ha de guardar relación con lo solicitado inicialmente, la demanda de revisión contiene una fundamentación fáctica y jurídica nueva y una petición distinta: que se rescinda un proceso anterior concluido por sentencia firme.

f) Se distinguen igualmente por los motivos que informan ambos institutos procesales, ya que, mientras los vicios que se hacen valer en los recursos son errores en la actividad procesal o errores en el juicio, conocidos dentro del proceso, y que por ello pueden advertirse y constatarse mediante el estudio de la documentación obrante en autos, los vicios que pueden dar lugar a la revisión son hechos o elementos de prueba que no se tuvieron en cuenta a la hora de enjuiciar y que, si se hubiesen conocido, hubiesen dado lugar a un resultado distinto al que se combate.

g) A diferencia del recurso de casación, con el que presenta indudables analogías en materia de competencia, limitación de motivos y exigencia de gravamen, la revisión no comprende un doble enjuiciamiento, un juicio rescindente (*iudicium rescindens*) y un juicio rescisorio (*iudicium rescissorium*), ya que la Sala Segunda del Tribunal Supremo no entra en el fondo del asunto del primitivo proceso: sólo decide si en el supuesto concreto de que se trata concurre la causa de revisión alegada, anulando en caso afirmativo la decisión afectada, a la par que ordena cuando proceda que se instruya de nuevo la causa.

### *2.3. Concepto y caracteres más relevantes*

**16.** La revisión no es, por tanto, un recurso, aunque así se la denomine en importantes normas orgánicas[17] y procesales[18] y en numerosas sentencias del Tribunal Supremo, que utilizan conjunta e indiscriminadamente expresiones tales como "*recurso extraordinario de revisión penal*"[19], "*recurso de revisión*"[20] o, incluso, "*demanda de revisión*"[21]. Al contrario que los recursos, que inciden en una relación jurídico procesal aún abierta y eventualmente la prolongan, presupone una relación procesal ya cerrada, por lo que cabe configurarla como un proceso excepcional en el que se ejercita una acción impugnativa autónoma con la que se pretende que la Sala Segunda del Tribunal Supremo anule una sentencia penal firme por concurrir alguno de los limitados y concretos motivos que la ley contempla a tal fin.

**17.** Si los jueces son los garantes de las promesas normativas que como sociedad nos hemos dado, la revisión es el instrumento que la ley prevé para hacer prevalecer la justicia como valor superior de nuestro ordenamiento jurídico frente a decisiones firmes aparentemente contrarias a aquella.

**18.** Es un proceso excepcional, y no un recurso como ya se ha dicho, porque es el cauce a través del cual se pretende atacar el valor de cosa juzgada de una sentencia penal firme. Aunque ciertamente es un proceso singular, pues no es un verdadero proceso entre partes ni un proceso que permite hacer prevalecer la justicia en todo caso, ya que a juicio de muchos

---

17 Véanse los artículos 5 bis y 293 de la LOPJ, así como los artículos 328 a 336 de la Ley Orgánica Procesal Militar.

18 Como sabemos, así se denomina en la LECrim al proceso de revisión. Pero también en la Ley 29/1988, de 13 de julio, reguladora de la Jurisdicción Contencioso-administrativa.

19 *Vid.*, entre otros, los AATS de 15 julio de 1999 (ECLI:ES:TS:1999:7752A), Pte. Sr. Delgado García; 24 de mayo de 2023 (ECLI:ES:TS:2023:17265A), Pte. Sr. Martínez Arrieta; y 24 de mayo de 2023 (ECLI:ES:TS:2023:17266A), Pte. Sr. Berdugo Gómez de la Torre.

20 Consúltense, entre otras, las SSTS de 27 de julio de 2020 (ECLI:ES:TS:2020:2563), Pte. Sr. Martínez Arrieta, y 18 de mayo de 2023 (ECLI:ES:TS:2023:2321), Pte. Sra. Lamela Díaz, así como los AATS de 23 de julio de 2020 (ECLI:ES:TS:2020:6672A), Pte. Sra. Polo García, y 20 de enero de 2023 (ECLI:ES:TS:2023:868A), Pte. Sr. Colmenero Menéndez de Luarca.

21 A título de ejemplo: STS de 25 de mayo de 2023 (ECLI:ES:TS:2023:2417), Pte. Sra. Ferrer García.

solo permite revisar las sentencias condenatorias firmes, afirmación que, como a continuación veremos, no se ajusta a la realidad.

**19.** Es cierto que, de acuerdo con lo dispuesto en los artículos 955 y 956 de la LECrim, solo están legitimados "*para promover e interponer, en su caso, el recurso de revisión, el penado y, cuando éste haya fallecido, su cónyuge, o quien haya mantenido convivencia como tal, ascendientes y descendientes, con objeto de rehabilitar la memoria del difunto y de que se castigue, en su caso, al verdadero culpable*", así como el ministerio fiscal. Pero no lo es menos que cinco de los siete actuales motivos de revisión, los referidos en los apartados b), c) y e) del artículo 954.1 de la LECrim y los mencionados en los números 2 y 3 de dicho precepto (es decir, en el artículo 954.2 y en el artículo 954.3 de la LECrim), parecen no excluir que puedan revisarse determinadas sentencias absolutorias firmes[22/23].

---

[22] Existe también un supuesto, previsto en la Ley Orgánica Procesal Militar, en concreto en su artículo 328.1 5°, cuya incorporación a la Ley de Enjuiciamiento Criminal fue sugerida en su momento por Cobos Gavala (Rosa Cobos Gavala, "La necesidad de establecer legalmente un quinto motivo de revisión penal", *Justicia: revista de derecho procesal*, núm. 4 (1990): págs. 987-1002), que si se añadiese a los que dicha ley refiere en su artículo 954 también permitiría, en mi opinión, solicitar la revisión de una sentencia absolutoria.
Una lectura atenta de su contenido y de lo que se refiere en el artículo 335, IV de la referida Ley Orgánica Procesal Militar así permite aseverarlo:
Artículo 328.1 5°:
*"1. Habrá lugar al recurso de revisión contra sentencias firmes en los siguientes casos*
*5° Cuando sobre los propios hechos hayan recaído dos sentencias firmes y dispares dictadas por la misma o por distintas jurisdicciones".*
Artículo 335, IV:
*"En el caso previsto en el número 5° anulará la sentencia que considere injusta o dictará otra".*

[23] Así lo señalan igualmente Pedro M. Garciandía González, Valentín Cortés Domínguez y José Antonio Tomé García.
El primero, en su magnífica monografía *El proceso de revisión de las sentencias penales* (Cizur Menor (Navarra): Thomson Reuters Aranzadi, 2016), págs. 76 y siguientes, manifiesta que, aunque no parece tratarse de un cambio consciente de la situación anterior, a la vista de la redacción dada a los tres primeros casos, cabe sostener que pueden impugnarse sentencias firmes absolutorias.
De similar opinión es el segundo, quien considera que la actual redacción del artículo 954 de la LECrim plantea dudas sobre si se acepta la revisión de sentencias absolutorias firmes, entendiendo que en los supuestos previstos en los artículos 954.1 c), 954.1 e), 954.2 y 954.3 de la LECrim "es evidente que la revisión como proceso de rescisión requiere en el recurrente "interés" de actuar, que no

**20.** En efecto.

De acuerdo con el referido en el artículo 954.1 b), cabe solicitar la revisión de las sentencias firmes "*Cuando haya recaído sentencia penal firme condenando por el delito de prevaricación a alguno de los magistrados o jueces intervinientes en virtud de alguna resolución recaída en el proceso en el que recayera la sentencia cuya revisión se pretende, sin la que el fallo hubiera sido distinto*".

Una lectura atenta y desapasionada de lo que se dispone en el referido precepto permite concluir que cabe la revisión de cualquier sentencia penal firme, absolutoria o condenatoria, cuando con posterioridad se haya dictado sentencia penal firme condenando a alguno de los magistrados o jueces que intervinieron en el proceso cuya revisión se pide por haber dictado a sabiendas alguna resolución injusta que condicionó el fallo que se alcanzó en este. Lo que, si se piensa con detenimiento, resulta absolutamente justo, pues el delito de prevaricación puede haberse cometido tanto para condenar a quien no merecía dicho pronunciamiento como para absolver a quien debió ser condenado. La ley no hace ningún distingo y, en consecuencia, permite que la revisión pueda tener lugar tanto en uno como en otro caso.

Por lo demás, sería ciertamente anómalo que dicho juez o magistrado fuese condenado a pena de prisión y multa, e inhabilitación absoluta, o multa e inhabilitación especial, por ese hecho (*vid.* el artículo 446 de nuestro Código Penal) y, sin embargo, no se anulase la decisión que determina su responsabilidad criminal. Sería absolutamente incomprensible.

Aunque la norma no menciona a los jurados, por cuanto emiten el veredicto al que posteriormente da forma jurídica el Magistrado-Presidente del Tribunal del Jurado (cfr. el artículo 70 de la Ley Orgánica del Tribunal del Jurado), parece evidente que juzgan, si entendemos por juzgar determinar si un hecho es contrario a ley y pronunciar el pertinente fallo. Si se

---

lo tendría quien hubiese obtenido la sentencia favorable, siendo parte acusada" (Valentín Cortés Domínguez, *Derecho Procesal Penal* [con Moreno Catena], 11ª ed. (Valencia: Tirant lo Blanch, 2023), pág. 709), lo que siendo cierto no impide sin embargo que pueda ser instada por el ministerio fiscal.

El tercero, a su vez, señala que, aunque en principio hoy en día resulta posible la revisión de una sentencia absolutoria firme en los casos que hemos señalado, no parece posible que pueda darse ningún supuesto, ya que "la revisión siempre se ha contemplado como un remedio ante sentencias condenatorias injustas" (José Antonio Tomé García, *Curso de Derecho Procesal Penal,* 3ª ed. (Madrid: Dykinson, 2022), pág. 588).

considera que, en tanto juzgadores de un concreto supuesto sometido a su decisión y criterio, pueden prevaricar, su conducta ilícita debería determinar igualmente la revisión.

Por lo demás, la redacción del motivo podría haber sido mucho más clara: hubiese bastado que se indicase que la prevaricación cometida ha debido ser determinante del fallo cuya impugnación se interesa.

**21.** Por su parte, el artículo 954.1 c) dispone que cabe solicitar la revisión de sentencias penales firmes "*Cuando sobre el mismo hecho y encausado hayan recaído dos sentencias firmes*", sin especificar el signo del pronunciamiento de estas. Por lo que, al menos en teoría, podríamos encontrarnos ante dos sentencias de signo opuesto, una condenatoria y otra absolutoria. En tal hipótesis, ciertamente sorprendente, nada se opondría a que pudiese solicitarse la revisión de la segunda, sobre todo si fue la última que se dictó[24]. A no ser, claro está, que se considere que en los supuestos en los que se produzca esta discordancia solo cabe pedir la revisión de la sentencia condenatoria, lo que no está previsto legalmente, aunque podría entenderse razonable. Si esta fuera la voluntad de los legisladores, debería especificarse en la norma, significando que, por aplicación del principio *pro reo*, solo puede ser objeto de revisión la sentencia menos favorable al enjuiciado. Pero mientras ello no suceda es evidente que, al menos hipotéticamente, cabría defender la revisión de la sentencia absolutoria.

**22.** Lo mismo sucede con el motivo previsto en el artículo 954.1 e), de acuerdo con el cual cabe instar la revisión de sentencias penales firmes "*Cuando, resuelta una cuestión prejudicial por un tribunal penal, se dicte con posterioridad sentencia firme por el tribunal no penal competente para la resolución de la cuestión que resulte contradictoria con la sentencia penal*". Ya que, de acuerdo con la antedicha redacción, hipotéticamente podría darse el caso de que se hubiese dictado sentencia penal absolutoria con base en la resolución de una cuestión prejudicial no penal que posteriormente resulta contradicha por la resolución de la cuestión realizada por el tribunal no penal competente para la decisión de esta.

---

24 No obstante, el ATS de 8 de septiembre de 2022 (ECLI:ES:TS:2022:13163A), Pte. Sr. de Porres Ortiz de Urbina, recuerda que la citada norma no precisa que deba ser objeto de anulación necesariamente la segunda sentencia por lo que, atendidas las circunstancias, podría ser anulada la primera, si la segunda abarca hechos más amplios que incluyen los establecidos en la primera sentencia.

**23.** Se dirá, no sin razón, que los dos últimos supuestos son más teóricos que posibles. Y es cierto. Pero ello no quita que puedan darse en algún caso y que, en tal tesitura, no cabría negar la posibilidad de que pudiese pedirse la revisión de una sentencia penal firme de carácter absolutorio, ya que el tenor de la norma —como acabamos de ver— no lo excluye.

**24.** Lo anterior permite afirmar que, contrariamente a lo que generalmente se suele mantener, nuestra Ley de Enjuiciamiento Criminal no excluye hoy por hoy que, en determinados supuestos, puedan revisarse sentencias absolutorias firmes. Quizá no fuera este el propósito querido por nuestros legisladores al aprobar la Ley 41/2015, de 5 de octubre, de modificación de la Ley de Enjuiciamiento Criminal para la agilización de la justicia penal y el fortalecimiento de las garantías procesales, que pretendió "la reforma del recurso extraordinario de revisión" (*vid.* el apartado I de su Preámbulo) y modificó los motivos conforme a los que cabe solicitar la revisión de sentencias firmes. Pero lo cierto es que dicha norma dispuso lo que dispuso y que, desde su aprobación y posterior entrada en vigor han transcurrido más de ocho años, sin que se haya anunciado intención alguna de enmendar la actual redacción del artículo 954 de la LECrim, como hubiese debido hacerse si su actual contenido no se correspondiese con el deseo de nuestros legisladores.

**25.** El penúltimo motivo de revisión que en nuestra opinión no excluye actualmente que pueda revisarse una sentencia absolutoria firme es el previsto en el artículo 954.2 de la LECrim.

De conformidad con lo que en él se dispone, *"Será motivo de revisión de la sentencia firme de decomiso autónomo la contradicción entre los hechos declarados probados en la misma y los declarados probados en la sentencia firme penal que, en su caso, se dicte"*. Para entender debidamente lo que se acaba de apuntar conviene tener presente que el proceso de decomiso autónomo, regulado en los artículos 803 ter e y siguientes de la LECrim, tiene por finalidad la incautación de bienes, efectos o ganancias (o, en su defecto, un valor equivalente a estos) cuando no se hubiese acordado con anterioridad por diferentes motivos legalmente previstos; que uno de los supuestos en que puede incoarse es aquel en el que no pueda enjuiciarse un hecho por encontrarse en rebeldía el presunto responsable de un hecho delictivo; y que, en tal hipótesis, si posteriormente dicha persona es hallada y juzgada, puede suceder que los hechos que se declaren probados en la sentencia penal firme que, en su caso, se dicte no concuerden con lo que se declararon en la sentencia firme que puso fin al proceso de decomiso autónomo. En tal caso, parece razonable que pueda revisarse la sentencia que resolvió este último. Y es esto lo que contempla el artículo antes referido. Si se lee con atención, enseguida se advierte que la norma no dispone que la revisión de la primera sentencia firme solo procede si esta es condenatoria, aunque este sea el supuesto en que tenga verdaderamente sentido, por lo que, en rigor y a efectos meramente especulativos, no prohíbe la revisión de una sentencia absolutoria firme en la que se hayan declarado probados unos hechos opuestos a los que posteriormente se refieren en la sentencia firme que al efecto se dicte.

**26.** Aún cabe un último supuesto en el que hipotéticamente cabe revisar una sentencia absolutoria firme: el que se refiere en el artículo 954.3 de la LECrim. Ya que, en teoría, el tribunal de Estrasburgo podría declarar que determinada sentencia absolutoria firme dictada en nuestro país se acordó quebrantando alguno de los derechos reconocidos en el Convenio de Roma o sus Protocolos y darse el supuesto de hecho que la norma contempla.

**27.** Si, a la vista de lo que estamos señalando, se acepta que la actual redacción de los motivos de revisión penal permite la revisión de sentencias absolutorias firmes, deberá admitirse igualmente que, de conformidad con lo dispuesto en los artículos 955 y 956 de la LECrim, solo hay un sujeto jurídico habilitado para promoverla: el ministerio fiscal, lo que, bien mirado, constituye una garantía de que en su caso solo se instará en supuestos justificados y resulta relevante por lo que más adelante se dirá.

## 3. RAZONES POR LAS QUE CABE PREGUNTARSE SI, EN DETERMINADOS SUPUESTOS, DEBE ACEPTARSE LA REVISIÓN DE SENTENCIAS ABSOLUTORIAS FIRMES

**28.** Con todo, es posible que se considere que lo expuesto en los epígrafes anteriores no se corresponde con la voluntad real de nuestros legisladores y que estos —al aprobar la Ley 41/2015, de 5 de octubre, de modificación de la Ley de Enjuiciamiento Criminal para la agilización de la justicia penal y el fortalecimiento de las garantías procesales— tan solo pretendieron establecer en el ordenamiento español un cauce legal que permitiese dar cumplimiento a las sentencias distadas por el Tribunal Europeo de Derechos Humanos; incorporar algunos supuestos a los tradicionalmente existentes; y mejorar técnicamente estos últimos[25].

**29**. Puede ser. No lo negamos. Sin embargo, como ya hemos señalado, lo cierto es que los preceptos apuntados dicen lo que dicen y que una interpretación literal de lo que se dispone en ellos conduce a la conclusión que hemos señalado[26].

**30**. Sea como fuere, lo cierto es que conviene reflexionar con seriedad y rigor sobre si procede revisar en algún supuesto las sentencias penales firmes de carácter absolutorio, las razones por las que tradicionalmente se ha negado dicha opción y las hipótesis en las que se permite en otros países.

**31**. Nótese que la respuesta negativa a dicha posibilidad niega la posibilidad de que puedan fiscalizarse las sentencias penales firmes absolutorias incluso en aquellos supuestos en los que, tras dicho pronunciamiento, nuevos hechos, o incluso el reconocimiento de quien se vio favorecido por un pronunciamiento exculpatorio, puedan hacer pensar fundadamente que quienes se vieron beneficiados por dichas resoluciones pueden ser responsables criminalmente de los hechos por los que fueron juzgados[27].

---

25 A favor de lo expuesto cabría añadir que el Anteproyecto de Ley de Enjuiciamiento Criminal de 2020 solo permitía la revisión de aquellas sentencias que, siendo irrecurribles, tuviesen carácter condenatorio (*vid.* su artículo 760.1 [el mentado anteproyecto puede consultarse en https://www.mjusticia.gob.es/es/AreaTematica/ActividadLegislativa/Documents/210126%20ANTEPROYECTO%20LECRIM%202020%20INFORMACION%20PUBLICA%20%281%29.pdf]; fecha de consulta: 25 de enero de 2024), por lo que sería incongruente que cinco años antes se hubiese apostado por lo contrario. Máxime cuando ello resultaba contrario a nuestra tradición jurídica.

26 De no desearse esta, hubiese debido utilizarse otra redacción que no diese lugar a debate alguno, como por ejemplo la que se refiere en el artículo 473 del Código Procesal Penal de Chile de 29 de septiembre de 2000 (puede consultarse en https://www.bcn.cl/leychile/navegar?idNorma=176595 [fecha de consulta: 25 de enero de 2024]). O la prevista en los artículos 622 y 622-1 del Código Procesal Penal francés, que puede consultarse en https://www.legifrance.gouv.fr/codes/texte_lc/LEGITEXT000006071154 [fecha de consulta: 25 de enero de 2024].

27 Con dicha opción, en opinión de dos destacados procesalistas, Prieto-Castro y Gutiérrez de Cabiedes, se perjudica la defensa de la sociedad, "que tal vez no se sienta tranquila si contempla que la aparición de graves materiales de culpabilidad contra el absuelto es irrelevante para la ley...Nuestro sistema hipertrofia el principio 'pro reo'" (*vid.* Leonardo Prieto-Castro y Ferrándiz, y Eduardo Gutiérrez de

**32**. A favor de la opción contraria a dicha eventualidad suelen argüirse diferentes razones. Entre otras: i) la incertidumbre que provocaría en quien fue absuelto la posibilidad de que pudiera someterse a un nuevo examen lo que ya fue enjuiciado anteriormente[28]; ii) que socialmente resulta más perturbador que se condene a un inocente que se absuelva a un culpable[29], siendo indeseables ambas posibilidades; y iii) que, si se permitiese la revisión de sentencias penales absolutorias, la revisión de sentencias firmes se instaría en más casos que en la actualidad[30], con la inseguridad que ello conllevaría[31].

**33.** Sin embargo, si se reflexiona con sosiego, enseguida se repara en que frente a dichos argumentos pueden esgrimirse otros igualmente relevantes a favor de que también puedan revisarse las sentencias absolutorias firmes, tal y como sucede, por ejemplo, en Austria, Suiza, Alemania y Portugal[32].

**34.** El primer y principal argumento para aceptar dicha eventualidad reside en el propósito que se persigue con el proceso de revisión, cuyo fundamento se encuentra íntimamente ligado con los fines y efectos del proceso, como anteriormente apuntamos.

Su función se reduce a constatar si existen circunstancias que puedan hacer creer que en la sentencia que se dictó en su día se alcanzó una solución injusta o errónea como consecuencia de un error judicial o un mal funcionamiento de nuestro sistema de justicia penal. Y, si se piensa con de-

---

Cabiedes, *Derecho procesal penal*, 3ª ed. puesta al día, (Madrid: Tecnos, 1987), pág. 421).

28 Enrique Aguilera de Paz, *Comentarios a la Ley de Enjuiciamiento Criminal*, tomo VI (Madrid: Reus, 1924), pág. 494.

29 Cfr. Vicente Gimeno Sendra, *Los procesos penales* [con Conde-Pumpido Tourón y Garberí Llobregat], tomo 7 (Barcelona: Bosch, 2000), pág. 422.

30 Consultada la base de datos del Centro de Documentación Judicial (CENDOJ) del Consejo General del Poder Judicial, esta da cuenta de 48 sentencias dictadas en 2023 en esta materia por la Sala de lo Penal del Tribunal Supremo.

31 Nancy Carina Vernengo Pellejero, *Revisión de la sentencia firme en el proceso penal* (Lisboa: Juruá, 2017), pág. 77.

32 Véase a este respecto el excelente estudio de María Luisa Villamarín López, "La revisión penal *contra reum*", *Revista de derecho procesal*, núms. 1-3 (2003): págs. 475-499, singularmente las págs. 478-494.

tenimiento, tan injusto resulta que se haya condenado a un inocente como que se haya absuelto a quien no lo es[33].

Este propósito, base de cualquier proceso de revisión de sentencias firmes, es especialmente intenso en el ámbito penal, en el que se permite que quien fue injustamente condenado pueda solicitar que prevalezca la justicia sobre la seguridad jurídica sin limitación temporal alguno. E incluso que pueda iniciarse a favor de quien fue condenado después de que este haya fallecido, con objeto de rehabilitar su memoria y de que se castigue, en su caso, al verdadero culpable (vide el artículo 955 de la LECrim).

Si ello es así, si su existencia se presenta esencialmente como un imperativo de la justicia (STC 124/1984, de 18 de diciembre), siendo ésta uno de los valores superiores de nuestro ordenamiento jurídico —junto con la libertad, la seguridad y el pluralismo político (cfr. el artículo 1.1 de nuestro texto constitucional)—, parece claro que ha de poder revisarse cualquier sentencia firme cuando concurran motivos que permitan pensar que en ella se alcanzó una solución injusta o errónea, lo que requiere delimitar con precisión las excepcionales razones por las que en su caso resulta procedente. Pues, al igual que no cabe asumir el dogma absoluto de la cosa juzgada frente a la injusticia flagrante, no resulta razonable autorizar la revisión indiscriminada de sentencias firmes, desconociendo así la autoridad de la cosa juzgada. La cuestión radica, por tanto, en dónde fijar el límite.

**35.** Un segundo razonamiento a favor de la posibilidad de que, en determinados casos, puedan revisarse sentencias absolutorias firmes viene de-

---

33 Cfr. Silvia Barona Vilar, "La revisión penal", *Justicia: revista de derecho procesal*, núm. 4 (1987): págs. 849-882, singularmente pág. 865. También Villamarín López, "La revisión penal *contra reum*", *ob. cit.*, pág. 498, cuando apunta que, "si con posterioridad a su firmeza, lo que se pone de manifiesto es la obtención injusta de la sentencia, no parece que el *non bis in idem* debiera operar como obstáculo para su revisión; no hay razón para proteger lo juzgado en tales condiciones".
Más recientemente también se ha manifestado a favor de la posibilidad de revisar en determinados casos las sentencias absolutorias firmes Tomás Vicente Ballesteros, *El proceso de revisión penal* (Barcelona: Bosch, 2013), pág. 79, aun cuando en otros apartados de esa misma obra se muestra contrario a dicha posibilidad (p. 42). Con anterioridad, José Antonio Tomé García, *Derecho Procesal Penal* [con de la Oliva Santos, Aragoneses Martínez, Hinojosa Segovia y Muerza Esparza], 8ª ed. (Madrid: Editorial universitaria Ramón Areces, 1997), pág. 627, ya había apuntado que le parecía acertado que pudiese admitirse en algunos supuestos, considerando inaceptable que pueda admitirse la revisión en contra del absuelto por los mismos motivos por los que procede a favor, conclusión con la que coincidimos.

terminado por el fin principal que se persigue en el proceso penal, que no es otro que el de conocer con el mayor grado de certidumbre los hechos objeto de enjuiciamiento con métodos admisibles en una sociedad democrática a fin, en su caso, de enjuiciarlos y aplicar el derecho penal sustantivo respetando siempre y en todo caso las debidas garantías. Si el Estado no revisa una sentencia absolutoria pese a la existencia de indicios fundados de que el fallo que se contiene en esta puede ser contrario a la verdad, y por ende a la justicia, el proceso penal, siendo el único instrumento que permite en su caso imponer una pena, deja de ser eficaz, con el desasosiego y los lógicos inconvenientes que ello conlleva. Supondría exacerbar el principio *pro reo* —con el que nadie sensato puede estar en desacuerdo— en relación con el principio *pro societate*.

No solo eso. En tal caso, tampoco protege debidamente a quienes han padecido un mal por culpa ajena y, como tal, socialmente reprobable, siendo como son todas las víctimas acreedoras del debido amparo y titulares de los derechos que les reconoce la legislación vigente, entre los que se encuentran los de disponer de la debida protección, información, apoyo, asistencia y atención (artículo 3 del Estatuto de la víctima del delito).

**36.** Un tercer alegato a favor de repensar la cuestión que planteamos viene determinado por el desprestigio que conllevaría para la Administración de Justicia y, por extensión, para nuestro modelo de justicia penal, que no pudiese revisarse una sentencia absolutoria firme cuando existan razones que permitan aventurar con responsabilidad que puede tener un fallo equivocado. Pues nada daña más a su imagen que la impresión de que no protege debidamente a la sociedad y que no es justa.

Dicha sensación sería demoledora para su estima pública, para el propio sistema de justicia y para la tranquilidad y seguridad de los ciudadanos, que demandan que ningún posible culpable pueda quedar, en su caso, sin el debido castigo.

**37.** La tesis que propugnamos también viene avalada por otro de los valores superiores de nuestro ordenamiento a los que antes hicimos referencia: el de la igualdad. Pues no parece razonable que se admita que la seguridad jurídica puede ceder frente a sentencias condenatorias injustas y se rechace que, en determinados casos, pueda hacerlo frente a sentencias absolutorias que también puedan serlo. Semejante conclusión implica tratar desigualmente situaciones en las que parece evidente que el proceso penal no ha cumplido la misión esencial para el que está pensado.

Es cierto que la posibilidad de aceptar en determinadas hipótesis una revisión penal *pro societate* tiene el riesgo de que el declarado absuelto por sentencia firme no se sienta libre de responsabilidad penal, pero también lo es que dicha inseguridad puede conjurarse delimitando con justeza los excepcionales supuestos en que podría tener lugar y los sujetos jurídicos que podrían solicitarla.

**38.** Al margen de esto, afirmar que es más soportable socialmente que se absuelva a un culpable que se condene a un inocente no deja de ser una aporía. Ambas posibilidades son injustas y, por tanto, inaceptables. Y si resulta inadmisible que pueda mantenerse la condena de quien parece inocente, también lo es, o así lo creemos, que en supuestos ciertamente excepcionales pueda quedar sin condena quien, como consecuencia de nuevos datos o evidencias, parece culpable.

Por lo demás, la supuesta alarma social que podría provocar que se admitiese la posibilidad de revisar sentencias absolutorias firmes no parece tal cuando el crimen cometido es singularmente grave, por afectar a bienes jurídicos tan relevantes como la vida, la integridad física y moral o la libertad e indemnidad sexuales, supuestos en los que la inquietud de la comunidad es que el delito quede sin el debido castigo, no lo contrario. Sobre todo si se tiene en cuenta que la revisión no implica necesariamente la condena de quien fue absuelto sino un nuevo enjuiciamiento, cuyo veredicto vendrá determinado por lo que resulte acreditado a través de la pertinente actividad probatoria, dependiendo en último extremo de la íntima convicción del tribunal llamado a pronunciarlo, que perfectamente podría dictar nueva sentencia absolutoria.

**39.** Las anteriores consideraciones deberían determinar, a nuestro parecer, un sosegado debate científico sobre la conveniencia u oportunidad de aceptar que, en determinados supuestos, pueda solicitarse la revisión de sentencias absolutorias firmes[34] y, en caso de que se entienda aceptable, sobre la mejor forma de conjurar los riesgos que sin duda conlleva. Si se produjese, dejaría de elucubrarse sobre si la actual redacción de los motivos de revisión penal son consecuencia o no de un descuido y se analizaría esta cuestión con la profundidad que realmente merece.

---

34 La necesidad de un serio debate previo antes de aceptar la posibilidad que planteamos es igualmente señalada por Garciandía González, *El proceso de revisión de las sentencias penales*, *ob. cit.*, pág. 76.

**40.** Personalmente lo consideramos necesario y adelantamos ya nuestra opinión favorable a que se acepte la posibilidad de que puedan revisarse las sentencias absolutorias firmes. Creemos que los argumentos que se acaban de señalar constituyen razonamientos fundados a favor de la misma y que es el momento de discutirlos, con serenidad y rigor, en el ámbito académico.

Estar a favor de que se revisen dichas decisiones implica apostar por la igualdad de todos los ciudadanos ante la ley, por la protección de las posibles víctimas del hecho delictivo y por la justicia. No significa estar a favor de que el instituto de la cosa juzgada desaparezca del campo penal, pues ello sería un disparate, como ya hemos señalado. Tampoco entraña apostar por la venganza de la sociedad, pues los estados democráticos deben respetar ciertos estándares de racionalidad[35]. Supone estar a favor de que, en determinados casos, sumamente excepcionales, ante indicios vehementes de que ha podido ser burlada la ley, pueda examinarse la justicia de la resolución acordada.

El fin que nos anima al proponer dicho debate es por tanto bienintencionado: buscamos que la comunidad científica reflexione sobre los distintos argumentos que existen a favor y en contra de aceptar la revisión penal *pro societate* y, de entenderse aceptable en algunos supuestos, que se delibere sobre cómo debería regularse. Posteriormente serán los legisladores, en su caso, los que deberán tomar una decisión al respecto, ya que se trata de una opción de política legislativa que solo a ellos corresponde adoptar, pero al menos aquella habrá expresado su opinión.

**41.** Como hemos señalado, de aceptarse la reforma que proponemos, será necesario abordar con seriedad y rigor cómo debe admitirse dicha eventualidad y cómo procede conjurar los riesgos que efectivamente conlleva, lo que solo resultará posible tras un estudio detenido acerca de cómo se ha regulado en los países que la admiten y de las salvaguardas que ofrece nuestro derecho.

**42.** Por ejemplo, en Portugal se admite la revisión de cualquier sentencia penal firme cuando concurra alguno de los motivos que se refieren

---

[35] Cfr. Juan Damián Moreno, "¿Un derecho procesal para enemigos?", *Revista de las Cortes Generales*, núm. 61 (2004), págs. 305-322, especialmente pág. 309.

en el artículo 449 de su Código de Procedimiento Penal[36], en el que se dispone:

> *"1.- La revisión de una sentencia definitiva es admisible cuando:*
> *a) en otra sentencia firme se hayan declarado pruebas falsas que hayan sido decisivas para la decisión;*
> *b) otra sentencia firme haya establecido un delito cometido por un juez o jurado en relación con el ejercicio de sus funciones en el proceso;*

---

[36] "1.- A revisão de sentença transitada em julgado é admissível quando:
a) Uma outra sentença transitada em julgado tiver considerado falsos meios de prova que tenham sido determinantes para a decisão;
b) Uma outra sentença transitada em julgado tiver dado como provado crime cometido por juiz ou jurado e relacionado com o exercício da sua função no processo;
c) Os factos que servirem de fundamento à condenação forem inconciliáveis com os dados como provados noutra sentença e da oposição resultarem graves dúvidas sobre a justiça da condenação;
d) Se descobrirem novos factos ou meios de prova que, de per si ou combinados com os que foram apreciados no processo, suscitem graves dúvidas sobre a justiça da condenação.
e) Se descobrir que serviram de fundamento à condenação provas proibidas nos termos dos n$^{os}$ 1 a 3 do artigo 126°;
f) Seja declarada, pelo Tribunal Constitucional, a inconstitucionalidade com força obrigatória geral de norma de conteúdo menos favorável ao arguido que tenha servido de fundamento à condenação;
g) Uma sentença vinculativa do Estado Português, proferida por uma instância internacional, for inconciliável com a condenação ou suscitar graves dúvidas sobre a sua justiça.
2.- Para o efeito do disposto no número anterior, à sentença é equiparado despacho que tiver posto fim ao processo.
3.- Com fundamento na alínea d) do n° 1, não é admissível revisão com o único fim de corrigir a medida concreta da sanção aplicada.
4.- A revisão é admissível ainda que o procedimento se encontre extinto ou a pena prescrita ou cumprida".
En el siguiente precepto, el artículo 450, se refiere quienes están legitimados para solicitar la revisión penal, especificándose que lo están:
"a) El Ministerio Público;
b) El auxiliar, en relación con sentencias absolutorias o autos de no adjudicación;
c) El condenado o su abogado defensor en relación con las condenas.
2.- El cónyuge, descendientes, adoptados, ascendientes, adoptantes, parientes o parientes hasta el 4° grado de la línea colateral, herederos que demuestren un interés legítimo también tienen derecho a solicitar la revisión y a continuarla cuando el condenado haya fallecido".

> *c) los hechos en los que se basa la condena son inconciliables con los establecidos en otra sentencia y la objeción suscita serias dudas sobre la justicia de la condena;*
> *d) si se descubren nuevos hechos o pruebas que, por sí solos o combinados con los examinados en el proceso, susciten serias dudas sobre la justicia de la condena.*
> *e) Si se comprueba que las pruebas prohibidas en virtud del artículo 126, apartados 1 a 3, se han utilizado como base para la condena;*
> *f) El Tribunal Constitucional declara la inconstitucionalidad con fuerza general vinculante de una norma de contenido menos favorable al imputado que sirvió de fundamento a la condena;*
> *g) una sentencia vinculante del Estado portugués dictada por un órgano internacional es inconciliable con la condena o suscita serias dudas en cuanto a su justicia.*
> *2.- A los efectos del párrafo anterior, el auto que haya puesto fin al procedimiento se asimilará a una sentencia.*
> *3.- Sobre la base del apartado 1, letra d), no es admisible un control con el único fin de corregir la medida concreta de la sanción impuesta.*
> *4.- La revisión será admisible incluso si se da por concluido el procedimiento o si la sentencia ha sido prescrita o cumplida".*

Nuestros vecinos admiten por tanto la revisión de sentencias absolutorias firmes en dos concretos supuestos: cuando en otra sentencia firme se haya declarado la falsedad de alguna prueba que fue decisiva para la decisión exculpatoria; y cuando en virtud de otra sentencia penal firme se haya declarado que un juez o jurado ha cometido algún delito relacionado con el ejercicio de sus funciones.

A nuestro parecer, no son motivos infundados ni intrascendentes, ni pueden ser calificados de irracionales. Al contrario, deberían llevarnos a reflexionar sobre si deben o no ser considerados en nuestro ordenamiento, igual que ocurre en el derecho luso.

Por lo demás, la lectura de las causas que refiere el precepto antedicho permite plantearse si no debería admitirse en una hipótesis distinta a las anteriores en la que también parece tener sentido la revisión penal. Pues si resulta razonable que pueda anularse la sentencia condenatoria cuando la decisión se haya fundado en una prueba claramente ilícita, ¿debe mantenerse incólume la sentencia absolutoria fundada en pruebas que se hayan obtenido, directa o indirectamente, violentando los derechos o libertades fundamentales?, interrogante que, en el fondo, nos reconduce a los límites de la prueba ilícita, que, si bien resulta censurable para fundar una condena, puede no serlo para acreditar la inocencia, lo que de ser aceptado vetaría la posibilidad de que pudiese instarse la revisión de una sentencia absolutoria fundada en una prueba que posteriormente se reputase ilícita.

**43.** De igual manera, el Código Procesal Penal para Iberoamérica[37] prevé en su artículo 359, II la posibilidad de que puedan revisar sentencias penales firmes en disfavor del absuelto, o de aquel en cuyo favor se haya dictado un sobreseimiento, cuando dichas decisiones se hayan fundado "en la extinción de la persecución penal por muerte del imputado, cuando se sostenga que él vive", hipótesis que también resulta razonable. En el caso apuntado, "comprobada la falsedad de la declaración o registro, se revocará la decisión anterior, y el procedimiento se reiniciará, según su estado", disponiéndose en el artículo 360, II que la revisión podrán promoverla "el ministerio público o el querellante".

**44.** A nuestro entender existen al menos dos supuestos en los que debería aceptarse la llamada revisión contra reo, que nosotros preferimos denominar revisión *pro societate*: aquel en el que un juez o magistrado haya sido condenado por prevaricación al absolver indebidamente a una persona, hipótesis que hoy por hoy —según hemos tenido ocasión de referir— ya es posible en nuestro ordenamiento; y aquel otro en el que el beneficiado por una sentencia absolutoria firme se jacte ante otros de forma convincente y creíble de haber cometido el delito por el que fue juzgado y declarado no culpable[38]. Pues nada repugna más al respeto que merecen las víctimas y la sociedad entera que una persona que haya podido beneficiarse de las garantías que ofrece nuestro sistema de justicia penal y haya resultado absuelta de la comisión de un hecho delictivo, con posterioridad a dicho pronunciamiento y, más en concreto, a que este haya adquirido firmeza, se vanaglorie de dicha circunstancia y, por ende, de haber burlado a la justicia.

---

37 Disponible en https://biblioteca.cejamericas.org/bitstream/handle/2015/4215/textocodigoprocesalpenal.pdf?sequence [fecha de consulta: 25 de enero de 2024].

38 Gómez Colomer se muestra partidario de permitir revisar sentencias absolutorias firmes en este supuesto, contemplado en la legislación alemana, "pues así la Justicia no quedaría resentida al hallarse en definitiva la verdad material" (Juan Luis Gómez Colomer, *Proceso Penal. Derecho Procesal III* [con Barona Vilar, Esparza Leibar, Etxeberría Guridi, Martínez Martínez y Planchadell Gargallo], 2ª ed. (Valencia: Tirant lo Blanch, 2022), pág. 533). Con anterioridad, Gómez Orbaneja ya había señalado que este supuesto, "que implica un grave escándalo para la conciencia jurídica", es el que puede plantear más dudas a la hora de oponerse a la revisión de las sentencias absolutorias firmes (Emilio Gómez Orbaneja, *Derecho Procesal Penal* [con Herce Quemada], 10ª ed. (Madrid: Artes Gráficas y Ediciones, S. A., 1984), pág. 318).

En tal hipótesis, ciertamente inverosímil, pero factible, no parece razonable oponerse a la revisión de la sentencia absolutoria antedicha y esclarecer lo sucedido. Se dirá, no sin razón, que se trata de un supuesto que muy difícilmente dará lugar a un eventual proceso de revisión, ya que, ante el temor a que la causa pueda ser reabierta, el favorecido indebidamente por una sentencia absolutoria firme guardará silencio. Y es cierto. Pero aun así debe aceptarse que dicho resultado es preferible a la posibilidad de que pueda pavonearse impunemente de haber salido bien parado de acciones criminales y vergonzosas.

**45.** Un aspecto que necesariamente ha de abordarse cuando se plantea la posibilidad de aceptar la revisión *pro societate* es la de quién podría interesarla. O dicho con otras palabras, quién o quiénes estarían en su caso legitimados para interponerla.

Se trata, sin duda, de una cuestión capital. Pues aceptar que puedan instarla todos los que actuaron como acusadores en el proceso penal que concluyó mediante sentencia firme podría dar lugar a que el absuelto no se sintiese nunca verdaderamente libre, con los evidentes perjuicios que ello conllevaría para la seguridad jurídica y el necesario orden social.

Para conjurar dicho peligro entendemos que solo debería reconocerse legitimación para interponer el proceso de revisión *pro societate* al ministerio fiscal[39], quien según nuestra Constitución "tiene por misión promover la acción de la justicia en defensa de la legalidad, de los derechos de los ciudadanos y del interés público tutelado por la ley, de oficio o a petición de los interesados, así como velar por la independencia de los Tribunales y procurar ante éstos la satisfacción del interés social" (*vid.* su artículo 124.1). Con ello se pondría de manifiesto que dicho proceso no obedece a ningún ánimo de revancha y que solo persigue satisfacer el interés social en que se haga justicia cuando, a la vista de las circunstancias concurrentes, y tras un análisis desapasionado, se considere que la sentencia que alcanzó firmeza puede no ajustarse a la verdad. De ahí que actualmente sea el único que puede interesarlo en nuestro ordenamiento en los casos en que teóricamente, según hemos visto, está permitida la revisión de sentencias absolutorias firmes.

---

39 Propuesta formulada en su día por Víctor Fairén Guillén, *Estudios de Derecho Procesal* (Madrid: Editorial de Derecho Privado, 1955), págs. 362-363, posteriormente asumida, entre otros, por Villamarín López, "La revisión penal *contra reum*", *ob. cit.*, pág. 499.

Con todo, el papel de las víctimas no debería ser desdeñado, pudiendo reconocérseles la posibilidad de promover el proceso de revisión cuando lo autorizase el tribunal que hubiese dictado la sentencia absolutoria firme, tras valorar los argumentos que le expusieran en una vista señalada al efecto. El tema desde luego es discutible. En cualquier caso, si no se aceptase dicha eventualidad, siempre podrán dirigirse al Ministerio de Justicia o al ministerio fiscal instando a que este último lo haga por razones de justicia. Lo que en ningún caso debería autorizarse es que pudiese impulsarlo la acusación popular.

**46.** La delimitación de aquellos concretos y excepcionales supuestos en que podría tener lugar esta clase de revisión penal y de los sujetos jurídicos que podrían promover e interponer, en su caso, el pertinente proceso son por tanto los dos ejes sobre los que habría que reflexionar en orden a su implantación en nuestro sistema de justicia penal, si es que esta se entendiese pertinente.

**47.** Se acepte o no su regulación, lo que parece evidente es que no procede rehuir este debate que, por las razones expuestas, parece absolutamente pertinente. No procede eludirlo ni soslayarlo por el solo argumento de que tradicionalmente no se ha admitido entre nosotros la revisión de sentencias absolutorias firmes porque esta no es una razón para evadirlo o dejarlo de lado. Ha llegado el momento de afrontarlo con serenidad y rigor, de confrontar los diversos pareceres existentes y de dar sólidas razones a favor de aquel que cada uno estime más adecuado.

Aquí hemos dejado apuntadas algunas reflexiones. Consideremos entre todos los pros y los contras de cada opción, la razón o sinrazón de cada una de ellas y, posteriormente, ofrezcamos a la sociedad los resultados de nuestros debates para que sea esta, a través de nuestros representantes en Cortes, la que tome la mejor solución.

## BIBLIOGRAFÍA

Aguilera de Paz, Enrique, *Comentarios a la Ley de Enjuiciamiento Criminal,* tomo VI. Madrid: Reus, 1924.

Barona Vilar, Silvia, "La revisión penal". *Justicia: revista de derecho procesal,* núm. 4 (1987).

Carreras Llansana, Jorge, "Proceso, guerra y juego". En *Estudios de Derecho Procesal* (con Fenech Navarro). Barcelona, 1962.

Cobos Gavala, Rosa, "La necesidad de establecer legalmente un quinto motivo de revisión penal". *Justicia: revista de derecho procesal,* núm. 4 (1990).

Cortés Domínguez, Valentín, *Derecho Procesal Penal* (con Moreno Catena), 11ª ed. Valencia: Tirant lo Blanch, 2023.
Damián Moreno, Juan, "¿Un derecho procesal para enemigos?". *Revista de las Cortes Generales*, núm. 61 (2004).
Fairén Guillén, Víctor, *Estudios de Derecho Procesal.* Madrid: Editorial de Derecho Privado, 1955.
Garciandía González, Pedro M., *El proceso de revisión de las sentencias penales.* Cizur Menor (Navarra): Thomson Reuters Aranzadi, 2016.
Gimeno Sendra, Vicente, *Los procesos penales* (con Conde-Pumpido Tourón y Garberí Llobregat), tomo 7. Barcelona: Bosch, 2000.
Gómez Colomer, Juan Luis, *Proceso Penal. Derecho Procesal III* (con Barona Vilar, Esparza Leibar, Etxeberría Guridi, Martínez Martínez y Planchadell Gargallo), 2ª ed. Valencia: Tirant lo Blanch, 2022.
Gómez Orbaneja, Emilio, *Derecho Procesal Penal* (con Herce Quemada), 10ª ed. Madrid: Artes Gráficas y Ediciones, S. A., 1984.
Legaz Lacambra, Luis, "El derecho, la justicia y la seguridad". En *Humanismo, Estado y Derecho.* Barcelona: Bosch, 1960.
Nieva Fenoll, Jordi, *Derecho Procesal III. Proceso Penal,* 2ª ed. Valencia: Tirant lo Blanch, 2022.
de la Oliva Santos, Andrés, "Presunción de inocencia, prueba de cargo y sentencia de conformidad". En *Prueba y proceso penal,* coordinado por Juan-Luis Gómez Colomer. Valencia: Tirant lo Blanch, 2008.
de la Plaza Navarro, Manuel, "La revisión civil y sus problemas". *Revista de Derecho Procesal,* núm. 4 (1946).
Prieto-Castro y Ferrándiz, Leonardo, y Gutiérrez de Cabiedes, Eduardo, *Derecho procesal penal,* 3ª edición puesta al día. Madrid: Tecnos, 1987.
Radbruch, Gustav, *Filosofía del Derecho,* trad. de Medina Echavarría. Madrid: Revista de Derecho Privado, 1933.
Ramos Méndez, Francisco, *Derecho Procesal Civil,* t. II, 5ª ed. Barcelona: Bosch, 1992.
Tomé García, José Antonio, *Derecho Procesal Penal* (con de la Oliva Santos, Aragoneses Martínez, Hinojosa Segovia y Muerza Esparza), 8ª ed. Madrid: Editorial universitaria Ramón Areces, 1997.
Tomé García, José Antonio, *Curso de Derecho Procesal Penal,* 3ª ed. Madrid: Dykinson, 2022.
Torres Chedraui, Ana María, *Derechos humanos y búsqueda de la verdad en el proceso penal.* Granada: Comares, 2015.
Vernengo Pellejero, Nancy Carina, *Revisión de la sentencia firme en el proceso penal.* Lisboa: Juruá, 2017.
Viada Bardají, Salvador, "Los fines del proceso penal". *La ley penal: revista de derecho penal, procesal y penitenciario,* 75 (2010).
Vicente Ballesteros, Tomás, *El proceso de revisión penal.* Barcelona: Bosch, 2013.
Villamarín López, María Luisa, "La revisión penal *contra reum*". *Revista de derecho procesal,* núms. 1-3 (2003).

# *Efectividad en el derecho interno de las sentencias del TEDH: del recurso de revisión al non bis in idem procesal (pasando por la retroacción de las actuaciones en el proceso penal): a propósito de la STC 9/2024, de 17 de enero*[1]

**JESÚS MARÍA GONZÁLEZ GARCÍA**[2]
*Catedrático de Derecho Procesal*
*Universidad Complutense de Madrid*

**SUMARIO:** 1. PLANTEAMIENTO. 2. APROXIMACIÓN AL CASO: LOS PROBLEMAS QUE PROVOCA EL FALLO DE UNA SENTENCIA DE REVISIÓN PENAL. 2.1. CONSIDERACIÓN GENERAL. 2.2. DE LA CONDENA DE LOS ACUSADOS HASTA SU ANULACIÓN POR EL TRIBUNAL SUPREMO. 3. LOS PROBLEMAS PARA DAR EFICACIA PLENA A LA SENTENCIA QUE ESTIMÓ LA REVISIÓN DE LA CONDENA. 3.1. LA EFECTIVIDAD DE LAS SENTENCIAS DEL TEDH EN EL DERECHO INTERNO. 3.2. CONSIDERACIÓN SOBRE LA REVISIÓN PENAL COMO INSTRUMENTO PARA LA EFECTIVIDAD DE LAS SENTENCIAS DEL TEDH. 4. CONCLUSIONES: DEL NON BIS IN IDEM PROCESAL A LA RETROACCIÓN DE LAS ACTUACIONES. BIBLIOGRAFÍA.

## 1. PLANTEAMIENTO

Son muy interesantes las cuestiones que se plantean, en el plano dogmático procesal y en referencia a los derechos que están en juego en un proceso penal —que son los derechos de la parte acusada, pero no sólo ellos—, por la STC 9/2024, de 17 de enero (ponente Sr. Campo Moreno),

---

1 El presente capítulo se elabora en el marco del Proyecto de investigación I+D, "El futuro proceso penal y el art. 24 CE: derecho de defensa en la instrucción, presunción de inocencia y juicio de acusación, y participación ciudadana (acusaciones y jurado)" (PID2020-115578GB-I00), IP: Julio Banacloche Palao y Álvaro Gutiérrez Berlinches, Universidad Complutense de Madrid.

2 IDENTIFICADOR ORCID: orcid.org/0000-0002-5335-4748. Web of Science Researcher ID: AAA-2184-2019.

a la que dedicamos la presente reflexión. En este asunto se pueden ver, con palmaria nitidez, las consecuencias fatales que una legislación procesal deficitaria (por no decir defectuosa, como se demuestra de los resultados de su aplicación a casos como el analizado) puede ocasionar para la buena marcha del proceso penal, cuando se ve acompañada por decisiones judiciales no siempre afortunadas.

Con la sentencia en cuestión se ha puesto punto y final a un asunto viciado desde el comienzo del acto del juicio oral ante la Sala de lo penal de la Audiencia Nacional, allá por el año 2011, al que no se le ha podido dar definitiva solución hasta el año 2024, en una decisión del Tribunal Constitucional difícil, controvertida en algunos de sus razonamientos y, como veremos, de compleja articulación; hasta el punto de que es discutible que nos hallemos ante una sentencia de amparo materialmente válida, toda vez que, de la lectura de sus interesantes votos particulares, discrepantes y concurrentes, cabe entender fundadamente que el fallo mayoritario no lo fue en realidad, pues había más magistrados contrarios a lo finalmente decidido en él que los que estaban a favor, sin que haya constancia de que las partes del proceso hayan promovido el oportuno incidente de aclaración de sentencias [al amparo del art. 93.1 de la Ley Orgánica 1/1979, *del Tribunal Constitucional* (LOTC)]; obviamente, tampoco del incidente excepcional de nulidad de actuaciones, el cual, como luego explicaremos, es inviable en los procesos de amparo constitucional, según la interpretación establecida por el Tribunal Constitucional.

Sea o no así, lo cierto y verdad es que, en estas condiciones, los razonamientos de la STC 9/2024 difícilmente podrán entenderse como doctrina consolidada, por lo que tanto los tribunales de la jurisdicción ordinaria como el propio Alto tribunal habrán de tener mucho cuidado a la hora de invocarlos como argumentos de autoridad o como doctrina legal en resoluciones posteriores[3]. Sin ánimo de anticipar conclusiones de nuestro

---

[3] Algo parecido a lo que ocurre, *servata distantia*, por ejemplo, con la STC 11/2016, de 1 de febrero (ponente Sr. Ollero), en la que se planteaba la vulneración del derecho a la libertad ideológica de la madre a la que se negó la entrega del feto para su enterramiento. La sentencia fue aprobada por mayoría de los cinco magistrados que entonces integraban la Sala primera del Tribunal Constitucional, pero contó con tres votos particulares, dos discrepantes y uno concurrente —el voto del propio ponente— que apoyó el sentido mayoritario de la Sala, pero discrepaba de las razones que le sirvieron de fundamento. Parece evidente que, de modo equivalente a lo afirmado en relación con la STC 9/2024, la STC 11/2016 no pudo crear doctrina legal vinculante, toda vez que sus razonamientos no obtu-

trabajo, se puede afirmar que nos hallamos ante una decisión *ad hoc*, en la más genuina consideración de lo que es la función jurisdiccional (juzgar o decir el derecho —*iuris dictio*— en el caso concreto), sin perjuicio del grado de acierto de la misma o de que se esté o no de acuerdo con lo decidido, pero lejos del resultado que se espera de una resolución del pleno del Tribunal Constitucional, dado que en ella parece haber tenido mayor interés la protección del *ius litigatoris* que la defensa del *ius constitutionis*, inherente a la tutela constitucional de amparo (en especial, tras la reforma operada por la Ley orgánica 6/2007): tanto, que en la sentencia se da un nuevo sentido, atendiendo a las circunstancias del caso —o, como la sentencia dice, en "el singular escenario que el presente caso plantea": FJ 5 (iv)—, a lo que pacíficamente se ha venido entendiendo como efectos de la declaración de nulidad de una resolución judicial por falta de garantías procesales, en concreto, la retroacción de actuaciones al momento en el que el acto determinante de la nulidad se produjo y, a la vista de los resuelto, *de facto* se convierte a los defectos procesales en circunstancias eximentes de la responsabilidad criminal.

Una derivada de interés en el caso es que entre los condenados y recurrentes en amparo se encontraba Arnaldo Otegi, dirigente del partido político Bildu, alguien que no es indiferente para gran parte de la ciudadanía, cuya notoriedad pública ha dado singular visibilidad a esta sentencia por el hecho de ser sujeto pasivo del proceso, y a cuyo favor (y a favor del resto de los acusados) se ha resuelto finalmente. Este dato entendemos que no ha facilitado la labor del Tribunal Constitucional, el cual, junto con las dificultades jurídicas intrínsecas, ha debido lidiar con otras de carácter exógeno o ambiental, lo que probablemente ha influido en el devenir del asunto, anticipando un escenario en el que era complicado obtener la adhesión unánime de la opinión pública y la de la comunidad jurídica a lo que allí se hubiera de decidir. Se trata de factores que es difícil no tomar en consideración al analizar la STC 9/2024, y por esa razón cuidaremos de que los razonamientos contenidos en la presente reflexión se expresen desde una consideración desapasionada de las circunstancias ocurridas en

---

vieron el respaldo mayoritario de la Sala juzgadora. Así lo pusimos de relieve en nuestro trabajo González García, J. Mª, "Aborto terapéutico y derecho a enterrar el feto: lectura constitucional a la luz de un caso real", *Revista electrónica Ius et Scientia*, Vol. 3 —Número 1— 2017, págs. 1-13.

el proceso y de sus protagonistas: es así como queremos que sean entendidas por quienes los lean[4].

## 2. APROXIMACIÓN AL CASO: LOS PROBLEMAS QUE PROVOCA EL FALLO DE UNA SENTENCIA DE REVISIÓN PENAL

### *2.1. Consideración general*

La STC 9/2024 da respuesta a una demanda de amparo presentada por cinco condenados por sentencia de la Sala de lo Penal de la Audiencia Nacional, parcialmente confirmada por la Sala segunda del Tribunal Supremo en recurso de casación, como autores de un delito de pertenencia a organización terrorista. Tras un largo avatar procesal, la condena fue declarada contraria al CEDH por el Tribunal Europeo de Derechos Humanos (TEDH), el cual consideró vulnerado el art. 6.1 del Convenio, en su vertiente de derecho a que la causa sea oída por un tribunal independiente e imparcial.

---

[4] No es este asunto el primero en el que el Sr Otegi ha tenido relación con el Tribunal Constitucional, ni la primera que encuentra el amparo del TEDH. Con anterioridad, Arnaldo Otegi había sido condenado como autor de un delito de injurias graves al Rey (art. 208 del Código penal), por la STS 2ª 1284/2005, de 31 de octubre de 2005, que casó otra absolutoria dictada por la Sala de lo civil y penal del Tribunal Superior de Justicia del País Vasco, el 18 de marzo de 2005. El condenado, en un artículo de prensa publicado en el diario *Egunkaria*, se había referido al jefe del Estado como "el responsable de los torturadores", que "ampara la tortura y que impone su régimen monárquico a nuestro pueblo mediante la tortura y la violencia". Para el Tribunal Superior de Justicia, tales manifestaciones eran "claramente ofensivas, impropias, injustas, oprobiosas y ajenas a la realidad", pero no eran punibles por no tratarse de una cuestión privada de la vida del monarca, sino la "crítica de una institución constitucional", que no está excluida del derecho a la libertad de expresión. El Tribunal Supremo casó la sentencia absolutoria y dictó una nueva condenándole como autor del delito a la pena de un año de prisión, al entender que las declaraciones no superaban el control de proporcionalidad y excedían los límites del derecho a la libertad de expresión. Promovido el recurso de amparo, fue inadmitido a trámite por el ATC 213/2006, de 13 de julio, que entendió que la demanda carecía manifiestamente de contenido constitucional. Sin embargo, el TEDH, en sentencia de 15 de marzo de 2011 (demanda nº 2034/07), estimó la demanda interpuesta por el Sr. Otegi y por unanimidad declaró la vulneración del art. 10 del Convenio Europeo de Derechos Humanos (CEDH).

El Tribunal Supremo dio efectividad en el Derecho interno a la decisión del TEDH mediante un *recurso de revisión* promovido por los condenados, en aplicación del art. 954.3 LECrim. Este precepto contiene un motivo de revisión de sentencias que, como es bien conocido, se incorporó a nuestro ordenamiento por la Ley 41/2015, *de modificación de la Ley de Enjuiciamiento Criminal para la agilización de la justicia penal y fortalecimiento de las garantías procesales.* De este modo se completa la lista de los tasadamente previstos en la ley, a raíz de la anulación de la denominada doctrina Parot por la STEDH de 21 de octubre de 2013 (asunto *Inés del Río Prada c. España*), la cual provocó la implantación en todos los órdenes jurisdiccionales, de forma equivalente, de cauces para dotar de eficacia en España a las sentencias del Tribunal de Estrasburgo mediante la revisión de sentencias, de no ser posible obtener su eficacia en el Derecho interno por otros medios. El legislador español consideró más oportuno para ello el mal llamado *recurso de revisión* (incluso en la misma rúbrica del libro V de la LECrim, toda vez que esta sólo procede contra resoluciones firmes, lo que difícilmente encaja con la noción jurídico-procesal de *recurso*[5]) que la creación de un instrumento *ad hoc* para dotar de eficacia a las sentencias del TEDH, por ser una solución *a priori* más sencilla (pues implicaba meros retoques en cada una de las leyes procesales), pero, como se ha visto en la sentencia analizada, imperfecta en su plasmación final, pues no abarca la totalidad de los supuestos justificantes de una eventual estimación de la demanda ante el Tribunal de Estrasburgo, por vulneración del CEDH, lo que puede conducir a resultados extravagantes, como ocurrió en el presente caso.

En la parte dispositiva de la sentencia de revisión (STS 2ª 426/2020, de 27 de julio) se acordó la estimación del "recurso", declarando la nulidad de la sentencia de casación (STS 2ª 351/2012, de 7 de mayo) que había estimado parcialmente el recurso promovido contra la dictada por la Audiencia Nacional y que había condenado a los recurrentes de amparo. La sentencia de revisión declaró de oficio las costas del procedimiento y acordó comunicar "la presente resolución a los Tribunales que han intervenido a los efectos procedentes".

Cabe decir que la STC 9/2024 da respuesta constitucional a todo lo ocurrido con posterioridad a esta STS 2ª 426/2020, y como consecuencia de lo que en ella se resolvió y de lo que no, pero, como veremos, también en ella, aunque no fue la resolución judicial recurrida. Se trata de la tercera

---

5 Así también, Tomé García, J. A., *Curso de Derecho Procesal Penal*, 3ª, Dykinson, Madrid, 2022, pág. 587, entre otros muchos.

y última sentencia de amparo dictada por el Tribunal Constitucional en un asunto que en principio no presentaba grandes dificultades, pero en el que finalmente hubo de emitirse cuatro sentencias del Tribunal Supremo (tres de casación y una de revisión), más la mencionada STEDH de 6 de noviembre de 2018 (la que declaró la vulneración del derecho), dictada extramuros de la jurisdicción española pero decisiva en el asunto; todo ello da muestra de la complejidad del procedimiento y de las dificultades que afrontó el Tribunal Constitucional en su resolución.

Antes de entrar en las interesantes cuestiones jurídicas que nos plantea la STC 9/2024, es oportuno intentar un relato ordenado de los principales hitos ocurridos en este proceso, y así lo haremos a continuación. Como se verá, toda la problemática que provoca la decisión del Tribunal Constitucional es consecuencia de la dificultad de entender cuáles son los límites del fallo de la sentencia de revisión que anula la dictada en casación por la Sala de lo penal del Tribunal Supremo, una cuestión a la que no se da respuesta clara en la ley.

### 2.2. *De la condena de los acusados hasta su anulación por el Tribunal Supremo*

El primer hito relevante del procedimiento, a los efectos de la presente reflexión, es la STC 133/2014, de 22 de julio, desestimatoria del recurso de amparo promovido contra la sentencia de la Audiencia Nacional que condenó a los recurrentes como autores de un delito de pertenencia a banda armada, y contra la sentencia del Tribunal Supremo que la confirmó. Se alegó entonces la vulneración de su derecho al juez imparcial (derecho que se integra, como es sabido, como vertiente dentro del derecho fundamental al proceso público con todas las garantías del art. 24.2 CE, y que es garantía fundamental de nuestro sistema de justicia[6]). El asunto presenta-

---

[6] Sobre él, en nuestra doctrina constitucional, *vid.* las SSTC 47/1983, de 31 de mayo, FJ 2; 113/1987, de 3 de julio, FJ 2; y, sobre todo, de la STC 145/1988, de 12 de julio, FJ 5, en una doctrina que ha llegado pacíficamente hasta resoluciones más recientes (STC 121/2021, de 2 de junio; 106/2021, de 11 de mayo; 146/2012, de 5 de julio; o 307/2005, de 12 de diciembre). Se recoge en ellas la doctrina del TEDH que vincula el derecho al juez imparcial con el derecho al proceso equitativo: SSTEDH de 1 de octubre de 1982, asunto *Piersack c. Bélgica*; de 26 de octubre de 1984, asunto *De Cubber c. Bélgica*; de 24 de mayo de 1989, asunto *Hauschildt c. Dinamarca*,; de 25 de noviembre de 1993, asunto *Holm c. Suecia*; de 28 de octubre de 1998, asunto *Castillo Algar c. España*, de 22 de junio de 1989; asunto *Langborger c. Suecia*; o de 6 de enero de 2010, asunto *Vera Fernández-Huidobro c. España*.

ba su singularidad, toda vez que el hecho determinante de la denunciada falta de imparcialidad de la sección enjuiciadora de la Audiencia Nacional había ocurrido no en ese procedimiento, sino en un procedimiento penal anterior seguido contra el Sr. Otegi por delito de enaltecimiento del terrorismo, diferente, por consiguiente, de aquel en el que se había producido la condena.

En aquel primer procedimiento se recusó con éxito a la presidenta de la sección enjuiciadora ante la Audiencia Nacional, lo que se reiteró en la segunda causa penal por los hechos justificantes de la producida en la causa penal anterior, al repetirse la composición del tribunal como mera consecuencia de la aplicación de las reglas de predeterminación legal. La recusación fue, en esta segunda ocasión, rechazada por la Audiencia Nacional, por el Tribunal Supremo en el recurso de casación contra la sentencia de condena y, en último término, por el Tribunal Constitucional (STC 133/2014, de 22 de julio). El argumento que sirvió de sustento para mantener la imparcialidad del tribunal sentenciador fue que la falta de imparcialidad apreciada en el primer procedimiento (existencia de prejuicios contra el acusado por parte de la magistrada recusada) afectaba sólo al enjuiciamiento que se hubo de practicar en él, pero no a procedimientos posteriores que se siguieran contra el mismo acusado por otras causas penales en los que la magistrada cuestionada formara parte del tribunal de enjuiciamiento, cuando —como ocurría en el caso— la acusación se basaba en hechos diferentes a aquellos en los que se había apreciado, en el proceso anterior, la existencia de prejuicios[7].

La alegada vulneración del derecho al proceso con todas las garantías fue llevada por los condenados ante el TEDH, sirviéndose para ello, en buena medida, de los argumentos aportados por los votos particulares emitidos contra el fallo mayoritario, concretada a la vulneración del de-

---

7 En palabras del Tribunal Constitucional: "En efecto, la diferencia de objeto entre el proceso en que se apreció la pérdida de imparcialidad judicial de la Magistrada [...] —acusación por un delito de enaltecimiento del terrorismo vinculada a unas expresiones proferidas por el recurrente interpretadas de apoyo al uso de medios violentos para la consecución de un fin secesionista— y el que ha dado lugar al presente recurso de amparo —acusación por un delito de integración en organización terrorista vinculada a la conducta de desarrollar una actividad permanente y continuada de obtener apoyos en una estrategia de actuación política diseñada por la organización terrorista ETA— es suficiente para considerar que los prejuicios mostrados por dicha Magistrada en aquel proceso no resultan trasladables (ni son relevantes) a este" (STC 133/2014, de 22 de julio, FJ 5).

recho a que la causa penal sea conocida por un tribunal independiente e imparcial, del art. 6.1 del CEDH, y la ya mencionada STEDH de 6 de noviembre de 2018, en el conocido como asunto *Otegi Mondragón y otros c. España* (demandas nos. 4184/15 y otras), daría finalmente la razón a los demandantes: el Sr. Otegi y el resto de los demandantes verían reparado su derecho por la STS 2ª 426/2020, de 27 de julio, estimatoria de la demanda de revisión de sentencia penal al amparo del art. art. 954.3 LECrim[8], que rescindió la dictada en casación por el Tribunal Supremo[9].

---

8 "Se podrá solicitar la revisión de una resolución judicial firme cuando el Tribunal Europeo de Derechos Humanos haya declarado que dicha resolución fue dictada en violación de alguno de los derechos reconocidos en el Convenio Europeo para la Protección de los Derechos Humanos y Libertades Fundamentales y sus Protocolos, siempre que la violación, por su naturaleza y gravedad, entrañe efectos que persistan y no puedan cesar de ningún otro modo que no sea mediante esta revisión."

9 Las circunstancias de este lamentable caso son bien conocidas: en el proceso penal anterior, seguido contra el Sr. Otegi por delito de enaltecimiento del terrorismo, al comienzo de su declaración se le preguntó si condenaba el terrorismo de ETA y, ante la negativa a responder, la presidenta de la Sala de la Audiencia Nacional que lo había de enjuiciar afirmó, antes de que se practicase prueba alguna, "ya sabía que no me iba a responder a esa pregunta". Esta sola afirmación provocó que fuera infructuosamente recusada y el Sr. Otegi finalmente condenado a un año de prisión. La sentencia de condena fue revocada por el Tribunal Supremo, el cual apreció la existencia de datos objetivos de que la presidenta de la Sala tenía un prejuicio contra el condenado, por lo que casó la sentencia y devolvió el asunto a la Audiencia Nacional, para la celebración de un nuevo juicio. Con posterioridad, en otro proceso en el que se le había acusado por delito de pertenencia a banda armada, el enjuiciamiento recayó ante la misma sección de la Audiencia Nacional, integrada por los mismos magistrados: el Sr. Otegi recusó de nuevo a la presidenta de la sección, amparándose en lo ocurrido en el proceso anterior, pero se rechazó esta nueva recusación y fue condenado por segunda vez por la Sala, si bien por hechos y título jurídico diferente. En el recurso de casación contra la sentencia de condena se reiteró la vulneración del derecho fundamental al juez imparcial, pero el Tribunal Supremo lo rechazó nuevamente, y lo mismo hizo el Tribunal Constitucional en la sentencia de amparo 133/2014, de 22 de julio, considerando que la alegación se basaba en hechos acaecidos en un procedimiento diferente y anterior, pero no en el presente, sin que pudieran existir vasos comunicantes ni conexión fáctica entre uno y otro que justificase la pervivencia de los prejuicios. Finalmente, como hemos visto, la STEDH de 6 de noviembre de 2018 estimó la demanda interpuesta por el Sr. Otegi ante el Tribunal de Estrasburgo, y el Tribunal Supremo, por sentencia 426/2020, de 27 de julio, revisó la sentencia de condena y declaró su rescisión. Un episodio triste, digno de un *Episodio Nacional*, que

Antes de la terminación del procedimiento ante el TEDH, y en relación con esa misma causa penal, el Sr. Otegi había promovido un segundo recurso de amparo, en este caso contra la sentencia de la Sala de lo Penal del Tribunal Supremo núm. 615/2017, de 14 de septiembre, que había confirmado la negativa de la Audiencia Nacional a revisar la liquidación de la pena de inhabilitación especial para el ejercicio del derecho de sufragio pasivo, que le había sido impuesta accesoriamente a la pena de prisión de seis años y seis meses, y que le impedía presentarse a cualquier proceso electoral que se abriera en España durante el tiempo de la condena[10]. En este caso, el recurrente alegó la vulneración de su derecho a la tutela judicial efectiva en relación con los derechos a la legalidad penal y a la representación política, por el Auto de la Audiencia Nacional que rechazó hacer una nueva liquidación de la condena y la Sentencia de la Sala de lo penal del Tribunal Supremo que lo confirmó, pero el recurso de amparo concluyó con sentencia que no entró en el fondo de la cuestión (la STC 161/2020, de 16 de noviembre) por pérdida sobrevenida del objeto, dado que, habiendo sido anulada la sentencia que le había condenado (la ya mencionada STS 2ª 351/2012, de 7 de mayo) en proceso de revisión penal (por la también citada STS 2ª 426/2020, de 27 de julio), ya no era necesario obtener el pronunciamiento solicitado del Tribunal Constitucional.

## 3. LOS PROBLEMAS PARA DAR EFICACIA PLENA A LA SENTENCIA QUE ESTIMÓ LA REVISIÓN DE LA CONDENA

### *3.1. La efectividad de las sentencias del TEDH en el Derecho interno*

Lo relatado hasta ahora nos pone en contexto en relación con la cuestión de fondo que se plantea, pero es la sentencia del Tribunal Supremo estimatoria del recurso de revisión la que marca el inicio de la secuencia de actuaciones que culminan con las lesiones denunciadas ante el Tribunal

---

precisaría de un buen cronista —lamentablemente Benito Pérez Galdós ya no está entre nosotros— para trasmitirlo en toda su dimensión a las generaciones futuras.

10 En efecto, por providencia de 24 de enero de 2013, la sección cuarta de la Sala de lo Penal de la Audiencia Nacional había acordado una liquidación de las penas de derechos impuestas, que no fue recurrida por el condenado, pero tres años después (el 25 de octubre de 2016) solicitó una nueva liquidación de la condena de inhabilitación especial, petición rechazada por Auto de 10 de enero de 2017, y que fuc confirmado en casación por la STS 2ª recurrida en este segundo procedimiento de amparo constitucional.

Constitucional y son resueltas en la STC 9/2024: el recurso de amparo se dirige, de hecho, contra decisiones del Tribunal Supremo posteriores a la sentencia de revisión. La STS 2ª 426/2020 en efecto declaró la nulidad de la dictada en casación por la propia Sala en la causa penal, pero su parte dispositiva dejaba aún cuestiones por resolver, a las que se debía dar respuesta para la plena efectividad de lo decidido en la STEDH de 6 de noviembre de 2018. Y es que el fallo *rescindente* contenido en la sentencia de revisión no determinó la extensión de la declaración de nulidad ni en qué medida incidía en otras resoluciones judiciales relevantes, dentro y fuera de él.

Hay que aclarar que la anulación de la sentencia de casación no implicaba la de la sentencia por la que el Tribunal Constitucional desestimó el recurso de amparo promovido contra aquella (STC 133/2014, de 22 de julio). Esta posibilidad no se contempla entre los mecanismos previstos por el Derecho interno para dar efectividad de las sentencias estimatorias del TEDH (ni en el caso de la sentencia, ni en el de una eventual providencia o auto de inadmisión del recurso de amparo), y a nuestro modo de ver plantearía un conflicto de jurisdicción entre el Tribunal Supremo y el Tribunal Constitucional. Curiosamente, la reforma en las leyes procesales operada a raíz de la STEDH *Inés del Río Prada c. España* (mediante la introducción del art. 5 bis LOPJ por la LO 7/2015, de 21 de julio[11], y la antes mencionada LO 41/2015, de 4 de octubre, para la agilización de la justicia penal y el fortalecimiento de las garantías procesales), soslaya la existencia del Tribunal Constitucional dentro del sistema de recursos y remedios disponibles para la tutela de los derechos fundamentales y libertades públicas en el Derecho interno, antes de acudir a la jurisdicción del Tribunal de Estrasburgo. Decimos "*curiosamente*", porque entre los requisitos de admisibilidad de la demanda ante el TEDH se encuentra el agotamiento de los remedios disponibles en el Derecho interno[12] (remedios procesales entre los que está el recurso de amparo constitucional), como expresión del principio de

---

11 Que también asigno el mecanismo de revisión de sentencias en la Ley de Enjuiciamiento Civil y en la Ley reguladora de la jurisdicción contencioso-administrativa, a través de la modificación en sus disposiciones finales tercera y cuarta, de ambas leyes procesales para la efectividad de las STEDH en relación con sentencias dictadas por estos dos órdenes jurisdiccionales.

12 De acuerdo con el art. 35.1 CEDH, que dispone así: "Al Tribunal no podrá recurrirse sino después de agotar las vías de recursos internas, tal como se entiende según los principios de derecho internacional generalmente reconocidos y en el plazo de cuatro meses a partir de la fecha de la decisión interna definitiva".

subsidiariedad en el sistema de tutela diseñado por el Convenio[13], equivalente al previsto, en el orden interno, para el propio recurso de amparo constitucional [arts. 43.1, inciso final, y 44.1 a) LOTC], el cual también es subsidiario con respecto a la tutela ordinaria de los tribunales. Este hecho es olvidado por la legislación española, que obvia que la resolución que se adopta en el recurso de amparo, sea desestimatoria o de inadmisión a trámite, incide en la vulneración del derecho fundamental, pues forma parte, como un eslabón más, de la cadena de decisiones que ha conducido hasta el sentencia condenatoria del TEDH; de hecho, es el fracaso del amparo por la alegada vulneración del art. 24.2 CE, lo que lleva a los recurrentes ante el Tribunal de Estrasburgo, en tutela de su derecho al juez imparcial. Aunque es verdad que la jurisdicción constitucional se ubica extramuros de la jurisdicción ordinaria, la realidad es que las dos se entrelazan preci-

---

13 STEDH de 28 de julio de 1999, asunto *Selmouni c. Francia,* par. 74; STEDH de 1 de marzo de 2010, asunto *D. Demopoulos c. Turquía,* par. 69 y 97. Es verdad que la doctrina del TEDH ha flexibilizado este requisito (en la propia STEDH de 28 de julio de 1999, asunto *Selmouni c. Francia,* par. 77) y que, en la actualidad, el agotamiento de los recursos internos no es un requisito estrictamente formal. Por esa razón, sólo deben agotarse aquellos recursos que se estimen "eficaces" en relación con la pretensión en cuestión. Para justificar la falta de agotamiento de la vía, habrá de razonarse adecuadamente ante el órgano competente por qué se entiende que el recurso de Derecho interno no era eficaz en este caso (SSTEDH de 27 de febrero de 1980, asunto *Deweer c. Bélgica,* par. 48; 20 de febrero de 1991, asunto *Vernillo c. Francia,* par. 27; 19 de febrero de 1998, asunto *Dalia c. Francia,* par. 38). No falta además quien pone en cuestión si el recurso de amparo constituye, en su actual conformación, un remedio útil o no a efectos del agotamiento de los remedios nacionales: "Al efecto, es aconsejable esgrimir ejemplos de la jurisprudencia nacional con los que persuadir al Tribunal. A estas alegaciones deberá responder la parte actora poniendo de manifiesto, bien que el recurso había sido utilizado, bien que no era eficaz o adecuado en los términos aludidos, bien que concurría alguna de las "circunstancias particulares (p.ej., situación de conflicto civil, pasividad de las autoridades nacionales) que han llevado al Tribunal a dispensar del requisito del agotamiento de recursos internos": Pérez de los Cobos, F., "El recurso de amparo y el recurso ante el TEDH: pautas de interacción", *Actualidad Jurídica Uría Menéndez,* 47-2017 págs. 7-16. *Vid.* también, González Alonso, A., y Ruiz Risueño, F. M., "El nuevo recurso de amparo constitucional a la luz del Convenio Europeo de Derechos Humanos (a propósito de la reciente sentencia del TEDH Arribas Antón c. España)", *Revista Española de Derecho Europeo,* 54, abril-junio 2015, pág. 168; o Ripol Carulla, S., "Un nuevo marco de relación entre el Tribunal Constitucional y el Tribunal Europeo de Derechos Humanos", *Revista Española de Derecho Internacional,* vol. LXVI/1, Madrid, enero-junio 2014 págs. 11-53.

samente a través del recurso de amparo, que permite al Tribunal Constitucional revisar las decisiones firmes de los tribunales ordinarios.

¿Debe afectar la sentencia del TEDH a la validez de la sentencia de amparo? La pregunta no encuentra respuesta en nuestro derecho positivo, que es al que corresponde dotar al ordenamiento jurídico de instrumentos para la efectividad de las sentencias definitivas dictadas por el Tribunal de Estrasburgo, pero, de acuerdo a la doctrina constitucional, ha de responderse negativamente. Como se ha declarado, las sentencias del Tribunal Europeo de Derechos Humanos "tienen carácter declarativo y no anulan ni modifican por sí mismas los actos, en este caso Sentencias, declarados contrarios al Convenio [...]". Y es que el CEDH, según el Alto tribunal, "ni ha introducido en el orden jurídico interno una instancia superior supranacional en el sentido técnico del término, de revisión o control directo de las decisiones judiciales o administrativas internas, ni tampoco impone a los Estados miembros unas medidas procesales concretas de carácter anulatorio o rescisorio para asegurar la reparación de la violación del Convenio declarada por el Tribunal"[14]. El CEDH no obliga a los Estados miembros a eliminar las consecuencias del acto contrario a la obligación jurídica internacional asumida por el Estado, restableciendo en lo posible la situación anterior a ese acto, (que puede ser sustituida por una reparación equitativa), ni a "la anulación de la autoridad de cosa juzgada y de la fuerza ejecutoria de la decisión judicial nacional que dicho Tribunal haya estimado contraria al Convenio"; pero su carácter obligatorio exige a los poderes públicos nacionales tutelar y reparar satisfactoriamente las lesiones de derechos fundamentales declaradas por el TEDH cuando siguen siendo actuales[15].

Por consiguiente, en el sistema de tutela del CEDH, la reparación de la lesión causada no implica necesariamente a la nulidad de las resoluciones impugnadas: de acuerdo con el art. 46 CEDH, los Estados firmantes del Convenio se comprometen a acatar las sentencias definitivas dictadas en los procedimientos en los que sean parte, pero son los propios Estados los

---

14 Así, en la STC 245/1991, de 6 de diciembre (FJ 2), por la que se anuló la sentencia dictada en el caso Bultó, para dar efectividad a la dictada en el asunto por el TEDH que declaró vulnerado el derecho al proceso equitativo, del art. 6.1 CEDH.

15 Y eso es lo que se hizo en la citada STC 245/1991, de 16 de diciembre, a la que pertenecen los entrecomillados anteriores. El Tribunal Constitucional entendió en ese caso que la estimación de la demanda interpuesta frente a las condenas dictadas en el caso Bultó implicaba una vulneración indirecta del art. 24.2 CE y estimó el amparo solicitado para dar efectividad al fallo del TEDH.

que deben desarrollar los mecanismos de Derecho interno tendentes a dar efectividad a dicho acatamiento[16]. Es verdad que la decisión estimatoria del Tribunal de Estrasburgo puede hacer materialmente inefectiva la sentencia de amparo, pero no produce *ipso iure* su nulidad.

Siendo pues la creación de medios para la efectividad de las STEDH una cuestión soberana de los legisladores nacionales, el silencio de la legislación española nos conduce a una respuesta negativa a la pregunta planteada y, por ello, hemos de concluir que la decisión del Tribunal de Estrasburgo no implica, *lege lata*, la nulidad de la sentencia de amparo que cerró los procedimientos de Derecho interno. De otro modo, el legislador ha optado por que la anulación se proyecte tan solamente sobre las resoluciones dictadas en el proceso ante la jurisdicción ordinaria[17].

---

16 Por su parte, los arts. 96 a 104 del Reglamento de Procedimiento del TEDH, de 1 de agosto de 2018, regula la tramitación a seguirse por el Comité de Ministros del Consejo de Europa en caso de falta de acatamiento por discrepancias en la interpretación de la sentencia o directamente por negativa al acatamiento de la sentencia definitiva por parte del Estado afectado, pero estas normas nos colocan en un momento posterior al de la recepción de la sentencia por dicho Estado y regulan la reacción que dicha negativa produce en el seno del Consejo de Europa, sin específicar medida alguna ordenada a obtener la efectividad de la sentencia en el plano nacional, cuestión que se deja, en definitiva, a los Estados miembros del CEDH. Sobre el particular y, en general, sobre el procedimiento ante el TEDH, *vid.* Ripol Carulla, S., *El sistema europeo de protección de los derechos humanos y el derecho español: la incidencia de las sentencias del Tribunal Europeo de Derechos Humanos en el ordenamiento jurídico* español, Atelier, 2007; o, más recientemente, Fernández, D., *El Tribunal Europeo de Derechos Humanos: Una visión práctica para la abogacía,* Aranzadi/Civitas, 2022. En referencia al caso Inés del Río Prada c. España, Guillén López, E., "Ejecutar en España las sentencias del Tribunal Europeo de Derechos Humanos. Una perspectiva de Derecho Constitucional Europeo", *Teoría y Realidad Constitucional,* nº 42, 2018, págs. 335-370.

17 Son contundentes los argumentos que emplea, a este respecto, el ATC 119/2010, de 4 de octubre, que denegó en ejecución de una STEDH la admisión a trámite de un recurso de amparo inadmitido previamente por el Tribunal Constitucional, con el objeto de su posterior estimación. Con mención de la STC 116/2006, de 24 de abril, el Auto recuerda que la discusión sobre la ejecución interna de las sentencias del TEDH es ajena a la competencia y jurisdicción del Tribunal Constitucional, "aun cuando la violación del CEDH se haya producido específicamente en el seno de un proceso constitucional, pues el Tribunal Constitucional, sujeto únicamente a la CE y a la LOTC (art. 1.1 LOTC), no puede revocar sus providencias de inadmisión de recursos de amparo más que en virtud de las previsiones explícitas y específicas existentes en la LOTC sobre los medios impugnatorios frente a sus resoluciones" (FJ 2). *Vid.* también el ATC 46/2010, de 14 de abril. Y se

La nulidad de la sentencia de amparo constitucional tampoco constituye un efecto de la sentencia de revisión penal, la cual carece de virtualidad suficiente para producir ese efecto. Aunque la declaración de nulidad de un acto judicial afecta al acto declarado nulo y a todos los que son consecuencia directa de él, no podemos establecer esa relación entre la sentencia recurrida en amparo y la decisión del Tribunal Constitucional que desestima el recurso, puesto que esta se dicta en un proceso diferente y ante otra jurisdicción, al que no se transmiten los vicios de nulidad denunciados en el procedimiento ordinario en el que se dictó aquella. Por otro lado, el Tribunal Supremo carece de potestad jurisdiccional para declarar la nulidad de una resolución dictada por un órgano que se ubica fuera de la jurisdicción ordinaria como es el Tribunal Constitucional y que se sitúa por encima del Tribunal Supremo en materia de garantías constitucionales (art. 123 CE); ni expresamente ni como efecto reflejo de la sentencia que estima el recurso de revisión penal.

Por otra parte, como hemos avanzado, la regulación legal del procedimiento de amparo constitucional contenida en la LOTC no alberga mecanismo procesal alguno que permita la declaración de nulidad de oficio de una sentencia dictada por el propio Tribunal Constitucional, ni siquiera como consecuencia de una decisión estimatoria del TEDH. Tampoco es posible obtener dicha declaración a instancia de parte, pues, como el propio Tribunal Constitucional ha establecido, no es posible utilizar en los procedimientos constitucionales, de forma subsidiaria, el incidente excepcional de nulidad de actuaciones que regulan los arts. 241 LOPJ y 228 LEC[18], u

---

recuerda también que "el CEDH no obliga a anular las decisiones judiciales que el Tribunal Europeo de Derechos Humanos haya declarado contrarias a aquel", criterio consolidado en la doctrina constitucional: STC 245/1991, e 16 de diciembre, FJ 2; 313/2005, de 12 de diciembre, FJ 2; y 197/2006, de 3 de julio, FJ 6; ATC 129/2008, de 26 de mayo, FJ 2.

18 En efecto, el art. 80 LOTC previene, como derecho procesal supletorio aplicable en los procedimientos constitucionales, exclusivamente, "los preceptos de la Ley Orgánica del Poder Judicial y de la Ley de Enjuiciamiento Civil, en materia de comparecencia en juicio, recusación y abstención, publicidad y forma de los actos, comunicaciones y actos de auxilio jurisdiccional, día y horas hábiles, cómputo de plazos, deliberación y votación, caducidad, renuncia y desistimiento, lengua oficial y policía de estrados". Los términos del precepto han llevado al Tribunal Constitucional, como decimos, a negar el planteamiento de incidentes de nulidad de actuaciones siquiera de forma subsidiaria, y consecuentemente a la inadmisión de los planteados. Sobre el particular, nos remitimos al ATC 668/2023, de 12 de diciembre, que razona la inadmisión del incidente de nulidad de actuaciones del

otro remedio procesal (como podría ser, por ejemplo, una hipotética revisión de sentencias ante el Tribunal Constitucional, no prevista en su ley orgánica reguladora, siquiera por aplicación subsidiaria de la legislación procesal general), dado que, de acuerdo con el art. 93.1 LOTC, contra las sentencias del Tribunal Constitucional "no cabe recurso alguno". En resumidas cuentas, es imposible *lege lata* declarar la nulidad de la sentencia de amparo a través del incidente de nulidad o de cualquier otro remedio procesal de los actualmente disponibles en la legislación procesal común, o de oficio por el propio Tribunal Constitucional (opción esta última que se sería contraria a la invariabilidad de las resoluciones judiciales proclamada por el art. 267 LOPJ y el art. 214 LEC y a la doctrina de los actos propios).

Mirando hacia atrás en el proceso penal analizado, la decisión rescisoria contenida en la STS 2ª 426/2020 tampoco afectó las resoluciones judiciales anteriores del procedimiento (de hecho, la demanda de revisión se ceñía a la sentencia de casación, pero no a la de condena de la Sala de lo penal de la Audiencia Nacional), aunque tendría toda la lógica que así hubiera sido, puesto que la resolución judicial que se causó la lesión de la garantía de imparcialidad del juez fue la de instancia, y no la de casación. Por ello el fallo de la STS 2ª 426/2020 declaró la nulidad de la dictada en casación, sin pronunciamiento rescisorio alguno que afectara a las resoluciones judiciales anteriores[19]: en otras palabras, se rescinde la última resolución del

---

siguiente modo (FJ único): "nuestra Ley Orgánica no contempla el incidente de nulidad de actuaciones entre los medios impugnatorios que pueden promoverse contra las resoluciones de este tribunal. Y existiendo en la LOTC previsiones explícitas y específicas sobre los recursos o medios impugnatorios frente a las resoluciones dictadas por este tribunal, no es posible entrar a debatir siquiera la aplicación de reglas extrañas a las misma ni, más en concreto, es posible amparar en la regla de supletoriedad del art. 80 LOTC la aplicación frente a las resoluciones de este tribunal del incidente de nulidad de actuaciones regulado en los arts. 240 y ss. LOPJ, ya que dicha aplicación vendría a contradecir el tenor explícito e indubitado de las previsiones de la LOTC". No es esta, sin embargo, la primera resolución judicial que resuelve sobre este asunto de este modo, en lo que cabe entenderse como criterio jurisprudencial consolidado. Con anterioridad se había seguido idéntico criterio en los AATC 263/2023, de 23 de mayo, FJ único; 46/2010, de 14 de abril, FJ 2; y previamente los AATC 46/1998, de 24 de febrero, FJ 1; 275/2007, de 7 de junio, FJ 1; 276/2007, de 7 de junio, FJ 1, y 277/2007, de 7 de junio, FJ 1.

19 Ante el silencio del fallo anulatorio, una asociación de víctimas del terrorismo (la Asociación "Víctimas del Terrorismo Verde Esperanza Voces contra el Terrorismo") solicitó, de la sección cuarta de la Sala de lo Penal de la Audiencia Nacional que se acordara la retroacción de actuaciones hasta el momento de constitución del tribunal para que se procediera a la celebración de un nuevo juicio y se dictara

procedimiento, pero no retrotrae las actuaciones al momento en el que se produjo la lesión, como hubiera sido lo adecuado en términos jurídico-procesales. Como vemos, pues, la sentencia de revisión dejó puertas abiertas y cuestiones sin resolver para cerrar definitivamente el proceso, si bien inducido (y limitado) por una defectuoso planteamiento de la acción de revisión por los recurrentes.

Con ese objetivo, con posterioridad a la sentencia de revisión, la Sala de lo penal del Tribunal Supremo señaló de oficio (providencia de 25 de septiembre de 2020) nueva fecha para deliberación y fallo del recurso de casación. Ciertamente, la anulación de la STS 2ª 351/2012, sin más, dejaba el asunto inconcluso, pues, anulada esta, el procedimiento incoado más de una década atrás contra el Sr. Otegi y otros no tenía resolución válida que le hubiera puesto fin. En efecto, la sentencia de revisión se dicta en un procedimiento nuevo —dado que el anterior terminó por sentencia firme—; y al rescindirse la sentencia firme declarada nula, sin otro pronunciamiento consecuente con dicha anulación, la causa penal quedó abierta y sin resolución definitiva, dejando además vigente la recurrida en casación (la SAN de 16 de septiembre de 2011), la cual aún no había alcanzado firmeza, habida cuenta de que el recurso de casación incoado a instancias de los acusados, con su sentencia rescindida, quedaba pendiente de resolución (es decir, se mantenía la litispendencia del procedimiento inicial: *certus an, incertus quando*). No hay, en resumen, un nuevo fallo en sustitución del anulado, sino una mera anulación de la resolución revisada, lo que dejaba huérfano de pronunciamiento

---

nueva sentencia. La petición fue desestimada por AAN de 19 de octubre de 2020 (confirmado en súplica por AAN de 10 de noviembre de 2020), que entendió, en primer lugar, que la legitimación activa para solicitar la retroacción y reapertura del proceso correspondía a los penados y, en segundo término, que ni la STEDH ni la sentencia de revisión acordaron la retroacción con celebración de nuevo juicio; además, no había previsión legal que diera cobertura a ese segundo enjuiciamiento y las personas afectadas ya habían cumplido la condena, lo que implicaba un riesgo de lesión "del derecho a no ser enjuiciado dos veces por los mismos hechos" (Antecedente de hecho 2 de la STC 9/2024, letra h). Del mismo modo, consideró el Auto que la orden contenida en el fallo de la sentencia de revisión de comunicar a la resolución a los tribunales que habían participado en el procedimiento se hacía con el fin accesorio de dejar sin efecto cualquier pena o medida que pudiera encontrarse en vigor como consecuencia de la condena, así como para cancelar anotaciones o inscripciones realizadas en registros o archivos oficiales (por ejemplo, en el Registro Central de Penados y Rebeldes); pero no para una eventual repetición del juicio desde el momento en el que se produjo la lesión del derecho fundamental.

sobre el fondo al recurso de casación: es, por tanto, plenamente coherente, desde el punto de vista de la ortodoxia procesal, que el Tribunal Supremo acordase la reapertura del trámite de casación contra la sentencia condenatoria de la Audiencia Nacional, de 16 de septiembre de 2011, para poder pronunciarse sobre los motivos de casación invocados por los recurrentes, y con ello poder cerrar definitivamente el proceso.

Lejos de ello, la Sala de lo penal del Tribunal Supremo, como tribunal de casación, no consiguió dicho objetivo en la segunda sentencia (la STS 2ª 692/2020, de 15 de diciembre), puesto que su fallo, al estimar la falta de imparcialidad del tribunal sentenciador, ordenó en lógica coherencia la retroacción de las actuaciones al momento procesal en el que se produjo la lesión invocada: decimos en lógica coherencia porque ese es el efecto normal de las resoluciones judiciales que aprecian la concurrencia de un defecto procesal como el denunciado en el caso (léase si no el art. 241.2 LOPJ[20]).

El Tribunal Supremo podría haber optado en la segunda casación por otra solución menos problemática, cual es haber estimado el recurso y, dado que la pena impuesta se había cumplido ya, acordar —como solicitaban los recurrentes— el archivo del procedimiento y la cancelación de las medidas o inscripciones en archivos y registros públicos aún vigentes, una solución que habría puesto punto y final al asunto[21]. Pero la Sala Segunda se inclinó, de otro modo, por la solución más respetuosa con la legislación procesal en atención a la naturaleza del motivo de casación invocado, algo que no deberíamos reprochar al Alto Tribunal (que, como nuestra Constitución establece, como todos los órganos jurisdiccionales, está sometido a la ley y al derecho en el ejercicio de la potestad jurisdiccional: art. 117.1).

---

20 En referencia al incidente de nulidad: "Si se estimara la nulidad, se repondrán las actuaciones al estado inmediatamente anterior al defecto que la haya originado y se seguirá el procedimiento legalmente establecido".

21 Así se había hecho ya en el asunto *Castillo Algar c. España*, resuelto por la STEDH de 28 de octubre de 1998. El recurrente intentó la efectividad en España de la sentencia a través de recurso de amparo que fue inadmitido por providencia del Tribunal Constitucional de 11 de marzo de 1999: la inadmisión a trámite se fundó en que el recurrente ya ha cumplido condena y el propio TEDH declaró en el fallo de su Sentencia, además de la vulneración del art. 6.1 del Convenio, que con esta declaración se da "una satisfacción equitativa suficiente del perjuicio moral alegado". Se trata de un precedente del caso analizado, puesto que en él también se alegó la vulneración del derecho al juez imparcial, y en el fallo de la STEDH Otegi Mondragón y otros c. España, de 6 de noviembre de 2018, afirmó igualmente que la declaración de la vulneración constituía por sí misma satisfacción equitativa suficiente respecto a los daños morales sufridos.

Por esa razón, considerando que la sentencia de condena se casaba por un defecto procesal determinante de la vulneración del proceso con todas las garantías, se acordó, en concordancia con lo solicitado por el Fiscal, la retroacción de las actuaciones al momento anterior al juicio oral en el que la Sala de la Audiencia Nacional se constituyó, y la inmediata repetición del juicio ante un tribunal imparcial y compuesto por magistrados diferentes a los que dictaron la primera sentencia.

Es ésta la decisión recurrida en amparo por los condenados, sin duda la menos favorable a sus intereses procesales: aparte del gravamen que supone la prolongación del procedimiento y los costes que eso implica para ellos, la posibilidad de una nueva sentencia de instancia, aunque fuera ante un tribunal objetivamente imparcial, generaba nuevas incertidumbres. La Audiencia Nacional podría confirmar el fallo o dictar una sentencia absolutoria, pero se abría la posibilidad a la imposición de una condena de mayor gravedad ante una eventual segunda condena, siempre dentro de los límites de los escritos de acusación. Decimos que nos movemos en el terreno de los intereses procesales, más que en el de los derechos vulnerados, pues no se puede olvidar que en la causa penal anteriormente seguida contra el Sr. Otegi por delito de enaltecimiento del terrorismo, en el que se produjo el hecho determinante de la falta de imparcialidad de la presidenta de la sección, la Sala de lo penal del Tribunal Supremo (STS 2ª 31/2011, de 2 de febrero) casó igualmente la sentencia de condena de la Audiencia Nacional, apreciando que concurría la alegada vulneración del derecho al juez imparcial del art. 24.2 CE (la misma que se invocó contra la STS 2ª 351/2012, de 7 de mayo), y en su fallo estimatorio se acordó, sin queja entonces, s.e.u.o, por el ahora recurrente en amparo lo siguiente: "Que debemos declarar y declaramos haber lugar al recurso de casación interpuesto [...], anulando el juicio y la sentencia dictados en la instancia, *y acordamos la devolución de las actuaciones al Tribunal de origen, ordenando la retroacción de las actuaciones a la fecha anterior al señalamiento del plenario para que por un Tribunal compuesto por Magistrados distintos de los que firmaron la sentencia anulada se celebre un nuevo juicio oral* en el que resolverán con libertad de criterio": la cursiva es nuestra.

### *3.2. Consideración sobre la revisión penal como instrumento para la efectividad de las sentencias del TEDH*

Antes ya de la reforma del art. 954 LECrim en el año 2015 —y de sus preceptos equivalentes en las restantes leyes procesales— se planteó dar eficacia a las sentencias del TEDH a través del recurso de amparo constitucional, ante la inexistencia de otro cauce previsto para ello en nuestro Derecho[22]. El Tribunal Constitucional así lo aceptó en la STC 245/1991, que dio efectividad en España a la STEDH *Barberà, Messegué y Jabardo c. España*, de 6 de diciembre de 1988 (conocida también como asunto *Bultó*), aunque se trata de un caso aislado del que no encontramos reflejo en sentencias posteriores. En ella se abogaba ya por el desarrollo de instrumentos específicamente ordenados a dicho fin dentro de la jurisdicción ordinaria, rechazando que dicha función correspondiese al recurso de amparo constitucional, desde el argumento de que este no se le puede convertir en un recurso extraordinario de revisión de la cosa juzgada, destinado a obtener la ejecución en especie de las sentencias dimanantes del TEDH; según el voto particular discrepante del Magistrado Gimeno Sendra, esta solución era peligrosa, dado que la Constitución de 1978 (art. 10.2) tan sólo consagra la necesidad de que los derechos fundamentales se interpreten conforme al CEDH y a la doctrina del TEDH, pero los efectos vinculantes de las sentencias dictadas por éste lo son para la jurisdicción ordinaria, no para el Tribunal Constitucional: "fuera de nuestra CE no existen derechos fundamentales (STC 84/1989), por lo que las normas constitucionales poseen un rango jerárquico superior a las del CEDH", siendo los tribunales de la jurisdicción ordinaria quienes ostentan en exclusiva la tutela de la legalidad ordinaria, no el Tribunal Constitucional[23]. Por eso, ya entonces, se

---

22 La falta de regulación llevó en ocasiones a utilizar como cauce para dicho fin el incidente excepcional de nulidad de actuaciones del art. 241 LOPJ. En el asunto resuelto por la STC 65/2016, de 11 de abril, el Tribunal Constitucional otorgó el amparo contra la decisión de no admitir a trámite el incidente de nulidad de actuaciones, como cauce para dar efectividad a una STEDH relativa a la patria potestad. Para la sentencia, el tribunal civil vulneró el derecho a la tutela judicial efectiva al justificar la inadmisión del incidente con el que se pretendía la ejecución en una regulación procesal anterior a la vigente, impidiendo el uso del incidente como medio para la efectividad de la sentencia en el Derecho interno.

23 Para concluirse así: Lo contrario "convertirá de facto a este Tribunal supranacional en una supercasación constitucional y al TC en un órgano ejecutor de sus Sentencias o, lo que es lo mismo, las resoluciones de los órganos encargados de la aplicación del Convenio gozarán de plenos efectos de la cosa juzgada, obteniéndose los efectos ejecutivos directos a través de la técnica del reenvío. El recurrente, una vez haya obtenido la Sentencia condenatoria del Estado español, acudirá al TC a fin de instar la nulidad de la Sentencia lesiva de su derecho fundamental, el cual habrá de declarar la nulidad de tales Sentencias y reenviará al recurrente al órgano judicial de instancia para que restablezca su derecho fundamental reconocido en el Convenio europeo. Este es, en síntesis, el esquema de la ejecución que posibilita la presente Sentencia." Así lo entiende también Ripol Carulla, *El sistema*

proponía como solución atribuir a la revisión extraordinaria de sentencias el papel de cauce para la efectividad de las STEDH.

La tesis del voto particular es la finalmente impuesta en la doctrina constitucional. El recurso de amparo no puede ser el remedio, puesto que no se desprende del Convenio, en modo alguno, "que el Tribunal Constitucional sea una instancia subordinada al Tribunal Europeo de Derechos Humanos y, obligada, por tanto, a dar cumplimiento a sus sentencias en el orden interno"[24]; idéntica respuesta se dio al recurso de amparo que pretendió la efectividad de la STEDH *Castillo Algar c. España*, de 28 de octubre de 1998, también inadmitido por providencia[25]. Con posterioridad, la tesis favorable a convertir la revisión de sentencias en el cauce para la efectividad de los pronunciamientos del TEDH está presente en otras decisiones del Tribunal Constitucional[26]. En primer término, mediante la apli-

---

*europeo de protección* [...], cit., pág. 131, que valora positivamente los argumentos del voto particular.

24 El texto entrecomillado corresponde a sendas providencias de inadmisión del recurso de amparo de 31 de enero de 1994, que pretendían la nulidad de la sentencia que había determinado la condena de España por la STEDH de 23 de junio de 1993, en el asunto *Ruíz Mateos c. España*; a ellas se refiere DELGADO MUÑOZ, L. J., "La ejecución de las sentencias del TEDH y el actual recurso de revisión penal: cinco años de vigencia", *Estudios de Deusto. Revista de Derecho Público,* Vol. 70/1 enero-junio 2022, pág. 263.

25 Si bien, en este caso, por entender el Tribunal Constitucional que no se daban las circunstancias señaladas por la STC 245/1991, dado que en este caso la condena se había cumplido ya, y la STEDH entendió en su fallo que con esa declaración favorable a la demanda ya había satisfacción equitativa suficiente para el demandante. Los detalles de esta providencia los encontramos en el ATC 96/2001, de 24 de abril, FJ 1. Son ilustrativas a este respecto las consideraciones que se hacen por el Magistrado Pérez Tremps en su voto particular concurrente a la STC 197/2006, de 3 de julio: en él, siguiendo la línea marcada por el voto particular del Magistrado Gimeno Sendra a la STC 245/1991, se sostiene que entre el mandato del art. 10.2 CE de interpretación de la CE conforme con el CEDH "el ejercicio de una potestad como es ejecutar fallos del Tribunal Europeo de Derechos Humanos hay un salto que sólo la intervención del legislador puede dar mediante la atribución de una competencia concreta y explícita, cosa que en España no ha hecho a pesar de las advertencias de este Tribunal en ese sentido. Que el legislador deba hacerlo o no, y en qué modo, son cuestiones que no corresponde valorar a la jurisdicción constitucional, pero tampoco le compete a ésta sustituir la falta de actuación de aquél, máxime cuando no existe un mandato constitucional expreso en dicho sentido".

26 Por ej., el ATC 96/2001, de 24 de abril, FJ 1; la STC 240/2005, de 10 de octubre, FJ 6.

cación extensiva —y forzada— de los motivos de revisión entonces vigentes, al entender que la STEDH constituye un "hecho nuevo", justificante de la revisión[27]. La STC 240/2005, de 10 de octubre, apunta esta solución, aunque finalmente se desestime el amparo; lo mismo hace la mencionada STC 197/2006, de 3 de julio, que desestima el amparo solicitado, dado que había habido satisfacción equitativa acordada en la STEDH que hacía irrelevante la ejecución de la sentencia en el Derecho interno, pero que en un *obiter dicta* reconoce como excesivo formalismo no considerar como hecho nuevo una STEDH a efectos de la aplicación de su doctrina en un procedimiento que afecta a partes diferentes a las concernidas por la sentencia (FJ 6).

Poco antes de la reforma de 2015, la Sala de lo Penal del Tribunal Supremo, por acuerdo plenario no jurisdiccional de 21 de octubre de 2014, decidió aplicar dicha interpretación al anterior art. 954 LECrim, hasta que "no exista en el ordenamiento Jurídico una expresa previsión legal para la efectividad de las sentencias dictadas por el TEDH que aprecien la violación de un derecho fundamental del condenado por los Tribunales españoles", que afectase a la culpabilidad de la persona concernida. Materializada la reforma, la revisión de sentencias se sitúa como medio para la efectividad de las STEDH, pero, como veremos seguidamente, el instrumento no siempre se adecua perfectamente a dicho fin.

Los razonamientos de la sentencia recurrida en amparo (la STS 2ª 692/2020, de 15 de diciembre) patentizan los problemas que plantea la utilización del recurso de revisión como cauce para dar efectividad a las sentencias del TEDH, especialmente, cuando la demanda se estima por vulneración del derecho al proceso equitativo y las garantías procesales a él inherentes. Y es que la atribución que se hace a la revisión penal por el art. 954.3 LECrim en cierto modo distorsiona la función tradicional que cumple el mal llamado *recurso de revisión* en nuestro sistema de justicia criminal. La revisión de sentencias, como se ha dicho, se basa en el valor justicia y tiene por finalidad anular una sentencia manifiestamente injusta[28] siempre

---

27 La puerta fue abierta por la STC 150/1997, de 29 de septiembre, en la que se otorgó el amparo promovido contra la decisión del Tribunal Supremo de no admitir el *recurso de revisión* al no considerarse como hecho nuevo una sentencia del Tribunal Constitucional que despenalizaba una situación jurídica idéntica a la que había determinado la condena del recurrente. La STC 150/1997 consideró vulnerado el art. 24.1 de en su vertiente de derecho de acceso a la jurisdicción.

28 Gascón Inchausti, F., *Derecho Procesal Penal. Materiales para el estudio,* 6ª ed., 2024, pág. 306

que se trate de una sentencia de condena[29], dictada como consecuencia de un error, desconocido en el momento en el que se decidió el asunto[30]. Tiene como fin la rescisión del fallo condenatorio firme[31] y su sustitución por otro absolutorio y favorable al penado, amparada en la aplicación de criterios de justicia material mediante los motivos tasados previstos en el art. 954.1 LECrim. El art. 955 LECrim, al determinar la legitimación activa para promoverla, deja entrever que la finalidad de la revisión penal es rescindir el fallo condenatorio para que "se castigue, en su caso, al verdadero culpable".

La decisión de la revisión implica, como antes se ha dicho, un juicio *rescindente*, conforme al cual el Tribunal Supremo tan sólo puede anular o no la sentencia firme afectada, pero no sustituirla, en el seno del propio procedimiento, por otra sentencia firme, precisamente porque ésta produce fuerza de cosa juzgada; además, la anulada puede no haber sido dictada por el Tribunal Supremo (por esa razón, la nueva decisión —juicio *rescisorio*— compete al tribunal que dictó la sentencia de condena anulada): ello significa que será el tribunal sentenciador quien deba dictar la sentencia que corresponda, y ello exige normalmente la repetición del juicio[32] (por ej., en el caso de revisión por existencia de sentencias contradictorias o de condenas basadas la comisión de un delito de falsedad documental o falso testimonio, o por un juez condenado por prevaricación, pues la revisión no determina automáticamente la inocencia del acusado). En definitiva, en ocasiones es necesario que el fallo ordene la retroacción de actuaciones,

---

29 Pues ante las sentencias absolutorias injustas debe prevalecer el valor de la seguridad jurídica: Cortés Domínguez, V., *Derecho Procesal Penal*, con V. Moreno Catena, 10ª, Tirant lo Blanch, Valencia, 2021, pág. 694.

30 Así lo entiende Banacloche Palao, J., *Aspectos fundamentales de Derecho procesal penal*, con Zarzalejos Nieto, J., 4ª ed., Madrid, La Ley Wolters Kluwer, 2018, pág. 368, recogiendo la doctrina tradicional sobre la revisión penal. Con extensión sobre este expediente procesal, Sánchez Montenegro, J. C., *Recurso de revisión penal*, 2ª, Edsofer, 2017, o Tomé García, J. A., "Sugerencias en torno a una futura reforma legislativa de la revisión penal", *Anuario jurídico y económico escurialense*, nº. 22, 1990, págs. 109-126.

31 Niño Estébanez, R., *Fuerza obligatoria y ejecución de las sentencias del Tribunal Europeo de Derechos Humanos: el procedimiento de revisión*, Tirant lo Blanch, 2019, pág. 308.

32 Pero no siempre: por ej., si se rescinde por existencia de condena firme previa adoptada en otro proceso, en que bastaría con anular la sentencia posterior: STS 2ª 66/2018, de 6 de febrero.

pues la mera rescisión de fallo condenatorio no aporta elementos de juicio suficientes para absolver al acusado[33].

Esta dificultad se hace patente cuando se trata de la revisión para la efectividad de una sentencia del TEDH. Como se señala en la propia sentencia recurrida en amparo (FD segundo), en ocasiones la sentencia de revisión es suficiente para cerrar el asunto, dado que la anulada dejaba vigente la sentencia absolutoria dictada en la instancia, lo que hacía innecesaria la repetición del juicio al ser suficiente la anulación de la condenatoria dictada en fase de recurso (p.ej., SSTS 2ª 145/2015, de 12 de marzo; 177/2015, de 26 de marzo), o cuando la condena se obtuvo con vulneración del derecho a la libertad de expresión, según el TEDH, en que bastaba la anulación para obtener el efecto absolutorio (STS 2ª 283/2017, de 19 de abril). En otras ocasiones, sin embargo, atendiendo a los fundamentos de la STEDH y al derecho vulnerado, la sentencia de revisión no puede implicar la vigencia de la dictada en la instancia: así ocurre en el presente caso, en el que era la sentencia de la Audiencia Nacional la que había incurrido en la vulneración del derecho, pues es en dicho tribunal en donde se aprecia la falta de imparcialidad. Esa es la razón por la cual la STS 2ª 692/2020 (FD 1) decide casar la sentencia —estimando pues el recurso de casación promovido por los recurrentes en amparo— pero, como consecuencia lógica del motivo de casación invocado (la vulneración del derecho al juez imparcial), se ordena el reenvío de las actuaciones al momento anterior a la constitución de la sección correspondiente en la Audiencia Nacional, para un nuevo enjuiciamiento. La sentencia es importante pues daba certeza sobre el alcance de la anulación en revisión de una sentencia de condena, ante el silencio legal[34], pero es precisamente aquí donde se encuentra el centro de la cuestión controvertida y el razonamiento por el que la STC 9/2024 decide estimar el amparo.

---

33 En este punto debe reconocerse que la regulación legal no ayuda, pues no está adaptada a la redacción vigente del art. 954 LECrim no distingue los diferentes supuestos, sino que se remite, sin más, a las normas reguladoras de la sentencia de casación por infracción de ley, las cuales establecen (art. 902 LECrim) que la sentencia estimatoria implica la emisión de una segunda sentencia conforme a derecho, "sin más limitación que la de no imponer pena superior a la señalada en la sentencia casada o a la que correspondería conforme a las peticiones del recurrente". Este régimen legal es incompatible con la naturaleza de la revisión exige el reenvío al tribunal sentenciador, que puede ser el propio Tribunal Supremo, pero puede ser otro tribunal.

34 Lo entiende también así Delgado Muñoz, loc. cit., pág. 280.

Al margen de otras consideraciones, como se ve, en el núcleo de la cuestión debatida se encuentra la atribución al recurso de revisión penal de la condición de remedio para la efectividad de las sentencias del TEDH: la revisión de sentencias es un expediente procesal excepcional diseñado para obtener la rescisión de sentencias firmes (art. 954.1 LECrim, inciso primero[35]) de condena, cuya justificación general es la colisión de lo formalmente bien decidido en la sentencia condenatoria firme con la justicia material del fallo, es decir, la tensión entre la justicia y la seguridad jurídica, permitiéndose de forma excepcional que ceda esta segunda en beneficio de la primera[36]; implica, "la inculpabilidad de aquellas personas que han sido condenadas con notoria equivocación o error, de modo que su finalidad está encaminada a que prevalezca, sobre la sentencia firme, la auténtica verdad y, con ello, la justicia material sobre la formal"[37], y, en definitiva, una "derogación para el caso concreto del principio preclusivo de la cosa juzgada y persigue fundamentalmente mantener, en la medida de lo posible, el necesario equilibrio entre las exigencias de la justicia y las de la seguridad jurídica"[38]. Sin embargo, no siempre es así, pues, fuera de los casos del art. 954.1 LECrim (con la excepción del *non bis in idem* del art. 954.1 c), y especialmente cuando se pretende ejecutar una sentencia del TEDH por vulneración del art. 6.1 CEDH, como es el caso, la revisión puede no poner en cuestión la verdad que sirvió de base al fallo, sino el cumplimiento de garantías procesales que no tienen necesariamente que ver con el juicio fáctico ni con la relación de hechos probados que sirvió de

---

35 Así, por ej., en las SSTS 2ª 251/2017, de 5 de abril (FD 2); 544/2020, de 22 de octubre (FD 2); o 25/2021, de 19 de enero (FD único).

36 En palabras de la Sala de lo penal del Tribunal Supremo, la "última garantía ofrecida a la justificada inocencia o inculpabilidad de quien ha sido reputado responsable de infracción criminal y en tal concepto condenado con palmario y ostensible error, por lo que su esencial finalidad se dirige a hacer prevalecer frente a los efectos de una sentencia o resolución firme, sustentada en una verdad formal y legal, la auténtica y plena verdad material, real y extraprocesal, quedando su admisión restringida a los excepcionales supuestos contemplados en el artículo 954 de la citada Ley [de enjuiciamiento criminal]"STS 2ª de 30 de noviembre de 1981 (Roj: STS 4729/1981 - ECLI:ES:TS:1981:4729).

37 STS 2ª 544/2020, de 22 de octubre, que recoge doctrina consolidada de otras sentencias anteriores: SST 2ª 25/2021, de 19 de enero; 140/2014, de 14 de febrero.

38 STC 124/1984, de 18 de diciembre, FJ 6; STC 92/1984, FJ 2; STC 150/1997, de 29 de septiembre, FJ 5; STC 123/2004, de 13 de julio, FJ 3, STC 240/2005, de 10 de octubre, FJ 5 c), o STC 69/2022, de 2 de junio, FJ 3.

fundamento para la aplicación del derecho penal al caso. No lo entendió así la STC 9/2024, por razones que seguidamente exponemos.

En el caso estudiado es, por otro lado, discutible la procedencia de la revisión como cauce para la efectividad de la STEDH: como se ha dicho, cuando los efectos de la condena no persisten, porque se haya cumplido ya la pena —como ocurre en el caso— la revisión debería ser sustituida por la oportuna pretensión resarcitoria por error judicial o funcionamiento anormal de la administración de justicia[39].

## 4. CONCLUSIONES: DEL NON BIS IN IDEM PROCESAL A LA RETROACCIÓN DE LAS ACTUACIONES

La *ratio decidendi* de la STC 9/2024 es la infracción del derecho a la tutela judicial efectiva en su vertiente de protección del *non bis in idem* procesal (que es diferente al *non bis in idem* material, cuya garantía se residencia en el art. 25 CE). De acuerdo con lo denunciado por los recurrentes de amparo, la lesión deriva de la decisión de celebrar un nuevo juicio contra ellos, y se asocia con el principio de seguridad jurídica (art. 9.3 CE), el art. 14.7 del Pacto internacional de derechos civiles y políticos, el art. 4 del Protocolo núm. 7 al CEDH y el art. 50 de la Carta de los derechos fundamentales de la UE.

Se argumenta por los demandantes que las condenas dictadas en el primer procedimiento habían sido ejecutadas y cumplidas en su totalidad, por lo que un nuevo enjuiciamiento supondría reiterar la carga y gravosidad a la que ya se vieron sometidos en el primer procedimiento, además de quejarse de que la decisión se adoptó al margen del recurso de revisión interpuesto tras el dictado de la sentencia por el Tribunal Europeo de Derechos Humanos, en el que se solicitó la retroacción, pues la celebración de un nuevo juicio solo puede llevarse a cabo a petición de la víctima de la vulneración.

En su fundamentación, la STC 9/2024 parte del reconocimiento, como parámetro rector, de que la declaración de nulidad con retroacción de actuaciones (FD 4) es una excepción al principio *non bis in ídem* procesal, que prohíbe el doble enjuiciamiento, como reconoce el art. 4.2 del Protocolo nº 7 del CEDH: "La declaración de nulidad de la resolución condenatoria,

---

39 Gimeno Sendra, V., *Derecho Procesal Penal*, 3ª ed., Thomson Reuters/Civitas, 2019, pág. 985.

con retroacción de las actuaciones para la celebración de un nuevo juicio, es, de hecho, la tutela que, de ordinario, repara la lesión del derecho a un juez imparcial sufrida por el individuo que ha sido condenado", tal como acepta la propia doctrina del TEDH[40]. Por ello, sigue la sentencia, "la decisión de repetir la celebración del juicio oral orientada a la reparación de la lesión del derecho a un juez imparcial no puede ser considerada, por regla general, un segundo proceso" a los efectos de la proscripción de la garantía del *non bis in idem* procesal, contenido en el art. 24.1 CE.

A pesar del razonamiento expuesto, que entendemos acertado, la STC 9/2024 se inclina por otorgar el amparo atendiendo a las circunstancias del caso ("desde el punto de vista del individuo condenado", dice el FD 4, si bien creemos que se trata de una referencia impersonal y no de una alusión concreta al Sr. Otegi). Ante la complejidad del procedimiento, y dado que la aplicación de la STS 2ª 426/2020 (la resolutoria del recurso de revisión) dejaba el proceso inconcluso, como había alertado la Sala de lo penal en la sentencia impugnada, el Tribunal Constitucional decide, como efecto de la misma, anular en su totalidad la STS 2ª 692/2020, pero sin el efecto de retroacción de actuaciones.

El fallo estimatorio se basa en dos premisas argumentales contenidas en las sentencia, que conducen a entender vulnerado el derecho fundamental invocado:

a) En primer lugar, que la retroacción no fue solicitada por la propia víctima, ni siquiera por el Ministerio Fiscal en el recurso de revisión[41], sino ordenada de oficio por el Tribunal Supremo. Se entiende legítimo que el condenado se conforme con la condena impuesta, ante el riesgo de que se dicte otra de mayor gravedad.

b) En segundo término, *a fortiori*, de acuerdo con la Recomendación núm. R (2000) 2 del Comité de Ministros del Consejo de Europa, relativa al reexamen y reapertura de procedimientos nacionales a raíz de resoluciones dictadas por el Tribunal Europeo de Derechos Humanos, que para determinar si procede repetir el juicio, hay que ponderar si la víctima de la vulneración sigue sufriendo "consecuencias negativas muy graves a con-

---

[40] Como acreditan las SSTEDH (Gran Sala) de 12 de mayo de 2005, asunto *Öcalan c. Turquía*, par. 210, y de 1 de marzo de 2006, asunto Sejdovic c. Italia, par 126.

[41] Así se exige por las SSTEDH *Öcalan c. Turquía*, par. 210, y *Sejdovic c. Italia*, par. 126, ya citadas, y así lo recordó la STEDH Otegi y otros c. España, par. 74.

secuencia de la decisión judicial controvertida, de modo que dichas consecuencias, por su gravedad, no puedan ser reparadas".

Ninguna de las dos condiciones se dio en el caso, según la sentencia, puesto que ni los condenados solicitaron la repetición del juicio, ni se tuvo en cuenta en la sentencia recurrida que la pena impuesta se había cumplido ya, lo que hacía innecesaria la retroacción de actuaciones. A esto último, lo denomina la STEDH (FD 4), *carencia de efecto útil* de la retroacción de actuaciones, determinante de la estimación del amparo.

Hasta aquí, los razonamientos del Tribunal Constitucional nos parecen razonables. La STC 9/2024, FD 5, llega a aceptar la coherencia argumental y ortodoxia de la decisión recurrida en amparo: la solicitud de revisión de los recurrentes no interesó la anulación de la sentencia de instancia, sino sólo la de la sentencia de casación, la cual no había causado por sí misma la vulneración del derecho al juez imparcial: "Por ello, tal petición suponía, en principio, la reanudación del procedimiento penal originario a partir del propio trámite casacional, ya que no podía entenderse, sin más, que se dejaba firme la previa sentencia de instancia, que había sido condenatoria y había impuesto, de hecho, penas superiores a las que después fueron establecidas por el Tribunal Supremo".

No son de recibo tales razonamientos, a nuestro juicio, a la hora de vincularlos con la vulneración denunciada, que es la de la prohibición del *non bis in idem procesal*, esto es, de que exista un segundo procedimiento cuando el asunto ya ha sido juzgado por primera vez. Para establecer dicha vinculación, la STC 9/2024, mediante una pirueta argumental no exenta de voluntarismo, considera que el hecho de que no se den las dos circunstancias anteriores tiene como efecto la imposibilidad de aplicar la excepción al *non bis in ídem*, del art. 4.2 del Protocolo nº 7 del CEDH. Este razonamiento nos parece sumamente débil, en la medida que implica negar la realidad, incuestionable, de que no existe el doble enjuiciamiento cuando la decisión del primero ha sido declarada nula. No hay, por tanto, *novum iudicium*, sino repetición del primer procedimiento; no creemos que para estimar el recurso de amparo sea necesario negar la evidencia de las cosas, y el Tribunal Constitucional bien pudo haber apreciado la vulneración del art. 24.1 CE en cualesquiera otras de sus vertientes, pero no en la apreciada: bien es cierto que esta fue, precisamente, la que sirvió de fundamento a la demanda de amparo.

Igualmente reprochable de la STC 9/2024 es la decisión de mantener la validez de la primera sentencia de casación, la STS 2ª 351/2012, así como de la condena en ella impuesta, "con el complemento de la declaración de vulneración del derecho al juez imparcial realizada por el Tribunal Europeo de Derechos Humanos, su vigencia y plenitud de efectos": debemos valorar la intención del Alto tribunal de cuadrar el círculo en este complejo asunto, dando una solución al hecho de que revocar sin más dicha sentencia implica, como decimos, dejar inconcluso el proceso. Pero las buenas intenciones no pueden materializarse a costa de mantener la validez de una sentencia, la STS 2ª 351/2012, cuya nulidad fue expresamente declarada por otra sentencia —la resolutoria del recurso de revisión—, que es firme y que no había sido impugnada en amparo, en este ni en otro procedimiento: un exceso de jurisdicción que afecta directamente a la seguridad jurídica por atentar directamente a la cosa juzgada formal de dicha sentencia.

## BIBLIOGRAFÍA

Banacloche Palao, Julio, Zarzalejos Nieto, Jesús. *Aspectos fundamentales de Derecho procesal penal.* 4ª ed. Madrid. La Ley Wolters Kluwer. 2018.

Delgado Muñoz, Luis Juan."La ejecución de las sentencias del TEDH y el actual recurso de revisión penal: cinco años de vigencia". *Estudios de Deusto. Revista de Derecho Público,* vol. 70/1 enero-junio 2022, págs. 253-283.

Fernández Fernández, Diego. *El Tribunal Europeo de Derechos Humanos: Una visión práctica para la abogacía,* Aranzadi/Civitas, 2022.

Gascón Inchausti, Fernando. *Derecho Procesal Penal. Materiales para el estudio,* 6ª ed., 2024 (https://docta.ucm.es/entities/publication/ae6c0422-3be1-43bf-8fe8-ad35b-1c1f560).

Gimeno Sendra, Vicente. *Derecho Procesal Penal,* 3ª ed., Thomson Reuters/Civitas. 2019, pág. 985.

González Alonso, Alicia, Ruiz Risueño, Francisco M. "El nuevo recurso de amparo constitucional a la luz del Convenio Europeo de Derechos Humanos. (a propósito de la reciente sentencia del TEDH Arribas Antón c. España)". *Revista Española de Derecho Europeo,* 54 abril-junio 2015, págs. 155-183.

Guillén López, Enrique. "Ejecutar en españa las sentencias del Tribunal Europeo de Derechos Humanos. Una perspectiva de Derecho Constitucional Europeo", *Teoría y Realidad Constitucional.* nº 42, 2018, págs. 335-370.

Montesinos Padilla, Carmen. "El recurso de revisión como cauce de ejecución de las sentencias del Tribunal de Estrasburgo: pasado, presente y futuro". *Eunomía. Revista en Cultura de la Legalidad.* nº. 10, 2016, págs. 98-113, pág. 102.

Moreno Catena, Víctor., Cortés Domínguez, Valentín. *Derecho Procesal Penal.* 10ªed. Tirant lo Blanch. Valencia. 2021.

Niño Estébanez, Roberto. *Fuerza obligatoria y ejecución de las sentencias del Tribunal Europeo de Derechos Humanos: el procedimiento de revisión.* Valencia. Tirant lo Blanch. 2019.

Pérez De Los Cobos, Francisco. "El recurso de amparo y el recurso ante el TEDH: pautas de interacción". *Actualidad Jurídica Uría Menéndez.* 47-2017, págs. 7-16.

Ripol Carulla, Santiago. "Un nuevo marco de relación entre el Tribunal Constitucional y el Tribunal Europeo de Derechos Humanos". *Revista Española de Derecho Internacional.* vol. LXVI/1. Enero-junio 2014, págs. 11-53.

Ripol Carulla, Santiago. *El sistema europeo de protección de los derechos humanos y el derecho español: la incidencia de las sentencias del Tribunal Europeo de Derechos Humanos en el ordenamiento jurídico* español, Atelier, 2007.

Sánchez Montenegro, Julio César. *Recurso de revisión penal.* 2ª. Edisofer, 2017.

Tomé García, José Antonio. *Curso de Derecho Procesal Penal.* 3ª. Dykinson. Madrid. 2022.

Tomé García, José Antonio. "Sugerencias en torno a una futura reforma legislativa de la revisión penal", *Anuario jurídico y económico escurialense.* Nº 22. 1990, págs. 109-126.

# *Las (inciertas) travesías de la jurisdicción penitenciaria y el papel del recurso de casación para unificación de doctrina*

**SABELA OUBIÑA BARBOLLA**
*Profesora Contratada Doctora de Derecho Procesal*
*Universidad Autónoma de Madrid*



## 1. INTRODUCCIÓN

Participar en el *Liber Amicorum* al Maestro, en nuestro caso, al profesor Víctor Moreno Catena, tiene un sabor agridulce, dominado por múltiples recuerdos e impregnado de una verdadera y sentida nostalgia. No es fácil, elegir un tema con el que abonar mínimamente una deuda impagable que discípulos, colegas, amigos de la Academia, profesionales del sistema de Justicia, etc., hemos contraído con tu trabajo y persona; y, menos aún, procurar desarrollarlo con la responsabilidad y honestidad que nos has enseñado.

Hace un par de años, con motivo del Anteproyecto de la LECrim de 2020, el profesor Moreno Catena[1] advertía que *la ejecución penal transcurre al margen de la Sociedad*, que era un *ámbito generalmente opaco porque afecta a*

---

1 Moreno Catena, V., "Disposiciones comunes de la ejecución penal en el Anteproyecto de LECrim de 2020", *Reflexiones en torno al Anteproyecto de Ley de Enjuiciamiento Criminal de 2020*, Valencia, Tirant lo Blanch, 2022, pág. 1551.

*una situación muy marginal que*, señalaba críticamente con acierto, la inmensa mayoría (ciudadanos, políticos, actores sociales) *solemos colocar fuera de nuestra óptica y de nuestras preocupaciones.*

El presente trabajo tiene por objeto el estudio de uno de los recursos extraordinarios probablemente más desconocidos o quizá desgraciadamente olvidado, como ocurre con las personas a quienes afecta: los condenados en prisión[2]. Nos referimos a la *casación para la unificación de doctrina en el ámbito penitenciario* (en adelante RCUDP).

El RCUDP reúne, por un lado, a la Cenicienta[3] del Derecho, la *Doctrina procesal penal,* a través del recurso de casación para unificación de doctrina y, por otro lado, al hermano pequeño[4] del Derecho Penal, el *Derecho Penitenciario*[5].

---

Esta publicación es parte del proyecto "Datos personales e información en la era digital: desafíos en su obtención y uso en los procesos judiciales y en los procedimientos sancionadores (DATER)" Ref.PID2022-137826NB-I00, financiado por MCIN/AEI/10.13039/501100011033/FEDER, UE.

2 Fernández Péres, S. S., "Los más débiles: los internos", *Diario La Ley,* 24 de mayo de 2018 y 20 de junio de 2023, LA LEY 5015/2023.

3 Carnelutti, F., "La Cenicienta", *Cuestiones sobre el proceso penal,* trad. de Sentís Melendo, Buenos Aires, 1961, págs. 13-21. El profesor Manuel Cachón Cadenas realiza el recorrido histórico de esta metáfora que no absolutamente original de Carnelutti, sino que éste plasma una idea que venía sosteniendo algunos autores italianos (*vid.* Tuozzi) y españoles (Víctor Covián y Junto) desde finales del S. XIX y, afianzada a principios del S. XX. Véase, "La doctrina procesal penal como Cenicienta: una metáfora sin autor conocido", *Justicia,* núm. 1, 2021, págs. 463-466.

4 Me atrevería a decir, incluso, pobre.

5 La doctrina penalista lo viene denunciado sin ambages desde hace tiempo. Desde que lo penitenciario es un *ámbito preterido,* a que ha caído en el *olvido,* se ha *abandonado* y/o está en la *penumbra;* es una *subjurisdicción.* Cutiño Raya, S., *Fines de la pena, sistema penitenciario y política criminal,* Valencia, Tirant lo Blanch, 2017. Landa Gorostiza J. M., "Ejecución de penas y principio de legalidad ante el TEDH. A propósito del caso Del rio Prada c. España, STEDH, 3ª, 10.07.2012 (42750/09) y la aplicación de la doctrina Parot", *InDret,* núm. 4, págs. 1-25. Mata y Martín, R., "El principio de legalidad en el ámbito penitenciario", *Revista General de Derecho Penal,* núm. 14, págs. 121-166. Revigiero Picón, F. et. al. Brage Camazano, J, "La ejecución de las penas privativas de libertad en España", *Revista Bolivariana de Derecho,* núm. 8, págs. 146-169. Téllez Aguilera, A., "Los recursos en la jurisdicción de vigilancia penitenciaria", *La Ley Penal,* núm. 23, Sección Estudios, enero, 2006, LA LEY 5349/2005. Alemán Arostegui, L., "La necesidad de que el Derecho Penal se (pre)ocupe de la ejecución de la pena de prisión", *e-Eguzkilore, Revista Electrónica de Ciencias Criminológicas,* núm. 6, 2021.

Y, por si fuera poco, el RCUDP acaba de cumplir su XX Aniversario tras su introducción en la Ley Orgánica del Poder Judicial[6] en la reforma operada por la LO 5/2003, de 27 de mayo[7]. El propósito de esta contribución es conocer y evaluar, teórica y empíricamente el funcionamiento del RCUDP. En este escenario, la primera pregunta que nos asaltaba era si existía información estadística o de otro tipo que permita llevar a cabo este balance. Sin embargo, hemos de adelantar que la base de datos de estadística judicial[8] (PC-Axis) que ofrece el CGPJ en lo relativo a los asuntos de la Sala 2ª del TS no desglosa siquiera como variable autónoma esta modalidad de casación para unificación de doctrina penitenciaria, a la inversa de lo que ocurre con la homónima en materia de menores. Y, por supuesto, tampoco lo hacen las memorias anuales que se presentan normalmente bajo el título de la *Justicia dato a dato.*

---

6 LO 6/1985, de 1 de julio (en adelante, LOPJ).

7 BOE de 28 de mayo de 2003. En adelante LO 5/2003. Recordemos que la LO 5/2003 modificó tres leyes, a saber: la LO 6/1985, del Poder Judicial (en adelante LOPJ), la Ley Orgánica 1/1979, de 26 de septiembre, General Penitenciaria (en adelante LOGP), y la Ley 38/1988, de 28 de diciembre, de Demarcación y de Planta Judicial (en adelante LDPJ). Villegas García, M. A. et. al. Encinar Del Pozo, M. A., "La jurisprudencia de unificación de doctrina en materia penitenciaria", *Diario La Ley,* núm. 9517, 2019. También Arribas López, E., "El recurso de casación para la unificación de doctrina penitenciaria: un análisis jurisprudencial", *Diario La Ley,* núm. 8737, 2016.

8 Creemos firmemente que la herramienta de estadística judicial es muy útil y, probablemente una nota diferencial muy positiva a favor de nuestro CGPJ respecto de la publicidad de los datos sobre el funcionamiento de los órganos judicial. No obstante, creemos firmemente desde hace tiempo y así lo hemos puesto de manifiesto en distintos *papers* y foros, que existen muchos puntos que serían fácilmente mejorables, en especial el desglose de algunos parámetros; véase, p.ej. en el caso de los asuntos de la Sala 2ª del TS, incluir una categoría específica para los RCUDP como tipo de recurso, ya que en lo que a los recursos se refiere la herramienta recoge las siguientes variables: recursos de casación relativos a procedimientos del Tribunal del Jurado; casación relativa a la Ley 9/2001 [que aun con esa denominación parece lógico pensar que se está refiriendo a la LO 9/2021, de 1 de julio, de aplicación del Reglamento (UE) 2017/1939 del Consejo, de 12 de octubre de 2017, por el que se establece una cooperación reforzada para la creación de la Fiscalía Europea]; restantes recursos de casación; recursos extraordinarios de revisión; recursos para unificación de doctrina proceso de menores y recursos de queja. Y, en lo que a la situación se refiere: ingresados; resueltos; pendientes al inicio; y, pendientes al finalizar; quizá en esto último podría añadirse la información relativa a los resueltos, indicando si lo han sido mediante providencia, auto, o sentencia.

Confiamos en que este trabajo ofrezca una mirada de 360° grados al RCUDP desde su introducción en nuestro ordenamiento jurídico hasta la fecha. Así repasaremos su (escasa) configuración legal en un sentido estricto, analizaremos después el papel de la Sala 2ª del TS en la definición de su alcance y contenido en el Acuerdo no jurisdiccional de 22 de julio de 2004[9] y, por último, ofreceremos un diagnóstico sobre su funcionamiento en la práctica. Una aproximación empírica que hemos realizado a través de un amplio trabajo de campo[10] que engloba una muestra representativa de 182 resoluciones judiciales de la Sala 2ª del TS dictadas entre 2004 y 2022 en el marco de esta singular casación.

El vivo interés de muchos compañeros de distintos continentes en este homenaje al profesor Moreno Catena, obliga por razones obvias que las contribuciones tengan una extensión prudente. No quiero ser yo quien infrinja la norma, pero esta investigación comprende también un estudio sistemático[11] de la doctrina en que la Sala 2ª del TS ha unificado efectivamente la interpretación y la aplicación del derecho penitenciario que se había revelado dispar en la práctica.

## 2. LA LLEGADA DEL RCUDP Y SU CONFIGURACIÓN LEGAL

El legislador fue, como inmediatamente comprobaremos a continuación, parco en la regulación del RCUDP. La LO 5/2003, introdujo una extensa Disposición Adicional 5ª en la LOPJ[12] que recoge, en nueve apartados, un dibujo relativamente complejo sobre el sistema de impugnación

---

9 En adelante, Acuerdo no jurisdiccional del Pleno de la Sala 2ª del TS 2004.

10 De esta forma queremos también tener un sentido recuerdo para el profesor Santos Pastor Prieto, con el que Víctor Moreno Catena abrió nuevos expedientes exploratorios en la revisión del estado del funcionamiento del sistema judicial en España, sus fortalezas y debilidades. Ambos emprendieron y compartieron innumerables proyectos, véase por todos, el monográfico que dirigieron "El coste de la Justicia", *Cuadernos de Derecho Judicial*, Escuela Judicial, CGPJ, 2001.

11 El estudio completo se ha publicado recientemente en Oubiña Barbolla, S., "Evaluación de 360° al recurso de casación para unificación de doctrina penitenciaria en su XX Aniversario", *Boletín del Ministerio de la Presidencia, Justicia y Relaciones con las Cortes,* Núm. 2.274, abril de 2024.

12 En adelante, Disp. Adic. 5ª de la LOPJ.

en materia penitenciaria. En lo que al RCUPD que ahora nos ocupa, el (entonces[13]) apartado 7 de la citada Disp. Adic. 5ª establece que:

> "Contra los *autos de las AAPP* y, en su caso, de la *AN, resolviendo recursos de apelación*, que *no sean susceptibles de casación ordinaria*, podrán interponer, el *Ministerio Fiscal* y el *letrado del penado*, recurso de casación para la unificación de doctrina ante la *Sala de lo Penal del TS*, el cual se *sustanciará conforme* a lo *prevenido en la LECrim para el recurso de casación ordinario*, con las particularidades que de su finalidad se deriven. Los pronunciamientos del TS al resolver los recursos de casación para la unificación de doctrina en ningún caso afectarán a las situaciones jurídicas creadas por las sentencias precedentes a la impugnada" (las abreviaturas y la cursiva son nuestras).

El RCUDP se configura como un recurso *extraordinario* especialmente singular por su finalidad y ámbito de proyección. Nos explicamos, por su propia naturaleza casacional, el RCUDP es un recurso extraordinario limitado objetivamente y no solo porque únicamente sean susceptibles de esta impugnación algunas resoluciones judiciales, sino también por los motivos muy concretos que pueden alegarse. Las resoluciones judiciales recurribles en casación para la unificación de doctrina penitenciaria están delimitadas por el tipo de resolución judicial, el órgano judicial del que emanan y el contexto procesal en que se dictan. Así, solo son recurribles las resoluciones judiciales que adoptan la forma de *auto* que haya dictado una *sección penal de una AP* (o, en su caso la Sala de lo Penal de la AN) *a propósito* de la resolución de un recurso de *apelación* que, además, *no sea susceptible de casación ordinaria.*

En lo que a la legitimación se refiere, pueden interponer el RCUDP tanto el penado como el Ministerio Fiscal. Y, como todos los recursos extraordinarios de casación en el orden penal, la competencia funcional para su resolución corresponde a la Sala 2ª (o de lo Penal) del TS en calidad de último intérprete de la legalidad ordinaria penal.

---

13 Apenas un mes después de la LO 5/2003, la redacción original de esta Disp. Adic. 5ª de la LOPJ sufrió una modificación en la LO 7/2003, de 30 de junio, de reforma para el cumplimiento íntegro y efectivo de las penas (BOE de 1 de julio de 2003), que añadió un nuevo apartado 5 en la citada disposición, lo que conllevó la reenumeración de sus apartados. Desde entonces el marco relativo al RCUDP se encuentra en el apartado 8 de la Disp. Adic. 5ª de la LOPJ.

### *2.1. Un esbozo del recorrido de la impugnación en el ámbito penitenciario*

Antes de adentrarnos en el contenido propio del RCUDP hemos de analizar el recorrido transversal de los recursos contra resoluciones de los Jueces de Vigilancia Penitenciaria[14].

En primer lugar, contra todos los autos del Juez de Vigilancia Penitenciaria (JVP) el interno o liberado condicional, así como el Ministerio Fiscal, podrán interponer recurso de reforma ante el mismo órgano judicial que dictó la resolución recurrida.

Los mismos legitimados podrán interponer recurso de apelación contra las resoluciones del JVP sobre materias relacionadas con la ejecución de las penas, excepto cuando resuelva un recurso de apelación contra una resolución administrativa, que no sea sobre materia de clasificación penitenciaria. En caso de que esta apelación sea inadmitida a trámite, también podrá interponerse recurso de queja. Estos recursos, de apelación y queja, se interpondrán ante el tribunal sentenciador[15]. Sin embargo, cuando la resolución recurrida trate sobre régimen penitenciario y demás materias (menos la ejecución de penas) la apelación corresponderá a la Sección Penal de la Audiencia Provincial (AP) que corresponda a la ubicación del centro penitenciario donde se esté cumpliendo condena. Y cuando la resolución recurrida haya sido dictada por el Juzgado Central de Vigilancia Penitenciaria (JCVP), sea la materia que sea, se interpondrán ante la Sala de lo Penal de la Audiencia Nacional (AN).

Por último, contra el auto del JVP que determine el máximo de cumplimiento de la pena, se puede interponer recurso de casación por infracción de ley ante la Sala 2ª del TS (art. 849.1º de la LECrim).

Antes de la LO 5/2003 aquí terminaba el recorrido procesal a seguir contra las resoluciones del JVP. A partir de la entrada en vigor de la ley, se

---

14 García Valdéz, C., "Los orígenes y la puesta en marcha del Juez de vigilancia en la legislación penitenciaria española (1)", *La Ley Penal*, núm. 107, marzo-abril, 2014, LA LEY 1333/2014. Sánchez Herrador, F. J., "La clasificación penitenciaria en el sistema penal español", *Diario La Ley*, núm. 9893, 16 de julio de 2021, LA LEY 7938/2021.

15 Véase, el Acuerdo no jurisdiccional del Pleno de la Sala 2ª del TS, de 28 de junio de 2002. Sobre la importancia de la delimitación de esta competencia funcional, *vid.* la defensa del criterio en Urbano Castrillo, E., "El control judicial de la clasificación de los penados", *Actualidad Jurídica Aranzadi*, núm. 579, 17 de octubre de 2002.

introduce un nuevo recurso, el RCUDP, que permite recurrir en casación para unificación de doctrina determinadas resoluciones dictadas en apelación y no susceptibles de impugnación a través del recurso de casación por infracción de ley.

A la vista del dibujo de recursos anterior, parece sencillo concluir, como han coincidido en señalar en reiteradas ocasiones la doctrina y el Tribunal Constitucional[16] (TC), que el mapa de los recursos en materia penitenciaria resulta, además de insuficiente, complejo. Conscientes de ello, desde 1982, los JVP vienen adoptando criterios que recogen líneas de actuación e interpretación[17]. Una facultad de autorregulación de los JVP a la hora de encauzar formalmente su actividad que, como reconoció la Presidencia del TS se imponía *por la propia carencia de regulación legal*[18]. Lagunas legales que se han concentrado, entre otras cuestiones, en torno a la delimitación de los ámbitos resolutivos en que los JVP sustituían al Juez o Tribunal senten-

---

16 SSTC 54/1992, de 8 de abril, FJ 3º que ya advertía con razón de la *poco clara e insatisfactoria* redacción de la Disp. Adic. 5ª de la LOPJ en el tema de los recursos posibles frente a las resoluciones del JVP; o la 169/1996, de 29 de noviembre, FJ 2º, que también se hace eco de los *problemas interpretativos* de la Disp. Adic. 5ª en relación con los supuestos en que procede la interposición de los recursos de apelación y de queja.

17 Criterios de actuación, conclusiones y acuerdos aprobados por los JVP entre 1981-2022 pueden consultarse en: https://derechopenitenciario.com/wp-content/uploads/2022/08/CRITERIOS-JJVP-PAMPLONA-MAYO-2022.pdf

18 *Prevenciones de la Presidencia del Tribunal Supremo* de 8 de octubre de 1981, *Poder Judicial*, nº 1, 1981, pág. 71, "la inexistencia de unas normas generales expresas para la actuación del JVP, aunque pone de manifiesto graves deficiencias en la coordinación legislativa y origina evidentes dificultades, *debe ser superada a través de una adecuada integración del ordenamiento aplicación*, exigida por el art. 1.7 del Código Civil, que ordena a Jueces y Tribunales resolver, en todo caso, ateniéndose al sistema de fuentes establecido. Por ello, *resulta procedente que el Juez de Vigilancia encauce formalmente su actividad, dentro de una libertad de trámites impuesta por la propia carencia de regulación legal*". Sobre la importancia del RCUDP en el funcionamiento de la jurisdicción penitenciaria porque el JVP no debe ser el único órgano de control de la ejecución y aplicación de las políticas penitenciarias y las reuniones anuales de estos órganos no sirven para sustituir ni la anomia legal ni, a la postre, pueden unificar la gran dispersión de criterios, entre otros, Mapelli Caffarena, B., et. al. Baras González, M., "Crónica de la Jornada sobre problemas actuales de las cárceles, celebradas en la universidad de Sevilla el día 12 de noviembre de 2021", *La Ley Penal*, núm. 153, noviembre-diciembre, 2021, LA LEY 13577/2021.

ciador en la ejecución de penas privativas de libertad y la ausencia de normas procesales[19] específicas adecuadas en esta jurisdicción penitenciaria.

En 1997 hubo un intento de colmar estos déficits con un Proyecto de Ley Orgánica Reguladora del Procedimiento ante los JVP[20]; un texto que se hacía eco de la mayoría de los criterios que hasta entonces habían aprobado los JVP. No obstante, la iniciativa nunca[21] llegó a aprobarse y, hasta donde sabemos, tampoco se ha retomado una propuesta en esa línea.

En el ámbito de *lege ferenda*, el Anteproyecto de LECrim de 2020, retomaba el testigo de *romper definitivamente con el subordinado que, en sede legislativa, se ha dado tradicionalmente a la ejecución penal*[22]. Como ha advertido con razón la doctrina[23], a pesar de este y otros aciertos con que el prelegislador de 2020 diseña la ejecución penal, el Anteproyecto sigue incurriendo en algunos de los defectos de la regulación actual. Véanse, entre otros: la concepción del JVP como un "mero supervisor de la actividad de la administración penitenciaria", la intrincada relación de "subordinación" y "so-

---

19 Desde sus inicios (1982), en las reuniones anuales los JJVVPP vienen reclamando la imperiosa necesidad de una ley procesal en esta materia, ya sea autónoma o un Libro expreso en la LECrim, en lugar de remisiones genéricas.

20 Boletín Oficial de las Cortes Generales, Congreso de los Diputados, VI Legislatura, 29 de abril de 1997. Disponible en: https://www.congreso.es/public_oficiales/L6/CONG/BOCG/A/A_041-01.PDF Nuestra querida compañera, también discípula del profesor Moreno Catena, Isabel González Cano quien tristemente nos dejó hace unos años, escribió sobre el referido proyecto, *vid.* "Perspectivas de futuro sobre el Juez de Vigilancia Penitenciaria y la ejecución de la pena privativa de libertad: aproximación al Proyecto de Ley Orgánica reguladora del Procedimiento ante los Juzgados de Vigilancia Penitenciaria", *Poder Judicial*, núm. 49, 1998, págs. 451 y ss.

21 No existe unanimidad en la doctrina sobre los motivos. Desconocidos, según Delgado Carrillo, L., "El boicot a la reinserción social desde el derecho procesal penitenciario. Apuntes críticos sobre el procedimiento de concesión de permisos de salida y propuestas para su mejora", *Anuario de Derecho Penal y Ciencias Penales*, Vol. LXXIII, 2020, pág. 725. Nuevas elecciones, según Zaragoza Huerta, J., *Derecho Penitenciario español*, México, Elsa G. de Lazcano 2007, pág. 58.

22 Véase, el apartado XCI de la Exposición de Motivos del ALECrim de 2020 relativo a la *ejecución penal* y, concretamente su Libro IV *De la ejecución penal*. Sobre ésta, *vid.* Moreno Catena, V., "Disposiciones comunes de la ejecución penal en el Anteproyecto de LECrim de 2020", *ob. cit.*, págs. 1547-1567.

23 Entre otros, Peiteado Mariscal, P., "Ejecución de penas y medidas de seguridad privativas de libertad en el Anteproyecto de LECrim de 2020", *Reflexiones en torno al Anteproyecto de Ley de Enjuiciamiento Criminal de 2020*, Valencia, Tirant lo Blanch, 2022, págs. 1581-1585.

lapamiento" que se dibuja en algunos escenarios entre el JVP y tribunal sentenciador, así como la disparidad de criterios que como consecuencia del iter procesal previsto en la Disp. Adic. 5ª de la LOPJ sigue derivándose de la actividad de los JVP.

Sea como fuera, a pesar del pragmatismo, bien intencionalidad e importante papel de los Acuerdos de los JVP, la realidad seguía demostrando que existían algunos espacios de inseguridad jurídica porque en algunos casos los JVP interpretaban de forma dispar las premisas de reeducación y reinserción social que debe inspirar la ejecución de las penas privativas de libertad. Disparidades, discrepancias, contradicciones, etc. en la interpretación y aplicación de la normativa penitenciaria que, sin duda, repercute negativamente en el principio de igualdad en el ejercicio legítimo de sus derechos por parte de la población reclusa.

Teniendo en cuenta ese escenario y en la idea de resolver esas discrepancias, en 2003 el legislador introdujo el RCUDP extrapolando el recurso de casación para la unificación de doctrina, que ya en el año 2000 había introducido[24] en el proceso penal de menores (en adelante, RCUDM). Por tanto, el RCUDP y el RCUDM se configuran con la misma razón de ser, *unificar* o, dicho de otro modo, reforzar la garantía de la unidad de doctrina y, por ende, el principio de seguridad jurídica y el derecho a la igualdad de todos ante la ley. En palabras del TS, se trata de *asegurar la unidad el orden normativo jurídico-penal, para tutelar una aplicación de las normas que garanticen el derecho a la igualdad de todos los ciudadanos frente a las mismas,* si bien en ámbitos del derecho diferentes. En el corazón del recurso de casación para unificación de doctrina late indudablemente una finalidad nomofiláctica de la norma jurídica *al servicio de una efectiva igualdad, definiendo para ello cuál es la interpretación procedente de un precepto legal cuestionado;* y, en el caso concreto del RCUDP, *velar por la lineal interpretación y aplicación de la normativa penitenciaria con el objetivo de evitar, frente a idénticas situaciones, que se llegue a conclusiones dispares.*

---

24 El art. 42 de la Ley Orgánica 5/2000, de 12 de enero, reguladora de la responsabilidad penal de los menores, ya había desarrollado la casación para unificación de doctrina en la aplicación de determinadas medidas a los menores infractores del CP. Una de las primeras sentencias fue STS, Sala 2ª, 617/2003, 3 de febrero, ECLI:ES:TS:2003:617. *Vid.* la glosa del precepto que efectúa Díaz-Martoto, J., "Art. 42", en *Comentarios a la Ley Reguladora de la Responsabilidad Penal de los Menores,* Madrid, Thomson-Reuters Civitas, 2019.

### 2.2. *Los parámetros procesales del RCUDP*

Antes de empezar, permítasenos llamar la atención en ese estudio paralelo del RCUDP y el RCUDM, como modalidades específicas de casación para unificación de doctrina, el desfase temporal de su previsión legal en términos de sincronía respecto de la regulación matriz. Me explico. Mientras que el RCUDM se introdujo casi de manera simultánea con la LO 5/2000, de 12 de enero, reguladora de la responsabilidad penal del menor, en materia penitenciaria el legislador tardó mucho más, pues el RCUDP se prevé casi 27 años después de la LOGP de 1979 que, no olvidemos, crea los JVP. De lo anterior alguien podría colegir, equivocadamente a nuestro juicio, que el fundamento que late detrás de ambos, la disparidad de doctrina y la necesidad de unificarla se reveló en materia de menores antes que en el ámbito penitenciario. Sin embargo, como ya hemos recordado en el epígrafe anterior, esa conclusión sería equivocada. Recordemos que la insuficiencia y la falta de claridad del dibujo de los recursos en materia de ejecución de penas privativas de libertad fueron evidentes casi desde el comienzo para todos los operadores jurídicos. La Presidencia del TS lo reconoció expresamente en 1981 de esta forma: "la inexistencia de unas normas generales expresas para la actuación del JVP (...) *debe ser superada a través de una adecuada integración del ordenamiento aplicación*, que ordena a Jueces y Tribunales resolver, en todo caso, ateniéndose al sistema de fuentes; por eso, *resulta procedente que el Juez de Vigilancia encauce formalmente su actividad, dentro de una libertad de trámites impuesta por la propia carencia de regulación legal*". Un testigo que recogieron en 1982 los JVP que, como ya se ha adelantado, se reúnen periódicamente para acordar unos criterios de actuación[25]; de hecho, lo han continuado haciendo, incluso después de 2003, una vez que el RCUDP se integró en el diseño de los recursos contra las resoluciones de los JVP.

En lo que a la tramitación del RCUDP, el legislador únicamente señala que se sustanciará conforme a lo prevenido en la LECrim para el recurso de *casación ordinario*[26], *con algunas peculiaridades que de su finalidad se deriven.*

Sin perjuicio del acierto del legislador de 2003 en la introducción de un recurso de estas características que se echaba muy en falta en materia

---

25 Criterios de actuación, conclusiones y acuerdos aprobados por los JVP entre 1981-2022, *ob. cit.*

26 En adelante LECrim. Véanse los arts. 880-909 de la LECrim en lo relativo a la sustanciación y decisión del recurso de casación.

penitenciaria, la regulación del RCUDP en el apartado 8 de la Disp. Adic. 5ª de la LOPJ volvió a revelarse inmediatamente, en nuestra opinión, insuficiente.

Tan es así que, en contra del espíritu unificador a que se debe el RCUDP, la Sala 2ª del TS dictó varias resoluciones judiciales dispares durante los primeros meses. Por eso, menos de un año después de su entrada en vigor, la Sala 2ª del TS resolvió en un Acuerdo de Pleno jurisdiccional (de 22 de julio de 2004[27]) algunos de los déficits legales de su previsión legal en cuanto a los requisitos, el alcance y el contenido del RCUDP, así como esas singularidades procesales importantes relativas a la preparación, la formalización y la decisión del RCUDP que la LO 5/2003 dejaba en el aire al únicamente recoger que el RCUDP seguiría los cauces de la casación ordinaria, con las peculiaridades que de su finalidad se deriven.

De hecho, aunque resulte sorprendente, fue la Sala 2ª del TS quien enmarcó expresamente en ese Acuerdo, el *ámbito objetivo* de esta modalidad de casación en unificación de doctrina en materia penitenciaria ya que el tenor literal del apartado 8 de la Disp. Adic. 5ª de la LOPJ no lo recoge estrictamente. Con todo, es cierto que ese escenario se deduce de una lectura integrada de los restantes apartados de la disposición en cuestión, que recorre el régimen de recursos que cabe contra las resoluciones de los JVP o de su homónimo en la Audiencia Nacional, el JCVP[28]; precisamente fue la LO 5/2003[29] la que introdujo este último órgano judicial en el organigrama judicial español.

---

27 Se trata de un Acuerdo esencial en lo que al RCUDP se refiere. En las siguientes páginas habremos de remitirnos en numerosas ocasiones a él, al igual que casi todas las resoluciones judiciales dictadas en el marco de un RCUDP, por eso utilizaremos la fórmula abreviada de Acuerdo de la Sala 2ª del TS.

28 Martín Diz, F., "Juzgados Centrales de Vigilancia Penitenciaria: ¿urgencia, necesidad o idoneidad?", *Diario La Ley*, núm. 5668, 3 de diciembre 2002, LA LEY 3821/2002.

29 Véanse el apartado 4 que introduce la LO 5/2003 en el art. 94 de la LOPJ que desde entonces prevé que, en la villa de Madrid, con jurisdicción en toda España, habrá uno o varios Juzgados Centrales de Vigilancia Penitenciaria que tendrán las funciones jurisdiccionales previstas en la LGP (...) en relación con los delitos competencia de la AN. En todo caso, la competencia de estos Juzgados Centrales será preferente y excluyente cuando el penado cumpla también otras condenas que no hubiesen sido impuestas por la AN. Así como las competencias funcionales de las secciones penales de las AAPP para conocer de los recursos contra las resoluciones de los Juzgados de Vigilancia Penitenciaria o de la Sala de lo Penal de la AN para conocer de los recursos contra las resoluciones de los Juzgados

Dejando eso a un lado, en lo que ahora importa, el Acuerdo no jurisdiccional del Pleno de la Sala 2ª del TS exige al RCUDP reunir *cumulativamente* cuatro requisitos. A saber:

a) La *identidad* del *supuesto legal de hecho.*

b) La *identidad* de la *norma jurídica aplicada.*

c) La *contradicción entre las diversas interpretaciones* de dicha norma.

d) La *relevancia de la contradicción para la decisión de la resolución recurrida.*

Estos requisitos[30] podrían reconducirse en dos cuestiones. Por un lado, un doble requisito de *identidad*, tanto del supuesto de hecho como del derecho aplicado; y, por otro lado, un requisito de *contradicción* en las interpretaciones de la norma en liza y que, además, debe ser *relevante en la decisión de la resolución recurrida.*

Empezando por el requisito de *identidad*, éste conlleva que los supuestos traídos a colación son sustancialmente iguales y que, consecuentemente, debían haber tenido la misma respuesta aplicando el mismo precepto legal, pero la resolución fue distinta. Por tanto, el RCUDP no puede prosperar si las particularidades fácticas de cada caso son distintas porque entonces objetivamente no se ha producido una disparidad en la aplicación del precepto, sino que la interpretación distinta obedece a la diferencia fáctica[31]. El Acuerdo del Pleno no jurisdiccional de la Sala 2ª del TS entiende que los *presupuestos fácticos* valorados por el Tribunal *a quo* han de respetarse en todo caso. Por eso, a través del RCUDP no pueden atacarse *los hechos* que se han declarado probados en la resolución impugnada. El objeto del RCUDP no es controlar la subsunción jurídica realizada en el caso concreto por el órgano judicial de instancia, sino comprobar *que ante situaciones sustancialmente iguales se han producido respuestas divergentes que deben ser unificadas por el máximo intérprete de la legalidad ordinaria.*

De otro lado, la *contradicción* significa que con anterioridad uno o varios órganos jurisdiccionales se han pronunciado en casos con esa idéntica fáctica en sentido diferente a como lo ha hecho la resolución impugnada. El

---

Centrales de Vigilancia Penitenciaria de la AN (*vid.* arts. 82 y 65 de la LOPJ). Modificaciones que también hubieron de extrapolarse a los arts. 1, 6 y 18 de la LDPJ.

30 Arribas López, E., "Prontuario de la doctrina del Tribunal Supremo en algunos ámbitos de aplicación y ejecución de la pena privativa de libertad", *Anuario de derecho penal y ciencias penales*, Tomo 72, Mes 1, 2019, págs. 658-660.

31 STS 6112/2004, de 30 de septiembre, ECLI:ES:TS:2004:6112.

recurrente tiene la carga de aportar las resoluciones judiciales de contraste en que se sustenta la supuesta contradicción; se trata de resoluciones judiciales que hayan aplicado la misma norma jurídica a un supuesto de hecho sustancialmente idéntico, pero llegando a una conclusión diferente a la resolución impugnada[32].

En lo que al alcance del RCUDP, el Pleno no jurisdiccional de la Sala 2ª del TS recuerda a los potenciales recurrentes tres cuestiones consustanciales a una impugnación de estas características; las dos primeras ligadas a su naturaleza *casacional* y, la última, relativa a su versión de *unificación de doctrina*, así como de algún modo también a la especialidad del ámbito penitenciario en que se enmarca.

En primer lugar, la Sala 2ª del TS advierte que, al igual que cualquier otra casación, el RCUDP *no es una tercera instancia*; el recurrente ya ha tenido la oportunidad de recurrir en apelación la resolución del JVP ante la sección penal de la AP correspondiente o, en el caso de la resolución del JCVP, ante la Sala de lo Penal de la AN. En segundo lugar, el RCUDP debe respetar los *presupuestos fácticos* fijados por el Tribunal *a quo*, es decir, por el tribunal que dictó la resolución judicial recurrida. En el RCUDP no pueden cuestionarse los hechos que se hayan declarado probados o sobre los cuales se haya aplicado el derecho penitenciario. En definitiva, el recurrente no puede pretender hacer valer de nuevo sus pretensiones divergentes con lo resuelto en la instancia porque el RCUDP no es una tercera instancia. En esta vía casacional, la Sala 2ª del TS únicamente controlará que la doctrina aplicable es la ajustada al ordenamiento jurídico, resolviendo en su caso las discrepancias interpretativas entre los diversos órganos jurisdiccionales.

Por último, la Sala 2ª del TS subraya que no existe contradicción en la aplicación de la norma si esa supuesta dispar aplicación depende de comportamientos individualizados, informes o diagnósticos personales y tampoco si la decisión judicial impugnada respeta el margen de discrecionalidad previsto en la norma en cuestión. En otras palabras, no cabe alegar una supuesta contradicción cuando la aplicación de la norma al caso concreto responde a un comportamiento individualizado, a informes o diagnósticos personales, ni cuando la propia norma permite al órgano judicial una cierta discrecionalidad en su aplicación.

---

32 Por este motivo se desestimó el RCUDP en la STS 609/2016, de 18 de febrero, ECLI:ES:TS:2016:609.

Precisamente, como veremos en el trabajo empírico, este es uno de los motivos que explica el reducido número de RsCUDP que superan el trámite de admisión y son resueltos en el fondo mediante sentencia y, menos aún, los RsCUDP que son *estimados,* ya que la mayoría de las decisiones que adoptan los JVP (o en su caso el JCVP) durante el cumplimiento de las penas privativas de libertad se basan precisamente en informes personales del interno y/o en pronósticos de su comportamiento futuro.

En definitiva, en la resolución de un RCUDP, a la Sala 2ª del TS no le corresponde controlar la subsunción jurídica llevada a cabo en el caso concreto, sino únicamente verificar, como explicaremos de forma detallada más adelante, que situaciones sustancialmente iguales están recibiendo respuestas dispares, lo que exige una unificación[33] de criterio por parte del máximo intérprete de la legalidad ordinaria.

Teniendo en cuenta lo anterior, en el ámbito que nos ocupa, las resoluciones que el recurrente puede aportar como término de contraste[34] solo pueden provenir de los determinados órganos jurisdiccionales. De las secciones penales de las AAPP, resolviendo recursos de apelación contra resoluciones de los JVP; de la Sala de lo Penal de AN, resolviendo recursos de apelación contra resoluciones del JCVP; o, de la Sala 2ª del TS, resolviendo otro RCUDP. La Sala 2ª del TS ha rechazado que una STC pueda utilizarse como resolución de contraste porque la doctrina del TC debe inspirar las resoluciones del resto de órganos jurisdiccionales en materia de garantías constitucionales, pero no sirve para sustentar posibles contradicciones[35] en este punto. Dejando a un lado lo anterior, al decidir el fondo del RCUDP, la Sala 2ª del TS no está vinculada por una u otra de las doctrinas legales aplicadas, sino que puede resolver también la controversia mediante una *tercera interpretación* que tenga por procedente, indicando que esa es la interpretación del precepto legal cuestionado y la doctrina legal que resulta aplicable.

---

33 Véanse SSTS, Sala 2ª, 287/2016, de 3 de febrero; 5265/2015, de 9 de diciembre, ECLI:ES:TS:2015:5265; y 6112/2004, de 30 de septiembre.

34 *Vid.* entre otras, la STS 1078/2013, de 28 de febrero, ECLI:ES:TS:2013:1078. Nieto García, A. J., "Reflexiones acerca del ocio y la actividad cultural en prisión en el siglo XXI. A propósito de la jurisprudencia sobre uso de videoconsolas", *Diario La Ley*, núm. 9605, 1 de abril de 2020, LA LEY 2640/2020.

35 STS, Sala 2ª, 287/2016, de 3 de febrero, ECLI:ES:TS:2016:287.

## *2.3. El curso procedimental del RCUDP*

### 2.3.1. La preparación

El recurrente debe preparar el RCUDP por escrito dentro del plazo de 5 días[36] siguientes al de la última notificación del auto que se impugna ante el Tribunal *a quo*, es decir, la sección penal de la AP correspondiente o, en su caso, la Sala de lo Penal de la AN. Del Acuerdo del Pleno no jurisdiccional de la Sala 2ª del TS se infiere que al Tribunal *a quo* le corresponde un triple control.

Por un lado, que la resolución judicial impugnada sea efectivamente susceptible de recurrirse a través del RCUDP; recordemos que el legislador ha restringido sensiblemente las resoluciones judiciales recurribles a través de este recurso extraordinario. Por tanto, la sección penal de la AP correspondiente, o en su caso la Sala de lo Penal de la AN, debe comprobar que la resolución recurrida es un auto que ha resuelto una apelación y que además se trate de un auto que no sea susceptible de recurrirse en casación, es decir, que tenga cerradas las puertas de la casación ordinaria.

Por otro lado, que el escrito de preparación recoja la *igualdad del supuesto legal de hecho* y la *supuesta desigualdad o contradicción* en liza en la interpretación y aplicación de la norma en cuestión.

Por último, que junto con el escrito de preparación, el recurrente haya aportado *las resoluciones de contraste o,* en otro caso, haya precisado con detalle *cuáles son esas resoluciones judiciales,* solicitando se aporte el testimonio de las resoluciones judiciales que el recurrente hubiera señalado; ahora bien, en este punto, el Acuerdo en cuestión advierte que el Tribunal ante el que se presenta el escrito de preparación, antes de pronunciarse sobre el requerimiento de tales testimonios, debe examinar esas resoluciones de contraste que el recurrente hubiera identificado.

El tribunal, es decir, la sección penal de la AP o la Sala de lo Penal de la AN, previa audiencia del Ministerio Fiscal, decidirá *motivadamente* si procede o no tener por preparado el RCUDP. Sobre la preparación del RCUDP parece preciso apuntar algunas cuestiones.

Por un lado, el Acuerdo del Pleno de la Sala 2ª del TS sobre el RCUDP no determina *la extensión* del plazo de audiencia que ha de darse al Ministerio Fiscal y no podemos remitirnos a los cauces ordinarios del recurso

---

36 Art. 212 de la LECrim.

de casación porque en ese caso el Tribunal que dictó la resolución decide tener o no por preparado el recurso de casación "sin oír a las partes" (art. 858 de la LECrim[37]).

Por otro lado, debe notarse que el Ministerio Fiscal también puede ser quien inste el RCUDP, al estar legitimado según el apartado 8 de la Disp. Adic. 5ª de la LOPJ y que, en ese caso, el trámite de audiencia al propio recurrente se torna innecesario, debiendo a nuestro juicio extrapolarse esa audiencia al penado afectado por la resolución recurrida.

Por último, el Acuerdo de la Sala 2ª del TS subrayaba en 2003 que la decisión sobre la preparación o no del RCUDP debía ser *motivada*, lo que significa que debe revestir la forma de *auto*. Encontramos en este punto otra diferencia entre la tramitación del RCUDP y la tramitación ordinaria del recurso de casación puesto que en este último solo se exige que revista la forma de *auto motivado* la resolución en que se deniegue la preparación del recurso en cuestión.

### 2.3.2. La interposición

Dejando lo anterior a un lado y volviendo sobre el RCUDP, en el mismo auto judicial en que tenga por preparado el recurso, la sección penal de la AP o la Sala de lo Penal de la AN mandará expedir, dentro del tercer día, testimonio del auto recurrido y una vez librado, emplaza a las partes para que comparezcan ante la Sala 2ª del TS a quien compete la decisión de fondo sobre el RCUDP. El término de emplazamiento, al igual que en la casación ordinaria, varía en virtud del art. 859 de la LECrim, dependiendo de la sede del tribunal que hubiere dictado el auto recurrido. Si se tratase de una AP con sede en la Península o de la Sala de lo Penal de la AN, el

---

37 Nótese que el RD Ley 5/2023, de 28 de junio ha modificado, entre otras cuestiones, algunos puntos del procedimiento que debe seguir la preparación, interposición y resolución de un recurso de casación. Y en ese contexto ha introducido alguna novedad en el art. 858 de la LECrim; ahora bien, nada en lo que aquí importe, pues sigue manteniendo que el tribunal *a quo* tendrá o no por preparado el recurso, *sin oír a las partes*. La novedad es que la nueva redacción prevé que cuando se trate de recurso de casación contra sentencia dictada en apelación por una AP o la Sala de lo Penal de la AN, el tribunal (*a quo*) denegará, por auto motivado, la preparación cuando se aleguen motivos distintos al previsto en el art. 849.1 de la LECrim, no se identifique un precepto sustantivo supuestamente infringido, no se consigne el breve extracto exigido o su contenido se aparte del ámbito del art. 849.1º de la LECrim.

plazo es de 15 días, pero si se trata de la AP de las Islas Baleares es de 20 días y de 30 días si se trata de alguna de las AAPP de las Islas Canarias o de las ciudades autónomas de Ceuta y Melilla.

Una vez se ha tenido por preparado el RCUDP, el recurso debe formalizarse interponiéndose por escrito ante la Sala 2ª del TS. Tal y como hemos adelantado, el RCUDP únicamente puede fundamentarse en la supuesta contradicción entre la doctrina sostenida por el auto de la sección penal de la AP o de la Sala de lo Penal de la AN objeto de impugnación y la doctrina mantenida en las resoluciones aportadas en contraste.

### 2.3.3. La sustanciación

El Letrado de la Administración de Justicia (LAJ) designa al Magistrado ponente que por turno corresponda y se confiere un plazo de 10 días *a las partes* y al *Fiscal* para que se instruyan y puedan impugnar la admisión del RCUDP o adherirse al mismo. El LAJ entregará copia del escrito de impugnación a las demás partes. Seguidamente se pasa al Magistrado ponente para instrucción por plazo de 10 días. La Sala 2ª del TS resolverá sobre la admisión-inadmisión a trámite del RCUDP.

La admisión a trámite se efectuará mediante *providencia* que también señalará el día para la deliberación puesto que el Acuerdo del Pleno no jurisdiccional de la Sala 2ª del TS sobre el RCUDP recoge expresamente que la decisión de este recurso se realizará "sin celebración de vista".

La inadmisión a trámite del RCUDP puede realizarse mediante *providencia sucintamente motivada*, después del RDL 5/2023, de 28 de junio, cuando la decisión de los cinco magistrados[38] es *unánime*; en caso de revelarse alguna discrepancia interna en la Sala 2ª del TS sobre la admisión a trámite, la inadmisión debe revestir la forma de *auto motivado.*

### 2.3.4. La decisión

La Sala 2ª del TS decidirá en el plazo de 10 días sobre el fondo del RCUDP; en el caso de estimarse, la Sala 2ª del TS unifica la interpretación correcta que debe hacerse del precepto legal que, como ponía de manifies-

---

[38] El Acuerdo del Pleno no jurisdiccional de la Sala 2ª del TS de 22 de julio de 2004 establece expresamente que la decisión del recurso corresponde a la Sala 2ª del TS y que a estos efectos la Sala debe estar integrada por cinco magistrados.

to el recurrente, venía siendo contradictoria. Ahora bien, como ya hemos adelantado, la Sala 2ª del TS no está obligada a decidir sobre el RCUDP tomando como base el criterio de alguna de las resoluciones contradictorias que hubiese alegado el recurrente, sino que puede hacerlo conforme a la doctrina que estime aplicable.

## 3. ESTUDIO EMPÍRICO

Un balance en profundidad del RCUDP no podía hacerse solo desde una perspectiva teórica y, hasta donde nosotros sabemos, no existe ninguno de corte empírico.

Nosotros queríamos llegar a las piezas procesales y al corazón que se esconde detrás de estos RsCUDP. En esa línea, nos preguntábamos ¿quiénes están detrás de esta extraordinaria impugnación?; ¿qué tipo de contradicción interpretativa y/o aplicativa se invoca?; ¿cuáles son los supuestos de hecho, existe algún denominador común que permita establecer categorías?; ¿qué posición ha mantenido el Ministerio Fiscal sobre el recurso en cuestión?; ¿cómo resuelve la Sala 2ª del TS este tipo de recurso de casación y cuánto tiempo tarda?; ¿sobre qué puntos la Sala 2ª del TS ha unificado efectivamente doctrina en las últimas dos décadas?, etc.

Los informes que anualmente publica el CGPJ bajo el título de *la Justicia dado a dato* ofrecen una perspectiva sobre el funcionamiento de la jurisdicción ordinaria en España que resulta interesante a modo de aproximación, pero los datos se ofrecen, en la mayoría de las ocasiones, en categorías algo genéricas. En muchas ocasiones, la base de datos de estadística judicial (PC-Axis) del CGPJ permite desglosar muchos de esos datos conforme a múltiples variables (p.ej. el tipo de procedimiento; los ingresados, los resueltos y los pendientes, etc.) y ver su evolución en series temporales extensas.

La ausencia de datos oficiales sobre el funcionamiento del RCUDP nos obligó a diseñar y desarrollar un trabajo de campo, que si bien resultó muy ilustrativo, exigió también un importante esfuerzo y tiempo en la codificación de las variables que queríamos extraer, la delimitación de la muestra de resoluciones judiciales, así como la recopilación y el filtro de estas; una pausada lectura de las resoluciones judiciales y la extracción de los datos de las variables escogidas, la sistematización y el tratamiento de los datos para extraer resultados.

El trabajo de campo comenzó con una primera aproximación al volumen de sentencias del RCUDP para valorar a partir del número anual la serie temporal (años) a la que acotaríamos el análisis empírico. Enseguida advertimos que por su propia naturaleza (extraordinaria) y especialidad (ámbito penitenciario), el número de SSTS de la Sala 2ª sobre el RCUDP entre 2004-2022 no eran excesivamente numerosas. Por eso, decidimos extender el trabajo de campo también a los autos de la Sala 2ª del TS que ponían fin al RCUDP ya que, como veremos, un buen número de recursos no superan el trámite de admisión. En la tabla 1 puede consultarse la ficha de codificación.

**Tabla 1: Ficha de codificación**

| | | |
|---|---|---|
| **Sala 2ª TS** | ***Referencia*** | Referencia ECLI |
| | ***Tipo de resolución*** | Sentencia/Auto |
| | ***Recurrente*** | Hombre/Mujer/MF |
| | ***Fecha de resolución Sala 2ª TS*** | DD/MM/AAAA |
| **Objeto** | ***Órgano judicial que dicta la resolución recurrida*** | AP/AN/TSJ/Juzgado de lo Penal |
| | ***Fecha resolución recurrida*** | DD/MM/AAAA |
| | ***Motivo del recurso*** | Preso: clasificación y permisos/Condena privativa de libertad: cómputo, fin.../Privación de libertad: detalles del cumplimiento/Procesales |
| **Tramitación** | ***Otra parte*** | Avala/No avala/Avala parcialmente |
| | ***Admisión*** | Sí/No |
| | ***Motivo de inadmisión*** | No contradicción/No materia de RCUDP/ No igualdad de supuesto de hecho/No contraste/No carácter excepcional/No contraste con STC/ Contraresolución no admitida a RCUDP |
| **Fondo** | ***Resolución de la sentencia*** | Estima/Desestima/Estima parcialmente |
| | ***¿Por qué?*** | No contradicción/No materia de RCUDP/ No igualdad de supuesto dehecho |
| | ***¿En qué unifica doctrina?*** | En materias de ejecución de penas privativas de libertad: libertad condicional, refundición de penas, abono de prisión preventiva.../En materias de régimen penitenciario: clasificación, permisos de salida, objetos autorizados, comunicaciones... |

Desde el comienzo, la investigación[39] comenzó a ofrecer algunos datos interesantes. De la búsqueda de resoluciones del RCUDP en la base de datos del CENDOJ con los mismos parámetros, resultaba que la Sala 2ª del TS parecía inadmitir a trámite la mayoría de los RsCUDP (aproximadamente el 85%), resolviendo sobre el fondo apenas 1,5 de cada 10 RsCUDP formalizados ante la Sala 2ª del TS.

**Tabla 2: Muestra Resolución del RCUDP 2004-2022**

| Resolución TS | Número | % |
|---|---|---|
| ATS | 154 | 84,62% |
| STS | 28 | 15,38% |
| **Total** *(muestra)* | **182** | **100,00%** |

De hecho, como veremos en su momento, probablemente la Sala 2ª del TS se pronuncie en el fondo en todavía menos casos porque algunas sentencias de la muestra advierten que en realidad el recurso no debía haber superado el trámite de admisión por incumplir alguno de los requisitos que hemos estudiado en el epígrafe anterior.

El gráfico *infra* recoge la distribución de los RsCUDP que integran la muestra según el año. En 2010-2011 la búsqueda en el CENDOJ con los parámetros citados arrojó no devolvía resolución alguna.

Como de muestra bien vale un botón, tal es el caso de la STS de la Sala 2ª, 287/2016, de 3 de febrero[40], que desestima el RCUDP por falta de identidad fáctica con la resolución de contraste, pero que subraya también que no cumplía con uno de los requisitos esenciales que exige el Acuerdo del Pleno no jurisdiccional de la Sala 2ª del TS porque el recurrente había aportado como resolución de contraste una STC y esta no es válida para sustentar que se ha aplicado la misma norma jurídica a un supuesto de hecho sustancialmente idéntico con un resultado dispar.

---

39 Algunos de los datos se han generado en el marco del TFG que dirigimos a Lucia Pontiel Molina en el curso 2022/2024 bajo el título Teoría y práctica de la Casación en Unificación de doctrina penitenciaria que obtuvo la máxima calificación; la valiosa ayuda prestada en la tabulación de los datos es motivo de agradecimiento especial.

40 ECLI:ES:TS:2016:287.

**Gráfico 1: Distribución de RsCUDP resueltos por la Sala 2ª del TS durante 2004-2022**

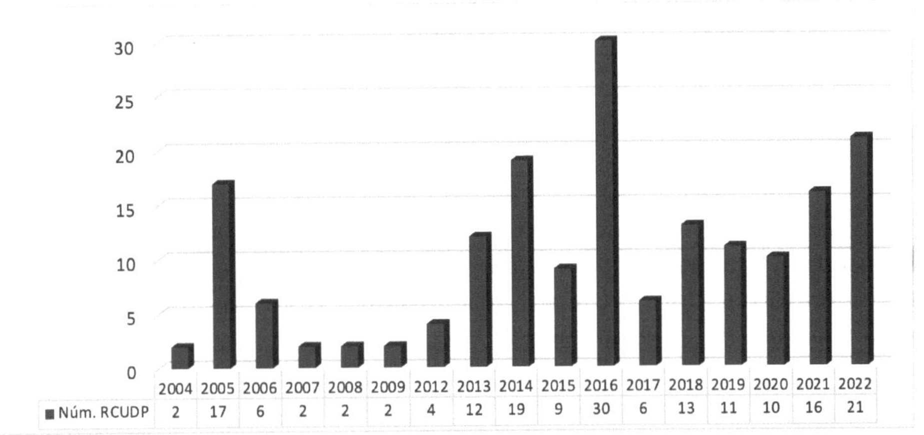


Dejando a un lado lo anterior, veamos a continuación algunos de los *rasgos* del RCUDP que dibuja nuestro estudio de campo.

### *3.1. Recurrente: ¿quién?*

Casi todas las resoluciones de la Sala 2ª del TS objeto de la muestra correspondían a RsCUDP interpuestos por los *penados* (casi el 98%). Y, de estos, la mayoría eran hombres (el 93,4%), lo que coincide en líneas generales con el patrón de género de la población reclusa en España, ya que según la estadística penitenciaria de 2022 el 93% de los reclusos eran hombres[41].

En nuestra muestra de resoluciones judiciales de la Sala 2ª del TS entre 2004-2022, tan solo cuatro RsCUDP se habían interpuesto por el Ministerio Fiscal, es decir, apenas el 2,2%.

---

41 Estadística penitenciaria 2022, Secretaría general de Instituciones Penitenciarias, Ministerio del Interior. Al objeto de ese cómputo, se han contabilizado las categorías relativas a "penados", "penados con preventivas" y aquellos reclusos que se encuentran cumpliendo "medidas de seguridad", pero se ha descartado la variable relativa a presos preventivos.

**Tabla 3: Recurrente**

| Recurrente | Número | % |
|---|---|---|
| Hombre | 170 | 93,41% |
| Mujer | 8 | 4,40% |
| Ministerio Fiscal | 4 | 2,20% |
| Total (muestra) | 182 | 100,00% |

Ahora bien, a pesar de ser anecdóticos los RsCUDP impulsados por el Ministerio Fiscal, estos, como era de esperar y comprobaremos más adelante, superaron siempre el trámite de admisión[42], resolviéndose en sentencia y, además, en sentido estimatorio[43].

---

42 Aun cuando el interno se opone a su presentación en todos ellos.

43 Por orden cronológico descendente: SSTS 4621/2022, de 15 de diciembre, ECLI:ES:TS:2022:4621 y 4660/2022, de 15 de diciembre, ECLI:ES:TS:2022:4660, a la que los Excmos. Magistrados Del Moral García y Lamela Díaz formulan un voto particular. En el voto particular explica que: *el automatismo en la suspensión de una decisión que implica la libertad (o una considerable relajación de la privación de libertad) suscita recelo. La eficacia de la salida de prisión no debiera quedar al albur del criterio de una parte, Ministerio Fiscal o, incluso, si se trata de la libertad condicional, también de la acusación particular (vid. art. 13 de la Ley 4/2015 de 27 de abril del Estatuto de la víctima del delito).* Sobre los problemas que suscita esta sentencia, *vid.* Solar Calvo, P., "La eficacia hacia atrás de la unificación de doctrina. Breve reflexión a raíz de la STS 965/2022, de 15 de diciembre", 15 de diciembre", *Diario La Ley*, núm. 10277, 2023. La misma autora critica con razón en otro trabajo que la sentencia agrava la dureza que conlleva la ejecución de las penas privativas de libertad, desviándose de la lectura más contemporánea del cumplimiento del sistema penitenciario y, lo que quizá lo que es más importante, inexplicablemente sin advertir la diversidad del medio y población penitenciaria. *Vid.* "STS de 15 de diciembre de 2022. El automatismo limitador como criterio", *Revista General de Derecho Penal*, núm. 39, 2023; Sobre la disparidad de interpretaciones sobre este punto, ya había llamado la atención, Solar Calvo, P. "Paradojas penitenciarias. De cómo la interposición de un recurso puede perjudicar a un interno", *Diario La Ley*, núm. 8957, 7 de abril de 2017, LA LEY 3354/2017. También en coautoría con Lacal Cuenca, P., "A contracorriente. Estrategias penitenciarias en tiempos de populismo punitivo", *La Ley Penal*, núm. 164, septiembre-octubre 2023, LA LEY 10655/2023. El voto particular critica también el término "excarcelación" porque en la normativa penitenciaria se reserva para la salida del recinto carcelario con visos de permanencia (*vid.* arts. 23, 86 y 199 RP). Sin embargo, el clasificado en 3º grado continúa siendo un interno, aunque con un régimen dulcificado; Según el algún autor, entre otros, Nistral Burón, los problemas interpretativos de la disposición adicional 5ª de la LOPJ relativos a la actividad fiscalizadora de la jurisdicción ordinaria está en la carencia

### *3.2. Resolución recurrida: ¿qué?*

En lo que respecta al órgano judicial que dictó la resolución recurrida, la gran mayoría de los RsCUDP se presentan, como también cabía imaginar, contra autos de las secciones penales de las AAPP, representando tales recursos algo más del 90% de la muestra de las resoluciones objeto de estudio. En un número considerable inferior, el objeto del RCUDP es un auto de la Sala de lo Penal de la AN (casi el 8%).

**Tabla 4: Órgano judicial que dictó la resolución recurrida**

| Órgano judicial | Número | % Muestra |
|---|---|---|
| *AP* | 164 | 90,11% |
| *AN* | 14 | 7,69% |
| *Juzgado de lo penal* | 3 | 1,65% |
| *TSJ* | 1 | 0,55% |
| **Total** | **182** | **100,00%** |

Por otro lado, la muestra revela cuatro casos extraordinarios (poco más del 2%), en los que los RsCUDP se interpusieron contra resoluciones de otros órganos jurisdiccionales que, como ya hemos advertido, teóricamente no eran susceptibles de RCUDP; en particular, tres RsCUDP contra resoluciones de algún Juzgado de lo Penal[44] y uno contra una resolución de la Sala Civil y Penal del TSJ de la C.A. valenciana[45].

---

de normas de procedimiento reguladoras de la actuación de los JVP desde que se introdujeron en 1979, *vid.* "Unificación de doctrina en materia penitenciaria sobre la disposición adicional 5ª.5 de la Ley Orgánica del Poder Judicial: (A propósito de la sentencia del Tribunal Supremo (Sala de lo Penal) 965/2022, de 15 de diciembre", *Diario La Ley*, núm. 10219, 2019; en la misma línea, Cervera Salvador, S., "Problemática derivada de la falta de un Derecho Procesal Penitenciario", Guía práctica de Derecho penitenciario, LA LEY 1278/2022. La STS 859/2019, de 8 de marzo, ECLI:ES:TS:2019:859, sobre ésta *vid.* Sáez Malceñido, E., "Le daban permisos por buena conducta: comentarios a la STS 124/2019, de 8 de marzo, sobre unificación de doctrina penitenciaria", *Diario La Ley*, núm. 9444, de 26 de junio de 2019; 4950/2014, de 25 de noviembre, ECLI:ES:TS:2014:4950.

44 ATS 4926/2015, de 3 de junio, ECLI:ES:TS:2015:4926A; ATS 9028/2014, de 16 de octubre, ECLI:ES:TS:2014:9028A o ATS 9027/2014, de 16 de octubre, ECLI:ES:TS:2014:9027A.

45 STS 3695/2019, de 12 de noviembre, ECLI:ES:TS:2019:3695.

Los tres RsCUDP contra un auto de algún Juzgado de lo Penal fueron inadmitidos a trámite precisamente por no tratarse de resoluciones impugnables, ya que, como hemos repasado en el epígrafe anterior, solo los autos de las secciones penales de las AAPP o de la Sala de lo Penal de la AN que se dicten resolviendo recursos de apelación respectivamente contra resoluciones de los JVP o del JCVP, y que no sean susceptibles de casación ordinaria, son recurribles a través del RCUDP.

Sin embargo, el RCUDP contra el auto del TSJ de Valencia[46] corrió, curiosamente, mejor suerte, a pesar de haber sido discutida por algunos autores, tanto en el fondo como en el plano procesal[47]. No solo se admitió a trámite y resolvió mediante sentencia, sino que esta fue estimatoria y unificó doctrina sobre el abono de la prisión preventiva.

### 3.3. *Objeto de la supuesta disparidad: escenarios concretos*

Pasando ahora al objeto de la supuesta disparidad, de los datos extraídos de las resoluciones de la Sala 2ª del TS en nuestro trabajo de campo encontramos un elenco de materias bastante variado en que el recurrente denuncia una interpretación y/o aplicación dispar de una norma jurídica con otras situaciones que a ojos del recurrente son objetivamente idénticas como probarían, a juicio del recurrente, la/s resolución/es de contraste aportadas.

---

46 STS 3695/2019, de 12 de noviembre, ECLI:ES:TS:2019:3695. Esta singularidad sucede porque la resolución recurrida se refería a un condenado en primera instancia por razón de aforamiento por el TSJ de Valencia. El condenado interesó una nueva liquidación de condena ante el JVP de Madrid, solicitando el abono de distintas medidas cautelares en concepto de prisión en la causa que estaba entonces cumpliendo (Ejecutoria 1/2018 de la Sala de lo Civil y Penal del TSJ de Valencia). Y más concretamente de: i) la prisión preventiva, las comparecencias *apud-acta* y la privación de pasaporte que sufría en las DP 275/2008 seguidas en el Juzgado Central de instrucción, que todavía estaban (entonces) en trámite; y ii) los días de asistencia a juicio en la Sala de lo Penal de la AN (rollo 5/2015), cuya sentencia había sido recurrida.

47 Sáez Malceñido, E., "La compensación de medidas cautelares penales: examen de las últimas direcciones jurisprudenciales", *Diario La Ley*, núm. 9567, 5 de febrero de 2020. Sobre la cuestión, véase también Solaz Solaz, E., "Aspectos fundamentales del abono de las medidas cautelares sufridas a la pena impuesta", *La Ley Penal*, núm. 158, Sección Estudios, septiembre-octubre, 2022.

Una importante mayoría de los RsCUDP que llegan hasta la Sala 2ª del TS tienen por objeto supuestas interpretaciones y/o aplicaciones dispares de las normas relativas a los *permisos de salida*, seguidos muy de lejos de los relativos a la *clasificación penitenciaria*[48].

Con todo y más allá de la casuística que ilustra la tabla *infra*, los resultados señalan que casi el 80% de los RsCUDP que resuelve la Sala 2ª del TS, ya sea por auto o sentencia, se concentran en torno a esas materias (permisos de salida del preso y clasificación),

**Tabla 5: Objeto y escenarios concretos de la disparidad alegada en el RCUDP**

| Objeto | Detalles | Número | | % |
|---|---|---|---|---|
| Preso: clasificación y permisos | *Clasificación* | 28 | 144 | 79,12% |
| | *Permisos salida* | 114 | | |
| | *Libertad condicional* | 2 | | |
| Condena privativa de libertad: cómputo, fin, etc. | *Abono prisión preventiva* | 6 | 17 | 9,34% |
| | *Redención penas por trabajo* | 6 | | |
| | *Refundición penas* | 3 | | |
| | *Prescripción pena* | 1 | | |
| | *Violación fin reinserción social (art. 25.2 CE)* | 1 | | |
| Privación de libertad: detalles del cumplimiento | *Comunicaciones* | 5 | 13 | 7,14% |
| | *Objetos autorizados* | 2 | | |
| | *Cambio de modulo* | 1 | | |
| | *Traslado de pertenencias* | 1 | | |
| | *Derecho a la elección de hospital* | 1 | | |
| | *Condiciones de las celdas* | 1 | | |
| | *Notificación del PIT* | 1 | | |
| | *Tratamiento psiquiátrico* | 1 | | |

48 Cuadros Gallego, J. A., "Grado de clasificación y centro penitenciario de destino: medios de impugnación por parte de los internos", *Diario La Ley*, núm. 10267, 14 de abril de 2023, LA LEY 1864/2023.

| Objeto | Detalles | Número | | % |
|---|---|---|---|---|
| Procesales | *Contradicción al justificar la pena privativa de libertad* | 1 | 8 | 4,40% |
| | *Contradicción-nulidad autos carentes de motivación* | 1 | | |
| | *Efecto suspensivo Recurso contra progresión 3º grado* | 2 | | |
| | *Cumplimiento responsabilidad civil con ingresos < al mín. embargable* | 1 | | |
| | *Presentación instancias por triplicado* | 1 | | |
| | *Denegación casación* | 1 | | |
| | *Inclusión en un FIES* | 1 | | |
| | **Total (muestra)** | **182** | **182** | 100,00% |

Mientras que el restante 20% se distribuye entre: cuestiones relativas al *cómputo de la pena privativa de libertad* (*vid.* 9,34%) como puede ser el *abono de la prisión provisional*, la *redención de penas por trabajo*, la *refundición de penas*, etc.; casi un 7,15% sobre *detalles en el cumplimiento de la privación de libertad* (en su mayoría régimen de *comunicaciones*); y, en un 4,4% se denuncia alguna disparidad de *carácter procesal* (p.ej., el efecto suspensivo de un recurso contra una progresión al tercer grado).

Más allá de esos denominadores comunes en cuanto al objeto de los RCUPD, otros recurrentes alegan una supuesta disparidad en otros contextos que, a pesar de haberse tenido por preparados inicialmente por el Tribunal *a quo* (la sección penal de la AP o la Sala de lo Penal de la AN), la Sala 2ª del TS inadmite a trámite por incumplir alguno de los requisitos antedichos. Entre esos otros escenarios encontramos, recurrentes que, por ejemplo: discuten su *clasificación y registro* como penado en un *Fichero Interno de Atención Especializada* (FIES)[49], reclaman su *derecho a la elección de hospital*[50] o, *discrepan* de la decisión del

---

[49] *Vid.* ATS, Sala 2ª, 5415/2007, de 8 de marzo, ECLI:ES:TS:2007:5415A.

[50] *Vid.* ATS, Sala 2ª, 3846/2020, de 4 de junio, ECLI:ES:TS:2020:3846A. El recurrente alega que ha sido trasladado de centro penitenciario y que la intervención quirúrgica que se le iba a realizar en el Hospital Gregorio Marañón se llevaría a cabo en otro centro hospitalario, pero que considera que es de vital importancia que la referida intervención tenga lugar en el Hospital Gregorio Marañón, porque es en este hospital donde se ha seguido la evolución de su enfermedad, debiendo ser respetado su derecho de elección de hospital (FJ Único A).

director del Centro Penitenciario *de trasladarles de un módulo* de respeto a uno ordinario[51].

En el caso de la *clasificación penitenciaria*, el art. 63 LOGP señala que los criterios a tener en cuenta son: la *personalidad*; el *historial individual, familiar, social y delictivo* del interno; la *duración* de la pena impuesta; el *medio al que probablemente retornará*; los *recursos*, las *facilidades*, así como las *dificultades* existentes en cada caso para el *buen éxito del tratamiento*. Parámetros algo etéreos que unidos a las genéricas referencias a la *peligrosidad extrema* o *inadaptación manifiesta* previstas en el art. 10 LOGP para la clasificación en primer grado, y a la *capacidad de vivir en semilibertad* como referencia para acceder al tercer grado, ilustran perfectamente el amplio margen de discrecionalidad que la Administración Penitenciaria tiene en este campo. No solo por la amplitud de los términos empleados, sino también por las referencias a aspectos que, desgraciadamente, no dependen en sentido estricto del interno; véase, p. ej., historia personal, familiar, social, el medio al que retornará, los recursos, etc.

En el caso de los *permisos de salida*[52], la referencia en el art. 47.2 LOGP a la *ausencia de mala conducta* confiere también un amplio margen de libertad a los órganos administrativos para que no solo en sede reglamentaria, sino también a través de circulares e instrucciones, concreten los criterios de valoración que utilizarán para entender que la conducta del interno reúne este requisito. Sin embargo, esta individualización puede desembocar en una casi absoluta discrecionalidad en el modo de cumplimiento más adecuado para cada interno, teniendo en cuenta preferentemente sus necesidades tratamentales y exclusivamente (o al menos no tanto) el delito cometido y/o la duración de la pena impuesta. Los sistemas de progresión puros[53] caracterizados por la rigidez de contemplar únicamente la duración de la condena y la evolución cronológica ha dejado paso a sistemas más flexibles[54] dirigidos a evaluar la evolución de forma individualizada en atención a factores personales de cada interno.

---

51 *Vid.* ATS 3726/2018, de 3 de enero, ECLI:ES:TS:2018:3726A.

52 Un estudio de campo sobre la disparidad de criterios en esta materia en Rovira, M. et. alii. Larrauri, E., Alarcón, P., "La concesión de permisos penitenciarios", *Revista Electrónica de Ciencia Penal y Criminología*, 2018, núm. 20-02, págs. 1-26.

53 Como el sistema de Maconochie (en Inglaterra), el de Obermayer (en Alemania), el de Crofton (en Irlanda) o el del general Montesinos (en España).

54 Cervelló Donderis, V., "Individualización garantista en el ejercicio de la discrecionalidad penitenciario", *Anuario de derecho penal y ciencias penales*, Tomo 72, mes 1, 2019, págs. 236-239.

### *3.4. El procedimiento*

La tramitación del RCUDP sigue, como hemos adelantado al comienzo[55] en la aproximación a este medio de impugnación, los trámites generales del recurso de casación ordinario.

#### 3.4.1. Fase de admisión

##### *3.4.1.1. Posición del Ministerio Fiscal o del condenado respecto del recurso del otro*

Teniendo en cuenta lo anterior, en el curso del procedimiento se recaba informe o alegaciones, cuyo emisor varía dependiendo del quien haya interpuesto el recurso, es decir, del recurrente. Si el RCUDP se ha formulado por el condenado, se solicita informe al Ministerio Fiscal como *defensor de la legalidad*. Mientras que, si ha sido el Ministerio Fiscal quien ha interpuesto el RCUDP, se dará traslado al condenado (interesado).

Sea como fuere, el traslado tiene por objeto conocer la posición de uno u otro sobre la admisión a trámite y, en su caso, el fondo del RCUDP. La tabla 7 ofrece una panorámica de la actitud del Ministerio Fiscal frente al recurso interpuesto por el condenado o, a la inversa, la del condenado al recurso interpuesto por el Ministerio Fiscal.

**Tabla 6: Posición de la otra parte**

| Posición de la otra parte | | Número | % |
|---|---|---|---|
| MF | Informe desfavorable | 165 | 90,66% |
| | Informe favorable parcialmente | 2 | 1,10% |
| | Informe favorable | 2 | 1,10% |
| | No determinado | 9 | 4,95% |
| Condenado | Opone | 3 | 1,65% |
| | No comparece | 1 | 0,55% |
| | **Total (muestra)** | **182** | **100,00%** |

Debe recordarse en este punto, como ya expusimos en un punto anterior, que el estudio de campo confirma, como era de esperar, que casi

55 Nos remitimos al epígrafe 2.2 de este trabajo relativo a la configuración procesal del RCUDP.

la totalidad de los RCUDP que se formalizan ante la Sala 2ª del TS se interponen por el condenado (en su mayoría, como ya hemos adelantado, hombres). De hecho, en la muestra solo encontramos una sentencia en que la recurrente fuera una mujer; resolución que, como veremos, fue estimatoria[56].

Dejando a un lado la notoria diferencia en la tasa de RsCUDP que interponen uno y otro legitimado (condenado-interno y Ministerio Fiscal), cuando se les da traslado del recurso, ambos coinciden en mostrarse contrarios al RCUDP formulado por el otro. Según el estudio de campo, el Ministerio Fiscal informó negativamente más del 92% de los recursos interpuestos por el condenado. Un patrón que en líneas generales también mantiene el condenado (75%[57]) respecto de los pocos (simbólicos) RCUDP formulados por el Ministerio Fiscal.

**Tabla 7: Número de veces que el Ministerio Fiscal apoya o se opone al RCUDP del condenado**

| Posición MF en RCUDP del condenado | | Número | % |
|---|---|---|---|
| MF | Informe desfavorable | 165 | 97,63% |
| | Informe favorable | 2 (total) | 1,18% |
| | | 2 (parcial) | 1,18% |
| | **Total (muestra)** | **169** | **100,00%** |

De nuevo, en la inmensa mayoría de los RCUDP, el Ministerio Fiscal informó desfavorablemente, solicitando la inadmisión y, en caso de admitirse, subsidiariamente la desestimación del recurso del condenado. Con

---

56 Los restantes 7 RsCUDP (de la muestra) interpuestos por una mujer se inadmitieron a trámite; en su mayoría por falta de contradicción (5/7), véanse AATS, 252/2009, de 15 de enero, ECLI:ES:TS:2009:252A; 5124/2005, de 28 de abril, ECLI:ES:TS:2005:5124A; 5299/2005, de 28 de abril, ECLI:ES:TS:2005:5229A; 15708/2022; de 27 de octubre, ECLI:ES:TS:2022:15708A; 10954/2013, de 7 de noviembre, ECLI:ES:TS:2013:10954A; una por no aportar una resolución de contraste (*vid.* ATS 6575/2022, de 31 de marzo, ECLI:ES:TS:2022:6575A) y otra porque la resolución impugnada no era susceptible de este recurso (ATS 12490/2008, de 28 de noviembre, ECLI:ES:TS:2008:12490A).

57 De hecho, esta cifra no significa que en el 25% de los recursos el condenado avale los argumentos del recurrente-Ministerio Fiscal porque la investigación revela que en ese caso el condenado no se personó en la tramitación.

todo, en algún caso excepcional, el RCUDP formulado por el condenado contó con el apoyo, total o parcial, del fiscal (casi 2,4%).

La Sala 2ª del TS tiende a coincidir en la mayoría de los casos con el criterio expresado por el Ministerio Fiscal. No obstante, el TS también ha resuelto algunos RCUDP en contra del informe del Ministerio Fiscal. Así, por ejemplo, el Ministerio Fiscal informó desfavorablemente los siguientes recursos, que luego la Sala 2ª del TS estimó en el fondo, véanse: las SSTS 3695/2019, de 12 de noviembre[58]; 4931/2016, de 7 de noviembre[59]; 2934/2016, de 17 de junio[60]; 3449/2012, de 27 de abril[61]; o 4853/2006, de 12 de junio[62].

#### *3.4.1.2. Inadmisión: ¿cuántos y por qué?*

Como advertíamos al comienzo a propósito de la delimitación y el objeto de la muestra, la Sala 2ª del TS apenas parece resolver en el fondo un 15% de los RsCUDP que se interponen. Por tanto, casi el 85% de la muestra no supera el trámite de admisión. De las 182 resoluciones analizadas en la muestra[63],

---

58 ECLI:ES:TS:2019:3695, sobre abono prisión provisional.

59 ECLI:ES:TS:2016:4931, relativo a la redención de penas por trabajo.

60 ECLI:ES:TS:2016:2934, en materia de permisos de salida. Chaves Pedrón, C., "Los permisos de salida penitenciarios", *Guía práctica de Derecho penitenciario,* LA LEY 1280/2022. Véase, el apartado e) sobre el RCUDP en lo que a los permisos de salida se refiere, Leganés Gómez, S., "Los permisos de salida: nuevo régimen jurídico"; *La Ley Penal,* núm. 52, septiembre 2008, LA LEY 23254/2008.

61 ECLI:ES:TS:2012:3449, relativo a un permiso de salida. Véase, Montero Hernanz, T., "Los permisos de salida penitenciarios: unificación de doctrina", *Diario La Ley,* núm. 7994, 2013.

62 ECLI:ES:TS:2006:4583, con relación a la clasificación de un penado. Leganés Gómez, S., "Crónica de una sentencia anunciada: el periodo de seguridad", La Ley Penal, núm. 37, Sección Jurisprudencia aplicada a la práctica, abril, 2007. Sobre la norma aplicable en ejecución ante un escenario de cambio normativo, *vid.* Gómez-Escolar Mazuela, P., "La selección de la ley aplicable en la ejecución penal en supuestos de cambio normativo: criterios de la STC 261/2015 (1) en relación con el artículo 58 CP y su posible traslación a la nueva regulación de la libertad condicional", *Diario La Ley,* núm. 8717, 8 de marzo de 2016, LA LEY 867/2016.

63 Nótese que los filtros de determinación de la muestra fueron similares; nos remitimos en este punto al epígrafe 3, a la primera parte del estudio empírico.

solo se han admitido a trámite 28 RsCUDP[64], esto es aproximadamente el 16% de ellos.

En lo relativo a las causas que se esconden detrás de ese importante volumen de inadmisiones, según el estudio de campo, la mayoría de las inadmisiones de RsCUDP (aproximadamente 3/5) responden a la falta del requisito de contradicción en la aplicación de la norma a situaciones idénticas[65].

**Gráfico 2: Distribución de RsCUDP inadmitidos a trámite según la muestra**

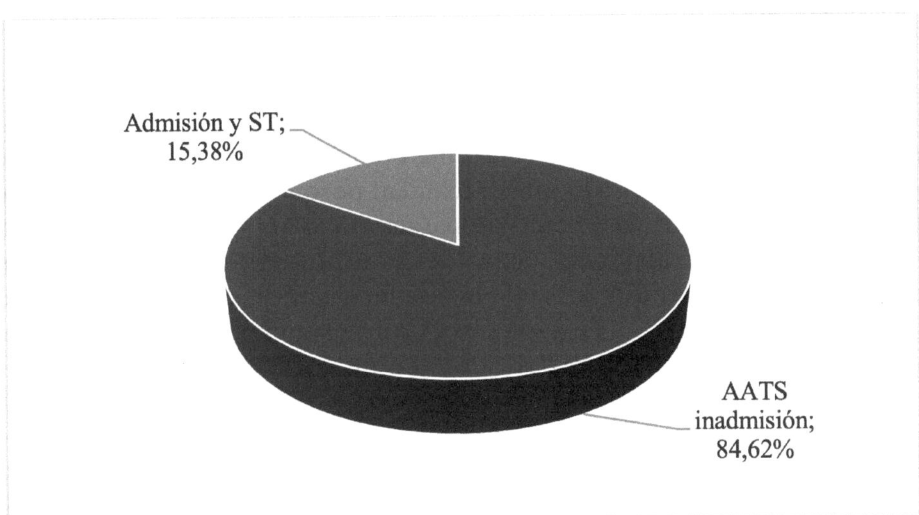


A estas inadmisiones le siguen muy, pero muy, de lejos tres circunstancias muy semejantes en número (entre un 9-12%); así, por orden de mayor a menor: i) que no se trate de un supuesto idéntico; ii) que sea materia ajena al RCUDP; o, iii) que no se haya aportado una resolución de contraste.

---

64 En concreto 28 SSTS frente a 154 ATS en el periodo de la muestra comprendido entre 2004 y 2022.

65 Entre muchos otros: AATS 1680/2022, de 13 de octubre, ECLI:ES:TS:2022:16280A; 127/2021, de 23 de septiembre, ECLI:ES:TS:2021:12749A; 9223/2007, de 28 de junio, ECLI:ES:TS:2007:9223A; 13913/2019, de 31 de octubre, ECLI:ES:TS:2019:13913A.

**Tabla 8: Motivos del TS para inadmitir a trámite RCUDP**

| Motivo de inadmisión | Número | % |
|---|---|---|
| *No contraste* | 14 | 9,03% |
| *No carácter excepcional* | 2 | 1,29% |
| *No contradicción* | 102 | 65,81% |
| *No igualdad de supuesto* | 18 | 11,61% |
| *No materia de RCUDP* | 15 | 9,68% |
| *Resolución no susceptible de RCUDP* | 4 | 2,58% |
| **Total (muestra)** | **155** | **100,00%** |

Por ejemplo, el ATS 7748/2016, de 7 de julio[66], en relación con la concesión de permisos de salida, en el que la Sala 2ª del TS concluye que las resoluciones aportadas por el recurrente como *contraste* e ilustrativas de la supuesta contradicción no lo son en realidad porque se fundamentan en la naturaleza de los permisos como preparación para la vida en libertad y al riesgo de elusión de condena que pueden constituir, lo que significa que la concesión de un permiso de salida no sea automática, sino que se valoran los factores concurrentes en cada caso. Concretamente, el auto recurrido rechaza el permiso de salida basándose en un criterio hermenéutico que explica en el riesgo que el órgano judicial *a quo* aprecia en el condenado-recurrente. Teniendo en cuenta lo anterior, la Sala 2ª del TS rechaza que exista contradicción alguna, sino que la decisión del JVP núm. 2 de Andalucía, confirmada en apelación por la sección 4ª de la AP de Sevilla, ha valorado la pretensión del interno[67] a la vista de todas las circunstancias del caso.

Por el mismo motivo, ausencia de contradicción, en el ATS 9729/2022, de 2 de junio[68], la Sala 2ª del TS inadmite a trámite el RCUDP contra la resolución que acordaba la regresión en grado del condenado porque el auto recurrido no contradice lo que sostienen las resoluciones de contraste, sino que en cada caso se examinan las circunstancias específicas concurrentes para decidir una posible regresión de grado[69].

---

66 ECLI:ES:TS:2016:7748A.

67 Condenado y recurrente en este RCUDP.

68 ECLI:ES:TS:2022:9729ª.

69 El art. 65.3 LOGP establece que la regresión de grado procederá cuando se aprecie en el interno, en relación con su tratamiento, una evolución desfavorable de su personalidad. En el mismo sentido se pronuncia el art. 106.3 RP.

Dejando a un lado la inadmisión por falta de contradicción, otro motivo frecuente de inadmisión sucede porque el recurrente no aporta resolución de contraste[70] alguna. En estos casos, la Sala 2ª del TS recuerda a los recurrentes que el RCUDP no es una nueva instancia, sino que su finalidad es establecer el criterio hermenéutico válido que debe seguirse cuando existe una discrepancia en la interpretación de la ley por los órganos jurisdiccionales.

En otras ocasiones, el problema del RCUDP no es la falta de contradicción, ni tampoco que el recurrente no haya aportado o señalado la resolución de contraste, sino que la resolución de contraste indicada no es válida[71]. En esa línea, la Sala 2ª ha rechazado que una STC pueda ser resolución de contraste al objeto de un RCUDP porque la doctrina constitucional es la que debe inspirar las resoluciones de los demás órganos jurisdiccionales en materia de garantías constitucionales, pero no establece entre ellas posibles contradicciones.

También hemos apreciado en otros tantos autos[72] de la Sala 2ª del TS, que el RCUDP no ha superado el trámite de admisión por tratarse de una materia ajena a esta singular casación para unificación de doctrina penitenciaria.

Y es que, como ya hemos repasado en la aproximación y análisis de la configuración procesal, los motivos por los que puede articularse un RCUDP son muy concretos. El legislador y la jurisprudencia[73] a este respecto se colige nítidamente que el RCUDP no puede basarse *en una infracción de ley*, ni en un *quebrantamiento de forma*, sino solo en la contradicción de la doctrina jurisprudencial sobre un precepto o en la contradicción en la aplicada por distintas AAPP (o, en su caso, con la Sala de lo Penal de la AP o la Sala 2ª del TS); es más, la infracción constitucional que siempre es

---

70 Véanse, entre otros: AATS 6575/2022, de 31 de marzo, ECLI:ES:TS:2022:6575A; 8431/2020, de 1 de octubre, ECLI:ES:TS:2020:8431A; 9029/2014, de 16 de octubre, ECLI:ES:TS:2014:9029A; o 9947/2022, de 16 de junio, ECLI:ES:TS:2022:9947A.

71 AATS 2493/2014, de 20 de marzo, ECLI:ES:TS:2014:2493A o 9496/2016, de 22 de septiembre, ECLI:ES:TS:2016:9496A.

72 AATS 2980/2005, de 20 de marzo, ECLI:ES:TS:2005:2980A; 2981/2005, de 10 de marzo, ECLI:ES:TS:2005:2981A; 2982/2005, de 10 de marzo, ECLI:ES:TS:2005:2982A; 2983/2005, de 10 de marzo, ECLI:ES:TS:2005:2983A; o 6275/2013, de 30 de mayo, ECLI:ES:TS:2013:6275A.

73 SSTS 6112/2004, de 30 de septiembre, ECLI:ES:TS:2004:6112; 3291/2021, de 8 de septiembre, ECLI:ES:TS:2021:3291.

alegable (*vid.* art. 852 LECrim y art. 5.4 LOPJ) solo entra en juego como manifestación de la inobservancia del derecho a la igualdad y a la seguridad jurídica[74].

La Sala 2ª del TS también ha inadmitido RsCUDP por otros motivos, pero mucho más excepcionalmente. Así, en alguna ocasión el problema era que la resolución judicial impugnada no era susceptible de RCUDP[75] (p.ej., una resolución de un Juzgado de lo Penal).

Y, por último, también debemos mencionar que, aunque la Sala 2ª del TS ha apreciado en muy pocos autos que el RCUDP no reunía el carácter excepcional necesario para tramitarlo por la vía del RCUDP; p. ej., en el ATS 13805/2022, de 22 de septiembre[76], en el que recurrente solicitaba el abono de la prisión preventiva que había sufrido en otra causa, la Sala 2ª del TS inadmite el RCUDP porque ya se había pronunciado sobre el problema planteado[77]; lo que dicho de otro modo sería, por haberse des-

---

74 Por tanto, quedan excluidos del RCUDP los vicios constitucionales relacionados con la tramitación de la causa; p. ej., la indefensión, el derecho a la prueba, etc.

75 AATS 4926/2015, de 3 de junio, ECLI:ES:TS:2015:4926A; 9028/2014, de 16 de octubre, ECLI:ES:TS:2014:9028A; o 9027/2014, de 16 de octubre, ECLI:ES:TS:2014:9027A.

76 ECLI:ES:TS:2022:13805A.

77 STS 3695/2019, de 12 de noviembre, citando la pauta 147 de los criterios de actuación, conclusiones y acuerdos aprobados por los JJVVPP en sus XXVII reuniones celebradas entre 1981 y 2018. Criterio que establece que: *El abono de la prisión preventiva en causa distinta a aquella en que se generó solo cabe respecto de causas en que la sentencia es absolutoria o condenatoria con exceso de cumplimiento. No cabe el abono de la prisión preventiva sufrida en una causa distinta a aquella en la que se generó cuando dicha prisión preventiva proceda de una pena suspendida, prescrita o sustituida.* El abono de la prisión preventiva en la propia causa en que se decretó tal medida cautelar constituye una regla de aplicación absoluta que opera "ope legis" de forma automática, incluso aunque en el fallo de la sentencia condenatoria no se consigne de modo expreso (SSTS, de 17 de noviembre de 1966 y 485/2007, 31 de enero de 2007, ECLI:ES:TS:2007:485) (aprobado por unanimidad). En este punto, se remite a la STS 547/2019, de 12 de noviembre, dictada en un recurso de casación para unificación de doctrina, que *señala como doctrina legal unificada que no es posible el abono en una ejecutoria de la prisión preventiva o medidas cautelares adoptadas en otra causa que aún se halla en tramitación, sin haber concluido definitivamente* (párrafo añadido por unanimidad en la reunión de JJVVPP celebrada en Barcelona en 2021). Motivación: la STS 70/2007, de 31 de enero, relativa a un supuesto de solicitud de abono de prisión provisional en el caso de pena prescrita, dispone: "(e)n el presente caso, por tanto, la firmeza de la sentencia que condenó a X produjo el abono automático de la prisión provisional sufrida por el mismo para el cumplimiento

estimado ya en el fondo otros recursos sustancialmente iguales (*vid.* art. 885.2º de la LECrim).

## *3.5. La decisión*

### 3.5.1. El sentido del fallo

El trabajo de campo revela que de aquellos pocos RsCUDP que superan la fase de admisión, la Sala 2ª del TS estima poco más de la mitad; las SSTS de la muestra[78] que estiman el RCUDP alcanzan poco más del 53,5% (15 sentencias).

**Tabla 9: Número de RCUDP que el TS estima y desestima**

<table>
<tr><th>Sentido del fallo</th><th>Número</th><th>Número</th><th>%</th></tr>
<tr><td>Estima</td><td>14</td><td rowspan="2">15</td><td rowspan="2">53,57%</td></tr>
<tr><td>Estima parcialmente</td><td>1</td></tr>
<tr><td>Desestima</td><td>13</td><td>13</td><td>46,43%</td></tr>
<tr><td>Total (muestra)</td><td>28</td><td>28</td><td>100,00%</td></tr>
</table>

Con todo, como veremos más adelante, el TS ha unificado doctrina en materia penitenciaria en 16 ocasiones porque en la STS 4445/2020, de 11

---

de las penas impuestas, de tal modo que la ulterior prescripción de dichas penas alcanzaría únicamente a la parte pendiente de cumplimiento, en su caso, pero nunca podría alcanzar a la ya cumplida anticipadamente, en virtud del abono establecido en el art. 58 del CP. La ulterior prescripción de la pena pendiente de cumplimiento constituye, sin duda, un hecho favorable al condenado y resultaría contraria a Derecho la extensión de dicha prescripción —como (…) pretende (…) el condenado— a la parte ya cumplida; pues, en tal caso, si el condenado no tuviere otras causas pendientes, podría, incluso, acudir a la vía de los arts. 292 y ss. de la LECrim para *exigir la indemnización de unos daños realmente imaginarios.* Por lo tanto, conforme a dicha sentencia *la prescripción habrá que entenderla referida no al periodo ya cumplido,* sino al que le queda por cumplir. En definitiva, con ello se quiere decir que lo que se prescribe es la parte de pena aún no cumplida y que no existe un "crédito" con respecto a la parte ya ejecutada, siendo en este punto aplicable dicha doctrina a la suspensión de condena por concurrir identidad de razón (la cursiva es nuestra).

78 En concreto 15 de 28 sentencias.

de diciembre[79], a pesar de desestimarse el RCUDP, la Sala 2ª del TS consideró importante unificar doctrina en materia de *refundición de penas.*

### 3.5.2. Una aproximación al tiempo de respuesta en sentencia

La mayoría de RCUDP se resuelven en el fondo mediante sentencia dentro del año desde que se dictó la resolución recurrida. La sentencia más rápida se dictó en 6 meses, mientras que el RCUDP que se ha demorado más ha tardado casi 1 año y 8 meses. Sea como fuere, casi tres cuartas partes de las sentencias se dictan dentro del primer año desde que se dictó la resolución recurrida, puesto que poco más del 30% requiere más de 1 año.

**Tabla 10: Tiempo de respuesta en días**

| | |
|---|---|
| **Mínimo** | 180 |
| **Media** | 340,62 |
| **Percentil (0,10)** | 232 |
| **Percentil (0,25)** | 277,50 |
| **Percentil (0,5)** | 333,50 |
| **Percentil (0,75)** | 379,50 |
| **Percentil (0,9)** | 452,9 |
| **Máximo** | 619 |

---

79 ECLI:ES:TS:2020:4445. Véase el 2º punto del fallo que declara criterio a unificar que: *(e)l licenciamiento acordado en una ejecutoria no debe impedir, per se, su inclusión en un proyecto de refundición de condenas del art. 193.2 RP para su ejecución unificada con otras responsabilidades. Aunque lo procedente es que la anulación del licenciamiento se haga por el sentenciador que lo acordó, ello no sería obstáculo para que el JVP, a los solos efectos de ejecución unificada, acordase su inclusión en el proyecto de refundición. Así, podrán incluirse en la refundición:*
*a) La sentencia firme ya existente cuando se produjo el licenciamiento indebido por otra responsabilidad, se haya acordado o no la revocación de dicho licenciamiento.*
*b) La sentencia dictada después del licenciamiento correctamente acordado, si el penado ha continuado en prisión como preventivo basta la firmeza de la nueva resolución, siempre que aquélla se refiera a hechos anteriores al ingreso en prisión.*
*En los supuestos en que el licenciamiento supone la salida de prisión, estando pendiente el juicio o el recurso contra la sentencia por otra causa por la que se produce luego el reingreso, además de ser improcedente la revocación del licenciamiento, también lo es la refundición de condena conforme al art. 193.2 RP, por no haber en ese momento condenas a enlazar ni concurrir el presupuesto excepcional de mantenimiento de la relación de sujeción especial que justifica la interpretación extensiva del precepto realizada en el párrafo anterior.*

A la vista de los resultados, parece que la Sala 2ª del TS tarda en resolver los RsCUDP, en lo que al fondo de la unificación de doctrina se refiere, un tiempo considerable si lo enmarcamos en el ámbito penitenciario. Las penas privativas de libertad pueden durar desde los 3 meses hasta la prisión permanente revisable, pero la inmensa mayoría de la población reclusa tiene condenas de menos de 5 años (tan solo el 1,20% de los internos cumplen penas de más de 5 años)[80].

En este sentido, si hablamos de recursos que tienen que ver con la ejecución de las penas o el tratamiento que reciben dentro del centro penitenciario, un año de demora en la resolución puede hacer que el RCUDP devenga ineficaz dependiendo del caso; véase, p.ej. por algo tan sencillo como que el interno haya terminado de cumplir condena[81], hubiera fallecido, etc.

Ahora bien, el tiempo de resolución mediante sentencia no parece depender del sentido del fallo. Dicho de otro modo, la Sala 2ª del TS tarda aproximadamente lo mismo en resolver el fondo del RCUDP, con independencia de que lo haga para estimar el recurso y unificar doctrina o para desestimar la necesidad de esa homogeneización de doctrina. Con todo, curiosamente, parece que la Sala 2ª tarda más en desestimar un RCUDP que en estimarlo y unificar la doctrina que corresponda.

**Tabla 11: Tiempo medio (días) de respuesta a través de STS según el fallo**

| Fallo | Promedio de la demora en la resolución en ST |
|---|---|
| Desestima | 356,69 |
| Estima | 321,63 |

### 3.5.3. Balance de la doctrina efectivamente unificada

Como ya hemos adelantado, si bien son muy pocos los RCUDP que superan el trámite de admisión, en más del 57% de los que sí lo hacen, la Sala

80 Estadística condenados adultos sobre penas según la duración de la pena, el sexo, la edad y la nacionalidad (CGPJ 2021).

81 Atendiendo a que prácticamente el 93% de la población reclusa está cumpliendo condenas de hasta 2 años de prisión.

2ª del TS concluye que efectivamente se trata de una cuestión que exige unificar doctrina[82].

**Gráfico 3: Porcentaje de SSTS que unifican doctrina en el ámbito penitenciario**

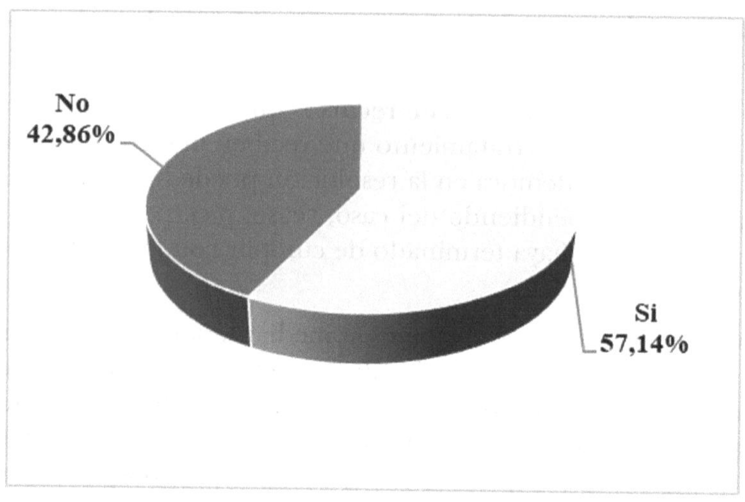


**Tabla 12: Materias en las que el TS unifica doctrina en el ámbito penitenciario**

| Ámbito | Materia | Número | | % |
|---|---|---|---|---|
| Preso: clasificación y permisos | Clasificación | 1 | 6 | 37,5% |
| | Permisos de salida | 3 | | |
| | Libertad condicional | 2 | | |
| Condena privativa de libertad:cómputo, fin, etc. | Refundición de penas | 1 | 4 | 25% |
| | Abono de prisiónpreventiva | 2 | | |
| | Redención penas por trabajo | 1 | | |
| Privación de libertad: detalles delcumplimiento | Objetos autorizados | 1 | 3 | 18,75% |
| | Comunicaciones | 1 | | |
| | Traslado depertenencias | 1 | | |

---

82 Aunque se estiman 15 RCUDP, son 16 en los que unifica doctrina. En la STS 4445/2020, de 11 de diciembre, se unifica doctrina a pesar de desestimarse el RCUDP por la importancia de la materia. Sobre esta sentencia, véase SOLAR CALVO, P., "STS 685/2020, de 11 de diciembre. Unificación de doctrina penitenciaria", *Diario La Ley*, núm. 9796, 2021.

| **Ámbito** | **Materia** | **Número** | | **%** |
|---|---|---|---|---|
| Procesales | Cumplimiento de la responsabilidad civilcon ingresos < al mín. embargable | 1 | 3 | 18,75% |
| | Efecto suspensivodel recurso contra decisión de progresión al 3° grado | 2 | | |
| **Total (muestra)** | | | **16** | **100%** |

## 4. ALGUNAS CONSIDERACIONES FINALES

Cuando se cumple el XX aniversario de la introducción del RCUDP en nuestro ordenamiento jurídico, este trabajo presenta una fotografía de su funcionamiento en la práctica entre 2004-2022. Un retrato que tiene como objetivo ofrecer una visión panorámica de este medio de impugnación. El estudio pasa revista a una muestra representativa de las sentencias dictadas en esta materia, que pueda explicar el importante rol que el RCUDP representa desde el punto de vista de la seguridad jurídica y del principio de igualdad en una jurisdicción, la penitenciaria, de la que desgraciadamente nos hemos preocupado poco; al igual que de aquellos muchas veces olvidados que no son solo los que han sido condenados, sino que lo han sido a una pena de prisión y entran como internos en un establecimiento penitenciario. En ese momento empieza la fase estrictamente penitenciaria que, según el art. 25.2 de la CE, persigue la ejecución de la condena y la reeducación y reinserción social del interno. Si la fase de ejecución penitenciaria comienza con la entrada en prisión del condenado, esta concluye una vez que aquel finaliza la libertad condicional.

En 1981, al poco de instaurarse los JJVVPP, los jueces que asumieron las funciones de vigilancia penitenciaria trataron de suplir unas veces la ausencia en este ámbito de normas orgánicas y procesales, otras veces guiar la interpretación de normas poco claras, a través de unos criterios de actuación que periódicamente se van actualizando a modo de acervo de *soft law* o, si se prefiere, prontuario. No obstante, la buena voluntad de los jueces de vigilancia penitenciaria y el esencial papel de estos criterios, la realidad enseguida reveló que la disparidad de posturas jurisprudenciales en esta materia que exigía, probablemente más que en ningún otro ámbito, una casación en unificación de doctrina en el que la Sala 2ª del TS en calidad de último intérprete de la legalidad penitenciaria ordinaria.

Y así lo hizo el legislador en el 2003, previendo en la disposición adicional 5ª el RCUDP. Ahora bien, las previsiones legales también fueron parcas, lo que obligó en 2004 a la Sala 2ª del TS a colmar tales déficits en un acuerdo no jurisdiccional de Pleno. Lo anterior no empece, sin embargo, que también el legislador pueda y deba terminar de configurar y aquilatar la discusión interpretativa que surge en la propia dinámica penitenciaria.

Dejando a un lado lo anterior, en este trabajo se realiza una fotografía (en movimiento), podría decirse a vista de pájaro, de los RsCUDP resueltos por la Sala 2ª del TS; no solo los que no superan el trámite de admisión, las materias a que se referían y los motivos por los que son inadmitidos, sino aquellos recursos que sí son resueltos en sentencia y, en especial, aquellos en los que nuestro alto tribunal despliega una función capital en esta materia: mantener unos cánones de uniformidad de criterios judiciales.

## BIBLIOGRAFÍA

Alemán Arostegui, L., "La necesidad de que el Derecho Penal se (pero)ocupe de la ejecución de la pena de prisión", *e-Eguzkilore, Revista Electrónica de Ciencias Criminológicas*, núm. 6, 2021.

Arribas López, E., "Prontuario de la doctrina del Tribunal Supremo en algunos ámbitos de aplicación y ejecución de la pena privativa de libertad", *Anuario de derecho penal y ciencias penales*, Tomo 72, Mes 1, 2019, págs. 639-688.

Arribas López, E., "El recurso de casación para la unificación de doctrina penitenciaria: un análisis jurisprudencial", *Diario La Ley*, núm. 8737, 2016, LA LEY 1864/2016.

Cachón Cadenas, M., "La doctrina procesal penal como Cenicienta: una metáfora sin autor conocido", *Justicia*, núm. 1, 2021, págs. 463-466.

Carnelutti, F., "La Cenicienta", *Cuestiones sobre el proceso penal*, trad. de Sentís Melendo, Buenos Aires, 1961, págs. 13-21.

Cervelló Donderis, V., "Individualización garantista en el ejercicio de la discrecionalidad penitenciaria", *Anuario de derecho penal y ciencias penales*, Tomo 72, mes 1, 2019, págs. 217-264.

Cervera Salvador, S., "Problemática derivada de la falta de un Derecho Procesal Penitenciario", *Guía práctica de Derecho penitenciario*, LA LEY 1278/2022.

Chaves Pedrón, C., "Los permisos de salida penitenciarios", *Guía práctica de Derecho penitenciario*, LA LEY 1280/2022.

Cuadros Gallego, J. A., "Grado de clasificación y centro penitenciario de destino: medios de impugnación por parte de los internos", *Diario La Ley*, núm. 10267, 14 de abril de 2023, LA LEY 1864/2023.

Cutiño Raya, S., *Fines de la pena, sistema penitenciario y política criminal*, Valencia, Tirant lo Blanch, 2017.

Delgado Carrillo, L., "El boicot a la reinserción social desde el derecho procesal penitenciario. Apuntes críticos sobre el procedimiento de concesión de permisos de salida y propuestas para su mejora", *Anuario de Derecho Penal y Ciencias Penales*, Vol. LXXIII, 2020, págs. 719-745.

Díaz-Martoto, J., "Art. 42", en *Comentarios a la Ley Reguladora de la Responsabilidad Penal de los Menores,* Madrid, Thomson-Reuters Civitas, 2019.

Fernández Péres, S. S., "Los más débiles: los internos", *Diario La Ley,* 24 de mayo de 2018 y 20 de junio de 2023, LA LEY 5015/2023.

García Valdéz, C., "Los orígenes y la puesta en marcha del Juez de vigilancia en la legislación penitenciaria española (1)", *La Ley Penal,* núm. 107, marzo-abril, 2014, LA LEY 1333/2014.

Gómez-Escolar Mazuela, P., "La selección de la ley aplicable en la ejecución penal en supuestos de cambio normativo: criterios de la STC 261/2015 (1) en relación con el artículo 58 CP y su posible traslación a la nueva regulación de la libertad condicional", *Diario La Ley,* núm. 8717, 8 de marzo de 2016, LA LEY 867/2016.

González Cano, I., "Perspectivas de futuro sobre el Juez de Vigilancia Penitenciaria y la ejecución de la pena privativa de libertad: aproximación al Proyecto de Ley Orgánica reguladora del Procedimiento ante los Juzgados de Vigilancia Penitenciaria", *Poder Judicial,* núm. 49, 1998, págs. 451-504.

Landa Gorostiza J. M., "Ejecución de penas y principio de legalidad ante el TEDH. A propósito del caso Del Río Prada c. España, STEDH, 3ª, 10.07.2012 (42750/09) y la aplicación de la doctrina Parot", *InDret,* núm. 4, págs. 1-25.

Leganés Gómez, S., "Crónica de una sentencia anunciada: el periodo de seguridad", *La Ley Penal,* núm. 37, Sección Jurisprudencia aplicada a la práctica, abril, 2007, LA LEY 23254/2008.

Mapelli Caffarena, B., et. al. Baras González, M., "Crónica de la Jornada sobre problemas actuales de las cárceles, celebradas en la universidad de Sevilla el día 12 de noviembre de 2021", *La Ley Penal,* núm. 153, noviembre-diciembre, 2021, LA LEY 13577/2021.

Martín Diz, F., "Juzgados Centrales de Vigilancia Penitenciaria: ¿urgencia, necesidad o idoneidad?", *Diario La Ley,* núm. 5668, 3 de diciembre 2002, LA LEY 3821/2002.

Mata y Martín, R., "El principio de legalidad en el ámbito penitenciario", *Revista General de Derecho Penal,* núm. 14, págs. 121-166.

Montero Hernanz, T., "Los permisos de salida penitenciarios: unificación de doctrina", *Diario La Ley,* núm. 7994, 2013, LA LEY 18994/2012.

Moreno Catena, V., "Disposiciones comunes de la ejecución penal en el Anteproyecto de LECrim de 2020", *Reflexiones en torno al Anteproyecto de Ley de Enjuiciamiento Criminal de 2020,* Valencia, Tirant lo Blanch, 2022, págs. 1547-1567.

Moreno Catena, V. con Pastor Prieto, S., "El coste de la Justicia", *Cuadernos de Derecho Judicial,* Escuela Judicial, CGPJ, 2001.

Nieto García, A. J., "Reflexiones acerca del ocio y la actividad cultural en prisión en el siglo XXI. A propósito de la jurisprudencia sobre uso de videoconsolas", *Diario La Ley,* núm. 9605, 1 de abril de 2020, LA LEY 2640/2020.

Nieto García, A. J., "Los gastos de transporte de televisores de internos entre centros penitenciarios a la luz de la regulación administrativa y de la STS 657/2019 de unificación de doctrina", *Diario La Ley,* núm. 9342, 2019, LA LEY 135/2019.

Nistral Burón, J., "Unificación de doctrina en materia penitenciaria sobre la disposición adicional 5ª.5 de la Ley Orgánica del Poder Judicial: (A propósito de la sentencia del Tribunal Supremo (Sala de lo Penal) 965/2022, de 15 de diciembre", *Diario La Ley,* núm. 10219, 2023. LA LEY 179/2023.

Peiteado Mariscal, P., “Ejecución de penas y medidas de seguridad privativas de libertad en el Anteproyecto de LECrim de 2020”, *Reflexiones en torno al Anteproyecto de Ley de Enjuiciamiento Criminal de 2020*, Valencia, Tirant lo Blanch, 2022, págs. 1569-1615.

Reviriego Picón, F. et. al. Brage Camazano, J, “La ejecución de las penas privativas de libertad en España”, *Revista Bolivariana de Derecho*, núm. 8, págs. 146-169.

Rovira, M. et. alii. Larrauri, E., Alarcón, P., “La concesión de permisos penitenciarios”, *Revista Electrónica de Ciencia Penal y Criminología*, 2018, núm. 20-02, págs. 1-26.

Sáez Malceñido, E., “La compensación de medidas cautelares penales: examen de las últimas direcciones jurisprudenciales”, *Diario La Ley*, núm. 9567, 5 de febrero de 2020, LA LEY 898/2020.

Sáez Malceñido, E., “Le daban permisos por buena conducta: comentarios a la STS 124/2019, de 8 de marzo, sobre unificación de doctrina penitenciaria”, *Diario La Ley*, núm. 9444, de 26 de junio de 2019, LA LEY 7681/2019.

Sánchez Herrador, F. J., “La clasificación penitenciaria en el sistema penal español”, *Diario La Ley*, núm. 9893, 16 de julio de 2021, LA LEY 7938/2021.

Solar Calvo, P., “La eficacia hacia atrás de la unificación de doctrina. Breve reflexión a raíz de la STS 965/2022, de 15 de diciembre”, 15 de diciembre”, *Diario La Ley*, núm. 10277, 2023. LA LEY 3000/2023.

Solar Calvo, P., “STS de 15 de diciembre de 2022. El automatismo limitador como criterio”, *Revista General de Derecho* Penal, núm. 39, 2023.

Solar Calvo, P. con Lacal Cuenca, P., “A contracorriente. Estrategias penitenciarias en tiempos de populismo punitivo”, *La Ley Penal*, núm. 164, septiembre-octubre 2023, LA LEY 10655/2023.

Solar Calvo, P., “STS 685/2020, de 11 de diciembre. Unificación de doctrina penitenciaria”, *Diario La Ley*, núm. 9796, 2021, LA LEY 1377/2021.

Solar Calvo, P., “La exigencia de la responsabilidad civil en el medio penitenciario. La necesaria aplicación de la STS 50/2018, de 2 de febrero, de unificación de la doctrina”, *Diario La Ley*, núm. 9347, 29 de enero de 2019, LA LEY 137/2019.

Solar Calvo, P., “Paradojas penitenciarias. De cómo la interposición de un recurso puede perjudicar a un interno”, *Diario La Ley*, núm. 8957, 7 de abril de 2017, LA LEY 3354/2017.

Solaz Solaz, E., “Aspectos fundamentales del abono de las medidas cautelares sufridas a la pena impuesta”, *La Ley Penal*, núm. 158, Sección Estudios, septiembre-octubre, 2022, LA LEY 9933/2022.

Téllez Aguilera, A., “Los recursos en la jurisdicción de vigilancia penitenciaria”, *La Ley Penal*, núm. 23, Sección Estudios, enero, 2006, LA LEY 5349/2005.

Urbano Castrillo, E., “El control judicial de la clasificación de los penados”, *Actualidad Jurídica Aranzadi*, núm. 579, 17 de octubre de 2002.

Villegas García, M. A. et. al. Encinar del Pozo, M. A., “La jurisprudencia de unificación de doctrina en materia penitenciaria”, *Diario La Ley*, núm. 9517, 2019, LA LEY 12270/2019.

Zaragoza Huerta, J., *Derecho Penitenciario español*, México, Elsa G. de Lazcano, 2007.

# *Tabula gratulatoria*

Además de los que han contribuido a la edición de este homenaje y de los autores incluidos en el mismos, los siguientes compañeros y amigos han expresado interés por unirse para agradecerle a Víctor Moreno Catena sus enormes contribuciones al campo y para desearle una provechosa jubilación.

José Antonio Tomé García
Enrique Vallines García
Alicia Bernardo San José
Silvia Pereira
Juan Montero Aroca

José Luis González-Montes Catedrático de Derecho Procesal jubilado, y José Luis González-Montes Sánchez Profesor Titular de Derecho Procesal de la Universidad Rey Juan Carlos

Ante la imposibilidad de aportar un trabajo en tiempo y forma por nuestra parte, para el libro homenaje con motivo de su jubilación al Profesor Víctor Moreno, como sabéis, muy querido por mi familia, los profesores José Luis González-Montes Catedrático de Derecho Procesal jubilado, y José Luis González-Montes Profesor Titular de Derecho Procesal de la Universidad Rey Juan Carlos, quieren adherirse al merecido homenaje que se tributa a su querido amigo y compañero por su larga y fructífera carrera universitaria tanto en la docencia como en la investigación, así como en su formación de profesores.

Desde estas breves líneas le deseamos lo mejor para el futuro.

Chozas Alonso, José Manuel. Catedrático de Derecho Procesal. Universidad Complutense de Madrid.

Aunque por diversos motivos no he podido contribuir, como hubiese sido mi deseo, con un trabajo académico al libro homenaje dedicado al querido maestro Víctor Moreno Catena, no quería dejar la ocasión de estar presente en el mismo, siquiera de esta modesta forma, a través de la reseña en la *tábula gratulatoria,* llena de gratitud y admiración. En reconocimiento a un trato exquisito que Víctor Moreno siempre me ha dispensado desde que nos conocimos personalmente, en la Facultad de Derecho de la Coruña, en el año 1997.

Marien Aguilera Morales, Catedrática de Derecho Procesal UCM.

Motivos personales, como suelen apellidarse a los que en verdad importan, me han impedido participar en este libro homenaje al Prof. Víctor Moreno Catena de la forma en que me hubiera gustado. Me sirvo, pues, de esta *tabula* para expresar la admiración profesional y el afecto personal que le profeso.

Aquella admiración proviene de hace muchos años, de la lectura de su Manual mientras cursaba la carrera. El Prof. Moreno lo desconoce, pero sus enseñanzas animaron a la joven estudiante de entonces a escoger su tema de Tesis doctoral y a la doctora de después a no perder de vista la visión práctica de la disciplina.

También mi afecto por el Prof. Moreno data de entonces, de siempre. En general, lo han alimentado su dedicación hacia sus discípulos y su sempiterna amabilidad con quienes no lo éramos. En lo personal, los aderezos han sido otros: la confianza y la cercanía.

Querido Prof. Moreno, querido Víctor, mi enorme agradecimiento por tu aportación al Derecho procesal y por tu lección de vida. Tu júbilo es el mío.

Olga Fuentes Soriano. Catedrática de Derecho Procesal. Universidad Miguel Hernández

Razones ajenas a mi voluntad me han impedido participar en este libro homenaje al profesor Moreno Catena. Pero esta *tabula gratulatoria* me permite dejar constancia del profundo cariño, afecto y respeto intelectual que siento hacia él, hacia su trayectoria y hacia su magisterio. Lo conocí cuando todavía era estudiante y desde entonces su constante presencia ha marcado y acompañado los pasos más relevantes de mi trayectoria académica. Con todo mi cariño...gracias por tanto...querido Víctor.